ファイナンス法大全〔全訂版〕
CORPUS JURIS FINANCE (Completely Revised Edition)

西村あさひ法律事務所＝編
Nishimura & Asahi

商事法務

推薦の辞

　2003年にファイナンス分野における当時の法と実務の集大成として『ファイナンス法大全』の上下巻が出版された。同書は、金融システムのすべての領域にわたって創造的な法律論を展開し、法理論と実務的・専門的ノウハウの双方の裏付けをもって当時における最先端の議論を示したものであり、出版当時に大きなインパクトを与えたと見受けられる。そして、その後今日に至るまで、ファイナンス法に携わる専門家・実務家の座右の書とされ、ファイナンス法発展の礎となってきたように思われる。

　本書は、この『ファイナンス法大全』（アップデートを含む）の全訂版である。ファイナンス法に関する最先端の問題に取り組む西村あさひ法律事務所の弁護士が集まり、日々の多忙な業務の中で作り上げた蓄積と知見の集大成である。

　2007年から2009年の世界金融危機をはさんだ金融市場とファイナンス取引の大きな変貌といううねりの中で、本書の初版刊行以降も、西村あさひ法律事務所の弁護士は常に最先端の問題に挑み続けてきた。私は2016年10月から同法律事務所にアドバイザーとして参加し、各弁護士が日々高い理想をもって創造的な解決策を模索する姿や、チームとして集合知の蓄積を進める姿などを目の当たりにしたが、本書には、このようにして蓄積された各弁護士の、そしてチームとしての専門知識が惜しむことなく展開されている。

　本書は、ファイナンス法の現時点における到達点を世の中に問うものであるとともに、ファイナンス法の将来を見通しよく展望するものである。前作と同様、金融取引・ファイナンス取引に携わるすべての法律家・実務家の方々に強くお薦めしたい。

　　2017年6月

　　　　　　　　　　　　学習院大学教授・東京大学名誉教授　神田秀樹

全訂版はしがき

　西村あさひ法律事務所として『ファイナンス法大全(上)(下)』（当時：西村総合法律事務所）を世に出してから14年、『ファイナンス法大全アップデート』（当時：西村ときわ法律事務所）の出版からは11年になる。これら3冊の出版以降、証券取引法が金融商品取引法に変わるなど数多くの法改正がなされたばかりでなく、ファイナンス取引のグローバル化や複雑化も進み、新たな形態の取引が登場するなど、ファイナンス法分野は大きな発展を遂げている。特に、先端的なファイナンス手法を用いることによって新しいソリューションが提供されることによって、または金融取引分野にテクノロジーその他による発展がもたらされたことによってファイナンス法分野の深化が進んでおり、弁護士の専門能力と創造的思考力が問われる場面は増える一方である。本書『ファイナンス法大全〔全訂版〕(上)(下)』は、西村あさひ法律事務所ファイナンスチームの現時点における知識・経験を集約し、今後のファイナンス法分野の発展に向けた指針を示すことをめざして、最前線で活躍する弁護士がそれぞれの専門分野について論じるものである。

　前著以降のファイナンス法分野における著しい発展の結果、前著を改訂するのみでは『ファイナンス法大全』としての目的を達成することはできないため、本書は"全訂版"として総勢96名によって新たに執筆されたものである。もっとも、本書の精神は、"複雑多岐にわたるファイナンス法の分野での取引実務と法理論を結合・発展させる"という前著のものを引き継ぐものである。

　本書は、小野傑、伊東啓、有吉尚哉および本柳祐介の各弁護士が編集会議メンバーとして全体をとりまとめ、濃川耕平（第1章）、本柳祐介（第2章）、堀越秀郎・野中敏行（第3章）、前田憲生（第4章）、渋川孝祐（第5章）、伊東啓（第6章）、新家寛（第7章）、佐藤知紘・曽我美紀子（第8章）、山本啓太（第9章）、齋藤崇（第10章）、有吉尚哉（第11章・第13章）、仲田信平（第12章）、伊藤剛志（第14章）の各弁護士が各章の責任者として編集に当たった。執筆期間中にも法改正が頻繁にあり各論稿の脱稿の時期からそれに十分対応

しきれていない面、あるいは各章の間で整合性がまっとうされていない面もあろうが、何卒ご宥恕を願いたい。

　本書の出版に当たって、多大なるご尽力をいただいた㈱商事法務書籍出版部の岩佐智樹氏および吉野祥子氏に厚く御礼を申し上げたい。

　当事務所の弁護士がファイナンス法の有する意義・使命を自覚し、「法の支配」の実現に向けて情熱をもって取り組んでいる点は前著の出版時から何ら変わるところはない。各執筆者とも、自らの知識と経験を詳細に紹介することによってファイナンス法分野の最先端の議論が社会に浸透し、議論が深化することを期待している。本書が、前著と同様に、ファイナンス法分野における法理論と実務の進歩にいささかでも寄与できれば幸いである。

　2017年6月
　　西村あさひ法律事務所
　　『ファイナンス法大全〔全訂版〕（上）（下）』編集会議メンバー一同

初版はしがき

　私が西村総合法律事務所を創設して以来早35年の歳月が流れた。そして今日、時代や環境の変化に鋭敏な対応を迫られながらも当事務所は弁護士数約150名の規模に達する事務所へと成長を遂げた。この成長の過程で私たちが「志」として常に意識してきたことは、世界各国との相互依存性の深化、すなわちグローバル化のプロセスにおいて必然的に要求される「法の支配」を軸とする社会の構築であり、その実現に使命感を持つ弁護士を結集し、組織化、専門化を図ることであった。また、このようにして形成された専門能力と創造的思考力を持つ知的専門家集団により、「法の支配」が求める社会の実現に微力ながらも貢献するということであった。当事務所がこれまで『M&A法大全』（商事法務）および『IT法大全』（日経BP社）という2作の『大全』書を刊行してきたことは、これらの貢献への大きな第一歩であったと自負するものであるが、本書においては、新たにファイナンスの分野における当事務所の成果を世に問うものである。

　グローバル化時代を迎え、ファイナンス法分野は複雑、高度に発展しつつある。その結果、適用される法と現実との乖離が顕在化し、増幅される。執筆者は、この乖離がもたらす深刻な問題と日々対峙しながら、その解決に意欲的に挑戦している。それは、既存の体系的理論と緊張関係を作りながら、創造的思考力と高度な法技術を最大限駆使して行う法的解決に向けての苦悩のプロセスであるといっても過言ではない。本書により、法の実現と法理論の発展に果たし得る実務法律家の積極的役割があることを示すことができれば幸いである。特に、ファイナンス法の最前線で日々法実務と取り組んでいる執筆者の全員は、絶えず生起する新しい動き、変化を鋭敏にとらえ、読み解く努力を尽くしている。それは、その変化を法理論の発展、法改正の実現などへと結び付ける途を絶えず探ろうとする情熱からである。本書を通じ読者におかれては、ぜひともその姿勢を汲み取っていただきたい。

なお、ファイナンスそのものが当然ながら1つの専門分野を形成しているが、今日高度に発達したファイナンスの領域においては、さらに、専門分野が分化・先端化され、そのため本書においては当事務所の46名に上る弁護士が結集し、それぞれの専門分野につき執筆を担当した。こうした数多くのファイナンス分野における専門家弁護士を育て上げた本書の陰の功労者ともいえるのが、小杉晃執行パートナー、小野傑副執行パートナー、米田隆副執行パートナーの各弁護士である。ここにその労を多としたい。

　本書の作成に当たっては、小野傑弁護士が中心となって、江畠秀樹（第1章担当）、太田洋（第2章、第3章担当）、伊東啓（第4章担当）、五十嵐誠（第5章担当）、岩倉正和（第6章、第12章担当）、前田敏博（第7章担当）、川上嘉彦（第8章担当）、上野正裕（第9章担当）、千石克（第10章担当）、寺本振透（第11章担当）の各パートナー弁護士が編集責任者会議において編集に当たった。各業の記述については、それぞれが担当する章の責任を持つということで取り進めたものである。共著であることから、必ずしも各章間において整合性を全うしていない面があるかもしれないが、ご寛恕願いたい。

　本書の出版に当たって、終始骨身を惜しまぬご協力をいただいた商事法務の菅野安司氏ならびに佐藤和幸氏に厚く御礼を申し上げたい。

　本書は、複雑多岐にわたるファイナンス法の分野で取引実務と法理論を結合・発展させるという困難な課題にあえて挑戦したものである。本書がファイナンス法分野における法理論と実務の進歩にいささかでも寄与できれば幸いである。

2003年8月

西村総合法律事務所
創業パートナー弁護士　西 村 利 郎

●凡　　例●

1　法令名の略記

括弧内で法令名を示す際は、原則として有斐閣版六法全書巻末の法令名略語に倣うものとした。

一括清算	→	金融機関等が行う特定金融取引の一括清算に関する法律
一般法人	→	一般社団法人及び一般財団法人に関する法律
医療	→	医療法
英文開示ガイドライン	→	外国会社届出書等による開示に関する留意事項について
会更	→	会社更生法
会更規	→	会社更生法施行規則
外国債等開示府令	→	外国債の発行者の内容等の開示に関する内閣府令
開示電子手続府令	→	開示用電子情報処理組織による手続の特例等に関する内閣府令
会社	→	会社法
会社計算	→	会社計算規則
外為省令	→	外国為替に関する省令
外為	→	外国為替及び外国貿易法
外為令	→	外国為替令
確定給付	→	確定給付企業年金法
貸金業	→	貸金業法
課徴金府令	→	金融商品取引法第六章の二の規定による課徴金に関する内閣府令
割賦	→	割賦販売法
監査証明府令	→	財務諸表等の監査証明に関する内閣府令監査証明府令
監督指針（金商業者等）	→	金融商品取引業者等向けの総合的な監督指針
監督指針（主要行等）	→	主要行等向けの総合的な監督指針
監督指針（信託会社等）	→	信託会社等に関する総合的な監督指針
監督指針（保険）	→	保険会社向けの総合的な監督指針
監督指針（中小・地域金融）	→	中小・地域金融機関向けの総合的な監督指針
企業開示府令	→	企業内容等の開示に関する内閣府令
企業開示ガイドライン	→	企業内容等の開示に関する留意事項について
協会等府令	→	金融商品取引業協会等に関する内閣府令

凡　例

行手	→	行政手続法
漁業	→	漁業法
銀行	→	銀行法
銀行規	→	銀行法施行規則
銀行自己資本告示	→	銀行法第十四条の二の規定に基づき、銀行がその保有する資産等に照らし自己資本の充実の状況が適当であるかどうかを判断するための基準
銀行令	→	銀行法施行令
健保	→	健康保険法
金商業等府令	→	金融商品取引業等に関する内閣府令
金商	→	金融商品取引法
金商令	→	金融商品取引法施行令
金販	→	金融商品の販売等に関する法律
金販令	→	金融商品の販売等に関する法律施行令
金融ADRガイドライン	→	金融分野における裁判外紛争解決制度（金融ADR）に関する留意事項について
金融商品取引法等ガイドライン	→	金融商品取引法等に関する留意事項について
金融庁パブコメ回答〔平○.△.□〕●頁×番	→	金融庁平成○年△月□日パブリックコメントへの回答
景表	→	不当景品類及び不当表示防止法
兼営	→	金融機関の信託業務の兼営等に関する法律
兼営規	→	金融機関の信託業務の兼営等に関する法律施行規則
兼営令	→	金融機関の信託業務の兼営等に関する法律施行令
航空	→	航空法
航空規	→	航空法施行規則
更生特例	→	金融機関等の更生手続の特例等に関する法律
更生特例規	→	金融機関等の更生手続の特例等に関する法律施行規則
更生特例令	→	金融機関等の更生手続の特例等に関する法律施行令
工抵	→	工場抵当法
航抵	→	航空機抵当法
航登令	→	航空機登録令
港湾	→	港湾法
個人情報	→	個人情報の保護に関する法律
個人情報令	→	個人情報の保護に関する法律施行令
再エネ特措	→	電気事業者による再生可能エネルギー電気の調達に関する特別措置法

凡　例

再エネ特措規	→	電気事業者による再生可能エネルギー電気の調達に関する特別措置法施行規則
再エネ特措令	→	電気事業者による再生可能エネルギー電気の調達に関する特別措置法施行令
財務諸表等規則	→	財務諸表等の用語、様式及び作成方法に関する規則財務諸表等規則
清算集中告示	→	店頭デリバティブ取引等の規制に関する内閣府令第二条第一項及び第二項に規定する金融庁長官が指定するものを定める件
産業競争力	→	産業競争力強化法
資金移動業者府令	→	資金移動業者に関する内閣府令
資金決済	→	資金決済に関する法律
資金決済令	→	資金決済に関する法律施行令
資産流動化	→	資産の流動化に関する法律
資産流動化規	→	資産の流動化に関する法律施行規則
資産流動化令	→	資産の流動化に関する法律施行令
自社株府令	→	発行者による上場株券等の公開買付けの開示に関する内閣府令
四半期財務諸表等規則	→	四半期財務諸表等の用語、様式及び作成方法に関する規則四半期財務諸表等規則
四半期連結財務諸表規則	→	四半期連結財務諸表の用語、様式及び作成方法に関する規則四半期連結財務諸表規則
氏名等公表府令	→	金融商品取引法令に違反する行為を行った者の氏名等の公表等に関する内閣府令
社債株式振替	→	社債、株式等の振替に関する法律
社債株式振替規	→	社債、株式等の振替に関する法律施行令
社債株式振替令	→	社債、株式等の振替に関する法律施行令
出資	→	出資の受入れ、預り金及び金利等の取締りに関する法律
証券金融会社府令	→	証券金融会社に関する内閣府令
証券情報等府令	→	証券情報等の提供又は公表に関する内閣府令
商取	→	商品先物取引法
商取規	→	商品先物取引法施行規則
商取令	→	商品先物取引法施行令
証取	→	証券取引法
消費契約	→	消費者契約法
商品投資	→	商品投資に係る事業の規制に関する法律
商品投資令	→	商品投資に係る事業の規制に関する法律施行令

凡　例

食品	→	食品表示法
所税	→	所得税法
所税令	→	所得税法施行令
信託	→	信託法
信託規	→	信託法施行規則
信託業	→	信託業法
信託令	→	信託法施行令
清算機関府令	→	金融商品取引清算機関等に関する内閣府令
船登令	→	船舶登記令
船舶	→	船舶法
相税	→	相続税法
組織的犯罪	→	組織的な犯罪の処罰及び犯罪収益の規制等に関する法律
租税約特	→	租税条約等の実施に伴う所得税法、法人税法及び地方税法の特例等に関する法律
租特	→	租税特別措置法
租特規	→	租税特別措置法施行規則
租特令	→	租税特別措置法施行令
対内直投省令	→	対内直接投資等に関する命令
対内直投政令	→	対内直接投資等に関する政令
大量保有府令	→	株券等の大量保有の状況の開示に関する内閣府令
他社株府令	→	発行者以外の者による株券等の公開買付けの開示に関する内閣府令
宅建業	→	宅地建物取引業法
宅建業規	→	宅地建物取引業法施行規則
担信	→	担保付社債信託法
地税	→	地方税法
中間財務諸表等規則	→	中間財務諸表等の用語、様式及び作成方法に関する規則中間財務諸表等規則
中間連結財務諸表規則	→	中間連結財務諸表の用語、様式及び作成方法に関する規則中間連結財務諸表規則
著作	→	著作権法
定義府令	→	金融商品取引法第二条に規定する定義に関する内閣府令
鉄抵	→	鉄道抵当法
鉄道	→	鉄道法
電子開示手続等ガイドライン	→	開示用電子情報処理組織による手続の特例等に関する留意事項について

凡　例

店頭デリバティブ府令	→	店頭デリバティブ取引等の規制に関する内閣府令
投資法人計算規則	→	投資法人の計算に関する規則
投信	→	投資信託及び投資法人に関する法律
投信規	→	投資信託及び投資法人に関する法律施行規則
投信財産計算規則	→	投資信託財産の計算に関する規則
投信令	→	投資信託及び投資法人に関する法律施行令
投有責	→	投資事業有限責任組合契約に関する法律
投有責令	→	投資事業有限責任組合契約に関する法律施行令
特定商取引	→	特定商取引に関する法律
特定商取引規	→	特定商取引に関する法律施行規則
特定商取引令	→	特定商取引に関する法律施行令
特定有価証券開示府令	→	特定有価証券の内容等の開示に関する内閣府令
特定有価証券開示ガイドライン	→	特定有価証券の内容等の開示に関する留意事項について
独禁	→	私的独占の禁止及び公正取引の確保に関する法律
取引所等府令	→	金融商品取引所等に関する内閣府令
取引規制府令	→	有価証券の取引等の規制に関する内閣府令
内部統制府令	→	財務計算に関する書類その他の情報の適正性を確保するための体制に関する内閣府令
破	→	破産法
犯罪収益移転	→	犯罪による収益の移転防止に関する法律
犯罪収益移転規	→	犯罪による収益の移転防止に関する法律施行規則
犯罪収益移転令	→	犯罪による収益の移転防止に関する法律施行令
不正競争	→	不正競争防止法
復興財源特	→	東日本大震災からの復興のための施策を実施するために必要な財源の確保に関する特別措置法
不動産共事	→	不動産特定共同事業法
不動産共事規	→	不動産特定共同事業法施行規則
不動産共事令	→	不動産特定共同事業法施行令
報告省令	→	外国為替の取引等の報告に関する省令
法税	→	法人税法
法税規	→	法人税法施行規則
法税令	→	法人税法施行令
法適用	→	法の適用に関する通則法
暴力団	→	暴力団員による不当な行為の防止等に関する法律
保険	→	保険法
保険業	→	保険業法
保険業規	→	保険業法施行規則

保証金府令	→	金融商品取引法第百六十一条の二に規定する取引及びその保証金に関する内閣府令
前払式支払手段府令	→	前払式支払手段に関する内閣府令
民	→	民法
民再	→	民事再生法
民再規	→	民事再生法施行規則
民執	→	民事執行法
民執規	→	民事執行規則
民法（債権法）改正法	→	民法の一部を改正する法律（平成29年法律44号）による改正後の民法）
有価証券上場規程	→	東京証券取引所「有価証券上場規程」
有価証券上場規程施行規則	→	東京証券取引所「有価証券上場規程施行規則」
有責	→	有限責任事業組合契約に関する法律
利息	→	利息制限法
連結財務諸表規則	→	連結財務諸表の用語、様式及び作成方法に関する規則連結財務諸表規則
労基	→	労働基準法
労基則	→	労働基準法施行規則

2 判例の表示

最判昭和60・7・16民集39巻5号989頁
→最高裁判所昭和60年7月16日判決、最高裁判所判例集39巻5号989頁

3 判例集・雑誌の略称

下民	→	下級裁判所民事判例集
金判	→	金融・商事判例
金法	→	金融法務事情
刑集	→	最高裁判所（大審院）刑事判例集
高刑	→	高等裁判所刑事判例集
高民	→	高等裁判所民事判例集
裁判集刑	→	最高裁判所裁判集刑事
裁判集民	→	最高裁判所裁判集民事
ジュリ	→	ジュリスト
訟月	→	訟務月報
商事	→	旬刊商事法務
審決集	→	公正取引委員会審決集
新聞	→	法律新聞

凡　　例

曹時	→	法曹時報
判時	→	判例時報
判タ	→	判例タイムズ
法教	→	法学教室
民集	→	最高裁判所（大審院）民事判例集
労判	→	労働判例
労民	→	労働関係民事裁判例集

4　文献の略称
(1)　会社法関連

論点解説	→	相澤哲ほか編著・論点解説新・会社法（商事法務、2006）
論点体系会社法(1)～(4)	→	江頭憲治郎＝中村直人編・論点体系会社法(1)～(6)（第一法規、2012）
江頭	→	江頭憲治郎・株式会社法〔第6版〕（有斐閣、2015）
会社法コンメ(1)～(14)・(16)～(18)・(20)・(21)	→	江頭憲治郎＝森本滋編集代表・会社法コンメンタール(1)～(14)・(16)～(18)・(20)・(21)（商事法務、2008～）
新基本法コンメ(1)～(3)	→	奥島孝康ほか編・新基本法コンメンタール会社法(1)～(3)〔第2版〕（日本評論社、2010～2016）
江頭還暦上・下	→	黒沼悦郎＝藤田友敬編・江頭憲治郎先生還暦記念・企業法の理論・上・下（商事法務、2007）
一問一答平成26年	→	坂本三郎編著・一問一答平成26年改正会社法〔第2版〕（商事法務、2015）

(2)　金融商品取引法関連

川村編	→	川村正幸編・金融商品取引法〔第5版〕（中央経済社、2014）
神崎ほか・金融商品取引法	→	神崎克郎ほか・金融商品取引法（青林書院、2012）
金商法コンメ(1)(2)(3)(4)	→	神田秀樹ほか・金融商品取引法コンメンタール(1)(2)(3)(4)（商事法務、2012～）
金商法百選	→	神田秀樹＝神作裕之編・金融商品取引法判例百選（有斐閣、2013）
岸田・注釈(1)～(3)	→	岸田雅雄監修・注釈金融商品取引法(1)(2)(3)（金融財政事情研究会、2009～）
黒沼	→	黒沼悦郎・金融商品取引法入門〔第5版〕（日本経済新聞出版社、2013）

逐条解説2015年	→	田原泰雅監修・逐条解説2015年金融商品取引法改正（商事法務、2015）
逐条解説2010年	→	寺田達史ほか・逐条解説2010年金融商品取引法改正（商事法務、2010）
松尾	→	松尾直彦・金融商品取引法〔第4版〕（商事法務、2016）
一問一答金商法	→	三井秀範＝池田唯一監修、松尾直彦編著・一問一答金融商品取引法〔改訂版〕（商事法務、2008）

(3) その他

ファイナンス法大全アップデート	→	西村ときわ法律事務所編・ファイナンス法大全アップデート（商事法務、2006）

● 目　　次 ●

推薦の辞……*i* ／はしがき……*ii* ／凡例……*vi*

第7章　REIT

第1節　REITの仕組みと法律関係

1　全体の仕組み──プレイヤー間の構造を含めて　*2*
　(1)　REITとは　*2*
　(2)　投資法人スキームの特徴　*7*
　(3)　投資法人スキームの参加プレイヤー　*13*

2　投資法人スキームを規律する法令等　*17*
　(1)　投信法　*17*
　(2)　金商法　*36*
　(3)　税法──租特法を中心に　*41*
　(4)　金融商品取引所の上場規程　*45*
　(5)　投信協会の自主ルール　*45*

第2節　REITの新しい動き

1　私募REIT　*50*
　(1)　私募REITの台頭　*50*
　(2)　私募REITの特徴　*54*
　(3)　私募REITの組成・運用における実務上のポイント　*58*

2　運用資産の多様化　*62*
　(1)　はじめに　*62*
　(2)　ホテルREITの概要　*63*
　(3)　病院・ヘルスケアREIT　*68*

3　プレイヤーの多様化　*78*

(1)　金融機関によるJ-REIT市場への参入　*78*
　(2)　金融機関によるJ-REIT市場参入の趣旨　*79*
　(3)　金融機関の参入の具体例　*81*
　(4)　金融機関のJ-REIT市場参入による可能性と課題　*84*
　(5)　金融機関がJ-REIT市場へ参入する際の論点・問題点　*85*
　(6)　投資信託委託会社または資産運用会社を子会社とする際の手続　*90*

4　国際化——海外不動産への投資　*92*
　(1)　概要　*92*
　(2)　スキームごとの法規制等　*94*
　(3)　海外不動産投資のハードルと「契約型」REITの活用可能性　*101*

第3節　REITの買収・再編

1　REITの買収・再編の目的と特徴　*106*
2　REITの合併　*106*
　(1)　REITの合併の意義　*106*
　(2)　合併手続の概要と留意点　*107*
　(3)　合併に関する税務処理　*123*
3　スポンサー交替　*124*
　(1)　スポンサー交替の意義　*124*
　(2)　新スポンサーへの資産運用会社株式の譲渡（＋資産運用会社への新役員の派遣）の手続の概要と留意点　*127*
　(3)　資産運用会社の交替の手続の概要と留意点　*131*

第8章　プロジェクト・ファイナンス

第1節　プロジェクト・ファイナンスの基本構造

1　プロジェクト・ファイナンスとは　*136*
　(1)　定義　*136*

- (2) プロジェクト・ファイナンスの特徴　*139*
- (3) コーポレート・ファイナンス／アセット・ファイナンスとの相違点　*146*
- (4) リスク・シェアリングの視点──Bankabilityとは　*147*
- (5) プロジェクト・リスク　*149*
- (6) プロジェクト・ファイナンスの利点　*150*

2　プロジェクト・ファイナンスにおけるストラクチャー　*154*
- (1) 契約構造（プロジェクト関連契約とファイナンス関連契約）　*154*
- (2) プロジェクト実施主体（借入人）の法形式の選択と代表的なストラクチャー　*156*

3　ファイナンス関連契約　*162*
- (1) ローン契約　*162*
- (2) スポンサーとの直接協定書　*181*
- (3) 金利スワップ契約　*182*
- (4) 担保関連契約　*182*
- (5) 優先劣後構造となる場合　*195*
- (6) 債権者間契約　*199*
- (7) 直接協定　*200*
- (8) プロジェクト・ボンド　*201*

4　プロジェクト関連契約　*203*
- (1) プロジェクト関連契約を検討する上での一般的な視点　*204*
- (2) プロジェクト共通に登場するプロジェクト関連契約　*206*

第2節　発電事業とプロジェクト・ファイナンス

1　国内電気事業を取り巻く状況　*225*
- (1) 再エネ特措法の制定・改正　*225*
- (2) 電力システム改革（2013年〜）　*232*
- (3) 国際的なCO_2削減動向と国内発電プロジェクトへの影響　*235*

2　太陽光発電事業　*236*
- (1)　プロジェクト関連契約　*237*
- (2)　ファイナンス関連契約　*247*

3　風力発電事業（陸上・洋上）　*255*
- (1)　プロジェクト関連契約　*255*
- (2)　ファイナンス関連契約　*262*
- (3)　陸上風力発電事業に特殊なプロジェクト・リスク対応　*263*
- (4)　洋上風力発電事業に特殊なプロジェクト・リスク対応　*264*

4　火力発電事業（石炭火力／ガス火力）　*271*
- (1)　プロジェクト関連契約　*271*
- (2)　ファイナンス関連契約　*282*

5　バイオマス発電事業　*283*
- (1)　プロジェクト関連契約　*283*
- (2)　ファイナンス関連契約　*287*

第3節　PPP/PFIとプロジェクト・ファイナンス

1　PPP/PFIとは（概説）　*289*
- (1)　PPPとは　*289*
- (2)　PFIとは　*289*

2　PFI法の位置付け　*292*

3　PFI事業のスキームの分類　*293*
- (1)　従来の整理　*293*
- (2)　政府による最近の整理　*295*

4　PFI事業のプロセス　*295*

5　PFIにおけるプロジェクト・ファイナンスの特徴　*296*
- (1)　行政法規との関係　*297*
- (2)　管理者等によるリスク負担　*298*
- (3)　事業契約の終了の影響　*298*
- (4)　ステップ・インの限界　*298*

目次

- 6 PFI法と公共施設等運営権　299
  - (1) 公共施設等運営権制度導入の経緯　299
  - (2) コンセッションとは　300
  - (3) 国の施策　301
  - (4) 公共施設等運営権制度　301
- 7 コンセッション事業とプロジェクト・ファイナンス　324
  - (1) 総論　324
  - (2) 空港　327
  - (3) 有料道路　335
  - (4) 上下水道　339
- 8 PFI事業とインフラファンド　341
  - (1) PFI推進機構の概要　342
  - (2) PFI事業における金融投資家参入の可能性・スキーム　343
  - (3) PFI事業におけるインフラファンドの活用　344
- 9 最後に　348

第4節　プロジェクト・ファイナンスの新展開

- 1 資源開発事業とプロジェクト・ファイナンス　350
  - (1) 海外資源開発事業におけるプロジェクト・ファイナンスの活用　350
  - (2) 将来的な国内における資源開発（メタンハイドレート等）事業における課題・展望　376
- 2 宇宙関連事業とプロジェクト・ファイナンス　377
  - (1) はじめに——宇宙関連事業の状況とファイナンスの可能性　377
  - (2) 宇宙関連事業におけるファイナンス取引の現状　377
  - (3) 宇宙関連事業におけるファイナンス取引の課題と今後の展望　379

目　次

第9章　保険

第1節　保険業の意義

1　保険業の定義規定　*390*
(1)　現行の保険業の定義規定に至った経緯　*390*
(2)　保険業の定義規定　*391*

2　保険の構成要素　*395*
(1)　保険の構成要素　*395*
(2)　各構成要素の解釈　*398*

3　具体的事例の検討　*401*
(1)　慶弔見舞金の保険業該当性　*401*
(2)　レンタル業者による免責（主たるサービスと付随一体的に提供される場合）の保険業該当性　*403*
(3)　役務提供サービスの保険業該当性　*404*

第2節　保険会社・保険持株会社の業務および保険会社・保険持株会社の子会社の業務に関する規制

1　保険会社の業務範囲規制　*412*
(1)　保険会社の固有業務　*412*
(2)　保険会社の付随業務　*414*
(3)　保険会社の法定他業　*417*
(4)　外国保険会社等の業務範囲　*418*
(5)　保険持株会社の業務範囲　*419*

2　保険会社および保険持株会社の子会社に関する規制　*419*
(1)　保険業法上の子会社　*419*
(2)　保険会社の子会社の業務範囲　*420*
(3)　担保権の実行等に係る特例　*431*

xix

(4) 海外展開に係る特例　*431*
　(5) 保険会社の子会社認可　*432*
　(6) 保険会社グループによる議決権の取得等の制限（合算10%ルール）
　　　433
　(7) 保険業法上の子法人等・関連法人等　*434*
　(8) 保険持株会社の子会社等に関する規制　*435*
3　保険会社の株主に関する規制　*437*
　(1) みなし議決権保有者　*437*
　(2) 保険議決権大量保有者に対する規制　*440*
　(3) 保険主要株主規制　*442*
　(4) 保険持株会社に関する規制　*446*

第3節　保険会社の健全性規制

1　保険会社の健全性規制　*451*
2　責任準備金等の積立て　*452*
　(1) 責任準備金　*452*
　(2) 保険会社の積み立てるべきその他の準備金　*457*
3　ソルベンシー・マージン比率と早期是正措置　*458*
　(1) 早期是正措置の基準となる指標　*460*
　(2) 早期是正措置　*468*
4　早期警戒制度　*470*
5　その他の健全性指標　*470*
　(1) EV（エンベディッド・バリュー）　*471*
　(2) 格付け　*471*
　(3) 基礎利益　*472*
6　統合的リスク管理（Enterprise Risk Management：ERM）
　　472
　(1) ERM導入の経緯　*472*
　(2) ERMの概要　*474*
　(3) ERMの評価項目　*475*

第4節　保険会社のM&Aおよび破綻処理

1. 保険会社のM&Aの概要　*478*
2. 国内保険M&Aの主な実例　*478*
3. 保険M&Aに関する規制　*481*
    - (1) 保険M&Aの手段　*481*
    - (2) 保険契約の移転　*482*
    - (3) 事業の譲渡または譲受け　*488*
    - (4) 業務および財産の管理の委託　*489*
    - (5) 合併　*490*
    - (6) 会社分割　*491*
    - (7) 株式の譲渡・新株発行　*492*
    - (8) 株式交換／株式移転による子会社化および持株会社化　*492*
4. 保険会社による海外M&A　*492*
5. 相互会社の株式会社化　*494*
    - (1) 組織変更の概要　*495*
    - (2) 社員に対する株式または金銭の割当て　*497*
    - (3) 補償基準日の設定　*497*
    - (4) 組織変更剰余金額　*498*
6. 保険会社の破綻処理　*498*
    - (1) はじめに　*498*
    - (2) 保険業法および更生特例法上の破綻処理の概要　*500*
    - (3) 契約条件の変更　*504*
    - (4) 破綻前の契約条件の変更　*508*

第5節　保険募集規制

1. 保険募集と募集関連行為　*510*
    - (1) 保険募集の意義　*510*
    - (2) 募集関連行為の意義　*518*
    - (3) 保険募集および募集関連行為のいずれにも該当しない行為　*520*

目次

- 2 比較サイトにおける保険募集規制 *521*
  - (1) 比較サイトとは *521*
  - (2) 比較サイトの募集規制 *526*
  - (3) 今後の比較サイト *534*

第10章 証券化の近時の展開

第1節 総論

- 1 証券化の「柔軟性」 *536*
- 2 証券化の近時の展開 *539*

第2節 信託を活用した日本版プロジェクト・ボンド

- 1 信託を用いた日本版プロジェクト・ボンドのスキームの概要 *541*
  - (1) 総論 *541*
  - (2) 日本版プロジェクト・ボンドのスキーム *542*
- 2 スキームのメリット *545*
  - (1) 資金の確保 *545*
  - (2) 資金調達先の拡大 *546*
  - (3) キャッシュ・フロー、リスクの加工 *547*
- 3 スキーム組成時の検討事項 *548*
  - (1) 関連契約の調整 *548*
  - (2) キャッシュ・フローのミスマッチ *548*
  - (3) 複数のプロジェクトを対象とする場合の取扱い *549*
  - (4) 投資家の意思決定 *549*
  - (5) 当事者の交代とバックアップの必要性 *551*

第3節 海外プロジェクト・ファイナンス債権の流動化

- 1 総論 *552*

2　海外プロジェクト・ファイナンス債権の流動化の要請　*554*
　　(1)　海外プロジェクト・ファイナンス債権の特徴　*554*
　　(2)　海外プロジェクト・ファイナンス債権流動化の背景　*556*
　3　オフバランス化（流動化）の方法　*559*
　　(1)　個別債権譲渡方式　*559*
　　(2)　ローン債権の譲渡を伴わない方式　*564*
　　(3)　信託方式　*567*
　4　代表的なスキームの検討　*567*
　　(1)　信託方式　*567*
　　(2)　ローン・パーティシペーション方式　*574*
　　(3)　シンセティック型流動化方式　*577*

第4節　カバードボンド

　1　カバードボンドとは　*580*
　2　カバードボンドの概要　*581*
　　(1)　カバードボンドの特徴——他の資金調達方法との比較　*581*
　　(2)　カバードボンドの種類　*582*
　3　法制カバードボンドの具体例　*583*
　　(1)　直接発行方式　*583*
　　(2)　SPV介在方式　*584*
　4　ストラクチャード・カバードボンドのスキーム例　*588*
　　(1)　SPC保証型　*588*
　　(2)　他益信託型　*590*
　　(3)　自己信託型　*592*
　5　ストラクチャード・カバードボンド組成上の留意点　*594*
　　(1)　投資家保護と一般債権者保護の調和　*595*
　　(2)　カバープールの「倒産隔離性」の確保　*596*
　　(3)　詐害行為取消し・否認の問題　*597*

目　次

　　(4) カバープールの選定・管理に関する監督の問題　597
　　(5) 流動性の確保　597

第11章　商事信託の近時の展開

第1節　総論

1　信託の基本構造　600
2　信託の機能　601
　(1) 権利転換機能　601
　(2) 意思凍結機能　602
　(3) 財産管理・活用機能　603
　(4) 倒産隔離機能　604
　(5) 権利付与機能　605
　(6) ビークル機能　605
3　商事信託にかかわる当事者　606
　(1) 委託者　606
　(2) 受託者　606
　(3) 受益者　608
　(4) 受益者代理人・信託管理人　608
　(5) 帰属権利者　609
　(6) 指図権者　610
　(7) 事務受託者　611
　(8) 受益権の販売業者　611
　(9) 信託債権者　612
4　特殊類型の信託　613
　(1) 信託法に特別の定めのある信託　613
　(2) 特殊なアレンジによる信託　617
　(3) 特別法に基づく信託　619

第2節　特殊類型の信託の活用

1　指図権の定めのある信託における当事者の責任　*622*
- (1)　論点の所在　*622*
- (2)　指図権の定めのある信託や指図権者の法令上の位置付け　*623*
- (3)　受託者の責任　*624*
- (4)　指図権者の責任　*630*

2　受益証券発行信託の活用例としてのJDR　*632*
- (1)　受益証券発行信託の意義と特色　*632*
- (2)　受益証券発行信託とJDR　*634*
- (3)　外国ETF–JDR　*640*
- (4)　その他の受益証券発行信託の活用例　*640*

3　金銭債権の証券化における自己信託の活用　*643*
- (1)　はじめに　*643*
- (2)　譲渡禁止特約付債権の証券化　*646*
- (3)　その他の論点　*655*

4　信託型ESOPと信託型株式報酬制度の進展　*658*
- (1)　総論　*658*
- (2)　信託型ESOPにかかわる法的論点　*661*
- (3)　信託型株式報酬制度特有の法的論点　*677*

第3節　信託の変動

1　信託の分割にかかわる法的論点　*682*
- (1)　信託の分割　*682*
- (2)　旧信託法における信託の分割　*683*
- (3)　現行の信託法における信託の分割　*684*

2　信託銀行の破綻と銀行勘定貸　*688*
- (1)　はじめに　*688*
- (2)　信託銀行の破綻時における信託財産の取扱い　*689*
- (3)　銀行勘定貸　*691*

(4)　受託者の倒産手続における銀行勘定貸の取扱い　*697*

第12章　デリバティブ

第1節　総論

1　デリバティブとは　*702*
　(1)　概要　*702*
　(2)　業法上の整理　*709*
2　店頭デリバティブ取引における契約書・ドキュメンテーション　*711*
　(1)　ISDAマスター契約　*712*
　(2)　CSA　*715*
3　クローズアウト・ネッティングおよび担保の法的有効性と一括清算法　*719*
　(1)　Netting Opinion／Collateral Opinion　*719*
　(2)　一括清算法　*720*
4　近時のISDAマスター契約・CSAに関する判例・裁判例　*723*
　(1)　関係会社相殺（最判平成28・7・8民集70巻6号1611頁）　*724*
　(2)　CSAにおける余剰担保（東京高判平成22・10・27金判1360号53頁）　*726*
　(3)　「再構築コスト」の意義──1992年版ISDAマスター契約における損害（Loss）の意義　*727*

第2節　リーマン・ショック後のデリバティブに対する規制の流れと現状

1　リーマン破綻後のデリバティブ規制の流れと概要　*732*
　(1)　はじめに　*732*
　(2)　G20首脳会談において合意された新たな金融規制の枠組みとその後

　　　　の展開　*732*

　(3)　参考──国際金融規制に関する主要なマイルストーン　*736*

2　健全性の観点からの監督強化／システム上重要な金融機関（SIFIs）の破綻リスク（いわゆる"Too big to fail"問題に対する対応）　*739*

　(1)　バーゼル規制の強化　*739*

　(2)　システム上重要な金融機関（SIFIs）の破綻リスク（いわゆる"Too big to fail"問題に対する対応）　*751*

　(3)　グローバルなシステム上重要な金融機関（G-SIBs）に対する総損失吸収能力（TLAC）規制の導入　*754*

3　店頭デリバティブ取引に関する信用リスク管理強化　*756*

　(1)　ピッツバーグ・サミットおよびカンヌ・サミットで示された方向性　*756*

　(2)　破綻時に「非破綻当事者」が活用できる担保の枠組み（"Defaulter's Payment"の徹底）　*757*

　(3)　中央清算機関に対する清算集中義務　*759*

　(4)　店頭デリバティブ取引に関する規制（中央清算されない店頭デリバティブに対する証拠金規制）　*759*

4　透明性の向上、システム・インフラの向上　*760*

　(1)　取引情報の保存・報告制度の導入　*760*

　(2)　電子情報処理組織制度の導入　*761*

　(3)　信用デリバティブ（CDS）の改革　*761*

　(4)　格付機関に対する規制　*761*

　(5)　金融指標に関する規制（LIBOR改革）　*762*

　(6)　金融市場インフラに対する規制　*762*

5　店頭デリバティブに関する顧客保護の強化　*763*

　(1)　適合性の原則、説明義務の強化　*763*

　(2)　金融ADR制度の導入　*765*

6　今後の課題　*766*

目次

第3節 伝統的な行為規制および近時の規制

1 デリバティブ取引に対する行為規制と紛争処理　*768*
  (1) デリバティブ取引に対する行為規制　*768*
  (2) 近時のデリバティブ取引に関する金融ADRや訴訟における紛争処理　*776*
2 中央清算されない店頭デリバティブ取引に係る証拠金規制　*779*
  (1) 日本における証拠金規制の概要　*779*
  (2) 日本以外の各国証拠金規制との差異・抵触、今後の展開　*797*
3 清算集中義務、CCPにおける債務引受けに関する法的な問題点　*800*
  (1) 清算集中義務　*800*
  (2) デリバティブ取引当事者および清算機関の破綻時の法律関係　*810*
4 電子取引基盤の利用の義務付け、取引情報の保存・報告義務　*814*
  (1) 電子取引基盤の利用の義務付け　*814*
  (2) 取引情報の保存・報告義務　*821*

第13章　FinTech

第1節　総論

1 FinTechの全体像と類型　*830*
2 FinTechにかかわる金融規制概観　*833*
3 FinTechにかかわるその他の法的留意事項　*835*
  (1) 情報保護法　*835*
  (2) 知的財産法　*836*
  (3) 消費者・利用者保護法　*836*
  (4) ベンチャー支援・投資　*837*

第2節　各種FinTechビジネスと法制度

1　ビットコインその他の仮想通貨の法的取扱い　*838*
- (1)　ビットコインの仕組みの概要　*839*
- (2)　暗号通貨と仮想通貨　*841*
- (3)　ビットコインの民事法上の取扱い　*842*
- (4)　ビットコインの各種規制上の取扱い　*864*
- (5)　ビットコインの税法上の取扱い　*885*
- (6)　ビットコインの刑法上の取扱い　*885*

2　決済・送金プラットフォーム　*887*
- (1)　はじめに　*887*
- (2)　通貨に係る法制度　*889*
- (3)　送金（為替）に係る法制度　*892*
- (4)　その他決済に関する法制度　*897*
- (5)　各種決済ツールの近時の動向　*901*
- (6)　新しい決済・送金プラットフォーム　*905*
- (7)　おわりに　*908*

3　クラウドファンディングに対する規制の適用関係　*908*
- (1)　総論　*908*
- (2)　法律関係からみたクラウドファンディングの類型　*910*
- (3)　各スキームの規制の適用関係　*913*
- (4)　ポイントを利用した場合の規制　*926*

4　ソーシャル・レンディング　*928*
- (1)　ソーシャル・レンディングとは　*928*
- (2)　海外におけるソーシャル・レンディングの法的な仕組み　*929*
- (3)　本邦におけるソーシャル・レンディングの法的な仕組み　*932*
- (4)　本邦におけるソーシャル・レンディングの課題　*940*

5　ロボアドバイザー　*945*
- (1)　ロボアドバイザーとは　*945*
- (2)　規制の適用関係──日本でロボアドバイザービジネスを始めるには　*950*

目　次

6　保険　*959*
　(1)　InsurTech／InsTech　*959*
　(2)　保険商品の開発　*960*
　(3)　保険募集　*964*
　(4)　保険の引受け　*966*
　(5)　保険金の支払　*967*
　(6)　その他（ソーシャル・インシュアランス）　*967*

第14章　金融取引課税

第1節　基本的な金融商品に対する課税

1　金融所得課税の一体化　*970*
　(1)　改正の沿革　*970*
　(2)　2013年度税制改正　*971*
2　株式　*973*
　(1)　譲渡所得　*973*
　(2)　配当所得　*974*
3　新株予約権　*975*
　(1)　取得者の税務処理　*975*
　(2)　発行法人の税務処理　*978*
4　債券　*978*
　(1)　譲渡所得　*978*
　(2)　償還差益　*979*
　(3)　利子所得　*980*
5　預貯金　*980*

第2節　信託・投資信託

1　信託税制　*982*
　(1)　はじめに　*982*

目　次

　　(2)　受益者等課税信託　*982*
　　(3)　集団投資信託　*989*
　　(4)　法人課税信託　*993*
　　(5)　退職年金等信託　*1001*
　　(6)　特定公益信託等　*1002*
　2　投資信託の税制　*1002*
　　(1)　租税法における「投資信託」の概念　*1002*
　　(2)　投資信託の税法上の取扱い　*1003*

第3節　組合・匿名組合

　1　組合税制　*1012*
　　(1)　組合税制の特徴──構成員課税、パス・スルー課税　*1012*
　　(2)　組合税制の対象　*1012*
　　(3)　任意組合等の課税上の取扱い　*1014*
　　(4)　任意組合等の国際課税上の側面　*1020*
　　(5)　組合型投資ファンド　*1022*
　2　匿名組合　*1026*
　　(1)　匿名組合とは　*1026*
　　(2)　匿名組合の所得課税上の取扱い　*1027*
　　(3)　匿名組合契約と任意組合契約　*1031*

第4節　証券化・流動化

　1　証券化・流動化におけるストラクチャーと税務　*1035*
　　(1)　SPVにおける課税関係の重要性　*1035*
　　(2)　特定目的会社（TMK）の課税関係　*1036*
　2　かつてのダブルSPCスキーム　*1039*
　　(1)　ダブルSPCスキームが用いられていた理由　*1039*
　　(2)　法改正による対策　*1042*
　3　税務紛争事例　*1042*
　　(1)　債権のセキュリティー・トラスティーへの譲渡担保　*1043*

目　次

　　(2) ビックカメラ事件（不動産流動化取引における会計上の取扱いと税務上の取扱いの相違）　*1045*
　　(3) オリックス信託銀行事件（住宅ローン流動化商品の劣後受益者の配当に関する税務上の取扱い）　*1049*

第5節　投資法人課税

1　投資法人への課税概要　*1057*
　　(1) 導管性要件　*1057*
　　(2) 不動産流通税　*1061*
　　(3) その他の特別措置　*1062*
2　近時の改正　*1063*
　　(1) 税会不一致　*1063*
　　(2) 投資対象の拡大　*1065*

●執筆者一覧・*1067*
●事項索引・*1080*

目次＜上巻＞

序　章　ファイナンス法分野の新たな展開とファイナンス・ロイヤーの役割

第1章　キャピタル・マーケッツ
 第1節　キャピタル・マーケッツの概要
 第2節　キャピタル・マーケッツの展開
 第3節　株式の上場に関する諸問題
 第4節　取引所論・ダークプールと私設取引システム

第2章　アセット・マネジメント
 第1節　アセット・マネジメント・ビジネス
 第2節　投資信託
 第3節　投資ファンド
 第4節　投資一任および投資助言

第3章　ローン
 第1節　総説
 第2節　海外シンジケート・ローン
 第3節　買収ファイナンス
 第4節　ディストレス企業体へのローン

第4章　リアルエステート・ファイナンス
 第1節　不動産ファイナンス
 第2節　不動産ファイナンスの各手法
 第3節　不動産ファイナンスの展開

第5章　アセット・ファイナンス
 第1節　アセット・ファイナンス総論
 第2節　航空機・船舶ファイナンス
 第3節　アセット・ファイナンスの海外展開
 第4節　アセット・ファイナンス取引と倒産法
 第5節　アセット・ファイナンス取引と金商法

第6章　金融機関の経営の多角化・国際化と金融機関マネジメント
 第1節　金融機関のコーポレート・ガバナンス
 第2節　金融機関の経営の多角化
 第3節　金融機関の海外展開
 第4節　金融機関マネジメント
 第5節　金融機関の海外展開
 第6節　金融規制の国際化
 第7節　外国業者の国内での活動に関する金商法規制

第7章

REIT

第1節
REITの仕組みと法律関係

1 全体の仕組み──プレイヤー間の構造を含めて

(1) REITとは

(i) はじめに

　日本版REIT（Real Estate Investment Trustの略称。以下、本書では、日本のREITのうち金融商品取引所に上場しているものを「J-REIT」とし、上場していないREITも含めたREITを「REIT」と総称する）とは、投資信託及び投資法人に関する法律（以下、「投信法」という）に基づいて組成される、不動産および不動産信託受益権などを主たる投資対象として、投資家から集めた資金を運用する投資信託または投資法人を用いた不動産投資ファンドをいう。

　従前は「主として有価証券」に限定されていた投資対象資産類型が2000年11月の投信法の改正・施行により、「主として特定資産」に拡大され、その「特定資産」には不動産や不動産信託受益権等が含まれることとなり[注1]、証

注1)　「特定資産」とは、有価証券、不動産その他の資産で投資を容易にすることが必要であるものとして政令で定めるものをいい（投信2条1項）、具体的には、有価証券、デリバティブ取引に係る権利、不動産、不動産の賃借権、地上権、約束手形金銭債権、再生可能エネルギー発電設備および公共施設等運営権などが含まれる（投信令3条）。なお、「特定資産」の定義は資産の流動化に関する法律（以下、「資産流動化法」という）にもあるが、投信法と資産流動化法において内容を異にすることにも注意を要する。例えば、①前述の通り投信法上の特定資産は有価証券、不動産、不動産の賃借権などが限定列挙されているのに対し、資産流動化法においては、「資産の流動化に係る業務として、特定目的会社が取得した資産」（同法2条1項）として、財産権一般を広く対象としていること（もっとも、投信法上、投資法人による取得につき特に制限が設けられていない、匿名組合契約の出資持分や金銭の信託受益権などについて、特定目的会社は、一定の例外を除き取得が制限されている〔同法212条〕）、②投信法上は、投資法人が取得した資産であるか否か問わない定義となっているが、資産流動化法上は、特定目的会社が取得した資産に限定されていることなどが挙げられる。

券投資信託のみならず、不動産投資信託の組成が可能となった[注2]。不動産証券化の手法の1つとして多数の投資家から資金を集める資産運用型の不動産投資信託が解禁されたことにより、不動産を使った資金調達と投資家の資産運用の手段に魅力的な選択肢が加わり、不動産証券化の発展・普及に大きく貢献することとなった。

(ii) REITの形態──「契約型」と「会社型」

不動産証券化において用いられる投資ビークルの形態は、「契約型」と「会社型」の2つの形態に大別できる。①「契約型」ビークルとしては、任意組合、匿名組合、投資事業有限責任組合および有限責任事業組合等の組合や信託など、②「会社型」ビークルとしては、会社法上の株式会社（特例有限会社を含む）、合同会社、資産流動化法上の特定目的会社や投信法上の投資法人などが、一般的に利用されている。いずれのビークルを選択するかは、ファンド組成の目的に応じて、投資家の属性、ガバナンスの仕組み、デット性資金の拠出者の意向あるいは二重課税を回避するための法定要件などを考慮した上で決定されることになる。

REITにおいても、投信法の用意する投資ビークルとして、①契約型の投資信託（投信2条3項。以下、「『契約型』REIT」という）と、②会社型の投資法人（同条12項。以下、「『会社型』REIT」という）の2つのタイプがある。

(a) 「契約型」REIT

契約型の投資ビークルである投資信託は、さらに、委託者指図型投資信託

注2) なお、「主として」の法令上の定義はないが、2000年11月の投信法改正以前から、ファンドが保有する資産の50％超と解釈されている（田村幸太郎「日本版リートの概要」NBL712号〔2001〕28頁。また、一般社団法人投資信託協会の不動産投資信託および不動産投資法人に関する規則3条1項、3項では、2分の1を超えることを「主たる」の定義の内容としている）。そのため、投信法上、「主たる」部分、すなわち全資産の過半が常に有価証券や不動産などの特定資産に投資されていなければならないが（運用資産の制限については、後記2(1)(i)(b)も参照されたい）、一方、その他の従たる部分（50％未満の部分）の運用対象については、特段の制限は投信法上規定されていない。2000年11月改正前の投信法においても、その他の従たる部分の運用対象については特段の投信法上の制限規定はなく、不動産などの資産への投資も可能と解釈されていたが、関連する法律との調整がなされていなかったため、実務上困難かつ具体的事例がなかったようである（山崎和哉『資産流動化法──改正SPC法・投信法の解説と活用法』〔金融財政事情研究会、2001〕104頁）。

(投信2条1項)と委託者非指図型投資信託(同条2項)の2つに分けることができる(同条3項)。委託者指図型投資信託の場合は、投資信託委託会社(同条11項)を委託者、信託銀行または信託会社(以下、信託銀行および信託会社をあわせて「信託銀行等」と総称する)を受託者とし、投資家を受益者とする信託契約が投資信託委託会社と信託銀行等との間において締結され、他方、委託者非指図型投資信託の場合は、委託者兼受益者たる投資家と受託者となる信託銀行等との間において信託契約が締結されることになる。

かかる投資信託のうち、資金を主として不動産等への投資により運用することを目的とするものが「契約型」REITと位置付けられることとなる。

(ア) 委託者指図型投資信託

「委託者指図型投資信託」とは、「信託財産を委託者の指図に基づいて主として特定資産に対する投資として運用することを目的とする信託」であり、受益権を分割して複数の者に取得させることも目的としていることが定義上の要件とされている(投信2条1項)。委託者指図型投資信託では、投資信託委託会社が信託の委託者となって運用に係る指図を行うスキームであり、信託受託者となる信託銀行等は、信託受託者として資産の保管等を行うものの、その運用に関して自ら判断することは予定されていない。

(イ) 委託者非指図型投資信託

「委託者非指図型投資信託」とは、「1個の信託約款に基づいて複数の委託者(投資家)により受け入れた金銭を、合同して、委託者の指図に基づかずに受託者の投資判断に基づいて主として特定資産に対する投資として運用することを目的とする信託」である(投信2条2項)。各投資家を委託者として位置付け、投資家から直接金銭の信託を受け、信託の受託者となる信託銀行等が自らの判断により信託財産の運用を行うものであり、委託者指図型投資信託のような投資信託委託会社の介在は予定されておらず、投資家が受託者に対して指図することも想定されていない。また、主として有価証券投資を目的とする委託者非指図型投資信託の設定は禁止されており(同法48条)、有価証券を除く不動産等の特定資産に特化したタイプの投資スキームといえる。

第1節　REITの仕組みと法律関係

【図表7-1-1】　委託者指図型投資信託と委託者非指図型投資信託の比較

	委託者指図型投資信託	委託者非指図型投資信託
委託者の許認可等	「契約型」REITの投資信託委託会社には、以下の許認可等が必要となる。 ①金商法上の投資運用業の登録（投信2条11項）*。 ②宅地建物取引業法における免許（投信3条1号、宅建業3条1項） ③投資信託契約上、委託者指図型投資信託の信託財産を主として不動産に対する投資として運用することを目的とする場合には、取引一任代理等の認可（投信3条2号、宅建業50条の2第1項）	委託者非指図型投資信託の委託者には、左記の許認可はいずれも不要である（なお、受託者においてもかかる許認可を取得する必要はない）。
受託者の許認可等	受託者は、一の①信託業法に基づき免許（信託業3条または53条1項）もしくは登録（同法7条）を受けた信託会社、または、②兼営法1条1項の認可を受けた金融機関である必要がある（投信3条）。	

＊　なお、「契約型」のJ-REITとして組成される委託者指図型投資信託における委託者である投資信託委託会社の運用の指図は、「不動産等に対する投資として〔金商法〕第2条第1項第10号に規定する投資信託の受益証券に表示される権利を有する者から拠出を受けた金銭その他の財産の運用を行うこと」として「特定投資運用行為」を行おうとするものに該当するため、金商法の適用に関する特例として、投資運用業の登録に際して、内閣総理大臣が、当該特定投資運用行為を行う業務を適確に遂行するに足りる人的構成を有するものであるかどうかにつき、国土交通大臣の意見を聴いた上で判断し、承認することが必要とされている（なお、この場合には、投資運用業の登録を与えると同時に特定投資運用行為についての承認も与えられたものとみなすとの取扱いがなされる〔投信223条の3、投信令129条1項1号、投信223条の3第1項により読み替えられた金商29条の2第2項2号・35条2項6号・35条4項・35条5項）。また、「契約型」REITとして組成される委託者指図型投資信託における委託者である投資信託委託会社が行う特定投資運用行為については、金商法2条8項14号に該当するものとみなした上で同法の規定が適用される（投信223条の3第2項）。

(ウ)　委託者指図型投資信託と委託者非指図型投資信託の比較

「契約型」REITとしての委託者指図型投資信託と委託者非指図型投資信託には、信託関係者が取得すべき許認可について、【図表7-1-1】の相違点がある。

「契約型」REITのうち、委託者指図型投資信託については、委託者に要求される許認可等は、「会社型」REITにおける資産運用会社に要求される許認可等（詳細については、後記2(1)(iv)(a)を参照されたい）と実質的に同様であり、投資信託委託会社は、「会社型」REITにおける資産運用会社に相当する存在といえる。

他方で、委託者非指図型投資信託においては、「会社型」REITにおける資産運用会社に相当する存在は予定されていない。

この点、受託者である信託銀行等が自ら信託財産の運用を行う委託者非指図型投資信託においては、信託銀行等において投資法人のために自ら積極的に運用を行う体制の整備が必要となるところ、かかる体制の整備には時間を要するものと思われるため、少なくとも当面の間は、「契約型」REITが活用される場面においては、委託者指図型投資信託の形態が主として選択されるように思われる。

(b) 「会社型」REIT

投資法人は、「資産を主として特定資産に対する投資として運用することを目的」とする社団（投信2条12項）であり、法人格を有する投資法人という「器」を利用して資産運用が行われることになる。投資法人は、投資証券や投資法人債の発行または借入れにより自ら資金調達を行った上で、主として不動産等その他の特定資産の取得・運用を行い、投資家にその利益を分配する。

かかる投資法人のうち、資金を主として不動産等への投資により運用することを目的とするものが「会社型」REITと位置付けられることとなる。

(c) わが国のREITにおける「契約型」と「会社型」の選択の現状

契約型と会社型のREITについて、いずれも投資対象資産は共通であり、投信法のみならず金融商品取引所における上場制度や上場に伴う開示制度を勘案しても、資産運用における行為規制や要求されるディスクロージャーの内容等について基本的に大きな差異はない。両者の大きな違いの主眼としては、究極的に投資家にガバナンスの権能が付与されるかという点にあり、会社型の場合は、投資家は投資主として各種の監督権限を行使することが可能であり、投資主総会、役員会等のコーポレート・ガバナンスの仕組みの中で

投資家保護を実現することが可能となる点において、利点があると考えられる傾向があったように思われる。

　この点、本稿脱稿時現在においても、金融商品取引所に上場されているJ-REITは、すべて会社型の投資法人形態が採用されている。その理由については、さまざまな背景があると評されているが、①前述の通り投資主総会や役員会等を通じたガバナンスが可能であり、投資家保護に優れていると考えられたこと、②会社型のガバナンス構造が、既存の上場会社との類似性に親近感を感じる市場関係者が多かったこと、③投資法人は投資法人債の発行による資本市場からのデット性資金の調達が当初から可能とされていたこと[注3]などが一般的な理由として挙げられている[注4]。

　以上のように、投信法上は「会社型」ビークルの投資法人を利用するスキームと、「契約型」ビークルの委託者指図型投資信託または委託者非指図型投資信託を利用するスキームが予定されているが、日本におけるJ-REITの現状としては、もっぱら「会社型」の投資法人を利用したスキームが採用されている。

(2) 投資法人スキームの特徴

(i) コーポレート・ガバナンスによる投資家保護

　投資主総会等のガバナンス機構が整備され、投資家によるコーポレート・ガバナンスが可能であり、これによる投資家保護が制度的に図られていることが投資法人スキームの大きな特徴である[注5]。投資法人においては、投資主総会や役員会という意思決定機関、会計監査人による外部監査の機能が存在

注3)　ただし、投資主の請求により投資口の払戻しをしない旨の規約の定めがある投資法人（すなわち、いわゆるクローズド・エンド型の投資法人）である場合に限定される（投信139条の2第1項）。

注4)　なお、東証の有価証券上場規程上は、「契約型」REITでの上場も可能である（有価証券上場規程1201条の2第1項）。

注5)　なお、「契約型」REITにおいても、投資家に対して一定のガバナンスの権能が与えられている。具体的には、投資信託約款の重大な変更や信託の併合については、受益者による書面の決議が必要とされ、反対した受益者は自己の保有する受益証券の買取りを請求することができ、また、委託者指図型投資信託においては、投資家の帳簿閲覧権が与えられていることが挙げられる（投信15条2項）。

し、また、投資主には投資主総会における議決権、帳簿閲覧権、代表訴訟権などをはじめとする監督権限が付与されている。投信法は、これらのガバナンス機構により、役員や後述の外部委託スキームにおける資産運用会社等の外部受託者の業務を監督し、投資家の利益の保護を図っているのである。

(ii) 外部委託スキームと利益相反問題

(a) 外部委託スキームの採用——投資法人は資産保有の「器」

投資法人スキームを含む資産運用型のファンドは、投資家から集められた資金の運用が資産運用の専門家に委託される点に1つの特徴がある。そして、この専門家による運用については、現在の米国のREITで主流となっている、事業体そのものが従業員を雇用するなどして不動産の運営・管理を行う内部運用の形態と、豪州のA-REITのように、投資運用を事業体の外部に委託して行う外部委託の形態に大別できるが、J-REITにおいては、事業体は資産運用のための「器」としての機能が徹底されており、その目的を阻害しないように、後者の外部委託の形態が採用されている。

(b) 外部委託スキームと受託者責任——利益相反問題

このように、各種の業務が外部の業者に委託される仕組みが採用されていることから、投資家の保護のためには、外部の業務受託者による適正な業務遂行の確保が重要になる。特に、投資法人スキームにおいては、投資法人から資産運用に係る業務の外部委託を受ける資産運用会社が高度の専門性と裁量を有し、投資資産に関する重要な情報を取得し得る立場にあるのに対して、投資家は十分な監督能力をもたず、監督のインセンティブが欠如している場合もあることから、利益相反取引により投資家の利益が害されるリスクが類型的に高いといえる。また、さまざまな利害関係者が参加しており、投資法人（ひいてはその投資主）と他の利害関係者との間で利益の相反する状態が生じる場面も多いことに加え、資産運用会社がかかる他の利害関係者（特にスポンサー）と支配関係を有することが少なくないことも、投資法人スキームにおいてそのリスクを高めている。そのため、かかる利益相反取引により投資家の利益が害されることを防ぐ観点から、投信法および金商法などによりさまざまな手当てが施されている。

(iii) 上場市場を前提としたファンド

　J-REITを含む資産運用型のファンドは、「オープン・エンド型」と「クローズド・エンド型」に大別される。

　「オープン・エンド型」のファンドは、ファンドの発行するエクイティ証券（投資信託の場合は受益証券、投資法人の場合は投資証券）に投資した投資家の請求があれば、ファンドがその時点の1口当たりの純資産額で当該証券の解約または買戻しに応じることがファンドの義務とされている類型のファンドをいい[注6]、これに対し、「クローズド・エンド型」のファンドは、ファンドの発行するエクイティ証券について、投資家の請求によっても解約または買戻しに応じない類型のファンドをいう。そして、投資法人においては、投資主の請求により投資口の払戻しを認めるものがオープン・エンド型、投資主の払戻請求権を認めないものがクローズド・エンド型となる。

　投資法人は、規約に記載することにより、オープン・エンド型とクローズド・エンド型の選択を行うことができる（投信67条1項3号）が、クローズド・エンド型が選択される傾向にあり[注7]、2016年5月末日現在上場しているJ-REITはクローズド・エンド型の投資証券のみとなっている。理由としては、投資法人をオープン・エンド型とした場合は、投資家の請求があれば、ファンドの資産を換金することにより、払戻しのための資金を手元に準備しておく、同一計算期間内に払戻請求を行い得る金額に上限を設ける、または流動性の高い資産による運用を相当額について行っておく必要が生じるが、投資法人の保有資産は株券や債券等の有価証券に比べて流動性が乏しい不動産や不動産信託受益権等の不動産関連資産が主となるため[注8]、投資主の投資口の

注6)　この場合、投資信託では信託契約の一部の「解約」を、投資法人では「出資の払戻し」を行うことになる。

注7)　もっとも、2010年頃からオープン・エンド型・非上場の私募REITの組成が増え始めている。

注8)　金融商品取引所への上場審査のためには、運用資産等の総額に占める不動産等の額の比率が70％以上と見込まれることが必要となり（有価証券上場規程1205条(2)号ａ）、当該比率が事業年度末日において70％未満となり、1年以内に70％以上とならなかった場合は上場廃止基準に抵触してしまう（有価証券上場規程1218条2項(1)号）ことに加え、投資法人が保有する特定資産のうち特定不動産（不動産、不動産の賃借権、地上権または不動産、土地の賃借権もしくは地上権を信託する信託受益権）の割合が75％以上であること（租特83条の2第3項2号イ）が不動産取得税の減税

払戻請求に応じて不動産等を機動的に売却することは難しく、早期の換価の必要性に迫られてしまうと売却価格はおのずと下がる傾向にあり、ファンドとしても不安定となる。また、1つひとつの不動産等の対価が高額であることから、払戻しに必要な資金に限って換金を行うことも必ずしも容易ではない。対して、クローズド・エンド型とした場合には、ファンドが投資家から出資を受けた資金の払戻しを行う必要がないため、長期的な運用が可能となり、不動産等の流動性の低い資産にも投資が可能となるという点でメリットがある[注9]。

(iv) ペイ・スルー型の導管体——税制上の優遇措置

投資法人が資産運用のための「器」として用いられるにすぎないことに鑑み、かかる特質に適合するよう、投資法人は、政策的に一定の要件(以下、本章において「導管性要件」という)を満たすことで投資主に対して支払った配当等を損金に算入することができることとされている(いわゆる「ペイ・スルー課税」。租特67条の15、租特令39条の32の3)。すなわち、投資法人は、実質的に投資法人段階での課税を回避(二重課税の回避)することができる導管体(conduit)としての性質を有したビークルである。かかるタックス・メリットを享受するためには、細かな導管性要件〔導管性要件の詳細については、後記**2(3)(i)および第14章第5節1(1)**〕を満たさなければならないが、一般的な投資法人は基本的に導管性要件を満たすべく組成・運用されており、むしろ導管性要件が投資法人の仕組みを形作る大きな要素になっているともいえる。ま

措置を受けるための要件の1つとなっていることから、金融商品取引所への上場を維持し、投資法人を利用するタックス・メリットを享受するために、J-REITにおける投資法人の保有資産の大部分は、不動産に関連する資産となっている。

注9) 他方、ファンドによる払戻しがなされない以上、投資家の投下資本の回収は、取引所や店頭市場による売買においてなされることになる(そもそも、クローズド・エンド型とする反面において、投下資本の回収可能性を確保するため、市場における自由な売買による投下資本回収の手段が整備されることが望まれ、かかる要望に応えるかたちで東証が2001年3月に「不動産投資信託証券に関する有価証券上場規程の特例」を施行し、これによりクローズド・エンド型の投資法人の発行する投資証券の上場が可能となったという経緯がある〔有価証券上場規程1201条の2第1項(1)号〕)。そのため、その流通性は市場の流動性いかんに左右され、また、その売買価格も1口当たりの純資産価額とは一致せず、市場価額のほうが安い状態になるなど、投資家の投下資本の回収可能性は市場リスクにさらされることとなる。

た、多くの上場投資法人において、その当期未処分利益に対する分配金の額がほぼ100％となっており[注10]、投資証券の商品性の大きな特徴となっている。

　(ⅴ)　**充実した情報開示**

　投資法人スキームのような集団投資スキームにおいては、仕組みそのものや投資対象資産の内容が投資家の投資判断に当たり重要な判断要素となっており、外部委託スキームが採用されていることなどにより一般の事業法人と異なる利益相反の問題を構造的に抱えていることから、投資家が的確な投資判断を行うための開示の必要性という観点に加え、利益相反問題の対策という意味での開示の必要性も高い。そのため、以下に要約した通り投資対象資産の内容、資産運用・管理の方法、また、発行会社と受託者との関係といった仕組みに関するディスクロージャーが投信法、金融商品取引法（以下，「金商法」という）、特定有価証券開示府令、金融商品販売法、金融商品取引所の定める有価証券上場規程、投資信託協会の自主ルールなど、複数の法令等により求められている。かかる点が投資法人の情報開示が充実しているといわれるゆえんの1つといえよう。

　(a)　**投信法に基づく情報開示**

　投信法に基づく情報開示は、運用成果等を現に投資主である者に開示し、かかる投資主が投資法人、ひいては資産運用会社に対する監督権限の行使の実効性を確保するための情報提供を行うことを主たる目的としている。

　投資法人は、決算期ごとに貸借対照表などの計算書類や資産運用報告などを作成することが義務付けられており、これらは会計監査報告とともに各投資主への通知に添付され（投信129条・131条）、また、本店において閲覧に供されることになっている（同法132条1項）。特に、投資法人の保有資産の内容が投資主の投資判断の資料として重要性を有し、また外部受託者との関係をモニタリングする必要があることから、資産運用報告には、物件ごとの明細や稼働率などのほか、不動産の価格調査結果、外部受託者の名称、資産運用会社との間の取引状況などが記載され（投資法人計算規則73条1項7号・19

注10)　2016年のヘルスケアREIT等のオペレーショナル・アセットに投資する上場投資法人を除く、各上場投資法人の有価証券報告書における金銭の分配に関する計算書の記載を参照している。

第 7 章　REIT

号～21号)、また、計算書とともに作成される附属明細書には、不動産の明細表や物件ごとの収益状況の明細などが記載された不動産等明細表が含まれている（同則80条 1 項 5 号）。

(b)　**金商法に基づく情報開示**

金商法に基づく情報開示は、広く一般の投資家に対して販売される金融商品について、市場における投資家の投資判断に資するための情報を提供し、また監督官庁の監督の実効性を確保することを主たる目的としているため、必ずしも現に投資主である者のみを対象とするものではない。

投資証券や投資法人債券がいわゆる公募により投資家に販売される場合には、有価証券届出書などの発行開示書類や継続開示書類による情報開示が義務付けられている（金商 4 条・24条等）が、当該開示はこれから投資口を取得するか否かの投資判断を行おうとする者に対するものとしての意味合いも強いため、投信法上の開示規制においては開示が義務付けられていない事項である主要なテナント[注11]の概要[注12]の記載が義務付けられている（特定有価証券開示府令 4 号の 3 様式（記載上の注意）(35)）。

(c)　**金融商品取引所の有価証券上場規程に基づく情報開示**

投資法人が発行する投資証券が上場される場合は、金融商品取引所の有価証券上場規程による適時開示が要求されることとなる（有価証券上場規程1213条）。その開示内容も、一般の事業法人とは異なり、不動産関連資産に特化したものが多く、加えて、前述の資産運用会社の重要性ゆえに、発行者たる投資法人のみならず資産運用会社に関する事項も適時開示の対象とされている。

(d)　**投信協会の自主ルールに基づく情報開示**

金融商品取引所の定める有価証券上場規程において、投資証券の上場審査基準の 1 つとして、当該投資法人の資産運用会社が投資信託協会（以下、「投信協会」という）の会員であることが求められている（例えば有価証券上場規

注11)　当該テナントへの賃貸面積が総賃貸面積の合計の10％以上を占めるもの（特定有価証券開示府令 4 号の 3 様式（記載上の注意）(35)）をいう。

注12)　テナントの名称、業種、年間賃料、賃貸面積、契約満了日、契約更改の方法、敷金・保証金等賃貸借契約に関して特記すべき事項等（特定有価証券開示府令 4 号の 3 様式（記載上の注意）(35)）をいう。

程1218条1項(1)号b(c))。そのため、資産運用会社は、投信協会の定める自主ルールによる開示規制にも従わなければならない。そこでは、資産管理計画書（長期修繕計画の策定方針などの、独自の開示項目も含まれている）の作成および投資家への開示や、基準価額の計算および公表などが義務付けられている（不動産投資信託および不動産投資法人に関する規則9条・33条・44条3項等）。

(3) 投資法人スキームの参加プレイヤー

投資法人スキームにおいては外部委託型の法制度が採用されたため、参加プレイヤーは、投資法人や投資主のほかに、資産運用会社、一般事務受託者、資産保管会社、プロパティ・マネジャーなどと多岐にわたり複雑となるが、それぞれの役割や取引関係は、概略すると、以下の通り要約できる（【図表7-1-2】）。

(i) 投資法人

投資法人は、投資家から集めた資金をもって不動産等の投資対象資産を取得し、その運用によって得た利益を投資家に分配する、資産運用のための「器」（ビークル）である。投資法人は、法人格（投信61条）を有する社団として運用資産の保有主体となるほか、後記2(1)(ii)の通り一定のガバナンス機構も有しているが、他方で集団投資スキーム用の「器」であることを徹底させるべく、資産の運用以外の行為を営業とすることができず（同法63条1項）、従業員を雇用することができない（同条2項）。その業務を資産運用会社などに外部委託することが義務付けられている。

(ii) 資産運用会社

投資法人が純粋な投資ビークルとして位置付けられることに伴い、投資法人から委託されてその資産運用に係る業務（投資判断の一任を受け、投資法人に代わり運用に係る投資判断を行う業務）を行う金融商品取引業者が、資産運用会社である（投信198条1項）。資産運用会社は、投資法人による不動産等の投資対象資産の購入・売却に関する投資判断、その他資産運用に関する一切の業務を行う、投資法人スキームにおけるメインプレイヤーといえる。その手腕が投資法人の業績、つまり投資家の投資運用の成果に直結しており、その重要性ゆえに、金融商品取引業者としての登録制度や各種の行為規制な

【図表7-1-2】 投資法人スキームにおける参加プレイヤーと主な取引の流れ

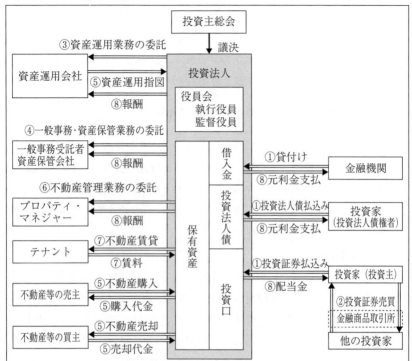

① 投資法人は、投資家に対して投資口や投資法人債を発行し、または金融機関からの借入れを行うなどして、資金を調達する。
② 投資法人は、投資証券を上場する。投資証券は金融商品取引所において売買され、投資主は、投資証券を売却することにより、投下資本の回収を図る。
③ 投資法人は、資産運用会社に対して資産の運用にかかる業務を委託し、資産運用会社が、投資法人の資産の適用にかかる業務を遂行する。
④ 投資法人は、一般事務を一般事務受託者に、資産保管業務を資産保管会社に対して委託する。
⑤ 投資法人は、資産運用会社の運用に従い、不動産等の投資対象資産の購入・売却を行う。
⑥ 投資法人は、不動産の管理をプロパティ・マネジャーに委託する。
⑦ 投資法人は、保有する不動産(不動産信託受益権の信託財産である不動産を含む)をテナントに賃貸し、賃料収入を得る。
⑧ 投資法人は、賃料収入から、各受託者に対して報酬を支払い、貸付人たる金融機関や投資法人債権者たる投資家に元利金を支払い、また、その利益を投資主に分配する。

どの規律を受けている。さらには、スポンサーが資産運用会社の株式を保有して支配し、また、資産運用会社の代表者が投資法人の執行役員を兼任している場合も多いことから、利益相反の問題が生じやすい立場にあり、その監督が重要となる。

(iii) スポンサー

スポンサーは、投信法上の機関ではなく明確な定義もないが、投資主、資産運用会社の株主その他の投資法人の関係者であり、投資法人や資産運用会社のセットアップや運用資産の取得その他投資法人に係る資産運用等に主導的な立場で関与する者[注13]である。ファンドの組成から運用の各段階において、実務上非常に重要な役割を担う。スポンサーやその関連企業は、投資法人に対して、優先的な物件の情報の提供、ウェアハウジング機能[注14]の提供、不動産等の購入に関する優先交渉権の付与やマーケット・リサーチ・サービスの提供を行うことが多く、投資法人が投資対象資産を組み替えて外部成長するために重要な便益を提供し、また、スポンサーのもつ有形無形の社会的信用力は、投資家への印象や投資法人のリファイナンスに際して重要な要素となっている。もっとも、このようにスポンサーはファンドを組成するに当たり中心的な位置を占め、その後も資産運用会社の株主、組入候補不動産の提供者として参加することから、投資法人（ひいては投資主）との間で利益の相反する状況が生じることも多く、その対策とスポンサーの有益な影響力との間のバランス[注15]が、投資法人スキームのファンドの組成・運用に際しての重要な問題となる。

注13) 東証の上場審査等に関するガイドラインⅧ3(2)においては、「新規上場申請銘柄の投資主、資産運用会社の株主その他の新規上場申請銘柄の関係者であって、運用資産の取得その他の新規上場申請銘柄に係る資産の運用等に主導的な立場で関与する者」と定義されている。

注14) 投資法人の資産運用会社からの依頼により、将来における投資法人での不動産取得を目的として、取得および一時的な所有を行い、一定の期間、投資法人以外への売却を行わず、投資法人からの取得の申出があれば、これに応じることによって物件収益の安定化を図ることをいう。

注15) 不動産等の個別性の強い資産については、ファンドのパフォーマンスを上げるためには利害関係人との取引等が有益な場合もあり、取引行為を一律に禁止するのではなく、情報開示や投資家等によるガバナンスの確保により対応することが望ましい場合もある。

(ⅳ) 一般事務受託者・資産保管会社

資産運用会社と同様、外部委託スキームの一環として投資法人から業務の外部委託を義務付けられている業務受託者が、一般事務受託者（投信2条23項・117条）と資産保管会社である（同法2条22項・208条1項）[注16]。一般事務受託者は、投資法人から委託を受けてその資産の運用および保管に係る業務以外の業務に係る事務を行い、また、資産保管会社は、投資法人から委託を受けてその資産の保管に係る業務を行う。実務上、信託銀行が一般事務受託者および資産保管会社を兼任することが多い。

(ⅴ) プロパティ・マネジャー

資産運用会社等と異なり、投信法上その業務の外部委託が義務付けられているわけではないが、実務上、投資法人の保有資産に係る不動産の建物やテナントの維持・管理に関する業務も外部の管理会社に委託されており、その業務を担うのがプロパティ・マネジャーである。資産運用会社が不動産ポートフォリオ全体の運用を行うのに対して、プロパティ・マネジャーは個別の不動産の維持・管理を行う。なお、スポンサーの関連する会社に委託されることも少なくない。

(ⅵ) 投資家

不動産から生じるキャッシュ・フローを受け取る代わりに、不動産の有するリスクを引き受けるのが、投資家である。投資法人に対して投資を行うプレイヤーとしては、①エクイティ投資家として、投資法人の発行する投資口を保有する投資主、②デット投資家として、投資法人の発行する投資法人債を保有する投資法人債権者および投資法人に対する貸付けを行う金融機関が存在する。

(ⅶ) 証券会社

証券会社は、投資法人スキームの組成と運用の各段階において外部専門家の1つとして重要な役割を果たす。組成段階においては、ファイナンシャル・アドバイザーとしてスキーム全体のストラクチャリング、財務戦略、運用戦略の策定の助言や具体的な運用資産の選定に際しての助言などを行い、

注16) なお、資産保管会社への資産保管に係る業務の委託が義務付けられているのは、登録投資法人のみである（投信208条）。

また上場段階および私募段階いずれの場面において、投資証券の引受けを行う引受証券会社としての役割を担い、また、私募の場合には私募取扱者としての役割も担う場合がある。

(viii) 外部専門家

以上の各プレイヤーのほかにも、①投信法その他の関連法令に関する法的助言や対象資産の法務デュー・デリジェンスの実施などを行う弁護士、②会計監査人として投資法人の会計監査を行う公認会計士や監査法人、③導管性要件その他投資法人を取り巻く複雑な税務関係の助言を行う税理士、④投資法人が対象資産を組み入れる際に必要とされる不動産の鑑定評価(投信201条1項)を行う不動産鑑定士、⑤建築基準法その他不動産関連法規や土壌汚染その他環境関連法規の遵法性やそのリスクの調査を行い、エンジニアリング・レポートを作成するエンジニアリング会社、その他のさまざまな外部専門家がJ-REITの組成・運用に参加することになる。

2　投資法人スキームを規律する法令等

投資法人スキームを規律する法令等は種々あり、それぞれ複雑に関係しながら投資法人スキームの仕組みを形作っているが、投資法人スキームを理解する上で特に重要と考えられる法令等として以下のものがある。

(1)　投信法

投資法人は、資産を主として特定資産に対する投資として運用することを目的として、投信法に基づき設立された社団であり(投信2条12項)、同法は、その設立根拠法である。同法において会社法の規定が多数準用されていることからもわかるように、投資法人の構造設計は、株式会社がベースとなっているが、株式会社と投資法人における類似の概念を対比してみると、【図表7-1-3】の通り整理することができる。以下では、投信法の基本的な内容を概説する。

第7章　REIT

【図表7-1-3】　株式会社と投資法人の概念の対比

株式会社	投資法人
株主	投資主
株主総会	投資主総会
取締役	執行役員
社外取締役	監督役員
取締役会	役員会
監査役および監査役会	該当なし（ただし、一部は監督役員がその役割を担う）
会計監査人	
定款	規約
発起人	設立企画人

(i)　設　立

(a)　設立手続の概要

　投資法人は、①1名以上の設立企画人が規約を作成し、その全員がこれに署名または記名押印を行い（投信66条）、②設立について内閣総理大臣に対して規約その他の書類を添付した届出を行った（同法69条）上で、③設立時投資口の募集・発行（同法71条10項、会社63条1項）、④設立時役員等の選任（投信72条）、⑤設立手続の調査を経て（同法73条）、⑥設立の登記を行うことで成立（同法74条）する。なお、設立時の出資総額は1億円を下回ることはできず（同法68条2項、投信令57条）[注17]、設立時募集投資口の引受けに係る払込みは、金銭で行う必要がある。

(b)　設立企画人の資格制限

　投資法人が資産運用のための特殊性・専門性をもったものとして設立されることに配慮して、株式会社における発起人とは異なり、設立企画人となり得る者についても厳格に制限されており（投信66条3項・4項）、ここでも投

注17)　なお、登録後において、その純資産額が基準純資産額である1億円（投信124条1項3号、投信令90条）を下回るおそれがあるときには、速やかに、内閣府令で定める様式により臨時報告書を作成、これを財務局に提出しなければならない（投信215条1項）。

資家の保護が図られている。すなわち、設立企画人のうちの少なくとも1人は、設立しようとする投資法人が主として投資の対象とする特定資産と同種の資産を運用の対象とする金融商品取引業者[注18]、または、信託会社等などの他人の資産の運用に係る事務について知識および経験を有するものとして政令で定める者でなければならないものとされている（同条3項、投信令54条2項）。なお、実務上、当該投資法人の資産運用会社となる者が設立企画人となることが多い。

(c) 規約

規約とは、投資法人の根本規範であるという点において、株式会社の定款に相当するが、その記載事項については、投資法人の投資ビークルとしての位置付けを反映して特徴的な事項が多い。例えば、投資法人および資産運用会社が資産の運用を行うに当たっての指針となる「資産の運用の対象及び方針」（投信67条1項7号）のほか、外部委託スキームにおける外部受託者の重要性に鑑み、成立時の資産運用会社などの受託者の名称・住所および契約の概要を記載するが求められている。また、「投資主の請求により投資口の払戻しをする旨又はしない旨」（つまり、前記1(2)(iii)のクローズド・エンド型とオープン・エンド型の選択）も、規約の必要的記載事項である（同項3号）。さらに、任意的記載事項についても、投資主が経済的なリターンに着目した純粋な投資家としての要素が強いことを踏まえて採用されている「みなし賛成制度」や、前記1(2)(iv)の税制メリットを享受するための導管性要件の充足に係る必要的記載事項などの特徴的な事項が、投資法人の規約には一般的に記載される。

(ii) 投資法人の統治機構

投資法人は投資主総会をはじめとする機関を有しており、投資家自らのガバナンスにより、投資家の保護が図られる仕組みとなっている。具体的には、投資法人は、投資主総会（投信89条）、投資法人の業務執行を行う執行役員（同法109条）および執行役員の職務執行の監督を行う監督役員（同法111条

注18) さらに、当該特定資産に不動産が含まれる場合には、宅地建物取引業法（以下、「宅建業法」という）3条1項の免許および同法50条の2第1項の取引一任代理等の認可を受けている者に限られる。

により構成される役員会（同法112条）、ならびに会計監査人（同法115条の2）という機関で構成されている（同法95条）。

(a) 投資主

投資主は、投資法人スキームにおけるエクイティ投資家であり、株式会社における株主に相当する。投信法上、投資法人の社員[注19]（投信2条16項）として、金銭や残余財産の分配などの経済的な利益に関する権利のほか、投資主総会における議決権などの一定の監督権限も有している（同法77条2項）。また、投資主は投資口の引受価額を限度とする出資義務を負うのみであり（同条1項）、投資法人の債務については責任を負わず、出資の限度の責任を負担する有限責任の投資家である。

(b) 投資主総会

投資主総会は、投資主の全員によって構成される投資法人の意思決定機関であり、投資主によるガバナンスの中心的な機関として位置付けられる。投資主総会の決議事項としては、以下のようなものがある[注20]・[注21]。

投資主総会の決議事項	投信法の根拠条文
執行役員、監督役員および会計監査人の選解任	96条1項・104条1項
規約の変更	140条
解散	143条
合併の承認	149条の2第1項・149条の7第1項・149条の12第1項
資産運用会社との資産運用委託契約の締結の承認・解約	198条2項・205条2項・206条1項・207条3項

一方、計算書類等の承認については、重要な事項ではあるものの、株式会

注19) かかる社員たる地位が均等の割合的単位に細分化されたものが投資口であり（投信2条14項）、投資口を表示する有価証券を投資証券という（同条15項）。なお、後記の通り、種類株に相当する概念は存在せず、投資口はすべて同質・同種であることが必要とされている。

注20) 投資主総会の決議事項は投信法において決議事項として定められているものおよび規約において決議事項と定めた事項に限定されている（投信89条1項）。

注21) これらの投信法上投資主総会の決議を要する事項については、執行役員などの他の機関が決定することができることとする規約の定めは無効とされている（投信89条2項）。

社の場合と大きく異なり、役員会の承認事項とされ、投資主総会の決議事項とはされていない(投信131条2項)点が大きな特徴である[注22]。

もっとも、前述のように投資主総会が投資主によるガバナンスの中心的な機関として位置付けられ、投資主が1投資口につき1議決権を有する点で株式会社と同様であるものの、投資主は株式会社の場合における株主に比し経済的なリターンに着目した純粋な投資家としての要素が強いと考えられる点に鑑み、投資法人は、その規約において、投資主が投資主総会に出席せず、かつ議決権を行使しないときは、当該投資主はその投資主総会に提出された議案[注23]について賛成するものとみなす旨を定めることができるものとされている(みなし賛成。同法93条1項)。また、株式会社と異なり定時の投資主総会の定めはなく、実務上は執行役員の任期に合わせて2年に1回の頻度で開催されている。

投資主による投資主総会の決議次第では合併や解散というダイナミックな行為も可能であり、投資主総会の存在は、契約型の投資信託と異なる投資法人の大きな特徴である。もっとも、投資主総会のみではそのガバナンス機能に限界があるため、投資主総会において投資主が選任する執行役員などによる間接的なガバナンスも期待されているところである。

(c) 執行役員

執行役員は、投資主総会で選任され(投信96条1項)、投資法人の業務を執行し、投資法人を代表する(同法109条1項)。ただし、執行役員は、投信法で定めるときその他重要な職務を執行しようとするときは、役員会の承認を受けなければならない(同条2項)。執行役員は株式会社における取締役に相当するものと位置付けることができる者であるが、すべての執行役員が当然に代表権を有する点が取締役と異なる。

注22) これは、総会開催コストを節減するという投資法人特有の要請や、投資主の分散による総会招集の困難性が考慮されたものと解されている(竹中正明「投資法人の統治機構——株式会社との対比において」法学研究73巻12号〔2000〕150頁以下)。結果として、後述の通り、株式会社と異なり、投資法人には決算期ごとの定時総会の制度もない。

注23) ただし、複数の議案が提出された場合に、相反する趣旨の議案があるときは、当該議案のいずれにもみなし賛成は適用されない。

(d) 監督役員

　執行役員とともに役員会の構成員とされる監督役員は、執行役員の職務の執行を監督する（投信111条1項）。監督役員は株式会社における監査役に相当するものと位置付けて理解することもできるが、役員会における構成員であることに鑑み、社外取締役の役割に近いと理解するほうが適切と思われる。ただし、株式会社の監査役の役割と同様の役割も一部果たしており、かつ、投資法人においては外部委託スキームが採用されていることに伴い、その調査権限は広く、監督役員は、いつでも、執行役員のみならず、一般事務受託者、資産運用会社および資産保管会社に対して投資法人の業務および財産の状況に関する報告を求め、または必要な調査をすることができるとされている（同条2項）。

　執行役員に対する監督役員の監督権限の実効性を担保するため、後述の役員会の過半数が監督役員となるように、監督役員の人数は執行役員の人数よりも必ず1名多いことが求められる（投信95条2号）。さらに、監督役員の中立性の観点から、執行役員に比べて欠格事由が広く定められており、執行役員、設立企画人および設立企画人等と一定の関係のある者などが監督役員になることが禁止され（同法100条、投信規164条。【図表7-1-4】参照）、設立後に資産運用会社を交代させる場合においても、監督役員を役員・使用人とする者や監督役員と一定の関係がある者に対する資産の運用に係る業務の委託は禁止されていることにも留意が必要である（投信200条、投信規244条）。

(e) 役員会

　役員会は、すべての執行役員および監督役員で構成され（投信112条）、投信法および規約に定める権限を行うほか、執行役員の職務執行の監督を行う（同法114条1項）。

　役員会には、投信法上、執行役員の重要な職務執行の承認（投信109条2項）、投資法人の計算書類等の承認（同法131条2項）、執行役員の解任（同法114条2項）の権限などが認められている。

(f) 会計監査人

　会計監査人は、投資法人の計算書類等を監査し、会計監査報告を作成する（投信115条の2第1項）。会計監査人の位置付けや権限は、株式会社における

【図表７-１-４】 監督役員になることができない者一覧

監督役員になることができない者（投信100条2号以下）	投資法人の設立企画人
	投資法人の設立企画人である法人もしくはその子会社（当該法人がその総株主の議決権〔株主総会において決議をすることができる事項の全部につき議決権を行使することができない株式についての議決権を除き、会社法879条3項の規定により議決権を有するものとみなされる株式についての議決権を含む〕の過半数を保有する株式会社をいう）の役員もしくは使用人またはこれらの者のうちの1もしくは2以上であったもの
	投資法人の執行役員
	投資法人の発行する投資口を引き受ける者の募集の委託を受けた金融商品取引業者等（金商法34条に規定する金融商品取引業者等をいう）もしくは金融商品仲介業者（同法2条12項に規定する金融商品仲介業者をいう。以下、本章において同じ）もしくはこれらの子会社の役員もしくは使用人もしくは個人である金融商品仲介業者またはこれらの者のうちの1もしくは2以上であったもの
	その他投資法人の設立企画人または執行役員と利害関係を有することその他の事情により監督役員の職務の遂行に支障を来すおそれがある者として内閣府令で定めるものとしての以下の者（投信規164条） ① 当該投資法人の設立企画人または執行役員であった者 ② 当該投資法人の設立企画人もしくは執行役員またはこれらであった者の親族 ③ 当該投資法人の設立企画人等（設立企画人および設立企画人たる法人の役員または過去2年以内に役員であった者をいう。以下、本図表において同じ）および執行役員が総株主等の議決権の100分の50を超える議決権を保有している法人の役員もしくは使用人またはこれらの者のうちの1もしくは2以上であったもの（投信法100条3号に該当する者を除く）。 ④ 当該投資法人の設立企画人等または執行役員から継続的な報酬を受けている者 ⑤ 当該投資法人の設立企画人等または執行役員から無償または通常の取引価格より低い対価による事務所または資金の提供その他の特別の経済的利益の供与を受けている者 ⑥ 当該投資法人の設立企画人たる法人の役員または過去2年以内に役員であった者および執行役員が、その取締役、執行役もしくはその代表権を有する取締役もしくは執行役の過半数を占めている法人の役員もしくは使用人またはこれらの者のうちの1もしく

	は2以上であったもの
	⑦　当該投資法人の執行役員が、その役員でありもしくは過去2年以内に役員であった法人もしくはその子会社の役員もしくは使用人またはこれらの者のうちの1もしくは2以上であったもの（前⑥または投信法100条3号に該当する者を除く）
	⑧　当該投資法人の発行する投資法人債を引き受ける者の募集の委託を受けた金融商品取引業者等もしくは金融商品仲介業者（金商法2条12項に規定する金融商品仲介業者をいう。以下、この⑧において同じ）もしくはこれらの子会社の役員もしくは使用人もしくは個人である金融商品仲介業者またはこれらの者のうちの1もしくは2以上であったもの
	⑨　③から⑧までまたは投信法100条3号もしくは5号のいずれかに該当する者の配偶者

　会計監査人とおおむね同様であるが、投資法人において外部委託スキームが採用されていることに伴い、会計監査の実効性を担保するため、その調査権限は広く、会計監査人は、その職務を行うため必要があるときは、一般事務受託者、資産運用会社および資産保管会社に対し、投資法人の会計に関する報告を求めることができるとされている（同条2項）。他方、会計監査人の独立性の確保の観点から、自己または配偶者が、投資法人の子法人もしくはその執行役員もしくは監督役員のみならず、資産運用会社、資産保管会社もしくは一般事務受託者もしくはこれらの取締役、会計参与、監査役もしくは執行役等から公認会計士もしくは監査法人の業務以外の業務により継続的な報酬を受けることも禁止されている（同法102条3項）[注24]。

(iii)　投資法人の業務

　投資法人は、投信法上、業務を開始する前提として、内閣総理大臣による登録が必要とされ、またその業務に係る運用資産や取引の範囲等には、以下の通り一定の制限が課せられている。

(a)　登録手続

　設立された投資法人が資産の運用として有価証券の取得・譲渡、不動産の

注24)　なお、投信法上、いわゆる責任限定契約は、規約に定めがある場合に、会計監査人との間にのみ締結することができる（投信115条の6第12項、会社427条1項）。

取得・譲渡・貸借などの投信法193条に規定する行為[注25]、すなわち資産運用に係る業務を行うためには、あらかじめ内閣総理大臣の登録を受ける必要がある（投信187条）。登録を受けようとする投資法人は、一定の拒否事由[注26]に該当する場合などを除き、必要事項を記載した登録申請書を必要な添付書類とともに内閣総理大臣に提出することにより（同法188条）登録を受けることができる（同法189条・190条）。かかる登録を受けた投資法人を、「登録投資法人」といい（同法2条13項）、登録投資法人となってはじめて投資法人は業務を開始することができるのである[注27]。

(b) 業務の範囲

投資法人は、投信法上、資産運用のための「器」としての性質およびその目的を阻害することのないよう、資産運用以外の行為を営業としてすることが禁止されているが（投信63条1項）、そのほかにも業務を行うに当たっては、以下の通り、投信法上の一定の制約に服することになる。

(ア) 運用資産の範囲

まず、投資法人は、資産を「主として特定資産」に対する投資として運用

注25) 具体的には、①有価証券の取得・譲渡、有価証券の貸借、不動産の取得・譲渡、不動産の貸借、不動産の管理の委託、その他政令で定める取引（投信193条1項）、ならびに②規約に定める資産運用の対象および方針に従い、特定資産以外の資産についてその取得・譲渡その他の取引が挙げられている（同条2項）。ここに、「その他政令で定める取引」とは、ⅰ宅地の造成または建物の建築を自ら行うことにかかる取引、ⅱ商品の生産、製造、加工その他これらに類するものとして内閣府令で定める行為を自ら行うことに係る取引、ⅲ再生可能エネルギー発電設備の製造、設置その他これらに類するものとして内閣府令で定める行為を自ら行うことに係る取引以外の特定資産に係る取引とされている（投信令116条）。
注26) ①不法の目的に基づいて資産運用に係る行為を行おうとするとき、②申請の日前5年以内に投資証券の募集等に当たって準用される金商法の規定に違反した者が設立企画人となっているとき、③欠格事由に該当する者を役員・会計監査人としているとき、④欠格事由に該当する者を資産運用会社・資産保管会社としているときが拒否事由として定められている（投信190条1項各号）。
注27) 投資法人は、登録の後においても、登録申請書の記載事項に変更があったときは2週間以内に（投信191条1項）、また、合併により消滅したときや一定の事由により解散したときには30日以内に（同法192条1項）、それぞれ内閣総理大臣（かかる内閣総理大臣の権限は、金融庁長官に委任され〔同法225条1項〕、さらに財務局長または福岡財務支局長に委任されている〔同条6項、投信令135条3項〕）に届け出なければならない。

することを目的として設立された社団であることから（投信2条12項）、運用資産は「主として特定資産」に投資されていることが確保されなければならない。特定資産の内容および「主として」の範囲については、前記(1)(i)を参照されたい。

　(イ)　取引の範囲

　投信法上「資産運用」の定義があるわけではないが、投資法人が行うことのできる資産運用の範囲は法定されている[注28]。

　(ウ)　資産運用の制限

　以上の(ア)および(イ)の範囲内であっても、投資法人には、投信法上一定の資産運用の制限が課せられている。具体的には、投資法人は、①他の法人の発行する株式について、当該議決権の過半数の株式を取得することは原則として認められず（投信194条1項、投信規221条）、また、②投資法人の執行役員、監督役員やその資産運用会社などの利害関係人[注29]との間の取引は原則として禁止されている（投信195条）[注30]。

注28）　具体的には、投資法人は、規約に定める資産運用の対象および方針に従い、①特定資産につき、⒤有価証券の取得・譲渡、ⅱ有価証券の貸借、ⅲ不動産の取得・譲渡、ⅳ不動産の貸借、ⅴ不動産の管理の委託、ⅵ特定資産に係るその他の取引（ただし、宅地の造成・建物の建築を自ら行うことに係る取引等の政令が定める行為を除く）、および②特定資産以外の資産についての取得・譲渡その他の取引に限り行うことができるものと定められている（投信193条、投信令116条）。

注29）　そのほかにも、「政令で定める者」（投信195条3号）として、執行役員または監督役員の親族（配偶者ならびに2親等以内の血族および姻族）および資産運用会社の取締役、会計参与（会計参与が法人であるときは、その職務を行うべき社員を含む）、監査役、執行役もしくはこれらに類する役職にある者または使用人が定められている（投信令118条）。

注30）　例外として、これらの者との間で行う以下の行為は禁止の対象外とされている（投信195条括弧書、投信令117条）。①資産運用会社に、宅地または建物の売買または貸借の代理または媒介を行わせること、②不動産の管理業務を行う資産運用会社に、不動産の管理を委託すること、③不動産特定共同事業法（以下、「不動産共事法」という）2条4項に規定する不動産特定共同事業を行う資産運用会社に、次に掲げるすべての場合に該当する場合に不動産を譲渡すること（⒤投信法188条1項4号に規定する資産の運用に係る委託契約の終了に伴うものである場合、ⅱ不動産が不動産共事法2条3項2号に掲げる不動産特定共同事業契約に係る不動産取引の目的である場合）、④第一種金融商品取引業または金商法28条2項に規定する第二種金融商品取引業を行う資産運用会社に、有価証券の売買またはデリバティブ取引の委託を行うこと、⑤資産運用会社に、商品の売買の委託を行うこと、⑥資産運用会社

(ⅳ) 資産運用会社

投資法人は、資産運用会社に対して、その資産運用に係る業務を委託しなければならない（投信198条1項）。資産運用会社は、投資法人より委託を受け、投資法人の資産の運用業務を行う金融商品取引業者であり（同法2条21項）、投資法人スキームの中心的役割を担うことになる一方、その重要性ゆえに、投資家保護のため、金商法上の規制に加え、投信法により他の運用業受託者に比べて多くの規制が課せられている。

(a) 資産運用会社の許認可等

(ア) 投資運用業の登録

資産運用会社は、投資運用業（金商28条4項）を行う金融商品取引業の登録を受けた者でなければならない（投信199条・2条21項）。さらに、J-REITたる投資法人の資産運用に係る業務を受託しようという場合には、「特定投資運用行為」（不動産等を投資対象とする投資法人の資産の運用等）を行おうとするものに該当するため、金商法の適用に関する特例として、投資運用業の登録に際して、内閣総理大臣が、当該特定投資運用行為を行う業務を適確に遂行するに足りる人的構成を有するものであるかどうかにつき、国土交通大臣の意見を聴いた上で判断し、承認することが必要とされている（同法223条の3第1項、投信令129条1項1号）。

(イ) 宅地建物取引業の免許・取引一任代理等の認可

J-REITとして組成される投資法人が投資の対象とする資産には通常不動産が含まれることから、その資産運用会社は、宅地建物取引業法における免

に、再生可能エネルギー発電設備の売買または貸借の代理または媒介を行わせること、⑦再生可能エネルギー発電設備の管理業務を行う資産運用会社に、再生可能エネルギー発電設備の管理を委託すること、⑧資産運用会社に、公共施設等運営権の売買の代理または媒介を行わせること、⑨その投資口を資産運用会社に取得させること、⑩投資主の保護に欠けるおそれのない場合として投信法施行規則222条（①資産運用会社が賃借している不動産を登録投資法人の資産に組み入れる場合において、当該不動産の賃貸借を継続する場合、ⅱ資産運用会社が登録投資法人の不動産について賃借人の募集を行ったにもかかわらず、当該不動産を賃貸するに至らない場合において、他の賃借人の賃借条件と著しく異ならない条件で当該不動産を賃借する場合）で定める場合に、不動産を資産運用会社に賃貸すること、⑪個別の取引ごとにすべての投資主の同意を得て行う取引、⑫その他投資主の保護に欠けるおそれのないものとして金融庁長官の承認を受けて行う取引。

許(宅建業3条1項)を受けることが必要となる(投信199条1号)。さらに、投資法人が主として不動産に対する投資として運用することを目的とする場合には、資産運用会社は、宅地建物取引業の免許に加えて、国土交通大臣より取引一任代理等の認可(宅建業50条の2第1項)を取得しなければならない(投信199条2号)。

(b) **利害関係者に対する委託の禁止**

以上の許認可等を取得した投資運用業者(金融商品取引業者)であっても、監督役員と一定の利害関係を有する金融商品取引業者[注31]である場合には当該投資運用業者に対して資産運用に係る業務の委託をすることは禁止されている(投信200条)。これは、監督役員による監督の中立性を担保するためと理解される。

(c) **資産運用業務委託契約の締結・解約と投資主総会決議**

資産運用会社は、投資法人との間で資産運用委託契約を締結し、その契約および規約に定められた資産運用の対象および方針に基づき、特定資産の選定、購入、維持管理および処分などの運用業務を行うことになるが、投資家によるコントロールが及ぶよう、資産運用委託契約は投資主総会の承認を得なければその効力は生じず(投信198条2項・207条3項)[注32]、また、その解約も、投資主総会決議が必要とされる(同法205条2項・206条1項)[注33]。

(d) **全部再委託の禁止**

資産運用会社を一定の者に限定している投信法上の規制の空洞化を防止するため、資産運用会社が自ら受託した資産運用に係る権限の全部を他の者に

注31) ①当該投資法人の監督役員を、その役員もしくは使用人または子会社の役員もしくは使用人とし、または、過去にしたことのある金融商品取引業者、②当該投資法人の監督役員に対して継続的な報酬を与えている金融商品取引業者、および③監督役員と利害関係を有する金融商品取引業者として内閣府令で定めるもの、がこれに該当する(投信200条各号)。

注32) ただし、投資法人設立(成立)時の資産運用委託契約は、その概要が規約に記載されているため、投資主総会の承認は不要である(投信198条2項括弧書)。他方、資産運用会社からの解約についても、投資法人の同意が必要となり、かかる同意を執行役員が与えるためには、やむを得ない事由がある場合として内閣総理大臣の許可を得た場合を除き、投資主総会の承認が必要とされている(同法205条)。

注33) ただし、資産運用会社が職務上の義務に違反するなどの重大な事由がある場合は、投資主総会決議を要さず、役員会決議により解約することができる(投信206条2項)。

第1節　REITの仕組みと法律関係

対して委託（再委託）することは禁止されている（投信202条1項）。また、金商法上の投資運用業者に対する再委託規制も課されており、資産運用の権限の一部を委託する場合であっても、その委託先は、投資運用業を行う他の金融商品取引業者等に限定されている（金商42条の3第1項1号・2条8項12号イ、金商令16条の12）。J-REITは主として不動産関連資産を投資対象とすることから、資産運用会社には不動産に関するノウハウや経験、情報収集力が要求されるが、資産運用会社の企業規模は限定的なものであることも多く、その能力が限定されることも少なくないため、外部の総合不動産会社等への再委託が要請される場合がある。しかし、前記の再委託規制があるために、実務上は、資産運用の権限の委託という構成をとらずに、不動産に係る情報や助言の提供のみを委託し、または事務の代行のみを委託することなどにより、総合不動産会社等のもつノウハウ、経験、情報の提供を受けているようである。

(e)　特定資産の価格調査義務

　利益相反取引により投資家の利益が害されることを防止する投信法上の対応策の1つとして、資産運用会社が（投資法人のための代理行為として）スポンサーなどの利害関係人から不当に高価な価額で投資対象資産を取得することがないように、資産運用会社は、資産運用を行う投資法人について特定資産[注34]の取得・譲渡などが行われたときは、弁護士、公認会計士、監査法人または不動産鑑定士などの専門的知識を有する第三者（当該投資法人または資産保管会社もしくは資産運用会社と一定の関係を有する者を除く〔投信令24条〕）に当該特定資産の価格等を調査（その資産が不動産等[注35]であるときは、不動産鑑定士であって資産運用会社と密接な関係を有していない者[注36]による鑑

注34）　ただし、指定資産（金融商品取引所に上場されている有価証券その他の内閣府令〔投信規22条〕で定める資産）の場合は対象外とされている。
注35）　具体的には、①土地または建物、②①の賃借権および地上権、③信託の受益権であって、①または②のみを信託するもの（受益権の数が一であるものに限る）、④投信法194条2項に規定する法人の株式であって一定の数を超えるものをいう（投信令122条の2・16条の2）。従前は不動産等については、鑑定評価を行った上で、鑑定評価を踏まえた価格調査を行う必要があったが、2011年の投信法改正により、鑑定評価義務に一本化された。
注36）　当該不動産鑑定士は、当該資産運用会社の親法人等、子法人等および特定個人株主など、資産運用会社と密接な関係を有するものではないことが要求される（投信201条1項、投信令123条・投信規244条の3）。

定評価)させなければならない(投信201条、投信令122条の2・16条の2・124条)。

(f) 投資法人の同意(役員会の承認)の取得義務

前記(e)と同様に、資産運用会社による利益相反取引の対応策の1つとして、資産運用会社が登録投資法人の資産の運用を行う場合において、当該登録投資法人と当該資産運用会社の利害関係人等との間で不動産等の売買取引または貸借取引が行われることとなるときには、当該資産運用会社は、当該登録投資法人の事前同意を得なければならないものとされている(投信201条の2第1項)。また、かかる登録投資法人の同意を与えるためには、執行役員は役員会の承認を受けなければならないこととされていることから(同条2項)、制度上独立性が担保されている監督役員の承認を得られなければ、対象となる不動産等の売買取引または貸借取引を行うことができないこととなる。

(g) 自己取引・利害関係人取引に係る書面交付義務

さらに、資産運用会社による利益相反取引を防ぐための施策として、資産運用会社は、自己の計算により行った一定の取引について、3か月に1回以上、投資法人に対して書面を交付しなければならない旨が定められている(投信203条1項)。また、資産運用会社は、資産の運用を行う投資法人と資産運用会社の利害関係人等との間で取引が行われた場合には、取引の相手方や内容など一定の事項を当該投資法人などに交付しなければならない(同条2項)。

(v) 投資法人の資金調達

投資法人は、後述する90%超配当要件との関係で、利用できる内部資金には限界がある。そのため、その資金需要は、基本的に外部からの資金調達によって実現することになる。具体的には、投資法人は、以下の通り、エクイティ性の資金調達手段である投資口(新投資口予約権)の発行、デット性の資金調達手段である借入れと投資法人債の発行を行うことが可能である。

(a) 投資口・新投資口予約権

投資法人は、投資口を発行することにより、エクイティ投資家から出資を受け入れて資金調達を行う。投資口とは、均等の割合的単位に細分化された投資法人の社員としての地位であり(投信2条14項)、無額面で発行される

(同法76条1項)。投資口は、株式会社における株式に相当し、投資主の有限責任(同法77条1項)、譲渡の自由[注37]や譲渡手続(同法78条1項・4項・79条)、併合・分割の手続(同法81条の2・81条の3)など類似点が多い。もっとも、種類投資口の発行や現物出資による払込みが認められていない(なお、このため、現物出資構成のデット・エクイティ・スワップも認められないと解される)[注38]・[注39]や、投資口の有利発行が禁止されている[注40]・[注41]など、株式ほ

[注37] 株式会社における株主よりも譲渡による投下資本の回収が重要視され、役員会の承認その他の制限を設けることは禁止されている(投信78条2項)。

[注38] 投信法は、会社法上の種類株式(会社108条など)や現物出資(同法208条2項)に関する条文を準用していない。

[注39] 前掲注38)の通り投信法において会社法上の種類株式に関する規定も準用されていないことから、投信法上、投資口に種類を設けることは認められていないと解されるが、その理由については「資産運用型スキームにおいては複数の種類の投資証券を発行すれば投資者間の利害対立が生じるため、エクイティ型の発行証券は1種類とすべきである」と説明されている(集団投資スキームに関するワーキンググループ報告「横断的な集団投資スキームの整備について」〔1999年11月30日〕別紙2「資産運用型スキーム(投信法の改正)に係る論点」〈http://www.fsa.go.jp/p_mof/singikai/kinyusin/tosin/kin010h.htm〉参照)。種類投資口制度については、金融審議会の「投資信託・投資法人法制の見直しに関するワーキング・グループ」においても資金調達の多様化手段としてその導入が議論されたが、みなし賛成制度等を含む簡素なガバナンスを前提とする投資法人のスキームの下では関係者の利害調整を行うことが難しいとの意見もあり、2014年12月1日施行の投信法改正では見送られた。

[注40] 募集事項のうち、払込金額は、「投資法人の保有する資産の内容に照らし公正な金額」(投信82条6項)とすることが義務付けられている。他方、投信法において、株式の有利発行に係る会社法の規定は準用されていない。そのため、投資口は、株式と異なり、決定・決議要件の加重(投資主総会の特別決議等)その他の特別の手続を経ることで「公正な金額」を下回る払込金額による発行が許容されていないと解される。なお、「公正な金額」の考え方については議論があるが、実務的には株式会社の有利発行と同様の基準によるとの考え方が有力である(社団法人不動産証券化協会編『不動産投資法人(J-REIT)設立と上場の手引き』〔社団法人不動産証券化協会、2005〕206頁〔「一般に上場投資法人の投資証券の市場価格と追加発行における発行価額との乖離が、株式会社の新株発行において有利発行にかかる株主総会決議を要しないものとして認められる程度の株式時価との乖離の範囲に収まっている限り、原則として上記公正な価額ということができると考えられている」〕)、東京地判平成22・5・10金判1343号21頁参照。

[注41] 投資口に対する現物配当も認められていない。他方、投資法人は、株式会社と異なり、一定の範囲で利益を超えた金銭の分配(利益超過分配)が認められる(なお、かかる利益超過分配は、出資金の払戻しとして取り扱われる。投信137条1項・3項)。投信協会「不動産投資信託及び不動産投資法人に関する規則」43条も参照。

ど柔軟な構造とはなっていない。

この点について、2014年12月1日施行の投信法改正により、自己投資口[注42]の取得、無償減資、ライツ・オファリングが許容される等、一定の緩和が図られている。そのうち、ライツ・オファリングとは、投資法人において、投資主に対して新投資口予約権を無償で割り当て、投資主または投資主からの譲受人等が当該新投資口予約権を行使することにより資金調達を図る増資方法である。新投資口予約権の行使を希望しない投資主は、これを売却することで出資比率の希薄化を経済的に補うことができる点においてメリットがあると考えられている。同日施行の投信法改正は、新投資口予約権の制度を導入し、投資法人に対してライツ・オファリングを解禁した（投信88条の2～88条の23）[注43]。

もっとも、前記改正では種類投資口の発行が見送られるなど、その緩和の範囲は限定的であり、そのため投資法人において株式会社に比べて資金調達の選択肢が限られている[注44]という状況は依然として続いている。

(b) **投資法人債**

投資法人は、クローズド・エンド型の場合に限り、投資法人債を発行する

注42) 株式会社においては、自己株式の取得が原則として自由に認められ（会社155条）、取得した自己株式をいわゆる金庫株として保有することもできる。一方で、投資法人においても、規約で定めた場合に投資主との合意により有償にて自己の投資口の取得を行うことができることとなったが、相当の時期にその投資口の処分または消却をしなければならないこととされ（投信80条2項）、株式会社の場合と異なり、取得した自己投資口の保有の面でなお制限が加えられている。また、株式会社における子会社による親会社の株式取得の原則禁止と同様に、投資法人においても、子法人たる投資法人による親法人たる投資法人の投資口の取得は原則として禁止されている（同法81条）。

注43) なお、新投資口予約権は、ライツ・オファリングの導入を目的としてその範囲で投信法上認められた権利であり、株式会社における新株予約権よりもその利用は制限されており、①新投資口予約権を発行できるのは、投資主全員に対して無償割当てを行う場合に限られ（投信88条の4第1項）、②行使期間は、割当ての効力発生日から3か月を超えることはできず（同条2項）、③権利行使に際して出資される財産は金銭に限られ（同法88条の2第2号）、④譲渡制限を付すことはできない（同法88条の6第2項）とされる。

注44) また、後述する導管性要件の下、投資口の募集の過半数を国内において行うことが要求される（租特67条の15第1項2号ハ）ため、海外投資家からの出資も制限されている。

ことにより資金調達を行うことができる(投信139条の2第1項)。投資法人債とは、投信法の規定により投資法人が行う割当てにより発生する当該投資法人を債務者とする、有価証券に表章される金銭債権であって、投信法139条の3第1項各号の定めに従い償還されるものをいい(同法2条19項)、株式会社における社債に相当する[注45]・[注46]。

投資法人債を発行できるのはクローズド・エンド型の投資法人に限定されているが、これはオープン・エンド型の投資法人の場合には投資主が投資口の払戻しを常時請求できるため、投資法人債権者が不安定な状態となり、両者の利害関係の問題が生じるおそれがあるためと説明される[注47]。

(c) 借入れ

投資法人は、金融機関などから借入れを行うことができ、これにより、機動的な資金調達が可能となっている。投信法上の制度として手続が詳細に定められているわけではないが、同法上、借入限度額などの一定の事項を規約に記載することが義務付けられており、同法において当然に予定されている資金調達手段である(投信67条、投信規105条7号)。

なお、現行税法に照らし、支払配当損金算入要件の充足などのため、借入先は、実務上、租税特別措置法67条の15第1項1号ロ(2)に規定する「機関投資家」に限定される。

(vi) **投資法人の計算**

(a) 計算に関する手続

投資法人の決算業務は、投信法および投資法人計算規則に従い行われる。そして、投資法人特有のものとして定められているもののほかは、一般に公

注45) 投資法人債を発行する場合には、投資法人は、原則として、債権者のための弁済の受領、債権の保全、その他の投資法人債の管理業務を投資法人債管理者へ委託しなければならない(投信139条の8)。投資法人債管理者は、これらの業務の権限のほか、投資法人債に係る債権の実現を保全するために必要な一切の裁判上または裁判外の行為をする権限を有している(同法139条の9)。なお、投資法人債管理者は、銀行や信託会社等でなければならない(同条8項、会社703条、投信規184条)。

注46) 投資法人が短期投資法人債(CP)を発行することも認められる(投信139条の12・139条の13)。

注47) 加藤久子ほか『不動産投信Q&A』(中央経済社、2001)67頁参照。

正妥当と認められる企業会計の慣行に従う（投信128条）。

投資法人は、各営業期間に係る計算書類、資産運用報告[注48]および金銭の分配に係る計算書ならびにこれらの附属明細書（以下、本章において、「計算書類等」という）を作成し、会計監査人の監査を受けなければならず（投信129条2項・130条）、執行役員は、監査を受けたこれらの計算書類等および会計監査報告を役員会に提出し、その決議による承認を得た後、速やかに投資主に通知しなければならない（同法131条）。さらに、投資法人は、前記役員会の承認の後5年間、各営業期間に係る計算書類等および会計監査報告を本店に備え置かねばならない（同法132条1項）。

(b) 金銭の分配

投資法人は、規約で定めた金銭の分配の方針に従って「金銭の分配に係る計算書」を作成し（投信137条2項）、役員会の承認を受けた上で、当該計算書に基づき、投資主の有する口数に応じて投資主に金銭を分配する（同条1項・4項）。なお、投資法人においては、株式会社における剰余金の配当とは異なり、利益を超えた金銭の分配を行うことも許容されている（同条1項）[注49]。

(c) 投資主による監視

投資主は、当該請求の理由を明らかにすれば、投資法人に対して、会計帳簿またはこれに関する資料の閲覧・謄写の請求をすることができる（投信128条の3第1項）。これは、投資主によるガバナンスを実効的なものとするための投資主の権利である。なお、投資主は、株主と異なり、投資主総会決

注48）　資産運用報告は、投資法人の状況に関する重要な事項をその内容とする必要があり、①投資法人の現況に関する事項、②投資法人の役員等に関する事項、③投資法人の投資口に関する事項、④投資法人の新投資口予約権および投資口等交付請求権に関する重要な事項を記載することとされており（投資法人計算規則71条・72条）、特に、①の投資法人の現況に関する事項には、物件ごとの稼働率およびテナントの総数ならびに当該投資法人の営業期間中における全賃料収入などが含まれている（同則73条1項7号ハ）。

注49）　ただし、貸借対照表上の純資産額から基準純資産額を控除して得た額を超えることはできない（投信137条1項ただし書）。また、後記(5)(ⅱ)の通り、投資信託協会の規則において、減価償却費の60％の範囲内でのみ行うことができるという一定の制限がなされている（不動産投資信託および不動産投資法人に関する規則〔以下、「不動産投資法人規則」という〕43条1項）。

議によって計算書類を承認するものではないこともあり、かかる閲覧・謄写請求権は少数投資主の権利とされておらず、さらに、閲覧・謄写の請求を投資法人が拒否できる事由は、株式会社の場合に比して相対的に狭められている。

(vii) 投資法人の監督

投信法は、以下の通り、一定の帳簿書類の作成・保存や報告書の提出を義務付け、時には監督官庁が検査を行い、必要に応じて業務改善命令や登録の取消しを行うことによって監督官庁による監督を行い、投資法人の業務の適切性の確保を図っている。

(a) 帳簿書類の作成・保存

投資法人は、投資法人にかかる業務に関する帳簿書類を作成し、決算承認後10年間保存しなければならない（投信211条1項、投信規254条）。また、資産保管会社も同様に、その業務に関する帳簿書類を作成し、これを投資法人の決算承認後10年間保存しなければならない（投信211条2項、投信規255条）。

(b) 営業報告書の提出

投資法人は、営業期間（当該営業期間が6か月より短い期間である場合においては、6か月）ごとに、内閣府令で定める様式（投信規別紙様式18号）により、営業報告書を作成し、毎営業期間経過後3か月以内に、内閣総理大臣に提出しなければならない（投信212条、投信規256条）。

(c) 立入検査等

内閣総理大臣は、投信法の施行に必要な限度において、投資法人に対して、当該投資法人に係る業務に関し参考となるべき報告もしくは資料の提出を命じ、または当該職員に当該投資法人の本店に立ち入り、当該投資法人に係る業務もしくは帳簿書類その他の物件を検査させ、もしくは関係者に質問させることができる（投信213条2項）[注50]。

注50) そのほか、現在または過去の資産保管会社・一般事務受託者（以下、本章において、「資産保管会社等」という）や投資法人の役員、および設立中の投資法人の設立企画人などに対しても、同様の内閣総理大臣による立入検査等の権限が認められている（投信213条1項・3項・4項）。また、内閣総理大臣は、投資法人または資産保管会社等と投資法人に係る業務に関して取引する者に対して報告や資料の提出を命ずることができる（同条5項）。金融商品取引業者（投資運用業者）たる資産運用

(d) 業務改善命令・登録の取消等

内閣総理大臣は、投資法人の業務の健全かつ適切な運営を確保し、投資主の保護を図るため必要があると認めるときは、設立企画人または投資法人に対して、その必要な限度において、業務の方法の変更、資産運用会社の変更その他業務運営の改善に必要な措置をとることを命ずることができる（投信214条1項）。さらに、業務改善命令よりも厳しい措置として、内閣総理大臣は、投資証券等の募集の取扱等につき一定の行為を現に行い、または行おうとする者に対して、その行為の禁止や停止を命ずるよう裁判所に申し立てることができる（同法219条1項）。

加えて、登録投資法人のみを対象とするものとして、通告および登録の取消しの制度がある。内閣総理大臣は、投資法人の純資産の額が最低純資産額を下回ったときは、投資法人に対して、一定期間内にその純資産額が最低純資産額以上に回復しない場合には、登録を取り消す旨の通告を発しなければならず（投信215条2項）、その一定の期間内に回復しない場合には、登録を取り消さなければならない（同法216条2項）。また、その他投資法人が一定の事由に該当する場合には、登録を取り消すことができるものとされている（同条1項）。

(2) 金商法

投資法人が発行する投資証券・新投資口予約権証券・投資法人債券や、その投資対象の1つである不動産信託受益権は、金商法上の「有価証券」に該当し、あるいは「有価証券」に該当するとみなされるため（金商2条1項11号・2項1号）、同法上の業規制、開示規制、不公正取引規制などの対象となる。

(i) **資産運用会社に関連する規制（投資運用業者に対する業規制）**

投信法上、資産運用会社は、投資運用業（金商28条4項）の登録を行った金融商品取引業者でなければならず（投信199条・2条21項）、その結果として、

会社に対しては、金商法に基づき、内閣総理大臣は報告や資料の提出を命じ、または当該職員に当該金融商品取引業者等の業務・財産の状況、帳簿書類その他の物件の検査をさせることができるものとされている（金商56条の2第1項）。

金商法の業規制の適用を受けることになる[注51]。

(a) 投資運用業の登録

前述の通り、資産運用会社は金融商品取引業者であることが必要とされており（投信2条21項・199条）、金商法に従って金融商品取引業者の登録（具体的には、投資運用業〔金商28条4項〕の登録）を行うことになる[注52]・[注53]。登録を受けようとする者は、必要事項を記載した登録申請書を必要な添付書類とともに内閣総理大臣に提出し（同法29条の2）、一定の拒否事由に該当する場合などを除き、登録を受けることができる（同法29条の3第1項）。

注51) 投資証券、新投資口予約権証券や投資法人債券の自己募集は金融商品取引業に該当しない（金商2条8項7号参照）ため、仮に資金調達に当たり投資法人が自ら勧誘を行うことがあるとしても、金融商品取引業の登録は不要となると理解される。もっとも、投資法人は、投資証券などに係る募集の事務を、一般事務の一環として、外部委託することが強制されているため（投信117条1号）、投資法人（正確にはその執行役員）自らが投資証券などの募集行為に係る事務を行ってはならず（同法196条1項）、一般事務受託者に対して委託して行うことが必要とされている。また、投資法人は信託受益権を運用資産とすることができるところ、信託受益権を運用資産とする場合には、いわゆるGK－TKスキームにおける合同会社と類する立場につくこととなるが、その資金調達は投資証券、新投資口予約権証券や投資法人債券の発行および借入れにより行われ、自己運用業の対象たる組合出資や匿名組合出資により資金調達を行うものではないため、その運用行為は自己運用業（金商2条8項15号参照）に該当せず、投資法人の金融商品取引業の登録はかかる観点でも不要となる。なお、投資法人が匿名組合における営業者になることは、投資法人の業務規制に照らして認められない（投信63条1項参照）。

注52) 資産運用会社は、その任意の判断により、第二種金融商品取引業者としての登録も具備することができる。資産運用会社は、かかる登録を行うことで、①信託受益権などの二項有価証券の売買およびその代理・媒介業務（資産運用委託契約を締結した投資法人のための信託受益権の売買の代理・媒介行為は、投資運用業の登録に基づいて行うことができるので、当該代理・媒介行為のために第二種金融商品取引業の登録を受ける必要はないものと解されている）や、②投資証券、新投資口予約権証券、投資法人債券やいわゆる集団投資スキーム持分の募集の取扱いを業として行うことができる。この点、投資証券・投資法人債券は一項有価証券であり、原則として、その募集の取扱いについては、第一種金融商品取引業（金商28条1項1号・2条8項9号）の登録を受けた者でなければこれを行うことはできないが、資産運用会社が一般事務受託者（投信2条23項）として投資法人から業務受託している場合、かかる業務は第二種金融商品取引業とみなされるため（同法196条2項）、資産運用会社は、当該投資法人の発行する投資証券などに関する限り、第二種金融商品取引業の登録を受ければ足り、第一種金融商品取引業の登録がなくとも当該業務に従事することができる。なお、資産運用会社が第二種金融商品取引業の登録を行った場合は、弊害防止措置等を講じること（金商44条以下）や帳簿書類等の整備（同

(b) 行為規制

投資運用業者としての資産運用会社は、以下の義務を含む行為規制を課せられる。

義務の内容	金商法の根拠条文
顧客に対する誠実義務	36条1項
標識の掲示	36条の2第1項
名義貸しの禁止	36条の3
広告等の規制	37条
取引態様の事前明示義務	37条の2
契約締結前の書面の交付	37条の3
契約締結時交付書面等の交付	37条の4
虚偽告知・断定的判断の提供・不招請勧誘等の行為の禁止	38条

(ii) 投資法人および資産運用会社の「投資家」としての分類と行為規制

投資法人や資産運用会社は、投資法人が不動産信託受益権を購入する場面や資産運用会社との間で資産運用委託契約を締結する場面などでは、投資法人は「投資家」としての側面も有している。また、資産運用会社についても、その運用する投資法人以外の取引において、投資家として取り扱われるべき場面もあり得る。

法47条以下）などが必要とされる。

注53） 不動産投資顧問業登録制度は、2000年に旧建設省が公布・施行した「不動産投資顧問業登録規程」における「不動産投資顧問業」への任意の登録制度であって、当該登録制度そのものは、法令に基礎付けられている制度ではないが、不動産関連特定投資運用業を行う場合の要件として、総合不動産投資顧問業者としての登録（またはその人的構成に照らして、当該登録を受けている者と同程度に不動産関連特定投資運用業を公正かつ適確に遂行することができる知識および経験を有し、かつ、十分な社会的信用を有する者であると認められること）が必要とされている（金商業等府令13条5号・49条5号、平成19年金融庁告示第54号「不動産関連特定投資運用業を行う場合の要件を定める件」）。なお、当該資産運用会社が資産運用委託契約を締結している投資法人のために行う投資運用業は「不動産関連特定投資運用業」の定義から除外されているため（同令7条7号）、当該投資法人以外の者のために不動産関連特定投資運用業を行う場合にのみ、前記の要件を充足させる必要が生じることとなる。

投資法人および資産運用会社の金商法上の投資家としての取扱いとしては、投資法人および資産運用会社は、それぞれ、適格機関投資家（金商2条3項1号括弧書）に含まれることから、特定投資家に該当する。また、適格機関投資家たる特定投資家は、一般投資家に移行できない特定投資家であり、オプト・アウトの制度の適用はないため、投資法人および資産運用会社と金融商品取引を行う金融商品取引業者は、オプト・アウトの余地なく金商法上の行為規制の一部が除外されることになる。

(iii) 開示規制

前述の通り、投資証券、投資法人債券および新投資口予約権証券が金商法上の有価証券であることに伴い、投資法人スキームは金商法に基づく開示規制の適用対象となり、また、投資証券、投資法人債券および新投資口予約権証券は「特定有価証券」に該当することから、特定有価証券開示府令の適用を受けることになる。金商法による開示規制としては、発行開示や継続開示などの企業内容等の開示の他には、公開買付けに関する開示や株券等の大量保有の状況に関する開示などの規制が設けられている。

(a) 公開買付規制

投資証券等[注54]および新投資口予約権証券等[注55]の取得については、公開買付規制の対象とされており、一定の場合には公開買付けが強制される（金商27条の2第1項、金商令6条1項3号）。

(b) 大量保有報告制度

投資証券等および新投資口予約権証券等は、大量保有報告制度の対象となっており（金商令14条の4第1項3号・14条の5の2第4号）、投資証券の保有者の保有する投資証券の株券等保有割合が5％を超えた場合、当該保有者（以下、本章において、「大量保有者」という）は原則として5営業日以内に大量保有報告書を内閣総理大臣に対して提出しなければならず、また、その後、当該大量保有者が有する投資証券の株券等保有割合が1％以上増減した場合

注54) 投資証券および外国投資証券で投資証券に類する証券をいう（金商令1条の4第1号）。以下、本文(b)においても同じである。

注55) 新投資口予約権証券および外国投資証券で新投資口予約権証券に類する証券をいう（金商令1条の4第2号）。以下、本文(b)においても同じである。

などにも原則として5営業日以内に変更報告書を提出しなければならない。

(c) 運用報告書

前記(i)の投資運用業者に関連する規制の1つともいえるが、投資運用業者（金商28条4項）である資産運用会社は、運用報告書を作成の上、運用財産に係る権利者である投資法人に対して交付しなければならない（同法42条の7）。運用報告書には、運用財産の状況や報告対象期間における運用の状況等が記載されることになる（金商業等府令134条）。

(iv) 不公正取引規制

(a) インサイダー規制

従前J-REITにおける上場投資法人の発行している投資証券は、会社関係者等のインサイダー規制（金商166条）および公開買付等に係るインサイダー規制（同法167条）の対象とはならないものとされていたが、投資法人およびその資産運用会社の営む継続的な運用事業の過程でインサイダー取引の原因となり得る事実が生じ得ること等に鑑み、2013年の同法および金商法施行令の改正により、上場会社（株式会社）が発行する株式と同様、インサイダー規制の対象に含まれることとなったため、後記の通り、未公表の重要事実を取得した者による投資証券等の売買等、買付等および売付等は禁止されることとなる（同法166条・167条）。

(b) 短期売買差益返還規制

上場会社（株式会社）等の役員または主要株主がその職務または地位により取得した秘密を不当に利用することを防止するため、その者が当該上場会社等の「特定有価証券」または「関連有価証券」について、自己の計算においてそれに係る買付等をした後6か月以内に売付等をし、または売付等をした後6か月以内に買付等をして利益を得た場合においては、当該上場会社等は、その利益を上場会社等に提供すべきことを請求することができるものとされている（金商164条1項）。2013年の金商法改正によって、上場会社等の中に投資法人である上場会社等が含まれることとなったため、J-REITにおける上場投資法人が発行している投資証券も、短期売買差益返還規制の対象となる。

(c) その他の金商法上の不公正取引規制

前記のほか、不正行為の禁止（金商157条）、風説の流布・偽計等の禁止（同法158条）、相場操縦行為等の禁止（同法159条）などの有価証券の取引等に関する不公正取引規制については、規制対象となる有価証券に投資法人の発行する投資証券も含まれることから、投資法人の投資証券に関する取引にも及ぶこととなる。

(v) 監督官庁による監督と検査マニュアル

金融商品取引業者である資産運用会社は、金融庁や証券取引等監視委員会などの監督官庁による監督を受け、一定の場合には業務改善命令（金商51条）、登録の取消しや業務停止命令（同法52条）などの処分を受けることになる。また、証券取引等監視委員会は、金融商品取引業者等に対する検査権限を付与され、かかる権限の効果的な行使により金融商品取引業者等の実態を的確に把握するという役割を果たすことが求められており、資産運用会社もその検査の対象となっている。さらに、証券取引等監視委員会は、かかる検査に際しての確認項目を記載した検査官の手引書である「金融商品取引業者等検査マニュアル」（以下、本章で「検査マニュアル」という）を公表しており、検査監督機能の透明性の確保を図っている。

(3) 税法——租特法を中心に

税法のうち、租特法にはペイ・スルー課税をはじめとする優遇措置が定められており、投資法人をビークルとして利用する主たる理由はこのペイ・スルー課税の実現による二重課税の回避にあるといっても過言ではなく、租特法は、投資法人スキームを理解する上で欠かせない法律である。換言すれば、税務上の優遇措置の利用ことにより達成されるメリットが投資法人の商品としての魅力の源泉の1つであるため、投資法人スキームに基づくJ-REITは、通常、ペイ・スルー課税を実現できるように組成・運用されることとなり、投資法人スキームの仕組みは税法、特に租特法によっても形作られることになるのである。以下では、租特法上のペイ・スルー課税に関する要件を中心に、その他の投資法人スキームに基づくJ-REITに認められる税制面の優遇措置などについて、概観することとする［投資法人への課税の詳細については、

第7章　REIT

→**第14章第5節**]。

(ⅰ)　**導管性要件**

　投資法人スキームにおいて最も重要と考えられる税制度は、ペイ・スルー課税である。投資法人は、法人税課税の対象となる（法税4条1項・5条）が、投資法人が投資のための「器」であることに鑑み、投資法人の段階での課税とエクイティ投資家の段階での課税が二重になされることを回避するため、投資法人は、導管性要件を満たすことで、投資法人の課税所得の計算上、かかる利益の配当を損金算入することが認められているのである（租特67条の15、租特令39条の32の3、租特規22条の19）。前述のように、J-REITにおける上場投資法人のほとんどが配当性向約100％を実現していることからも、かかる税制の優遇措置は、投資証券の商品性における大きな特徴の1つである。

　導管性要件は、大別して、投資法人自体に関する投資法人要件と事業年度において充足しなければならない事業年度要件の2つに分けられるが、それぞれ具体的な導管性要件をまとめると、【図表7-1-5】の通りとなる[導管性要件の詳細については、→**第14章第5節1(1)**]。

(a)　**90％超配当要件**

　これらの導管性要件のうち最も重要なものとして、90％超配当要件が挙げられる。投資法人が支払う配当等の額は、導管性要件を満たす場合において、所得の金額の計算上損金の額に算入することができるが、そのためには、当該事業年度にかかる投信法137条1項の規定に基づく金銭の分配額がその事業年度の配当可能利益の90％に相当する金額を超えている必要がある（租特67条の15第1項2号ホ）。当該要件があるため、投資法人はその利益のほとんどを配当することを動機付けられることになり、前述のように、J-REITにおける上場投資法人の多くにおいて、ほぼ100％の配当性向を有しており、投資証券の商品性の大きな特徴となっている。さらに、この90％超配当要件は、投資法人の財務マネジメントへも大きく影響を与えている[注56]。

(b)　**その他の要件**

　他に実務上留意すべきものとして、投資法人要件②(b)の「事業年度終了時において、発行済投資口が50人以上の者により所有されているもの、または機関投資家のみによって所有されていること」や事業年度要件⑦の「機関投

【図表7-1-5】 導管性要件

投資法人要件	投資法人が、以下のすべてを満たすこと（租特67条の15第1項1号） ① 投信法187条の登録を受けているものであること（租特67条の15第1項1号イ） ② (a)設立に際して発行した投資口が公募で、かつ、その発行価額の総額が1億円以上であるもの（租特67条の15第1項1号ロ(1)） 　　　または 　(b)当該事業年度終了時において、その発行済投資口が50人以上の者によって所有されているもの、または「機関投資家」のみによって所有されているもの（租特67条の15第1項1号ロ(2)） ③ 規約において投資口の発行価額の総額のうち国内において募集される投資口の発行価額の占める割合が100分の50を超える旨の記載があること（租特67条の15第1項1号ハ、租特令39条の32の3第3項） ④ 事業年度が1年を超えないこと（租特67条の15第1項1号ニ、租特令39条の32の3第4項）
事業年度要件	投資法人が、当該事業年度において、以下のすべてを満たすこと（租特67条の15第1項2号） ① 資産運用以外の行為を営業として行うことや、本店以外の営業所の設置・使用人の雇用を行うなどの、投信法63条の規定に違反している事実がないこと（租特67条の15第1項2号イ） ② 資産の運用に係る業務を投信法198条1項に規定する資産運用会社に委託していること（租特67条の15第1項2号ロ） ③ 資産の保管に係る業務を投信法208条1項に規定する資産保管会社に委託していること（租特67条の15第1項2号ハ） ④ 当該事業年度終了時において法人税法2条10号に規定する同族会社のうち政令で定めるものに該当していないこと（租特67条の15第1項2号ニ） ⑤ 当該事業年度に係る配当等の額の支払額が当該事業年度の配当可能利益の額として政令で定める金額の100分の90に相当する金額を超えていること（租特67条の15第1項2号ホ） ⑥ 他の法人の発行済株式または出資の総数または総額の100分の50以上に相当する数または金額の株式または出資を保有していないこと（租特67条の15第1項2号ヘ） ⑦ 当該事業年度終了時において有する特定資産のうち有価証券、不動産その他政令で定める資産の帳簿価額がその時において有する資産の総額として政令で定める金額の2分の1以上に相当する金額を超えていること（租特67条の15第1項2号ト） ⑧ 「機関投資家」以外の者から借入れを行っていないこと（租特67条の15第1項2号チ、租特令39条の32の3第9項）

資家以外から借入れを行っていないこと」という、「機関投資家」に関する要件が存在する（機関投資家要件）。また、事業年度要件④の「同族会社のうち政令で定めるもの」とは、投資法人における発行済投資口数（または議決権総数）の50％超を1人の投資主およびこれと特殊の関係にある者[注57]が有する投資法人を意味しており（法税2条10号、租特67条の15第1項2号ニ、租特令39条の32の3第5項）、導管性要件を充足するためには、投資法人の投資口の50％超を1グループの投資主が有していないことが必要となる（同族会社要件）。

以上の要件のほかにも、【図表7－1－5】事業年度要件①ないし③の通り、資産運用以外の営業や使用人の雇用の禁止や資産運用会社や資産保管会社への業務委託が要件となっており、税法上の観点からも、投資法人は資産保有ビークルとして位置付けられ、外部委託スキームが要請されているように、導管性要件は、投資法人の仕組みや投資法人にかかわるスキームを検討する上で非常に重要な位置を占めている。

(ii) **不動産流通税**

前記(i)の配当等の損金算入のほか、投資法人については、税法上の特典として、政策的に不動産流通税における登録免許税および不動産取得税等につ

注56) 導管性要件のうち、配当可能利益の90％超配当要件は、特にJ-REIT破綻時におけるレンダーの債権保全策を考える上で、悩ましい問題を提起する。本来、投資口は、デット性の資金に係る債務に対して構造的に劣後する。すなわち、投資口は、①利息等の費用が支払われた後に利益の配当が行われるという意味でレンダーへの利息の支払に劣後し、また②残余財産の分配は、デット性資金調達にかかる債務を含む投資法人の債務を弁済した後でなければ行うことができない（投信157条3項、会社502条）。したがって、レンダーとしてはデフォルト後の債権回収フェーズや投資法人の破綻時には、債権回収が完了するまでの間は投資主に対する金銭の分配を停止させ、その分優先的に債権回収を行うことを希望する。しかし、その結果、投資法人が配当可能利益の90％超配当要件をできない事態となれば、投資法人に対して法人税が課税され、債権回収に悪影響が生じるおそれがあるという矛盾した状況に陥る。この問題は、民事再生や事業再生型の私的整理において、債務免除を伴わないリスケジュール型／収益弁済型の計画を考える場合において特に先鋭化し、再生計画等を債権者が受け入れることを困難とする要因の1つとなり得る。

注57) 投資主等の親族や事実上婚姻関係にある者、投資主等の使用人、投資主が支配している会社などが該当するが、かかる「特殊関係者」の概念は比較的広く定められている点に留意が必要である（法税令4条参照）。

いて、税率の引下げや課税標準の算定に関し優遇措置が適用される［詳細は、→**第14章第5節1(2)**］。

(4) 金融商品取引所の上場規程

東証が2001年3月1日にJ-REITの上場制度を創設し、現在では、東証のほか、ジャスダック証券取引所および福岡証券取引所に投資証券が上場されている。金融商品取引所は、投資家の保護や円滑な取引を確保するためにさまざまな自主ルールを定めているが、その中でも、上場を前提とした投資法人スキームを理解するに当たっては、有価証券上場規程の理解が重要である。有価証券上場規程には、主に総資産・純資産の規模、投資口の口数といった上場審査基準や上場廃止基準、情報開示のタイミングや手続等についての適時開示に関する規定が定められている。

(5) 投信協会の自主ルール

金融商品取引所の有価証券上場規程と同様に、J-REITを規律する自主ルールの1つとして、投信協会の定める自主ルールが重要である。前記の通り、投資法人の資産運用会社が投信協会の会員であることが、金融商品取引所の上場審査基準および上場廃止基準の要件の1つとされていることから（有価証券上場規程1205条1号a・1218条1項1号b(c)）、上場しているJ-REITについては、投信協会のルールを遵守することも（事実上の）上場要件として機能することになる。自主ルールの内容としては、運用の制限、不動産の評価方法や情報開示の方法・範囲などが定められている。

(i) 投信協会

投信協会は、投資家の保護を図るとともに投資信託および投資法人の健全な発展に資することを目的として設立された、主に投資信託委託会社等を会員とする自主規制機関である。投信協会は、認定金融商品取引業協会（金商78条参照）として、投資信託および投資法人の運用、経理、評価、開示等に関するさまざまな自主ルールを設けて規制を行い、その遵守状況についての調査・指導などを行っている。

投信協会の会員資格は、一定の投資運用業者、第一種金融商品取引業者、

登録金融機関および委託者非指図型投資信託の受託者となる信託会社等であり[注58]、2016年4月1日現在における投信協会の会員会社数は、正会員（投資信託および投資法人の資産運用会社）161社および賛助会員（投資信託の販売会社および受託銀行）20社となっている[注59]。

(ii) 投信協会の規則等

投信協会は、前述の通り複数の自主ルールに基づき資産運用会社等に対する規制を行っているが、その自主ルールの1つとして不動産投資法人規則を定めている。

不動産投資法人規則は、投資信託委託業者[注60]および委託者非指図型投資信託の受託者である信託会社が、不動産投資信託および不動産投資法人（以下、本章において、「不動産投信等」という）に係る業務を適切に執行するために必要な事項を定め、不動産投信等に係る制度を円滑に実施するとともに、投資家の保護を図ることを目的とした規則である（不動産投資法人規則1条）。

不動産投資法人規則の主な内容を要約すると、【図表7-1-6】の通りであるが、他の関連法令における類似の規定との関係では、次の点に留意が必要である。具体的には、まず、投信法や金商法上の開示事項としては要求されていない長期修繕計画の策定方針などの独自の項目を記載した資産管理計画書を作成の上で、投資主の請求による開示が義務付けられている（不動産投資法人規則9条・10条）。また、保有不動産の価格評価の方法として、不動産鑑定評価、取引実例法、再調達法、収益還元法またはこれらの組合せで行

注58) 投信協会の会員は、「正会員」（金商法29条の規定に基づき投資運用業を行うことの登録を受けた者〔同法2条8項12号イに掲げる行為および同項14号に掲げる行為を業として行う者に限る〕および投信法47条に規定する委託者非指図型投資信託の受託者となる信託会社等〔信託業法3条または53条の規定に基づき免許を受けた信託会社または信託業務を営む金融機関をいう〕）と「賛助会員」（金商法29条の規定に基づき第一種金融商品取引業を行うことの登録を受けた者〔正会員に該当する者を除く〕、同法33条の2の規定に基づき登録を受けた登録金融機関および信託業法3条または53条の規定に基づき免許を受けた信託会社または信託業務を営む金融機関〔正会員である信託会社等を除く〕であって、投信協会の目的に賛同しその活動に協力する者）に分かれる（投信協会の定款7条）。

注59) 投信協会のウェブサイト〈http://www.toushin.or.jp/profile/mission/〉参照。

注60) 投信法2条11項に規定する投資信託委託会社および同条21項に規定する資産運用会社をいう。

第1節　REITの仕組みと法律関係

【図表7-1-6】　不動産投資法人規則の主な内容

主な項目	内容
不動産投資信託・不動産投資法人の定義	投資信託財産、投資法人の財産の総額の50％を超える額を不動産等および不動産等を主たる投資対象とする資産対応証券等に対する投資として適用することを目的とする旨を規定している投資信託および投資法人
不動産等の定義	(1)不動産　(2)不動産の賃借権　(3)地上権　(4)外国の法令に基づく(1)～(3)　(5)(1)～(4)の信託受益権　(6)(1)～(4)で運用する金銭の信託受益権　(7)(1)～(6)で運用する匿名組合出資持分　等
不動産を主たる投資対象とする資産対応証券等	資産の50％を超える額を不動産等に投資する以下の証券 (1)優先出資証券　(2)親投資信託受益証券　(3)親投資証券　(4)特定目的信託受益証券　(5)匿名組合出資持分証券　等
保有不動産の評価（私募を除く）	資産の種類ごとに次の中から適当と考える方法を約款または規約に定める 不動産鑑定評価、取引実例法、再調達法（建物の場合）、収益還元法（DCF法・直接還元法）、これらの組合せ
保有不動産の評価方法の変更	原則として変更しない。ただし、正当な事由により採用した評価が適当ではなくなった場合かつ投資家保護上問題がない場合には可能（評価方法を変更した場合は運用報告書等に一定の事項を記載する）
資産管理計画書の作成	資産運用会社は以下の内容の計画書を備え置き、受益者または投資主の請求に応じて縦覧させなければならない (1)運用方針・計画期間・運用対象の属性　(2)保有資産の評価方法　(3)保有資産の入替基準　(4)長期修繕計画の策定方針、その見積積立金額、各期ごとの予定積立金額　(5)借入金とその返済に係る計画の策定方針　等
資金の借入れ	・投資信託財産・投資法人財産の健全性に留意して行う ・資金の借入れを行った場合には運用報告書または資産運用報告書において個別の借入れごとに「借入理由」「借入日」「借入金額」「借入先」「資産を担保にした場合にはその名称・評価額等」「利率」「返済方法」「返済期限」を記載する
賃貸借契約により生じる礼金（権利金）	当該礼金を賃借人等に返還しないことが確定した時点で返還しないことが確定した金額を収益に計上することができる
賃貸借契約により生じる敷金（保証金）	当該金銭を資産の部に計上し、同額を返済債務として負債の部に計上する

第7章 REIT

修繕費用	資本的支出を除く修繕費用が発生した場合には、それに係る費用については修繕の完了日、完了日に費用が確定しない場合は費用が確定した日に費用に計上する
資本的支出	・計算期間中に資本的支出を行った場合、要した金額と同額を前期末の当該保有不動産の帳簿価格に加算する ・資本的支出に係る実施計画が確定した場合には、その施工前に投資者に交付される運用報告書・資産運用報告書および目論見書において「不動産の名称および所在地・予定期間・予想金額・資本的支出後の不動産の帳簿価格の予想増加額」等を記載
基準価格の算定方法	資産総額に有価証券等の法令において時価で評価すべきものとされている資産の評価損益を加減した額から保有不動産に係る減価償却費および負債を控除した額を、発行済投資口数で除した商
収益分配原資	当該計算期間中に生じた保有不動産等の売買損益、賃貸収入、有価証券売買損益ならびに保有不動産等および保有有価証券の利子配当等、ならびに繰越利益の合計額から公租公課等の当該計算期間に係る費用および減価償却額ならびに繰越欠損額の合計額を控除した額を、全額分配することができる
出資の払戻し	計算期間の末日に計上する減価償却費の100分の60に相当する金額を限度として、出資の払戻しとして分配できる
賃貸収入の計上方法	当該計算期間に対応する金額を収益計上
公租公課の計上方法	・恒常的に発生する公租公課は、当該計算期間に対応する金額を費用に計上する ・不動産の取得または売却により一時的に発生する公租公課は、支払が確定した日に費用に計上する ・不動産等の取得時における未経過固定資産税、不動産取得税および登録免許税については、取得価額に計上することができる
運用報酬の計上方法	資産の運用を行う運用会社および一般事務受託者ならびに資産保管会社との間で締結した契約に基づき当該者に支払う報酬は、計算期間ごとに当該計算期間に対応する金額を費用に計上する
保有不動産に係る管理委託手数料	当該管理委託契約の内容により当該計算期間に対応する金額を費用計上

投資法人債の発行に係る留意事項	当該投資法人の資産の状況等に鑑み、当該投資法人債の償還期限、償還方法、利率、利払方法等の発行条件を適切に設定する
短期投資法人債の発行に係る留意事項	当該投資法人の資産の状況等に鑑み、当該短期投資法人債の発行価額および償還価額等の発行条件を適切に設定する

うものとされているため（同規則5条）、投資法人計算規則や特定有価証券開示府令で定められている評価方法であったとしても、金融商品取引所への上場を前提とする投資法人においては、これらの評価方法以外には用いることができないことになる。さらに、投信法上は利益を超えて金銭の分配が可能とされている（投信137条1項本文）が、不動産投資法人規則上は、計算期間の末日の算定された減価償却累計額の合計額から前計算期間の末日に計上された減価償却累計額の合計額を控除した額の60％の範囲内でのみ税法上の出資等減少分配に該当する出資の払戻しが可能とされている（不動産投資法人規則43条）。

　そのほかの投信協会の自主ルールとしては、投資法人に係る運用報告書等の記載項目・内容および交付の方法等を定めた「投資信託および投資法人に係る運用報告書等に関する規則」や、資産運用報告に係る表示事項の様式および表示要領を定めた「不動産投資信託等の運用報告書等に関する委員会会議」などが定められており、J-REITにおける投資法人の資産運用会社はこれらのルールに従って業務を行うことになる。

第2節

REITの新しい動き

1 私募REIT

(1) 私募REITの台頭

(i) リーマン・ショック後のJ-REIT市場

　2001年9月にスタートしたJ-REIT市場は、米国のサブプライム・ローン問題の顕在化による外国人投資家のJ-REITへの投資態度の変化により、2007年5月をピークに価格下落局面に転じ、2008年9月のリーマン・ショックに端を発する世界的金融危機によりJ-REITの投資口価格は日本の株価、米国の株価推移と大きく連動して下落した。さらに、2008年10月9日にニューシティ・レジデンス投資法人がJ-REITとして初めて民事再生法の適用を申請したことで、J-REITの破たんというそれまで想定されていなかった事態に市場に激震が走った。また、前記のリーマン・ショックによる投資口価格の下落が、J-REIT銘柄間のリスク・リターン特性の差異を大きく拡大させたこともJ-REIT市場に衝撃を与えた。

　このような、世界的な金融危機下における信用収縮下で、J-REIT銘柄の格付けの引下げが行われ、J-REITが厳しい資金調達環境に直面する中でJ-REITのリファイナンス・リスクに対する懸念が高まることによるJ-REITの投資口価格の大幅な下落が続き、J-REITはさらに厳しい資金調達環境に直面し、その結果一層のデフォルト・リスクへの懸念が高まるという負の連鎖が続いたとみられている。

　リーマン・ショック後においては、J-REITにおけるM&Aによる資産規模の拡大が期待され、J-REITのスポンサー変更や、J-REIT市場初のJ-REITの合併[注61]が行われた[注62]・[注63]。

　前記のように、リーマン・ショックは、J-REIT市場と株式市場等の金融・

資本市場との相関性の高さや価格変動幅の大きさを投資家に強く印象付けた。また、投資口価格の下落によって、J-REITが資金調達力と不動産取得力を著しく低下させたことで、それまでJ-REITが担っていた不動産デベロッパーにとってのもう１つの出口機能も機能不全に陥ったといわれている。

　このような環境下で、国内不動産投資市場における①価格変動リスク、②リファイナンス・リスク、③出口リスクに対する反省と、「安定的な不動産投資商品への期待」あるいは「新たな不動産の買い手創出」という投資家と運用者双方のニーズへの対応の機運が高まり、その結果、「安定的な不動産投資商品」と「新たな不動産の買い手」の機能を提供し得る新たな不動産私募ファンドとして、2010年11月に非上場、オープン・エンド型のいわゆる私募REIT第１号が登場するに至った[注64]。

　１においては、かかる金融危機後に誕生・発展してきた私募REITについて詳述する。

(ii)　私募REITとは

　「私募REIT」とは、非上場オープン・エンド型不動産投資法人の略称として使われており、昨今、市場関係者の間で急速に認知度が高まった金融商品である。投資法人の商号に「プライベート」や「オープンエンド」といった用語がよく用いられている。投信法に基づく投資法人をビークルとして利用する点はJ-REITと共通するが、投資口の払戻しが可能となるオープン・エンド型が採用されている点、投資家層の相違に起因する導管性要件充足の点、金融商品取引所への上場がなされない点がJ-REITとは異なっている。

　私募REITは、その名の通り私募形式で販売され、主要投資家層は金融機関等の機関投資家や年金基金である。この点も、個人投資家を含めた広範な

注61)　2009年８月にアドバンス・レジデンス投資法人と日本レジデンシャル投資法人が合併する旨の基本合意書が締結された。

注62)　ARES「J-REIT View──リーマン・ショックによるJ-REIT市場環境の激変と今後の展望」ARES REPORT, September-October（2009）参照。

注63)　住信基礎研究所「金融危機後のJ-REITのリスク要因変化及び海外REITの実態に関する研究──J-REIT市場の健全な発展に向けて（トラスト60研究業書）」（2010年５月）参照。

注64)　三井住友トラスト基礎研究所「私募REIT市場発展に向けた投資リスク評価手法に関する調査」（2014年10月）参照。

投資家層を対象とするJ-REITとは異なる。

　私募REITの歴史は新しく、2010年11月に第1号案件の運用が開始された。その後瞬く間に銘柄数が増加し、2016年10月末日現在、20銘柄となっている。

　非上場であることからJ-REITのような開示書類の作成義務がなく、かつ、各投資法人・各資産運用会社のホームページにおける公表情報も極めて限定的であることから、正確な運用資産規模を把握することは困難であるものの、各種推計によれば、私募REITの運用資産規模（取得額ベース）は1兆円を突破したようである[注65]。

(iii)　私募REIT概観

(a)　スポンサー

　スポンサーは、J-REITの運用実績を有しているところが多いものの、J-REITの運用実績がないところも少なからず存在する。

　他方で、J-REITや不動産私募ファンドを平行して運用しているスポンサーにおいては、グループとしての一体感や補完関係を意識しながら、各商品（ファンド）ごとに、異なるアセットクラスや異なる主要投資家層を指向しているようである。

(b)　アセットクラス

　私募REITが投資するアセットクラスは、オフィスや賃貸住宅にとどまらず、商業施設やホテル、物流施設等さまざまであるが[注66]、これらのアセットクラスに総合的に分散投資する私募REITが一般的である。もっとも、最近の傾向として、一定範囲のアセットクラスに集中して投資する私募REITも存在する。

　また、私募REITは、機関投資家を主要投資家層としているため、一般投資家をその投資家とするJ-REITよりも、投資家保護の要請が緩やかに働くこともあり、各スポンサーごとのアセットクラスの特性や投資家の投資ニーズに合致した柔軟な商品設計が可能となっているようである。

注65)　三井住友トラスト基礎研究所の推計によれば1兆4010億円（取得額ベース、2016年2月時点）。
　　　他方、2015年末時点のJ-REITの銘柄数、時価総額は52銘柄、10.6兆円程度。また、保有不動産の残高（取得価格ベース）は14.0兆円程度（J-REITのデータ出所はいずれもARES 公募REIT Databook）。

(c) 資産規模

　運用資産の規模は、初期案件では300億円〜700億円程度の規模をもって運用開始されていたが[注66]、最近では200億円〜300億円程度の規模で運用開始することが多いようである。J-REIT同様の導管性要件（特に90％超配当要件）があるため、内部留保による資金の積上げは難しく、投資口の追加発行（私募増資）と銀行からの追加借入れにより資金調達を行って、資産規模を拡大していく点はJ-REITと同様である。最大規模の私募REITでは運用資産が2000億円を突破している。

　LTV水準はおおむね30％〜50％と保守的な水準を採用する私募REITが多く、分配金利回りは年間4％程度を想定している場合が多いようである。

(d) 投資家層

　投資家層としては、スポンサーに加え、金融機関や年金基金が挙げられる。金融機関については、都市銀行、地方銀行、信用金庫や信用組合まで幅広く投資を行っている。これは、BIS規制[注68]により金融機関の自己資本比率に関する規制が強化され、貴重な資本の使い道を検討する中で、不動産の安定的なキャッシュ・フローを運用として取り込める商品性を評価した地方銀行

注66)　後述するように、私募REITの投資家は、取引所を通じた売買ができないために、投資口の流動性が限定され、基本的には投資家間の売買に限られる。他方で、投資法人に対する払戻請求により投資口の換金を行う途を確保する必要があることから、投資家の換金に対応するため、投資法人レベルでの資金の流動性管理がJ-REITよりも重要となる。
　　　この点、賃貸住宅の取引流動性の高さに着目して、私募REITの組入物件には賃貸住宅が多いという分析がある（三井住友トラスト基礎研究所『「非上場オープン・エンド型不動産投資法人」現状整理と賃貸住宅の取引流動性に関する考察」〔2015年6月22日〕）。
　　　この分析によれば、公表情報から判明した私募REIT組入れ83物件中44物件（53％）が賃貸住宅であって、さらにその44物件中38物件（86％）が東京23区所在とのことである。

注67)　三井住友トラスト基礎研究所・前掲注66) 参照。

注68)　BIS（Bank for International Sttlementの略。国際決済銀行を指す）規制とは、国際業務を行う銀行の自己資本比率（自己資本を分子、保有資産等のリスクの大きさを示す数値を分母として算出される比率のことで、銀行等の経営の健全性を示す指標の1つ）に関する国際統一基準のことで、バーゼル合意ともいい、日本を含む多くの国における銀行規制として採用されている。2010年に新しい規制の枠組みとして新BIS規制（バーゼルⅢ）が成立している。

や信用金庫等による私募REITへの投資が増えていることも背景に挙げられると考えられる[注69]。また、リース会社や保険会社も投資しており、さらには、黎明期から運用を開始した私募REITでは一般事業法人や学校法人も投資家として参加している。

REITの運営上、その導管性要件より、発行済投資口が50人以上の者によって所有されるか、あるいは「機関投資家」[注70]のみによって所有されることが必要とする（租特67条の15）［詳細は、→第1節2(3)］。私募REITの場合は、後者の方法により投資家を募る場合が多い。また、私募REITの場合には、J-REITと異なり有価証券報告書等の金商法上の開示資料において投資主が開示されるということはないところから、匿名性での投資を好む投資家層からの需要もあるのではないかと考えられる[注71]。

(2) 私募REITの特徴

(i) J-REITや不動産私募ファンドとの比較

私募REITは、J-REITや不動産私募ファンドにはない特徴を備えた金融商品であり、具体的には①非上場による価格変動の相対的安定性に加えて、不動産価値が基準価額へ直接的に反映されること、②投資口の低流動性、③運用期間が無期限であるため出口リスクが軽減されていることをその特徴として挙げることができる。

(a) 投資口の価格決定方法

私募REITでは、非上場のため、投資口の基準価額が、不動産の鑑定評価額に基づき、一定頻度（私募REITの決算期に合わせて年2回が多い[注72]）において算定される[注73]。

注69) 岡田直美ほか「座談会　金融からみた不動産」不動産証券化ジャーナル25号（2015）6頁参照。

注70) 租特規22条の19・22条の18の4。金商法上の適格機関投資家（定義府令10条）と概ね一致しているものの、税法上の機関投資家の範囲は金商法上の適格機関投資家よりやや狭い。

注71) 私募REITにおいては金商法上の開示は要求されていないものの、投資法人登録簿は、公衆縦覧に供されることから（投信189条3項）、匿名性を好む投資家は、私募REITに投資するLPS等のファンドの出資者となる等のスキームをとることによって、投資法人の登録簿にも商号等が掲載されないようにする例もあるようである。

第2節 REITの新しい動き

【図表7-2-1】 私募REIT一覧（2016年10月末日現在）

	投資法人名	資産運用会社名	スポンサー	アセットタイプ
1	日本オープンエンド不動産投資法人	三菱地所投資顧問株式会社	三菱地所グループ	総合型（オフィス・住宅・商業施設）
2	野村不動産プライベート投資法人	野村不動産投資顧問株式会社	野村不動産グループ	総合型（オフィス・居住用施設・物流施設・商業施設等）
3	三井不動産プライベートリート投資法人	三井不動産投資顧問株式会社	三井不動産グループ	総合型（オフィス・居住用施設・商業施設・物流施設等）
4	DREAMプライベートリート投資法人	ダイヤモンド・リアルティ・マネジメント株式会社	三菱商事グループ	総合型（商業施設・物流施設・住宅・オフィス等）
5	ジャパン・プライベート・リート投資法人	ゴールドマン・サックス・アセット・マネジメント株式会社	ゴールドマン・サックスグループ	総合型（オフィス・住宅・商業施設等）
6	大和証券レジデンシャル・プライベート投資法人	大和リアル・エステート・アセット・マネジメント株式会社	大和証券グループ	住宅特化型（居住用施設）
7	ブローディア・プライベート投資法人	東急不動産キャピタル・マネジメント株式会社	東急不動産ホールディングスグループ	総合型（オフィス・商業施設・住宅等）
8	ケネディクス・プライベート投資法人	ケネディクス不動産投資顧問株式会社	ケネディクス・グループ	総合型（大規模オフィス・長期リース付ホテル・商業施設等）
9	SGAM投資法人	SGアセットマックス株式会社	佐川急便株式会社を軸とするSGホールディングスグループ	物流特化型（物流施設）
10	東京海上プライベートリート投資法人	東京海上不動産投資顧問株式会社	東京海上グループ	複合型（オフィスと都市型商業施設）
11	SCリアルティプ	住商リアルティ・	住友商事株式会	総合型（オフィス、

		ライベート投資法人	マネジメント株式会社	社	商業施設、物流施設、住宅系施設、ホテル)
12	丸紅プライベートリート投資法人	丸紅アセットマネジメント株式会社	丸紅グループ	総合型（オフィス、商業施設、住居、ホテル等）
13	日本土地建物プライベートリート投資法人	日土地アセットマネジメント株式会社	日本土地建物グループ	総合型（オフィス・商業施設・賃貸住宅・ホテル等）
14	東京建物プライベートリート投資法人	東京建物不動産投資顧問株式会社	東京建物グループ	総合型（オフィス・商業施設・住宅等）
15	NTT都市開発・プライベート投資法人	NTT都市開発投資顧問株式会社	NTT都市開発株式会社	総合型（オフィス・住宅・商業施設等）
16	センコー・プライベートリート投資法人	センコー・アセットマネジメント株式会社	センコーグループ	物流特化型（物流施設）
17	D&Fロジスティクス投資法人	大和ハウス不動産投資顧問株式会社	大和ハウス工業株式会社	物流特化型（物流施設）
18	DBJプライベートリート投資法人	DBJアセットマネジメント株式会社	株式会社日本政策投資銀行グループ	総合型（オフィス・住宅・商業施設・産業施設等）
19	ニッセイプライベートリート投資法人	ニッセイリアルティマネジメント株式会社	日本生命保険相互会社	総合型（オフィス・商業施設・物流施設等）
20	京阪プライベート・リート投資法人	京阪アセットマネジメント株式会社	京阪グループ	総合型（オフィス・商業施設・住居系施設・ホテル・物流施設・底地等）

出所：金融庁、各社ホームページ・プレスリリース、三井住友トラスト基礎研究所、日経不動産マーケット情報等の公表情報から作成。

注72) 不動産投資法人規則47条の3において、適格機関投資家向けオープン・エンド型投資法人においては、投資法人の各計算期間の末日のみにおいてその投資口の基準価額の算定ができるものとされていることから、営業期間を6か月としている投資法人においては、年2回の割合の頻度で基準価額が算定される。

J-REITでは投資口の価格が取引所で日々値付けされるが、それと比較した場合、私募REITは株式市場の価格変動の影響を受けにくく、不動産の価値がより直接的に反映されやすい。このことから、J-REITと比較して、私募REITの投資口価格は安定的に推移することが期待されている。前記(1)(i)記載のように、金融危機以降、投資口価格のボラティリティを好まない投資家ニーズが強く存在したことが、このような仕組みを備えた商品開発を促進したものと思われる。

(b) 換金方法

私募REITでは規約等に定められた条件・手続に従い、投資法人に対し投資口の払戻請求を行うことで換金を行う（オープン・エンド型）[注74]。他方、J-REITでは、投資法人に対し投資口の払戻請求を行うことはできず（クローズド・エンド型）、取引所での売買によってその換金が行われる。この点において、J-REITと比較して、私募REITは流動性が劣っているといえる[注75]。

(c) 運用期間の制限がないこと

私募REITは、運用期間の設定がなく無期限で運用がなされ、中長期的に安定した収益確保を目指す。この点、運用期間の定めがある不動産私募ファンドと異なる。無期限の運用により、ファンド運用期間終了時における保有不動産の売却価格（不動産市況）の影響を受けにくいとされている。このことから、私募REITは、保有不動産の入替えを除き不動産の継続保有が前提

注73) 私募REITにおける投資口の基準価額の算定方法については、不動産投資法人規則において、オープン・エンド型の私募REITの投資口の基準価額算定方法が詳細に定められていることに留意する必要がある（同規則47条・36条参照）。また、適格機関投資家向け私募REITが追加にて私募増資を行う場合において、同規則48条2項より、「投資主から請求のあった日の直前の計算期間末日の基準価額を用いて行う」必要があることにも留意を要する。この点、「投資主から請求のあった日」はいつと解するべきかが問題となるが、投資信託協会はこの点につき、明確な回答を述べることを避けているようである。

注74) 相対での売買も可能ではある。実際、私募REITへの投資に難色を示す投資家の懸念事項の1つは投資口の流動性の問題だとされており、証券会社によるセカンダリー・マーケットの創設が期待されている。なお、後掲注75) も参照。

注75) もっとも、最近では、私募REITにおけるセカンダリー・マーケットも証券会社を通じて発展しつつあるようであり、私募REITの投資家が、このようなセカンダリー・マーケットで新規投資家に対して投資口を売却することによる換金方法も今後増えていくことが期待される。

【図表7-2-2】 私募REITの特徴

	私募REIT	J-REIT	不動産私募ファンド
スキーム	投資法人 (非上場)	投資法人 (上場)	GK-TKスキームや特定目的会社スキームによる出資
投資商品の価格決定方法	不動産鑑定評価価格	取引所価格	不動産鑑定評価価格
換金方法	払戻請求*	取引所売買	償還
運用期間	無期限	無期限	有期限

＊ 私募REITや私募不動産ファンドの換金方法として、投資口や匿名組合出資持分等の相対での売買の方法もある。

となるため、出口リスクを抑えることが可能であるといわれている。

(3) 私募REITの組成・運用における実務上のポイント

(i) 設立や許認可関係

私募REITの組成・運用に当たっては、J-REIT同様、適切な許認可等を保有する投資法人と資産運用会社が必要である。

これらの設立方法や登録、許認可の取得の詳細については**第1節2**を参照されたいが、資産運用会社に係る許認可（宅建業法上の取引一任代理等の認可や金商法上の投資運用業の登録）を取得する上で、私募REITにおいても実務上よくポイントとなるのは以下の諸点である。

① スポンサー等との利益相反回避措置（利害関係者取引規程の策定等）
② 役員に加えて、コンプライアンス・オフィサーや投資運用部の部門長といった重要な使用人[注76]の経歴
③ 投資委員会やコンプライアンス委員会の設置・運営方法の策定

また、すでにJ-REITや不動産私募ファンドを運用している既存の資産運用会社において私募REITを運用するケースでは、私募REITと他の運用部署（ファンド）との物件情報の取得に関する優先順位や情報遮断措置を定めた資産運用会社の社内規程としてのいわゆるローテーション・ルールの策定が

注76) 宅建業規19条の2第1項3号、金商令15条の4。

【図表7-2-3】 物件取得に関する優先順位の記載例

日本土地建物プライベートリート投資法人
資産運用会社（日土地アセットマネジメント株式会社）内においても、私募ファンドに優先して本投資法人による物件取得機会を付与することで、本投資法人優先の体制を構築しております。

出所：同社ホームページ。

国土交通省および金融庁（関東財務局）から求められる傾向にある[注77]。さらに、通常は、既存のJ-REITとスポンサーとの間では、スポンサーからの物件の情報提供等を優先的にREITに提供するとする内容のスポンサーサポート契約が締結されていることから、特に同一の資産運用会社においてアセットクラスに重なりがあるJ-REITと私募REITを運用する場合には、私募へのスポンサーサポートとJ-REITのスポンサーサポートの優劣関係を決める必要も生じる。

(ⅱ) **投資家勧誘資料、デュー・デリジェンス（DD）等**

J-REITは、投資口の公募や取引所への上場が行われるため、金商法上の開示規制に服することとなり、投資口募集時の有価証券届出書や継続開示書類としての有価証券報告書が作成される。

他方、私募REITは当該金商法上の開示規制に服することはないものの、実務上は、投資家への説明責任との関係もあり、勧誘資料として、有価証券届出書の様式に類似する「商品概要説明書」を作成し、これをもって証券会社等による投資家勧誘が行われる。商品概要説明書は、実務上、投資口の私募増資の投資家に対して、守秘義務を伴うかたちで交付される書類である。

注77) ローテーション・ルールでは、スポンサーや資産運用会社の恣意性が働かないよう、物件情報取得の優先順位につき、同じ資産運用会社で運用する私募ファンドよりもJ-REITを優先するとする基準、物件の竣工年数等によって優先権を私募ファンドに付与するかJ-REITに付与するかが決定されるような客観的な基準の策定が求められ、このような客観的な基準の策定が困難な場合には、恣意性排除のため、物件情報を運用部門以外の部門が一元管理する等のさまざまな態勢整備が厳格に求められる傾向にある。かかるローテーション・ルールについては、国土交通省および金融庁ともに、私募REITの場合をJ-REITよりも緩和して考える、というような特別な配慮はないようであり、私募REITの場合もJ-REIT同様、ローテーション・ルールの策定には配慮を要する。

同書類には、金商法上の私募の告知[注78]からはじまり、投資法人の仕組み、資産運用会社の組織体制、各物件毎情報および法務デュー・デリジェンス（以下、「DD」という）等で判明した情報が特記事項として記載され、投資リスクに係る詳細な記載がなされるのが通常である。

物件の法務DDについては個別案件次第であるものの、私募REITの場合にはJ-REITの場合のような詳細なDDレポートの作成をしていない例も相当数ある。もっとも、法務DDが行われないわけではなく、商品概要説明書における物件の特記事項（物件の権利関係や利用等において重要と考えられる事項、物件の評価額、収益性、処分性への影響度の観点から重要と考えられる事項について記載する）の内容を検討するという観点から、契約書や物件概要書、エンジニアリング・レポート等に基づき、例えば、行政法規違反、権利関係に係る負担・制限、共有者との取決めや境界、有害物質や地中埋蔵物、建築基準法上の耐震基準等に関する分析を行う。

法律意見書については、私募REITにおいては、J-REITにおける実務と異なり、弁護士が詳細な資産運用会社および投資法人に対する法務DDを実施し、開示書類に関するディスクロージャー・レター類似の法律意見書作成を求められることは実務上ない。他方で、投資法人や資産運用会社の権利能力や許認可、さらには投資口の引受けに関する限定された範囲での関連契約の法的拘束力等にのみ言及した法律意見書が引受会社宛で提出される場合もある[注79]。

(iii) 当初物件の取得と資金調達

私募REITの場合は、当初物件はスポンサーから購入することが多い。私募REITの組成にあわせて、物件取得のための資金調達が必要となるが、この点は、投資口の私募に加えて、銀行借入れを行うのは、J-REITと同様で

注78) 適格機関投資家私募の要件として、勧誘を行う者は、被勧誘者に対して、①適格機関投資家私募に該当することにより届出が行われていないことおよび②転売制限の内容について告知する義務を負い、投資口を取得させる場合には、あらかじめまたは同時に、告知内容を記載した書面を交付する義務を負う（金商23条の13第1項・2項）。通常、私募REITの場合は、かかる私募告知の内容を商品概要説明書に入れ込むかたちで被勧誘者に交付する方法をとることが多い。

注79) かかる法律意見書の内容も、私募REITの場合は、J-REITにおいて求められる内容よりも限定的である。

ある。

物件取得については現物不動産や不動産信託受益権に係る売買契約（PSA）を売主と買主たる投資法人が締結するが、物件の購入資金に関する投資法人の資金調達が行われることを前提条件とすることが多く見受けられる。また、物件の瑕疵担保責任や物件に係る表明保証の内容がPSA交渉上の主要な論点となることは多いが、私募REITで取得する資産については、売主側で比較的広範に物件リスクに係る責任を負うことで取引条件を合意している場合が多いように思われる。

銀行借入れについては、財務制限条項や担保提供制限等の各種誓約事項に加えて、表明保証の内容や私募REIT・投資法人特有の期限の利益喪失事由の設定が問題となる。なお、レンダーは導管性要件との関連から、租特法上の「機関投資家」である必要がある点は、J-REITと同様である。

(iv) 換金方法に対する対応

私募REITでは、前述の通り、その運用が始まって以降、投資家が投資口を換金したい場合には投資法人に対し払戻請求を行う。他方、私募REITの投資法人は資金繰りの観点から当該払戻請求に備え、J-REITと比較すれば多めの割合で現預金を準備しておく場合が多いのではないかと推測される。このことから、払戻請求の時期や範囲については規約および投資法人の規程等において一定の制限を課すことが通常である。

より具体的には、払戻請求について事前の予告を求める、払戻時に継続保有期間に応じた割合で投資法人への留保額を要求する、発行済投資口総数の一定割合の限度でしか払戻しを認めない、といった措置が投資法人の規約や規程に規定されるものが多い[注80]・[注81]。

注80) 私募REITが立ち上がった初期の段階では、投資法人の規程等において、投資口の払戻原資を確保するためのさまざまな方法があらかじめ規定されるような建付けのものが主流であったが、近時においては、払戻請求の開始を投資法人の運用開始後数営業期間後から可能とする建付けにしたり、払戻請求を行う投資主から投資法人が徴収する、払戻時における投資口の保有年数に応じた割合の手数料等をあらかじめ投資法人の規約または規程等に定めておくというような手当てをするのみにとどめている私募REITが主流であると思われる。

注81) 不動産投資法人規則47条の2において、適格機関投資家向けオープン・エンド型投資法人（私募REIT）は「計算期間の末日に計上する減価償却費に相当する金額を

また、私募REITにおける投資家勧誘資料である商品概要説明書において、投資口の払戻しの原資のための資金調達方法として投資法人が借入れや物件の売却をする可能性がある旨を記載するのが一般的である[注82]。

2 運用資産の多様化

(1) はじめに

近年REITにおいては、従前よりREITの主な投資対象資産とされてきたオフィスビルやマンション等のレジデンスではなく、ホテルやヘルスケア施設といったいわゆるオペレーショナル・アセットをその投資対象として組み入れる動きが注目を集めている。

ここでいうオペレーショナル・アセットとは、事業性資産のことをいい、事業の運営によって収益を上げる施設である。このことから、オペレーショナル・アセットを投資対象とする場合には、当該オペレーショナル・アセットの管理運営に当たってのノウハウや専門的知見等を有する人材が必要であり、かつ、そのノウハウや専門的知見等を活かした体制整備が要請される。

また、かかるオペレーショナル・アセットの管理運営を行う運営事業者、いわゆるオペレーターの運営能力等によって、オフィスビルやマンション等よりも、当該物件の収益性が左右される度合いが大きいものと考えられる。すなわち、通常のREITにおいても、建物の管理やテナントの募集等を行うプロパティ・マネジャーの能力によって、物件の収益性等に影響があるものの、オペレーショナル・アセットの場合は当該物件の特殊性からその運営管理において特に専門的知識等が必要とされることから[注83]、投資法人の収益

　　　限度として、出資の払戻しを行うことができる」と規定されていることにも留意を要する。かかる規定の趣旨も私募REITにおける払戻原資確保の点にあるものと考えられる。

注82) 運用ガイドラインに定める私募REITもある。
注83) 例えばホテルの場合には、賃料の決め方につき、ホテルの稼働率の季節変動の影響をどのように反映させるか、フランチャイズ契約の有無、マスターリース会社がいる場合には当該マスターリース会社との間のマスターリース契約の内容、ホテルの収益と連動させるか否かおよび収益の賃料への反映方法等について決定する必要があるため、専門的な知見・判断が必要であると考えられる。

性がオペレーターの能力に左右される度合いが高いと考えられる点に、オペレーショナル・アセット特有の特徴があるということができる。

(2) ホテルREITの概要

(i) ホテルREIT増加の背景

　近年の外国人観光客の増加や国内需要の高まりに伴い、ホテルを対象とするREITが増えている。

　2003年の観光庁主体の訪日旅行促進事業（ビジット・ジャパン事業）の開始、さらに2020年開催予定の東京オリンピック・パラリンピックの決定や円安効果も加わり、訪日外国人旅客数の増加傾向は顕著である。

　近年の訪日外国人の数は、2013年に年間訪日外国人旅客数が1000万人を超えて以降、翌2014年には1341万人、2015年には1973万人を超えている。なお、訪日外国人の中ではアジアからの観光客が圧倒的シェアを占めており、2015年の統計では、東アジアと東南アジア・インドを合わせて、これらのアジアからの観光客が、訪日外国人の約83％を占めていることが確認されている。また、日本政府は、「観光立国に向けた取組み」から「観光先進国に向けた取組み」として、例えば、ビザの戦略的緩和や文化財等の解放等、各種訪日外国人の受入施策を行っており、このような政府の方針も相まって今後も訪日外国人の増加が見込まれる。その中で、2014年から2015年にかけて東京、大阪および京都等を中心に外国人宿泊者数は堅調に伸び、ホテル稼働率も上昇傾向を示しているが、さらなる増加が期待される訪日外国人旅行者の受け皿としてホテルの果たす役割は大きいと考えられる。

　他方、日本人観光客についても、レジャーや観光を楽しむシニア層が拡大し、国内におけるレジャー需要の増加が見込まれている。

　このような状況に鑑み、ホテルについてはさらなる供給が必要とされていると考えられ、このようなホテル産業の成長性を見込んで、近年、ホテル特化型のREITも増加している。

　実際に、公募REITにおいては、以下のREITが主としてホテルを対象としている。

名称	成立年月日
ジャパン・ホテル・リート投資法人	2005年11月10日[注84]
星野リゾート・リート投資法人	2013年3月6日
いちごホテルリート投資法人	2015年7月22日
森トラスト・ホテルリート投資法人	2016年1月15日

(ii) ホテルREITの概要

次に、主としてホテルを対象とするREITの仕組みについて概要を説明する。

まず、投資法人がその所有するホテル不動産を運営事業者であるオペレーターに賃貸し、賃料を受け取るパターンがあり得る(【図表7-2-4】①)。この場合、賃料は固定賃料のみとするパターンと、固定賃料と変動賃料を組み合わせるパターンとがあり得る。

このような賃貸借契約を締結するスキームの他に、投資法人がオペレーターにホテルの運営を委託するスキーム、すなわち、オペレーターが得た収入から、運営委託費用等を差し引いたものを、ホテルの運用収益として投資法人が取得するスキームも考えられる。

固定賃料を受け取る方式とした場合には、一定額での賃料を定期的に受け取れるため、収入が安定しているという特徴がある。しかし、ホテル事業は、例えば、経済状況や、政治動向等、あるいは為替要因等による旅行者数の変化または周辺地域にある観光スポットの集客力の変化等により、ホテルの売上げや稼働率等が大きく変化するものであって、これらの影響により収益が大きく変動するものであるところ、増収が見込まれる場合であっても、固定収入ではかかる増収分を投資法人の利益とすることができない。他方、変動賃料を受け取る方式をとった場合には、収入増を取り込むことが可能となるものの、ホテルの売上等が減少すれば、その分得られる利益が減少する。また、賃貸借契約上、賃料計算の基礎資料となる売上高等を十分に把握できな

注84) 成立当時の名称は日本ホテルファンド投資法人。同投資法人は、2012年4月1日に、ジャパン・ホテル・アンド・リゾート投資法人と合併し、日本ホテルファンド投資法人からジャパン・ホテル・リート投資法人へ商号変更している。

【図表7-2-4】 ホテルREITのスキーム

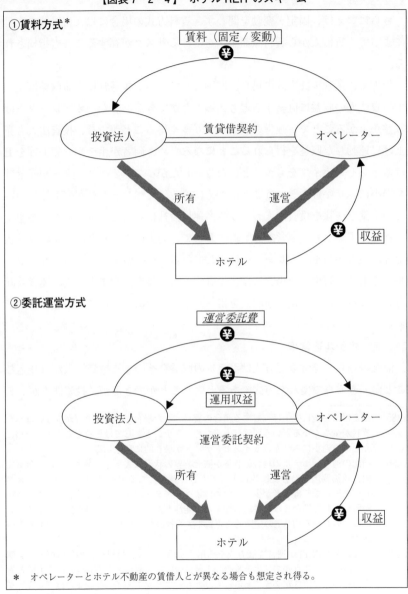

* オペレーターとホテル不動産の賃借人とが異なる場合も想定され得る。

いリスク等[注85]・[注86]もある。

　さらにいえば、固定・変動を問わず、賃料方式の場合には、市場等の変動によって、賃借人から賃料減額請求を受けるリスクが存することも指摘される。

　他方で、運営委託方式の場合、原則として、ホテル運営による収益はすべて投資法人の収益に直結すると考えることができる。また、オペレーターは収益が上がることで、運営委託費をより多く得ることができ、投資法人も売上げに連動した収益を得られることになるため、両者がホテルの売上げを上げるインセンティブをもつことになる。したがって、オペレーターが売上げを過小にみせかけるということは考えにくく、オペレーターが売上等についての正確な情報を投資法人および資産運用会社に対して提供するものと想定される。実際上も、運営委託契約において、売上げを含めたホテルの運営状況等の報告義務をオペレーターに課しているケースがある。もっとも、ホテルの売上げが減少した場合には、投資法人の収益も減少するから、運営委託方式によって常に安定的な収入を得られるものではない点には注意すべきである[注87]。

(iii) ホテル運営権

　前記の通り、運営委託方式はホテルの収益をそのまま投資法人が取り込むことができる点で優れた方式であるということができるが、投資法人がホテ

注85)　例えば、完全に売上げに対する歩合の賃料とした場合には、売上げが少ないほうが賃料が少なくなるという関係にあるため、テナントとしては賃料を安くするために売上げを過小にみせかけるインセンティブが潜在的に存在する。

注86)　前記の通り、ホテルの場合、収益が観光業界の状況に大きく依存するため、景気要因、政治要因、為替要因等によって大きく減収となる可能性がある。また、オペレーターとなり得る者が少ないためにオペレーターの代替が難しく、運営委託契約が解除された場合には収益に影響する可能性もある。また、競争力を維持するためには、いわゆるFF&Eの定期的な更新や大規模改修等が必要とされる点にも特徴がある。

注87)　また、公募REITが運営委託方式を採用する場合には、投資法人の賃料の内容を開示するという観点から、ホテルの売上げについても開示をする必要があるものと考えられる点に留意が必要である。もっとも、フランチャイズ契約または運営委託契約の内容によっては、ホテルの売上げについて開示に制限が課されている例もあり、競業他社への情報遮断との観点からもホテルの売上げの開示につき事実上の制限が生じる場合も考えられる。

ル運営を第三者に委託するのであれば、投資法人がホテル運営権を有していることが前提と考えられるところ、ホテル運営権を投資法人が有することができるのか、すなわち、投資法人がホテル運営という事業を行うことが可能かという問題が存する。

この点、投信法63条は、資産運用以外の行為を営業としてすることを禁じており（投信63条1項）、租特法上の導管性要件の1つとして、同条に違反している事実がないことが挙げられている（租特67条の15第1項2号イ）。

投信法上、「資産運用」の明確な定義があるわけではないものの、投資法人が行うことのできる資産運用の範囲は以下とされている（投信193条）。

① 有価証券の取得または譲渡
② 有価証券の貸借
③ 不動産の取得または譲渡
④ 不動産の貸借
⑤ 不動産の管理の委託
⑥ その他政令で定める取引

前記⑥その他政令で定める取引としては、投信法施行令116条により「宅地の造成又は建物の建築を自ら行うことに係る取引」等、一定の例外的取引以外の取引とされている。

以上からすれば、投資法人が行うことができる資産運用行為の範囲は広範囲にみえる。しかし、投資法人はあくまで資産運用のためのビークルにすぎず、投信法63条1項は事業行為を禁じたと解されていることからすれば、原則として、前記①から⑤までに掲げる行為を中心に、投資法人の資産運用行為の範囲を考えるべきと考えられる。

また、監督指針（金商業者等）においても、投資法人が宅地の造成または建物の建築に係る請負契約の注文者になることを許容しているが、前記⑥の「その他の取引」としてではなく、前記③の「不動産の取得」に含まれるものと構成していることからすると（監督指針（金商業者等）Ⅵ-2-6-3(5)①）、前記①から⑤までに明確に規定されていない行為については、前記①から⑤までの行為の中で個別に解釈する方向で考えられているものと解される。

ここで、前記監督指針（金商業者等）の記載からすると、前記③の「不動

産の取得」には、単なる取得行為のみならず、不動産を取得したことに伴う、当該不動産の運用収益維持・確保に必要な行為も含まれるものと整理しているものと考えられる。

そうであれば、ホテル不動産を取得する場合に、当該ホテル不動産からホテルとしての運用収益を得るために当該ホテルに係るホテル運営権を一体として取得することは、前記③の「不動産の取得」に含まれるものとして、「資産運用」行為の1つとして構成することも1つの解釈論としてあり得るものと解されるし、また、ホテル運営の委託はホテル不動産の管理と一体であるとして⑤不動産の管理の委託として、「資産運用」行為に含まれると解することも可能であるように思われるが、かかる点については監督官庁の見解等も踏まえて慎重に検討をすべき点である[注88]。

(3) 病院・ヘルスケアREIT

近年、前記のホテルを対象資産とするREITのほか、高齢化を受け、病院やヘルスケア施設[注89]といったオペレーショナル・アセットを対象資産とするREITも増加している。

現時点(2017年8月末日現在)において、主としてヘルスケア施設を投資対象とするREITは以下の通りである。なお、病院のみを主な対象資産とするREITは2017年8月末日時点においては、不見当である。

注88) ジャパン・ホテル・リート投資法人(旧日本ホテルファンド投資法人)のプレスリリースには、ホテル運営につき運営委託方式を導入した際に、投信法の適否に関して関係各省庁に確認済みである旨記載がある(2012年2月20日付け日本ホテルファンド投資法人の「運営委託方式による資産運用に関するお知らせ(補足説明)」と題するプレスリリース)。

注89) なお、ヘルスケア施設とは、高齢者の居住の安定確保に関する法律(2001年法律第26号)5条に規定する「サービス付き高齢者向け住宅」ならびに老人福祉法(1963年法律第133号)29条に規定する「有料老人ホーム」および同法5条の2第6項に基づく「認知症高齢者グループホーム」のほか、その他高齢者向け施設・住宅施設や、病院・診療所、および複数の診療科目の診療所や薬局等が集積された医療モール等の医療関連施設等も含めた概念である。なお、ジャパン・シニアリビング投資法人では、前記に加えて、メディカル施設として、病院・診療所・介護老人保健施設、研究開発施設も含めている。

名称	成立年月日
日本ヘルスケア投資法人	2014年1月7日
ヘルスケア＆メディカル投資法人	2014年12月9日
ジャパン・シニアリビング投資法人	2015年5月12日

(i) 病院、ヘルスケアREIT増加の背景

オペレーショナル・アセットを対象とするREITの中でも、病院、ヘルスケア施設を対象資産とするREITが増えてきた背景には、高齢化の進展があると考えられる。

ことにヘルスケア施設については、介護を必要とする世代が増える一方、少子化および核家族化の流れの中で、単独高齢者世帯が増加すると考えられており、必然的に、高齢者のうち一定割合の人口に対しては、ヘルスケア施設を通じた介護・医療サービスの提供が必要である。

政府においても、高齢者の安定した住まいの確保のため、高齢者人口に対する高齢者向け住宅の割合について、2025年には4％に引き上げるとの指標を提示しており[注90]、また、2013年6月14日付けで閣議決定された「日本再興計画――JAPAN is BACK」では、高齢者等が安心して歩いて暮らせるまちづくりの一環として、民間資金の活用を図るため、ヘルスケアREITの活用に向け、高齢者向け住宅等の取得・運用に関するガイドラインの整備、普及啓発等の2014年度中の実施が謳われ、後述するように2014年6月27日付けで国土交通省土地・建設産業局から「高齢者向け住宅等を対象とするヘルスケアリートの活用に係るガイドライン」が制定されている。このように、今後も高齢者人口の増加を背景に、病院、ヘルスケア施設を対象資産とするREITの活用が求められていく状況にあると考えられる。

(ii) ガイドラインの制定

(a) ヘルスケアリートガイドライン

2014年6月27日付け国土交通省土地・建設産業局「高齢者向け住宅等を対象とするヘルスケアリートの活用に係るガイドライン」[注91]（以下、「ヘルスケアリートガイドライン」という）が制定されている。

注90) 2016年3月18日付け国土交通省「住生活基本計画（全国計画）」。

内容は大要【図表7-2-5】の通りである。

【図表7-2-5】 ヘルスケアリートガイドラインの概要

	求められる内容	項目	具体的内容
Ⅰ 資産運用会社が整備すべき組織体制（認可要件）	資産運用会社は、次のaからdのいずれかを満たす必要がある	a 一定の経験を有する重要な使用人の配置	ヘルスケア施設への投資業務等*により、生活サービスや介護サービス等が提供されるというヘルスケア施設の事業特性（以下、「ヘルスケア施設の事業特性」という）を十分に理解している者を重要な使用人として配置すること
		b 外部専門家からの助言	ヘルスケア施設への投資業務等により、ヘルスケア施設の事業特性を十分に理解しているコンサルタント会社等の外部専門家との間で助言を受けることとなっていること
		c 投資委員会等への外部専門家の配置	投資委員会等において、前記bと同様の外部専門家からの意見を聴取できる体制であること
		d その他	前記aからcまでに掲げる者に相当する専門家が関与すること
Ⅱ ヘルスケア施設の取引に際し留意すべき事項	資産運用会社は、①から③の対応をすることが望ましい	① オペレーターとの信頼関係の構築および運営状況の把握	・オペレーターとの緊密なコミュニケーションに基づいた信頼関係を相互に構築 ・ヘルスケア施設の取引時に実施される不動産鑑定評価が、事業特性を踏まえた当該事業の持続性・安定性について分析を行っていることの確認等
		② 情報の収集および開示	・一般社団法人不動産証券化協会の「ヘルスケア施設供給促進のためのREITの活用に関する実務者検討委員会」の中間取りまとめならびに一般社団法人投資信託協会が定める「不動産投資信

注91) このガイドラインの対象とする、ヘルスケア施設とは、高齢者の居住の安定確保に関する法律5条に規定する「サービス付き高齢者向け住宅」ならびに老人福祉法29条に規定する「有料老人ホーム」および同法5条の2第6項に基づく「認知症高齢者グループホーム」である。

			託および不動産投資法人に関する規則」および「ヘルスケア施設供給促進のためのREITの活用に関するガイドライン」を参考とした情報収集および投資家への情報開示の推奨 ・投資家への情報開示においては、東京証券取引所の規程等を参考とすることを推奨
		③ 利用者への配慮事項	・ヘルスケアREITの仕組みの周知 ・ヘルスケア施設の適切な運営の確認 ・ヘルスケア施設の適切な運営の確保(利用者に不安を惹起することがないようにするため、一般社団法人投資信託協会が定める不動産投資信託および不動産投資法人に関する規則等を参考とすることが推奨される)
Ⅲ 取引一任代理等の認可申請等における業務方法書への記載事項	(1)および(2)の明記	(1) 利用者の安心感の確保	資産運用会社が、REITの運用対象としてヘルスケア施設の取引を行う場合、利用料および契約内容等について、利用者に不安を抱かせることのないよう配慮する事項について明記すること
		(2) ヘルスケア施設の取引等への専門家等の関与方法	Ⅰの資産運用会社が整備すべき組織体制のaからdまでのいずれかに該当する旨の記述(専門家等が組織内部にどのように関与しているか、意思決定に関するフロー図、関係者の関与方法等を明記)

＊　ヘルスケア施設への投資業務、融資業務、デュー・デリジェンス業務、不動産鑑定評価業務またはオペレーション業務の経験を指す。

(b) **病院リートガイドライン**

　病院においても、ヘルスケア施設と同様にガイドラインが制定されており(2015年6月26日付け国土交通省土地・建設産業局「病院不動産を対象とするリートに係るガイドライン」[注92]〔以下、「病院リートガイドライン」という〕)、このガイドラインへの準拠が求められる。

注92)　このガイドラインの対象は、医療法1条の5第1項に規定する病院の用に供されている不動産である。

病院リートガイドラインの主な内容は【図表7-2-6】の通りである。

【図表7-2-6】 病院リートガイドラインの概要

	求められる対応	項目	具体的内容
Ⅰ 資産運用会社が整備すべき組織体制（認可要件）	aからdのいずれかを満たす必要がある	a 一定の経験を有する重要な使用人の配置	・病院不動産への投資業務等*の経験等により、医療の非営利性および地域医療構想を含む医療計画の遵守という病院の事業特性ならびに病院開設者以外の者が経営に関与することはできないということ（以下、「病院の事業特性等」という）を十分に理解し、病院関係者と調整を行うことができる専門的な能力を有する者を重要な使用人として配置された体制であること
		b 外部専門家からの助言	病院不動産への投資業務等の経験等により、病院の事業特性等を十分に理解し、病院関係者と調整を行うことができる専門的な能力を有する外部専門家から助言を受ける体制であること
		c 投資委員会等への外部専門家の配置等	投資委員会等において、前記bと同様の外部専門家からの意見を聴取する体制であること
		d その他	前記aからcまでに掲げる者に相当する専門家が関与する体制であること
Ⅱ 病院関係者との信頼関係の構築、医療法等の規定およびこれに関連する通知の遵	医療機関の施設は医療法人の自己所有であることが望ましいとされていることから賃貸借契約の内容が適正であることが求められるとともに、病院関係者が行う者であることを踏まえて、病院関係者	① 病院関係者との信頼関係の構築	・病院関係者に対するREITの仕組みの十分な周知、緊密なコミュニケーションに基づく信頼関係の構築 ・一方的な貸借料引上げ等が行われないよう病院関係者との話し合いの体制の整備 ・都道府県等に対して病院不動産の取引に関する適切な情報提供を行う等
		② 医療法等の規定およびこれに関連する通知の遵守	・医療法等の規定およびこれに関連する通知に抵触することがないよう留意（特に賃借料が医療機関の収入の一定割合とすることは適当でないことに留意）

第2節 REITの新しい動き

守等	および利用者に不安を抱かせないよう、①〜⑤までの措置を講じる必要がある	③ 事前の確認および医療法等の規定またはこれに関連する通知の照会のための相談ならびに賃料不払等の場合の対応	・病院開設者が医療法等の規定またはこれに関連する通知を遵守する旨を確認すること、また病院不動産を対象とするREITの活用にあたり、医療法等の規定またはこれに関連する通知ならびに医療計画に適合しているか明らかでない場合は、国土交通省または都道府県等（厚生労働省等）に事前に相談すること ・正当な理由なく病院開設者が賃料を支払うことができなくなる等の場合においては国土交通省へ連絡すること
		④ 不動産の鑑定評価の確認	・病院不動産の取引時に実施される不動産の鑑定評価が、評価対象不動産の事業特性を踏まえた当該事業の持続性・安定性について分析を行っていることの確認
		⑤ 情報の収集および開示	一般社団法人投資信託協会が定める規則や東京証券取引所の上場規程等を参考にした情報開示等の推奨
Ⅲ 取引一任代理等の認可申請等における業務方法書への記載事項	(1)および(2)の明記	(1) 病院関係者との信頼関係の構築、医療法等の規定およびこれに関連する通知の遵守等	資産運用会社が病院関係者との信頼関係を構築するための対応事項ならびに医療法等の規定およびこれに関連する通知の遵守事項等の明記
		(2) 病院不動産の取引等への専門家の関与方法	Ⅰの資産運用会社が整備すべき組織体制のaからdまでのいずれかに該当する旨の記述（専門家が組織内部にどのように関与しているか、意思決定に関するフロー図、関係者の関与方法等を明記）

＊　病院不動産への投資業務、融資業務、デュー・デリジェンス業務もしくは不動産鑑定評価業務、病院開設者への融資業務もしくはデュー・デリジェンス業務、または病院運営業務をいう。

　前記の通り、病院REITの場合には病院リートガイドラインにもある通り、医療法の規制の遵守が必要となるが、医療法においては「非営利性」の確保

が重要なポイントである。例えば、医療法54条では剰余金の配当が禁止されているが、配当そのものではなくても、「配当類似行為」も禁止されており、例えば、近隣の土地建物の賃借料と比較して著しく高額な賃借料の設定や、病院等の収入等に応じた定率賃借料の設定、役員への不当な利益の供与等についても、前記「配当類似行為」として禁止されるべきものと考えられている[注93]。したがって、病院を対象資産として組み入れる場合には、前記の規制に対応した適切な賃貸借契約を締結する必要がある。

なお、病院には各種の高額な医療機器が存在するから、病院建物のみならずこれらの医療機器についても投資法人が保有し、建物とともに賃貸することも考えられるところではある。しかしながら、高度管理医療機器の貸与業の許可を受けた者でなければ、業として高度管理医療機器または特定保守管理医療機器(以下、「高度管理医療機器等」という)を貸与してはならないとされる(医薬品、医療機器等の品質、有効性及び安全性の確保等に関する法律〔1960年法律第145号。以下、「医薬品医療機器等法」という〕39条1項)[注94]から、

注93) 2005年3月8日開催厚生労働省「医業経営の非営利性等に関する検討会」第6回資料・資料2。
注94) 貸与業については、以下のような規制がある。
　(1) 貸与業の許可を得るためには、その営業所の構造設備が以下の要件をすべて満たすことが求められる(医薬品医療機器等法39条3項、薬局等構造設備規則4条1項)。
　　① 採光、照明および換気が適切であり、かつ、清潔であること
　　② 常時居住する場所および不潔な場所から明確に区別されていること
　　③ 取扱品目を衛生的に、かつ、安全に貯蔵するために必要な設備を有すること
　(2) 貸与業の許可を受けた者については、営業所ごとに以下のいずれかに該当する高度管理医療機器等営業所管理者を設置することが求められる(医薬品医療機器等法39条の2、同法施行規則162条1項、医薬品、医療機器等の品質、有効性及び安全性の確保等に関する法律施行規則第114条の49第1項第3号に規定する講習等を行う者の登録等に関する省令2条1項)。
　　ア 高度管理医療機器等の販売、授与または貸与に関する業務に3年以上従事した後、登録講習機関が行う基礎講習(①医療機器の販売業および貸与業に関する医薬品医療機器等法の規定、②医療法、工業標準化法、製造物責任法その他関連法令、③流通における医療機器の品質確保、④医療現場における販売業者および貸与業者の役割および⑤販売倫理と自主規制の5科目についての6時間の講義および試験)を修了した者
　　イ 厚生労働大臣が前号に掲げる者と同等以上の知識および経験を有すると認めた者

投資法人が高度管理医療機器等を貸与しようとする場合には、かかる許可を取得する必要があると考えられることに注意が必要である。

　その他、医療法人の場合には、いわゆるMS（メディカルサービス）法人として、リネンクリーニングや給食等の各種委託を受ける法人が存在し、グループ企業の場合には、医療法人の理事の親族等の関係者が運営していることがある。もっとも、公募REITの場合には、投資法人とMS法人との委託料についても開示することになると考えられるので、この場合、適切な内容の委託契約を締結する必要がある。

　なお、この点に関連して、2015年9月に医療法が改正され（2015年法律第74号）、①大病院についての外部監査および②関係事業者との取引に関する報告に関する規定が盛り込まれた（これらの規定に係る改正法の施行日は2017年4月2日である）。すなわち、①事業活動の規模その他の事情を勘案して定める基準に該当する医療法人（負債50億円以上または収益70億円以上の医療法人・負債20億円以上または収益10億円以上の社会医療法人）は、厚生労働省令で定める医療法人会計基準に従い、貸借対照表および損益計算書を作成し、公認会計士等による監査、公告を実施するものとされた（改正医療法51条2項および5項・51条の3、改正医療法施行規則33条の2）。また、②医療法人は、その役員と特殊の関係がある事業者（医療法人の役員・近親者や、それらが支配する法人）との取引（当該事業収益または事業費用が1000万円以上であり、かつ、総事業収益または総事業費の10％以上を占める取引等）の状況に関する報告書を作成し、都道府県知事に届け出ることとされ（改正医療法51条1項、改正医療法施行規則32条の6）、前記のケースに当てはまる場合には、MS法人との取引について報告が必要となった。

　このように、病院REITにおいては、通常の不動産の法令遵守に加えて、前記のように医療法や関連法規制遵守についてのDDが重要となるが、法務DDの内容や深度についてどこまで行うべきかについては、REITの運用開始までのスケジュールやコスト面等の問題にも鑑み今後検討が必要である。特に、病院の経営は従前の経営者のままで、病院不動産の取得のみをREITが行うような場面も想定され得るが、この場合に、どのように病院の経営状況、法令遵守状況に関する情報を入手し、状況を把握できるかという点も問題に

なろう。また、REITが病院不動産のみを取得した場合には、医療法人およびその経営についてはREITのコントロールが及ばないから、当初の想定から大幅な変更がなされ得る。この場合、例えば、医療法人としての地位の維持や賃借人の権利義務の移転についての賃貸人の事前同意条項や経営に大きな変更がもたらされる場合の事前通知・協議・承認条項等を盛り込む等の手当てが必要と考えられる。

なお、病院リートガイドラインでは、医療法の規定等との関係で疑義が生じた場合には、事前の相談が義務付けられていることから、法令に適合しているか疑義が生じるおそれがある場合には、国土交通省または都道府県等（厚生労働省等）に事前相談を行うことが実務上有用であろう[注95]。

(iii) 病院・ヘルスケアREITの現状

(a) 病院REIT

前述の通り、現状では、病院のみを主たる投資対象とする投資法人はない一方、ユナイテッド・アーバン投資法人は、2016年8月29日に、診療所（デンタルクリニック）を取得している（2016年8月9日付けプレスリリース「資産の取得に関するお知らせ〔くるる他3物件〕参照）。したがって、今後も病院が組み入れられる動きはあると考えられるが、前記の通り、医療法等による各種の規制が厳しいため、それらの規制の遵守が必要である。

(b) ヘルスケアREIT

ヘルスケア施設に対する投資を主とすることを目的とする投資法人は現時点でも、3法人確認されている。

ヘルスケアREITのスキームは、おおむね【図表7-2-7】の通りである。

ヘルスケアREITの場合、ヘルスケア施設への入居者との間で、賃貸借契約を締結するのではなく、施設を運営するオペレーターとの間で賃貸借契約

注95) また、実務上の問題点として、例えば、国からの補助金で病院を建設したケースの場合には、補助金により取得した財産の処分が制限されており（補助金等に係る予算の執行の適正化に関する法律〔1955年法律第179号〕22条）、病院不動産を投資法人に売却する際に、国の事前承認が必要であるほか、補助金の一部返還等を求められる可能性もあるので、その場合には、当該返還金額を取得費用に含めて考える必要があるものと考えられる。また、誰をスポンサーとし、どのように投資法人の対象資産となる病院を継続的に確保し、投資法人の対象資産を増やしていくのかという問題もあるように思われる。

【図表7-2-7】 ヘルスケアREITのスキーム

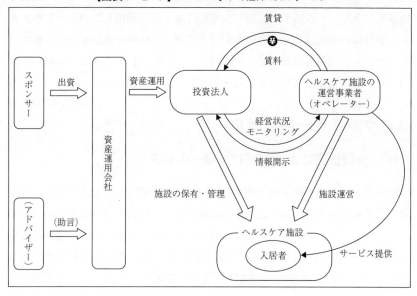

を締結する[注96]。その際には、通常、契約形態は固定賃料での賃貸借契約で、中途解約が不可とされる条項を伴う場合が多くなっている。ヘルスケア施設は、一般に需要が景気に左右されにくいといわれるが、オペレーターを賃借人とし、原則として賃料固定長期の賃貸借契約を締結することで[注97]、投資法人が中長期的に安定した収益の確保ができるような建付けとなっているものと解される。

なお、【図表7-2-7】におけるアドバイザーの役割については、スポンサーがこれを兼ねている場合もあるようであり、かかるアドバイザーの設置が必ずしも必要ではないものの、前記ヘルスケアリートガイドラインでは、取引一任代理等の認可申請に際し「ヘルスケア施設への投資業務、融資業務、

注96) ヘルスケアリートガイドライン上、ヘルスケアREITにおいて、後述する委託運営型をとることは必ずしも禁止されているものではないと考えられるが、現状のヘルスケアREITでは、運営委託型ではなく、賃貸借契約型が採用されており、投資法人は賃料のみを受領するかたちを採用しているようである。
注97) 日本ヘルスケア投資法人、ヘルスケア＆メディカル投資法人およびジャパン・シニアリビング投資法人は、現状、変動賃料は採用せず、固定賃料を設定している。

デューディリジェンス業務、不動産鑑定評価業務又はオペレーション業務の経験等により、ヘルスケア施設の事業特性を十分に理解しているコンサルタント会社等の外部専門家との間で助言を受ける」体制の構築が求められていることから、当該外部専門家として【図表７－２－７】のように、外部のアドバイザーを設置するスキームも考えられるところである。

3　プレイヤーの多様化

(1)　金融機関によるJ-REIT市場への参入

2001年３月に東証がJ-REIT市場を創設して以来15年以上が経過している現在、住居やホテル、商業施設、物流施設など投資先の多様化も進みつつあるが、プレイヤーの多様化、すなわち、銀行、保険会社等の金融機関においてJ-REIT市場へ参入しようとする動きが最近一層加速しているように思われる。ここで、金融機関のJ-REIT市場への参入というのは、金融機関が投資法人の発行する投資口やその投資口に投資をする投資信託受益証券その他の有価証券を単純に投資目的の下に購入するということではなく[注98]、基本的には、投資法人の資産運用会社の株式を取得し、スポンサーとなることを意味している[注99]。以前から、金融機関が投資法人の資産運用会社に出資をする例は存在していたが、その規模などを踏まえると必ずしも本格的参入と呼べるほどには至っていなかったようにも思われる。ところが、近年、公表されている事例からは、銀行、保険会社等がJ-REIT市場への参入を１つの大きなビジネスと考え、本格的に参入を検討している様子がうかがわれる。

注98)　なお、J-REITの投資部門別保有状況をみても、金融機関は、2016年８月末時点で、日本全国の証券取引所に上場する投資証券（不動産投資信託証券）全体の保有シェアの約55％を占めている（東証その他の証券取引所公表に係る「上場不動産投資信託証券（REIT）投資主情報調査（2016年８月）」）。このうち投資信託分および年金信託分に係る信託銀行の保有割合も比較的高いものの、J-REITへの投資という側面からも、金融機関とJ-RIETとのつながりは強いものといえる。

注99)　以下では、基本的に、現時点で実例がみられる投資法人をビークルにした例をもとに記載をしているが、実例はいまだ存在しないものの、契約型REITの場合において、不動産等に投資をする投資信託の投資信託委託会社の発行する株式を取得しかかる投資信託委託会社の親会社となることを通じて、J-REIT市場へ参入することも考えられる。なお、契約型REITの活用に関しては、後記4(3)(ⅴ)を参照いただきたい。

第2節　REITの新しい動き

　投資法人の投資口の取得ではなく、投資法人の資産運用会社の株式を取得する理由は、前記**第1節1(3)(i)・(ii)**に記載の通り、投信法等により定められた投資法人の仕組み上、投資法人の運用業務に関する意思決定を行うのは基本的に資産運用会社であり、金融機関は、その資産運用会社へのコントロールまたは影響力の行使を通じて、J-REITのビジネスに参画することができることになるからである。すでに信託銀行が行っているような一般事務の受託業務または資産保管受託業務によるフィービジネスを超えて、不動産等の取得、管理、譲渡等の取引を含む投資法人の業務へ主体的に参画するに当たっては、資産運用会社の役割が大きく、かかる資産運用会社に対する影響力の獲得がポイントとなる。

(2)　金融機関によるJ-REIT市場参入の趣旨

　金融機関が資産運用会社に対して出資を行い、J-REIT市場へ参入することについては、以下のような意味合いがあるものと考えられる。

(i)　アセット・マネジメント・ビジネスへの幅広い関与（ビジネス・顧客の創出）

　まず、金融機関は、その資産運用会社を通じて不動産等のアセット・マネジメント業務に広範囲に関与する途が開けることとなる[注100]。金融機関は、私募ファンドの投資運用業等を行う子会社の金融商品取引業者[注101]を通じて不動産を裏付けにした信託受益権の売買等取引にかかわることも可能であるが、私募ファンドと比較して投資法人の場合には実務上長期での運用もで

注100)　銀行および銀行子会社の業務範囲規制との関係では、従来より不動産に関する業務は限定的に認められてきたところ（銀行16条の2第2項1号、銀行規17条の3第1項1号、監督指針（主要行等）V-3-2(4)注1・注2、V-3-3-1(3)④等）、銀行子会社としての資産運用会社がその行うアセット・マネジメント業務に際して運用資産の範囲を問わず広く不動産投資法人の行う取引に関与できると解釈できるか否か、銀行子会社として資産運用会社がどの範囲まで業務を行うことができるか等について、なお検討を要する事項でもある。銀行法等の規制との関係については、後記(5)(i)も参照されたい。

注101)　投資助言業務（金商28条6項）および投資一任契約（同法2条8項12号ロ）に係る業務については、証券専門会社の業務の範囲でもあり、金融関連業務としても銀行の子会社業務の範囲内に含まれる（銀行規17条の2第2項1号・17条の3第2項14号）。

き、また上場して広く資金調達を行うことのできる仕組み[注102]であることから、J-REIT市場参入によりその金融機関グループとして行うアセット・マネジメント・ビジネスの幅が大きく拡がる可能性を秘めていると考えることもできる。従来より投資顧問会社、投資信託委託会社を通じて数多く行っている株式その他の有価証券への投資運用に加えて、金融機関がJ-REITの資産運用会社による不動産（または不動産信託受益権）アセット・マネジメント業務へ本格的に参入することで、金融機関の新たなビジネス機会の創出と多様な顧客の需要を充足させる結果に結びつくことが考えられる。

(ii) 関連取引を通じたサービス提供機会の拡大

投資法人は、不動産等を取得するときその他の資金調達ニーズが生じた際に、その発行する投資法人債[注103]を金融機関に引き受けてもらい、または金融機関から借入れを行うことがあるが、金融機関はスポンサーとして投資法人による資金調達の取引にかかわる機会に恵まれることになり得る。

その上、金融機関は、信託銀行として自らまたは子会社として保有する信託銀行を通じて、不動産信託を受託することや、その他かかる信託銀行を介して投資法人が保有する不動産信託受益権を売却処分または取得する際に、当該不動産信託受益権売買の媒介（仲介）サービスを提供することも考えられる。

また、投資法人の機関運営等の一般事務受託者や資産保管会社の業務を、金融機関グループで受託できることで、投資法人の一環した管理運営という観点からも金融機関グループの業務機会提供の拡大という観点からもメリットがあるものと考えられる[注104]。

注102) 金融機関によっては、投資家のコネクションとの関係から、J-REITではなく、機関投資家のみをその投資家とする、いわゆる私募REITの組成に関心が高い場面もあるようである。

注103) 投資法人債の発行は、オープン・エンド型リートである私募REITでは行えないことに注意を要する（投信139条の2第1項参照）。

注104) もっとも、金融機関がスポンサーの場合の同じ金融機関グループでの投資法人周りの業務受託は、投資法人において利害関係者取引となることから、業務受託報酬は、資産運用会社の利害関係者取引規程等に従い、マーケット水準に従った適正なものとすることが必要となる。

(iii) 保有不動産のポートフォリオの流動性確保

　保険会社などは運用先として不動産等に比較的多額の投資を行っており[105]、かかる金融機関にとっては、投資法人との間で不動産等の売買取引を通じて、自ら保有する不動産等を比較的流動的に処分（または取得）することが可能となることも挙げられる。株式等有価証券と異なり不動産等は一般に流動性が乏しいものであるが、自らがスポンサーとなる投資法人という買手が存在することにより、不動産等につき機動的にアセットのポートフォリオを組み替えることにつき検討可能となる面もある。

　以上3点にわたって述べた通り、金融機関がJ-REIT市場へ参入することによって、金融機関にとってさまざまな取引の機会の増大につながる結果となり得る。また、金融機関の保有する不動産等の流動性が向上することで、金融機関の有する幅広い情報ネットワークとも相まって、不動産取引市場の活性化にも広く影響を及ぼすことが期待される。

(3) 金融機関の参入の具体例

　金融機関によるJ-REIT市場への参入の具体例として、以下の【図表7-2-8】記載のものが挙げられる[106]。

　金融機関が資産運用会社の株式を取得して資産運用会社をその子会社、関連会社等とすることについては、後述(5)の通り銀行法および保険業法等の業規制の論点もあってか、不動産投資法人の設立が認められた初期の段階においては、金融機関の多くが積極的に資産運用会社の支配権を取得しようと活動していたものとは必ずしもうかがわれない。

　本稿脱稿時においても、J-REIT市場に参入している金融機関の数が初期の段階と比較して目立って増加したとまではいえないように思われるが、比

注105）　各保険会社等金融機関にとって投資資産全体に占める不動産の割合は必ずしも大きくはないと考えられるが、各金融機関によりその内訳は異なるものの、全体の投資金額の大きさを踏まえると、なおこれら金融機関が不動産に投資をしている不動産市場全体に占める割合は一定の規模を有するものといえる。

注106）　図表の情報は、2017年9月30日現在で確認可能な各投資法人の直近の公表済有価証券報告書等の記載をもとにしている。

【図表7−2−8】 J-REIT市場への参入例

金融機関（スポンサー等）	投資法人	資産運用会社	出資比率*1	投資口保有比率	形態	共同で出資を行う他の金融機関
住友生命保険相互会社	日本ビルファンド投資法人	日本ビルファンドマネジメント株式会社	35%	1.73%	上場REIT	三井住友信託銀行株式会社、株式会社三井住友銀行等（5％以下の出資）
明治安田生命保険相互会社	日本プライムリアルティ投資法人	株式会社東京リアルティ・インベストメント・マネジメント	10%*2	2.60%	上場REIT	損害保険ジャパン日本興亜株式会社（10％の出資）
三井住友信託銀行株式会社	プレミア投資法人	プレミア・リート・アドバイザーズ株式会社	4.9%	不明	上場REIT	
明治安田生命保険相互会社	グローバル・ワン不動産投資法人	グローバル・アライアンス・リアルティ株式会社	10%	不明	上場REIT	株式会社三菱東京UFJ銀行、三菱UFJ信託銀行株式会社（5％の出資）
損害保険ジャパン日本興亜株式会社	森トラスト総合リート投資法人	森トラスト・アセットマネジメント株式会社	10%	不明	上場REIT	株式会社三井住友銀行、株式会社三菱東京UFJ銀行、株式会社みずほ銀行（5％の出資）
三井住友信託銀行株式会社	日本ロジスティクスファンド投資法人	三井物産ロジスティクス・パートナーズ株式会社	29%	不明	上場REIT	
株式会社福岡銀行	福岡リート投資法人	株式会社福岡リアルティ	5％	不明	上場REIT	株式会社西日本シティ銀行、株式会社日本政策投資銀行（5％の

第2節　REITの新しい動き

						出資)
株式会社三菱東京UFJ銀行	日本賃貸住宅投資法人	株式会社ミカサ・アセット・マネジメント	1％	不明	上場REIT	株式会社三井住友銀行（1％の出資）
第一生命保険株式会社	ジャパンエクセレント投資法人	ジャパンエクセレントアセットマネジメント株式会社	26％	1.58％	上場REIT	株式会社みずほ銀行、みずほ信託銀行株式会社（5％の出資）
東京海上ホールディングス株式会社	東京海上プライベートリート投資法人	東京海上アセット・マネジメント株式会社	100％	不明	オープンエンド型私募REIT	
株式会社三井住友銀行	ヘルスケア＆メディカル投資法人	ヘルスケアアセットマネジメント株式会社	5％	3.31％	上場REIT	
株式会社新生銀行	ジャパン・シニアリビング投資法人	ジャパン・シニアリビング・パートナーズ株式会社	5％	不明	上場REIT	三菱UFJ信託銀行株式会社、損害保険ジャパン日本興亜株式会社（5％の出資）
みずほ信託銀行株式会社	Oneリート投資法人	株式会社シンプレクス・リート・パートナーズ	100％*3	11.90％	上場REIT	
株式会社日本政策投資銀行	DBJプライベートリート投資法人	DBJアセットマネジメント株式会社	100％	不明	オープンエンド型私募REIT	
日本生命保険相互会社	ニッセイプライベートリート投資法人	ニッセイリアルティマネジメント株式会社	90％	不明	オープンエンド型私募REIT	
株式会社三重銀行	マリモ地方創生リート投資法人	マリモ・アセットマネジメント株式会社	2.5％	不明	上場REIT	株式会社みちのく銀行（1.5％の出資）

＊1　金融機関による資産運用会社に対する出資比率。
＊2　日本プライムリアルティ投資法人の設立・上場当初は、明治安田生命保険相互会社（当

時の安田生命保険相互会社）の資産運用会社に対する出資比率は24％であった。
＊3　公表情報によれば、みずほ信託銀行株式会社自身ではなく、その子会社の株式会社シンプレクス・インベストメント・アドバイザーズにて資産運用会社の株式を100％保有している。

較的最近に公表されたものとして、例えば自らスポンサーとして私募REITを設立し、その資産運用会社の完全親会社としてJ-REIT市場への参入を果たした日本生命保険相互会社の例や、中間持株会社を通じて上場REITの資産運用会社の発行済株式を100％買収し、かつ上場REITの発行済投資口の15％分の投資口を取得したみずほ信託銀行株式会社の例があり、金融機関によるJ-REIT市場への参入の機運が高まっているようにも感じられる。

(4)　金融機関のJ-REIT市場参入による可能性と課題

　これら金融機関の参入による影響を一概に判断することはできないが、不動産等を投資対象資産として保有する金融機関が投資法人の資産運用会社のスポンサーとなることによって、今まで金融機関の下にとどまっていた不動産等が投資法人に売却され、投資法人を通じて市場に出回ることなどにより、より厚みの増した不動産取引の機会が創出される可能性がある。

　一方で、金融機関がスポンサーとなる場合に限ったことではないが、スポンサーと投資法人との間の利益相反の懸念は常に生ずる問題である。前記の通り、金融機関が投資法人のスポンサーとなった場合には、かかるスポンサーとしての金融機関と投資法人との間における不動産等の売買取引、スポンサーまたはその利害関係者と投資法人との各種取引が考えられるが、投資法人の投資主の利益の犠牲の下に金融機関に不当に有利なかたちで不動産取引が行われることのないよう、売買価格、報酬等取引条件の妥当性の検証その他利益相反を未然に防止する意思決定フロー等の厳密な態勢整備が求められる。

　このほか、金融機関がスポンサーとなる場合に問題となる規制としてはいわゆるアームズ・レングス・ルール[注107]などが挙げられる。例えば、銀行が、

注107)　銀行13条の２、保険業100条の３。

資産運用会社を子会社とした場合に資産運用会社との間で取引を行うときや、一定数の投資口を取得して投資法人をその関連法人等とした場合に投資法人との間で融資取引を行うときなどには、銀行法上のアームズ・レングスの規制に従った取引条件の設定をする必要があると考えられる[注108]。このように、金融機関がJ-REIT市場へ参入する際には、いくつか検討を要する論点・問題点が存在する。次の(5)では、これらの概略についてふれるとともに、基本的な考え方を示す。

(5) 金融機関がJ-REIT市場へ参入する際の論点・問題点

(i) 銀行の議決権保有規制と銀行による子会社としての投資信託委託会社または資産運用会社の保有

(a) 銀行の議決権保有規制の概要

(ア) 5％ルールの原則

銀行またはその子会社は、製造業や不動産業のような国内の会社の議決権について、5％[注109]を超えて保有することが原則として禁止されている（いわゆる銀行法上の5％ルール。銀行16条の3第1項）。

その趣旨は、①銀行経営の健全性を確保し、銀行の他業禁止[注110]に遺漏なきを期すことおよび②銀行の子会社の範囲に関する規制が潜脱されるのを

注108) また、銀行法13条の3第4号、銀行法施行規則14条の11の3第2号では、不当に、自己の指定する事業者と取引を行うことを条件として信用を供与すること等を禁じており、金融機関がスポンサーとして投資法人向けローンの提供を行うとともに、自らの子会社と投資法人との間で不動産信託受益権の売買に係る仲介契約の締結その他の取引をするような場合には、留意が必要となると考えられる。

注109) 銀行持株会社の場合は15％（銀行52条の24第1項）。

注110) 銀行の業務範囲は以下のものに制限されている（銀行10条1項・2項・11条・12条）。
　　固有業務：①預金、②貸金および③為替取引という銀行の固有業務
　　付随業務：債務保証、有価証券の貸付け、両替等の銀行業に付随する業務
　　他業証券業務等：投資助言業務や有価証券関連業務など、実質的には銀行業や銀行業に付随する業務とはいえないが、銀行法が法律の上で銀行に営むことを個別に認めている業務
　　他の法律で認められている業務：担保付社債信託法に基づく信託業務や保険業法に基づく保険窓販業務など

回避する点にあるとされる[注111]。

(イ) 子会社等の保有および子会社等の業務範囲規制

銀行は、金融に係る業務を行う会社を中心とした一定の会社（子会社対象会社）を子会社として保有することが許容されている（銀行16条の2）。具体的には、他の銀行、証券専門会社、保険会社、従属業務または金融関連業務を専ら営む会社などである。これらの会社に該当すれば、銀行法上の5％ルールの適用はない（同法16条の3第1項括弧書等）。ただし、銀行本体に課せられている他業禁止の潜脱とならないよう、子会社対象会社にも業務範囲の規制が課せられている[注112]。

(b) **投資信託委託会社または資産運用会社の議決権を保有規制割合を超えて保有することの可否**

(ア) 議決権保有規制および業務範囲規制との関係

投資信託委託会社および投資法人の資産運用会社は、銀行法施行規則17条の3第2項13号に規定する「投資信託委託会社又は資産運用会社」に該当することから（銀行規1条の3第2項、銀行2条11項、銀行規13条の6、投信2条21項参照）、「金融関連業務を専ら営む会社」（銀行16条の2第1項11号、銀行規17条の3第2項13号）として、銀行法上の5％ルールの適用はなく、投資信託委託会社または資産運用会社として行う業務は、銀行子会社の業務範囲に含まれるものと考えられる。

(イ) 投資運用の対象として現物不動産を含むことの可否

監督指針（主要行等）V-3-3-1(2)③ロにおいて、「投資助言の範囲は不動産……は対象とせず、有価証券、金融商品としているか」と規定されていることから、投資信託委託会社または投資法人の資産運用会社として行う投資運用の対象として現物不動産を含めることは銀行法上許容されないのではないかという点が論点となり得る。

注111）小山嘉昭『詳解銀行法〔全訂版〕』（金融財政事情研究会、2012）352頁。
注112）銀行法上は、議決権ベースで子会社を判定した上で、銀行が議決権の過半数を保有する会社を対象に、かかる業務範囲規制が課されているが（銀行2条8項）、監督指針（主要行等）において、議決権ベースで子会社とされる会社のみならず、銀行が基準議決権数である5％を超えて保有する会社等についても子会社と同様に業務範囲規制が及ぶものとされている（同監督指針V-3-3注1・V-3-3-1）。

この点、監督指針（主要行等）は銀行の子会社が「投資助言」を行う場合について述べるものであり、文言上、（直接の）対象としているのは銀行法施行規則17条の3第2項14号の「投資助言業務」に係るものを意図しているようにも考えられる。また、投資信託委託会社または資産運用会社である銀行の子会社についても、同監督指針が適用される（あるいは趣旨が及ぶ）ことを内容とするパブリックコメントの回答等は不見当である。

　銀行法施行規則17条の3第2項13号がその括弧書において「資産運用会社が資産の運用を行う投資法人の資産に属する不動産の管理を行う業務を含む」という記載にとどめているところなどを踏まえると解釈が分かれる可能性はあるものの、監督指針（主要行等）V-3-3-1(2)③ロの規定により、直ちに現物不動産も運用対象とし得る投資信託委託会社または投資法人の資産運用会社を銀行の子会社とすることが禁止されているわけではないと考えられる[注113]。

(ii) 投資口の保有

　銀行が投資法人の投資口を保有する点に関しては、銀行法上の子会社規制や議決権保有規制は直接的には適用されないと考えられる。これは、銀行法16条の2（子会社規制）および同法16条の3（議決権保有規制）に規定する「会社」は、「特別目的会社（例えば、資産の流動化、自己資本の調達を目的とするもの等）、組合、証券投資法人、パートナーシップその他の会社に準ずる事業体（以下「会社に準ずる事業体」という）を含まない」とされているところ（監督指針（主要行等）V-3-3注3）、投資法人が「会社に準ずる事業体」に該当するとの解釈も合理的に成り立ち得るからである[注114]。したがっ

注113）　この点、同様の結論であるが、より詳細な検討を行っているものとして、新家寛＝上野元＝片上尚子編『REITのすべて〔第2版〕』（民事法研究会、2017）494頁。

注114）　なお、保険会社向けの総合的な監督指針Ⅲ-2-2注3では、会社に準ずる事業体の具体例として「投資法人」が掲げられている一方で、それに対応する監督指針（主要行等）V-3-3注3では「投資法人」ではなく「証券投資法人」が具体例の1つとして記載されている。2000年の投信法改正により投資対象資産が拡大され、不動産等についても特定資産として運用対象に含まれることになったことに伴い、同改正の際に「証券投資法人」という名称は「投資法人」にあらためられたが、銀行に関しては、同改正前の用語が変更されずに、事務ガイドライン（第1分冊：預金取扱金融機関関係）1-6注3から前記監督指針（主要行等）V-3-3注3に引き継がれている。もっとも、保険会社と銀行とで子会社等に含まれない投

て、投資法人のスポンサーとなる銀行において、資産運用会社に対する支配権を取得するとともに、かかる投資法人の投資口を一定の範囲内で保有した上で、投資法人の行う不動産等の取得・貸借・譲渡等に係る資産の運用取引から得られる経済的な利益を享受することも可能と考えられる[注115]。

もっとも、「会社に準ずる事業体を通じて子会社等の業務範囲規制、他業禁止の趣旨が潜脱されていないかに留意する。」（監督指針（主要行等）V-3-3注3）とされている点には留意を要し、個別具体的な事情により、その保有できる投資口の範囲が限定される場面もあり得る。

(iii) 銀行持株会社ならびに保険会社の場合

前記は、同様の子会社規制[注116]に服する銀行持株会社についても妥当する。また、保険会社においても、銀行法と保険業法の規定内容や監督指針の内容がほぼ同様であるため、前記(i)および(ii)と同様の議論がある。保険会社に関するこの点の考え方としても、(i)および(ii)に記載のところと基本的に同じく整理することが可能と解される[注117]。

なお、主要な条文等の対応は【図表7-2-9】の通りである。

(iv) 独占禁止法上の5％ルールとの関係

銀行または保険会社は、他の国内の会社の議決権をその総株主の議決権の5％（保険業を営む会社にあっては10％）を超えて保有することが原則として禁止されている（いわゆる私的独占の禁止及び公正取引の確保に関する法律（以下，「独占禁止法」という）上の5％ルール。独禁11条1項）。その趣旨は、①銀行・保険会社による事業支配力の過度の集中の防止および②銀行・保険会社

　　　　資ビークルの範囲について差を設ける実益は考えがたいとされる。（新家ほか・前掲注113）496頁脚注参照）。
注115）　スポンサーが投資法人に対してセイムボート出資を行い、その投資口を保有することは、スポンサーが投資家と同じ立場に立つことになり、投資家にとっても、好材料と評価し得る事情ともなり得るものと考えられる。
注116）　銀行持株会社の子会社規制に関する子会社の範囲につき、特例子会社対象会社の規定（銀行52条の23の2）はあるものの、基本的に銀行本体と同じである。
注117）　保険持株会社の場合は、列挙された子会社対象会社のほか、内閣総理大臣の承認を受けることにより、当該列挙された種類の業務を営む会社以外の会社についても子会社とすることができる条文構造とされている（保険業271条の22第1項）。なお、保険持株会社が承認なく子会社とできる会社の範囲は、保険会社と同様である。

【図表7-2-9】 銀行法・保険業法関連規制

	議決権保有規制	子会社の範囲	金融関連業務を専ら営む会社（投資信託委託会社または資産運用会社として行う業務）	投資助言の範囲に関する監督指針	投資助言業務の定義	会社に準ずる事業体に関する留意点
銀行法	▶銀行 5％ルール （銀行16条の3第1項） ▶銀行持株会社 15％ルール （銀行52条の24第1項）	▶銀行 銀行16条の2 ▶銀行持株会社 銀行52条の23	▶銀行 銀行16条の2第1項11号（銀行規17条の3第2項13号） ▶銀行持株会社 銀行52条の23第1項10号（銀行規17条の3第2項13号）	監督指針（主要行等）V-3-3-1(2)③ロ	銀行規17条の3第2項14号	監督指針（主要行等）V-3-3（注3）
保険業法	▶保険会社 10％ルール （保険業107条1項）	▶保険会社 保険業106条 ▶保険持株会社 保険業271条の22	▶保険会社 保険業106条1項12号（保険業規56条の2第2項25号） ▶保険持株会社 保険業271条の22第1項12号（保険業規56条の2第2項25号）	監督指針（保険）Ⅲ-2-2-1(2)⑥イ	保険業規56条の2第2項26号	監督指針（保険）Ⅲ-2-2（注3）

と一般事業会社との間での密接な関係が生ずることによる資金の供給の偏りと一般事業会社間の競争への悪影響のおそれの予防であるとされている[注118]。

　もっとも、議決権保有制限の対象となる「他の国内の会社」（独禁11条1項）については同法10条3項に定義が置かれ、「銀行業又は保険業を営む会社その他公正取引委員会規則で定める会社を除く」とされており、これを受けて2002年公正取引委員会規則7号において規定された除外の対象となる会社には、銀行法16条の2第1項11号および保険業法106条1項12号に掲げる

注118)　根岸哲『注釈独占禁止法』（有斐閣、2009）274頁。

第 7 章　REIT

会社、すなわち「金融関連業務を専ら営む会社」が含まれている[注119]。

そのため、「金融関連業務を専ら営む会社」に当たる投資信託委託会社および投資法人の資産運用会社の議決権を保有するに際しては、独占禁止法10条1項に基づく企業結合規制の対象とはなるものの、同法上の5％ルールの適用はない。

(6) 投資信託委託会社または資産運用会社を子会社とする際の手続

(i) 留意点

金融機関の持株会社（銀行持株会社または保険持株会社）が存在する場合、かかる銀行持株会社または保険持株会社による子会社保有の方法としては、【図表7-2-10】のように、持株会社が直接保有するかたちと持株会社が銀行または保険会社を介して間接保有するかたちがある。間接保有であっても、持株会社は、以下で述べる届出を行う必要があるという点に留意されたい。

(ii) 銀行および銀行持株会社の場合

(a) 銀行の届出

銀行が投資信託委託会社または資産運用会社を子会社にする場合、銀行法上の認可は不要であり（銀行16条の2第7項括弧書、銀行規17条の4の2第1号）、届出を行えば足りる。具体的には、①銀行またはその子会社が投資信託委託会社または資産運用会社の議決権を合算してその基準議決権数（5％。銀行規35条1項11号参照）を超えて取得・保有することとなった場合の届出（銀行53条1項8号、銀行規35条1項12号）および②銀行が投資信託委託会社または資産運用会社を子会社とすることの届出（銀行53条1項2号・16条の2第1項11号）が求められる。また、子会社である当該投資信託委託会社または資産運用会社の議決権を取得する場合、銀行がその子会社の議決権を取得・保有したことの事後の届出（同法53条1項8号、銀行規35条1項9号）が必要

注119）　公正取引委員会「銀行又は保険会社の議決権保有等に関する認可制度」（http://www.jftc.go.jp/dk/kiketsu/kigyoketsugo/11jyo.html）においても、銀行または保険会社が金融関連会社の議決権を取得する場合、独占禁止法11条の規制対象とならず、同法10条の規制対象となっている旨記載されている。

【図表 7 - 2 -10】 金融機関による子会社保有形態

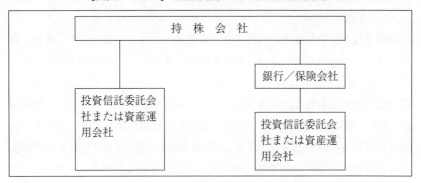

となる。
　(b) 銀行持株会社の届出

　銀行持株会社が投資信託委託会社または資産運用会社を子会社にする場合も、銀行法上の認可は不要であり（銀行52条の23第6項括弧書、銀行規34条の18第1号）、届出を行えば足りる。具体的には、①銀行持株会社またはその子会社が投資信託委託会社または資産運用会社の議決権を合算してその基準議決権数（15％。銀行規35条3項7号参照）を超えて取得・保有することとなった場合の届出（銀行53条3項9号、銀行規35条3項8号）および②銀行持株会社が投資信託委託会社または資産運用会社を子会社とすることの届出（銀行53条3項3号・52条の23第1項10号ロ）が必要である。なお、銀行持株会社の場合、子会社の議決権を取得・保有した場合の事後の届出は不要である。
　(c) 届出先

　銀行法53条の記載上は、届出先は内閣総理大臣となっているものの、同法59条1項によって内閣総理大臣の権限が金融庁長官に委任されているため、届出先も金融庁長官宛てとなる[注120]。

注120) 子会社化等に当たり銀行と銀行持株会社とでそれぞれ届出事項に該当する場合には、これらの届出は、銀行持株会社と銀行との連名により1つの届出書として提出することによって行うことができる（監督指針（主要行等）Ⅳ-5）。

(iii) 保険会社および保険持株会社の場合

(a) 保険会社の届出

　保険会社が投資信託委託会社または資産運用会社を子会社にする場合、保険業法上の認可は不要であり（保険業106条7項括弧書、保険業規56条の2第9項1号）、届出を行えば足りる。具体的には、①保険会社またはその子会社が投資信託委託会社または資産運用会社の議決権を合算してその基準議決権数（10％。保険業規85条1項7号参照）を超えて取得・保有することとなった場合の届出（保険業127条1項8号、保険業規85条1項7号の2）および②保険会社が投資信託委託会社または資産運用会社を子会社とすることの届出（保険業127条1項2号・106条1項12号）が求められる。また、子会社である当該投資信託委託会社または資産運用会社の議決権を取得する場合、保険会社がその子会社の議決権を取得・保有したことの事後の届出（同法127条1項8号、保険業規85条1項4号の3）が必要である。

(b) 保険持株会社の届出

　保険持株会社が、金融関連業務を専ら営む会社として投資信託委託会社または資産運用会社を子会社にする場合は、保険業法271条の22第1項12号ロに該当するため、届出を行えば足りる（保険業271条の32第2項3号）。なお、銀行持株会社の場合とは異なり、基準議決権数を超えて議決権を取得・保有することとなった場合の届出は不要である（同項8号、保険業規210条の14第2項各号参照）。

(c) 届出先

　保険業法127条および同法271条の32の記載上は、届出先は内閣総理大臣となっているものの、同法313条1項によって内閣総理大臣の権限が金融庁長官に委任されているため、届出先も金融庁長官宛てとなる。

4　国際化——海外不動産への投資

(1) 概要

　REITが海外不動産を投資対象資産として積極的に投資を行うことをめぐっては、「会社型」の投資法人形態を採用するREITについて、現在までの

第 2 節　REIT の新しい動き

【図表 7 - 2 -11】　銀行および銀行持株会社の場合

	銀行		銀行持株会社	
	事前	事後	事前	事後
届出	①議決権を基準議決権数（5％）を超えて取得・保有することとなった場合の届出（銀行53条1項8号、銀行規35条1項12号） ②子会社とすることの届出（銀行53条1項2号・16条の2第1項11号）	その子会社の議決権を取得・保有した場合の届出（銀行53条1項8号、銀行規35条1項9号）	①議決権を基準議決権数（15％）を超えて取得・保有することとなった場合の届出（銀行53条3項9号、銀行規35条3項8号） ②子会社とすることの届出（銀行53条3項3号・52条の23第1項10号ロ）	なし

【図表 7 - 2 -12】　保険会社および保険持株会社の場合

	保険会社		保険持株会社	
	事前	事後	事前	事後
届出	①議決権を基準議決権数（10％）を超えて取得・保有することとなった場合の届出（保険業127条1項8号、保険業規85条1項7号の2） ②子会社とすることの届出（保険業127条1項2号・106条1項12号）	その子会社の議決権を取得・保有した場合の届出（保険業127条1項8号、保険業規85条1項4号の3）	子会社とすることの届出（保険業271条の32第2項3号）	なし

法改正等の変遷の中でその途は拡充されてきたが、なお障害となり得る課題も存在する。また、前記**第 1 節**の通り、本稿脱稿時現在において、金融商品

第 7 章　REIT

取引所に上場されているJ-REITはすべて投資法人形態が採用されているものの、将来的には、海外不動産を投資対象資産として投資する場合には、「契約型」の投資信託スキームを用いることも検討に値すると思われる。以下、これらの点について、REITによる海外不動産保有のスキームを踏まえ、「会社型」および「契約型」のREITを比較しつつ詳述する。

(2)　スキームごとの法規制等

(i)　スキームの類型

REITが海外不動産に投資するスキームとしては、REITの形態として、前記の通り、①「会社型」の投資法人スキーム（以下、「『会社型』REIT」という）と②「契約型」の投資信託スキーム（以下、「『契約型』REIT」という）が考えられる。また、「会社型」REITおよび「契約型」REITのそれぞれについて、⒤海外不動産を直接保有するスキーム（以下、「直接保有型」という。【図表 7 - 2 -13】①参照）と、ⅱ海外不動産を保有する法人（以下、「海外不動産保有法人」という）の持分の過半数[注121]を取得するスキーム（以下、「間接保有型」という。【図表 7 - 2 -13】②参照）が考えられる[注122]。

(ii)　直接保有型

「会社型」REITおよび「契約型」REITのいずれについても、その投資対象資産となる、投信法上の「特定資産」のうちの「不動産」には、海外不動産も含まれ、直接保有型をとることは投信法上禁止されていないと解されている[注123]。

注121)　なお、「会社型」か「契約型」かを問わず、REITが海外不動産保有法人の持分の半数以下を取得することについては、投信法上の制限（「会社型」につき投信法194条 1 項および投信法施行規則221条、「契約型」のうち委託者指図型投資信託について投信法 9 条および投信法施行規則20条、委託者非指図型投資信託について投信法54条および同条が準用する同法 9 条）に反しない。また、「会社型」に係る導管性要件（租特67条の15第 1 項 2 号ヘ）との関係では、取得する持分が半数未満であれば、当該要件を充足する。

注122)　ただし、下記(ⅲ)(b)の通り、本稿脱稿時現在において、「契約型」REITについては、間接保有型は認められていない。また、「会社型」REITにおける間接保有型については、LPS持分を取得するスキームも考えられるが、本書では割愛する。

注123)　「会社型」REITについて、金融審議会投資信託・投資法人法制の見直しに関するワーキング・グループ事務局「事務局説明資料」（2012年11月 9 日）〈http://www.

第2節　REITの新しい動き

【図表7-2-13】　スキームの類型

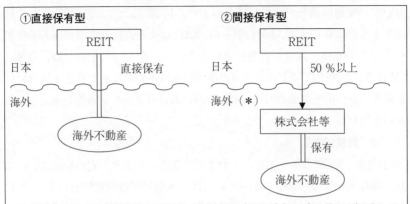

* 後記(ⅲ)(a)(イ)の金融庁「投資法人に関するQ&A」(2014年Q&A)(2014年6月27日)において、「会社型」REITが間接保有型を採ることが可能な国として示された国は、アメリカ合衆国、インド、インドネシア、中華人民共和国、ベトナムおよびマレーシアである。また、後記(ⅲ)(b)の通り、本書脱稿時現在において、「契約型」REITについては、間接保有型は認められていない。

　もっとも、「会社型」のJ-REITについては、2008年までは、海外不動産の鑑定評価の手法が定まっていなかったこと等の懸念が存在し、東証の有価証券上場規程[注124]によって、J-REITの海外不動産への投資は禁止されていた。しかし、J-REITの海外不動産投資の自由化を求める議論の中、かかる懸念を払拭するため、国土交通省から海外投資不動産鑑定評価ガイドライン（以下、「海外鑑定ガイドライン」という）[注125]が策定・公表されたことを受け、2008年5月9日、東証の有価証券上場規程が改正された結果、J-REITについても、海外不動産への投資が認められることとなった[注126]。

fsa.go.jp/singi/singi_kinyu/toushi/siryou/20121109/01.pdf〉19頁、有賀正宏ほか「投資法人の資金調達・資本政策手段の多様化等」金法1980号（2013）89頁、小林高明「これからの不動産業の国際展開の方向性──国道交通省土地・建設産業局における取組」不動産研究56巻1号（2014）11頁。投信法上の「不動産」について、「会社型」REITと「契約型」REITでこの点の解釈を分ける特段の理由はないと思われることから、「契約型」REITについても同様であると考えられる。

注124）　2008年5月9日改正（2008年5月12日施行）前の有価証券上場規程1001条32号ないし34号。
注125）　国土交通省「海外投資不動産鑑定評価ガイドライン」（2008年1月25日）。
注126）　株式会社東京証券取引所「上場不動産投資信託証券に対する海外不動産への投資制約の解除に伴う上場制度の整備について」（2008年2月28日）〈http://www.jpx.

他方で、「契約型」のJ-REITについては、前記の通り、本稿脱稿時現在において、金融商品取引所に上場されているJ-REITについて「契約型」を採用するものは存在せず、「契約型」のJ-REITによる直接保有型の海外不動産投資については、議論が成熟しているとはいいがたい。そのため、今後、「契約型」のJ-REITによる直接保有型での海外不動産投資を目指す場合には、金融商品取引所その他の関係機関との間における事前の折衝等が重要となるものと思われる。

(iii) 間接保有型

「会社型」REITについては、これまでの法改正により一定の範囲において間接保有型が認められるに至っているが、本稿脱稿時現在において、「契約型」REITについては、間接保有型は認められていない。以下、「会社型」REITおよび「契約型」REITのそれぞれにおける間接保有型採用の可否につき、分けて詳述する。

(a) 「会社型」REITにおける間接保有型採用の可否

(ｱ) 投信法および租特法上の規制態様

投信法上、REITが他の事業体を支配することを通じて、実質上、投信法上禁止されている営業行為を自ら行っているとみられることを回避する観点[注127]から、原則として、「会社型」REITにおいて、他の法人の発行する株式について当該議決権の過半数の株式を取得することが禁止されている（投信194条1項および投信規221条）。また、「会社型」REITの租特法上の導管

---

co.jp/files/tse/rules-participants/public-comment/data/020228-jojo.pdf〉1頁、株式会社東京証券取引所「上場不動産投資信託証券に対する海外不動産への投資制約の解除に伴う有価証券上場規程等の一部改正について」（2008年5月9日）〈http://www.jpx.co.jp/files/tse/rules-participants/public-comment/data/020228-jojo.pdf〉1頁、「アカウンティングニュース」企業会計60巻5号（2008）16頁、森宏之「J-REITの海外不動産投資制度の諸問題」経済科学論究8号（2011）61頁～63頁、鈴木伸也「ファンドニュース　Jリートの多様化(2)——Jリートによる海外不動産投資について」PwCあらた監査法人ファンドニュース（2014年1月）〈https://www.pwc.com/jp/ja/assurance/research-insights-report/assets/pdf/fundnews28-j-reit-overseas.pdf〉。

注127　投信法63条は、投資法人が資産運用以外の行為を営業としてすることを禁じており、租特法も、導管性要件の1つとして、投信法63条違反がないことを挙げている（租特67条の15第1項2号イ）。

性要件においても、原則として、「会社型」REITが他の法人の発効済株式・出資の総数・総額の半数以上相当の数・金額の株式・出資を有していないことが、その充足要件とされている（租特67条の15第1項2号ヘ）[注128]。

　しかし、投信法上の前記禁止および租特法上の前記導管性要件については、【図表7-2-14】記載の例外が設けられており、【図表7-2-14】記載の要件を満たす場合には、投資法人が間接保有型を採用することにより海外法人に投資し、その結果海外不動産をその投資対象とすることが可能である（【図表7-2-13】②参照）[注129]。

　(イ)　2014年金融庁Q&A

　【図表7-2-14】記載の図表中における投信法施行令116条の2の要件に該当する具体的な国として、「投資法人に関するQ&A」[注130]（以下、「2014年Q&A」という）は、【図表7-2-13】②に記載した6か国（アメリカ合衆国、インド、インドネシア、中華人民共和国、ベトナムおよびマレーシア）を明示しているが、かかる2014年Q&Aは、同条に定める実体的要件を満たす国名を

注128)　2013年の投信法改正（2013年法律45号、2014年12月1日施行）および租特法改正（2013年法律5号、2014年12月1日施行）（以下、「2013年改正」という）以前においては、投信法上の前記禁止および租特法上の前記導管性要件に例外が設けられていなかったため、当該投資対象国となる外国における外資規制等により、日本の投資法人が直接当該外国の不動産を保有することができない場合には、当該投資法人は、前記規制により間接保有型をとることもできず、当該海外不動産の直接保有もできない結果、海外不動産に投資すること自体が困難であったところ（橋本昌司「投資法人の海外不動産保有法人による海外不動産の取得——平成25年金融商品取引法等改正〔1年半以内施行〕等に係る政令・内閣府令の解説」ARES不動産証券化ジャーナル21号〔2014〕38頁）、2013年改正により、新たに【図表7-2-14】記載の例外が設けられた。金融庁回答において、2013年改正は、投資法人が直接投資できない国への投資機会を設けるためのものと説明されている。

注129)　【図表7-2-14】記載の要件を満たす場合、海外不動産の運用、海外不動産保有法人および海外不動産に関して、規約（投信規105条1号ヘ・チ）および資産運用報告（投信129条2項、投信財産計算規則73条8号・9号）における所定の事項の記載その他法令上要求される事項の記載が必要となる。また、東証上場審査において、海外不動産投資に係る情報開示および体制整備が求められる（株式会社東京証券取引所「REIT（投資証券）上場の手引き」〈http://www.jpx.co.jp/equities/products/reits/listing/01.html〉20頁～21頁）。

注130)　金融庁「投資法人に関するQ&A」（2014年6月27日）〈http://www.fsa.go.jp/news/25/syouken/20140627-13/08.pdf〉。

【図表7-2-14】「会社型」REITにおける間接保有型の採用要件

投信法	以下の要件を満たす場合、50％を上回る同一法人の株式の取得可 ＜投信法194条2項の要件＞ ① 政令で定める場合（投信令116条の2） 　ⅰ 取引不能　法令または慣行その他やむを得ない理由により投信法193条1項3号ないし5号に掲げる取引（以下、「不動産取引等」という）のうちいずれかの取引を投資法人自ら行うことができない場合 　ⅱ 代替可能性　専ら不動産取引等を行うことを目的とする法人が投資法人自ら行うことができない取引を行うことができる場合 　※「投資法人に関するQ&A」（2014年Q&A）　各国の法令の規定、慣行等に鑑み、例えば、アメリカ合衆国、インド、インドネシア、中華人民共和国、ベトナムおよびマレーシアが該当する。 ② 海外不動産保有法人が、専ら不動産取引等のうちいずれかを行うことを目的とする法人であること ＜投信法施行規則221条の2の要件＞ 海外不動産保有法人が、以下のいずれにも該当すること（同条1項各号） ① ⅰ外国に所在し、ⅱ所在する国において専ら不動産取引等を行うことを目的とすること ② 各事業年度（1年以内であることを要する）経過後6か月以内に、当該法人が所在する国の法令または慣行により割り当てることができる額の金銭を投資法人に支払うこと
租特法	以下の要件を満たす場合、50％以上の株式または出資の取得可（租特67条の15第1項2号ヘ） ① 投信法194条2項に該当すること ② 財務省令で定める場合に該当すること（租特規22条の19第9項） 　ⅰ 投信法施行規則221条の2第1項各号の要件をすべて満たすこと 　ⅱ 投資法人の保有する海外不動産保有法人（投信法施行規則221条の2第1項に定める法人）の株式または出資の数または額が、当該法人の発行済株式または出資の総数または総額の50％を超えること

例示したものであると考えられる。例えば、アメリカ合衆国については、【図表7-2-15】の①ないし③の法令・慣行が相まって、アメリカで合衆国での不動産投資は、不動産保有者として重大な責任を負担する可能性が高く、REITが実質的に不動産を直接保有することができない状態にあるといえ、同条に定める実体的要件を満たすと判断されたものと考えられる。このように、2014年Q&Aは、国単位での法令または慣行に着目して同条に定める実体的要件を満たす国名を例示したものであると考えられるため、2014年

【図表7-2-15】 アメリカ合衆国における投信法施行令116条の2に関する法令・慣行[*1]

法令・慣行	内容
①懲罰的損害賠償制度	・不法行為に基づく損害賠償の類型の1つで、不法行為の悪性が特に強い場合に、被害者の損害の塡補に加えて、行為者を懲罰するために認められる ・ほぼ全法域（50州、コロンビア特別区およびプエルトリコのうち、3州およびプエルトリコを除く州等）において存在
②スーパーファンド法[*2]	・有害物質による汚染を浄化し天然資源の損傷に対する損害に対処することを目的とする ・潜在的責任当事者に対して、汚染サイトの浄化を命じ、その責任を追及 ・故意・過失の立証不要、連帯責任 ・規制対象となる有害物質が約800（日本の土壌汚染対策法の場合は25物質）と広範囲
③訴訟社会	・訴訟による責任追及のリスクが日本に比較して高い

[*1] 橋本昌司「投資法人の海外不動産保有法人による海外不動産の取得——平成25年金融商品取引法等改正〔1年半以内施行〕等に係る政令・内閣府令の解説」ARES不動産証券化ジャーナル21号（2014）40頁〜44頁。

[*2] Comprehensive Environment Response, Compensation and Liability Act(1980)(Superfund Amendments and Reauthorization Act〔1986〕による改正を含む)。大塚直「スーパーファンド法をめぐる議論」アメリカ法2002巻1号（2002）44頁〜46頁、大塚直「環境損害に対する責任」ジュリ1372号（2009）48頁〜49頁。

Q&Aに例示されていない国または2014年Q&Aに例示されていない国の特定の地域についても、同条に定める実体的要件を満たすことが確認できれば、投信法194条1項による制限が課せられない余地があるものといえる[注131]。

(b) 「契約型」REITにおける間接保有型採用の可否

「契約型」REITにおいても、前記(a)において述べた「会社型」REITの場

注131) 橋本・前掲注128) 39頁〜44頁。もっとも、金融庁回答によれば、2013年改正は、あくまで直接投資ができない国への投資機会を設ける趣旨であるとして、直接投資できる国については、原則通り直接投資をすべきであり、やむを得ない事情の適用はかなり厳しく判定されるものとされている。また、同回答は、英国、フランスおよびドイツについては、業界団体からの情報によれば、直接投資の制限がないと考えられる旨説明しており、投信法施行令116条の2に定める実体的要件を満たすとはいえないとされる可能性が高い。

合と同様に、他の法人の発行する株式について、当該議決権の過半数の株式を取得することが禁止されている（委託者指図型投資信託[注132]について投信法9条および投信法施行規則20条、委託者非指図型投資信託について投信法54条および同条が準用する同法9条参照）。また、前記(a)の通り、「会社型」REITにおいては、一定の要件を充足する場合には、議決権の過半数を超えて海外不動産保有法人の株式を取得することができるとされているのに対し（【図表7-2-14】参照）、これに相当する規定が、本稿脱稿時点現在[注133]においては、「契約型」REITには存在しない。そのため、「契約型」REITにおいては、「会社型」REITと異なり、議決権の過半数を超えて海外不動産保有法人の株式を取得することができないこととされ、間接保有型を採用することはできない。

(ⅳ) 「会社型」REITと「契約型」REITの税務上の取扱いに関する相違

「会社型」REITと「契約型」REITとの間には、前記で述べた間接保有型の採用の可否に関する相違に加えて、税務上の取扱いに関する相違も存在する（【図表7-2-17】参照）。

「会社型」REITにおける課税の仕組みについては、前記**第1節**に述べた通りである。一方、「契約型」REITについては、原則として、法人課税信託（法税2条29の2号）に該当し（同号ニ）、その「器」自体に課税がなされることとなるが、①集団投資信託（国内公募等投資信託）の要件を満たすように組成することにより、「パス・スルー課税」[注134]を実現することが可能であり、また、②法人課税信託に該当する場合でも、租特法68条の3の3第1項所定の要件を充足する場合には、当該特定投資信託に係る一定の収益の分配額が

注132 　委託者指図型投資信託および委託者非指図型投資信託の区別については、前記**第1節1(1)参照**。
注133 　2017年4月末時点。
注134 　なお、本稿においては、集団投資信託について、便宜的に「パス・スルー課税」との用語を用いているが、集団投資信託については、集団投資信託から受益者に収益が分配された時点ではじめて受益者において課税が発生することから、いわゆる受益者等課税信託（信託財産に属する資産および負債を当該信託の受益者等が有するものとみなし、かつ、当該信託財産に記せられる収益および費用について受益者の収益および費用とみなして課税関係が決定される信託。所税13条参照）とは異なる点に留意されたい。

損金に算入される取扱い（ペイ・スルー課税）を受けることが可能である（【図表7-2-16】参照）。

海外不動産への投資との関係では、「契約型」REITについては、前記の通り、本稿脱稿時点現在において間接保有型を採用できないものの、税務上は、【図表7-2-17】に記載したいずれの点においても、「会社型」REITと比較して利点があるといえる可能性がある[注135]。

(3) 海外不動産投資のハードルと「契約型」REITの活用可能性

「会社型」REITに関して、前記の通り、現在までの法改正等の変遷の中で海外不動産保有の途は拡充されてきたものの、「会社型」と「契約型」とを問わず、REITによる海外不動産保有については、なお障害となり得る課題も存在する。この点、特に海外不動産保有に係る税制との関係で、将来的には、現在は一般に採用されていない「契約型」REITの活用を模索する余地もあるように思われるため、以下、各海外不動産投資に際してのハードルについて順次述べる。

(i) 不動産鑑定評価

前記の通り、海外不動産の鑑定評価については、海外鑑定ガイドラインが公表されており、その概要は、【図表7-2-18】の通りである[注136]。同ガイドラインについては、他国のリート市場よりも全般的に厳しい基準となっており、また、現地鑑定人の利用を認めながら不動産鑑定士が原則としてすべての責任を負うことについて、見直しを求める指摘も存在する[注137]。

(ii) 海外不動産への担保設定

「会社型」か「契約型」かを問わず、REITが資産を取得するに際し金融機関等から借入れを行う際に、当該取得予定資産に担保を設定することがあるが、当該資産が海外不動産である場合、担保設定について関連する現地法を検討する必要がある。

注135) 税務の詳細は税務カウンセルに確認されたい。
注136) なお、同ガイドラインについては、その策定経緯からして主として「会社型」のJ-REITを念頭にして策定されていると思われるものの、「契約型」のJ-REITにも等しく妥当する内容であると考えられる。
注137) 森・前掲注126) 69頁。

【図表 7 - 2 -16】「契約型」REIT（投資信託）の課税関係

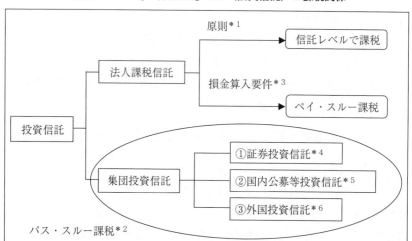

* 1 原則的課税形態：委託者指図型投資信託および委託者非指図型投資信託いずれについても、原則として、法人課税信託（法税 2 条29の 2 号）に該当し（同号ニ）、当該信託に係る信託財産から生ずる所得について、受託者の固有財産から生ずる所得とは区別して法人税が課税される（同法 4 の 6 条・4 の 7 条等）。
* 2 集団投資信託による「パス・スルー課税」の実現：例外的に、当該投資信託が集団投資信託（法税 2 条29号）に該当する場合（図中の①②または③の場合が挙げられるが〔これらの「契約型」REITのような投資信託が集団投資信託に該当する例外の①から③については、これらのうち 1 つに該当すれば、集団投資信託に該当するものと解されている〕、「契約型」REITとの関係では②に該当するように組成することが考えられる）には、受託者である法人の法人税の計算上、集団投資信託の信託財産に属する資産および負債ならびに当該信託財産に帰せられる収益および費用の額は、当該法人の資産および負債ならびに収益および費用の額ではないものとされている（同法12条 1 項・3 項）〔この場合には、集団投資信託から受益者に収益が分配された時において、当該収益分配金に対して、受益者において、利子所得または配当所得として課税が発生することとなり、「器」レベルと受益者レベルにおける二重課税の防止が図られている〕。
* 3 法人課税信託の下での「ペイ・スルー課税」の実現：当該「契約型」REITが法人課税信託に該当する場合でも、かかる信託は、特定投資信託（租特68条の 3 の 3 第 1 項柱書）に該当するため、同条項所定の要件を充足する場合には、当該特定投資信託に係る一定の収益の分配額が損金に算入される取扱い（ペイ・スルー課税）がなされる〔この場合の損金算入に係る要件は、「会社型」REITにおける導管性要件（租特67条の15、租特令39条の32の 3 、租特規22条の19。詳細については、**第 1 節**を参照）と類似するものと考えられる〕。
* 4 法税 2 条29号ロ(1)。
* 5 受益権の募集が公募により行われ、かつ受益権の発行価額の総額のうちに国内において募集される受益証券の発行価額の占める割合が100分の50を超える投資信託（法税 2 条29号ロ(2)、法税令14条の 3 ）。
* 6 法税 2 条29号ロ柱書・2 条26号。

【図表7-2-17】「会社型」REITと「契約型」REITの税務上の取扱いに関する相違

「会社型」REIT	「契約型」REIT
① 二重課税防止措置が導管性要件による「ペイ・スルー課税」のみであり、柔軟性に乏しいともいえる。	① 集団投資信託による「パス・スルー課税」を享受し得る上に、かかる「パス・スルー課税」を享受することができない場合でも、損金算入要件を充足することで、「ペイ・スルー課税」を享受することができると考えられ[*1]、スキーム選択について柔軟性に富むともいえる。
② 導管性要件について、事業年度において充足しなければならない事業年度要件の存在ゆえに、期中のファンドの運用の仕方により課税の変動が生じ得、課税関係の安定性に欠ける場合があり得る。	② 集団投資信託に該当するように組成することができれば、期中のファンドの運用の仕方により課税の変動が生じないことから、課税関係が安定するともいえる。
③ 海外現地において源泉税が課された場合には、「会社型」REITの租特法上の導管性要件の1つである90%配当要件[*2]を充足しない場面が生じる可能性がある。	③ 「会社型」REITでは導管性要件を満たさない場合でも、タックス・メリットを享受できる場面があるように考えられる[*3]。

* 1 「契約型」REITの課税関係については、【図表7-2-16】参照。
* 2 「会社型」REITの導管性要件の1つとして「当該事業年度に係る配当等の額の支払額が当該事業年度の配当可能利益の額として政令で定める金額の100分の90に相当する金額を超えていること」（租特67条の15第1項2号ホ）が必要とされている。
* 3 もっとも、かかるタックス・メリットについては、具体的事情を踏まえた慎重な検討が必要であり、実際のストラクチャリングの際には税務カウンセルに照会されたい。

(iii) 海外税制と投資家への負担

「会社型」REITか「契約型」REITかを問わず、直接保有型については、海外不動産の賃貸事業収入および譲渡益等に対し、現地において外国法人税が課せられることがあり、投資家への負担につながる可能性がある。「会社型」REITにのみ認められている間接保有型については、①米国リート等であって一定の要件を満たす場合を除き、現地国で海外不動産保有法人に対して外国法人税が課せられ、また、②投資法人が海外不動産から受け取る配当について、現地において源泉税が課せられることがあり、投資家への負担に

【図表 7 - 2 -18】 海外鑑定ガイドラインの概要

① 位置付け[1]	・不動産鑑定評価基準と同様の位置付け ・同ガイドラインを逸脱した鑑定評価が行われた場合には、不動産鑑定評価法に基づく指導監督が行われる
② 鑑定制度等の要件[2]	・海外不動産の所在地において、適切な鑑定評価が行われるための制度の整備等一定の要件が満たされていることが必要 ・具体的には、米国、英国、オーストラリア、シンガポール、台湾、大韓民国、ドイツ、香港が該当
③ 鑑定手法[3]	・現地鑑定補助方式：国内の不動産鑑定士が現地において一定の資格を有する鑑定人（以下、「現地鑑定人」という）を補助者として、資料を収集した上、自ら鑑定評価書を作成 ・現地鑑定検証方式：国内の不動産鑑定士が、現地鑑定人の作成した鑑定評価書を検証
④ 責任の所在[4]	・前記③のいずれの鑑定手法においても、最終的な鑑定評価額については、国内の不動産鑑定士が責任を負う

[1]　海外不動産鑑定ガイドラインⅫ。
[2]　海外不動産鑑定ガイドラインⅪ・別表。
[3]　海外不動産鑑定ガイドラインⅤ。
[4]　海外不動産鑑定ガイドラインⅧ。

つながる可能性がある[注138]。

(iv) 全組入資産を海外不動産とする際の問題点

　前記の通り、投信法上の「不動産」には、海外不動産も含まれるものと考えられていることからすると、「会社型」REITまたは「契約型」REITのうち委託者指図型投資信託が海外不動産をその投資対象資産とする場合にも、国内不動産をその投資対象資産とする場合と同様、「会社型」REITの資産運用会社または「契約型」REITのうちの委託者指図型投資信託の委託者は、投信法上、取引一任代理等の認可（宅建業50条の2）を取得する必要があるものと考えられる（「会社型」REITについて投信199条2号、「契約型」REITについて同法3条2号）。一方で、宅建業法上の「土地」および「建物」には、

注138)　森・前掲注126) 65頁～66頁。

海外の土地および建物は含まれないとされているため[注139]、「会社型」REIT または「契約型」REITが、全組入資産を海外不動産とする際には、「会社型」REITの資産運用会社または「契約型」REITの委託者は、取引一任代理等の認可を取得する必要はないのではないかとの議論もあるように思われる。もっとも、この点についての実際の運用においては、所轄官庁への確認も含め、適切な対応を行う必要があると考えられる。

(v) 「契約型」REITの活用可能性

前記第1節の通り、コーポレート・ガバナンスの仕組みの中で投資家保護を実現することが可能となる点を利点として、REITの形態として、現在、一般に「会社型」が採用されている。

もっとも、前記(2)(iv)の通り、特に、海外不動産を投資対象とする場合には、課税関係の安定性の観点から、「契約型」REITのほうが「会社型」REITよりも一面において優れているともいい得る。このため、特に海外不動産を投資対象とするREITの形態については、将来的には「契約型」REITの活用を模索する余地もあると考えられるが、「契約型」REITに関しては、コーポレート・ガバナンスの観点から投資家保護が十分でないとの意見、間接保有型が将来において法制上認められる可能性の有無、および、特に「契約型」の上場投資信託の可能性について、金融商品取引所、一般社団法人投資信託協会その他の関係各所の意向等も踏まえ、今後の議論の動向を見守る必要がある。

注139) 東京高判昭和61・10・15判タ637号140頁、明石三郎ほか『詳解宅地建物取引業法〔改訂版〕』(大成出版社、1995) 30頁・61頁・433頁。

第7章 REIT

第3節

REITの買収・再編

1 REITの買収・再編の目的と特徴

　2007年夏の不動産市況のピーク・アウトとそれに続いて生じたサブプライム・ローン問題に端を発するグローバル金融危機以降、REIT市場においても急速にリファイナンス問題が注目されるようになり、単独での生き残りが難しいREITが出てきたことや、REITのスポンサーの経営状態が悪化し、スポンサーがREIT事業からの撤退を検討する必要が生じたことから、REITの買収・再編の実例が立て続けに現れた。金融危機当時の買収・再編は、救済的な意味合いが強かったが、その後、市況が回復するに伴い、REITの成長戦略としての積極的な買収・再編も現れるに至っている[注140]。

　本節では、REITの買収・再編の代表的な手法である、①REITの合併、②REITのスポンサー交替について、関連する法規制および法的論点を解説する。

　なお、REITの買収・再編の手法として、他に、保有資産の全部譲渡や非公開化（スクイーズ・アウト）といった手法も考えられるが、本節では、これらの手法の詳細については立ち入らない。

2 REITの合併

(1) REITの合併の意義

　REITの合併により達成されるメリットとしては、①資産規模が拡大する

注140）　例えば、野村不動産マスターファンド投資法人、野村不動産オフィスファンド投資法人および野村不動産レジデンシャル投資法人による新設合併（2015年5月27日公表）。

ことで役員報酬等の固定費用の投資口利回りに対する影響を低減できること、②保有物件数が多くなることで、1物件の収益変動リスクが緩和されること、③資産規模の拡大によりREITの内部留保である建物減価償却費が増えるほか、負ののれんを生じさせる合併の場合は、負ののれんの範囲内で内部留保を積み増すことで資金の手元流動性の向上を図ることができること、④合併による受入資産の簿価を圧縮することで物件の利回りが向上し、合併後のパフォーマンスを向上させることができること[注141]、⑤資産規模を拡大することはREITとしての格付けの向上につながる場合があり、ひいては年金基金などの機関投資家や日銀による投資口取得を期待することができること等が挙げられる。2010年頃に合併事案が増えた原因としては、税務上・手続上の制度的改善により、合併の実務上の阻害要因が取り除かれたのみならず、負ののれんを手に入れることによりREITの財務的安定性を確保できるようになったことも大きい。

(2) 合併手続の概要と留意点

REITの合併手続は、基本的に株式会社の合併手続に準じた手続となっているが、異なる部分もある。以下では、REIT間の合併手続について特に留意すべき点を概説する。

(i) 吸収合併と新設合併の別

REITの合併形態には吸収合併と新設合併があるが、いずれを選択するかにより、手続は大きく異なる。

この点、①新設合併の場合は、吸収合併の存続REITにおいて認められている簡易合併は認められないため、常に両REITの投資主総会で合併承認の特別決議を取得する必要があること、②新設合併における設立REITには投信法187条の登録が承継されないため、設立REITにおいて新たに登録を取得する必要があること、③（J-REITの場合、）新設合併における設立REITにおいて新たに金融商品取引所における上場手続をとらなければならないこ

注141） 山崎成人「REITの合併がもたらすメリットと問題点」プロパティマネジメント115号（2010）78頁。

【図表7-3-1】 吸収合併の手続の概要*

日程	消滅REITにおける手続	存続REITにおける手続
Day 1	吸収合併契約の締結（投信145条） ・役員会の承認が必要（投信109条2項5号） ・適時開示（有価証券上場規程1213条2項1号a(d)） ・臨時報告書の提出（金商24条の5第4項、特定有価証券開示府令29条2項7号）	同左
投資主総会の2か月前まで	総会日公告（投信91条1項） ・一定の日およびその日以後、遅滞なく、投資主総会を招集する旨を規約で定めた場合には、当該規約の定めに従って開催された直前の投資主総会の日から25月を経過する前に開催される投資主総会について、公告は不要（投信91条1項ただし書）	同左
Day Xまでの間	債権者異議手続（投信149条の4） ・一定事項を官報公告し、かつ、知れている債権者に個別催告 ・異議期間は1か月以上 ・消滅REITが、公告を、官報のほか、投信186条の2第1項の規定による規約の定めに従い、①時事に関する事項を掲載する日刊新聞紙に掲載する方法または③電子公告によりするときは、知れている債権者への個別催告は不要	債権者異議手続（投信149条の9・149条の4） ・一定事項を官報公告し、かつ、知れている債権者に個別催告 ・異議期間は1か月以上 ・存続REITが、公告を、官報のほか、投信186条の2第1項の規定による規約の定めに従い、①時事に関する事項を掲載する日刊新聞紙に掲載する方法または③電子公告によりするときは、知れている債権者への個別催告は不要
	投資口買取請求手続（投信149条の3） ・効力発生日の20日前までに投資主に対して吸収合併をする旨ならびに存続REITの商号および住所を通知または公告	投資口買取請求手続（投信149条の8） ・効力発生日の20日前までに投資主に対して吸収合併をする旨ならびに存続REITの商号および住所を通知または公告

第3節　REITの買収・再編

	・投資主総会に先立って吸収合併に反対する旨を消滅REITに対し通知し、かつ、当該投資主総会において当該吸収合併に反対した投資主は、当該消滅REITに対し、自己の有する投資口を公正な価格で買い取ることを請求することができる	・投資主総会に先立って吸収合併に反対する旨を存続REITに対し通知し、かつ、当該投資主総会において当該吸収合併に反対した投資主は、当該存続REITに対し、自己の有する投資口を公正な価格で買い取ることを請求することができる
	新投資口予約権を発行している場合は、新投資口予約権買取請求手続（投信149条の3の2）	
右記ⓐないしⓓの日〜Day Xまでの間	吸収合併契約に関する書面等の事前備置（投信149条、投信規193条） ・事前備置の期間は下記のいずれか早い日から効力発生日までの間 　ⓐ合併承認の投資主総会の日の2週間前の日 　ⓑ投資口買取請求手続における事前通知の日または公告の日のいずれか早い日 　ⓒ新投資口予約権買取請求手続における事前通知の日または公告の日のいずれか早い日 　ⓓ債権者異議手続における公告の日または催告の日のいずれか早い日 ・適時開示後前記ⓐ〜ⓓのいずれか早い日までに、TDNetを通じて事前備置書類を提出（有価証券上場規程施行規則1230条2項3号b）	吸収合併契約に関する書面等の事前備置（投信149条の6、投信規194条） ・事前備置の期間は下記のいずれか早い日から効力発生日までの間 　ⓐ（合併承認決議を受けなければならないときは）合併承認の投資主総会の日の2週間前の日 　ⓑ投資口買取請求手続における事前通知の日または公告の日のいずれか早い日 　ⓒ債権者異議手続における公告の日または催告の日のいずれか早い日 ・適時開示後前記ⓐ〜ⓒのいずれか早い日までに、TDNetを通じて事前備置書類を提出（有価証券上場規程施行規則1230条2項3号b）
	投資主総会における吸収合併契約の承認（投信149条の2・93条の2第2項5号） ・資産運用委託契約を解約する場合には、併せて解約の承認決議を受ける（投信206条1項）	投資主総会における吸収合併契約の承認（投信149条の7・93条の2第2項5号） ・資産運用委託契約を解約する場合には、解約の承認決議を受ける（投信206条1項）

Day Xの前日まで	・資産保管契約および一般事務委託契約を解約する場合には、役員会の承認を受ける	・吸収合併に伴い規約変更が必要な場合には、規約変更の特別決議を受ける（投信140条・93条の2第2項3号） ・資産保管契約および一般事務委託契約を解約する場合には、役員会の承認を受ける。 ・簡易合併の場合、合併承認決議は不要（投信149条の7第2項）
Day X	効力発生日	
Day Xから2週間以内	解散登記手続（投信169条1項）	変更登記手続（投信169条1項）
Day Xから30日以内	吸収合併により消滅した旨の財務局長等への届出（投信192条1項1号・225条1項・5項、投信令135条3項）	▷吸収合併に関する書面等の事後備置（投信149条の10） ▷合併の効力発生日以後速やかに、TDNetを通じて事後備置書類を提出（有価証券上場規程施行規則1230条2項3号d）

* 前記の【図表7-3-1】においてはJ-REITにおける合併手続について記載している。私募REITの場合は適時開示など、上場投資口に関する手続が不要になるなどの差異がある。

【図表7-3-2】　新設合併の手続の概要*

日程	消滅REITにおける手続
Day 1	新設合併契約の締結（投信145条） ・役員会の承認が必要（投信109条2項5号） ・適時開示（有価証券上場規程1213条2項1号a(d)） ・臨時報告書の提出（金商24条の5第4項、特定有価証券開示府令29条2項8号）
投資主総会の2か月前まで	総会日公告（投信91条1項） ・一定の日およびその日以後、遅滞なく、投資主総会を招集する旨を規約で定めた場合には、当該規約の定めに従って開催された直前の投資主総会の日から25月を経過する前に開催される投資主総会について、公告は不要（投信91条1項ただし書）
	債権者異議手続（投信149条の14・149条の4） ・一定事項を官報公告し、かつ、知れている債権者に個別催告 ・異議期間は1か月以上 ・消滅REITが、公告を、官報のほか、投信186条の2第1項の規定

第3節　REITの買収・再編

日程	
Day Xまでの間	による規約の定めに従い、①時事に関する事項を掲載する日刊新聞紙に掲載する方法または③電子公告によりするときは、知れている債権者への個別催告は不要
	投資口買取請求手続（投信149条の13） ・消滅REITは、投資主総会の決議の日から2週間以内に、その投資主に対し、新設合併をする旨ならびに他の新設合併消滅法人および新設合併設立法人の商号および住所を通知 ・投資主総会に先立って新設合併に反対する旨を新設合併消滅法人に対し通知し、かつ、当該投資主総会において当該新設合併に反対した投資主は、当該新設合併消滅法人に対し、自己の有する投資口を公正な価格で買い取ることを請求することができる
	新投資口予約権を発行している場合は、新投資口予約権買取請求手続（投信149条の13の2）
右記ⓐないしⓓの日〜Day Xまでの間	新設合併契約に関する書面等の事前備置（投信149条の11、投信規196条） ・事前備置の期間は下記のいずれか早い日から効力発生日までの間 　ⓐ合併承認の投資主総会の日の2週間前の日 　ⓑ投資口買取請求手続における事前通知の日または公告の日のいずれか早い日 　ⓒ新投資口予約権買取請求手続における事前通知の日または公告の日のいずれか早い日 　ⓓ債権者異議手続における公告の日または催告の日のいずれか早い日 ・適時開示後前記ⓐ〜ⓓのいずれか早い日までに、TDNetを通じて事前備置書類を提出（有価証券上場規程施行規則1230条2項3号b）
Day Xの前日まで	投資主総会における新設合併契約の承認（投信149条の12・93条の2第2項5号）
Day X	成立日
Day Xから2週間以内	解散登記手続（投信169条1項）
Day Xから30日以内	吸収合併により消滅した旨の財務局長等への届出（投信192条1項1号・225条1項・5項、投信令135条3項）
日程	設立REITにおける手続
	設立登記手続（投信169条2項） ・下記のいずれか遅い日から2週間以内 　ⓐ合併承認の投資主総会の決議の日

右記ⓐないしⓔの日から2週間以内	ⓑ投資口買取請求手続における事前通知の日または公告の日から20日を経過した日 ⓒ新投資口予約権買取請求手続における事前通知の日または公告の日から20日を経過した日 ⓓ債権者異議手続が終了した日 ⓔ消滅REITが合意により定めた日
	規約の作成（投信149条の15第2項）
	新設合併に関する書面等の備置（投信149条の16、投信規197条・198条） ・成立の日から6か月間 ・上場後速やかに、TDNetを通じて事後開示書類を提出（有価証券上場規程施行規則1230条4項3号a）

＊ 前記の【図表7-3-1】においてはJ-REITにおける合併手続について記載している。私募REITの場合は適時開示など、上場投資口に関する手続が不要になるなどの差異がある。

と[注142]から、コスト・手続の面では、吸収合併のほうが有利であると思われる。

ただし、吸収合併の場合には、消滅REITの投資主に米国人の比率が大きいと、米国証券法上の「Form F-4」様式に基づく登録届出書の提出義務を負う可能性がある。登録届出書の提出義務はREITにとっては大きな負担となるため、提出義務の適用除外要件を満たすために、新設合併を選択することもあり得よう[注143]。

注142) 川﨑清隆ほか監修『不動産投資法人のM&A実務マニュアル』（綜合ユニコム、2009）69頁。上場投資法人同士で新設合併を行う場合における設立投資法人の投資口の上場は、一定の要件の下、通常よりも簡易な上場審査により上場することができる（テクニカル上場。有価証券上場規程1207条1項1号）。
注143) 米国の1933年証券法（以下、「33年証券法」という）5条の下では、登録届出書が提出されるまで州際通商上の手段を用いて証券の募集を行うことが禁止され、登録届出書が効力を発生するまで証券の売付けを行うことが禁止されており、33年証券法5条の適用除外要件を満たさない限り、発行会社が登録届出書を提出するまでは証券の募集はできないとされている。同法の「募集」の定義は広く、法令に基づき行われる組織再編取引における証券の発行または処分も「募集」または「売付け」に該当し、登録届出書の提出義務が課されることになる。33年証券法5条の適用除外規定であるSEC規則802の要件の1つに、買収対象会社株式の米国株主保有比率が10％以下であることが定められているが、この要件については、証券が承継会社によって組織再編取引に参加したすべての会社の株主に交付される場合には、基準日時点において当該組織再編取引が完了したと仮定して承継会社

(ii) 合併契約の内容

合併契約において定めておく必要のある事項は、吸収合併の場合と新設合併の場合のそれぞれにつき、【図表7-3-3】および【図表7-3-4】の通りである。

実務上は、合併契約において、法定事項以外に、合併に伴って履践する必要のある手続の完了を、合併の条件として定めておくことがある。例えば、①各REITに対する貸付人からの承諾の取得、②存続REITにおける規約変更や、合併により併存することになってしまう資産運用委託契約のうち、一方の解約の承認の投資主総会決議の取得を合併の条件とすることが考えられる。すなわち、REITを借入人とするローン契約において、他のREITとの合併はコベナンツ条項により制限やクロス・デフォルト条項の対象とされていることが一般的である。仮に貸付人の承諾を得ないで合併を行った場合には、REITがデフォルトに陥る可能性が高いため、①を条件とすることにより、デフォルトに陥ることを防止することを目的としている（なお、J-REITの場合の投資法人債については、投資法人債要項において合併自体を投資法人債権者の要承諾事項としている例は稀であるが、クロス・デフォルト条項が設けられていることは一般的である。貸付人からの承諾を取得せずに合併を行い、コベナンツ条項違反を理由にローンがデフォルトした場合には、クロス・デフォルト条項により投資法人債もデフォルトすることとなるため、投資法人債がデフォルトに陥ることを回避する観点からも、ローン契約の貸付人から承諾を取得しておく必要がある[注144]）。また、②については、吸収合併により存続REITが取得することになる不動産のポートフォリオ内に、存続REIT側の規約および資産運

の米国株主保有比率を計算し、当該米国株主保有比率が10％以下となる場合には、米国株主保有比率の要件を満たすものとされているため、わが国の会社法に基づく新設型組織再編取引においては、買収会社と買収対象会社の米国株主保有比率を合算することができる（新川麻ほか「日本国内におけるM&A取引への米国証券法の適用——1933年証券法の登録届出書提出義務を中心に」商事1815号〔2007〕40頁）。この議論は、投資法人の合併の場合にも当てはまると考えられるため、例えば、買収対象投資法人の米国投資主保有比率は10％を超えているが買収側投資法人と買収対象投資法人の投資主を合算すれば米国投資主保有比率は10％以下となるという事案では、新設合併を行うことにより、適用除外要件を満たすことができないかを検討することになると考えられる。

【図表7-3-3】 吸収合併契約の法定事項（投信147条1項）

1号	存続REITおよび消滅REITの商号および住所
2号	存続REITが吸収合併に際して消滅REITの投資主に対して交付するその投資口に代わる当該存続REITの投資口の口数またはその口数の算定方法および存続REITの出資総額に関する事項
3号	消滅REITの投資主（消滅REITおよび存続REITを除く）に対する前号の投資口の割当てに関する事項
4号	消滅REITが新投資口予約権を発行しているときは、存続REITが吸収合併に際して当該新投資口予約権の新投資口予約権者に対して当該新投資口予約権に代えて交付する金銭の額またはその算定方法
5号	吸収合併がその効力を生ずる日（効力発生日）
その他	簡易合併の場合には、吸収合併契約において、存続REITについては投信法149条の7第1項の承認を受けないで吸収合併をする旨を定めなければならない（投信149条の7第2項後段）。

【図表7-3-4】 新設合併契約の法定事項（投信148条1項）

1号	消滅REITの商号および住所
2号	設立REITの目的、商号、本店の所在地および発行可能投資口総口数
3号	前号に掲げるもののほか、新設合併設立法人の規約で定める事項
4号	設立REITの設立時執行役員、設立時監督役員および設立時会計監査人の氏名または名称
5号	設立REITが新設合併に際して消滅REITの投資主に対して交付するその投資口に代わる当該設立REITの投資口の口数またはその口数の算定方法および当該設立REITの出資総額に関する事項
6号	消滅REITの投資主（消滅REITを除く）に対する前号の投資口の割当てに関する事項
7号	消滅REITが新投資口予約権を発行しているときは、設立REITが新設合併に際して当該新投資口予約権の新投資口予約権者に対して当該新投資口予約権に代えて交付する金銭の額またはその算定方法

用会社の定める運用ガイドラインにおいて定められている投資対象資産の範囲に含まれないものや、投資対象資産に含まれていても存続REIT側が主たる投資対象とする物件の属性や投資エリアから外れているものが存在する場合には、存続REITにおいて規約変更の投資主総会決議を行う（併せて資産運

用会社の運用ガイドラインも変更する）場合もある［→(ix)］。また、資産運用会社を一本化するために、一方の資産運用委託契約の解約について投資主総会による承認決議を得る必要がある場合［→(x)］があり、かかる投資主総会決議が得られないまま合併の効力が発生すると、存続REITについて直ちに規約違反の状態を招くことになる。そのため、②を条件とすることにより、かかる状態に陥ることを回避することを目的としている。

(iii) 合併対価

吸収合併においては、事前開示手続において、合併対価の相当性等の事項を開示する必要があるが、ここにいう合併対価とは、「吸収合併存続法人が吸収合併に際して吸収合併消滅法人の投資主に対してその投資口に代えて交付する当該吸収合併存続法人の投資口又は金銭をいう」とされており（投信規193条2項）、合併比率の調整のためまたは配当代わり金としての合併交付金の交付も可能とされている（同条3項3号）[注145]。もっとも、株式会社とは異なり、現金を合併対価とする現金交付合併は認められておらず、合併比率の調整に伴い投資口の交付に付随して金銭の交付を行うことや、合併事業年度における消滅REITの利益を存続REITから配当代り金として交付すること等が可能であるにとどまるとされている。

(iv) 端投資口の取扱い

REITの合併により端投資口が生じた場合、その端数の合計数に相当する口数の投資口を、取引所金融商品市場において行う取引により売却しまたはREITの純資産の額に照らして構成妥当な金額で売却するなどし、かつ、その端数に応じて売却代金を交付するものとされている[注146]（投信149条の17、

注144) 私募REITは、投資法人債を発行することができないことより（投信139条の2参照）、この点は問題にならない。

注145) 金融庁パブコメ回答〔平21.1.20〕44頁。

注146) 単純な例として、消滅投資法人には投資主が10名存在し、それぞれが投資口15口を保有しており、消滅投資法人の投資口1口について、存続投資法人の投資口を0.7口割り当てるというケースを想定する。この場合、消滅投資法人の投資主には存続投資法人の投資口がそれぞれ10.5口（15口×0.7＝10.5口）交付されることになるが、端数投資口をそのまま交付することはできないため、端数の合計数に相当する5口（0.5口×10＝5口）を売却し、その売却代金を消滅投資法人の投資主10名に均等に交付することになる。

投信規199条1号)。

　合併の結果、端投資口が大量に発生すると、多数の投資口について売却注文が出されることとなり、投資口価格の下落要因になり得ると指摘されてきた[注147]。この点に関する対処として、吸収合併に際して存続REITの投資口を分割することにより端数が生じることを回避する例がみられる[注148]。また、前述の合併交付金の交付により端数が生じることを回避する方法も考えられるが[注149]、この方法の場合には、適格合併の要件を満たさないことに留意が必要となる(法税2条12号の8柱書、法人税法基本通達1-4-2)。

(v) 簡易合併手続

　吸収合併の存続REIT側では、一定の要件を満たす場合には、簡易合併の手続により、投資主総会における合併承認の特別決議を省略することができる(これに対して、消滅REIT側では、簡易合併の手続は認められていないため、投資主総会の特別決議が常に必要となる)。具体的には、「吸収合併存続法人が吸収合併に際して吸収合併消滅法人の投資主に対して交付する投資口の総口数が、当該吸収合併存続法人の発行済投資口の総口数の5分の1を超えない場合」には、投資主総会の承認決議は不要とされている(投信149条の7第2項)[注150]・[注151]。ただし、合併承認の特別決議は不要になるとしても、実際に

注147) 片岡良平「J-REITの買収スキームにおける法的問題点(下)」不動産証券化ジャーナル2007年9月・10月号104頁、川﨑ほか監修・前掲注142) 80頁。
注148) 単純な例として、消滅投資法人の投資口1口当たり、存続投資法人の投資口を0.8口割り当てるというケースを想定する。この場合、(割り当てられる投資口が丁度整数となる例外的な場面を除いて)端投資口が発生してしまうが、合併の効力発生日前に、存続投資法人の投資口1口当たり5口の割合による投資口分割を行うことにより、消滅投資法人の1口当たり4口が交付されることとなるため、端投資口の発生を回避することができる。
注149) 例えば、合併比率の算定の結果、消滅投資法人の投資口1口について、存続投資法人の投資口を1.1口割り当てる計算となる場合に、割当てによって端数が生じないように、0.1口の部分について金銭評価額を定めて、投資口の代わりに金銭を交付するような場合である。
注150) なお、簡易合併の場合には、吸収合併契約において、存続投資法人については投信法149条の7第1項の承認を受けないで吸収合併をする旨を定めなければならない(投信法149条の7第2項後段)。
注151) 存続投資法人側で簡易合併の要件を満たす場合であっても、簡易合併の手続によらずに投信法149条の7第1項に基づき法的効力のある投資主総会決議を行うことができるかについては議論があり得る。同条2項の文理解釈からは、簡易合併の

は、存続REIT側で規約変更や役員変更を行う必要が生じ得るほか、存続REIT側の投資主の意思確認のために投資主総会を開催するケースが少なくないように思われる。

(vi) 反対投資主の投資口買取請求権

吸収合併をする場合には、合併承認決議の投資主総会に先立って当該吸収合併に反対する旨を消滅REITに対し通知し、かつ、当該投資主総会において当該吸収合併に反対した投資主は、当該消滅REITに対し、自己の有する投資口を公正な価格で買い取ることを請求することができる（投信149条の3第1項）。

存続REIT側の投資主にも、投資主総会が開催される場合には、同様の投資口買取請求権が認められるが（投信149条の8第1項）、簡易合併の手続により合併承認の投資主総会が省略される場合には、投資口買取請求権は認められないと考えられる[注152]。

要件を満たす場合には、簡易合併の手続によることが強制され、投資主総会決議を行うことはできないようにも思えるが、①会社法の施行に伴う関係法律の整備等に関する法律による改正前投信の簡易合併の規定においては簡易合併の手続を選択するかは存続投資法人の任意であることが明示されており、改正の際、従前の規定内容に実質的な変更を加える意図があったとは考えにくいこと、②簡易合併の要件を満たす場合であっても投資主総会の承認決議を得る必要性が高いケースが想定されること（例えば資産規模の大きい投資法人を消滅投資法人として吸収合併を行う場合や、存続投資法人の投資主に投資口買取請求権を認める必要がある場合等）、③株式会社の簡易合併に関しては、簡易合併の要件を満たす場合に法的効力のある合併承認の総会決議を行うことができるとする見解が一般的であることから、投資法人の吸収合併においても、簡易合併の要件を満たす場合であっても、簡易合併の手続によらずに投信法149条の7第1項に基づき法的効力のある投資主総会決議を行うことができると考えられる。ただし、投資主総会の開催に伴う投資法人の資金の浪費を理由に役員の責任が問題となる余地もあることを理由に、簡易合併の要件を満たす場合には投資主総会を開催しないことが無難であるとする見解もある（大串淳子ほか監修『不動産投資法人（REIT）の理論と実務』〔弘文堂、2011〕298頁）。

注152) 株式会社の簡易合併の場合、株主総会の開催されない存続会社の株主にも株式買取請求権が認められている（会社797条2項2号）。しかし、投資法人の簡易合併の場合に存続投資法人の投資主に投資口買取請求権が認められるかについては、①投信法149条の8第1項は、投資口買取請求権の要件として、「投資主総会に先立って当該吸収合併に反対する旨を吸収合併存続法人に対し通知」すること、「当該投資主総会において当該吸収合併に反対」することを定めているところ、簡易合併の場合は存続投資法人において投資主総会が開催されないことから、これら

なお、新設合併における消滅REITの投資主には、常に投資口買取請求権が認められる（投信149条の13）。

合併後のREITに内部留保された金額を超える金額の投資口買取請求権の行使が予想される場合には、投資主への分配金を抑えることや、第三者からの借入等を通じて、一定の現金を準備しておく必要があることとなる。

「公正な価格」の決定方法については、投資口の市場価格を基準とする考え方、投資口1口当たりの純資産価格を基準とする考え方などがあり得るが、株式会社やREITの反対株主の株式買取請求における議論を参考として、市場価格を基準とする考え方が有力となりつつある[注153]・[注154]・[注155]。

なお、吸収合併・新設合併における消滅REITの新投資口予約権者にも、投資主と同様に、新投資口予約権買取請求権が認められている（投信149条の3の2・149条の13の2）。ただし、吸収合併における存続REITの新投資口予約権者には、投資口予約権買取請求権は認められていない。

(vii) 投資主総会対策

新設合併の場合は両投資主総会において、また、吸収合併の場合も、少な

の要件を満たすことができない。また、②前述の通り株式会社の簡易合併の場合には、存続会社の株主にも株式買取請求権が認められているところ、投信法149条の8第4項は、会社法797条5項から9項を準用しているにもかかわらず、同条2項2号を準用していない。したがって、投資法人の簡易合併の場合においては、存続投資法人の投資主に投資口買取請求権は認められないと考えられる。

注153）　熊谷真喜＝根井真「J-REITを非公開化するための法的ステップ」金法1856号（2009）22頁。

注154）　全部取得条項付種類株式の取得価格の決定申立ての事案であるが、東京高決平成20・9・12金判1301号28頁は、上場株式については、時価が公正な価格の基準になるとの考え方を示している。

注155）　日本コマーシャル投資法人（NCI）とユナイテッド・アーバン投資法人（UUR）の合併に際し、消滅投資法人であるNCIの複数の旧投資主から、存続投資法人であるUURに対して投資口買取請求がなされた事案において、東京地方裁判所は、吸収合併が公正な手続によって行われたものであると認めた上で、投資口買取請求にかかる公正な価格は、投資口買取請求がされた日を基準として、合併によるシナジーを適切に反映したNCIの投資口の客観的価値を基礎として算定するのが相当であるとし、買取請求日前の1か月間のNCIの投資口の市場価格の平均値をもって公正な価格であると判断した（東京地判平成24・2・20金判1387号32頁）。抗告審においても原決定の判断が是認された（東京高決平成25・3・29金判1417号15頁）。

くとも消滅REIT側では、常に投資主総会の特別決議が必要となる[注156]。

友好的な合併の場合には、みなし賛成制度[注157]（投信93条1項）を利用して比較的容易に特別決議を取得できるケースが多いと思われるが、みなし賛成制度は合併承認に係る投資主総会において当該合併議案に対する修正動議が提出されると採用できなくなるので、大口投資主が反対する可能性がある場合には、個別の交渉・説得が必要となろう。

大口投資主の動向等によりそのままでは総会決議が否決される可能性がある場合には、買収者側が一定数の投資口を事前に取得することも考えられる。買収者側は、J-REITの合併事案においては、金融商品取引所における取引によりJ-REITの投資口を取得することができるが、上場投資口は公開買付規制（金商27条の2第1項）の対象とされているため、市場外取引または立会外取引により取得する場合には、公開買付規制の対象となる態様・内容の取引であるか確認する必要がある[注158]。また、発行済投資口の5％超の投資口を取得する場合には、大量保有報告書の提出が必要となる（同法27条の23第1項）。さらに、投資口を事前に取得するといっても、投資主総会で議決権を行使するためには基準日時点で取得している必要があるため、特に公開買付けにより投資口を取得する場合には、公開買付けに要する手続との関係で、スケジューリングを綿密に検討する必要があろう。

なお、上場投資口の場合、上場株式とは異なり、金商法上のいわゆる委任

注156) 株式会社の場合には、事業年度ごとの定時株主総会の開催が法定されているが（会社296条1項）、投資法人の場合には、計算書類等の承認が投資主総会ではなく役員会の権限事項とされている（投信131条2項）こともあり、定時投資主総会の導入は必須とはされていない。ただし、執行役員の最長任期が2年（同法99条）であり、実務上2年に1回以上投資主総会が行われる旨規約に定めることが多いことから、タイミングによっては役員選任の投資主総会において同時に合併議案を上程することが可能な場合もあろうが、そうでなければ、合併決議のために特別に投資主総会を招集する必要が生じる。

注157) 投資法人は、規約によって、投資主が投資主総会に出席せず、かつ、議決権を行使しないときは投資主総会に提出された議案について賛成するものとみなす旨を定めることができる（投信93条1項）。

注158) ただし、投資口の取得については、導管性要件における同族会社要件（投資法人の投資口の50％超を1グループの投資主が有していないこと。租特67条の15第1項2号ニ）に留意する必要がある。

状勧誘規制[注159]の適用はないため、REITやその役員が他の投資主に対して代理行使の勧誘を行う際に同規則の定めに従う必要はないが、議決権行使の判断資料が十分に提供されることは当然に要請されると考えるべきであろう。

(viii) 合併無効の訴え

吸収合併、新設合併の無効は、訴えをもってのみ提起することができる（投信150条、会社828条1項7号・8号）。合併無効事由は法定されておらず、株式会社の合併無効事由に準じると考えられるが[注160]、合併比率の不公正が合併無効事由となるかについて、議論の対象となっている。

この点について、株式会社の場合には、反対株主の株式買取請求による救済手段があることを1つの理由として、合併比率の不公正は合併無効原因とならないと解されている。これに対して、REITの場合、存続REITにおいて簡易合併を利用する場合には、前述の通り存続REITの投資主には投資口買取請求権が認められないと考えられることから、合併比率の不公正を理由として合併無効が争われる余地が認められるべきといった議論もあり得るように思われる[注161]。

(ix) 吸収合併に伴う規約変更の要否

吸収合併において、例えば、存続REITはオフィス特化型のREITであるが、消滅REITはレジデンス特化型のREITであるという場合、存続REITは、その規約において投資対象とされていない種類の物件を取得することになる。このように、吸収合併の結果、存続REITの不動産ポートフォリオの特性が変化する場合には、存続REITの従前の規約の投資方針との間に齟齬が生じ得るため、存続REITの規約や資産運用会社の運用ガイドラインの変更が必要となる場合がある（存続REITの不動産ポートフォリオの特性を変更させないようにするために、規約や運用ガイドラインの変更を行うことなく、または、保

注159) 金商194条、金商令36条の2～36条の6、上場株式の議決権の代理行使の勧誘に関する内閣府令。

注160) 株式会社の場合、一般に合併手続の瑕疵（具体的には、合併契約の内容が違法である、合併契約等に関する書面等の不備置・不実記載、合併契約につき法定の要件を満たす承認がない等）が、合併無効事由とされている（江頭885頁）。

注161) 川﨑ほか監修・前掲注142）85頁は、合併比率の不公正は合併無効事由にならないとするが、簡易合併の場合についてどのように考えているのかは明らかではない。

守的に考えて規約および運用ガイドラインの変更を行った上で、一定期間内に従前の規約の投資方針から外れた資産を売却する方法で解決することもある）。また、税務・会計上の考慮から買収対象REITを存続REITとし、買収側のREITを消滅REITとする必要がある場合には、買収対象REITの規約について、買収側REITの規約の内容に合わせるための規約変更が必要になる場合も考えられる。

規約変更には、投資主総会の特別決議による承認が必要となる（投信140条・93条の2第2項3号）[注162]。

(x) **合併に伴う資産運用会社の再編**

REITの合併前においては、両REITがそれぞれの資産運用会社と資産運用委託契約を締結しているが、吸収合併における存続REITは消滅REITの権利義務を包括的に承継し（投信147条の2第1項）、また、新設合併における設立REITは消滅REITの権利義務を包括的に承継するとされているため（同法148条の2第1項）、合併に際して各資産運用委託契約をそのままにしておくと、存続REIT・設立REITは、2つの資産運用委託契約を締結している状態となってしまう。投信は、複数の資産運用会社に同時並行的に資産運用の委託を行うことを明示的に禁止しているわけではないが、資産運用委託契約の規定内容が相互に矛盾したり、資産運用会社の権限が競合する等の不都合が生じ得る。また、買収や再編の文脈においては、ビジネス上のニーズに照らしても、2つの資産運用会社を存続させる意味は乏しい。したがって、合併に際しては、当事者たる両REITの資産運用会社を一本化する必要がある。

資産運用会社を一本化するためには、一方のREITの資産運用委託契約を解約することが必要となる。資産運用委託契約の解約は、投資主総会の決議を経て行うが（投信206条1項）、合併の効力発生よりも前に資産運用委託契

注162) 例えば、日本リテールファンド投資法人（JRF）とラサールジャパン投資法人（LJR）の合併の事例（2009年10月29日公表）では、主として商業施設を投資対象としていたJRFが、合併の結果、LJRの保有していたオフィスおよびレジデンス物件を保有することになることから、JRFにおいて規約の投資方針の変更を行っている。存続投資法人の規約にどの程度具体的な規定を設けるか、また、存続投資法人の投資対象外の物件については売却することを想定している場合に規約にどの程度反映させるべきかについては、ケース・バイ・ケースでの検討が必要であると思われる。

約の解約決議を行う場合には、仮に投資主総会で合併承認の議案が否決されたり、何らかの事情により合併の効力が発生しないこととなる場合に、資産運用委託契約だけが解約されてしまう事態を避ける必要がある。そのため、合併の効力発生を停止条件とする解約決議を行い、合併承認の議案が否決されたり、合併の効力が発生しないこととなった場合には資産運用委託契約の解約の効力が生じないようにしておくことが通常であろう。

また、消滅REITの不動産ポートフォリオは、存続REITに承継され、以後、一方のREITの資産運用会社が他方のREITの不動産ポートフォリオを含めて運用することになる。そのため、単に一方のREIT側の資産運用委託契約を解約するだけでは足りず、消滅REIT側の資産運用会社の役職員、資産運用にかかる資料・データ等を他方の資産運用会社に移転させる必要があるのが通常であろう。

かかる役職員、資産運用にかかる資料・データ等の移転については、通常の株式会社の再編に関するノウハウが一定程度利用可能である。具体的な方法として、合併、会社分割、事業譲渡といった会社法上の組織再編手続のほか、会社法上の組織再編手続によらない資料・データ・従業員の承継が考えられる。

(xi) **合併に伴う資産保管会社および一般事務受託者の変更**

REITの外部委託先には、資産運用会社だけでなく、資産保管会社および一般事務受託者もあるため、合併に伴い、これらを一本化することが必要となる。資産保管委託契約および一般事務委託契約の解約は、資産運用委託契約の解約とは異なり、役員会の決議事項と考えられるため、合併の効力発生日までの間の適宜のタイミング(例えば、合併承認決議が可決された後)で、一方のREITにおいて役員会による解約決議を行うことになろう。

(xii) **合併に関する開示規制**

J-REITに適用される開示規制については、投信法だけでなく、金商法や金融商品取引所の規則にも留意する必要がある。まず、金商法との関係では、吸収合併および新設合併は、臨時報告書の提出事由とされている(金商24条の5第4項、特定有価証券開示府令29条2項7号・8号)。

他方、消滅REITの投資主に合併対価として存続REITの投資口が交付され

るが、かかる投資口の交付は「特定組織再編発行手続」には該当せず、存続REITにおいて有価証券届出書の提出は不要とされる（金商4条・2条の2第4項、金商令2条の3）。

次に、上場取引所ルールにおいては、合併についての決定をした事実が、適時開示事由とされるのが通常である[注163]。

(3) 合併に関する税務処理

(i) 適格合併の該当性

従前、REIT間の合併が適格合併に該当するか否かについて議論があったが、国税庁は、2009年3月19日付けで、金融庁総務企画局長から国税庁課税部長への照会に対する回答として、「投資法人が共同で事業を営むための合併を行う場合の適格判定について」を公開し、適格判定における国税庁の見解を示した。この見解が示されたことにより、適格判定における懸念は解決され、REIT間の合併は、基本的に、適格合併に該当することになるとされている。

(ii) のれんの処理

吸収合併における存続REITまたは新設合併における設立REITの支払った対価の総額（存続REITが消滅REITの投資主に交付した存続REIT投資口の総額または設立REITが消滅REITの投資主に交付した設立REIT投資口の総額）が、消滅REITの純資産価格よりも低い場合、存続REITまたは設立REITにおいて、存続REITまたは設立REITの支払った対価の総額と純資産価格の差額が利益として認識されることになる。これを負ののれん発生益という。

REITは、会計上の税引前利益の90％超を配当する等の要件を満たした場合、税務上、導管体として扱われ、利益配当を法人税の算定上、損金算入することが可能である。負ののれん発生益については、会計上、全額を合併があった事業年度に収益計上する扱いとされているが、負ののれん発生益はあくまで帳簿上の利益であり、裏付けとなる現金があるわけではない。REITは、導管性要件を満たすために毎事業年度利益の大半を金銭分配しており、内部留保に乏しいことから、負ののれん発生益を含めて当期利益の90％超を

注163）　有価証券上場規程1213条2項1号a(d)。

金銭分配しなければならないとすると、手元流動資金が不足し、導管性要件を満たすことができない可能性がある。REIT同士の合併については、かかる問題が障害として認識されていたことから、2009年度の租特法の改正により、負ののれん発生益については、導管性判定における分配可能額からは控除する取扱いが導入された。

この改正により、REITの合併が大きく後押しされたが、2015年の税制改正により、REITにおける税会不一致のさらなる解消に向けた手当てが行われた。

まず、負ののれんが生ずる場合も含めて、会計上の利益が税務上の所得を超える額について、任意積立金として「一時差異等調整積立金」を計上し（投信財産計算規則2条2項31号・76条3項）、一時差異等調整積立金の金額を配当可能利益の額から控除することが可能とされた（租特規22条の19第2項3号）。

また、従来、税務上の所得が会計上の利益を超える場合（例えば、消滅REITの投資主に交付した存続REITの投資口の時価が消滅REITの時価純資産を上回り、正ののれんが生じるケース）においては、利益を超える金銭の分配を行ったとしても、資本の払戻しとして扱われ、損金算入することが認められていなかった。この点について、税務上の所得が会計上の利益を超える額を「一時差異等調整引当額」として計上することにより（投信財産計算規則2条2項30号）、税務上配当として取り扱われる利益超過分配とすることが認められ、REIT段階で損金算入することが可能となった。

3 スポンサー交替

(1) スポンサー交替の意義

スポンサー交替は、REITのビークル自体には手をつけずに、REITの資産運用会社の支配権を旧スポンサーから新スポンサーに対して異動させることを主たる要素とするものである。REITの「スポンサー」は、法律上要求される機関ではないが、一般には、REITに対して優先的な物件の情報提供、ウェアハウジング機能の提供、優先交渉権の付与、人材の提供、デュー・デ

リジェンス業務の受託、マーケットリサーチ・サービス等の全部または一部を行う立場にあり、REITによる資産運用に主導的な立場で関与する者をいう。また、制度的に必須というものではないが、REITに対するセイムボート出資としてある程度の割合の投資口をスポンサーが保有している場合もある。スポンサーのもつ有形無形の社会的信用力も、投資家への印象や借入れ・リファイナンスの条件決定において重要な要素になっている。REITは、資産運用業務を資産運用会社に委託することが強制されているため（投信198条1項）、スポンサーが、スポンサーとしての機能を十分に発揮するために、資産運用会社の支配権を取得している（すなわち、資産運用会社の株式を取得し、資産運用会社へ役員を派遣している）ことが通例である。

　スポンサー交替とは、このようにREITによる資産運用に主導的な立場で関与し、資産運用会社の支配権を取得している企業が、別の企業に交替することをいい、REITが保有する個々の不動産ではなく、事業体としてのREIT自体を買収しようとする者が採用し得る有力な手法の1つである。

　前述のようなスポンサーの役割に照らすと、スポンサー交替を企図する場合、新スポンサーとなる者にとって、少なくとも、資産運用会社の株式の譲渡と資産運用会社への役員の派遣が行われることが必要となる場合が通常であろう。スポンサー交替の事例では、それに加えて、新スポンサーへの投資口の第三者割当てやREITの役員交替、新スポンサーによる投資口の公開買付けが行われる例も見受けられる[注164]。スポンサー交替において、新スポンサーへの投資口の第三者割当てやREITの役員交替等が必要であるか否かは、①新スポンサーによるREIT本体への資金供出の必要性（換言すれば、REITの「信用」を補完する必要性）の有無、②新スポンサーによるREIT本体に対する支配権確保の必要性の程度等の要素によって左右されると思われる。

注164）　特に、サブプライム問題と時を同じくして生じたニューシティ・レジデンス投資法人の破たんは制度的に内部留保ができない投資法人の財務的脆弱性を明らかにし、スポンサーによる支援が期待できない投資法人においてはリファイナンス・リスク（返済期限が到来するローンについて全額を借換えできないという問題）が発生していた。これに対処して投資法人の信用不安を解消するとともに、新スポンサーによる支援態勢をアピールする目的から、J-REITから第三者割当てを受けて出資を行う実例が多く見受けられた。

①については、例えば、現スポンサーの信用状態の悪化によりリファイナンス・リスクが発生していたが、信用力の高い新スポンサーに交替することによりリファイナンス・リスクを解消できる場合等、資産運用会社の株式の譲渡と新役員の派遣を行いさえすれば十分な場合もあると思われるが、投資利回りのよい新規物件を取得してREITの財務体質を改善するために、REIT本体に資金注入を行う必要がある場合も少なくないと考えられる。このような場合には、新スポンサーが投資口の第三者割当てを引き受けることが必要となろう。

②については、REITの役員会が重要な職務執行に関する承認権限を有しているため（投信109条2項）、REITの運営に対して新スポンサー（買収者）側がより強いコントロールを及ぼすことを望む場合には、役員会に新スポンサー側の立場の者を置いておく必要性がある。特に、投資法人側には、資産運用委託契約の解約権限が認められており、資産運用委託契約の解約リスクを減少させる観点から、投資法人の執行役員等を交替させることが企図されることが通常ともいえよう。

さらに進んで、新スポンサーが投資主総会における決議をコントロールできる程度の投資口の取得を行う必要があるかについては、一般的には、そのような投資口の取得を行う必要性は低いことが多いと思われる。REITの場合には、みなし賛成制度があることから、役員会を掌握して、投資主総会の開催、議案の提案権を手中に収めることにより、事実上、投資主総会の決議を通すことができる場合が多いからである[注165]。もっとも、後述する資産運用会社の交替のように、スポンサー交替について投資主総会決議を受ける必要がある場合や、スポンサー交替後に、別のREITとの合併を行うことを視野に入れているような場合には、一定割合の投資口を取得しておくことが有

注165） 新スポンサーの意思に反して投資主のイニシアチブで資産運用委託契約の解約が行われる可能性もないとはいえないものの、一般的には、投資主としては、新スポンサーの関与により投資法人が損害を受けると考えるのであれば、投資口を売却すれば足りるはずであろう。また、資産運用委託契約を解約するということは、新たな資産運用会社との間で資産運用委託契約を締結することを併せて提案するということを意味しており、通常、投資主がそこまでして資産運用委託契約の解約を主導することは想定しにくいと思われる。

用となることも多言を要しないであろう。

スポンサー交替の手法には、大別すれば、前述の①資産運用会社株式の譲渡と資産運用会社への新役員派遣の手法のほか、②資産運用会社そのものを交替させる方法も考えられるが、これまでの実務においては前者（すなわち、資産運用会社株式の譲渡と資産運用会社への新役員の派遣）が、スポンサー交替の手法として多く用いられていることから、以下では、前者（その中でも特に資産運用会社株式の譲渡）を中心に解説する。

(2) 新スポンサーへの資産運用会社株式の譲渡（＋資産運用会社への新役員の派遣）の手続の概要と留意点

(i) 新スポンサーの選定

スポンサーは投信法上要求される機関ではないため、資産運用会社株式の譲渡によるスポンサー交替において、誰を新スポンサーとして選定するか、またどのような選定手続をとるかについて投信法上何らかの制約があるわけではない。従前のスポンサーと新スポンサーとの相対の合意により新スポンサーが選定される場合もあるが、入札手続を実施し、複数の候補から新スポンサーを選定する場合もある。どのような選定手続をとるにしても、スポンサーの果たす機能の重要性に鑑みれば、スポンサーとしての機能を十分に全うすることができ、REIT（ひいては投資主）の利益の最大化につながる新スポンサーが選定されるか否かが、投資主の立場からすれば最も重要な関心事となる（しかし、後記(iv)の通り、投資主がスポンサーの交替に必ずしも関与できるとは限らず、それゆえ特有の配慮が必要となり得ることに注意が必要となる）。

(ii) 資産運用会社株式の譲渡

資産運用会社は、通常、非上場の会社であるため、旧スポンサーと新スポンサーの相対の合意により、資産運用会社の株式を売買すれば足りることとなる。スポンサー企業の経営状態が悪化し、あるいは、スポンサーが倒産してしまう場合等、従前のスポンサーのままではREITの運営が立ちいかない状況に至り、スポンサーがREIT事業からの完全撤退を検討する必要が生じ、資産運用会社株式の全部譲渡が必要となる場合が多くみられたが、他方で、従前のスポンサーは一定割合の資産運用会社株式を保有したままで、一部を

【図表 7-3-5】 新スポンサーへの資産運用会社株式の譲渡 (＋資産運用会社への新役員の派遣)

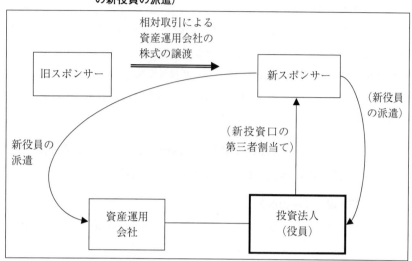

新スポンサーに譲渡する場合もある。また、旧スポンサーが資産運用会社の株式を単独で全部保有している場合もあれば、複数の企業が分散して保有している場合もある。この場合、株主間協定等により、株式の譲渡について一定の制限（特定の株主からの同意の取得等）を設けていることがあるので、新スポンサーが株式の譲渡を受けるに当たっては、かかる株主間協定等の内容に留意する必要がある。

資産運用会社は、株式譲渡制限会社であることが一般的であると考えられ、その場合には、新スポンサーが株式を取得するためには、資産運用会社の取締役会における譲渡承認決議が必要となる（会社136条以下）。

また、資産運用会社は投資運用業の登録を取得していることから、新スポンサーは金商法の主要株主規制を受ける（金商32条1項）[注166]。

注166) 「主要株主」とは、原則として会社の総株主等の議決権の100分の20以上の数の議決権を保有している者（子会社等を通じて間接的に保有している者を含む）をいうとされている。ただし、会社の財務および業務の方針の決定に対して重要な影響を与えることが推測される事実として内閣府令で定める事実がある場合には、100分の15以上の数の議決権を保有している者をいうとされている（金商32条1項・29条の4第2項）。

新スポンサーによる資産運用会社株式の取得により資産運用会社の親会社が変更する場合、適示開示が必要となる[注167]。

(iii) 資産運用会社の取締役の交替

資産運用会社の取締役の交替を行うためには、旧取締役の辞任とともに、株主総会の普通決議により新取締役を選任することになる（会社329条1項）。

資産運用会社は、金商法上の投資運用業者であるため、取締役が交替した場合には、かかる変更日から2週間以内に、内閣総理大臣に届出を行う必要がある（金商31条1項）。

また、資産運用会社は、宅建業法3条1項に基づく宅地建物取引業の免許を受けているため、取締役が交替した場合には、国土交通大臣または都道府県知事に宅建業法に基づく変更届出を行う必要もある（宅建業9条）。

(iv) 投資主等への情報開示の必要性

(i)から(iii)で解説したように、合併と比較すると、資産運用会社株式の譲渡と資産運用会社の取締役の変更によるスポンサー交替は、REITレベルにおける手続等が不要となり、投資主総会を介した投資主の意思決定も経ないため、実行に際しての実務上のハードルが相対的に低く、手続・コストの面でのメリットが大きいといえる。資産運用会社株式の譲渡は、現状、REITの再編・買収の手法として最も多く用いられているように思われるが、それは、買収者側にとってこのような手続・コストの面でのメリットがあることも一因であると考えられる。

買収者側にこのようなメリットがある反面、かかる手法による新スポンサーの選定は、投資主の関与なく行うことができるため、投資主の立場から見ると、自らの意向にかかわりなく、REITの保有資産・業務運営に影響を及ぼすスポンサー交替が行われる可能性があることを意味する。REITの保有資産・業務運営に悪影響を及ぼすスポンサー交替が行われた場合、投資主側の対抗手段としては、投資主総会決議により資産運用委託契約を解約する方法が考えられるものの、現実的には、投資主の主導でかかる対抗手段をとることは難しいと思われる。このように、投資主らがスポンサー交替に対し潜在的に不満をもつ状況が存在し得ることは、投資口価格に影響する可能性

注167) 有価証券上場規程1213条2項1号d(e)。

があることや、REITの安定運営の確保といった観点から、新スポンサー側にとっても必ずしも望ましいものではない。また、不透明な手続によるスポンサー交替が頻発すれば、中長期的にREIT市場全体への信頼性を損なうことにもつながりかねない。こうした問題が存在することを鑑みれば、スポンサー交替の手続の透明性をできる限り高めるため、例えばスポンサー交替の必要性等の情報開示について主体的に取り組むとともに、投資主のスポンサー交替に対する意思表明の機会を積極的に設けることが望ましいといえるだろう。

(v) 新スポンサーへの投資口の第三者割当て

新投資口の発行は、REITの役員会の決議で行う（投信82条1項）。新スポンサーとしては、資産運用会社の株式の譲受けと併せて新投資口の第三者割当てを受ける場合、資産運用会社株式の譲渡が実行されたことを、第三者割当ての払込みの実行条件とする必要があるだろう。

(vi) REITの役員交替

REITの役員を交替させるためには、投資主総会の普通決議による承認が必要とされる（投信96条1項・93条の2第1項）。

REITでは、執行役員の任期に合わせて2年ごとに投資主総会が開催されることが多いが、かかる投資主総会がスポンサー交替と同時期に行われるのであれば、当該投資主総会において、新スポンサー側から新役員を派遣・選任することが考えられる。しかし、投資主総会のタイミングが合わない場合には、投資主総会の招集にコストを要することから、新スポンサーによるREIT自体に対する支配権確保の必要性の程度を勘案した上で、現役員の任期満了を待って新スポンサー側の立場の者に交替させることも考えられる。

資産運用会社株式の譲渡に加えて、REITの役員交替を行う場合には、このように投資主総会決議を経る必要があるため、買収者側にとって手続的なハードルは高くなる。その一方で、投資主側の立場からは、役員選解任の決議を通じて、事実上スポンサー交替の是非について意思表明を行うことができるため、REITの安定運営の観点からは望ましいといえるであろう。

(3) 資産運用会社の交替の手続の概要と留意点

いまだ実例は見受けられないが、REITのビークル（投資法人）そのものには手をつけず、かつ、既存の資産運用会社を買収することもせず、既存の資産運用会社を新スポンサー支配下の別の資産運用会社と交替させる方法も考えられる。

(i) 従前の資産運用委託契約の解約および新スポンサー傘下の資産運用会社との資産運用委託契約の締結

従前の資産運用委託契約の解約および新スポンサー傘下の資産運用会社との資産運用委託契約の締結は、いずれも、投資主総会の普通決議による承認を受ける必要がある（投信198条2項・205条2項）。この点に関しては、順に諮ることにより、同一の投資主総会で両議案について承認を受けることも可能であることから、実務的には、同一の投資主総会での承認決議を想定し、期間短縮を図る場合が一般的であろう。

資産運用会社が交替した場合、REITにおいて臨時報告書を提出することが必要となる（金商24条の5第4項、特定有価証券開示府令29条2項2号）。また、上場取引所ルールによる適時開示が必要となる[注168]。

（REITの役員交替やREIT同士の合併を伴わない）資産運用会社の株式取得と比較すると、従前の資産運用委託契約の解約および新たな資産運用委託契約の締結のためにREITの投資主総会における普通決議による承認が必要となるため、投資主総会開催のためのコストと時間を要し、総会決議が否決されるリスクを抱えることにもなる。また、新スポンサー側で資産運用会社を準備する必要がある上、従前の資産運用会社の役職員、資産運用にかかる資料・データ等を新しい資産運用会社に移転させる等、業務引継ぎを行う必要があることも実務的には重要な事柄となる。このように、資産運用会社の株式の譲渡によるスポンサー交替と比較して手続面・コスト面の負担が大きいことが、これまでスポンサー交替の手法として資産運用会社の交替が用いら

注168) 有価証券上場規程1213条2項1号a(j)。

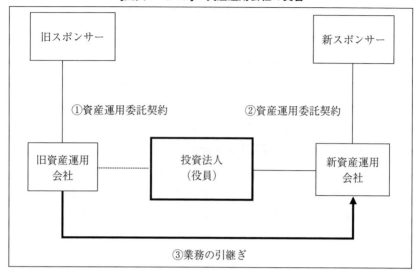

【図表 7-3-6】 資産運用会社の交替

れていない要因であると考えられる。

　こうした負担にもかかわらず、あえて資産運用会社を交替させるとすれば、従前の資産運用会社に偶発債務のリスクが懸念されるため、新しい資産運用会社に交替させる必要がある場合や、従前の資産運用会社がREITの資産運用業務以外にたとえば不動産私募ファンド業務等を行っており、スポンサー交替に当たって、従前の資産運用会社の業務をREITの資産運用業務だけに限定することに困難を伴うような場合等が考えられようか。後者の場合には、例えば、従前の資産運用会社からの新設分割によって新しい資産運用会社を設立し、当該資産運用会社との間で資産運用契約を締結する方法も考えられよう。

(ⅱ) **従前の資産運用会社からの役職員の移転および業務の引継ぎ**

　REITと従前の資産運用会社の間の資産運用委託契約の終了に伴い、従前の資産運用会社が保管し、あるいは保有する資料・データ等は、REITに返還される必要があり、かつ、REITの不動産ポートフォリオの効率的、円滑な運営のためには、これらの資料・データ等が新しい資産運用会社に移転、承継される必要がある。また、不動産ポートフォリオの効率的な運用・管理

の観点からは、新資産運用会社において、従前の資産運用会社の役職員の一部を受け入れることが必要となることも想定される。この点については、合併に伴う資産運用会社の再編手続と同様である［→ 2(2)(x)］。

第8章

プロジェクト・ファイナンス

第8章　プロジェクト・ファイナンス

第1節
プロジェクト・ファイナンスの基本構造

1　プロジェクト・ファイナンスとは

(1)　定義

プロジェクト・ファイナンスについて、統一的かつ確立された定義は特に存在せず、また定義しようと試みることにさほどの価値はないとも評される[注1]。もっとも、プロジェクト・ファイナンスには共通した特徴があり、また、それらの特徴を考慮した上で、例えば、国内の文献においては、「特定のプロジェクト（事業）に対するファイナンスであって、そのファイナンスの利払いおよび返済の原資を原則として当該プロジェクト（事業）から生み出されるキャッシュ・フロー／収益に限定し、またそのファイナンスの担保をもっぱら当該プロジェクトの資産に依存して行う金融手法」[注2]と定義されたり、また、海外の文献においては、「Project Finance is financing the development or exploitation of a right, natural resource or other asset where the bulk of the financing is not to be provided by any form of share capital and is to be repaid principally out of revenues produced by the project in question.」[注3]と定義されている。

注1)　John Dewar『International Project Finance Law and Practice (Second Edition)』(Oxford University Press、2015) 1頁。

注2)　小原克馬『プロジェクト・ファイナンス』（金融財政事情研究会、1997）2頁。同様の定義として、加賀隆一編著『プロジェクトファイナンスの実務──プロジェクトの資金調達とリスク・コントロール』（金融財政事情研究会、2007）5頁も「①特定されたプロジェクトが対象で、原則として②主たる返済原資が当該プロジェクトのキャッシュフローに依拠し、かつ③担保が当該プロジェクトの資産に限定されるファイナンス」とする。

注3)　Graham Vinter『Project Finance A Legal Guide (Third Edition)』(Sweet & Maxwell Limited、2006) 1頁。その他の定義として、E.R.Yescombe『Principles of Project Finance (Second Edition)』(Academic Press、2014) 5頁～8頁に詳しい。

第1節 プロジェクト・ファイナンスの基本構造

　この点、数ある定義の中でも、最大公約数としてプロジェクト・ファイナンスに共通する構成要素は、「①特定のプロジェクト（事業）に対するファイナンスであること」、および、「②そのファイナンスの返済原資を原則として当該プロジェクト（事業）からの収益（キャッシュ・フロー）に限定すること」であると思われ、まずこの点から解説する。なお、金融手法というと、ローンのほか、社債等による有価証券の発行によるファイナンスや国内では匿名組合出資に基づく資金調達手段などもあり得るが、本節では、原則として、金融機関（貸付人）からの借入れ（ローン）を念頭に記載することとする。

　まず、「①特定のプロジェクト（事業）に対するファイナンスである」との点については、当該ファイナンスの資金使途が、例えば油田開発事業あるいは発電事業といったように、ある特定の事業のための必要資金に限定されていることを意味する。つまり、まったく異なる複数の種類の事業を行っている企業に対して、特段資金使途が限定されずに行われるファイナンスは、プロジェクト・ファイナンスには該当しない。

　もっとも、この①の要素のみでは、プロジェクト・ファイナンスが表現しつくされているわけではない。例えば、ある上場企業に対して発電所の建設資金を資金使途として貸付けを行う場合、①の要素には該当する。しかし、当該貸付けは、当該上場企業の発電事業以外の事業からの収益も含めて返済原資とされていれば、これをプロジェクト・ファイナンスとは呼ばない（「プロジェクトに対するファイナンス」ではあるが「プロジェクト・ファイナンス」ではない）。この点を表現するのが②の要素である。

　「②そのファイナンスの返済原資を原則として当該プロジェクト（事業）からの収益（キャッシュ・フロー）に限定」するとは、貸付人に対する元利払等の資金の返済が、原則として当該対象事業から生み出された物やサービスから生じるキャッシュ・フローのみから行われることを意味する。例えば、油田開発事業であれば、当該事業から生み出された原油の販売代金、前述の発電事業であれば、当該事業から生み出された電力の販売代金を返済原資とするファイナンスとなる。これを実現するために、当該対象となるプロジェクト（事業）は法的および経済的に他の事業から分離されていなければならないという意味で、しばしばプロジェクトが「リング・フェンスド（ring-fenced)」されていることが求められるといわれる[注4]。これを実現するため、例えば、当該対象プロジェクトのみを行うことを目的として設立された特別目的会社・単一事業目的会社（以下、「SPC」[注5]という）を借入人としてプロジェクト・ファイナンスを組成するのが典型例となる。

　このように、プロジェクト・ファイナンスの要素は、当該ファイナンスの「資金使途」が特定のプロジェクトのための必要資金に限定されており、かつ、当該ファイナンスの「返済原資」が当該特定プロジェクトからのキャッシュ・フローに限定されている点にある。なお、前記の2要素に加えて、「③そのファイナンスの担保をもっぱら当該プロジェクトの資産に依存して行う金融手法」をプロジェクト・ファイナンスの定義（ないし要素）に含む場合もある。これは、前記②の要素をキャッシュ・フローではなく資産という観点から言い換えた要素といえる。プロジェクト・ファイナンスにおける貸付人は、その貸付けに係る返済原資として、プロジェクトからのキャッシュ・フローに依拠することの帰結として、その担保としてもあくまで当該プロジェクトを構成する資産のみに依存するということである。一般的な金融取引において担保権を設定する目的は、借入人の信用力を担保・補完するために特定の資産に対して担保権を設定することで、当該担保対象物の交換価値を把握し、借入人の信用悪化時において当該担保対象物の交換価値を現実化させて資金回収を図るという点にある。この点、プロジェクト・ファイナンスにおいては、②の要素として記載した通り、資金提供を受ける借入人やそのスポンサーの企業としての信用力ではなく、融資対象たる特定のプロジェクト（事業）の信用力・収益力に依拠して融資が行われることから、プロジェクトを構成する資産の交換価値を把握するという観点は相対的に希薄である。すなわち、プロジェクト・ファイナンスにおいては、むしろ、①プロジェクトを実施するために必要な資産に担保を設定することにより、第三者による担保設定や差押等[注6]を防止し、事業の継続を図ること（いわゆる担

注4）　エドワード・イェスコム著・佐々木仁監訳『プロジェクトファイナンスの理論と実務〔第2版〕』（金融財政事情研究会、2014）13頁。
注5）　Special Purpose CompanyまたはSingle Purpose Companyの略称。
注6）　担保権を設定し対抗要件を具備すれば、担保権者は担保対象物について優先的に弁済を受けられることから、その後に担保設定を受ける者や差押えをする者にとって

保権の防衛的機能）、および、②万が一、プロジェクト（事業）が頓挫しまたはその可能性が高まった場合に、スポンサーの交代や新会社への事業承継等を通じて対象事業を再構築した上で事業を継続させて、事業収入からの資金回収を図ること（いわゆる担保権のステップ・インの機能）に主眼が置かれる。

このように、プロジェクト・ファイナンスとは、借入人やそのスポンサーまたは特定の資産の信用力ではなく、特定のプロジェクト（事業）の信用力、つまりプロジェクト（事業）がキャッシュ・フローを生み出す力に着目したファイナンスなのである。

(2) プロジェクト・ファイナンスの特徴

前記(1)で述べた構成要素と重複するところがあるが、次にプロジェクト・ファイナンスに共通する一般的な特徴を説明したい。もっとも、その前提として、説明の便宜のためにプロジェクト・ファイナンスの一般的なストラクチャーを示した上で、用語の整理を行うこととする。

プロジェクト・ファイナンスの典型的なストラクチャーは【図表8-1-1】の通りである。

まず、A社とB社が共同して特定のプロジェクトを実施しようとする場合において、A社・B社はプロジェクト・ファイナンスによって資金調達を行いたいと考えたとする。この場合、A社・B社は株主間協定や合弁契約を締結した上で、当該プロジェクトのみを実施するSPCとしてプロジェクト会社を設立する。このプロジェクト会社がプロジェクト・ファイナンスにおける「借入人」となる会社であり、また、借入人の株主たるA社・B社は「スポンサー」と呼ばれる。

次に、当該プロジェクトを開発・建設する必要があるところ、プロジェク

は担保等としての実質的な価値が失われるため、そのような第三者が生じることを防止できる。また、例えば、抵当権については、判例上、不法占拠者や抵当権登記後に賃借権の設定を受けた者に対して直接の妨害排除請求（明渡請求）をすることが可能であると解されており（最判平成11・11・24民集53巻8号1899頁は不法占拠者に対するかかる請求権を傍論ではあるが肯定し、最判平成17・3・10民集59巻2号356頁は賃借人に対するそれを肯定した）、事業への妨害を排除するための手段ともなり得る。

第8章　プロジェクト・ファイナンス

【図表8-1-1】　プロジェクト・ファイナンス典型的なストラクチャー

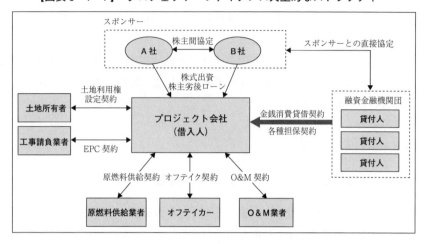

ト会社（借入人）は、当該プロジェクト建設用地を土地所有者との間で土地利用権設定契約を締結して賃借権あるいは地上権の設定を受けて確保し[注7]、かつ、建設会社等の工事請負業者との間でEPC契約[注8]を締結し、工事請負業者をして当該プロジェクトの建設工事を実施させる。なお、当該建設工事のためには、プロジェクト会社（借入人）から工事請負業者に対して工事請負代金を支払う必要があるが、これをA社・B社からの株式出資金や株主劣後ローンと、【図表8-1-1】右端の融資金融機関からの貸付けで調達する。

その後、当該プロジェクトが完成した後においては、O&M業者[注9]との間で締結したO&M契約に基づき、当該プロジェクトの運転および保守業務をO&M業者をして行わせるとともに、原燃料供給者との間で締結した原燃料

注7)　当該プロジェクト建設用地は「プロジェクトサイト」とも呼ばれる。また、プロジェクトサイトは、賃借権・地上権などの土地利用権の設定ではなく、土地所有権を取得する場合もある。また、プロジェクトサイトが行政財産の場合には、占用許可など行政からの許可を取得することにより確保する場合もある。

注8)　「EPC」とは、Engineering（設計）、Procurement（調達）、Construction（建設）の頭文字をとった略称である。EPC契約の詳細については後記4(2)(ii)(b)を参照。

注9)　「O&M」とは、Operation（運転・運営）およびMaintenance（保守・メンテナンス）の頭文字をとった略称であり、O&Mに関する業務を第三者に委託するための業務委託契約を「O&M契約」といい、当該業務を借入人から受託する会社を「O&M業者」という。O&M契約の詳細については後記4(2)(ii)(c)を参照。

140

第1節　プロジェクト・ファイナンスの基本構造

供給契約に基づき原燃料の調達を受けて、財・サービスを生産した上で、当該財・サービスをオフテイカーとの間で締結したオフテイク契約[注10]に基づきオフテイカーに対して販売し、収入を得る。

そして、当該収入から金融機関に対するローンを返済するとともに、金融機関に対するローン返済後の余剰金についてA社・B社が株式への剰余金配当を受けることとなる。

プロジェクト・ファイナンスにおけるストラクチャーには、対象となるプロジェクトによってさまざまなものがあり得、前記のストラクチャーは、あくまで典型的なプロジェクト・ファイナンスのストラクチャーの一例であるが、前記を踏まえて、以下ではプロジェクト・ファイナンスの特徴を詳述する。

(i) ノン・リコースまたはリミテッド・リコース

プロジェクト・ファイナンスにおいては、前記(1)②の構成要素で述べた通り、融資の返済原資は原則として対象プロジェクトからのキャッシュ・フローに限定され、対象プロジェクトの信用力・収益力に依拠して資金調達が行われるのであり、スポンサーの信用力に全面的に依拠するわけではない。このスポンサーの信用力に依拠せずに資金調達が行われるという特徴は、スポンサーへの責任追及（遡及〔recourse〕）がないという趣旨で、ノン・リコース（non recourse）と呼ばれる。

もっとも、プロジェクト・ファイナンスは、ローン返済期間中にわたり、当該プロジェクトが健全に維持運営されることを前提としており、借入人の出資者たるスポンサーの当該対象プロジェクトと類似の事業の実績や、業務履行能力なども加味して与信判断が行われるため、スポンサーの信用力がまったく考慮されないわけではない。国内・海外を問わず、プロジェクト・ファイナンスにおいて、スポンサーにまったく遡及することのない完全なノン・リコースでの資金提供が行われることも稀であり、何らかのかたちでス

注10) 「オフテイク（offtake）」とは、「引取り」を示す英語であるが、ここでは当該特定のプロジェクトから生産された財やサービスを購入することを広く指し、当該財・サービスの購入契約（売買契約）を「オフテイク契約」、当該財・サービスをオフテイク契約に基づき購入する買主を「オフテイカー」と呼ぶ。

ポンサーから一定のコミットメントやサポートを得て、スポンサーの広い意味での信用力に一部依拠するリミテッド・リコース（limited recourse）によるのが一般的である[注11]。【図表8-1-1】に、レンダーとスポンサーとの間で「スポンサーとの直接協定」を締結する旨を記載しているが、プロジェクト・ファイナンスにおいては、レンダーとスポンサーとの間において直接に何らかの契約を締結するのが一般的であり、当該契約の中にスポンサーからの一定のコミットメント等を規定することとなる。スポンサーによるサポートについては後記3(2)にて詳述する。

(ii) **全資産担保の原則**

プロジェクト・ファイナンスにおいては、「全資産担保の原則」が妥当するといわれる。これは、プロジェクト・ファイナンスは、対象プロジェクトのみに依拠してファイナンスを行う以上、貸付人としては、当該対象プロジェクトに属するすべての資産に対して担保権を設定し、借入人が債務不履行に陥った場合においても当該対象プロジェクトを把握する必要があるということである[注12]。

注11) なお、プロジェクト・ファイナンスにおいては、「ノン・リコース」と「リミテッド・リコース」との間の相違は相対的なものでしかなく、あまり「ノン・リコース」との用語に拘泥することにさほどの意味はないと思われる。すなわち、プロジェクト・ファイナンスにおいては、いわゆるスポンサーと呼ばれる企業から何らかのサポートを受けることは必要不可欠である。このスポンサーからのサポートには、後述の通り「金銭的なサポート」と「非金銭的なサポート」があり得る。スポンサーからの「金銭的なサポート」が要求されるのは、対象プロジェクトごとにおけるプロジェクト・リスクのうちで特に融資金融機関が負担することが困難なリスクがある場合に限定されるのが通例であるが、このスポンサーからの「金銭的なサポート」が存在しないことを指して「ノン・リコース」と呼ばれることがある。一方で、スポンサーからの「金銭的なサポート」は要求されないものの、いかなるプロジェクトであっても、プロジェクト・ファイナンスである以上は、スポンサーからの何らかの「非金銭的なサポート」が要求されることは一般的である。そこで、この「金銭的なサポート」はないものの、「非金銭的サポート」は存在するものを「ノン・リコース」と呼ぶか、「リミテッド・リコース」と呼ぶかは、言葉の問題にすぎない。したがって、「ノン・リコース」あるいは「リミテッド・リコース」という言葉自体にこだわることは、プロジェクト・ファイナンスの本質を見誤ることにもなりかねず、よって海外においては、プロジェクト・ファイナンスは基本的には「リミテッド・リコース」のファイナンス手法と評される。

注12) もっとも、現実的には、「全」資産担保の原則といえども、すべからくすべての資産に対して担保権を設定しなければプロジェクト・ファイナンスが成り立たないと

第1節　プロジェクト・ファイナンスの基本構造

　プロジェクト・ファイナンスにおける担保設定の目的は、一般的に、①防衛的機能、②ステップ・イン確保機能、③交換価値把握機能という3つの機能から説明されるが、①および②を主たる目的として設定される点については前述の通りである。

　ステップ・イン（step-in）とは、貸付人が事業の支配権を得ることにより、対象プロジェクトの建直しを行うことをいう。例えば、スポンサーが倒産した場合や、借入人自身に経営・運営上の問題が生じている場合には、業務の遂行やマネジメントに支障が生じ、事業の安定性・継続性を確保できないおそれがある。このような事態において、貸付人は、⒤スポンサーを他の者に交代させまたはⅱ借入人の事業を受皿会社として設立される新たなSPCに承継させることで、事業の修復を試みることがある。

　⒤スポンサーの交代は、当該スポンサーが保有する借入人の発行株式等の出資持分に設定された担保権（質権など）を貸付人が実行し、第三者にそれを取得させることにより実現することが可能である。ただし、スポンサーについて会社更生手続が開始すると、当該スポンサーの保有する借入人の出資持分にあらかじめ質権を設定しておいたとしても、担保権者は更生担保権者となり[注13]、更生手続外での質権の実行が認められないので、当該方法によるスポンサーを交代させることができない。そこで、第2のステップ・インの方法として考えらえるのが、ⅱ新規に設立したSPC（以下、「新SPC」という）に対して事業承継をする方法である。この方法は、新しいスポンサーが別途設立する受皿会社としての新SPCに対して、担保権の実行を通じて、プロジェクトの遂行のために必要な土地や施設等の不動産、機械や備品等の動産、債権、契約上の地位等の事業を実施するために必要な資産等を承継させて、新SPCの下で事業を継続させる方法である[注14]・[注15]。

　　　いうことではなく、当該プロジェクトにとっての有用性が低い資産や代替性の高い資産や契約については、たとえ当該対象プロジェクトを構成する資産ではあっても担保権を設定しないことも十分にあり得る。
注13）「倒産と担保・保証」実務研究会編『倒産と担保・保証』（商事法務、2014）744頁。
注14）対象プロジェクトの遂行に必要な許認可を承継できない場合や重要な契約について譲渡禁止規定が存在する場合には、ⅱ新SPCへの事業承継の方法を採用しにくいケースもあり得る。

第8章　プロジェクト・ファイナンス

　これらの担保設定の目的に照らし、プロジェクト・ファイナンスでは、法令等により可能な範囲で、借入人が保有する事業に関連するおおむねすべての資産およびスポンサーが保有する借入人の出資持分に担保権が設定されることになる。

(iii)　貸付人による事業の監視（モニタリング）

　プロジェクト・ファイナンスでは、提供した資金の回収が対象プロジェクトの事業収入から行われることから、貸付人は、事業が適正に実施されているかを監視し、事業運営に支障が生じた場合、借入人や関係者に適切な対策を要請すること等により事業の安定性・継続性の確保に努める。このように、プロジェクト・ファイナンスでは、通常のコーポレート・ファイナンスと異なるかたちでの貸付人によるプロジェクト（事業）の監視が必要となる。

　当該対象プロジェクトの監視の一例としては、借入人と貸付人の間の融資契約におけるコベナンツの規定において、借入人の財務状況および事業状況等を定期的に貸付人に対して報告・通知させる義務を規定すること、元利金返済余裕度（Debt Service Coverage Ratio）[注16]の基準値を設定し、DSCR基準

注15）　新SPCへの事業承継について、借入人の協力が得られる場合には、担保権の実行によらず、事業譲渡（会社467条1項1号・2号）や会社分割の方法により実施することが可能である。この場合、借入人の融資契約上の貸付人に対する債務も新SPCに承継させることにより、貸付人は新SPCで行われる事業から生み出されるキャッシュ・フローから資金回収を図ることが可能である。一方、事業承継について借入人の協力が得られない場合は、担保権の実行により事業承継を行わざるを得ない。この場合、借入人の融資契約上の債務は借入人に残存するため、貸付人は、担保権の実行による事業承継に関して新SPCから支払われる対価から資金回収を図ることが考えられる。（三上二郎＝勝山輝一「PFIにおける担保権に関する一考察──ステップインに関する問題点を中心に」金法1913号〔2011〕72頁参照）。

注16）　デット・サービス・カバレッジ・レシオ。略して「DSCR」と呼ばれる。運営開始後の事業期間を一定の期間で区切り、各期間について、事業収入から借入人が支払う公租公課や経費等を控除した金額を、当該期間に行われる融資の元利金返済額で除して得られる数値をいう。DSCRが1.0を下回る場合、事業のキャッシュ・フローが元利金返済に不足することを意味する。融資契約上は、1.0より大きい一定の数値を基準値として定め、それを下回る場合には、事業計画上予定される収支につき看過できない程度の収入の減少や支出の増加が生じていることの表れとして、融資契約において期限の利益喪失事由に該当するものと定められ、貸付人の失期宣言により担保実行することが可能になるほか、スポンサーへの金銭の流出（剰余金の配当や劣後貸出の元利金の返済等）も禁止される。

にヒットした場合に借入人と貸付人との間で対象プロジェクトの改善に向けて協議を行える仕組みを規定すること、および、対象プロジェクトに関してあらかじめ策定された事業計画に沿うかたちでのプロジェクト遂行義務を借入人に対して課した上で、事業計画から逸脱する行為を行う場合を貸付人による事前承諾事項とすることで対象プロジェクトの毀損を防止することなどが挙げられる。また、借入人の対象プロジェクトからの収入その他の資金を、あらかじめ定められた銀行口座で管理させることなども、貸付人によるプロジェクトの監視手法の1つといえる。

(iv) プロジェクト会社（借入人）の位置付け

借入人は、融資の対象プロジェクト以外の事業の影響を受けることを避けるために、プロジェクト・ファイナンスの対象事業のみを行うSPCとして設立される。国内の案件の場合、株式会社または合同会社であることが多い。

借入人は、対象プロジェクトの実施のみを目的として新規に設立され、対象プロジェクトに係る業務の実施に必要な設備や人員等を十分に有しておらず、業務を外部に委託・発注するのが一般的である。しかしながら、貸付人から融資等を受けるのは借入人であり、事業に係るサービスの提供先との契約の当事者となるのも借入人である。法的な意味での事業実施主体は、スポンサーや業務受託者ではなく、あくまで借入人である。

同じくSPCを利用するスキームである資産の証券化・流動化案件では、SPCは対象資産等を保有するにとどまり、SPCの倒産隔離等の観点からSPCに対して資産の原保有者（オリジネーター）やスポンサー（匿名組合出資者等）から役員が派遣されることは想定されず、SPCは会社としての実体を有しない。他方、プロジェクト・ファイナンスでは、スポンサーから対象事業の経験に富む経営者が派遣され[注17]、会社としての実体を備えることもあり得る。

注17) 第一勧業銀行国際金融部編『PFIとプロジェクトファイナンス』（東洋経済新報社、1999）68頁等。

(3) コーポレート・ファイナンス／アセット・ファイナンスとの相違点

プロジェクト・ファイナンスとの対比における「コーポレート・ファイナンス」とは、すなわち、スポンサーその他の第三者の信用力に依拠したファイナンスを指す。例えば、【図表 8-1-1】において、借入人が貸付人に対して負担する借入債務に対してスポンサーが連帯保証を差し入れる場合、貸付人としては、借入人に対して貸付けを行うものの、スポンサーの信用力に依拠して（またはスポンサーの信用力を加味して）与信判断を行うこととなり、必ずしも特定のプロジェクト自体の信用力・収益力のみに依拠しているものではない。別言すれば、貸付人は、仮に当該プロジェクトがうまくいかなかったとしても、最終的にはスポンサーに対して保証履行請求を行うことができるのであり、この場合、貸付人は、スポンサーの信用リスクはとっているものの、当該プロジェクトに係るプロジェクト・リスクはとっていないこととなる。したがって、これはプロジェクト・ファイナンスではなく、コーポレート・ファイナンスに位置付けられる。

同様に、スポンサー以外の第三者が保証を提供するケースもある。例えば、国内の政府系機関である独立行政法人 石油天然ガス・金属鉱物資源機構（JOGMEC）は、特に海外プロジェクトを中心として、特定のプロジェクトを実施する特別目的会社たる事業会社に対して融資を行う金融機関のローン債務を保証する金融メニューを有するが、この場合、貸付人は当該プロジェクトに係るプロジェクト・リスクを一部は負担するものの、保証人による保証にその大部分を依拠してファイナンスを行うこととなる[注18]。この場合には、前述と同様、貸付人としては、保証人の信用リスクは負担するものの、プロジェクト・リスクの負担は限定的となるのであり、プロジェクト・ファイナンスの要素は相対的に希薄化されることとなる。

注18）　同じく国内政府系機関である株式会社日本貿易保険（NEXI）は、「保険」の形式で海外プロジェクトを中心として、特定のプロジェクトを実施する特別目的会社たる事業会社に対して融資を行う金融機関の貸付債権が、償還不能により被る損失をカバーする保険（海外事業資金貸付保険）を提供しているが、これもJOGMECによる保証と類似の機能を有するものといえるであろう。

プロジェクト・ファイナンスと似て非なるものとして、アセット・ファイナンスがある。アセット・ファイナンスは、一般的に資産（アセット）の信用力に依拠する資金調達方法をいい、不動産・動産・債権・知的財産権などの特定の資産の信用力に基づいて、当該資産から生じるキャッシュ・フローを返済原資（裏付け）として資金調達を行う点に特徴がある。不動産を例にとると、例えばマンションなどは、マンションという建物自体に市場価値があり、貸付人としては、当該マンションの市場価値に依拠して与信判断を行う。この場合、与信判断を行うための1つの重要な指標は、LTV（Loan to Value）であり、当該マンションの市場価値に比して融資金額が見合っているか、すなわち仮に当該マンションを市場で売却した場合に、融資金額が完済されるに足りる売却額が見込まれるかという観点で与信判断を行う。一方で、プロジェクト・ファイナンスにおいては、「空港のターミナルビル」という建物、あるいは、「石炭火力発電所」という建物自体の市場価値に着目するというよりも、空港事業あるいは石炭火力発電事業から生み出されるキャッシュ・フローに着目して与信判断を行うのであり、与信判断を行うための指標としてLTVを使用することはほとんどなく、むしろDSCR（Debt Service Coverage Ratio）に基づき、当該事業から生み出されるキャッシュ・フローが融資金額を完済するのに足りるかという観点で与信判断を行う。

以上の通り、コーポレート・ファイナンス、アセット・ファイナンス、およびプロジェクト・ファイナンスは、それぞれ、コーポレート・ファイナンスは「企業」の信用力に依拠したファイナンス手法、アセット・ファイナンスは「資産（アセット）」の信用力に依拠したファイナンス手法、そしてプロジェクト・ファイナンスは「プロジェクト（事業）」の信用力に依拠したファイナンス手法という点で異なるのである。

(4) リスク・シェアリングの視点──Bankabilityとは

プロジェクト・ファイナンスでは、「Bankability」という言葉がしばしば使用される。「Bankability」とは、「bank」（融資）＋「able」（可能）を組み合わせた造語であり、貸付人によるプロジェクト・ファイナンスを利用しての資金提供が可能であることを指す。例えば、「本プロジェクトはBankable

なストラクチャーである」とか「Bankabilityを確保する為には、この契約書はこうあるべきである」などのようなかたちで使用される。そこで、プロジェクト・ファイナンスにおけるBankabilityとは具体的にどのような場合をいうのであろうか。

　この点、プロジェクト・ファイナンスにおいては、前述の通り、貸付人はプロジェクトの信用力に依拠して融資を行うこととなるため、別言すれば、プロジェクトに内在するリスク（以下、「プロジェクト・リスク」という）を負担しているといえる。プロジェクト・ファイナンスの場合は、想定通りの収入が当該プロジェクトから得られない場合、借入人には貸付人に対する返済原資がないため、貸付人もプロジェクト・リスクを一部負担している構図となるのである。

　もっとも、貸付人は、スポンサーと同程度のプロジェクト・リスクを負担できるわけではない。スポンサーはエクイティ投資のため、プロジェクトからの収益のアップサイドを剰余金配当等で享受できるが、貸付人はアレンジメント・フィーあるいはアップフロント・フィーなどの手数料以外は基本的に定額の利息収入しか収受できない。したがって、リスクとリターンのトレードオフの関係からすれば、貸付人は、当該ロー・リターンまたはミドル・リターンに見合ったプロジェクト・リスクのみしかとれないのである。

　すなわち、貸付人が負担するプロジェクト・リスク（＝借入人に残存するプロジェクト・リスク）を貸付人が許容可能な範囲内に収めるべくストラクチャーを組むことが、このBankabilityの確保のための作業であり、借入人に残存するプロジェクト・リスクが、貸付人が負担することが可能な範囲まで限定されたプロジェクトこそが「Bankable」なプロジェクトであり、プロジェクト・ファイナンスの対象となるのである。

　プロジェクト・ファイナンスにおいては、貸付人が雇用する各種のコンサルタントがプロジェクトのデュー・デリジェンスを行い、当該デュー・デリジェンス手続で発見されたプロジェクト・リスクを関連契約書において適切に分担していく作業が求められるが、これらの作業のすべては前記でいうBankabilityの確保のために実施される作業であるといっても過言ではない。

　なお、プロジェクト・リスクの分担については、ただ闇雲に第三者に事業

リスクを転嫁すればよいというものではなく、当該第三者が当該事業リスクを負担することがふさわしいと合理的に判断されるものでなければならないことに留意する必要がある。つまり、プロジェクト・リスクの分担は、関係者の役割や得意分野等を勘案の上で、「リスクを最も効率的にコントロールできる者が当該リスクを負担する」との考え方に基づき行われることになる。

(5) プロジェクト・リスク

前記(4)の通り、プロジェクト・ファイナンスにおけるBankabilityの確保の作業は、プロジェクト・リスクを関連当事者に適切に分担していく作業であるが、ここでいう「プロジェクト・リスク」にはいかなるリスクが考えられるであろうか。プロジェクト・リスクは、当然のことながら対象となるプロジェクトごとに異なるものであるが、プロジェクト・ファイナンスにおいて最大公約数という意味で一般的に検討対象となるプロジェクト・リスクを記載すると【図表8-1-2】の通りである。

【図表8-1-2】 プロジェクト・リスク概要リスト

1. スポンサー	①	スポンサーが倒産するリスク
	②	スポンサーの事業遂行能力に係るリスク
2. 完工	①	工事完成期日までにプロジェクトが完工しないリスク(タイム・オーバーラン)
	②	想定していたプロジェクト・コストの範囲内でプロジェクトが完工しないリスク(コスト・オーバーラン)
	③	完工したプロジェクトにつき想定した性能が達成できないリスク(性能未達)
3. 技術	①	プロジェクトの運営開始後において対象プロジェクト施設の瑕疵が発見され、または、対象プロジェクト施設の性能が低下するリスク
	②	操業に必要な知的財産権・ライセンスを喪失するリスク
4. 操業・保守	①	プロジェクトの運営・維持管理費用が増加するリスク
	②	運転・保守業務受託者の業務が水準に満たないリスク
5. オフテイク	①	オフテイカーが倒産するリスク
	②	オフテイカーによる引取量が減少し、収入が減少するリスク(Volumeに関するリスク)
	③	財・サービスの販売価格の低下などにより、販売収入が減

		少するリスク（Priceに関するリスク）
6.	原燃料	① 燃料の調達価格が増加するリスク（Priceに関するリスク） ② 必要十分な燃料の供給を受けられない／燃料が枯渇するリスク（Volumeに関するリスク） * 資源開発プロジェクトの場合には、十分な埋蔵量が存在しないリスクという意味での埋蔵量リスク
7.	社会・環境	① 環境汚染により住民から訴訟が提起されるリスク ② プロジェクト建設のための住民移転が適切に実施されなかったために訴訟提起されるリスク
8.	不可抗力 （自然災害）	① 天災地変により対象プロジェクト施設あるいは対象プロジェクトの操業のために必要な第三者が保有する施設の一部が損傷して操業できないリスク ② 天災地変により燃料の輸送ルートに障害が発生し、燃料が調達できないリスク
9.	不可抗力 （ポリティカル）	① テロにより対象プロジェクト施設が占拠される／戦争で対象プロジェクト施設が損傷するリスク ② 法令変更により運営・維持管理費用が増加するリスク
10.	インフラ	① 事業用地の土地利用権に対抗要件が具備できず、土地利用権を喪失するリスク ② 対象プロジェクト施設を操業するための前提として別の関連施設の建設が必要である場合における当該関連施設の建設が間に合わないリスク ③ 既存設備との間の共用設備の利用権が、プロジェクト期間中確保できないリスク
11.	外貨リスク	① 対象プロジェクトからの販売収入が外貨建て／燃料調達費が外貨建ての場合における為替変動リスク ② 対象プロジェクトからの販売収入が外貨建ての場合における、オフテイカー所在国政府による外貨送金禁止リスク

(6) プロジェクト・ファイナンスの利点

　前記のように、プロジェクト・ファイナンスには、他の金融手法と異なる特徴がみられるが、なぜこのようなプロジェクト・ファイナンスの仕組みが必要なのか。以下では、スポンサー側と貸付人側のそれぞれの視点で検討する。スポンサーと貸付人の双方にとりプロジェクト・ファイナンスの利点が大きければ、その事業の資金調達について、プロジェクト・ファイナンスを

利用する動機付けとなる。

(i) スポンサー側の視点

スポンサーは、プロジェクト・ファイナンスを利用した場合、次のような利点を享受することが期待できる[注19]。

(a) 資金調達力の拡大

コーポレート・ファイナンスによる場合、貸付人は主としてスポンサーの信用力に着目して資金提供することになるが、プロジェクト・ファイナンスの場合は、貸付人によるスポンサーの信用力への依存は限定的である。つまり、スポンサーや業務の受託者・請負者の業務遂行能力を前提として、適切なプロジェクト・リスクの分担を行うことにより、個々のスポンサーの信用力に依拠したコーポレート・ファイナンスの場合よりも資金調達力が高くなる（すなわち、コーポレート・ファイナンスで資金調達するよりも、金額の面でより多額の、かつ、融資期間の面でより長期の資金調達が可能となる）場合がある。このように、コーポレート・ファイナンスでは資金調達ができずに実現困難なプロジェクトも、プロジェクト・ファイナンスによれば実現が可能となる場合があるため、スポンサーのビジネス・チャンスが拡大するという利点がある。

(b) プロジェクトリスクの限定

プロジェクト・ファイナンスでは、ノン・リコースまたはリミテッド・リコースの融資とされることから、コーポレート・ファイナンスによる融資と比較すると、スポンサーの負担する責任が限定される点が大きな利点である。プラント建設や施設整備等の多額の初期投資のための資金調達が行われるプロジェクトでは、仮に当該対象プロジェクトが途中で頓挫し元利金返済に十分な事業収入が得られなかったとき、コーポレート・ファイナンスによる場合はスポンサーは投下資本をまったく回収できないにもかかわらず融資の返済義務を負うことになるが、プロジェクト・ファイナンスによる場合は借入

注19) 他方で、プロジェクト・ファイナンスの場合、後述する通り、資金調達コストが増加する可能性や、貸付人による事業の監視（モニタリング）により経営の柔軟性が減退するおそれがある等の短所もあるため、長所と短所の比較考量により、プロジェクト・ファイナンスの手法を採用するか否かを検討することになる。

人が資金を返済できないときでも自らが負担する限定された義務の範囲内で責任を負担すれば足りることとなる。

(c) スポンサー間の信用力の格差への対応

プロジェクト・ファイナンスの対象プロジェクトは、複数のスポンサーがノウハウを持ち寄ってプロジェクトを実施し、また、単独で多額の出資を行うことを避けて投下資本の回収に係るリスクの分散を図るために、他のスポンサーとの合弁事業として行われる場合が多い。スポンサーの信用力にはそれぞれ差異があり得るため、コーポレート・ファイナンスでの資金調達の場合、一部の信用力の高いスポンサーの信用力に依拠することが想定され、スポンサー間での足並みが揃えられない可能性があるが、プロジェクト・ファイナンスの場合は、かかる事態を回避することが可能であり、合弁事業を行いやすくなる。

(d) レバレッジ効果への期待

スポンサーは、出資等の限定された範囲での資金提供を行い、借入人が貸付人から多額の借入れを行うことにより投資の収益率を高めることができるので、少ない元手で高いリターンを得るというレバレッジ効果が期待できる。

(e) 財務制限条項の抵触回避

スポンサーが自己の既存の借入先との間で締結している融資契約に規定された財務制限条項により、別途の借入れを行うことが禁止されている場合でも、プロジェクト・ファイナンスによれば、かかる制限を受けずに事業のための資金調達を行うことが可能な場合がある。

(f) 貸借対照表への影響

スポンサーが自ら借入を行う場合は、スポンサーの貸借対照表に負債として計上され、また、スポンサーが連帯保証を行う場合はスポンサーの財務諸表に偶発債務として注記されるが、それが市場においてスポンサーの財務能力に対する評価が低下する要因となるおそれがある[注20]。他方、プロジェクト・ファイナンスの場合、スポンサーの負担する義務の内容によっては、ス

注20) スポンサーの信用格付が低くなり新たな資金調達が制限されまたは資金調達コスト（資金調達に伴い支払うべき利息等）が増加する等、スポンサーの資金調達能力に悪影響が生じ得る。

ポンサーの貸借対照表に影響しないかまたは影響するとしても限定的なものとすることが可能である[注21]。

(ii) 貸付人側の視点

貸付人は、その属性により、自らにとってプロジェクト・ファイナンスに取り組む意義や利点に多少の差異はあるものの[注22]、一般的には次の利点を享受すると考えられる。

(a) 業容の拡大

前記(i)(a)を貸付人側からみた場合、資金提供の機会が増えて業容が拡大するという利点がある。

(b) 高い収益性

プロジェクト・ファイナンスにおいては、スポンサーへの責任追及が制限され、さらに融資期間が長期にわたるため対象プロジェクトに係る事業環境の変化等により資金の回収リスクが高まると考えられることにより、コーポレート・ファイナンスの場合よりも貸付人が受けるリターン(利息中のスプレッド)が高く設定される場合がある。また、事業構造の検討やプロジェクト・リスクの分析等、案件の組成に手間がかかるため、アレンジメント・フィーなどの手数料も相対的に高くなるのが一般的である。

注21) オフ・バランスとなるか否かについては、適用される会計基準等による。なお、借入人がスポンサーの会計上の連結対象となる場合は、プロジェクト・ファイナンスによる場合でも、スポンサーの連結財務諸表に反映され、オフ・バランスのメリットを享受できないと考えられる点に留意が必要である。

注22) 例えば、保険会社は、ALM(Asset Liability Management)のために、長期安定した投資対象としてプロジェクト・ファイナンスへの資金提供を行うとの視点があるであろうし、また、グローバル・マーケットにおける主要なプロジェクト・ファイナンスの提供者である株式会社国際協力銀行であれば、①日本にとって重要な資源の海外における開発および取得の促進、②日本の産業の国際競争力の維持および向上、③地球温暖化の防止等の地球環境の保全を目的とする海外における事業の促進などの政策金融機関としての独自の視点に基づきプロジェクト・ファイナンスを提供する。

2　プロジェクト・ファイナンスにおけるストラクチャー

(1)　契約構造（プロジェクト関連契約とファイナンス関連契約）

　プロジェクト・ファイナンスにおける契約構造（いわゆるContract Structure）として、プロジェクト・ファイナンスにおいて関連当事者が締結する契約は、大きく分けて「ファイナンス関連契約」と「プロジェクト関連契約」が存在する。

(i)　ファイナンス関連契約

　「ファイナンス関連契約」は、プロジェクト・ファイナンスにより資金を調達するために、借入人と貸付人となる金融機関との間で締結される契約書群を指し、一般的には、①借入人と貸付人との間で締結される金銭消費貸借契約、②借入人の株主・社員と貸付人との間で締結されるスポンサー契約（スポンサー覚書、スポンサー・サポート契約などと呼ばれることが多い）、③担保権を設定するための担保関連契約、④借入人と金利スワップ提供者との間で締結される金利スワップ契約から構成される。このほか、プロジェクト・ファイナンスによる資金調達としてメザニン・ローンも活用する場合やスポンサーが劣後ローンのかたちでも資金を拠出する場合には、シニア・ローンとメザニン・ローンあるいは劣後ローンとの優先劣後関係を規定するための契約として、⑤優先劣後債権者間契約が締結されることもあり、これもファイナンス関連契約の中に含まれる。

　なお、プロジェクト・ファイナンスは、複数の貸付人によるシンジケート・ローンの形式で供与されることが多いが、その場合は、融資金融機関の相互間において、意思結集の方法や担保権実行時の取扱いについて別途規定する必要がある。これらの条項を前述①の金銭消費貸借契約の中で併せて規定することもあるが、意思結集方法はあくまで融資金融機関の間における取決めであるため[注23]、借入人は当事者とせずに、融資金融機関のみを当事者として、⑥債権者間契約を締結するのも一般的であり、これも広い意味でのファイナンス関連契約の中に含まれる。

注23)　もっとも、意思結集の基準（何が全会一致事項であり、何が特別多数意思決定事項

また、オフテイカー、EPC業者、O&M業者その他主要なプロジェクト関連契約の当事者と貸付人との間で、⑦直接協定が締結されることもある[注24]。直接協定においては、プロジェクト関連契約を変更する場合は貸付人の承諾を取得する旨、プロジェクト関連契約を解除する前に貸付人に対して治癒期間を認める旨、などが規定される。PFI案件においては、通常、貸付人と発注者である公共機関との間で直接協定が締結され、事業継続に向けた両当事者間の合意がなされることが一般的である。

各ファイナンス関連契約の内容の詳細については、3を参照されたい。

(ii) プロジェクト関連契約

「プロジェクト関連契約」は、借入人が当該プロジェクトに関して締結する契約のうち、ファイナンス関連契約以外の契約を指し、当該プロジェクトを実施するために締結する当該プロジェクトの事業運営に関する契約書群である。例えば、特定のプロジェクトを建設するためのEPC業者との間の工事請負契約（EPC契約）、特定のプロジェクトの維持管理・運営をO&M業者に委託するための維持管理運営委託契約（O&M契約）、事業用地の利用に関する土地賃貸借契約や地上権設定契約、PFI案件における公共機関との間の事業契約、発電プロジェクトにおける電力受給契約（PPA）などである。

プロジェクト関連契約では、当該対象プロジェクトの事業運営を行う上での各種の必要事項を規定することとなるが、特に重要なのは、デュー・デリジェンスによって特定されたプロジェクト・リスクを関係当事者に適切に分担するような内容にて作成される必要がある点である。加えて、プロジェクト・ファイナンスの観点から、責任財産限定特約や倒産不申立特約などの借

であるかなど）については、借入人が何らかの意思結集を貸付人に対して求める場合の票読みのためには、借入人としても関心事項ともいえる。例えば、何らかのファイナンス関連契約上の違反が発生してしまい、当該違反について借入人が貸付人に放棄（いわゆるウェーバー〔waiver〕）を求める場合、借入人にとっては、意思結集の基準はなるべく緩いほうが望ましい。そこで、特に海外におけるプロジェクト・ファイナンスにおいては、意思結集の基準についても借入人が議論に参加して、何を全会一致事項とし、何を特別多数意思決定事項とするかについての交渉が借入人と融資金融機関との間で行われることも珍しくない。

注24）直接協定は、国内においてはファイナンス関連契約に分類されるのが通例であるが、海外においては、プロジェクト関連契約に分類される場合もある（イェスコム・前掲注4）290頁）。

入人の倒産を防止する条項等が、当事者間の交渉に基づいて規定されるのが一般的である。プロジェクト関連契約の当事者ではない貸付人も、プロジェクト関連契約の締結前に契約書のドラフトをレビューし、主に前述のプロジェクトのBankabilityを確保する観点から貸付人が必要と考える条項の追加や変更を要請する[注25]。

なお、ローン契約上においても、「ファイナンス関連契約」(「融資関連契約」と定義されることもある) という概念と「プロジェクト関連契約」という概念を規定して、関連契約書を分類するが、ローン契約上は必ずしもファイナンス関連契約以外の契約がすべてプロジェクト関連契約に該当するというわけではない。プロジェクトに関連して借入人が締結する契約であっても、その重要性が低い契約はプロジェクトに関連する契約ではあるものの、ローン契約上の「プロジェクト関連契約」に該当しないものも存在する。

主要なプロジェクト関連契約の内容については、4を参照されたい。

(2) プロジェクト実施主体（借入人）の法形式の選択と代表的なストラクチャー

プロジェクト・ファイナンスにおけるプロジェクト実施主体は、対象プロジェクト以外の事業の影響を受けることのないよう、対象プロジェクトのみを実施する会社、すなわち特別の目的のみのために設立されたいわゆる特別目的会社 (Special Purpose Company：SPC) として設立されるのが一般的である。また、SPCを設立せずに、信託銀行や信託会社がスポンサーから事業用地や発電設備等の信託譲渡を受けてプロジェクト実施主体となる方法がとられることもある。

(i) 株式会社

従前からプロジェクト・ファイナンスにおけるプロジェクト実施主体の法形式として代表的なものは、株式会社である。前記【図表8-1-1】とほぼ同様の図ではあるが、一般的には【図表8-1-3】の通りのストラクチャー

注25) 通常、ローン契約の貸付実行前提条件として、(締結期限の到来した) プロジェクト関連契約が貸付人の満足する内容で締結されていること、という趣旨の条件が規定されるため、借入人は貸付人の要請に対して誠実に対応する必要がある。

第1節　プロジェクト・ファイナンスの基本構造

【図表8-1-3】　株式会社スキーム

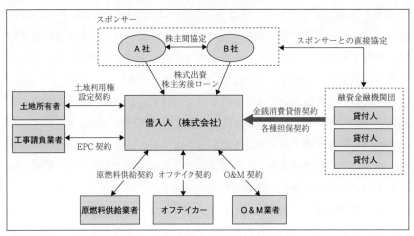

となる。スポンサーが株式のかたちでエクイティ出資をし、プロジェクト実施主体としての株式会社を設立する。スポンサーは、借入人の株主として議決権を行使し、借入人の意思決定に関与する。

　証券化・流動化取引の場合には、借入人として合同会社が選択されるのが一般的であり、それは例えば株式会社には会社更生法の適用がある一方、合同会社には会社更生法の適用がないなどの理由から、投資家からの要請としても原則として合同会社であることが要請される。前記の理論はプロジェクト・ファイナンスにおける借入人についても考え方としては同じであるものの、プロジェクト・ファイナンスにおいては古くから株式会社を借入人とすることが一般的であり、借入人が株式会社であることに対して抵抗感はほとんどない。これは、プロジェクト・ファイナンスにおける借入人に要求される「SPC」としての性格と、証券化・流動化取引における借入人に要求される「SPC」としての性格に差異があるからであると思われる。すなわち、証券化・流動化取引においては、証券化・流動化の対象アセットである不動産や債権から生ずるキャッシュ・フローを投資家に対して分配するための安定した導管となることが主たる役割であり、よって安定性を有する単なるハコという意味でのSPCであることが求められる。一方、プロジェクト・ファイナンスにおける借入人は、単なるハコではなく、借入人自身が発電事業なり

157

インフラ事業なり、特定のプロジェクトを自ら実施する主体となるのであり、実施する事業は特定のプロジェクトに限定されているものの、その規模によっては1つの事業会社である[注26]。「SPC」としての性格は要求されるものの、単なるハコとしてのSPCである必要はなく、あくまで特別な目的のためにのみ設立された会社という意味でのSPCであればよいのである。

従来から、日本において事業を行う場合に株式会社が選択される1つの理由は、（有限会社や合同会社よりも）株式会社のほうが社会的信用が高くみられる傾向にあるためであるが、プロジェクト・ファイナンスにおける借入人は、まさに1つの事業会社として事業を実施する主体であるため、株式会社として設立されることも一般的であるといえる。

(ii) **合同会社**

会社法により導入された合同会社もプロジェクト実施主体として選択されることがある。この点、プロジェクト・ファイナンスにおける借入人は株式会社形態で設立されるのが伝統的に一般的である旨を前述したが、近時は合同会社形態で設立されることも増加傾向にあるといえる。株式会社との比較において、合同会社のメリットといえる点としては、合同会社のほうが株式会社よりも相対的に設立や運用に関する費用を低く抑えることができることが挙げられ、例えば、株式会社の場合には会社法上の大会社（資本金5億円以上または負債総額200億円以上）に該当する場合には、会計監査人の設置義務（会社328条）、会計監査人設置会社として監査役の設置義務（同法327条3項）、内部統制システムの整備義務（同法348条3項・4項）などの適用があるが、合同会社にはこれらの大会社規制の適用はない。また、株式会社の場合に義務である計算書類の公告義務（同法440条1項）は、合同会社には適用されない。なお、プロジェクト・ファイナンスの貸付人の視点からは、前述の

注26) 例えば、国内最大の空港コンセッション事業である関西国際空港および大阪国際空港特定空港運営事業の事業者として、2016年4月1日から事業を開始した関西エアポート株式会社は、プロジェクト・ファイナンスとして資金調達を実施しているが（http://www.mizuhobank.co.jp/release/pdf/20160301release_jp.pdf）、同社は自らが空港事業を運営するまさに1つの事業会社であり、決して単なるハコではない。また、海外におけるプロジェクト・ファイナンスにおいても、借入人が多くの従業員を雇用し、1つの事業会社として存在することは珍しくなく、株式市場に上場している会社も存在する。

通り、株式会社には会社更生法の適用があるが、合同会社には会社更生法の適用がないため、当該点も合同会社を選択するメリットの1つといえよう[注27]。

借入人を合同会社として設立する場合、そのストラクチャーとしては、①実質的なスポンサーが合同会社の社員となって、合同会社を設立するケースと、②一般社団法人が合同会社の社員となって、合同会社を設立するケースがある。前者は、伝統的な株式会社の代わりに合同会社を使用するストラクチャーであり、【図表8-1-3】の借入人が合同会社となる図をイメージしていただきたい。一方で、後者は、【図表8-1-4】の通り、匿名組合出資にて資金調達を行う場合に利用されることが多いストラクチャーである（GK-TKスキームと呼ばれる）。

GK-TKスキームを採用する場合、以下のような固有の論点も存在する。

(a) 金融商品取引法の適用

匿名組合出資持分は、金融商品取引法（以下、「金商法」という）上、みなし有価証券とされている（2条2項5号）。そのため、対象プロジェクトを実施するに当たり、借入人自身が匿名組合出資持分の取得勧誘を行う場合、当該行為は第二種金融商品取引業に該当し、原則として第二種金融商品取引業の登録が必要となる（同条8項7号ヘ・28条2項1号・29条）。しかし、借入人が当該登録を行うことは現実的に困難であることから、当該登録を有する者に私募の取扱いを委託する方法がとられていることが多い[注28]。

(b) 不動産特定共同事業法

借入人が匿名組合出資を受けてプロジェクトを実施する場合、不動産特定共同事業法（以下、「不動産共事法」という）の適用の有無も検討する必要が

注27) 一方、法的な観点からの合同会社のデメリットとして、合同会社の社員持分への質権設定につき、（法律事務所により取扱いの差異はあるが）その適法性・有効性に関する法律意見書が発出されない可能性がある点が挙げられる。株式に対する質権設定は会社法に明文の規定があるが（会社146条以下）、合同会社の社員持分に対する質権その他の担保権設定については会社法上で明文規定が存在しないため、法律意見書には一定の留保が付されることが一般的である。

注28) 借入人が適格機関投資家等特例業務（金商63条）の届出を行うことで対応する例もあるが、プロジェクト・ファイナンスにおいては、第三者に私募の取扱いを委託する例のほうが一般的であると思われる。

【図表8－1－4】 GK-TKスキーム

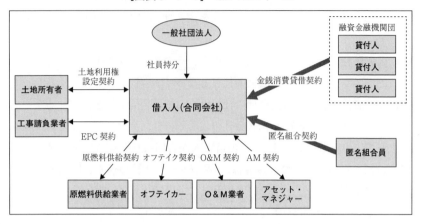

ある。不動産特定共同事業を営もうとする者は、不動産共事法に基づき許可を受けなければならないこととされている（不動産共事3条1項）。「不動産特定共同事業」とは、不動産共事法2条4項にて定義されているが、GK-TKスキームとの関係では、同項1号の「不動産特定共同事業契約を締結して当該不動産特定共同事業契約に基づき営まれる不動産取引から生ずる収益又は利益の分配を行う行為」への該当性が問題となる。すなわち、不動産共事法は「不動産特定共同事業契約」の一類型として、「当事者の一方が相手方の行う不動産取引のため出資を行い、相手方がその出資された財産により不動産取引を営み、当該不動産取引から生ずる収益の分配を行うことを約する契約」を挙げており（同条3項2号）、借入人が出資者との間で締結する匿名組合契約が当該定義に該当しないかが問題となるのである。不動産共事法の適用有無は、対象プロジェクトの種類によって個別に判断する必要があるが、当該対象プロジェクトの事業の中に「不動産取引」（不動産の売買、交換または賃貸借。同法2条2項）の要素が含まれている場合には、留意が必要である[注29]。

(c) 匿名組合性

匿名組合契約は、その名の通り、匿名組合員はパッシブな投資家であるこ

注29) 再生可能エネルギー発電事業との関係での不動産共事法を論じた文献として、松本

とが本来的に想定されており、匿名組合契約の対象となる営業には関与しないことが前提とされている。そこで、匿名組合員が匿名組合契約の対象となる営業に関与する性格を有する場合には、匿名組合契約の匿名組合としての法的性格が否定されるのではないかという、いわゆる匿名組合性の論点がある。商法では「匿名組合員は、営業者の業務を執行し、又は営業者を代表することができない」と規定されており（536条3項）、例えば、匿名組合員が借入人たる合同会社の業務執行社員あるいは代表社員となることは、まさにこの商法536条3項に違反することとなるため許されないであろう。この点、GK-TKスキームにおいては、借入人たる合同会社の社員には一般社団法人を就任させることが多く、一般社団法人が合同会社の社員となる限りにおいては、即座に同項違反になることはないが、匿名組合性の問題は、形式の問題ではなく実態として匿名組合員が営業（業務）を執行しているか否かの問題である点に留意が必要である。

(iii) **信託**

SPCを設立しない方法として、信託を利用する場合も存在する。これは、信託銀行や信託会社（以下、総称して「信託会社等」という）が対象プロジェクトに係る資産を信託財産として保有し、自らがプロジェクト関連契約を締結して対象プロジェクトを実施するストラクチャーであり、当該信託会社等が金融機関から信託借入れを行う方法である。

この点、信託会社等各社が受託可能な資産は各社によって異なるが、現状は、太陽光発電事業へのファイナンス案件において活用されている例がある。

この場合の代表的なストラクチャーは例えば【図表8-1-5】の通りであるが、このストラクチャーのメリットとしては、例えば、信託会社等は複数のプロジェクトを受託することにより、必要な知識をもった人材の採用、事業実施のノウハウ等の蓄積がなされるため、スポンサーは経験豊富な受託者に委託することによって、プロジェクトの円滑な実施を期待できることなどが挙げられる。

前記太陽光発電事業においては、委託者兼当初受益者がいわゆるスポン

岳人「再生可能エネルギー発電事業における不動産特定共同事業法に関する諸問題」金法1994号（2014）30頁が詳しい。

第8章 プロジェクト・ファイナンス

【図表8-1-5】 信託スキーム

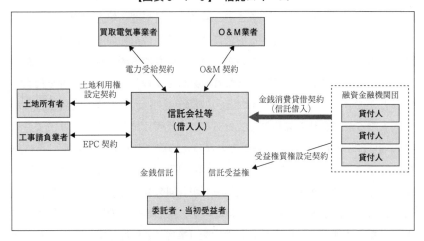

サーであり、当該スポンサーが金銭を信託した上で受益権を取得し[注30]、信託会社等がスポンサーから信託された金銭と貸付人からの貸付実行代り金を用いてEPC契約に基づき信託財産として太陽光発電設備を取得し、当該発電設備を用いて太陽光発電事業を行うこととなる。貸付人は、信託会社等による信託借入れとして貸付けを行うこととなるが、当該信託財産は、各太陽光発電所ごとで個別に設定されるため、当該貸付けは、特定の太陽光発電所の建設資金を資金使途として実行され、かつ、その返済原資は対象の信託財産に限定されるが、当該信託財産は当該太陽光発電所の資産およびキャッシュ・フローに限定されているため、プロジェクト・ファイナンスの一種であるといえるであろう。

3　ファイナンス関連契約

(1)　ローン契約

プロジェクト・ファイナンスにおけるローン契約は、通常の金銭消費貸借契約と基本的な構造に変わりはないものの、以下では、プロジェクト・ファ

注30)　スポンサーが金銭ではなく直接に太陽光発電設備等を信託することもあり得るが、本文では金銭を信託する例を挙げている。

イナンスにおけるローン契約において特有の条項について解説する。

(i) **貸付けの方式**

プロジェクト・ファイナンスは、特定のプロジェクトの開発資金・建設資金等のプロジェクト・コストを資金使途として融資するものが典型例であるが、この場合において、開発期間・建設期間中からローンを出すものと、当該対象プロジェクトが完工した後においてローンを出すものに大きく分けられる。前者の場合はいわゆる限度貸付方式で、後者の場合はプロジェクト完工後において1回のみ貸付実行を行うのが通常である。

限度貸付方式とは、一定の貸付枠をあらかじめ設定し、借入人からの貸付実行請求に基づき当該貸付枠（貸付限度額）の範囲内において都度借入人に対して貸付けを行う方式であるが、プロジェクト・ファイナンスの場合、資金使途であるプロジェクト・コストが変動する可能性がある（例えば想定よりも安い金額で当該プロジェクトが完成できることもあり得る）ため、限度貸付方式でのローンとなるのが一般的である。

(ii) **貸付実行前提条件**

ローン契約の調印により、貸付人は、貸付実行前提条件（以下、Conditions Precedentの頭文字をとって「CP」という）がすべて充足されることを条件として、借入人に対して貸付けを実行する義務を負う[注31]。

プロジェクト・ファイナンスの場合、あらかじめ想定されたプロジェクト・コストを元にローン金額（貸付限度額）を設定することとなるが、別言すれば、当該プロジェクトを完成させるためには当該貸付限度額（あるいはそれに近い金額）の資金が必要ということである。したがって、貸付実行に当たっては、貸付枠を設定した全貸付人で揃って貸付実行を行う必要があり（一部の貸付人のみでの貸付実行、すなわちプロジェクト・コストの一部のみの貸付実行を行ってもプロジェクト・コストに足りず、プロジェクトは完工しない）、貸付実行前提条件の充足判断は全貸付人が揃って判断することとするのが通常である。

コーポレート・ファイナンスのローン契約においては、定型的なCPが規

注31) 通常、貸付実行予定日の数営業日前までにすべてのCPを充足した上、当該充足された状態が貸付実行予定日まで維持されることが必要とされる。

定されるにとどまることも多いが[注32]、プロジェクト・ファイナンスのローン契約においては、前記に加え、プロジェクト・ファイナンス固有の詳細なCPが規定されることが通常である。また、貸付実行回数が複数となる場合、各回の貸付けごとに適用されるCPが異なることがある。すなわち、貸付実行回数が2回以上となる場合、初回貸付けに適用される詳細なCPと、初回を含む各回貸付けに適用される定型的なCP[注33]に分けて規定されることが多い。また、複数の貸付けのうちある貸付けにのみ適用されるCPが設定されることもあり、例えば、プロジェクトの完工後に、EPC契約の最終支払の原資として実行されるローンについては、ローン契約で定義される「プロジェクト完工」(いわゆる財務的完工〔financial completion〕)が固有のCPとされることが一般的である。

CPの具体的な内容は事例ごとに詳細に規定されるが、以下では主要な条項について説明する。

(a) 書類の受領

借入人、担保設定者その他のプロジェクト関連当事者の会社関係書類[注34]、締結済のプロジェクト関連契約、事業計画(キャッシュ・フロー・モデル)、起用するコンサルタントからの報告書、会計税務顧問からの会計・税務意見書、借入人側弁護士からの法律意見書等を貸付人が受領していることを要求するCPである。これらの書類の形式および内容については、通常、貸付人の合理的に満足する内容であることが要求されるため、貸付人の意向も踏ま

[注32] 貸付不能事由の不存在、表明保証・誓約違反の不存在等が挙げられる。日本ローン債権市場協会の公表する「タームローン契約書〔JSLA平成25年版〕」(以下、「JSLAタームローン」という) 4条等を参照されたい。

[注33] 具体的には、①表明および保証された事実が真実かつ正確であること、②期限の利益喪失事由または潜在的期限の利益喪失事由が発生していないこと、③重大な悪影響を及ぼす事態の変更が発生していないこと等が規定されることが多い。

[注34] 定款、印鑑証明書、履歴事項全部証明書、関連契約の締結や事業計画を承認する社内手続の証書(取締役会議事録、取締役決定書、業務執行社員決定書等)等が含まれる。この点、ファイナンス関連契約の当事者となる主体(借入人や担保設定者)についてこれらの書類が要求されるのは一般的であるとして、これらの主体に加えて、プロジェクト関連契約の相手方当事者からもこれらの内部手続関連書類を徴求するか否かは案件ごとで取扱いが異なるところである。

えて作成する必要がある[注35]。

(b) 関連契約の締結等

締結期限の到来しているファイナンス関連契約およびプロジェクト関連契約（以下、総称して「関連契約」という）がすべて締結されており、変更または解除されていないことを要求するCPである。事業用地の利用権に係る契約や保険契約の締結については、その重要性から、別途独立したCPとされている事例もみられる。なお、締結期限が到来していない契約については、ローン契約に規定される締結期限までに締結する旨が誓約事項（コベナンツ）として規定される。

(c) 担保権

締結期限の到来している担保関連契約に基づき、貸付人のために第1順位の担保権が設定されており、債務者および第三者対抗要件が具備されていること[注36]を要求するCPである。対抗要件具備の方法や期限については、担保関連契約の規定を遵守する必要がある。

(d) 許認可等

プロジェクトに関して取得すべき許認可等の適法な取得が完了し、有効に維持されていることを要求するCPである。取得期限が到来していない許認可等については、ローン契約に規定される締結期限までに取得する旨が誓約事項（コベナンツ）となる。

(e) プロジェクト関連口座の開設

すべてのプロジェクト関連口座が開設されていることを要求するCPである。プロジェクト・ファイナンスは、キャッシュ・フロー・ファイナンスであるため、借入人が当該プロジェクトから収受する収入（プロジェクト・キャッシュ・フロー）については厳格な資金管理が求められることとなる。この点、当該資金管理の方法としては、プロジェクト関連口座と呼ばれる複

注35) 貸付人は、契約当事者とはならないものの、契約締結前に各プロジェクト関連契約をレビューし、Bankabilityを確保する観点から、条項の追加・変更および削除を要請する。貸付人の要請がプロジェクト関連契約の相手方にとって受入困難なものであった場合、契約交渉が長期化することもある。
注36) メザニン・ローンの場合は、メザニン貸付人のために第2順位の担保権が設定されており、債務者および第三者対抗要件が具備されていることがCPとされる。

数の借入人名義の銀行口座[注37]を開設した上でプロジェクト・キャッシュ・フローを管理する方法と、借入人名義の銀行口座は最小限とした上で、銀行口座内において費目ごとの勘定を設けて、勘定にて管理する方法があり得る（これらの仕組みは一般的に「Cash Water Fall」と呼ばれる）が、当該各プロジェクト関連口座の開設がCPとされる。この点、プロジェクト・ファイナンスにおいては、勘定ごとでの管理が借入人・貸付人の双方にとって煩雑となる場面が少なくないため、銀行口座を分けて管理するほうが割合としては多いと思われる。なお、プロジェクト関連口座のうちで、預金質権の設定対象となる銀行口座については、例えば1000円などのノミナルな残高維持も合わせてCPとされることが多い。これは、普通預金債権への（根）質権設定の有効性の観点から規定されている（後述の担保関連契約〔預金債権(根)質権設定契約〕の記載も参照されたい）。

(f) タイム・オーバーランおよびコスト・オーバーランの不発生

タイム・オーバーラン（プロジェクトに係る建設工事等が予定されたスケジュールより遅滞する状態）またはコスト・オーバーラン（プロジェクト・コストが予定された金額を上回る状態）が発生していないことを要求するCPである。建設期間中から貸付実行を行う場合に特有のCPとして一般的に規定される。プロジェクトの進捗が当初の想定と異なる場合は貸付けの実行を見合わせることができるようにするためにCPとして規定されるものである。「タイム・オーバーラン」および「コスト・オーバーラン」の定義は案件ごとで異なり得るが、前述のタイム・オーバーランあるいはコスト・オーバーランの状態の発生が予見される事態が発生していないことも含めてCPとして規定したほうが論理的である。

注37) 具体的な名称や役割は案件ごとに多少異なるが、例えば、収入口座、税金支払口座、保険料支払口座、営業費用支払口座、元利金支払口座、元利金返済積立口座、各種の費用積立口座、借入人口座（リリース口座）、保険金受取口座等の口座が開設され、これらの口座を通じてプロジェクト・キャッシュ・フローが管理される。以下、本文中における「プロジェクト関連口座」の用語は、これらの銀行口座を総称した意味で記載している。なお、プロジェクト関連口座は、貸付人を代表するエージェントとなる銀行において開設されることが通常である。

第1節　プロジェクト・ファイナンスの基本構造

(g)　デット・エクイティ・レシオ

貸付実行後におけるデット・エクイティ・レシオ（借入人のローン契約に基づく貸付けの元本残高を、当該元本残高およびエクイティ出資[注38]の合計額で除した値）が一定の値を上回らないことを要求するCPである。一定の値については当事者間の交渉により決定される。プロジェクト・ファイナンスにおいては、プロジェクト・コストの全額をローンで調達すること（すなわち、デット・エクイティ・レシオが100％）は基本的になく、一定のエクイティ出資をスポンサーに求めるのが通常である。この点、デット・エクイティ・レシオの値については、当該プロジェクトにおけるプロジェクト・リスクの度合いおよびキャッシュ・フロー分析に基づき決定されることとなるが、このCPは、エクイティ出資部分を当初に一括で拠出する（いわゆるエクイティ・ファースト）のではなく、建設期間中においてローンとエクイティ出資をデット・エクイティ・レシオの割合に応じてプロラタで拠出する場合に、当該プロラタでの拠出を確保するためのメカニズムとしても機能する。なお、デット・エクイティ・レシオについては、後述の「財務制限条項」の記載も参照されたい。

(iii)　**期限前弁済**

期限前弁済には、①借入人が任意に行う任意期限前弁済[注39]と、②一定の事由が発生した場合に期限前弁済が義務付けられる強制期限前弁済がある。強制期限前弁済事由としては、借入人が保険金を受領した場合、資産処分の対価を受領した場合、プロジェクト関連契約に基づき賠償金・補償金を受領した場合等が挙げられ、期限前弁済を要する金額はローン契約の規定に従って算定される。

また、強制期限前弁済事由として、いわゆるキャッシュ・スイープが規定されることもある。具体的には、プロジェクトが予想以上に順調に稼動して

注38)　ここでいうエクイティ出資とは、借入人が株式会社の場合は株主からの出資、借入人が合同会社の場合は社員からの出資であるが、これに加えてスポンサーが提供する劣後ローンやGK-TKスキームにおける匿名組合出資なども含まれる。

注39)　プロジェクト・ファイナンスにおいては、任意期限前弁済であっても貸付人の事前承諾が必要とされることも多いため、借入人が任意に期限前弁済を行おうとしたとしても許容されない場合もあり得る。

第8章　プロジェクト・ファイナンス

余剰金が発生した場合に、余剰金の全額をスポンサーへの配当に回すのではなく、余剰金の全部または一部をローンの期限前弁済に充てさせるもの（アップサイド・キャッシュ・スイープ）や、配当テストを一定年数連続で充足しなかった場合にローンの期限前弁済を行わせるもの（ダウンサイド・キャッシュ・スイープ）などがある。キャッシュ・フローの変動が見込まれるプロジェクトにおいては、アップサイド・キャッシュ・スイープにより、プロジェクトの運営が良好な時期にローン返済額を増加させ、キャッシュ・フローの変動に備える必要性が高い。

　期限前弁済を行う場合、借入人は、当該返済に係る元本および利息に加え、清算金（ブレーク・ファンディング・コストとも呼ばれる）や金利ヘッジ解約金も支払う必要がある[注40]。ここにいう清算金とは、例えば変動金利の場合であれば、利払日以外の日に期限前弁済がなされた場合において、再運用利率[注41]が当該弁済時点で適用されている適用利率または基準金利を下回るときに、かかる弁済がなされた元本金額に再運用利率と当該適用利率または基準金利の差および残存期間[注42]の実日数を乗じて算出される金額をいう[注43]。清算金の定義から明らかなように、変動金利を前提とすれば、利払日に期限前弁済が行われる場合には清算金は発生しない。また、金利ヘッジ解約金とは、金利変動リスクを回避するために借入人が締結する金利ヘッジ契約が期限前弁済によって中途解約される場合に、当該金利ヘッジ契約の規定に従って借入人が支払う義務を負う解約コストをいう。

　ローンの返済が期限一括返済ではない場合、期限前弁済された金額の充当方法については交渉事項となる。①弁済期日の早い元本から順に充当する方法、②弁済期日の遅い元本から充当する方法（インバース・オーダー〔inverse order〕とも呼ばれる）、③残存する各弁済期日の弁済予定額に比例するかた

注40）　任意期限前弁済の場合、さらに期限前弁済手数料の支払に係る規定が設けられる場合もある。
注41）　弁済がなされた元本金額を残存期間にわたって再運用すると仮定した場合の利率として貸付人が合理的に決定した利率をいう。
注42）　弁済がなされた日から次回利払日までの期間をいう。
注43）　JSLAタームローン1条22項（清算金の定義）も参照されたい。なお、ここでは理解を容易にするため相殺については言及していない。

ちで按分して充当する方法（プロ・ラタ〔pro rata〕充当とも呼ばれる）などが考えられるが[注44]、日本国内の案件においては②または③とされることが一般的である。

(iv) **財務制限条項**[注45]

財務制限条項とは、デット・サービス・カバレッジ・レシオ（Debt Service Coverage Ratioの頭文字をとって「DSCR」とも呼ばれる）等の財務的指標について一定の値を要請する条項をいい、ローン契約においては、貸付実行前提条件（CP）、誓約事項（コベナンツ）、配当テストの条件、期限の利益喪失事由等として規定されることが多い。ここでは、プロジェクト・ファイナンスのローン契約において使用されることが比較的多い指標として、デット・サービス・カバレッジ・レシオおよびデット・エクイティ・レシオ（D/Eレシオ）について説明する[注46]。

(a) **デット・サービス・カバレッジ・レシオ**

通年または半期等の合意された計算期間における運営キャッシュ・フロー（ここではローン元利金返済のために使用可能なキャッシュ・フローとして計算された金額をいう）を、同期間中に支払期日が到来するローンの元本および利息の合計額（デット・サービス）で除した値をいう。借入人の支払能力を測る指標であり、DSCRの値が1.0を超える場合、当該計算期間において、運営キャッシュ・フローがデット・サービスを上回り、返済余力があることを意味する。DSCRを維持する誓約事項が規定された場合、借入人は、ローンを完済するまでの間、貸付人と合意した一定の値以上のDSCRを維持する義務を負う。貸付人は、プロジェクトごとでの想定キャッシュ・フロー、プロジェクト・リスク等を考慮して、事例ごとに具体的なDSCRの最低要求水準を検討する。なお、DSCRには、過去の運営実績に基づく数値をもとに計算

注44) E.R.Yescombe・前掲注3) 381頁。
注45) E.R.Yescombe・前掲注3) 322頁以下、Graham D.Vinterほか『Project Finance』(Sweet & Maxwell、Fourth Edition、2013) 225頁以下に詳しい。
注46) DSCRについては前掲注16) も参照。なお、コーポレート・ファイナンスとは異なり、プロジェクト・ファイナンスにおいては、利息のみに着目したカバーレシオや、流動比率（Current Ratio）、流動性比率（Liquid Ratio）はあまり使用されない（E.R.Yescombe・前掲注3) 326頁）。

される実績DSCR（Historical DSCR）と、将来の予測に基づく数値をもとに計算される予測DSCR（Projected DSCR／Forward DSCR）がある。DSCRの計算期間、運営キャッシュ・フローの計算方法、最低要求水準、実績DSCRか予測DSCRか（または双方か）等については、プロジェクトごとに当事者間の交渉によって決定される。

　DSCRと類似する指標としてローン・ライフ・カバレッジ・レシオ（Loan Life Coverage Ratioの頭文字をとって「LLCR」とも呼ばれる）が用いられることもある。ローン・ライフ・カバレッジ・レシオは、DSCRと異なりローンの全返済期間を対象とするが、DSCRと同様に、当該期間における運営キャッシュ・フローをデットサービスで除して算定する。

　(b)　デット・エクイティ・レシオ

　借入人の資金調達におけるデット（貸付人からのローン）とエクイティ（スポンサーからの出資等）の比率をいう。デット・エクイティ・レシオは、プロジェクト・リスクを反映して設定される[注47]。デット・エクイティ・レシオは、建設期間中の貸付実行のCPとして最もよく用いられるものであり[注48]、これには完工リスクを貸付人とスポンサー間でデット・エクイティ・レシオの割合で分担するという意義があるものと考えられる。また、建中ローンの実行時に充足されたデット・エクイティ・レシオを維持させるため、これに加えて財務的完工（Financial Completion）[注49]の条件とされることもある。もっとも、DSCRと同様に、誓約事項（コベナンツ）や配当テストの条件として、完工後においても、デット・エクイティ・レシオの維持が要請されている事例も散見される。これらの完工後においてもデット・エクイティ・レ

注47）　もっとも、プロジェクト・ファイナンスにおいては、デットの調達可能額は貸付人が要求するDSCRを確保できる範囲に限定され、他に資金調達手段がないと仮定すると、プロジェクト・コストからデットの調達可能額を控除した額が、エクイティとして必要な額となる。このようにDSCRから逆算するかたちで、デット・エクイティ・レシオが計算されるという側面もある（E.R.Yescombe・前掲注3）327頁、佐藤知紘「資源エネルギー開発事業に係るプロジェクト・ファイナンスにおけるリスクコントロール──IPPプロジェクトを中心として」SFJ Journal 9号〔2014〕24頁）。

注48）　Vinterほか・前掲注45）226頁。

注49）　ローン契約において「プロジェクト完工」等として定義され、通常、EPC契約の最終支払の原資となる貸付実行に係るCPとされる。

第1節　プロジェクト・ファイナンスの基本構造

シオの維持を義務付ける規定については、リスク分担というよりは、スポンサーのプロジェクトへのコミットメントをローン完済まで維持させることを目的とする規定であると考えられる。

(v) 環境関連の表明保証・誓約事項

環境被害に対して責任を負うリスクはプロジェクトのBankabilityに影響を与え得るため[注50]、貸付人の重大な関心事項の1つである。この点、2003年にプロジェクト・ファイナンスに関与する金融機関の間でエクエーター原則（赤道原則）が締結され、2006年および2013年に改訂された。エクエーター原則は、借入人が一定の環境および社会基準を満たせない場合には貸付けを行わないという原則であり、プロジェクト総額1000万米ドル以上のすべての新規プロジェクト・ファイナンス案件はエクエーター原則の適用範囲に含まれる。本節の執筆時点で37か国91の金融機関がエクエーター原則を採択しており、金融機関はエクエーター原則を通じて環境基準への適合を重視している[注51]。

エクエーター原則は10の原則からなるが[注52]、具体的には以下のようなかたちでローン契約の規定に影響する。例えば、エクエーター原則の原則8は、環境・社会関連法規制、許認可をすべての重要項目において遵守すること、を誓約事項（コベナンツ）としてローン契約に盛り込むことを要求している。

ローン契約においては、一般的な法令の遵守に係る表明保証および誓約事項とは独立して、環境関連法規の遵守に係る表明保証および誓約事項が規定されていることも多い。規定の内容および程度は案件ごとに異なるが、具体的には以下のような表明保証・誓約事項が検討されることが一般的である。

① 表明保証
  (i) プロジェクトの遂行に重大な悪影響を及ぼすまたは及ぼすことが予想される環境上の問題が認められないこと。
  (ii) プロジェクトに関して適用される環境関連法規・許認可等に基づき

注50) Vinterほか・前掲注45) 381頁。
注51) http://www.equator-principles.com/index.php/members-and-reporting
なお、Equator Principlesのウェブサイトにおいては日本語訳も公開されている。
注52) http://www.equator-principles.com/resources/equator_principles_III.pdf

必要または適切と判断される環境関連対策を実行していること。
   ⅲ　プロジェクトに関して適用されるすべての環境関連法規・許認可等が遵守されていること。
   ⅳ　プロジェクトが植物、動物、生態系等に対して、重大な悪影響を及ぼすまたは及ぼすことが予想される事由が存在していないこと。
   ⅴ　借入人に対して、プロジェクトに重大な影響を及ぼすまたは及ぼすことが予想される環境関連法規・許認可等に関する違反が存在する旨の主張がなされていないこと。
   ⅵ　プロジェクトに対する周辺住民の反対運動が存在せず、そのおそれもないこと。
② 誓約事項
   ⅰ　環境保全のための措置履行状況および環境関連法規の遵守状況についての定期報告書を、毎年一定の時期に提出すること。
   ⅱ　プロジェクトに関して適用されるすべての環境関連法規・許認可等を遵守すること。
   ⅲ　プロジェクトに関して適用される環境関連法規・許認可等に基づき必要または適切と判断される環境関連対策を実行すること。
   ⅳ　植物、動物、生態系等の環境上の問題または住民の反対運動等によりプロジェクトの遂行に悪影響を及ぼすまたは及ぼすことが予想される場合は、エージェントに通知の上、かかる問題を速やかに解消すること。

⑹　その他の誓約事項

　前記のほか、さまざまな事項が誓約事項（Covenants〔コベナンツ〕とも呼ばれる）としてローン契約に規定される。誓約事項は、借入人の作為義務を定めるアファーマティブ・コベナンツ（Affirmative Covenants）と、借入人の不作為義務を定めるネガティブ・コベナンツ（Negative Covenants）に分けて規定されることが多い[注53]。誓約事項の機能としては、①貸付人と合意した内容に従ったプロジェクトの建設および運営の進行を確保すること、②貸付人に対して借入人に影響を与え得る問題を前もって把握させること、③貸付人の担保権を保護することが挙げられる[注54]。プロジェクト・ファイナ

第1節　プロジェクト・ファイナンスの基本構造

ンスはコベナンツ・ファイナンスであるといわれるほど、プロジェクト・ファイナンスのローン契約においては詳細なコベナンツが規定される。貸付人としては、コベナンツを通じて、プロジェクトの円滑な運営を確保し、プロジェクトを監視し、プロジェクトへの悪影響を防止すること等を目的とし、詳細なコベナンツを求めることが多いが、他方、借入人としては、詳細なコベナンツによってプロジェクト運営の機動性が阻害されることになりかねず、両者の意向を適切に反映したコベナンツの策定に関する交渉には、時間を要することも多い。以下では、プロジェクト・ファイナンスのローン契約におけるコベナンツのうち主要なものを紹介する。

(a)　アファーマティブ・コベナンツ

(ｱ)　文書の提出

　貸付人の要請する文書を指定された期限までに提出する義務を課す規定である。具体的に提出を義務付けられる書類には、借入人の財務諸表、事業計画（キャッシュ・フロー・モデル）、DSCRの計算結果報告書、建設状況報告書、操業実績報告書、借入人を当事者として締結された契約（将来新たに締結される契約も含む）等が含まれる。なお、プロジェクトからの収益のみを返済原資とするプロジェクト・ファイナンスにおいて、事業計画あるいはキャッシュ・フロー・モデルは極めて重要な書類であるため、事業計画は貸付人の事前承諾の取得も必要とされることが多い。その他の書類についても、契約上、貸付人の満足する内容であることが求められている場合、貸付人の事前の確認を受ける必要がある。また、提出文書の個別列挙に加えて、包括条項として「その他貸付人が合理的に請求するもの」と規定されることもある。

(ｲ)　通知

　一定の事象の発生を知った場合、直ちに貸付人に通知する義務を課す規定である。具体的な通知事項としては、期限の利益喪失事由または潜在的期限

注53)　両者の区別は表現の問題であることもある。例えば、借入人が合併を行う場合は貸付人の事前承諾を取得するというアファーマティブ・コベナンツは、貸付人の事前承諾なしに合併を行わないというネガティブ・コベナンツと同義である。そのため、以下でアファーマティブ・コベナンツとして紹介する規定も、異なる表現でネガティブ・コベナンツとして規定されることもある。

注54)　E.R.Yescombe・前掲注3）391頁。

の利益喪失事由の発生、表明保証違反または誓約違反の発生、保険金の支払の対象となり得る事故等の発生、コスト・オーバーランまたはタイム・オーバーランを発生させると予想される事態の発生、プロジェクトの遂行や借入人の義務履行能力に重大な悪影響を及ぼすことが予想される事態の発生等が挙げられる。

(ウ) 関連契約の締結・維持・遵守

ローン契約締結時において未締結の関連契約を合意された締結期限までに締結する義務および締結された関連契約を有効に維持し、遵守する義務を課す規定である。プロジェクトの実施は関連契約を通じて行われるため、借入人による関連契約の締結・維持・遵守を確保することは重要である。

(エ) 許認可等の取得・維持・遵守

ローン契約締結時において未取得であるプロジェクトの実施に必要な許認可等を合意された取得期限までに取得する義務[注55]および取得された許認可等を有効に維持し、遵守する義務を課す規定である。プロジェクトの実施に必要な許認可等の取得もプロジェクトの実施に不可欠である。

(オ) 担保権の設定・対抗要件具備

担保関連契約の規定に従い、担保対象物に対して第1順位の担保権を設定し、対抗要件を具備する義務および借入人が将来取得する財産や権利についての追加担保設定義務を課す規定である。

(カ) 担保権行使への協力

貸付人が担保権を行使してプロジェクトにステップ・インする場合に必要な協力を行う義務を課す規定である。具体的には、貸付人の指定する第三者に対するプロジェクト関連契約上の権利義務の移転、許認可等の移転、その他プロジェクトの承継に関してプロジェクト実施主体として協力が必要となる事項への協力が想定される。

(キ) 事業計画の遵守・変更

事業計画を遵守する義務および事業計画を変更すべき事象が発生した場合、新たな事業計画の案を作成し、貸付人の承認を得る義務を課す規定である。

注55) プロジェクトの実施に必要となる許認可等の一覧表（取得日または未取得の許認可の取得期限も記載される）がローン契約の別紙として添付されることも多い。

(ク)　プロジェクト・キャッシュ・フローの管理

　ローン契約に規定されるプロジェクト・キャッシュ・フロー充当規程に従い、キャッシュ・フローを管理する義務を課す規定である。キャッシュ・フローはあらかじめ定められた特定の銀行口座に入金され、プロジェクト・キャッシュ・フロー充当規程に基づき厳格に管理される。プロジェクト・キャッシュ・フロー充当規程に従い、各積立口座に積立てが必要な額を積み立て、維持する義務についても別途明示的に規定されることが多い。

　(ケ)　プロジェクト関連口座の残高維持

　プロジェクト関連口座の残高を維持する義務を課す規定である。最低1000円の残高を維持することとされることが多い。普通預金債権への質権設定の有効性を高めるために課されるものであるが、詳細は、後述の担保関連契約（預金債権〔根〕質権設定契約）の記載を参照されたい。

　(コ)　パリ・パス（Pari Passu）条項[注56]

　借入人の貸付人に対する債務が、借入人の他の無担保または非劣後の義務に対して、常に少なくとも同等の地位を有することを確保する義務を課す規定である。実務上、債務が同順位であることを表す用語としてPari Passuというラテン語が用いられるため、本規定はパリ・パス条項と呼ばれる。貸付人よりも優先的な取扱いを受ける債権者が現れることを回避する目的で設けられるが、同趣旨で、新たな債権者に担保提供を行わない旨は、別途、ネガティブ・コベナンツにも規定される。

　(b)　ネガティブ・コベナンツ

　　(ア)　関連契約の変更・解除

　関連契約の全部または一部を変更しない義務および関連契約の全部または一部を解除、解約その他の事由により終了または失効させない義務を課す規定である。関連契約を維持する旨のアファーマティブ・コベナンツと重なる部分もあるが、明示的に、ネガティブ・コベナンツとしても規定されることが一般的である。

注56）　西村あさひ法律事務所編著『アジアにおけるシンジケート・ローンの契約実務と担保法制』（金融財政事情研究会、2016）107頁。

(イ) 新たな契約

関連契約以外の新たな契約を締結しない義務を課す規定である。想定されていない契約を締結することは、プロジェクト・キャッシュ・フローやプロジェクトに悪影響を与える可能性もあるため禁止される。

(ウ) プロジェクトに関する資産の処分等・購入

プロジェクトに関する資産について、譲渡、賃貸、売却、担保設定[注57]その他の処分をしない義務を課す規定である。新たな資産を購入しない義務を課す規定である。事業計画において予定されている資産の処分等および購入については除外されることが多い。

(エ) プロジェクト関連口座

プロジェクト関連口座以外の預金口座を開設しない義務およびプロジェクト関連口座を解約しない義務を課す規定である。プロジェクト関連口座を通じたプロジェクト・キャッシュ・フロー充当規程に基づく資金管理を行うために必要となるコベナンツである。

(オ) 配当

一定の条件を充足しない限り、スポンサーへの配当を行わない義務を課す規定である。プロジェクト・キャッシュ・フロー充当規程の中で、スポンサーへの配当は最も劣後する位置に置かれるが、その上で、実際に配当を実施するためには、キャッシュ・フローの確保の観点から、一定の条件[注58]の充足が必要とされることが多い。

(カ) 債務負担

年間一定金額以上の債務を負担しない義務を課す規定である。許容される金額については交渉事項であり、また、通常、関連契約に基づく債務や事業計画に定められている債務については対象から除外される。

(キ) 他の事業

プロジェクトに関連しない業務や定款の目的外の業務を行わない義務を課

注57) 担保提供を禁止するコベナンツは「ネガティブ・プレッジ」と呼ばれる。
注58) 具体的な条件は交渉事項であるが、関連契約上の債務不履行事由・期限の利益喪失事由・潜在的期限の利益喪失事由の不存在、DSCR、デット・エクイティ・レシオ、プロジェクト完工の到来、必要積立額の積立等が規定されることが多い。これらの条件は総称して「配当テスト」とも呼ばれる。

す規定である。借入人は対象プロジェクトのみを実施するために設立された特別目的会社であるため、対象プロジェクト以外の業務を実施することは禁止される。

　(ク)　合併等

　合併、会社分割、株式交換、株式移転、持株会社の設立、子会社の設立、事業譲渡、定款または取締役会規則その他の借入人の機関決定に係る社内規則の変更、経営委任、他社との業務提携、資本金の額の減少、組織変更、解散または倒産等の手続開始の申立てもしくは決議を行わない義務を課す規定である。

　(ケ)　反社会的勢力等[注59]

　借入人およびその役員等が反社会的勢力に該当する者にならない義務、自らまたは第三者を利用して反社会的行為を行わない義務および反社会的勢力に該当しまたは反社会的勢力との関係を有していると認められる者との間で取引を行わない義務を課す規定である。

　(vii)　**期限の利益喪失事由**

　借入人はローンの返済について期限の利益を有するが、貸付人としては、借入人の返済能力に悪影響が生じ得る事由が生じた場合には、当該期限の利益を喪失させ、直ちに未返済のローン全額の返済を求めることが望ましい。民法137条においては3つの期限の利益喪失事由が定められているにすぎないが、ローン契約においては、当事者間の特約としての期限の利益喪失事由（短縮して「失期事由」とも呼ばれる）が列挙される。国内案件においては、伝統的に、事由の重大性に基づき、当該事由が発生すれば当然に（貸付人の請求を要さずに）期限の利益を喪失する「期限の利益当然喪失事由」と、当該事由の発生後に貸付人が請求した場合に期限の利益を喪失する「期限の利益請求喪失事由」に分けて規定されることが多い。

　請求喪失事由については、治癒期間（Grace Period／Cure Period）の設定

注59)　国内案件においては、反社会的勢力および反社会的行為については、一般社団法人全国銀行協会が2011年6月2日付けで発表した「銀行取引約定書に盛り込む暴力団排除条項参考例の一部改正について」の記載を踏まえて定義されることが一般的である。

について交渉がなされる。治癒期間とは、請求喪失事由が発生した場合に当該事由を解消するために与えられる一定の猶予期間をいい、治癒期間の間に当該事由が解消された場合は、請求喪失事由には該当しないものとして扱われる。貸付人としては、治癒期間は設けないかまたは設けるとしても短期間とする意向がある一方、借入人としては、できる限り長期の治癒期間を設定する意向を有するため、各請求喪失事由に対する治癒期間の設定やその期間については契約交渉において議論になることが多い。

失期事由はコーポレート・ファイナンスのローン契約においても規定されるが[注60]、プロジェクト・ファイナンスにおいては、これに加えて後述するような固有の失期事由も規定され、各失期事由の内容や限定の可否については交渉事項となる。なお、表明保証やコベナンツの違反が何ら限定なく失期事由とされている場合、表明保証やコベナンツと同じ内容をあらためて失期事由とする必要はないが、貸付人として重要と考える事由については、失期事由としても明示的な規定が求められることも多い。他方、失期事由となる表明保証やコベナンツの違反が重大なものに限定されている場合[注61]や、表明保証・コベナンツ違反の失期事由に治癒期間が設けられる場合には、当該違反が失期事由に該当すること（重大であること）や、当該違反には治癒期間が適用されないことを明確化する趣旨で、あらためて個別に規定する意味がある。

以下では、プロジェクト・ファイナンスのローン契約において規定されることの多い固有の失期事由を概観する。

(a) プロジェクトの放棄

借入人がプロジェクトの全部または一部を放棄した場合をいう。プロジェクトの全部または一部が放棄されれば、ローンの返済原資となるキャッシュ・フローも全部または一部停止することになるため、重大な問題となる。国内案件ではプロジェクトの全部放棄については、当然喪失事由とされるこ

注60) 一般的な規定内容については、JSLAタームローン18条を参照されたい。
注61) 交渉の結果、このような限定が付されることが珍しくない。この場合、重大な違反とはいえない場合は期限の利益喪失事由を構成しないことになるが、実際に違反が生じた場合、当該違反の重大性の解釈について当事者間で紛争になり得る。

ともある。
 (b) **関連契約の失効・終了**
 関連契約のいずれかが失効又は終了した場合をいう。関連契約の存続はプロジェクトの継続に不可欠であるため、失期事由とされる。治癒期間が設定された場合は、一定の期間内に、貸付人の満足する相手方との間で、貸付人の満足する内容の契約を新たに締結することができれば、失期事由には該当しないことになる。
 (c) **許認可等の失効・取消し**
 許認可等が失効または取り消された場合をいう。許認可等の存続もプロジェクトの継続に不可欠であるため、失期事由とされる。
 (d) **資産の滅失等**
 プロジェクトの遂行に必要な資産や設備の全部または重要な一部が、①毀損した場合、②その性能が著しく低下した場合、または③公用収用された場合をいう。プロジェクトに与える影響が軽微なものを対象から除外する趣旨で、資産や設備の「全部又は重要な一部」とされることが一般的である。
 (e) **完工遅延**
 財務的完工(Financial Completion)が最終完工期限(Long Stop Date)までに到来しない場合をいう。最終完工期限は、EPC契約上の完工予定日に多少の猶予期間を加味して決定されることが多い。
 (f) **担保権の失効・瑕疵**
 担保権の適法かつ有効な設定、対抗要件具備が達成されない場合、または担保権や対抗要件が失効した場合をいう。根担保権が設定される事例では、借入人から当該根担保権の元本の確定請求がなされた場合についても別途失期事由とされることが多い。
 (g) **プロジェクト関係者の信用悪化**
 プロジェクト関係者に対し、一定の信用悪化事由が発生した場合をいう。借入人の信用悪化を示す事由[注62]については、通常、当然喪失事由とされる

注62) 倒産手続開始の申立て、業務停止処分、解散、支払停止、手形交換所の取引停止処分、株式会社全銀電子債権ネットワークによる支払不能通知・取引停止処分等が含まれる。

が、これに加えて、プロジェクト関係者の信用悪化事由についても失期事由とされることが多い。もっとも、どの範囲の信用悪化事由を対象とするかについては交渉事項である。なお、ここでいうプロジェクト関係者とは、プロジェクト関連契約における借入人の相手方当事者を指しているが、借入人が自らコントロールできない事由である上、プロジェクト関係者は個人である場合もある等の事情から、借入人として、すべてのプロジェクト関係者を本事由の対象とすることに抵抗を示すことも少なくない。その場合、「主要プロジェクト関係者」等の定義語を用いて本事由の対象となるプロジェクト関係者を限定することもしばしば行われる。

(h) 関連契約の義務違反

借入人、スポンサーまたはプロジェクト関係者が関連契約に基づく義務の履行を怠った場合をいう。本事由の対象となる主体の範囲や治癒期間の設定についても交渉事項である。

(i) 法令変更等

借入人の返済能力に重大な悪影響を与えるまたは与えることが予想される法令等の制定・変更その他政府による公権力の行使があった場合をいう。プロジェクトが後発事象により事業計画(キャッシュ・フロー・モデル)の通りに立ちいかなくなる事由であり、失期事由とされる場合もあるが、政治的な不可抗力事由のリスク分担という観点からの議論のポイントの1つとなる。

(j) 重大な悪影響

プロジェクトまたは借入人に関し、重大な悪影響を及ぼすまたは及ぼすことが予想される事態が発生したと貸付人が判断した場合をいう。プロジェクトの業績を完全には予測できないことから、キャッチオール条項として規定されることがあるが、紛争防止の観点から、本事由を規定するとしても、懸念される事項についてはできる限り明示的に列挙しておくことが望ましい。

失期事由が発生した場合の効果としては、貸付実行済のローンの期限の利益の喪失に加え(請求喪失事由の場合は請求した場合)、未使用の貸付枠がある場合は当該貸付枠に係る貸付義務も消滅する。また、貸付人はプロジェクト・キャッシュ・フローの充当順位を再指定することができるとされること

が一般的である。もっとも、プロジェクト・ファイナンスにおいては、失期事由が発生した場合でも、直ちに期限の利益を喪失させて債権の回収を行うことは基本的に想定されておらず、借入人との間でプロジェクトの継続のための協議を行い、プロジェクトの継続が見込める場合には、貸付人は期限の利益喪失の請求を行わないこともあり得る。借入人によるプロジェクトの継続が困難と考えられる場合は、貸付人は担保権の実行を通じてステップ・インを行い、新たな当事者の下でプロジェクトの継続を図る。これらは、プロジェクト・ファイナンスはプロジェクトからのキャッシュ・フローのみを返済原資とする貸付けであり、プロジェクトの継続がローンの返済のために最も重要であることに由来する。

(2) スポンサーとの直接協定書

プロジェクト・ファイナンスは前記の通り［→ 1(1)］、プロジェクトから生じるキャッシュ・フローを引当てとするファイナンスであるが、レンダーとしては、スポンサーから一定のサポートを要求するのが通例である。また、スポンサーとしても、スピーディなファイナンス手続および安価なファイナンス獲得のため、一定のサポートを提供をすることが有用な場合もある[注63]。

当該サポートを実現するため、貸付人とスポンサーとの間で直接に契約を締結することとなるが、当該契約の名称は「スポンサー覚書」、「スポンサーサポート契約」などの名称で締結されることが多い[注64]。

なお、スポンサーによるサポートには、金銭的なサポートと非金銭的なサポートがあり得る。金銭的なサポートとしては、一定の事由が発生した場合の追加出資義務を課すものであるが、対象プロジェクトに係るプロジェクト・リスクのデュー・デリジェンスの結果として、Bankabilityの観点から貸付人側で負担することが困難なプロジェクト・リスクがある場合、当該プ

注63) Vinterほか・前掲注45) 263頁。
注64) Equity Support Agreement（Equity Subscription Agreement。レンダーに対し、借入人へのエクイティ性資金の拠出を誓約する契約）の形態をとることもある。株主間契約において、エクイティの拠出は合意されているが、レンダーは株主間契約の当事者とならないため、直接レンダーに対し、エクイティの実行について誓約するものである（Vinterほか・前掲注45) 263頁）。

ロジェクト・リスクが発現したときに当該事象から生ずる資金不足等をスポンサーからの出資等で補塡させる建付けが一例である。非金銭的なサポートとしては、スポンサーによる借入人の対象プロジェクトの遂行への協力義務等がある。

なお、特に海外プロジェクトにおけるプロジェクト・ファイナンスにおいては、特に完工リスクが高いプロジェクトに関して、スポンサーから完工保証（Completion Guarantee）を徴求することも一般的に行われており、これもスポンサーによるサポートの一例である。ここでいう完工保証とは、対象プロジェクトが完工するまでの間は、スポンサーが貸付人からのプロジェクト・ファイナンス・ローンの返済を借入人とともに連帯保証する建付けを指す。

(3) 金利スワップ契約

プロジェクト・ファイナンスは、ローン期間が長期にわたることが多いため、変動金利で貸出しがなされることが一般的である。他方で、変動金利のローンで資金調達を行う場合、そのままだと借入人に金利変動リスクが残ることとなる。そこで、当該金利変動リスクに対処するため、借入人と金利スワップ提供者との間において、別途、金利スワップ契約を締結し、借入人の金利変動リスクをヘッジすることが一般的である。

金利スワップ契約については、国内のプロジェクト・ファイナンスにおいては、金利スワップ提供者となる各金融機関のひな型を利用して締結されることが多いが、スポンサーに海外投資家が入る場合や、海外のプロジェクト・ファイナンスにおいては、ISDA所定のMaster Agreementを利用して締結されるのが一般的である。

(4) 担保関連契約

(i) 全資産担保の原則とプロジェクト・ファイナンスにおける担保設定の目的

コーポレート・ファイナンスにおいて担保設定がなされる場合、土地等の借入人の有する換価価値の高い資産が担保対象とされることが多いのに対し、プロジェクト・ファイナンスにおいては、原則として、借入人の有するすべ

ての資産に担保権が設定される。具体的には、事業用地（または土地利用権）、プロジェクトに用いられる設備等（動産）、プロジェクト関連口座に係る預金債権、保険金請求権、プロジェクト関連契約に基づく借入人の債権等が含まれる。また、スポンサーの有する借入人に対する出資持分（借入人が株式会社であれば株式、合同会社であれば社員持分）についても担保設定がなされる。

借入人の全資産に対して担保権を設定する理由は、担保設定の目的にある。通常、担保設定は、ローンの返済が滞った場合に、担保対象物を換価処分して、当該代金をローンの返済に充当することを目的とする。プロジェクト・ファイナンスにおける担保設定も、究極的にはこの換価処分の目的も有する。しかし、プロジェクト・ファイナンスにおける担保設定は、いわゆるステップ・インを行いプロジェクトの継続を図ることおよびプロジェクトを第三者から防衛することを主たる目的として行われる。すなわち、プロジェクト・ファイナンスにおいてはローンの返済原資はプロジェクトからのキャッシュ・フローのみとなることから、貸付金の回収のためにはプロジェクトの継続が必須となる。そのため、仮にローン完済前に期限の利益喪失事由が発生するようなことがあっても、貸付人は、借入人の全資産を換価処分してプロジェクトを終了することは原則として想定しておらず、むしろ借入人の全資産を貸付人のコントロール下に置き、プロジェクトの継続を模索することを想定している。このような貸付人のプロジェクトへの介入をステップ・インと呼ぶ[注65]。これに加えて、貸付人以外の債権者がプロジェクトに対して悪影響を与えることのないよう、借入人の全資産に第1順位の担保権を設定し、対抗要件を具備することにより、他の債権者による差押等からプロジェクトに係る資産を防衛することも意図されている。

(ii) **普通担保権と根担保権**[注66]

担保権は、被担保債権の種類により2種類に区別される。被担保債権が特

注65) ステップ・インの方法については、スポンサーの有する借入人の株式や社員持分に係る担保権を実行してスポンサーを変更する方法と、契約上の地位譲渡予約完結権や動産譲渡担保権等を実行してSPCを変更する方法があると考えられる。詳細については、本書の旧版の記載も参照されたい。西村総合法律事務所編『ファイナンス法大全(下)』（商事法務、2003）399頁。

注66) 我妻榮ほか『我妻・有泉コンメンタール民法——総則・物権・債権〔第4版〕』（日

定債権である場合は普通担保権、不特定債権である場合は根担保権がそれぞれ設定される。普通担保権においては、被担保債権が全部消滅すると担保権も消滅するのに対し、根担保権においては、元本が確定するまでの間は、個々の被担保債権が消滅しても根担保権は影響を受けない。民法は根抵当権について「一定の範囲に属する不特定の債権を極度額の限度において担保するため」の抵当権と定義している（398条の2）。特定債権とは、発生・消滅の繰返しが想定されない債権をいい、ローン契約に基づくターム・ローンがその典型である。他方、不特定債権とは、継続的な取引によって発生・消滅を繰り返す債権をいい、極度額の範囲で貸付けと返済が繰り返されるリボルビング・ファシリティがその典型である。また、金利スワップ契約等のヘッジ契約に基づく債権についても、不特定債権と位置付けて根担保権が設定される。担保権の種類は被担保債権の性質を考慮した上で慎重に決定する必要がある[注67]。

　根担保権は、元本の確定により、被担保債権が特定される。根担保権の元本が確定されると確定以後に発生する債権が被担保債権に含まれなくなるため、貸付人としては元本の確定は回避することが望ましい。しかし、設定日から3年経過後は、借入人は元本確定請求権を有し（根抵当権について民法398条の19第1項）、この権利は特約により奪うことはできないと解されているため[注68]、借入人が元本確定請求を行おうとした場合、これを完全に禁止することは難しい。もっとも、ローン契約において根担保権の元本の確定請求を期限の利益喪失事由としておくことにより、元本確定請求権の行使を抑止できると考えられる。

　少なくとも国内のプロジェクト・ファイナンスにおいては、アレンジャーを務める金融機関が、（ターム・ローンの）貸付人、貸付人を代表するエージェントおよび金利スワップ提供者を兼ねることが多い。この点、前記3つ

　　　本評論社、2016）639頁以下。
[注67]　特定債権のみを被担保債権とする根抵当権設定登記は無効と判断した裁判例がある（盛岡地判平成元・9・28判タ714号184頁）。
[注68]　我妻ほか・前掲注66）673頁。もっとも、有効性については疑義があり得るとしても、根担保権設定契約においては、元本確定請求を行わない旨のコベナンツが規定されることが通常である。

の立場に基づく債権のうち、ターム・ローン債権およびエージェント・フィーに係る債権は特定債権、金利スワップ債権は不特定債権と考えられるため、1つの主体が、被担保債権として特定債権と不特定債権を保有する状態となる。この場合、担保設定の方法としては、普通担保と根担保の区別に忠実に、金利スワップ債権については根担保権、その他の債権については普通担保権を設定する方法、または、被担保債権に不特定債権が含まれる以上、全体として不特定債権であるという考えに基づき、すべての被担保債権に対して1つの根担保権を設定する方法が考えられる。

また、他の貸付人との関係で、担保権を個別同順位で設定するか、1つの担保権を準共有するかという問題がある。この点、根担保権の準共有については、持分の譲渡に他の準共有者の同意が必要となる（根抵当権について民法398条の14第2項）等、譲渡性に制限がかかる点にデメリットがある。他方、個別同順位設定の場合は、各担保権者が個別に担保権を有するため、準共有の場合のような譲渡性の制限はない。そのため、国内案件においては、金利スワップ提供者に対して根担保権、その他の担保権者に対して普通担保権を、それぞれ個別同順位で設定している事例が比較的多いように思われる。もっとも、根抵当権および抵当権を個別同順位で設定する場合に、抵当権設定契約に記載される抵当権の被担保債権と登記される被担保債権が完全に一致しないこととなるときは、対抗要件具備に疑義が生じ得るため、この点を回避する方策として、根抵当権の準共有が選択されることもある[注69]。なお、根

注69) 担保関連契約においては、被担保債権は「融資（ファイナンス）関連契約に基づき現在有しおよび将来取得する一切の債権」などと記載されることが多いが、普通抵当権の登記においては被担保債権の金額を記載する必要がある。そのため、あらゆる債権を包含し得る「一切の債権」という記載に比べて、具体的な債権額を記載する登記上の被担保債権の記載のほうが狭くなり得る。この点、契約上の被担保債権の記載を登記と同様となるように調整する方法もあるが、他の担保関連契約との平仄は合わなくなる。また、ローン契約ではTIBORやLIBOR等の変動利率が採用されることが多いが、登記実務上、変動利率を登記することはできないため、この点でも契約書と登記に差異が生じ得る。これらの差異により、少なくとも被担保債権の一部について、対抗要件具備に疑義が生じ得ると考えられるため、法律意見書においても留保事項等とされる可能性がある。他方、根抵当権の準共有とした場合、登記においては極度額を記載すれば足り、また、被担保債権の範囲としても、ローン契約を特定した上で、「ローン契約に定義される融資関連契約」と記載でき（登

担保権の設定が不要な場合、普通抵当権は設定段階における準共有はできないと解されているため[注70]、個別同順位で設定することになる。また、譲渡担保権については、いわゆる所有権的構成で考えた場合に、個別同順位設定を観念することは難しいことから、準共有で設定されることが一般的である。

(iii) 担保関連契約の種類と個別の論点

担保関連契約の種類については案件により異なるが、通常締結されることの多い担保関連契約としては以下のものがある[注71]。

① プロジェクト関連契約に係る債権(根)質権設定契約
② プロジェクト関連契約に係る地位譲渡予約契約
③ 預金債権(根)質権設定契約
④ 保険金請求権(根)質権設定契約
⑤ 動産(根)譲渡担保権設定契約
⑥ 株式(根)質権設定契約（借入人が株式会社の場合）
⑦ 社員持分(根)質権設定契約（借入人が合同会社の場合）
⑧ 工場財団(根)抵当権設定契約

債権については質権を設定することが比較的多いため[注72]、前記では「質権設定契約」と記載しているが、譲渡担保権の設定も可能である。後述するように、賃借権に対する質権については不動産質権の規定が準用されるという見解もあることから、譲渡担保権が選択されることもある。なお、メザニン・ローンの調達も行う案件では、シニア貸付人に第1順位の担保権が設定され、メザニン貸付人に第2順位の担保権が設定される。以下では、前記各

記実例もある)、さらに、利率の登記も不要であるため、契約と登記の差異が生じない。この点を踏まえて、多少譲渡の容易性を犠牲にしても、根抵当権の準共有が選択されることがある。なお、登記を必要としない根質権においては、このような問題は生じないため、個別同順位設定とされることが多い。

注70) 枇杷田泰助「抵当権における準共有の成立」金法195号（1959）6頁。
注71) その他、スポンサーが借入人に劣後ローンを拠出する場合に、当該劣後貸付債権を担保対象として締結される劣後貸付債権(根)質権設定契約、借入人が匿名組合出資を受ける場合に、当該匿名組合出資持分を担保対象として締結される匿名組合出資持分(根)質権設定契約、借入人が事業用地の所有権を取得する場合に締結される土地(根)抵当権設定契約等がある。
注72) 質権は典型担保として民法に規定があるのに対し、譲渡担保権は非典型担保として判例上形成されたものであるため、質権のほうが法的安定性が高いこと等による。

契約について、それぞれ論点となり得るポイントを説明する。なお、プロジェクト関連契約に係る地位譲渡予約契約については、担保関連契約に含められるものの、厳密には担保権ではなく、ステップ・インを目的とする契約上の地位の譲渡予約であり、若干性格を異にする。詳細は後述する。

(a) **プロジェクト関連契約に係る債権(根)質権設定契約**

プロジェクト関連契約に基づき借入人が相手方当事者に対して有する債権に対して根質権または質権を設定する契約であり、原則としてすべてのプロジェクト関連契約を対象とするが、個別の事情により担保対象から除外される契約もある。また、事業用地に土地利用権を設定する場合、賃借権設定契約や地上権設定契約もプロジェクト関連契約であるが、土地利用権自体（賃借権や地上権）については、登記が必要となるなど対抗要件具備手続が異なることもあり、本契約とは別途、担保権設定契約[注73]を締結するのが一般的である。また、保険契約についても、プロジェクト関連契約に含まれるものの、保険契約の継続、更新等の特殊性があるため、保険金請求権(根)質権設定契約が別途締結されることが通常である。なお、プロジェクト関連契約において譲渡・担保設定禁止特約が規定されている場合は、契約締結前であれば、貸付人への担保設定や担保実行に基づく譲渡は許容する旨の文言を追記しておくことが有用であり、他方、何らかの事情により当該特約が契約締結後に発覚したような場合であれば、前記の旨の変更契約を行うか、貸付人へ

注73) 地上権については抵当権が設定される（民369条2項）。賃借権への担保設定については質権と譲渡担保権が考えられるが、質権設定については、指名債権質と捉える説が一般的であるものの、賃借権の物権化に鑑み、不動産質に関する規定が準用されるという説もあり（水本浩「借地権の担保」NBL266号〔1982〕12頁、米倉明ほか編『金融担保法講座(4)』〔筑摩書房、1986〕49頁）、後者の説に従う場合は、民法360条1項の準用により質権の存続期間は10年を超えることができず、また、賃借地の占有を質権者に移すことが必要とされるため、プロジェクト・ファイナンスにおいて用いることは難しくなる。他方、譲渡担保権についてはこのような問題はないため、譲渡担保権が設定されることもあるが、譲渡担保権についても、担保目的ではあるが、貸付人が賃借権を取得すると解され貸付人に賃料支払義務が生じないか、賃借権を譲渡した借入人の土地の使用権限が不明確にならないかといった懸念が生じ得る。譲渡担保権設定契約においては、貸付人が土地および賃借権を自ら使用収益するものではない旨や、貸付人は借入人の債務を何ら引き受けるものではない旨を明示的に規定することもある。

の担保設定について承諾を個別に取得する等の対応が必要となる。

権利質の対抗要件具備の方法は債権譲渡に準じることから（民364条）、対抗要件具備のため、第三債務者である各プロジェクト関係者から質権設定について異議なき承諾を取得し、確定日付を付すことが一般的である。承諾書の様式は、質権設定契約に別紙として添付されることが多いが、当該様式について第三債務者との事前の調整も必要である。また、この承諾書に、プロジェクト関連契約を変更する場合は貸付人の承諾を得る旨や、プロジェクト関連契約を解除する場合は貸付人に治癒の機会を与える旨等も記載した上で承諾をとり、後述する直接協定と同様の意味をもたせるよう意図されることもある。

対抗要件の具備に関し、数年ごとに第三債務者から承諾書を取得し直す旨の規定が置かれることがある。これは、将来債権の譲渡の有効性に係る最高裁判例[注74]において、長期にわたる将来債権の包括的譲渡の有効性を承認しつつ、特段の事情が認められる場合には、債権譲渡契約の効力の全部または一部が否定されることがある旨[注75]判示されたことを踏まえ、数年ごとに対抗要件を更新することによって、将来債権に対する質権設定の有効性を高めることを意図するものと考えられている。

(b) プロジェクト関連契約に係る地位譲渡予約契約

プロジェクト関連契約上で借入人が有する契約上の地位に対して貸付人が地位譲渡に係る予約完結権を設定する契約であり、期限の利益が喪失した場合など、一定の事由が生じた場合に貸付人が予約完結権を行使できるとする

注74) 最判平成11・1・29民集53巻1号151頁。
注75) 関係部分を引用すると以下の通りである。
　「契約締結時における譲渡人の資産状況、右当時における譲渡人の営業等の推移に関する見込み、契約内容、契約が締結された経緯等を総合的に考慮し、将来の一定期間内に発生すべき債権を目的とする債権譲渡契約について、右期間の長さ等の契約内容が譲渡人の営業活動等に対して社会通念に照らし相当とされる範囲を著しく逸脱する制限を加え、又は他の債権者に不当な不利益を与えるものであると見られるなどの特段の事情の認められる場合には、右契約は公序良俗に反するなどとして、その効力の全部又は一部が否定されることがあるものというべきである」。
　プロジェクト・キャッシュ・フローのみに依拠した融資であるというプロジェクト・ファイナンスの特殊性を考慮すれば、長期の事業期間にわたる担保設定であっても前記特段の事情が認定される可能性は極めて低いようには思われる。

契約である。前記の通り、地位譲渡に係る予約完結権の設定は担保権の設定ではないため、対抗要件具備という概念もないが、実務上は、債権質と同様に、予約完結権の設定時において第三債務者から確定日付ある承諾書を取得する。また、地位譲渡予約完結権が行使された場合は、あらためて承諾書を取得することされる。対象とするプロジェクト関連契約については、プロジェクト関連契約に係る債権(根)質権設定契約と同様とされることが多い。

プロジェクト関連契約上の地位には債権も含まれるため、前述の債権(根)質権設定契約と重複するようにも思われるが、地位譲渡予約は契約上の地位の譲渡について予約完結権を設定するのみであり、対抗要件制度もないことから、予約完結権の行使前に現れた第三者に対抗することはできない。そのため、地位譲渡予約契約に加えて債権(根)質権設定契約も締結し、プロジェクト関連契約上の債権については対抗力ある担保権を設定して、貸付人の優先権を確保しておく必要がある。他方で、債権(根)質権設定契約のみでは、貸付人主導で契約上の地位を移転させることまではできないため、円滑なステップ・インのために地位譲渡予約契約も必要となる。

(c) 預金債権(根)質権設定契約

プロジェクト関連口座に係る預金債権に対して根質権または質権を設定する契約である。スポンサーへの配当資金を入金する借入人口座（リリース口座と呼ばれることもある）は担保対象外とされることが多い。

定期預金等の口座残高の変動が想定されていない口座については、質権設定の有効性に争いはないが、口座残高が日々変動する普通預金については、質権設定後に預けられた金銭に対する質権の有効性について議論があり、確立した判例も存在していない。もっとも、プロジェクト・ファイナンスにおいて、借入人の普通預金口座は、唯一の返済原資であるプロジェクト・キャッシュ・フローが入金される重要な資産であることから、実務上は、その有効性を前提として担保設定がなされている[注76]。

注76) 普通預金債権への質権設定について肯定的な学説としては、道垣内弘人「普通預金の担保化の有効性について」『典型担保法の諸相』（有斐閣、2013）118頁、森田宏樹「普通預金の担保化・再論」道垣内弘人ほか編『信託取引と民法法理』（有斐閣、2003）299頁等がある。道垣内論文において、「当該預金がまったく出し入れが自由であり、実行時の債権額はまったく偶然によって定まるとするならば、『排他的支

なお、プロジェクト関連口座の開設銀行が貸付人でもある場合、相殺によって回収を図ることも可能である（相殺の担保的機能）。この場合、通常、相殺を行った貸付人は、他の貸付人の貸付債権を買い取る方法により、相殺の利益を貸付人間で共有することになる[注77]。

(d) **保険金請求権(根)質権設定契約**

　保険契約に基づき借入人が有する保険金請求権、解約返戻金請求権等に対して根質権または質権を設定する契約である。なお、借入人がプロジェクトに関して締結する保険契約の中には、責任保険契約[注78]が含まれることがあるが、保険法上、被害者保護の観点から、責任保険契約に基づき保険給付を請求する権利については質権設定が禁止されているため（保険22条3項）、責任保険契約は担保の対象から除外される。

　保険契約によっては、事業期間中に更新、継続、更改等が必要となることがある。その場合、借入人は、当該保険契約の期間満了前に必要な手続を行う義務を負う。更新、継続、更改等がなされた保険契約に対しては、新たに保険契約が締結された場合と同様に扱い、あらためて追加担保設定および対抗要件具備の手続を経ることとされることが多い。対抗要件の具備については前述のプロジェクト関連契約に係る債権(根)質権設定契約と同様、保険会社から異議なき承諾を取得し確定日付を付すことになるが、保険会社は質権設定に係る承諾書について独自の様式を保有しており当該様式の使用を要求する場合もあるので留意する必要がある。

(e) **動産(根)譲渡担保権設定契約**

　借入人が保有するプロジェクトに関する動産に対して譲渡担保権を設定する契約である。動産に対する担保権については質権と譲渡担保権が考えられ

　　　配』の対象として十分な特定性はないというべきであろう」とした上、契約により一定額を常に口座内にとどめておく義務が課されている普通預金等について特定性が肯定的に論じられていることを踏まえ、プロジェクト・ファイナンスのローン契約においては、担保対象となるプロジェクト関連口座について一定額（1000円とされることが多い）の残高維持義務を課し、普通預金債権への担保設定の有効性を高めることが意図されている（前述の通り、CPやコベナンツに規定される）。

注77）　JSLAタームローン19条1項・20条1項も参照。
注78）　損害保険契約のうち、被保険者が損害賠償の責任を負うことによって生ずることのある損害を塡補するものをいう（保険17条2項）。

るが、質権の場合は質権者による対象動産の占有が必要となり、また、占有改定による引渡しは認められないため（民345条）、借入人が当該動産を用いてプロジェクトを実施する必要のあるプロジェクト・ファイナンスにおいては採用できず、譲渡担保権が選択される。

　個々の動産に譲渡担保権を設定する方法もあるが、判例上、構成部分の変動する集合動産について１個の集合物として譲渡担保権を設定する方法も許容されており[注79]、後者の方法により事業用地上に存在する動産に対して集合動産として譲渡担保権が設定されることが多い。この場合、契約書において担保対象となる集合物を十分に特定する必要があるが、特定された集合物に該当する限り、担保権設定後に特定の所在場所に搬入された動産に対しても担保権が及ぶため、あらためて担保設定手続を踏む必要がない。他方、特定の所在場所から搬出された動産には担保権が及ばなくなる点には留意する必要がある。

　対抗要件具備については、引渡しまたは動産譲渡登記のいずれかによる。引渡しについては占有改定（民183条）や指図による占有移転（同法184条）による引渡しも可能であるため、契約上でその旨が確認され、対抗要件が具備されたものとされることが多い。この場合、通常、契約書に確定日付が付される。もっとも、現実の引渡しがなされていない状態では第三者に対する公示の効果が乏しいことから、動産譲渡登記が併用されることもあり、さらに、明認方法により所有者を公示する義務が課されることもある。

(f)　株式（根）質権設定契約

　借入人が株式会社である場合に、スポンサーの保有する借入人の株式に対して根質権または質権を設定する契約である。借入人が株券発行会社[注80]である場合、質権設定を合意の上、株券を交付することより質権の効力が発生し（会社146条２項）、質権者による当該株券の占有継続が会社その他の第三

注79)　最判昭和54・２・15民集33巻１号51頁は、「構成部分の変動する集合動産についても、その種類、所在場所及び量的範囲を指定するなどなんらかの方法で目的物の範囲が特定される場合には、一個の集合物として譲渡担保の目的となりうる」と判示している。

注80)　その株式（種類株式発行会社にあっては、全部の種類の株式）に係る株券を発行する旨の定款の定めがある株式会社をいう（会社117条７項）。

者への対抗要件となる（同法147条2項）。株主名簿への登録は必須ではなく、登録を行わない場合、略式株式質と呼ばれる。貸付人が複数存在する場合には、貸付人を代表するエージェントが全貸付人のために株券を占有する方法により、全貸付人が対抗要件を具備する。もっとも、株主名簿に登録することも可能である。他方、借入人が株券不発行会社である場合、質権設定の合意により質権設定は有効となり、質権者の氏名または名称および住所を株主名簿に記載し、または記録することが会社その他の第三者に対する対抗要件となる（同条1項）。前述の略式株式質に対して、登録株式質と呼ばれる。登録質権者は、会社から直接剰余金の配当等の金銭を受領し、他の債権者に先立って自己の債権に充当できる（同法152条ないし154条）。この点、プロジェクト・ファイナンスにおいては、借入人を株券発行会社とし、略式株式質を設定する事例が多いように思われる。これは、対抗要件具備が容易であることに加え、プロジェクト・ファイナンスにおいては、スポンサーへの剰余金の配当は、厳格な配当テストを経た上で実施されるため、貸付人は、原則として剰余金の配当をローンの返済として充当する意向は有しないと考えられ、前記登録株式質に認められる権利に関心が薄いことも影響しているように思われる。もっとも、貸付人が要請した場合には登録株式質とする義務が課されていることも多い。

　また、プロジェクト・ファイナンスにおいては、借入人は譲渡制限会社とされることが多いが、譲渡制限会社においては、株式に対する質権が実行され、株式が譲受人に譲渡される場合、当該譲渡につき借入人の取締役会あるいは株主総会等の承認が必要とされる。しかし、担保実行がなされる局面においては、借入人の譲渡承認手続が遅滞する可能性等もあることから、貸付人は、借入人の定款にて、株式が質権実行により譲渡される場合は、当該譲渡に係る承認があったものとみなす旨の規定（会社107条2項1号ロを参照）を置くことを要請するのが一般的である（「みなし承認規定」等と呼ばれ、CPとされることもある）。

　(g)　社員持分(根)質権設定契約

　借入人が合同会社である場合に、借入人の社員持分に対して根質権または質権を設定する契約である。前述の株式質とは異なり、会社法に明文の規定

第1節　プロジェクト・ファイナンスの基本構造

がないものの、社員持分の譲渡は想定されており（会社585条）、財産的価値を有するため、質権の設定も可能であると考えられている[注81]。対抗要件具備については、実務上、権利質と同様に、質権設定について借入人の確定日付ある承諾を取得する方法がとられることが一般的であるが、質権設定者以外にも借入人の社員が存在する場合は、会社法上、社員持分の譲渡には他の社員全員の承諾が必要とされていることを踏まえ、当該他の社員の承諾も取得することが多い。

(h)　**工場財団(根)抵当権設定契約**

プロジェクトに係る資産に包括的に担保設定する方法として、工場抵当法に基づく工場財団抵当権がある[注82]。工場財団抵当権の設定は、①工場財団の組成と②当該工場財団への抵当権設定という過程を経る。①工場財団の組成について、工場財団の組成物件とできる資産は工場抵当法11条に限定列挙されており[注83]、これに該当しない資産は工場財団抵当権によって担保設定することはできない。また、限定列挙されている資産であっても、他人の権利の目的となっている資産については組成物件とすることができない（工抵13条1項）。工場財団は、工場財団の所有権保存登記により成立する（同法9条）。②当該工場財団への抵当権設定について、所有権保存登記後6か月以内に抵当権の設定登記がなされない場合は、所有権保存登記は失効するため（同法10条）、留意する必要がある。法務局により対応が異なることもあるようであるが、工場財団抵当権の設定は、工場財団の組成後、すなわち所有権

注81)　新基本法コンメ(3)15頁［今泉邦子］。もっとも、社員持分への質権設定の有効性や対抗要件具備については、会社法上明文の規定がない上、この点を明確に判断した判例も存在しないため、法律意見書においては、意見を述べないまたは留保事項を付すといった対応がなされることが多い。

注82)　工場抵当法は、工場財団抵当権とは別に工場抵当権についても規定しているが、その設定には、設定者が工場（土地を含む）の所有者である必要がある。プロジェクト・ファイナンスにおいては、借入人が土地利用権の設定を受けて事業用地を使用する事例が多いが、工場抵当権はこのような場合には用いることができないこともあり、工場財団抵当権が用いられることが多い。

注83)　具体的には、「工場ニ属スル土地及工作物、機械、器具、電柱、電線、配置諸管、軌条其ノ他ノ附属物、地上権、賃貸人ノ承諾アルトキハ物ノ賃借権、工業所有権、ダム所有権」である。

保存登記後に初めて可能となると考えられており[注84]、工場財団(根)抵当権設定契約の締結日は、工場財団の所有権保存登記の日付よりも後となるよう指摘される場合もある。

　工場財団抵当権を検討する場合、登記または登録制度がない動産を工場財団に組み入れる場合に必要となる公告（工抵24条1項）に負担感を感じる当事者が多い。登記または登録制度がない動産は、他人の権利や差押等の対象となっているか否かを確認する方法がないため、官報による公告が必要とされており、公告期間は1か月以上3か月以下とされている。当該期間中に権利者からの申出がない場合は、他人の権利はないものとみなされ、差押等も失効する（同法25条）。最低でも1か月の公告が必要となり、円滑な担保設定が困難な点に問題がある。この問題に対応するために、工場財団の組成時においては動産を組み入れないという方法がとられることがある。すなわち、公告が必要となる動産以外の組成物件で工場財団を組成し、後から当該動産を組成済の工場財団に追加する方法をとれば、工場財団の組成時には前記公告は不要となるため、動産以外の組成物件については比較的速やかに担保設定を行うことが可能となる。また、動産についても、工場財団が組成されるまでの間は譲渡担保権を設定しておけば、無担保となることはない。なお、この譲渡担保権は、前述の通り、権利者である担保権者が、動産の財団組入れに係る公告期間中に権利申出を行わない場合は、公告期間の満了をもって存在しないものとみなされるため、特段消滅させる手続をとる必要はないと考えられる。

　また、この公告手続は、工場財団に新しい動産が組み込まれる都度実施する必要があるため（工抵43条）、管理に手間がかかるという問題もある。この問題に対応するために、工場財団抵当権を用いる事例においても、事業期

注84）「所有権保存の登記がされる前に、工場財団を組成し、財団抵当権を設定する合意をしても、財団抵当権の効力を生じない」とするものとして、酒井栄治『工場抵当法』（第一法規出版、1988）98頁がある。もっとも、前記部分に続けて「所有権保存の登記がされたときに財団抵当権を設定するという意味の債権的な契約は、有効と解される」とも記載されており（香川保一編著『〔新訂〕不動産登記書式精義(下)(2)』〔テイハン、1998〕1365頁にも同趣旨の記載がある）、理論上は、所有権保存登記前に抵当権設定契約を締結することは妨げられないようにも思われるが、登記上の取扱いは別途確認する必要がある。

間中に交換が予定される動産については、工場財団に組み入れずに、別途動産譲渡担保権を設定するという方法がとられることもある。前述の通り、交換が予定される動産については集合物として譲渡担保権を設定しておけば、動産が特定されている限り、交換等により動産が新たに搬入された場合でも自動的に担保権の効力を及ばせることができる。

工場財団抵当権は設定が必須の担保権ではなく、例えば、土地利用権への担保権と動産への担保権を併用することで、工場財団抵当権とほぼ同様の範囲をカバーすることは可能である。前述のように工場財団抵当権は必ずしも使い勝手のよいものではないため、工場財団抵当権を使用しない方法が検討されることもあるが、土地利用権が賃借権の場合は、前述の通り、質権にも譲渡担保権にも懸念点があり、また、工場財団を組成するプロジェクトの資産がすべて「動産」として担保設定が可能なのか、という問題もあり得るため、工場財団抵当権を用いて包括的に担保設定できることは1つのメリットであり、前述のように、集合動産譲渡担保と併用して工場財団抵当権が設定される事例が多いように思われる。

(5) 優先劣後構造となる場合

プロジェクト・ファイナンスにおける資金調達方法として、①特にプロジェクト・コストが多額となる場合においてメザニン・ローンを活用するケース、および、②スポンサーからのエクイティ性資金として出資金に加えて劣後ローンまたは劣後社債が提供されるケースがある。今まで論じてきたローンは、金融機関から調達するシニア・ローンを念頭に置いているが、①のメザニン・ローンとは、シニア・ローンよりは支払順位が劣後する一方で、スポンサーからのエクイティ性資金よりは優先するという意味で、いわゆるmezzanine（中二階）に位置するローンの形態であり、金融機関等が貸付人となることが想定されるものである。一方、②のスポンサーによる劣後ローンあるいは劣後社債は、スポンサーからのエクイティ性資金として拠出されるものであり、支払順位はスポンサーへの剰余金配当と同等とすることを念頭に置いた資金調達となる。①および②のいずれの場合においても、シニア・ローンとの優先劣後関係が生じるため、シニア・ローンの貸付人である

金融機関とメザニン・ローンの貸付人あるいはスポンサーとの間において優先劣後関係を規定するファイナンス関連契約が別に必要となる。

　このように優先劣後関係の異なる複数の債権者が存在する場合、当該債権者間で、優先劣後債権者間契約を締結し、優先劣後関係や劣後債権者の義務等について合意がなされる。具体的には、劣後債権者の誓約事項として、優先債権者の貸付義務が消滅し、かつ、優先ローンが完済されるまでの間、①ファイナンス関連契約の規定に違反して借入人から弁済の受領や相殺を行わない旨、②当該誓約に違反した場合、当該金額を直ちに優先債権者に引き渡す旨、③借入人の倒産時に劣後債権について支払を受けるための必要な措置を講じ、受領した金銭等を優先債権者に引き渡す旨などが規定される。また、当該期間中は、劣後債権者は優先ローンについて代位することも禁止される。

(i) 優先劣後構造の種類

　優先劣後構造を作るための契約上の建付けや、優先劣後構造の内容は、各プロジェクトにおける当事者間の意向によってさまざまであるが、プロジェクト・ファイナンスにおける特徴としては、プロジェクト・キャッシュ・フロー充当規程の存在がある。プロジェクト・ファイナンスはキャッシュ・フローに依拠したファイナンスであるため、借入人の資金を管理するための銀行口座を複数開設し、それらの銀行口座間において資金振替の順位を定めることでいわゆるキャッシュ・ウォーターフォールを作り出し、当該キャッシュ・ウォーターフォールを定めるプロジェクト・キャッシュ・フロー充当規程に基づいて資金を管理するのが一般的な建付けであることは前述の通りである。この点、シニア・ローンしか存在しない通常のプロジェクトにおいては、一般的に、①公租公課の支払、②プロジェクトを操業するための必要費用の支払、③シニア・ローンへの元利金支払、④シニア・ローン返済のための準備金積立て、⑤その他の対象プロジェクトに特有の各種準備金の積立てを行った上で、なお余剰がある場合には、一定の条件（配当テスト）を充足することを条件として、当該余剰金を、⑥スポンサーの裁量により管理（払出し）が可能なスポンサーリリース口座へ振り替えるとの順番になる（スポンサーに対する剰余金配当も、このスポンサーリリース口座内の資金からのみ許されることになる）。そこで、前述のメザニン・ローンを利用するプロジェ

クトにおいては、メザニン・ローンへの利息および元本を前述のキャッシュ・ウォーターフォール上でいずれの順位に位置付けるかにより優先劣後構造が変わることとなる。例えば、「シニア・ローンの利息→メザニン・ローンの利息→シニア・ローンの元本→メザニン・ローンの元本」の順番で返済を行うようにする建付けもあり得るであろうし、「シニア・ローンの利息→シニア・ローンの元本→メザニン・ローンの利息→メザニン・ローンの元本」の順番で返済を行うようにする建付けもあり得るであろう。一方で、スポンサーからの劣後ローンまたは劣後社債については、その性質がスポンサーからのエクイティ性資金の一環である以上は、劣後ローン／劣後社債への返済は、前述のキャッシュ・ウォーターフォール上でいうスポンサー・リリース口座内の資金からのみ許されるとの建付けとするのが論理的であることとなる。

　このように、プロジェクト・ファイナンスにおいてはプロジェクト・キャッシュ・フロー充当規程があるため、シニア・ローン、メザニン・ローンおよびスポンサーからの劣後ローン／劣後社債の間の優先劣後構造は、プロジェクト・キャッシュ・フロー充当規程におけるキャッシュ・ウォーターフォールの順番の中で、それぞれをどの順番に位置付けるかで取り決めることとなるが、借入人に対して法的倒産手続が開始された場合の取扱いについては別途の考慮が必要となる。すなわち、法的倒産手続が開始された場合の取扱いについては、いわゆる絶対劣後構成と相対劣後構成がある。絶対劣後とは、すべての債権者との関係で劣後する場合であり、典型的な場合が約定劣後破産債権（破99条2項）とする場合である。これに対して、相対劣後とは、債権者間合意により創出される優先債権者と劣後債権者の間のみの優先劣後関係であり、劣後債権者は他の一般債権者とは同順位となる[注85]。借入人が破綻した場合、借入人の管財人は債権者を債権額に応じて平等に扱うこととなり、相対劣後の場合には、管財人に対して優先劣後関係を主張できず、劣後債権者も優先債権者と同順位で債権の弁済を受けることになる。もっとも、劣後債権者および優先債権者の間では、劣後債権者が受領した金銭を優

注85）　笹山幸嗣＝村岡香奈子『M&Aファイナンス〔第2版〕』（金融財政事情研究会、2008）134頁参照。

先債権者に引き渡すとの合意は有効であり、かかる合意に従って劣後債権者は優先債権者に金銭を引き渡すことになる。すなわち、優先債権者は劣後債権者のクレジット・リスクをとる必要があるが、劣後債権者も同順位で配当を受けた上で優先債権者に引き渡すことになることから、結果的には絶対劣後の場合に比べ回収額が結果的に多くなるということも発生し得る[注86]。

(ⅱ) **貸金業法規制**

スポンサーが劣後ローンの貸出を行う場合において、当該スポンサーが貸金業法上の貸金業登録を有しない場合、貸金業の登録を要するか否かが問題となる。この点、貸金業法3条1項は、貸金業を営もうとする者に貸金業登録を要求するが、ここでいう「貸金業」とは、「金銭の貸付け又は金銭の貸借の媒介(手形の割引、売渡担保その他これらに類する方法によってする金銭の交付又は当該方法によってする金銭の授受の媒介を含む。)で業として行うものをいう」と定義されている(貸金業2条1項)。ここでいう「業として」とは、反復継続の意思をもって貸付けを行うことをいい、営利目的の有無を問わないとされている[注87]。劣後ローンの貸出が1回のみである場合には、「業として」行うものではなく、貸金業登録は不要との解釈もあり得るが、一度の貸付けでも反復継続の意思が認められる場合には、1回目の貸付けから「業として」行うものであるとの結論になり得るため[注88]、複数のプロジェクトに関与するスポンサーや特定のプロジェクトであっても貸付けの実行が複数回となる場合には、「貸金業」に該当すると解釈するのが保守的である。

もっとも、2014年4月1日に、グループ会社間の貸付けおよび共同出資者からの合弁会社への貸付けを、貸金業規制の適用除外とするための貸金業法施行令および貸金業法施行規則の改正が行われている。すなわち、現行の貸金業法上では、貸金業法2条1項5号・貸金業法施行令1条の2第6号に基づき、自らが議決権の過半数を保有する子会社や(総出資者の同意を得るなど一定の条件を充足することを条件として)自らが議決権の20%以上を保有して

注86) 笹山＝村岡・前掲注85) 135頁参照。
注87) 森泉章編著『新・貸金業規制法〔第2版〕』(勁草書房、2006) 69頁参照。
注88) 森泉編著・前掲注87) 69頁は、反復継続の営業の意思が認められる場合には、一度の貸付けでも「業として行う」に当たるとする。

他の会社と経営を共同して支配する合弁会社に対する貸付けのみを行う場合には貸金業登録が不要とされており、プロジェクト・ファイナンスにおける借入人を合弁会社として設立する場合においても、当該適用除外規定を利用できる可能性がある。

(6) 債権者間契約

前述の優先劣後債権者間契約と似て非なるものとして債権者間契約（担保権者間契約と呼ばれることもある）がある。プロジェクト・ファイナンスにおいては、ローンの調達金額が大きくなることが多く、複数の金融機関が共同で融資を実施するシンジケート・ローンのかたちとなることが一般的である。また、貸付人となる金融機関のほかに、貸付人を代表するエージェントや金利スワップ提供者となる金融機関も存在する。そこで、これらの金融機関の間での意思結集（Voting）の内容・方法についてあらかじめ合意しておく必要がある。また、複数の貸付人のうち一部の貸付人のみが抜け駆け的なかたちで弁済を受けることは禁止し、貸付人間での貸付金額に応じた均等な弁済充当を確保する必要もある。債権者間契約は、優先劣後構造を確認するものではなく、同順位の金融機関の間でのルールを合意するものである点で優先劣後債権者間契約とは異なる。なお、債権者間契約を締結せずに、意思結集方法等についてもローン契約にて規定することもある一方[注89]、借入人を当事者とせずに金融機関のみを当事者として債権者間契約を作成することもある。債権者間の意思結集の基準については、全会一致事項、特別多数意思決定事項、過半数決定事項、エージェントの裁量事項などに分類されることが多く、詳細は案件ごとの交渉事項である。具体的な意思結集の方法（書面投票の手続など）についても債権者間契約に規定される。

エージェントや金利スワップ提供者といった貸付人以外の金融機関に投票権を与えるかどうかについては案件によって取扱いが異なるが、一切与えない場合もある。もっとも、前述の通り、国内案件においては、アレンジャーを務める金融機関が、貸付人、エージェントおよび金利スワップ提供者の三者の立場を兼ねることが多く、また、その貸付金額もシンジケート団の中で

注89) JSRAタームローン20条・23条を参照。

第8章　プロジェクト・ファイナンス

主要な割合を占めることが多いため、エージェント・金利スワップ提供者としての投票権を持たなくとも、貸付人としての立場で意思を反映できる立場にあることが多い。なお、エージェントや金利スワップ提供者に投票権を与えない場合であっても、エージェントや金利スワップ提供者に重大な不利益を生じさせる決定を行う場合には、エージェントや金利スワップ提供者の承諾が必要とされることもある。

その他、意思結集事項のほかには、弁済充当に関して、エージェントを通じてのみ行うものとし、貸付人が直接弁済を受領した場合は、同額をエージェントに交付する旨など、また、担保権に関して、エージェントに担保関連契約を締結する代理権を付与する旨や担保権を実行する場合の手続などが規定されることが一般的である。

(7) 直接協定

プロジェクト関連契約が維持されることはプロジェクトの継続に不可欠であり、貸付人にとって重大な関心事であるため、貸付人はプロジェクト関連契約の相手方（プロジェクト関係者）との間で直接協定を締結することにより、プロジェクト関連契約の継続を確保することを望む。具体的には、プロジェクト関係者の義務として、プロジェクト関連契約を変更しようとする場合には貸付人の事前承諾を得ること、プロジェクト関連契約を解除しようとする場合には貸付人に通知し、貸付人に解除事由を治癒するための猶予期間を与えること、などが直接協定に規定されることになる。すべてのプロジェクト関係者との間で直接協定の締結が想定されているわけではなく、重要なプロジェクト関連契約の相手方との間での締結が想定されている[注90]。

直接協定の内容が一方的にプロジェクト関係者に義務を課すのみの場合、プロジェクト関係者にとっては、貸付人と直接協定を締結するメリットが希薄であり、また、直接的な関係のない貸付人との間で契約を締結することに対して抵抗感を示すこともあるため、プロジェクト・ファイナンスを実施す

注90)　直接協定を締結しない場合でも、担保設定の対抗要件具備のために、担保対象となるプロジェクト関連契約の各当事者からは承諾書を取得するため、当該承諾書において、本来直接協定に記載される内容を合わせて記載し、直接協定と同様の効果を確保できるよう工夫されている事例もある。

る上での必要性を説明し、理解を得る必要がある。他方、PFI案件においては、発注者である公共機関と貸付人の間で直接協定が締結されるが、公共機関は貸付人の義務についても規定することを要請する。具体的には、公共機関に対するローン契約の提出、ローン契約上の期限の利益喪失事由が生じた場合の通知・協議、担保権実行前の公共機関の承諾取得などが規定される。公共機関の義務としては、事業契約に基づく違約金を請求する場合やサービス対価を減額する場合、事業契約を解除しようとする場合等の貸付人への通知・協議、担保権設定への協力（承諾書の様式が別紙として添付されることが多い）[注91]などが規定される。

(8) プロジェクト・ボンド

プロジェクト・ボンドとは、プロジェクトの資金調達のためにキャピタル・マーケットで発行される証券である。プロジェクト・ボンドは一般的には、直接キャピタル・マーケットにアクセスすることにより、（他の条件が同じであれば）金融機関を通じた間接金融より安価に資金調達でき、また、従来の資金提供者以外の投資家から資金調達ができるというメリットがある[注92]。

近年、海外プロジェクトにおいては、プロジェクト・ボンドによる機関投資家からのニーズが高まり、インフラ事業の資金調達手段としても発行が増加している[注93]・[注94]。

注91) 事業契約において、借入人の事業契約上の債権および地位の譲渡が禁止されている場合や、事業契約締結前にスポンサーと公共機関の間で締結される基本協定書において、スポンサーの保有する借入人の株式や借入人に対する劣後ローンの譲渡・担保設定が禁止されている場合、貸付人への担保設定に当たって公共機関の事前承諾を得る必要がある。また、これとは別に、事業契約に基づく債権への（根）質権設定や地位譲渡予約に当たり、公共機関から承諾書を取得する必要がある。なお、公共機関が発出する承諾書は、公証人役場で確定日付を取得するまでもなく、確定日付のある文書として取り扱われる（民法施行法5条1項5号）。
注92) Vinterほか・前掲注45) 249頁。
注93) 2012年8月30日付け日刊建設工業新聞インフラ海外展開。
注94) 従前、PFI事業および国内プロジェクト・ファイナンスでは、プロジェクト・ボンドは利用されてこなかった。（「プロジェクト・ボンドによるPFI事業資金の調達（上）」商事1734号〔2005〕29頁参照）。

第8章　プロジェクト・ファイナンス

　一方で、国内においては、担保付社債信託法（以下、「担信法」という）が存在するために、社債を利用してプロジェクト・ボンドを発行する事例は当職の知る限り存在しない。プロジェクト・ファイナンスは前述の通り、全資産担保の原則により、対象プロジェクトの資産、借入人が有する各種プロジェクト関連契約上の債権、預金口座、借入人の出資持分などに対して担保設定を行うとともに、ステップ・インのために借入人が締結する重要なプロジェクト関連契約上の地位に対して地位譲渡予約権を設定することが一般的であるが、社債により資金調達を行う場合において、これらの担保権を社債を被担保債権として設定しようとする場合には、信託会社を選定した上で、担信法2条に基づき、担保目的資産を有する者と信託会社との間で信託契約を締結する必要がある。

　担信法が要求するところに従い、信託会社との間で信託契約を締結の上で担保付社債というかたちでプロジェクト・ボンドの発行を行うことも、理論的に不可能ではないと思われるが、信託会社のコストがかかることに加えて、例えば、①ステップ・インのための地位譲渡予約権を担信法との関係においていかに整理するかとの点、②建設期間中から社債を分割発行することで資金調達を行う場合には、金商法上の勧誘規制との関係を検討する必要があること、③担信法上、分割発行の場合には、最終回の社債発行は信託証書作成日から5年以内に行う必要があるとの制限があること（担信22条）、④担信法（32条1号・41条）では、原則として、担保の変更を行う場合には社債権者集会が要求されるため、長期にわたるプロジェクトの運営期間中において担保の変更に該当する場合には、つどに社債権者集会が必要となり、かつ、その結果を公告する必要があること、⑤デフォルト発生時において、ローンの場合には、相対の貸付人との間で柔軟にリストラクチャリングの検討を行うことが一般的であるところ、担信法の場合、担信法43条で支払不履行が発生した場合には、原則として、遅滞なく担保実行を行う義務が信託会社に課されており、ローンに比べて柔軟なリストラクチャリングの実現が困難となり得るなどの論点もあり、国内における社債を利用してのプロジェクト・ボンドの活用については課題が多い。

4　プロジェクト関連契約

　プロジェクト関連契約とは、一般に、プロジェクト会社（借入人）が締結する契約のうち、ローン契約や担保関連契約等のファイナンス関連契約[注95]を除いたプロジェクトを遂行するための契約のことをいう。プロジェクト関連契約の種類については、当然のことながら対象プロジェクトによって異なるが、ここでは特定のプロジェクトを実施するに当たり登場することが多いプロジェクト関連契約について一般論として論述し、具体的なプロジェクトごとのプロジェクト関連契約の詳細については、**第2節**以降で記載することとする。

　プロジェクト関連契約として一般的に登場することが多い契約には、【図表8-1-6】のものがある。

【図表8-1-6】　主なプロジェクト関連契約

プロジェクト関連契約	概要
スポンサー劣後ローン契約・社債引受契約	プロジェクト会社とスポンサーとの間で締結されるスポンサーがプロジェクト・コストの一部をプロジェクト会社に提供するための契約。 金銭の貸付けのかたちで拠出されるものもあれば、スポンサーが社債を引き受ける方法で資金を提供する場合もある。金融機関の提供するシニア・ローンより返済順位を劣後させる劣後特約が付される。
EPC契約	プロジェクト会社と工事請負業者（EPC業者）との間で締結される対象プロジェクトの建設工事等の請負契約であり、EPC業者がプロジェクトに使用する設備等を設計し、必要な資材等を調達し、かつ施工を行うことを約する契約である。EPCとは、Engineering（設計）、Procurement（調達）およびConstruction（建設）の頭文字をとった略称である。
O&M契約	プロジェクト会社と保守・運営業者（O&M業者）間で締結される、対象プロジェクトに係る運営および保守業務をプロジェクト会社がO&M業者に業務委託するための

注95）　3参照。

	契約。対象プロジェクトに使用する設備等が完工した後に、O&M業者が当該プロジェクトに使用する設備等を運営・管理及び保守することを約する契約である。O&MとはOperation（運転／運営）およびMaintenance（保守／メンテナンス）の頭文字をとった略称である。
オフテイク契約	プロジェクト会社とオフテイカーとの間で締結される、対象プロジェクトから生じた財・サービスを、借入人が第三者に対して販売するための契約。プロジェクト・ファイナンスにおいては、引取り（off-take）の意味で、当該契約をオフテイク契約と称し、また、当該財・サービスの購入者をオフテイカーと称する。
原燃料供給契約	プロジェクト会社と原燃料供給業者との間で締結される、原燃料供給業者がプロジェクト会社に対して必要な原燃料を供給することを約する契約。
土地利用権に関する契約	プロジェクト会社と土地所有者等との間で締結される、土地所有者等がプロジェクト会社に対して土地利用権を設定することを約する契約。地上権設定契約や賃貸借契約、地役権設定契約等が挙げられる[*1]。
保険契約	プロジェクト会社と保険会社との間で締結される[*2]、保険会社がプロジェクト会社に対して、プロジェクトに係る保険を提供することを約する契約。建設期間中のものと運営期間中のものに分けられる。主な保険については、(2)(ii)(g)参照。

[*1] なお、国や地方公共団体から取得する許可等に基づき事業用地の一部を確保する場合もあり得るが、これについては、(2)(ii)(f)参照。

[*2] プロジェクト会社の出資者であるスポンサーと保険会社との間で締結され、プロジェクト会社が被保険者となる場合もある。

(1) プロジェクト関連契約を検討する上での一般的な視点

(i) いわゆるBack to Backのコンセプト

プロジェクト関連契約を検討する上で重要な視点として、いわゆるBack to Backの仕組みが確保されているかというものがある。このBack to Backのコンセプトとは、複数のプロジェクト関連契約の相互関係において、一方のプロジェクト関連契約により契約相手方からプロジェクト会社に転嫁されているリスクを、もう片方のプロジェクト関連契約によって別の契約相手方

に対してうまく転嫁することにより、可能な限りプロジェクト会社にリスクが残らないようにするコンセプトをいう。

例えば、火力発電事業における電力料金単価の定め方としては、固定金額（Capacity Charge）と変動金額（Energy Charge）に分けて2部料金制とするのが国内外において一般的であるが、この仕組みは、借入人が原燃料供給業者に対して支払う燃料費について、そのまま変動金額として電力オフテイカーに対して電力料金として請求することを認める建付けである。こうすれば、原燃料供給契約上では借入人が燃料費の変動リスクを負担するものの、当該燃料費変動リスクは電力受給契約に基づき電力オフテイカーに対して転嫁できていることとなるため、Back to Backにより特定のリスクを他の契約当事者にパス・スルーすることで借入人が当該燃料費変動リスクを負担しない仕組みが確保されることとなる。

また、PFI事業などのインフラ事業においてもBack to Backのコンセプトは登場する。PFI事業では、発注者たる政府とプロジェクト会社との間において事業契約が締結され、当該インフラ整備業務が政府からプロジェクト会社に発注されるが、プロジェクト会社は特別目的会社であるため、当該受注したインフラ整備業務を別の請負業者に対して発注してインフラ整備を委託することとなる。この場合も、プロジェクト会社と請負業者間の請負契約は、政府とプロジェクト会社間の事業契約と内容をミラーのかたちで作成することで、プロジェクト会社が負担している業務をそのまま請負業者に対してパススルーするという意味でBack to Backコンセプトの1つの例である。

(ii) プロジェクト・リスクの分担

プロジェクト関連契約を検討する上でもう1つ重要な視点としては、当該プロジェクト全体のリスクをプロジェクト関連契約の中で関係当事者に適切に分配できているか、プロジェクト会社が過度にリスクを負っていないかを検討することにある。「契約」は、総じて、契約当事者間において当該契約で定める主題に関していずれの当事者にリスクを負担させるかという、リスク分担の取決めを記載する文書であるが、プロジェクト関連契約の締結を通じて、本来であれば（当該プロジェクト関連契約が存在しなければ）プロジェクト会社が負担するであろうリスクを、プロジェクト関連契約の中で契約の

相手方に対してプロジェクト・リスクを適切に転嫁できているかという観点で作成する必要がある。

なお、プロジェクト・リスクの分担を行う際の大原則は、「当該リスクを最も効率的にコントロールできる当事者が当該リスクを負担する」ということであり、当該大原則を踏まえた上での、商業的に合理的な範囲内におけるリスク分担を図ることとなるが、「プロジェクト会社が負担するリスク＝スポンサーおよび貸付人が負担するリスク」であるため、スポンサーおよび貸付人は、当該大原則の範囲内において、プロジェクト関連契約において、プロジェクト関連契約の相手方当事者に可能な限りプロジェクト・リスクを転嫁するよう交渉することとなる。

(iii) その他一般的規定

プロジェクト・ファイナンスを実施する場合、各プロジェクト関連契約は貸付人の満足する内容である必要がある。前記で述べた視点のほかに、プロジェクト関連契約に規定することが貸付人から一般的に要求されるものとして、倒産不申立特約、強制執行等不申立特約、責任財産限定特約、担保設定の事前承諾・担保設定時の貸付人への協力義務、留置権・先取特権・同時履行の抗弁権・相殺権の放棄、借入人以外のプロジェクト関係契約の相手方当事者からの解除を制限する条項[注96]等がある。

(2) プロジェクト共通に登場するプロジェクト関連契約

プロジェクト関連契約を検討する上での一般的な留意事項は前述の通りであるが、以下では、主なプロジェクト関連契約（【図表8-1-6】）の概要と個別のプロジェクト関連契約において検討すべき主要なポイントについて概観していく。

(i) スポンサー間契約

単独のスポンサーがプロジェクトを運営する場合もあるが、特に大規模なプロジェクトやスポンサーとしてプロジェクト会社を自らの連結対象とすることを回避する要請がある場合においては、複数のスポンサーが共同してプ

注96) これらの事項については、プロジェクト関連契約の相手方と貸付人との間で直接合意されることもしばしばある（いわゆる直接協定／Direct Agreement）3(2)参照。

ロジェクトの運営主体たるプロジェクト会社に出資を行い、プロジェクトを行うことがある。

　スポンサーが複数存在する場合、実質的なプロジェクトの運営主体であるスポンサー相互間で合弁契約が締結される。その名称については、株主間契約、出資者間契約などさまざまであるが、内容としては、プロジェクト会社の役員を選任する方法やプロジェクト会社の運営についての意思決定方法などのプロジェクト会社に関する事項について取決めが行われるほか、スポンサーのプロジェクト自体への関与に関する事項について、スポンサー相互間の役割分担や当該プロジェクトでリスクが生じた場合のリスク分担規定が設けられたり、一部のスポンサーがスポンサー間契約に違反した場面において、他方のスポンサーのExitに関する規定等が設けられたりするのが一般的である。

　スポンサー間契約においては、借入人たるプロジェクト会社が契約当事者とならないケースも多く、この場合には、スポンサー間契約は「プロジェクト関連契約」の中に含まれないこととするのが一般的であるが、プロジェクト会社も契約当事者となる場合には、「プロジェクト関連契約」の中に含める場合もある。

(ii) **プロジェクト関連契約**

(a) スポンサー劣後ローン契約・社債引受契約

　プロジェクト・ファイナンスにおいては、いわゆるデット・エクイティ・レシオに従ってプロジェクト・コストのための資金調達を行うこととなる。この点、エクイティ部分の調達方法としては、スポンサーである株主や社員からの出資金で賄うことが多いが、資金効率を考慮して、スポンサーによる劣後ローンやプロジェクト会社による社債の発行（スポンサーが社債の引受けを行う）により資金を調達することも多い。社債発行を行う場合には、会社法上の社債発行手続に従う必要があるほか、社債が金商法上の有価証券に該当するため、金商法等の規制に違反しないかたちで発行する必要があるため、ローンのほうが手続としては簡便である。もっとも、業として金銭の貸付けを行う者は「貸金業」に該当し、貸金業法の適用を受ける可能性もあるため、貸金業法の適用を回避する必要がある場合には社債発行によりスポンサーから資金調達を行う必要がある。

第8章　プロジェクト・ファイナンス

　なお、これらは、前述の通りデット・エクイティ・レシオ上のエクイティ性資金として調達を行うこととなるため、金融機関からのプロジェクト・ファイナンス・ローンに対して、返済条件等を劣後させた借入れや社債であることが要求される。したがって、スポンサー劣後ローン契約・社債引受契約においては、スポンサーに対する返済は、シニア・ローン契約に定められるプロジェクト・キャッシュ・フロー充当規定（キャッシュ・ウォータフォール）に定められた範囲での返済に限られ、返済ができない場合には、次回の元利払日に当該返済が繰り延べられ、かつ、当該繰延は債務不履行にならないことが規定されることが通常である。

　加えて、万が一プロジェクト会社が倒産した場合に備えて、倒産時には、金融機関に対するローンを完済しない限りスポンサー劣後ローン契約・社債引受契約に基づくスポンサーが有する債権（以下、「劣後ローン」という）の効力が停止する旨の規定（いわゆる相対劣後構成）か、劣後ローンについて約定劣後倒産債権（破99条2項、民再35条4項、会更43条4項1号）として取り扱う旨の規定（いわゆる絶対劣後構成）が置かれる。

(b)　EPC契約

　EPC契約とは、EPC業者がプロジェクトに使用する設備等を設計し、必要な資材等を調達し、かつ施工を行うことを約する契約であり、例えば、発電プロジェクトのプロジェクト・ファイナンスにおいて、EPC業者が発電設備本体や発電設備に係る建物等を設計し、必要な資材等を調達し、かつ施工を行う契約がこれに当たる。

　以下では、EPC契約において検討すべき主要なポイントを記載するが、EPC契約の検討に当たっては、完工リスク[注97]をいかに緩和するかという観点が主要なポイントの1つであり、当該リスクを緩和する観点からの検討作業が中心となる。

　(ア)　フル・ターンキー[注98]

　完工リスクには、主に、①タイム・オーバーランのリスク、②コスト・

注97)　【図表8-1-2】参照。
注98)　フル・ターンキー契約とは、プロジェクト施設の設計、調達、建設から試運転に至るまで、すべての業務を一括して一の企業または一の企業グループが請け負い、

オーバーランのリスクおよび③性能未達リスクがあるが、これらのリスクを緩和する観点からは、EPC業者が固定価格の請負代金額で所定の完工期限までに、プロジェクト施設等の完成および商業運転開始に必要な一切の事項を一括して請け負う契約（fixed price, date certain, full turn-key）とすることが望ましいといわれる。

この点、フル・ターンキーとの関係でいえば、当該対象プロジェクトの建設が技術的な観点から比較的シンプルなものであれば、マーケット慣行としてフル・ターンキーでのEPC契約を締結できるケースが多いが、複雑なプラントの建設プロジェクトの場合などは、フル・ターンキーでのEPC契約を締結することが困難な場合もあり得る。このように、EPC業者一社がすべての責任を負うフル・ターンキーのEPC契約とならない場合、特定の一のEPC業者に完工リスクを負担させることができず、また、例えば完成後の施設に瑕疵が発生した場合に、EPC業者間において責任の押し付け合いが発生するリスク（いわゆるインターフェイス・リスク）も存するため、特に海外のプロジェクトにおいては、スポンサーサポート[注99]としてスポンサーからの完工保証（Completion Guarantee）を徴求する方向で検討が進められることも多い。もっとも、このような場合でも、スポンサーからの完工保証を求めることなく、プロジェクト会社および当該複数のEPC業者との間で当該インターフェイス・リスクに対処するための複数当事者間契約[注100]を締結することで対応するという方法もあり得る。

(イ) 完工期限

タイム・オーバーラン・リスクへの対応の大前提は、EPC業者に対して、特定の引渡期日（date certain）までに工事目的物を完成・引渡しすることを明確に義務付ける旨の規定を置くことである。ただし、通常は、何らかの一

　　　　キーを回すだけで直ちに運転開始ができる状態で発注者にプロジェクト施設を引き渡すかたちの工事請負契約をいう。
注99）　3(2)参照。
注100）　案件によって異なるが、当該合意書には、複数のEPC業者が各自の業務につき他のEPC業者と連帯して責任を負担する旨や、いずれのEPC業者が実施すべきか不明瞭な業務が発生した場合においても、一方または双方が責任をもって当該業務を実施する責任を負うなど、フル・ターンキーのEPC契約に極力近づけるための条項を規定することとなる。

定の事象が発生した場合には、EPC業者側からの要求または両当事者の合意により工期または引渡期日の変更を行うことができる旨の条項も併せて規定されることが一般的である。そこで、これらの引渡期日の変更事由が一般的な内容となっているかを精査することが必要となる。

また、EPC契約において、EPC業者側の帰責事由により引渡期日が遅延した場合には、EPC業者が発注者に対してあらかじめ定められた金額の賠償金（予定賠償金）を支払うことを定めることが一般的である。この点、予定賠償金は、プロジェクト・ファイナンスのレンダーとしては、当該予定賠償金額が当該遅延期間中に発生する金融費用をカバーするだけの金額となっているかを確認する必要がある。

なお、前記以外のタイム・オーバーラン・リスクへの対応策としては、例えばEPC業者から定期的に工事進捗状況の報告を受け、発注者として工期の管理やモニタリングを適切に行える建付けをEPC契約に規定することなども有用である。

(ウ) 請負代金

プロジェクト・ファイナンスにおいては、キャッシュ・フローの変動リスクを最小限にとどめることが肝要であり、コスト・オーバーランを極力排除するよう努めることは、EPC契約の作成に当たっても必須の作業である。この観点からは、請負代金は、固定価格（fixed price）[注101]とされるほか、EPC業者側から請負代金額が増額請求できる場面は限定することが通常である[注102]。もっとも、EPC契約上、EPC業者側からの増額請求を完全に排除することは通常困難であり、増額請求の根拠規定が一般的な内容となっているかを精査することが必要となる。また、キャッシュ・フローモデル上で、プロジェクト・コストの一部として十分な予備費（Contingency）を設定することも、コスト・オーバーラン・リスクへの対応方法の1つとなる。

なお、EPC契約におけるコスト・オーバーラン・リスクへの対応が不十分

注101) なお、fixed price方式ではなく、cost＋profit方式での契約金額の定め方もあり得るが、この場合には、Bankabilityの観点からは、上限額を定めるなどの必要があるのが通常である。

注102) なお、請負代金の増額については、ローン契約上、レンダーの承諾事項とされるのが通常である。

になってしまう場合には、コスト・オーバーランが発生した金額につき、スポンサーからプロジェクト会社に対して追加でのエクイティ性資金を拠出させることをスポンサーに対して義務付けることも、特に海外のプロジェクトではしばしばみかける。

㈏ 完工・検収・引渡し

国内プロジェクトのEPC契約では、必ずしも分けられていないことも多いが、海外のプロジェクトのEPC契約では、プロジェクト施設が物理的に完成した段階である機械的完工（Mechanical Completion）、完工認定試験等が終わり、追加補修工事の対象となる残務リスト（Punch List Item）を除いて合格となった段階である実質的完工（Substantial Completion）に完工概念[注103]が分けられ、各段階において、プロジェクト会社やその技術コンサルタント、個別の案件によっては、レンダーおよびその技術コンサルタントも参加した上で検収手続が行われる。各検収手続にて合格と判断され、実質的完工と認められた段階で、プロジェクト会社に仮引渡し（Provisional Acceptance）が行われることが多く、その後、残務リストも含めたすべての積残し事項が完成した場合に、最終引渡し（Final Acceptance）が行われることが多い。

各完工概念とその契約上の効果は、案件によってさまざまであるが、実質的完工の段階でプロジェクト施設が引き渡され、この段階でプロジェクト施設の所有権もプロジェクト会社に移転するとされることが多く、また、瑕疵担保期間もこの段階で開始することが多い。また、工事請負代金の支払（分割払の場合は最終回の支払）は、最終引渡しの段階で行われることが多い。

注103） なお、ローン契約上は、これとは別にプロジェクト完工という概念が規定される。その要件は、案件ごとにさまざまであるが、①EPC契約上、完工していることのほかに②レンダーに提出した事業計画の前提条件と比べ悪化していないこと、③EPC業者からプロジェクト会社に対して未払の損害賠償債務が発生していないこと、④商業運転開始日までに取得すべき許認可等がすべて取得されていること、⑤各種コンサルタントからレンダーが満足する内容のレポートが提出されていることなどが要件とされることが多い。プロジェクト完工については、完工後ローンの貸付実行前提条件（Condition Precedent）とされたり、プロジェクト・キャッシュ・フロー充当規定（キャッシュ・ウォーターフォール）上、スポンサーへの配当（案件によっては、スポンサー劣後ローンや劣後社債への元利払）の条件とされたりする場合もある。

第8章　プロジェクト・ファイナンス

(オ)　瑕疵担保・性能保証

　プロジェクト施設がプロジェクト会社に引き渡された後になって、施工不良や瑕疵・不具合が発見される場合がある。このような場合に備えて、EPC契約上では、EPC業者に当該故障等を修補させ、必要に応じて部品等を交換させ、または交換、修補に代えてあるいは、これらとともに損害賠償をさせる義務を課すことが通常である（瑕疵担保責任）。

　瑕疵担保責任規定を検討する際は、①マーケットにおける慣行との対比において遜色ない瑕疵担保期間が設定されているか、②瑕疵担保責任により修補した部分に関して、修補後において改めて瑕疵担保期間がスタートする建付けとなっているか、③瑕疵の発生後、当該瑕疵が修補されるまでの収入喪失分についてどのように補填されるかなどのポイントを中心に検討することとなる。

(カ)　不可抗力

　不可抗力事由の定義自体も議論の対象となるが、不可抗力事由に基づき工事に影響が生ずる場合、①EPC業者としては対象工事を修復するために追加で工事費が発生することとなり、また、②引渡期日までに対象工事を完成させることが困難となる。①が不可抗力に基づくコスト・オーバーランのリスクを誰が負担すべきかという問題であり、②が不可抗力に基づくタイム・オーバーランのリスクを誰が負担すべきかという問題として分析できる。

　この点、建設期間中における不可抗力に関しては、一義的には建設期間中の保険によってカバーすることが通常である。すなわち、①に関しては組立保険によってカバーし、②に関しては当該遅延に基づき発生する逸失収入に関して操業開始遅延保険によってカバーするなどの対応がとられる。もっとも、保険契約には免責金額が定められるのが通常であり、また、発生した不可抗力事由が保険契約上で免責事由に該当する可能性もあるため、具体的な保険契約の内容については、個別のプロジェクトごとに保険コンサルタントによる分析も踏まえた上での検討が必要となる。

(c)　O&M契約

　O&M契約とは、プロジェクトに使用する設備等が完工した後に、特定の外部業者（以下、「O&M業者」という）に対して、対象プロジェクトまたは対

象プロジェクトに使用するプラント・設備等の運転・操業（Operation）および保守管理（Maintenance）に係る業務を委託することを約する契約であり、業務委託契約の形式をとるのが一般的である。発電事業において、発電所の操業および保守管理をO&M業者に対して委託する旨の操業保守管理業務委託契約が典型例である[注104]。

O&M契約において、検討すべき主要なポイントは以下の通りである。

　(ア)　委託業務

委託業務の内容は、対象プロジェクトごとに多様である。委託業務の範囲がプロジェクトに係る施設・設備等の運営管理に必要な業務を網羅しているかについては、技術コンサルタントを活用するなどして、その内容を精査する必要があるが、特に、固定の委託料の範囲内で行われる業務がどこまでか、すなわち、どこからが固定の委託料には含まれず追加料金が発生する業務であるかという観点での検討も必要となる。

なお、委託業務の頻度（点検・検査の頻度、部品交換の頻度等）については、契約書上明記されることが多いが、当該頻度について必要十分かどうかも検証が必要となる。

　(イ)　委託料

プロジェクト・ファイナンスの観点からは、キャッシュ・フローの変動リスクを極力少なくするために、委託料については、実務上可能な限り固定額での委託料とするのが望ましい。もっとも、対象プロジェクトに突発的な故障等が発生し、緊急対応として修理等を行う必要がある場合、当該修理等の対応費用はO&M業者としても当初から当該費用を見込んで契約上の固定額の委託料に織り込むことは困難であるなど、業務内容により当初からの固定額の委託料に含めることが困難であるものもあり得る。そこで、固定委託料

[注104]　なお、これとは別に石炭火力発電所やガス火力発電所等の案件において、タービン、ボイラー、発電機等の主要な発電機器について長期間にわたる点検・検査業務、メンテナンス業務、部品交換等を行うことを内容とする長期保守契約（「Long Term Services Agreement／LTSA」とも呼ばれる）が締結されることもある。これは、これらの主要な発電機器について適格に点検・検査、メンテナンス等を行うには、これらについて専門的な知識を有する業者と契約することが好ましく、通常の運営管理とは別に発電機器の施工を行ったEPC業者や当該発電機器の供給者にこれらの業務を委託するほうが望ましいからである。

には含まれない追加の委託料が発生する場合には、当該作業に着手する前に事前に委託料・委託費用の見積りを借入人に提出させ、借入人の承諾を得ることを条件として当該業務を行う旨をO&M契約で規定することが肝要である。また、委託期間が長期間となる場合、O&M業者より、委託料について変動する建付けを望まれることもある。変動価格の決定方法については、案件ごとにさまざまであるが、材料費、労務費等の実勢価格が変動した場合に受託者側から委託料の変更を求めることができる建付けや、消費者物価指数等の一定の指標に連動して受託者側から変更を求められる建付けなどがみられる。プロジェクト・ファイナンスの観点からは、極力このような委託料の変動メカニズムは回避したいところであるが、いずれの調整方法においても、委託料の変更には委託者の承諾が必要であることとするなど、一定の手当てが必要であろう。

　(ｳ)　委託期間

　委託期間については、O&M契約がプロジェクト期間中に終了して、対象プロジェクトの運営に支障が出ると、プロジェクトから収入が生み出されないことになるなど、ローンの返済も滞ることになる。したがって、プロジェクト期間中（レンダーとの関係では、少なくとも融資期間）をカバーできる契約期間とする必要がある。

　(ｴ)　瑕疵担保・性能保証

　修理や部品交換を伴うO&M業務がある場合には、これらのO&M業者が行った施工や部品に瑕疵があった場合に備えて瑕疵担保責任の規定を置く必要がある。瑕疵担保責任の規定を確認する際のポイントは、前述のEPC契約上の瑕疵担保責任規定と同様であるが、①マーケットにおける慣行との対比において遜色ない瑕疵担保期間が設定されているか、②瑕疵担保により修補した部分に関して、修補後において改めて瑕疵担保期間がスタートする建付けとなっているか、③瑕疵の発生後、当該瑕疵が修補されるまでの収入喪失分についてどのように補填されるかなどのポイントを中心に検討することとなる。

　(ｵ)　損害賠償

　O&M業者の運営および管理の不備があると、プロジェクトの成果物（発

電プロジェクトでいえば、発電量）が減少したり生産されなくなり得る。これにより、オフテイク契約上の供給義務が未達になると、プロジェクト会社が当該義務の不履行によりオフテイカーから損害賠償請求や増加費用の塡補請求を受けることがある。このような運営管理上の不備については、O&M業者がコントロールできるものであることから、当該オフテイカーからの請求については、O&M業者からプロジェクト会社に賠償ないし塡補されるようO&M契約を建て付けることが望ましい。

なお、O&M契約上、損害賠償の範囲について逸失利益は含まないとされたり、損害賠償金額に上限の設定を求められることがある。レンダーの視点からは、ローンの元利金の支払に十分な損害賠償の範囲・上限の設定になっているかについて、運営管理の不備が発生する蓋然性等も踏まえながら慎重に検討する必要があると思われる。

(d) オフテイク契約

オフテイク契約とは、オフテイカーがプロジェクトの運営により生産されるプロジェクトの成果物等を買い取ることを約し、プロジェクト会社がオフテイカーから対価を取得する契約である。例えば、発電事業における、発電事業者が電力会社に対してプロジェクトから発生した電力を売買する契約が典型例である。

プロジェクト・ファイナンスは、前述の通り当該プロジェクトから生産された物・サービスの販売収入に依拠して実施する融資となるため、オフテイク契約においては、プロジェクト期間にわたり安定したキャッシュ・フローを生み出せるか否かという観点から、オフテイク・リスクを検討することが重要となる。

㈦ オフテイク・リスク

① オフテイカーの信用リスク　オフテイク・リスクのうち最も大事な点は、オフテイカーに信用力があることであり、これがプロジェクト・ファイナンスを組成する上での大前提となる。オフテイカーの信用力は、プロジェクト会社からプロジェクト期間を通じて、買取代金を支払い続けることができるかという点での信用力に加えて、オフテイカーの帰責事由に基づきオフテイク契約違反が発生した場合の損害賠償義務の履行能力（オフテイク

第8章　プロジェクト・ファイナンス

契約が解除された場合において、オフテイカーが対象プロジェクトの施設等の買取義務を負う場合には、当該買取義務の履行能力を含む）を有するかという観点での検証も必要となる。

②　VolumeリスクとPriceリスク／Take or Pay契約　オフテイク契約の内容に関しては、オフテイクに関するリスクは、Volumeの観点とPriceの観点から検証する必要がある。Volumeの観点とは、想定されるプロジェクト期間（またはプロジェクト・ファイナンスの最終返済期限までの期間）にわたり、一定量の成果物の引取りが確保されているかとの観点（すなわち、「数量」と「期間」の観点）であり、Priceの観点とは、当該成果物につき販売価格に変動があるかとの観点である。

これらの観点からオフテイク契約をみる場合、例えば、国内の電気事業者による再生可能エネルギー電気の調達に関する特別措置法（以下、「再エネ特措法」という）に基づく電力受給契約であれば、再エネ特措法に基づき発電設備の区分ごとで特定の調達価格が設定されているため、原則として売電価格が変動することはなく、Priceリスクは存在しないこととなる[注105]。また、Volumeリスクの観点からも、再エネ特措法に基づき長期の特定の調達期間が設定されているために、「期間」という観点では問題なく、また、引取量についても「発電・受電した分だけ引き取る」という建付け、すなわち全量の引取りが確保されているために、オフテイク・リスクのうちのVolumeリスクも存在しないといってよいと思われる[注106]。

その他、VolumeリスクおよびPriceリスクに関しては、オフテイクの対象となる成果物の種類（当該成果物のマーケット慣行等）によって異なる。例えば、原油開発プロジェクトにおける原油のオフテイクについては、原油は全世界的に堅調な需要があるためにスポット取引での契約のみであってもレン

注105)　厳密には、例えば再エネ特措法3条8項に基づき調達価格が改訂されることはあり得るが、これはオフテイク・リスクのうちのPriceリスクというよりは、不可抗力リスクの一種としての法令変更リスクに分類されるリスクと整理できる。

注106)　もちろん、日射量や風況により、発電量自体が想定よりも少なくなるリスクは存在するが、これらは日射量リスク・風況リスク【図表8-1-2】でいうところの原燃料調達リスク）の話であって、ここでいうオフテイク・リスクの問題ではないと整理できる。

ダーとしてVolumeリスクをとれるとの判断になる可能性が高いが、LNG開発プロジェクトにおけるLNGのオフテイクの場合、LNGの購入には輸送等にもコストがかかり、原油のように買手が容易にみつかるという成果物でもないため、レンダーは、特定のオフテイカーとの間における長期のLNGオフテイク契約の締結を要求することが基本となると思われる[注107]。

なお、長期のオフテイク契約の内容を検討する上では、Take or Pay契約となっているかを確認することも重要である。Take or Pay契約とは、オフテイカーに特定の期間につき一定の最低量を購入する義務があり、仮に（プロジェクト会社側にてプロジェクトの成果物の提供が可能であるにもかかわらず）当該最低量を買主が購入しなかったとしても、買主は当該最低量を購入したものとして代金を支払うことが義務付けられている契約を指すものと一般にいわれている。Take or Pay契約のかたちになっている場合、少なくともプロジェクト会社側において成果物の提供が可能な状態である限りにおいては、最低限の販売収入が売主たるプロジェクト会社に支払われることとなり、このメカニズムによりVolumeリスクをオフテイカーに転嫁できることとなることから、Take or Pay契約のかたちにすることが望ましい[注108]。

③ PPA　オフテイク契約のうち、発電事業プロジェクトにおける電力受給契約（Power Purchase Agreementを略して「PPA」と呼ぶ）は、他のオフテイク契約と異なり、海外における発電事業プロジェクトを中心として、売電料金を固定料金（Capacity Charge）と変動料金（Energy Charge）の2部料金体系とすることで各種のリスクをオフテイカーとプロジェクト会社間で

注107)　LNGの場合、日本や韓国の企業などのLNG需要が旺盛であるために、長期のオフテイク契約が締結可能であるとのマーケット慣行も存在するため、長期オフテイク契約が要求される傾向にある。一方、必ずしも原油ほど需要リスクが読めない成果物であって、かつ、長期でのオフテイク契約を締結するマーケット慣行が存在しない成果物も存在する。このような成果物の場合には、長期オフテイク契約を要求することが実務上は現実的ではないために別の考慮を要することとなる。

注108)　たとえ長期のオフテイク契約が存在したとしても、それがTake or Pay契約ではなく、Take and Pay契約（オフテイカーにプロジェクトの成果物の最低購入量が定められておらず、オフテイカーとしては購入した数量分だけの代金を支払えば足りる旨の契約）である場合には、Volumeについてオフテイカーが選択できることとなっており、VolumeリスクについてオフテイカーMisに転嫁できていないこととなる。

調整するのが一般的である。固定料金（Capacity Charge）には、プロジェクト会社の固定費用（O&M費用のうち固定部分や人件費、地代、保険料等）、プロジェクト・ファイナンスのローン元利金、税金および出資者へのリターンをカバーできるだけの価格を設定し、例えば一定の目標となる稼働率等を達成する限りにおいて、（たとえオフテイカーがまったく電力を引き取らないとしても）オフテイカーは当該固定料金相当額をプロジェクト会社へ支払うものとされる。一方、変動料金（Energy Charge）は、実際に発電を行いオフテイカーに売電した量と連動する燃料費やO&M費用のうちで変動する部分をカバーするもので、実際に発生した費用をベースに算定される。そして、前記の通り算出された固定料金と変動料金を合計した金額をオフテイカーがプロジェクト会社に支払うことを義務付けることにより、①プロジェクト・ファイナンスのレンダーからみたVolumeリスクとPriceリスクを固定料金（Capacity Charge）の支払によりカバーするとともに、②前記【図表8-1-2】の6①記載の燃料費の変動リスクを変動料金（Energy Charge）の支払によりカバーすることで、後述の原燃料リスクのうちのPriceリスクをオフテイカーに転嫁することが可能となる。

　国内の発電プロジェクトに目を転じれば、再エネ特措法上のPPAは、「発電・受電した分だけを引き取る」という再エネ特措法上の建付けに基づき前記のような2部料金制の建付けではないが、国内の火力発電等の発電プロジェクトでは、前記の2部料金制が採用されるのが一般的である。

　(ｲ)　不可抗力

　オフテイク契約における不可抗力に関しては、当該不可抗力事由がどこに発生したかで分けて検討する必要があり、①プロジェクトサイトに発生した場合、②オフテイカー側に発生した場合、および③原燃料供給者側に発生した場合などに分けて、それぞれ最も適切な取扱いがいかなるものであるかを検討する必要がある。

　①　プロジェクト・サイトに発生した場合　　例えば、地震や津波によりプロジェクト施設が損傷し、プロジェクトの全部または一部が停止した場合であるが、このような場合であっても、オフテイク契約上は、プロジェクト会社は売電収入を得られるように建て付けることが望ましい[注109]。

例えば、前述の2部料金制のPPAを例にとれば、不可抗力事由がプロジェクト・サイト側（発電事業者側）に発生した場合、特に当該プロジェクトサイトを選択したのがオフテイカー側である場合（例えばオフテイカーが入札により発電事業者を選定した場合など）には、不可抗力事由により売電ができなかったとしてもオフテイカーは決められた固定料金（Capacity Charge）部分を支払う義務を負うこととすることにより、オフテイカー側に当該不可抗力リスクを転嫁できていることが多い。もっとも、この場合であっても、変動料金（Energy Charge）部分については、別途、原燃料供給契約上において、燃料費の支払についても義務を免れる建付けとなっているか（すなわち、オフテイク契約上で発生した前記の不可抗力事由が、原燃料供給契約上でプロジェクト会社が燃料調達義務を免れる不可抗力事由として規定されているか）というBack to Backのコンセプトからの検討は別途必要となる。

また、不可抗力事由によるプロジェクト施設への影響が大きく、もはや当該対象プロジェクトを継続することができない場合の処理について、オフテイク契約上、オフテイカーがプロジェクト施設の買取義務を有しているか、買取義務を有しているとして、買取価格はデットの部分をカバーできる金額となっているかを確認する必要がある。

② オフテイカー側に発生した場合　不可抗力事由がオフテイカー側に発生したことに起因して、プロジェクト会社による対象プロジェクトが停止したような場合（オフテイカーへの成果物の提供ができない場合）には、場所的な観点からもオフテイカー側のコントロール下における事象という整理で、オフテイカー側に不可抗力リスクを寄せることもあり得る。例えば、前述の2部料金制のPPAでは、この場合、オフテイカーが少なくとも固定料金（Capacity Charge）部分の支払を行うことが義務付けられるのが一般的である。

③ 原燃料供給者側に発生した場合　原燃料を船舶でプロジェクト・サイトまで輸送する途上において台風で船舶が沈没し原燃料の供給が行えないといった[注110]、原燃料供給者側に不可抗力事由が発生した場合については、

注109）　なお、このような場合には、まずは、休業補償を含む企業費用利益保険［→(g)］を付保し、収入喪失分を補塡することが望まれる。

注110）　なお、このような場合に備えて、原燃料供給業者に対して原燃料につき一定の備

当該事由がオフテイク契約上の不可抗力事由に該当するものとして規定することが、Back to Backの観点からは望ましい。例えば、海外IPPプロジェクトにおけるPPAの場合には、このような原燃料供給者側に発生した不可抗力事由についてもPPA上の不可抗力事由に該当し、電力オフテイカーとしては売電がなされていなくとも固定料金（Capacity Charge）を支払う義務を負う旨が明確に規定される例も少なくない。

(e) 原燃料供給契約

原燃料供給契約とは、原燃料供給業者が対象プロジェクトの運営により生産される成果物等を生産するために必要な原料・燃料をプロジェクト会社に供給することを約する契約であり、例えば、発電プロジェクトのプロジェクト・ファイナンスにおいて、石炭等の供給業者がプロジェクト会社に対してプロジェクトに必要な発電施設の原燃料（石炭等）[注111]を供給するための契約がそれに当たる。

(ア) 契約期間

原燃料の調達は、プロジェクトの成果物を生産するために必要不可欠のものであり、原燃料が調達できない場合、プロジェクトの成果物が生産できず、収入も得られなくなり、ローンの元利金の返済もできないことになるため、プロジェクト期間中安定的に原燃料の調達ができることが重要である。

(イ) 原燃料の品位

プロジェクトの成果物を生産するために必要な原燃料については、その品位も問題となる。例えば、発電プロジェクトにおいて、当該発電所で効率よく発電するためには、燃料は一定の品位を有していなければならず、規格から外れた燃料を使用すれば、発電設備の故障等の原因にもなる。石炭火力発

　　蓄を備えるよう要求したり、バックアップする供給業者を準備しておくことも考えられる。

注111）　原燃料とは、火力発電プロジェクトにおける石炭や天然ガス、バイオマス発電プロジェクトにおけるバイオマス燃料、製油所プロジェクトにおける原油などを指すが、太陽光発電プロジェクトにおける太陽（日射量）や風力発電プロジェクトにおける風（風況）も原燃料の一種である。また、通常は埋蔵量と表現されるが、天然ガス開発プロジェクトにおける開発対象として目論むプロジェクト・サイトに賦存する天然ガスや銅鉱山開発事業における掘削対象たる銅精鉱なども広い意味での原燃料に含まれるであろう。

電所プロジェクトにおいては、石炭の炭種、産地、熱量や不純物の含有量等が原燃料供給契約において合意されるし、バイオマス発電所プロジェクトにおいては、バイオマス燃料の水分、灰分、硫黄分、熱量や不純物の含有量等が契約において原燃料供給契約において合意される。

(ｳ) 供給量／価格

原燃料供給契約の建付けを検討する上では、前述のオフテイク・リスク[注112]の項で論じたところと同様に、プロジェクト期間を通じて一定量の原燃料が安定して調達できるかというVolumeの観点と、原燃料調達価格がプロジェクト期間中に変動するか否かというPriceの観点からの検討が必要となる。

Volumeの観点では、原燃料供給契約において、原燃料供給者に対して最低供給量の供給義務を明確に課した上で、当該供給義務を履行できない場合には、買主たるプロジェクト会社から原燃料供給者に対する損害賠償請求権あるいは補償請求権を確保しておくことで、Volumeリスクを原燃料供給者に転嫁することが可能である。

また、Priceの観点では、可能な限り原燃料供給契約において価格が変動しない建付けとすることが考えられるが、原燃料の種類によっては価格が変動せざるを得ない場合もあり、その場合にはキャッシュ・フロー・モデル上のキャッシュ・フロー分析によりリスクを判断するほか、ヘッジ取引を要求することでプロジェクト会社から価格変動リスクを排除することも考えられる。なお、発電プロジェクトの場合は、前述の通りPPA上の売電価格を2部料金制とすることで、Priceリスクをオフテイカーに転嫁するのが一般的である。

なお、原燃料供給契約では、「プロジェクト操業に必要な一定量の原燃料を確保できるか」という前述のVolumeの観点とは反対に、「プロジェクト操業が何らかの理由で停止する場合に余分な原燃料の引取りを拒否できるか」という観点での検討も必要となる。これは原燃料供給契約がTake or Pay契約で締結されているか、Take and Pay契約で締結されているかと関連する。この点、原燃料供給契約がTake or Pay契約である場合、仮にプロジェクト

注112) (d)(ｱ)参照。

操業が何らかの理由で停止して原燃料が不要となる場合、あるいは原燃料の保管場所における保管能力との関係で原燃料の引取りを行うことができないような場合であっても、プロジェクト会社が最低購入量分の原燃料費用を原燃料供給者に支払わなければならない可能性がある。しかし、この場合、プロジェクト会社は原燃料に見合う販売収入が得られないままに原燃料費用だけ原燃料供給者に支払わなければならない状態となる。そこで、前述のオフテイク契約における議論とは逆に、原燃料供給契約はTake or PayではなくTake and Payであることが望ましいといえる。

もっとも、原燃料供給者もビジネスで原燃料を供給する以上、原燃料供給者からTake or Pay契約での原燃料供給契約を要求されるケースもあり、この場合には、別途原燃料供給契約とオフテイク契約との間において、いわゆるBack to Backの仕組みが確保されているかという観点での検討が必要となる[注113]。その他の対応策としては、Take or pay契約で調達する原燃料について、プロジェクトで使用するすべての原燃料とはせずに、一部をスポットで調達することが考えられる[注114]。

(エ) 損害賠償

原燃料供給業者が、原燃料を供給しなかったり契約において定められた品位を確保できなかった場合には、プロジェクト会社が十分な成果物の生産ができず、収益を上げられないばかりか、オフテイカーに対して損害賠償責任を負う場合がある。この場合に備えて、原燃料調達契約上は、不可抗力事由がある場合を除き、原燃料調達業者が損害賠償責任を負うこととされるのが一般的であるが、問題は、賠償義務の範囲についてである。

賠償義務の範囲については、個別案件ごとに異なり、民法上の相当因果関係の範囲内（逸失利益を含む）とされたり、一定の予定賠償金を定めて賠償を行わせる建付けなどもあり得る。なお、原燃料供給業者からは、責任上限額の設定や、間接損害を損量の範囲から除外することを求められる場合もあ

注113) この点については、(1)(i)参照。
注114) もっとも、スポットで調達する場合、当該プロジェクトで使用する水準を満たした品位の原燃料かどうかという点について、専門家の意見も踏まえ精査が必要である。

るが、原燃料の供給途絶は対案プロジェクトの収入逸失に直結するものであるため、慎重な検討を要するだろう。

(f) **土地利用権に関する契約**

土地利用権に関する契約は、土地所有者等がプロジェクト会社に対して土地利用権を設定することを約する契約であり、地上権設定契約、賃貸借契約が考えられるほか、発電プロジェクトのための送電線用地やアクセス路を確保するための契約として地役権設定契約を締結することも考えられる。なお、契約ではないが、道路占用許可など国や地方公共団体から取得する許可等に基づき事業用地の一部を確保する場合もあり、この場合当該許可等の法的安定性や事業期間中の確保(更新の可否や更新の蓋然性)などが問題となり得る。

土地利用権に関する契約については、当該土地のプロジェクトにおける重要性、代替可能性等を踏まえ、プロジェクト期間中にわたって当該土地の利用権の確保ができているか、当該土地の利用権が対抗要件を具備するなどして安定的に保持できているかといった点を中心に検討することになる。

(g) **保険契約**

保険契約は、保険会社がプロジェクト会社に対して、プロジェクトに係る保険を提供することを約する契約[注115]である。付保される保険契約は、建設期間中の保険と運営期間中の保険に分けられる。

建設期間中に付保される保険としては、①建設工事に起因する第三者の人的損害および財物損害が発生したことによる法律上の損害賠償責任を負担することによって被る損害を塡補するための請負賠償責任保険、②各種の機械や機械設備、装置などの据付・組立工事中に、工事現場において、不足かつ突発的な事故によって生じた損害を塡補するための組立保険、③プロジェクトに使用する施設・設備の完成遅延に伴うプロジェクト会社の収益減少損害を塡補するための操業開始遅延保険があり、運営期間中に付保される保険としては、④プロジェクトに係る運営・維持管理業務遂行上の瑕疵、ミスに起

注115) プロジェクト会社の出資者であるスポンサーが包括保険のかたちで保険会社との間で保険契約を締結し、プロジェクト会社が被保険者となる場合もある。この場合、担保関連契約である保険質権設定契約において、スポンサーも担保設定者となりスポンサーが保険契約者兼被保険者として有する保険金請求権についても担保対象とすることとなる。

因する第三者の人的損害、財物損害に対する賠償を塡補するための賠償責任保険、⑤プロジェクトに使用する施設、設備の物理的損害を塡補するための財物保険、⑥災害等によるプロジェクトの中断に伴うプロジェクト会社の収益減少損害を塡補するための企業費用利益保険などが挙げられる。

　どのような保険を付保するかは、起用した保険コンサルタントの意見も踏まえながら、レンダーとスポンサー間で協議しつつ決定することとなる。

　なお、プロジェクト・ファイナンスにおいては、貸付人から、保険契約にいわゆる融資銀行特約の規定を求められることが多い。融資銀行特約は、各金融機関によって求める内容に差異があり得るが、保険会社が代位取得する可能性がある貸付人に対する代位求償権の不行使特約、保険会社による保険契約の解除を制限する旨の特約などが規定されるのが一般的である。

第2節
発電事業とプロジェクト・ファイナンス

1　国内電気事業を取り巻く状況

　発電事業においては、電力の購入者(オフテイカー)との間の売電契約(power purchase agreement／PPA)に基づく売電代金が事業の収入となる。信用力の高いオフテイカーとの間で、長期間にわたる固定価格の売電契約を締結することで、発電事業は長期の安定的なキャッシュ・フローを享受できることから、プロジェクト・ファイナンスの対象として適している。わが国においても、1990年代以降、火力発電所の建設・運営事業向けのプロジェクト・ファイナンスが実施されてきた。

　しかし、2010年代に入り、この傾向に大きな変動が生じている。1つは、再エネ特措法の導入を契機とする再生可能エネルギー発電事業向けプロジェクト・ファイナンスの急拡大であり、もう1つは、電力システム改革による電力市場の自由化である。以下では、これら国内発電事業を取り巻く近年の状況の変化を、プロジェクト・ファイナンスへの影響を踏まえつつ確認する。

(1) 再エネ特措法の制定・改正

　再生可能エネルギー発電事業(以下、「再エネ発電事業」という)の導入支援をめぐっては、再エネ特措法に基づく固定価格買取制度以前からRPS (Renewable Portfolio Standard) 制度[注116]および太陽光の余剰買取制度が存在

注116)　RPS制度は、電気事業者に対し「新エネルギー」の一定割合の利用を義務付けることで、新エネルギーに価値を付与し、間接的に再生可能エネルギーへの投資を促進する効果が期待されるものであった。当時英国等で導入されていたRenewable Obligationと同様の制度である。しかし、RPS法による再エネ導入促進は必ずしも十分ではなく、別の制度の導入が政策課題となり、2011年、再エネ特措法が制定されるに至った。

第8章　プロジェクト・ファイナンス

していたが、再エネ発電事業のさらなる導入を図るべく、2012年7月の再エネ特措法施行により固定価格買取制度が創設され今日に至っている。その後、太陽光発電を中心として再生可能エネルギー（以下、「再エネ」という）の導入が進み、再エネ発電事業[注117]に対するプロジェクト・ファイナンスも急増した。現在、再エネ発電事業に対するプロジェクト・ファイナンスは、そのほぼすべてが再エネ特措法に基づく固定価格買取制度の適用を受けている案件である。

　固定価格買取制度は、発電事業者が、再エネ発電設備について所定の要件を満たし認定を受けた上で、政府が電源種別ごとに[注118]定める期間および価格で電気を売却する売電契約を電気事業者に申し込んだ場合には、電気事業者は原則としてこれを承諾する義務を負うものとして設計された（後述の2016年改正前の再エネ特措法4条1項）。これにより、発電事業者は、信用力の高い電力会社からの売電収入というかたちで、長期間（電源・規模に応じて10年間から20年間の期間が定められている）にわたり安定した収入を確保することができる[注119]・[注120]。長期の売電契約により安定的な売電収入を確保し、

注117)　再エネ特措法では、「再生可能エネルギー発電設備を用いて再生可能エネルギー源を変換して得られる電気」を「再生可能エネルギー電気」と定義しており、太陽光、風力、水力、地熱およびバイオマスが「再生可能エネルギー源」として規定されている。このほか、政令指定により再生可能エネルギー源を追加できることになっているが、本稿執筆時点では政令指定はない。なお、一般に、再生可能エネルギー（renewable energy）という場合、これらのエネルギー源のほか、太陽熱、波力、潮流、潮汐等の自然エネルギーも含まれるが、本稿執筆時点においてはこれらのエネルギーは再エネ特措法の対象とはなっていない。

注118)　わが国の固定価格買取制度では、電源種別ごとに調達価格および調達期間が定められている。立法の過程では、新エネルギー部会が電源種別を問わない統一価格を答申していたが、その後の東日本大震災後の国会議論において、電源種別ごとに調達価格および調達期間を定める制度として建て付けられた。電源種別ごとに政策的な導入促進が可能となる一方で、電源間の競争が働かず、太陽光に偏向した導入となっている。

注119)　発電事業には、発電した電気の売却価格の変動に伴うリスクと、発電した電気のうち売却できる電力量に係るリスクが存在するが、FIT制度においては、売却の価格が長期間固定され、かつ発電した全量の買取りが原則として保証されるため、事業者は原則としてこれらのリスクを負わない。

注120)　なお、買取りのコストの一部は、電気料金とともに賦課金を最終需要家から徴収し、買取者に補填される。

第2節　発電事業とプロジェクト・ファイナンス

それを裏付けとする長期資金調達を行うというのが発電事業に対するプロジェクト・ファイナンスの典型的なモデルであるが、固定価格買取制度は、かかる長期のPPAを制度的に保障したものであり、オフテイク・リスク（価格および買取量）を極小にしている。固定価格買取制度の政策効果は非常に強力であり、制度導入以降、特に太陽光発電事業へのプロジェクト・ファイナンスが急速に拡大した。

その後、2016年の再エネ特措法改正（2017年4月1日施行）により、認定の対象が発電設備から事業計画へと変更され、買取義務者が小売電気事業者から送配電事業者へ変更されるなどの改正が行われたが、固定価格での長期買取を保証することで事業収益の予見可能性を高め、事業参入のリスクを低減させるという固定価格買取制度の大枠は変わっていない。

2010年8月4日	資源エネルギー庁「再生可能エネルギーの全量買取制度の大枠について」
2011年2月	制度環境小委員会「中間とりまとめ」
2011年3月11日	再エネ特措法案閣議決定
2011年8月26日	再エネ特措法成立
2012年7月1日	再エネ特措法施行
2014年6月～9月	新エネルギー小委員会
2015年9月4日	新エネルギー小委員会「新エネルギー小委員会におけるこれまでの議論の整理」
2015年9月～	再エネ制度改革小委員会
2016年2月5日	「再生可能エネルギー導入促進関連制度 改革小委員会 報告書」
2016年2月9日	再エネ特措法改正法案閣議決定
2016年5月25日	再エネ特措法改正法成立
2017年4月1日	再エネ特措法改正法施行

固定価格買取制度は再エネの導入支援策であるが、その目的は、単に再エネに対して経済的支援を行うことではなく、長期的なグリッド・パリティを達成する点にある。すなわち、政策的支援による大量導入によって、スケール・メリットおよび習熟効果によるコスト・ダウンを図ることで、再エネの自立を促すことを目的とした制度である。そのため、調達価格は逓減してい

227

くことが制度上期待されており、実際に太陽光発電については年々調達価格が減少している。太陽光以外の再エネについては、制度導入以降、2016年度まで調達価格が維持されてきたが、2017年度以降、陸上風力や、一般木質バイオマス等一部のバイオマスについて調達価格の引下げが始まった。

(i) 認定（設備認定／事業認定）

(a) 設備認定（2016年度まで）

2016年改正前は、認定の対象は発電設備であった（改正前再エネ特措6条）。設備認定は、①固定価格買取制度における調達価格を確定するための要件であるが、また、②特定契約の申込みに応じる義務および③接続契約の申込みに応じる義務の発生の要件でもあった。すなわち、設備認定を受けた発電設備を用いて再エネ電気を供給しようとする者（特定供給者）が、調達価格による電気の買取りを求めた場合、申込みを受けた電気事業者（2016年4月の電気事業法第2弾改正後は小売電気事業者）は、経済産業省令に定める正当な理由がある場合を除き、特定契約の締結を拒絶できないものとされていた。また、特定供給者が、送配電事業者に対し接続契約の締結を求めた場合、送配電事業者は、法令に定める拒否事由がある場合を除き、接続を拒否することができないものとされていた。

(b) 事業認定（2017年度以降）

2016年改正により、新たな認定制度が導入され、認定の対象は発電設備から発電事業計画へと変更された。新たな認定制度では、事業計画が、再エネ電気の利用の促進に資するものであり、円滑かつ確実に事業が実施されると見込まれ、かつ安定的かつ効率的な発電が可能であると見込まれることが必要とされている。新たな制度における認定（事業認定）は、引き続き①固定価格買取制度における調達価格を確定するための要件であり、また②特定契約の申込みに応じる義務が生じるための要件である。しかし、接続契約との関係では、接続契約の締結が認定を受けるための要件となったため（再エネ特措9条3項2号、再エネ特措規6条1号）、接続契約の応諾義務としての位置付けは失われている。送配電事業者の接続応諾義務は、再エネ特措法からは離れ、電気事業法における託送供給義務に吸収された（電気事業法17条4項）。

認定を受けた発電事業計画を変更する場合、変更の内容に応じて、①変更

の認定の申請、②事前届出、または③事後届出の手続が必要となる（再エネ特措10条）。2016年改正前は、発電事業の譲渡がなされた場合、発電設備の譲渡に伴う特定供給者の変更を、軽微な変更として事後的に届け出れば足りたが（改正前再エネ特措規10条）、改正後は、認定事業者の変更に該当するため、事前に変更の認定を受けなければならない（再エネ特措10条1項）。

(c) 旧設備認定のみなし認定

2016年改正の施行前になされた設備認定は、以下のいずれかの要件を満たした場合には、改正後の認定を受けたものとみなされる（みなし認定）が、これらに該当しない設備認定は、改正法の施行により失効した（再エネ特措改正附則7条）。

(ア) 接続契約締結済み案件

改正法施行日に接続契約締結済みの場合は、新制度の認定を受けたものとみなされる（再エネ特措改正附則4条）。

(イ) 2016年7月1日以降の設備認定

設備認定の翌日から9か月以内に接続契約を締結すれば、新制度の認定を受けたものとみなされる（再エネ特措改正附則5条）。

(ウ) 電源接続案件募集プロセス等に関する経過措置

いわゆる系統入札プロセスに入っている案件等については、手続終了の翌日から6か月以内に接続契約を締結すれば、新制度の認定を受けたものとみなされる（再エネ特措改正附則6条）。

(ii) 調達価格・調達期間

(a) 調達価格

調達価格とは、再エネ特措法上の要件を満たした特定契約の申込みに対して、再生可能エネルギー電気の買取価格として義務付けられる価格であり、つまりは売電契約（PPA）における発電量当たりの買取価格である。

調達価格は、毎年度、年度開始前までに経済産業大臣が定めることになっており、経済産業省の告示[注121]により対応されている。

注121) 平成29年3月14日経済産業省告示第35号（電気事業者による再生可能エネルギー電気の調達に関する特別措置法の規定に基づき調達価格等を定める件）。

調達価格が毎年度見直されているため、どの年度の調達価格が適用されるかが非常に重要である。

2016年改正が施行される前、すなわち2016年度までは、各年度の調達価格の適用を受けるためには、設備認定を取得するほか、接続契約の申込みが必要であった。また、太陽光発電においては、2015年度以降は、ある年度の調達価格の適用を受けるためには当該年度中に接続契約を締結することが必要とされていた。2016年改正が施行された2017年度からは、原則として事業認定を受けた年度の調達価格が適用される。

(b) **入札制度**

2016年改正により、調達価格の新たな算定方法として、入札制度が導入された。

入札制度の下では、年2回程度実施される入札の都度、入札に付する発電設備の出力の量(入札量)が経済産業大臣により決定され、入札実施指針において公表される。発電事業を実施しようとする者は、希望する買取価格と発電出力を入札する。その買取価格が低い順に、発電出力の合計が入札量に達するまでの入札者が落札者となる。入札制度の対象となる発電設備区分については、落札者のみが事業認定の申請を行えることになっている。

入札制度の対象となる具体的な発電設備の区分等については、入札実施指針において決定されることになるが、制度開始時点では事業用太陽光発電(2MW以上)が対象とされている[注122]。

(c) **調達期間**

調達期間は、特定契約の申込みに対して、電気事業者が再エネ電気の買取りが義務付けられる期間のことであり、売電契約における売電期間に相当する。

調達期間は調達価格と合わせて経済産業大臣によって定められることになっており、価格告示において各年度ごとに定められている。調達価格が毎

注122) 入札制度の対象については、入札により事業認定を受けることができる者を決定することが電気の使用者の負担の軽減を図る上で有効であると経済産業大臣が認めるとき(再エネ特措4条1項)という要件が定められており、今後の再エネの導入状況によっては入札制度の対象が拡大されることもあり得る建付けとなっている。

第2節　発電事業とプロジェクト・ファイナンス

年度見直されているのに対し、調達期間は再エネ特措法の導入以来、変更が行われておらず、出力10kW未満の太陽光は10年間、10kW以上の太陽光ならびに風力、中小水力およびバイオマスは20年間、地熱は15年間である。

　(d)　運転開始期限ルール

2016年8月1日以降に接続契約を締結した太陽光発電設備については、運転開始期限に関するルールが定められている。出力10kW以上の案件については、認定から3年[注123]以内に運転開始に至らない場合、超過期間分だけ調達期間が短縮される。出力10kW未満の案件については、認定から1年以内に運転開始に至らない場合、認定が失効する。

　(iii)　**出力抑制**

出力抑制を受けた場合、発電事業者はその間売電収入を得ることができないため、出力抑制に対する補償が得られないときは、収益に対して直接の悪影響を及ぼすことになる。

出力抑制に対する補償のルールは、再エネ特措法の施行以来、数次にわたって改正されており、また一般送配電事業者のエリアごとに、以下に述べる指定ルールの適用の有無および対象となる電源種別が異なるため、各プロジェクトにいずれのルールが適用されるかの確認が重要となる。

太陽光発電および風力発電に対する出力抑制に関しては、以下の3つのルールが併存している。

　(a)　30日ルール

2015年1月25日以前に接続申込みをした太陽光発電および風力発電に適用される。

太陽光および風力では年間30日を上限として、無補償で出力を抑制するよう接続契約の相手方である送配電事業者が要請できる。

　(b)　360時間ルール／720時間ルール

時間単位での出力抑制を前提に、前記(a)のルールを変更したものであり、太陽光では年間360時間、風力では720時間を上限として、無補償で出力を抑制するよう送配電事業者が要請できる。

注123)　2016年改正の経過措置によるみなし認定を受けた太陽光発電事業については、みなし認定の時点から起算される。

(c) 指定ルール

　指定を受けた送配電事業者（指定電気事業者）は、接続申込みが接続可能量を超えた場合、それ以降接続申込みを受けた案件については、上限時間なく無補償で出力を抑制するよう要請できる。

　30日ルールおよび360時間／720時間ルールの下では、無補償で行われる出力抑制に関する上限（日数または時間数）が明確となっているため、制度上最大限の無補償の出力抑制が行われた場合を想定することにより、出力抑制によるキャッシュ・フローへの影響を保守的に見積もることが可能である。しかし、指定ルールの下では、無補償の出力抑制に制限がないため、出力抑制がキャッシュ・フローに及ぼす影響を見積もることが容易でなく、プロジェクト・ファイナンスを組成する上での1つの課題となっている。

(2) 電力システム改革（2013年～）

　再エネ特措法と並んで国内発電事業に大きな変革をもたらしているものが、電力システム改革である。電力システム改革とは、垂直一貫体制による地域独占、総括原価方式による投資回収の保証、大規模電源の確保と各地域への供給保証等といったわが国の電力供給構造全体をシステムとして捉えた上で、包括的な改革を行うものであって、これまで料金規制と地域独占によって実現しようとしてきた「安定的な電力供給」を、国民に開かれた電力システムの下で、事業者や需要家の「選択」や「競争」を通じた創意工夫によって実現する方策である[注124]。

(i) 改革の背景

　電気事業は、戦後長らくの間、北海道、東北、東京、中部、北陸、関西、中国、四国、九州および沖縄の各電力会社が、エリアごとに発電から送配電、小売までを一貫して提供する地域独占・垂直統合型の体制がとられてきた。また、これらの電力会社による発電事業に対する投資は、総括原価方式の電気料金を国が認可することによって支えられていた。

　その後、1990年代以降、世界的に電力システムの自由化が進んだことを背景に、わが国でも電気事業の部分的な自由化が進んできた。すなわち、1995

注124) 経済産業省「電力システム改革専門委員会報告書」（2013年2月）6頁。

年の電気事業法改正では、卸電気事業への参入許可制度を撤廃し、一般電気事業者が電源調達をする際に入札制度を導入することで独立発電事業者（Independent Power Producer：IPP）等による発電部門への新規参入の拡大が図られた。また、2000年の電気事業法改正では、特定規模電気事業者（PPS）制度を創設し、使用最大電力が2000kW以上の需要家に対する電力小売事業を、一般電気事業者以外にも開放することで、電力小売の部分自由化が導入された。電力小売部門の自由化はその後の2005年の電気事業法改正にかけて徐々に拡大されていた。もっとも、これらの改革の下でも、垂直統合型の10大電力会社による地域独占や、総括原価方式による投資回収の保証といった電力供給の市場構造は基本的に維持されていた。

　このような状況を一変させたのが、2013年3月の東日本大震災と福島第一原子力発電所の事故である。電力需給の逼迫、原子力発電所に対する信頼の揺らぎが契機となり、電力供給の市場構造自体の改革の必要性が検討されることとなった。

　2013年10月から、総合資源エネルギー調査会基本問題委員会にてエネルギー基本計画の見直しが行われ、同委員会による論点整理（「新しい「エネルギー基本計画」策定に向けた論点整理」〔2011年12月〕）において、電力システム改革の基本的方向性が示された。翌2012年1月には、総合資源エネルギー調査会総合部会に電力システム改革専門委員会が設置され、あるべき電力システムについて専門的な検討および詳細制度設計の議論がなされた。電力システム改革専門委員会は、同年7月に基本方針（「電力システム改革の基本指針」）を、2013年2月に報告書（「電力システム改革専門委員会報告書」）をとりまとめ、3段階に分けて電力システム改革を行う工程表を提示した。これを踏まえ、政府は3段階による電力システム改革の方針を閣議決定した（2013年4月2日「電力システムに関する改革方針」）。

(ii) **電気事業法の3段階改正**

　電力システム改革の具体化として、電気事業法が3次にわたって改正された。

　第1弾改正[注125]では、広域系統運用を拡大し、地域を越えた電気の融通

注125）　電気事業法の一部を改正する法律（平成25年法律第74号）。

をしやすくするため、電力広域的運営推進機関の設立が定められた（2015年4月施行）。

第2弾改正[注126]においては、電力の小売事業が全面的に自由化され、これに伴い電気事業の類型を機能ごとに、発電事業（届出制）、送配電事業（許可制）および小売電気事業（登録制）に区分する事業ライセンス制が導入された（2016年4月施行）。

第3弾改正[注127]では、送配電部門の中立性を確保するため、これを、発電および小売部門から法的に分離すること（分社化）が定められた（2020年4月施行予定）。また、電力取引監視等委員会（現　電力・ガス取引監視等委員会）が2015年9月に設置された。

(iii) さらなる制度改革

経済産業省が2016年9月に設置した「電力システム改革貫徹のための政策小委員会」において、競争活性化の方策と、自由化による競争の下でも公益的課題への対応を促す仕組みを整備するための審議が行われた。同小委員会は、市場・ルール整備に関して、ベースロード電源市場の創設、連系線利用ルールの見直し、容量市場の創設、非化石価値取引市場の創設等について議論を行い、2017年2月に中間取りまとめが公表された。2017年7月時点では、電力・ガス基本政策小委員会の下に設置された「制度検討作業部会」において、新たな市場・ルール整備の方策に関して詳細制度の検討が続けられている。

(iv) 発電事業に対するファイナンスへの影響

2016年4月の小売自由化に伴い、託送制度が実同時同量制から計画値同時同量制へと移行した。また、一般送配電事業者の供給エリアを越えた連系線の利用ルールが、先着優先から間接オークション方式へと変更される予定である。実同時同量・先着優先の下では、特定の電源に紐付いた売電契約と連系線利用計画により、エリアをまたいだ送電を長期間かつ固定価格で行う仕組みが確保されていたが、計画値同時同量・間接オークション方式の下では、かかるエリアをまたいだ送電を固定約定価格で行うためには別の対応が必要

注126）　電気事業法等の一部を改正する法律（平成26年法律第72号）。
注127）　電気事業法等の一部を改正する法律（平成27年法律第59号）。

となる。

　また、電力システム改革の浸透に伴い、旧一般電気事業者の総括原価方式による規制電気料金の影響は徐々に縮小し、電気料金の価格が市場を通じて形成される仕組みへと移行すれば、電力の売買取引もより短期化することが見込まれる。長期間の固定価格による売電契約に基づきもたらされる安定的なキャッシュ・フローに依拠するという発電事業の典型的なモデルへの影響が及ぶことは必至であり、売電契約に基づく長期安定収入のみに依拠しない融資取引のあり方が必要とされると考えられる。

(3)　国際的なCO２削減動向と国内発電プロジェクトへの影響

　わが国は、2015年7月に、国連気候変動枠組条約第19回締約国会議（COP19）決定に従い、2020年以降の温室効果ガス削減目標を含む「日本の約束草案」を、国連気候変動枠組条約事務局に提出した。「日本の約束草案」では、温室効果ガスを2030年度に2013年度比26.0％減とすることが約束されている。また、2015年12月のCOP21において、2020年以降の温室効果ガス削減の国際枠組みとして、パリ協定が採択され、2016年11月に発効した。わが国も同月に批准を終えている。パリ協定の下で、各国はNDC（Nationally determined contributions：自国が決定する貢献＝削減目標）を5年ごとに提出する義務を負う。

　温室効果ガスの削減に関する国際公約は、再エネ発電事業に対しても、火力発電事業に対しても影響を及ぼす。すなわち、温室効果ガスの削減目標は、長期エネルギー需給見通し（エネルギーミックス）と整合的な内容となるよう定められるため、削減目標の対象時点における電源構成の見通しと表裏の関係にある。再エネ特措法等の再生可能エネルギーの支援制度は、エネルギーミックスに示された再生可能エネルギーの導入割合を達成すべく設計・変更される。2016年の再エネ特措法改正も、前年の長期エネルギー需給見通し（エネルギーミックス）に示された、2030年度において再生可能エネルギーが電源構成の22～24％を占めるとの見通しの達成が目標となっている。

　また、国のCO２排出削減の目標・計画は、火力発電所建設の環境影響評価において、事業との間で整合性を審査されることになっている[注128]。現に、

2015年には、石炭火力発電所の環境影響評価において、「日本の約束草案」およびエネルギーミックスの達成に支障を及ぼしかねないとして、石炭火力発電所の建設計画について、現段階において是認することができないとする環境大臣意見が相次いで提出された。

さらに、いわゆる「供給構造高度化法」[注129]では、小売電気事業者に対して、エネルギー供給事業の計画を作成し提出する義務を課しており（7条）、計画の内容が経済産業大臣の定める「判断基準」に照らして著しく不十分である場合、経済産業大臣による勧告の対象となり（8条1項）、また、正当な理由なく勧告に係る措置をとらなかったときは、勧告に係る措置の命令の対象となる（8条2項）。2016年4月から施行されている「判断基準」では、小売電気事業者は、2030年度において非化石電源の比率を44％以上とすることを目標とするものされており、エネルギーミックスに示された電源構成に合わせた基準が定められている。

2　太陽光発電事業

2012年7月に再エネ特措法が施行されたことにより、その固定価格[注130]が高いことと、発電所建設および運営に係る特に技術上の観点において他の再生可能エネルギー発電事業に比してシンプルであることから太陽光発電事業が非常に注目を浴びるようになった。一方で、特に開発段階において何らかのトラブルを抱える太陽光発電事業も多く、実際に開発が完了し商業運転が開始されている案件は決して多くはない。本項では、プロジェクト・ファイナンスによる太陽光発電事業における主要な契約書につき留意すべき点を概説するとともに、太陽光発電事業において重要となる土地の確保および開発に関連する諸問題について考察する。

注128)　経済産業省・環境省「東京電力の火力電源入札に関する関係局長級会議とりまとめ」（2013年4月25日）。
注129)　正式名称は「エネルギー供給事業者による非化石エネルギー源の利用及び化石エネルギー原料の有効な利用の促進に関する法律」。
注130)　もっとも、再エネ特措法施行以後、再生可能エネルギー発電事業の中でも太陽光発電事業に案件が集中し、固定価格は毎年下落している。

(1) プロジェクト関連契約

(i) PPA

　PPAとはPower Purchase Agreementの略称であり、一般に売電契約を意味するが、日本の再エネ制度においては、特定契約・接続契約ないしは電力受給契約／電力供給契約と呼ばれるものがこれに該当する。かかるPPAについては経済産業省からモデル契約書（以下、「経産省モデル契約」という）が公表されているが[注131]、再エネ特措法の規定に沿って作成されていることから、プロジェクト・ファイナンスの対象となるようなメガソーラー・プロジェクトでは経産省モデル契約をベースとすることが一般的であった[注132]。

　PPAは、太陽光発電事業における前記**第1節4**で記載したオフテイク契約に該当するものであるため、まず検討すべきポイントとしては、VolumeリスクとPriceリスクが挙げられる。この点、Volumeリスクの観点からは、再エネ特措法の構造上、電気事業者（オフテイカー）は発電事業者から送電された電力を全量購入すべき義務を負うのが原則であるため、発電事業者には基本的にVolumeリスクはないと考えることができる。もっとも、一定の場合には系統連系接続電気事業者から出力抑制を行われるリスクは存在し、

注131）　http://www.enecho.meti.go.jp/category/saving_and_new/saiene/kaitori/legal_keiyaku.html#nav-kaitori-detail

注132）　ただし、電力会社によっては、経産省モデル契約を使用する場合であっても、その規定の一部を調整したものを使用している場合や、経産省モデル契約の内容を一部変更することの可否につき対応方針に各電力会社ごとに差がある場合がある。また、比較的小規模な案件では経産省モデル契約ではなく、電力会社が一方的に定めた再生可能エネルギー発電設備からの電力受給に関する契約要綱（一種の約款）に基づく電力受給契約の締結を促されるケースが多いが、これらの契約要綱の内容は再エネ特措法施行直後においては、再エネ特措法上の規定と必ずしも整合していない条項が散見されるなどの問題点があった。その後、経済産業省ないしは資源エネルギー庁から電力会社への指導等もあり、各電力会社において、当該契約要綱について再エネ特措法の趣旨に則って取り扱うことを明確にする趣旨の解説をホームページで公表などするとともに、現在においては当該契約要綱の内容を再エネ特措法の趣旨に沿うかたちで修正するなどしており、当該状況は改善されてはいる。さらに、2017年4月1日施行の改正再エネ特措法に沿って各電力会社の契約要綱は見直されており、2017年4月1日以降に成立するPPAは経産省モデル契約ではなく、各電力会社の契約要綱の使用が実務上認められることになる。

第8章　プロジェクト・ファイナンス

Volumeリスクを検討する上では、出力抑制リスクがどの程度あるかを検討することが重要なポイントとなる。一方、Priceリスクの観点については、再エネ特措法上は、電力購入代金は法律上で固定金額が定められており原則として当該価格が変動することは想定されていない。したがって、再エネ特措法に基づく発電事業にある限りにおいては、基本的には発電事業者にPriceリスクはないと考えることが可能である。もっとも、改正前再エネ特措法3条8項（2017年改正後再エネ特措3条10項）は、「物価その他の経済事情に著しい変動が生じ、又は生ずるおそれがある場合において、特に必要があると認めるとき」は、経済産業大臣が一旦確定している調達価格を改定することができるものとされており、この限度においては、電力購入代金が変動する可能性も残されている。

なお、経産省モデル契約をベースとする場合は、再エネ特措法に沿った構成となっており、また、発電事業者の立場からみても全体的におおむね妥当な内容となっていることから契約書の記載につき電気事業者（オフテイカー）と大幅な交渉をする必要はないが、プロジェクト・ファイナンスにおいて銀行が満足する内容とする観点からは以下のような点につき電気事業者（オフテイカー）と交渉を行うことも考えられる[注133]。

(a)　逸失利益の算定方法

　電気事業者（オフテイカー）による債務不履行等があった場合の電気事業

注133）　なお、経産省モデル契約は特定契約の要素と接続契約の要素を両方含むかたちで作成されており、電気の購入者と系統連系の接続先電気事業者が同一法人であることを前提とした体裁となっている。この点、旧東京電力は2016年4月の分社化で小売電気事業（東京電力エナジーパートナー株式会社）と一般送配電事業（東京電力パワーグリッド株式会社）が別法人に分かれており、2016年4月1日から2017年3月末日までの再エネ特措法は、特定契約の締結義務者は小売電気事業者、系統連系の接続義務者は一般送配電事業者であったため、経産省モデル契約を使用するにしても、特定契約に関する部分と接続契約に関する部分をそれぞれ分割して締結する等の手当ての要否につき検討された。しかし、2017年4月1日施行の改正再エネ特措法においては、特定契約の締結義務者が一般送配電事業者となったため、現在においては、旧東京電力に関しても特定契約の締結義務者と系統連系の接続先電気事業者はいずれも一般送配電事業者たる東京電力パワーグリッド株式会社に統一された状況にある。

者による損害賠償義務や、出力抑制ルール[注134]の上限を超えて出力抑制が行われた場合における電力会社による補償義務に関しては、日本の民法に従って逸失利益も損害・補償の対象に含まれ得ると考えられているもの[注135]、太陽光発電事業の場合は発電量が気象条件によって左右されることから、逸失利益の算定方法は必ずしも明確とはいえない。したがって、逸失利益の算定式[注136]を別紙として追加した上で、損害賠償額の算定方法につき明確化することも実務で一般的に行われている。

(b) 解除・終了の制限

プロジェクト・ファイナンスにおける貸付人は、対象となる太陽光発電事業が20年間にわたり安定的に事業継続されることを前提とすることから、PPAの解除・解約・終了等につき、発電事業者による解除等であるか、電気事業者(オフテイカー)からの解除等であるかにかかわらず、貸付人の事前承諾を必要とする構成にする交渉を行う場合がある。

(c) 担保設定の合意

プロジェクト・ファイナンスを利用する場合、PPAに基づき発電事業者が電気事業者(オフテイカー)に対して有する金銭債権への担保設定およびPPA上の当事者たる地位の移転予約を行うことの承諾文言を追加するとともに、実際にこのような担保権を設定することがレンダーから求められる。この点については、経産省モデル契約においても担保設定を許容する文言は規定されており、電気事業者(オフテイカー)は一般に協力的である。

(ii) **EPC契約**

EPC契約の一般論および一般的に留意すべき事項については、前述**第1節4**で記載した通りであるが、国内の太陽光発電事業におけるEPC契約は、民

注134) 所在地域や売電権利の取得タイミングによっても適用されるルールは異なるが、年間30日の出力抑制が認められる案件、年間360時間の出力抑制が認められる案件、無制限に出力抑制が認められる案件等がある。

注135) 経済産業省「特定契約・接続契約モデル契約書の解説」(2013年6月14日)(http://www.enecho.meti.go.jp/category/saving_and_new/saiene/kaitori/dl/20130614model.pdf)の6.2条1項の解説においても、売電収入相当額の利益、すなわち逸失利益も損害の範囲に含まれる旨が明示されている。

注136) 過去の同じ季節の売電実績(そのような実績がない場合は前月の実績等)に基づき推測される発電量をベースに逸失利益を算定する構成等が一般的である。

第8章 プロジェクト・ファイナンス

間（旧四会）連合協定の工事請負契約約款や一般財団法人エンジニアリング協会のENAA国内プラント約款をベースとして、これらの約款に太陽光発電事業独自の条項を規定して作成するケースや、これらの約款をベースとしつつ、海外におけるEPC契約の一般的な内容を踏まえて調整を行ったものが使用される案件が多い[注137]。

　海外における発電プロジェクトの場合、特にプロジェクト・ファイナンスを利用するプロジェクトにおけるEPC契約においては、back to backの観点が重視される。すなわち、発電事業者と電力オフテイカーとの間で締結されるPPAにおいて、発電事業者は電力オフテイカーに対して特定の電力受給開始日を保証し、また、一定の発電所の性能を保証するため、発電事業者としては、自らが電力オフテイカーに対して負担するこれらの責任について、すべてEPC業者に対して同内容にて負担させる（つまり、工事内容や完成した設備の能力に関して発電事業者が電力オフテイカーに対して損害賠償義務を負担する場合は、すべてEPC業者に求償できることとなり、実質的なリスクはEPC業者に負担させる）ことを原則[注138]とする。一方、日本の再エネ特措法に基づく制度では、固定価格買取制度が「発電事業者が発電した電力を、受電した分だけ購入する」という制度であるため、電力事業者が電気事業者（オフテイカー）に対して損害賠償義務等を負担するケースは事実上あまり想定されず、EPC契約との関係においては、back to backという観点はあまり重視されていない。

　むしろ、レンダーとの関係では、前記**第1節4**で記載の通り、①タイム・オーバーラン・リスク（適切な遅延賠償金の定めがあること等）、②コスト・オーバーラン・リスク、および、③性能未達リスク（十分な瑕疵担保責任、性能保証等を受けていること等）に適切に対応できているか否かが重要な点となるが、特に、太陽光発電事業におけるEPC契約として特殊なポイントとし

注137) また、特に太陽光発電事業においては、外国企業を親会社とするいわゆる外資系のEPCコントラクターも国内太陽光発電事業に積極的に参入しており、外資系のEPCコントラクターが当事者となる場合にはより長文の詳細な工事請負契約が使用されることもある。

注138) もっとも、近年の案件では必ずしも厳密にはback to backとはなっていないことが増えてきている。

ては以下が挙げられる。

(a) 瑕疵担保責任・製品保証

EPC契約は、請負契約である以上、民法634条および635条でも定める通り工事目的物に関する瑕疵担保責任が規定される。この点、太陽光発電所の建設工事は、造成工事・土木工事に加えて、EPC業者が、太陽光パネル、PCS（パワー・コンディショナー）、架台、変電設備等の機器・設備をこれらの製造メーカーから調達した上で、これらの機器・設備を据付・設置することにより実施される。したがって、EPC契約上の瑕疵担保責任その他の保証責任の対象としては、EPC業者が実施した造成工事・土木工事のみならず、EPC業者が据付・設置を行った太陽光発電設備を構成する個々の機器・設備も含めて規定されるのが一般的である。

造成工事・土木工事に関しては、前述の民間（旧四会）連合協定の工事請負契約約款や一般財団法人エンジニアリング協会のENAA国内プラント約款を参考に瑕疵担保期間が設定されることとなるが、それらに加えて、太陽光パネル、PCS、架台、変電設備といった個別の機器・設備ごとに異なる瑕疵担保期間が設定されることが多い。この点、プロジェクト・ファイナンスにおいては、極力、EPC業者が調達した機器・設備に係る瑕疵についてEPC業者自らが責任を負担する構成（これを一般的に「EPC業者によるラップ保証」という）が望ましいが、個別の機器・設備に関しては製造メーカーが提供するメーカー保証の期間が存在するため、メーカー保証の期間を基礎としてback to backにてEPC業者から発注者たる発電事業者に瑕疵担保責任が提供されるのが通常である。なお、パネルメーカーがEPC業者を兼ねる場合や、パネルメーカーとEPC業者との間で密接な関係があるプロジェクトでは太陽光パネルの瑕疵担保責任について比較的長期に設定される例もあり得るが、基本的にはメーカー保証と同一の期間の瑕疵担保期間が設定されることが通常であると思われる。

(b) 太陽光パネルの出力（劣化率）保証

太陽光パネルについては、製品保証とは別に、出力（劣化率）を保証する20年超の長期出力（劣化率）保証がパネルメーカーから提供されるのが一般的である。当該出力（劣化率）保証とEPC契約との関係は、案件ごとでアレ

ンジメントが異なることが多い。すなわち、パネルメーカーからの出力（劣化率）保証の名宛人は基本的に製品の購入者となることから、特段のアレンジをしない限り、EPC業者が保証を受ける立場となることが多い。この状態のままであれば、発電事業者からみれば太陽光パネルの出力が保証値を満たさない場合、パネルの交換等はEPC業者に請求すればよく、EPC業者がパネルメーカーに対してBack to backで保証書に基づきパネルの交換等を請求することになる。一方、EPC業者によっては、工事完了後の長期にわたり太陽光パネルの出力（劣化率）保証を発電事業者に対して負担し続けることが困難な場合もあり得る。そのような場合には、例えばEPC契約上の瑕疵担保期間が終了した時点において、EPC業者が有するパネルメーカーからの出力（劣化率）保証上の地位は発電事業者に承継させ、以後、発電事業者が直接にパネルメーカーに対して出力（劣化率）保証を請求することとするアレンジメントもあり得る。太陽光パネルに係る出力（劣化率）保証は、太陽光発電事業において最も重要なメーカーによる保証の1つでもあるため、対象プロジェクトがいかなるアレンジメントを採用しているか、前述の観点も含めて詳細を確認することが肝要である。

(c) 発電所全体の稼働率保証・出力保証

EPC業者が提供する保証の種類として、（前述の(a)および(b)のように個別の機器・設備ごとの保証ではなく）太陽光発電所全体としての稼働率あるいは（送電端）出力の保証が提供される場合もある。発電性能は毎年低下するものであり、また、運転開始後の性能の低下につきメンテナンス状況にも左右されることから、特にEPC業者がO&M業者を兼ねるケースにおいて当該保証の設定が交渉しやすいであろう[注139]。

(iii) O&M契約

O&MとはOperation & Maintenanceを意味する。EPC契約が発電所建設完了までの開発フェーズをカバーするものであれば、O&M契約は商業運転開始後の発電所の運営およびメンテナンスをカバーする契約となる。太陽光

注139) なお、本文記載の通り、発電所全体の稼働率・出力は、メンテナンスの良し悪しに影響される側面が大きいことから、EPC契約ではなく、O&M契約においてO&M業者から保証がなされる場合もある。

第2節　発電事業とプロジェクト・ファイナンス

発電事業におけるO&M業務は、発電設備の定期点検、発電所の清掃や除草・除雪に関する業務、故障や不具合発生時における緊急対応や修理に関する業務が中心となる。

　日本において、一般的なひな型というものは定まっておらず、O&M業者ごとに異なった契約書を使用しているのが現状であるが、再エネ特措法に基づく売電期間である20年間をカバーする契約とすることが多い。

　O&M契約に関する一般的な留意点は、前記**第1節4(2)(ii)(c)**で記載したところと同様であるが、太陽光発電事業に関して特殊であるとすれば、電気事業法上の電気主任技術者業務に関する点が挙げられるであろう。すなわち、再エネ特措法に基づき電気事業者に対して電力を供給するために実施する太陽光発電所は、電気事業法38条4項で定める自家用電気工作物に該当し、よって、同条3項の事業用電気工作物に該当する。したがって、50kw以上の太陽光発電所には同法43条1項に基づき電気主任技術者を選任する必要があり、O&M契約の中で当該電気主任技術者業務についても含めるか、O&M契約とは別に電気主任技術者を雇用等をする必要がある。この点、同項は、あくまで「事業用電気工作物を設置する者」が主任技術者を「選任」することを要求しているが、同項に定める「選任」の意義については、別途、経済産業省により示された「主任技術者制度の解釈及び運用（内規）」により解釈・運用が定められており、当該内規に定める条件を充足する限りにおいて、電気主任技術者業務をO&M契約のスコープの1つとすることも可能となる。

　(iv)　**土地に関する契約**

　太陽光発電事業を行うためには当然のことながら事業用地が必要となる。当該土地につき所有権を取得するケースのほか、地上権または賃借権を取得するケースがあるが、所有権を取得する場合の契約は通常の不動産譲渡契約と特段の差異はない。地上権設定契約または賃貸借契約についても、再エネ特措法に基づく売電期間をカバーすべく、存続期間を少なくとも20年間とする必要があること、原状回復義務の内容[140]につき留意が必要であること、

注140）　例えば、更地にして土地を返還すれば足り、造成工事や伐採した木まで元に戻す必要はないという点は意識する必要がある。また、更地にせずに稼働可能な太陽光発電設備を無償または備忘価格にて地権者に譲渡する案件もある。

第8章　プロジェクト・ファイナンス

後述の通り借地借家法の適法がないことといった点以外は契約内容は通常の土地賃貸借契約と大きな差はないことが多い。もっとも、プロジェクト・ファイナンスの組成に当たっては（あるいは太陽光発電事業の開発を進めるに当たっては）、事業用地に関して問題が生じることが多く、以下では、太陽光発電事業に特有な事業用地に関する法制度も含めて、事業用地に関して考慮すべき事項を詳解する[注141]。

(a) 相続対象地・共有地

大型の太陽光案件では必要となる土地も広くなり、土地の筆数が数百になることは珍しくない。そのようなケースでは、最初に地権者を特定する作業から始めることになる。

地権者の特定自体は、登記をみれば明らかなようにも思えるが、実際には登記情報が古いまま放置されていることも多く、すでに名義人は死亡しているケースも散見される[注142]。その場合は、相続人を特定した上で、相続人全員の同意を得て地上権や賃借権を設定するか、遺産分割を実施の上で、最終的に当該土地の所有権を承継することとなった者から地上権や賃借権の設定を受ける必要がある。なお、行方不明の相続人について失踪宣告によって権利を喪失させて残りの相続人で地上権や賃借権を設定する等の裁判所を通じた対応もあり得るが、当該問題となる土地がごく一部に限られ、重要性も低い場合は、当該土地を事業用地から除外することも現実的な対応の1つである[注143]。

また、共有地である場合[注144]も、相続の場合と同様に土地の譲渡、賃貸

注141) 事業用地が必要であるのは、太陽光発電事業に限らず、他の発電事業でも同様である。したがって、本項で記載する事項については、太陽光発電事業に特有な法制度に関する記述を除いては、他の発電事業に妥当するものである。

注142) なお、賃貸借契約は登記名義人の名前で署名されているが実際は死亡しているまたは入院中等の事情を抱えており、相続人の1人が「代表」または「管理者」として署名しているケースもあるが、この場合、正式な代表権を有していなければ賃貸借契約は無効である。

注143) なお、事業の同一性が保たれる範囲での事業用地の一部変更は、再エネ特措法において許容されているが、事業用地が大幅に減少する場合等は、当初予定された発電量を維持できない場合もあり、経産省設備認定の取得タイミング次第では適用される売電価格が変更となるケースがあることに留意が必要である。

注144) 特に農村地域等で、名義は財産区であったり、組合である場合も含めて地域住民

第2節　発電事業とプロジェクト・ファイナンス

等の処分に共有者全員の同意が必要となる。民法上、共有地の取扱いにつき、処分行為は全員の同意、管理行為は過半数の同意、保存行為は単独で可能とされているが[注145]、譲渡が処分行為に該当することに争いはなく、賃貸借についても3年までの短期賃貸借は管理行為、それ以上の長期のものは処分行為という整理が通常である。20年間の事業継続を前提とする再エネ特措法に基づく発電事業では短期賃借権では権利確保が不十分であり、また、登記実務上は相続人全員の同意がなければ短期賃借権であっても賃借権登記[注146]ができないという問題があることから、処分行為としての長期賃貸借契約を共有者全員と締結する必要がある。

(b)　**地方公共団体が土地所有者である場合の留意点**

地方公共団体が土地所有者である場合は、随意契約の賃貸借である場合と、入札による賃貸借である場合がある。入札案件の場合は、賃借人の交代が原則として許されないという問題があり、入札によって賃借人となった事業体は、別途地方公共団体の承諾が得られた場合を除いて[注147]、発電事業とともに賃借権を第三者に譲渡することができず[注148]、また、土地の転貸もできないケースが多い。また、このような譲渡を予定していない場合でも、賃借権の登記や抵当権登記には地方公共団体の協力を得られないケースも多く、対抗要件の取得や金融機関への担保提供が困難という問題もある。

(c)　**賃借権期間の問題**

太陽光発電事業を行う場合の賃貸借契約は建物所有を目的としないことから、借地借家法の適用がないこととなり、民法604条1項に基づき賃貸借の

　　　　　の共有地となっているケースがあり、そのような場合は共有者が100人以上となり、かつ、必ずしも権利者を特定できないようなケースもある。
注145)　民251条・252条。
注146)　太陽光発電事業は建物所有を目的としないことから、借地借家法の適用はない。したがって、賃借権を第三者に対抗するためには賃借権登記が必要である。なお、賃借権登記は土地の筆の一部のみを対象とすることはできないことから、一筆が大きい土地であり、かつ、その一部のみを賃借するようなケースにおいては、筆全体に賃借権を設定するか、賃貸借の対象部分を分筆した上で登記することが必要である。
注147)　入札制度の公平性の観点から、通常は、かかる承諾を得ることは難しい。
注148)　なお、事業体の株式自体を譲渡する場合については、制限が課されているケースと、課されていないケースがある。

存続期間は20年が上限となる[注149]。再エネ特措法に基づく太陽光発電事業（出力10kW以上）は20年であるが、実際には設置工事期間と撤去工事期間が必要となることから、20年では足りない。かかる問題に対して、実務上は、工事期間と運転期間を別の契約にするという扱いや、工事期間中は使用貸借、運転開始日を正式な賃貸借の開始日とする扱い、更新規定を工夫する扱い、契約書を途中で締結し直す[注150]等の方法により対応がなされている。

(d) 屋根貸案件

工場、ショッピングモールや公共施設等の屋根を賃借して太陽光発電事業を行う、いわゆる屋根貸案件については、屋根のみの賃借に関して対抗要件を具備できない[注151]という問題点がある。つまり、20年間の賃貸借契約を締結した場合であっても建物所有者が建物を第三者に譲渡した場合に、当該建物の譲受人に対して屋根部分の賃借権を対抗できず、建物の新所有者から明渡しを請求された場合は太陽光パネルを撤去の上で立退きをせざるを得ない状況となる。

かかるリスクにつき十分な解決策はなく、立法的解決が望まれるが、賃貸借契約において建物所有者の義務として、新所有者に屋根貸の事実を承諾させるとともに賃貸借契約を承継させる義務を負担させ、これに反した場合の損害賠償規定等を定めることがある。

また、建物が20年間存在する蓋然性が高いといえるかという点も考慮する必要があり、所有者の義務として賃貸借期間につき建物を取り壊さない義務（および取り壊す場合は代替建物を賃借人に対して提供する義務）を設定する場合もある。

なお、法的な論点ではないが、屋根貸案件の場合や、屋根に重い太陽光パネルを設置することが建物の構造上問題がないのか、また、太陽光パネル設

注149) なお、地上権の場合は当該上限の適用はない。
注150) 通常は工事が完了し、商業運転が開始した時点で従来の契約を破棄ないし変更し、新たな賃貸借期間として商業運転の開始した日から20年間とすることが典型的である。
注151) 建物全体を賃借し、建物全体の賃借権につき対抗要件を具備することは可能である。さらに、建物全体を賃借した上で、屋根以外の部屋部分を転貸することによって実質的には部屋部分は一切使用しないものの、屋根部分の賃借権を確保する方法は考えられる。

置に伴い屋根の雨漏りが発生しないかという点も実務上は問題となる。

(2) ファイナンス関連契約

(i) ローン契約

　太陽光発電事業向けのプロジェクト・ファイナンスにおけるローン契約は、一般的にプロジェクト・ファイナンスにおいて用いられているローン契約とさほどの相違はなく、前記**第1節3(1)**において述べたところが基本的に妥当するが、発電事業向けのプロジェクト・ファイナンスという観点において、特記すべき事項としては、以下が挙げられるであろう。

(a) 貸出実行前提条件

　前述の通り、発電事業においては、土地利用権の確保が問題となることが多く、別言すれば、借入人が適式に土地利用権を確保（および当該土地利用権に係る対抗要件の具備）していることが貸出実行前提条件として必要となる。

　太陽光発電事業は再エネ特措法の適用があることを前提として組成させることとなるため、再エネ特措法に関連する前提条件（対象プロジェクトに適用される調達価格および調達期間、電力受給契約の締結、再エネ特措法上の設備認定または発電事業計画の認定取消事由の不存在など）が規定されることが一般的である。

(b) 表明および保証

　太陽光発電事業については、プロジェクト・サイトの周辺住民からの反対運動が存在するプロジェクトも少なくなく、対象プロジェクトに関して住民運動等が存在していないことを借入人から表明保証させることも一般的である。また、赤道原則等の影響もあり、各金融機関ともに環境関連法規については特に留意する傾向にあり、対象プロジェクトによる環境関連法規の遵守についても表明保証の対象とされることが多い。

(c) 誓約事項（コベナンツ）

　太陽光発電所の稼動不能状態が一定期間継続した場合や、系統連系接続先電気事業者による出力抑制が一定時間以上行われた場合に、借入人から貸付人に対して通知義務を課すとともに、所要の手当てを要求するコベナンツは、発電事業に特有のコベナンツといえるであろう。

また、前述(a)(b)と同様の観点であるが、対象プロジェクトの期間中、土地利用権を確保すること、再エネ特措法上で要求される許認可を維持すること、環境関連法規を遵守して発電事業を実施することなどもコベナンツとして要求されるのが通常である。

(d) その他

プロジェクト・ファイナンスという観点からみた場合、今後の検討課題としては、出力抑制が無制限[注152]の太陽光発電事業に対してプロジェクト・ファイナンスベースでの融資提供が可能かという論点がある。この点、年間の出力抑制の上限時間が30日あるいは360時間であるプロジェクトの場合には、当該上限時間数をストレス・テストとしてキャッシュ・フロー分析を実施することで、リスクの定量化が可能である一方、出力抑制が再エネ特措法上で無制限に実施することが可能である場合、少なくとも再エネ特措法という法制度の観点からの出力抑制上限時間数を設定してストレス・テストを実施することは難しい。この場合には、技術コンサルタントその他の外部専門業者を含めて、出力抑制の発生率を技術的な観点から検証し、当該検証結果に基づいてキャッシュ・フロー分析を行うことが考えられ、また、当該分析・検証結果とともに、例えば適切な積立金（リザーブ）の設定やその他のファイナンス上の手当てを工夫するなどにより対応していくこととなると思われる。

(ii) 担保設定

太陽光発電事業向けプロジェクト・ファイナンスにおいては、借入人の出資持分に対する質権設定、借入人が締結するプロジェクトに関連する契約上の権利に対する債権質権または債権譲渡担保権の設定、プロジェクト関連契約上の借入人が有する地位に対する地位譲渡予約権の設定、土地利用権に対する質権もしくは抵当権の設定、借入人の預金口座に対する預金質権設定を行うほか、発電設備に対する担保設定を行うのが通常である[注153]。

この点、発電設備に対する担保設定については、（集合）動産譲渡担保権のかたちで担保設定を行う方法と、工場財団を組成した上で工場財団抵当権を

注152) つまり、理論上は当該太陽光発電所から電力会社が一切電力の買取りを行わず、年間の売電収入がゼロとなる可能性もある。
注153) なお、再エネ特措法に基づく経産省設備認定自体は実務上担保設定ができない。

第2節　発電事業とプロジェクト・ファイナンス

【図表8-2-1】　主要許認可一覧

代表的な許認可	要否の判定基準	一般的な手続期間
森林法 開発許可	対象民有林/1ha以上	3か月～（さまざまな調整が必要）
環境アセスメント	地域によって基準が違う	2年～
農地法/農振法 転用許可	農地	1～2か月～1年または不許可
都市計画法 開発許可	建築物該当性/ガイドライン	太陽光は基本的に不要
景観法 届出	高さ制限と面積基準	30日前届出
国土利用計画法 届出	2000㎡/5000㎡等	事後2週間以内
自然環境保護条例	1ha/30ha等	60日前届出～1年以上
土地利用対策要綱 協議	1ha/3000㎡等	3か月～（さまざまな調整が必要）
文化財保護法	保護地区	事前届出～数年
土壌汚染対策法	3000㎡以上/50cm以上	30日前届出

設定する方法の両者があり得る。実務上はいずれの対応もあり得るが、太陽光発電事業の場合は、将来的にパネルの修理・変更等が発生する可能性が一定程度あり、工場財団にしている場合はその変更の都度に工場財団目録の変更手続が必要となるという将来的な事務負担があることに留意が必要である。

＜補論：太陽光発電事業を実施するための開発許認可等＞

　太陽光発電事業を行うこと自体については、直接関連する許認可としては経済産業省の設備認定の取得および発電事業者届出等が必要となるが、メガソーラーと呼ばれる大規模な太陽光発電事業では広大な土地が必要となることから、その土地の造成工事等の開発に関して多種多様な許認可の取得が必要となる場合が多い。もっとも、このような開発に関連する許認可は、国レベルの法律よりも市町村レベルでの条例に基づく規制が多く、また、土地の種類やどのような地域として指定されているかによって適用される規制が異なることから、案件ごとの個別調査が必要となる。この点、プロジェクト・ファイナンスにおけるデュー・デリジェンスの一環として、借入人が発電事

業を実施するために必要な許認可を保有していることについても調査対象の1つであり、当該許認可リスクは、プロジェクト・リスクの1つであるため、補論として、特に重要度の高い、または、一般論として比較的多くの案件で必要となってくる許認可の内容について一覧表に整理するとともに、主要ポイントについて概説する。

(a) 森林法に基づく林地開発許可

　日本における大規模太陽光発電案件は、広大な土地を確保する関係で、山間部にて行うことが多いが、そのような土地の多くの部分は、森林法に基づく民有林[注154]として指定されており、1ha以上[注155]の開発行為を行う場合は、森林法に基づく林地開発許可を取得する必要がある。なお、開発行為とは「土石又は樹根の採掘、開墾その他の土地の形質を変更する行為」とされているが、数十cm程度の切り土、盛り土はこれに該当しないとの整理が可能とされているが、一切土木工事をしない場合であっても太陽光パネルを敷き詰める行為は土地の形質を変更するものとして開発行為に該当するとされている。

　林地開発許可を取得する場合は、正式な申請[注156]から3か月程度の期間が必要となるが、一般的には利害関係人に該当する近隣住民等からの同意取得が必要であり、また、降雨時の水災害を防ぐための調整池の設置、また、事業地の周りに森林を一部残すこと（いわゆる残置森林）等の対応を求められることとなる。

　なお、開発未了または廃業したゴルフ場を利用した太陽光発電案件も多いが、林地開発許可を取得する必要がある案件とない案件があることに留意が必要である。過去の開発行為が完了しており、民有林指定から外れている場合は、当該土地は森林法の規制対象外であり新たな林地開発許可を取得する

注154）　不動産登記簿の地目が山林であるか否かではなく、各地域の県市町村等で、民有林として地域指定されているか否かで判断することになる。なお、保安林に指定されている地域については、保安林の指定を解除する必要があるが、保安林の指定解除は難しく、実務上は保安林は開発対象から除外し、保安林を残すことを前提とした計画を立てる必要がある。

注155）　これに満たない小規模な開発の場合は、伐採届出を提出した上で木等を伐採することになる。

注156）　事前相談にさらに数か月程度必要となる。

第2節　発電事業とプロジェクト・ファイナンス

必要はないが、①過去の林地開発が途中で頓挫している場合や、②開発は完了しているものの、林地開発の対象であった地域が限定的であり、当該土地の全体を太陽光発電事業に使う場合に開発未了の地域（例えば、ゴルフ場のコースとコースの間の部分）につき別途林地開発許可を取得する必要があるケースがある。

(b)　**環境アセスメント**

大規模な開発を行う場合に環境アセスメントが必要となる場合があり、その場合は数年間は環境調査が必要となる。

県によって基準が異なり、太陽光発電事業の場合[注157]は事業の大きさや発電量にかかわらず環境アセスメントは不要という県もあるが、開発面積基準のルールが適用される県が多く、開発面積が20haから40haを超えるサイズの場合は、環境アセスメントの要否につき慎重な確認が必要である。

なお、環境アセスメントを回避するために、太陽光発電事業を複数に分割し、個別には基準を満たさないようにするという対応が検討される場合があるが、開発時期、実質的な開発主体等[注158]を総合的に判断して、形式的に複数の案件であっても同一のものとみなして全体で基準該当性を判断されることになることに注意が必要である。

また、近時の運用変更で経産省設備認定を取得申請する際に、環境アセスメントの要否等も記載することが義務付けられるようになっている。

(c)　**農地法等に基づく転用許可**

太陽光発電事業への転用が期待される土地として、遊休地となっている農地がある。農地を農業以外の目的で使用し、賃貸し、または、譲渡する場合は転用許可を取得する必要がある。

農地の種類によって転用は原則不可の場合と原則許可の場合があるが、農用地区域、甲種、第1種に該当する地域は原則として農地転用許可を取得することは困難であり、第2種、第3種は原則として転用が認められることに

注157）　水力・火力・原子力・地熱・風力は指定事業種となっており、開発面積とは関係なく、一定の発電規模を超えるものは環境アセスメントが必要となる。なお、太陽光発電は現状は指定事業種となっていない。

注158）　法人を分けたとしても背後の資本関係や資金提供関係を踏まえて実質的な同一性が判断される。

なる[注159]。

　なお、農地か否かは現況主義であり、不動産登記簿の地目の記載とは必ずしも一致せず、地域の農業委員会等に農地該当性およびその種類につき確認が必要である。

　転用許可取得は少なくとも2か月程度はみておく必要があるが、対象地のサイズによって農業委員会の判断となるのか、県の判断となるのか等が異なることから、サイズが大きい場合は転用許可取得に時間がかかる。

　なお、農地を太陽光発電の事業用地に利用する場合に、転用許可を取得する方法のほか、農地という整理を見直してもらう方法も可能である。つまり、農業委員会から非農地証明を取得し、そもそも農地ではないという整理で農地法等の規制の適用対象から外れる方法となる。もっとも、かかる認定の取得は容易ではなく、数十年単位で農地ではなくなっているという過去の経緯のほか、今後農地として使われる可能性も極めて低い等の要件を満たす必要がある。

　同様に、農用地区域に関しては、指定区域からの除外を求めることが実務上の対応となる。

　なお、再エネ事業のための農地活用について国会等での議論はあるが必ずしも使い勝手のよい制度はできていない。具体的には、太陽光発電案件を促進する目的で以下のような制度が存在している。

　(ア)　営農継続型案件

　「支柱を立てて営農を継続する太陽光発電設備等についての農地転用許可制度上の取扱いについて」が2013年3月末付けで農林水産省から発表され、営農を継続することを前提に、農地の上空部分で太陽光パネルを設置する方式での転用を例外的に認める運用がなされている。

　もっとも、底地で行われる農業へ悪影響が生じないこと（つまり、底地での日照量がある程度確保できること）が条件となっており、敷地全体に太陽光パネルを設置することは難しいという問題のほか、3年ごとの更新制度となることから、20年間の発電事業用地としては安定性を欠くという問題があり、

注159　もっとも、地域によって運用が異なることがあり、第1種であっても転用が認められるケースや、第2種であっても転用が認められないケースがある。

第 2 節　発電事業とプロジェクト・ファイナンス

特にプロジェクト・ファイナンスを利用した投資案件には適用が難しい場合がある。

　(イ)　農山漁村再生可能エネルギー法

「農林漁業の健全な発展と調和のとれた再生可能エネルギー電気の発電の促進に関する法律（農山漁村再生可能エネルギー法）」が2013年11月22日付けで公布、2014年5月1日施行された。ワンストップでの許認可取得等を可能にする法律であるが、原則として太陽光発電への転用が認められない第一種農地であっても荒廃している等の一定の要件を満たした場合に例外的に転用許可を認めることができる点が注目に値する。もっとも、市町村主導で特別地域に指定される必要があり、すべての農地に利用できる制度というわけではない。

　(d)　**都市計画法に基づく開発許可**

　土地計画区域か、市街化調整区域か否か等によって適用されるルールは異なるものの、大規模な開発に伴って建物等を設置する場合には都市計画法に基づく開発許可の取得が必要となる。もっとも、開発によって設置する物が建築物または工作物に該当しない場合はそもそも規制適用外である。太陽光発電設備は人が居住するスペース等を併設しない限りはかかる建築物や工作物には該当しないと解されており、一般的な太陽光発電の事業であれば都市計画法は基本的に適用されないとの理解でよいといえる。

　(e)　**景観法に基づく届出**

　一定の面積や高さを超える工作物等を設置する場合等において景観法に基づく事前届出が必要となる場合がある。30日前までの事前届出等にすぎないことから通常は太陽光発電事業の妨げになるような許認可ではないが、風致地区に指定されているようなケース等で景観保護の観点から工事内容の変更を求める勧告が出る場合があることに留意は必要である。

　(f)　**国土利用計画法に基づく届出**

　一定規模の面積を超える土地の譲渡等[注160]を行う場合に、買主において契約締結後2週間以内に届出が必要となる。なお、取引実行時ではなく、契

注160)　権利設定時に返還されない性質の多額の対価を支払う等、譲渡対価に類する支払が発生する賃借権等の場合も含まれる。

253

約締結時が基準となることに留意が必要である。

(g) 自然環境保護条例

事業用地が公園等の特定地域に指定されている場合は自然環境保護条例に基づく規制につき確認が必要である。多くの場合で、事前届出が課されるにとどまるが、場合によっては許可取得が必要であり、かつ、その条件として1年以上の動植物の生態調査等[注161]が求められる場合もある。

(h) 土地利用対策要綱に基づく協議

多くの県や市町村において土地利用対策要綱が定められており、大規模な開発を行う場合に事前に県知事や市長等との協議が要請されることになる。なお、当該手続は法律や条例に基づく義務ではなく、あくまでも任意の要請という位置付けとなるが、事実上は半強制であるケースが多く、林地開発許可やその他の各許認可の取得の事前相談という位置付けになる。

(i) 文化財保護法に基づく届出

文化財保護法に基づく保護地区[注162]については、当該地区を対象とする土木工事等の開発行為に先立って届出が必要となる。なお、実際に工事の過程で遺跡や埋蔵物が発見された場合は、工事を中断の上で発掘調査等を行うことが必要となり、数年間程度は開発行為を中止せざるを得なくなるというリスクがある。したがって、土木工事が必要となるような開発対象から保護地区は除外し、地中を掘り返さないという対応が通常はとられる。

(j) 土壌汚染対策法に基づく届出

3000㎡以上の土地を、50cm以上にわたって掘削するような場合は土壌汚染対策法に基づく30日前までの事前届出が必要となる。当該届出自体は特段事業の妨げとなるようなものではないが、届出内容を踏まえて調査命令や土壌改良措置等を求められる可能性がある。

注161) 環境アセスメントよりは簡易な調査で足りることから、「ミニ環境アセスメント」と呼ばれることもある。
注162) 遺跡や埋蔵物が存在する可能性が高い地域として指定される地域がこれに該当する。

第2節　発電事業とプロジェクト・ファイナンス

3　風力発電事業（陸上・洋上）

(1)　プロジェクト関連契約

(i)　PPA／系統接続契約

今日、日本国内で新たに実施される風力発電事業のほぼすべてが再エネ特措法の固定価格買取制度の適用を受けている。そのため、風力発電設備により発生する電気は、再エネ特措法上の特定契約に基づき、その発電量の全量が、法定の調達期間にわたって法定の調達価格に基づき電気事業者に買い取られ、買取価格の変動リスクおよび買取量のボリューム・リスクの2つの面でマーケット・リスクを負わない仕組みが確保されている。

2017年4月1日の2016年改正再エネ特措法の施行前は、経済産業省の公表しているモデル契約をベースに、電気事業者との間で特定契約および接続契約の契約条件の交渉が行われ、2017年4月1日以降は、各一般送配電事業者の定める再生可能エネルギー発電設備からの電力受給契約要綱に従い送配電買取となる。特定契約および接続契約における留意事項は、太陽光発電について述べたところと基本的に変わらない[注163]。

(ii)　風車供給契約／風車保守保証契約

(a)　風車供給契約（Turbine supply agreement）

風車供給契約では、納入される風車の指定、代金、引渡しの要件・スケジュール等が合意される。また、風車メーカーにより、風車の性能について一定の保証がなされる。

　(ア)　EPC契約との関係

太陽光発電プロジェクトにおいては、建設工事を請け負うEPC業者が発電設備の調達（procurement）も含めて発電所の建設についてフルターンキーのEPC契約を締結するため、プロジェクト関連契約に発電設備の調達に関す

注163)　なお、接続契約における出力抑制の補償に関する規定について、風力発電案件では、部分抑制を想定した規定が置かれる。部分抑制とは、出力抑制時に発電を完全に止めるのではなく、出力を一部抑制するものであり、輪番で停止するよりもプロジェクト間での公平が保たれ、かつ風力発電機への負担も軽いとされる。

る契約は通常現れない。これに対し、風力発電プロジェクトにおいては、風車（wind turbine）の調達に関する契約（風車供給契約／Turbine Supply Agreement）が、発電所の建設に関する契約とは別に、風車メーカーと事業体SPCとの間で締結される案件がしばしばみられる。

　このような風車供給契約と発電所建設請負契約が併存する案件では、EPC業者によるSingle point of responsibilityが確保されず、各契約のインターフェイス・リスクへの対応が課題となる。1つの例として、風車の納入が遅延した場合、風車供給契約に基づく損害賠償額の予定としての補償金（liquidated damage：LD）が支払われるが、これに起因して生じる建設工事の遅れは風車に直接関係する工事に限られないため、発電所建設工事全体の遅延リスクとの関係で整理が必要となる。納品・工事の遅延に関する責任、瑕疵担保責任、性能保証等に関する風車メーカーおよび工事請負業者の責任について、風車供給契約および建設請負契約を精査し、これらが矛盾することなく責任が連続的に保たれるよう確保する必要がある。事業体SPCも含めた3者間で、風車メーカーおよび工事請負業者のそれぞれの責任所掌範囲を明確にした上で、いずれの業者の責任であるか不明の場合の対応手続も含めて合意しておく例もある。

　前記と異なり、建設請負業者が風車メーカーから風車を調達し、事業体SPCとの間ではフルターンキーのEPC契約を締結するというパターンもある。かかる場合、事業体SPCおよびこれに対する資金供給者の立場としては、基本的には、建設請負業者のEPC契約のみに注意すればよく、建設請負業者と風車メーカーとの間の風車供給契約については直接関係ない。もっとも、風車メーカーではない建設請負業者としては、風車固有の問題について、自らが風車メーカーから受けられる補償を超えて事業体SPCに補償することを嫌うため、事業体SPCとの間のEPC契約の内容には、背後の風車メーカーとの風車供給契約の内容が反映されることになる。そのため、かかるパターンであっても、事業体SPCのスポンサーや事業への融資金融機関が、風車供給契約の条件（風車の性能保証、瑕疵担保責任、風車メーカーの責任制限等）について、交渉に積極的に関与することもある。

第 2 節　発電事業とプロジェクト・ファイナンス

　(イ)　引渡し
　引渡し（taking over）は、風力発電設備の占有を風車メーカーから発注者としてのSPCまたはEPC業者に移転することを意味する。引渡しの時点で風力発電設備の所有権および風力発電設備に係る危険も移転するものと定めることが多い。引渡しに至るまでに、風力発電設備の物理的な完成、試運転、そして完工という各ステップで、発注者も関与しての確認プロセスを経ることが一般的である。引渡しの要件としては、風力発電設備が所定の性能を有しているかを確認するため、発注者による完工認定試験に合格することが必要とされ、完工認定試験には融資金融機関も技術コンサルタントを通じて関与できるよう調整される。なお、契約金の支払が引渡しおよび所有権移転の要件として定められる場合、その支払に充てるための借入れの時点ではSPCは風力発電設備の所有権を取得していないため風力発電設備に担保権を設定できないことになるため、引渡しの要件と、契約金の支払時期およびその資金手当ての調整に留意が必要となる。
　なお、風力発電プロジェクトの場合、同一の型式の風車が複数設置されるという性質上、風車1基単位の引渡し（あるいは複数基単位の引渡し）も可能ではあるが、SPCが風車供給契約の当事者となる場合、1基でも引渡しが遅延すれば風力発電としての商業運転開始が遅れるため、発電事業者としては発注された風車全部を一括して引き渡すこと（遅延LDも全体で計算される）を望む例が多いように思われる。
　(ウ)　性能保証
　風力発電設備の性能引渡前の完工認定試験において確認されるが、比較的短期間の完工認定試験では風力発電設備が所定の性能を有しているかを確認するには必ずしも十分でない。そのため、引渡しから一定の期間、風力発電設備の性能を有しているかを検証するテストが実施される。性能のうち発電量のパフォーマンスに直接影響する稼働率と発電効率を示すパワー・カーブが特に重要である。
　①　パワー・カーブ保証　　風車が一定のパワー・カーブ（風速に対する出力を示す出力曲線）を有することを保証するものである。風車が引き渡された後、一定の期間にわたって性能認定試験を行い、風車の出力性能が保証

されたパワー・カーブに達しない場合、その程度に応じて損害賠償額の予定としての補償金（liquidated damage）が支払われる。風車供給契約では、試験の手続（テストを実施する期間、時間、基数、試験の回数）、補償の計算方法、支払手続等が規定される。

　②　稼働率保証　　風力発電では、24時間いつどの程度の風速の風が吹くかをあらかじめ正確に予測することは難しい。また、燃料を貯蔵できる火力発電とは異なり、動力源となるエネルギーを貯蔵しておくことができない。そのため、風が吹けば発電可能となるよう、なるべく長い時間、故障せず発電可能な状態を保つことが事業収益に直結する。かかる発電可能な状態をどの程度確保できているかを示す指標が稼働率（availability）[注164]であり、風車メーカーが風車供給契約または風車保守保証契約において一定以上の稼働率を保証することが一般的である。稼働率の計算方法は種々あるが、ある一定の期間における、風力発電設備が稼働可能な状態にある時間を、当該期間に係るすべての時間数で除した数値として計算され、不可抗力による停止時間、系統側の事由による停止時間、定期メンテナンスによる停止時間等は、停止していなかったものとして計算されるのが一般的である。実際の稼働率が保証された稼働率を下回った場合には、損害賠償額の予定としての補償金（liquidated damage）が発注者に対して支払われる旨が定められる。逆に、稼働率を向上させるインセンティブを受注者に与えるため、実際の稼働率が一定の基準を上回った場合に発注者から追加の報酬が支払われる旨の合意がなされることもある。

　③　騒音保証　　風力発電設備からは、風車の羽根の風切音やナセルの回転に伴う騒音が発生する。これらの騒音は、近隣住民による風力発電設備の運転を差止請求の原因となり得る[注165]ため、風車がその仕様において定め

注164）　なお、「稼働率」という用語は多義的であり、カット・イン風速以上、カット・アウト風速未満の風速の出現率をいう場合もあるが、ここでは、本文の通り、故障等による発電不能な時間を加味した値である。

注165）　風力発電所の騒音を原因として発電所の運転差止仮処分が請求された事例として、名古屋地豊橋支判平成27・4・22判時2272号96頁参照。当該事例においては、風力発電所の騒音は受忍限度の範囲内であるとして運転差止めの請求は却下されている。

られた水準を超えて騒音を発しない性能を有することが、プロジェクトの安定的な運営の上で重要である。

風車供給契約においては、風力発電設備が保証された騒音性能を満たさない場合に、風車メーカーに修補の義務を課すことが多く、また、損害賠償額の予定としての補償金を定める例もある。

(エ) 瑕疵担保責任

風車供給契約においては、風車メーカーの供給する風車その他の風力発電設備に関する瑕疵担保責任が規定される。瑕疵担保責任の期間内は風車供給業者がリスクを負担するが、期間経過後は発注者が負担することとなる。瑕疵担保責任の存続期間の長さ、受注者に故意または重過失があった場合の存続期間等が交渉される。

民法上、請負契約の瑕疵担保責任の内容としては、瑕疵の修補に代えて、または修補とともに損害賠償請求ができるものとされているが（民634条2項）、風車供給契約においては、瑕疵担保責任の効果として修補および交換のみとすることを受注者側が希望することが多い。

また、風車の供給契約においては、同一の型式の風車が複数基納入されるため、ある風力発電所の複数の風力発電設備に同一の原因による瑕疵がある場合、当該発電所に納入されている他の風力発電設備についても同様の瑕疵が発生する蓋然性が高い。そのため、連続欠陥（serial failure）という概念を定め、一定の割合以上の同一原因の瑕疵が発生した場合には、風車メーカーに原因を調査させ、必要に応じて風力発電機すべてについて修補等の対応を実施させることもある。

(iii) 風車保守保証契約

風力発電設備が引き渡された後の風車の保守に関しては、風車を供給したメーカーとの間で契約が締結されるのが一般的である。かかる契約を、ここでは風車保守保証契約[注166]と呼ぶことにする。風車保守保証契約は、風車メーカーSPCとの間で直接締結されるパターンと、風力発電プロジェクト全体の運転・保守を請け負うO&M業者が風車メーカーとの間で風車保守保

注166) Long term service agreementやService availability agreement等の名称で締結されることもある。

証契約を締結し、SPCとの間ではO&M業者のみが風車の保守保証を含めたO&M契約を締結するパターンがある。

なお、前記の風車供給契約について述べた性能保証のうち、稼働率保証については、風車供給契約ではなく風車保守保証契約（または風車の保守保証を含めたO&M契約）において規定されることが多い。前記の通り、風力発電プロジェクトにおいては、なるべく長い時間、風力発電設備が発電可能な状態を保つことが事業収益に直接影響するため、風車の適切な保守が重要である。

(iv) EPC契約（風車供給契約との関係）

前記の通り、風力発電プロジェクトにおいては、風車の調達に係る風車供給契約が、EPC契約とは別途SPCと風車メーカーとの間で締結される場合がある。かかる場合には、風車に係る風車供給契約と、風力発電施設のそれ以外の部分（Balance of Plant：BoP）に係るEPC契約との間のインターフェイス・リスクへの対応が課題となる点は前述の通りである。

かかる最大の相違点を除けば、風力発電プロジェクトにおけるEPC契約は他の電源種別の発電プロジェクトのEPC契約と比べて本質的な相違はないといえる。すなわち、契約価格については固定価格で合意され、契約金額の変更事由が限定されることで、コスト・オーバーランのリスクは受注者が基本的に負担することとなる。また、所定の完工期限を徒過した場合には、受注者の責めに帰すべき事由のない限り所定の遅延損害金を支払うことが合意され、タイム・オーバーランのリスクを受注者が負う。

EPC業者が風車の調達も含めてSPCから一括で受注する場合、風車に発生した瑕疵の瑕疵担保責任や、風車の性能未達に係る責任について、風車メーカーとの間の風車供給契約の内容がback to backでSPCとEPC業者の間のEPC契約に反映されることになる。融資関連契約としては、風力発電設備の完工遅延、性能未達等に係るリスクが、SPCとEPC業者の間で適切に配分されているかを精査することが必要となる。

(v) O&M契約

風車保守保証契約が、風力発電所全体の運転・保守契約とは別途SPCと風車メーカーとの間で締結される場合、前記(iv)でEPC契約について述べたのと同様、風車保守保証契約と、それ以外の運転・保守に係るO&M契約との間

のインターフェイス・リスクへの対応が課題となる。風車メーカーおよびO&M業者の責任について、風車供給契約および建設請負契約を精査し、これらが矛盾することなく責任が連続的に保たれるよう確保する必要がある。事業体SPCも含めた3者間で、風車メーカーおよびO&M業者のそれぞれの責任所掌範囲を明確にした上で、いずれの業者の責任であるか不明の場合の対応手続も含めて合意しておくことも考えられる。

　また、下請業者を含めたO&M業者のスキルが重要であり、下請業者の選定に関しては融資金融機関としても十分なモニタリングが働くような仕組みがO&M契約と融資関連契約において必要となる。交換部品の到着が遅れると稼働停止時間が長期化してしまうため、輸送時間も考慮した上で、交換部品の確保の方法について具体的に合意しておく必要がある。

　このほか、他の電源種別の発電プロジェクトのO&M契約とも共通するが、貸付けの最終弁済期日までの期間をカバーした契約期間を設定するか、更新が可能な建付けとなっていることが原則である。委託料は、基本料金については固定金額で合意した上で、価格の変動を最小限に抑えることが望ましく、その上で、緊急時の対応等基本料金に含まれない業務についても、あらかじめかかる業務が発生する要因をなるべく特定した上で、増加するコストについてもなるべく見通しが立つような取決めの交渉がなされる。

　近年風車の大型化が進み、日本国内の陸上風力でも3MW前後の風車が用いられるケースが増えている。そのため、風車1基が停止した場合に売電収入を喪失するプロジェクトへのインパクトが大きい。事業停止のリスクを最小限にとどめるため、事故発生時の復旧のプロセスについても明確にしておくことが重要である。

　なお、2017年4月から定期安全管理検査の制度が風力発電設備にも導入された[注167]。

(vi) 土地関連契約

　発電設備用地、連系線用地、および変電所用地それぞれについて土地利用権限が必要である点は太陽光発電等その他の種類の発電プロジェクトの場合と同様である。

注167)　単機出力500kW以上の風力発電設備が対象となっている。

なお、風力発電設備については、不動産登記上、建物には当たらない扱いがなされている。かかる扱いを前提とすると、風力発電設備の設置のための地上権設定契約および土地賃貸借契約に借地借家法の適用はなく、また、現行の民法の下では土地賃貸借契約の存続期間は20年が上限となる（民604条1項）。

また、土地の所有権はその上空にも及ぶことから、他人の所有する土地に風車を設置する場合には、基礎部分が占有する範囲だけでなく、ブレードが上空を旋回する範囲の土地（いわゆる羽根下）についても利用権限が必要となるところ、かかる用地については、区分地上権が用いられることもある。

(2) ファイナンス関連契約

風力発電事業に対するプロジェクト・ファイナンスにおいては、他の種類の発電事業に対するプロジェクト・ファイナンスと同様、プロジェクト関連契約に係る債権、預金債権への質権、保険金請求権、借入人SPCに対する出資持分（株式、合同会社社員持分、匿名組合出資持分）、事業用地またはその利用権（地上権、賃借権）等が担保権の設定対象となる。

このほか、風力発電事業では、風力発電設備に対しても担保権が設定されることになるが、風力発電設備への担保権設定は、実務上、動産譲渡担保および工場財団抵当が用いられている。

洋上風力発電設備については、本稿執筆時点では、わが国におけるプロジェクト・ファイナンスの実績に乏しいため、担保設定方法について一般的な実務は存在しない。運転監視施設や変電所を陸上に設置する場合、当該設置場所の土地を工場の場所とし、洋上風力発電設備を工場財団の組成物件として工場財団を組成し、工場財団抵当権の対象とする方法が指摘されている[注168]。

注168) 第一東京弁護士会環境保全対策委員会編『再生可能エネルギー法務』（勁草書房、2016）240頁。

(3) 陸上風力発電事業に特殊なプロジェクト・リスク対応

(i) 風況リスク

　風力発電事業においては、風量変動リスクが他の種類の発電プロジェクトにはない特殊なリスクであり、かつ固定価格買取制度の下で売電のマーケット・リスクがない状況下では、風量変動リスクが最大のリスクであるといっても過言でない。プロジェクトの事業性調査の段階で、技術コンサルタントにより、風況（風速、風向きの出現率、変わりやすさ等）の計測結果に基づき、計測場所の選定や計測値点の高さ等も考慮の上、発電量が予測される。風況は季節によって変動するため、風況調査は1年以上の期間にわたって行われる。プロジェクト・ファイナンスの文脈では、風況リスクは他のプロジェクト関係者への転嫁が困難であり、基本的にSPCが負担するリスクとなる。レンダーとしても風況の調査結果について解析が重要であり、レンダーの起用する技術コンサルタントによってさらに検証がなされる。

　また、太陽光発電における発電量予測の場合と比べて、風力発電では予測の読み違えによる発電量のぶれ幅が大きいとされる[注169]。そのため、発電量予測として、超過確率50％（P50）だけを用いるのではなく、90％（P90）、さらには99％（P99）の予測発電量に基づき事業計画を評価することも行われている。

　事業開始後に風況が想定よりも悪化した場合、その影響はDSCRの低下というかたちで顕在化する。融資関連契約におけるDSCRが一定の基準値を下回った場合の強制期限前弁済、リリース口座への配当停止、期限の利益喪失事由への該当等というかたちで、借入人およびスポンサーと貸付人との間のリスク分担が行われる。

(ii) 環境リスク

　前記の通り、風力発電設備からは、発生する風車の羽根の風切音やナセルの回転に伴う騒音が発生する。また、風車の羽根が投影する影の動き（シャドー・フリッカー）も、近隣住民にとってはわずらわしさを感じさせる性質のものである。これらは、近隣住民の受忍限度を超える場合には、風力発電

注169　第3回調達価格等算定委員会（2012年3月19日）資料5（日本風力発電協会資料）。

設備の運転差止請求の原因となり得ることから、風力発電設備の騒音やシャドー・フリッカーの近隣住民への影響に関しては、これを事前に慎重に精査した上で、説明会等を通じて事業に対する住民の理解を得ることが重要となる。

　また、このような風力発電設備の性質上、風力発電事業は他の種類の発電事業と比べて環境影響評価法の対象が広く設定されている。すなわち、出力1万kW以上の風力発電施設はすべて法律上の環境影響評価の対象となっており（第一種事業。環境影響評価法2条2項）、また、出力7万5000kW以上1万kW未満の風力発電事業も、個別に環境影響評価の対象となる（第二種事業。環境影響評価法2条3項）[注170]・[注171]。風力発電設備に関する環境影響評価は、経済産業省大臣官房商務流通保安審議官「環境影響評価方法書、環境影響評価準備書及び環境影響評価評価書の審査指針」（2016年6月1日20150528商局第3号）別表4に従い行われ、騒音およびシャドー・フリッカーは、評価項目として審査される。環境影響評価は、4～5年程度の期間と1～2億円程度のコストがかかるといわれており、その負担の重さが風力発電設備大量導入のボトルネックとなっているが、かかる環境影響評価のプロセスの履践を通じて環境・社会リスクの軽減が図られている。

　なお、再エネ特措法の固定価格買取制度の運用として、かつては設備認定の申請書提出時に、環境影響評価準備書についての勧告書または不勧告通知の提出が必要とされてきたが、2016年12月5日以降は、環境提供評価方法書に関する手続を開始したことを証する書類の添付で足りることとされ、環境影響評価準備書についての勧告書等の添付は不要とされている[注172]。

(4) 洋上風力発電事業に特殊なプロジェクト・リスク対応

　本稿執筆時点では、日本国内では洋上風力発電事業に対するプロジェク

注170)　中央環境審議会「今後の環境影響評価制度の在り方について（答申）」（2010年2月22日）。平成24年環境影響評価法施行令改正。

注171)　出力10MWに満たない風力発電プロジェクトであっても、条例によってより厳格な環境アセスメントが求められる例もある。

注172)　資源エネルギー庁「設備認定申請における環境影響評価に関する添付書類について」（2016年12月5日）。

ト・ファイナンスの実例は存在しないようである。もっとも、陸上の風力発電の適地が少なくなりつつあるのに対し、洋上風力は開発の余地が広がっている。今後は日本国内でも洋上風力発電事業が急速に拡大し、これに対するプロジェクト・ファイナンスも実施されていくであろう。

陸上風力発電事業と比較した場合、洋上風力発電事業には以下のような特性があり、かかる特性によってもたらされるリスクに対して対応が必要となる[注173]。

(i) **風況**

一般に海上においては陸上よりも強い風速の風が吹く。発電量は風速の3乗に比例するため、風の強い海上は、発電収入を得るという観点からは陸上と比べて優位である。国内の陸上風力発電では設備利用率（capacity factor）が20％程度であるのに対し、洋上風力発電の場合は30％以上の設備利用率が期待されている。しかし一方で、施設の建設や点検・保守との関連では、強風はサイトへのアクセスの制限となったり海上での作業中断を招くため、建設や保守・維持管理の費用の増加、運転開始の遅延等のリスク要因ともなる。

また、風況の評価に当たっては地形の複雑度が影響するため、起伏の激しい山間部では風況の予測に困難が伴い、また複雑な地形により生じる乱流は、風力発電設備の故障の要因ともなっている。海上の場合、このような地形の複雑さがない。もっとも、風況予測の前提となる計測が、海上の場合は容易でないという特性がある。

(ii) **用地（海域）利用権原**

洋上風力発電事業は、一定の範囲の海域を排他的に占有して実施されるが、わが国では海面下の土地は国の所有物として整理されている[注174]。事業の区

注173)　なお、洋上風力発電事業は、海底に直接風力発電設備を設置する「着床式」と、海底とは係留チェーンのみで固定する「浮体式」とがあるが、欧州においても商用化が実現しているのは着床式であり、浮体式はいまだ実証段階である。

注174)　太政官布告120号（地所名称区別海底）（明治7年11月7日）による。最判昭和52・12・12判時878号65頁、最判昭和61・12・16民集40巻7号1236頁（田原湾土地滅失登記処分取消請求事件）。また、最高裁判例によると、「現行法は、海について、海水に覆われたままの状態で一定範囲を区画しこれを私人の所有に帰属させるという制度は採用していないことが明らかである」として、私的所有に属するものとはされていない。

域について港湾法、漁港漁場整備法等、海岸法等の公物管理法が存在する場合、当該法律の定める管理制度に従い占用許可を受けて事業を実施することとなる。現在具体化している洋上風力発電プロジェクトは、港湾法に基づく港湾区域において実施されるものが多い。

(a) **港湾区域**

港湾は、電力系統が充実し、かつ建設や維持管理に利用される港湾インフラが近接するとともに、海域の管理や利用調整の仕組みが整備されているため、洋上風力発電の導入適地である[注175]。「港湾における風力発電について──港湾の管理運営との共生のためのマニュアル」(2012年6月国土交通省港湾局、環境省地球環境局)が、協議会を設置して、利害関係者の調整を図りつつ、事業予定者を公募により選定する仕組みを導入するなど、港湾における風力発電導入が支援されてきた。さらに、2016年に港湾法が改正され、港湾区域における洋上風力発電施設の導入のための占用公募制度が始まった[注176]。占用公募制度は、港湾区域内の水域等の占用の許可申請を行うことができる者を港湾管理者が公募により決定することができるという制度であり、この制度の運用指針として、国土交通省港湾局「港湾における洋上風力発電の占用公募制度の運用指針」(2016年7月)[注177]が策定されている。

占用公募制度においては、港湾管理者が策定した公募占用指針(港湾37条の3)を踏まえ、事業者が公募占用計画を提出する(同法37条の4)。公募占用指針に定められる計画の認定の有効期間は最大20年である(同法37条の3第4項)。港湾管理者は、最も適切な公募占用計画の提出者を選定して(同法37条の5)、当該公募占用計画を認定する(同法37条の6)。認定された計画の提出者が、当該計画に基づく占用許可を申請した場合、港湾管理者は占用を許可しなければならない(同法37条の8第2項)。占用許可の標準的な許可期間は引続き最長10年であるが、占用許可の更新申請があった場合、認定の

注175) 国土交通省港湾局「港湾における洋上風力発電の占用公募制度の運用指針」(2016年7月)1頁。
注176) 北九州港内では、2016年8月から、改正港湾法における占用公募制度に従い事業予定者の公募が行われている。
注177) 併せて「洋上風力発電の導入にかかる公募占用指針(案)」も公表されている。http://www.mlit.go.jp/report/press/port06_hh_000130.html

第2節　発電事業とプロジェクト・ファイナンス

有効期間の範囲内において占用の許可を与えなければならない[注178]。

一般に公共用物の占用許可においては、許可の期間が発電事業の期間と比べて短期であるため、プロジェクト・ファイナンスの実施に当たっては占用許可の更新リスクが1つの懸念事項であったが、港湾法の改正により、占用計画の認定の有効期間（最長20年）にわたって、占用の許可が原則として義務付けられたため、更新リスクの低減が実現している[注179]。

(b) 一般海域

港湾法等の公物管理法の適用のない海域を一般海域という。一般海域の海面下の土地は法定外公共物であるが、法定外公共物の管理については長らく立法が行われておらず、一般海域の管理権の所在についても明確ではない。

実務上は、国土交通省所管の国有財産管理が、第1号法定受託事務として都道府県の事務として整理されていること（国有財産法9条3項・4項、国有財産法施行令6条2項1号カ）等を根拠として、都道府県が条例を制定して管理を行っていることから、当面は都道府県の条例による調整として整理される見込みである[注180]。もっとも、都道府県の条例に基づく管理についてはいくつか課題がある。そもそも、現在存在する条例は、土砂採取、環境保全、海浜・海水浴場、プレジャーボート等を想定したものであって、洋上風力発電事業を想定して制定されていない。港湾区域で整備されているような、洋上風力発電事業を想定した利害調整の制度はなく、事業者の選定ルールもな

注178）「港湾における洋上風力発電の占用公募制度の運用指針」38頁。
注179）なお、占用許可は洋上風力発電施設の建設の段階から必要となるため、20年間の公募占用計画に認定を受けた場合であっても、再エネ特措法に基づく売電を行う調達期間（20年）中に認定有効期間が終了するが、「港湾における洋上風力発電の占用公募制度の運用指針」においては、認定有効期間の終了後においても、占用を許可することは妨げられておらず、「占用の更新を許可するにあっては、（中略）固定価格買取制度の調達期間が20年であることを踏まえ、適切に占用許可期間を設定することが必要」として、調達期間を踏まえて占用を許可することが示されている。
注180）資源エネルギー庁が2017年3月31日に公表した「一般海域における利用調整に関するガイド〔初版〕」は、一般海域の利用については都道府県が規定する条例または規則等に基づき占用の許可を与えているという現状を踏まえ、「都道府県には洋上風力発電設備の設置に当たって、一般海域の占用のためにどのような書類が必要であるかあらかじめ相談しておくとよい」と解説している。

い。また、これらの条例は、比較的近距離の沿岸を想定したものであり、地域特殊性が強く、占用期間や占用料の定めも統一的でない。

　さらに今後、洋上風力発電事業がより沿岸から遠い海域で行われるようになったとき、比較的近距離の沿岸を想定した都道府県条例による管理が困難となることも想定される[注181]。本来的には立法による解決が望ましい。

(iii) 漁業関係者との調整・合意形成[注182]

　洋上風力発電事業の開発・運営においては、漁業関係者との利害調整が必要となる。建設工事や洋上施設は、漁業関係者の事業活動に直接支障を与え得るし、洋上施設の建設工事や運転中の水中騒音が漁場に与える影響も懸念される。

　漁業権は物権とみなされ（漁業23条1項）、その侵害に対しては妨害排除請求権および妨害予防請求権の行使が可能となっている。洋上風力発電施設の建設工事や運転が漁業権を侵害する場合には、差止請求の対象となる。発電事業者としては、漁業関係者との間で、洋上風力発電事業の期間をカバーした補償契約を締結し、漁業権の放棄や制限について合意しておくことが必要となる。なお、漁業関係者との合意形成は、漁業協同組合との間の交渉によって図られる。

(iv) 建設工事のコスト増および遅延

　陸上風力発電事業では風力発電機の調達コストが建設コストの過半を占めるが、洋上風力発電所の建設の場合、風力発電機の調達以外に、海底の基礎工事や海上での風力発電機の据付け作業、作業のための海上輸送、海底送電ケーブルの敷設等のコストも高額となる。また、風力発電機の据付けには、SEP船[注183]と呼ばれる特殊な作業船が必要となる。これらの要因により、洋

注181) また、都道府県の一般海域の管理に係る条例は、領海外の排他的経済水域には効力が及ばないと考えられるため、排他的経済水域において洋上風力発電事業を行う場合にはこれを適用できない。

注182) 漁業関係者との利害関係の調整については、第一東京弁護士会環境保全対策委員会編・前掲注168) 216頁以下参照。

注183) 本稿執筆現在、5MW級の大型風車を据え付けられるSEP船が日本国内には存在せず、国内の洋上風力発電事業のためのSEP船の導入も洋上風力発電の拡大のための課題となっている。なお、外国船の場合、日本船舶でなければ不開港場に寄港できないというカボタージュ規制（船舶3条）の問題があり、洋上風力発電施

第2節　発電事業とプロジェクト・ファイナンス

上風力発電施設の建設コストは陸上風力発電の倍近くに上ると試算されている[注184]。また、海上では陸上の場合と比べて大型かつ多数の風車を導入しやすいため、洋上風力発電事業の1件当たりの建設コストはさらに巨額となる。

そのためコストオーバーランの影響も大きくなりやすいが、洋上風力発電所の建設は、海底基礎工事、据付工事、海底送電ケーブルの敷設工事等の工事も含まれるため、単一の工事請負業者による一括受注・固定価格のEPC契約の締結が困難であるという問題がある。

技術コンサルタントによる助言も踏まえ、予備費を適切な水準で設定することが必要となるし、スポンサーによる資金拠出の確保も検討が必要となるであろう。また、綿密な事業計画を策定した上で、多数に及ぶ契約・作業工程を管理し、関係者間の調整を図るプロジェクト・マネジメントが重要となるため、事業を実施するスポンサーの力量、専門的知見、経験等も事業の成否の鍵を握ることとなる。

また、工期の遅延は、基本的に風車供給業者および建設請負業者の負担すべきリスクである。しかし、洋上風力発電所の建設においては、風力発電設備の調達以外に、海底基礎工事、据付工事、海底送電ケーブルの敷設工事等の工事も含まれ、単一の工事請負業者による一括受注のEPC契約の締結が困難であるため、工期遅延リスクのすべてを工事請負契約の相手方に転嫁することができず、SPCにもリスクが残ることとなる。

なお、洋上風力発電事業では、海上のアクセスおよび作業が必要となるため、陸上の場合と比べて気象・海象による作業スケジュールへの影響が大きい。事前の詳細な気象・海象の分析に基づく計画策定が重要となる。

欧州では洋上風力発電事業に対して建設期間も含めてプロジェクト・ファイナンスのマーケットが成立しているが、いまだ洋上風力発電事業に対する

　　　　設の建設現場が開港の港域に含まれない場合、外国船籍作業船の現場への寄港が規制の対象となる。また、日本の港湾と建設作業地の間を外国籍の船が人や物を乗せながら内航することができるか、外国人が作業に従事できるのかという問題もある。森田多恵子＝渡邊典和「洋上風力発電事業における作業船・洋上作業に対する規制に関する課題」環境管理2016年6月号33頁参照。

注184）　陸上は30万円/kWに対して、洋上は54万円～59万円/kWと算定されている（2014年調達価格算定等委員会報告書）。

第8章　プロジェクト・ファイナンス

プロジェクト・ファイナンスの実績に乏しいわが国では、特にリスクの高い建設期間について、当面はスポンサーのサポート等が求められることが予想される。

(v)　**運転・保守の遅延リスク**

建設後の保守・維持管理においても、洋上風力発電施設へはアクセス船によるサイトへの移動、アクセス船から洋上風力発電施設への人員の乗移り、海上での資機材の荷揚げ・荷下しがあるため、気象・海象条件による制約を大きく受ける。

メンテナンス期間の拡大は事業収入の減少に直結するが、洋上風力発電の場合、アクセス船の確保のためのコストをも招くこととなる。O&M契約に定められる稼働率保証によって、稼働率が一定の基準を下回った場合には、損害賠償額の予定として所定の計算式に従い算定される補償金が支払われる。しかし、気象・海象条件に起因する稼働時間の減少については運転・保守業者にリスクを転嫁することが困難であり、基本的に発注者のリスク負担となる。そのため、気象・海象条件の事前の正確な予測が重要であり、レンダーとしてもその分析の検証が必要となる。

また、技術コンサルタントによる、OM計画やコストの検証および適切な水準のリザーブの設定が重要となるであろう。

(vi)　**操業後の原状回復・撤去**

風力発電事業においては、事業期間終了後に風力発電設備を撤去することが原則として必要であり、その費用に充てるための資金も事業期間終了までに手当てしておく必要がある。例えば、港湾法上の占用公募制度においては、公募占用指針において、公募対象施設等の撤去に関する事項を定めることになっており（港湾37条の3第2項4号）、国土交通省と環境省が協同して定めたマニュアルにおいて、占用期間終了時には、風力発電事業者の負担と責任において速やかに風力発電設備を撤去し、原状に回復することが基本とされている[注185]。

もっとも、洋上風力発電施設は、海底深くに基礎を打ち込み建設されるた

注185)　国土交通省港湾局・環境省地球環境局「港湾における風力発電について——港湾の管理運営と共生のためのマニュアルver.1」（2012）75頁。

め、設備を完全に撤去し原状に回復することは困難である。事業終了後も一定の基準の下で設備の一部を残置することも視野に入れたルールの形成が必要となるであろう注186)。

4 火力発電事業（石炭火力／ガス火力）

　火力発電とは、ガス、石油、石炭、バイオマス燃料その他の燃料を燃焼させ、蒸気タービンやガスタービンを回して発電を行う方法をいう。このうち、再エネ特措法に基づく固定買取価格制度の対象となるバイオマス燃料を用いる火力発電については、買取価格の変動リスクおよび買取量のボリューム・リスクを発電事業者が負わない点で太陽光発電や風力発電と共通する部分が多く、後記5で取り扱う。本項4では、再エネ特措法に基づく固定買取価格制度の対象とならない石炭またはガスを燃料とする場合を念頭に置いて、火力発電事業について述べる。

(1) プロジェクト関連契約

　火力発電所の設置、運用のために締結されるプロジェクト関連契約は、①電力の売買に係るPPA（または加工委託契約）、②燃料調達契約、③発電所の建設・設置に係るEPC契約、④LTSA／メンテナンス契約／運転委託契約、および⑤その他の契約である（【図表8-2-2】参照）注187)。

　以下、各契約について、プロジェクト・ファイナンスにより資金調達を行う場合に検討すべき論点を述べる。

注186) 海底資源の掘削施設の廃棄に関して、海染防止法において、一定の条件の下で構造物の一部やパイプラインの残置が認められていることを踏まえ、洋上風力発電施設についても、撤去技術、経済性、環境保護、船舶航行の安全性等の諸点を勘案した合理的な基準を構築することの必要性も指摘されている（第一東京弁護士会環境保全対策委員会編・前掲注168) 233頁）。
注187) これらのほかに発電所用地等の利用権確保のための土地賃貸借契約、地上権設定契約、地役権設定契約や、貯炭場やLNGタンクといった燃料貯蔵施設の使用契約が締結される場合もある。

【図表8-2-2】 火力発電事業の関連契約

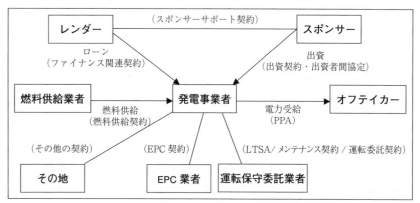

(i) PPAおよび加工委託契約

(a) PPA

太陽光発電事業、風力発電事業、バイオマス発電事業といった再エネ特措法に基づく固定買取価格制度を利用することを前提とした発電事業の場合には、発電量の全量が、法定の調達期間にわたって法定の調達価格で電気事業者に買い取られ、買取価格の変動リスクおよび買取量のボリューム・リスクという発電事業上の主要なリスクを発電事業者が原則として負わない仕組みが確保されている。

これに対して、ガスおよび石炭を燃料とする火力発電事業においては、買取価格の変動リスクおよび買取量のボリューム・リスクをはじめとした各種の事業上のリスクとコストをプロジェクトの関係当事者間でどのように分配するかについて、個別の検討が必要となる[注188]。

火力発電におけるプロジェクト関係者間のコストおよびリスクの分配を検討するに当たっては、発電事業からの収入の内容を決定付けるPPAが検討

注188) 国内火力発電事業に関するPPAの締結に当たっては、各電力会社が火力電源入札を実施する際に公表するいわゆる「標準契約書」が存在し、当該標準契約書がPPA作成の際のフォームとして活用されている。もっとも、本文で述べた通り、火力発電事業においては、PPAを出発点として各プロジェクト関係者間のリスク分配を個別に調整する必要があることから、そのような標準契約書をベースとせずに、独自のフォームでPPAが作成されることも珍しくない。

第2節　発電事業とプロジェクト・ファイナンス

の出発点となり、PPAにおいてどこまでオフテイカーに対してコストおよびリスクの分担を求められるかにより、その他のプロジェクト関連契約の内容も異なることとなる。

　この点、一般的に、火力発電事業におけるPPAにおいて、コストおよびリスクの分担という観点からのBankabilityを確保するために特にレビューの対象となる事項は以下の通りである。

　(ア)　タイム・オーバーラン・リスク

　EPC契約に基づく発電所の完工が遅延し、PPA上の電力受給開始日までに電力の供給を開始することができない場合、発電事業者は収入を得られないため、オフテイカーに対してペナルティの支払や損害賠償義務を負担することなく、PPA上の電力受給開始日を変更できるよう規定しておく必要がある。

　仮に、発電事業者がPPA上の電力受給開始日を変更するに当たりオフテイカーに対してペナルティの支払や損害賠償義務を負担する場合には、これらの負担は、EPC契約に基づき発電事業者がEPC業者から支払を受ける完工遅延に基づく遅延損害金の限度にとどめる必要がある。電力受給開始前には発電事業者には収入がない以上、仮にかかる限度を超えて発電事業者がオフテイカーに対してペナルティの支払や損害賠償義務を負担するとすれば、超過部分については、リザーブの積立てやスポンサー・リコースとする（スポンサーが追加出資義務を負う）建付けを検討せざるを得ないことになろう。

　(イ)　買取価格の変動リスク——2部料金制（Capacity ChargeとEnergy Charge）

　発電事業者が、発電事業を開始すべく火力発電所を設置、運営するために必要となるコストは、大きく分けて、①運転開始までに確定し、または事業期間中一定の金額であることが想定されるコストと、②運転開始後、事業期間中に変動し得るコストに分けられる。発電事業者の収入は基本的には売電収入のみであるから、発電事業者は、これらをPPA上の売電代金で賄う必要がある。

　前記の各コストのうち、①については、一定の電力を購入可能な権利の対価としての基本料金[注189]として、原則として売電した電力量にかかわらず

注189)　Fixed Charge、Capacity Charge、Availability Chargeとも呼ばれる。

【図表8-2-3】　売買代金の構成要素

基本料金	公租公課
	固定費 事業用地の地代 人件費 O&M委託費 計画的なメンテナンス費用・スペアパーツ費用 Administration Cost（事務委託先費用、監査報酬）
	デットサービス（ローンの元利金）＊
	エクイティリターン（エクイティ出資者の利益相当額）
従量料金	燃料費 石油石炭税 灰処理費 発電所の稼働状況により計画外で発生した委託費、メンテナンス費用・スペアパーツ費用等

＊　発電所の運転開始までに要した費用（EPC契約に基づく請負代金を含む）のうち、借入れによって支払った部分がここに含まれる。

固定金額を売電先から徴収し、②については、電力量に応じて変動する従量料金[注190]して売電先から徴収するのが一般的である。

基本料金と従量料金の構成要素の例は、大要【図表8-2-3】の通りである。

　(ｳ)　基本料金の調整要素

①　Availabilityに関する調整　　基本料金は固定費等を賄うための料金であることから、売電された電力量にかかわらず原則として一定の金額に設定されるが、他方で、基本料金はあくまで一定の電力供給が可能な状態をオフテイカーに対して供給することの対価であるとの考え方から、そのような状態が達成されなかった場合には、基本料金を減額したり、基本料金はそのままとしつつ別途発電事業者からオフテイカーに対してペナルティを支払う旨の合意がなされることが多い。

かかる基本料金の減額またはペナルティは、例えば、発電所の出力が契約電力に未達である場合にその不足分に比例した金額に設定されるもの[注191]

注190)　Variable Charge、Energy Charge、Usage Chargeとも呼ばれる。
注191)　例えば、100MWの契約電力に対して実際の発電所の出力が95MWであった場合に、

や、1年ごとまたは1か月ごとに供給される予定であった電力量を供給することができなかった場合にその不足分に比例した金額に設定されるもの[注192]、一定期間中にまったく電力を供給できない日数が基準日数を超えた場合に基本料金を免除するものなどがある。

② コスト・オーバーラン・リスクの調整　コスト・オーバーラン・リスクについては、原則として、EPC契約を一括請負契約（ランプサム・フルターンキー契約）とすることによって、EPC業者の負担とすることが企図される。しかしながら、発電事業者側の帰責事由や不可抗力事由による増加コストなど、コスト・オーバーラン・リスクの全部または一部をEPC業者の負担とすることができない場合には、これを基本料金に上乗せして、オフテイカーに転嫁することを検討する必要がある。

(エ)　従量料金の調整要素

従量料金は、主に燃料費を主要な構成要素とするものであるが、発電所の性能（発電効率）が当初予定されていた計画値よりも低かった場合に、予定通りの電力量を供給するために追加的に必要となる燃料の調達費用を発電事業者とオフテイカーのいずれが負担するかという問題がある。

これをそのまま従量料金としてオフテイカーの負担とする場合には従量料金の調整は不要であるが、発電事業者の負担とする場合には、従量料金の減額や、従量料金はそのままとしつつ別途発電事業者からオフテイカーに対してペナルティを支払うことになる。また、この場合、発電事業者の負担は、EPC契約を通じて、EPC業者に転嫁する必要がある。

(オ)　基本料金および従量料金以外の電気料金

前記の基本料金と従量料金のほかに、発電事業者からオフテイカーに売電代金として転嫁することを検討すべきものとして、発電事業者が一般送配電事業者に対して負担するインバランス・コストがある。

発電事業者とオフテイカーは、発電所で発電した電気をオフテイカーに供

　　　　　5MWに一定金額を乗じた金額が基本料金から減額される。
注192)　例えば、月間2500MWdの電力量の供給する予定の契約において、発電所のトラブル等で月間の供給電力量が2000MWdにとどまった場合に、500MWdに一定金額を乗じた金額が基本料金から減額される。

給するため、一般送配電事業者との間で、託送供給等約款に従い、発電事業者を発電契約者とし、オフテイカーを契約者とする託送供給および発電量調整供給に係る契約を締結するが、託送供給等約款上、発電事業者は、受電地点において一般送配電事業者が受電する電気の電力量（発電量調整受電電力量）の計画値（発電量調整受電計画電力量）を所定の期限までに通知する義務を負い、30分単位の実際の発電量調整受電電力量が、当該30分の発電量調整受電計画電力量を下回った場合には、一般送配電事業者から不足分の電力（発電量調整受電計画差対応補給電力）の補給を受ける。その上で、発電事業者は、発電量調整受電計画差対応補給電力に係る電気料金として、当該不足分に一定の単価[注193]を乗じた金額（インバランス・コスト）を一般送配電事業者に対して支払う義務を負う。

　発電量調整受電電力量と発電量調整受電計画電力量とに齟齬が生じる原因は、発電事業者側の事由による場合[注194]と、オフテイカー側の事由による場合[注195]があり得るが、どのような場合にインバランス・コストをPPAを通じてオフテイカーに転嫁するかについて検討が必要となる。

　このほか、一般送配電事業者が給電指令により発電事業者の発電を制限または中止した場合に不足力の電力（給電指令時補給電力）の補給を行うことがあるが、かかる補給を受けた場合、発電事業者は、一般送配電事業者に対して、給電指令時補給電力の代金（給電指令時補給電力料金）を支払う義務を負う。かかる給電指令時補給電力料金は、給電指令という発電事業者の責めに帰することのできない事情の下でオフテイカーの需要に応じるために電力の補給を受けるための料金であるから、その性質上、原則としてオフテイカーが負担するのが整合的であると思われる。

注193)　インバランス料金という。託送供給等約款上は、「発電量調整受電計画差対応補給電力料金単価」と規定されている。

注194)　例えば、発電所の運転にトラブルが生じ実際の発電量が発電量調整受電計画電力量に達しなかった場合が考えられる。

注195)　例えば、PPA上、オフテイカーが発電事業者に対して供給を受ける電力量を指定することができる仕組みを採用しているケースで、オフテイカーが直前に指定を変更したために発電事業者の一般送配電事業者に対する発電量調整受電計画電力量の変更通知が所定の期限に間に合わなかったが、発電事業者がかかる指定の変更に従って発電を行った場合が考えられる。

第2節　発電事業とプロジェクト・ファイナンス

(カ)　電気料金共通の調整要素——不可抗力リスク

　不可抗力により発電設備や系統連系設備に不可抗力事由が発生し、計画に従った電力の供給ができない場合に、オフテイカーが、基本料金、従量料金その他の電気料金の支払義務を継続して負担するか否かについて、検討が必要となる。

　不可抗力にも、発電事業への影響が一時的なものと、長期的なものがあり得ることから、一定期間は電気料金の全部または一部の支払を継続して発電事業者が資金ショートしないように手当てをした上で、不可抗力事由による発電事業への支障を解消するよう協議、努力する旨の規定を設けることが検討される。

(b)　加工委託契約

　オフテイカーと燃料の供給者とが同一の主体である場合には、PPAの代わりに、発電事業者とオフテイカー（兼燃料供給者）との間で、いわゆる加工委託契約（オフテイカー〔兼燃料供給者〕がオフテイカーに対して、燃料を電力に加工することを委託する契約）を締結する場合もある。

　PPAと燃料供給契約を別々に締結する場合には、PPA上オフテイカーに転嫁できないリスクのうち、燃料供給に起因するものは、別途燃料供給契約により燃料供給者に負担させることを検討する必要がある（例えば、計画通りの燃料供給がなされなかったことにより発電量が計画値を下回り、オフテイカーが支払う電気料金が減額される場合は、かかる減額分について、燃料供給契約上、燃料供給者に支払を請求することができる規定を設けることを検討する必要がある）が、加工委託契約においては、かかるPPAと燃料供給契約上のリスク分配を一括して検討することが可能となる。

(ii)　**燃料供給契約（石炭供給契約／LNG供給契約／ガス需給契約）**

(a)　タイム・オーバーラン・リスク

　発電所の燃料は、商業運転開始に先立つ試運転開始の時点から必要となることから、燃料供給契約上、発電所の完工日を踏まえ、試運転に必要な燃料と商業運転に必要な燃料を1つの燃料供給契約で調達する場合には試運転開始予定日を念頭に置いて（試運転に必要な燃料を別途調達する場合には商業運転開始日を念頭に置いて）、一定の期日から燃料供給を開始することが規定さ

277

第8章　プロジェクト・ファイナンス

れることが多い。かかる供給開始日の変更についても、PPAにおける電力受給開始日の調整と同様に、EPC契約に基づく発電所の完工が遅延し予定された期日から燃料を受領できない（その代金を支払う）ことができない場合には、オフテイカーに対してペナルティの支払や損害賠償義務を負担することなく変更できるよう規定しておくか、仮にこれらを負担する場合でもEPC契約に基づき発電事業者がEPC業者から支払を受ける完工遅延に基づく損害賠償金の限度にとどめる必要がある。

なお、輸入燃料の場合には、燃料が産地国で調達され船積みされた時点以降は、ペナルティの支払や損害賠償義務を負担することなく供給開始日を変更することは難しいと考えられる[注196]。また、多くの場合、燃料供給業者が仕入元（サプライヤー）との間で締結している仕入契約との関係で、供給開始日の変更には制約があり得る[注197]点にも注意が必要である。

(b)　量の変動リスク（Volumeリスク）と価格変動リスク（Priceリスク）

事業計画に従って発電事業を継続し売電収益を上げるためには、必要な量の燃料が、予定された価格で、予定された時期に、事業期間を通じ継続的に供給される必要がある。

そのため、可能な限り事業期間をカバーする長期の供給契約の締結を志向しつつ、不足が生じた場合のためにスポットでの調達契約を締結されることが多い。価格については、長期にわたり定額とすることが望ましいものの、これが困難である（または、そのような建付けを採用すると価格が高額となる）場合には、数年ごとに合意するものとした上で、一定の変動幅を設けたり、インデックスを基準に交渉することを定めたりすることで、価格の予測可能

注196）　発電事業者が受領できない燃料について、燃料供給業者において転売活動を行い、転売ができた場合にはペナルティの減免を認める余地もあるが、転売価格が燃料供給契約で予定されていた売買価格を下回った場合の差額や、転売活動に要した費用等については、発電事業者が負担することが求められるであろう。
注197）　燃料供給業者は、仕入元（サプライヤー）との間で締結している仕入契約に基づく仕入元（サプライヤー）に対する仕入代金の支払を、燃料供給契約に基づき発電事業者から受ける代金支払とback to backの建付けとすることを企図することが多い。燃料供給業者と仕入元（サプライヤー）との間の仕入契約上、供給開始時期をペナルティの支払や損害賠償義務を負担することなく変更する建付けを採用できない場合には、燃料供給業者としては、かかるペナルティや損害賠償相当額を燃料供給契約を通じて発電事業者に転嫁することを求めることになる。

性を高める努力がなされる。もっとも、燃料の価格変動リスク（Priceリスク）は、供給量の変動リスク（Volumeリスク）に比べて、リスクの外出し（PPAに定める従量料金を通じたオフテイカーへの転嫁）が比較的受け容れやすいと思われる。

なお、輸入燃料の場合には、為替リスクの分配についても検討が必要である。

(c) 要求品位

燃料の性状によっては同じ数量でも発電量が変動し得ることや、不純物や発電設備の仕様に適合しない燃料は発電設備の損傷の原因となり得ることから、燃料供給契約上、燃料が満たすべき性状（品位）が規定される。

所定の品位を満たさない燃料は、原則して受領義務を負わないものとするのが望ましい。もっとも、輸入燃料の場合には、燃料が産地国で調達され船積みされた時点以降は、発電事業者が全量受領を拒絶できるとすると燃料供給業者の負担が大きい（ひいては、価格の上乗せ要因となり得る）ため、船積み時点での品質検査など発電所での使用に支障を生じるような性状の燃料が船積みされることを防止する仕組みを設けた上で、船積み後は、一定の要件[注198]の下で発電事業者による受領が義務付けられる例も多い。

(d) 危険負担

燃料供給契約上の所有権および危険負担の移転時期ならびに引渡場所について注意が必要である。危険の移転時期が早ければ早いほど、発電事業者が燃料の滅失（輸送中の事故による滅失など）・毀損リスク（例えば石炭の場合には品質劣化リスク）が増大することから、発電所または貯蔵場（貯炭場・ガスタンク）渡しとすることが望ましい。

(e) 不可抗力

不可抗力により燃料供給が途絶えた場合については、PPA上、発電事業者の帰責事由によらない発電の停止と整理し、基本料金の減額・割戻しの除外事由とする必要がある。

注198) 例えば、所定の品位を満たさない燃料については燃料供給業者に転売の努力義務を課したり、燃焼効率が低いだけである場合など発電所での使用に支障がないものは、代金額を調整した上で受領する建付け等がある。

(iii) EPC契約

EPC契約において、火力発電に限らず一般的に問題となるコスト・オーバーラン・リスクおよびタイム・オーバーラン・リスクへの対処は、太陽光発電や風力発電と異ならない。

以下では、火力発電において特に問題となる論点について述べる[注199]。

(a) インターフェイス・リスク

発電設備の設置工事が比較的単純な太陽光発電所や風力発電所とは異なり、火力発電所は、①汽力発電であればボイラー、蒸気タービン、復水器および発電機、②ガスタービン発電であれば圧縮機、ガスタービンおよび発電機、③コンバインドサイクル発電であればこれらに加えて排熱回収ボイラーといった発電設備の主要部分に加えて、これらを収める建物、燃料を保管する倉庫やタンクといった多用な設備を建設・設置する必要がある。そのため、1社のみで火力発電所のすべてを建設することが技術的に困難な場合も多く、複数の請負業者により建設される場合がある。この場合、各請負業者との間で個別にEPC契約を締結すると（いわゆる分割発注、バラコン）、発電所を完成し運転可能な状態とするために必要な工事の一部が、いずれのEPC契約にも規定されない（規定が抜け落ちる）リスク（インターフェイス・リスク）がある。

このようなリスクに対処するために、各EPC契約とは別に、発電事業者とすべてのEPC業者との間で契約を締結し、いずれのEPC業者の分担であるのかが不分明な工事や、いずれのEPC契約にも規定されない工事が必要となった場合の工事の割付けルールを定めることもある。しかしながら、かかるルールの策定は各EPC業者にとってはEPC契約上負担することを想定していなかった工事を行う義務を負うことにもなり得るため、一義的に特定のEPC業者が義務を負うような内容とすることは難しく、協議や調整を行った上で工事負担を割り付ける旨が規定されるなど、発電事業者からすれば発電事業

注199) なお、完工リスクについては、火力発電所事業においては完工リスクが大きくないことが経験的に実証されていることから、スポンサーの完工保証（プロジェクトSPCの債務保証）を要求しない例が多いとされている 。もっとも、技術的難易度が低い場合であっても、EPC業者の倒産、天災・法令改正、反対運動により完工が不可能となる可能性の有無は確認しておく必要があろう。

の開始に向けて不安定な面を払拭しきれない例も多い。したがって、複数のEPC業者に工事を発注する場合には、複数のEPC業者で組成される共同企業体（JV）に一括して発注することが望ましい。

なお、JVは、構成企業と、構成企業から代表権を付与された代表企業から構成されるが、JVには法人格はないため、EPC契約上のJVの義務は、原則として、代表企業および構成企業の連帯債務とする必要がある。もっとも、出資比率の大小や、EPC契約上の個別の義務の内容によっては、出資比率のわずかな構成企業に対してどこまで連帯して義務を負担させるのが適切か、その反面として、出資比率の大きい企業や代表企業にどこまで単独の義務を負担させるのが適切か、という観点から調整が加えられることも多い。

また、JVとの間のEPC契約は、受注者が複数となる契約であることから、その一部の者に生じた事由にEPC契約上どのような効果を認めるか（例えば、JVの構成企業の１社に信用悪化事由が生じた場合に、EPC契約の全部の解除を認めるか否か等）についても検討が必要となる。

(b) **性能保証（出力、効率など）**

EPC契約上、瑕疵担保とは別に、事業期間にわたって発電効率（送電端効率保証）、出力等（送電端出力保証）についての性能保証がなされることが通常である。

出力の低下により、PPA上基本料金の減額等がなされる場合（(ⅰ)(a)(ウ)①）、当該減額分についてはEPC業者に転嫁できるようペナルティを規定しておく必要がある。

また、発電効率が低下したことにより燃料費が増加し、これを従量料金を通じてオフテイカーに負担させることがPPA上できない場合、当該燃料費の増加分はEPC業者が負担する内容とする必要がある。

(ⅳ) **LTSA／メンテナンス契約/運転委託契約**

太陽光発電などでいうところのいわゆる「O&M契約」であるが、火力発電事業の場合には、OperationとMaintenanceを同一の企業体に行わせることは必ずしも多くない。Maintenanceについては、発電設備メーカーが最も詳しいため、発電設備メーカー（請負業者）に行わせるのが一般的である。

(v) その他の契約

以上のほか、発電所用地その他の事業に必要な土地[注200]が発電事業者の所有地でない場合には、事案に応じて土地賃貸借契約、地上権設定契約、または地役権設定契約を締結する必要がある。

また、発電事業者所有でない貯炭場やLNGタンクといった燃料貯蔵施設を利用する場合には、それらの使用契約を締結する必要がある。

いずれについても、事業期間にわたって、利用実態に合わせた利用権を確保できていない場合、発電所への燃料供給に支障を来しキャッシュ・フローを悪化させ得ることから、使用権の確保状況や代替施設のAvailability等を確認する必要がある。また、これらの権利について発電事業者において対抗要件を具備した権利を確保することはもちろん、レンダーのための担保権設定と対抗要件の具備も必要となる。

(2) ファイナンス関連契約

火力発電事業に対するプロジェクト・ファイナンスにおいても、他の種類の発電事業に対するプロジェクト・ファイナンスと同様、プロジェクト関連契約に係る債権、預金債権への質権、保険金請求権、発電事業者であるSPCへの出資持分（株式、合同会社社員持分、匿名組合出資持分）、事業用地またはその利用権（地上権、賃借権）等が担保権の設定対象となる。また、火力発電設備に対しても、動産譲渡担保および工場財団抵当による担保設定がなされる。

さらに、火力発電の場合には、貯炭場または発電所内の石炭や貯蔵タンク中のガスについても集合動産譲渡担保の対象とすることが検討されるが、この場合には、対象物の特定がなされているか、登記実務を含めた検討が必要となる。

注200) 例えば、一般送配電事業者の系統連系ポイントまでの連系線を発電事業者側で設置する場合（自営線）の用地や、燃料が荷揚げされる埠頭や貯炭場・LNGタンクと発電所の間をベルトコンベアやパイプラインで結ぶ場合の用地などがある。

5 バイオマス発電事業

バイオマス発電事業は、基本的に再エネ特措法に基づく固定価格買取制度に従ってプロジェクト・ファイナンスを組成することとなる点が、再エネ特措法の適用がない前記4の火力発電事業と異なるが、それ以外の点については、火力発電事業において述べたところが一般的に妥当すると思われる。したがって、以下では特にバイオマス発電事業に特有の事項のみを記載する。

(1) プロジェクト関連契約

(i) PPA

再エネ特措法に基づく発電事業であるため、経済産業省が公表する特定契約・接続契約モデル契約書（以下、「モデルPPA」という）をベースとして電力受給契約を作成するのが一般的であった。もっとも、2017年4月1日以降、電気事業者による再生可能エネルギー電気の調達に関する特別措置法等の一部を改正する法律（平成28年法律第59号）の施行に伴い、再エネ特措法上の買取義務者が小売電気事業者から送配電事業者による買取りに変更されたことから、モデルPPAによる電力受給契約の締結は原則として廃止され、各送配電事業者が公表する契約要綱に基づき電力受給契約を締結する運用に変更されている。したがって、2017年4月1日以降においては、基本的に電力受給契約を締結するに当たっては、契約内容の修正・変更は予定されておらず、契約内容に関する一般送配電事業者たる電力会社との契約交渉も想定されていない。以下では、バイオマス発電事業に特有の、太陽光発電や風力発電と異なる主要なポイントとして、①調達価格に関する点と②出力抑制に関する点について解説する。

①バイオマス発電事業における調達価格は、バイオマス燃料の種類および発電設備の出力によって異なっている。電気事業者による再生可能エネルギー電気の調達に関する特別措置法の規定に基づき調達価格等を定める件（平成24年経済産業省告示第35号。以下、「調達価格告示」という）では、⒤バイオマスを発酵させることによって得られるメタン、ⅱ森林における立竹木の

第8章　プロジェクト・ファイナンス

伐採または間伐により発生する未利用の木質バイオマス、ⅲ（前記ⅱ以外の）木質バイオマスまたは農産物の収穫によって生じるバイオマス、ⅳ建設資材廃棄物、ⅴ一般廃棄物および前記ⅰからⅳ以外のバイオマスに区分して調達価格を定めている。この点、プロジェクト・ファイナンスの対象となるのは木質バイオマス発電事業が主であるが、木質バイオマスとの関係でいえば、前記のうち、ⅱまたはⅲに該当する木質バイオマス燃料が中心となる。なお、調達価格告示の各項の「備考」に規定される通り、木質バイオマスについては、林野庁作成の「発電利用に供する木質バイオマスの証明のためのガイドライン」（2016年6月18日）に準拠して分別管理が行われたことが確認されないものについては、建設資材廃棄物とみなされ、前記ⅳの調達価格が適用されてしまうことに留意が必要である。

　また、再エネ特措法に基づく固定買取価格制度に基づき売電を行う以上、調達価格（売電価格）は前述の通り固定額となるため、建設期間中のコスト・オーバーラン・リスクや燃料費その他の可変費の変動リスクについて、売電価格の調整規定を電力受給契約に定めることによってオフテイカーに転嫁することは難しく、発電事業者たる借入人にこれらのリスクが残ることとなる点も、バイオマス発電事業の特徴である。再エネ特措法に基づく調達価格は、再エネ特措法3条4項に基づき、当該発電設備による電気供給を調達期間にわたり安定的に行うことを可能とする価格として、同項に列挙された諸種の要素[注201]を検討した上で定められているが、発電事業者は、前記各リスクを他の関連当事者に分配すること（例えばコスト・オーバーラン・リスクの全部または一部はEPC業者に転嫁すること）と併せて、発電事業者に残るリスクについて調達価格の範囲で吸収可能な事業計画を作成することが必要であると考えられる。

注201）　調達価格は、再エネ特措法3条4項において、再生可能エネルギー電気の供給が効率的に実施される場合に通常要すると認められる費用および当該供給に係る再生可能エネルギー電気の見込量を基礎とし、経済産業大臣が定める価格目標およびわが国における再生可能エネルギー電気の供給の量の状況、認定事業者が認定発電設備を用いて再生可能エネルギー電気を供給しようとする場合に受けるべき適正な利潤、この法律の施行前から再生可能エネルギー発電設備を用いて再生可能エネルギー電気を供給する者の当該供給に係る費用その他の事情を勘案して定めるものとされている。

第2節　発電事業とプロジェクト・ファイナンス

　次に、②出力抑制に関しては、バイオマス発電事業の場合、太陽光発電や風力発電のように30日ルールあるいは360時間／720時間ルールは存在しない。具体的には、バイオマス発電設備を、ⓘ地域資源バイオマス発電設備（地域に存するバイオマスの有効活用に資するバイオマス発電設備）、ⓘⓘ前記ⓘ以外のバイオマス専焼発電設備（バイオマスのみを電気に変換する設備）、およびⓘⓘⓘ前記ⓘおよびⓘⓘ以外のバイオマス発電設備の3種類に分けた上で、ⓘⓘⓘについては、あらかじめの回避措置等の実施が要求されることなく、オフテイカーの一般送配電事業または特定送配電事業のための電気の供給量がその需要量を上回ることが見込まれる場合、ⓘⓘについては、オフテイカーが、再エネ特措法施行規則14条1項8号イに定める回避措置を講じ、かつ前記ⓘⓘⓘに対する出力の抑制を行ったとしてもなお、オフテイカーの一般送配電事業または特定送配電事業のための電気の供給量がその需要量を上回ることが見込まれる場合、ⓘについては、オフテイカーが、再エネ特措法施行規則14条1項8号イに定める回避措置を講じ、かつ前記ⓘⓘおよびⓘⓘⓘに対する出力の抑制を行ったとしてもなお、オフテイカーの一般送配電事業または特定送配電事業のための電気の供給量がその需要量を上回ることが見込まれる場合に、それぞれ、発電事業者は、オフテイカーの指示に従い、発電設備の出力の抑制を行うものとされている。また、発電事業者は、オフテイカーからこれらの出力の抑制の指示がなされた場合において、オフテイカーが発電事業者に対し、所定の回避措置および出力の抑制を行ったこと、当該回避措置および出力の抑制を講じてもなおオフテイカーの電気の供給量がその需要量を上回ると見込んだ合理的な理由および当該指示が合理的であったことを、当該指示をした後遅滞なく書面により示した場合には、当該出力の抑制により生じた損害の補償を、オフテイカーに対して求めないこととされている。

　(ⅱ)　**燃料供給契約（海外からのPKS等含む）**
　(a)　バイオマス燃料の種類
　前述の通り、バイオマス燃料と呼ばれるものには、調達価格告示による分類では、ⓘメタン発酵ガス（バイオマス由来）、ⓘⓘ間伐材等由来の木質バイオマス、ⓘⓘⓘ一般木質バイオマス・農作物の収穫に伴って生じるバイオマス、ⓘⓥ建設資材廃棄物、およびⓥ一般廃棄物その他のバイオマスに区分されるが、

第8章　プロジェクト・ファイナンス

プロジェクト・ファイナンスの対象としての木質バイオマス発電事業においては、前記のうち(ⅱ)または(ⅲ)に該当するバイオマス燃料を利用するのが一般的である。なお、バイオマス発電事業においては、PKS（Palm Kernel Shell：パーム椰子殻）を燃料とする場合もあるが、PKSは前記のうち「農作物の収穫に伴って生じるバイオマス」に該当し、厳密には「木質」バイオマスに該当するものではないとの整理となる[注202]。

(b)　証明書の取得

前述の通り、木質バイオマスに関しては、林野庁作成の前掲「発電利用に供する木質バイオマスの証明のためのガイドライン」に準拠して分別管理が行われたことの証明書が提出できないと木質バイオマスとしての調達価格が適用されないため、燃料供給契約においても、サプライヤーに対して当該証明書を発電事業者に提出するよう義務付ける必要がある。

(c)　燃料供給契約上のポイント

バイオマス発電事業に対するプロジェクト・ファイナンスの組成が難しい要因の1つが、燃料調達に関するリスクにある。燃料調達に関しては、前述の通り、価格に関するリスク（Priceリスク）と量に関するリスク（Volumeリスク）を考える必要があるところ、仮に、当該燃料の調達費用が変動する場合には、借入人が燃料調達費用の変動リスクを負担することとなるし、また、海外から木質燃料を調達する場合にしばしば問題となるが、供給契約の契約期間が再エネ特措法上の調達期間をカバーできていない期間の場合には、借入人がVolumeリスクを負担していることとなり、このままではプロジェクト・ファイナンスが成り立ちにくい。これが火力発電事業であれば、前述の通り、燃料調達価格が変動する場合であっても、電力受給契約上の従量料金として電力オフテイカーに対して燃料調達費用の変動リスクを転嫁することも可能であるが、バイオマス発電事業の場合には、再エネ特措法上で調達価格が固定金額で定まっているため、火力発電事業のように電力オフテイカーに対して当該リスクを転嫁することが困難である。

なお、前記の観点に加えて、海外からバイオマス燃料を調達する場合にお

注202）　林野庁「木質バイオマス発電・証明ガイドラインQ&A〔2015年7月10日版〕」問3-13参照。

いて、海外のサプライヤーに対する燃料費支払通貨が外貨である場合には、借入人が為替リスクを負担する可能性がある点にも留意が必要である。為替リスクに関しては、借入人にて為替ヘッジ取引を別途金融機関との間で締結することや、燃料費の設定方法を固定の日本円をベースにて決定することとする（いわゆるナチュラル・ヘッジ）ことで回避することは可能であるが、燃料供給契約を検討する上での1つのチェック・ポイントといえるであろう。

(iii) その他の契約

バイオマス発電事業を実施するためには、発電プラントを建設するためのEPC契約や、発電所の運転・維持管理・保守を行うための契約が必要となる点は、前記4の火力発電事業と同様であるが、バイオマス発電事業に特有な考慮すべき事項は技術的な観点を除き、法的な観点では特段見当たらないと思われる。したがって、バイオマス発電事業に係るプロジェクト関連契約策定にあたり留意すべき事項は、前記1ないし4で述べたところが、バイオマス発電事業にも妥当する。

(2) ファイナンス関連契約

前述の通り、国内におけるバイオマス発電事業向けのプロジェクト・ファイナンスとしては、木質バイオマスを利用した発電事業向けのものが一般的であるが、木質バイオマス発電事業向けのプロジェクト・ファイナンスにおけるファイナンス関連契約については、基本的には他の発電事業向けのプロジェクト・ファイナンスと異なるところはさほど多くなく、前記1ないし4で述べたところが、バイオマス発電事業にも妥当する。

ファイナンス関連契約に関する他の発電事業との相違点としては、若干ではあるが例えば以下の事項が挙げられる。

①ローン契約において、バイオマス燃料に関するコベナンツが規定される場合がある。例えば、バイオマス燃料の在庫について一定量を常に確保する旨のコベナンツや、予定されているバイオマス燃料以外の燃料を当該発電設備において使用してはならない旨のコベナンツを規定するなどである。なお、定期的に提出される操業実績報告書に、バイオマス燃料に関する詳細な使用状況等を記載させることもある。

②担保権の設定との観点で、保管されているバイオマス燃料に対する担保設定の要否を検討する必要がある。この点、バイオマス燃料は発電設備のために使用するものであり、入替りがあることを前提とするものであるため、担保設定を行うとすれば集合動産譲渡担保権を設定することとなるであろう。ただし、集合動産譲渡担保権を設定する場合には対象物の特定性が確保されている必要があるため、バイオマス燃料の保管方法によっては特定性が確保できない場合もあり、燃料の保管方法も確認の上で検討する必要がある。

③例えばPKSを海外から輸入し、発電事業者から燃料サプライヤーに対する燃料代金の支払が外貨払となる場合には、発電事業者たる借入人に為替リスクが発生するため当該リスクをヘッジするための為替ヘッジ契約の締結を要求される場合がある。この場合には、当該為替ヘッジ契約もファイナンス関連契約の中に含まれるとともに、当該為替ヘッジ提供者たる金融機関も貸付関係者に含まれることとなるであろう。

第3節
PPP/PFIとプロジェクト・ファイナンス

1 PPP/PFIとは（概説）

(1) PPPとは

PPPとは、Public Private Partnership（パブリック・プライベート・パートナーシップ）の略称で、官と民が協働して政策、サービスおよびインフラストラクチャーの実施や整備のための官民協力の形態をいう。国により定義や類型は異なるが、内閣府の資料では、「公共施設等の建設、維持管理、運営等を行政と民間が連携して行うことにより、民間の創意工夫等を活用し、財政資金の効率的使用や行政の効率化等を図るもの」と説明されている[注203]。

PPPの代表的な手法としてはPFIがあり、日本で実施されているものとしては、その他に、指定管理者制度、市場化テスト、公設民営（DBO[注204]）方式、包括的民間委託、公的不動産利活用事業等がある[注205]。

(2) PFIとは

PFIとは、Private Finance Initiative（プライベート・ファイナンス・イニシアティブ）の略称で、国または地方公共団体等の管理者等が、公共施設等の設計、建設、維持管理、運営等を民間の資金、経営能力および技術的能力を活用して行う手法である。1990年代に英国で導入された制度である。

[注203] 民間資金等活用事業推進会議「PPP/PFI推進アクションプラン（概要）」（2016年5月18日）。なお、同アクションプランは、2017年6月9日付け「PPP/PFI推進アクションプラン〔平成29年改訂版〕」により改定されている。

[注204] Design, Build and Operateの略称。発注者である公共機関が施設整備費に係る資金調達を行う。

[注205] また、日本での導入が検討されているものとして、社会課題の解決の仕組みとしてのソーシャル・インパクト・ボンド（SIB）等がある。

第8章　プロジェクト・ファイナンス

　日本では、従来の公共事業は、国や地方公共団体等が、公共施設等の設計を行い、工事を民間事業者に発注し、運営や維持管理も自ら行うかまたは個別に民間に業務を委託する方法で行われてきた。この場合、発注者である国または地方公共団体等は、遅くとも完成・引渡時に請負業者に工事代金を支払う必要のある場合が多く、その場合は税収や起債等により自ら資金調達を行う。一方、PFIによる場合は、公共施設等の設計、建設、維持管理、運営等は一括して民間事業者に発注され、施設整備費用を含めた対価の民間事業者への支払も事業期間にわたり分割して行われるのが一般的である[注206]。

　このPFIの方式による場合、従来の公共事業の方式と比べて、次のような効果が期待できると考えられている[注207]。

(i) 低廉かつ良質な公共サービスが提供されること

　民間事業者の経営上のノウハウや技術的能力を活用できる。また、リスクの適切な分担により事業全体のリスク管理が効率的に行われること、さらに、設計、建設、維持管理および運営の全部または一部が一体的に扱われること等により事業期間全体を通じての事業コストの削減、ひいては全事業期間における財政負担の縮減が期待できる。これらにより質の高い公共サービスの提供が期待される[注208]・[注209]。

注206)　ただし、国庫補助事業や交付金の対象となる事業については補助金や交付金に相当する金額は一時金として支払われる場合があり、また、施設整備費の大部分が管理者等への引渡しまたはその直後までに支払われる事業も存在する。

注207)　PFI法に基づき内閣総理大臣により策定された「民間資金等の活用による公共施設等の整備等に関する事業の実施に関する基本方針」(2015年12月18日閣議決定。以下、「基本方針」という)および内閣府民間資金等活用事業推進室(PFI推進室)のウェブサイト(2017年7月17日現在)の「PFIの効果」等。

注208)　事業の一括発注に加え、従来型の公共工事では「仕様」があらかじめ指定されるのに対し、PFIでは原則として管理者等から「性能」が要求水準として提示されるため、性能を達成するために必要な仕様を民間のほうで選択する自由度が高いことから、民間のノウハウが活かされやすい。

注209)　公共施設等の整備等に関する事業をPFI事業として実施するかどうかは、PFI事業として実施することにより、当該事業が効率的かつ効果的に実施できることが基準となる(PFI法2条2項ならびに基本方針一3(1)～(3)を参照)。PFI事業として実施した場合に、公共部門が自ら実施する場合に比べてVFM (Value For Money。支払に対して最も価値の高いサービスを供給するという考え方をいうとされる)がある場合、当該基準を満たす。したがって、PFI事業としての実施を検討するに当たっては、VFMの有無を評価することが基本になると考えられている。例え

(ⅱ) **公共サービスの提供における行政のかかわり方の変革**

従来、国や地方公共団体等が行ってきた事業を民間事業者が行うようになるため、財政資金の効率的利用が図られ、また、官民の適切な役割分担に基づく新たな官民パートナーシップが形成されていくことが期待される。

(ⅲ) **民間の事業機会を創出することを通じ、経済の活性化に資すること**

従来、国や地方公共団体等が行ってきた事業を民間事業者に委ねることから、民間に対して新たな事業機会がもたらされる。また、他の収益事業と組み合わせることによっても新たな事業機会を生み出すことになる。PFI事業のための資金調達方法としてプロジェクト・ファイナンス等の新たな手法を取り入れることに加え、株式会社民間資金等活用事業推進機構が金融機関が行う金融および民間の投資を補完するための資金の供給等を行うことにより、日本におけるインフラ投資市場の整備の促進につながり、また、それらの結果、新規産業を創出し、経済構造改革を推進する効果が期待される。

このようなPFIの手法は、日本でも1999年に議員立法により民間資金等の活用による公共施設等の整備等の促進に関する法律（PFI法）が成立して施行されることにより導入された。平成12年総理府告示第11号として「民間資金等の活用による公共施設等の整備等に関する事業の実施に関する基本方針」が策定されて以降、2017年3月31日までに609件もの事業について実施方針が策定・公表されている[注210]。日本におけるPFIの対象事業は多岐にわたり、これまで、学校、図書館、病院、刑務所、廃棄物処理施設、観光施設、空港、港湾、庁舎、公務員宿舎、人工衛星、船舶等の事業が実施されている。

ば、管理者等が自ら実施する場合の事業期間全体を通じた公的財政負担の見込額の現在価値を「PSC」（Public Sector Comparator）といい、PFI事業として実施する場合の事業期間全体を通じた公的財政負担の見込額の現在価値を「PFI事業のLCC」（LCC：Life Cycle Cost）とし、公共部門自らが実施する場合とPFI事業として実施する場合の公共サービスの水準を同一の水準と設定して評価する場合、VFMの評価はPSCとPFI事業のLCCの比較により行う。この場合、例えば、PFI事業のLCCがPSCを下回ればPFI事業の側にVFMがあり、上回ればVFMがないということになる（以上、「VFM（Value For Money）に関するガイドライン」〔2015年12月18日施行〕参照）。

注210) 内閣府民間資金等活用事業推進室「PFIの現状について」（2017年6月）による。

第8章　プロジェクト・ファイナンス

2　PFI法の位置付け

　PFI法（政令および内閣府令を含む）および基本方針[注211]は、PFIの対象事業や基本理念、PFI事業を行うための手続の基本的な枠組み、PFI事業への支援、民間資金等活用事業推進委員会（いわゆるPFI推進委員会）の設置等を定めるが、必ずしもPFIの手続のすべてを具体的かつ詳細に規定するものではない。また、国の入札手続や予算措置に係る会計法（昭和22年法律第35号）や地方公共団体の入札手続や予算措置に係る地方自治法（昭和22年法律第67号）、道路法（昭和27年法律第180号）や都市公園法（昭和31年法律第79号）などいわゆる公物管理法と称される公物の管理[注212]に関する規制や廃棄物処理法などの各事業に固有の法律の特例を一般的に規定するものではないため、それらの法令に基づく制約が一定の範囲でPFI事業にも適用され得ることに留意する必要がある。

　PFI事業の実務上の指針としては、PFI推進委員会がこれまでに国がPFI事業を実施する上での実務上の指針として示してきた6つのガイドライン[注213]、事業契約に係る2つの基本的考え方[注214]およびPFI標準契約等[注215]、のほか、実務の積重ねにより構築された慣例等による。

　PFI法は、制定以降、大きく分けて5次にわたる改正が行われている（2001

注211）　基本方針・前掲注207）を指す。
注212）　公物の管理とは、公物の管理者が、公物の存立を維持し、これを公用または公共の用に供し、公物としての本来の機能を発揮させるためにする一切の作用をいう（原龍之助『法律学全集13-Ⅱ公物営造物法〔新版〕』〔有斐閣、1974〕213頁）。
注213）　「PFI事業実施プロセスに関するガイドライン」（2015年12月18日施行）、「PFI事業におけるリスク分担等に関するガイドライン」（2015年12月18日施行）、「VFM（Value For Money）に関するガイドライン」（2015年12月18日施行）および「契約に関するガイドライン――PFI事業契約における留意事項について」（2015年12月18日施行）、「モニタリングに関するガイドライン」（2015年12月18日施行）、ならびに「公共施設等運営権及び公共施設等運営事業に関するガイドライン」（2017年3月31日施行〔以下、「運営権ガイドライン」という〕）。
注214）　「PFI事業契約に際しての諸問題に関する基本的考え方」（2009年4月3日）および「PFI事業契約との関連における業務要求水準書の基本的考え方」（2009年4月3日）。
注215）　「PFI標準契約1（公用施設整備型・サービス購入型版）」（2010年3月30日）。

年、2005年、2011年、2013年および2015年)。例えば、2011年6月1日に公布された第3次改正では公共施設等運営権の制度が導入され、2013年6月12日に公布された第4次改正では株式会社民間資金等活用事業推進機構(いわゆる「PFI推進機構」)の設立が定められる等、ここ数年で重要な法改正が行われている。

3 PFI事業のスキームの分類

(1) 従来の整理

PFIの対象事業は多岐にわたるが、その収益構造により分類すると、従来は、次の通り整理されてきた[注216]。

① サービス購入型:管理者等から支払われるサービス対価で事業費を賄う事業類型(例:東京簡易裁判所墨田分室庁舎整備等事業)
② ジョイント・ベンチャー型(混合型):事業費を利用者から徴収する料金および管理者等から支払われるサービス対価の双方で賄う事業類型(例:(仮称)墨田区総合体育館建設等事業)
③ 独立採算型(受益者負担型):事業費を利用者から徴収する料金ですべて賄い、管理者等からのサービス対価の支払がない類型(例:東京国際空港国際線地区旅客ターミナルビル等整備・運営事業)

また、運営段階の業務の内容により分類すると、ⅰ事業の重点が施設整備に置かれ、事業収入の大半が管理者等から支払われる施設整備費相当のサービス対価から構成され、運営段階には維持管理業務のみを行う施設整備型[注217]と、ⅱ事業の重点が、施設整備の他に運営にも置かれ、事業者は単なる施設の維持管理等にとどまらず運営に係る中心的な業務を行うコア業務委託型、ⅲ事業者は単なる施設の維持管理等にとどまらず運営に係る周辺業務を行う運営補助業務委託型に分けて整理されてきた。ⅰの具体例としては、庁舎および公務員宿舎等の公用施設の整備事業があり、ⅱの具体例としては、

注216) 前掲注213)の「VFM(Value For Money)に関するガイドライン」および「PFI標準契約1(公用施設整備型・サービス購入型版)」を参照。
注217) 「箱もの事業」などと呼ばれることがある。

廃棄物処理施設および福祉施設の整備・運営事業があり、⑩の具体例としては病院および刑務所の整備・運営事業があった注218)。

最近までは、サービス購入型・施設整備型の事業が圧倒的に多かった。これらの事業では、主に技術的・財務的に能力の高いゼネコン等が建設工事等を請け負う場合が多く、例えば、庁舎、宿舎および学校の建設工事のように、通常の公共工事同様概して特別な技術が必要となる困難な工事を要しない場合が多く、建設期間・運営期間いずれも事業リスクは限定的であった。

他方で、独立採算型の事業では、民間事業者が事業に係るサービスの需要リスク等を負担することになるので、需要の減少や競争の激化による収入単価の下落等により事業収入が計画を下回る可能性がある。その結果、キャッシュ・フローが安定しないリスクは、サービス購入型の事業と比較して相対的に高く、キャッシュ・フローを安定させるための方策の検討や関係者間での事業リスクの分担について、特に留意する必要があった。また、コア業務委託型や運営補助業務委託型のように施設の運営に重点が置かれる事業では、運営に係る事業リスクがある。そのため、例えば、運営業務の水準が事業契約上の要求水準を満たさない場合は、サービス対価が減額されまたは事業者が管理者等に対して損害賠償債務を負担し当該債務が管理者等が事業者に対して負担するサービス対価の支払債務と対当額で相殺されるのみならず、さらに運営や維持管理に係るサービス対価の金額を上回る損害が発生した場合には施設整備に係るサービス対価の一部も相殺の対象となる可能性がある。融資金融機関団は、融資の元利金が施設整備に係るサービス対価から返済されることを前提に返済スケジュールを組んでいるので、融資を回収できないリスクに対応するために、運営業務に係る事業リスクの分担には特に配慮する必要があった注219)。

注218) 前掲注213)「PFI標準契約1（公用施設整備型・サービス購入型版）」等を参照。
注219) 資金提供者にとっては、事業者の管理者等に対する損害賠償債務等について事業者がO&M業者に対して責任を追及し損害の賠償を受けて損害を回復することにより、事業者に負担が残らないよう対処する必要がある。したがって、コア業務委託型や運営補助業務委託型の事業では、運営業務を担当するO&M業者には、業務履行能力のほか、一定の信用力も要求される。なお、O&M業者の債務不履行により事業契約上の解除事由が発生し事業契約が解除される場合など、事業者の帰責事由により事業契約が解除される場合は、事業契約上管理者等から事業者に対し

(2) 政府による最近の整理

政府は、PPP/PFIを、事業類型により分類し、促進する方針を進めている。すなわち、①公共施設等運営権制度を活用したPFI事業（コンセッション事業・類型I）、②収益施設の併設・活用など事業収入等で費用を回収するPPP/PFI事業（収益型事業・類型Ⅱ）、③公的不動産の有効活用を図るPPP事業（公的不動産利活用事業・類型Ⅲ）、④その他のPPP/PFI事業（サービス購入型PFI事業・包括型民間委託等・類型Ⅳ）である。特に、公共施設等の運営に民間の経営原理を導入する観点からは、①コンセッション事業の活用が重要であるとし、空港、水道、下水道・道路、文教施設および公営住宅に加え、クルーズ船向け旅客ターミナル施設およびMICE施設等を重点分野とする旨謳っている[注220]。

4　PFI事業のプロセス

PFI事業のプロセスの概要は、基本的に【図表8-3-1】の通りである[注221]。

なお、公共施設等運営権が設定される事業の場合は、「協定（事業契約等）」を「実施契約」と読み替えるほか、例えば既設施設への設定の場合には、「民間事業者の募集、評価・選定、公表」の手続後に、運営権を民間事業者に設定する手続が行われる。さらに公共施設等を新設する場合には当該施設の建設に関する手続を行うための事業契約の締結も必要となる等、手続が増える。

　　　て一定の違約金を請求できる旨の定めが置かれている場合が多い。完工後は管理者等は事業者から契約保証金やこれに代わる履行保証保険等による担保を徴求しないことが通例であるため、融資金融機関団は、違約金請求の場合に備えて、運営期間の開始日までに事業者に対して当該違約金相当額の準備金の積立てを要求することがある。

注220)　前掲「PPP/PFI推進アクションプラン〔平成29年改訂版〕」等参照。
注221)　PFI推進室のウェブサイト（2017年7月17日現在）の「PFI事業のプロセス」に基づき作成した。

第8章　プロジェクト・ファイナンス

【図表8-3-1】　PFI事業のプロセス

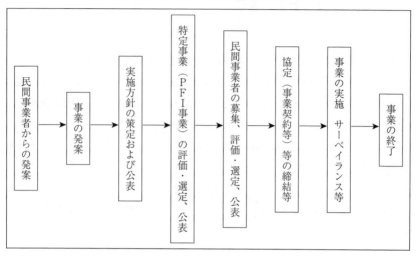

5　PFIにおけるプロジェクト・ファイナンスの特徴

　PFIの対象事業は、一般に、事業者が多額の初期投資費用の資金調達を行う必要があり、業務内容が多岐にわたるため複数のスポンサーが事業に参加する場合が多い。また、長期にわたり安定したキャッシュ・フローを生むことが期待でき、さらに、維持管理・運営業務の受託者に代替性があるのが通例である。したがって、PFIの対象事業は、プロジェクト・ファイナンスによる資金調達に適する事業であることが多く、実際にもプロジェクト・ファイナンスの手法が利用されることが多い[注222]。

　PFI事業に係るプロジェクト・ファイナンスの仕組みは、PFI以外の事業に係るプロジェクト・ファイナンスとおおむね共通するが、事業の発注者が

注222）　他方で、施設整備費が施設完成時に国等から一括で支払われるような場合（具体例として、（仮称）稲城市立中央図書館等整備運営事業がある）はそもそも金融機関等からの資金調達は不要である場合があり、また、スポンサーの信用力や顔ぶれ次第では、**第1節**で述べたプロジェクト・ファイナンスの利点である資金調達力の拡大やスポンサー間の信用力の格差への対応等が必ずしも該当せず、コーポレート・ファイナンスによる資金調達が行われることがある。

第3節　PPP/PFIとプロジェクト・ファイナンス

国または地方公共団体等であることに関連して、次に掲げるものを含むさまざまな特徴がある。なお、ここではPFI事業（主として公共施設等運営権の制度によらない従来型の事業を想定している）に一般的に共通する特徴を挙げている。

(1)　行政法規との関係

PFIでは、事業者の選定は、原則として公募手続による必要がある[注223]。

事業契約に基づき管理者等が事業者に対して2年度以上にわたりサービス対価を支払うことを約束する場合は、国については国庫債務負担行為[注224]、地方公共団体については債務負担行為[注225]をそれぞれ適切な時期に設定する必要がある。また、支出に先立ち、年度ごとに予算措置を経る必要がある。さらに、地方公共団体の場合は、事業契約の締結に、PFI法に基づく議会の議決[注226]が必要となる。したがって、PFIに係るプロジェクト・ファイナンスでは、融資金融機関団は、これら手続が適切に履践されていることを確認するとともに、予算措置等の将来必要となる手続についてはそれが履践され

注223)　PFI法8条1項参照。具体的には、会計法や地方自治法に基づく総合評価一般競争入札に加え、随意契約の一形態である公募プロポーザルの方式によっている。なお、随意契約によることができる場合は限定的に列挙されており（会計法29条の3第4項・5項、予算決算及び会計令〔昭和22年勅令第165号〕99条等、地方自治法234条2項、同施行令167条の2第1項等）、さらに、WTO政府調達協定（政府調達に関する協定〔1996年1月1日発効、平成7年条約第23号〕）の対象となる案件では、随意契約によることができる場合が極めて限定され（WTO政府調達協定、国の物品等又は特定役務の調達手続の特例を定める政令〔昭和55年政令第300号〕12条、地方公共団体の物品等又は特定役務の調達手続の特例を定める政令〔平成7年政令第372号〕11条）、入札手続によらざるを得ない場合が多い。

注224)　財政法15条。国の債務負担の議決形式のうち、予算の形式で次年度以降にも効力が継続する債務を負担するものをいう（小村武『予算と財政法〔4訂版〕』〔新日本法規出版、2008〕195頁）。

注225)　地方自治法214条。債務負担行為とは、歳出予算の金額、継続費の総額または繰越明許費の金額に含まれているものを除き、将来にわたる債務を負担する行為を指す。債務負担行為は、必ずしも次年度以降に限らず現年度であっても、歳出予算等に含まれているもの以外に債務を負担する場合も含まれる。また、債務負担行為として予算で定めた案件については、義務費として歳入歳出予算に計上されることになる（松本英昭『〔新版〕逐条地方自治法〔第8次改訂版〕』〔学陽書房、2015〕768頁）。

注226)　PFI法12条。

ることを確保するために、直接協定において将来の当該手続の履践を誓約するよう、管理者等に要求することがある。

(2) **管理者等によるリスク負担**

PFIでは、事業リスクは、まずは事業契約等に基づき管理者等と事業者の間で分担される。例えば、サービス購入型の事業では、需要リスクや、法令変更・不可抗力に係るリスク等の事業者が管理することが困難な事業リスクは、管理者等が一定の範囲で負担することが多く、PFIではない民間の事業と比べて、事業者の負担する事業リスクの範囲が限定される場合がある。

(3) **事業契約の終了の影響**

PFIでは、事業者への対象事業の発注は事業契約に基づき行われるため、事業者の債務不履行等により事業契約が解除されると、事業者は事業から撤退することになる。したがって、融資金融機関団が、継続的かつ安定した事業収入から資金回収を行うためには、事業契約が解除等により終了せず、予定された事業期間中、有効に存続することが必要となる。

なお、施設の完工前であれ完工後であれ、法令変更または不可抗力事由により目的とする事業の遂行ができないと判断されたときには、事業契約は終了する建付けが採用されることが一般的である。この場合に、従来型のPFI事業に係る事業契約上、完工前の場合は施設の出来形につき、さらにBOT案件では完工後の場合は施設につき、管理者等の買取義務が定められている事業が多い。この場合、事業自体は終了するが、融資金融機関団は管理者等から支払われる買取代金から建中ローンまたは完工後ローンの元利金の全額を回収することが可能な場合がある。他方、PFIではない民間事業では、このような方法での資金回収は想定されない。

(4) **ステップ・インの限界**

PFIにおける融資金融機関団による事業介入（ステップ・イン）については、次のような固有の論点がある。

まず、スポンサーを交代させる場合、既存スポンサーが保有する事業者の

発行株式を新しいスポンサーに取得させるためには、基本協定書に定める株式の譲渡禁止条項等に基づき管理者等の事前承諾[注227]が必要となるのが通例であり、融資金融機関や他のスポンサーの判断のみではこの方法によるステップ・インは実施できない。

　また、事業を新しいSPCに承継させる場合も、事業契約上の契約上の地位の譲渡に係る予約完結権の行使や事業契約上の債権に係る担保の実行には、予約完結権や担保の設定の条件として、やはり行使・実行時に管理者等の事前承諾を要するものとされることが多い。なお、事業契約上の地位の譲渡の結果、管理者等は新しいSPCとの間で契約が成立することになるため、随意契約が許容されるための要件に該当しなければ、公募手続を経る必要があると考えられる可能性がある点に留意が必要である。

6　PFI法と公共施設等運営権

(1)　公共施設等運営権制度導入の経緯

　前述の通り、PFI法の2011年改正により公共施設等運営権の制度が導入され、いわゆるコンセッション事業をPFIとして実施することが可能となった。PFI法は、立法当初は主として公共施設の新設や更新等を対象事業として想定しており、実際にもPFIの実施件数に占めるいわゆる「ハコモノ」案件の数が大半を占めており、独立採算型の運営事業は必ずしも十分には普及しなかった。一方で、国・地方公共団体の財政状況が逼迫し、従来型の公債発行に依存した社会資本の整備・更新が困難になることが予想される状況において、民間資金を活用した社会資本整備を効率的に実施し、PFIの事業規模を今後増加させるという観点から、独立採算型等の事業を推進することが求められてきた。もっとも、独立採算型等の事業には、その需要リスク等により

注227）　公募手続において、管理者等は、応募グループの構成員である事業者のスポンサーとなる予定の者の業務履行能力等や提案等に着目して審査を行い、当該スポンサーが株主として事業を実施することを前提として事業者を選定する。スポンサーが交代する場合、管理者等はスポンサーがどのような者であるかについて強い関心を有するために、かかる公募手続の潜脱を防止するために、株式の譲渡等につき管理者等の事前承諾を要するものと建て付けるのが通例である。

事業収入が不安定であり金融機関からの資金調達が困難という問題が存在したことから、これに対処するため、施設運営について民間事業者の一定の自由度を確保するとともに、資金調達の円滑化を図ることを目的として、コンセッション方式のPFI事業として公共施設等運営権制度が導入された[注228]。

(2) コンセッションとは

コンセッションとは、フランスや韓国等において利用されてきたインフラを中心とした事業方式であり、一般的には、道路、空港、上下水道、電力等の一般利用者から利用料の徴収を行う公共施設等について、当該公共施設等の所有権を民間に移転しないまま、民間の事業者に対して、インフラ等の事業運営・開発に関する権利を長期間にわたって付与する独立採算型の事業方式をいう。事業者は、利用者からの利用料金を自ら徴収する一方で、当該公共施設等を管理・運営することの対価として公共機関に一定の支払（コンセッション・フィー）を行う。公共施設等の所有権を公共機関が有する点でいわゆる「民営化」とは異なり、民間事業者が事業の主体となる点において、包括的民間委託やDBO方式、指定管理者制度等の従来の民間委託制度と異なる[注229]。

コンセッションは、民間事業者にとっては公共サービス事業が新たなマーケットとして開放されるという意味でメリットとなり、また、公共機関としても、一般的に次のようなメリットがあると考えられる。

① 完全な民営化とは異なり、公共機関が事業への一定の関与を維持することができるため、公共性が高い事業についても、一定の歯止めを確保しつつ、民間事業者のノウハウ・技術を活かした事業運営が可能となる。
② 独立採算型であるため、公的機関によるコスト負担を避けつつ事業の運営が可能となるとともに、事業運営に係るマーケット・リスクを一定の範囲で民間事業者に移転することができる。

注228) 倉野泰行「民間資金等の活用による公共施設等の整備等の促進に関する法律（PFI法）の一部を改正する法律の概略」NBL958号（2011）76頁以下。
注229) もっとも、指定管理者制度においても指定管理者に利用料金を収入として収受させることはできるし、また、料金設定に関する判断を指定管理者が行うとすることも可能であるため、事業方式としての違いは相対的なものである。

③　事業者からのコンセッション・フィーの徴収により、より早期かつ安定的に施設整備コストの回収を図ることが可能となる。

(3)　国の施策

民間資金等活用事業推進会議「PPP/PFI推進アクションプラン〔平成29年改訂版〕」（2017年6月9日）では、「公共施設等の運営に民間の経営原理を導入する観点から、コンセッション事業を集中して推進することが必要である」とされており、その重点分野として、空港、水道、下水道、道路、文教施設、公営住宅、クルーズ船向け旅客ターミナル施設およびMICE施設（後二者は平成29年に追加指定された）等が挙げられている。また、政府の策定した「未来投資戦略2017」（2017年6月9日。以下、「未来投資戦略」という）[注230]においては、2013年度から2022年度までの公共施設等運営権方式の事業規模を7兆円とすることを目標とするとともに、公共施設等運営権方式が対象とする分野を「空港、文教施設、クルーズ船向け旅客ターミナル施設、MICE施設など国内外訪問客増加等による需要拡大に対応した分野（成長対応分野）」と「水道、下水道、有料道路、公営住宅、公営発電施設、工業用水道など人口減少による需要減少等に対応したアセットマネジメントの高度化や新規事業開発が必要な分野（成熟対応分野）」の2種類に分け、それぞれについて国が講ずべき施策をまとめられている[注231]。かかる施策がどこまで実現されるかは現時点では定かではないが、仮に実施されれば公共施設等運営権方式の事業の推進の一助になるものと思われる。

(4)　公共施設等運営権制度

公共施設等運営権制度は、前記(2)で述べたフランスや韓国等のコンセッション方式を参考にして制度化されたものであるが、運営権の法的性質等に関係して独自の特徴を有する点も多い。以下、公共施設等運営権制度の特徴について概観する。

注230)　以下のURLから取得できる。
　　　　http://www.kantei.go.jp/jp/singi/keizaisaisei/kettei.html（2017年7月17日現在）。
注231)　詳細については、未来投資戦略124頁以下参照。

第8章　プロジェクト・ファイナンス

(i) 概要

　公共施設等運営権方式によるPFI事業の主体となる民間事業者（選定事業者）は、他の方式のPFI事業と同様に、一般的には各参加事業者（コンソーシアム構成員）が組成する特別目的会社（SPC）である[注232]。そして、当該事業に係る公共施設等の管理者等[注233]は、当該選定事業者に対して対象施設に係る公共施設等運営権を設定し（PFI法16条）、選定事業者（運営権者）との間で公共施設等運営権実施契約（以下、では単に「実施契約」という）が締結される（同法22条1項）。運営権者は、設定を受けた公共施設等運営権および実施契約に基づき、当該事業の事業主体として対象施設を管理・運営する。運営権者は、管理者と合意した運営権対価を管理者に支払う一方で、対象施設の利用料金を利用者から徴収し自らの収入として収受することができる（同法23条1項。【図表8－3－2】参照）。

(ii) 公共施設等運営権

　前記の通り、公共施設等運営権方式のPFIでは、運営権者は管理者等より設定を受けた公共施設等運営権（以下、単に「運営権」という）に基づき対象施設に係る管理・運営を行うのであり、運営権は同方式の事業における基礎をなすものである。そのため、まずは、かかる運営権の内容および法的性質

注232）　もっとも、事業によっては、事業運営に関する地方自治体の意向の反映や地域振興等の観点から、地方自治体の運営権者への出資枠を認める例も存在する。この点については、利益相反や地方自体の株主権限が過大になること等に対する批判もなされており（未来投資会議構造改革徹底推進会合「第4次産業革命（Society5.0）・イノベーション」会合（PPP/PFI）（第4回）（平成29年2月17日）福田内閣府大臣補佐官提出資料「コンセッション事業における改善検討事項（案）」（以下、「改善検討事項案」という）4頁以下参照）、未来投資戦略126頁では、これに応えて、「運営権者への地方公共団体による出資や特定の企業による出資枠について、必要性が明確であり出資以外の方法ではその必要性に明確に応えることができない場合を除いて、認めないこと、また、たとえ出資を認める場合でも、出資額に対して過大な株主権限を要求することにより入札参加者の資金調達必要額が不確定になるような条件を付さないこととし、これについて内閣府はガイドラインを策定する」との措置を提示している。

注233）　「公共施設等の管理者等」とは、大臣や地方公共団体の長といった純粋な公共機関に限らず、独立行政法人、特殊法人その他の公共法人（市街地再開発事業、土地区画整理事業その他の市街地開発事業を施行する組合を含む）も含むものとされている（PFI法2条3項）。なお、本稿では、これらを総称して単に「公共機関」と記載する場合もある。

第3節　PPP/PFIとプロジェクト・ファイナンス

【図表8-3-2】　公共施設等運営権方式によるPFI事業の典型的スキーム

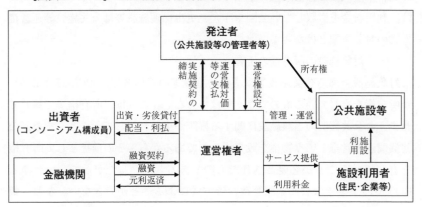

について解説する。

(a)　運営権の定義

PFI法上、運営権は、「公共施設等運営事業を実施する権利」と定義されており（PFI法2条7項）、公共施設等運営事業は、運営権の「設定を受けて、公共施設等の管理者等が所有権（公共施設等を構成する建築物その他の工作物の敷地の所有権を除く。）を有する公共施設等（利用料金を徴収するものに限る。）について、運営等（運営及び維持管理並びにこれらに関する企画をいい、国民に対するサービスの提供を含む。）を行い、利用料金を自らの収入として収受するもの」を意味するものとされている（同条6項。なお、前記は法文の一部を省略して記載している）。これらを整理すれば、運営権とは、概して、「①公共機関が所有権（敷地の所有権を除く。）を有する公共施設等のうち利用料金を徴収するものを対象施設として、②運営及び維持管理並びにその企画を行うもので、③運営権者が利用料金を自らの収入として収受する事業」を実施する権利を意味するということができる[注234]。より具体的には、従前のPFI事業と比較して、以下の点で特徴を有している。

(ア)　対象施設の種類

対象施設は、利用料金を徴収するものに限られている。これは、公共施設

注234)　運営権者から管理者に支払われる運営権対価は必須ではない。

等運営権方式が独立採算型の事業であることの表れである。そのため、例えば、利用料金を徴収しない公園や庁舎、更生保護施設等は公共施設等運営権方式の対象事業とはならない[注235]。

　(イ)　対象施設の所有権の所在

対象施設である公共施設等は「公共施設等の管理者等」（PFI法2条3項）が所有権を有しているものでなくてはならない。これは、所有権まで移してしまうと公共機関の当該施設に関する権限が失われてしまうこと、また、公共機関が運営権という物権を設定するのであるから、その前提として所有権を有していることが必要とされたものである[注236]。したがって、いわゆるBOT型の事業では公共施設等運営権方式によることができない。なお、敷地の所有権は除外されていることから、公共機関が敷地の所有権を有さず、賃借権等の土地利用権を有するにすぎない場合であっても、当該公共施設等は（その敷地も含めて）運営権の対象となり得る。

　(ウ)　対象事業の内容

対象となる事業内容は「運営及び維持管理並びにその企画」であり、「建設」や「改修」は含まれない。これは、施設の建設段階では利用料金が発生しないから、また、対象施設は運営権という物権の対象となり得るものである必要があるところ、施設の建設段階では独立した物権の対象とはなり得ないからといった説明がなされている[注237]。もっとも、具体的な事案においていかなる場合に施設の補修工事等が「維持管理」に該当するのか（または運営権者が実施できない「建設」や「改修」に該当するのか）については微妙な判断が必要となる場合も想定され得る[注238]。

注235)　ただし、運営権対象事業における独立採算とは、利用者からの利用料金収入以外に、公共機関からのサービス購入料の支払が一切行われないということまでを意味するものではないことについて留意が必要である。利用料金収入があることは運営権事業の前提であるが、それに加えて公共機関からのサービス購入料の支払が一部含まれる混合型の事業であっても、運営権制度の適用が直ちに排除されるわけではないものと解されている（倉野泰行＝宮沢正知「改正PFI法の概要（7・完）——その他の改正事項等」金法1932号〔2011〕139頁）。

注236)　倉野泰行＝宮沢正知「改正PFI法の概要(3)——公共施設等運営権制度(1)（運営権制度導入の背景等）」金法1927号（2011）125頁。

注237)　倉野＝宮沢・前掲注236) 124頁。

注238)　「維持管理」、「建設」・「改修」の意義については、以下の通りである（運営権ガイ

なお、これは、建設段階の事業が運営権の対象事業となり得ないということを意味するにすぎず、民間事業者が施設を建設し、その後に当該施設について運営権を設定して運営等を行うこと（つまり、BTO型の事業で、施設整備完了後の運営段階において運営権の設定を受け運営等を行うこと）自体は可能である（その場合は、建設段階については従来型のPFI事業としてPFI事業契約を締結して実施し、竣工後に運営権を設定することとなる）[注239]。

(b) **運営権の法的性質**

運営権は物権とみなされ（みなし物権）（PFI法24条）、当該公共施設等の管理者等の設権行為（行政行為）により設定される権利である（実施契約という合意に基づき設定されるものではない）[注240]。みなし物権[注241]としての運営権[注242]の具体的内容について、PFI法は、「不動産に関する規定を準用する」とする他は特に詳細な規定を置いていない。もっとも、立案担当者の説明によれば、運営権は、所有権に認められる権利である①物を利用する権利、②物から生ずる果実を収受する権利、および③物を処分する権利のうち、①および②を切り出した権利であり、いわば用益物権に類似するものと説明され

　　　　　ドライン31頁）。
　　　　・「建設」・「改修」：新たな施設を作り出すことであり、いわゆる新設工事および施設等を全面除却し再整備することをいう。
　　　　・「維持管理」：「建設」・「改修」に該当するものを除く資本的支出または修繕（いわゆる増築や大規模修繕も含む）をいう。

注239）倉野＝宮沢・前掲注236）139頁以下。
注240）実務的には、公共施設等の管理者等が運営権者となる者に対して公共施設等運営権の設定書を交付する方法により行われる（倉野＝宮沢・前掲注236）139頁）。
注241）一般的に「みなし物権」がどのような性質を有するのかは必ずしも明らかではない。この点、法令において明示的に認められている「みなし物権」は、運営権の他に、鉱業権・租鉱権（鉱業法）、漁業権・入漁権（漁業法）およびダム使用権（特定目的ダム法）が存在する。運営権やこれらの権利は、物権として取り扱われるという点では共通しているものの、それぞれ異なる内容の権利であり、「物権とみなされる」ことにより法律上の効力が画一的・統一的に定まるわけではない。なお、例えば、漁業権が「みなし物権」とされた趣旨については、「権利としての法律上の効力は物権と同じであるが、しかしながら漁業権の内容は漁場という特定の水面において一定内容の漁業を営む権利であって、一般の有体物に対する直接支配をすることを本体とする物権とは、厳密なる意味においては区別されるべきであるので、『みなす』と規定されているのである」と説明されている（金田禎之『実用漁業法詳解』〔成山堂書店、2001〕259頁）。

ている。したがって、民間事業者は、運営権の設定を受けることにより、公共施設等を利用する（運営する）権利（①）および公共施設等から生ずる果実（利用料金）を収受する権利（②）を付与される（これに対して、公共施設等を処分する権利〔③〕は認められない）ことになる。

運営権には「不動産に関する規定」が準用されるとされているが、具体的にどこまで不動産と同様に取り扱うべきかについては、必ずしも明確ではない。例えば、運営権の設定や移転に関する対抗要件について民法177条が適用され（ただし、対抗要件の方法は登記ではなく公共施設等運営権登録簿への登録である〔PFI法27条〕）、また、抵当権が設定された場合には抵当権に関する法令（民373条以下）が適用されると解されるが、運営権は公共的な性質を有する権利であるため、PFI法において独自の取扱いが定められている点も多い。具体的には以下のような点が一般的な不動産に関する権利とは異なる。

　(ア)　譲渡、抵当権の設定、その他の処分に対する制約

所有権等の物権は、当事者の合意のみにより譲渡その他の処分が可能であることが一般的であるが、運営権の移転または放棄[注243]については、公共施設等の管理者等の許可が必要とされており、かかる許可を受けずに行った場合は無効とされる（PFI法26条2項・6項）[注244]。また、運営権は、法人の合

注242)　運営権が「みなし物権」とされた理由について、立案担当者の説明によれば、①運営権を抵当権の目的とすることを可能とすることにより、金融機関からの資金調達の円滑化を図ること、および②運営権の譲渡を可能とし、公共サービスの安定的な維持を図ること（すなわち、民間事業者による施設運営の継続が困難となった場合に、運営権を新事業者に譲渡し、施設運営の継続を可能とすること）の2点を目的としたものと説明されている。もっとも、後者については、事業者が自らの判断で運営権を譲渡するということは通常想定しがたいため、現実的には金融機関によるステップ・インの実効性を確保することによって運営権者による資金調達をより円滑にするものと評価するほうが適切と思われる。

注243)　PFI法26条5項および6項は、運営権者の自由意思による運営権の放棄がなされ得ることを前提とした定めとなっている。

注244)　もっとも、公的主体が許可をするか否かについてまったく予見可能性がない場合、運営権の移転を受けようとする者や資金供給を実施している金融機関等にとって大きなリスク要因となってしまうため、この許可については羈束裁量行為とされ、①移転を受ける者が欠格事由に該当せず、また②運営権の移転が実施方針に照らして適切なものである場合には、許可がなされることとされている（PFI26条3項。倉野泰行＝宮沢正知「改正PFI法の概要(5)――公共施設等運営権制度(3)（運営権の法的効果等）」金法1930号〔2011〕81頁以下）。また、公共施設等の管理者等が地

併その他の一般承継、譲渡、滞納処分、強制執行、仮差押えおよび仮処分ならびに抵当権の目的とすることはできるが、その他の権利（例えば、抵当権以外の担保権や地上権等の各種物権等）の目的とすることはできない（同法25条）。そのため、運営権者に融資を行う金融機関のために運営権に担保権を設定する場合、抵当権以外の担保権（質権等）を設定することはできない。

(イ)　運営権施設の処分の制限

前記の通り、運営権には、目的物である公共施設等を利用して利用料金を収受する権利は認められるものの、施設等を任意に処分する権利は含まれていない。

また、目的物である公共施設等を第三者に賃貸する権利も運営権には含まれない。そのため、運営権者が事業として対象施設を第三者（テナント等）に賃貸する必要がある場合には、当該公共施設等の管理者等との間で対象施設に係る賃貸借契約または使用貸借契約を別途締結し、当該契約に基づく権原を根拠として第三者に転貸するということ等が必要となる[注245]。

(ウ)　権利の発生・消滅

運営権は、公共施設等の管理者の設権行為により発生し、存続期間が経過した場合のほか、運営権の取消しまたは運営権の放棄によって消滅する。

また、運営権は、当該運営権を設定した公共施設等の管理者等が当該公共施設等の所有権を有していることを前提とすることから、管理者等が当該公共施設等の所有権を失った場合には、当該公共施設等に設定されていた運営権も自動的に消滅することとされている（PFI法29条4項）。

方自治体である場合には、原則として議会の議決を経る必要があるが、この場合も、移転に関する予測可能性を高め民間事業者にとってのリスクを減じる観点から、地方自治体が条例において移転先の要件等について定める等の措置をとることにより議会の議決を不要とすることも可能とされている（同条4項）。地方自治体体を発注者とする運営権事業が行われる場合には、幅広い事業者が参加できるよう、かかる措置がとられることが期待される。なお、実務的には、国・地方公共団体のいずれが実施する場合であっても、民間事業者に対して融資を行う金融機関としては、移転が可能な範囲について実施方針や条例等をよく確認し、仮にその内容が不明確な場合には、選定手続における質問回答等によって明確化を図ることが望ましい。

注245）　運営権ガイドライン16頁。

(c) 運営権の対象施設

運営権が設定可能な公共施設等は、前記の通り利用者から利用料金を徴収するものである必要があるが、これには①個別法において公共施設等の設置、管理、運営の規定がある法律（いわゆる公物管理法）に基づき管理者等が設定されている施設と、②個別法において管理者等が設定されていない公共施設等がある。②の公共施設等については運営権の設定が一般的に可能であるとされている一方で、①の公共施設等については、現在のところ、水道施設、医療施設[注246]、社会福祉施設、漁港（プレジャーボート収容施設）、中央卸売市場、工業用水道事業、熱供給施設、駐車場、都市公園、下水道、道路[注247]、賃貸住宅、鉄道・軌道、港湾施設、空港[注248]、浄化槽に対して運営権の設定が可能とされている（これに対し、産業廃棄物処理施設については、運営権の設定はなじまないとされている）[注249]。

(d) 運営権の登録

運営権および運営権を目的とする抵当権の設定、移転、変更および消滅等については、公共施設等運営権登録簿に登録される。かかる登録は登記に代わるものとされ（PFI法27条2項）、これにより運営権および運営権を目的とする抵当権について対抗要件が具備される[注250]。公共施設等運営権登録簿は内閣府（具体的には、民間資金等活用事業推進室）に設置されており、誰でも登録事項証明書等の交付等を請求することができる（公共施設等運営権登録令66条）。

登録に関する具体的な手続は公共施設等運営権登録令および公共施設等運

注246) ただし、医療法7条5項の趣旨に照らし、営利を目的とする者が医業本体を事業範囲とすることは認められない。
注247) 従来は道路に対する運営権の設定は困難であったが、いわゆる特区政策の1つとして、公社管理道路運営事業については、構造改革特別区域法28条の3による道路整備特別措置法およびPFI法の特例というかたちで認められるに至っている。
注248) 一部の空港を除き、民間の能力を活用した国管理空港等の運営等に関する法律により運営権の設定が可能となった（詳細は、後記7(2)参照）。
注249) 基本方針別表参照。
注250) 運営権の設定に対抗力が認められるといっても、公共機関が運営権の対象施設の所有権を失った場合は運営権自体が消滅するため（PFI法29条4項）、公共施設等の新たな所有者に対しても運営権を対抗できるという意味での対抗力までもが認められるわけではないと思われる。

営権登録令施行規則に定められている。基本的には不動産登記制度がベースとされており、各種手続や登録事項（登記事項）、仮登録・本登録（仮登記・本登記）の制度等[注251]、おおむね不動産登記と同様に考えることができる。

(iii) 公共施設等運営権対象事業の概要
(a) 従来型PFI事業との主な相違点

従前のPFI事業においても公共施設等の管理・運営は行われてきたが、運営権対象事業と従来型のPFI事業との間には次のような違いがある。

(ア) 独立採算性

前述の通り、運営権対象事業の最大の特徴は、民間事業者が事業の主体として自ら収益を上げるという独立採算方式の事業であることであろう。従前のPFI事業における民間事業者の収益は、基本的には公共機関から支払われる定額のサービス購入費により構成されており、事業者は収益変動に係る事業リスクは基本的に負担しないことができた。これに対し、運営権対象事業においては、民間事業者は公共機関からの金額の保証された報酬を得ることができない（自ら事業リスクを負担する）一方で、より高額の収益をマーケットに求めることが可能となる。

このように、民間事業者が自らの責任で収益を求める事業を行う場合、民間事業者には当該事業における広範な裁量が認められなければならない。PFI法は、運営権者の事業に関する高い自由度を確保するために、利用料金の決定等について規定を設けている（PFI法23条2項等）。

また、この独立採算性は、運営権事業におけるファイナンスにも影響を及ぼす。従前のPFI事業における資金調達はプロジェクト・ファイナンスの形式をとってはいるものの、その実態は、国または地方自治体等の信用力を前提としたファイナンスであった。独立採算型である運営権事業では、事業者

注251) 実務上不動産登記における仮登記は広く利用されているが、運営権についても同様の運用がなされるかについては、登録免許税等との関係で検討されることがある。この点、パブリックコメントにおいて「運営権・抵当権の設定において、仮登録の運用は不動産登記における仮登記と同様の運用となるか」との質問に対し「御意見のとおりです」との回答がなされており（内閣府パブコメ回答2011年12月21日付け「意見の概要及び内閣府の考え方」7頁（NO.10））、実際にも不動産登記と同様の運用がなされた事例がある。

（およびそのキャッシュ・フロー）は、基本的に直接マーケット・リスクにさらされることになり、金融機関としても収益変動に係る事業リスクを十分考慮した上でファイナンスの条件・スキームを検討する必要がある。

(イ) 事業承継の存在

運営権事業は、すでに公共機関が先行して実施している既存の事業（公共サービス）を運営権者が引き継ぐかたちで実施されるものが多い[注252]。そのような場合には、運営権事業を開始するためには、前提として運営権者が公共機関から当該事業を承継する必要がある。対象事業が民間事業ではなく公共サービスという違いはあるものの、収益性のある事業の承継という意味においては民間の事業譲渡と実質的に異ならず、その承継に際しては一般的なM&Aにおいて実施される手続と同様の手続を要する。

この点は、運営権者選定手続のプロセスや実施契約の構成に反映されるのみならず、運営権者の資金調達においても、プロジェクト・ファイナンス的側面に加えてM&Aファイナンス的な視点からも検討する必要があることに留意が必要である。

前記のような特徴を踏まえて、以下では運営権事業の全体像について概観する。

(b) **選定手続**

総合評価一般競争入札や公募型プロポーザルの方法による点や実施方針・募集要項等が示される点等は、運営権事業においても、通常のPFI事業と同様である。ただし、実施方針については、通常のPFI事業における記載事項に加えて、①選定事業者に公共施設等運営権を設定する旨、②公共施設等運営権に係る公共施設等の運営等の内容、③公共施設等運営権の存続期間、④費用の徴収がある場合にはその旨および金額、⑤実施契約に定めようとする事項等、および⑥利用料金に関する事項を記載する必要がある（PFI法17条）[注253]。

注252) もっとも、BTO型の運営権対象事業のように、民間事業者が公共施設等を整備し、その後公共サービスの提供開始当初から運営権の設定を受けて事業を実施する形態もあり得ることは前述の通りである。

注253) その他、運営権ガイドラインにおいて、①増改築が実施方針策定時に予見できる場合には、増改築する施設等の時期・規模等、②退職派遣制度の利用の可否、想

また、運営権事業における選定手続の特徴として、運営権者が公共施設等の管理者等から承継する対象事業のデュー・デリジェンスに係るプロセスが設けられることが挙げられる。前述の通り運営権事業においては運営権者が既存の事業を承継することになるため、その事業および承継資産等に関して、一般的なM&Aにおいて行われるものと同様かまたはそれに近いデュー・デリジェンスが行われる。かかるデュー・デリジェンスの結果は、民間事業者による提案内容（または、そもそも選定手続における最終提案に参加するか否かの判断）に影響を及ぼすため、選定手続のスケジュールを考慮した上で可能な限り時間的な余裕をもって行われることが望ましい[注254]。

(c) 基本協定・実施契約

選定手続において民間事業者（コンソーシアムとして選定手続に参加することが多い）が選定された後に民間事業者と公共機関との間で基本協定が締結されるのは通常のPFI事業と同様である。また、内容についても従前のものと大きく変わるところはなく、運営権の登録手続について言及されることがある等の違いがあるにとどまる[注255]。

その後、基本協定に従い設立された法人としての運営権者と公共機関との間で実施契約が締結される（PFI法22条1項）[注256]。実施契約は運営権対象事

定される派遣職員の業務内容、派遣期間、人数、職種等も記載することが求められている（同9頁）。また、民間事業者の運営権対価の提案の検討等に必要な単価、算出根拠等についても、予定価格自体でなければ（例えば、詳細な収支等は）提示は可能であり、実施方針策定時等できるだけ速やかに公表することが望ましいとされている（同13頁）。

注254） もっとも、公共機関は一般的にデュー・デリジェンスのプロセスについて知見はないのが通常であるので、外部アドバイザーにおけるサポート等を含め、円滑なデュー・デリジェンスが実施されるよう公共機関において十分な検討・準備が行われることが期待される（なお、後掲注266）参照）。

注255） もっとも、運営権事業においても従来型のPFI事業と同様にSPC株式の譲渡制限等が定められることについては、インフラファンドとの関係では論点となり得る。この点については、後記8(2)および(3)参照。

注256） なお、民間事業者が公共施設等を整備し、その後に運営権を設定して運営を行うBTO型の事業の場合は、事業開始前に事業契約が締結されているはずである。この事業契約はあくまで従来型のPFI事業について締結されるものであり、運営権対象事業について締結される必要のある実施契約は別途締結する必要がある。この点については、「建設に係る事業契約の締結と同時に、停止条件付の実施契約や実施契約の仮契約を締結することが可能である」（運営権ガイドライン23頁）とさ

業の基礎をなすものであり、従来のPFI事業における事業契約とは内容上異なる点も多い。以下、事業契約との比較の観点から実施契約において定められる事項の特徴について概説する[注257]。

(ア) 運営開始準備

前述の通り運営権対象事業では公共機関からの事業承継が行われるため、実施契約には、かかる事業承継を運営開始予定日までに完了することが規定される[注258]。

承継される具体的な資産等の種類は実施される事業の範囲によるが、一般的には、公共機関が当該事業に関連して締結している契約上の地位のほか、各種動産等の有体資産や債権等の無体資産、関連会社の株式等が存在する。また、事業を実施するために必要な許認可等も承継または取得が必要と考えられる。そのほか、ある程度専門的な知見・特殊なノウハウが必要とされる事業においては、当該事業に従事していた職員・従業員等を公共機関から承継するまたは派遣を受ける等の対応が必要となる場合も少なくない[注259]。

承継の方法については、純粋な民間のM&Aであれば合併や会社分割等の方法もあり得るが、公共機関等との間では適用される法制度等の関係上そのような手法をとることは通常は困難であるため、基本的には事業譲渡の形態

れる一方で、両契約の規定事項を１つの契約に盛り込み、施設建設に関する規定の部分を事業契約、施設の運営に関する規定の部分を実施契約と解釈するという方式も認められるものと解されている（倉野＝宮沢・前掲注233）140頁参照）。

注257) 以下で言及する各事業の実施契約はウェブで公表されている限度で確認を行ったものであり、事業によっては契約案のみが公表されているものや契約の概要のみが公表されているもの等も存在し、必ずしも実際に締結されているものではないことにつき留意いただきたい。

注258) 仙台空港特定運営事業（以下、「仙台空港運営事業」という）および愛知県有料道路運営事業（以下、「愛知県道路運営事業」という）の事業契約では、事業承継の完了が運営権開始の条件とされている。

注259) 職員・従業員等の承継については、事業の開始により雇用条件が悪化することを避けるために一定の条件が付される場合もあるものと思われるが、運営権者側の経営判断も尊重する必要があるため、公共機関・運営権者の間で調整が必要になる場合もあり得る。なお、関西国際空港および大阪国際空港特定空港運営事業（以下、「関西伊丹空港運営事業」という）においては、従前の従業員のうち転籍を希望する者を「事業開始日直前の新関西会社における雇用形態及び待遇（給与制度・人事評価制度、退職金、休暇等）を下回らない条件で全員雇用すること」が条件とされていた。

(すなわち、各承継資産について個別に承継手続を実施)により行うことが想定される。そのため、承継すべき契約・資産の数が多い事業においては、契約相手方との個別の調整が必要になるなど[注260]、承継作業に相応の手間や時間を要することが予想されるため、公共機関および民間事業者は実施契約締結後速やかに事業承継手続を実施する必要があるであろう。なお、前述の通り公共施設等の所有権は公共機関が保有し続けることが運営権の前提であるため、運営権者への譲渡はなされない。運営権者による公共施設等の使用権自体は運営権に含まれているが、前述の通り運営権のみでは運営権者は公共施設等を第三者に使用させることができないため、第三者へ公共施設等を使用させる必要がある場合には、別途公共機関との間で賃貸借・使用貸借契約の締結を行うか、または、当該公共施設等が公の施設である場合には、指定管理者制度を併用して運営権者が当該公の施設に係る使用許可等の行政処分[注261]を行う等の必要がある[注262]。

注260) 契約の相手方によっては、従前は公共機関が相手方であった契約が運営権者に承継されることに抵抗を感じる場合もあり得るものと思われる。そのような場合は、承継手続が難航するかまたは契約条件の変更が必要となることも考えられる。結果的に契約の相手方の承諾が得られず承継ができない契約が存在する場合、当該契約に係る公共機関の権利義務の行使・履行および当該契約に基づく対価等の支払や受領については、運営権者との間で一定の調整が必要となり得るため、そのような場合を想定した公共機関と運営権者の利害調整に関する措置を実施契約等に定めることも考えられる。

注261) 事業によっては、個別法の解釈により選定事業には行政処分の行使を認めないこととされ、または、指定管理者制度を利用せずとも個別法により選定事業者は行政処分を行うことが行うことができるとされているものもあり、指定管理者制度を利用するか否かは事業の種類によっても異なる。この点、地方管理空港や水道を含むいくつかの種類の事業については関係府省のガイドライン等において定められている(運営権ガイドライン26頁および同頁に記載されるガイドライン・通知参照)。

注262) 運営権者がテナント等の第三者に公の施設を利用させるためには、本文に記載したように、①指定管理者制度を併用すること等により使用許可等の行政処分を利用すること、および②PFI法69条6項または地方自治法238条の4第2項等に基づき当該公の施設の賃借権等を得た上で当該賃借権等を権原として転貸する方法が考えられるが、この各方法の使い分けについては、当該第三者に利用権を設定して利用させる行為が公の施設の設置の目的を達成するためのものである場合には①となり、設置目的の範囲外で使用させる場合には②の方法となる。なお、これらの方法以外に、地方自治法244条の2第1項の条例の改正・廃止によって公の施設としての位置付けを見直し、当該施設を普通財産化した上で運営権者と賃貸借

第8章　プロジェクト・ファイナンス

　なお、職員の派遣については、PFI法の2015年改正により、公務員を運営権者に派遣するための制度である退職派遣制度が設けられた。かかる制度は、公務員の有する専門的なノウハウを運営権者に承継するため、そのようなノウハウを有する公務員について、公務への復帰を前提としつつ、公務員を一度退職した上で一定期間（ノウハウの承継に必要な期間）運営権者の業務に従事することを可能にするための措置を整備したものである。かかる制度を採用する場合には、実施契約において、従事すべき業務の内容、派遣職員を当該業務に従事させる期間、報酬・勤務条件等の必要事項について取決めを締結すること旨等を規定する必要がある（PFI法22条1項4号、同法施行規則5条)[注263]。

　(イ)　リスク分担

　実施契約の主要な役割の1つが公共機関と運営権者の間のリスク分担を定めることにある。この点、運営権ガイドラインにおいては、「リスク分担の内容が運営権に係る契約当事者に求められる金銭の負担額にも影響を与えるものであるため、できる限りあいまいさを避け、具体的かつ明確なものとすること」（2頁）とされる。もっとも、リスク分担の考え方にはさまざまであり画一的・客観的に明確な基準があるわけではなく、また、民間事業者と公共機関の利害が相反する点でもあることから、選定手続における質問回答手続や競争的対話においても議論になりやすい点である。

　リスク分担の基本的な考え方は、「リスクを最も良く管理することができ

　　　　契約等を締結し、運営権者が当該賃借権等を権原として転貸する方法もある（運営権ガイドライン26頁以下）。なお、未来投資戦略124頁では、成長対応分野で講ずべき施策として、指定管理者でない運営権者が、特定の第三者に対して、公共施設等の設置の目的の範囲内であっても使用を許すことが可能となるよう、PFI法に関する必要な法制上の措置を講ずることが掲げられており、また、国家戦略特別区域法および構造改革特別区域法の一部を改正する法律（平成29年6月23日公布）附則2条1項においても、運営権者が第三者に対して公共施設等の使用を許すことが可能となるよう、同法律の施行後1年以内を目途としてその具体的な方策について検討を加え必要な措置を講ずるものとされており、今後PFI法の改正がなされ、より柔軟な方法が創設されることが期待される。
注263）退職派遣制度の詳細については、山川剛志「コンセッション事業者への公務員の退職派遣制度を創設」時の法令1999号（2016）29頁以下、運営権ガイドライン28頁以下参照。

る者が当該リスクを分担する」ということになる[注264]。かかる基準により各種リスクの負担者を確定することは必ずしも容易ではないが、以下では、この考え方を基礎にして各種リスクについて若干の検討をする。なお、リスク分担に関する議論は従来型のPFI事業と基本的には同様であるため、以下では、運営権対象事業において特徴的と考えられる点についてのみ言及する。

① 需要リスク　運営権対象事業は独立採算事業であり、また、需要リスクに対する措置は事業に関する決定権を有する運営権者により行われるものであることから、基本的には需要リスクは運営権者が負担すべきものと考えられる。もっとも、運営権事業は公共サービスを対象とした事業であり、その公共性から運営権者の経営の自由度には一定の制約があり得ること、また、例えば、下水道事業など経営努力による需要喚起が困難な事業も多いことから、一定の需要リスクは公共機関も分担することが合理である場合もある。ただし、発生した料金収入の減収が需要リスクの顕在化によるものか運営権者の運営に起因するものかについては判断が難しく、公共機関による単純な利益補填となってしまうとモラルハザードが生じ国民あるいは住民に対する説明が困難になるという問題も考えられる。

この点、例えば、愛知県道路運営事業においては、需要変動に基づく料金収入の増減が一定割合を超えた場合は、当該超過分について公共機関が負担することとされている。需要の減少による減収部分について分担する一方で、増収部分についても公共機関が一定の利益を享受できるようにされており、運営権者の需要リスクに配慮する反面、プロフィット・シェアリング的な発想を加えることで単純な公共機関による損失補填とは異なるものとの説明が可能となっている。このような手法は、有料道路を含め、運営権者による経営努力により需要喚起を行うことが必ずしも容易ではない事業分野においては、有効な手段となり得るものと思われる。後記(d)で述べるような利益連動型の運営権対価も、同様の観点から実質的に需要変動リスクを軽減するために利用可能である。

いずれにしろ、各事業における特性（料金収入の安定性や運営権者の自由度、経営努力による改善可能性等）を考慮し、適切なリスク分担方法を検討する必

注264）　運営権ガイドライン14頁。

第8章　プロジェクト・ファイナンス

要がある。

　② 競合事業リスク　　公共機関が競合事業を実施することにより、対象事業の利用者の減少を招くリスクがあり得る。有料道路や空港等の交通系インフラ事業において、比較的近隣の地域に別の交通網を設置するような場合が典型的である。かかるリスクは基本的には民間事業者にはコントロールできないため、原則的には公共機関により負担されるべきと考えられる。

　かかる問題に対する対処としては、事前に予定されている事業・政策に関する情報開示が重要となることは当然であるが、競合事業の実施による運営権者の減収分を公共機関が補償する仕組みを盛り込むことが考えられる[注265]。この点、愛知県道路運営事業では、予定競合路線の供用開始または無料開放により増加または減少した料金収入は公共機関が負担または享受できることとされており、需要リスクと同様に増減とも公共機関に帰属するような設計がされている。また、関西伊丹空港運営事業においては、当該両空港と競合する関西圏の空港の新規設置または既存空港の拡充については、「特定政策変更」として、一定の範囲で公共機関がリスクを分担することとされている。

　③ 承継対象資産の瑕疵リスク　　前述した通り、運営権対象事業においては既存の公共施設等に運営権が設定され、かつ、公共機関から事業に関する資産の承継を受けるが、かかる公共施設等または資産に瑕疵（施設・設備の他に権利・契約上の瑕疵等も考えられる）があった場合のリスクをいずれが負担すべきかが問題となり得る。かかる瑕疵リスクを考える際に重要となるのはデュー・デリジェンスの手続である。仮に十分にデュー・デリジェンスが実施されて瑕疵が事前に確認可能なのであれば、運営権者としても当該瑕疵を前提とした提案をすることができる。これに対して、十分なデュー・デリジェンスが実施されない、またはデュー・デリジェンスでは発見できない瑕疵が存在した場合（公共機関から提供された資料等が不正確であったような場

[注265] 実施契約等において、公共機関に競合事業の実施を禁止することも考えられるが、政策的にそのような制約を公共機関が受け容れられるか問題もあり得るし、他の地方公共団体による事業の実施等、対象事業の管理者にはコントロールが困難な場合も想定される。

第3節　PPP/PFIとプロジェクト・ファイナンス

合を含む）には、それは運営権者によりコントロールできるリスクではないため、公共機関がそのリスクを負担するのが合理的と考えられる[注266]・[注267]。

なお、純粋な民間のM&Aにおいては、一般的に、対象会社のデュー・デリジェンスを経た上で、その結果を踏まえて当事者間の責任分担を明確化するために、瑕疵担保条項に加えて、いわゆる表明保証条項が用いられることがある。承継対象資産等の瑕疵に関するリスク分担の精緻化の観点からは、実施契約においても用いられることが合理的である[注268]。なお、関西伊丹空港運営事業においては、運営権者への承継資産に含まれるグループ会社株式について公共機関による表明保証が行われているが、これは今後のPFI事業におけるリスク分担や契約実務の考え方にも影響を与え得る先行事例として

注266） 国土交通省「下水道事業における公共施設等運営事業等の実施に関するガイドライン（案）」においては、「コンセッション方式は既存の施設や事業を中心として実施されるものであり、応募者の提案に基づいた質の向上による効率的な事業の実施や運営事業の安定的実施のためには、マーケットサウンディング時よりも更に詳細なデータを応募者に開示し、応募者が開示された情報の精査を行うデューデリジェンスが不可欠であると考えられる」とされ、その上で、データルームでの資料閲覧や外部機関・外部有識者の活用等の詳細な提案がなされており参考になる（同ガイドライン56頁以下等）。

注267） 瑕疵担保責任については、各事業において公共機関の責任が定められているようであるが、例えば仙台空港運営事業や関西伊丹空港運営事業においては、瑕疵を物理的なものに限定する、また、瑕疵担保請求の期間を一定の期間に限定する等の制約がなされている。前者については権利的な瑕疵等を補償の対象から除外する合理的根拠があるのか、後者についても、汚染物質の存在等、瑕疵の発見に一定の期間を要するものについても一律の期間制限を課すことが合理的かといった視点からの検討が必要であるように思われる。

注268） なお、未来投資戦略125頁において、「官民の適切なリスク分担を構築する上で、瑕疵担保の負担や運営権対価の返金、契約満了時の必要な資産等の買取り等の際、契約において、一定の条件を満たした場合に施設の管理者が運営権者に一定の支払を約束することが可能となるよう、……内閣府は当該支払を管理者が行う法的根拠の必要性を検討し、必要に応じ、次期通常国会までに、PFI法について所要の措置を講ずる」との提言がなされている。これは、公共機関が前記のような各種責任を負い支払債務を負担することに関して、「管理者側（国および地方自治体による直接契約の場合に限り、特殊会社や外郭団体を除く）が債務負担行為の裏付けなく、契約に契約期間中の運営権者（コンセッション事業を実施するためだけに作られる特別目的会社）への支払の約束をどこまで規定できるかの検証がなく、一律に制度的に無理とされてきた」（改善検討事項案1頁）との問題意識によるものと考えられる。実際にPFI法の改正まで行われるか現時点では不明であるが、今後の公共機関の責任を考える上でも注目されるところである。

④　不可抗力・法令変更リスク　不可抗力・法令変更に関するリスク分担は従来型のPFI事業でも問題となるものであるため本稿では詳述しない。ただし、運営権対象事業は独立採算型であり、事業者の自由度が従来型に比して広く認められることに鑑みれば、運営権者にて事前に手当てできる範囲も広くなる場合もあり得るため、相対的に公共機関の負担するリスクの範囲が狭くなる傾向がある。

なお、特に不可抗力リスクについては保険との関係が重要であり、運営権者が保険を付すことでカバーできるリスクについては運営権者負担とされるのが原則である[注269]。そして、運営権対象事業が長期に及ぶことからすれば、例えば保険市場の変化により保険料が高騰したり付保可能なリスクの範囲が変更される等の事由が生じた場合には不可抗力のリスク分担等について見直す機会を設けるための措置も、検討に値するものと思われる[注270]。

　(ウ)　事業期間

運営権の存続期間は実施方針に記載され（PFI法17条3号）、運営権登録簿の登録事項でもあることから（公共施設等運営権登録令22条）、かかる事項の変更（延長）を行うためには新たに運営権を設定し直す必要がある[注271]。ただし、運営権の存続期間が延長し得ることについて当初より定めておくことは可能であり、実施方針や実施契約に定めるとともに運営権設定時に附款と

注269)　関西伊丹空港運営事業においては、競争的対話の結果として、放射能汚染は保険がかけられないことを考慮し、不可抗力事由が放射能汚染に該当する場合における公共機関の補償の要件を緩和したとの説明がなされている。

注270)　なお、関西伊丹空港運営事業においては、競争的対話を踏まえて、実施契約締結日以降に実施契約の基礎たる事情に著しい変更が生じ、かかる変更が実施契約締結日時点で予見不可能かついずれの当事者の責めに帰することのできない事由により生じたものであって、当事者間の公平を著しく欠くことになる事態が生じた場合には、双方の合意により契約条件を見直すことができる旨の事情変更の法理を明確化する条項が規定されたと説明されている。当該条項の実行可能性等に議論はあり得るところであるが、長期の事業において、当該事業の前提を覆すような事態が生じた場合の処置を事前に定めておくことは一般的に困難であり、最終的には両者の協議により決着せざるを得ない場合も当然あり得るところである。前記条項は、そのような場合において解決方法の指針を示すものとして、一定の意義があるものと思われる。

注271)　運営権ガイドライン43頁。

して延長の条件を付すことによって、一定の条件の下での追加的な存続期間を定めること（いわゆる事業期間の延長オプションを認めること）ができるとされている[注272]。実際にも、例えば、仙台空港特定運営事業（以下、「仙台空港運営事業」という）では、事業期間終了日の4年前までに届出を行うことにより事業期間を延長することができることとされており、30年以内の運営権者が希望する日まで延長が認められている。

これに対し、いくつかの事業では、両者の合意により延長が可能な合意延長という仕組みも採用されている[注273]。これは、不可抗力等の運営権者の責めに帰すことのできない一定の事由により運営権者に損害が発生した場合に、当該損害を回収するための機会を運営権者に付与するために事業期間が延長されるものであって、公共機関による追加的な支出を回避しながら運営権者の損害の回復を可能とするメカニズムの1つとして位置付けることが可能である。

(エ) 契約の解除・運営権の消滅

① PFI法上の定め（運営権の消滅事由）　運営権は公共機関による設権行為により設定されるものであるのに対し、実施契約は事業の運営方法を規律するものにすぎないため、仮に実施契約が解除されたとしても、それにより運営権が消滅するわけではない。そのため、実施契約が解除された場合には、別途運営権を消滅させるための手続が必要であり、それが運営権の取消しおよび運営権の放棄である。また、公共機関が運営権対象施設の所有権を喪失した場合には運営権は自動的に消滅するため［→(ii)(b)(ウ)］、結局、運営権の消滅根拠としては、①運営権の取消し[注274]、②運営権の放棄、および③公共機関の公共施設等の所有権喪失による自動消滅の3種類が存在する。

このうち、運営権の取消事由は、①運営権者が不正に公共施設等運営権者となったとき等、運営権者の帰責事由を原因とするもの（PFI法29条1項1

注272)　運営権ガイドライン43頁。
注273)　例えば、仙台空港運営事業や浜松市公共下水道終末処理場（西遠処理区）運営事業（以下、「浜松市下水道運営事業等」という）において採用されている。
注274)　なお、PFI法29条2項は運営権の行使の停止について聴聞の手続を定めているが、運営権の取消しの場合であっても、行政手続法13条により聴聞の手続が必要となり得る。

号）と、ⅱ公益上やむを得ない必要が生じた場合に認められるものがある（同項2号）。そして、この後者の場合（ⅱの場合）および所有権喪失による自動消滅の場合（ただし、公共機関の帰責事由による場合に限る）には、公共機関はPFI法に基づき運営権者に通常生ずべき損失の補償を行うこととされている（同法30条1項）[注275]。ただし、かかるPFI法上の補償以外のリスクの分担についても、実施契約で別途定めることは可能である[注276]。運営権の消滅根拠と補償の関係については、運営権ガイドライン36頁を参照されたい。

② 実施契約の解除事由　一般的には、従来型のPFI事業と同様に、運営権者帰責事由による解除、公共機関帰責事由による解除（公共機関による任意解除を含む）のほか、不可抗力等により事業の実施が困難となった場合の解除等が定められる。

なお、実施契約の解除と運営権の消滅が異なる概念であるとしても、いずれか一方が生じた場合には他方も生じることとすべきであるため、実施契約においては、同契約の解除がなされた場合には当事者は運営権の取消しまたは放棄を行うこと（または、その逆）を定めることにより、両者の牽連性が確保される建付けが採用されている[注277]。

注275）　この「通常生ずべき損失」（運営権ガイドライン39頁）の額の算出方法は公共用地補償基準の考え方に基づき、営業補償の基準に従い行われるとされているが、この点については、十分な補償がなされない可能性があるとの批判もある（末廣裕亮「コンセッション方式を利用したPFI事業におけるリスク分担について（下）」NBL1056号〔2015〕66頁参照）。ただし、本文にも記載した通り、実施契約において定められる補償は必ずしもこれに限られる必要はないため、最終的な補償の範囲は実施契約上の合意事項として議論されることになる。
注276）　運営権ガイドライン39頁。
注277）　運営権の取消事由はPFI法上に定めがあり（PFI法29条1項）、運営権の自動消滅は公共施設等の所有権喪失に限られるため、実施契約上は、それらに該当しない事由により実施契約が解除される場合が運営権の放棄として整理されることになる。一般的には、運営権者帰責事由による解除はPFI法29条1項1号の取消事由により、公共機関帰責事由による解除（公共機関による任意解除を含む）は同項2号の取消事由により処理されているようである。また、不可抗力による解除が同号の取消事由に該当するのかは若干微妙であるが（同事由に該当するのであれば、PFI法上の補償や行政手続法上の聴聞の対象となる）、公共施設が消滅したことにより運営権が自動消滅した場合はPFI法上は補償を要さないとされていることとのバランスからすれば、同号の取消事由には該当しないと考えるのが自然であろうか。この点、仙台空港運営事業や浜松市下水道運営事業においては、不可

第3節　PPP/PFIとプロジェクト・ファイナンス

③　補償等の考え方　補償の考え方は各事業において異なり得るが、運営権者の帰責事由による場合は、運営権者は一定の違約金を支払うとともに、公共機関にそれ以上の損害（新たな運営権者を選定するのに要する費用等を含む）が生じた場合はそれを賠償するものと規定されることがある。これに対して、公共機関に帰責事由がある場合（公益上の理由により解除する場合もこれに含められるべきであろう）は、運営権者に発生した損害（資金調達に関するブレークコスト等を含む）を公共機関が賠償すると定められることがある。不可抗力等の場合には、当該事業におけるリスク分担の考え方により、補償の有無や条件・金額等が異なるであろう。

　また、運営権ガイドラインにおいては、運営権が取り消された時点において、すでに運営権者が支払った運営権対価のうち残余の存続期間に対応する部分については、運営権者に対して支払う必要があるとされている[注278]。運営権ガイドラインには運営権の取消しについてのみ記載されているが、運営権の放棄や自動消滅の場合も原則として同様に解することが合理的であろう[注279]。

(d)　運営権対価の支払

　コンセッション事業において、事業者は公共施設を管理・運用することによって事業を行い収益を得るが、当該公共施設の建設等は税収等を原資として公共機関の費用負担により行われたものであるので、当該公共施設から収益が生じるのであれば、公共機関としては当該収益から建設費用等を一定の範囲で回収することを望むのは当然である。また、事業者としても、当該公共施設を利用して事業を実施するのであるから、その公共施設の使用に対する対価を支払うことは合理的ということができる。かかる観点から、コンセッション事業においては、事業者が一定のコンセッション・フィーを公共機関に対して支払うとされるのが一般的であるが、これはPFI法に基づく運

　　　抗力事由発生後に復旧スケジュールが決定できない場合等の原因により解除された場合は、同号の取消事由ではなく、運営権の放棄により処理されている。
注278)　運営権ガイドライン39頁。
注279)　公共機関が運営権対価を返金することの法的根拠に係る議論については、前記注268)参照。もっとも、例えば、仙台空港運営事業（運営権対価一括払）では、公共機関の帰責事由等による解除の場合のみ返還を認めているようである。

第8章　プロジェクト・ファイナンス

営権対象事業においても同様である。

　運営権対象事業における対価（以下、「運営権対価」という）の徴収により、公共施設等の管理者は、対象施設の建設費用等を一定の範囲で回収することができることになる。もっとも、運営権対価はこれに限られるものではなく、建設費用等を超える費用を運営権対価とすることも可能であり[注280]、さらに、運営権対価とは別にプロフィット・シェアリング条項を設けることも可能とされている[注281]。そして、その支払方法についてPFI法上の制約はないため、一括支払とする方法に限らず、分割払とすることも可能である。また、運営権対価は公共機関等の管理者等と運営権者が合意した固定価格であると解されているが[注282]、運営権対価の一部を一時金として支払い、その後運営権者の取得する利用料金収入の金額に連動して残りの運営権対価の金額が決定されるという利益連動型とすることも可能とされている[注283]。このように、運営権対価を含めた費用負担方法については、柔軟な設計が可能である[注284]。

　なお、PFI法は、同法20条に基づく費用の負担について、実施方針および実施契約への規定およびその内容の公表を定めているが（PFI法17条4号・22条1項5号、同法施行規則6条1号）、その他の費用については特に規定を置いていない。もっとも、他の運営権対価および費用と区別する理由は特にないため、運営権ガイドラインにおいて、PFI法20条に規定する費用以外の金

注280）　もっとも、一定の金額を定める以上何らかの算定根拠が必要と思われ、例えば、運営権ガイドラインにおいては、「運営権者が将来得られるであろうと見込む事業収入から事業の実施に要する支出を控除したものを現在価値に割り戻したもの（利益）を基本とし、各事業のリスクや優位性等を勘案し、運営権対価の割引、上乗せ等による調整や運営事業に付随して管理者等から売払いを受ける施設や物品等の購入金額を控除した金額等の合理的な手法」とすることが考えられるとされている（運営権ガイドライン18頁）。
注281）　運営権ガイドライン18頁。
注282）　運営権ガイドライン18頁。
注283）　倉野＝宮沢・前掲注233）140頁。かかる利益連動型の運営権対価は、実質的に事業のマーケット・リスクの一部を公共機関が負担することを意味するため、リスク分担の方法の一形態としても検討される必要がある（前記(c)(イ)①参照）。
注284）　例えば、関西伊丹空港運営事業においては、年払の運営権対価のほか、固定資産税等負担金等（実額）が運営権者負担とされており、さらに、プロフィット・シェアリング条項として収益連動負担金（収益1500億円を超過した部分の3％）を支払うこととされている。

銭の負担についても同様に規定・公表するものとされている。

　(e)　利用料金の設定

　運営権対象事業は独立採算型であり運営権者の経営判断が広く尊重されるべきであるが、利用料金の設定はかかる運営権者の経営判断の根幹をなすものである。もっとも、運営権対象事業が公共サービスを対象とするものである以上一定の制約があり得ることも否定できない。そこで、PFI法では、原則として利用料金は運営権者が設定するものとしつつ、かかる利用料金の設定は実施方針に従うものとされ、また、事前に公共機関に届け出るものとされている（PFI法23条2項）。実施方針には利用料金に関する事項が記載され（同法17条6号）、これにより一定の制約がなされ得る[注285]。

　また、利用料金の設定について個別法で定められている場合には、当該個別法に定める手続を履践する必要があり、また、当該個別法に定められる制約に従う必要がある[注286]。

　(f)　公共施設等の更新投資・新規投資

　独立採算性を背景に、運営権の行使として可能な範囲の対象施設のリノベーションによるバリューアップについても、運営権者がその費用負担において実施するのが原則である。また、独立採算を原則とする以上、バリューアップに関する運営権者の経営判断は尊重されるべきである。もっとも、前述の通り［→(ii)(a)(ウ)］、公共施設等の「建設」や「改修」を行う権利は運営権に含まれておらず、施設の新設や既存施設の全面除却を含む整備は行うことができない[注287]。また、その限度に至らない資本的支出または修繕（いわゆる増改築や大規模修繕）は行い得るが、この点についても個別法上の制約

注285）　実施方針では、利用料金の上限や幅、変更方法などについて規定されるが、その際には、①運営権者の自主性と創意工夫が尊重されることが重要であること、②特定の者に対して不当な差別的取扱いをするものではないこと、③社会的経済的事情に照らして著しく不適切であり、公共施設等の利用者の利益を阻害するおそれがあるものではないことの3点に留意すべきとされる（運営権ガイドライン15頁）。①が運営権者の経営判断を、②③が公共性による制約を意味する。

注286）　例えば、空港事業における着陸料においては、空港法13条に基づき、国土交通大臣への届出が要求されているほか、一定の場合には変更命令がなされる可能性がある。

注287）　ただし、運営権事業の範囲外の業務として運営権者が別途実施することはあり得よう。

第8章　プロジェクト・ファイナンス

または公共性の観点からの一定の制約はあり得ることに留意が必要である[注288]。なお、公共施設等の増改築部分の所有権は公共機関に帰属し、かかる増改築部分には既存の運営権の効力が及ぶことになる[注289]。

また、運営権者が事業期間中に公共施設等の増改築等を行うことにより事業のバリューアップがなされた場合、事業終了時において残存する当該バリューアップ部分の取扱いが問題となり得る。事業の終了時点において当該バリューアップによる増加価値が残存しているのにもかかわらず、それがすべて無償で公共機関に帰属するとすれば、特に事業期間の満了日に近づくにつれて運営権者によるバリューアップのインセンティブが失われていくという事態を招くため、当該バリューアップの評価額が事業期間終了時において運営権者に支払われるとすることが考えられる[注290]。事業の特性等にもよるが、運営事業の価値の増進の観点からは、積極的に検討されることが望ましいであろう[注291]。

7　コンセッション事業とプロジェクト・ファイナンス

(1)　総論

コンセッション事業は、既設の公共施設等の運営事業であり、運営権者（通常はSPCとして新規に設立される者が想定される）は、当該公共施設等にお

[注288] 関西伊丹空港運営事業においては、滑走路、誘導路の延長・エプロンの増設、空港用施設の大規模な変更を伴う一定の投資については、あらかじめ公共機関の承認を得ることとされているようである。航空43条、航空規85条参照。

[注289] 厳密には、対象施設との同一性が認められる範囲で既存の運営権が及ぶことになる（換言すれば、増改築部分が独立した別個の建物と評価されるような場合には、既存の運営権は及ばないことになる。運営権ガイドライン32頁）。もっとも、既存の運営権が及ばない増改築はもともと認められないであろうから（もし認めるのであれば、それは運営権の範囲外の事業とするか、または新たな運営権を設定する必要が生じる）、通常は増改築した部分には従前の運営権が及ぶことになろう。

[注290] 運営権ガイドライン41頁以下。

[注291] 関西伊丹空港運営事業においては、一定の要件を満たす更新投資（滑走路・誘導路等の延長、空港機能施設および空港利便施設等の拡張等）で、事業期間内回収が困難かつ事業終了日後も受益が継続することが期待される投資については、事業終了日時点で当該投資の結果残存している受益に対応する費用を公共機関が負担することを運営権者が求めることができるとされている。

いて実施されている事業に係る資産（ただし、当該公共施設等の所有権は管理者等が引続き保有する前提であるためここには含まれない）、契約、人員、許認可等を承継して事業を実施するものである。前述の通り、運営権者は、事業の承継に当たり、実施契約に定めるところに従い、公共施設等の管理者等に運営権対価を支払うことが一般的である。この運営権対価の支払方法として初期に一時金として高額の金員を支払う場合は、SPCは資金調達を行う必要があり、スポンサーからの資金拠出（出資金・劣後ローン等）のみならず外部の金融機関からの調達を行う場合には、プロジェクト・ファイナンスによる調達が利用され得る。また、SPCによる事業が開始した後も、既存の公共施設等の増改築や任意事業に係る施設整備（ただし、いずれもPFI法や実施契約等に基づき可能な範囲に制限される）のための資金調達が必要となる場合も想定され得る。

　コンセッション事業におけるプロジェクト・ファイナンスは、①PFI事業に係るものであることによる特徴と、②既存事業に係るものであることによる特徴を併せもつ。

　①は、例えば、運営権によらない従前のPFI事業に係るものと共通する点であるが、ステップ・インの際に、スポンサーの交代や事業（運営権）の新SPCへの承継に当たり、管理者等の事前の承諾あるいは許可が必要となる（実施契約等上の条件として設定されるほか、運営権の移転についてはPFI法26条に基づく要請でもある）。また、対象事業が公共施設等の運営に関するものであるため、公共施設等の管理者等と金融機関の間で、直接協定が締結され、事業継続等の観点からの合意がなされる点も、従前のPFI事業と同様である。そのため、金融機関が融資に係る貸付債権等を被担保債権として運営権を対象とする抵当権の設定を受けて登録による対抗要件を具備したとしても、必ずしも管理者等の意向を無視して抵当権を実行することができるわけではない。

　②は、既存事業の承継（事業譲渡）に係る資金の調達という意味で、買収ファイナンスの側面を有する。そのため、買収対象となる事業に係るデュー・デリジェンスを踏まえた融資判断がなされる点や、資産・契約等に対する担保権設定が行われる点等が共通する。担保設定の範囲は、事業価値

の把握や事業の継続性・安定性という観点から検討され、公共事業に係る従前の関係者との関係・調整状況も踏まえて個別に検討・判断される（なお、事業期間に制限がある点や、事業の中途終了・売却の際には公共施設等の管理者等の意向の影響を受けること等、純粋な民間事業に係る買収ファイナンスと状況が異なる点が多いことには、留意が必要である）。

　コンセッション事業は独立採算事業として行われるため、融資の返済原資は、管理者等からのサービス対価ではなく、主として事業に係る利用料金収入であり、マーケットの状況による収入変動（需要変動）の影響を直接に受ける。さらに、利用料金の設定は、法令等（条例を含む）や実施契約上の制約に服するため、純粋な民間事業と比べて自由度が低い場合もあり、機動的な利用料金設定が難しい場合も想定され得る。このような収入（収支）の変動に対応できるように、融資の返済スケジュールや期限前弁済の条件を建て付けるに当たっては、事業（キャッシュ・フロー）の特性に応じた工夫がなされる。また、コンセッション事業が事業期間の満了前に終了した場合の管理者等・運営権者の間の運営権等に係る清算については、その時点における事業や資産等の価値に基づくことが想定されるが、当該清算金が返済原資となり得るため、金融機関としても算定方法が合理的なものであることに強い関心を有する。

　コンセッション事業は既存事業であるため、いわゆる完工リスクがなく、オペレーション・リスクを中心にリスクの分析・分担が検討される。すでに事業の運営実績があることから、従前の情報を活かした上でのリスク分析が可能である。

　法令・制度変更や不可抗力（地震等の自然災害やテロ・疫病等の人的災害等）の各事業リスクについては、コンセッション事業においても、実施契約上、公共施設等の管理者等と運営権者の間でリスク分担が行われ、民間側でコントロール・負担（保険付保による負担の転嫁を含む）できない事業リスクについては一定の範囲で管理者等がリスクを負担することがある。独立採算事業であるため、純粋な民間事業と同様に基本的には民間が事業リスクを負担することが適切であるとしても、事業の公共性がゆえに事業内容の変更や終了・撤退に自由がないことから、民間側（運営権者）で負担することが必ず

しも適切ではないリスクについては公共側（管理者等）で負担すべきとの考え方によるものである。プロジェクト・ファイナンスを組成するに当たっては、事業継続の観点からキャッシュ・フローへの影響が生じ得る事業リスクが顕在化した場合の手当てについて各種アドバイザーの助言を踏まえて具体的に検討しながら、実施契約の締結前の段階から運営権者（応募者）の協力の下で、選定手続における質問回答手続や競争的対話等も活用した管理者等とのコミュニケーションを通じて、各事業リスクが適切に分担されるよう可能な限り努めることが、成功の鍵である。

このような事業リスクの分析に当たっては、各事業に固有の適用法令の内容の分析や事業特性の把握が必要となる。以下、空港、有料道路および上下水道のコンセッション事業において考慮すべき事項等につき、概説する。

(2) 空港

(i) 状況

前述の通り [→ 6(3)]、空港は運営権対象事業の重点分野として位置付けられており、運営権の活用が特に期待されている分野の1つである。すでに但馬空港、仙台空港および関西空港・伊丹空港の3事業については、運営権事業が開始されており、他の空港についても選定手続が進められまたは検討されている。

空港は従来は公共機関により管理運営されてきたが、その経営構造については改革の必要性が叫ばれていた。主な点としては、①人口減少や少子高齢化が進展する状況で空港事業は「整備」から「運営」に軸足を転換する必要があるが、運営能力という点において公共機関は必ずしも適していない、②従来の空港事業では、航空系事業と非航空系事業の運営主体が分離（航空系事業は公共機関が運営し、ターミナルビル等の非航空系事業は第三セクター等が運営）されていることが多く、統一的な戦略を行うことが困難である[注292]、③国管理空港においては、着陸料等収入が特別会計のプール管理により全国

注292) 特に近時LCC（低コスト航空会社）が台頭する状況において、着陸料等の航空系収入を引き下げることにより誘致を行い、利用者数を増加させ非航空系事業で収益を上げるという経営モデルの推進が念頭に置かれている。

一律の設定とされており、個別の空港単位での経営改善を行うインセンティブが働かず、各空港の特性を考慮した機動的な経営が阻害されている[注293]、④国管理空港については、地元感覚が不足している等が挙げられる。

このような諸課題や公共機関における財政上の問題に対処する観点から空港のコンセッション事業へ向けた検討が進められ、PFI法の改正による公共施設等運営権の導入および民間の能力を活用した国管理空港等の運営等に関する法律（以下、「民活空港法」という）の制定により法制度も完備されたことにより、現在は実際にも実施の段階に入ってきている。現在わが国には全部で97の空港[注294]が存在するが、国管理空港を中心として順次コンセッション方式の活用が検討されていくことが想定される。

(ii) **民活空港法の概要**

2011年PFI法改正により公共施設等運営権の制度が導入されたが、空港（および道路）に対して運営権を設定するためには別途特別な法令による措置が必要と整理され、それに対応するものとして制定されたのが民活空港法である。以下、民活空港法について若干の解説を行う[注295]。

(a) **対象空港**

わが国の空港の分類は、①会社管理空港（成田、中部、関西、伊丹の4空港）、②国管理空港（19空港）、③特定地方管理空港（国が設置する拠点空港で地方公共団体が管理する空港。5空港）、④地方管理空港、⑤共用空港（自衛隊または在日米軍と民間航空機が共用で使用する空港。8空港）および⑥その他の空港（空港法2条に規定する空港のうち、拠点空港、地方管理空港および公共用ヘリポートを除く空港。7空港）がある[注296]。民活空港法は、このうち、②国管理

注293) 社会資本整備事業特別会計の空港整備事業勘定として区分されていたが、社会資本整備事業特別会計は2013年をもって廃止された。ただし、空港整備勘定のみは、その借入れが償還されるまで、経過勘定として自動車安全特別会計に統合されている。
注294) 空港の数については2017年7月現在のものである。なお、厳密には、空港法2条に規定する空港から公共用ヘリポートを除いた空港および空港法附則2条1項に規定する共用空港を意味する。
注295) 詳細については、三上二郎＝勝山輝一「民間の能力を活用した国管理空港等の運営等に関する法律の概要――近年のPFI法改正を踏まえて」商事2005号（2013）36頁以下参照。
注296) 空港の数については2017年7月現在のものである。各分類に含まれる空港の詳細は、国土交通省のウェブサイト（http://www.mlit.go.jp/koku/15_bf_000310.

空港（国管理特定空港運営事業。民活空港法4条以下）、④地方管理空港および⑥その他の空港のうち地方自治体が管理する空港（地方管理空港特定運営事業。同法10条以下）、ならびに⑤共用空港のうち民間航空専用施設（共用空港特定運営事業。同法附則2条以下）に対する運営権の設定を認めた。なお、①会社管理空港のうち関西・伊丹の両空港は、関西国際空港及び大阪国際空港の一体的かつ効率的な設置及び管理に関する法律（いわゆる経営統合法）により運営権の設定が認められている。また、③特定地方管理空港については、運営権の設定は認められないものの、運営権事業に類似した運営等（着陸料等の利用料金を収入として収受できる）を空港管理者が指定した者に行わせることができるものとされている（民活空港法附則14条1項）[注297]。

(b) **対象事業**

民活空港法は、運営権の対象となる事業の範囲も定めており、具体的には以下の通りである（ただし、地方管理空港特定運営事業については③を除く。民活空港法2条5項・6項）。もっとも、具体的な事業内容は各空港で異なるため、最終的には実施方針等に具体的な事業内容が定められることになる。

① 空港の運営等であって、着陸料等を自らの収入として収受するもの
② 空港航空保安施設の運営等であって、その使用料金を自らの収入として収受するもの
③ 公共用飛行場周辺における航空機騒音による障害の防止等に関する法律（以下、「騒音防止法」という）に定める特定飛行場に係る航空機の騒音等の防止、その損失補償、または空港の周辺における生活環境の改善に資するために行う一定の事業
④ ③のほか、空港の周辺における航空機の騒音・障害を防止するため、または空港の周辺における生活環境の改善に資するために行う事業
⑤ 前記に附帯する事業

(c) **基本方針の策定**

国土交通大臣は民間の能力を活用した国管理空港等の運営等に関する（以

---

　　　html）参照。
注297）空港運営基本方針についても、特定地方管理空港の運営事業に準用されることとされている（空港基本運営方針第六3）。

下、「空港運営基本方針」という）を定めるものとされている。空港運営基本方針の内容は後述する。

(d) PFI法の特例

空港運営基本方針をPFI法上参照するための読替規定等のほか、国管理空港特定運営事業に関して、国土交通大臣が実施方針を定めようとする場合は空港法上の「協議会」（空港ごとに設置される、地方公共団体や関係事業者等により構成される協議会。以下、「空港協議会」という）の意見を聴くものとされている（民活空港5条3項）。これは、国管理空港の運営に従来地元感覚が不足していたという批判に対処するため、コンセッション事業に地元の意見を尊重することを主たる目的とするものである。

(e) 航空法、空港法および騒音防止法の特例

航空法、空港法および騒音防止法は運営権者による空港運営を想定していないため、当該各法令の条項を運営権者の実施する空港運営事業または当該運営権者にも適用されるよう準用または読み替えるための技術的な規定が主たる内容である。

(iii) 空港運営基本方針のポイント

空港運営基本方針では、空港運営権事業に関する基本的な方針が述べられているが、具体的なスキーム等についても一部言及があるため、重要な点について概観する。

(a) 航空系事業と非航空系事業の一体的運営（非航空系事業の取得方法）

(ア) スキーム概要

前述の通り航空系事業と非航空系事業の分離が空港運営事業上の問題として指摘されていたため、運営権事業においては航空系事業と非航空系事業がの一体的運用が基本原則とされている。そのため、空港運営基本方針では、運営権事業の対象業務として、民活空港法において掲げられている空港運営権事業の対象業務のほかに、①空港用地内における駐車場の運営事業および②空港の運営等と連携して行う空港機能施設等（ターミナルビル等）の運営等の事業が追加されている。

もっとも、航空系事業と非航空系事業が分離されており、ターミナルビル等の空港機能施設等の所有権は公共機関が保有していないことが多いが、運

第 3 節　PPP/PFI とプロジェクト・ファイナンス

営権は公共機関が所有権を保有していない施設に対しては設定できないため、非航空系事業を運営権を根拠に実施するのは現実的には難しい。そのため、空港運営基本方針では、前記①②の事業については、運営権者またはその支配下にある法人がそれぞれの施設の所有権を取得し、保有した上で実施するものとされている（空港運営基本方針第二1）。具体的には、運営権者がターミナルビル等の施設の譲渡を受けるか、またはターミナルビル運営会社の株式を取得して行うことになるものと思われる[注298]。そして、公共機関は、運営権者がターミナルビル等を確実に取得することができる仕組みを担保することとされている（空運営基本方針第三2）。

　この取得方法について、空港機能施設を保有する第三セクター会社（以下、「ビル施設事業者」という）を宮城県と民間事業者株主が保有していた仙台空港運営事業においては、事前に宮城県と民間事業者株主の間でビル施設事業者の株式の譲渡予約契約が締結されており、その譲渡予約契約の買主の地位を運営権者に承継させるとの方式が採用された（なお、宮城県が保有していた株式については、運営権者と宮城県との間で株式譲渡契約を締結し運営権者が譲り受けた）。また、運営事業終了時の空港機能施設に対する国の権利を確保するため、ビル施設事業者と国の間で、国を予約完結権者とする空港機能施設に関する売買の一方の予約契約を締結し、それに基づき空港機能施設について国を権利者とする所有権移転請求権仮登記がなされている。この基本的な方法自体は同様に国管轄空港である高松空港特定運営事業（以下、「高松空港運営事業」という）における募集要項においても踏襲されており、今後の空港運営事業においても参考にされていくことが想定される[注299]。

注298)　なお、関西伊丹空港運営事業においては、新関西国際空港株式会社が航空系事業および非航空系事業をすべての保有していたため（伊丹空港のターミナルビル事業はもともと大阪国際空港ターミナル株式会社という第3セクターにより運営されていたが、新関西国際空港株式会社が株式取得により同社を買収した上で、運営権事業開始と同時に合併している）、非航空系事業も含めて運営権に基づき実施されている。

注299)　運営権者が公共機関以外の当事者からターミナルビル等の承継を受けることについては、「当該ターミナルビル施設に対して国がデューディリジェンスの責任を負わず、表明保証もせず、既存株主からの株式等の引き渡し・運営開始に向けた引継ぎへの関与を一切しないという仕組みになって」おり、「第三者のせいで契約責任の履行に大きな影響を受けるリスクを運営権者のみが負うこの仕組みを、少し

331

(イ) ビル施設事業者株式の取得価額

仙台空港運営事業におけるビル施設事業者の運営権者への譲渡価格は、実施方針の発表とおおむね同時期に宮城県により公表されている[注300]。この譲渡価格は事前に宮城県と他のビル施設事業者株主との間で合意されているため、変更はできない（選定手続の応募者は、当該譲渡金額を前提に運営権対価について提案する）。もっとも、応募者による事業価値の評価（および、それを前提とした入札金額）は事業全体の価値を対象として行われるはずであり、ビル施設事業者株式のみを切り出し、その譲渡価格がすでに確定しているというのは、（前記の運営事業終了時における国への譲渡価額の算定方法との関係も含めて）応募者による適切なプライシングを阻害する可能性も否定できない[注301]。今後は、株式譲渡価格の評価に応募者の意見を反映させるためのプロセスの検討や、少なくとも公共機関より公表される譲渡価格の算定の根拠（当該価格が適正であることを示す資料）の開示を行う等の対応も考えられてよいように思われる[注302]。

(b) **事業期間**

国管理空港特定運営事業に係る公共施設等運営権の存続期間は、30年から50年間程度を目安とするが、地域の実情等を踏まえ、また、運営権者の創意工夫を発揮する観点から、具体的な期間を定めることとされている（空港運営基本方針第二2）。この後半の考え方からは、仙台空港運営事業における期間の延長オプションのような仕組みは積極的に検討されるべきであろう［→6(4)(iii)(c)(ウ)］。

でも改善すること」が求められていた（改善検討事項案3頁）。これに対して、未来投資戦略125頁以下では、「管理者以外の有する既存事業の引継ぎを運営権者に求める場合には、運営権者に過度のリスクを負わせて引き継がせることとならないようにすることとし、これについて内閣府においてガイドラインを策定する」との提言がなされている。

注300) 宮城県ウェブサイト（http://www.pref.miyagi.jp/soshiki/kurin/h260428airport.html）を参照。なお、高松空港運営事業においても、募集要項において譲渡金額が確定金額として公表されている。
注301) 佐藤正謙＝岡谷茂樹「コンセッションを活用した空港経営改革」資本市場343号（2014）37頁参照。
注302) 空港運営基本方針では、「ターミナルビル等を取得する際の対価は適正な価格によることとする」（第三2(1)）とされている。

(c) 空港協議会への参加（地元意見の反映）

前記の通り国管理空港について実施方針が策定される際には空港協議会の意見を聴くものとされているが、運営事業の開始後も事業運営について空港協議会の意見を反映することが求められている。運営権者も運営事業開始後は協議会の構成員となるが（民活空港法8条1項による空港法14条2項2号の読替え）、空港協議会に当該空港の運営状況について報告する等、関係者の相互の密接な連携および協力の下に空港全体の価値向上に向けた協議が図られる必要があるものとされる（空港運営基本方針5頁）。なお、空港協議会が組織されていない空港においても、地域の意見を反映できる仕組みを検討するものとされている。

(d) ノウハウの承継

民間事業者にはわが国の空港運営に係るノウハウがないことから、公共機関に蓄積されたノウハウを運営権者に承継させるため、公共機関は、必要な場合には人的および技術的援助を行うこととされる（空港運営基本方針第三1）。職員退職派遣制度［→ 6(4)(ⅲ)(c)(ア)］の活用が想定される点である。

(e) 共用空港

共用空港については、国および運営権者は、自衛隊または米国との連携を密接に図ることとされている。実際にどのような仕組みにより連携を図っていくかについては今後注目される点である。

(ⅳ) 空港運営事業の主な特徴・論点

(a) 利用料金

空港運営事業において運営権者が収受する主な利用料金は、着陸料等（着陸料その他の滑走路等の使用に係る料金）および空港航空保安施設使用料金であり、いずれも届出制となっている（空港13条1項、航空54条1項）。また、いずれも、金額の設定が、不当な差別的取扱い、または著しく不適切で利用者が当該空港を利用することを著しく困難にするおそれがあるときは、国土交通大臣は変更命令をすることができるものとされている（空港13条2項、航空54条2項）。もっとも、これらは（特に後者について）基準として不明確であり、今後運用方針が明確化されていくことが期待される。そのほか、旅客取扱施設利用料も収受の対象とされることが多いが、これは、その上限を

定めて認可を受けるとともに設定した利用料を届け出なければならない（空港16条1項・3項。不当な差別的取扱いに該当する場合は、変更命令がなされ得る）。また、非航空系事業に係る収益として、駐車場施設の利用料金やテナント等からの施設利用料等がある。

(b) **更新投資・新規投資**

(ｱ) 実施の可否

運営権が設定される施設（通常は、滑走路、誘導路、エプロン等の空港基本施設や空港航空保安施設等）については、「維持管理」に該当する増改築等（例えば、滑走路・誘導路の延長やエプロンの増設、旅客施設の拡張等）は可能であるが、PFI法上の制約により、同法上の「建設」や「改修」に該当する新設等（滑走路の新設やそれに伴うエプロンの新設等）を行うことができないのは前述の通りである［→6(4)(ii)(a)(ｳ)］。なお、増改築された部分の所有権は国に帰属する。これに対して、ターミナルビル等の運営権の対象とされない施設についてはPFI法上の制約はないが、実施契約や要求水準上の制約はあり得る[注303]。

なお、公共機関も、公益上の理由により必要と判断した場合には、更新投資を行うことができる[注304]。

(ｲ) 事業終了時の取扱い

運営権対象施設は公共機関に返還されるが、その際に更新投資によって生じた増加価値分について運営権者に何らかの支払が行われないかという問題があることは前述の通りであり、関西伊丹空港運営事業における取扱い［→6(4)(iii)(f)］が他の事業においても検討されることが強く期待される。

また、運営権の対象とされないターミナルビル等についての取扱いも問題となる。仙台空港運営事業や高松空港運営事業では、国または国の指定する第三者がその全部または一部を事業終了時等の時価[注305]で買い取ることができるとされているが、必ずしも買取りが保証されていないことに留意すべ

注303) 仙台空港運営事業においては、「CIQ施設の再配置や新設を必要とするビル施設の整備」は国の承諾を得なければならないとされている。
注304) 空港運営基本方針第二4。
注305) この「時価」の計算方法の例については、各事業の実施契約を参照されたい。

きである注306)。買取りが行われないものについては、運営権者が撤去または処分することとされている。

(c) リスク分担

リスク分担は基本的に前述した通りであるが〔→6⑷(ⅲ)(c)(イ)〕、空港事業において想定されるリスクは相当程度広く、保険ではカバーできないものも存在し得ること注307)、また、騒音等の環境問題・近隣問題といった民間事業者には対応が困難なものも考えられることから、リスク分析については事業開始前における詳細な検討が必要である。この点、空港運営基本方針では、大規模災害等からの復旧への対応のうち保険でカバーできる範囲を超えるものについては公共機関が実施することも示唆されており、今後そのような方向での検討がなされることが望まれる。

⑶ 有料道路

(ⅰ) 道路

道路と称した場合、道路法の体系においていかなる道路を指すのかを確認する必要がある。すなわち、道路法（昭和27年法律第180号）上の「一般交通の用に供する道」（同法2条1項）としての道路のほかに、道路運送法（昭和26年法律第183号）上の「自動車道」（同法2条8項）、土地改良法（昭和24年法律第195号）上の農業用道路（農道）、森林法（昭和26年法律第249号）上の林道、港湾法（昭和25年法律第218号）上の臨港道路、自然公園法（昭和32年法律第161号）上の公園道、都市公園法（昭和31年法律第79号）上の園道、国有財産法（昭和23年法律第73号）上の里道（赤道）、私道などが存する。

2016年10月1日から運営開始したわが国唯一のコンセッション事業である愛知県有料道路運営等事業の対象となった有料道路は、前記のうち道路法上の道路に分類される。この有料道路は、道路法3条各号で規定する高速自動車国道、一般国道、都道府県道および市町村道（同法3条各号）という道路

注306) なお、買い取られない場合において、事業終了後も運営権者が空港用地上で運営することを国が認める場合には、その撤去は不要とされているが、この点についても国が認めることについて保証はない。
注307) 関西伊丹空港運営事業において、放射能汚染が保険でカバーできないために不可抗力における補償の要件が緩和されたのは前述の通りである（注269）参照）。

の種類とは別個の概念であり、道路整備特別措置法（昭和31年法律第7号。以下、「特措法」という）により料金を徴収する道路を意味する[注308]。

　(ⅱ)　コンセッション事業向け法令改正

　2011年6月のPFI法の改正により、道路を含む公共施設等の運営権を民間事業者に付与するコンセッションが制度化されたものの、この段階において、特措法上の有料道路については、従来の特措法上道路を新設または改築して料金徴収できる者が都道府県等の道路管理者、地方道路公社および高速道路株式会社に限定されており、民間事業者たる運営権者による運営は認められていなかった。そこで、民間事業者による有料道路の運営を実現し、民間における新たな事業機会の創出や民間の創意工夫による低廉で良質なサービスの提供および沿線開発を含めた地域経済の活性化などを目的とし、2012年2月に当該特措法上の規制に係る特別措置を求める特区案が提出された[注309]、国土交通省、愛知県および関係各位の多大な努力により、2015年7月8日に構造改革特別区域法（平成14年法律第189号）が改正され、特措法上の有料道路についてもPFI法上の運営権を設定することが可能となった。

　愛知県道路公社は、地方道路公社法（昭和45年法律第82号）に基づく地方道路公社であり、愛知県の区域およびその周辺の地域において、その通行または利用について料金を徴収することができる道路の新設、改築、維持、修繕その他の管理を総合的かつ効率的に行うこと等により、この地域の地方的な幹線道路の整備を促進して交通の円滑化を図り、もって住民の福祉の増進と産業経済の発展に寄与することを目的としている。愛知県有料道路運営等事業においては、愛知県道路公社が特措法10条に基づく許可を受けた8つの有料道路がコンセッション事業の対象となっている。

　なお、基本的には1の有料道路当たり1の運営権が設定されているが、特措法11条に基づく2以上の道路につき国土交通大臣の許可を受けて1の道路として料金を徴収するもの（合併採算の対象となるもの）については、当該2以上の道路につき1の運営権が設定されている[注310]・[注311]。

注308)　道路法令研究会編著『道路法解説〔改訂4版〕』（大成出版社、2007）41頁。
注309)　愛知県のウェブサイト（http://www.pref.aichi.jp/uploaded/attachment/39948.pdf）参照。

(iii) 有料道路運営等事業の主な特徴・論点

(a) 償還主義[注312]

　有料道路運営等事業において最も基礎となりかつ重要な点は償還主義である。これは、特措法23条1項1号ないし3号に表れており、道路の種別によって異なるが、料金の額は、当該道路の（新設、改築、）維持、修繕その他の管理に要する費用を政令で定めるものを、料金の徴収期間内に償うものであることを要する（これらの費用を償還した後は無料開放を基本とする）ものである。

　運営権を設定された民間事業者は、特措法10条または11条に基づき国土交通大臣許可を受けた料金の範囲内で料金を設定し、自らの収入として徴収できることとなるが、運営権の存続期間は運営権設定時の料金徴収期間と一致するかたちで定められる。その結果、仮に料金徴収期間の満了前に、徴収した料金収入をもって運営権の設定対象となった路線の建設等に要した債務の償還等が完了した場合には、運営権の存続期間が短縮されることとなる。逆に、料金徴収期間（運営権の存続期間）の満了時に、民間事業者として投資回収が完了していない場合であっても、国土交通大臣の許可を受けない限り、運営権は消滅することとなる。そのため、民間事業者（投資家）の立場からみれば、料金収入自体によるハイリターンを期待できる構図にはなっておらず、プロジェクト・ファイナンスを供与する金融機関の立場からみれば、料金徴収期間（運営権の存続期間）の満了まで、十分な裕度をもった満期の設定やdebt sizingを志向する構図といえる[注313]。

注310）　愛知県有料道路運営等事業の概要は愛知県道路公社のウェブサイト（http://www.aichi-dourokousha.or.jp/archives/concession/）参照。

注311）　なお、滑走路・空港ビルなどの関連資産が多数あり、既存ストラクチャーとして子会社・関連会社が存在する空港のコンセッション事業とは異なり、子会社・関連会社は存在せず、比較的シンプルな当事者関係図のコンセッション事業となっている。

注312）　その他に、道路の種別により、公正妥当主義（他の公共料金、他の交通機関の料金〔運賃〕、他の近隣の有料道路料金、物価水準等と比較しても社会的、経済的に認められるものであること。特措法23条1項4号）、または、便益主義（料金の額は、当該有料道路の通行または利用により通常受ける利益の限度を超えないものでなければならないこと。同項5号）が適用される。

注313）　早期償還・無料開放による運営権消滅は、「公益上の必要による運営権の取消しに

(iv) 需要変動・競合路線リスク

　道路の場合、他の交通系インフラと同様に、人口移動等の社会変動や経済変動の影響を受ける性質を有する。そのため、需要変動リスクが存することとなるが、この1つの表れとしては、他の競合路線（道路に限らず、他の交通手段も含む）の影響が挙げられる。運営権対価について利益変動型を採用して一定のクッションを設ける手法も理論的には考えられるが、愛知県有料道路運営等事業では次のようなリスク分担の考え方が採用されている。

　まず、実施契約締結時において計画料金収入を合意し、実際の料金収入とを都度比較の上、6％の範囲内の増収または減収であれば、運営権者たる民間事業者に帰属または負担とし、6％を超える増収または減収であれば、公共側の愛知県道路公社に帰属または負担とする。かかるローリスク・ハイリターンの建付けを行うことで、さまざまな要因が混在するであろう需要変動リスクの官民分担を図っている。民間事業者の立場からみれば、増収部分は自己の努力によるものであり、インセンティブの観点から上限の引上げまたは撤廃を要望するのかもしれないが、公平性の観点からプラスマイナスの数字が一致するものになっている。プロジェクト・ファイナンスを供与する金融機関の立場からみれば、需要変動リスクの大半が愛知県道路公社の信用リスクに置換されることを意味するので、当該信用リスクの分析が必要となる。また、民間事業者自身の計画料金収入は、実施契約に定める計画料金収入とは異なる場合には、その乖離と前記プラスマイナス6％の範囲の関係につき留意が必要となる。

　次に、競合路線が新規に開設等された場合、運営権の設定対象路線における利用台数の変動が予測される。かかる競合路線には概念的に実施契約締結時において予見されるものと予見されないものに分けることができるが、予見されるものについては、実施契約時の交通量予測と新規路線の供用後の実交通量との差異のうち、増加分または減少分の収入額は公共側の愛知県道路

伴う通損の補償方法について、あらかじめ実施契約において規定」（運営権ガイドライン）することで担保され得るが、当然ながらプロジェクト・ファイナンスを供与する金融機関の立場からみれば当該補償規定のみに依拠することはできないと思われる。

公社に帰属または負担とし、予見されないものについては、新規路線の供用前の交通量からの減少分の収入額を愛知県道路公社が負担することとされている。プロジェクト・ファイナンスを供与する金融機関の立場からみれば、競合路線の供用前後によるプロジェクト・キャッシュ・フロー変動リスクについて検討が必要となる。

なお前記における交通量予測（計画料金収入）は、予見される競合路線の供用による影響をあらかじめ見込んだものを意味しており、かかる見込みは運営権対価の基準額の基礎となっており、また、長期にわたる事業期間の償還計画の元になるものであり、これに基づき料金設定などが行われることとなる。そのため、交通量予測を頻繁に見直すものではないが、他方で、事業期間の進捗に応じて計画料金収入と実績料金収入が乖離することが想定される。そこで、基本的に10年間を目処として計画料金収入の見直しを協議するメカニズムが設けられている。かかる見直しは、実際の運用（競合路線の供用開始はあくまでも予想にすぎず、前倒しまたは後倒しが考えられること、複数の競合路線間の影響を加味する場合があり得ること、競合路線の影響なのかその他の需要変動の影響なのかを吟味する必要があり得ること）の面からも1つの合理的な整理と考えられる。

(4) 上下水道

(i) 概要

成熟分野である日本の上水道事業の大半は、市町村による地方公営企業により経営されており、その規模は大きい。老朽施設の設備更新や耐震化の必要性がある一方で、人口減少に伴う収入減少等もあり、経営主体である市町村の厳しい財政状況を踏まえて、効率的な民間経営の手法を導入する必要性が高いと考えられている。従前は、サービス購入型のPFIによる浄水場整備事業やPFIに準じたDBO方式等によっていたが、さらに進んでコンセッション事業として民間事業者が経営主体となり水道事業を進める方針が打ち出されている。上水道事業については、当該方針を推進することに関して、2017年3月7日に、水道法の一部を改正する法律案（以下、「水道法改正法案」という）が国会に提出される等、各措置が講じられ、または検討されている。

水道法改正法案では、地方公共団体が水道事業者等としての位置付けを維持しつつ、厚生労働大臣等の許可を受けて水道施設に関する公共施設等運営権を民間事業者に設定できる仕組みの導入や、広域連携の推進に係る制度の導入等が規定されている。

下水道事業については、制度上公営を前提としており、例えば公共水道については、管理責任は原則として市町村が負うものとされている（下水道法3条）。下水道事業についても、市町村等の下水道事業に係る最終責任を前提とした効率化等の観点から、コンセッション事業の導入について議論されてきた。

PFI法に基づき公共施設等運営権を設定する場合、例えば、民間事業者は運営権者として施設の改築等を一定の範囲でその判断により行うことが可能になり、民間事業者のノウハウを活かした事業経営が可能となると考えられる。これに関連して政府により策定されたガイドライン等としては、厚生労働省健康局水道課「水道事業における官民連携に関する手引き」（2014年3月。2016年12月一部追記）や国土交通省水管理・国土保全局下水道部「下水道事業におけるPPP/PFI手法選択のためのガイドライン（案）」（2017年1月）および「下水道事業における公共施設等運営事業等の実施に関するガイドライン（案）」（2014年3月）等がある。

現時点[注314]で実施方針案が公表されている水道事業に関するコンセッション事業としては、例えば、上水道事業については大阪市水道局による「大阪市水道特定運営事業等」があり、下水道事業については「浜松市公共下水道終末処理場（西遠処理区）運営事業」がある。また、宮城県は、「みやぎ型管理運営方式」として、上水・工水・下水の一体での管理運営に関する官民連携の取組みの検討を進めている。

(ii) 事業リスクとプロジェクト・ファイナンス

上水道事業については、現行の水道法上、運営権者は水道事業経営の認可を受けた事業者として事業に係る責任を広く負担する（なお、水道法改正法案において新たな制度が導入が定められていることは前述の通りである）ほか、各規制の対象となる。一方で、下水道事業については、下水道に係る最終的

注314　2017年7月17日現在の情報である。

な責任は管理者である発注者が負う。いずれの事業についても、公共性・公益性の高さによる市町村の事業への関与が一定の範囲で継続する建付けとなることが想定されるところ、それに関連して、事業性の確保とキャッシュ・フローの予測可能性に関する制約が論点となり得る。

例えば、下水道事業の場合、人口減少による需要減少による利用料金等の収入の変動リスクや人件費やその他の費用（特に電気料金）の変動リスク（物価変動リスク）については、その事業の公共性がゆえに、利用料金（基本料金・従量料金）等の変更には市長村の同意を得る必要がある等民間の自由度が制限されるほか、市町村の同意を得られる要件が必ずしも明確ではないことが想定される。そのような場合、運営権者や金融機関にとって、収支変動リスクへの対応に関する予測可能性が必ずしも十分に確保されないおそれがある。また、市町村からの派遣職員の扱い、国庫補助金の不交付の場合の対応のほか、運営権者の意思による事業からの撤退の自由の制限等の民間事業にはない各事項にも、留意する必要がある。

8　PFI事業とインフラファンド

従来わが国のPPP/PFI事業は、実際に事業を実施する事業者（SPC）から業務を実施する業務受託者がスポンサーを兼任する場合が多く、一般投資家を含む純粋な金融投資家が事業にエクイティ投資を行うということはほとんど行われてこなかった。この点、海外においてはインフラ事業に投資するファンドも多いところ、わが国においても公共施設等運営権の制度の導入によって収益型のインフラに係るPFI事業も増加してくることが予想されることから、そのような事業に投資を行うインフラファンドへの期待が高まってきている。かかる状況を背景として、まずは民間によるインフラ投資の呼び水として、2013年のPFI法改正により官民ファンドであるPFI推進機構が設立された。その後、2014年の投信法改正により投資信託・投資法人の投資対象として公共施設等運営権が追加され、また、東証におけるインフラファンド市場[注315]も開設される等、制度面からの後押しも行われている。そこで、

注315）　インフラファンド市場の上場商品としては内国インフラファンド、外国インフラ

以下では、PFI推進機構について若干の紹介をした上で、PFI事業におけるインフラファンドの活用について、その可能性および論点について概観する。

(1) PFI推進機構の概要[注316]

(i) 出資者

PFI推進機構は民間と国が50％ずつ出資する官民ファンドである。国は、PFI推進機構の発行する株式（完全無議決権株式を除く）の2分の1以上を保有していなければならないものとされている（PFI法33条）。

(ii) 対象事業

PFI推進機構が資金提供等を行う事業は、「利用料金を徴収する公共施設等の整備等を行い、利用料金を自らの収入として収受するもの」（特定選定事業）または「特定選定事業を支援する事業」である（PFI法31条）。このように利用料金収益型の事業等に限られているため、典型的には運営権事業が対象となるものと考えられるが、運営権が設定されない案件であっても独立採算型の事業であれば対象になり得る。

(iii) 業務内容

基本的には①PFI事業者または②PFI事業者を支援する事業を実施する者に対する貸付けまたは出資等による資金提供が主業務である。この②は、典型的には、PFI事業者に対して投融資する民間のインフラファンド等が想定されているものであり、いわゆるファンド・オブ・ファンズとしての機能を有しているものである（PFI法52条1項1号参照）。また、PFI推進機構は民間金融の補完として支援する立場にあり、一般的に民間金融機関からの調達が困難な資金（リスクマネー）を提供することが期待されているため、その資金提供方法としては、メザニン・ローンやエクイティ出資という方法が主として想定されている。

　　　　　ファンドおよび外国インフラファンド信託受益証券があるが、その投資対象であるインフラ資産には、公共施設等運営権が含まれている（有価証券上場規程1201条(1)の2b）。

注316　PFI推進機構の詳細については、倉野泰行「官民連携によるインフラファンドの機能を担う(株)民間資金等活用事業推進機構を設立」時の法令1945号（2014）25頁以下参照。

なお、PFI推進機構は、資金の提供以外にも、公共施設等の管理者や民間事業者に対する専門家の派遣や助言をすることができることとされており（PFI法52条1項6号・7号）、案件組成をノウハウ面から支援することも期待されている。

(iv) 業務期間

PFI推進機構の目的はあくまで民間のインフラ投資市場を育成することにあるため、永続的な機関として存続することは想定されていない。具体的には、特定選定事業の実施状況、特定選定事業に係る資金の調達状況その他の特定選定事業を取り巻く状況を考慮しつつ、2028年3月31日までに、保有するすべての株式等および債権の譲渡その他の処分を行うよう努めなければならないものとされている（PFI法56条2項）。なお、PFI事業は長期間となることが予想されるため、PFI推進機構が出融資した案件の事業期間が終了していなくても、PFI推進機構はその保有する株式等や債権の処分を実施することが見込まれる。

(2) PFI事業における金融投資家参入の可能性・スキーム

前述の通り、わが国のPFI事業では従来は事業に関する業務の受託者が自らエクイティ性の資金を拠出するスポンサーの役割を担ってきた。これは、そもそもサービス購入型を基本とする従来のPFI事業における収益性にも理由があるであろうが、他方で、PFI事業を発注する公共機関としても、従前の公共事業の公募手続との関係性や事業の安定性・履行能力の確保等の観点から業務受託者がSPCの株主となることを求めてきたことにも起因する。

もっとも、かかる状況にも変化が生じている。運営権ガイドラインでは、履行能力の確保にも配慮する一方で、「運営事業については、その事業規模や事業内容に鑑みれば、多様な主体による民間資金の調達を可能とする必要性が高い事業が多いものと考えられ、履行能力の確保を前提として、株式譲渡の制限については、適切な事業実施を図る上で必要最小限とすることが必要である」とし、その上で「例えば、大規模な資金調達を必要とする運営事業においては、経営参画を目的とする投資家に対しては議決権株式を発行し、その譲渡には適切な事業実施を図るための必要最小限の条件を付す一方で、

事業収益をもっぱらの目的とする機関投資家等に対しては無議決権株式を発行し、その譲渡には制約を課さないこととする等様々な投資家から円滑な資金調達を可能とすることが考えられる」(34頁)との提案がなされている。そして、実務的にも、関西伊丹空港運営事業や伊丹空港運営事業の募集要項においては、いずれも運営権者は議決権株式のほかに無議決権株式も発行可能とされており、議決権株式株式については処分および発行について制約があるものの、無議決権株式については自由に処分・発行が認められている。かかる無議決権株式を利用することにより、純粋な金融投資家であっても容易にPFI事業に対してエクイティ投資を行うことができる。

この他にも、当該各募集要項においては、応募者や応募コンソーシアムの構成員が間接的な形態で議決権株式を保有することも、その提案内容によっては認めることが示唆されている。例えば、議決権株式はファンドで取得し、コンソーシアムの構成員が当該ファンドの運用者（したがって、株主権の行使はコンソーシアムの構成員の意思決定により行われる）となるようなことも形態によってはあり得るのではないかと思われる。さらに、関西伊丹空港運営事業の実施方針に対する質問回答においては、運営権者による株式以外の方法による資金調達（匿名組合出資や社債発行等）も自由に行える旨の回答がなされており[注317]、今後PFI事業についても純粋な民間事業と同様に税務メリット等も考慮したより優位性のあるスキームの検討がなされることが期待される。

(3) PFI事業におけるインフラファンドの活用

(i) 投資法人が運営権を取得する場合の論点

2014年の投信法施行令の改正により、同施行令に定める「特定資産」の定義に再生可能エネルギー発電設備および公共施設等運営権が追加された。これにより、投資信託または投資法人を用いたスキームにより運営権を投資対象とするインフラファンドを可能とする途が開かれたことになる。もっとも、実際上は超えなければならないハードルも多く、以下では、投資法人が運営

注317) 新関西国際空港株式会社のホームページ（http://www.nkiac.co.jp/concession/policy/index.html）参照。

権を取得することについて考えられる論点を概観する。
  (a) 投信法・租特法上の論点
    (ア) 取得資産の制限
 運営権事業において運営権者が取得する典型的な資産は運営権であるが、実際は事業に必要な施設や設備、関連契約上の地位、関連会社の株式等多岐にわたる。かかる運営権以外の資産の取得が制約されないかが問題となる。
 まず、投信法は、投資法人が他の法人の発行する株式を総議決権の過半数を超えて取得することを禁止しており（投信194条1項、投信規221条）、租特法も、おおむね同様の要件を導管性要件の1つとしている（租特67条の15第1項2号へ）。そのため、例えば、関西伊丹空港運営事業や仙台空港運営事業のようなビル施設事業者等の関連会社の株式を承継する事業では、当該規制に抵触することになるため投資法人の利用は困難となるおそれがある（なお、仮に株式としてではなく事業譲渡の方法により各資産を承継するというスキームをとることが可能であれば、回避し得ない問題ではないが、公募手続上そのようなスキーム上の柔軟性が手当てされることが前提となる）。
 また、租特法における導管性の要件の1つとして、特定資産のうち再生可能エネルギー発電設備および運営権ならびにそれらを対象資産とする匿名組合出資持分を除いたものの帳簿価額が投資法人の総資産の帳簿価額の50％超となることが必要とされている（租特67条の15第1項2号ト。すなわち、運営権の価額は、前記50％の計算において分子に含まれない）[注318]。投資法人が保有する他の資産の価額にもよるが、運営権は運営権者が保有する主要な資産の1つであることから、インフラファンドとなる投資法人が運営権等以外の特定資産を総資産の50％超保有すること（導管性要件を充足すること）は相当程度難しくなることも想定される。運営権事業を目的としたインフラファンドを実用的なものとする観点から、再生可能エネルギー発電設備と同様に一定の例外が設けられることが望まれる。

注318) 再生可能エネルギー発電設備については、運用の方法が賃貸のみであること等の一定の要件が充足されることを条件に分子に加算される例外がある（租特令39条の32の3第10項）が、運営権についてはそのような例外は設けられていない。

第8章　プロジェクト・ファイナンス

　(イ)　更新投資の制限

　投資法人は、「宅地の造成又は建物の建築を自ら行うことに係る取引」（投信令116条1号）を行うことができないとされる一方で、「投資法人が宅地の造成又は建物の建築に係る請負契約の注文者になること」は、一定の場合を除き「不動産の取得」（投信193条1項3号）に含まれ許容されると解されている（監督指針〔金商業者等〕VI-2-6-3(5)①）。そして、同監督指針は、「不動産の取得」に含まれないものとして、「大規模修繕・改修工事等を行う際には、一定期間テナントの退去が必要になることがあり、その場合のキャッシュフローの変動がポートフォリオ全体に過大な影響を与える場合」や「投資法人が更地を購入し、新たな建物を建築するときは、不動産の開発にかかる各種リスク（開発リスク、許認可リスク、完工リスク、テナントリスク、価格変動リスク、開発中の金利変動リスク及び大規模な自然災害発生リスク等）を投資者に負わせることとなること及び直ちにキャッシュフローを生まない投資であることに鑑み、ポートフォリオ全体に過大な影響を与える場合」があるものとしている（なお、これらはあくまで例示である）。

　運営権者は、PFI法上、運営権対象施設について全面的な除却に至らない増改築等の更新投資は可能とされており、また、運営権事業の範囲外の事業として行う場合の建築や改修等の新規投資も原則として自由であるが、投資法人を利用する場合は前記のような制約が設けられることになる。運営権事業が公共施設等（例えば、道路等）を対象とするものである以上、耐震工事や補強工事等も必須であるものと思われるが、そのような事業上必要な工事が前記投信法施行令により制限されないかについては、事業内容（とりわけ、将来的に想定される改修工事等の内容など）を慎重に検討する必要がある。

　(ウ)　オペレーターの存在

　運営権者は公共機関等から運営権の対象事業を承継の上実施することになるが、投資法人が自ら事業を実施することは、投資法人による事業行為が禁止されている（投信63条）ことからしても困難であるため、別途オペレーターに公共施設等を賃貸しオペレーターが事業主体として運営を行うか、または事業運営をオペレーターに委託することになるものと思われる[注319]。前

注319）　なお、投資法人が公共施設等運営権を取得した場合、資産運用会社がオペレー

者については、運営権者ではないオペレーターが事業の主体として運営を行う（その場合は事業に関連する契約等も運営権者である投資法人ではなくオペレーターが承継するということになるものと想定される）ことについて、運営権者以外の者に公共施設等運営事業を実施する権利（運営権）が付与されるのと実質的に等しいとの評価があり得るため、PFI法の建付けや公募手続等との関係で問題が生じないかが検討される必要がある[注320]。後者についても同様の問題があり得るほか、さらにそのような委託型の運用方法が投信法上可能かという問題がある。委託型の運用方法については、ホテルリート等で一部実施例も見られ、投信法との関係では肯定的に解することも可能と思われる[注321]。仮にこれらの問題が解決されたとしても、公共機関等が公募条件として前記のようなスキームを許容するかとの点でハードルがある。

(b) **運営権事業上の制約との関係における論点（投資主の制限）**

前記の通り、現在のPFI事業では応募コンソーシアムの構成員がSPCの株主となることが求められており、それは運営権事業でも同様である（無議決権株式については制限がないが、議決権付株式については応募コンソーシアムの構成員が引き受けることとされ、さらにその処分制限がなされる）。これは、公共事業の公益性・公共性に鑑み、公募手続においてはSPC設立前の応募コンソーシアムおよびその構成員が審査対象となること等に鑑みてSPC（運営権者）の支配権を有する者との一定程度の同一性を確保すること等を目的としたものと思われるが、投資法人の場合においてもかかる考え方が貫かれるのであれば、投資主は応募コンソーシアムの構成員により構成され、一般投資家が投資主となることの障害となることが予想される。この点については、投資法人が運営権者となる場合は、投資法人の特性を考慮して、規約等により運営権者による事業の履行能力に支障が生じないであろう体制が整ってい

　　　　 ターとして公共施設等を運営することは認められていない（金融庁パブコメ回答〔平26.8.29〕4頁11番）。
注320)　その他、関連許認可上認められるかという問題もある。例えば、空港運営事業では、運営権者は民活空港法により空港法・航空法上が読み替えられ各種義務の主体となるが、それとの関係でも、運営権者と異なるオペレーターが全面的に事業を行うことが許容されるのかという点は検討が必要である。
注321)　新家寛＝上野元＝片上尚子編『REITのすべて〔第2版〕』（民事法研究会、2017）469頁以下参照。

るのであれば、投資主を制限しない（または、一定期間後に制限が解除される）というような仕組みも検討されるべきように思われる。

　(ii)　その他のスキームの検討

　前記の通り、現時点においては、投資法人が運営権を取得して運営権事業を行うことは必ずしも容易ではない。そこで、比較的容易に達成できるスキームとしては、運営権者の発行する無議決権株式を投資法人（または、その他の投資ビークル）が取得することにより投資を行う方法が考えられる（ただし、投資法人の場合は、導管性要件の1つである他法人への50％超出資の制限との関係で、出資割合は50％以下とならざるを得ないであろう）。また、投資ビークルが投資法人以外の形態であれば、匿名組合による出資ということも考えられる。

　いずれにしろ、今後は、法制および運営権事業の両面から、インフラファンドの進展に向けた仕組みが構築されることを期待する。

9　最後に

　前述の通り、「PPP/PFI推進アクションプラン〔平成29年改定版〕」においては、①空港等の成長分野におけるコンセッション事業の積極的な活用と、②上下水道等の生活関連分野におけるコンセッションの事業の活用による人口減少による持続可能性に関する課題の克服等を推進すべき旨などが謳われている。その目的を達成するために、政府により各種の施策が講じられるべきものとされている（未来投資戦略等も併せて参照）。

　幅広い分野でコッセッション事業やその他の独立採算型事業が採用されることにより、民間事業者にとって、主体的に創意工夫をもって事業を実施できるビジネス機会の拡大につながる。また、国や地方公共団体等にとっては、管理者等として一定の関与・監督を維持しつつ公的負担を軽減させ地域経済の活性化、ひいては経済・財政一体改革への貢献が期待できる。国民・市民等にとっては、効率的かつ良質な公共サービスを享受できる等のメリットが期待できる。さらに、民間事業者が実力を向上させることにより、事業の海外展開の拡大・国際的競争力の強化にもつながり得る。

第3節　PPP/PFIとプロジェクト・ファイナンス

　前記のPPP/PFIの推進を実効的なものとするためには、民間事業者に誠実に事業を遂行する意思と能力があることが必要であることはいうまでもないが、そのような民間事業者が、収益性を追求できることが重要である。民間事業者は、施設の更新投資や任意事業を含め各種の投資やビジネス上のノウハウの活用を行うことが想定される。この点について、民間事業者は、公募手続における事業者提案の段階から、事業の特性に応じ、市況の動向を予測し不可抗力事由を含む事業リスクの顕在化に備えて各種の対応・手当てを検討し、事業期間中にそれらを実施するが、それでも、事業収支が一時的に悪化したり好転したりすることは避けられない。このような場合でも、民間事業者が創意工夫をもって、長期的に事業性を確保した上で事業継続できることが必要であり、発注者である国や地方公共団体等は、民間事業者では対処困難な事業リスクに対して一定の手当てをする等実施契約上のリスク分担に十分配慮するとともに、民間事業者による柔軟な事業運営を阻害しないような適切な建付けの採用を検討すべきである。また、プロジェクト・ファイナンスにより資金提供を行う金融機関としても、コンセッション事業を含む独立採算型の事業の特性を念頭に置いて、従来型の実質的に公共への与信に依拠した事業と異なるキャッシュ・フローの変動リスクに柔軟に対応できるよう、融資条件を十分に工夫することが求められ、まさに腕の見せどころであろう。

　各関係者間で、適切なバランスの下で工夫されたスキームが構築されることが、コンセッション事業やその他独立採算型のPPP/PFIにおいては成功の鍵となる。特に先行事例となる事案では、良くも悪くも後続案件に対する先例として機能することも想定され得るため、当該事業にとどまらない配慮がなされることが望ましい。

　「PPP/PFI推進アクションプラン〔平成29年改定版〕」や未来投資戦略に記載されるような各種の施策が円滑に行われて、個々の事業が適切かつ円滑に実施されることにより、すべての関係者の間でWin-winの関係が構築され、少子高齢化等の各種の課題を抱える日本の経済・財政に明るい未来が開かれることを期待したい。

第8章 プロジェクト・ファイナンス

第4節
プロジェクト・ファイナンスの新展開

1 資源開発事業とプロジェクト・ファイナンス

わが国の明治以降の法体系の成り立ちと同様に、プロジェクト・ファイナンスはいわば舶来のファイナンス・スキームであり、PFIや昨今の発電事業の分野において日本法の概念や実務に沿うかたちで導入されている。どのようなかたちでカスタマイズされているのかは、それぞれの分野ごとに異なるが、資源開発事業に係るプロジェクト・ファイナンスとなると、国内において現状ほとんど例をみず、また、将来的な活用の可能性は不透明である。そのため、わが国の文献において、従来のリスク・コントロールの分析や建付けといった大局的な論述についてはともかく、その具体的な契約書上の規定方法について詳細にふれられるものは少ない。しかし、資源開発事業に係るプロジェクト・ファイナンスは、プロジェクト・ファイナンスの中でも応用系といってよく、準拠法が英国法またはニューヨーク州法になることが通例とはいえ、その具体的な手法には参考になるものが含まれていることから、本項ではその特徴的な規定を中心に紹介する[注322]。

(1) 海外資源開発事業におけるプロジェクト・ファイナンスの活用

(i) 総論

天然資源開発事業の場合、発電事業に比べて商業ベースにのるまで時間を要し、また、総事業費(Project Costs)が高くなるものであるが、その他に当該天然資源に係るサプライ・チェーンを把握する必要がある。例えば、天然ガス開発事業は、いわゆるLNGチェーンとして、①天然ガスを掘削する

注322) なお、本節においては基本的に英語表記の用語を使用する。

第4節　プロジェクト・ファイナンスの新展開

段階、②パイプラインで液化プラントまで輸送する段階、③液化プラントで液化する段階、④液化天然ガス（LNG）を輸出する段階、そして⑤仕向地において再ガス化をする段階に順次流れ作業のようにつながっている関係にある。さらにいえば、当該LNGをわが国における電力を生産する目的の場合には、⑦当該再ガス化したものを使用して発電を行う段階、⑧発電した電力を送電する段階、⑨当該電力を小売りし、消費する段階へとつながっていく。それぞれの局面によってプロジェクトの性質はまったく異なるものであり、①および②は上流開発部分のプロジェクトとして天然ガスの埋蔵量予測、権益取得、環境問題等を重視すべきものとなり、④はシップ・ファイナンスの性質をもったプロジェクトとなる。このサプライチェーンに関してどこまでの範囲を対象としてプロジェクト・ファイナンスを組成するかによってストラクチャーが異なるが、②以降に関してはProject on Project（その前の段階にあるプロジェクトの成立を基礎として成り立っており、プロジェクト主体者としてはパススルーを追求する構図にある）の問題がつきまとう。

　【図表8-4-1】は、前記のLNGチェーンの中の③（および④）の事業に対するプロジェクト・ファイナンスとなるが、例えば、昨今の傾向として、①から③（および④）までを1つのプロジェクトとして一括してプロジェクト・ファイナンスの対象とする案件もしばしばみかける（前者を「液化プラント単独案件」といい、後者を「上流・中流一体型案件」という）。この後者の「上流・中流一体型案件」の場合には、プロジェクト・ファイナンスの資金使途は、液化プラントの建設費用のみならず、上流における天然ガス開発費用やパイプライン建設費用も含まれることとなるが、上流における天然ガス開発の権益を有する法主体（「上流権益保有主体」）と液化プラントを保有する法主体（「液化プラント保有主体」）は、別々のエンティティとして組成されることが通常であるため[注323]、【図表8-4-1】のようなシンプルなストラクチャーとはならず、上流権益保有主体と液化プラント保有主体とを、いか

注323）　例えば、豪州案件においては、上流権益保有主体は各スポンサーがunincorporated joint venture（いわゆるアンインコJV）のかたちで権益を保有し、液化プラントについては株式会社などのincorporated joint ventureとして保有する例をみかける。

第8章　プロジェクト・ファイナンス

【図表8-4-1】　ストラクチャー例

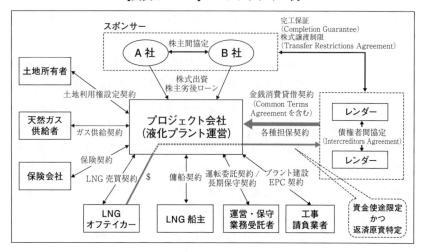

にintegratedされたかたちでストラクチャリングできるかがポイントとなり、そのストラクチャーも自ずと複雑になる。

(ii)　リスク・コントロール

　天然資源開発事業におけるプロジェクト・リスクとは何かであるが、整理の仕方もさまざまな方法があるものの、天然ガス開発事業を例にとると、上流部分と中流部分とに分けた上での比較的一般的な整理方法は【図表8-4-2】の通りである。

　基本的な考え方は、第1節記載の通りであるが、「液化プラント単独案件」であれば、【図表8-4-2】の右側部分のリスクを主として検討することとなる。一方、「上流・中流一体型案件」の場合には、【図表8-4-2】全体を統合してリスク判断を行う必要がある。

(iii)　エクイティ

(a)　投資ストラクチャー

　【図表8-4-1】のストラクチャーでは、A社とB社が液化プラントを建設・運営しようとする事業会社（これを「スポンサー」と呼ぶ）であり、両社で液化プラントを建設・運営する為の特別目的会社（これを「SPC」と呼ぶ）を設立するというシンプルなものであるが、海外プロジェクト・ファイナン

第4節　プロジェクト・ファイナンスの新展開

【図表8-4-2】　リスク・コントロール例

リスク分類	上流（天然ガス開発）事業	中流（液化プラント建設・運営）事業
スポンサー・リスク	・スポンサーによるエクイティ拠出義務／完工保証人たるスポンサーという観点から、スポンサーの信用力調査が必要 ・スポンサーの事業遂行能力（同種プロジェクトにおける実績等）の精査が必要	
完工リスク	・工事完成期日までに工事が間に合わないリスク（タイム・オーバーラン） ・建設費用の増加により、想定のコスト範囲内でプロジェクトが完工できないリスク（コスト・オーバーラン） ・完成したプロジェクトにつき想定した性能を達成できないリスク（性能未達）	
技術リスク	Proven Technologyであるかにつき、技術コンサルタントによる精査が必要	
埋蔵量／原燃料リスク	プロジェクト期間にわたり、十分な天然ガスの埋蔵量があるかにつき、埋蔵量コンサルタント等による精査が必要	・プロジェクト期間にわたり十分な量の天然ガスを安定的に調達できるかの検討が必要（Volumeリスク） ・天然ガスの調達価格が変動リスク（Priceリスク）
操業・保守リスク	・オペレーターの業務遂行能力（同種プロジェクトにおける実績等）の精査が必要 ・維持管理費用の増加リスク	
オフテイク・リスク	天然ガスを安定的に販売できないリスク	・プロジェクト期間にわたり、一定量のLNG引取りが確保されているかの検討が必要（Volumeリスク） ・LNG販売価格の変動リスク（Priceリスク）
社会・環境リスク	・適用のある環境規制を遵守しているかの検討が必要 ・環境汚染の発生や住民移転が適切に実施されなかったために訴訟提起されるリスク	
不可抗力（自然災害）	プロジェクトに対する不可抗力発生時の関連諸契約上での不可抗力の取扱いおよび保険コンサルタントによる保険内容の精査	
ポリティカル・リスク	一般的なポリティカル・リスク（戦争・テロ／外貨交換・送金規制／法令変更）の検討のほか、上流権益の収用リスク	一般的なポリティカル・リスク（戦争・テロ／外貨交換・送金規制／法令変更）のほか、輸出許認可の失効リスク

インフラ	液化プラントまで天然ガスを輸送するパイプラインとのインターフェイス・リスク等	・LNGを輸出するためのLNG船の調達 ・既存プラントと共用する設備が存する場合の設備共有に関するリスク

ス案件において、投資ストラクチャーは、当該事業の対象国の法制のみならず、税・会計上のメリット等を踏まえて決定され、また、スポンサーの数も複数存在することが通常である。そのため、SPCを株式会社とするのかその他の形態とするのかはもちろんのこと、スポンサーが直接SPCの持分を保有するのか、中間子会社・関係会社を設立または利用し、当該中間子会社・関係会社を通じてSPCに資金拠出するのかは個別案件ごとかつスポンサーごとに異なる。さらに、スポンサーによっては、その事業戦略上地域の旗艦となる子会社を有しており、当該子会社がさらに間に入る場合も見受けられる。プロジェクト・ファイナンスにおけるBankabilityのうちのスポンサーリスクという観点からは、最終的なスポンサーの信用力に依拠するため、当該中間に入る子会社・関連会社の存在は専ら技術的な問題と捉えられることができるが、Term Sheet交渉やドキュメンテーションに当たって、スポンサーという意味が最終的なスポンサーのみならず、その子会社・関連会社（これらを含めて「スポンサー等」と呼ぶ）をまとめて指すのかは留意が必要である。

(b) エクイティの範囲

融資関連契約（Finance Documents）[注324]上のエクイティとして認められる

注324) 海外プロジェクト・ファイナンス案件の場合、Financing PartiesごとにFacilityの性質が異なることから、国内プロジェクト・ファイナンス案件におけるローン契約が、Financing Parties全体の共通条項を規定するCommon Terms Agreement（CTA）と、各Facilityの経済条件を規定するLoan Agreement（Facility Agreement）に分かれることが多い。また、口座関係については、国内プロジェクト・ファイナンス案件においてはローン契約の別紙として規定されることが多いが、これを別出ししたAccounts Agreementとして締結されることや、Finance Documentsに共通する定義・解釈条項のみを独立させたDefinitions Agreementが締結される場合もある。これらはいずれも（国内プロジェクト・ファイナンス案件と同様に）Hedging Agreement、Fee Letters、Security Documents、Direct Agreements、Intercreditors Agreement、Subordination Deed、Sponsor Support AgreementとともにFinance Documentsを構成するが、その他後述する

ものは、大要、①出資金（Equity/Capital Contribution）、②スポンサー等の劣後負債（Shareholder Subordinated Loan等）および③完工前収入（EGR：Early Generation RevenueまたはPre-Completion Revenueなどと呼ばれる）に分かれる。ほとんどの天然資源開発事業および海外発電事業に係るプロジェクト・ファイナンスにおいて、資金効率向上およびEquity-IRR/IRR：Internal Rate of Return（内部収益率）向上の観点から、①の出資金だけでなく②の劣後負債も利用されている。③の完工前収入は、後述の通りプラント等の物理的な「完工」を達成し、キャッシュ・フローを生み出してから財務的な「完工」までの間に（少なくとも実績DSCR計算期間の分だけ）比較的多くの収入が見込まれることから、最終的な「完工」に至るまでに得た収入を実際にProject Costsの支払に充足する限り、Project Costsに係る資金調達のうちエクイティとして含めることを許容するものである。スポンサー等は、それぞれの持分比率に応じて当該プロジェクト・リスクを負担していることから、スポンサー等の間において、①の出資金および②の劣後負債の拠出は当該持分比率に応じて行われるのが通常であり、その詳細は株主間契約（Shareholders Agreement）において規律される。

なお、エクイティが①の出資金以外のものでも構成される場合、その割合をどうするのかというcommercialな問題が存在する。プロジェクトの中にはFinance Documentsの調印時点においてすでに相当の金額の出資金が払い込まれている場合や払い込まれる予定である場合があり、特段論点とはならないときもあるが、これら以外の場合においてはFinancing Parties（Lender、Agent、Swap counterparty等を意味する。以下同じ）にとって一考に値するissueとなる。すなわち、資金効率向上およびIRR向上のみを重視すると、理論上はまず③の完工前収入を可能な限り算入し、その後のエクイティの大部分を②の劣後負債により構成し、①の出資金は現地国の最低資本金制度ギリギリの金額にすることとなるが、これでは①の出資金が有するスポンサー等による当該プロジェクトへのコミットメントの程度を示すという側面を阻害しかねない。この点、中東・アジアの発電事業に係る入札案件においては、

Transfer Restrictions Agreement、「完工保証」に係るCompletion Guarantee、LC等も含めるのが通例である。

総Project Costsにおける①の出資金（Hard EquityやPure Equityなどと呼ばれる）の割合を10％以上（例えば、Project Costsに係るDebt to Equity Ratioが8対2だとすると、Debt／出資金／劣後負債＋完工前収入＝8対1対1となる）とされることが多いが、この問題は最適解がないものであり、プロジェクトごとに判断することになる[注325]。

(c) エクイティおよびローンの拠出時期

エクイティおよびローンの拠出は、Project Costsに係るDebt to Equity Ratioに応じてプロラタで行われることが比較的多い。WACC：Weighted Average Cost of Capital（加重平均資本コスト）＜IRRの観点からは、エクイティの拠出時期が遅ければ遅いほど好ましく、その意味でEquity Last（ローンが全額貸し出された後にエクイティを拠出するもの）がスポンサー等からみれば最善手ではあるが、Financing Partiesからみれば、「完工」に至るまでの段階において、合意されたDebt to Equity Ratio以上のエクスポージャーをプロジェクトに対して行っており、スポンサー等の信用リスクに依拠しすぎることとなる。そのため、前述の通りプロラタによる拠出が1つの落ち着きどころとなっている。

エクイティおよびローンの拠出が、プロラタまたはEquity Lastである場合、また、Equity First（ローンの初回貸出しまでにエクイティを全額拠出するもの）である場合であっても後述する「完工保証」が差し入れられている場合、Financing Partiesはスポンサー等の信用リスクを負担することとなる。かかる信用リスクはスポンサー等ごとに異なる上、時期によっても可変のものといえる。すなわち、Finance Documentsの調印時においてすでに所定の格付要件（例えば、投資適格：S&PでBBB－以上、Moody'sでBaa3以上）を満たすスポンサー等と満たさないスポンサー等が存在する場合があり、また、Finance Documentsの調印時には当該格付要件を満たす場合であっても、「完工」に至るまで数年間はかかることから、当該期間中に当該格付要件を

注325) この点につき、わが国においてSPCを株式会社形態にする場合、Project Costsおよび Debt to Equity Ratio次第では会社法上の大会社（資本金5億円以上または負債総額200億円以上）に該当することになるが、金額次第ではEquityの構成によりかかる規制を回避し得ることとなる。

充足しない場合があり得る。そのため、最も安易な解決策は、Equity Firstであるが、これではIRRの向上の要請を満たすことができない。そこで、代替となる信用補完策を検討する必要があるが、その代表的な例としては所定の格付要件（例えば、S&PでA－、Moody'sでA3以上）を満たす金融機関が発行するLC：Letter of Creditの差入れをさせることがある。なお、スポンサー等のうち最終的なスポンサー以外の子会社・関連会社が拠出するものについては、最終的なスポンサーにこれを保証させることとなる[注326]。

(d) スポンサー間の救済（ステップ・アップ）

前述の通り天然資源開発事業の場合、複数のスポンサーが関与することが多いところ、「完工」までの貸出期間中と「完工」後の操業期間中とを問わず、あるスポンサーが破綻する可能性をFinancing Partiesのみならず、スポンサー間においてもあらかじめ手当てする必要がある。スポンサー間の調整は通常Shareholders Agreementにおいて手当てが図られ、さらにスポンサーとしてはかかる手当てと同様のものをFinance Documentsに反映することを追求することとなる。具体的には、後述する株式譲渡制限の例外として、あるスポンサーが破綻した際にその持分を他のスポンサーが買い取り、「完工」までの貸出期間中においては事後の当該スポンサー分を拠出することが考えられる。また、法的整理手続に至らない状態ではあるものの資金拠出が困難な場合、他のスポンサーが当該スポンサーの持分を買い取らず、当該スポンサー分の拠出を肩代わりして拠出する権利を付与する場合もある。Financing Partiesとしては破綻してしまった以上は現実的に処理する必要があることから基本的にはこれを受け入れることとなるが、当該破綻スポンサーの当該プロジェクトにおける役割および当該買取りスポンサーの範囲および条件については留意が必要である。

[注326] 海外発電事業案件の場合、さらにEBL（Equity Bridge Loan）が利用される場合がある。これは、「完工」直前に至るまで一定の格付を保有・維持しているスポンサー等が、自ら資金拠出を行わずに当該スポンサーによる保証が供与された金融機関からのエクイティのつなぎ融資にて代替し、「完工」直前においてスポンサー等自らによる資金拠出を行って当該借入れを返済し、できあがりとして当初Financing Partiesと合意したエクイティの態にするものである。

(e) Equity True-up

プロジェクト・ファイナンスでは、当初資金計画において見積もったProject CostsをFinancing Partiesとの間で合意したDebt to Equity Ratioに応じて「完工」を目指すこととなる。しかしながら、局面によっては当該割合を超えてエクイティを拠出している場合があり、かかる場合には所定のDebt to Equity Ratioに満つるまでローンを拠出させ、エクイティの超過部分を償還可能なようにする建付けをとることが多い。これは、Equity True-upなどと呼ばれるが、具体的な適用場面にはさまざまなものがある。まず、エクイティとローンをプロラタで拠出することを合意した場合において、初回の貸出実行日までに支払済みおよび当該貸出しの対象となるProject Costsの金額に対して必要以上のエクイティを拠出していたときが挙げられる。次に、「完工」時において結果的に当初見積もったProject Costs合計額よりも低い支出で済んだ場合（コスト・アンダーラン）も、スポンサー等としては余分な資金拠出を行ったと考えられることから、Equity True-upのための貸出実行を要請することとなる。その他、前述の通りエクイティの範囲内に完工前収入を組み入れる場合、当該EGR相当額の劣後負債を償還する目的で、貸出実行を要請することもある。

(f) **持分譲渡制限（Transfer Restrictions）**

IRRの向上という観点のみからすると、スポンサー等としては、早期の投資回収を可能とする手法として、持分譲渡（Sell-down）が可能な建付けを追求することとなる。実際に、スポンサー等は、Finance Documentsの作成段階よりも前のShareholders Agreementの作成段階から、SPCの出資持分保有主体（スポンサーが直接・間接いずれで保有するのか）、譲渡対象持分（議決権付株式・無議決権付株式等）、譲渡可能時期（「完工」前後の区別）、許容譲渡割合、譲渡先の適格要件・手続（First Refusal Right・Right of First Offerを含む）を固め、これをFinancing Partiesに提示することが通例である。しかしながら、外部の資金拠出者であるFinancing Partiesの立場からすると、SPCにおける持分の保有者の属性・割合は、そもそも誰のプロジェクトなのかという点のほか、現地国の関連法令のみならずShareholders Agreement上の規定を踏まえたSPCの意志決定、プロジェクトの運営能力、プロジェクト関

連契約（Project Documents）への各影響、当局等との関係、株式（出資持分）の保有者の財務能力等の要素と関連する重要なポイントである。その結果、1つの大きなissueになることが通例であるが、結論としては、一定の場合にはある程度柔軟に持分譲渡を許容することが多い[注327]。

資金拠出段階においてはスポンサー等の資金拠出能力および後述する「完工保証」の履行能力が密接にかかわるため、「完工」前の持分譲渡は、当初から想定されていた場合や完全子会社に対して行う場合などを除き、Financing Partiesの承諾事項となることが通例である。他方、「完工」後においては、前記各考慮要素を踏まえ、持分譲渡は「完工」前の例外事由に加え、一定の割合の範囲内であれば、譲渡先の適格要件（信用力や事業遂行能力）や法的要件（Finance Documents上の地位承継義務等）を充足する限り、Financing Partiesの承諾なく譲渡が可能な建付けにすることが多い。なお、後述するECA（Export Credit Agency）が関与する案件においては、別途当該ECAが関与する前提である当該国への「裨益」との関係で、当該国の法人であるスポンサーのみを対象により厳格な要件を適用することとなるが、近年はそれでも一定の割合であれば許容する例も見受けられる。また、「完工」前後いずれの場合も、スポンサー等のうちどのレベルの持分を対象にしているのかは留意が必要である。最低限必要になるのは、SPC発行の持分に関する最終的なスポンサーの直接または間接の保有となるが、その間に入った子会社・関係会社については個々に持分譲渡制限を課す必要性を検討することとなる。

(iv) 完工保証

(a) リスク転換の視点

天然資源開発事業の場合、建設されるプラント等が技術的に複雑であり、1つのEPC業者に対してfull turn-keyでのEPC契約というかたちで建設を発注しにくいなどの事情もあいまって、プロジェクト・リスクのうち、「完工」リスク・技術リスクが比較的高いと捉えられている点に特徴があ

注327） なお、当該持分譲渡制限（Transfer Restrictions）の契約書上の位置付けとして、これをSponsor Support Agreementに含める場合もあれば、Transfer Restrictions Agreementとして別出しする場合もある。

る[注328]。

　そのため、Financing Parties側は、かかるリスクをコントロールする手法として、スポンサー等からFinancing Partiesに対して「完工保証」を供与するよう求めることが一般的である。ここでいう「完工保証」とは、当該プロジェクトが「完工」することをリリース条件として、スポンサー等がローンの元利金等について保証する旨の保証契約[注329]をいい、Completion GuaranteeまたはDebt Service Undertakingなどと呼ばれる。これは、当該「完工」前のプロジェクト・リスクをスポンサーの信用リスクへ転換することを意味し、(iii)で述べたスポンサー等によるエクイティ供与に係る対応も含め、「完工」前においてはスポンサー等の信用リスクに大幅に依拠する建付けに仕上がることになる。

　スポンサー等側からみると、かかる建付けのメリットとして、Financing Partiesによる完工リスクに係るDue Diligenceの必要性が相対的に低くなり、建設工事請負契約（EPC契約）の内容面を含めて、自らの裁量により比較的柔軟な建設工事のアレンジメントを行うことが可能となる点が挙げられる。例えば、EPC契約上のLiquidated Damagesに係る金員は、プロジェクトが「完工」しない場合のローンの元利金等の返済原資として一義的な意味合いをもつ重要なものであり、Financing Partiesとしてはその金員・条件について厳しく確認するが、「完工保証」が供与されることによりその意味合いが薄れることとなる。しかし、留意しなければならないのは、Financing PartiesによるDue Diligenceの必要性がまったくなくなったのではなく、あくまでも相対的に低くなったにすぎない。前述したEPC契約上のLiquidated Damagesに係る金員の水準の適正さに関してもFinancing Partiesによるその技術コンサルタントの見解を踏まえた確認の対象となる。また、スポンサー

注328）　これに対し、海外の発電事業案件については、基本的にproven technologyと整理され、「完工保証」の供与を不要とすることが通例であるが、新しい技術を使用する場合には留意が必要である。

注329）　日本法との概念でより正確にいえば、主債務たるローンの元利金等の全部または一部が無効になった場合であっても、「完工保証」の範囲には影響がなく、引き続き当初予定された金額を支払う義務を負うため、損失補償の性質を有するといえる。また、中には、「完工保証」の履行代金を一度SPCに拠出し、SPCが当該資金をもってローンの元利金等を返済する建付けのものも存する。

等にとって、当該保証行為が偶発債務としてそれぞれの財務諸表に注記する必要が生じ得るというデメリットが存する。近年、かかるデメリットを踏まえ、天然資源開発事業に係るプロジェクト・ファイナンスの場合でも、スポンサー側が「完工保証」を拒絶したり、そのリリース時点を早めようとしたり、あるいは順次保証の範囲を減らそうとする主張が見受けられ、今後プロジェクトごとに検討が必要になりつつある。

(b) 「完工」の概念

「完工保証」の具体的な内容に入る前に、「完工」の概念に関して説明する。

第1節1(1)にて述べた通り、「完工」を境にプロジェクトが独り立ちをすることとなり、プロジェクト・ファイナンスの側面からすると、ようやく返済原資となる当該プロジェクトに係るキャッシュ・フローが生み出されることとなる。「完工」の概念の区分として、大要、物理的な側面の「完工」と、財務的な側面の「完工」に区分したり、あるいは、各リスクに応じて、Physical Completion・Mechanical Completion（プラント等の物理的な完成の確認）、Operational Completion（性能通りにプラント等が運転可能な状態に達することの確認。必要な保険の付保を含む）、Reserve Completion（埋蔵量の確認）、Shipping Completion（LNG船の調達・手配状況の確認）、Environmental & Social Completion（環境等規制・要件の遵守）、Marketing Completion（LNGのマーケット状況の確認）、Legal Completion（担保・許認可等の確認）およびFinancial Completion（当該プロジェクトに係るキャッシュ・フローが十二分に生み出されることの確認）などに区分され、案件ごとに異なるが、共通するのは財務的な側面の「完工」を規定することである。その具体的な要件としては、Debt to Equity Ratio、DSCR：Debt Service Coverage Ratio（Historical DSCR：実績DSCRのみならず、Forward-looking DSCR：計画DSCRを含む）、LLCR：Loan Life Coverage Ratio、各種リザーブの積立て（DSRA：Debt Service Reserve Accountへの必要リザーブ額の積立てを含む）、Hard Equityの拠出等がある。

「完工」期限（Completion Long Stop Date）を途過した場合には、期限の利益喪失事由（Events of Default）に該当することは国内の発電事業に係るプロジェクト・ファイナンスと同様であり、かかるCompletion Long Stop

Dateは、技術コンサルタントの意見を踏まえて合意される。

なお、海外のプロジェクト・ファイナンスにおいては、貸出可能期間（Availability Period）の満了日は、全額貸出または貸出枠解約のほか、「完工」日（またはCompletion Long Stop Date）までとするのが通例である。これは、「完工」日前においては、返済原資となる当該プロジェクトに係るキャッシュ・フローが生み出される状況になく、当該プロジェクト外の資金需要を必要とする局面であることを理由としており、この意味において、国内の発電事業に係るプロジェクト・ファイナンスにおいて、完工日後の1回（または複数回）の貸出を許容する建付けと異なる。もっとも、いずれの場合も、この段階における主な資金需要としてEPC契約に基づく最終代金の支払およびDSRAなどへの必要リザーブ額の積立目的である点は共通ではあるが、「完工」という概念の捉え方について大きく異なる点には留意が必要である。

(c) 「完工保証」の内容

天然資源開発事業の場合、複数のスポンサーが存在するところ、それぞれのスポンサーは、自らの持分比率に応じたリスクを負担しているのが原則であり、「完工保証」の負担割合も当該持分比率に応ずるのが通常である。すなわち、保証の形態としては、借入人たるSPCとの関係ではそれぞれの持分比率に対応する分に関して催告・検索の抗弁のない連帯保証となるが、スポンサー間においては非連帯となることが通常である。一部のスポンサーの信用力が十分ではない場合の対応は、(iii)(c)および(d)と同じである。

「完工保証」がリリースされる日は、「完工」日または自らの「完工保証」債務の全額を弁済した日となる。スポンサーが自らの「完工保証」債務の全額を弁済した場合、法的な建付けとしては、保証債務を履行した保証人として借入人たるSPCに対して保有する求償権をFinancing Partiesが保有するローン債権等に劣後させる場合と、スポンサー履行したローン債権等の譲渡を受け、当該スポンサーの権利をFinancing Partiesが保有するローン債権等に劣後させる場合のいずれもあり得る。

(d) 「完工」させるためのDebt buy-down option

いうまでもなくスポンサーにとって「完工保証」の履行請求を受けることは最悪のケースである。中でもDSCRやLLCRといった財務的な「完工」要

第4節　プロジェクト・ファイナンスの新展開

件に関しては、EPCコントラクターやオフテイカーなどにリスクを移転しきれていないため、Financing Partiesとの関係においてその不充足を回避する建付けが追求される。具体的には、各財務指標の条件を充足する範囲でDebt Serviceの金額を減らすべく、スポンサー等から借入人たるSPCに対して出資金か劣後負債を拠出の上SPCから任意期限前弁済を行うか、スポンサー等が直接Financing Partiesからローン債権等を買い取り、当該スポンサー等の権利をFinancing Partiesが保有するローン債権等に劣後させるものである。これらはあくまでも借入人あるいはスポンサー側の義務ではなく、権利として規定され、かかる手法はDebt buy-down optionなどと呼ばれる。

かかる手法は、スポンサー側からみると、Completion Long Stop Dateが利払日と同時期でない場合には、多額のBreak Funding Costsやスワップ清算金を回避できるとのメリットも存する。他方で、Financing Parties側からみると、単にDebt sizingの調整で片づけられる話ではなく、何が原因でかかる調整を行う必要が生じたのか、また、調整後のプロジェクトにおいて十分なキャッシュ・フローを生み出すかたちになるのかの検証が必要不可欠である。例えば、埋蔵量の減少が理由である場合、減少後の原燃料の供給量に基づくプラントの稼働能力、オフテイク契約上の販売量およびFinancial Modelへの影響を検証する必要がある。また、融資期間が長期にわたるところ、かかるDebt buy-down optionにより返済されたローン元本をinverse orderで落とすのか、あるいは、プロラタで落とすのかも検討する必要がある。

(ⅴ) Events of Default

(a) 一般的な効果

Finance Documents上、Events of Defaultが発生した場合、以下の効果が考えられる。

① （時期を問わず）期限の利益を喪失させ（Acceleration）、担保権実行（ステップ・イン）をすること（Enforcement Action）
② 「完工」前においては、「完工保証」の履行請求をすること
③ （Availability Period中）追加の貸出しを行わないこと（Draw Stop）
④ （Availability Period中）コミットメント残枠を解約すること
⑤ （時期を問わず）借入人口座の資金移動を停止させること（Account

Block)[注330]・[注331]。スポンサー等への配当停止・劣後負債の返済禁止（Dividend Block）も含まれる。

⑥　その他Finance Documents上の権利を行使すること

前記①ないし⑥の効果は、国内の発電事業に係るプロジェクト・ファイナンスにおいても通常（ある意味当然）の整理といえるが、Events of Defaultといってもその発生原因および規定趣旨にはさまざまなものがあり、天然資源開発事業に係るプロジェクト・ファイナンス案件の中にはより細分化される場合がある。

(b)　Events of Defaultの分類の詳細化

まず、Events of Defaultの発生原因をプロジェクト側からみた場合、借入人たるSPC、プロジェクトおよびスポンサー等に区分けすることができるが、スポンサー等固有のものに関しては当該スポンサー等に関するリスクであり、借入人たるSPCまたはプロジェクトに影響を与えるような効果は避けるべきとの考え方から、借入人たるSPCまたはプロジェクトに起因するEvents of Default（Project EoD：Project Events of Defaultなどと呼ばれる）と、スポンサー等に起因するEvents of Default（Sponsor EoD：Sponsor Events of Defaultなどと呼ばれる）に分類する。例えば、借入人たるSPCの不払やFinance Documents上の義務違反はProject EoDに、スポンサー等の譲渡制限違反やFinance Documents上の義務違反はSponsor EoDにそれぞれ該当することとなる。

次に、「完工」前においては、「完工保証」を差し入れている以上、Financing Partiesのローン債権等はスポンサー等の信用リスクの範囲で保全

[注330]　国内の発電事業案件において、Events of Defaultの前段階である潜在的期限の利益喪失事由（Potential Events of Default）の段階からAccount Blockが発動する建付が見受けられるが、天然資源開発事業に係るプロジェクト・ファイナンス案件においては、かかる期間は借入人側の自助努力期間と整理の上、Dividend Blockはともかく、Account Blockはされないのが通例である。

[注331]　逐一Agent承諾とすることは、生きたプロジェクトである以上合理的ではないとの考え方から、一定の例外を設ける場合がある。例えば、Events of Defaultが発生し、Account Block NoticeがAccount Bankに交付された場合であっても、Financing Parties側から別途指定しない限り、運営費・税（OPEX：Operating Expenses）等の支払を許容することが挙げられる。

第４節　プロジェクト・ファイナンスの新展開

されているはずであり、当該債権保全が図られている限り、Enforcement Actionなどを行うのではなく、当該プロジェクトを「完工」させてキャッシュ・フローを生み出すことが当事者全員の利益に資するという考え方により、ある意味軽微なProject EoD（Project EoD〔その他〕と呼ぶ）およびSponsor EoD（Sponsor EoD〔その他〕と呼ぶ）と、プロジェクトの根本を揺るがし、直ちに債権保全を図ることを可能にする、重要なProject EoDおよびSponsor EoD（Fundamental EoD：Fundamental Events of Defaultなどと呼ばれる）に分類する。例えば、借入人の不払やスポンサー等の譲渡制限違反はFundamental EoDに、借入人のFinance Documents上の義務違反はProject EoD〔その他〕に、スポンサー等のFinance Documents上の義務違反はSponsor EoD〔その他〕にそれぞれ該当することとなる。他方、「完工」後においては、かかる分類は行わない。

　具体的な事由に応じた分類の一例[注332]は【図表8-4-3】の通りである。

(c)　各Events of Defaultの効果

　まず、「完工」前においては、Fundamental EoDに該当する場合、すべてのEvents of Defaultの効果が適用される。Project EoD〔その他〕に該当する場合、Financing PartiesとしてはAcceleration、Enforcement Actionおよび「完工保証」履行請求などを行うことはできない。ただし、既往のローン債権等の保全は「完工保証」にて行い、Draw Stopによる新たなエクスポージャーを避け、また、Dividend BlockによるEquity leakage（ローンの元利金等が弁済される前にスポンサー等が利益を得ること）を禁止することとなる。借入人たるSPCおよびスポンサー等側としては、プロジェクトの「完工」の要件として、Events of Defaultの発生および継続がないことが求められるため、「完工」を達成して「完工保証」をリリースさせるため、当該Project EoD〔その他〕の治癒を図ることになる。Sponsor EoD〔その他〕に該当する場合、当該スポンサー等のリスクのみが顕在化したことからその分の債権保全の必要性は生ずるものの、他のスポンサー等による「完工保証」の部分は引き続き債権保全が図られているものと捉え、Financing Partiesとしては、Acceleration、Enforcement ActionおよびAccount Blockを行うことはでき

注332）　あくまでも例示であって個別具体案件により異なる点留意されたい。

【図表 8 - 4 - 3】 EOD分類例①

	「完工」前			「完工」後	
	Fundamental EoD	Project EoD〔その他〕	Sponsor EoD〔その他〕	Project EoD	Sponsor EoD
SPCの不払	◯	×		◯	
SPCの破産	◯	×		◯	
収用等	◯	×		◯	
プロジェクトの放棄	◯	×		◯	
「完工」期限途過	◯	×			
SPCの表明保証違反	×	◯		◯	
SPCのFinance Documents上の義務違反	×	◯		◯	
SPCのProject Documents上の義務違反	×	◯		◯	
SPCのCross Default	×	◯		◯	
Total Loss	◯	×		◯	
環境規制違反	◯	×		◯	
Finance Documentsの無効等	◯	×		◯	
Project Documentsの無効等	△	△		◯	
Operatorの交替	△	△		◯	
配当等制限違反	△	△		◯	
スポンサーのエクイティ不払	×		◯		◯
スポンサーの譲渡制限違反	◯		×		◯
スポンサーの表明保証違反	×		◯		◯
スポンサーの義務違反	×		◯		◯
スポンサーの破産	×		◯		◯

第4節　プロジェクト・ファイナンスの新展開

【図表 8 - 4 - 4】　EoD分類例②

	「完工」前			「完工」後	
	Fundamental EoD	Project EoD〔その他〕	Sponsor EoD〔その他〕	Project EoD	Sponsor EoD
Acceleration	○	×	×	○	×
Enforcement Action	○	×	×	○	○
「完工保証」履行請求	○	×	○	／	／
Draw Stop	○	○	○	／	／
コミット残枠を解約	○	×	△	／	／
Account Block	○	×	×	○	×
Dividend Block	○	○	○	○	○

ず、当該スポンサー等との関係においてのみ「完工保証」履行請求、Draw StopおよびDividend Blockを行うことができる。

　次に、「完工」後においては、Project EoDに該当する場合、すべてのEvents of Defaultの効果が適用される。Sponsor EoDに該当する場合、Financing Partiesとしては、Account Blockを行うことはできず、当該スポンサー等との関係においてのみEnforcement ActionおよびDividend Blockを行うことができる。

　具体的な事由に応じた効果の一例[注333]は【図表 8 - 4 - 4】の通りである。なお、Sponsor EoDとされているものは、当該Sponsor EoDを発生させたスポンサー分のみの関係を意味する。

　(vi)　スポンサーによる追加資金拠出

　第1節1(1)で述べた通り、プロジェクト・ファイナンスにおいては、融資の返済原資は原則として対象プロジェクトからのキャッシュ・フローに限定され、対象プロジェクトの信用力・収益力に依拠して資金調達が行われるのであり、スポンサーへの責任追及との関係では、ノン・リコース (non-recourse) またはリミテッド・リコース (limited recourse) によるのが一般的であり、

注333)　あくまでも例示であって個別具体案件により異なることに留意されたい。

この点は天然資源開発事業においても異ならない。「完工」後の操業期間中、プロジェクト固有の事情によりあらかじめスポンサー等による一定の資金拠出義務を別途合意しない限り、スポンサー等による資金拠出は予定されない。

そのため、対象プロジェクトが十分なキャッシュ・フローを生み出さない事象においては、当面積み立てたリザーブの使用などを通じてしのぐこととなるが、かかる手当てをし尽くした場合の選択肢を考慮する必要がある。とりわけ巨額の天然資源開発事業においては、Financing Parties側にとっても安易にAccelerationをしてステップ・インをすることは現実的ではなく、既往スポンサー等による再建を図ることが好ましい側面も有する。そこで、一定の条件の下、スポンサー等による資金拠出を義務ではなく権利として設ける場合が見受けられる。かかる建付けは、スポンサー等にとってインセンティブを付与する内容でありつつ、Financing Partiesにとって自らのローン債権等の保全が害されないかたちで行われる。具体的には、OPEXの支出（流動性）を一時的に補完する目的で、または、保険事故が発生して保険金を受領するまでのつなぎ資金を供与する目的で、スポンサー等からの株主ローンを許容することが挙げられる[注334]。Financing Partiesのローン債権等の保全を維持する観点からは、これらの株主ローンは劣後特約が付され、その利息等の金融費用はアームスレングスなどの合理的範囲に限り、一定の上限金額を付し、またその返済条件としてEvents of Defaultが発生かつ存続していないこと、DSCRなどの財務要件を充足することなどの手当てがなされる。他方、スポンサー等にインセンティブを付与する必要があることから、当該返済に関しては配当要件（Distribution Test、Dividend Test、Restricted Payment Testなどと呼ばれる）の適用対象外とし、また、Cash Waterfall上も配当口座よりも上位の口座からの支払を許容することとなる。

(vii) プロジェクトの変遷

プロジェクト・ファイナンスの対象となるプロジェクトの期間は長期にわ

注334) スポンサー等の資金をもってEvents of Defaultを回避するという広い意味ではEquity Cureの1つとして分類され得るが、この典型例（狭い意味）である財務制限条項違反をDistribution Accountに存する資金や手元資金を用いて回避するものとは異なる。もしEquity Cureという言葉が使用される場合どの文脈で使用しているのか留意が必要である。

たり、これに対する当初のプロジェクト・ファイナンスにおける融資期間も長期にわたるのが通例である。そのため、Finance Documents調印後におけるプロジェクトの姿が変わらず当初合意した条件のままプロジェクト・ファイナンスの完済まで継続することはおよそ想定しがたい。プロジェクトの変遷が生じた場合、すべからくFinancing Partiesの承諾とすることも1つの考え方であり、実際に海外の発電事業に係るプロジェクト・ファイナンスは基本的にこの考えに即しているが、天然資源開発事業に係るプロジェクト・ファイナンスの場合、スポンサー等からすれば、市況に応じて積極的にTrainの増設などの投資を行いたい場面が生じ得、また、環境規制などの法令遵守等に対応する必要性が生じ得る。そこで、あらかじめFinance Documents上プロジェクトの変遷を見越した規定を設けることが多い。以下においては、かかる変遷につき、「完工」後を対象として借入人の追加的シニア借入れ（Additional Debt、Additional Senior Debtなどと呼ばれる）の側面を中心に説明する。

(a) **資本的支出その1（Development）**

操業期間中において、借入人たるSPCは、OPEXの支出を行うだけでなく、プラント等に関する資本的支出（CAPEX：Capital Expenditures）を行う必要がある。例えば、環境法制等に係る法令遵守や許認可等の遵守を目的とする場合、プラント等運営に係るH&S（Health & Safety）や環境に関するIndustry Practicesの変更に対応する場合、その他一定の金額以内の承認済みの事業計画およびFinancial Modelに計上されているCAPEXを支出する場合などが挙げられる。これらは、後述するDebottleneckingやExpansionのように積極的な投資というよりも、必要性に迫られて行う性質のものといえる。

かかる資本的支出（Permitted Development、Permitted Capital Expendituresなどと呼ばれる）を行う場合、借入人たるSPCは、基本的にはプロジェクト収益の余剰金をもってこれを行うことになり、その他の方法としては、スポンサー等による追加的な資金拠出か、**第1節3(1)(vi)**で述べた通り、一定の金額内の許容負債をもって対応することができる。しかしながら、当該スポンサー等による追加的な資金拠出の場合は、前述した流動性を補完する目的ではないことからその返済は配当要件に服することとなり、また、当該許容負

債の場合、その貸付人からすれば、当該プロジェクト資産に係る担保権を取得できない建付けであるため、実務的な方法としては最適解とはいえない。そこで、当該Permitted Developmentの支払原資として、一定の条件を充足する場合には新たに既往PFローンと同順位のSenior Debt（Supplemental Debtなどと呼ばれる）の借入れが認められるようにする例が見受けられる。

当該一定の条件とは、当該Permitted Developmentの計画内容および見積額をFinancing Partiesに提出の上、技術コンサルタントや環境コンサルタントなども含めた事前の確認・同意を得た上で、例えば、経済条件としては、Supplemental Debtの借入総額がその見積額を超過しないこと（所定の上限金額を超えないこと）、計画DSCRやLLCRなどの財務的指標を充足すること、Supplemental Debtの加重平均残存期間（Average Life）および最終弁済期日が既往PFローンよりも長いこと、元利払日が同じであること、適用通貨が同じであること、Supplemental Debtに係る貸付人の適格要件を充足することなどが挙げられる。また、法的条件としては、Project EoDが発生しかつ継続していないこと、Supplemental Debtに係る貸付人がIntercreditors Agreement等に参加することなどが挙げられる。かかる条件を充足したSupplemental Debtの貸付人は、既往のFinancing Partiesとプロラタかつ同順位（pari passu）の担保権を有することとなる。

(b) **資本的支出その2（Debottlenecking）**

操業期間中において、借入人たるSPCは、前述したPermitted Developmentのみならず、プラント等の設備性能を改善[注335]した上でキャッシュ・フローを増やすという積極的な目的でCAPEXを支出する場合がある。例えば、設備性能の年間生産量を10％増やした上で販売する場合などが挙げられるが、年間生産量が所定の割合以上に上昇する場合には、後述する拡張（Expansionなどと呼ばれる）として取り扱われる。

かかる資本的支出（Permitted Debottleneckingなどと呼ばれる）を行う場合

[注335] いわゆる長期保守計画上のプラント等を保守するための修繕（Maintenance）行為とは異なる点に留意されたい。かかる修繕行為については、毎期の事業計画・長期保守計画上適宜予定され、また、大規模な修繕（Major Maintenance）行為に係る費用は、Cash Waterfall上リザーブ（Major Maintenance Reserveなどと呼ばれる）が積み立てられ、これをもって支払われる建付けがとられる。

の原資として、基本的にはプロジェクト収益の余剰金をもってこれを行うこと、その他の方法としてスポンサー等による追加的な資金拠出か、一定の金額内の許容負債をもって対応することは、Permitted Developmentと同じである。しかしながら、Permitted Debottleneckingの場合には、そのCAPEX総額は比較的多額に上ることとなるため、当該Permitted Debottleneckingの支払原資として、一定の条件を充足する場合には新たに既往PFローンと同順位のSenior Debt（Debottlenecking Debtなどと呼ばれる）の借入れが認められるようにする例が見受けられる。

当該一定の条件とは、基本的にはPermitted Developmentに係るSupplemental Debtと同じであるが、年間生産量が増やしてキャッシュ・フローの増収を期待するものであるため、当該増える分に対応する原燃料調達やオフテイクのアレンジが要件として追加されることとなる。

(c) 資本的支出その3（Expansion）

操業期間中において、借入人たるSPCは、プラント等を拡張等してキャッシュ・フローを増やすという積極的な目的でCAPEXを支出する場合がある。追加投資の典型的な事例であり、成功すれば既往PFレンダーにとっても望ましいものであるが、他方で、完工リスクに加え、新たなプロジェクト・リスクを負担する側面もあることから、Permitted Developmentおよびよりも慎重な対応が必要となる。

CAPEXの支出がExpansion目的になると、プロジェクト収益の余剰金や一定の金額内の許容負債をもって対応することはほぼ困難な金額と考えられ、また、ある意味当該Expansion部分は新たなプロジェクトとも評価される。したがって、Expansionの場合には、その支払原資として新たにSenior Debt（Expansion Debtなどと呼ばれる）の借入れが認められるための要件をより厳格に設定されることとなる。

当該一定の条件としては、基本的にはPermitted Debottleneckingに係るDebottlenecking Debtの要件に加え、保険や許認可等の取得を必要とし、Expansion Debtの借入総額がExpansionの見積額を所定のDebt to Equity Ratioを超過しないこと（別言すれば、プロジェクト収益の余剰金またはスポンサー側の追加的資金拠出により新たなエクイティ拠出を求めること）などが要件

とされる。また、当該Expansionが完工する前までは、Expansion Debtは既往PFローンと同順位には扱わず、担保権や借入人へのリコースも限られ、その債権保全はスポンサー等による完工保証が提供されることが予定されることとなる。

(d) リファイナンス

既往PFローンのリファイナンスのために借り入れられるSenior Debt（Replacement Debtなどと呼ばれる）であり、例えば、後述するECAの強制期限前弁済事由（Mandatory Prepayment Event）が生じた場合、当該ECAのローン債権等をリファイナンスする目的で利用される場合が挙げられる。

Replacement Debtを借り入れる場合には、基本的にはFinancing Partiesの事前承諾事項ではあるが、一定の条件を充足する場合には当該承諾は不要と整理されることがある。当該一定の条件とは、例えば、経済条件としては、当然ながらReplacement Debtの借入総額がリファイナンス対象の既往PFローンの返済予定金額を超過しないこと、計画DSCRやLLCRなどの財務的指標を充足すること、Replacement DebtのAverage Lifeおよび最終弁済期日が既往PFローンよりも長いこと、元利払日が同じであること、適用通貨が同じであること、Replacement Debtに係る貸付人の適格要件を充足することなどが挙げられる。また、法的条件としては、Project EoDが発生しかつ継続していないこと、Replacement Debtに係る貸付人がIntercreditors Agreement等に参加することなどが挙げられる。かかる条件を充足したReplacement Debtの貸付人は、既往のFinancing Partiesとプロラタかつ同順位の担保権を有することとなる。

(viii) **ECA**

天然資源開発事業に係るプロジェクト・ファイナンス案件に限らず、海外のプロジェクト・ファイナンスにおいては、当該プロジェクトの対象国のポリティカル・リスクを内在せざるを得ない。また、プロジェクト・ファイナンスにおいては融資期間が長期にわたることが期待されることから、市中行のみによるFinancing Partiesの組成が困難となる案件が多くある。かかる場合、当該スポンサーまたはFinancing Partiesが属する国のECAなどの公的機関が関与することで、ポリティカル・リスクのコントロールや経済的に長

期かつ低利のファイナンス供与を可能とする意義が生ずることとなる。わが国でいえば、株式会社国際協力銀行（JBIC：Japan Bank for International Cooperation）や株式会社日本貿易保険（NEXI：Nippon Export and Investment Insurance）がこれに当たり、数多くの国際プロジェクト・ファイナンスにおいて主要なパーティーとして活躍している。

　ECAが関与する場合、当該ECAの設立準拠法に基づき許容される金融商品に従ってファイナンスが供与されることとなり、当該金融商品次第ではあるが、いずれにせよ自国に関する「裨益」を確保する必要が生ずる。「裨益」の本質については外部者が語るものではないが、Finance Documents上、自国スポンサーの持分比率維持や自国への引取量等に表れることとなる。かかる割合・量については個別案件ごとに指定されることとなるが、各プロジェクト・ファイナンス案件において共通して留意すべき点として、その違反時の効果が挙げられる。すなわち、かかる自国スポンサーの持分比率維持や自国への引取量等を義務化したとして、その違反時に、Events of Defaultとしてすべてのスポンサー等およびFinancing Partiesへ影響を及ぼすのか、または、当該ECAが供与するファイナンスに関してのみ貸出停止・強制期限前弁済事由を発生させて影響を限定的なものにするかの問題となる。近年においては、後者のかたちとし、また、Cash Waterfall上PFローンのローン債権の返済順位よりも下に位置付ける建付けが検討されている。なお、NEXI保険付PFローンについてはその保険証券の取消等も貸出停止・強制期限前弁済事由とされる。

　その他に、**第1節3(1)(v)** において、市中行が遵守すべき環境法制として赤道原則（エクエイター・プリンシパル）を述べたが、各ECAも独自に環境ガイドライン等を設けており、この遵守を求めるほか、贈収賄関連の規定を設けることとなる。

(ix)　ポリティカル・リスク

　天然資源開発事業において重要な検討事項の1つとなることが多いものとして、ポリティカル・リスクの中で、権益や許認可等の失効リスクも挙げられる。天然資源開発に当たっては、当該プロジェクトの対象国の法制度にもよるが、当該天然資源を開発するための権益を現地政府等から付与されるこ

とが多い。しかし、天然資源は各国におけるエネルギー・セキュリティに直結するものであるため、天然資源の上流開発に係る権益が現地政府により強制的に収用されるリスク、または、権益を現地政府により失効されるリスクも存在し、プロジェクト・ファイナンス組成上も、この点のリスク分析は欠かせないものとなる。

また、その他のポリティカル・リスクとして、外貨リスクも挙げられる。すなわち、外貨交換の問題（プロジェクト・ファイナンス上の貸付けおよび返済通貨とプロジェクトの収益通貨の差異に起因し、実務的に前者の通貨不足があって為替交換できないリスクおよび法令上為替交換が困難になるリスク）、または、外貨送金の問題（当該プロジェクトの対象国からの海外送金が困難になるリスク）である。天然資源開発事業においては、前者は通貨差異をなくすストラクチャーを、後者はオフショア・エスクロー口座を設けた上で海外送金をなくすストラクチャーを、それぞれ採用することでリスク・コントロールを行うのが一般的であるものの、例えばインドネシアのように現地政府の方針によりLNG販売代金を一度国内に還元する必要があるなど、現地法制上の特別な規制がある場合もあり、十分な検討が必要である。

これらのリスクへのコントロールの手法としては、前述の通り、ECAの関与による政府間対話（G to G）の建付けが考えられるが、スポンサー等およびFinancing Partiesいずれも安易にこれに依拠せず、実務的な工夫を講ずる例が多く見受けられる。

(x) **Cash Waterfall**

天然資源開発事業に係るプロジェクト・ファイナンスにおけるCash Waterfallについては、基本的に国内の発電事業に係るプロジェクト・ファイナンスのものと同じであることが多い。すなわち、プロジェクト・キャッシュフローの流れとしては、大要、収入口座（Revenue Accountなどと呼ばれる）、OPEX支払口座（Operating Accountなどと呼ばれる。なお、国内の発電事業に係るプロジェクト・ファイナンスのようにOPEXを税金、営業費用および保険料に逐一細分化することは少ない）、元利金支払口座（DSAA：Debt Service Accrual Accountなどと呼ばれる）、元利金返済積立口座（Debt Service Reserve Accountなどと呼ばれる）、大規模修繕費用積立口座（Major Maintenance

Accountなどと呼ばれる）、その他の費用積立口座、リリース口座（Distribution Accountなどと呼ばれる）の順に流れ、これ以外に保険金等受取口座（Insurance Proceeds and Compensation Accountなどと呼ばれる。保険金と補償金を分ける場合もある）などが存在する[注336]。なお、Project Accounts（プロジェクト関連口座）という場合、国内のPFIや発電事業に係るプロジェクト・ファイナンスでは、Distribution Accountも含めることが多いが、天然資源開発事業に係るプロジェクト・ファイナンスでは、逆にこれを含めないことが多い。いずれも担保対象口座ではないが、その意味合いについては留意されたい。

アカウント・ストラクチャーに関して、国内の発電事業に係るプロジェクト・ファイナンスではあまり見受けられないものとして、次の３点が挙げられる。まず、各種積立口座内に資金（cash）が滞留しないよう、所定の格付要件（例えば、S&PでA－、Moody'sでA３以上）を満たす金融機関が発行するLCをもってこれを代替することを許容することが通例である。次に、プロジェクト関連口座内の資金を利用した一定の投資行為（Permitted Investmentなどと呼ばれる）も許容される。投資対象としては、一定の格付要件を充足する政府等による保証等が付されている証券、マネー・マーケット・ファンド、コマーシャル・ペーパー、定期預金またはストラクチャード預金等であり、いずれも満期日を短く設定するか即時解約可能にするとともに、当該代わり資産も担保対象とされる。これらのアレンジをわが国において利用するのかは、経済的な有効性および担保の追加設定に生ずる手間・コストを考慮する必要がある。最後に、国内のプロジェクト・ファイナンスでは通常半期ごとに限り配当を許容することが多いが、天然資源開発事業に係るプロジェクト・ファイナンスにおいては、例えば、DSAAを毎月６分の１ずつ積み立てることにより、毎月の配当を許容することが多い。これは前記IRRの向上策の一環といえる[注337]。

注336) 各口座の名称や、例示していない他の口座のWaterfall上の順位は案件ごとに異なるので留意されたい。中には、Revenue Accountに資金をとどめず、残額をDistribution Accountの１つ上に設けたParking AccountまたはSuspense Accountに流し保有する場合もある。

注337) 国内のプロジェクト・ファイナンスでは、資金管理規定上、上位口座に預入れされた金額に不足がある場合にDistribution Accountを含めた下位口座からこれを順

(2) 将来的な国内における資源開発(メタンハイドレート等)事業における課題・展望

　近年わが国の管轄領域内に大量のメタンハイドレートの埋蔵がある旨話題になっている。海洋基本法(平成19年法律第33号)に従って策定された現在の海洋基本計画(2013年4月26日閣議決定)[注338]においては、「メタンハイドレートを将来のエネルギー資源として利用可能とするため、海洋産出試験の結果等を踏まえ、平成30年度を目途に、商業化の実現に向けた技術の整備を行う。その際、平成30年代後半に、民間企業が主導する商業化のためのプロジェクトが開始されるよう、国際情勢をにらみつつ、技術開発を進める」旨記載されている。資源小国としてのわが国にとって非常に大きなインパクトのある話であり、今後注視に値するものであるが、ファイナンスという側面からみると、プロジェクト・ファイナンスは単なる資金調達の一手法にすぎず、これが利用されるのかは現時点では不明瞭である。各プロジェクト・リスクの分析については要検討であり、例えば、海外の鉱物資源開発事業に係るプロジェクト・ファイナンスでも問題になるオフテイクの価格に関する整理を必要とするが、ファイナンスの手法として、プロジェクト・ファイナンスが用いられるのであれば、わが国の当該分野におけるエポック・メーキングな案件となるので期待したい。

　　次補填する規定を設ける場合がある。これが借入人たるSPCの権利ではなく、義務を想定しているのであれば、海外のプロジェクト・ファイナンスにおける考え方とは異なる。すなわち、配当要件を充足してDistribution Accountに流れた資金はプロジェクト外の資金扱いであり、担保権の範囲外のものとして自由に処分可能と考えることによるので留意されたい。

注338)　http://www.kantei.go.jp/jp/singi/kaiyou/kihonkeikaku/

2 宇宙関連事業とプロジェクト・ファイナンス[注339]

(1) はじめに――宇宙関連事業の状況とファイナンスの可能性

2017年9月現在、宇宙産業[注340]が活況を帯びてきている。宇宙産業の世界的な市場規模は2014年当時で約20兆円に上り、2014年当時までの過去5年間で約1.2倍の成長を遂げるなど[注341]、大きな注目を集める存在となっている。また、日本でも、2016年11月に①人工衛星等の打上げ及び人工衛星の管理に関する法律（法律第76号）および②衛星リモートセンシング記録の適正な取扱いの確保に関する法律（法律第77号）が成立して公布される等、宇宙関連事業に関する法環境の整備が徐々に行われてきている[注342]。

宇宙関連事業を行うには、必要な施設・設備等の調達・整備等のために多額の初期費用が必要となることが多く、そのための資金調達手段が問題となり得る。例えば、宇宙関連事業の中でも比較的イメージのしやすい衛星事業においては、人工衛星を調達し打上げを行うためには数百億円規模の資金が必要となる場合がある。そこで、以下では、宇宙関連事業における資金調達の現状について概観し、特にプロジェクト・ファイナンスの観点から、資金調達手法に関する今後の展望・可能性につき検討を行う。

(2) 宇宙関連事業におけるファイナンス取引の現状

前記の通り、宇宙関連事業を行うに際しては多額の初期費用が必要となることがあるが、例えば衛星事業を例に資金調達の方法を考えてみると、国際

注339）本稿の執筆に際しては、学習院大学教授である小塚荘一郎先生より、広い視野からの大変有益なご示唆を頂戴した。ここに感謝の意を表したい。

注340）ロケット等の打上げビジネス、衛星製造ビジネス、カーナビや放送設備等の地上設備に関するビジネス、通信・測位等の衛星を用いたサービス業などさまざまな形態の事業活動が考えられる（内閣府宇宙開発戦略推進事務局「宇宙産業の現状と動向について」〔平成28年6月〕における分類を基に記載している）。

注341）内閣府宇宙開発戦略推進事務局・前掲注340）参照。

注342）①については、主に⒤人工衛星等の打上げに関する許可制度、⒤⒤人工衛星の管理に関する許可制度、⒤⒤⒤ロケット落下等損害・人工衛星落下等損害の第三者賠償制度が定められ、②については主に⒤リモートセンシング装置使用に関する許可制度、⒤⒤リモートセンシング記録の取扱いが定められている。

的な信用力を有する人工衛星のオペレーターである大手事業者であれば、当該信用力を背景に、通常のコーポレート・ファイナンスにより借入れその他の資金調達を行うことが可能である[注343]。一方で、事業者の信用力に依拠できないような場合であっても、事業そのものの価値およびキャッシュ・フローに着目すれば、プロジェクト・ファイナンスの手法による資金調達も１つの選択肢となり得る。プロジェクト・ファイナンスの手法が用いられた主な事例として、日本国内では、防衛省のXバンド衛星通信中継機能等の整備・運営事業に対する協調融資の事例がある。また、海外ではアフリカで衛星通信サービスを提供するためのNew Dawn Satellite Companyへのプロジェクト・ファイナンスによる融資の事例が存在する[注344]。

Xバンド衛星の事例は、PFI法に基づく人工衛星のPFI事業として行われ、スカパーJSAT株式会社、日本電気株式会社、NTTコミュニケーションズ株式会社の３社の共同出資により設立されたSPCとしての事業者が防衛省と締結した事業契約に基づき、２機の通信衛星の製造、打上げおよび運用、ならびに、管制設備器材等の地上設備の整備および維持管理等を実施することを内容とする。当該事業における資金調達のために、銀行団から事業者に対し約775億円のシンジケートローンが組成された[注345]。

New Dawn Satellite Companyに対するプロジェクト・ファイナンスの事例においては、インテルサット社（世界最大の衛星オペレーターであるルクセンブルグ法人）をメインスポンサーとするSPC（New Dawn Satellite Company）が設立され、南アフリカの大手銀行であるNedbank等によるノン

注343) 小塚荘一郎＝佐藤雅彦編著『宇宙ビジネスのための宇宙法入門』（有斐閣、2015）233頁〜244頁参照。

注344) その他、イギリス国防省が、軍事通信衛星skynet-5の調達に当たり、PFIの形態で事業を行った事例も存在する。具体的には、欧州の航空・宇宙大手EADSのグループ会社であるEADS Astrium社がスポンサーとなってSPCを設立し、当該SPCが銀行融資により資金調達を行い、skynet-5衛星の建造・打上げ・運用を行うというものである（社団法人日本航空宇宙工業会『産業振興のための宇宙法に関する報告書〔平成21年度〕』〔日本航空宇宙工業会、2010〕43頁の記述を基に記載）。

注345) 本事例では、製造された人工衛星の所有権が、打上げ等による引渡しとともに発注者である防衛省に移転するいわゆるBTO方式が採用された（防衛省・Xバンド衛星通信中継機能等の整備・運営事業に係る入札説明書等参照）ため、人工衛星に対する担保権は設定されていない。

第4節　プロジェクト・ファイナンスの新展開

リコースでのシンジケート・ローンが実施されている。New Dawn Satellite Companyと人工衛星の利用者との間で締結されたトランスポンダー・リース契約[注346]の使用料を返済原資とし、①スポンサーが保有するNew Dawn Satellite Companyの持分に対するEquity Pledge、②各種プロジェクト契約（衛星製造契約や打上契約等における契約上の地位）の譲渡、③各種保険契約の譲渡および④トランスポンダー・リース契約上の使用料債権等に対するレンダーのための担保権設定が行われたものと推測される[注347]。

　現状、宇宙関連事業についてプロジェクト・ファイナンスの手法が用いられた事例はそれほど多くみられるわけではないが、衛星事業をはじめとする宇宙関連事業が本格的に発展するに連れて多様な資金調達ニーズに応えるべくプロジェクト・ファイナンスの手法による資金調達の可能性を検討することは有意義であると思われる。以下では、宇宙関連事業についてプロジェクト・ファイナンスの手法を用いるに際して実務上どのような論点・課題があり、またそのような論点・課題に対して今後どのような手当てをすることが可能かという点を検討する。

(3) 宇宙関連事業におけるファイナンス取引の課題と今後の展望

(i) 事業リスク

(a) コマーシャル・リスク

　プロジェクト・ファイナンスの手法による資金調達を可能とするためには、

注346)　自社で衛星を保有しないものが、衛星を使ったサービス（通信・放送事業など）を行うために、特定のトランスポンダー（地上からの電波を受信し、増幅して異なった周波数で再び送信する中継器のことを指し、衛星に搭載され通信・放送に利用されるほか、航空機の位置情報などに用いられる）について、ユーザーの使用権の設定を受ける契約をトランスポンダー・リース契約という。なお、リース契約とはいうものの、物そのもののリース取引を行うわけではなく、トランスポンダーの使用権（capacity）が取引の対象となっている（小塚＝佐藤編著・前掲注343) 232頁〜233頁参照）。

注347)　Milbank, Tweed, Hadley & McCloy, LLP "Satellite Financing-Current Challenges"（2009.4.16）を参照し、担保権の内容を記載している。もっとも、他にNew Dawn Satellite Companyへのプロジェクト・ファイナンスによる融資の条件につき言及する公表資料は不見当であり、十分な資料により客観的に裏付けられた情報ではない点に留意されたい。

379

第 8 章　プロジェクト・ファイナンス

融資の対象となる事業にどのようなリスクが存在するかを把握した上で、当該リスクが関係当事者間で適切に分配されていることが必要である。宇宙関連事業においては、実際に事業のオペレーションが宇宙空間で行われることが多く、これが他事業と比べて技術的な不確実性を生み出す要因ともなっている。例えば、衛星事業においては、地上で人工衛星の製造が行われた後に打上場への輸送が必要となるが、この輸送に際して事故等による物理的な瑕疵が生じ得る上、人工衛星を打上場に無事輸送できたとしても、その打上げに失敗する可能性が相当程度あるなど、現実に人工衛星が宇宙空間へ到達するまでのリスクを考慮する必要がある。さらに、打上げ後もシステムが順調に稼働するか等のリスクがあり、宇宙空間での運用に際して発生し得るトラブルに対しては、少なくとも現在の技術では直接人間の手による修理を行うことが困難であり、修理が可能であるとしても遠隔操作等での対応が必要となり得ることから、保守・管理に際してのリスクも検討を行う必要がある。加えて、事業の内容次第では実際に事業を運営するオペレーターについて代替性が認められない可能性もあることから、そのようなリスクも検討する必要がある[注348]。また、他の事業とも共通する点であるが、融資の返済原資となるべき事業からの安定収入が得られるかという点につき、例えば、人工衛星のオペレーションに対価を支払うオフテイカーに対して長期かつ安定したサービス提供が可能であるかとの点、当該オフテイカーの信用リスク、技術革新や陳腐化の可能性を踏まえた事業性等も考慮しなければならない。

(b)　その他の規制リスク、ポリティカル・リスク等

宇宙関連事業は、宇宙活動の許認可等の制度が国により異なる上に、特に開発途上国においては宇宙事業を行う上での法整備が十分になされていないことも想定され得るため、事業を行う上で遵守すべき規制内容・取得すべき許認可等が不明確であるとの問題もある。また、例えば、センシングデータを用いてビジネスを行う際には、情報漏洩に対するレギュレーションの規制

[注348]　すなわち、ある特定の事業においてこれを実施、運営できるオペレーターが限られている場合、かかるオペレーターが倒産等の理由により事業継続できなくなると、代替のオペレーターを見つけることができず、その運営していたプロジェクトも継続できなくなる可能性があるということである。

に服する必要が生じ、その違反に対するリスクも考えられる。さらに、宇宙関連事業は軍事技術への転用可能性が高いことから、厳格な輸出入規制に服することが求められ得るほか、宇宙事業に関連する法規制は、国際政治の動向によっても影響を受けやすく、事業継続中に規制内容が大きく変更されるリスク（運用先の国家の政策の転換による衛星事業の国有化リスク含まれよう）も否定できない。宇宙関連事業を行う上では、ビジネス上の不確実さに加え、このような規制リスク、ポリティカル・リスクの精査を行う必要もある。

(c) 今後の展望

リスク受容能力のある各関係当事者間において適切にリスク分配を行うことができなければ、bankable（銀行による融資を受けることのできる状態）な事業とならないことから、とりわけ前記のような宇宙関連事業特有のリスクについて、各種専門家による分析調査などを踏まえた上で、各種保険の適用（保険料の水準が許容可能なものであることを含む）や、契約上の手当て、オペレーターの代替性確保等さまざまなリスク分配手段を検討することが必要であり、これが融資を行う金融機関等にとっても最大の関心事になると思われる。

(ii) 国内担保法制の整備

プロジェクト・ファイナンスを行うに際しては、事業の安定性・継続性のために、防衛的担保や事業介入権（step-in right）確保の観点から、原則として事業に関するすべての資産に担保権が設定される（全資産担保の原則）[注349]。例えば、衛星関連事業を例に考えると、衛星本体、地上の管制施設の使用権、衛星の運用に必要な知的財産権、（可能な範囲においてではあるが）法律上要求される許認可等など、衛星事業の運営に必要となる各資産への担保設定が行われ、また、当該事業から生じるキャッシュ・フローを確保すべく、衛星事業のユーザーとの間で締結される利用契約に基づく利用料債権や、事業者が付保する保険に係る保険金請求権に対しても可能な範囲で担保権（日本法上は、将来債権に対する債権譲渡担保権または債権質権）が設定される。もっとも、以下に示す通り、現在の日本法の下では、前記担保権の設定すべてを法的な疑義なく実施できるかという論点があり、これも宇宙関連事業において

注349) 全資産担保の詳細については**第1節**参照。

プロジェクト・ファイナンスの利用を妨げる要因となり得るものと思われる。

(a) 衛星本体への担保設定

日本法上、衛星への担保権設定について具体的な規定を定めた固有の法律はなく[注350]、現行の法制度上、動産である衛星に対して担保権を設定する方法としては、譲渡担保権を設定するほかないと考えられる[注351]。動産譲渡担保における対抗要件具備の方法は「引渡し」であるが（民178条）、実際に軌道上にある衛星に対してどのようにこの引渡しを行うかは検討を要する課題である[注352]。また、担保権を実行する段階では、前記で述べた、地上の管制施設の使用権（独立の運用業者に管制を委託する場合には、当該委託契約に基づき衛星の管理を求める権利）を担保権者が行使の上、コマンドコードを取得して衛星に対する排他的な支配権を取得し、他の衛星オペレーターに対して、衛星の所有権その他衛星事業の運営に必要となる各種の資産を一括して譲渡することになると思われるが、実際にそのような譲渡先として適当な衛星オペレーターを確保できるかという点は実務上問題となり得る。

(b) 許認可への担保設定

日本国内から衛星の管制を行うためには、電波法に基づく無線局の免許を

注350) 航空機であれば航空機抵当法が、船舶であれば商法や船舶法が、これらの動産に対する担保権の設定について特別な手当てを定めている。

注351) なお、動産に対して設定可能な担保権として動産質権があるが、動産質権においては、質権の有効要件または第三者対抗要件として、質権者による質物の継続的な占有を行うことが求められている（民345条および352条参照。なお、質権者による占有の継続が動産質権における有効要件であるか、第三者対抗要件であるかについて詳細に立ち入ることは、本稿の目的から外れるため省略するが、詳しくは、我妻榮＝有泉亨ほか『コンメンタール民法総則・物権・債権〔第4版〕』〔日本評論社、2016〕553頁～554頁・560頁等を参照のこと）。これに対して、衛星事業が行われる場面においては、当該衛星に対して事業者が何らかのコントロールを行う権限を有していると考えられ、その結果、質権者による衛星の占有の継続が否定されるおそれもあるため、実務上、動産質権を利用することは難しいものと考えられる。

注352) そもそも軌道上に存在する衛星の占有の所在自体が明確にはなっていないものの、1つの考え方としては、地上の管制施設を利用する権利を行使して衛星を（排他的に）コントロールする権限を取得していることをもって占有と考え、当該管制を行っている衛星オペレーターが担保権者のために占有する意思を表示することにより、占有改定（民183条）の方法による「引渡し」があったと評価することが考えられる（小塚＝佐藤編著・前掲注343）236頁参照）。

第4節　プロジェクト・ファイナンスの新展開

受けなければならないが、仮にSPCとしての事業者自身が免許を受けている場合、当該免許を受ける地位は一身専属的な地位である以上、当該地位に担保権を設定して担保権を実行し、第三者に免許を受けた地位を帰属させることはできないと考えられる[注353]・[注354]。そこで、このような免許を受けた事業者が債務不履行等を起こした場合に事業そのものを継続しようとするのであれば、①無線局の免許を受けており、衛星の管制を自ら行うことが可能な別の事業者、または、②自身は免許を取得していないものの、無線局の免許を受けたオペレーターに対し衛星の管制を委託することで衛星のオペレーションを滞りなく行うことが可能な事業者のいずれかへ事業を承継させることが必要になる[注355]。

[注353]　事業者自身は免許を受けずに、衛星の管制を免許を保持する第三者のオペレーターに委託している場合には、当該委託契約に基づく地位に担保を設定することで、かかるオペレーターをして人工衛星の運航を継続することが可能であると考えられる。

[注354]　なお、前記(1)において言及した、人工衛星等の打上げおよび人工衛星の管理に関する法律の制定により、今後「人工衛星管理設備を用いて人工衛星の管理を行うこと」が許可制とされ、当該人工衛星の管理に係る事業を国内に所在する人工衛星管理設備を用いて人工衛星の管理を行おうとする者に対し譲渡する場合には、内閣府令で定めるところにより内閣総理大臣の認可を受けることを条件として、当該許可に関する法的地位も併せて譲渡を行うことが可能とされている（人工衛星等の打上げおよび人工衛星の管理に関する法律26条1項）。当該規定は、電波法20条3項における免許人による無線局を利用する事業の全部の譲渡の際に、譲受人が総務大臣の許可を受けて免許人の地位の承継を受けられるものとする規定と同様の趣旨を有するものと考えられ、電波法の規定もあくまで事業譲渡の際の免許の承継を意図するものであることを考慮すれば、許可に関する法的地位に対する担保設定を積極的に許容する趣旨と考えることは困難と思われる。もっとも、プロジェクト・ファイナンスにおいては、原則として、融資の対象となる事業に係るすべての資産に担保権を設定し、その実行により事業を第三者に承継させることも想定される。この場合には、認可が条件とはなるものの、本規定の適用により当該許可に関する法的地位も他の事業に係る資産等と併せて譲受人に承継させることが考えられる。このような承継がなされ得ることを前提とすると、許可に関する法的地位への担保設定が現行法上難しいとしても、担保実行による事業の譲渡時において、許可に関する法的地位の承継に関し（内閣総理大臣の認可の取得を含め）担保権者に協力する契約上の義務を借入人（事業者）やそのスポンサーに対して課すことで手当てすることも十分に考えられる。

[注355]　もっとも、仮に許認可への担保設定が可能で、担保権者がその実行により許認可を任意の第三者に移転させることができるとしても、実際に担保実行後も衛星事業を継続し、衛星事業の価値（衛星事業が生み出すキャッシュ・フロー）を把握

(c) ケープタウン条約に基づく国際的権益の保護

前記(b)で記載した通り、宇宙資産における国内の担保法制には、衛星事業をはじめとする宇宙関連事業を想定した規定がなく、かかる法制度の不備が多様な資金調達のあり方を阻害し得る状況となっている。さらに、例えば外国で衛星事業を行う場合には、当該外国の法令を準拠法として担保設定を行うことが考えられるが、かかる外国法令についても同様の問題が想定され得る。特に開発途上国においては宇宙関連法制が十分には整備されていないこともあるため、そもそも必要な担保権を設定できるのか、仮にできるとして現実に担保実行できるのか、という点の検証が必要であり、場合によっては結論が不明確なままとなることも考えられる。宇宙関連事業の特性として、国境の壁を越えるビジネス展開が想定されることを踏まえると、このような宇宙担保法制の不備は、宇宙産業の停滞を招く要因ともなりかねない。このような問題意識を踏まえ、2012年3月、ケープタウン条約[注356]宇宙資産議定書（以下、「宇宙資産議定書」といい、ケープタウン条約の本体を「本体条約」という）が採択され、宇宙資産[注357]に関する金融取引における国際的担保制度を創設し、その権利内容、登録の方法、権利の実行方法等に関する規定が定められた。もっとも、本稿執筆時点では、宇宙資産議定書に批准する国はまだ現れておらず、国際的権益[注358]を登録するためのデータベースならび

し続けるためには、衛星の管制を含む高度の専門性を有するオペレーターが不可欠であり、現状このようなオペレーターは希少であることから、オペレーターの不代替性の問題は残ると思われる。

注356）ケープタウン条約の詳細については**第5章第2節**を参照されたい。なお、ケープタウン条約は航空機を中心とするアセット・ファイナンス取引における担保制度の統一を主要な目的として制定された条約であり、本章で述べるプロジェクト・ファイナンスの活性化を想定して策定された条約とは言いがたい。もっとも、担保権の設定・登録を国際的に一元化する流れは、宇宙関連事業におけるプロジェクト・ファイナンスを加速させる上でも有益な法的インフラとなるものと考えられる。

注357）①衛星、宇宙ステーション、宇宙モジュール、宇宙カプセル、宇宙機体または往還型の打上機その他の宇宙機、②規則に従って独立の登録をすることができる（通信、航空管制、観測、科学調査その他の）ペイロード（センサーおよび計測器など、衛星等に取り付けられた搭載物をいう）、③規則に従って独立の登録をすることができるトランスポンダーその他の宇宙機またはペイロードの一部をいう（宇宙資産議定書1条2項(k)）。

注358）本体条約2条に定義され、担保権、リース、所有権留保の3種類の権利が規定されている。

にそれを運用管理する者および当該管理者を監督する者も選任されていないため、宇宙資産議定書を用いた国際的な担保権の登録を行うことはできないのが現状である。もっとも、今後当該登録簿の運用に関するルール等が整備された際には、航空機ファイナンス取引のように、ケープタウン条約に基づく宇宙資産に対する国際的権益の利用が一般的なものとなることも考えられるため、以下では宇宙資産議定書について、その特徴的な制度的枠組みを概説することとする。

　　(ｱ)　宇宙資産議定書において設定・登録できる権利

　宇宙資産議定書においては、宇宙資産に対してケープタウン条約の規定（国際的権益の設定や国際登録簿への登録などに関する規定を含む）の適用があることが定められているほか、宇宙資産に特有の事項が定められている。特に管制施設保有者や打上事業者と締結していた契約上の権利等[注359]については、「負担者の権利（debtor's rights）」（宇宙資産議定書1条）として権利譲渡（rights assignment）[注360]の対象となり、レンダーを含む権利者に対して担保として譲渡できるとされ[注361]、さらにこれを国際登録簿に登録できる旨が定められている点は、航空機議定書にはない特徴である[注362]・[注363]。このように、宇宙資産に関連する種々の契約上の権利も併せて譲渡担保の対象とすることにより、担保権者はキャッシュ・フローを生み出す一連の衛星事業そのものの価値を把握することが可能となるため、かかる仕組みは、宇宙資産を

注359)　(3)(ii)で規定されている、衛星事業のユーザーとの間で締結される利用契約に基づく利用料債権や、事業者が付保する保険金請求権を含む。

注360)　国際担保権を設定しまたは定める契約において契約に係る宇宙資産により担保されまたはこれに関連する債務者の現在または将来の義務の履行を担保するためまたは減額もしくは弁済するために、債務者が債権者に対して現在または将来の債務者の権利の全部または一部を目的とする権利（所有者としての権利を含む）を与える契約のことを指す。

注361)　権利譲渡の要件は宇宙資産議定書9条に規定されている。具体的には、①権利譲渡の対象である債務者の権利を特定できること、②それらの権利が関連する宇宙資産を特定できること、③権利譲渡が譲渡担保として行われる場合には、その契約により被担保債務を決定できること（ただし、被担保債権額または極度額の記載を要しない）のすべてを満たす必要があり、かつ当該権利譲渡が書面によってなされる必要がある。

注362)　宇宙資産議定書12条。

注363)　国際登録簿に記録された権利譲渡は、その後に登録された権益に常に優先するものとされる（ケープタウン条約29条1項）。

対象とするプロジェクト・ファイナンスの実現に向けた枠組みの構築に資するものと考えられる。

(イ) 宇宙資産議定書における登録システム

国際登録簿の実際の運用はすべてオンライン化することとされ、当該データベースを管理する登録簿運営者[注364]が選定される。当該登録簿運営者の選解任をはじめとして、運営に必要な規則の制定、運営状況の監督、登録手数料の設定・改訂等を行う者として、監督機関[注365]が選定されることとなっている。

(ウ) 国際的権益の実行に関する規定

宇宙資産議定書は、権利の実行に関しても、宇宙資産を対象として想定した以下のような手当てを行っている。

① コマンドコード等の寄託　(3)(ii)(a)で述べた通り、担保権を実行するには、地上からの管制を行う権利を取得する必要があり、地上からの管制を行うためには、コマンドコードの取得が必要である。これは国際的権益の実行においても同様である。そして、債務者の不履行時にはかかるコマンドコードの取得を妨害されないよう、コマンドコードをエスクロウ業者に寄託することが想定されることから、宇宙資産議定書ではこれを正面から認める規定を設け[注366]、さらに、締約国において当該寄託を禁止するような法令を制定することを禁止している[注367]。これにより、衛星その他宇宙資産に対する国際的権益の権利実行の確保を図っている。

② 公共サービス告知による待機期間　また、衛星事業をはじめとする宇宙関連産業が公共サービスを提供する場合が多いことに鑑み、あらかじめ「公共サービスに利用されている旨の告知」が登録された衛星については、国際的権益の実行に際して所定の待機期間（3～6か月の範囲で各締約国が指

注364)　国際登録簿は完全にデータベース化されるため、ITシステムを構築することの可能な企業が選定されることになる。航空機に関しては、Aviaretoというアイルランドの企業が選定されている。

注365)　航空機に関しては、国際民間航空機関の理事会（Council of ICAO）が選定されている（Roy Goode「Official Commentary -Convention and Aircraft Equipment Protocol（third edition）」chapter 2.115 参照）。

注366)　宇宙資産議定書19条。

注367)　宇宙資産議定書26条。

定することとされている）を置く必要があることとされている[注368]。

これは国際的権益の権利者と宇宙資産の公益性との調整を図るための規定といえる。

③　物理的に結合した宇宙資産に対する権利の実行　　宇宙資産の定義には、人工衛星等に加え、ペイロードやトランスポンダーなども含められるため[注369]、例えば、衛星全体に対する国際的権益と、同衛星に積載されているトランスポンダーに対する国際的権益が同時に設定される可能性がある。この場合、それぞれ異なる宇宙資産について国際的権益が設定されている以上、論理的には、これらの国際的権益同士が競合することはないはずであるが、例えば衛星全体に国際的権益を有する者が衛星の占有を取得して、軌道を変更させた場合などには、この衛星に搭載されたトランスポンダー上に国際的権益を有する者がそのコントロールを確保して債権回収を行うとする際に影響が及ぶため、事実上これらの国際的権益が競合するのではないかとの懸念が生じる。

これについて、宇宙資産議定書は、それぞれの国際的権益に対する登録の先後により担保権の効力の優劣を決定する明文規定を置いて、利害の調整を行っている[注370]。

④　保険会社のサルベージ権　　宇宙保険（軌道上保険）においては、保険事故の定義上全損に該当する場合であっても、物理的に稼働を続けることが可能である場合が生じ得ることに鑑み[注371]、保険者は、宇宙保険の契約上サルベージ権と呼ばれる契約上の権利を留保することとされている[注372]。宇

注368)　宇宙資産議定書27条。
注369)　前掲注357）参照。
注370)　宇宙資産議定書17条3項。
注371)　このような事態は、衛星に不具合が発生し、保険金が請求された場合にも、目視による損害査定を実行することができず、燃料・電源・トランスポンダーの稼働能力等をパラメータとして保険事故を定義せざるを得ないとの実務上の要請に起因して生じるものである（小塚荘一郎「宇宙ファイナンス法の新局面——ケープタウン条約宇宙資産議定書の活用可能性」千葉大学法学論集30巻4号〔2016〕28頁等参照）。
注372)　例えば、衛星等の保険目的物に相当程度（例えば8割）の損傷が発生した場合に、これを全損として扱い、保険金額を全額支払うという処理をした上で、残された利益（この例でいえば2割）に対する権利の全部または一部を保険者が取得する

第8章　プロジェクト・ファイナンス

宙資産議定書における保険者のサルベージ権の取扱いについては議論があったものの、最終的には、ケープタウン条約および宇宙資産議定書の規定がこのような保険者のサルベージ権に影響を与えない（国際的担保権を有する者との優先劣後関係は準拠法における解釈により決められる）とする規定が設けられた。[注373]

(iii) 最後に

衛星を用いたビジネスの広がり（測位ビジネスやリモートセンシングなど）により、宇宙関連事業に関する技術のさらなる進展が見込まれることも考えると、プロジェクト・ファイナンスを行う上で前提となる事業性は、今後向上することが期待される。宇宙活動を規律する基本的な法制度の枠組みが整えられた後には、宇宙関連事業に係る資金調達の多様化に対するニーズを満たすべく、担保法制の改正も含めたファイナンス取引関連の環境整備が行われていくことが期待されるところである。なお、ケープタウン条約の宇宙資産議定書については、航空機ファイナンスにおける実務を参考としながら、従来からのプロジェクト・ファイナンスの考え方も踏まえた制度を目指していると評価でき、これにより宇宙関連事業へのファイナンス取引が発展する礎となる可能性があると考える。宇宙関連事業の本格的な幕開けを迎えた今日において、技術の進歩に支えられた先進的な取組みを資金調達の面で支援すべく、宇宙関連事業に関するファイナンス取引に関する法的論点等を理解しておくことは、金融実務に携わる者にとり有益な視座を提供するものとなるだろう。

　　　　ことを定めることなどが想定される（小塚・前掲注371）28頁）。
注373）　宇宙資産議定書4条3項。

ました。

第9章

保険

第9章 保険

第1節
保険業の意義

　保険分野における難しい法律問題の1つに、「保険」とは何かという問題がある。保険業を行う者は、保険業法に定められた適用除外の場合を除いて、内閣総理大臣の免許が必要となり（保険業3条1項）、これに違反した者は、3年以下の懲役もしくは300万円以下の罰金またはそれらが併科される（同法315条1号）。したがって、今から行うビジネスが、保険業に該当するかの判断が重要となる。しかしながら、保険業法は、保険の引受けを行う事業を保険業（同法2条1項参照）という形状的な規定を定めるにすぎず、そこでいう「保険」とは何かは解釈により決する必要がある。

1　保険業の定義規定

(1)　現行の保険業の定義規定に至った経緯

　昭和14年保険業法（以下、「旧保険業法」という）[注1]においては、「保険事業ハ主務大臣ノ免許ヲ受クルニ非ザレバ之ヲ営ムコトヲ得ズ」（旧保険業1条1項）と規定されるのみで、保険事業の定義は設けられておらず、「保険事業の定義については、商法、社会通念および保険業法制定の趣旨から目的的に解釈することが必要となる」とされていた[注2]。

　その後、平成8年4月より施行された現行の保険業法[注3]において、「『保険業』とは、不特定の者を相手方として、人の生死に関し一定額の保険金を支払うことを約し保険料を収受する保険、一定の偶然の事故によって生ずることのある損害をてん補することを約し保険料を収受する保険その他の保険で、次条第4項各号又は第5項各号に掲げるものの引受けを行う事業（他の

注1)　昭和14年3月29日法律第41号。
注2)　保険業法研究会編『最新保険業法の解説』（大成出版社、1986）13頁～14頁。
注3)　平成7年6月7日法律第105号。

法律に特別の規定のあるものを除く。)」(保険業2条1号)という、保険業の定義が初めて定められた。

1998年頃、前記定義規定のうち「不特定の者を相手方として」という要件(不特定性の要件)に着目し、誰もが簡単に加入できる任意団体を立ち上げ、その団体構成員に保険(共済)を提供するという建付けにすることで、不特定の者を相手方として保険の引受けをしていないため保険業法の適用はないと主張する業者が急増した(いわゆる無認可共済問題)[注4]。これらの団体の中には、マルチ商法を行う者が存在するなど、消費者保護の観点から早急の対応が必要とされたことから、2005年5月に保険業法が改正され、保険業の定義から「不特定の者を相手方として」の要件が削除され、特定の者を相手方として保険の引受けを行うものについても、保険業法上の除外規定(保険業2条1項2号)に該当しない限り、保険業法が適用されることとなった。

不特定性の要件の削除により、保険業の該当性の判断が、保険の引受けに該当するか否かに集約されることになるため、「保険」とは何かの判断の重要性が増すこととなった。そこで、2005年5月、少額短期保険業者向けの監督指針(以下、「少短監督指針」という)Ⅲ-1-1において、「偶然の事故」および「保険料の収受」の解釈や役務提供サービスに関する考え方が示されることとなった。

(2) 保険業の定義規定

(i) 保険業法2条1項本文

> 「保険業」とは、人の生存又は死亡に関し一定額の保険金を支払うことを約し保険料を収受する保険、一定の偶然の事故によって生ずることのある損害をてん補することを約し保険料を収受する保険その他の保険で、第3条第4項各号又は第5項各号に掲げるものの引受けを行う事業(次に掲げるものを除く。)をいう。

注4) 当時の保険業法2条1項でいう「不特定の者を相手方として」の解釈については、金融庁の法令適用事前確認手続に係る照会(以下、「ノーアクションレター」という)平成16年4月12日付け金融庁回答参照。

第9章　保険

　本条は、「人の生存又は死亡に関し一定額の保険金を支払うことを約し保険料を収受する保険」で生命保険、「一定の偶然の事故によって生ずることのある損害をてん補することを約し保険料を収受する保険」で損害保険を例示しつつ、それらを含む保険のうち、保険業法3条4項各号[注5]または5項各号[注6]に掲げる保険の引受けを行う事業を「保険業」と定義している。このように「保険を引き受ける事業を保険業という」というトートロジー的な定義規定となっているのは、保険ないし保険業を実質的に定義することが立法技術的に困難であると考えられたことによる[注7]。

　同規定は、保険のうち、保険業法3条4項各号または5項各号に掲げる保

注5)　保険業法3条4項：生命保険業免許は、第1号に掲げる保険の引受けを行い、又はこれに併せて第2号若しくは第3号に掲げる保険の引受けを行う事業に係る免許とする。
　　　一　人の生存又は死亡（当該人の余命が一定の期間以内であると医師により診断された身体の状態を含む。以下この項及び次項において同じ。）に関し、一定額の保険金を支払うことを約し、保険料を収受する保険（次号ハに掲げる死亡のみに係るものを除く。）
　　　二　次に掲げる事由に関し、一定額の保険金を支払うこと又はこれらによって生ずることのある当該人の損害をてん補することを約し、保険料を収受する保険
　　　　イ　人が疾病にかかったこと。
　　　　ロ　傷害を受けたこと又は疾病にかかったことを原因とする人の状態
　　　　ハ　傷害を受けたことを直接の原因とする人の死亡
　　　　ニ　イ又はロに掲げるものに類するものとして内閣府令で定めるもの（人の死亡を除く。）
　　　　ホ　イ、ロ又はニに掲げるものに関し、治療（治療に類する行為として内閣府令で定めるものを含む。）を受けたこと。
　　　三　次項第1号に掲げる保険のうち、再保険であって、前2号に掲げる保険に係るもの
注6)　保険業法3条5項：損害保険業免許は、第1号に掲げる保険の引受けを行い、又はこれに併せて第2号若しくは第3号に掲げる保険の引受けを行う事業に係る免許とする。
　　　一　一定の偶然の事故によって生ずることのある損害をてん補することを約し、保険料を収受する保険（次号に掲げる保険を除く。）
　　　二　前項第2号に掲げる保険
　　　三　前項第1号に掲げる保険のうち、人が外国への旅行のために住居を出発した後、住居に帰着するまでの間（以下この号において「海外旅行期間」という。）における当該人の死亡又は人が海外旅行期間中にかかった疾病を直接の原因とする当該人の死亡に関する保険
注7)　山下友信「保険業の意義」商事1434号（1996）3頁。

険の引受けを行う事業を保険業と定義しており、前記各号に該当しない保険（例えば、保険業法施行規則5条に規定されていない治療に類する行為に関する定額保険）の引受けは保険業には該当しない。このような解釈の余地がある規定は立法上の過誤とも思われるが、同規定の解釈論的工夫として、前記各号に該当しない保険も広く同法3条5項1号（損害保険）に含まれる等の考え方が提案されている[注8]。

なお、保険業は「保険の引受けを行う事業」として、銀行業などで使う「営業」という用語が使用されていない[注9]。これは営利法人ではない相互会社も保険業を行うことができるため、営業という用語が適当ではないと考えられたことによる[注10]。

(ii) 「次に掲げるものを除く」

次に掲げるものは、保険業法で規制される保険業から除外される。

(a) 他の法律に特別の規定のあるもの（保険業2条1項1号）

「他の法律に特別な規定のあるもの」とは、いわゆる根拠法のある共済（いわゆる制度共済）のことである。保険業法に代わる特別の法律による規制を受けて、他の所管官庁による監督を受けていること等から、保険業法は適用されない。例としては、農業協同組合法、中小企業等協同組合法などがある[注11]。

(b) 特定の団体がその構成員等を相手方として行うもの（保険業2条1項2号）

2005年の保険業法改正[注12]により、「不特定の者を相手方として」が保険業の要件から削除されたことに伴い、特定の者を相手方（対象）として保険の引受けを行うものであっても、保険業に該当することとなった。もっとも、特定の者を対象としている団体の中には、保険業法による契約者等の保護を

注8) 山下・前掲注7) 7頁、関西保険業法研究会「保険業法逐条解説(1)」文研論集125号（1998）200頁［古瀬政敏］、東京海上火災保険株式会社編『損害保険実務講座補巻 保険業法』（有斐閣、1997）13頁。

注9) 銀行法2条2項本文「この法律において「銀行業」とは、次に掲げる行為のいずれかを行う営業をいう」。

注10) 東京海上火災保険株式会社編・前掲注8) 15頁。

注11) その他の例については、保井俊之編著『保険業法Q&A少額短期保険業のポイント』（保険毎日新聞社、2006) 5頁〜7頁。

注12) 保険業法等の一部を改正する法律（平成17年法律第38号）。

貫徹させる必要まではなく、加入者にも自己責任を問うことができる団体も見受けられた。そこで、今まで通り保険業法を適用する必要がないと考えられた、以下の団体が、保険業法の適用除外団体として規定された。

特定の団体がその構成員等を相手方として行うもの（保険業2条1項2号）
①地方公共団体がその住民を相手方として行うもの（同号イ）
②一の会社その他の事業者またはその役職員が構成する団体が、その役職員・親族を相手方として行うもの（同号ロ）
③一の労働組合が、その組合員・親族を相手方として行うもの（同号ハ）
④会社が、同一の会社集団に属する他の会社を相手方として行うもの（同号ニ）
⑤一の学校またはその学生が構成する団体が、その学生等を相手方として行うもの（同号ホ）
⑥一の地縁による団体が、その構成員を相手方として行うもの（同号ヘ）
⑦地方公共団体が、区域内の事業者・その役職員を相手方として行うもの（保険業令1条の3第1号）
⑧一の連結対象グループ内の会社またはその役職員が構成する団体が、その会社、役職員・親族を相手方として行うもの（同条2号）
⑨宗教法人上の一の包括宗教法人、被包括宗教法人またはそれらの役職員・親族を相手方として行うもの（同条3号）
⑩一の国家公務員共済組合、同一の任命権者により任用された一の地方公務員等共済組合の組合員が構成する団体が、それぞれの構成員・親族を相手方として行うもの（同条4号）
⑪国会議員、同一の地方議会の議員が構成する団体が、それぞれに属する議員・親族を相手方として行うもの（同条5号）
⑫一の学校が、児童・幼児を相手方として行うもの（同条6号）
⑬一の専修学校、一の各種学校またはそれらの生徒が構成する団体が、それぞれの生徒を相手方として行うもの（同条7号）
⑭同一の学校法人が設置した複数の学校の学生等が構成する団体が、その学生等を相手方として行うもの（同条8号）
⑮一の学校または同一の学校法人が設置した複数の学校のPTAが、当該PTAの構成員またはその学生等を相手方とした行うもの（同条9号）

(c) 1000人以下の者を相手方とするもの（保険業2条1項3号）

平成17年の改正保険業法により保険業法による監督までは必要ないものは個別列挙されたが（保険業2条1項2号参照）、それ以外にも無数存在する無認可共済をすべて保険業法の適用とすることは、規制コスト等の観点からも

現実的ではないと考えられた。そこで、保険の引受けを行う相手方[注13]の総数が1000人以下のものについては、当事者の自治による監督が可能と考えられることや、万一破綻した場合等にも、その影響の及ぶ範囲が小さいと考えられること等に鑑み、保険業法の適用除外とされた[注14]。

　ただし、本来は一の共済であったものを、相手方を1000人以下とするものに分けること等により、保険業法の規制を免れようとすることを防止する観点から、形式的には相手方とするものの総数が1000人以下であっても、実質的には1000人を超えていると考えられる場合や高額な保険料の契約は、保険業法の適用除外とはならない（保険業令1条の4第2項各号[注15]）。

2　保険の構成要素

(1)　保険の構成要素

(i)　保険の構成要素は何か

　保険の引受けを行う事業を保険業というが、そこでいう「保険」とは何かは解釈により決する必要がある。

　一般的には、以下の5つの要素のうち、いずれの要素を保険の構成要素（保険を定義するのに不可欠な要素）と考えるべきか、というかたちで議論されている[注16]。

注13) 相手方とは、保険契約における保険契約者および被保険者のことをいう（保井・前掲注11) 2頁)。
注14) 保井・前掲注11) 16頁。
注15) 保険業法施行令1条の4第2項：
　　①　2以上の団体の間に密接な関係がある場合（1号）
　　②　2以上の団体が保険料として収受した金銭その他の資産を協同して運用し、または引き受けた保険契約を協同して再保険に付している場合（同項2号）
　　③　再保険の引受けを行うもの（同項3号）
　　④　一個人から1年間に収受する保険料の合計額が50万円を超える保険の引受け、または、一の法人から1年間に収受する保険料の合計額が1000万円を超える保険の引受けを含むもの（同項4号）
注16) 山下友信『保険法』（有斐閣、2005）6頁〜7頁、安居孝啓『最新保険業法の解説〔改訂3版〕』（大成出版社、2016）18頁〜20頁、保井・前掲注12）2頁〜4頁。

第9章　保険

【保険の構成要素として議論されている要素】
要素①：一方当事者の金銭の拠出（保険料）
要素②：他方当事者の偶然の事実の発生による経済的損失を補塡する給付（保険給付）
要素③：①と②が対立関係に立つ
要素④：収支相当原則（①の金銭の拠出総額と②の補塡のための給付の総額が等しくなるように事前に①と②の給付の設定をすること）
要素⑤：給付反対給付均等の原則のもとに①と②の対価関係を形成すること

　従来は要素①〜⑤のすべて揃ってはじめて保険となると考えるのが一般的な立場であった[注17]。この立場に対しては、要素④や⑤の面に関してはでたらめであり保険を装った詐欺商法であるというような場合は規制の対象とはできないことになること、英国[注18]や米国において保険の構成要素の議論においては、要素①〜③があれば保険とされ、要素④や⑤は保険に不可欠な要

注17）　山下・前掲注16）9頁。
注18）　英国においても、「保険／保険契約」を過不足のなく規定することは困難と解されており、保険に関する明文の定義はない。もっとも、保険業該当性について多数の判例があり、それらの判例を踏まえ、英国金融監督庁（The Financial Conduct Authority〔FCA〕）が、FCA HandbookのThe Primeter Guidance Manual（適用範囲ガイダンス。以下、「PERG」という）の中に、Guidance on the Identification of Contracts of Insurance（保険契約判定ガイドライン）という項目を定めている（PERG 6）。保険の要素に関する主な内容は以下の通り。
PERG6.3.4G：
　判例「Prudential v. Commissioners of Inland Revenue [1904] 2 KB 658」において示された保険の要素が最も権威ある。その後の多くの判例に引用されている同判例では、提供者が以下の要素を約束した執行可能な契約を保険とみなしている。
　(1)　1回以上の支払の対価として、
　(2)　受領者に対して、一定の金銭を支払う、または利益（提供者がサービスを提供する場合も含む。）を提供する。
　(3)　予め規定された、発生が不確定（いつ発生するか、または発生するか否か）であり、かつ受領者の利益に損害を与える出来事に対応して支払う。
PERG6.5.1G：
　保険契約か否かを認識するための出発点は、判例「Prudential v. Commissioners of Inland Revenue [1904] 2 KB 658」であり、PERG6.3.4Gの規定が引用される。上記(1)から(3)を満たさない契約は、保険契約である可能性は低い。

素とは位置付けられていないこと等を理由に、保険の構成要素は①〜③とする見解が支配的であり[注19]、本書も同見解に賛成である。

(ii) **保険契約の定義と保険の定義との関係**

行政的監督を行うことを目的とする保険業法でいう「保険」と私法上の権利義務関係を画することを目的とする保険契約法でいう「保険」（保険契約）は異なるものと考える立場から、保険契約法における「保険」（保険契約）の定義が検討される場合がある[注20]。

2008年4月1日から施行された保険法[注21]の制定過程において「保険」の定義を設けるべきかが検討されたが、「保険」概念を過不足なく定義付けることは困難である等の理由から規定化は見送られた[注22]。もっとも、保険法の適用範囲を明確にするという目的から、以下の4つの特徴を備えたものとして「保険契約」が定義付けられた（保険2条1号）[注23]。

① 契約の名称は問わない。
② 当事者の一方が一定の事由が生じたことを条件とて財産上の給付を行うことを約している。
③ 相手方が②に対して保険料を支払うことを約している。
④ ③の保険料が、②の一定の事由の発生の可能性に応じたものとして支払われる。

ただし、前記定義は保険契約の構成要素をすべて表しているわけではなく、前記①から④の特徴を満たした上で、書かれざる要件として実質的な「保険」といえるもののみが保険契約であると解されている[注24]。

注19) 山下・前掲注16) 9頁〜11頁、山下・前掲注8) 5頁、安居・前掲注16) 19頁〜20頁。
注20) 山下・前掲注16) 6頁〜9頁。
注21) 平成20年法律第56号。
注22) 萩本修編著『一問一答保険法』（商事法務、2009）36頁。
注23) 萩本編著・前掲注22) 28頁。
注24) 「解釈論により確定される実質的な保険としての定義を充足するもののみが保険契約であるという、いわば書かれざる定義があるということになる」（山下友信「保険の意義と保険契約の類型——定額現物給付概念について」竹濱修＝木下孝治＝新井修司編『中西正明先生喜寿記念論文集・保険法改正の論点』〔法律文化社、2009〕3頁）。

(2) 各構成要素の解釈

以下、保険の各構成要素の内容について説明する。

(ⅰ) 要素①：一方当事者の金銭の拠出（保険料）

要素①は、保険の有償性を表している。有償性については、少短監督指針に以下の規定がある。

> ＜少短監督指針Ⅲ−1−1(1)②＞
> 「保険料の収受」には保険料と明示されていなくても、物品等の通常販売価格および市場価格との比較並びに保険給付のために必要な保険料の額が物品等の価格に占める割合などから、保険料相当分を当該事業者が社会通念上明らかに受領している場合に含まれる。

これは、表面上は無償のようにみえるが、保険料相当分が物品等の販売価格等に上乗せされており、実質的には有償といえるような場合、「保険料の収受」があったものとみなすことを明確にした規定であり、保険料の拠出の有無の判断は実質的に行われることを規定したものである。

(ⅱ) 要素②：他方当事者の偶然の事実の発生による経済的損失を補てんする給付（保険給付）

要素②は、以下の3つの要素に細分化することができる。

(a) 他方当事者による給付の約束であること

ここでいう給付は、金銭的給付に限られず、物による給付や役務提供も含まれる（少短監督指針Ⅲ-1-1(1)②（注2）参照）[注25]。

この点については、平成26年10月14日付け回答のノーアクションレターにおいて、会員より毎月会費を収受し、当該会員が要介護状態となった場合に、身体介護や生活支援などの介護支援サービスの提供を行う業務について、

注25) なお、金融庁に設置されたサービスの提供等の在り方に関するワーキング・グループが平成25年6月7日付けで公表した報告書「新しい保険商品・サービス及び募集ルールのあり方について」5頁において、「生命保険について「生命保険契約等における現物給付の解禁については、引き続き、将来の検討課題とすることが適当である」と記載されている通り、現時点では、現行法下の生命保険について現物給付は認められていない。

「損害保険等において損害をてん補するために現物給付を行うことが認められていること」等を理由に、保険業に該当するとした［なお、家電製品等の延長保証など役務提供サービスに関する考え方については、3(3)］。

(b) 事実の発生には偶然性が必要であること

「偶然」とは、不確定性（uncertainty）の意味である。偶然性の解釈については、少短監督指針に以下の規定がある。

> ＜少短監督指針Ⅲ－1－1(1)①＞
> 「『偶然の事故』にいう『偶然』とは、必ずしも人為的にコントロール不能な偶然性を指すものに限定されるものではなく、損害を生じる原因となる事実の発生の有無、発生時期、発生態様のいずれかが、客観的又は主観的に不確定であることをいう。

客観的な不確定性に加えて、主観的な不確定性が明記されているが、「主観的に不確定であること」とは、客観的には確定的なものであっても、両当事者がそれを確定的ではないと認識し、それを前提としてその事実の発生にかかる給付の合意がなされている場合をいう。「必ずしも人為的にコントロール不能な偶然性を指すものに限定されるものではなく」とは、事実の発生について、それぞれの当事者が一定のコントロールをなすことが可能なものについても、そのコントロールが完全なものではない場合や、完全なものではないことを前提として合意がなされている場合も、偶然であるとみなすという意味である[注26]。

なお、この監督指針は、保険業法2条1項に例示されている損害保険の定義における「偶然の事故」の解釈を示したものであるが、生命保険も保険である以上、偶然性が必要である。生命保険における偶然性（不確定性）とは、人は死ぬのは確実であるが、いつ死ぬかが不確定であるということである。

偶然性の解釈については、以下のノーアクションレターが参考になる。

注26) InsurTechの進歩により、ビックデータの活用や遺伝子情報の解析が進み、事故の発生確率の予測の高度化や事故の発生の回避（コントロール）方法等の発見等が期待されるが、そのような場合、ここでいう偶然の解釈にも変化が生じる可能性がある。

(ア) 賃貸人に対して賃貸建物退去時における清掃・修繕サービス（回答日：平成19年4月13日）

賃貸人に対し、賃借人の退去時に、賃貸建物の経年劣化による損耗等について、清掃、修繕というサービスを提供する業務について、「本件業務の対象は、時の経過に伴って不可避的に日々進行していくものであって、偶然に左右される程度が低いと考えられる建物の経年劣化に関するものであること」等を理由に、保険に該当しないとされた。

(イ) 賃貸物件に空室が生じた際、家主に賃料を補塡するサービス（回答日：平成18年4月6日）

家主より一定の金員を収受し、対象となる建物について空室が発生した場合に、賃料相当額を金銭給付する業務について、「空室の発生やその解消は、従前の入居者が退去するか、新しい入居希望者が現れるかという契約締結時に契約者双方にとって確定されていない事由によって生じるものであり、かつ照会者の建物維持管理業務や入居者斡旋業務によりその結果を完全に回避することは困難なものであること」等を理由に、一定の偶然の事故を支払事由としているものとして、保険業に該当するとされた。

(c) **経済的損失を補塡するための給付であること**

この要素は、保険と賭博を区別するために必要な要素である。賭博も保険契約も射幸契約である点で共通であるが、保険契約は、補塡されるべき経済的損失の存在するが、賭博には補塡されるべき経済的損失がない点が異なる。

ここで損害保険契約はその効力要件として被保険利益の存在が必要と解されている。被保険利益とは、保険事故が発生することにより被ることのあるべき経済的利益と定義されており[注27]、被保険利益の存在から、損害保険の要素として(c)が備わっていることを導くことができる。これに対して、わが国においては、生命保険には被保険利益の概念が存在しないという考え方が一般的であり[注28]、当該考え方を踏まえると、(c)は生命保険の要素ではないようにも思える。この点について、山下友信教授は「生命保険契約については、要素②（本書でいう(c)）の点は約定の金銭の支払という経済的損失の補

[注27] 山下・前掲注16）247頁。
[注28] 山下・前掲注16）79頁〜80頁。

てんとは必ずしもいえないような給付とされているが、約定の金銭の支払は機能的には経済的損失のてん補であると解されている」[注29]との理由から、生命保険においても(c)の要素が備わっているとする[注30]。

(iii) 要素③：保険料（要素①）と保険給付（要素②）が対立関係に立つこと

「対立関係に立つ」とは、保険料の支払の対価として保険給付が行われるという関係を示している。一定の金銭をあらかじめ支払うことによる修理等サービスにおいても、故障等が発生した場合、修理実費を支払うような場合は、修理サービスは保険料の対価ではなく、修理実費の対価であるといえるため、保険料と保険給付との間に対立関係はない。例えば、会員制の自動車救援サービス（ロード・サービス）において、あらかじめ一定の会費を徴収しているが、救援サービスをする際はすべて無料になるのではなく、基本料金だけは無料となるが、牽引等の実際のサービスの対価は別料金が必要となるようなものであれば、一定の会費（保険料）と牽引等のサービス（保険給付）は対立関係に立たないといえる。

なお、収支相当の原則（要素④）や給付反対給付相当の原則（要素⑤）までは、保険の構成要素としては不要と解されるが、それらの原則に基づいて運営されているものについては、保険に該当する可能性が高まると解される[注31]。

3　具体的事例の検討[注32]

(1)　慶弔見舞金の保険業該当性

慶弔見舞金とは、あらかじめ定められた慶弔が生じたときに支払われる金

注29)　山下・前掲注16) 6頁。
注30)　被保険利益の議論にここでは立ち入らないが、生命保険においても被保険利益が観念できるとすれば論理的な説明がしやすい。
注31)　山下・前掲注16) 11頁。
注32)　その他の事例として、債務保証やクレジット・デリバティブと保険との区別が問題となっている。これらと保険との区別は、前者については保険固有の方法（保険業3条6項）を使用しているか否か、具体的には再保険による危険の分散を行っているか否か等が重要な要素となる。後者については、保険は実損塡補であることに対

第9章　保険

銭をいう。例えば、結婚祝金、出産祝金、死亡見舞金、災害見舞金等である。このうち、結婚など本人がコントロールできるものについては、保険の構成要素の1つである偶然性（要素②(b)）［→ 2(2)(ii)(b)］を欠き、保険に該当しない。出産、死亡、災害など偶然性がある事実の発生を原因として支払われる金銭については、保険の構成要素を満たすため、保険に該当する可能性がある。もっとも、日本では、町内会や会社内などにおいて、広く慶弔見舞金が普及しており、これらをすべて保険業とすることは現実的ではないことから、保険業に該当しないものを、以下の通り少短監督指針に規定した。

> ＜少短監督指針Ⅲ－1－1(1)（注1）＞
> 　一定の人的・社会的関係に基づき、慶弔見舞金等の給付を行うことが社会慣行として広く一般に認められているもので、社会通念上その給付金額が妥当なものは保険業には含まれない。
> 　上記の「社会通念上その給付金額が妥当なもの」とは、10万円以下とする。

　ここでいう人的・社会的関係は、契約当事者の人的・社会的関係や当該慶弔見舞金の性質等に応じて個別具体的に判断されるが、具体的な当てはめについては、以下の2つのノーアクションレターが参考となる。

(i)　**賃借人孤独死の場合の賃貸人への見舞金**（回答日：平成25年6月19日[注33]）

　建物賃貸借契約が締結される際、当該賃借人から委託を受けて賃貸借契約に基づく当該賃借人の債務を連帯保証する業務を行う照会者が、当該賃借人より一定の対価を収受し、当該賃借人が賃貸借約の対象物件で死亡（孤独死）し、これによって賃貸借契約が終了した場合、賃貸人に対して見舞金（10万円）を支払う業務について、「一般に賃貸借契約において賃貸人及び賃借人との間の人的・社会的関係は密接とはいえないこと」等を理由に、慶弔

　　　して、デリバティブは契約時に約束した一定金銭の給付であることが重要な要素となる。もっとも、実損の塡補を目的としたデリバティブも存在し、論理的に区別することは難しい。

注33）　平成25年5月20日付け照会分。

見舞金等の給付には該当せず、保険業に該当しないとはいえないとされた。

(ii) **オンライン旅行代理店による旅行をキャンセルした者への見舞金**
（回答日：平成25年11月15日）

ウェブサイトにより旅行業者に誘導する事業を行う者が、そのウェブサイトの会員から航空券等の旅行商品の購入する際に一定の会費を収受し、当該会員が疾病、傷害に伴う入通院によりキャンセルし、キャンセル料を負担した場合に、キャンセル料の一定割合の金額の見舞金の給付を行う業務について、「ウェブサイトの運営者と利用者という関係にあり、一定の継続性を前提とするものの、会員資格に限定はなく、照会者と各見舞金会員との間や各見舞金会員相互の間において、密接な人的・社会的関係は認められないこと」等を理由に、慶弔見舞金等には該当せず、保険業に該当しないとはいえないとされた。

(iii) **分析**

前記ノーアクションレターを踏まえると、ここでいう「一定の人的・社会的関係に基づき、慶弔見舞金等の給付を行うことが社会慣行として広く一般に認められているもの」は、単なる契約関係では当該要件を満たすことは難しいように思われる。結局、保険業法2条1項2号で個別列挙された団体に相当する程度の人的・社会的に一定の結びつきがあると認められる集団において行われる少額の金銭給付のみが、慶弔見舞金等として、保険業に該当せず営むことができると解される。

(2) **レンタル業者による免責（主たるサービスと付随一体的に提供される場合）の保険業該当性**

金融庁パブリックコメントにおいて「レンタル業者（ベビーカー、DVD、工作機械など）が顧客に対して、「レンタル料とは別に500円支払えば、誤ってレンタル品を損壊したり、盗難にあったりしても、原状回復等を目的とする損害賠償請求は行わない（免責する）」というサービスが保険業に該当しないかという質問に関して、「社会通念上レンタル業者の行うレンタルサービスに付随して一体的に行われていると認められるものであれば、保険業に該当しないものと考えます」との考え方が示された[注34]。

第9章　保険

　前記免責は、前述の保険の構成要素①〜③をすべて充足しており、理論的には、保険業に該当するように思われるが、レンタルサービスに「社会通念上付随して一体的に行われていると認められる」ものについては保険業に該当しないとされている。なお、レンタル業者による免責以外にいかなる場合が「社会通念上付随して一体的に行われている」ことを理由に保険業に該当しないと認められるかは明らかではない。

(3) 役務提供サービスの保険業該当性

(i) 少短監督指針Ⅲ－1－1(1)（注2）本文に基づき判断される場合（「本文基準」）

　あらかじめ一定の金銭を徴収して行う役務提供サービスは、有償であるため要素①を満たし、保険給付は金銭的給付に限らず、役務提供も含まれるため要素②も満たし、また、一定の金銭が提供する役務と見合ったものである場合は要素③も満たすことになり、理論的には保険業に該当することとなる。もっとも、従来から、メーカーや販売業者が、自ら製造・販売した製品について、購入者が購入時に一定の料金を支払うことを条件に、一定期間、製品が故障した場合等に無償で修理を行う約束を行っており、これは保険には該当しないと整理されてきた[注35]。そこで、要素①〜③を満たす[注36]役務提供サービスについて、保険に該当する場合としない場合を区別する判断基準について、少短監督指針に、以下の通り、保険業該当性の判断基準が示された（以下、「本文基準」という）。

＜少短監督指針Ⅲ－1－1(1)（注2）本文＞
　予め事故発生に関わらず金銭を徴収して事故発生時に役務的なサービスを提供する形態については、当該サービスを提供する約定の内容、当該

注34)　金融庁パブコメ回答〔平18.3.31〕6頁25番。
注35)　山下・前掲注16) 13頁〜14頁、竹内昭夫編『保険業の在り方（下）』（有斐閣、1992）148頁〜149頁・151頁〜152頁〔岩崎稜〕。
注36)　少短監督指針Ⅲ－1－1（注2）本文の「予め事故発生に関わらず金銭を徴収して事故発生時に役務的なサービスを提供する形態」とは、要素①〜③を満たす形態の役務提供サービスという意味といえる。

サービスの提供主体・方法、従来から当該サービスが保険取引と異なるものとして認知されているか否か、保険業法の規制の趣旨等を総合的に勘案して保険業に該当するかどうかを判断する。

「当該サービスを提供する約定の内容」においては、約定の内容が専らサービスの提供を約しているのか、金銭的な損失補てんを約しているのか等を考慮する。後者の場合は、原則として保険業に該当するものとされる。

「当該サービスの提供主体・方法」においては、提供主体として、物の製造者・販売者が、その物の製造販売の際に、あわせて当該物の修理故障サービス契約を締結している場合に該当する等、方法としては、サービスの提供を当該業者がなすものではなく、専ら外部委託等により他者に行わせているものではないか等が総合的に勘案される。

「従来から当該サービスが保険取引と異なるものとして認知されているか否か」においては、例えば、修理業者が提供するサービスとして、従来から保険取引と異なるものと社会的に認知されているかどうか等が勘案される。

「保険業法の規制の趣旨等を総合的に勘案して保険業に該当するかどうか」においては、通常の保険同様に契約者保護が必要といえるものか、責任準備金の積立や保険計理人の関与等、保険会社・少額短期保険業者と同様の財務規制になじむか等が勘案される。加えて、慶弔見舞金に関する少短監督指針Ⅲ－1－1(1)（注1）の金額基準を参考に10万円相当以下かも勘案される。

本文基準の当てはめについては、以下のノーアクションレターが参考となる。

(a) インターネット接続業者による接続機器の保証サービス（回答日：平成21年7月6日）

インターネット接続業者が、インターネット接続サービスへの接続機器・同機器に接続されたパソコン・同パソコンに接続されたプリンタ（インターネット接続機器等）に対する修理サービスについて、「対象となるインターネット接続機器等は顧客が実際に利用しているものにそれぞれ限定されており、……あくまで本業たるインターネット接続サービス……の提供に従属するサービス提供と捉えることができること等からすると、照会者の行なうイ

第9章　保険

ンターネット接続サービス……の提供に密接に関連し付随する取引といえること」等を理由に、保険業に該当しないとされた。

(b) ガス販売業者によるガス消費機器の保証（回答日：平成27年4月7日）

ガス販売業者が、ガス購入者に対し、現に使用するガス消費機器が製造後10年（メーカー保証期間を含む）の間に自然故障した際に、これを修理しまたは代替品を提供することを約し、ガス購入者から保証料を収受する業務について、「照会者は、ガスの販売を行うに際して、法令上、ガス消費機器の調査義務及び当該機器に不具合があった場合のガス購入者に対する通知義務を負っており、本件業務はかかる調査義務等に密接に関連した業務として提供されるものであること」等を理由に、保険業に該当しないとされた。

(c) 電気通信業者による光アクセスサービス接続機器の保証（回答日：平成28年1月18日〔平成28年1月14日付照会分〕）

電気通信業者が、自らが提供しているデータ伝送サービスに該当する光アクセスサービス等の利用者に対し、光アクセスサービス等に直接またはWi-Fiを介して接続されている機器が故障・破損等した際に、これを修理または対象機器と同等の代替品を提供することを約し、当該契約者から保証料を収受する業務について、「保証対象機器の正常な作動は、光アクセスサービス等の提供にとって重要であり、保証対象機器に故障・破損が発生した場合に修理等を実施し、光アクセスサービス等を使用できる状況へ迅速に復帰させることは、光アクセスサービス等を提供するうえで合理性を有すること……等からすると、修理保証サービスは光アクセスサービス等の提供に密接に関連し付随する取引といえること」等を理由に、保険業に該当しないとされた。

(d) MVNO事業者[注37]による携帯修理保証（回答日：平成28年1月18日〔平成28年1月15日照会分〕）

MVNO事業者が、自らが提供している移動通信サービスの利用者に対し、

注37）　MVNO（Mobile Virtual Network Operator）事業者とは、①移動通信事業者の提供する移動通信サービスを利用して、または移動通信事業者と接続して、移動通信サービスを提供する電気通信事業者であり、②当該移動通信サービスに係る無線局を自ら開設しておらず、かつ、運用をしていない者をいう。

現に使用する移動通信サービスの通信回線に接続し使用されている機器が故障・破損等した際に、これを修理しまたは対象機器と同等の代替品を提供することを約し、当該契約者から保証料を収受する業務について、「保証対象機器の正常な作動は、移動通信サービスの提供にとって重要であり、保証対象機器に故障・破損が発生した場合に修理等を実施し、顧客が移動通信サービスを使用できる状況へ迅速に復帰させることは、移動通信サービスを提供する上で合理性を有すること……等からすると、照会者の行う移動通信サービスの提供に密接に関連し付随する取引といえること」等を理由に、保険業に該当しないとされた。

(ii) **少短監督指針Ⅲ－1－1(1)（注2）なお書に基づき判断される場合（「なお書基準」）**

役務提供サービスの保険業該当性は、原則、本文基準により判断されるが、少短監督指針制定当時、広く行われていた家電量販店等における家電商品の延長保証（例えば、購入価格の5％を支払えば、メーカーの製品保証と同等の内容を5年間延長して保証するもの）等については、本文基準に示された要素を総合的に勘案して判断するまでもなく、保険業に該当しないと判断されることを明確にするため、少短監督指針に、以下の規定が定められた（以下、「なお書基準」という）。

> ＜少短監督指針Ⅲ－1－1(1)（注2）なお書＞
> なお、物の製造販売に付随して、その顧客に当該商品の故障時に修理等のサービスを行う場合は、保険業に該当しない。

「物の製造販売に付随して」とは、商品の修理等サービスの約束が、その商品の製造または販売時と時間的に接着していることをいう。例えば、製造・販売時期と関係なく、いつでも修理等サービスに加入できるというようなものについては、「物の製造販売に付随」しているとはいえず、同規定を根拠として保険業に該当しないとはいえない。世の中で販売されている延長保証において「商品購入から30日以内のみ加入できる」というような条件が付されているのはこのためである。

「当該商品の故障時に修理等のサービスを行う」における「故障」の原因

第 9 章　保険

について、特に規定上は限定はされていないが、一般的に行われている修理等サービス（延長保証／長期保証）を踏まえると、自然故障（メーカーの取扱説明書等の注意書に従った正常な使用状態で生じた故障）のことをいうと考えられる。本人の故意を原因とする故障は当然のこと、落下や水漏れなどの本人の過失を含んだ原因による故障、火災や落雷などの自然災害による故障は、本来、ここでいう「故障」に含まないと考えられる[注38]。

　少短監督指針Ⅲ－1－1(1)（注2）なお書には、主体（主語）が規定されていない。この点、なお書基準制定時、金融庁担当者により、販売の際に、修理等サービスをつけて商品を販売する場合、商品購入者からすれば、付随する修理等サービスが販売業者から提供されるのか、それ以外の第三者から提供されるかによって変わらないため、販売業者以外の第三者が修理等サービスを行う場合もなお書基準が適用されると整理したとの説明がなされており、その説明に沿ったノーアクションレターも公表されていた[注39]。しかしながら、この見解は、平成24年5月14日付けノーアクションレターにより変更され[注40]、物の製造販売者と異なる第三者が修理等サービスを行う場合は、当該規定の適用はないというのが現在の金融庁の立場といわれており[注41]、製造業者または販売業者が修理等サービスを行うことが、なお書基準の書かれざる要件と解されている。

　なお書基準の当てはめについては、以下のノーアクションレターが参考となる。

　(a)　ハードディスク等のデータ復旧サービス（回答日：平成22年2月9日）

　データ復旧サービス会社が、自らまたは第三者が販売するハードディスク

注38)　自然故障以外の故障時に修理等サービスを行う場合の保険業該当性については、本文基準により判断される。

注39)　平成22年2月9日付けノーアクションレター。

注40)　錦野裕宗＝稲田行祐『保険業法の読み方〔3訂版〕――実務上の主要論点一問一答』（保険毎日新聞社、2017）47頁。

注41)　平成24年5月14日付けノーアクションレター。なお、吉田和央『詳解　保険業法』（金融財政事情研究会、2016）48頁は、「物の製造販売と修理等のサービスを行う者が同一主体であることも求められ、物の製造販売者とは異なる第三者が修理等サービスを行う場合は本要件〔筆者注：「物の製造販売に付随して」のこと〕を満たさないと考えられる」とする。

等に対してデータ復旧サービスを行うことについて、「本件データ復旧サービスに係る約定は、照会者又は第三者のハードディスク等の販売と同時又は販売後1ヶ月以内に限り締結されるものであり、自己又は第三者による物の製造販売にあわせて締結されるものであること」等を理由に、前記なお書を適用し、保険業に該当しないとした。このノーアクションレターにおいては、第三者が販売したハードディスクに対する修理等サービスについても「物の製造販売に付随して」いるものとみなされ、保険業に該当しないとされた。ただし、本見解は後述する(b)で変更されたものと考えられる。

(b) 電化製品の延長保証サービス（回答日：平成24年5月14日）

小売販売業者ではない第三者が、商品購入者に対し、メーカー保証期間が終了した後の一定期間内に当該商品が自然故障した際に、これを修理しまたは代替品を提供することを約し、商品購入者から保証料を収受する業務について、照会者は「物の製造販売に付随して」いると主張したことに対して、金融庁はその回答の中において、特に積極的な理由を述べることなく「照会者の行う本件業務は、物の製造販売に付随したものといえない」としつつ、「小売販売業者等、商品購入者に対して民事法上の責任を負担する者が、顧客サービスの一環として、こうした責任を契約により拡張して負担するものとは異なり、こうした責任を負うべき立場にない第三者である照会者が、契約により商品購入者から商品の自然故障リスクのみを引受け、代理店モデルにより引受数を拡大して、リスクを集合的に管理することを可能とする本件業務のような仕組みは、保険取引と異なるものとして認知されているとはいえないこと」等を理由に、保険業に該当しないとはいえないとされた。つまり、販売業者ではない者は、たとえ物の販売時と時間的に接着して修理等サービスを提供したとしても、「物の製造販売に付随して」には該当しないという見解が示された。

(c) 住宅設備機器の総販売元による修理等サービス（回答日：平成25年6月19日）

住宅設備施設の総販売元が販売代理店を通じてエンドユーザーに対して住宅設備機器を販売する際、エンドユーザーから保証料を徴収して、故障時の修理・交換等の保証期間を延長するサービスについて、修理等サービスの提

供主体が物の販売者であることから、なお書基準でいう「物の製造販売に付随して」に該当し、保険業に該当しないとされた。

なお、このノーアクションレターの照会文には、総販売元がエンドユーザーに対して行う修理等サービスの業務を同種サービスの管理運営を行う業務委託先に委託していることが記載されている。この業務委託先が行う行為は保険業に該当する可能性があるが、当該行為の保険業該当性について金融庁の見解は示されていない[注42]。

(d) **兄弟会社が施工・販売した設備機器の修理等**（回答日：平成26年3月17日）

家賃保証会社（照会者）は、B社の完全子会社であるが、同じくB社の完全子会社であるA社（照会者の兄弟会社）が投資用マンション（不動産）を施工・販売する際に、当該施工・販売に含まれた換気扇等の設備機器について、発注・購入者から保険料を徴収して、設備機器の故障時に修理・交換を行う業務について、「本件業務の責任主体は照会者とされており、設備機器を含む不動産を施工・販売するA社とは異なるものの、両社はいずれもB社の完全子会社である上に、照会者はA社が施工・販売した不動産について請負代金・購入資金の一部をオーナーに対して融資する金融事業やオーナーが不動産を賃貸する際の賃貸保証事業を営むなど、両社（及び両社の親会社であるB社）は実質的に一体で不動産関連業務を営んでいるものと評価できること」等を理由に、なお書基準を適用し、保険業に該当しないとされた。つまり、物を自ら製造または販売していない第三者であっても、販売者と一定の資本関係（兄弟会社）があれば、「物の製造販売に付随して」に該当し、保険業に該当しない場合があることが示された。

(iii) **役務提供サービスの保険業該当性に関する分析**[注43]

まず、要素①～③を満たす役務提供サービスのうち、自然故障時の修理等サービスの場合は、なお書基準の適用を検討することになる。物の製造販売

注42) ノーアクションレターにおいて「本回答は、照会のあった具体的事実のうち、照会者が将来行おうとする上記行為を対象とするものであり、運営委託先等が将来行おうとするその他の行為について、「保険業」に該当しないとするものではない」とあえて記載されている。

注43) 本文基準およびなお書基準の当てはめのポイントを述べたものとして、錦野＝稲田・前掲注40) 41頁～42頁・47頁。

者と異なる第三者が行う修理等サービスについては、原則、なお書基準は適用されない。例外的に、修理等サービスの提供主体と物の製造業者または販売業者と一定の関係がある場合、例えば、親子会社や兄弟会社の場合は、なお書基準が適用される余地がある。

　この点、近時、修理等サービスの提供主体と物の製造または販売業者との間に一定の契約上の関係がある場合についても、なお書基準が適用されると解される場合がある。具体的事情によるが、物の製造または販売業者以外の者が、製造または販売業者と連帯（共同）して、顧客に対して、修理等サービスを行う場合（「共同保証スキーム」や「連帯保証スキーム」[注44]などと呼ばれている）、「物の製造販売に付随して」いるといえ、保険業に該当しないと解される場合がある。

　なお書基準に該当しない修理等サービスおよび役務提供サービス全般については、本文基準の適用を検討することになる。本文基準の適用については、同基準の各要素の検討が重要となる［各要素の内容については、(3)(i)］。今までのノーアクションレターにおける判断の傾向として、保険業に該当しないとされる場合は、「当該サービスを提供する約定の内容」や「当該サービスの提供主体・方法」の要素から、当該役務提供サービスが、提供主体が行う主たるサービスに密接に関連し付随していることが認定されている。具体的には、ガス販売に伴うガス消費機器の保証、移動通信サービスの提供に伴う携帯端末の保証など、主たるサービスに密接に関連し、付随した役務提供であることが求められている[注45]。

注44）　共同保証スキーム／連帯保証スキームに関するノーアクションレターは現時点では存在しない。

注45）　平成28年1月18日付け〔平成28年1月14日付け照会分〕ノーアクションレターで示された、光アクセス提供業者による光アクセスサービス接続機器の保証は保険業に該当しないという解釈について、IoT（Internet of Things）の発展によりおよそすべての電化製品が光アクセスと接続することになった場合、光アクセス接続機器の保証することが、光アクセスサービスの提供と密接に関連し付随する取引といえるか否かについては再考する余地があろう。この点を指摘するものとして、西羽真「第三者が実施主体となる商品保証サービスへの保険業法適用に関する一考察」損害保険研究78巻4号（2017）144頁。

第9章　保険

第2節
保険会社・保険持株会社の業務および保険会社・保険持株会社の子会社の業務に関する規制

1　保険会社の業務範囲規制

　保険会社は、固有業務（保険業97条）、付随業務（同法98条）および法定他業（同法99条。その他保険業法以外の法律で認められたもの）以外の業務を行うことができない（同法100条。他業禁止規制[注46]）[注47]。これは、保険契約者等の保護の観点から、保険会社を保険業に専念させる必要があるほか、他の事業に起因する不測のリスクが保険契約者等に波及する事態を回避する必要があるためとされている[注48]。

(1)　保険会社の固有業務

(i)　保険の引受け（保険業97条1項）
　保険会社は、生命保険業または損害保険業の免許の種類に従い、保険の引受けを行うことができる（保険業97条1項）。

(ii)　資産運用（保険業97条2項）
　保険会社が保険料として収受した金銭等の資産を運用することは、より低廉な価格による保険を提供し保険会社の経営を支えるといった観点等からして、保険業を行うに不可欠な業務であり、保険の引受けと一体不可分な業務と考えられることから、保険の引受けとともに固有業務として規定されている（保険業97条2項）[注49]。資産運用の方法については、以下の方法によらな

注46）　他業制限に違反した場合、当該保険会社の取締役等は、100万円以下の過料に処される（保険業333条1項30号）。
注47）　なお、少額短期保険業者についても、原則として少額短期保険業およびこれに付随する業務のみが許容されているが、他の保険会社または少額短期保険業者の事務の代行等については、承認を受けた上で営むことが可能である（保険業272条の11）。
注48）　安居・前掲注16）316頁。

第2節　保険会社・保険持株会社の業務および保険会社・保険持株会社の子会社の業務に関する規制

ければならない。
① 　有価証券（みなし有価証券を含む）の取得[注50]
② 　不動産の取得
③ 　金銭債権の取得
④ 　短期社債等（短期社債、短期投資法人債など）の取得
⑤ 　金地金の取得
⑥ 　金銭の貸付け
⑦ 　有価証券の貸付け
⑧ 　組合または匿名組合に係る出資
⑨ 　預金または貯金
⑩ 　金銭、金銭債権、有価証券または不動産等の信託
⑪ 　有価証券関連の市場デリバティブ取引、店頭デリバティブ取引、外国市場デリバティブ取引
⑫ 　市場デリバティブ取引、店頭デリバティブ取引、外国市場デリバティブ取引
⑬ 　金融等デリバティブ取引
⑭ 　先物外国為替取引
⑮ 　前各号に掲げる方法に準ずる方法

　また、資産運用に係る制限を、金銭等の信託により脱法することが明示的に禁止されている（保険業規49条）。これは、保険会社が信託により資産の運用を行う場合は、信託された財産について実質的に資産運用の制限が適用されることを意味する[注51]。さらに、資産運用に関する制限として、大口信用供与規制が定められている（保険業97条の2第2項・3項）[注52]・[注53]。

注49）　保険研究会編『コンメンタール保険業法』（財経詳報社、1996）155頁。
注50）　実際の保険会社による資産運用は、生損保とも有価証券の比率が7〜8割を占める。生命保険業協会「生命保険の動向〔2016年版〕」（2016）24頁、日本損害保険協会「ファクトブック2016日本の損害保険」（2016）75頁。
注51）　保険研究会編・前掲注49）158頁。
注52）　社債、株式、貸付金等による運用について、特定の者への集中を防ぐ趣旨で、総資産の額に対する上限割合が制限されている。
注53）　なお、かつて存在していた、いわゆる「3：3：2規制」（①国内株式については総資産の30％、②不動産については総資産の20％、③外貨建資産については総資産

413

(2) 保険会社の付随業務

(i) 例示された付随業務（保険業98条1項）

保険会社は、固有業務に付随する業務（以下、「付随業務」という）を行うことができる（保険業98条1項）。保険業法98条1項には、付随業務が、以下の通り例示列挙されている。

保険業法98条1項（付随業務）	
1号	他の保険会社（外国保険業者を含む）、少額短期保険業者、船主相互保険組合（船主相互保険組合法2条1項に規定する船主相互保険組合をいう）その他金融業を行う者の業務の代理または事務の代行（内閣府令で定めるもの〔保険業規51条〕に限る）[注54]
2号	債務の保証
3号	国債、地方債もしくは政府保証債（以下、この号において「国債等」という）の引受け（売出しの目的をもってするものを除く）または当該引受けに係る国債等の募集の取扱い
4号	金銭債権（譲渡性預金証書その他の内閣府令〔保険業規52条〕で定める証書をもって表示されるものを含む）の取得または譲渡（資産の運用のために行うものを除く）
4号の2	特定目的会社が発行する特定社債（特定短期社債を除き、資産流動化計画において当該特定社債の発行により得られる金銭をもって指名金銭債権または指名金銭債権を信託する信託の受益権のみを取得するものに限る）その他これに準ずる有価証券として内閣府令（保険業規52条の2）で定めるもの（以下、この号において「特定社債等」という）の引受け（売出しの目的をもってするものを除く）または当該引受けに係る特定社債等の募集の取扱い
4号の3	短期社債等（短期社債等の振替に関する法律2条2項に規定する短期社債等をいう）の取得または譲渡（資産の運用のために行うものを除く）

の30％、④債権、貸付金および貸付有価証券については総資産の10％などといったリスクの高い資産での運用額の上限規制）は、施行規則の改正により、現在は廃止されている。

[注54] 1号に規定する保険業等の業務の代理または事務の代行（以下、「業務代理等」という）に関しては、原則として、事前に内閣総理大臣（金融庁長官）の認可を受けることを要する（保険業98条2項）。ただし、子会社または一定の密接な関係を有する者に係る業務代理等については届出で足りる。

第2節　保険会社・保険持株会社の業務および保険会社・保険持株会社の子会社の業務に関する規制

5号	有価証券（第4号に規定する証書をもって表示される金銭債権に該当するものおよび短期社債等を除く）の私募の取扱い
6号	デリバティブ取引（資産の運用のために行うものおよび有価証券関連デリバティブ取引に該当するものを除く。次号において同じ）であって内閣府令（保険業規52条の2の2）で定めるもの（4号に掲げる業務に該当するものを除く）
7号	デリバティブ取引（内閣府令〔保険業規52条の2の2〕で定めるものに限る）の媒介、取次ぎまたは代理
8号	金利、通貨の価格、商品の価格、算定割当量（地球温暖化対策の推進に関する法律2条6項に規定する算定割当量その他これに類似するものをいう）の価格その他の指標の数値としてあらかじめ当事者間で約定された数値と将来の一定の時期における現実の当該指標の数値の差に基づいて算出される金銭の授受を約する取引またはこれに類似する取引であって内閣府令（保険業規52条の3第1項）で定めるもの（次号において「金融等デリバティブ取引」という）のうち保険会社の経営の健全性を損なうおそれがないと認められる取引として内閣府令（同条2項）で定めるもの（資産の運用のために行うものならびに4号および6号に掲げる業務に該当するものを除く）
9号	金融等デリバティブ取引の媒介、取次ぎまたは代理（7号に掲げる業務に該当するものおよび内閣府令〔保険業規52条の3第3項〕で定めるものを除く）
10号	有価証券関連店頭デリバティブ取引（当該有価証券関連店頭デリバティブ取引に係る有価証券が4号に規定する証書をもって表示される金銭債権に該当するものおよび短期社債等以外のものである場合には、差金の授受によって決済されるものに限る。次号において同じ）（資産の運用のために行うものを除く）
11号	有価証券関連店頭デリバティブ取引の媒介、取次ぎまたは代理
12号	機械類その他の物件を使用させる契約であって次に掲げる要件の全てを満たすものに基づき、当該物件を使用させる業務 イ　契約の対象とする物件（以下、この号において「リース物件」という）を使用させる期間（以下、この号において「使用期間」という）の中途において契約の解除をすることができないものであることまたはこれに準ずるものとして内閣府令（保険業規52条の3の2第1項）で定めるものであること。 ロ　使用期間において、リース物件の取得価額から当該リース物件の使用期間の満了の時において譲渡するとした場合に見込まれるその譲渡対価の額に相当する金額を控除した額および固定資産税に相当する額、保険

415

	料その他当該リース物件を使用させるために必要となる付随費用として内閣府令（保険業規52条の3の2第2項）で定める費用の合計額を対価として受領することを内容とするものであること。 ハ　使用期間が満了した後、リース物件の所有権またはリース物件の使用および収益を目的とする権利が相手方に移転する旨の定めがないこと。
13号	前号に掲げる業務の代理または媒介

(ⅱ)　その他の付随業務

　前記の通り、保険業法98条1項各号に掲げる付随業務は、例示列挙である。同項各号に掲げる業務以外の業務についても、「その他の付随業務」として行うことができる場合がある。例えば、保険監督指針上、従来から固有業務と一体となって実施することを認められてきたコンサルティング業務[注55]、ビジネスマッチング業務[注56]、および事務受託業務[注57]は、「その他の付随業務」に該当するものであることが明確化されている（監督指針（保険）Ⅲ-2-12-1(2)「その他付随業務」の取扱い）。

　これらの業務以外が付随業務に該当するか否かについては、以下の保険監督指針に定められた観点を総合的に勘案して判断することになる（監督指針（保険）Ⅲ-2-12-1(2)）。なお、「総合的に考慮」することが求められているのであり、①から④のすべてを充足しなければならないわけではない。

> 保険監督指針Ⅲ-2-12-1
> (2)　上記(1)に定められている業務[注58]以外の業務（余剰能力の有効活用を目的として行う業務を含む。）が、「その他の付随業務」の範疇にあるかどうかの判断にあたっては、法第100条において他業が禁止されているこ

[注55]　取引先企業に対し株式公開等に向けたアドバイスを行うこと、個人の財産形成に関する相談に応じる業務も含まれる（監督指針（保険）Ⅲ-2-12-1(1)注1・注2）。

[注56]　引受証券会社に対し株式公開等が可能な取引先企業を紹介する行為、勧誘せず単に顧客を証券会社に対し紹介する行為、有価証券関連業を行う金融商品取引業者等への投資信託委託会社または資産有用会社の紹介に係る業務も含まれる（監督指針（保険）Ⅲ-2-12-1(1)注1・注3）。

[注57]　保険代理店や同一グループ内の企業等に対して行う事務支援業務については、当該保険会社が行っている業務に関するものであれば、この業務に含まれる（監督指針（保険）Ⅲ-2-12-1(1)注4）。

> とに十分留意し、以下のような観点を総合的に考慮した取扱いとなっているか。
> ① 当該業務が、法第97条及び第98条第1項各号に掲げる業務に準ずるか。
> ② 当該業務の規模が、その業務が付随する固有業務の規模に対して過大なものとなっていないか。
> ③ 当該業務について、保険業との機能的な親近性やリスクの同質性が認められるか。
> ④ 保険会社が固有業務を遂行する中で正当に生じた余剰能力の活用に資するか。

また、ノーアクションレター制度によって、以下の業務については、保険業法98条1項に定める「その他の業務」に該当する旨の回答がある。
・団体長期障害所得補償保険（被保険者の病気や傷害による所得喪失を長期にわたって保証する保険で、企業を契約者として、従業員を被保険者とする保険）の契約者である企業に対し、従業員の就業傷害の防止を目的としたカウンセリングを行う専門業者を斡旋（紹介）する業務（2005年1月21日回答）
・海外旅行傷害保険の契約者に対し、海外における危機管理・危機時対応サービスを行う専門業者を斡旋（紹介）する業務（2005年7月25日回答）
・保険契約者または被保険者から、保険金受取人等に宛てたメッセージを預かり、保険金受取人等がインターネットを経由して閲覧を求めた場合に、当該メッセージを受取人等に開示するというサービスを行う業務（2007年1月25日回答）

(3) 保険会社の法定他業

(i) 保険業法に規定される法定他業（保険業99条）

保険会社は、固有業務および付随業務のほか、固有業務の遂行を妨げない限度で、一定の業務を行うことが認められている（保険業99条）。これらの特

注58) 保険会社が、従来から固有業務と一体となって実施することを認められてきたコンサルティング業務、ビジネスマッチング業務、事務受託業務を指す。

に法律で認められた業務は法定他業と呼ばれる。法定他業としては、以下の業務が限定列挙されており、同業務を行うためには、事前に金融庁長官の認可を受ける必要がある（同条4項・5項）。

保険業法99条（法定他業）	
有価証券関連業務等（1項）	金商法33条2項各号に掲げる有価証券または取引について、同項各号に定める行為を行う業務（98条1項の規定により行う業務を除く）および当該業務に付随する業務として内閣府令（保険業規52条の4）で定める業務
社債等の募集・管理の受託業務等（2項）	1　地方債または社債その他の債券の募集または管理の受託 2　担保付社債信託法により行う担保付社債に関する信託業務 3　金商法28条6項に規定する投資助言業務 4　算定割当量を取得し、もしくは譲渡することを内容とする契約の締結またはその媒介、取次ぎもしくは代理を行う業務（98条1項の規定により行う業務を除く）であって、内閣府令（保険業規52条の4の2）で定める業務 5　資金決済に関する法律2条2項に規定する資金移動業
保険金信託業務（3項）	その支払う保険金について、信託の引受けを行う業務

(ii) 保険業法以外に規定される法定他業（保険業100条）

保険会社は、「他の法律により行う業務」（保険業100条）を行うことができ、そこでいう「他の法律により行う業務」としては、自動車損害賠償保障法77条の規定に基づき、政府から委託を受けて行う自動車損害賠償保証事業がある。

(4) 外国保険会社等の業務範囲

保険会社に係る業務範囲規制は、外国保険会社等[注59]の支店等[注60]にも準用されている（保険業199条）。そのため、外国の保険会社の日本支店は、固有業務（同法97条）、付随業務（同法98条）および法定他業（同法99条、その他

注59）　外国保険会社等とは、外国保険業者のうち保険業法185条1項の免許を受けたものをいう（保険業2条7項）。

注60）　支店等とは、外国保険業者の日本における支店、従たる事務所その他の事務所または外国保険業者の委託を受けて当該外国保険業者の日本における保険業に係る保険の引受けの代理をする者の事務所をいう（保険業185条1項）。

保険業法以外の法律で認められたもの）以外の業務を行うことができない。

(5) 保険持株会社の業務範囲

保険持株会社とは、保険会社を子会社とする持株会社であって、保険業法271条の18第1項の認可を受けて設立され、または同項もしくは同項3項ただし書の認可を受けているものをいう。ここにいう「持株会社」とは、貸借対照表上の国内の子会社（議決権の過半数を有する会社）の株式の価額の合計額が、総資産の50％を超える会社をいう（保険業2条16項、独禁9条4項1号）。

保険持株会社は、その子会社の経営管理およびこれに附帯する業務のほか、他の業務を営むことができない（保険業271条の21第1項）。経営管理とは、保険持株会社が子会社の経営方針を策定し、株主権の行使によって選任した子会社の取締役に業務を執行させることによって、保険会社を含めた子会社の業務を実質的に管理・監督することを意味する[注61]。また、これに附帯する業務とは、子会社のために資金調達をすること、営業用ソフトや不動産の子会社への貸付けを行うことなどが該当すると考えられる[注62]。

2　保険会社および保険持株会社の子会社に関する規制

(1) 保険業法上の子会社

保険業法上、子会社とは、会社が総株主（総出資者）の議決権（保険業法上「総株主等の議決権[注63]」と定義されている）の50％超の議決権を保有する他の会社をいう（保険業2条12項）。さらに、①当該保険会社がその子会社（複数の場合も含む）との合算で50％超の議決権を保有する会社、または②当該保険会社の子会社（複数の場合も含む）が50％超の議決権を保有する会社の

注61)　安居・前掲注16）810頁。
注62)　銀行持株会社についてはこのような考え方が採られている（木下信行『解説改正銀行法——銀行経営の新しい枠組み』〔日本経済新聞社、1999〕171頁）。
注63)　保険業2条11項。なお、株式会社にあっては、株主総会において決議をすることができる事項の全部につき議決権を行使することができない株式についての議決権を除き、会社法879条3項（特別清算事件の管轄）の規定により議決権を有するとみなされる株式についての議決権を含む。

いずれもが子会社とみなされる(以下、「みなし子会社」という。保険業2条12項)。そのため、保険会社が、子会社(みなし子会社を含む)を通じて保有する場合を含め、ある会社の総株主等の議決権の過半数を有する場合、当該会社は保険会社の子会社に当たる。

(2) 保険会社の子会社の業務範囲

保険会社は、以下に列挙された子会社対象会社以外の会社を子会社としてはならない。

子会社対象会社(保険業106条1項)	
(1)	生命・損害保険会社、少額短期保険業者
(2)	銀行、長期信用銀行
(3)	資金移動専門会社
(4)	証券専門会社、証券仲介専門会社
(5)	信託専門会社
(6)	保険業・銀行業・有価証券関連業・信託業を行う外国会社
(7)	従属業務子会社・金融関連業務子会社
(8)	新規事業分野開拓会社・事業再生会社
(9)	(1)から(8)までおよび(10)に掲げる子会社対象会社のみを子会社とする持株会社
(10)	(1)から(9)までに掲げる会社のみを子会社とする外国持株会社

(i) 生命・損害保険会社、少額短期保険業者

生命保険会社は損害保険会社や少額短期保険業者を子会社とすることができ、損害保険会社も生命保険会社や少額短期保険業者を子会社とすることができる(保険業106条1項1号から2の2号)。

なお、少額短期保険業者についても、業務範囲規制が課されており、少額短期保険業および付随業務のほか、他の業務を行うことができず(保険業272条の11)、子会社の範囲も制限されている(同法272条の14)。

(ii) 銀行、長期信用銀行

保険会社は、銀行および長期信用銀行(現時点では存在しない)を子会社とすることができる(保険業106条1項3号および4号)。

第2節　保険会社・保険持株会社の業務および保険会社・保険持株会社の子会社の業務に関する規制

(iii) 資金移動専門会社

「資金移動専門会社」とは、資金決済法2条3項に規定する資金移動業者であって、内閣府令（保険業56条1項）で定める業務を専ら[注64]営むものをいう（保険業106条1項4の2号）。保険業法施行規則56条1項は、①保険業法施行規則56条の2第1項各号に掲げる業務、および②同条2項各号に掲げる業務を挙げている。詳細には、①については同条1項各号に掲げる業務であって、金融庁長官が定める基準[注65]により「主として」保険会社、その子会社等のグループ会社の行う業務のために営むものという要件が課されている。具体的には、ⅰ各事業年度における総収入に対する当該業務に係る収入の額の合計額の割合が50％以上であること、ⅱ各事業年度において当該業務につき、当該保険会社グループのいずれかからの収入があることが求められる。②については銀行専門関連業務（同規則56条の2第2項34号の3・35号）、証券専門関連業務（同項36号～40号）、および信託専門関連業務（同項41号～45号）を営むためには、それぞれ銀行子会社等、証券子会社等、および信託子会社等を有する場合に限られている。

(iv) 証券専門会社、証券仲介専門会社

「証券専門会社」とは、金融商品取引業者（金商2条9項）であって以下の業務を専ら行う者をいう（保険業106条1項5号、保険業規56条2項）。

① 有価証券関連業（金商28条8項）
② 一定の付随業務（同法35条1項1号～10号・13号など）
③ 一定の従属業務（保険業規56条の2第1項各号〔親会社となる保険会社のために投資を行う業務を規定する同項23号を除く〕）に掲げる業務で、主と

注64) なお、子会社対象会社のうち、前記の資金移動専門会社など一定のものについては、保険業法や施行規則により「内閣府令で定める業務を専ら営む」という要件が課されている。保険会社の子会社について業務範囲を制限する規制の主な趣旨は、子会社で実施する他事業のリスクから保険会社を隔離するという、他業禁止の趣旨と同じところにある。そのため、例えば保険会社や銀行等それ自体に他業禁止が課されている業態以外の場合、「専ら」という要件によって、許される範囲以外の他業のリスクが遮断されることになる。

注65) 「保険会社等の従属業務を営む会社が主として保険会社若しくは保険持株会社又はそれらの子会社等のために従属業務を営んでいるかどうかの基準」金融庁告示38号（平成14年3月29日）。本節で「主として」と述べる場合も同基準による。

して保険会社またはその子会社等の営む業務

④　一定の金融関連業務（保険業規56条2項各号に掲げる業務。ただし、銀行専門関連業務・証券専門関連業務、信託専門関連業務は、それぞれ銀行子会社等、証券子会社等、信託子会社等を有する場合に限られる）

「証券仲介専門会社」とは、金融商品仲介業者（金商2条12項）のうち、金融商品仲介業[注66]のほか、金融商品仲介業に付随する業務その他の内閣府令で定める業務を専ら行う者をいう（保険業106条1項6号、保険業規56条3項）。

(v)　**信託専門会社**

「信託専門会社」とは、信託会社（信託業2条2項）のうち、信託業務[注67]を専ら営む会社をいう（保険業106条1項7号）。

(vi)　**保険業・銀行業・有価証券関連業・信託業を行う外国会社**

保険会社は、保険業（保険業2条1項）、銀行業（銀行2条2項）、有価証券関連業（金商28条8項）、および信託業（信託業2条1項）を行う外国の会社を子会社とすることができる（保険業106条1項8号～11号）。

これら外国の会社の業務範囲についても、国内の子会社等と同様の業務範囲の考え方が適用される。特に、保険業を行う外国の会社が行う業務については、現地監督当局が容認するものは、法（筆者注・保険業法）の趣旨を逸脱しない限り原則として容認される（監督指針（保険）Ⅲ-2-2-4(1)）。なお、保険業等を行う外国の会社を子会社とするための認可申請では、以下の事項が明確に記載されている必要がある[注68]。

①　保険業を行う外国の会社等が、子会社対象会社以外の会社を子会社としているかどうかの別

②　①に記載する会社を子会社としている場合には、当該会社の営む業務

注66)　イ　金融商品取引法2条11項1号に掲げる行為
　　　　ロ　金融商品取引法2条17項に規定する取引所金融商品市場又は同条8項3号ロに規定する外国金融商品市場における有価証券の売買の委託の媒介（ハに掲げる行為に該当するものを除く。）
　　　　ハ　金融商品取引法28条8項3号又は5号に掲げる行為の委託の媒介
　　　　ニ　金融商品取引法2条11項3号に掲げる行為
注67)　兼営法1条1項に規定する信託業務。
注68)　監督指針（保険）Ⅲ-2-2-4(3)。

の内容ならびに当該会社の最近の財産および損益の状況[注69]

③ ①に記載する会社を子会社とした日から5年以内に、当該会社を子会社でなくなるようにするために講ずることを予定している所要の措置の内容

(vii) 従属業務子会社・金融関連業務子会社

(a) 従属業務子会社

保険会社は、従属業務（保険業106条2項1号）を行う会社を子会社とすることができる（同条1項12号）。従属業務とは、保険会社、少額短期保険業者、銀行、長期信用銀行、資金移動専門会社、証券専門会社、証券仲介専門会社、信託専門会社ならびに保険業、銀行業、有価証券関連業および信託業を営む外国の会社の行う業務に従属する業務として、施行規則に掲げられている以下の業務（保険業規56条の2第1項）をいう。

従属業務（保険業規56条の2第1項）	
(1)	他の事業者の役員または職員のための福利厚生に関する事務を行う業務
(2)	他の事業者の事務の用に供する物品の購入または管理を行う業務
(3)	他の事業者の事務に係る文書、証票その他の書類の印刷または製本を行う業務
(4)	他の事業者の業務に関する広告または宣伝を行う業務
(5)	他の事業者のための自動車の運行または保守、点検その他の管理を行う業務
(6)	他の事業者の業務に関し必要となる調査または情報の提供を行う業務（(9)に該当するものを除く）
(7)	他の事業者の現金自動支払機等の保守、点検その他の管理を行う業務
(8)	他の事業者の業務に係る契約の締結についての勧誘または当該契約の内容に係る説明を行う葉書または封書の作成または発送を行う業務
(9)	他の事業者の行う資金の貸付けその他の信用供与に係る債権の担保の目

注69) なお、保険会社の財務の健全性に悪影響を与えるおそれがある場合、子会社対象会社以外の会社の業務内容が公の秩序または善良の風俗を害し、保険業を行う外国の会社等の社会的信用を失墜させるおそれがある場合その他保険業を行う外国の会社等が当該子会社対象会社以外の会社の業務の適正性を確保するよう子会社管理業務を的確かつ公正に遂行できることが確認できない場合は、同項の認可をすることができないことに留意が必要である。

	的となる財産の評価、当該担保の目的となっている財産の管理その他当該財産に関し必要となる事務を行う業務
(9-2)	他の事業者が資金の貸付けその他の信用供与に係る債権の回収のために担保権を実行する必要がある場合に、当該他の事業者のために当該債権の担保の目的となっている財産（不動産を除く）の売買の代理または媒介を行う業務
(10)	他の事業者の行う資金の貸付け（住宅の購入に必要な資金の貸付けその他の消費者に対する資金の貸付けに限る）に関し相談に応ずる業務または当該資金の貸付けに係る事務の取次ぎその他当該資金の貸付けに関し必要となる事務を行う業務
(11)	他の事業者の行う外国為替取引、信用状もしくは旅行小切手に関する業務または輸出入その他の対外取引のため直接必要な資金に関する貸付け、手形の割引、債務の保証もしくは手形の引受けに関し必要となる事務を行う業務
(12)	他の事業者の事務に係る計算を行う業務
(13)	他の事業者の事務に係る文書、証票その他の書類の作成、整理、保管、発送または配送を行う業務
(14)	他の事業者と当該他の事業者の顧客との間の事務の取次ぎを行う業務
(15)	労働者派遣事業の適正な運営の確保及び派遣労働者の保護等に関する法律　2条3号に規定する労働者派遣事業または職業安定法30条1項の規定に基づき許可を得て行う職業紹介事業
(16)	他の事業者のために電子計算機に関する事務を行う業務（電子計算機を使用することにより機能するシステムの設計もしくは保守またはプログラムの設計、作成、販売〔プログラムの販売に伴い必要となる附属機器の販売を含む〕もしくは保守を行う業務を含む）
(17)	他の事業者の役員または職員に対する教育または研修を行う業務
(18)	他の事業者の所有する不動産（原則として、当該他の事業者から取得した不動産を含む。以下(18)において同じ）の賃貸または他の事業者の所有する不動産もしくはそれに付随する設備の保守、点検その他の管理を行う業務
(19)	他の事業者の現金、小切手、手形または有価証券の輸送を行う業務（(20)および(21)に該当するものを除く）
(20)	他の事業者の主要な取引先に対する現金、小切手、手形または証書の集配を行う業務
(21)	他の事業者の主要な取引先との間で当該他の事業者の業務に係る有価証券の受渡しを行う業務

第2節　保険会社・保険持株会社の業務および保険会社・保険持株会社の子会社の業務に関する規制

(22)	他の事業者のために現金、小切手、手形または有価証券を整理し、その金額もしくは枚数を確認し、または一時的にその保管を行う業務
(23)	自らを子会社とする保険会社のために投資を行う業務
(24)	自らを子会社とする保険会社、その子会社である保険会社、銀行または長期信用銀行（以下(24)において「親保険会社等」という）が資金の貸付けその他の信用供与に係る債権の回収のために担保権を実行する必要がある場合に、当該親保険会社等のために当該債権の担保の目的となっている財産を適正な価格で購入し、ならびに購入した財産の所有および管理その他当該財産に関し必要となる事務を行う業務
(25)	その他前各号に掲げる業務に準ずるものとして金融庁長官が定める業務
(26)	前各号に掲げる業務に附帯する業務（当該各号に掲げる業務を営む者が営むものに限る）

　従属業務を営む会社にあっては、金融庁長官が定める基準により、「主として」当該保険会社またはその子会社（以下本(a)で「グループ会社」という）の営む業務のためにその業務を営むものという要件が課されている[注70]。具体的には、概要、①各事業年度の総収入の50％がグループ会社からの収入であり、かつ②各事業年度において当該業務につき、当該保険会社グループ内の保険会社からの収入があることが求められる[注71]。

(b)　金融関連業務子会社

　保険会社は、金融関連業務（保険業106条2項2号）を行う会社を子会社とすることができる（同条1項12号）。金融関連業務とは、保険業、銀行業、有価証券関連業または信託業に付随・関連する業務として、施行規則に掲げられている以下の業務（保険業規56条の2第2項）をいう。

注70)　前掲注65）参照。「保険会社等の従属業務を営む会社が主として保険会社若しくは保険持株会社又はそれらの子会社等のために従属業務を営んでいるかどうかの基準」（金融庁告示第38号平成14年3月29日）。
注71)　なお、従属業務の表の(23)自らを子会社とする保険会社のために投資を行う業務については、①当該保険会社およびその子会社（当該保険会社により総株主等の議決権の総数を保有されているものに限る）により、その総株主等の議決権の総数を保有されている会社であること、かつ②当該会社の資金調達額の総額の50％以上の額について当該保険会社およびその子会社（当該保険会社により総株主等の議決権の総数を保有されている者に限る）が資金を供給している会社であることが求められる。

金融関連業務（保険業規56条の２第２項）		
(1)		保険会社（外国保険業者を含む）もしくは少額短期保険業者の保険業または船主相互保険組合の損害保険事業に係る業務の代理（(2)に掲げる業務に該当するものを除く）または事務の代行
(2)		保険募集
(3)		保険事故その他の保険契約に係る事項の調査を行う業務
(4)		保険募集を行う者の教育を行う業務
(5)		保険業法98条１項に規定する業務（同項１号および12号に掲げる業務、有価証券関連業その他金融庁長官が定める業務に該当するものを除く）
(5-2)		債権管理回収業に関する特別措置法２条２項に規定する債権管理回収業および同法12条各号に掲げる業務（同条２号に規定する業務を行う場合にあっては、金融庁長官の定める基準をすべて満たす場合に限る）
(5-3)		確定拠出年金法２条７項に規定する確定拠出年金運営管理業または同法61条１項各号に掲げる事務を行う業務
(5-4)		保険会社からの委託を受けて金商令15条の21第２項各号（特定金融商品取引業務を行う者）に掲げる者（役員または使用人として所属している者に限る）が行う金商法33条の８第２項（信託業務を営む場合等の特例等）に規定する特定金融商品取引業務を支援する業務
(6)		老人福祉施設等（老人福祉法５条の３に規定する老人福祉施設および同法29条１項に規定する有料老人ホームをいう）に関する役務その他老人、身体障害者等の福祉に関する役務の提供を行う業務
(6-2)		保育所等（児童福祉法39条１項に規定する保育所もしくは同法59条１項に規定する施設のうち同法39条１項に規定する業務を目的とするもの〔児童福祉法施行規則49条の２各号に掲げるものを除く〕または就学前の子どもに関する教育、保育等の総合的な提供の推進に関する法律２条６項に規定する認定こども園をいう）に関する役務の提供を行う業務
(7)		健康の維持もしくは増進のための運動を行う施設または温泉を利用して健康の維持もしくは増進を図るための施設の運営を行う業務
(8)		事故その他の危険の発生の防止もしくは危険の発生に伴う損害の防止もしくは軽減を図るため、または危険の発生に伴う損害の規模等を評価するための調査、分析または助言を行う業務
(9)		健康、福祉または医療に関する調査、分析または助言を行う業務
(10)		主として保険持株会社、子会社対象会社（保険業106条１項に規定する子会社対象会社をいう。(30)および(35)において同じ）に該当する会社もしくは保険募集人の業務または事業者の財務に関する電子計算機のプ

第2節　保険会社・保険持株会社の業務および保険会社・保険持株会社の子会社の業務に関する規制

	ログラムの作成もしくは販売（プログラムの販売に伴い必要となる附属機器の販売を含む）を行う業務および計算受託業務（(35)に該当するものを除く）
(10-2)	確定給付企業年金法2条1項に規定する確定給付企業年金その他これに準ずる年金に係る掛金または給付金等の計算に関する業務および書類等の作成または授受に関する業務
(11)	保険契約者からの保険事故に関する報告の取次ぎを行う業務または保険契約に関し相談に応ずる業務
(12)	自動車修理業者等のあっせんまたは紹介に関する業務
(12-2)	古物営業法2条2項3号に規定する古物競りあっせん業（自動車〔その部分品を含む〕に係るものに限る。）
(13)	金銭の貸付けまたは金銭の貸借の媒介（手形の割引、売渡担保その他これらに類する方法によってする金銭の交付または当該方法によってする金銭の授受の媒介を含む）であって業として行うもの（(34)、(34-2)および(34-3)に該当するものを除く）
(13-2)	金銭の貸付け以外の取引に係る業務であって、金銭の貸付けと同視すべきもの（宗教上の規律の制約により利息を受領することが禁じられており、かつ、当該取引が金銭の貸付け以外の取引であることにつき宗教上の規律について専門的な知見を有する者により構成される合議体の判定に基づき行われるものに限る）
(14)	有価証券の貸付け
(15)	地方債または社債その他の債券の募集または管理の受託
(16)	国、地方公共団体、会社等の金銭の収納その他金銭に係る事務の取扱い
(17)	金商法2条8項7号・13号および15号に掲げる行為を行う業務
(18)	（削除）
(19)	商品投資に係る事業の規制に関する法律2条3項に規定する商品投資顧問業
(20)	それを提示しもしくは通知して、またはそれと引換えに特定の販売業者または役務提供事業者から商品もしくは権利を購入しまたは役務の提供を受けることができるカードその他の物または番号、記号その他の符号（以下、(20)および(21)において「カード等」という）をこれにより商品もしくは権利を購入しようとする者または役務の提供を受けようとする者（以下、(20)および(21)において「利用者」という）に交付しまたは付与し、当該利用者がそのカード等を提示しもしくは通知して、またはそれと引換えに特定の販売業者または役務提供事業者から商品もしくは権利を購入しまたは役務の提供を受けたときは、当該利用者から当該

	商品もしくは当該権利の代金または当該役務の対価に相当する額を受領し、当該販売業者または当該役務提供事業者に当該金額の交付（当該販売業者または当該役務提供事業者以外の者を通じた当該販売業者または当該役務提供事業者への交付を含む）をする業務
(21)	利用者がカード等を利用することなく特定の販売業者または役務提供事業者からの商品もしくは権利の購入または役務の提供を条件として、当該販売業者または当該役務提供事業者に当該商品もしくは当該権利の代金または当該役務の対価に相当する額の交付（当該販売業者または当該役務提供事業者以外の者を通じた当該販売業者または当該役務提供事業者への交付を含む）をし、当該利用者から当該金額を受領する業務
(22)	資金決済法3条4項に規定する自家型前払式支払手段を発行する業務もしくは同条5項に規定する第三者型前払式支払手段を発行する業務またはこれらの前払式支払手段を販売する業務
(23)	機械類その他の物件を使用させる業務（金融庁長官が定める基準により主として保険業法98条1項12号に掲げる業務が行われる場合に限る）
(24)	次に掲げる行為により他の株式会社に対しその事業に必要な資金を供給する業務 イ　当該会社に対し資金の貸付けを行うこと。 ロ　当該会社の発行する社債（保険業法98条6項1号に掲げる短期社債を除く）を取得すること。 ハ　当該会社の発行する新株予約権を取得すること。 ニ　株式に係る配当を受け取ることまたは株式に係る売却益を得ることを目的として当該会社の発行する株式を取得すること。 ホ　イからニまでに掲げるいずれかの行為を行うことを目的とする民法667条1項に規定する組合契約または投有責法3条1項に規定する投資事業有限責任組合契約を締結すること。
(25)	投資信託委託会社または資産運用会社として行う業務（外国においてはこれらと同種類のもの。投資信託委託会社がその運用の指図を行う投資信託財産または資産運用会社が資産の運用を行う投資法人の資産に属する不動産の管理を行う業務を含む）
(26)	投資助言業務（金商法28条6項に規定する投資助言業務をいう）または投資一任契約に係る業務
(26-2)	投信令3条1号・2号および6号から8号までに掲げる資産に対する投資として、他人のため金銭その他の財産の運用（その指図を含む）を行う業務（(17)、(25)および(26)に該当するものを除く）
(26-3)	他の事業者の事業の譲渡、合併、会社の分割、株式交換もしくは株式移転に関する相談に応じ、またはこれらに関し仲介を行う業務

第2節　保険会社・保険持株会社の業務および保険会社・保険持株会社の子会社の業務に関する規制

(27)	他の事業者の経営に関する相談に応ずる業務
(28)	金融その他経済に関する調査または研究を行う業務
(29)	個人の財産形成に関する相談に応ずる業務
(30)	主として保険持株会社または子会社対象会社に該当する会社その他金融庁長官の定める金融機関の業務に関するデータまたは事業者の財務に関するデータの処理を行う業務およびこれらのデータの伝送役務を提供する業務
(31)	手形の引受け
(32)	有価証券、貴金属その他の物品の保護預り
(33)	両替
(33-2)	保険業法99条2項4号に掲げる業務
(33-3)	電子記録債権法51条1項に規定する電子債権記録業
(34)	銀行、長期信用銀行または信用金庫、信用協同組合もしくは労働金庫（これらの法人をもって組織する連合会を含む）の業務（(41)に該当するものを除く）の代理または媒介
(34-2)	農業協同組合もしくは農業協同組合連合会が行う農業協同組合法11条2項に規定する信用事業（(41)に該当するものを除く）、漁業協同組合もしくは漁業協同組合連合会もしくは水産加工業協同組合もしくは水産加工業協同組合連合会が行う水産業協同組合法11条の4第2項に規定する信用事業（(41)に該当するものを除く）または農林中央金庫の業務（(41)に該当するものを除く）の代理または媒介
(34-2-2)	資金移動業者が営む資金移動業の代理または媒介
(34-3)	銀行業を営む外国の会社の業務の代理または媒介（国内において営む場合にあっては、有価証券の保護預り、顧客からの指図に基づく有価証券の取引に関する決済、当該保管している有価証券に係る利金等の授受、指図に基づく当該保管している有価証券の第三者への貸付けもしくは当該保管している有価証券の指図に基づく権利の行使またはこれらに附帯する業務の媒介に限る）
(35)	主として銀行持株会社、長期信用銀行持株会社もしくは子会社対象会社に該当する会社（銀行、長期信用銀行または銀行業を営む外国の会社に限る）の業務に関する電子計算機のプログラムの作成または販売（プログラムの販売に伴い必要となる附属機器の販売を含む）を行う業務および計算受託業務
(36)	有価証券の所有者と発行者との間の当該有価証券に関する事務の取次ぎ

第9章　保険

	を行う業務
(37)	有価証券に関する顧客の代理
(38)	株式会社の株式の発行による事業資金の調達を容易にすることを目的として当該株式会社に係る広告、宣伝または調査を行う業務その他当該株式会社に対する投資者の評価を高めることに資する業務
(39)	有価証券に関連する情報の提供または助言（(36)および(38)に該当するものを除く）
(40)	民法667条1項に規定する組合契約または商法535条に規定する匿名組合契約の締結の媒介、取次ぎまたは代理を行う業務（有価証券関連業に該当するものを除く）
(41)	信託業法2条8項に規定する信託契約代理業（兼営令3条2号および兼営規3条1項2号に掲げるものを除く）
(42)	（削除）
(43)	財産の管理に関する業務（(5)に掲げる業務に該当するものを除き、当該業務を営む会社の議決権を保有する信託子会社等が受託する信託財産と同じ種類の財産につき、業務方法書に規定する信託財産の管理の方法と同じ方法により管理を行うものに限る）および当該業務に係る代理事務
(44)	兼営法1条1項4号から7号までに掲げる業務（(19)、(43)、兼営令3条3号ならびに兼営規3条1項3号および4号に掲げる業務に該当するものを除き、当該業務を行う会社を子会社とする保険会社または当該業務を行う会社を子会社とする保険持株会社の子会社である保険会社の信託子会社等のうちに信託兼営銀行に相当するものがない場合における当該業務の範囲については、当該信託子会社等が信託業法21条2項の承認を受けた業務に係るものに限る）
(45)	信託を引き受ける場合におけるその財産（不動産を除く）の評価に関する業務
(46)	その他前各号に掲げる業務に準ずるものとして金融庁長官が定める業務
(47)	前各号に掲げる業務に附帯する業務（当該各号に掲げる業務を営む者が営むものに限る）

(viii)　新規事業分野開拓会社・事業再生会社（新規事業分野開拓会社等）

　新規事業分野開拓会社等とは、上場会社・店頭登録会社を除く、保険業法施行規則56条5項各号に掲げられている株式会社をいい、いわゆるベンチャー・ビジネス企業や地域再生に関する再生企業などが該当する。

なお、当該新規事業分野開拓会社等の議決権を、当該保険会社またはその子会社（いわゆるベンチャー・キャピタルを除く）が合算して10％を超えて保有していないものに限られる（保険業106条1項13号括弧書、保険業規56条9項）ため、ベンチャー・キャピタルを通じた子会社の保有が求められている。

(ix) (ⅰ)から(ⅷ)までおよび(x)に掲げる子会社対象会社のみを子会社とする持株会社

保険会社は、一定の子会社対象会社のみを子会社とする持株会社（川下持株会社）を子会社とすることができる。持株会社は、その業務範囲およびその子会社とすることができる会社の範囲に制限がある（保険業規56条10項）。また、当該持株会社が従属業務を営む場合にあっては、当該業務は、主として保険会社またはその子会社等の行う業務のために営むものでなければならない。

(x) (ⅰ)から(ix)までに掲げる会社のみを子会社とする外国持株会社

保険会社の海外展開に係る規制緩和として、従来子会社対象会社として認められていた保険会社を子会社とする外国持株会社に加え、他の海外の子会社対象会社を子会社とする外国持株会社についても、子会社とすることが可能となっている。

(3) 担保権の実行等に係る特例

子会社対象会社以外の会社が、担保権実行などのように当該保険会社の意思によらない手法[注72]により、保険会社の子会社となった場合には、前記(2)の規制は適用されない。もっとも、1年以内に子会社でなくなるよう措置を講じなければならない（保険業106条3項）。

(4) 海外展開に係る特例

前記(2)の通り、保険会社は、保険業・銀行業・有価証券関連業・信託業・従属業務／金融関連業務を行う外国の会社や、子会社対象会社を子会社とす

注72) 担保権の実行による株式等の取得、新規事業分野開拓会社等の株式等の取得（保険業106条3項）に加え、代物弁済による取得などの事由が保険業法施行規則57条1項に掲げられている。

る国内外の持株会社を子会社とすることができる。もっとも、これらの会社が、現に子会社対象会社以外の外国の会社を子会社としている場合が想定される。特に、日本以外の主要な法域では、保険会社の子会社に関する業務範囲規制が原則として課されていない[注73]ことから、仮に保険業を営む外国の会社を子会社とする場合でも、このような事態が起こる可能性は高い。

そこで、保険会社は、保険業・銀行業・有価証券関連業・信託業・従属業務／金融関連業務を行う外国の会社や、子会社対象会社を子会社とする国内外の持株会社を子会社とする場合には、前記(2)の規制が適用されないこととされた（保険業106条4項）。ただし、当該保険会社は、当該子会社対象会社以外の外国の会社が子会社となった日から5年を経過する日までに、当該子会社対象会社以外の外国の会社が子会社でなくなるよう、所要の措置を講じなければならない。

(5) 保険会社の子会社認可

保険会社は、新規事業開拓会社等および一定の従属業務・付随関連業務を専ら営む会社を除く、子会社対象会社を子会社とするには、事前に金融庁長官の認可を取得する必要がある（保険業106条7項・313条〔以下、委任規定[注74]についての条文を省略する〕）。ただし、事業譲渡、合併または分割の認可を受ける場合を除く。

なお、担保権実行等の手法[注75]で子会社対象保険会社等が保険会社の子会

注73) 2011年6月29日付け金融審議会保険会社のグループ経営に関する規制の在り方ワーキング・グループ（第1回）の説明資料として提示された金融庁総務企画局企画課保険企画室作成に係る「説明資料」④保険会社の本体および子会社の業務範囲規制についての国際比較
http://www.fsa.go.jp/singi/singi_kinyu/hoken_wg/siryou/20110629/03.pdf
注74) 委任規定（保険業313条）において、保険業法上内閣総理大臣の権限は、その一部（保険業令46条）を除き、金融庁長官に委任され、委任事項のうちの一部（同令47条）がさらに財務局長または財務支局長に再委任されている。また、管轄財務局長権限の一部の管轄財務事務所長への内部委任も保険監督指針上、規定されている。本節における保険会社の子会社、株主または保険持株会社に係る規定に関係するものとしては、保険持株会社に係る認可およびその取消しの権限が金融庁長官へ委任される権限から除かれている。
注75) 保険業法施行規則57条1項が準用されている（同条3項）。

社となった場合には、同規制は適用されないが、1年以内に認可を取得するか、子会社でなくなるよう措置を講じなければならない（保険業106条8項）。

(6) 保険会社グループによる議決権の取得等の制限（合算10％ルール）

(ⅰ) 議決権の取得等の制限

保険会社またはその子会社は、保険会社の経営の健全性確保の観点から、他業禁止が課されている趣旨の徹底を図るとともに、保険会社の子会社の範囲制限が逸脱されることを回避するため、合算して、子会社対象会社以外の国内の会社（新規事業分野開拓会社等を除く。以下、「国内の会社」という）の議決権を10％を超えて取得・保有してはならない（保険業107条1項）と規定されている。

(ⅱ) 担保権の実行等に係る特例（保険業107条2項・3項）

担保権実行等の手法[注76]で取得した場合には、議決権の取得等の制限は適用されない。ただし、1年以内にその状態を解消しなければならない（保険業107条2項）。なお、金融庁長官の承認を受けた場合は除かれるが、過半数の議決権取得の場合は承認されず、また、当該承認には、10％を超過した部分の議決権の速やかな処分が条件とされる（同条3項）。

(ⅲ) 買収等に係る特例（保険業107条4項）

事業譲受等[注77]の事由による取得の場合には、当該事業譲受等につき保険業法上認可[注78]を取得するため、10％を超えて国内の会社の議決権を保有す

注76) 保険業法施行規則57条1項に掲げられている事由のほか、取引先との経営改善計画に基づく債務消滅のための取得、新規事業分野開拓会社の議決権処分が困難である場合を含め、同則58条の2に掲げられている。

注77) 保険業法107条4項に掲げられている事由で、保険業法に規定される認可を受けて、保険会社が、他の保険会社の事業譲受け、吸収分割による事業承継、合併による設立もしくは合併後存続したとき、事業譲受け、吸収分割による事業承継その他の方法により、保険会社、銀行、長期信用銀行もしくは証券専門会社を子会社としたとき、または共同新設分割により設立後保険業法上の免許を受けたときなどが規定されている。

注78) 保険業法173条の6第1項の認可を受けて共同新設分割により設立された会社が保険業法上の免許（3条1項）を受けて保険会社になるときは、免許を意味する（以下本節において同じ）。

ることができる（保険業107条4項本文）。当該認可に際しては、10％を超える部分の議決権を、その効力発生から5年以内に告示[注79]に従って処分することが条件とされる。ただし、当該事業譲受等において、国内の会社の議決権の50％超を保有することになるときには、当該認可自体が下りないこととなる（同項ただし書）。

(iv) 独占禁止法における議決権の取得等の制限との関係

私的独占の禁止及び公正取引の確保に関する法律（以下、「独占禁止法」という）においても、保険会社による、他の国内の会社（ただし、保険会社、少額短期保険業者、銀行、長期信用銀行、資金移動専門会社、証券専門会社、証券仲介専門会社、信託専門会社、付随業務・金融関連業務子会社、および子会社対象会社の持株会社は除かれている[注80]）の議決権を10％を超えて保有することが禁止され、また、公正取引委員会の認可を受けた場合および担保権の実行等による特例の場合には、取得後1年以内は当該規制は適用されない旨規定されている（独禁11条・10条3項）。かかる規制は、金融機関による事業支配力の過度の集中を未然に防止し、公正かつ自由な競争を促進する観点によるものであり、保険業法とは異なる趣旨によるものであることから、その規制対象、例外等は異なることになる[注81]。

(7) 保険業法上の子法人等・関連法人等

保険業法上、保険会社の子会社以外の子法人等および関連法人等（以下、子会社を含めて「子会社等」という。監督指針（保険）Ⅱ-1-2-1(6)④）に関しては、保険監督指針に基づき業務範囲が規制されている。ここで、保険会社の子法人等および関連法人等とは、企業会計基準に基づく子会社および関連会社をいう（保険業令13条の5の2第3項・4項）[注82]。保険業法上の子会社が

注79）「保険会社等が基準株式数等を超えて所有する株式等の処分に関する基準」（平成10年金融監督庁告示第12号。平成14年金融庁告示第33号の第25）。

注80）「私的独占の禁止及び公正取引の確保に関する法律第10条第3項に規定する他の国内の会社から除くものとして公正取引委員会規則で定める会社を定める規則」（平成14年公正取引委員会規則第7号）。

注81）具体的には、独占禁止法上は、保険会社本体のみが規制の対象となっているのに対し、保険業法上は、保険会社グループが規制の対象となっている。

議決権ベースで補足されるのに対して、子法人等および関連法人等は、企業会計上の支配力基準および影響力基準で補足されたのは、1998年の金融システム改革において、金融機関のグループとしてのリスク管理が考慮された結果である[注83]。

具体的には、前記(6)の通り、10％を超えて議決権を保有することができる国内の会社の業務範囲に規制がある（以下、「特定出資会社」という）が、保険監督指針により、子会社等を含む特定出資会社については、子会社に関する基準等を満たす必要があるとされている[注84]。さらに、保険監督指針上、外国の子会社等についても、国内の子会社等と同様の業務範囲の考え方を適用し、子会社対象会社の営むことができる業務以外の業務を営むことのないよう留意する必要があるとされている（監督指針（保険）Ⅲ-2-2-4(1)）。

(8) 保険持株会社の子会社等に関する規制

保険持株会社は、保険業法271条の22第1項各号に列挙された会社（「持株会社の子会社対象会社」という）を子会社とすることができる（同法271条の22）。この場合、保険会社と異なり、子会社認可は不要である[注85]。

さらに、金融庁長官の事前承認により、持株会社の子会社対象会社以外の

注82）　監督指針（保険）Ⅲ-2-2注2では、「子法人等及び関連法人等の判定にあたり、当該保険会社が金融商品取引法に基づき有価証券報告書等の作成等を行うか否かに関わらず、財務諸表等の用語、様式及び作成方法に関する規則、日本公認会計士協会監査委員会報告第60号『連結財務諸表における子会社及び関連会社の範囲の決定に関する監査上の取り扱い』（平成10年12月8日付）その他の一般に公正妥当と認められる企業会計の基準に従っているかにも留意する」とされている。
注83）　銀行法に関して、木下・前掲注62）82頁以下。
注84）　監督指針（保険）Ⅲ-2-2注1では、「保険会社又はその子会社が、国内の会社（当該保険会社の子会社を除く。）の株式又は持分について、合算して、その基準議決権数（法第107条第1項に規定する基準議決権数をいう。以下同じ。）を超えて所有している場合の当該国内の会社（以下、「特定出資会社」という。）が営むことができる業務は、法第106条第1項第1号から第7号までに掲げる会社、同項第12号に掲げる会社及び同項第15号に掲げる会社が行うことができる業務の範囲内であり、かつ、規則、告示、本指針に定める子会社に関する基準等を満たす必要があることに留意する」とされている。
注85）　ただし、子会社としようとするときに事前の届出が必要となる（保険業271条の32第2項3号）。

会社を子会社とすることができる（保険業271条の22第1項・2項）。承認申請があったときは、①保険持株会社の子会社である保険会社の社会的信用を失墜させるおそれがあること、②当該業務の内容が、その会社の資本金の額、人的構成等に照らして、その会社の経営の健全性を損なう危険性が大きく、かつ、その経営の健全性が損なわれた場合には、保険持株会社の子会社である保険会社の経営の健全性が損なわれることとなるおそれがあること[注86]がなければ、承認しなければならない（同条3項）。なお、持株会社の子会社対象会社以外の会社を子会社とするのではなく、子法人等（子会社を除く）や関連法人等とする場合については、前記承認は必要ない。しかしながら、監督指針（保険）Ⅲ-2-2注4において、子法人等（子会社を除く）および関連法人等とする場合は、前記承認基準に該当しないように留意すること、および保険会社の子会社等の業務範囲規制、他業禁止の趣旨を潜脱する目的で、保険持株会社の子法人等および関連法人等とすることがないよう留意することと規定されており、実質的には、子会社とする場合と同等の業務範囲規制が課されている。

　担保権の実行等の手法[注87]で、子会社対象会社以外の会社が保険持株会社の子会社となった場合には、同規制は適用されないが、1年以内に子会社でなくなるよう措置を講じなければならないことは、保険会社における子会社の規制と同様である。ただし、保険持株会社の場合、金融庁長官の承認を受ければ、かかる規制の適用はない（保険業271条の22第4項）。また、保険持株会社が、銀行（または長期信用銀行）を子会社とすることにより銀行持株

注86)　①当該申請に係る子会社の業務の内容が、次のイまたはロに該当することから、当該申請をした保険持株会社の子会社である保険会社の社会的信用を失墜させるおそれがあること。
　　　　イ　当該業務の内容が、公の秩序または善良の風俗を害するおそれがあること
　　　　ロ　当該業務の内容が、国民生活の安定または国民経済の健全な発展を妨げるおそれがあること。
　　　②当該申請に係る子会社の業務の内容が、当該子会社の資本の額、人的構成等に照らして、当該子会社の経営の健全性を損なう危険性が大きく、かつ、その経営の健全性が損なわれた場合には、当該申請をした保険持株会社の子会社である保険会社の経営の健全性が損なわれることとなるおそれがあること。
注87)　保険業法施行規則57条1項に掲げられている事由における保険会社が保険持株会社に置き換えられている（保険業規210条の9第1項）。

会社(銀行2条13項)または長期信用銀行持株会社(長銀16条の4第1項)である場合(なろうとする場合も含む)には、保険業法に基づく保険持株会社の子会社の範囲の規制は適用されず、銀行法または長期信用銀行法の規制によることになる(保険業271条の22第6項)。

3 保険会社の株主に関する規制

(1) みなし議決権保有者

保険会社の株主に対する規制は議決権を基準としており、保険会社の株主規制を具体的に当てはめる際には、誰が当該保険会社の議決権をどの程度保有することになるのかを分析し、確定することが重要である。この議決権保有者には、保険会社の議決権を自ら保有している者のほか、保険業法上、議決権の保有者とみなされる者も含まれる(みなし議決権保有者。保険業2条の2第1項)。

【図表9-2-1】 みなし議決権

	みなし議決権保有者	保有しているとみなされる議決権数
①	法人でない社団または財団で代表者または管理人の定めがあるもの(保険業2条の2第1項1号、保険業規1条の4)	団体の名義で保有している保険会社の議決権の数
②	保険会社を連結の対象とする連結財務諸表提出会社[*1]であって、他の会社の連結子会社ではない会社(保険業2条の2第1項2号、保険業規1条の5第2項)	当該会社の保有する当該保険会社の特定議決権数[*2]の数に、その連結する会社等[*3]について、次の区分に従い計算した当該保険会社等の特定議決権の数を合算した数に係る特定議決権比率(その保有する一の保険会社等の特定議決権の数を当該保険会社等の総株主の特定議決権の数で除して得た数をいう)を当該保険会社等の総株主の議決権数の数に乗じて得た数[*4] ⅰ当該会社の子法人等が保有する当該保険会社等の特定議決権の数 ⅱ当該保険会社等に係る議決権の行使

		について、自己の計算において所有している議決権と自己と出資、人事、資金、技術、取引等において緊密な関係があることにより自己の意思と同一の内容の議決権を行使すると認められる者が保有する当該保険会社等の特定議決権の数 ⅲ 当該会社の関連法人等の純資産のうち当該会社に帰属する部分の当該純資産に対する割合を当該関連会社等の保有する当該保険会社等の特定議決権の数に乗じて得た数
③	前記②の連結財務諸表提出会社および他の会社の連結の対象となる会社等以外であって、保険会社の議決権の直接保有者が属する会社等集団[*5]について、当該会社等集団に属する会社等のうち、その会社等に係る議決権の過半数の保有者である会社等がない会社等 ただし、当該会社等集団に属する全部の会社等の保有する一の保険会社等の議決権の数(「会社等集団保有議決権数」という)が当該保険会社等の主要株主基準値以上の数である場合 (保険業2条の2第1項3号、保険業規1条の6第1項)	当該会社等集団保有議決権の数
④	前記③の会社等集団に属する会社等のうちに前記③に定める会社がない場合には、当該会社等集団に属する会社等のうちその貸借対照表上の資産の額が最も多い会社等 (保険業2条の2第1項4号)	当該会社等集団保有議決権の数
⑤	前記②から④に該当する会社等を含む保険会社の議決権の保有者である会社等に係る議決権の過半数の保有者である個人 ただし、当該個人がその議決権の過	当該個人に係る合算議決権数

第2節　保険会社・保険持株会社の業務および保険会社・保険持株会社の子会社の業務に関する規制

	半数の保有者である会社等がそれぞれ保有する一の保険会社等の議決権の数を合算した数（当該個人が当該保険会社等の議決権の保有者である場合には、その議決権の数を加算した後）が当該保険会社等の総株主の議決権の100分の20以上の数である場合 （保険業2条の2第1項5号）	
⑥	前記①から⑤を含む保険会社等の議決権の保有者について、その保有する当該保険会社等の議決権の数とその共同保有者[*6]の保有する当該保険会社等の議決権の数を合算した数が当該保険会社等の総株主の議決権の100分の20以上の数である者 （保険業2条の2第1項6号、保険業令2条）	共同保有議決権数
⑦	保険持株会社の主要株主基準値以上の数の議決権の保有者 ただし、前記②から⑥に該当する者を除く （保険業2条の2第1項7号、保険業規1条の7第1号）	ⅰその保有する当該保険持株会社の議決権の数を当該保険持株会社の総株主の議決権の数で除して得た数に当該保険持株会社の子会社である保険会社の子会社である保険会社の総株主の議決権の数を乗じて得た数と、ⅱ当該議決権の保有者、当該保険持株会社、および当該保険持株会社の子会社等が保有する当該保険持株会社の子会社である保険会社の議決数を合算して得た数のうち、いずれか少ない数
⑧	前記①から⑥において「保険会社」を「保険持株会社」と読み替えた場合に対象となる者 （保険業2条の2第1項7号、保険業規1条の7第2号）	ⅲそれぞれ前記①から⑥に定める議決権の数を当該議決権に係る保険持株会社の総株主の議決権の数で除して得た数に当該保険持株会社の子会社である保険会社の総株主の議決権の数を乗じて得た数と、ⅱⓐ当該議決権の保有者、ⓑその連結する会社等、ⓒ当該議決権の保有者に係る会社集団等に属する会社等、ⓓ当該議決権の保有者の議決権の数にその保有する議決権を合算もしくは加算する会社等、

439

	個人もしくはその共同保有者、ⓔ当該保険持株会社、ⓕ当該保険持株会社の子会社等が保有する、保険会社の議決権の数をそれぞれ合算して得た数のうち、いずれか少ない数

* 1 連結財務諸表等規則2条1号に定める、金商法の規定により連結財務諸表を提出すべき会社(例えば、有価証券報告書を提出すべき会社)および指定法人(例えば、相互会社)が該当する。
* 2 保険業規1条の5第2項。株式会社にあっては、株主総会において決議をすることができる事項の全部につき議決権を行使することができない株式または会社法879条の規定により議決権を有するものとみなされる株式についての議決権を除く。
* 3 会社その他の法人および法人でない社団または財団で代表者または管理人の定めがあるものをいう。
* 4 単純化すれば、保険会社の特定議決権をベースに、(①みなし議決権保有者の直接保有分、②その子会社による保有分、③その関連会社のうち緊密な者や議決権の共同行使に同意している者による保有分、④関連会社のうち前記③以外の者についてはその所有割合に応じた保有分の合計数)÷総特定議決権数の割合を、保険会社の総株主の議決権数に乗じた数。
* 5 保険業規1条の6第1項1号および2号。①当該会社等、②当該会社等の総出資者の議決権の50%超を保有する者、および③当該会社等に総出資者の議決権の50%を保有される者で構成される集団をいう。
* 6 保険会社の議決権の保有者が、当該保険会社の議決権の他の保有者(前記①から⑤に掲げる者を含む)と共同して当該議決権に係る株式を取得し、もしくは譲渡し、または当該保険会社の株主としての議決権その他の権利を行使することを合意している場合における当該他の保有者(当該議決権の保有者が前記②に掲げる会社である場合においては当該会社の計算書類その他の書類に連結される会社等を、当該議決権の保有者が前記③または④に掲げる会社等である場合においては当該会社等が属する会社等集団に属する当該会社等以外の会社等を、当該議決権の保有者が前記⑤に掲げる個人である場合においては当該個人がその議決権の過半数の保有者である会社等を除き、当該議決権の保有者と3親等以内の親族関係を有する者を含む)をいう。

(2) 保険議決権大量保有者に対する規制

保険会社または保険持株会社の5%を超える議決権の保有者(国、地方公共団体等、保険業法施行令37条の5に掲げられる法人〔以下、「国等」という〕を除く。保険業271条の3〔以下、「保険議決権大量保有者」という〕)には、保険議決権大量保有に係る義務が規定されている。保険議決権大量保有者となった者は、原則として、5日(休日を除く)以内[注88]に、議決権保有割合、取

注88) 外国人、外国法人は、提出期限が1月以内と延長され、また保有する議決権数に増加がない場合にも例外が規定されている(保険業規205条2項)。

第2節　保険会社・保険持株会社の業務および保険会社・保険持株会社の子会社の業務に関する規制

得資金、保有の目的および議決権保有者の詳細に係る事項を記載した保険議決権保有届出書を提出しなければならない（保険業271条の3）[注89]。また、保険議決権保有届出書に記載すべき事項（議決権保有割合の変更は1％以上の増減に限る）につき変更があった場合には、変更報告書を提出しなければならない（同法271条の4第1項）。さらに、短期的に大量の議決権を譲渡した場合[注90]には、譲渡の相手方および対価に関する事項についても、変更報告書に記載しなければならない（同条2項）。なお、銀行等金融機関のうち、事業活動を支配することを保有の目的としない一定の場合には、保険議決権保有届出書・変更報告書の提出期限が延長されている（同法271条の5）。

　提出書類の形式上の不備もしくは重要なものの記載が不十分である場合、または虚偽記載もしくは重要事項等の記載不備につき、金融庁長官は、聴聞の上、訂正報告書の提出を命ずることができる（保険業271条の6・271条の7）。虚偽記載または重要事項等の記載不備が疑われる場合には、必要な事実に関し、参考となるべき報告または資料の提出を求められ（同法271条の8）、またかかる場合、理由を示された上で、立入検査を受けることがある（同法271条の9）[注91]。保険議決権大量保有届出書、変更報告書等の提出をしなかったときは、100万円以下の過料に処せられる（同法333条1項63号）。

注89）　なお、金商法上、上場会社等が発行する株券等につき、株券等保有割合が5％を超える者は、大量保有報告書を提出しなければならないとされている（金商27条の23第1項）。一般に大量保有報告制度と呼ばれるこの制度は、市場の公正性・透明性を高め、投資者保護を一層徹底するという見地から、株券等の大量の取得・保有・放出に関する情報が迅速に投資者に開示されることを目的として導入されたもの（町田行人『詳解大量保有報告制度』〔商事法務、2016〕2頁等）であり、保険業法上の規制と異なる性質のものである。

注90）　短期大量譲渡の基準は、保険業法施行令37条の5の3に規定される。

注91）　平成12年報告書（2000〔平成12〕年12月21日金融審議会第一部会報告「銀行業等における主要株主に関するルール整備および新たなビジネス・モデルと規制緩和等について」。以下、「第1部会報告」という）においては、「報告徴求は上述の実質的影響力の有無確認等の目的に限定した書面によるチェックにとどめ、立入検査は書面のみではどうしても実質的影響力の有無を認定することが困難な場合などに限って行い得ることとすることが望ましい」と示唆されており、かかる限定的な運用が望まれる。

(3) 保険主要株主規制

(i) 認可を要する場合

以下の取引または行為により、主要株主基準値以上の保険会社の議決権を保有（保有する法人を設立する場合を含む）しようとする場合、保険持株会社に係る認可を受ける場合を除き、事前に保険主要株主に係る認可を取得する必要がある（保険業271条の10第1項）。主要株主基準値は、原則として総株主の議決権の20％である（同法2条13項）が、会社の財務および営業または事業の方針の決定に対して重要な影響を与えることが推測される事実が存在するものとして、財務諸表等規則上の関連法人の実質影響力基準に該当する場合には15％とされている[注92]。実務的には、保険会社の議決権を15％以上保有することになるような場合には、実質的影響力基準に留意しつつ主要株主認可申請の検討を進めるべきといえる。

① 保険会社の議決権の取得（担保権の実行、代物弁済の受領等当該取得者の意思によらない事象の発生により議決権を取得する場合として保険業法施行規則209条5項に列挙された事由[注93]による場合を除く）

注92) 財務諸表等規則8条6項2号：子会社以外の他の会社等の議決権の100分の15以上、100分の20未満を自己の計算において所有している場合であつて、かつ、次に掲げるいずれかの要件に該当する場合
　イ　役員もしくは使用人である者、またはこれらであった者で自己が子会社以外の他の会社等の財務および営業または事業の方針の決定に関して影響を与えることができる者が、当該子会社以外の他の会社等の代表取締役、取締役またはこれらに準ずる役職に就任していること。
　ロ　子会社以外の他の会社等に対して重要な融資を行つていること。
　ハ　子会社以外の他の会社等に対して重要な技術を提供していること。
　ニ　子会社以外の他の会社等との間に重要な販売、仕入れその他の営業上または事業上の取引があること。
　ホ　その他子会社以外の他の会社等の財務および営業または事業の方針の決定に対して重要な影響を与えることができることが推測される事実が存在すること。

注93) ①　担保権の実行による株式の取得
　② 代物弁済の受領による株式の取得
　③ 当該保険会社の議決権を行使することができない株式に係る議決権の取得によるその総株主の議決権に占める保有する議決権の割合の増加（当該保険会社の議決権の保有者になろうとする者の意思によらない事象の発生により取得するものに限る。）

② 主要株主基準値以上の数の議決権を保有する対象である会社による保険業法上の保険業に係る免許の取得
③ 保険会社以外の会社等の議決権の取得
④ 当該申請者自身の合併、会社分割（事業の一部を承継させるものに限られる）または事業の一部譲渡（保険業令37条の5の4）

なお、以上の取引または行為以外の事由により主要株主基準値以上の数の議決権の保有者になった者（国等および持株会社を除く。以下、「特定主要株主」という）は、当該事由の生じた日の属する当該保険会社の営業年度の終了日から1年以内に主要株主基準値以上の数の議決権の保有者でなくなるようにするか、認可を取得しなければならない（保険業271条の10第2項）。

保険業法上、認可（許可および承認も含む）には条件が付され、また変更されることがあり得る（保険業310条1項。以下の認可についても同じ）。

(ii) 認可基準

認可を申請する者が法人の場合または当該認可を受けて法人が設立される場合（これらを以下、「申請者」という）、概要以下の基準に適合することが求められている（保険業271条の11第1号）。個人が認可を申請する場合についても、同様の基準が設けられている（同条2号）。

① 取得資金に関する事項、保有の目的その他の保有に関する事項に照らして、保険会社の業務の健全かつ適切な運営を損なうおそれがないこと
② 申請者およびその子会社（子会社となる会社を含む）の財産および収支の状況に照らして、保険会社の業務の健全かつ適切な運営を損なうおそれがないこと

---

④ 当該保険会社が株式の転換を行ったことによるその総株主の議決権に占める保有する議決権の割合の増加（当該保険会社の議決権の保有者になろうとする者の請求による場合を除く。）
⑤ 当該保険会社が株式の併合もしくは分割または株式無償割当てを行ったことによるその総株主の議決権に占める保有する議決権の割合の増加
⑥ 当該保険会社が定款の変更による株式に係る権利の内容または一単元の株式の数を変更したことによるその総株主の議決権に占める保有する議決権の割合の増加
⑦ 当該保険会社が自己の株式の取得を行ったことによるその総株主の議決権に占める保有する議決権の割合の増加

第9章　保険

③　申請者が、その人的構成等に照らして、保険業の公共性に関し十分な理解を有し、かつ、十分な社会的信用を有する者であること

なお、前記審査事項のほか、認可審査に当たり、以下の事項へ配慮することが規定されている（保険業規209条4項）。

ⅰ　申請者が当該保険会社の議決権を取得または保有する目的が保険会社の業務の公共性を損なわないことが明らかであり、かつ、当該申請者等の財産および収支の状況、当該保有に基づき当該申請者等が当該保険会社と有する関係その他の当該保有に係る事由により当該保険会社の業務の健全かつ適切な運営が損なわれるおそれが極めて少ないと認められる体制が整備されていること

ⅱ　保険会社の議決権の保有に係る体制等に照らし、申請者が保険会社の的確かつ公正な経営管理の遂行を妨げないことが明らかであり、かつ、十分な社会的信用を有する者であること

以上の通り、保険主要株主認可においては、保険会社の業務の健全かつ適切な運営を損なうおそれがないか、株主としての適格性まで事前に審査されることになる。さらに、前記の認可審査において確認すべき事項が、監督指針（保険）に規定されている（Ⅲ-2-10-1⑴～⑷）。

(ⅲ)　**保険主要株主に対する監督**

(a)　保険主要株主による報告または資料の提出・立入検査

金融庁長官は、保険会社の業務の健全かつ適切な運営を確保し、保険契約者等の保護を図るため、保険会社に対して業務および財産の状況に関する報告または資料の提出を求める場合において、特に必要があると認めるときは、その必要の限度において、保険主要株主に対して、その理由を示した上で、保険会社の業務および財産の状況に関し、参考となるべき報告または資料提出を求め（保険業71条の12）、保険会社に対する立入り、質問または検査を行う場合において、特に必要があると認めるときは、その必要の限度において、保険主要株主の事務所その他の施設への立入り、業務もしくは財産の状況に対する質問、または保険主要株主の帳簿書類その他の物件の検査をさせることができる（同法271条の13）。

(b) 保険主要株主に対する措置命令

保険主要株主が認可審査基準に適合しなくなったときは、当該基準に適合させるために必要な措置をとるべき旨を命令することができる（保険業271条の14）。

(c) 保険主要株主に対する改善計画の提出要求等

本来、株主は株式引受価額を限度とした責任のみを負う（会社104条。株主有限責任）。保険会社の公共性から、保険会社の破綻につき保険契約者保護機構の資金援助等セーフティ・ネットが設けられているが、かかる制度のコストは、実質的には保険契約者が負担し、または公的資金が充てられる可能性がある。そこで、保険会社が破綻しそうな場合に、当該保険会社を支配していた者に対して、保険会社の経営の健全性確保のため、何らかの措置を求めることが妥当であると考えられる。そのため、議決権保有割合が50％超の保険主要株主については、その業務および財産の状況（子会社等の財産の状況を含む）に照らして、当該保険会社の業務の健全かつ適切な運営を確保し、保険契約者等の保護を図るため特に必要があると認められるときは、その必要の限度において、措置を講ずべき事項および期限を示して、当該保険会社の経営の健全性を確保するための改善計画の提出（提出後の変更も含む）を求められ（以下、「改善計画の提出要求」という）、またその必要の限度において監督上必要な措置を命ずることができる（改善計画の提出要求と併せて、以下本項で「改善計画の提出要求等」という。保険業271条の15第1項）。改善計画の提出要求等がなされた場合には、当該保険会社に対しても、当該命令に係る措置の実施の状況に照らして必要があると認められるときは、その業務の健全かつ適切な運営を確保するために必要な措置を命ずることができる（同条2項）。

(d) 保険主要株主に係る認可取消し等

保険主要株主が法令もしくは法令に基づく監督官庁の処分に違反したときまたは公益を害する行為をしたときは、監督上必要な措置を命じ、認可を取り消すことができる。この場合、保険主要株主は、指定された期間内に保険会社の主要株主基準値以上の数の議決権の保有者でなくなるよう、所要の措置を講じなければならない（保険業271条の16）。

第9章　保険

(e) 届出義務

保険主要株主が、主要株主基準値以上の数の議決権保有者でなくなった場合、遅滞なく届出をすることが義務付けられている（保険業271条の10第3項）。その他、保険主要株主（保険主要株主であった者を含む）は、主要株主基準値の変更等保険会社の支配力に何らかの変更があった場合等、保険業法271条の32第1項に掲げる事由[注94]のいずれかに該当する場合、届出義務を負う。

(iv) **外国保険主要株主に対する適用**

保険会社の主要株主基準値以上の数の議決権保有者である外国人または外国法人についても、保険主要株主に係る規制（以下の監督に係る規制も含む）が適用される（保険業271条の17）。

(4) **保険持株会社に関する規制**

(i) **認可取得を要する場合**

以下の取引または行為により、保険会社を子会社とする持株会社になろうとする者（持株会社を設立する場合を含む）は、事前に保険持株会社に係る認可を取得する必要がある（保険業271条の18第1項）。なお、予備審査を求めることもできる（保険業規210条の4）。

① 保険会社の議決権の取得（担保権の実行、代物弁済の受領等当該取得者の意思によらない事象の発生により議決権を取得する場合として保険業法施

注94) ① 保険主要株主になったとき、または当該認可に係る保険主要株主として設立されたとき。
② 保険会社の総株主の議決権の100分の50を超える議決権の保有者となったとき。
③ 保険会社の主要株主基準値以上の数の議決権の保有者でなくなったとき（⑤の場合を除く）。
④ 保険会社の総株主の議決権の100分の50を超える議決権の保有者でなくなったとき（③および⑤の場合を除く）。
⑤ 解散したとき（設立、株式移転、合併（当該合併により保険会社の主要株主基準値以上の数の議決権の保有者となる会社その他の法人を設立する場合に限る）または新設分割を無効とする判決が確定したときを含む）。
⑥ その総株主の議決権の100分の50を超える議決権が一の株主により取得または保有されることとなったとき。
⑦ その他施行規則210条の14第1項で定める場合（定款またはこれに準ずる定めを変更した場合、氏名もしくは名称を変更し、または住所、居所、主たる営業所もしくは事務所の設置、位置の変更もしくは廃止をした場合）に該当するとき。

第2節 保険会社・保険持株会社の業務および保険会社・保険持株会社の子会社の業務に関する規制

　行規則210条の3第4項に列挙された事由[注95]による場合を除く）
　② 当該会社の子会社による保険業法上の保険業に係る免許の取得
　③ 保険会社以外の会社等の議決権の取得
　④ 当該申請者自身の合併、会社分割（事業の一部を承継させるものに限られる）または事業の一部譲渡（保険業令37条の5の6）

　なお、以上の取引または行為以外の事由により保険会社を子会社とする持株会社になった会社（以下、「特定持株会社」という）は、当該事由の生じた日の属する当該保険会社の営業年度の終了日から3か月以内に持株会社になった旨等届出義務を負い、かつ1年以内に保険会社を子会社とする持株会社でなくなるようにするか、認可を取得しなければならない（保険業271条の18第2項）。

(ⅱ) 認可基準

　保険持株会社は、外国の法令に準拠して設立されたものを除き、株式会社でなければならない（保険業271条の19第2項）。概要以下の基準に適合することが求められている。

注95）① 担保権の実行による株式の取得
　　　② 代物弁済の受領による株式の取得
　　　③ 有価証券関連業を行う金融商品取引業者が業務として株式を取得する場合におけるその業務の実施
　　　④ 当該保険会社の議決権を行使することができない株式に係る議決権の取得によるその総株主の議決権に占める保有する議決権の割合の増加（当該保険会社の議決権の保有者になろうとする者の意思によらない事象の発生により取得するものに限る）
　　　⑤ 当該保険会社が株式の転換を行ったことによるその総株主の議決権に占める保有する議決権の割合の増加（当該保険会社の議決権の保有者になろうとする者の請求による場合を除く）
　　　⑥ 当該保険会社が株式の併合もしくは分割または株式無償割当てを行ったことによるその総株主の議決権に占める保有する議決権の割合の増加
　　　⑦ 当該保険会社が定款の変更による株式に係る権利の内容または一単元の株式の数を変更したことによるその総株主の議決権に占める保有する議決権の割合の増加
　　　⑧ 当該保険会社が自己の株式の取得を行ったことによるその総株主の議決権に占める保有する議決権の割合の増加
　　　なお、保険主要株主に係る認可取得の場合の除外規定と異なるのは、前記③が存する点である。

① 申請者（認可を受けて設立される会社を含む。以下同じ）およびその子会社の収支の見込みが良好であること
② 申請者が、その人的構成等に照らして、保険会社の経営管理を的確かつ公正に遂行することができる知識および経験を有し、かつ、十分な社会的信用を有する者であること
③ 申請者の子会社の業務の内容が子会社とすることにつき承認を得られなくなる事由（保険業法271条の22第3項各号に規定される。後述）のいずれにも該当しないものであること

なお、前記審査事項のほか、認可審査に当たり、以下の事項へ配慮することが規定されている（保険業規210条の3第3項）。

① 申請者およびその子会社の収支が当該認可後または設立後5事業年度において良好に推移することが見込まれること
② 申請者およびその子会社等の保険金等の支払能力の充実の状況を示す比率が当該認可後または設立後5事業年度において適正な水準となることが見込まれること
③ 保険会社の業務に関する十分な知識および経験を有する役員または従業員の確保の状況、子会社の経営管理に係る体制等に照らし、申請者が、その子会社である保険会社の経営管理を的確かつ公正に遂行することができ、かつ、十分な社会的信用を有する者であること

(iii) 保険持株会社に対する監督

(a) 保険持株会社による報告または資料の提出・立入検査

保険持株会社においても、報告徴求等[注96]が規定されている（保険業271条の27・271条の28）が、その範囲は、保険持株会社の子法人等、保険持株会社から業務の委託を受けた者が対象となっている。

(b) 保険持株会社に係る健全性の基準

保険持株会社においては、連結ベースでのソルベンシー・マージン比率の算出が求められる。

注96) 保険会社に対する報告徴求および立入検査については、保険業法128条1項・129条1項。

第2節　保険会社・保険持株会社の業務および保険会社・保険持株会社の子会社の業務に関する規制

(c)　保険持株会社に対する改善計画の提出要求等

保険主要株主に対する改善計画の提出要求等と同様、保険持株会社についても、提出要求等が規定されている（保険業271条の29）。

保険主要株主との相違点は、保険持株会社においては「必要があると認めるとき」に改善計画の提出要求等を行うことができるのに対し、保険主要株主においては、改善計画の提出要求等につき、「特に」必要があると認めるときに限られている点と、改善計画の提出要求等において、特に必要があると認められた「その必要の限度に」限られている点である。

(d)　保険持株会社に係る認可取消し等

保険主要株主に対する認可取消等と同様、保険持株会社についても、監督官庁からの監督上必要な措置に係る命令および認可取消しが規定されている（保険業271条の30）。

保険主要株主との相違点は、保険持株会社においては、当該命令の例示として取締役等の解任が規定されている点と、当該命令と認可取消しのみならず、当該保険持株会社の子会社である保険会社の業務停止命令がなされ得る点である（保険業271条の30第4項参照）。

(e)　保険持株会社に係る合併等の認可

保険持株会社を存続会社とする合併、保険持株会社の会社分割（分割後も保険持株会社である場合に限る）および保険持株会社の事業譲渡・譲受け（事業譲渡後も引き続き保険持株会社である場合に限る）については、一定の場合（保険業令37条の5の7・37条の6。当該会社分割または事業譲渡等において、承継資産〔または負債〕の額がいずれも当該保険持株会社の総資産または総負債の額の20分の1以下である場合）を除き、金融庁長官の認可を取得しなければその効力を生じない（保険業271条の31）。この場合の認可審査基準は、保険持株会社に係る認可基準が準用される。

(f)　届出義務

保険持株会社（保険持株会社であった者を含む）は、保険会社を子会社とする持株会社でなくなったとき等保険業法271条の32第2項に掲げる事由[注97]

注97)　①　保険持株会社になったとき、または当該認可に係る保険持株会社として設立されたとき

第9章　保険

のいずれかに該当する場合、届出義務を負う。

　(iv)　**外国法人の持株会社**

　保険会社を子会社とする持株会社で外国の法令に準拠して設立されたものについても、保険持株会社に係る規制（本項に記載する規制を含む）は適用される（保険業271条の20）。ただし、日本の株式会社に求められる機関の設置は求められていない（同法271条の19第2項参照）。

---

　② 保険会社を子会社とする持株会社でなくなったとき（⑤の場合を除く）
　③ 保険業法271条の22第1項各号に掲げる会社を子会社としようとするとき（認可を受けて合併、会社分割または事業の譲受けをしようとする場合を除く）
　④ その子会社が子会社でなくなったとき（認可を受けて会社分割または事業の譲渡をした場合および②の場合を除く）
　⑤ 解散したとき（設立、株式移転、合併〔当該合併により保険会社を子会社とする持株会社を設立するものに限る〕または新設分割を無効とする判決が確定したときを含む）
　⑥ 資本金の額を変更しようとするとき
　⑦ その総株主の議決権の100分の5を超える議決権が一の株主により取得または保有されることとなったとき
　⑧ その他保険業法施行規則210条の14第2項で定める場合（定款〔外国所在保険持株会社にあっては定款またはこれに準ずる定め〕を変更した場合等）に該当するとき

第3節

保険会社の健全性規制

1　保険会社の健全性規制

　保険業法は、1条において「保険業の公共性にかんがみ、保険業を行う者の業務の健全かつ適切な運営及び保険募集の公正を確保することにより、保険契約者等の保護を図り、もって国民生活の安定及び国民経済の健全な発展に資することを目的とする」と規定している。つまり、保険業法の究極の目的は保険契約者等の保護にあり、その目的を達成する手段として、「業務の健全な運営」、「業務の適切な運営」および「保険募集の公正」を確保することが挙げられている。

　ここでいう「業務の健全な運営」とは、保険会社および外国保険会社等（以下、「外国保険会社」という）の健全性の確保またはその「ソルベンシーの確保」と言い換えることができる[注98]。すなわち、保険会社は保険契約に基づく債務の履行を確実に行えるようにするため、資本の充実および内部留保の確保などを通じて、十分な財務基盤を維持する必要がある。また、保険会社の業績や財務状況が適時適切に開示され、監督官庁や保険契約者が保険会社の財務状態を正確に把握できることも重要である（保険業111条参照）。かかる観点から、保険会社には種々の健全性規制の方策が設けられているが、本節では、責任準備金等の積立て、ソルベンシー・マージン比率と早期是正措置、早期警戒制度、その他の健全性指標および統合的リスク管理（Enterprise Risk Management：ERM）について説明する[注99]。

注98)　関西保険業法研究会「保険業法逐条解説(1)」文研論集125号（1998）187頁〜188頁。
注99)　監督指針では、財務の健全性の評価項目として、①責任準備金等の積立の適切性（Ⅱ-2-1）、②ソルベンシー・マージン比率の適切性（早期是正措置）（Ⅱ-2-2）、③早期警戒制度（Ⅱ-2-3）、④生命保険会社の区分経理の明確化（Ⅱ-2-4）および⑤商品開発に係る内部管理態勢（Ⅱ-2-5）を挙げる。

第9章　保険

2　責任準備金等の積立て

　責任準備金は、保険会社が保険契約者に将来支払うこととなる保険金等に対して保険業法に基づいて積み立てるべき金銭である。責任準備金は、将来の保険金などの支払の原資となるから、保険契約者等の保護に直結するものであり、健全性規制の中でも基本的かつ重要な要素である[注100]。
　なお、責任準備金は一定程度の支払の増加や金利の低下による収入減など通常予測できる範囲のリスクをあらかじめ見込んでいるが、当該リスクを超えるリスクは、ソルベンシー・マージン比率［→3］において考慮される。

(1)　責任準備金

　保険会社は、毎決算期において、保険契約に基づく将来における債務の履行に備えるため、責任準備金を積み立てなければならない（保険業116条1項）。責任準備金は、保険会社がその保険契約上の義務を履行するために会計上当然に計上すべき負債であり、特に規定がなくても積み立てなければならないものである。しかしながら、保険会社の負債の大部分を占めると同時に、その計算方法は極めて技術的で、かつ、高度の保険数理的な原理が要請されるものでもあるので、特に明文の規定を設けて規制するものである[注101]（同条以下）。

(i)　標準責任準備金

　標準責任準備金は、一定の長期の保険契約[注102]に関して、内閣総理大臣

注100)　保険会社が破綻した場合における保険契約者の救済の範囲も責任準備金の金額が基準となる。すなわち、保険会社が破綻した場合、当該保険会社の保険契約の移転等の措置に当たり、保険契約者保護機構が資金を援助するところ、この資金援助の額は、特定責任準備金等（責任準備金その他の保険金等の支払に充てるために留保されるべき負債）から一定の額を加減し一定の割合を乗じて算出される（保険業270条の3第2項）。この一定の割合は、原則として、生命保険で最大10％、損害保険で最大20％である（保険業270条の3第2項1号、保険契約者等の保護のための特別の措置等に関する命令〔平成10年大蔵省令124号〕50条の5第1項）。

注101)　保険研究会編・前掲注49）189頁。

注102)　対象外保険契約は、①責任準備金が特別勘定に属する財産の価額により変動する保険契約（変額保険等）、②保険料積立金を積み立てない保険契約（海外旅行生命

が責任準備金の積立方式および予定死亡率その他の責任準備金の計算の基礎となるべき係数の水準について必要な定めをすることとした責任準備金をいう（保険業116条2項）。

標準責任準備金は、生保・損保にかかわらず、また、各社が設定する保険料水準にかかわらず、保険監督者が保険会社の健全性維持の観点から必要と判断する責任準備金の水準である[注103]。

標準責任準備金の積立ては、原則として「平準純保険料式」によるとされており、健全性が重視された積立方式が採用されている[注104]。責任準備金の積立方式等の詳細は、平成8年2月29日大蔵省告示第48号[注105]に定められる。

(ii) **生命保険会社の責任準備金**

生命保険会社は、毎決算期において、以下の区分に応じ、当該決算期以前に収入した保険料を基礎として、それぞれ定められた金額を、「保険料及び責任準備金の算出方法書」に記載された方法に従って計算し、責任準備金として積み立てなければならない（保険業規69条1項）。

保険、団体定期保険等）、③保険約款において、保険会社が責任準備金および保険料の計算の基礎となる係数を変更できる旨を約してある保険契約（新企業年金保険、財形貯蓄保険等）、④その他責任準備金の計算の基礎となるべき係数の水準について必要な定めをすることが適当でない保険契約（特定疾病保険等新規分野の保険、がん保険等給付内容が各社各様であり基礎率により標準化できない保険等）とされる（保険研究会編・前掲注49）189頁）。詳細は、保険業法施行規則70条1項・68条3項、平成16年10月22日金融庁告示第59号に定められる。

注103) 保険研究会編・前掲注49) 189頁。
注104) 保険研究会編・前掲注49) 190頁。「平準純保険料式」とは、保険契約に基づく将来の債務の履行に備えるための資金（「純保険料」という）を全保険料払込期間にわたり平準化して積み立てる方式をいう（保険業規69条4項2号）。保険料の積立方式には、このほかに、初年度の純保険料の積立てを少なくし（その分、付加保険料を多くする）、次年度以降は一定期間、純保険料の積立てを多くするチルメル式がある。安居・前掲注16) 428頁。
注105) 平均寿命の延びや金利状況に応じて随時改正されており、直近では平成28年6月22日に改正されている。平成28年6月22日金融庁「保険業法第116条第2項の規定に基づく長期の保険契約で内閣府令で定めるものについての責任準備金の積立方式及び予定死亡率その他の責任準備金の計算の基礎となるべき係数の水準（平成8年大蔵省告示第48号）等の一部を改正する件（案）」に対するパブリックコメントの結果等について（http://www.fsa.go.jp/news/27/hoken/20160622-4.html）参照。

(a) 保険料積立金

保険契約に基づく将来の債務の履行に備えるため、保険数理に基づき計算した金額をいう（保険業規69条1項1号）。計算方法の特則は保険業法施行規則69条4項に定めがある。

(b) 未経過保険料

未経過期間（保険契約に定めた保険期間のうち、決算期において、まだ経過していない期間をいう）に対応する責任に相当する額として計算した金額をいう（保険業規69条1項2号）。

(c) 払戻積立金

保険料または保険料として収受する金銭を運用することによって得られる収益の全部または一部の金額の払戻しを約した保険契約における当該払戻しに充てる金額をいう（保険業規69条1項2号の2）。

(d) 危険準備金

保険契約に基づく将来の債務を確実に履行するため、将来発生が見込まれる危険に備えて計算した金額（保険業規69条1項3号）をいい、①保険リスクに備える危険準備金、②第3分野保険の保険リスクに備える危険準備金、③予定利率リスクに備える危険準備金、④最低保証リスクに備える危険準備金に区分して積み立てる[注106]こととされる（同条6項）。

また、前記により積み立てられた責任準備金では将来の債務の履行に支障を来すおそれがあると認められる場合には、「保険料及び責任準備金の算出方法書」を変更することにより、追加して保険料積立金および払戻積立金を積み立てなければならない（保険業規69条5項。追加責任準備金）。これは、責任準備金の計算の基礎となる予定死亡率等の基礎率は契約締結時のものが契約期間中継続して用いられる（ロック・イン方式）ため、契約後の経済環境等の変化（例えば、金利水準の低下により、現実の運用利回りが契約締結時に想定した予定利率を下回ることなど）によって、将来の債務の履行に支障を来すおそれがあると認められる場合には責任準備金の追加の積立てを求めるも

[注106] 「保険リスク」、「第三分野保険の保険リスク」、「予定利率リスク」および「最低保証リスク」は、の内容は3(1)(i)(b)の諸リスクの項目参照。

のである[注107]。

(ⅲ) 損害保険会社の責任準備金

損害保険会社は、毎決算期において、以下の区分に応じ、当該決算期以前に収入した保険料を基礎として、それぞれ定められた金額を、「保険料及び責任準備金の算出方法書」に記載された方法に従って計算し、積み立てなければならない[注108]（保険業規70条1項）。

(a) 普通責任準備金

以下の区分に応じて定める額の合計額[注109]をいう（保険業規70条1項1号）。

(ア) 保険料積立金

保険契約に基づく将来の債務の履行に備えるため、保険数理に基づき計算した金額をいう（保険業規70条1項1号イ）[注110]。計算方法の特則は保険業法施行規則70条4項に定めがある。

(イ) 未経過保険料

収入保険料を基礎として、未経過期間に対応する責任に相当する額として計算した金額をいう（保険業規70条1項1号ロ）。

(b) 異常危険準備金

異常災害による損害の塡補に充てるため、収入保険料を基礎として計算した金額をいう（保険業70条1項2号）。

注107) 安居・前掲注16) 439頁。
注108) 自動車損害賠償責任保険契約および地震保険契約に係る責任準備金については、前記の普通責任準備金等の区分によらず、保険料および責任準備金の算出方法書に記載された特別な方法に従って計算した金額を積み立てることとされている（保険業規70条1項ただし書・4項）。
注109) 当該事業年度における収入保険料（(d)の払戻積立金に充てる金額を除く）の額から、当該事業年度に保険料を収入した保険契約のために支出した保険金、返戻金、支払備金（IBNR備金を除く）および当該事業年度の事業費を控除した金額を下回ってはならないとされる（保険業規70条1項1号ただし書）。
注110) 期間の経過による事故率の上昇が想定されない通常の損害保険ではあまり問題とならないが、長期の第3分野保険では重要なものとなり得るものであり、生命保険と同様に、標準責任準備金対象契約に関しては標準責任準備金の額を、それ以外の保険契約（損害保険に係る保険契約および特別勘定を設けた保険契約を除く）に関しては平準純保険料式により計算した金額を、それぞれ下回ることができない（保険業規70条2項1号・2号。安居・前掲注16) 441頁）。

(c) 危険準備金

保険契約に基づく将来の債務を確実に履行するため、将来発生が見込まれる危険に備えて計算した金額をいう（保険業規70条1項2号の2）。

(d) 払戻積立金

保険料または保険料として収受する金銭を運用することによって得られる収益の全部または一部の金額の払戻しを約した保険契約における当該払戻しに充てる金額をいう（保険業規70条1項3号）。

(e) 契約者配当準備金等

契約者配当準備金の額およびこれに準ずるものをいう（保険業規70条1項4号）。

(iv) 保険計理人による責任準備金の確認の基準

責任準備金の算出において用いられる保険数理は、前述の通り、特殊な高等数学等の知識が必要となるため、保険業法では、保険会社に一定の資格を有する保険計理人の選任を義務付けるとともに、保険計理人の職務等を定めている（保険業120条1項）[注111]。

かかる保険計理人は、責任準備金の算出方法にも関与することとされ（保険業規77条2号）、また、すべての保険契約（損害保険会社の自動車損害賠償責任保険契約および地震保険契約を除く）に係る責任準備金が健全な保険数理に基づいて積み立てられているかどうかの確認を行うこととされる（保険業121条1項1号、保険業規81条）。かかる責任準備金の積立ての確認は、責任準備金が保険業法施行規則69条または70条に規定するところにより適正に積み立てられているかを「金融庁長官が定める基準」により確認することが求められている（保険業規80条1項）。「金融庁長官が定める基準」とは、指定法人が作成し金融庁長官が認定した基準とされており、具体的には、公益社団法人日本アクチュアリー会の「生命保険会社の保険計理人の実務基準」および「損害保険会社の保険計理人の実務基準」のことをいう（平成12年金融監督庁・大蔵省告示第22号）。

注111) 安居・前掲注16) 454頁。

(2) 保険会社の積み立てるべきその他の準備金

　保険会社の会計は、株式会社の場合は会社法（「第5章　計算等」）、相互会社の場合は保険業法（「第2章第2節第5款　相互会社の計算等」）の規定が適用されるが、保険業法は株式会社と相互会社に共通する経理の特則を置いている（「第5章　経理」）[注112]。かかる特則において、責任準備金以外にも保険会社が積み立てるべき準備金が規定されている。具体的には、①株式の評価替えによる利益の準備金（保険業112条2項）、②契約者配当準備金（同法114条2項）、③価格変動準備金（同法115条）および④支払備金（同法117条）である。

(i) 株式の評価替えによる利益の準備金

　保険会社は、株式の売却によらずに評価益の計上を行うことができる。すなわち、保険会社の所有する株式の時価が帳簿価額を超える場合、内閣総理大臣の認可を受けて、取得価額を超え時価を超えない価額を付すことができる（保険業112条1項）ところ、かかる評価替えにより計上した利益は準備金として積み立てることが求められている（同法112条2項、保険業規61条）[注113]。

(ii) 契約者配当準備金

　保険会社である株式会社は契約者配当[注114]準備金を積み立てることができる（保険業114条2項、保険業規64条1項）。ただし、契約者配当準備金は貸借対照表において負債に計上されるものであり、そこに積み立てられる金額は、保険会社が保険契約者に対して支払うことが確定したものでなければならないとの趣旨から、生命保険会社である株式会社の契約者配当準備金への組入れには制約が設けられている[注115]（保険業規64条2項）。

注112)　安居・前掲注16）402頁。
注113)　1999年の商法改正により、市場価格のある株式等については、一部の例外を除き、時価を付することができることとされたため、現在はこの規定の意義は限定的となっている（安居・前掲注16）416頁注19）。
注114)　契約者配当とは、保険契約者に対し、保険料および保険料として収受する金銭を運用することによって得られる収益のうち、保険金、返戻金その他の給付金の支払、事業費の支出その他の費用に充てられないものの全部または一部を分配することを保険約款で定めている場合において、その分配をいう（保険業114条1項）。
注115)　安居・前掲注16）420頁。

第9章　保険

(iii)　価格変動準備金

　保険会社は、価格変動により損失が発生する可能性の高い一定の資産（株式、債券等）について、資産ごとに定められた積立基準により、積立限度額に達するまで価格変動準備金として積み立てることが義務付けられている（保険業115条1項）。

　運用手段の高度化等により、キャピタル・ゲインとインカム・ゲインを厳密に区分することが難しくなってきたこと等から、インカム配当原則[注116]を見直し、資産の価格変動に備えた準備金の積立てを求めることとしたものである[注117]。

　価格変動準備金は、積立対象資産の売買・評価替えなどによる損失が利益を上回る場合にその損失を塡補するために取り崩すことができる（なお、監督当局の認可を受けてそれ以外の場合にも取り崩すことができる。保険業115条2項）。

(iv)　支払備金

　保険会社は、毎決算期において、支払義務が発生している保険金、返戻金その他の給付金のうち保険金等の支出として計上していないものについて、支払備金として積み立てなければならない（保険業117条、保険業規73条）。支払事由の報告は受けていないが保険契約に定める支払事由がすでに発生したと認められる金額についても、同様である。前者は未払金（同条1項1号）、後者はIBNR備金[注118]（既発生未報告支払備金）（同項2号）と呼ばれる。

3　ソルベンシー・マージン比率と早期是正措置

　保険会社の健全性維持には、責任準備金の確保のほか、適切な健全性の指

注116)　通常配当の原資は経常的な利子・配当金収入を中心とし、一時的に発生した資産のキャピタル・ゲインは将来の資産価格の下落に備えて積み立てておく原則をいう。
注117)　保険研究会編・前掲注49）187頁。
注118)　IBNR備金の計算方法は、平成10年6月8日大蔵省告示第234号によるが、平成18年金融庁告示50号による改正がなされている。また、詳細について、監督指針にも規定される。

標に基づき、早期から、保険会社が自主的に財務状況の改善に取り組み、監督当局が柔軟な対策を講ずることが重要である[注119]。責任準備金は、通常の保険契約者に対する保険金の支払や通常予測できる範囲のリスク（一定程度の支払の増加や金利の低下による収入減など）に対する引当てとなるもので、大災害による保険金支払の急激な増加や株価の大暴落による運用環境の悪化など通常の予測を超えて発生するリスクには自己資本等の取崩しによる対応が求められる。金融の自由化の進展等を背景として、保険事業の規制緩和・競争の促進に伴いリスクが増大すると、保険会社が直面する事業経営上の諸リスクが増大し、保険会社は、経営の健全性の観点からかかる自己資本の充実が強く求められるようになった[注120]。

そこで、総合的なリスク管理体制整備の一環として諸外国で受け入れられているソルベンシー・マージンの考え方をわが国にも採り入れ、これを早期警戒システムの一環として行政監督上活用する必要があるとの観点から、1995年の保険業法において、ソルベンシー・マージン比率が導入された（保険業130条）[注121]。「ソルベンシー・マージン」とは前記の自己資本等による支払余力をいい、監督当局は、保険会社の経営の健全性を確保するため、「保険金等の支払能力の充実を示す比率」という客観的な基準（＝ソルベンシー・マージン比率）を用い、必要な是正措置命令を迅速かつ適切に発動していくことで、保険会社の経営の早期是正を促していくとしている[注122]。なお、行政監督上の指標として、保険会社の保有するまたは保有する可能性のある「リスク」に着目したソルベンシー・マージン比率のほか、「会計上の数値」に基づく実質資産負債差額（実質純資産額）も指標として用いられる。

注119) 監督指針（保険）においても、「当局としては、自己責任原則の下で行われる責任準備金等の積立の確保を補完する役割を果たすものとして、オフサイト・モニタリングや適切な経理処理等の指針を通じ、保険財務の健全性の確保のための自主的な取組みを促していく必要がある」（Ⅱ-2-1-1）、「財務内容の改善が必要とされる保険会社にあっては、自己責任原則に基づき主体的に改善を図ることが求められている」（Ⅱ-2-2-1）と指摘されている。
注120) 平成4年保険審議会答申第2章5(7)イ、保険研究会編・前掲注49) 206頁。
注121) 平成4年保険審議会答申第2章5(7)イ、保険研究会編・前掲注49) 206頁。
注122) 監督指針（保険）Ⅱ-2-2-1。

第9章　保険

(1) 早期是正措置の基準となる指標

(i) ソルベンシー・マージン比率

(a) ソルベンシー・マージン比率

　内閣総理大臣は、保険会社または保険会社およびその子会社等に係るマージンの合計額（保険業130条1号参照）およびリスクの額（同条2号参照）を用いて、保険会社の経営の健全性を判断するための基準として保険金等の支払能力の充実の状況が適当であるかどうかの基準として定めることができる（同条柱書）。ソルベンシー・マージン比率とは、一般に、かかる基準を指していう。後述の通り、保険持株会社にも同様の規定がある（同法271条の28の2柱書）。

　ソルベンシー・マージン比率の具体的な計算方法は、単体ベースの保険会社では、保険会社または保険会社およびその子会社等に係るマージンの総額をリスクの総額の2分の1に相当する額で除する方法により計算された比率であり、前記の保険金等の支払能力の充実の状況が適当であるかどうかの基準は、200％以上とされる（保険業130条、平成11年金融監督庁・大蔵省告示第3号[注123]）。算式は以下の通りである。

＜ソルベンシー・マージン比率の計算方法の概要[*1]＞

$$\text{ソルベンシー・マージン比率（\%）} = \frac{\text{マージンの総額}}{\text{リスクの総額} \times 1/2}^{*2} \times 100\%$$

* 1　平成23年1月28日金融庁「連結ベースの財務健全性基準について」【参考資料①】(http://www.fsa.go.jp/news/22/hoken/20110128-2/01.pdf) を参照。
* 2　2分の1を乗じる理由は、ソルベンシー・マージン比率制度を導入する際に参考とした米国の制度に倣ったものといわれる。これにより、ソルベンシー・マージン比率が200％の場合にリスクと支払余力が一致することになる。

① マージンの総額（保険業130条1号、保険業規86条）
　・資本金などの自己資本

注123）　外国保険会社等の場合は保険業法202条、免許特定法人の場合は保険業法228条に定める額を用いた同様の算式による比率が200％以上であることと定めている（平成11年金融監督庁・大蔵省告示第3号）。

・保険金の支払の増加や資産の価格変動に対する準備金など
② リスクの総額（保険業130条2号、保険業規87条）
・保険金の支払が増加するリスク：大規模災害などにより保険金支払が増加するリスク
・資産運用に関するリスク：運用環境の悪化による資産の減少や収入減少のリスク
　（例）・有価証券の価格が下落するリスク：Σ（対象資産残高×リスク係数）−分散投資効果（リスク係数：国内株式20％、邦貨建債券2％など）
　（分散投資効果：各社の資産ポートフォリオに基づき算出）
・運用収益が予定利率を下回るリスク：責任準備金残高×予定利率別のリスク係数（リスク係数‥例えば予定利率5％の契約であれば、生保3.015％、損保2.590％）
・その他のリスク
(b) ソルベンシー・マージン比率の具体的な計算方法

ソルベンシー・マージン比率のマージンの総額は、単体ベースの保険会社では、以下①から⑭の合計額である。

マージンの要素	概要
①資本金または基金の額（保険業規86条1項1号）	貸借対照表の純資産の部の合計額から、以下の項目を控除した金額である（同項同号）。 ・剰余金の処分として支出する金額（社員配当準備金に積み立てる金額を含む） ・評価・換算差額等、繰延資産
②価格変動準備金（同項2号）	2(2)(iii)参照
③危険準備金（同項3号）	2(1)(ii)(d)・(iii)(c)参照
④一般貸倒引当金（同項4号）	貸借対照表の資産の部に控除項目として計上している貸倒引当金の一部であり、資産の自己査定に基づき、貸倒実績率等合理的な方法により算出した額
⑤その他有価証券（同項5号）	貸借対照表に計上した次に掲げる額であって税効果会計適用前のものの合計額に金融庁長官が定める率を乗じた額をいう（同項5号イ・ロ）。

	・その他有価証券評価差額金の科目に計上した額 ・繰延ヘッジ損益の科目に計上した額（ヘッジ対象に係る評価差額が貸借対照表のその他有価証券評価差額金の科目に計上されている場合におけるものに限る） 「金融庁長官が定める率」は90％（マイナスの場合は100％）である（平成8年大蔵省告示〔以下、「単体告示」という〕第50号1条2項）。
⑥保険会社およびその子会社等が有する土地（海外の土地を含む。同項6号）	時価と帳簿価額の差額に金融庁長官が定める率を乗じた額をいう（同項6号）。 「金融庁長官が定める率」は85％（マイナスの場合は100％）である（単体告示第50号1条3項）。
⑦繰延税金資産の不算入額（同項7号）	単体告示第50号1条1項参照
⑧全期チルメル式責任準備金相当額超過額（同項7号）	危険準備金を除く責任準備金のうち、全期チルメル式責任準備金（新契約に係る費用を初年度に一括計上し、保険料払込期間にわたり償却するものとして計算した責任準備金）相当額と解約返戻金相当額のいずれか大きいほうを超過する金額（単体告示第50号1条4項1号）
⑨負債性資本調達手段等（同項7号）	劣後ローンの借入れ、劣後債の発行等により調達した額のうち、一定の条件を満たした金額（単体告示第50号1条4項5号）
⑩全期チルメル式責任準備金相当額超過額および負債性資本調達手段等のうち、マージンに算入されない額（同項7号）	全期チルメル式責任準備金相当額超過額と負債性資本調達手段等の合計額が中核的支払余力（資本金または基金等の額、価格変動準備金、危険準備金等の合計額）を超過する場合、その金額（単体告示第50号1条5項・4項1号ほか）
⑪配当準備金の未割当額（同項7号）	契約者配当準備金または社員配当準備金のうち、契約者配当または社員に対する剰余金の分配として割り当てた金額を超えるもの（単体告示第50号1条4項2号）
⑫税効果相当額（同項7号）	リスク発生時に課税所得の圧縮により税負担の軽減が期待できるもの（単体告示第50号1条4項3号）
⑬持込資本金等（同項7号）	外国生命保険会社の日本における保険業の持込資本金と剰余金（翌年度の本店への送金予定額を除く）の額の合計額（単

	体告示第50号1条4項4号）
⑭控除項目	以下の金額の合計額 ・他の保険会社の保険金等の支払能力の向上や子会社等（銀行などを子会社等としている場合）の自己資本比率等の向上のため、意図的に当該他の保険会社または会社等の株式その他の資本調達手段を保有している場合、その金額（単体告示第50号1条の2） ・受再保険会社が一方的に解約できる旨が定められている再保険契約に係る未償却出再手数料（保険会社が受再保険会社から収受した手数料のうち、当該再保険契約により再保険に付した部分に係る将来の収益または利益から受再保険会社に支払うもの）の残高（単体告示第50号1条の3）

　ソルベンシー・マージン比率のリスクの総額は、単体ベースの保険会社では、以下①から⑥の諸リスクを数値化して算出する。

リスクの要素	概要
①保険リスクに対応する額として相当額（保険業規87条1号）	保険リスクは実際の保険事故の発生率等が通常の予測を超えることにより発生し得る危険をいう（保険業規87条1号）。 大災害の発生などにより、保険金などの支払が急増するリスク相当額が該当する。
②第3分野の保険リスク相当額[注124]（同条1の2号）	医療保険やがん保険などのいわゆる第三分野保険について給付金等の支払が急増するリスク相当額が該当する。生命保険・損害保険共通の①「ストレステストの対象とするリスク」のほか、生命保険では、②「災害死亡リスク」、③「災害入院リスク」、④「疾病入院リスク」、⑤「その他のリスク」が挙げられる（単体告示別表第2の2）。
③予定利率リスク相当額（同条2号）	責任準備金の算出の基礎となる予定利率を確保できなくなる危険をいう（保険業規87条2号）。 運用環境の悪化により、資産運用利回りが予定利率を下回るリスク相当額が該当する。
④最低保証リスク相当額（同条2の2号）	特別勘定を設けた保険契約であって、保険金等の額を最低保証するものについて、当該保険金等を支払うときにおける特別勘定に属する財産の価額が、当該保険契約が最低保証する保険金等の額を下回る危険であって、当該特別勘定に属する財産の通常の予測を超える価額の変動等により発生し得る危

注124）　第3分野保険の責任準備金の積立ルール等の整備の一環として、保険業法施行規則の一部を改正する内閣府令（平成18年内閣府令61号）により追加。

		険をいう（保険業規87条2の2号）。 変額保険、変額年金保険の保険金等の最低保証に関するリスク相当額が該当する。
⑤資産運用リスク相当額（同条3号）		資産の運用等に関する危険であって、保有する有価証券その他の資産の通常の予測を超える価格の変動その他の理由により発生し得る危険をいう（保険業規87条3号）。次の額を合計した額となる。
	a 価格変動等リスク	保有する有価証券その他の資産の通常の予測を超える価格変動等により発生し得る危険をいう（保険業規87条3号イ）。
	b 信用リスク	保有する有価証券その他の資産について取引の相手方の債務不履行その他の理由により発生し得る危険をいう（保険業規87条3号ロ）。
	c 子会社等リスク	子会社等への投資その他の理由により発生し得る危険をいう（保険業規87条3号ハ）。
	d デリバティブ取引リスク	デリバティブ取引、金融等デリバティブ取引、先物外国為替取引その他これらと類似の取引により発生し得る危険をいう（保険業規87条3号ニ）。
	e 信用スプレッドリスク	金商法2条21項5号に掲げる取引（同号イに係るものに限る）もしくは同条22項6号に掲げる取引（同号イに係るものに限る）またはこれらに類似する取引において、通常の予測を超える価格の変動その他の理由により発生し得る危険をいう。
	前記aからeに準ずるものに対応する額として金融庁長官が定めるところにより計算した額	具体的には、再保険リスク相当額及び再保険回収リスク相当額が定められている（単体告示2条10項）。
⑥経営管理リスク相当額（同条4号）		業務の運営上通常の予測を超えて発生し得る危険であって、前記①から⑤に掲げる危険に該当しないものをいう。 具体的には、前記①から⑤のリスクに対応する額の合計額

> に、繰越利益剰余金（相互会社の場合は当期未処分剰余金）が零を下回る会社にあっては3％、それ以外の会社にあっては2％を乗じた額とされている（単体告示2条11項）。

　ソルベンシー・マージン比率の計算方法は、これまで数度にわたり、厳格化の方向で改訂されている[注125]。2012年3月から施行された改正告示においても、ソルベンシー・マージン比率の分子であるマージン算入を厳格化し[注126]、かつ、ソルベンシー・マージン比率の分母であるリスク計測の厳格化および精緻化する規制の見直しが行われている[注127]。

　また、2016年3月31日から施行された改正保険業法施行規則においても、保険会社に対する日頃のモニタリングを通じて把握された問題点に関して、ソルベンシー・マージン規制の適正化を目的として、他有価証券評価差額金に対応する繰延ヘッジ損益をマージン総額に算入することとなるように変更がなされている。

(c)　連結ベースのソルベンシー・マージン規制の導入

　ソルベンシー・マージン比率が導入された当初、ソルベンシー・マージン基準は保険会社単体のみに適用されていたが、2012年3月施行の保険業法の改正により、保険会社または保険持株会社を頂点とするすべてのグループを

注125)　安居・前掲注16) 481頁。なお、ソルベンシー・マージン基準導入（1996年4月）以降の主な改正経緯は、2008年2月7日金融庁公表の「ソルベンシー・マージン比率に関する参考資料」4頁参照。

注126)　マージン算入の厳格化として、①保険料積立金等余剰部分についてマージンの算入制限が導入され、また、②繰越欠損金等に係る繰延税金資産の算入制限が導入される等の変更があった。

注127)　リスク計測の厳格化および精緻化として、以下の変更が行われている。
①　各リスク係数の信頼水準を90％から95％に引き上げる。
②　各リスク係数の基礎となる統計データをリニューアルする。
③　地震災害リスクについて、各社ごとのリスクモデルのVaR99.5％によるリスク相当額として算出する（従来は前者一律でVaR99.5％により算出していた）。
④　価格変動等リスクにおける分散投資効果を各社の資産構成割合に基づき算出する（従来は生保30％、損保20％で一律としていた）。
⑤　ヘッジ取引によるリスク削減効果についてはヘッジ効果が有効なものに限定する。
⑥　証券化商品および再証券化商品のリスク係数を厳格化し、CDS取引に係る信用スプレッド・リスクを創設し、金融保証保険のリスク係数を厳格化する。

対象として、連結ソルベンシー・マージン基準が導入された（保険業130条・271条の28の2参照）。改正後の保険会社の連結財務規制は【図表9-3-1】[注128]の通りである。

(d) 経済価値ベースのソルベンシー・マージン規制の導入

現行のソルベンシー・マージン規制は、資産はおおむね時価評価されているが、保険負債は契約時の計算基礎率（予定利率や死亡率等）に基づく簿価ベースで評価されており（いわゆるロックイン方式）、必ずしも、財務状況の的確な把握やリスク管理の高度化を図る指標としては適切ではないことから、資産および負債をともに経済価値ベースで評価する考え方が、保険会社の中でも内部管理手法として広がっている[注129]。金融庁も、経済価値ベースのソルベンシー・マージン規制の導入に係るフィールド・テストを行うなど、導入に向けた作業を進めている[注130]。

国際的にも、保険監督者国際機構（IAIS）において国際資本基準（ICS[注131]）のフィールド・テストが実施中であること、欧州においてはソルベンシーⅡ[注132]の導入に向けた準備が進んでいることなど、経済価値ベースのソル

注128) 平成23年1月28日金融庁「連結ベースの財務健全性基準について」【参考資料②】（http://www.fsa.go.jp/news/22/hoken/20110128-2/01.pdf）を基に筆者作成。

注129) 平成27年9月18日金融庁「平成27事務年度金融行政方針」（http://www.fsa.go.jp/news/27/20150918-1/01.pdf）21頁。

注130) 近年のものでは、平成26年6月30日金融庁「経済価値ベースのソルベンシー規制の導入に係るフィールドテストの実施について」（http://www.fsa.go.jp/news/25/hoken/20140630-2.html）、平成27年6月26日金融庁「経済価値ベースのソルベンシー規制の導入に係るフィールドテストの結果について」（http://www.fsa.go.jp/news/26/hoken/20150626-8.html）および平成28年6月24日金融庁「経済価値ベースの評価・監督手法の検討に関するフィールドテストの実施について」（http://www.fsa.go.jp/news/27/hoken/20160624-4.html）等が挙げられる。

注131) 国際的に活動する保険会社グループ（IAIGs）を対象とした国際資本基準（ICS）の検討でも、経済価値ベースの資産・負債評価について検討がされていると指摘される。平成27年6月26日金融庁「経済価値ベースのソルベンシー規制の導入に係るフィールドテスト――結果概要」1頁。

注132) ソルベンシーⅡとは、欧州における経済価値ベースのソルベンシー・マージン規制に当たるもので、「3つの柱」、すなわち第1の柱は「定量的資本要件」、第2の柱は「ガバナンスおよび監督当局による検証」、第3の柱は「市場規律と情報開示」によって構成されている。第1の柱において、経済価値ベースの資産・負債の評価が、第2の柱においてORSA（Own Risk and Solvency Assessment：リスクとソルベンシーの自己評価）が求められている。

第3節　保険会社の健全性規制

【図表9-3-1】　保険会社の連結財務規制

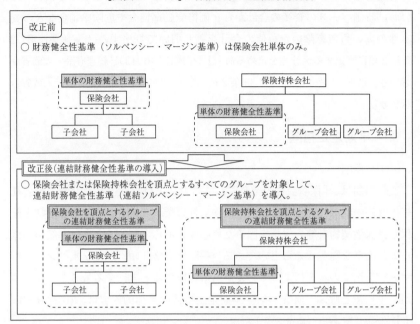

ベンシー規制における議論は進展している[注133]。金融庁は、国際的な議論への貢献・フォローを行いつつ、わが国におけるソルベンシー規制について具体的な検討を進めていく[注134]としており、今後の動向を注視する必要がある。

(ⅱ)　**実質資産負債差額（実質純資産額）**

ソルベンシー・マージン比率は、保険会社が「通常の予測を超えたリスク」に対して、どの程度「自己資本」・「準備金」などの支払余力を有するかを示す健全性の指標であるが、保険会社の財産の状況、すなわち会計上の資産および負債を反映した数値ではない。そこで、監督当局は、ソルベンシー・マージン比率に加え、「会計上の数値」に基づく基準（実質資産負債差額〔実質純資産額〕）を行政監督上の指標として併用し、柔軟に行政監督上の措置をとり得ることとしている。

注133)　平成27年6月26日金融庁・前掲注131) 16頁。
注134)　平成27年9月18日金融庁「平成27事務年度金融行政方針」(http://www.fsa.go.jp/news/27/20150918-1/01.pdf) 21頁参照。

第9章　保険

　実質資産負債差額は、有価証券や有形固定資産の含み損益などを反映した、いわば時価ベースの資産の合計から、価格変動準備金や危険準備金などの資本性の高い負債を除いた負債の合計を差し引いて算出する（「保険業法第132条第2項に規定する区分等を定める命令」〔平成12年6月29日総理府令・大蔵省令第45号。以下、「命令」という〕3条2項・3項、平成11年金融監督庁・大蔵省告示2号）。

(2) 早期是正措置

(i) 原則

　監督当局は、「保険会社の業務若しくは財産又は保険会社及びその子会社等の財産の状況に照らして、当該保険会社の業務の健全かつ適切な運営を確保し、保険契約者等の保護を図るため必要があると認めるときは」業務の停止等の命令を発動することができる（保険業132条1項）が、ソルベンシー・マージン比率の状況によって必要があると認めるときにするものを一般に早期是正措置と呼ぶ（同条2項）。早期是正措置の具体的内容は、【図表9-3-2】の通りである（命令2条1項）。

(ii) 例外

　早期是正措置の発動基準には例外がある。
　1つ目は、保険会社のソルベンシー・マージン比率が低下し、従前よりも下の区分に該当することとなった場合でも、合理的な改善計画を提出した場合には、当該計画実施後に見込まれるソルベンシー・マージン比率に応じた区分に掲げる命令を発動することができる（命令3条1項）。
　2つ目は、実質資産負債差額に基づく命令であり、具体的には以下の通りである。

① 【図表9-3-2】の第3区分に該当する保険会社であっても、有価証券の含み損益等を反映した資産の額と負債の額の差（実質資産負債差額）が正の値である場合は、第2区分の措置を講じることができる。
② 【図表9-3-2】の第3区分に該当しない保険会社であっても、実質資産負債差額が負の値である場合には、第3区分の措置を講ずることができる。

【図表9-3-2】 早期是正措置の具体的内容

保険金等の支払能力の充実の状況に係る区分	ソルベンシー・マージン比率	命令
非対象区分	200％以上	
第1区分	100％以上200％未満	経営の健全性を確保するための合理的と認められる改善計画の提出の求めおよびその実行の命令
第2区分	0％以上100％未満	次に掲げる保険金等の支払能力の充実に資する措置に係る命令 ① 保険金等の支払能力の充実に係る合理的と認められる計画の提出およびその実行 ② 配当の禁止またはその額の抑制 ③ 契約者配当または社員に対する剰余金の分配の禁止またはその額の抑制 ④ 新規に締結しようとする保険契約に係る保険料の計算の方法（その計算の基礎となる係数を要する場合には、その係数を含む）の変更 ⑤ 役員賞与の禁止またはその額の事業費の抑制 ⑥ 一部の方法による資産の運用の禁止またはその額の抑制 ⑦ 一部の営業所または事務所における業務の縮小 ⑧ 本店または主たる事務所を除く一部の営業所または事務所の廃止 ⑨ 子会社等の業務の縮小 ⑩ 子会社等の株式または持分の処分 ⑪ 付随業務または法定他業の縮小または新規の取扱いの禁止 ⑫ その他金融庁長官が必要と認める措置
第3区分	0％未満	期限を付した業務の全部または一部の停止の命令

4　早期警戒制度

　早期警戒制度は、ソルベンシー・マージン比率による早期是正措置の対象とならない保険会社（ソルベンシー・マージン比率が200％以上である場合〔非対象区分〕）についても、その健全性の維持および一層の向上を図るため、継続的な経営改善への取組みがなされる必要があることを理由に、行政上の予防的・総合的な措置を講ずることにより、保険会社の早め早めの経営改善を促していく制度である[注135]。

　具体的には、【図表9-3-3】[注136]の手法による。

　以上の措置に関し、改善計画を確実に実行させる必要があると認められる場合には、保険業法132条に基づき業務改善命令を発出される（監督指針（保険）Ⅱ-2-3-2(5)）。

5　その他の健全性指標

　ソルベンシー・マージン比率は、前述の通り、保険会社の経営の健全性を行政監督上の重要な指標として把握し、保険会社の経営について早期の事前チェックを行うもので、ソルベンシー・マージン基準によって保険会社のランク付けをしたり、その値の絶対水準のみをもって経営の健全性が判断できるものではない[注137]。また、保険契約者の保護には、監督当局による行政監督上の措置だけでなく、保険会社の健全性にかかわる情報が適切に開示され、当該情報に基づき主体的に保険会社を選択できるように整備することが重要である。

　そのため、保険会社の健全性の指標は、目的に応じて異なる指標が必要となると考えられ、資本充実や監督当局の措置命令の発動基準となる法定指標のほかにも、以下の指標が存在する。

注135)　監督指針（保険）Ⅱ-2-3-1。
注136)　監督指針（保険）Ⅱ-2-3-2。
注137)　保険研究会編・前掲注49) 206頁。

【図表9-3-3】 早期警戒制度の概要

対象	求める措置
基本的な収益指標やその見通しを基準として、収益性の改善が必要と認められる保険会社	収益性改善措置
大口与信の集中状況等を基準として、信用リスクの管理態勢について改善が必要と認められる保険会社	信用リスク改善措置
有価証券の価格変動等による影響を基準として、市場リスク等の管理態勢について改善が必要と認められる保険会社	安定性改善措置
契約動向や資産の保有状況等を基準として、流動性リスクの管理態勢について改善が必要と認められる保険会社	資金繰り改善措置

(1) EV（エンベディッド・バリュー）

EV（エンベディッド・バリュー／Embedded Value）は、保険会社の企業価値を表す指標の1つで、株主に帰属すると考えられる企業価値（税引後の純資産額）であり、資産・負債ともに時価評価した経済価値ベースの資本である。「修正純資産」（純資産の部に資産の含み損益や負債中の内部留保等を加えたもの）と「保有契約価値」（保有契約から生じる利益の現在価値）を合計した額とされる。

EVは、保険業法により開示、算出は求められておらず、開示していない保険会社もある。また、EVの算出には複数の手法[注138]があり、各社ごとに算出基準がまちまちで、単純比較はできないとされる。しかし、前記の通り、リスクと不確実性を伴う将来の見通しを含んだもので、会社の財務の健全性や成長性などを表す指標として、重要視する会社が増えている。

(2) 格付け

格付けとは、独立した第三者である格付会社が各会社の財務・収支情報、

注138) 将来利益の不確実性をどう反映するかによってEVには大きく分けて3つの技術的手法（TEV〔伝統的EV/Traditional EV〕、MCEV〔市場整合的EV/Market Consistant EV〕、EEV〔ヨーロピアンEV/European EV〕）がある。

営業・経営戦略等の情報に基づいて保険会社の保険金支払に関する確実性を決定したもので、アルファベットや記号を用いて表記される。格付会社は複数存在し、会社によって判定基準が異なるため、同じ保険会社でも格付会社によっては格付けが異なる場合がある。また、同じ格付会社の格付けでも「依頼格付け」と「勝手格付け」の２種類があり、性質が異なる。

なお、格付けの取得も保険業法で義務付けられるものではなく、格付けを取得していない会社もある。また、格付けは、格付会社の意見であり、保険金の支払などについて保証を行うものではないし、取得した時点までの数値・情報などに基づいたものであるため、将来的に変更される可能性がある。しかし、第三者機関による格付けは保険会社の健全性の指標として保険契約者や保険会社の取引先の実務上の指標として利用されている。

(3) 基礎利益

基礎利益とは、保険料収入や保険金・事業費支払等の保険関係の収支と、利息および配当金等収入を中心とした運用関係の収支からなる、生命保険会社の基礎的な期間損益の状況を表す指標である。経常利益から有価証券の売却損益などの「キャピタル損益」と「臨時損益」を控除して求める。

なお、予定事業費率に基づく事業費支出予定額と実際の事業費支出との差額である「費差」、予定死亡率に基づく保険金・給付金等支払予定額と実際の保険金・給付金等支払額との差額である「危険差（死差）」、予定利率に基づく予定運用収益と実際の運用収益の差額である「利差」の３つを三利源というが、「基礎利益」の内訳として開示している会社もある。

6　統合的リスク管理（Enterprise Risk Management：ERM）

(1) ERM導入の経緯

保険会社を取り巻くリスクが多様化・複雑化している中、保険会社が将来にわたり財務の健全性を確保していくには、規制上求められる自己資本等の維持や財務情報の適切な開示に加え、保険会社が自らの経営戦略と一体で、

第3節　保険会社の健全性規制

全てのリスクを統合的に管理し、事業全体でコントロールするERM 態勢を整備し、高度化していくことが重要である[注139]。国際的にも、保険監督者国際機構（IAIS）が平成23 年10 月に採択した「保険コアプリンシプル（Insurance Core Principles：ICP）」において、保険会社およびグループが統合的リスク管理（Enterprise Risk Management：ERM）およびリスクとソルベンシーの自己評価（Own Risk and Solvency Assessment：ORSA）を実施するように監督すべきことが規定されている[注140]。

　日本においても、金融庁は、保険会社のERMの整備・高度化を促すため、リスク管理の現状についてヒアリングを実施し、結果を取りまとめる[注141]等の取組みを進めており、平成25年12月には、「保険会社向け総合的な監督指針」が改正され、統合的リスク管理（ERM）およびリスクとソルベンシーの自己評価（ORSA[注142]）に関する規定[注143]が整備されている。また、平成27年度からは、保険会社がリスクとソルベンシーの自己評価に関する報告書（ORSAレポート）を作成した上で、金融庁へ提出する取組みが開始され、金融庁は、同レポート等をもとに、保険会社のERM評価を行い、その結果を公表している[注144]。なお、金融庁は、かかるERM評価を踏まえ、多くの保険会社においては、ERM の活用は健全性に関する取組みが中心で、収益力の向上に関する取組みは今後の課題であることがうかがわれたとし、今後、各社のERM 態勢の高度化の状況を確認するとともに、国際的に検討が進められている資本基準（ICS）の動向も注視しつつ、保険会社との対話を通じ、

注139）　平成24年9月6日金融庁「ERMヒアリングの結果について」（http://www.fsa.go.jp/news/24/hoken/20120906-1/01.pdf）1頁および平成25年9月4日金融庁「ERMヒアリングの実施とその結果概要について」（http://www.fsa.go.jp/news/25/hoken/20130904-1/01.pdf）1頁参照。
注140）　監督指針（保険）Ⅱ-3-1。
注141）　平成24年9月6日金融庁・前掲注139）および平成25年9月4日金融庁・前掲注139）。
注142）　金融庁は、「保険会社自らが現在及び将来のリスクと資本等を比較して資本等の十分性評価を行うとともに、リスクテイク戦略等の妥当性を総合的に検証するプロセス」と定義する。平成28年9月15日金融庁「保険会社におけるリスクとソルベンシーの自己評価に関する報告書（ORSAレポート）及び統合的リスク管理（ERM）態勢ヒアリングに基づくERM評価の結果概要について」（http://www.fsa.go.jp/news/28/hoken/20160915-2/01.pdf）1頁。

環境変化に対応するリスク管理を伴った健全なリスクテイクを促すとしている[注145]。

(2) ERMの概要

ERMは、一般に、「潜在的に重要なリスクを含め、保険会社の直面するリスクを総体的に捉え、保険会社の自己資本等と比較・対照し、更に、保険引受けや保険料率設定等のフロー面を含めて、事業全体としてリスクをコントロールする、自己管理型のリスク管理を行うこと」と定義される[注146]。保険会社は、ERMを高度化することを通じて、将来にわたって保険金を確実に支払えるよう充実した自己資本を保つとともに、保険契約者や株主に対して適切に利益を還元するために、高度なリスク管理に支えられたリターンの向上を図ることが求められている[注147]。その背景には、【図表9-3-4】によると、自己資本が一定であるとすれば、保険会社が資本効率を向上させるには、リスクを増加させるか、リターンを向上させることが必要になるところ、予期せぬリスクが顕在化した場合でも保険金支払能力を維持するためには、自己資本との関係でリスクに一定の制限を設けなければならず、また、その上で資本効率を向上させ将来にわたってビジネスを持続可能とするためには、自己資本を有効に活用し、リターンを向上させることが重要であるとの分析がある[注148]。なお、株主の圧力が強く、収益性を重視される中で、健全性確保も重視される保険会社にとっては、ERM経営は健全性と収益性の間でバランスをとる（過度にリスクをとることを回避する）に当たり、保険会社のリスクテイクの姿勢についてステークホルダーと共通理解を深めることに役立つと指摘されている[注149]。

注143) 具体的には、リスクの特定とリスク・プロファイル、リスクの測定、リスクの管理方針、リスクとソルベンシーの自己評価、グループベースの統合的リスク管理および報告態勢に関する規定が設けられている（監督指針（保険）Ⅱ-3）。
注144) 平成28年9月15日金融庁・前掲注142)。
注145) 平成28年10月21日金融庁「平成28事務年度金融行政方針」(http://www.fsa.go.jp/news/28/20161021-3/02.pdf) 25頁参照。
注146) 平成28年9月15日金融庁・前掲注142) 1頁。
注147) 前掲注143)。
注148) 前掲注143)。

【図表 9 - 3 - 4】 ERM の概念図[*]

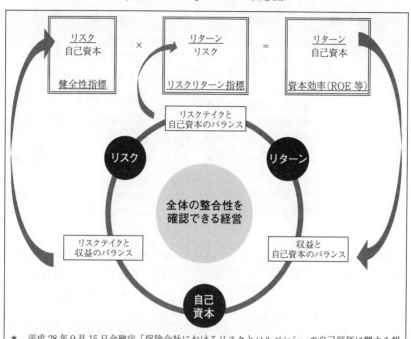

[*] 平成 28 年 9 月 15 日金融庁「保険会社におけるリスクとソルベンシーの自己評価に関する報告書（ORSA レポート）及び統合的リスク管理（ERM）態勢ヒアリングに基づく ERM 評価の結果概要について」(http://www.fsa.go.jp/news/28/hoken/20160915-2 /01.pdf) 1 頁の図をもとに筆者作成。

(3) ERMの評価項目

ERMの内容について、標準的な枠組みはまだ確立されてはいないが、金融庁は、①リスクの特定とリスク・プロファイル、②リスクの測定、③リスクの管理方針、④リスクとソルベンシーの自己評価、⑤グループベースの統合的リスク管理、⑥報告態勢、⑦業務継続体制（BCM）、⑧資産負債の総合的な管理、⑨保険引受リスク管理態勢、⑩再保険に関するリスク管理、⑪資産運用リスク管理態勢、⑫流動性リスク管理態勢および⑬オペレーショナ

注149) 損害保険事業総合研究所編・ERM経営研究会著『保険ERM経営の理論と実践』（金融財政事情研究会、2014）7 頁。

第9章 保険

【図表9-3-5】 ERM評価目線の概要

ERM評価大項目	概要	評価中項目
リスク文化とリスクガバナンス	販売偏重の経営ではなく、保険商品等のリスクとリターンのバランスに着目したリスクベースの経営が、経営陣や職員を通じ保険会社にどの程度浸透しているかを検証	ERMの経営戦略上の位置付け、経営者の認識、リスク文化の醸成
		ERMに関する組織・体制
		リスク管理方針の策定
		リスク選好方針の設定・周知・定着
		監査態勢
リスク・コントロールと資本の十分性	リスク許容度やリスクリミットの管理を通じ、経営の根幹となる健全性を確保する態勢を検証	全社（グループ）ベースの健全性確保
		リスクカテゴリーおよびビジネスラインベースの健全性確保
		ストレステストの状況
リスク・プロファイルとリスクの測定	ERMを支えるリスクの計量方法および計量不能なリスクの把握方法を検証	リスクの特定・分析、対象の妥当性
		リスクの計量手法および統合手法
		流動性リスク等の非定量化リスクへの対応
		エマージング・リスクへの対応
		モデルガバナンス態勢
経営への活用	ERMにおける資本配賦等や保険商品のリスクリターン分析を通じ、健全かつ収益性のあるビジネスを展開できているかを検証	中長期的な充足性の確認、経営計画・ROE目標への反映
		資本配賦制度等の実施
		収益指標の設定・評価
		商品・料率・事業判断等への活用

ル・リスク管理態勢を評価項目として挙げている（監督指針（保険）Ⅱ-3）。

また、金融庁が2015年度に保険会社のERM評価を行った際の評価目線の概要は【図表9-3-5】[注150]の通りである。

なお、保険会社は、事業年度ごとに業務および財産の状況に関する事項を記載した説明書類を作成し、本店等に備え置き、公衆の縦覧に供しなければ

注150) 平成28年9月15日金融庁「ERM評価目線の概要」（2016年6月版）（http://www.fsa.go.jp/news/28/hoken/20160915-2/02.pdf）1頁の図をもとに筆者作成。

ならず（保険業111条1項）、その中で、保険会社の運営に関する事項として、「リスク管理の体制」について記載する必要がある（保険業規59条の2第1項4号）ところ、当該記載は、前記ERMの評価目線の概要を踏まえた記載となると考えられる。監督指針では、例えば、統合的リスク管理態勢の項目の1つにストレステストを挙げているところ、前記「リスク管理の体制」の開示するに当たっては、自主的に行われているストレステストの概要とその結果の活用方法についてわかりやすく開示することを求めている（監督指針（保険）Ⅱ-3-3-3-2）。

　金融庁の監督指針では、統合的リスク管理態勢の監督手法および対応についても規定する。すなわち、統合的リスク管理態勢について問題があると認められる場合には、必要に応じて保険業法128条に基づき報告を求め、重大な問題があると認められる場合には、同法132条（業務の停止等。保険引受リスク管理態勢、再保険に関するリスク管理および資産運用リスク管理態勢に重大な問題があると認められる場合には、同法132条または133条〔免許の取消し等〕）に基づく行政処分を行うものとされている（監督指針（保険）Ⅱ-3-15）。

第4節
保険会社のM&Aおよび破綻処理

1　保険会社のM&Aの概要

　保険会社のM&A（以下、「保険M&A」という）の手段は、当事会社である保険会社が株式会社である場合と相互会社である場合とで異なる。

　株式会社の保険M&Aとしては、既存株式の取得・新株の発行、株式交換、株式移転が挙げられる。保険業法上は、①保険契約の移転、②事業譲渡・譲受け、③業務および財産の管理の委託・受託、④合併、⑤会社分割に関する規定が置かれている。保険会社が国内の保険会社を買収する場合は、その買収対象となる保険会社は保険業法上の子会社等に関する規制に服しているが、例えば海外の保険会社や保険業以外を営む会社を買収する場合、保険会社本体や保険会社の子会社等の業務範囲規制［→**第2節**］に留意する必要がある。

　これに対して、保険業を行うことを目的として、保険業法に基づき設立された保険契約者をその社員とする社団である相互会社（保険業2条5項）が主体となる保険M&Aとしては、保険業法上、①保険契約の移転、②事業譲渡・譲受け、③業務および財産の管理の委託・受託、④合併が規定されている。相互会社には、⑤会社分割の規定が置かれておらず、また、株式が発行されないため、株式会社のような株式取得による買収の対象とならない。また、⑥相互会社の株式会社化の手続も用意されている。

2　国内保険M&Aの主な実例

　2000年以降の破綻処理を除く国内の保険M&Aの主な実例としては、以下のものがある。

第 4 節　保険会社の M&A および破綻処理

＜株式の取得＞

時　期	当事者	再編手法
2015年12月	日本生命保険相互会社 三井生命保険株式会社	日本生命保険相互会社による三井生命保険株式会社株式の公開買付け
2016年3月		会社法179条に基づく特別支配株主の株式等売渡請求による三井生命保険株式会社の完全子会社化

＜株式の取得、保険契約の移転／事業譲渡＞

時　期	当事者	再編手法
2010年3月	AIGグループ 富士火災海上保険株式会社	第三者割当増資により、AIGグループのチャーティス・ノンライフ・ホールディング・カンパニー・ジャパン・インクが、富士火災海上保険株式会社を子会社化
2011年3月		チャーティス・ジャパン・キャピタル・カンパニー・エルエルシーによる富士火災海上保険株式会社株式の公開買付け
2011年8月		全部取得条項付種類株式を用いたスクイーズ・アウトにより富士火災海上保険株式会社を完全子会社化
2013年4月	AIU損害保険株式会社 エイアイユーインシュアランスカンパニー日本支店	AIU損害保険株式会社に対する保険契約の移転および事業譲渡による日本支店の現地法人化（AIGジャパン・ホールディングスの完全子会社化）
2014年4月	AIGジャパン・ホールディングス株式会社 富士火災海上保険株式会社	株式交換により、AIGジャパン・ホールディングス株式会社が富士火災海上保険株式会社を完全子会社化
2014年4月	アメリカンホーム医療・損害保険株式会社 アメリカン・ホーム・アシュアランス・カンパニー日本支店	アメリカンホーム医療・損害保険株式会社に対する保険契約の移転および事業譲渡による日本支店の現地法人化（AIGジャパン・ホールディングスの完全子会社化）

<株式の取得、合併>

時　期	当事者	再編手法
2014年7月	オリックス生命保険株式会社	オリックス生命保険株式会社によるハートフォード生命保険株式会社株式の取得
2015年7月	ハートフォード生命保険株式会社	オリックス生命保険株式会社を合併存続会社とする吸収合併

<保険契約の移転／事業譲渡>

時　期	当事者	再編手法
2012年4月	メットライフアリコ生命保険株式会社 アメリカン・ライフ・インシュアランス・カンパニー日本支店	メットライフアリコ生命保険株式会社に対する保険契約の移転および事業譲渡による日本支店の現地法人化

<合併>

時　期	当事者	再編手法
2004年1月	明治生命保険相互会社 安田生命保険相互会社	明治生命保険相互会社を合併存続会社とする相互会社同士の吸収合併

<共同株式移転による持株会社の設立>

時　期	当事者	再編手法
2002年4月	東京海上火災保険株式会社 日動火災保険株式会社	株式移転による持株会社（株式会社ミレアホールディングス（現東京海上ホールディングス株式会社）の設立 その後、東京海上火災保険株式会社と日動火災保険株式会社とが合併
2004年4月	太陽生命保険株式会社 大同生命保険株式会社 T&Dフィナンシャル生命保険株式会社	株式移転による持株会社（株式会社T&Dホールディングス）の設立
2010年4月	日本興亜損害保険株式会社 株式会社損害保険ジャパン	株式移転による持株会社（NKSJホールディングス株式会社（現SOMPOホールディングス株式会社）の設立

<会社分割による持株会社化>

時　期	当事者	再編手法
2016年10月	第一生命ホールディングス株式会社 第一生命保険株式会社	旧第一生命保険株式会社が、第一生命ホールディングス株式会社に商号変更し、同社の生命保険事業を会社分割により、第一生命保険株式会社に承継

<株式交換>

時　期	当事者	再編手法
2009年4月	プルデンシャル・ホールディング・オブ・ジャパン株式会社 プルデンシャル生命保険株式会社	株式交換により、プルデンシャル・ホールディング・オブ・ジャパン株式会社が、プルデンシャル生命保険株式会社を完全子会社化
2010年4月	あいおい損害保険株式会社 ニッセイ同和損害保険株式会社 三井住友海上グループホールディングス株式会社	株式交換により、三井住友海上グループホールディングス株式会社（現MS&ADインシュアランスグループホールディングス株式会社）が、あいおい損害保険株式会社とニッセイ同和損害保険株式会社を完全子会社化 その後、あいおい損害保険株式会社とニッセイ同和損害保険株式会社とが合併

3　保険M&Aに関する規制

(1) 保険M&Aの手段

　保険業法上、①保険契約の移転、②事業の譲渡または譲受け、③他の保険会社への業務および財産の管理の委託・受託、④合併、⑤会社分割について、各種の規制が設けられている。それぞれの保険M&Aの手段をとるに際して必要となる各種許認可は、【図表9-4-1】の通りである。

【図表9-4-1】 保険会社組織再編許認可一覧表

		事前の認可取得の要否	根拠条文	審査基準に関する規定	認可申請手続に関する規定
保険契約の移転	保険会社が他の保険会社に保険契約を移転する場合	要	保険業139条1項	保険業139条2項	保険業規90条
事業の譲渡または譲受け	保険会社が他の会社に事業の全部または一部を譲渡する場合	要	保険業142条	－	保険業規94条
	保険会社が他の会社から事業の全部または一部を譲り受ける場合	要	同上	－	同上
	保険会社が有価証券の保護預りのみに限る事業の譲渡または譲受けをする場合	否	保険業142条 保険業規93条	－	－
業務および財産の管理の委託	保険会社が他の保険会社に業務および財産の管理の委託をする場合	要	保険業145条1項	保険業145条2項	保険業規96条
	業務および財産の管理の委託契約（管理委託契約）を変更または解除する場合	要	保険業149条2項	－	保険業規97条
合併	保険会社が合併をする場合	要	保険業167条1項	保険業167条2項	保険業規105条
会社分割	保険業を営む株式会社が会社分割をする場合	要	保険業173条の6第1項	保険業173条の6第2項	保険業規105条の6

(2) 保険契約の移転

(i) 概要

保険会社は、保険業法の定めに従い、他の保険会社（外国保険会社等を含

む）との契約により、保険契約の全部または一部を移転することができる（保険業135条１項）。ただし、保険契約の移転の公告（同法137条１項）の時に、①すでに保険事故が発生している保険契約（当該保険事故に係る保険金の支払により消滅することとなるもの）および②すでに保険期間が終了している保険契約（保険契約の終了の事由が発生しているものを含む）は除かれる（同法135条２項、保険業令15条)[注151]。保険契約の移転の際、財産の移転も併せて行われる（保険業135条３項）。これが、保険業法上「保険契約の移転」と呼ばれる制度であり、一種の事業譲渡（同法62条の２および142条）であるが、保険業の特殊性を考慮して、特別の手続が定められている[注152]。保険契約の移転においては、一定の場合を除き、保険契約者がその保険契約の移転（保険契約者からみると、債務者の交代、すなわち免責的債務引受けの側面を有する）を承認したものとみなされる（同法137条４項）。民法の法理からすると、免責的債務引受けを行う場合には、本来、各保険契約者の個別の同意が必要となるはずである。しかし保険業法は、保険契約の団体性に鑑み、異議申立手続を設けて、異議を述べる者が一定割合を超えない場合には承認したものとみなすことにより、保険契約の移転につき集団的な処理を可能としている。

(ii) 手続
(a) 保険契約の移転契約の締結

保険契約の移転を行う場合、保険契約の移転をしようとする保険会社（以

注151）平成24年３月31日法律第23号（保険業法等の一部を改正する法律。以下、「平成24年改正法」という）以前は、保険契約の移転を行う場合には、責任準備金の算出の基礎が同一である保険契約は包括して移転しなければならない旨の規制（移転単位規制）があった。当該規制は、保険契約集団を維持し、保険契約者間の公平を確保するためのものである。平成24年改正法は、販売チャネル別の保険会社の再編や特定分野への経営資源の集中による保険会社の業務の効率性および保険事故時や保険契約者からの相談・照会への対応等さまざまなサービスの向上等を見込み、保険契約の移転に係る制度設計を一定程度柔軟にさせるものである。他方、保険契約を引き受ける保険会社の変更は、保険契約の重要な事項の変更であり、保険契約者の保護についても十分配慮する必要があるため、保険契約の移転に係る規制について金融庁の認可制は維持しつつ、保険契約者間の公平や保険契約者の保護の観点からの改正を加えた上で、移転単位規制を撤廃したとされる（佐野耕作＝児玉勝義「改正保険業法および改正政省令の概要」金法1954号〔2012〕80頁）。

注152）保険契約の移転は、経営危機に陥った保険会社に対して金融庁長官が保険業法に基づく処分を行った結果なされる場合もある（保険業241条）。

下、本節において「移転会社」という）と保険契約の移転を受けようとする保険会社（以下、本節において「移転先会社」という）間で締結される契約の中で、移転される保険契約および財産が定められる（保険業135条1項・3項）。移転される財産の額の決定は、原則として両当事者の協議に委ねられるが、両当事者間の契約により移転するものとされる保険契約に係る保険契約者（以下、本節において「移転対象契約者」という）以外の移転会社の債権者の利益を保護するために必要と認められる財産は、留保しなければならない（同条3項）。また、後述するように保険契約の移転は、金融庁長官の認可を受けなければ効力を生じないが、その際、移転対象契約者以外の移転会社の債権者の利益を不当に害するおそれがないことが審査基準の1つとして挙げられている（同法139条2項3号）。これらの規定は、保険契約の移転に際して移転会社において財産の留保がなされないことにより、弁済を受けることができず利益を侵害されたと主張する債権者が、保険契約の移転に伴う財産の移転を詐害行為であると主張して詐害行為取消権（民424条）を行使することによって、保険契約の移転の実現が妨げられるのを防ぐ趣旨であると解釈されている[注153]。

また、移転される保険契約の契約条項の軽微な変更で保険契約者の不利とならないものについては、両当事会社の契約で定めることができるが（保険業135条4項）、不利となる事項については破綻処理の一環として行われる場合（同法250条）でなければ定めることができない。

(b) **備置手続と株主総会等の特別決議**

保険契約の移転を行うためには、移転会社、移転先会社それぞれにおいて、株主総会の特別決議または社員総会（総代会を設けているときは総代会）の特別決議（会社309条2項または保険業62条2項）による承認が必要となる（同法136条1項・2項）。かかる株主総会または社員総会の決議に際しては、招集通知において契約の要旨を示さなければならない（同条3項）。また、移転会社の取締役は、当該株主総会等の会日の2週間前から、保険契約の移転に

注153) 保険研究会編・前掲注49) 219頁および223頁参照。具体的にどの程度の財産を留保すべきかについては、係争中の債権の評価などさまざまな問題があるが、詐害行為取消権の要件を踏まえた上で、個別に諸般の事情を考慮し判断する必要があろう。

係る契約書および当事会社の貸借対照表を、各営業所または各事務所に備置し（同法136条の2第1項、保険業規88条の2）、移転会社の株主または保険契約者への閲覧および謄写に供するものとされている（保険業136条の2第2項）。
　(c)　保険契約の移転の公告等および異議申立て
　移転会社は、株主総会等の決議日から2週間以内に、保険契約の移転に係る契約の要旨、両当事会社の貸借対照表および保険業法施行規則88条の3に規定する事項を公告し、移転対象契約者に通知[注154]しなければならない（保険業137条1項）。かかる公告および通知には、移転対象契約者で移転に対し異議がある者は、一定期間内（1か月以上）に異議を述べるべき旨を記載しなければならない（同項）。所定の期間内に異議を述べた移転対象契約者の数が移転対象契約者の総数の10分の1（保険契約の全部を移転する場合には5分の1）を超え、かつ、当該異議を述べた移転対象契約者の保険契約に係る債権の額に相当する金額として保険業法施行規則89条に定める金額が移転対象契約者の当該金額の総額の10分の1（保険契約の全部を移転する場合には5分の1）を超えるときは、保険契約の移転をすることができない（保険業137条3項）。
　(d)　異議申立者へ払戻し（中途解約控除の禁止）
　移転会社[注155]は、保険契約の移転に係る内閣総理大臣の認可を受けた場合において、異議申立期間中に異議を述べ、かつ保険契約が移転することになる場合には解約する旨を申し入れた移転対象契約者に対し、保険契約の移転の前日までに、被保険者のために積み立てた金額、未経過期間に対応する保険料等を、中途解約控除することなく、払い戻さなければならない（保険業137条5項）[注156]。ただし、保険契約の全部を移転する場合は払い戻さなく

注154)　ただし、共同保険契約の移転の場合であって、共同保険契約の移転をしようとする引受保険会社等が当該共同保険契約の非幹事会社等であって、自らの引受割合が100分の10以下であり、当該引受割合のすべてに応じた共同保険契約を移転するものである場合には、通知を省略することが可能である（保険業規88条の4）。
注155)　保険契約の全部に係る保険契約の移転をしようとするものを除く。
注156)　保険契約者が契約後早期に中途解約する場合に支払われる解約返戻金は、その額の算定に当たり解約控除がされることが一般的であるが、本規定はかかる解約控除を認めないものである。これは会社側の経営判断による契約移転に異議を述べて解約する契約者に対し、解約控除というかたちで一定の費用負担を求めること

てよい（同項）。

(e) **保険契約移転手続中の移転会社による契約（販売停止規制の撤廃）**

移転会社は、移転対象契約の移転に係る株主総会等の決議があった時から、保険契約の移転をし、またはしないこととなった時までの間は、当該移転対象契約を締結しようとする者に対して、移転契約の要旨、当事会社の貸借対照表およびそのほか保険業法施行規則88条の3に定める事項を通知し、当該移転対象契約が移転する場合には、移転先会社の保険契約者となることについてその承諾を得なければならない（保険業138条1項、保険業規89条の3・88条の3）。

2012年改正前は、移転会社は、移転に係る株主総会（社員総会）決議があった時から、保険契約の移転をし、またはしないこととなった時まで、その移転をしようとする保険契約と同種の保険契約の締結をしてはならないこととされていた（販売停止規定）。これは、移転対象契約者の範囲を確定した後に締結する保険契約は移転会社に残されてしまうことから、保険契約者の保護のために規定されたものである。しかし、移転手続中において移転対象となる保険契約と同種の保険契約を募集する場合であっても、当該契約が移転対象である旨を保険契約者になろうとする者に対して説明し、同意を得た上で移転させることで対応することは可能である。そこで、2012年改正法では、移転会社は、保険契約の移転に係る株主総会等の決議後に移転対象契約を締結する時は、当該契約を締結する者に対して、移転契約の要旨、移転後のサービスの内容に係る事項等（保険契約の移転に係る公告事項と同一の事項〔保険業規89条の3〕）を通知するとともに、移転先会社の保険契約者となることについての個別の承諾を得ることとして、販売停止規定を撤廃した。そのため、承諾をした者は、債権者異議手続において異議を述べることのできる移転対象契約者からは除外されている（保険業138条2項）。

(f) **認可申請**

移転会社および移転先会社は、異議申立期間の経過後1か月以内に、所定の添付書類[注157]を添付して認可申請書を金融庁長官宛に提出して、認可申請を行う（保険業規90条）。標準処理期間は、明記されていない。

は適当ではないとの考えに基づくものである（佐野＝児玉・前掲注151）81頁）。

第 4 節　保険会社の M&A および破綻処理

　金融庁の審査基準として保険業法は、①当該保険契約の移転が、保険契約者等の保護に照らして、適当なものであること、②移転先会社が、当該保険契約の移転を受けた後に、その業務を的確、公正かつ効率的に遂行する見込みが確実であることおよび③移転対象契約者以外の移転会社の債権者の利益を不当に害するおそれがないものであることを規定している（保険業139条2項）。また、前述の審査に当たって配慮される事項が以下の通り規定されている（保険業規90条の2）。

①　保険契約の移転の目的および移転対象契約の選定基準が保険契約者等の保護に欠けるおそれのないものであること

②　保険契約の移転後において、移転会社を保険者とする保険契約および

注157)　添付書類として保険業法施行規則90条2項に掲げられている書類は以下の通りである。
　　①　理由書
　　②　移転に係る契約書
　　③　当事会社の株主総会等の議事録
　　④　当事会社の貸借対照表
　　⑤　移転会社の財産目録
　　⑥　移転対象契約の選定基準および対象範囲を記載した書面
　　⑦　移転会社を保険者とする保険契約について、移転前および移転後における保険契約等の推移などを記載した書面
　　⑧　移転対象契約とともに移転する財産につき、その種類ごとに数量および価額を記載した書面
　　⑨　移転先会社を保険者とする保険契約について、移転前および移転後における保険契約等の推移などを記載した書面
　　⑩　債権者異議手続に係る公告および通知を実施したことを証する書面
　　⑪　債権者異議手続における異議が一定の割合を超えなかったことを証する書面
　　⑫　異議の理由、移転会社および移転先の対応を記載した書面
　　⑬　移転対象契約者に対する剰余金の分配をする場合には、その額および算出方法ならびにその分配の方法を記載した書面
　　⑭　当事会社の直近の事業年度における保険金等の支払能力の充実の状況を示す比率および保険契約の移転の日に見込まれる保険金等の支払能力の充実の状況を示す比率を記載した書面
　　⑮　移転先会社の移転対象契約に係る業務の実施体制およびサービスの内容を記載した書面
　　⑯　解約申入対象者の数、移転会社が払い戻す払戻金額およびその算出方法を記載した書面
　　⑰　保険業法250条の公告をした場合には、これを証する書面
　　⑱　その他参考となるべき事項を記載した書面

移転先会社を保険者とする保険契約に係る責任準備金が保険数理に基づき合理的かつ妥当な方法により積み立てられることが見込まれること
③　保険契約の移転後において、移転先会社の社員配当準備金または契約者配当準備金が適正に積み立てられることが見込まれること
④　保険契約の移転後において、移転会社および移転先会社の保険金等の支払能力の充実の状況が保険数理に基づき適当であると見込まれること
⑤　移転会社が、移転対象契約者に対して剰余金の分配をする場合には、当該分配が適正に行われるものであること

(g)　**移転後の移転会社および移転先会社の義務**

移転会社は、保険契約の移転後、遅滞なく、保険契約の移転をしたことおよび内閣府令で定める事項を公告しなければならない（保険業140条1項）。保険契約の移転をしないこととなったときも同様である。

移転先会社は、保険契約の移転を受けたときは、当該保険契約の移転後3か月以内に、当該保険契約の移転に係る保険契約者に対して、その旨を通知しなければならない[注158]（保険業140条2項）。

(3)　事業の譲渡または譲受け

保険会社を一方の当事者とする事業の譲渡または譲受けは、有価証券の保護預りのみに係る事業（保険業規93条）を除き、金融庁長官の認可を受けなければその効力を生じない（保険業142条）。保険会社は、所定の添付書類[注159]

注158)　ただし、通知の省略が可能な場合（前掲注154）には、かかる通知も不要である（保険業規91条の2・88条の4各号）。

注159)　添付書類として保険業法施行規則94条1項に掲げられている書類は以下の通りである。
　　①　理由書
　　②　事業の譲渡または譲受け（「事業譲渡等」という）に係る契約の内容を記載した書面
　　③　当事者である保険会社（外国保険会社等を除く）の株主総会等の議事録その他必要な手続があったことを証する書面
　　④　当事者である保険会社の貸借対照表（外国保険会社等の場合にあっては、日本における保険業の貸借対照表）
　　⑤　譲渡しようとする事業または譲り受けようとする事業に係る損益の状況を記載した書面

を添付して認可申請を行う（保険業規94条）。なお、この認可に関しては、法令上審査基準および標準処理期間は、明記されていない。

(4) 業務および財産の管理の委託

保険会社は、保険業法の定めに従い、他の保険会社との契約によりその業務および財産の管理の委託をすることができる（保険業144条1項）。この業務および財産の管理の委託とは、事業の全部の経営の委託（会社467条1項4号）に相当するものであり、個別の業務や財産の管理を委託する場合は対象とならない。この規定は、保険業は免許制であることから、本来、免許を付与された者以外の者に経営を委託することは許されないが、保険会社が経営不振等により市場から撤退しようとする場合には、事業の譲渡や清算に先立って、その業務や財産を他の保険会社に委託することが妥当と考えられることもあることから、そのような状況を念頭に特別な枠組みを設けたものである[注160]。実例としては、破綻前に第百生命保険相互会社がマニュライフ生命保険株式会社との間で締結した契約が存在する。第百生命保険は破綻前にマニュライフ生命保険に営業網を含めた事業の一部を譲渡するという取引を行っているが、かかる取引の一環として、既契約の管理会社となった第百生命保険とマニュライフ生命保険との間で業務および財産の管理の委託契約が

---

⑥ 保険業法143条1項に規定する保険金信託業務に係る事業の譲渡の認可の申請の場合にあっては、同項の規定による公告をしたことを証する書面

⑦ 独占禁止法16条2項の規定による届出を要する場合においては、当該届出をしたことを証する書類

⑧ 当該事業譲渡等を行った後における保険会社が子会社等を有する場合には、当該保険会社および当該子会社等の収支および保険金等の支払能力の充実の状況を示す比率の見込みを記載した書類

⑨ 当該事業の譲渡により当該保険会社の子会社が子会社でなくなる場合には、当該子会社の名称を記載した書類

⑩ 当該事業の譲受けにより子会社対象会社を子会社とする場合には、当該子会社対象会社に関する保険業法施行規則58条1項4号に掲げる書類

⑪ 当該事業の譲受けにより保険会社またはその子会社が国内の会社の議決権を合算してその基準議決権数を超えて保有することとなる場合には、当該国内の会社の名称および業務の内容を記載した書類

⑫ その他参考となるべき事項を記載した書類

注160) 安居・前掲注16) 515頁。

締結された[注161]。

　業務および財産の管理の委託を行うためには、委託会社、受託会社それぞれにおいて、株主総会の特別決議または社員総会（総代会を設けているときは総代会）の特別決議（会社309条2項、保険業62条2項）による承認が必要となる（同法144条2項・3項）。かかる株主総会または社員総会の決議に際しては、招集通知において契約の要旨を示さなければならない（同法144条4項）。さらに、認可を受けなければ管理の委託の効力は発生しない（同法145条1項）。なお、管理委託契約の変更または解除がなされる場合も同様の手続（認可の取得を含む）が必要となる（同法149条）。認可の申請手続については、保険業法施行規則96条に定められており、また、審査基準については、保険業法145条2項に定められている。標準処理期間は明記されていない。

(5) 合併

(i) 合併の形態

　保険会社は、保険業を営む他の保険会社と合併することができ、合併当事者の少なくとも1つが相互会社である場合には、次のような形態の合併が認められている。

　(a) 相互会社と相互会社の合併[注162]

　存続会社または新設会社は、相互会社となる（保険業159条2項1号）。

　(b) 相互会社と保険業を営む株式会社の合併[注163]

　存続会社または新設会社は、相互会社または保険業を営む株式会社となる（保険業159条2項2号）。

(ii) 合併契約および合併手続

　前記(i)(a)および(b)による合併の場合の合併につき、保険業法上、合併契約書の記載事項（保険業160条～165条）および手続（同法165条の2～165条の22）が定められている。相互会社と株式会社が合併する場合には、保険業法

注161　ここでの営業網を含めた事業の一部の譲渡は、事業の譲渡として保険業法142条に従いなされている。また、同種の取引は、破綻前の東邦生命保険相互会社とGEエジソン生命保険株式会社との間でもなされている。

注162　実例としては、明治生命保険相互会社と安田生命保険相互会社との合併。

注163　実例としては、あざみ生命保険株式会社と大和生命保険相互会社との合併。

490

の規定のほか、株式会社において会社法の合併に関する規定に従う必要がある（同法165条の23・165条の24）。合併当事会社のすべてが株式会社の場合についても、保険業法および会社法の規定に従い合併を行うこととなる。

(iii) **合併の効力等**

保険会社の合併は、内閣総理大臣の認可を受けなければ、その効力を生じない（保険業167条1項）。保険会社は、所定の添付書類を添付して認可申請書を金融庁長官宛に提出して、認可申請を行う（保険業規105条）。標準処理期間は明記されていない。

審査基準としては、①当該合併が、保険契約者等の保護に照らして、適当なものであること、②保険会社による認可の申請の場合は、当該合併が、保険会社の適切な競争関係を阻害するおそれのないものであること、および③当該合併後存続する保険会社等または当該合併により設立する保険会社等が、合併後に、その業務を的確、公正かつ効率的に遂行する見込みが確実であること、が挙げられている（保険業167条2項）。

吸収合併存続会社は、効力発生日に、吸収合併消滅会社（吸収合併消滅相互会社または吸収合併消滅株式会社をいう）の権利義務を承継する（保険業169条1項）。また、吸収合併設立会社は、その成立の日に、新設合併消滅会社の権利義務を承継する（同法169条の2第1項・169条の4第1項）。合併後に合併登記をする必要がある（同法169条の5）。

(6) 会社分割

保険業法は、保険業を営む株式会社の行う会社分割について、特別の規定を設けている。保険業法に定める事項以外については、会社法の会社分割の規定に従うことになる。ただし、相互会社については、会社分割に関する規定はなく、相互会社は会社分割を行うことができない。

保険業を営む株式会社が会社分割を行う場合には、会社法の規定に従い株主総会による会社分割の決議を受けることとなるが、その後の公告および保険契約者の異議申立手続については、合併の場合と同様に規定されている（保険業173条の4）。会社分割においても合併と同様、異議を述べた保険契約者が一定の基準を超える場合には、会社分割の効力は発生しない（同法173

条の4第6項・17条2項〜5項・7項)[注164]。さらに、金融庁長官の認可を受けなければ効力が発生しないことも合併と同様である（同法173条の6第1項）。認可の申請手続については、保険業法施行規則105条の6に定められており、また、審査基準については、保険業法173条の6第2項に定められている。

(7) 株式の譲渡・新株発行

保険業を営む株式会社に関しては、既発行株式の取得または新株発行により組織再編を行うことも可能である（相互会社においてはこの方法は使えない）。当該既存株式の取得または新株発行により保険業を営む株式会社の議決権が変動することとなるため、保険会社の株主に対する規制の適用を検討する必要がある。また、新株発行の場合には、資本金の額の増加が想定されるため、当該保険会社は事前に資本金増額に係る届出を行う必要がある（保険業127条4号）。

(8) 株式交換／株式移転による子会社化および持株会社化

保険業を営む株式会社に関しては、株式交換による子会社化または株式移転（共同株式移転）による持株会社化により再編が実施されることがある。株式交換または株式移転に係る会社法、独占禁止法およびその他の法規制の遵守に加えて、保険業法では子会社対象会社を子会社とするための認可手続（保険業106条7項）、保険主要株主の認可手続（同法271条の10）、保険持株会社化のための認可申請手続（同法271条の18第1項）を遵守する必要がある[保険会社の株主に関する規制については、**第2節3**]。

4 保険会社による海外M&A

近時、日本国内の少子高齢化や自動車保険マーケットの伸び悩み等の理由により、生命保険会社および損害保険会社による外国の保険会社や資産運用

注164) このように、会社分割を行う場合には異議申立手続を経る必要があることから、事業の譲渡または譲受けの手続を利用するほうが簡便であることが多いと思われる。

会社を対象とするM&Aが活発化している。2010年以降の外国の保険会社および資産運用会社に対するM&Aの主な実例としては、以下のものがある。

発表日	概要
2016年10月	損害保険ジャパン日本興亜株式会社による、米国Endurance Specialty Holdings Ltd.社の全株式の取得
2015年10月	日本生命保険相互会社による、豪州MLC Limited（生保事業）の株式80％取得
2015年8月	住友生命保険相互会社による、米国Symetra Financial Corporationの全株式の取得
2015年7月	明治安田生命保険相互会社による、米国StanCorp Financial Group, Inc.の全株式の取得
2015年6月	東京海上日動火災保険株式会社による、米国HCC Insurance Holdings, Inc.の全株式の取得
2014年6月	第一生命保険株式会社による、米国Protective Life Corporationの全株式の取得
2013年12月	NKSJホールディングス株式会社（現SOMPOホールディングス株式会社）による、英国ロイズ保険会社Canopius Group Limitedの全株式の取得
2013年12月	住友生命保険相互会社による、インドネシア生命保険会社PT BNI Life Insuranceへの出資（40％）
2013年6月	第一生命保険株式会社による、インドネシア生命保険会社PT Panin Lifeへの出資（40％）
2012年8月	第一生命保険株式会社による、米国資産運用会社Janus Capital Group Inc.への出資（約20％）
2012年1月	日本生命保険相互会社による、インド資産運用会社Reliance Capital Asset Management Limitedへの出資（26％）
2011年12月	東京海上ホールディングス株式会社による、米国生損保兼営保険グループDelphi Financial Group, Inc.の全株式の取得

　前記の通り、保険業法上、保険会社の子会社には業務範囲規制が課されており［→第2節2(1)］、監督指針（保険）上、「保険会社の海外における子会社等の業務の範囲についても、国内の子会社等と同様の業務範囲の考え方を適用し、子会社対象会社の営むことができる業務以外の業務を営むことのないよう留意する必要がある」（監督指針（保険）Ⅲ-2-2-4）とされ、保険業

第9章　保険

法上の子会社の業務範囲規制が、海外の子法人等および関連法人等に及ぶことが明確になっている［→第2節2(7)］。前記の通り、日本以外の主要な法域では、保険会社の子会社に関する業務範囲規制が原則として課されていないことから、保険業を営む外国の会社を子会社とする際に、それらの子会社等が、保険会社の子法人等または関連法人等に該当するような場合には、業務範囲規制が問題となる可能性は高い。ただし、保険会社の海外における子法人等および関連法人等の業務範囲については、海外展開に係る特例［→第2節2(4)］が適用されており、具体的には、保険会社が、保険業・銀行業・有価証券関連業・信託業・従属業務／金融関連業務を行う外国の会社や、子会社対象会社を子会社とする国内外の持株会社を子会社とする場合には、子法人等および関連法人等に対して、業務範囲規制が適用されない。もっとも、子会社業務範囲規制の趣旨に鑑み、原則として、おおむね5年以内に子法人等または関連法人等でなくなるよう所要の措置を講ずる必要があることに留意する必要がある。

　これに対して、保険持株会社を用いて買収を行う場合は、金融庁の承認を得ることにより、持株会社の子会社対象会社以外の会社も子会社とすることができる［→第2節2(8)］。

　なお、平成27年事務年度金融行政方針では、海外拠点（子会社、関連会社等）の業務に係る管理態勢について確認することが明らかにされ[注165]、これを受けて、平成27事務年度金融レポートでは、大手生損保各社に対して実施したM&Aにおけるガバナンスの発揮状況等についてのモニタリング結果が公表されている[注166]。平成28事務年度金融行政方針においても、ガバナンスの発揮状況の検証について、フォローアップを実施するとされている[注167]。

5　相互会社の株式会社化

　保険業法において、株式会社から相互会社への組織変更（保険業68条以下）

注165)　平成27事務年度金融行政方針20頁以下参照。
注166)　平成27事務年度金融レポート34頁以下参照。
注167)　平成28事務年度金融行政方針25頁参照。

第4節　保険会社のM&Aおよび破綻処理

および相互会社から株式会社への組織変更（同法85条以下）が規定されている。

(1) 組織変更の概要

(i) 組織変更計画書の社員総会（総代会）の特別決議による承認（保険業86条）

当該社員総会（または総代会。以下同じ）において、組織変更後の株式会社の目的、商号、本店所在地、発行可能株式総数、その他定款で定める事項を含む組織変更計画の承認を受けなければならない（保険業86条4項）。また、同計画書において、定款で定める事項として、有配当契約に係る方針を定めなければならない（同条5項）。

未償却の基金については、組織変更計画書上、組織変更の日までに基金全額の償却を要する（保険業89条）。

(ii) 組織変更の書類備置・公告・異議申立手続（保険業87条・88条）

組織変更をする相互会社および組織変更後の株式会社は、組織変更計画の承認に係る社員総会の会日の2週間前の日または異議申出手続に係る公告の日のいずれか早い日から、効力発生日後6か月間、組織変更契約の内容に加え、保険業法施行規則42条に定める事前開示事項を備置しなければならない（保険業87条1項・2項・4項）。

組織変更をする相互会社は、組織変更する旨等一定の事項を官報および定款で定めた公告方法で公告し、1か月以上の期間の保険契約者による異議申立期間を設ける必要がある。当該期間に異議を述べた保険契約者の数が保険契約者の総数の5分の1を超え、かつ、当該異議を述べた保険契約者の保険契約に係る債権の額に相当する金額として保険業法施行規則43条に定める金額が保険契約者の当該金額の総額の5分の1を超えるときは、組織変更に係る社員総会決議は無効となる（保険業88条6項）。他方、前記の要件を満たさない場合、異議を述べた保険契約者および保険契約者に係る保険契約に係る権利を有する者についても、組織変更の効力が生じることになる（同条7項）。

(iii) 寄与分に応じた社員への株式割当て（保険業90条）

組織変更する相互会社の社員は、組織変更計画の定めるところにより、社員の寄与分に応じて、組織変更後の株式会社の株式または金銭の割当てを受

ける。

(iv) **組織変更時の増資、株式交換および株式移転（保険業92条以下）**

組織変更に際して、前記(iii)の株式割当てのほか、組織変更後の株式会社の株式を発行する場合には、組織変更計画書において、一定の事項を定めなければならない。その上で、株式の引受けの申込みを行おうとするものに対して通知し、申込みを行うものは相互会社に対して申込書面を交付する。相互会社は、申込者の中から組織変更時に株式の割当てを受ける者および割当株式数を定める。出資の履行をした引受人は、組織変更の効力発生日において、組織変更後の株式会社の株主となる。かかる出資は、現物出資による払込みも認められており、会社法の募集株式の発行等に係る規定が準用されている（保険業96条の4）。

さらに、組織再編をする相互会社は、組織変更に際して、株式交換をすることができる。すなわち、組織変更後の株式会社の株式の全部を、他の株式会社に取得させ、完全親会社とし、相互会社の社員に対して、当該親会社の株式または金銭が交付されることになる（保険業96条の6）。組織変更に際して、株式移転を行い、組織変更後の株式会社の株式の全部を、新設会社に取得させることができる。この場合も、相互会社の社員に対して、当該新設会社の株式または金銭が交付されることになる。

(v) **組織変更の認可（保険業96条の10）**

組織変更は認可を受けなければその効力を生じない。組織変更を行う相互会社は、所定の添付書類を添付して認可申請書を金融庁長官宛に提出して、認可申請を行う（保険業規46条）。標準処理期間は、明記されていない。

金融庁の審査基準として、保険業法は、①組織変更後株式会社がその業務を健全かつ効率的に遂行するに足りる財産的基礎を有すること、②組織変更により、保険契約者の有する権利が害されるおそれがないこと、③株式または金銭の割当てが適正に行われていること、④その他、組織変更により、その業務の健全な運営に支障を生ずるおそれがないことを規定している（保険業96条の10第2項）。

(vi) **組織変更の登記・公告等（保険業96条の14・96条の15・82条）**

相互会社が組織変更を行った場合、組織変更を行う相互会社は解散の登記

を、組織変更後の株式会社は設立の登記をしなければならない。

また、組織変更後の株式会社は、組織変更が行われた旨、債権者異議申立手続の経過、および効力発生日を公告しなければならない。また、債権者異議申立手続の経過等については、組織変更後の株式会社は、効力発生日から6か月間、これらを記載した書面等を備え置く必要がある。

(2) 社員に対する株式または金銭の割当て

株式または金銭の割当ては、社員の「寄与分」に応じてなされる。寄与分とは、社員の支払った保険料および当該保険料として収受した金銭を運用することによって得られた収益のうち、保険金、返戻金その他の給付金の支払、事業費の支出その他の支出に充てられていないものから、当該社員に対する保険契約上の債務を履行するために確保すべき資産の額を控除した残額に相当するものとして、保険業法施行規則43条で定められるところにより計算した金額をいう。寄与分の具体的な計算方法については、社団法人日本アクチュアリー会により、「保険相互会社の株式会社化における社員の補償の割当てに関する実務基準」が示されている。

(3) 補償基準日の設定

株式または金銭の割当てを受けるべき保険契約者とは、本来株式会社への組織変更の日における保険契約者であると考えるのが理論的である。しかし、寄与分計算等組織変更を遂行するに当たり、組織変更日より前に当該対象となる保険契約者を確定するための補償基準日を設けることが現実的である。

組織変更に当たって株式または金銭の割当ては社員の寄与分に応じてなされるところ、基準日をいつにすべきかという点の直接的な定めはなく、組織変更計画書で定めれば足りる（保険業90条1項）。この点、組織変更決議の公告の日を基準日として、異議申立権を有する者に割り当てることも考えられるが、寄与分計算等が複雑で大量の事務作業を要することを勘案すると、かかる基準日設定は現実的な選択ではないものと思われる。

また、基準日に関して組織変更予定日から1年以上前の日を設定した場合、権利行使日の4か月以内の一定の日の基準日設定に係る保険業法33条1項の

規定と抵触しないかが問題となろうが、当該割当ては組織変更計画書で定めることとされているため、同条3項に規定する「この法律に別段の定めがあるもの」に該当するものと考えられる。もっとも、補償基準日と組織変更の効力発生日との間があまりに長期間離れているものであれば、組織変更における割当てを本来受けるべきであった者との乖離が著しくなり、合理性に欠けることとなるものと思料される。

また、契約締結日と責任開始日や、解約の受理日とその処理がなされた日などが補償基準日前後にまたがる場合については、いかなる状況であれば割当てができるのかという基準を定めることが必要と考えられる。

(4) 組織変更剰余金額

組織変更に当たっては、組織変更剰余金額を定款で定めなければならない（保険業91条1項）。

組織変更剰余金は、エンティティー・キャピタルと呼ばれる過去の退社員の寄与分の一部が相互会社の資産に残されたものである（保険業91条3項）。組織変更に当たって、かかるエンティティー・キャピタルがすべて保険契約者に割り当てられてしまわないよう、貸借対照表の純資産から組織変更剰余金を控除した金額を超えて、剰余金の配当を行うことができない（同条2項）。

6 保険会社の破綻処理

(1) はじめに

バブル経済崩壊後、戦後初の生命保険会社の破綻として1997年4月に日産生命保険相互会社が破綻して以来、現在に至るまで、東邦生命保険相互会社、第百生命保険相互会社、大正生命保険株式会社、協栄生命保険株式会社、千代田生命保険相互会社、東京生命保険相互会社および大和生命保険株式会社の各生命保険会社が破綻し、また、第一火災海上保険相互会社および大成火災海上保険株式会社の各損害保険会社が破綻するに至っている。一般の事業会社が支払不能に陥った場合には、債権者はできるだけ多くの債権の回収を望むのが通常であるが、保険会社の場合は事情が異なる。保険契約に加入し

第4節 保険会社のM&Aおよび破綻処理

た保険契約者が求めているのは、将来保険事故が発生したときの保障であり、健康状態の悪化や加齢のためにすでに他の生命保険には加入できなくなっている保険契約者にとっては保険会社に蓄積されている保険料積立金部分の返還を受けても大して役に立たないことから、破産等清算型の処理ではなく、むしろ契約条件の変更を受けたとしても、救済会社が保険契約を引き継いで、救済会社との間で保険契約を継続するほうが望ましい場合が多い。そのため、保険業法では、保険契約者保護の観点から、保険会社が経営危機に陥った場合には行政当局が介入し、可及的に保険契約者を救済すべくさまざまな規定が設けられている。

また、このように保険会社の破綻が次々と生じる中で、破綻保険会社の的確な処理を図ることを目的として、「保険業法及び金融機関等の更生手続の特例等に関する法律の一部を改正する法律」が2000年5月31日に公布され、その中で、金融機関等の更生手続の特例等に関する法律（以下、「更生特例法」という）が改正された。更生特例法の改正により、それまで株式会社のみが対象とされていた更生手続について、保険相互会社への適用が可能とされるに至った。多くの保険会社の破綻の事例では、破綻前に保険契約の解約が増加する傾向にあるが、保険会社の主な収益源は保険契約者から受領する保険料であり、保険契約の解約が進むと収益源が縮小し、また、解約返戻金の支払原資を確保するため、必ずしも適切でない時期に資産を売却せざるを得ない事態が生じてしまい、資産の劣化も加速するという悪循環に陥ってしまう。そのため、破綻懸念保険会社においては、早期に破綻処理を行い、資産劣化を防ぐことが望ましい。更生特例法の改正により、破綻懸念保険会社が自主的に更生手続の申請を行い、早期に破綻処理が開始されることが期待されている。

その後、いわゆるリーマン・ショック後に生じた金融危機を踏まえて、2013年6月19日に「金融商品取引法等の一部を改正する法律」が公布され、新しい金融危機対応措置としての金融機関の秩序ある処理の枠組みの整備が図られた。この秩序ある処理の枠組みの対象となる金融機関としては、預金取扱金融機関だけでなく、保険会社や一定の金融商品取引業者も含めるものとされた。具体的には、預金保険法に「金融システムの安定を図るための金

第9章　保険

融機関等の資産及び負債の秩序ある処理に関する措置」（第7章の2）を新設する等の改正により整備がなされ、内閣総理大臣は、預金保険機構による特別監視や資金援助などの所定の措置が講じられなければ、わが国の金融市場その他の金融システムの著しい混乱が生じるおそれがあると認めるときは、金融危機対応会議の議を経て、当該措置を講ずる必要がある旨の認定（特定認定）を行うことができることとされた（預金保険126条の2第1項）。制度の大枠に関しては、従来の預金取扱金融機関を対象とした預金保険法上の措置を活用するものであるが、保険会社にとっては新しい枠組みとなる[注168]。ただし、預金保険法上の処理の枠組みは金融システムに著しい混乱が生じるのを防ぐことを狙いとするのに対して、保険業法および更生特例法上の破綻処理は主として保険契約者の保護を念頭に置くものであり、視点が異なるといえる。本稿執筆時現在、保険会社に対して預金保険法上の処理の枠組みが実施された実例はなく、わが国における保険会社の経営危機が金融システムの著しい混乱が生じるおそれとどのように結びついていくのか必ずしも明らかではない。今後の動向が注目される。

　預金保険法上の処理の枠組みも整備されたところではあるが、ここでは保険会社の破綻処理として特徴的で実例もある保険業法および更生特例法上の破綻処理を中心に説明することとする。

(2) 保険業法および更生特例法上の破綻処理の概要

(i) 保険業法上の破綻処理

　保険業法241条1項は、保険会社の業務もしくは財産の状況に照らしてその保険業の継続が困難であると認めるとき、またはその業務の運営が著しく不適切でありその保険業の継続が保険契約者等の保護に欠ける事態を招くおそれがあると認めるときは、内閣総理大臣は、当該保険会社に対し、業務の全部もしくは一部の停止、合併、保険契約の移転もしくは当該保険会社の株

[注168]　預金保険法改正の全体像については、梅村元史「金融機関の秩序ある処理の枠組み（預金保険法等の一部改正）」金法1978号（2013）46頁以下参照。また、生命保険会社への適用について分析した文献として、杉下智子「『金融機関の秩序ある処理の枠組み』と我が国生命保険会社について」生命保険論集185号（2013）227頁以下参照。

第4節　保険会社のM&Aおよび破綻処理

式の他の保険会社による取得の協議その他必要な措置を命じ、または保険管理人による業務および財産の管理を命ずる処分（以下、本節において「管理を命ずる処分」という）をすることができる旨定めている[注169]。管理を命ずる処分があったときは、当該処分を受けた保険会社を代表し、業務の執行ならびに財産の管理および処分を行う権利は、保険管理人に専属する[注170]（保険業242条1項）。また、保険会社に対しその業務または財産の状況に照らしてその保険業の継続が困難であるときは、内閣総理大臣への申出が義務付けられている（同法241条3項）。このように、行政当局は経営の悪化した保険会社に対してさまざまな措置を命ずることができるが、今までの保険業法上の破綻処理の例では、管理を命ずる処分が発令され、旧経営陣に代わり保険管理人が当該保険会社の業務および財産の管理を行うことにより破綻処理を進めるという方法がとられている。管理を命ずる処分があったときは、管理を命ずる処分を受けた保険会社（以下、本節において「被管理会社」という）は、その業務を停止しなければならないが、業務の一部を停止しないことについて保険管理人が申出を行い、内閣総理大臣が必要であると認めた場合には当該業務は停止しない（同法245条）。また、被管理会社が保険契約者保護機構と保険業法270条の6の7第3項に定める資金援助に関する契約を締結した場合には、一部の保険金その他給付金（補償対象保険金）の支払業務については停止しない（同法270条の6の6・270条の6の7）[注171]。

　内閣総理大臣は、保険契約者等の保護のため被管理会社に係る保険契約の存続を図ることが必要であると認めるときは、保険管理人に対し、業務および財産の管理に関する計画の作成を命ずることができる（保険業247条1項）。保険管理人は、かかる計画を作成したときは、内閣総理大臣の承認を得た上で、当該計画を実行に移さなければならない（同条2項および3項）。保険契

注169）　預金保険法に基づき預金保険機構による特定管理がなされた場合（預金保険126条の5第1項）には、その機能が重複するため、保険管理人による業務および財産の管理を命ずる処分をすることはできないものとされた（保険業241条1項ただし書）。
注170）　ただし、保険業法上、管理を命ずる処分がなされた場合の監査役の権限について定めた規定はない。監査役は従来通り職務を遂行することになろう。
注171）　保険契約者保護機構による資金援助が見込まれる範囲で、保険金等の支払を認める趣旨である。

約の存続を図るには、救済保険会社を選定することが重要であり、かかる計画の作成を命じられた場合には、保険管理人は救済保険会社を探す必要がある。なお、救済保険会社が現れない場合には、保険契約者保護機構または同機構が設立した承継保険会社が保険契約の引受けまたは承継を行い、その後、あらためて救済保険会社を選定して、保険契約の再移転を行うといった処理が想定されている（同法270条の3の2から270条の6の5まで）。

保険管理人が保険業法247条2項の承認を受けた同条1項の計画に従って、救済保険会社に保険契約を移転する場合（保険業250条）、合併をする場合（同法254条）、他の保険会社に株式を取得されることによりその子会社となる場合（同法255条の2）には、契約条件の変更を行うことができる（同法250条1項。保険契約の移転の場合には、移転の対象となる保険契約に限られる）。

また、救済保険会社は、破綻保険会社が会員として加入している保険契約者保護機構に資金援助を申し込むことができ（保険業266条）、一定の限度で資金援助を受けることができる（同法270条の3）。

このように保険業法上の破綻処理においては、保険契約の存続を図ることを念頭に救済保険会社を探し出し、契約条件の変更により保険契約者に破綻保険会社の損失の一部を負担させ負債を圧縮し、さらに保険契約者保護機構の資金援助[注172]によって損失の穴埋めを行い、保険契約の移転、合併または株式を取得させるなどの手法を通じて、救済保険会社によって破綻保険会社の保険契約が存続されることが企図されている。

(ii) **更生特例法上の破綻処理**

相互会社の更生手続は、更生特例法3章において定められている。また、保険業を営む株式会社の更生手続については、同法4章2節において定められているが、ここでは保険会社に特徴的な相互会社の更生手続を中心に説明することとする。

相互会社は、弁済期にある債務を弁済することとすれば、その事業の継続に著しい支障を来すおそれがある場合、または破産手続開始の原因となる事実が生ずるおそれがある場合には、裁判所に対して更生手続開始の申立てを

注172) 資金援助の方法としては、金銭の贈与だけでなく、資産の買取りおよび損害担保（ロスシェアリング）も認められている（保険業260条4項・5項）。

することができる（更生特例法180条1項）。また、監督庁も保険会社に破産手続開始の原因となる事実が生ずるおそれがあるときは、更生手続開始の申立てをすることができる（同法377条1項）。

更生手続開始の原因となる事実があると裁判所が判断した場合には、更生手続開始の決定が出され（更生特例法196条、会更41条）、更生管財人が選任されることになる（更生特例法196条、会更42条）。また、裁判所は、更生手続開始の申立てがなされてから更生手続開始の決定が出されるまでの間、保全管理命令を出して保全管理人を選任することもできる（更生特例法187条）。

更生管財人は権利の変更を含む更生計画案を作成し、かかる更生計画案は、関係人集会における決議を経た上で（更生特例法282条から287条まで）、さらに裁判所の認可の決定を得ることにより効力が発生し（同法292条）、更生計画に従い権利の変更がなされる（同法296条、会更205条1項）。そして、更生管財人は、更生計画を遂行することとなる。更生計画の中で、予定利率の引下等における保険契約者間の条件の格差の設定、早期解約控除の設定を定めることが可能であり（更生特例法445条）、また、相互会社から株式会社への組織変更を定めることもできる（同法266条）。さらに保険契約者保護機構より資金援助を受けることもできる（保険業266条・270条の3）。なお、関係人集会における保険契約者のための議決権行使は、保険契約者保護機構が代理行使するものとされている（更生特例法432条）。

また、生命保険契約の保険契約者に対しては、先取特権が付与されており（保険業117条の2）、更生手続において優先的更生債権として扱われる。生命保険会社においては、保険契約者に対する債務がその負債の大部分を占めており、かかる保険契約者の権利について優先権が付与されているため、一般更生債権者は弁済を受けられなくなる可能性が高い。

(iii) **保険業法および更生特例法上の破綻処理の比較**

(a) 取締役に対する責任追及

保険会社が破綻に至る場合には、その経営陣に破綻を招くに至った責任がある場合も少なくない。そのため、更生特例法においては、裁判所が取締役や監査役の責任に基づく損害賠償請求権の査定についての処分を行うことができる旨の規定が設けられている（更生特例法229条、会更100条）[注173]。かか

る制度に基づき、裁判所により査定の決定がなされ、かかる決定が確定した場合には、給付を命ずる確定判決と同一の効力を有することとなる（更生特例法229条、会更103条）。

他方、保険業法上の破綻処理においては、かかる特別な手続は設けられていないが、保険管理人による破綻保険会社に対する調査権限が明記されている（保険業247条の2）。また、保険管理人は破綻保険会社の経営者の責任を明確にするため必要な措置をとることが義務付けられている（同法247条の4）。

(b) **監督機関・執行機関**

保険業法上の破綻処理においては、行政当局（金融庁）が監督するのに対して、更生手続においては、裁判所の監督の下、手続が進められることになる。保険業法上の破綻処理においては、今までの例では、（日産生命の例を除き）生命保険協会（または損害保険協会）、弁護士1名および公認会計士1名が保険管理人に選任されている。生命保険協会（または損害保険協会）においては保険業全般、弁護士においては法務、公認会計士においては会計に関するそれぞれの専門知識を用いて、適正な破綻処理がなされることを企図してかかる運用がなされているものと推測される。これに対して、更生手続においては、今までの例では、弁護士1名または複数名が更生管財人に選任されている。

これは制度そのものの差異というよりはむしろ今までの運用上の差異ではあるが、保険業法上の破綻処理においては、各分野の専門家が保険管理人に選任され、それぞれの専門知識を生かし、集団的な業務遂行によって適切な破綻処理が遂行されることが企図されてきたのに対し、更生手続においては、裁判所の監督の下、法務の専門家である弁護士に全般的に更生手続の運営を委ねるという取扱いがなされてきたことがうかがえる。

(3) 契約条件の変更

(i) 契約条件の変更

保険業法上の破綻処理においては、契約条件の変更を行うことができるが（保険業250条1項等）、更生特例法上の破綻処理においても、更生計画の中で

注173　株式会社である保険会社については、会社更生法に同種の規定がある（会更100条）。

契約条件の変更を定めることができる。また、更生手続では、更生計画の条件は同じ性質の権利を有する者の間では平等でなければならないのが原則であるが（会更168条1項）、更生特例法445条1項では、「更生計画で同種の保険契約に係る債権を変更する場合において、責任準備金の積立方式及び予定死亡率その他の責任準備金の計算の基礎となるべき係数の水準について、同一の水準を用いることを妨げるものと解してはならない」と規定され、保険契約者間の条件の格差を設定することが認められている[注174]。

破綻した保険会社の場合、バブル期など特定の時期や特定の種類の保険契約の予定利率が他に比して高いケースが多く、予定利率を適正な水準に引き下げることにより、救済保険会社の負担を減少させ、経営を安定させることができる。

程度の差はあるものの今までの破綻処理のすべての事例で契約条件の変更が実施されており、破綻保険会社の保険契約者が当該保険会社の損失の一部を負担した上で、破綻処理がなされている。

(ⅱ) **条件変更手続**

契約条件変更を行う場合の手続について説明すると、まず、保険業法上の破綻処理における契約条件の変更を行う場合には、公告および異議申立手続を経る必要がある。例えば、保険契約の移転に伴い契約条件の変更を行う場合には、保険契約移転の公告に、契約条件の変更により生ずる保険契約者の権利義務の主要な内容等を付記しなければならず、一定の期間内に異議を述べた移転対象契約者が保険業法の定める要件を超える場合には、保険契約の移転をすることはできない（保険業251条）。異議申立てが不成立となった場合には、移転対象の保険契約は契約条件の変更がされた後の条件で、移転先会社に移転する（保険業252条）[注175]。なお、合併および株式の取得に伴い契約条件の変更を行う場合においても、同様に異議申立手続を経る必要がある

注174) 更生特例法445条が規定された理由については、経営破綻に至った保険会社の場合、特定の時期や特定の種類の保険契約の予定利率が他に比して高いケースがあり、この場合同一順位であることを理由に保険契約者間の削減率を一律にすることは、かえって衡平の理念に反しかねないため、同じ種類の保険契約のなかでは一律に適切な予定利率まで引き下げること等を可能とするものであるとの説明がなされている（山名規雄「保険業法及び金融機関等の更生手続の特例等に関する法律の一部を改正する法律の概要」金法1583号〔2000〕32頁以下参照）。

(同法255条・255条の4)。これに対して、更生手続の場合には、更生特例法に従い、関係人集会において契約条件の変更を含む更生計画案が決議され、さらに裁判所の認可の決定を得て更生計画の効力が発生することにより、契約条件が変更されることとなる(更生特例法295条)。

(iii) **条件変更の目的**

契約条件の変更の目的とするところは、救済保険会社に承継される負債を圧縮し、将来支払われる保険金等の給付を削減することにあるが、保険契約に基づく債務の特殊性から、契約条件の変更としては責任準備金等の削減および予定利率等の引下げが行われ、それに合わせて保険金等の給付の削減が行われる[注176]。また、契約条件変更の一環として、早期の解約を防ぎ、保険集団を維持するため早期解約控除の制度も導入される。以下、順次説明する。

① 保険会社は、毎決算期において、保険契約に基づく将来における債務の履行に備えるため、責任準備金を積み立てなければならない(保険業116条1項)。保険契約は通常、保険期間・始期が異なるため、決算期には多数の保険期間未了の契約が存在するが、責任準備金とは、これら保険期間未了の契約について、保険契約に基づく将来における債務の履行すなわち保険金等の支払、中途解約の場合の払戻金支払、契約者配当金支払等に備えるため、毎決算期において、保険会社の純然たる債務として貸借対照表上負債の部に計上するものである。ただし、その構成内容は、生命保険会社と損害保険会社の場合とで異なっている。破綻保険会社の場合には、債務超過状態となり、責任準備金に対応する資産が不足していることから、責任準備金を削減し、この不足を解消しない限り、救済保険会社に保険契約を承継させるのは困難である。ただし、保険業法上、保険契約者保護機構による資金援助制度が設けられており、保険契約者保護機構による資金援助により保険契約の種類に応じて責任準備

注175 原則として移転対象の保険契約はすべて契約条件変更の対象となるが、(保険業法250条3項にて定義されている)特定契約は契約条件変更の対象から除かれる(同条1項柱書)。

注176 なお、予定利率等の削減・責任準備金等の削減がなされる場合には、保険金等給付金額を引き下げるか、あるいは保険料を上げることによって対応する必要があるが、今までの破綻処理のケースでは、すべて保険金等の削減による対応がなされている。

金の80〜100％が補償されるため、責任準備金の削減は抑制される（同法270条の３、保険契約者等の保護のための特別の措置等に関する命令50条の３および50条の５）[注177]。

② 保険会社は、保険料の設定に当たり、資産運用による運用収益をあらかじめ一定程度見込んで、その分保険料を割り引いて計算している。この割引率を予定利率という。保険会社は、予定利率により保険料を割り引いていることから、毎年割り引いた分に相当する金額（予定利息と呼ばれる）を運用収益などで賄っていくことが必要となるが、バブル経済崩壊後の金融情勢の下、これを賄うことができない部分が発生するに至った。予定利息を運用収益などで賄うことができない部分については逆ざやと呼ばれているが、かかる逆ざやの発生が保険会社の経営状況を悪化させる大きな原因となった。契約条件の変更により予定利率を引き下げることによって逆ざやを解消することができれば、将来の経営悪化要因を取り除くことができ、安定した収益を確保し、経営を安定化することが可能となる。そのため、保険会社の破綻処理においては、金融情勢にあった予定利率への削減を行うことが、保険契約を存続させた上で救済保険会社（または更生手続後の破綻会社）の将来の経営を安定化させるために重要となることから、今までの破綻処理のケースでは契約条件変更の１つとして予定利率の引下げが行われている。また、保険料の設定に当たり考慮される他の基礎率（予定死亡率および予定事業費率等）の変更も併せて行われる場合がある。

③ 早期解約控除制度とは、保険契約者が契約期間の途中で解約し、保険契約を終了させた場合などに、保険契約者に支払われる解約返戻金等の一定割合を控除する制度である。これは、契約条件変更の一種として、

注177） 2005年の改正前は、補償率は一律90％と定められていたが、2005年の改正において、損害保険の特性を踏まえた保険契約者保護制度の見直しが図られる中で、主として損害保険会社が提供している短期傷害保険契約、特定海外旅行傷害保険契約および損害塡補保険契約などについては、保険会社の破綻後一定期間は保険事故の発生に対する保険金の支払を全額保証する一方、その間に健全な保険会社への乗換えを促す趣旨から、早期解約控除を禁止するとともに、当該期間後の保険金等の支払に備えた責任準備金に係る補償率を80％に引き下げられた（安居・前掲注16）745頁〜746頁参照）。

保険集団を維持するために導入される制度であり、期間の経過とともに控除率を逓減する内容とされているのが通常である。保険業においては、保険契約者から保険料を受領し、これを共同備蓄してその中から保険金や年金が支払われるが、保険金等が支払われるには、それに見合う保険料収入を確保する必要があり、ある程度の期間継続し保険料を収入することを見込んでいたにもかかわらず、予想を大幅に上回って中途解約が殺到し、保険料収入が途絶えてしまうと、当初の予測が崩れ、救済保険会社（または更生手続後の破綻会社）の経営を圧迫する要因となりかねない。そこで、期間途中で解約されることを防ぎ、保険集団を維持するため、契約条件変更の一種として早期解約控除制度が導入されている。

④　このように、保険会社の破綻処理に伴い、契約条件の変更として、責任準備金の削減および予定利率の引下げがなされ、それに合わせて保険金等の給付の削減がなされることとなる。また、早期解約控除制度の導入により、早期に解約する場合には、さらに解約返戻金等の払戻金額が削減されることになる。

(4) 破綻前の契約条件の変更

2003年の保険業法改正により、破綻前の保険会社についても契約条件の変更を認める制度が設けられた。保険会社の経営が悪化している状況において、破綻前であっても、保険会社と保険契約者との間の自治的な手続により契約条件の変更を可能とする手当てがなされたところである。以下説明する。

保険会社は、その業務または財産の状況に照らしてその保険業の継続が困難となる蓋然性がある場合には、内閣総理大臣に対し、当該保険会社に係る保険契約について保険金額の削減その他の契約条項の変更を行う旨の申出をすることができる（保険業240条の2第1項）。保険会社は、この申出をする場合には、契約条件の変更を行わなければ保険業の継続が困難となる蓋然性があり、保険契約者等の保護のため契約条件の変更がやむを得ない旨およびその理由を、文書をもって、示さなければならない（同条2項）。この申出に理由があると認められる場合には、内閣総理大臣はこの申出を承認することとなる（同条3項）。内閣総理大臣は、必要に応じて、保険契約の解約の

第4節　保険会社のM&Aおよび破綻処理

停止等を命ずることも可能である（同法240条の3）。

その後、保険会社は契約条件の変更案を作成するが、この場合には破綻後の場合と異なり責任準備金の削減は認められていない（保険業240条の4第1項）。

保険金、返戻金その他の給付金の計算の基礎となる予定利率については、契約条件の変更の対象となることが想定されているが、必要以上の引下げが行われないように、保険契約者等の保護の見地から保険会社の資産の運用の状況その他の事情を勘案して政令で定める率を下回ってはならないものとされている（保険業240条の4第2項）。ここにいう政令で定める率は、年3％と定められている（保険業令36条の3）。この変更案は、株式会社の場合には株主総会の特別決議（会社309条2項）、相互会社の場合には定款変更手続と同様の決議（保険業62条2項）をもって決定されなければならない（同法240条の5第1項）。なお、契約条件の変更に係る決議に関しては、緊急性に鑑みて、定足数を満たさない場合に備えて仮決議の方法が認められている（同法240条の6）。

内閣総理大臣は、契約条件の変更に係る申出を承認した後、必要があると認めるときは、保険調査人を選任し、保険調査人をして、契約条件の変更の内容その他の事項を調査させることができる（保険業240条の8）。

契約条件変更の決議がなされると、保険会社は、遅滞なく、当該決議に係る契約条件の変更について、内閣総理大臣の承認を求め、内閣総理大臣は、当該保険会社において保険業の継続のために必要な措置が講じられた場合であって、かつ、契約条件の変更が当該保険会社の保険業の継続のために必要なものであり、保険契約者等の保護の見地から適当であると認められる場合には、契約条件の変更に係る承認をすることとなる（保険業240条の11）。そして、最終的には破綻後の条件変更と同様に、1か月以上の期間をおいて変更対象者となる契約者による異議申立ての機会が付与される。ここで、異議を申し立てた契約者が変更契約対象者の総数の10分の1を超え、かつ、異議を述べた契約者に係る保険契約に係る債権に相当する額が変更対象契約者の当該金額の総額の10分の1を超える場合には、契約条件の変更は認められないものとされている（保険業240条の12）。

第5節

保険募集規制

1 保険募集と募集関連行為

第1節で論じた保険業と並んで、定義することが難しい問題として「保険募集とはどのような行為か」という問題がある。保険業法は、生命保険募集人、損害保険募集人および保険仲立人等以外の者による保険募集を禁止しており（保険業275条）、生命保険募集人、損害保険代理店および保険仲立人には登録義務（同法276条・286条）、損害保険代理店または保険仲立人の役員または使用人には届出義務（同法302条）が課されている。これに違反した場合、無登録募集の場合は1年以下の懲役もしくは100万円以下の罰金（同法317条の2第4号）等、重い刑罰が科される可能性がある[注178]。以前は1人の者がニーズ喚起から契約締結まで行うことが一般的であったが、近時のIT技術の発展やチャンネルの多様化によって、新たな保険募集形態や個々の保険募集行為のアンバンドリング化が進んでおり、個々の行為が保険募集に該当するかの判断が重要になる。また、平成26年保険業法改正により、保険募集の前段階の行為として募集関連行為が規定されるに至っており、募集関連行為と保険募集との区別も重要となる。

(1) 保険募集の意義

(i) 保険業法における保険募集の定義（保険業2条26項）

保険募集とは、保険契約の締結の代理または媒介を行うことをいう（保険

[注178] 違反行為を行った者の当該法人等（保険会社もしくは代理店等）に対しても罰金が科される（保険業321条1項4号）。これに対して、損害保険代理店の役員もしくは使用人が募集人届出をすることなく保険募集を行った場合には、無届募集として、50万円以下の過料が科される（同法337条2号）。

業2条26項)。保険契約の締結の「代理」とは、保険会社の名において保険会社のために保険契約の締結を行うことをいい、保険契約の締結の「媒介」とは、保険会社と契約者との間の保険契約の締結へ向けて仲介・あっせんを行うことをいう。

　(ii)　**監督指針に規定される保険募集に該当する行為**

　保険募集に該当する行為として、監督指針（保険）に、以下の行為が挙げられている（監督指針（保険）Ⅱ-4-2-1(1)①）。

　ア．保険契約の締結の勧誘
　イ．保険契約の締結の勧誘を目的とした保険商品の内容説明
　ウ．保険契約の申込みの受領
　エ．その他の保険契約の締結の代理または媒介

　(iii)　**保険募集の判断基準（監督指針（保険）Ⅱ-4-2-1(1)②の意味）**

　監督指針において、監督指針（保険）Ⅱ-4-2-1(1)①エに該当するか否かを判断するための基準（保険募集該当性の判断基準）として、以下の2つの要件が規定されている（監督指針（保険）Ⅱ-4-2-1(1)②）。

＜監督指針（保険）Ⅱ-4-2-1(1)＞
②　なお、上記エ．に該当するか否かについては、一連の行為の中で、当該行為の位置付けを踏まえたうえで、以下のア．及びイ．の要件に照らして、総合的に判断するものとする。
　ア．保険会社又は保険募集人などからの報酬を受け取る場合や、保険会社又は保険募集人と資本関係等を有する場合など、保険会社又は保険募集人が行う募集行為と一体性・連続性を推測させる事情があること。
　イ．具体的な保険商品の推奨・説明を行うものであること。

　前記②アおよび②イの内容および関係性については、学説上、さまざまな見解があるが[注179]、保険募集の判断基準については、以下の通り考えるのが、

注179)　山下友信「保険募集の意義・団体保険の加入勧奨行為の規制」ジュリ1490号（2016）34頁、錦野＝稲田・前掲注40) 126頁～127頁、吉田桂公「改正保険業法における保険代理店の実務対応上の留意点(4)――態勢整備義務②」金法2024号（2015）26頁～27頁、山下徹哉「保険募集に係る業法規制について――平成26年保険業法改正を中心に」生命保険論集193号（2015）76頁～77頁等。

今までの保険募集の解釈と整合的といえる。

(a) **監督指針（保険）Ⅱ-4-2-1(1)②本文およびア**

監督指針（保険）Ⅱ-4-2-1(1)②において、「上記エ．に該当するか否かについては、一連の行為の中で、当該行為の位置付けを踏まえたうえ」と記載されている部分と、要件アにおいて、「保険会社又は保険募集人が行う募集行為と一体性・連続性を推測させる事情があること」を合わせて考えると、結局のところ、行為それ自体は保険募集に該当しない行為であったとしても、一連の行為の中での当該行為の位置付けや受け取る報酬や資本関係等の事情から、保険会社または保険募集人が行う募集行為と一体性を有すると評価される場合は、当該行為も保険募集とみなされるということになる。このように、行為それ自体は保険募集に該当しない行為についても募集行為と一体性があるため保険募集とみなすための要件を、本書においては「一体性要件」と名付ける[注180]。なお、監督指針（保険）Ⅱ-4-2-1(1)②アにおいては「一体性」のほか、「連続性」も考慮要素として記載されているが、後述する募集関連行為も募集行為と時間的な「連続性」はあるのであり、「連続性」があるということが保険募集該当性において重要であるとは言いがたい。むしろ、ここでいう「連続性」とは募集行為と一体と評価できる程度に「連続性」があるという意味であると思われることから、募集行為との「一体性」を判断要素とすることが適切といえる。

具体的にどのような事情があれば、募集行為と「一体」とみなされるかに

注180) 平成26年改正前監督指針（保険）Ⅱ-4-2-1(1)②注においては、「登録・届出の要否については、一連の行為の中で当該行為の位置付けを踏まえたうえで、総合的に判断する必要があるが、例えば、以下に掲げる行為のみを行う者は、基本的に上記の登録・届出は不要であると考えられる。
　(ア) 保険募集人の指示を受けて行う、商品案内チラシの単なる配布
　(イ) コールセンターのオペレーターが行う、事務的な連絡の受付や事務手続き等についての説明
　(ウ) 金融商品説明会における、一般的な保険商品の仕組み、活用法等についての説明」
と規定されており、(ア)から(ウ)に該当する行為は基本的には保険募集に該当しないが、一連の行為の中の位置付けによっては保険募集に該当する可能性があるとして、保険募集に該当しない行為が当該行為の位置付けによっては保険募集とみなされるということが明確であった。

【図表9-5-1】　一体性要件の概念図

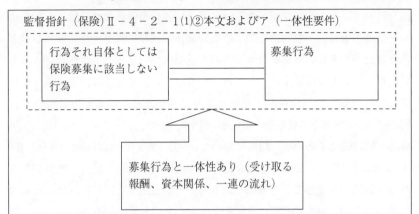

ついては、個別具体的な事情を踏まえた上で判断することになるものと考えられる。一体性のある場合の具体例としては、例えば、「金融商品説明会における、一般的な保険商品の仕組み、活用法等についての説明」[→(3)]は保険募集に該当しないとされているが（監督指針（保険）Ⅱ-4-2-1(2)注3ウ）、一般的な金融セミナーの形式をとりながら、実際には特定の保険商品の販売を目的として行われる場合には（金融セミナー終了後、即、特定の保険商品の説明会が開催されるなど）、たとえ、金融セミナーにおける保険に関する説明が一般的な保険商品の仕組等の説明にとどまるものであったとしても、後の募集行為と「一体性」を有するものとして、保険募集とみなされる可能性がある。

さらに、監督指針（保険）Ⅱ-4-2-1(1)②アにおいては、報酬や資本関係が一体性が認められる事情として例示されている。

ここでいう「報酬」には、いかなる体系の報酬も含まれ得る[注181]。つまり、成功報酬制（インセンティブ報酬[注182]）だけでなく、紹介1件につき定額の紹介料を支払う定額制の場合でも、具体的な報酬水準を考慮する必要がある。

注181）　金融庁パブコメ回答〔平27.5.27〕243番。
注182）　インセンティブ報酬とは、紹介者数や紹介者の保険契約の手数料等に応じて増加する報酬をいう（金融庁パブコメ回答〔平27.5.27〕248番・249番）。

なお、監督指針（保険）Ⅱ-4-2-1(2)注において、「保険募集人が、高額な紹介料やインセンティブ報酬を払って募集関連行為従事者から見込み客の紹介を受ける場合、一般的にそのような報酬体系は募集関連行為従事者が本来行うことができない具体的な保険商品の推奨・説明を行う蓋然性を高めると考えられることに留意する」とされている。この監督指針は、平成25年6月7日付け『新しい保険商品・サービス及び募集ルールのあり方について』（保険商品・サービスの提供等の在り方に関するワーキング・グループ。以下、「平成25年WG報告書」という）23頁において、「①（筆者注：監督指針（保険）Ⅱ-4-2-1(1)②ア）は、報酬の受領などにより過度・不適切な勧誘・推奨がなされる可能性が高まることを考慮したもの」という記載を監督指針化したものと思われるが、平成25年WG報告書は、あくまでも過度・不適切な勧誘・推奨を誘発するおそれがあるために保険募集とみなして規制すべきという点を指摘しているにすぎず、高い報酬を受領する者は、必ずしも具体的な保険商品の説明を行う可能性が高まるという関係にはないと思われる[注183]・[注184]。いずれにしても、高額な紹介料やインセンティブ報酬を受け取る場合は、当該（紹介）行為が募集行為と一体とみなされ、保険募集とみなされる可能性がある。

また、「資本関係等」については、資産運用の観点からわずかな資本関係を有するに至ったことは、ここでいう資本関係に該当しないが、例えば、平成10年大蔵省告示第238号1条1号イからニに掲げる法人に該当するような場合には、一定程度、「一体性」を推測させる事情があるとみなされ得る[注185]。また、「資本関係等」の「等」には、役職員の出向・派遣などの人

注183) 紹介料が高額な場合、紹介者は積極的に保険募集人を紹介することが想定されるが、積極的に保険募集人を紹介することと、自ら具体的な保険商品の推奨・説明を行うことは必ずしも結び付かない。
注184) なお、保険募集が行われる場合に情報提供義務等が生ずるのであって、保険商品に関する情報の提供がなされる場合（ないしなされる可能性が高い場合）に、そのような行為を保険募集とすることは、論理が転倒しているのではなかろうか、との疑問も呈されている（伊藤雄司「保険業法2条26項にいう保険募集の意義」黒沼悦郎＝藤田友敬編『江頭憲治郎先生古稀記念・企業法の進路』〔有斐閣、2017〕736頁）。
注185) 金融庁パブコメ回答〔平27.5.27〕192番。

的関係も含まれる[注186]。ただし、例えば、ある子会社が、自らの取引先を保険見込み客として保険代理店を営む100％親会社に紹介したからといって、それだけで親会社が行う募集行為と一体性があり、子会社の見込み客に対する行為が保険募集とみなされるわけではないと考えられる。

以上、一体性要件について検討したが、行為それ自体は保険募集に該当しない行為を保険募集とみなすという例外的な取扱いをするための要件である以上、その適用は、保険募集規制の潜脱のおそれのあるような限定的な場合に限定すべきと思われ、一体性要件による判断は厳格になされるべきであると考えられる。

(b) **監督指針（保険）Ⅱ-4-2-1(1)②イ**

監督指針（保険）Ⅱ-4-2-1(1)②イにおいて、「具体的な保険商品の推奨・説明を行うものであること」という要件が規定されているが、これは監督指針（保険）Ⅱ-4-2-1(1)①に規定された保険募集に該当する行為、すなわち「ア．保険契約の締結の勧誘」、「イ．保険契約の締結の勧誘を目的とした保険商品の内容説明」および「ウ．保険契約の申込の受領」のうち、保険募集概念の本質的要素といえる「ア．保険契約の締結の勧誘」、「イ．保険契約の締結の勧誘を目的とした保険商品の内容説明」を保険募集該当性の基準として明記したものといえる。本稿においては、この要件を「（保険募集の）コア要件」と名付ける。なお、平成25年WG報告書23頁において、「②〔筆者注：監督指針（保険）Ⅱ-4-2-1(1)②イ〕は、前段階で具体的な説明がなされると保険募集人による保険商品等の説明の理解を困難にするおそれがあることを考慮したもの」との説明がなされている。たとえ保険募集人による保険募集の前であったとしても、保険募集のコア要素である「具体的な保険商品の推奨・説明」を行えば、その行為自体が保険募集に該当するのは当然のことといえる[注187]。

注186) 金融庁パブコメ回答〔平27.5.27〕189番。
注187) 現行の保険業法（平成7年6月7日法律第105号）以前は、「保険募集の取締に関する法律」（昭和23年法律第171号。以下、「旧募取法」という）において、保険募集（「募集」と規定されていた）の定義は、現行の保険業法と同じ規定だったが（旧募取法2条3項：この法律において「募集」とは、保険契約の締結の代理又は媒介をなすことをいう）、旧募取法制定当初は、その定義からして、保険会社また

第9章　保険

【図表9-5-2】　コア要件の概念図

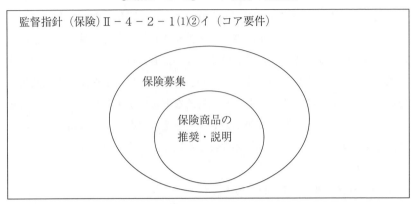

なお、監督指針においては、勧誘という文言ではなく、「推奨」という文言が使われている。「勧誘」とは、顧客に情報提供や働きかけを行い、保険加入するよう勧めることを指すと解されているが[注188]、「推奨」については、

は保険募集人に対して見込客を紹介する代理店（紹介代理店）についても募集人登録が必要とされていた。当時の立法担当官の見解は、「『媒介』という概念は広く、例えば営業職員が既契約者から紹介状をもらって見込客を訪問し、それによって保険契約が成立すれば、その既契約者の行為も媒介に該当すると考えることは可能である。その場合に、手土産の範囲を超える謝礼を既契約者に渡してはならない（そのような謝礼を受けるためには募集人登録を擁する）」というものであった（生命保険新実務講座編集委員会『生命保険審実務講座(7)法律』〔有斐閣、1991〕352頁）。

しかしながら、後に解釈が変更され、昭和45年6月15日蔵銀第1761号の通達において、「募集に従事することなく、単に見込客を紹介するにとどまる紹介代理店……は、登録を受ける必要はない。ただし、その業務の範囲が委託契約書または代理店契約書に記載された内容により明確であるものに限るものとする（特約店、賛助店、協力者等名称のいかんは問わない）」とされた。これは、紹介代理店は、保険契約の募集の本質的要素を構成する行為（保険商品の内容説明、契約申込書の記入要領の説明等）をするわけではないという点を踏まえ、保険契約者等保護のためにどうしても登録が必要な保険募集関係者の範囲はどこまでかという目的的限定の見地から、紹介代理店については登録不要と解されたためといわれている（生命保険新実務講座編集委員会・前掲352頁）。つまり、旧募取法下においても、保険募集の本質的要素（コア）を行えば、保険募集に該当するとみなされていたことがわかる。

注188）　株式会社保険教育システム研究所『2016年1月版・保険業法のポイント』（株式会社日企、2016）243頁。

具体的な定義は示されておらず、事情に応じてさまざまであり、一連の行為の中で、当該行為の位置付けや内容を踏まえ総合的に判断する必要があるとされている[注189]。「勧誘」と区別して使用されていることから、「推奨」は「勧誘」まではいかない行為を指すと考えられるが、「具体的な保険商品」の推奨を行う場合は、「顧客に情報提供や働きかけを行い、保険加入するよう勧め」ているとも見受けられるため、保険募集概念のコアともいえる「ア．保険契約の締結の勧誘」、「イ．保険契約の締結の勧誘を目的とした保険商品の内容説明」と同列のものと評価することができるといえる。なお、特定の保険会社や保険商品を推奨するような意味合いで保険会社名等を告げる行為は、ここでいう「推奨」に該当する場合もあり得る[注190]。

(c) 「ア．及びイ．の要件に照らして、総合的に判断」の意味

「ア．及びイ．の要件に照らして、総合的に判断」（監督指針（保険）Ⅱ-4-2-1(1)②本文）とは、要件アおよびイのいずれにも該当するか否かを判断し、要件アとイの両方に該当する場合には、具体的な報酬額の水準や商品の推奨、説明の程度などから総合的に判断することをいうとされている[注191]。

この点、平成25年WG報告書においては、明示的に要件アとイは「かつ」で結ばれ、「同法上の募集規制を受けるか否かについて、下記の〔筆者ら注：要件アとイ〕メルクマールに照らして総合的に判断していくことが適当である」とし、総合的に判断するに当たっても、要件アとイのいずれもが充足されていることを前提としていたものと考えられる[注192]。しかしながら、監督指針においては、「かつ」という文言が削除されたことを踏まえると、平成25年WG報告書とは異なり、要件アとイのいずれもが充足されていることまでを前提としているものではないといえる。

なお、前述した通り、一体性要件とコア要件はまったく異なるタイプの要件であり、どちらか一方を満たせば保険募集とみなされるという解釈が妥当である[注193]。特に要件イを満たせば、保険募集に該当することは自明であ

注189) 金融庁パブコメ回答〔平27.5.27〕251番等。
注190) 金融庁パブコメ回答〔平27.5.27〕257番。
注191) 金融庁パブコメ回答〔平27.5.27〕203番〜207番。
注192) 平成25年WG報告書23頁。

ろう。

　具体的には、紹介者が非常に高額な手数料（報酬）を受け取っている場合は、たとえ具体的な保険商品の推奨・説明を行っていない場合であっても、その紹介者は保険募集を行っているとみなされるおそれがある。また、紹介料が定額であり、かつ額も少額であったとしても、具体的な保険商品の推奨・説明を行えば、当然、その紹介者は保険募集を行ったことになる。

(2) 募集関連行為の意義

(i) 募集関連行為の定義

　契約見込客の発掘から契約成立に至るまでの広い意味での保険募集のプロセスのうち、保険募集に該当しない行為を募集関連行為という（監督指針（保険）Ⅱ-4-2-1(2)）。言い換えれば、一体性要件およびコア要件を満たさない行為で、募集行為に一定程度関与する行為であるといえる。

(ii) 募集関連行為に該当する行為

　例えば、「保険商品の推奨・説明を行わず契約見込客の情報を保険会社又は保険募集人に提供するだけの行為」や、「比較サイト等の商品情報の提供を主たる目的としたサービスのうち保険会社又は保険募集人からの情報を転載するにとどまるもの」が募集関連行為に該当する（監督指針（保険）Ⅱ-4-2-1(2)（注1））。これらの行為は、一体性要件もコア要件も満たしていないことから、保険募集ではなく、募集関連行為と位置付けられている。紹介行為や比較サイト等[注194]は、通常は募集関連行為に該当するが、例えば、「業として特定の保険会社の商品（群）のみを見込み客に対して積極的に紹介して、

注193）　監督指針（保険）でも、一連の行為の中で、当該行為の位置付けを踏まえた上で、アおよびイの要件に照らして、総合的に判断するとしているのであるから、保険募集に関連したビジネスの態様によっては、保険募集の意義の解釈についてはアとイの要件が両方備わることを絶対的なものとすべきではないとの指摘もなされている（山下友信「保険募集の意義・団体保険の加入勧奨行為の規制」ジュリ1490号〔2016〕34頁）。

注194）　「比較サイト」とは、例えば、保障内容や保険料等に係る希望の条件を入力すると、複数の保険会社の商品間における、それら条件に基づいた比較内容が表示されるインターネットサイト等を想定しているとされる（金融庁パブコメ回答〔平27.5.27〕220番）。比較サイトの詳細な検討については、**2**を参照。

【図表 9 - 5 - 3】　募集関連行為の概念図

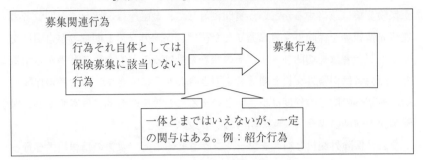

保険会社又は保険募集人などから報酬を得る行為」や「比較サイト等の商品情報の提供を主たる目的としたサービスを提供する者が、保険会社又は保険募集人などから報酬を得て、具体的な保険商品の推奨・説明を行う行為」は、保険募集に該当し得るとされている（監督指針（保険）Ⅱ-4-2-1(2)注２アおよびイ）。これらの行為は、報酬等の観点から一体性要件を満たす可能性があり、また、比較サイト等における情報提供の仕方によっては、具体的な保険商品の推奨・説明をしているとしてコア要件を満たす可能性もある。この点について、パブコメでは「比較サイトに商品情報を掲載したうえで、保険会社等のサイトに遷移する仕組みを構築して報酬を得る行為が、保険募集に該当するかは、報酬の多寡や当該サイトの画面構成、具体的な表示内容等を踏まえたうえで、総合的に判断する必要があ」るとされている[注195]。

(ⅲ) **ノーアクションレター（インターネットを通じた保険外交員と顧客のマッチング業務）**

インターネットを通じた保険外交員と顧客のマッチング業務の保険募集該当性については金融庁からノーアクションレターが出されている[注196]。具体的には、インターネット上のサイトにおいて、保険募集人や保険仲立人等の保険商品の販売について資格を有する者（以下、「保険外交員」という）から入稿を受けたプロフィールを掲載し、本件サイトを閲覧し特定の保険外交員と連絡を取ることを希望する旨の通知を行った者（以下、「閲覧者」という）

注195）　金融庁パブコメ回答〔平27.5.27〕224番。
注196）　平成24年12月14日付けノーアクションレター。

の連絡先情報を、その旨とともに当該保険外交員に対して通知するサービスが保険募集に該当するかという質問に対して、金融庁は、照会者が閲覧者の連絡先情報等を保険外交員に通知した後は、保険外交員と閲覧者が自由に交渉し、照会者は一切関与せず、その報告を受けることもないこと等からすると、照会者は保険外交員と閲覧者を引き合わせるにすぎず、照会者の保険契約の締結への関与の程度は小さいといえること等を総合的に勘案すると、保険契約の締結の媒介（保険募集）に該当しないとした。

なお、保険外交員と顧客をマッチングさせることで双方の情報提供を行っているため、保険募集にも募集関連行為にも該当しない「保険会社又は保険募集人の広告を掲載する行為」（監督指針（保険）Ⅱ-4-2-1(2)注3エ）というよりも、「保険商品の推奨・説明を行わず契約見込客の情報を保険会社又は保険募集人に提供するだけの行為」（監督指針（保険）Ⅱ-4-2-1(2)注1）に準ずるといえ、募集関連行為に該当するといえるであろう。

(3) 保険募集および募集関連行為のいずれにも該当しない行為

保険募集・募集関連行為のいずれにも該当しない行為として、以下の行為が例示されている（監督指針（保険）Ⅱ-4-2-1(2)注3）。

ア．保険会社または保険募集人の指示を受けて行う商品案内チラシの単なる配布

イ．コールセンターのオペレーターが行う、事務的な連絡の受付や事務手続等についての説明

ウ．金融商品説明会における、一般的な保険商品の仕組み、活用法等についての説明

エ．保険会社または保険募集人の広告を掲載する行為

前記ア．からエ．の行為は、通常、一体性要件もコア要件も満たさないものであり、かつ募集関連行為のようにその前後に行われる保険募集とも関連しない行為であることから、保険募集および募集関連行為のいずれにも該当しない行為として例示されたものである。したがって、前記ア．からエ．の行為を行う中で、一体性要件またはコア要件を満たすような事情が認められれば、保険募集に該当する可能性がある[注197]。

2　比較サイトにおける保険募集規制

(1)　比較サイトとは

(i)　比較サイトの利点と弊害

　消費者が自らのニーズに合致した保険商品を選択するに際し、異なる保険商品の内容を比較検討することは非常に有用と考えられる。特に、多数の類似の保険商品が販売されている現在の状況においては、消費者が自ら個々の保険商品の情報を集めて比較を行うことには困難が伴う。消費者が複数の保険会社の商品を同時に比較検討する方法としては、一般的に、乗合代理店に赴く方法や、比較サイトを利用する方法がある。いずれの方法も、複数の保険商品を比較する方法としては利便性が高い方法であると考えられるが、以下ではこのうち比較サイトに着目してその現状や規制に関して論じることとしたい。

　比較サイトについては、消費者にとって、一般的に以下のような利点と弊害があると考えられる[注198]。

【利点】

・多くの商品を一度に比較することが可能

・一度の条件の入力で比較が可能

・ウェブサイトで閲覧可能であり利便性が高い

注197)　例えば、「エ．保険会社又は保険募集人の広告を掲載する行為」については、金融庁パブコメ回答〔平27.5.27〕101頁221番・222番において、「保険会社又は保険募集人の広告を掲載する行為は、保険募集にも募集関連行為にも該当しないと考えます。ただし、その広告とあわせて、独自の見解として当該商品を推奨する内容を記載している場合には、Ⅱ－4－2－1(1)②アとイのいずれにも該当するか否かを判断し、Ⅱ－4－2－1(1)②アとイの両方に該当する場合には、具体的な報酬額の水準や商品の推奨・説明の程度などから募集行為への該当性を総合的に判断し、保険募集に該当しない場合であって、保険会社又は保険募集人において、当該行為を第三者に委託又はそれに準じる関係に基づいて行わせている場合には、募集関連行為従事者の行為に該当するものと考えます」とされている。

注198)　なお、英国における比較サイトの利点と弊害について論じた文献として、菅沼美香「イギリスにおけるアグリゲーター」損保ジャパン総研トピックス9号（2010年6月）。

第 9 章　保険

・ウェブ申込みが可能な商品の場合、比較サイトからリンクをたどることで一気に購入まで行うことが可能
【弊害】
・表示される保険商品の数が多く、消費者にとって商品を選択しにくい一面がある
・価格等、わかりやすい条件のみに着目し、保障内容等保険商品の重要な内容を十分に理解していないおそれがある
・顧客が入力した条件が正確でない可能性がある

　以上の通り、比較サイトについては利点および弊害のいずれも存在するが、インターネット・ショッピングの発展状況を踏まえれば、今後ますますその利用者数は増加すると考えられる。また、現状、日本では比較サイトのような、各保険商品の内容を比較するかたちでの保険募集は、店舗での対面販売においては一般的には行われていない状況にあるため、比較サイトの運営に当たっては、いかに比較募集規制を遵守するかがポイントとなる。

　(ii)　**日本における比較サイトの現状**

　日本における比較サイトには、比較サイトの運営主体が保険募集を行うか否かによって2種類のサイトが存在する。保険募集を行うものとして、①消費者が条件を入力し、当該条件に合った保険商品の情報を提供するもの（以下、「募集人型」という）、保険募集を行わないものとして、②単に各保険会社の保険商品の情報の転載や保険会社のホームページへのリンクの案内を行っているもの（以下、「非募集人型」という）に分類できる。

　(a)　**募集人型の比較サイト**

　募集人型の比較サイトは、乗合代理店により運用されている。これらのサイトでは、利用者が条件（例えば、興味のあるニーズ、年齢、性別等）を入力すれば、取り扱っている保険商品の中から、加入可能な保険商品および保険料等の内容の一覧が表示される[注199]。その際、各保険商品の契約内容の表示

注199)　自動車保険については、直接ウェブ上に見積もり結果が表示されず、サイトで条件を一括して入力すると、その後保険会社から個別に見積もり結果が送付されてくる仕組み（見積もりの一括請求）となっているサイトが多い。

のほか、資料請求数や申込件数に応じた人気度ランキングの表示等も行われることが多い。

利用者は、気に入った保険商品の資料請求を行ったり、インターネットでの申込みが可能な商品については、リンクからそのまま保険会社の申込みサイトにアクセスしたりすることができるようになっている。

(b) 非募集人型の比較サイト

非募集人型の比較サイトについては、保険募集人としての登録を行っていない主体が運営を行っていることが多い。これらのサイトでは、募集人型の比較サイトと異なり、利用者が個別の情報を入力することはない。また、サイト内の情報も、保険会社または保険代理店からの情報を転載するものや、商品内容を記載せず、保険会社や保険代理店のホームページ等を案内（バナー広告）するものにとどまる。利用者は、各自保険会社や保険代理店のサイトへ移動して資料請求や見積等を行うことになる。

(iii) 海外における比較サイトの普及およびその規制状況

海外においては、特に自動車保険の分野を中心に比較サイトにおいて、積極的に比較情報の提供が行われており、多くの保険会社や保険ブローカーが比較サイトを通じた保険商品の販売を行っている。以下、英国および米国における比較サイトの運用状況とその法規制の概要につき紹介する。

(a) 英国

英国においては、比較サイトを通じた保険商品の販売が普及しており、多くの保険会社やブローカーが比較サイトを通じた保険商品の販売を行っている。英国では、このような比較サイトの運営者のことをアグリゲーターという。

比較サイトでは、自動車保険、住宅保険、生命保険、旅行保険等が取り扱われているが、特に、自動車保険の分野において比較サイトが利用される頻度が高く[注200]、消費者は、比較サイトに情報（例えば、自動車保険の場合、車

注200) 個人自動車保険のおよそ37％が比較サイトを通じて販売されているとされる（損害保険事業総合研究所研究部『諸外国の保険業におけるインターネットやモバイル端末の活用状況について』〔公益財団法人損害保険事業総合研究所、2015〕107頁）。

種や求める補償内容、地域等）を入力すると、条件に合った保険商品の一覧が表示される仕組みとなっている。具体的には、保険料や保障内容、免責金額等が一覧表として表示される。消費者は、一覧およびリンク先に記載されたより詳細な情報を確認の上、保険商品を選択し、表示されているリンク先から保険会社やブローカーにアクセスし申込みを行うことができる。その際、英国の比較サイトにおいては、入力した情報がそのまま保険会社やブローカーに転送される仕組みとなっているため、利用者は再度情報を入力する必要がないという特徴がある。比較サイトの運営者は、一般的に、比較サイト経由で成約した保険契約について、保険会社やブローカーから支払われる手数料を収入源としている[注201]。

英国においては、比較サイトの運営はFCAによる許可の必要な規制対象行為と考えられており、必要な許可を受けることが求められる[注202]・[注203]。

(b) 米国

米国においても、比較サイトの利用が広がっているものの、英国と比較すると、その普及度合いは低い状況となっている。これに関しては、米国では、多くの比較サイトにおいては、英国のように入力情報が保険会社等に転送されることがなく、消費者は、比較サイトに入力した情報を、再度、保険会社のウェブサイトであらためて情報入力が必要となり、比較サイトの利便性が低いという点や、参加している大手保険会社の数が少ないこと、比較サイト

[注201] FSA, "GUIDANCE ON THE: SELLING OF GENERAL INSURANCE POLICIES THROUGH PRICE COMPARISON WEBSITES"（October 2011）（以下、「FSA 2011年ガイダンス」という）〈https://www.fca.org.uk/publication/finalised-guidance/fg11_17.pdf〉。

[注202] 英国においては、保険商品の販売プロセスが細かく区分されており、各プロセスごとに別の許可が必要とされるとのことである（牛窪賢一「価格比較サイトを通じた保険販売の実態と課題——イギリスの個人自動車保険を中心として」損保総研レポート99号〔2012〕32頁注49）。FSA2011年ガイダンスでは、比較サイトは基本的には保険販売に関する「アレンジ（arranging）」を行っているとの見解が示されているが、「アレンジ」を超えて、より重い規制が課せられる「助言（advising）」を行っている可能性についても示されている。比較サイトについては、概要、特定の保険商品を推奨する場合には「助言」に該当することになるとされている（FSA 2011年ガイダンス）。

[注203] FSA2011年ガイダンスによれば、調査の対象となったすべてのアグリゲーターがアレンジを行うために必要な許可を受けていたとのことである。

の運営が州別の保険規制の適用を受けること、一部の保険会社や業界団体が自社ウェブサイトで複数の保険会社の見積もりを提供する等、比較サイトに類似したサービスを行っていること、米国では独立代理店から保険を購入する慣習があることが、英国ほど普及が進まない原因ではないかとの指摘も行われている[注204]。

比較サイトの仕組みは英国とほぼ同様であるが、前記の通り、サイトに入力した情報が保険会社等に転送される仕組みとはなっていないため、利用者は保険購入に際し、再度情報を入力することが必要となる。主に自動車保険を取り扱っているサイトが多いが、ホームオーナーズ保険、医療保険を取り扱っているサイトも存在する。比較サイトの主な収入源は保険会社等から成約ベースで支払われる紹介料やアクセスに応じた手数料である[注205]。

米国では、前記の通り各州ごとに異なる保険規制の適用を受けるため、比較サイト運営のためには、比較サイトを運営する州ごとに保険ブローカー等、必要となるライセンスを得る必要がある[注206]。米国では、州によって異なるものの、保険ブローカー等に対し、情報開示義務、不実表示・誤導的説明・不完全比較[注207]の禁止、手数料規制・開示義務[注208]等が課されている。

注204) 損害保険事業総合研究所研究部『諸外国の保険業におけるインターネットやモバイル端末の活用状況について』（2015）56頁～57頁。
注205) 損害保険事業総合研究所研究部・前掲注192) 56頁、廣岡知＝吉成純子「米国損害保険市場の動向――2014年の実績およびGoogleの比較サイト参入」損保ジャパン興亜総研レポート67号（2015）57頁。
注206) 損害保険事業総合研究所研究部・前掲注204) 56頁。多くの代理店がブローカーを兼営しているが、募集免許の種類は州によって異なっており、保険募集人免許は一種類のみの州も存在するとのことである（損害保険事業総合研究所研究部『諸外国における保険販売規制について』〔2006〕137頁）。
注207) 例えばニューヨーク州法では、生命保険、障害医療保険および年金契約について、契約の失効または解約を薦める目的で不完全な比較をすることは禁止されており、カリフォルニア州法においても、他の保険会社の契約に加入させまたは既存の契約を破棄・譲渡等させようと、誘導する商品比較を行うことが禁止されている（損害保険事業総合研究所研究部・前掲注206) 173頁～174頁）。
注208) 例えばニューヨーク州法では、2011年1月より、保険代理店、ブローカー等に対して、報酬額の開示義務が課せられることとなった（田爪浩信「損害保険仲介者の報酬開示規制――ニューヨーク州における新規性を中心にして」保険学雑誌615号〔2011〕61頁～66頁）。また、カリフォルニア州においても、2000年11月より個人向け損害保険契約におけるブローカー手数料に対し、開示義務が課せられている（損害保険事業総合研究所研究部・前掲注206) 178頁～179頁）。

(2) 比較サイトの募集規制

(i) 保険募集か募集関連行為か広告か

(a) 判断要素

比較サイトが保険募集に該当するのか、募集関連行為に該当するのか、そのどちらでもない広告に該当するのか、については、報酬の多寡や当該サイトの画面構成、具体的な表示内容等を踏まえた上で、総合的に判断する必要がある[注209]。その判断方法については、1を参照されたい。

(b) 保険募集に該当する比較サイト

比較サイトにおける情報提供が、いわゆる「保険募集」に該当するかについては、個別の判断を要する。

比較サイトが、保険会社または保険募集人等から報酬を得て、具体的な保険商品の推奨・説明を行っていると判断された場合には、比較サイトの運営は保険募集に該当することとなる[注210]。各保険会社の具体的な商品内容について情報を掲載し、利用者の入力した情報に基づき、各保険商品ごとの具体的な見積もり結果等が表示される仕組みとなっている場合は、具体的な保険商品の推奨・説明を行う行為に当たり、通常保険募集に該当すると判断される。

(c) 募集関連行為に該当する比較サイト

比較サイトのうち、「保険会社又は保険募集人からの情報を転載するにとどまるもの」については、募集関連行為に該当する。なお、このような比較サイトの中には、保険商品の内容について独自の分析や評価を加えているサイトもあり、このようなサイトについては、保険契約の勧誘を行うものとして、保険募集に該当されると判断される可能性は否定できない。

(d) 広告に該当する比較サイト

保険会社や保険代理店に対してウェブサイトのスペースを貸すのみで、その内容には一切関知しない場合は、保険会社または保険募集人の広告を掲載

注209) 金融庁パブコメ回答〔平27.5.27〕102頁224番。2017年3月8日付け一般社団法人生命保険協会「募集関連行為に関するガイドライン」2頁。
注210) 監督指針（保険）Ⅱ-4-2-1(2)注2イ。

する行為として、保険募集にも、募集関連行為にも該当しない[注211]。

(ⅱ) 意向把握義務

保険募集人は、保険契約の締結、保険募集に関し、顧客以降の把握、当該意向に沿った保険プランの提案、当該意向と当該プランの対応関係についての説明、当該意向と最終的な顧客の意向の比較と相違点の説明を行うことが求められている（意向把握義務。保険業294条の2）。募集人型の比較サイトについても、意向把握を行う必要がある。

意向把握の具体的な方法については、取り扱う商品や募集形態を踏まえた上で、保険会社または保険募集人の創意工夫により、監督指針で例示されている方法またはこれらと同等の方法[注212]で行うことになる。

注211）　監督指針（保険）Ⅱ-4-2-1(2)注3エ。
注212）　監督指針（保険）においては、以下の3つの方法が示されている（監督指針（保険）Ⅱ-4-2-2(3)①）。
　① 意向把握型
　　ⅰ）アンケート等により顧客の意向を事前に把握する。
　　ⅱ）当該意向に沿った個別プランを提案し、意向との関係性をわかりやすく説明する。
　　ⅲ）顧客の最終的な意向が確定した段階で、最終意向と当初把握していた主な顧客の意向との比較を記載した上で、両者が相違している場合には、対応箇所や相違点および相違が生じた経緯についてわかりやすく説明する。
　　ⅳ）契約締結前の段階において、顧客の最終的な意向と契約の申込みを行おうとする保険契約の内容が合致しているかどうかを確認する。
　② 意向推定型
　　ⅰ）性別や年齢等の顧客属性や生活環境等に基づき顧客の意向を推定する。
　　ⅱ）個別プランの作成・提案を行う都度、設計書等の顧客に交付する書類の目立つ場所に、推定（把握）した顧客の意向と個別プランの関係性をわかりやすく記載の上説明する。
　　ⅲ）顧客の最終的な意向が確定した男系で、最終意向と当初把握していた主な顧客の意向との比較を記載した上で、両者が相違している場合には、対応箇所や相違点および相違が生じた経緯についてわかりやすく説明する。
　　ⅳ）契約締結前の段階において、顧客の最終的な意向と契約の申込みを行おうとする保険契約の内容が合致しているかどうかを確認する。
　③ 損保型
　　ⅰ）自動車や不動産購入等に伴う補償を望む顧客に対し、主な意向・情報を把握する。
　　ⅱ）個別プランの作成・提案を行い、主な意向と個別プランの比較を記載するとともに、把握した顧客の意向と個別プランの関係性をわかりやすく説明する。

具体的には、比較サイトにおいてもどのような分野の保障を望んでいるのか、貯蓄部分を必要としているのか等、意向把握の対象[注213]について、顧客に入力させ、入力された意向に沿ったかたちで個別プランが提案されるようにする必要がある。なお、特に第1分野と第3分野の商品については、最終的な顧客の意向が確定した段階において、その意向と当初把握した主な意向との比較をし（いわゆる「ふりかえり」）、両者が相違している場合には、その対応箇所や相違点およびその相違が生じた経緯についてわかりやすく説明する必要がある。インターネットにおいて、ふりかえりを行うことは技術的に困難な場合もあるが、例えば、当初意向と最終意向とが一致しない場合は募集しない等の対応も考えられる。

(iii) 乗合代理店の推奨販売

(a) 推奨販売ルール導入の経緯

通常、比較サイトの運営主体は複数の保険会社の保険商品を取り扱う保険募集人であり、いわゆる乗合代理店である。乗合代理店は、あくまで保険会社から委託を受けて保険商品を販売する立場を有する者であるが、一方で、あたかも公平・中立な立場で保険商品を販売しているかのような誤解を顧客に与える可能性がある[注214]。顧客がこのような募集形態の法的性質について誤解することを防止するとともに、複数保険会社商品間の比較推奨の質の確保をすることを通じて、当該販売形態における募集活動の適切性を確保する観点から、平成26年改正保険業法において、推奨販売を類型化し、類型ごとの説明すべき内容や構築すべき体勢等のルール（以下、「推奨販売ルール」という）が定められることとなった。以下、推奨販売に際し説明すべき内容について概説した上で、比較サイトに関する推奨販売ルールの適用についての分析を行うこととする。

---

iii) 契約締結前の段階において、意向と契約の申込みを行おうとする保険契約の内容が合致しているかどうかを確認する。

注213) 監督指針（保険）Ⅱ-4-2-2(3)②。

注214) なお、保険募集人は、保険会社のために保険契約の締結の代理・媒介を行う立場を誤解させるような表示を行ってはならず、例えば、単に「公平・中立」との表示を行った場合には、「保険会社と顧客との間で中立である」と顧客が誤解するおそれがある点に留意するものとされる（監督指針（保険）Ⅱ-4-2-9(4)）。

(b) 保険商品の推奨販売に関する現行法制

　2以上の所属保険会社等を有する保険募集人が、①取り扱う2以上の比較可能な同種の保険商品の中から、顧客の意向に沿った保険商品を選別することにより、保険契約の締結または保険契約への加入をすべき1または2以上の保険契約（以下、「提案契約」という）の提案をしようとする場合、または、②2以上の所属保険会社等が引き受ける保険に係る2以上の比較可能な同種の保険契約の中から①による選別をすることなく、提案契約の提案をしようとする場合には、それぞれ法定の事項につき説明を行う義務が課せられている（保険業294条1項、保険業規227条の2第3項4号ロ・ハ）。

　(ア)　顧客の意向に沿った保険商品の選別を行う場合

　前記①の場合、(i)当該保険募集人が取り扱う保険契約のうち顧客の意向に沿った比較可能な同種の保険契約[注215]の概要[注216]および(ii)当該提案の理由[注217]の説明が必要となる。

注215)　ある保険契約が、「2以上の比較可能な同種の保険契約」に該当するかどうかは、主契約程度の意向の共通性も手がかりとした上で、最終的には、顧客の具体的な意向、保険契約の対象となるリスクの種類および保険給付の内容、保険契約の特性・類型等を踏まえつつ、実質的に判断されるべきものとされる（金融庁パブコメ回答〔平27.5.27〕31頁～32頁74番～77番）。

注216)　ここでの「比較可能な同種の保険契約の概要」とは、「商品概要」とされており（監督指針（保険）Ⅱ-4-2-9(5)①)、具体的には、パンフレットにおける商品概要の頁など、商品内容の全体像が理解できる程度の情報を明示する必要があるとされている（金融庁パブコメ回答〔平27.5.27〕220頁～221頁545番～549番）。

注217)　「提案の理由」については、監督指針において、「顧客に対し、特定の商品を提示・推奨する際には、当該提示・推奨理由を分かりやすく説明することとしているか。特に、自らの取扱商品のうち顧客の意向に合致している商品の中から、2以上の所属保険会社等を有する保険募集人の判断により、さらに絞込みを行った上で、商品を提示・推奨する場合には、商品特性や保険料水準などの客観的な基準や理由等について、説明を行っているか」とされている（監督指針（保険）Ⅱ-4-2-9(5)②)。この場合、形式的には商品の推奨理由を客観的に説明しているように装いながら、実質的には、例えば保険代理店の受け取る手数料水準の高い商品に誘導するために商品の絞込みや提示・推奨を行うことのないよう留意することが求められている。例えば、例えば、「人気ランキング」や「資料請求件数ランキング」と謳っているものの、実際には、保険代理店の受け取る手数料水準の高い商品に誘導するような仕組みがとられているような場合が該当するとされる（金融庁パブコメ回答〔平27.5.27〕220頁544番）。

(イ) 顧客の意向とは異なる理由・基準で選別を行う場合

前記②のように、顧客の意向に沿った商品特性や保険料水準などの客観的な基準や理由等に基づくことなく、商品を絞込みまたは特定の商品を顧客に提示・推奨する場合には、その基準や理由等（特定の保険会社との資本関係やその他の事務手続・経営方針上の理由を含む）を説明しなければならない[注218]。

(c) 比較サイトと推奨販売ルールとの関係

比較サイトにおける情報提供が保険募集に該当する場合、推奨販売ルールも遵守することが必要となる。例えば、募集人型型の比較サイトにおいては、顧客が条件を入力すると、当該条件を踏まえた保険商品の一覧が表示される。この場合、取り扱っている保険商品のすべてを表示するのであれば、選別や商品の絞込みは行われていないため、推奨販売ルールは適用されない。一方で、仮に取り扱っている保険商品すべてを表示せず、入力した情報等に基づく一定の選別を行っている場合には、推奨販売ルールに則った商品説明や提案の理由の説明が必要となる。

サイト上において比較推奨ルール上必要となる保険契約の概要や提案の理由等の説明をどのように行うべきかについては、明確な基準は示されておらず、各運営主体ごとに工夫して行うことが必要となる。例えば、表示される保険商品にランキングを付す場合や、「おすすめ」商品として特定の保険商品を掲載するような場合には、特定の商品を推奨しているとみなされる可能性があり、当該ランキングの根拠（例えば資料請求数なのか成約数なのか）やおすすめの理由（資本関係のある保険会社の商品なのか、広告料を受領して広告として載せているのか）を明確に示しておくことが必要になる。

注218) この場合の提案の理由は合理的なものでなければならず、理由が複数ある場合にはその主たる理由を、わかりやすく説明する必要があるとされる（金融庁パブコメ回答〔平27.5.27〕210頁～216頁521番～530番）。なお、中立・公平を掲げている乗合代理店の場合は、このような推奨理由・基準による選別・推奨は許されず、前記①の方法による選別・推奨を行わなければならない（監督指針（保険）Ⅱ-4-2-9(5)③注）。

(ⅳ) **比較募集**
(a) 保険商品の比較情報の提供に関する現行法制
(ア) 法規制

保険商品に関する比較情報の提供（以下、「比較募集説明」という）につき、保険業法300条1項6号では、「保険契約者若しくは被保険者又は不特定の者に対して、1の保険契約の契約内容につき他の保険契約の契約内容と比較した事項であって誤解させるおそれのあるものを告げ、又は表示する行為」が保険募集における禁止事項として規定されている[注219]。このように、法令上はあくまで「誤解されるおそれ」のある比較募集説明が禁止されているだけであり、比較募集説明そのものは禁止されていない。

なお、平成26年保険業法改正においては、推奨販売ルールとともに、所属保険会社等が引き受ける保険に係る一の保険契約の契約内容につき当該保険に係る他の保険契約の契約内容と比較した事項を提供しようとする場合には、当該比較に係る事項を説明しなければならないとの規定が設けられた（保険業294条1項、保険業規227条の2第3項4号イ）。当該規定については、保険業法300条1項6号に基づき従前より求められている対応以上に新たな対応が求められるものではない[注220]が、推奨販売ルールが導入されたことに伴い、（比較サイトに限らず）実務上比較募集説明を行うことが求められる場面は増加すると考えられる[注221]。

注219) 1948年制定の保険募集の取締に関する法律（以下、「旧募取法」という）では、保険契約の契約条項の一部につき比較した事項を告げることが禁止されていたが、保険業法においては、一部か全部かを問わず、「誤解させるおそれのある」行為を禁止している。これは、旧募取法においては、他の保険会社の保険契約に比べ、免責事由が多いことは告げず保険料が安いことを強調して保険募集を行うこと等を想定し、保険契約の契約条項の一部につき比較した事項を告げる行為を全面的に禁止していたが、1996年4月より施行された現行の保険業法では、比較情報の提供が保険契約者の商品選択に資する面もあることを考慮して、保険契約者等の誤解を招くおそれのある場合のみを禁止することとしたものである（安居・前掲注16）1053頁）。
注220) 金融庁パブコメ回答〔平27.5.27〕30頁～31頁71番。
注221) 例えば乗合代理店において、取り扱う複数の保険商品の中から一定の保険商品が提案され（推奨販売が行われ）、推奨販売ルールに従って提案理由の説明が行われた場合、顧客から、提案理由の説明を行うに際し、提案から外された商品よりも提案された商品が優位であることの説明や、提案された商品の中でどの商品が最

第9章　保険

　なお、比較募集説明と推奨販売との違いについては、監督指針（保険）Ⅱ－4－2－9(5)②注2において、「例えば、自らが勧める商品の優位性を示すために他の商品との比較を行う場合には、当該他の商品についても、その全体像や特性について正確に顧客に示すとともに自らが勧める商品の優位性の根拠を説明するなど、顧客が保険契約の契約内容について、正確な判断を行うに必要な事項を包括的に示す必要がある点に留意する」と規定されている。例えば、乗合代理店において複数の保険商品を提案する場合で、各保険商品の内容について、パンフレットを提示する等して各保険商品の内容や特徴をおのおの説明するにとどめ、提案した複数の商品のうち特定の商品を勧めない場合は、複数の商品間で優劣をつけておらず、比較募集説明は行っていないと考えられる。一方、提案した複数の商品のうち特定の商品を勧める場合、他の商品内容との差異を説明しながら特定の商品を勧める場合は、実質的に各商品間で優劣をつけたとみなされ、比較募集説明を行っていると考えられる(注222)。具体的にいえば、「こちらの商品のほうが保険料が安い」「こちらの商品のほうがメリットが大きい」等の説明を行う場合には、比較説明を行っていると判断され、保険業法300条1項6号の規制を受けることになると考えられる。

　(イ)　監督指針

　比較募集説明については、監督指針において詳細な指針が示されており、例えば、保険業法300条1項6号に抵触する行為(注223)、他の保険会社の商品

　　　　も自らのニーズに合致しているか、保険商品の内容を比較した説明を求められることは十分考えられよう。
注222　金融庁パブコメ回答〔平27.5.27〕202頁〜203頁502番〜504番。
注223　以下の行為が例示列挙されている（監督指針（保険）Ⅱ－4－2－2(9)②）。
　　①　客観的事実に基づかない事項または数値を表示すること
　　②　保険契約の契約内容について、正確な判断を行うに必要な事項を包括的に示さず一部のみを表示すること
　　③　保険契約の契約内容について、長所のみをことさらに強調したり、長所を示す際にそれと不離一体の関係にあるものを併せて示さないことにより、あたかも全体が優良であるかのように表示すること
　　④　社会通念上または取引通念上同等の保険種類として認識されない保険契約間の比較について、あたかも同等の保険種類との比較であるかのように表示すること
　　⑤　現に提供されていない保険契約の契約内容と比較して表示すること

等と比較する場合に書面等を用いて表示すべき事項[注224]、保険料に関する比較表示を行う場合の留意点[注225]、表示主体等の明示[注226]等が規定されている。

(b) 比較サイトと保険業法300条1項6号との関係

比較サイトにおいて、商品に優劣をつけたかたちで商品一覧等のかたちで情報提供が行われるような場合は、比較募集に該当し、保険業法300条1項6号による規制を受ける可能性がある。例えば、各保険商品の情報を単に併記するだけではなく、お勧めの商品を示す場合や、ランキングを表示する場合、各商品の点数付けを行うような場合[注227]には、特定の商品の優位性を

---

	⑥ 他の保険契約の契約内容に関して、具体的な情報を提供する目的ではなく、当該保険契約を誹謗・中傷する目的で、その短所を不当に強調して表示すること
注224)	① 保険期間
	② 保障（補償）内容（保険金を支払う場合、主な免責事由等）
	③ 引受条件（保険金額等）
	④ 各種特約の有無およびその内容
	⑤ 保険料率・保険料（なるべく同一の条件での事例設定を行い、算出条件を併記する）
	⑥ 保険料払込方法
	⑦ 払込保険料と満期返戻金との関係
	⑧ その他保険契約者等の保護の観点から重要と認められるもの（監督指針（保険）Ⅱ-4-2-2(9)③）
	なお、契約概要を用いた比較を行う場合（または、契約概要が速やかに入手できる措置および一定の注意喚起文言の記載を行う場合）は、前記項目を記載しなくてもよいとされている（監督指針（保険）Ⅱ-4-2-2(9)③注1）。
注225)	以下の点に配慮することが求められている（監督指針（保険）Ⅱ-4-2-2(9)④）。
	保険料に関する比較表示を行う場合は、保険料に関して顧客が過度に注目するよう誘導したり、保障（補償）内容等の他の重要な要素を看過させるような表示を行うことがないよう配慮されているか。
	また、顧客が保険料のみに注目することを防ぐため、保険料だけではなく保障（補償）内容等の他の要素も考慮に入れた上で比較・検討することが必要である旨の注意喚起を促す文言を併せて記載すること等、比較表の構成や記載方法等について、顧客の誤解を招かないよう工夫がされているか。
注226)	比較表示を行う主体がどのような者か（保険会社、保険募集人）、比較の対象となった保険商品を提供する保険会社や保険募集人との間に、提供する比較情報の中立性・公正性を損ない得るような特別の利害関係（例えば、強い資本関係が存在する等）を有していないか、どのような情報を根拠として比較情報を提供するのか等について、比較表示を行う際に顧客に対して明示することが望ましいとされる（監督指針（保険）Ⅱ-4-2-2(9)⑤）。
注227)	非募集人型のサイトの場合、保険料〇点、保障内容〇点等と点数付けを行っているものも多い。

示しているとして、比較募集説明に該当するとみなされる可能性があると考えられる[注228]。そのような場合、比較募集説明に関する規制に従った対応が必要となるが、その際、ランキングが何に基づくものであるのか（資料請求数なのか申込件数なのか等）、おすすめする理由（資本関係によるものなのか、広告取引によるものなのか、手数料率の高さによるものなのか等）をわかりやすく表示しておくことや、表示される保険商品の契約概要を速やかに入手できるようにしておくこと[注229]、適切な注意喚起文言を記載しておくこと[注230]等が必要となる[注231]。

(3) 今後の比較サイト

日本においては、海外と比べて、保険に関する比較サイトは普及しているとまではいいがたいが、IT技術の発展やインターネットショッピングの拡大に応じて、今後ますます普及していくことが想定される。対面販売においては、保険会社が乗合代理店による保険商品の比較を承認しないことが多く、商品間の比較が進んでいないが、比較サイトにおいては商品の比較が行われており、比較して保険商品を買うことの利点と弊害に留意しつつ、顧客が自らのニーズに合った商品を選択できるサイト作りが必要となろう。

[注228] なお、募集人型の比較サイトにおいては、サイトにおける情報提供が比較情報の提供に該当し得ることを前提に、法令や監督指針の内容に沿った「比較ポリシー」を策定し、公表しているものも多い。なお、通常、比較ポリシーの中で、掲載情報の内容につき保険会社の確認を受けていることが明記されている。

[注229] 比較表に契約概要記載の内容をすべて表示することができない場合は、わかりやすい場所にリンクを設置しすぐに契約概要にアクセスできるようにする、資料請求を行えば遅滞なく契約概要が交付される等の対応が必要となる（監督指針（保険）Ⅱ-4-2-2(9)②注2(ｱ)）。

[注230] 比較表に、保険商品の内容のすべてが記載されているものではなく、あくまで参考情報として利用する必要があること、比較表に記載された保険商品の内容については、必ず「契約概要」やパンフレットにおいて全般的に確認する必要があること等の注意喚起文言をの記載することが必要になる（監督指針（保険）Ⅱ-4-2-2(9)②注2(ｲ)）。特に保険料順の表示を行うような場合には、利用者が過度に保険料のみに着目することのないよう、適切な注意喚起文言を記載する等、特に慎重な対応が必要となる（監督指針（保険）Ⅱ-4-2-2(9)④）。

[注231] なお、個人向け自動車保険に関しては、日本損害保険協会のウェブサイトにおいて比較情報の提供が行われており、当該ウェブサイトにおける比較情報の提供に関しガイドラインが策定されている（日本損害保険協会、自動車保険商品の比較サイト http://hikaku.sonpo.or.jp/）。

第10章

証券化の近時の展開

第 10 章　証券化の近時の展開

第 1 節
総論

1　証券化の「柔軟性」

　証券化とは、一定の資産から生じるキャッシュ・フローを引当てとする金融手法をいう。もともとアメリカで生み出された金融手法であるが、1990年代後半に日本で初めての証券化による資金調達が行われて以降、日本においても急速に広まった金融手法である。2008年に発生したいわゆるサブプライム問題に端を発する金融危機により、わが国における証券化取引の件数は一時激減したが、その後徐々にではあるが復調してきており、平成28年度における証券化商品[注1]の発行金額は約 4 兆5000億円、件数にして136件との統計もある[注2]。

　このように、証券化は、日本における資金調達の手法として定着したといって差し支えない状況にあるが、その一方で、近年では、証券化の手法が新規のファイナンス分野に応用される場面が急速に増えてきている。不動産の流動化取引における一般的なスキームであるGK-TKスキームを利用した再生可能エネルギー発電事業向けのプロジェクト・ファイナンス[注3]や資産流動化法上の特定目的信託を活用した日本版スクーク（イスラム債）[注4]などが

注1)　ここでいう「証券化商品」とは、主に金銭債権を裏付資産とするものに限られ、CMBS（Commercial Mortgage Backed Securities）を除く、不動産の証券化・流動化は含まない。本章において取り扱う「証券化」も、基本的には金銭債権を裏付資産とするものを念頭に置いている。

注2)　日本証券業協会＝一般社団法人全国銀行協会「証券化市場の動向調査のとりまとめ2016年度の発行動向」（2017） 1 頁。

注3)　GK-TKスキームを利用した再生可能エネルギー発電事業向けのプロジェクト・ファイナンスの詳細については、**第 8 章第 1 節 2 (2)(ii)**を参照。

注4)　日本版スクークの詳細については、月岡崇「日本版スクーク（イスラム債）——改正資産流動化法を活用した資金調達の仕組み」金法1945号（2012）64頁などを参照。

536

その例である。このように、証券化の手法が新規のファイナンス分野に広く応用されることの背景には、証券化という金融手法が元来有している「柔軟性」があるものと思われる。すなわち、証券化においては、対象となる資産から生じるキャッシュ・フローを他からの影響を受けずに、いかにして投資家の手元に届けるかが中心的な課題となるが、そのためには、①対象となる資産の原保有者の信用リスクからの切離し（隔離）と②対象となる資産を譲り受けるエンティティ自体の信用リスクからの切離し（隔離）とが必要になる。一見するといずれも困難にみえる2つの課題であるが、これらを法的な側面から再構成し、①を「真正譲渡（true sale）」の問題、②を「倒産隔離（bankruptcy remoteness）」の問題と整理したことが、証券化という金融手法が前述の「柔軟性」を獲得するに至った大きな要因であることは疑いがない。もちろん、真正譲渡の達成および倒産隔離の達成は必ずしも容易ではなく、証券化が日本に登場して以来、さまざまな観点から検討が重ねられてきた[注5]。しかしながら、これらの2つのコンセプトが達成しようとしていることは、（誤解を恐れずにいえば、）ある意味では「単純明快」であり、利用可能な場面が非常に広いのが特徴である。この点をやや敷衍すると、厳密な議論をあえて捨象すれば、真正譲渡についていえば「ある一定の資産が原保有者の倒産手続の影響を受けない状態」と言い換えることができ、倒産隔離については「ある一定の資産を保有するビークルが倒産手続に入ることを（可及的に）回避している状態」と言い換えることができるが、これらを達成するニーズは、一般的には証券化として分類されない金融取引においても存在する。

例えば、鉱山開発や発電事業などの特定のプロジェクトから生じるキャッシュ・フローを引当てにした金融取引は、伝統的にはプロジェクト・ファイナンスと呼ばれ、証券化とは区別されるのが通常である[注6]。そして、伝統的

注5) 真正譲渡に関する議論の詳細は、西村総合法律事務所編『ファイナンス法大全(下)』（商事法務、2003）32頁以下、ファイナンス法大全アップデート336頁以下などを参照。また、倒産隔離に関する議論の詳細については、西村総合法律事務所・前掲54頁以下、西村あさひ法律事務所編『資産・債権の流動化・証券化〔第3版〕』（金融財政事情研究会、2016）16頁以下などを参照。

注6) プロジェクト・ファイナンスの詳細については、**第8章**を参照。

第10章　証券化の近時の展開

なプロジェクト・ファイナンスにおいては、スポンサーは自らプロジェクトを遂行するSPC（プロジェクトSPC）の株式等を保有し、議決権の行使などを通じてプロジェクトSPCをコントロールするのが通常であり、文字通り自らの事業としてプロジェクトSPCの事業を営んでいるという側面が強い。このような取引におけるプロジェクトSPCは、いわばスポンサーの「一部」ともいえ、プロジェクト・ファイナンスを提供する金融機関は、プロジェクトから生じるキャッシュ・フローの確実性のみならず、スポンサーの信用力や事業遂行能力を与信判断における重要な要素として資金提供を行ってきた。こうしたスポンサーの信用力や事業遂行能力にも着目したファイナンス手法は、与信の対象となるプロジェクトの成否やプロジェクトから生じるキャッシュ・フローがスポンサーの力量に大きく依存する取引においては、特に有効に機能する。しかし、2012年7月1日に電気事業者による再生可能エネルギー電気の調達に関する特別措置法（再エネ特措法）が施行され、太陽光、風力、地熱、バイオマス、中小水力等の再生可能エネルギーを用いて発電された電力の固定価格買取制度がスタートした結果、プロジェクトから生じるキャッシュ・フローの確実性が制度的に相当程度担保されるようになった。近時の再生可能エネルギー発電事業（特に太陽光発電事業）に対するファイナンス取引においては、不動産の流動化における一般的なスキームであるGK-TKスキームが幅広く利用されるようになっているが、このような傾向の一因には、プロジェクトから生じるキャッシュ・フローの安定性が高まったことで、プロジェクトにおけるスポンサーの信用力や事業遂行能力の重要性が相対的に低くなり、むしろプロジェクトSPCの倒産隔離性の達成が重視されるようになったこともあるものと思われる[注7]。このように、資金提供者（投資家）において真正譲渡・倒産隔離のニーズがある場合に、証券化にお

注7)　もちろん、再エネ特措法に基づく固定価格買取制度の導入後も、スポンサーの信用力や事業遂行能力が引き続き与信判断における重要な要素であるのは事実であり、特に風力発電事業やバイオマス発電事業においては、スポンサーの事業遂行能力がプロジェクトの成否を分ける重要な要素と考えられている。しかし、プロジェクトSPCの倒産隔離性を達成することでスポンサーによるプロジェクトへの関与が構造的に弱くなる面があることは否定できず、こうした方向性の転換に固定価格買取制度の導入（ひいては、これを背景としたキャッシュ・フローの安定性の担保）が少なからず影響を与えているものと思われる。

ける真正譲渡や倒産隔離に関する議論や手法を利用・応用することで、そのニーズを満たすことが可能となることも少なくない。証券化を特徴付ける二大要素である真正譲渡および倒産隔離のもつある種の「単純明快さ」が、証券化という金融手法の柔軟性や応用場面の広さを支えているといえよう。

2　証券化の近時の展開

　本章では、20年を超える日本の証券化取引の歴史の中で構築されてきた手法が、近時のファイナンス取引においてどのように利用されているのかを概説する。

　第2節では、信託のもつ倒産隔離機能に着目した日本版プロジェクトボンドを取り上げる。日本版プロジェクトボンドは、"ボンド"という名称が付されているものの、実際に組成されているスキームでは、受益権または信託ABL（貸付け）の形態によって資金調達が行われているが、受益権や信託ABLという投資手法も証券化取引とともに発展してきたものである。

　第3節では、日本国外のプロジェクト向け貸付債権の流動化について概説する。日本銀行による超低金利政策を背景とした日本国内の貸出市場における収益機会の減少もあり、近年、日本の金融機関における海外事業の重要性は飛躍的に高まっているが、その反面、海外事業で残高が積み上がった貸付債権を流動化[注8]するニーズも高まっており、そのための各種の手法についての留意点を取り上げる。

　第4節では、主に欧州を中心に活発に発行されているカバードボンドの日本における発行可能性や課題について論じる。カバードボンドを発行するための特別法をもたない日本においてカバードボンドを発行するためには、証券化の手法を利用したストラクチャード・カバードボンドの組成を検討することになるが、組成上の最も大きなポイントの1つはカバープールと呼ばれる裏付資産の、発行体（オリジネーター）の倒産手続からの隔離であり、証券化における真正譲渡性に関する議論を応用することが必要になる。

注8)　この文脈における「流動化」とは、貸付債権の資金化や貸付債権に係るリスクを投資家に移転することを意味する。

第 10 章　証券化の近時の展開

　本章では前記 3 つのファイナンス取引を題材に、証券化の手法がどのように利用・応用されているかを概観するが、証券化の手法の利用・応用は前記 3 つの場面に限られるものではない。証券化の手法は、創意工夫次第でさまざまな場面に利用可能であり、証券化の手法を積極的に利用・応用することで、わが国におけるファイナンス取引がますます活発になることを期待したい。

第2節
信託を活用した日本版プロジェクト・ボンド

1 信託を用いた日本版プロジェクト・ボンドのスキームの概要

(1) 総論

プロジェクト・ボンドとは、インフラ事業等のプロジェクトに要する資金について、当該プロジェクトからの将来のキャッシュ・フローを引当てとする債券を発行して資本市場から調達する方法を指し、米国等ではプロジェクト・ファイナンスの一形態として広く利用されている手法である。日本においても、日本版プロジェクト・ボンドとも呼ぶべきファイナンス・スキームが太陽光発電事業に関連して信託を用いた形態で2013年から市場に登場している。

いわゆるアベノミクスの第2ステージにおいても、新たな有望成長市場の創出のため、環境・エネルギー制約の克服と投資拡大の観点から、再生可能エネルギーの導入促進が提唱されている[注9]。太陽光発電を含む再生可能エネルギー発電設備について、その資金需要に応えることはこうした観点からも重要なものとなる。

また、国連気候変動枠組条約第21回締約国会議（COP21）での交渉や2015年12月12日に採択されたパリ協定を踏まえ、日本も欧米に遜色ない温室効果ガス削減目標を掲げ、かつ実現に向け努力することが求められるところ、こうした動きはさらに加速することが期待される[注10]。

注9) 2016年6月2日付けで閣議決定された「日本再興戦略2016──第4次産業革命に向けて」参照。2017年6月9日付けで閣議決定された「未来投資戦略2017──Society 5.0の実現に向けた改革」においても考え方が維持されている。

注10) 2016年5月13日には、パリ協定などを踏まえ、わが国の地球温暖化対策を総合的かつ計画的に推進するための計画である「地球温暖化対策計画」が閣議決定されている。

さらに投資家サイドにおける運用ニーズとしても、ESG投資の観点から、また昨今のボラティリティの高まっている投資環境において経済動向等の影響を受けにくい安定的なアセットクラスとして、こうした金融商品に対する需要は高まっていくことも考えられる[注11]。

本節では、日本版プロジェクト・ボンドの一類型として、太陽光発電事業[注12]に対する信託を用いたファイナンス・スキームを念頭に[注13]、日本版プロジェクト・ボンドのスキームの概要、特徴や意義を解説する[注14]。なお、本節ではプロジェクト・ファイナンスにおいて信託を用いて投資家から資金を調達することの意義を中心に解説を行うものとし、プロジェクト・ファイナンスないし太陽光発電事業に対するファイナンスの一般的な解説については**第8章**を参照されたい。

(2) 日本版プロジェクト・ボンドのスキーム

日本版プロジェクト・ボンドのスキームの組成に当たっては、個別の事案ごとにその詳細は異なり得るが、基本的な取引の流れとしては【図表10-2-

---

注11) 近年、環境に好影響を及ぼす事業活動に資金使途を限定した「グリーンボンド」への投資を指向する投資家も増えてきており、国際資本市場協会（ICMA）は「グリーンボンド原則」を公表している。国内においても、環境省は、わが国におけるグリーンボンドのさらなる普及のため、「グリーンボンドガイドライン（仮称）」をとりまとめることを目的とした「グリーンボンドに関する検討会」を設置し、2016年10月28日より検討会での議論が始められた。そして、検討会での議論の内容も踏まえ、2017年3月28日には、「グリーンボンドガイドライン2017年版」が制定され、公表されている。日本版プロジェクト・ボンドの内容次第では「グリーンボンド」として取り扱うことが可能となる場合もあり得る。

注12) 本稿では太陽光発電事業に対するファイナンスを前提として解説を行うが、今後、風力やバイオマスなど太陽光以外のエネルギーを用いた発電事業に対するファイナンスや、発電事業以外のプロジェクトに対するファイナンスを、同種のスキームで実施することも検討されるべきであろう。

注13) 具体例としてはゴールドマン・サックス証券がアレンジャーとなって組成している「プロジェクトボンド信託」という名称が付されたスキームやバークレイズ証券がアレンジャーとなって組成している「再生可能エネルギープロジェクトボンド」という名称が付されたスキームなどが存在する。

注14) 理論的には法人形態のビークルを利用して社債を発行するスキームなど信託を用いない日本版プロジェクト・ボンドも想定し得るが、本節では後記(2)に記載する信託を用いたスキームを「日本版プロジェクト・ボンド」と呼ぶこととする。

第2節　信託を活用した日本版プロジェクト・ボンド

【図表10-2-1】　日本版プロジェクト・ボンドのスキーム例

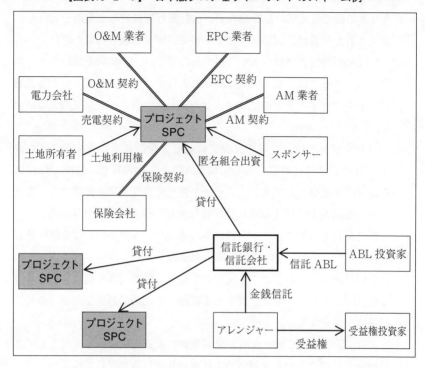

1】のようなものが考えられる。

① スキームの関係者から独立した者が社員や理事となって設立された一般社団法人を唯一の社員とし、当該社員の職務執行者もスキームの関係者から独立した者とするなど一定の倒産隔離[注15]が図られた合同会社[注16]（以下、「プロジェクトSPC」という）を太陽光発電事業の主体とする。プロジェクトSPCは、固定価格買取制度における設備認定を受けた上で、EPC契約、売電契約、AM契約、O&M契約、匿名組合契約などプロジェクトを実行するために必要となる契約を締結し、太陽光発電事業を営む[注17]。

注15）　倒産隔離の一般的な考え方については、西村あさひ法律事務所編・前掲注5）16頁以下参照。
注16）　株式会社が用いられることもあり得る。
注17）　太陽光発電事業のスキームや関連契約については、**第8章第2節2**を参照。

② アレンジャーは、信託銀行または信託会社（以下、「信託銀行等」という）との間で信託契約を締結の上、信託銀行等に対して金銭を信託し、信託された金銭は、信託財産として預金口座で管理される。
③ 信託銀行等は、プロジェクトSPCとの間でローン契約を締結する。スキームによっては、単一の信託勘定によって、異なるサイトで太陽光発電事業を運営する複数のプロジェクトSPCとの間でローン契約を締結する。
④ アレンジャーは、受益権投資家に対して受益権を販売する。また、ABL投資家は信託勘定に対して信託ABL[注18]を実行し、信託ABLによる貸付金を原資としてアレンジャーが保有する受益権を償還する。これらの受益権および信託ABLには、格付会社が信用格付を付与する。
⑤ 信託銀行等は③のローン契約に基づきプロジェクトSPCに金銭を貸し付ける[注19]。かかる貸付債権を被担保債権として、プロジェクトSPCの社員持分およびプロジェクトSPCが保有する発電設備や関連契約に基づく権利関係などの太陽光発電事業を継続するために必要な資産・権利に担保権を設定する。
⑥ プロジェクトSPCは、太陽光発電事業による売電収入を原資として③のローン契約に基づく元利金の支払を信託銀行等に対して行う。
⑦ 信託銀行等は、プロジェクトSPCから支払われた⑥の元利金を原資として、受益権の元本・配当、信託ABLの元利金の支払を行う。期中に③のローン契約について、貸付人としての判断が必要となった場合には、信託銀行等は、受益権投資家およびABL投資家の意思確認を行い、そ

注18) 「信託ABL」とは、信託財産のみを引当てとする信託勘定に対するAsset Backed Loanのことをいう。信託ABLの詳細については、西村あさひ法律事務所編・前掲注5) 247頁以下参照。
注19) 一般的なプロジェクト・ファイナンスと同様に、発電設備の建設中に貸付けが実行される場合と、発電設備が完工し、商業運転が開始した後に貸付けが実行される場合の両方があり得る（さらには、他の手法により太陽光発電事業の必要資金を調達していた場合に、そのリファイナンスの目的で日本版プロジェクト・ボンドのスキームを利用することも考えられる）。前者の場合、投資家は、太陽光発電事業の事業リスクだけでなく、発電設備が完成することについての完工リスクも負担することになる。

の意思に従って貸付人としての判断を行う。

日本版プロジェクト・ボンドは、信用格付の付与された受益権や信託ABLによって投資家から資金を調達するプロジェクト・ファイナンスのスキームである。日本版プロジェクト"ボンド"と呼ばれてはいるが、前記のスキームでは、法形式として債券発行を伴うわけではなく、受益権と信託ABL（貸付け）の形態によって資金調達が行われている[注20]。

2　スキームのメリット

日本版プロジェクト・ボンドのスキームによって太陽光発電事業に用いる資金を調達することについては、金融機関からの融資を受ける一般的なプロジェクト・ファイナンスと比べて、太陽光発電事業を営もうとする者（以下、「運営者」という）にとって次のようなメリットがあると考えられる。

(1)　資金の確保

日本版プロジェクト・ボンドのスキームを利用することにより、運営者に実際の資金ニーズが生じる前に投資家に資金を拠出してもらい、資金を信託内に留保した上で、太陽光発電事業のための資金ニーズが具体的に生じた時点（例えば、EPC契約に基づく代金の支払が必要となった時点）において、所定の貸付実行条件を満たす場合には、信託財産から貸付けを受けることが可能となる[注21]。このように、あらかじめ投資家の資金を確保しておくことが可能となるため、スキームの組成時以降、運営者に資金ニーズが生じるまでの間に、市場環境が変動したり、運営者等の関係者の信用状況が悪化したような場合であっても、スキーム設定時に定める貸付実行条件が満たされる限りは、運営者はあらかじめ定めておいた条件によって資金を調達することが可能となる[注22]。なお、スキームの設定時点から投資家の資金を拘束すること

注20）　信託社債を利用するなど債券を用いた日本版プロジェクト・ボンドのスキームが登場する可能性もあり得よう。

注21）　具体的な資金ニーズが生じる前からプロジェクトSPCに貸付けを実行しておいた上で、所定の条件が成就するまで貸付金の利用が制限される仕組みをとることも可能である。

になるため、運営者により実際に資金を利用することが可能となる時点よりも前から利息・配当の支払についての手当てが必要となることには留意を要する。

(2) 資金調達先の拡大

一般的なプロジェクト・ファイナンスでは、負債性の資金調達は借入れの形式によって行われるため、貸付けを実行できるような金融機関以外の投資家は参加が困難となっている。日本版プロジェクト・ボンドにおいては、投資家は、貸付け（信託ABL）のほか、受益権を購入することにより太陽光発電事業への投資を行うことが可能となっているため、業態として貸付けを行うことができない者も含めたより広い範囲の投資家を対象に、資金を募ることが可能となる[注23]。

また、機関投資家によっては、金融商品への投資の前提として信用格付けが付与されていることを必要とする場合もあり得る。日本版プロジェクト・ボンドにおける受益権・信託ABLには、格付会社から信用格付が付与されることが想定されており、この点からも投資家層が広がることになる。

さらに、日本版プロジェクト・ボンドのスキーム組成の場面においては、基本的にアレンジャーが主体となって運営者その他の関係当事者と調整の上、プロジェクトのリスク分析や、ファイナンスの条件・契約内容の決定のプロセスが進められることになる。そのため、投資家は、日本版プロジェクト・ボンドの受益権・信託ABLへの投資を行うことにより、直接、運営者その

注22) 所定の条件を満たさない限り、運営者（プロジェクトSPC）は資金を利用できず、条件が満たされないまま一定期間が経過した場合には、資金がそのまま投資家に返還される仕組みとすることにより、事前に資金を拠出する投資家にとっても、投資対象とする太陽光発電事業以外のリスクを回避することが可能となる。

注23) 近年、太陽光発電事業に対する銀行の与信総額が高まってきている一方で、2016年は太陽光発電の関連事業者の倒産件数が過去最多となるなど、太陽光発電事業の事業リスクも高まってきている状況にある。平成28事務年度金融行政方針では、預金取扱金融機関が海外向け貸出、外貨建て資産運用、長期債への投資および不動産向け与信を増加させる動きがみられることが言及されているが、今後、金融庁が太陽光発電事業に対する与信額の過度の増加についても注視するようになる可能性も否定できず、そのような場合には、預金取扱金融機関以外の投資家を対象とした資金調達の重要性が一層高まるものと予想される。

第2節　信託を活用した日本版プロジェクト・ボンド

他のスキームの関係当事者との交渉を行うことなく、太陽光発電事業への投資を行うことが可能となる。また、期中の債権管理についても、（投資家も意思決定のプロセスに参加することが必要となる場合があるものの）一義的には信託銀行等がプロジェクトSPCに対する債権の管理を行うことになるため、投資家は、関係当事者との折衝等の期中における債権管理事務の負担も軽減できることになる。このような観点から、日本版プロジェクト・ボンドのスキームにより、必ずしもプロジェクト・ファイナンスの案件組成や関係当事者との交渉を行うための十分な経験・能力を有しない投資家からも、太陽光発電事業のための資金を募ることが可能となる。

これらの日本版プロジェクト・ボンドの特徴は、投資家の側からみると投資機会の拡大に資するスキームであると評価することができる。

(3) キャッシュ・フロー、リスクの加工

日本版プロジェクト・ボンドのスキームにおいては、信託契約（および信託ABLに係るローン契約）の中でキャッシュ・フローや権利関係の調整を行うことが可能となるため、プロジェクトSPCが当事者となる太陽光発電事業関連の契約関係の調整を要することなく、（プロジェクトSPCから回収されるキャッシュ・フローの限度ではあるが）投資家のキャッシュ・フローやリスクを加工することが可能となる。そのため、相対的に投資家の個別のニーズに応じた金融商品を組成しやすく、このような観点からも資金調達先を拡大できる可能性が高まることになる。

また、単一のプロジェクトではなく、複数のプロジェクトを対象にスキームを組成し、異なるサイトで太陽光発電事業を運営する複数のプロジェクトSPCに対する貸付債権を包括して信託財産とする場合には、投資家はプロジェクトに対するリスクの分散を図ることが可能となる。さらに、ある時点においてあるサイトの太陽光発電事業からのキャッシュ・フローが不十分であっても、他のサイトの太陽光発電事業からのキャッシュ・フローから不足分を補う仕組みを設計することにより、投資家にとってより権利の保全が図られやすいスキームを組成することも可能となる。これらの観点からも、資金調達先の拡大につながったり、有利な条件での資金調達を受けやすくする

第10章　証券化の近時の展開

ことに資することになる。

3　スキーム組成時の検討事項

　次に、日本版プロジェクト・ボンドのようなスキームを組成する際に検討が必要となる特有の論点・課題のうち、主な項目を解説する。

(1)　関連契約の調整

　太陽光発電事業からのキャッシュ・フローを引当てとするファイナンスが信託勘定（信託銀行等）から実行されることに関連して、プロジェクトSPCが太陽光発電事業のために関係当事者と締結している契約に、ローンの元利金の弁済が優先的に行われるようプロジェクトSPCからの支払を制限すること、信託銀行等、格付会社や投資家への情報の開示を許容すること、円滑な担保実行を可能とすることなどの観点から必要となる規定を定めることが必要となる。特にファイナンス・スキームの組成前にプロジェクト関連契約が締結されている場合には、運営者が関係当事者と調整の上、契約変更の手続が必要となる。

(2)　キャッシュ・フローのミスマッチ

　前述の通り、プロジェクトSPCに対する貸付けに先立って投資家から資金を確保することが想定されるスキームの場合には、投資家が資金を拠出した時点から投資家の資金を拘束することになるため、その時点から投資家に対する利息・配当の支払が必要となる。もっとも、プロジェクトSPCに対する貸付けが実行されていない段階では、プロジェクトSPCからの利息を得ることができない。そこで、この場合の投資家への利息・配当の支払原資を誰からどのような仕組みで確保するかが、スキーム組成上の論点となる。この点、プロジェクトSPCに利息・配当の支払原資を補填させようとする場合には、利息制限法の適用関係について検討が求められるほか、税務等の観点にも留意が必要となる。

　また、スキームの期間中に太陽光発電事業から当初の想定通りの収益が得

られないような場合には、スケジュール通りに投資家に利息・配当や元本を支払うための資金が不足する可能性がある。スキームの組成に当たっては、このような事態が生じた場合に、プロジェクトSPCに対する貸付けの期限の利益を喪失させ、担保実行による回収（あるいは運営者の交代）を図るか、それとも、当初の運営を継続した上で、太陽光発電事業からの回収が改善することを期待して、一定期間、元利金の支払を繰り延べるか、といった点について、運営者のニーズ、事業の状況、商品性などの観点から検討することが必要となる。

(3) 複数のプロジェクトを対象とする場合の取扱い

前述の通り、スキームによっては、単一の信託勘定によって、異なるサイトで太陽光発電事業を運営する複数のプロジェクトSPCとの間でローン契約を締結することも想定される。このような場合、複数の太陽光発電事業からのキャッシュ・フローを受益権や信託ABLに関する支払の引当とすることにより、投資家は一定程度リスクの分散が図られた金融商品に投資をすることが可能となる。さらに、各プロジェクトSPCが相互に貸付けの元利金についての保証を行うことにより、特定のプロジェクトSPCによる太陽光発電事業が不振で予定されていた収益が得られない場合であっても、他のプロジェクトSPCによる太陽光発電事業の超過収益によって投資家への支払原資を補うことが可能となり、投資家にとって一層安定性が高い金融商品が組成できることになる。

他方で、各プロジェクトSPCによる太陽光発電事業の収益を他のプロジェクトSPCの貸付けの元利金の支払にも充当することは、運営者の経済条件にも影響する事項であり、運営者のニーズやファイナンスの条件なども踏まえて、複数のプロジェクトからのキャッシュ・フローをどこまで連関させて金融商品を組成するか、当事者間で調整が必要となる。

(4) 投資家の意思決定

日本版プロジェクト・ボンドのスキームにおいて、プロジェクトSPCが借入れを行うためのローン契約については、投資家から資金の拠出を受けた信

託銀行等が信託の受託者の立場で貸付人の地位に就くことになる。もっとも、信託銀行等は一種の「導管」であり、ローン契約に関して何らかの判断が必要となった場合、信託銀行等が自らの裁量で判断を行うのではなく、投資家の意思に沿って判断を行うことが一般的である。

　ここで、ファイナンス期間中、プロジェクトSPCが資産売却、債務負担などの太陽光発電事業やプロジェクトSPCの財産状況に重大な影響を与え得る一定の行為を行おうとする場合には、貸付人である信託銀行等の承諾を必要とすることがローン契約に定められる。そして、実際にプロジェクトSPCが対象となる行為をしようとする場合、信託銀行等は承諾の当否を自ら判断するのではなく、受益権・信託ABLによって投資を行っている投資家の意思を確認し、その意思に従って判断を行うことになる。また、ローン契約上、プロジェクトSPCに債務不履行が生じたことにより、期限の利益を喪失させたり、担保実行の当否・方法を判断する必要が生じた場合についても、信託銀行等は投資家の意思に従って判断を行うことになる。

　このように信託銀行等がローン契約に関する判断を行うことが必要となる場面では、投資家の意思を確認する必要が生じることになるが、スキームの組成に際して、投資家の意思結集の手続や投資家の意思を決定するための条件（多数決とするか、全員一致とするか。多数決とする場合には、決定に要する割合をどのようにするか）をあらかじめ定めておくことが必要となる。日本版プロジェクト・ボンドのスキームの性質上、受動的な投資家が資金を拠出していることも多いことが想定され、一般的なプロジェクト・ファイナンスにおける資金の出し手と比べて、各投資家に対する説明・連絡や各投資家の内部手続に時間を要する可能性も高いことも考慮して、こうした判断を必要とする場面を可及的に限定するとともに、かかる場合の具体的な手続・条件を決定すべきことになる。

　また、意思結集の手続に時間を要することから、貸付人としての判断を即時に行うことができず、太陽光発電事業の円滑な遂行を阻害することになる結果、貸付人がプロジェクトについての判断権を有することが投資家にとってかえって悪影響を引き起こす可能性も否定できない。そのため、客観的な事由の発生により個別の判断を要することなく自動的に効果が発生する仕組

みを通常のプロジェクト・ファイナンスの場合よりも多く取り入れたり、借入人（プロジェクトSPC。実質的にはAM業者）に裁量が認められる範囲を通常のプロジェクト・ファイナンスの場合よりも広くしたり、あるいは、一定の場面では投資家の代わりに第三者が判断を行う仕組みを取り入れることなどによって投資家の意思決定が必要となる場面を限定することが考えられる。

(5) 当事者の交代とバックアップの必要性

ファイナンス期間中に太陽光発電事業の関係当事者が破綻するなどして業務の継続が困難となると、代替の事業者に業務が引き継がれるまで太陽光発電事業の運営に支障を来すことになり、プロジェクトSPCによる貸付けの元利金の支払にも悪影響が生じることになる。このようなリスクを軽減する観点から、AM業者やO&M業者の事業の継続が困難となった場合に、円滑に他の事業者に業務の引継ぎを行うことができるよう、あらかじめバックアップの業者を選任する仕組みを取り入れることが考えられる。かかる仕組みの中では、AM業者やO&M業者について一定の信用事由が発生した場合には、バックアップ業者が業務の承継の準備を開始し、さらに実際にAM業者やO&M業者の業務運営が困難となった場合には、自動的にバックアップ業者がAM業者やO&M業者に代わってAM業務やO&A業務を開始することになる。

一般的なプロジェクト・ファイナンスにおいては、プロジェクトの関係当事者の一部に信用不安などが生じた時点で、貸付金融機関を含む関係当事者が話し合いを行ってスキームや当事者の変更を図ることも想定される。これに対して、日本版プロジェクト・ボンドにおいては、前述の通り、受動的な投資家が資金を拠出していることも多いと想定され、問題が発生した時点で円滑にスキームの変更を調整することが可能となるとは限らない。また、バックアップ業者に自動的に業務の承継が行われる仕組みが盛り込まれることにより、リスクが顕在化した場面での予測可能性が高まることから、信用格付の付与の観点からもバックアップ業者の選任が重要な要素となることもある。これらの事情から、特に太陽光発電事業を継続するための中心的な役割を担うAM業者とO&M業者について、バックアップ業者を選任することの要否も日本版プロジェクト・ボンドのスキームを組成する際の検討課題の1つとなる。

第10章　証券化の近時の展開

第3節[注24]
海外プロジェクト・ファイナンス債権の流動化

1　総論

　返済財源を特定のプロジェクト（事業）に係る収益、資産に限定した金融は、一般に「プロジェクト・ファイナンス」と呼ばれる[注25]。プロジェクト・ファイナンスは、近年日本でも注目を集めているファイナンス手法であるが、日本国外のプロジェクトに対するプロジェクト・ファイナンス（以下、「海外プロジェクト・ファイナンス」という）の主要なプレーヤーは、伝統的には欧米金融機関であった。しかし、2008年9月15日の米大手投資銀行の破綻を契機として発生した世界金融危機や2009年10月のギリシャの財政問題に端を発した欧州政府債務危機により、欧米の金融機関は、バランスシート強化を迫られ、海外プロジェクト・ファイナンス市場から退場または後退していった。一方、国内経済の低迷や利ざやの縮小といった厳しい収益環境の中で日本国外に収益機会を求めていたことなどを背景に、相対的に同市場での存在感を高めていったのが日本の金融機関であった[注26]。例えば、いわゆるメガバンク3行は、プロジェクト・ファイナンスの組成額・組成数の両面でシェアを伸ばしてきており、近年は組成額ベースで同市場でのシェアを15％にまで伸ばすに至っている（また、株式会社国際協力銀行〔JBIC〕も、2016年上半期には、公的金融機関による発展途上国向けプロジェクト・ファイナンス・ローンに関して、

注24）　本節の執筆に当たり、山本直人弁護士から有益な示唆を得た。
注25）　横井士郎編『プロジェクト・ファイナンス』（有斐閣、1985）2頁。なお、プロジェクト・ファイナンスの詳細については、**第8章**を参照。
注26）　例えば、株式会社三菱東京UFJ銀行は、2010年にThe Royal Bank of Scotland Group（RBS）のプロジェクト・ファイナンス部門の事業に属する資産を、2011年にその豪州インフラ関連事業を、それぞれ買収した（2012年11月15日付け株式会社三菱UFJフィナンシャル・グループおよび株式会社三菱東京UFJ銀行のプレスリリースおよび2012年12月19日付けThe Wall Street Journal電子版）。

第3節 海外プロジェクト・ファイナンス債権の流動化

与信額ベースで首位に立っている）[注27]。

　その一方で、近時日本の金融機関は、プロジェクト・ファイナンスをオフバランス化[注28]する必要に迫られており、その１つの方法として流動化[注29]が注目を集めている。もっとも、関係当事者がすべて日本国内に存在する一般的な債権の流動化とは異なり、海外プロジェクト・ファイナンスにおいては、債務者の設立準拠法が日本法以外の法律であることから、流動化の対象となる債権や当該債権に係る担保物権の準拠法も日本法以外であることが通常であり、それに伴って、海外プロジェクト・ファイナンスに係る債権（以下、「海外プロジェクト・ファイナンス債権」という）の流動化においては、国際私法上の検討を要する問題や、担保物権移転の問題等、通常の債権流動化とは異なる問題がある。本稿においては、前記のような特徴を有する海外プロジェクト・ファイナンス債権の流動化をめぐる法的問題点について概説する。

[注27] International Financing Reviewによれば、2016年上半期のリーグテーブルでは、メガバンク３行が組成額ベースでGlobal Top 5 for Loansの２位から４位までを占めている（Project Finance International July 13 2016〔http://www.pfie.com/Journals/2016/07/12/o/s/n/PFI-Financial-League-Tables-MidYear-2016.pdf〕）。

[注28] 金融機関が、プロジェクト・ファイナンスをオフバランス化する必要に迫られている１つの理由として、バーゼルⅢに基づく資本規制の観点から、リスク・アセットを削減し、当該規制上の資本を充実させることが含まれる。もっとも、後述の通り、プロジェクト・ファイナンスをオフバランス化することなく、当該ファイナンスに係るリスク・アセットを削減することが可能な手法もあり、金融機関のリスク・ウエイト削減の観点からは、必ずしもオフバランス化が必要となるものではない。

[注29] 本節でいう「流動化」とは、必ずしも対象資産の真正譲渡を前提とした典型的な「証券化」のみならず、後述するローン・パーティシペーションやリスク・パーティシペーションなど、対象資産の真正譲渡を前提としないものの、対象資産を資金化する、対象資産に係るリスクを投資家に移転するなどの効果を有する取引を広く意味する用語として用いている。これは、前述の通り、これらオフバランス化を伴わない手法によっても、バーゼルⅢに基づく資本規制上のリスク・アセットの削減効果を享受すること等、流動化の目的の一部を達成することが可能であることもあり、近年、真正譲渡を前提とする流動化で生じる問題を回避しつつ、金融機関の保有するプロジェクト・ファイナンスに係るリスクを移転し、リスク・アセットを削減する手法として、これらの手法が注目されていることに鑑みたものである。このようなオフバランス化を伴わない流動化手法を「シンセティック型流動化」と呼ぶこともある。

2 海外プロジェクト・ファイナンス債権の流動化の要請

(1) 海外プロジェクト・ファイナンス債権の特徴

　プロジェクト・ファイナンスは、多額の事業費を要する大規模プロジェクトを対象とし、対象プロジェクトが生み出すキャッシュ・フローに依拠したファイナンスであり、貸付人は、このキャッシュ・フローに対する優先権を確保するために対象プロジェクトの全資産（借入人が他のプロジェクト関係者との間で締結する契約も含む）を担保として徴求する。このような特性から、プロジェクト・ファイナンスは、通常、長期間にわたって需要が見込める確固とした市場等が存在し一定の精度でキャッシュ・フローを予測することが可能な資本集約型産業において用いられる。分野としては、北海の油田開発や豪州や途上国におけるガスその他の天然資源開発等の分野や、世界各国での電力IPP事業や運輸インフラ等の相応な規模での設備投資を要する公共インフラ整備の分野において民間資金を活用するために、用いられてきた。プロジェクト・ファイナンスにおいては、貸付人は、対象プロジェクトのキャッシュ・フローが当初想定した水準より悪化したとしても、スポンサー（借入人となるSPCに直接・間接に出資する事業者）に対しては、限定的な返済義務しか遡及できないのが通常である（いわゆるリミテッド・リコース）[注30]。したがって、貸付人は、与信前に、対象プロジェクトが抱えるリスクの内容・程度を技術面、財務面および法務面から精査し、プロジェクト・ファイナンスにおいて自らが負担するリスクが許容範囲内にとどまるよう、借入人、EPCコントラクターやオペレーター等の他の対象プロジェクトの関係者との間で交渉し、リスク分担を図る。その結果、プロジェクト・ファイナンスは、その組成には、コーポレート・ローンと比して長期間かつ多大な費用を要し、また、対象プロジェクトが属する分野に対する深い知見を要することになる。

注30）　スポンサーが当初合意された出資金額を超える追加の資金拠出や借入人の貸付人に対する元利均等の返済義務を一切負わない場合を「ノン・リコース・ファイナンス」というが、プロジェクト・ファイナンスの実務上、完全なノン・リコース・ファイナンスの事例はあまりみられない。

第3節　海外プロジェクト・ファイナンス債権の流動化

さらに、プロジェクト・ファイナンスにおいては、対象プロジェクトが、貸付人が依拠するキャッシュ・フローを生み出す体制となり（完工）、かつかかる体制が融資期間中維持されることが求められるところ、特に天然資源開発案件では当初想定されたスケジュールおよび費用の範囲内で完工できないリスクも相応に高く、また、完工後も融資完済まで長期間にわたることから、プロジェクト・ファイナンスにおける貸付人は、完工前後を通じて、借入人やスポンサーの詳細な貸出前提条件、表明保証、報告義務その他のコベナンツ、救済方法等の規定を通じて対象プロジェクトに対して深く関与し続けることになる。プロジェクト・ファイナンスは、これらの時間的・金銭的・人的負担を伴うことから、費用対効果の観点から、プロジェクト総額が1億米ドル以上や数十億米ドル規模の案件といった大型プロジェクトに馴染みやすい手法とされている[注31]。

　前述の通り、プロジェクト・ファイナンス債権は、基本的にテイラーメイドであり、また案件ごとの個性が強いため、リース料債権や住宅ローン債権など定型的で多数分散型の債権プールを対象とする証券化における裏付資産とは異なる特徴を有しているといえる。また、全資産担保を原則とするところ、日本国外で実施されるプロジェクト向けのプロジェクト・ファイナンスの場合は担保物件の大半が日本国外に所在することになり、その設定や期中管理にかかる費用的・人的コストが高いという特徴がある。さらに、前述の通り、通常のコーポレート・ローンと異なり、プロジェクト自体の期中管理についても貸付人の相応の関与が必要とされる。そのため、海外プロジェクト・ファイナンス債権を流動化する際には、前記の特徴、とりわけ貸付人側でもある程度能動的にプロジェクトに関与する必要があり、投資自体に相応のノウハウや専門性が要求されやすい点を踏まえたスキーム組成が必要となる[注32]。

注31）　加賀隆一編著『プロジェクトファイナンスの実務──プロジェクトの資金調達とリスク・コントロール』（金融財政事情研究会、2007）10頁。
注32）　また、流動化の裏付資産（海外プロジェクト・ファイナンス債権）の個別性が強く、その評価が難しいことから、実務上、流動化を行う際、裏付資産に対するより詳細なデュー・デリジェンスを求められることがあり、かかるデュー・デリジェンスのための情報開示の範囲・方法等を検討する必要が生じる。投資家側から、プロジェ

(2) 海外プロジェクト・ファイナンス債権流動化の背景

近年、メガバンクを中心とする日本の金融機関が海外プロジェクト・ファイナンス債権の保有残高を積み増すのと並行して、その流動化案件が増えてきている。その背景としては、以下の点が挙げられる。

(i) **海外プロジェクト・ファイナンス市場における資金需要の高まり**

資源価格の下落や経済の低迷等により短期的・地域的に需要が減退することはあるが、長期的・世界的には、天然資源開発やインフラ整備案件およびその資金需要は増加傾向にある。特に、東南アジアやアフリカ等の発展途上国におけるインフラ設備の新設はこれらの国の人口増加と経済発展に伴って成長分野と目されており、また、先進国においても既存インフラ設備の老朽化による更新需要が高まっている。OECDによれば、これらのインフラ設備の新設・更新のために2030年までに50兆米ドルが必要になると見込んでいる[注33]。

(ii) **海外プロジェクト・ファイナンス市場の従前のプレイヤーのアセット・コントロールの取組み**

前記(i)の通り、海外プロジェクト・ファイナンス市場における資金需要は高まっているが、その一方で、海外プロジェクト・ファイナンスの組成および管理には、高い専門性と豊富な経験、最先端の金融技術、海外ネットワーク等を要することから、海外プロジェクト・ファイナンスのローンは、上位25行で全組成金額の56％をカバー[注34]するなど、従前は限られた金融機関が主要な担い手となってきた。日本の金融機関では、国際協力銀行のほか、主として3メガバンクが海外プロジェクト・ファイナンスを手がけており、これらの金融機関の海外プロジェクト・ファイナンス市場におけるプレゼンスが近年高まっているのは前述の通りである。

もっとも、プロジェクト・ファイナンスでは、ファイナンス対象の事業規

クト関連情報だけでなく、原債権者が独自に保有する情報（当該プロジェクトの内部格付や、原債権者のプロジェクト・ファイナンスの組成手法等）の開示を求められる場合もあり、当該情報の開示範囲・方法につき慎重な検討が必要となる。

注33) OECD「Infrastructure to 2030」
注34) Thomson Reuters Global Project Finance Review（Full Year 2014）

第3節　海外プロジェクト・ファイナンス債権の流動化

模が大きく、かつ、事業が生み出す「製品」の価格に費用を転嫁して短期的に投資資金の回収を図ることが難しい場合が多いため、一般に、ローン返済期間は通常のコーポレート・ローンのそれより長い[注35]。しかし、バーゼルⅢ等の資本規制下において金融機関が流動性ストレス耐性の強化が求められる中、償還期間が長い債権の保有はリスク資産の増大につながる[注36]。また、海外プロジェクト・ファイナンス債権においては、貸出通貨が円貨以外の通貨となることが多いが（一般的には米ドルやユーロ建てのことが多い）、外貨の流動性リスクを管理する際には、バーゼルⅢの適用対象金融機関は、ストレス時においては、通貨をスワップすることが困難になるリスクや外国為替市場へのアクセスが急速に悪化するリスク、また突然の不利益な外国為替の変動が急激にミスマッチ・ポジションを拡大し適切な為替ヘッジの有効性が失われるリスクを考慮することが求められている[注37]。したがって、日本のメガバンクにとって、海外プロジェクト・ファイナンス債権の保有に伴う負担が大きくなってきており、超長期外貨貸出である海外プロジェクト・ファイナンス債権を流動化することで、資金をより短期の新規貸付けへ振り向け、

注35)　エドワード・イェスコム（佐々木仁監訳）『プロジェクトファイナンスの理論と実務〔第2版〕』（金融財政事情研究会、2014）36頁。

注36)　バーゼル銀行監督委員会は、世界金融危機において短期インターバンク市場での資金調達が著しく困難となった経験をも踏まえ、2008年6月17日に「健全な流動性リスク管理及びその監督のための諸原則」（原題は Principles for Sound Liquidity Risk Management and Supervision）を公表している。これらの原則を補完するため、バーゼルⅢにおいて、適用対象金融機関に30日間継続する強いストレスシナリオに耐え得るだけの高品質な流動資産の保有を求める「流動性カバレッジ比率（LCR：Liquidity Coverage Ratio)」が2015年1月1日から段階的に導入されており（2019年1月1日に完全実施予定)、適用対象金融機関に中長期的な資金調達を促すことを目的とした「安定調達比率（NSFR：Net Stable Funding Ratio)」も2018年1月1日に最低基準として導入される予定である。金融機関がこの基準をクリアするには、中長期的な貸出に見合うだけの安定的な資金調達を行う必要がある（みずほ情報総研ウェブサイト「バーゼルⅢ　流動性規制への対応──2015年LCR導入に向けて」フィナンシャルエンジニアリングレポート13号〔2013/03〕）(https://www.mizuho-ir.co.jp/publication/report/2013/fe13.html)、日本銀行「自己資本規制等」(https://www.boj.or.jp/finsys/intlact_fs/kisei/index.htm/)。

注37)　「バーゼルⅢ：流動性リスク計測、基準、モニタリングのための国際的枠組み」（原題はBasel Ⅲ：International framework for liquidity risk measurement, standards and monitoring〔2010年12月〕）32項。

同時に流動化に伴うフィー収入を得ようとする動きが生じてきている[注38]。

(iii) **海外プロジェクト・ファイナンス市場への新たな投資家の参画**

以上のような貸付人側の事情の変化に対し、投資家側の事情にも変化が生じている。国内における伝統資産（公社債など）による運用難により、地方銀行および機関投資家、特に生命保険会社、損害保険会社および年金基金等は海外投融資を活発化させるようになり、海外プロジェクト・ファイナンス債権への投資意欲も生じている。また、地方銀行は、伝統的に国内の限定された地域に密着した融資を行ってきたが、人口の減少や都市への移動もあり貸出先が減少しており、新たな収益機会を確保する必要に迫られている。加えて、日本国内では、1990年代に低金利政策や量的緩和政策が導入され、今日に至るまで長期間続けられており、その結果、銀行のみならず生命保険会社、損害保険会社や年金基金といった機関投資家は、国内での投資利回りの確保が難しくなっている。海外プロジェクト・ファイナンスは、15年や、場合によっては30年といった長期の融資であるため、特に長期間の投資を得意とする年金基金や生命・損害保険会社のような投資主体には向いているということができる。

もっとも、海外プロジェクト・ファイナンスには、高度の専門性やノウハウが必要とされる。日本の地方銀行や機関投資家には、海外プロジェクト・ファイナンスの実施国向けの与信枠を設定していない場合もあり、また、対象プロジェクトの事業リスクを精査しリスクをとる体制が十分には構築できていない場合も多い。

そこで、これらの投資家が海外プロジェクト・ファイナンス市場に参画する場合は、新規プロジェクトに対する海外プロジェクト・ファイナンスに係るローンの組成（シンジケーション）の段階から参加するのではなく、組成済の海外プロジェクト・ファイナンスに関して、その債権のセカンダリー取引に参画し、海外プロジェクト・ファイナンスに関するノウハウを積み上げるのが一般的である。また、その際、これらの投資家は、収用リスクや送金リスクといったカントリー・リスクの低い先進国におけるプロジェクト向け

注38) 「金融モニタリングレポート（2015年7月、金融庁）http://www.fsa.go.jp/news/27/20150703-2/01.pdf　22頁参照。

案件、新興国であってもすでに既存の国内取引先の海外進出に伴い与信枠を設定しているアジアにおけるプロジェクト向け案件で、対象プロジェクトが完工しており完工リスクを伴わない案件や、技術的な難易度が低く長期のオフテイク契約も締結されている電力IPP案件等を選好することが多い[注39]。

以上のような、貸付人側、投資家側双方のニーズが、海外プロジェクト・ファイナンス債権の流動化というかたちでマッチングされ始めていることが、近時、海外プロジェクト・ファイナンス債権の流動化が注目されている理由と思われる。

3 オフバランス化（流動化）の方法

海外プロジェクト・ファイナンス債権を流動化する場合、代表的な方法としては、①個別債権譲渡方式、②債権譲渡を伴わない方式および③信託方式に大別することができる。さらに、①は、取引の準拠法に応じて、指名債権譲渡方式、ノベーション方式およびアサインメント方式に、②は、ローン・パーティシペーション方式、リスク・パーティシペーション方式およびクレジット・デフォルト・スワップ方式に分けることができる（【図表10-3-1】参照）。これらは、そもそも当該取引を適用法令上有効に行えるか、どの当事者間で契約を要するか、当該取引後に原債権者と債務者とが引き続き関係を有するか、ローン債権に付随する担保権も移転させるためにどのような手続が必要か等により、それぞれ検討を要することになる。

(1) 個別債権譲渡方式

(i) 指名債権譲渡方式

まず、最も簡便な方法として、日本法上の指名債権譲渡により海外プロジェクト・ファイナンス債権を債権の同一性を変えることなく第三者に移転

注39）こうした投資家側の選好も踏まえて、海外プロジェクト・ファイナンス債権で構成されたポートフォリオを対象として流動化取引を実施する場合には、当該ポートフォリオに係る適格要件（例えば、完工の有無、地域、通貨、産業、格付ごとのエクスポージャーの割合等）を設定し、原債権者側と投資家側双方のニーズを調整することがある。

第10章　証券化の近時の展開

【図表10-3-1】　海外プロジェクト・ファイナンス債権の流動化の方法

		取引実行後の原債権者・債務者間の債権債務関係
①個別債権譲渡方式	指名債権*譲渡方式（日本法）	なし
	ノベーション方式、アサイメント方式	なし
②債権譲渡を伴わない方式	ローン・パーティシペーション方式	あり
	リスク・パーティシペーション方式	あり
	クレジット・デフォルト・スワップ方式	あり
③信託方式		なし

＊　指名債権とは、債権者が特定されている債権をいう。

することが考えられる。日本法上、同法に準拠する利息債権、保証債権、抵当権等の債権に従たる権利は債権の移転に随伴して譲受人に移転するため、債権の譲受人は貸付人兼担保権者となる[注40]。

(a)　準拠法

海外プロジェクト・ファイナンス債権は、プロジェクト・ファイナンスの手法が欧米の事業者、金融機関および弁護士によって生み出されその実績が積み上げられてきたという経緯から、実務上、英国法または米国ニューヨーク州法を準拠法とすることが一般的である[注41]が、日本法上、外国法に準拠するローン債権も、日本法を準拠法とする譲渡契約で譲渡することは可能である（法適用7条）[注42]。

日本の国際私法上、債権譲渡の債務者その他第三者に対する効力については、譲渡債権の準拠法によることとされている（法適用23条）。また、法定・

注40)　ただし、支分権たる利息債権について当事者間で別段の合意がなされた場合はこの限りでない。また、根抵当権は元本の確定前においては随伴性を有さず（民398条の7）、また、根保証および根質に随伴性が認められるかは必ずしも明らかではない。そのため、元本確定前の根担保権によって担保に入れた債権を譲渡する際には、担保権設定者から根担保権の移転および被担保債権の範囲の変更等について承諾を取得するのが通常である。

注41)　加賀・前掲注31) 162頁。

注42)　**第3章第2節4参照**。なお、法例の解釈について、ファイナンス法大全アップデート433頁参照。

第3節　海外プロジェクト・ファイナンス債権の流動化

約定担保物権はその目的物の所在地法によると解されている[注43]。海外プロジェクト・ファイナンス債権の貸付人は、対象プロジェクトに対するコントロールを維持するために対象プロジェクトに係る有体物・無体物、動産・不動産、流動資産・固定資産等に対して約定担保物権を設定するところ、対象プロジェクトを行うSPCの所在国（不動産等）、SPCが開設する銀行口座の所在国および当該SPCに対する出資者の所在国（SPCに対する出資持分）が主たる担保権の準拠法国となる。

(b) 対抗要件具備[注44]

日本の民法上、指名債権譲渡の債務者に対する対抗要件の具備は、債務者の承諾または譲渡人の債務者に対する通知とされており、第三者に対する対抗要件の具備については、債務者からの確定日付ある証書による承諾による必要がある（民467条）。日本の債権譲渡に係る実務上は、譲渡対象債権に対する債務者の抗弁を切断するため、債務者から確定日付のある証書による異議なき承諾を取得することが通常である。

日本法に基づく担保権には、元本確定前の根担保権を除き随伴性が認められているため、担保権設定者の承諾なく、ローン債権の譲渡に伴って担保権が移転することになる[注45]。しかし、海外プロジェクト・ファイナンス債権における担保権は、前述の通り目的物の所在地法が準拠法とされるため、日本法以外であることが通常であり、当該債権に係る担保権の移転およびその対抗要件も、当該所在地法に別段の定めがない限りは同法によることになると解される[注46]。そのため、海外プロジェクト・ファイナンス債権を被担保債権とする担保権を譲渡する際には、担保権設定者[注47]からの承諾を取得す

注43）　小出邦夫編著『逐条解説 法の適用に関する通則法〔増補版〕』（商事法務、2014）168頁。
注44）　詳細は**第3章第2節4**参照。
注45）　もっとも、日本法に基づき設定された担保権についても、担保契約上の担保権者としての地位まで含めて譲受人に移転させるのが通常であるため、実務上は、担保権設定者から承諾を取得する場合が通常だろう。
注46）　担保権の準拠法によっては随伴性が認められないこともあり得る。
注47）　担保権設定者が借入人以外の場合で、かつ、借入人が担保契約の当事者となる場合には、担保権設定者からの承諾に加えて、借入人からも承諾を取得するのが通常である。

るのが通常である[注48]。

(ii) **ノベーション方式・アサインメント方式**[注49]

前記(i)のように、日本法以外を準拠法とする海外プロジェクト・ファイナンス債権を日本法を準拠法とする債権譲渡契約によって第三者に譲渡することは可能である。しかし、当該債権に係る融資関連契約に当該債権の準拠法に基づく譲渡の方式が必要な書式と合わせてあらかじめ規定されている場合や、そうでなくとも譲渡当事者が譲渡対象債権と債権譲渡契約との準拠法や紛争解決条項と一貫性維持を望む場合もあり、そのような場合等には、日本の当事者間でも、譲渡対象債権の準拠法（多くの場合、英国法または米国ニューヨーク州法）に基づくノベーション（novation）またはアサインメント（assignment）の方法によることもある。

ノベーションは、日本法における更改（民513条1項）に相当し、既存契約に基づく債務を消滅させると同時に新たな当事者間の新たな契約により債務者が別の債務を負担する取引である。ノベーションが行われると、既存の貸付人はノベーションの対象となった海外プロジェクト・ファイナンス債権に係る融資契約関係から抜け、第三者が新たな貸付人として海外プロジェクト・ファイナンスに参加することになる。これに対して、アサインメントは、日本の債権譲渡に相当し、既存の契約関係は維持し、債権をその同一性を維持したままアサイナー（assignor）となる既存貸付人からアサイニー（assignee）となる新たな貸付人に移転する取引である。

ノベーションについては、既存契約に基づく債務の消滅に伴って既存担保権も消滅してしまう、または既存担保権の設定後ノベーションまでの間に設定された担保権に劣後するおそれがあるという問題点がある。もっとも、この点は、全貸付人のために全貸付人に代わって海外プロジェクト・ファイナンス債権に係る担保権を設定・管理するセキュリティ・トラスティ（担保権の準拠法上セキュリティ・トラストが認められている場合）やエージェント（その他の場合）を設定し、貸付債権の移転にかかわらず、担保権はセキュリティ・トラスティまたはセキュリティ・エージェントに対する債務を担保し

注48) なお、担保権移転の手続の詳細については、**第3章第2節4**参照。
注49) 詳細は**第3章第2節4**参照。

続けるという構成をとることにより回避可能である。しかし、ノベーションは、対象債権の債務者の同意を要するほか、新たな契約による方式であることから、ノベーションに近接して譲渡当事者または譲渡債権の債務者に倒産原因が生じた場合には、当該原因の生じた当事者の設立地の倒産法制によっては、倒産手続の中でノベーションによる債権および担保権の移転が否認され得るという問題もある。

　アサインメントは、対象債権に係る既存の契約関係を前提として当該債権の同一性を維持したままこれを移転する取引である。多くの法域において担保権には随伴性が認められているため[注50]、アサインメントにおいてはノベーションに関して生じる既存担保権の対抗力維持や否認の問題は生じない。しかし、実務上は、アサインメントについても、原則として債務者の同意が必要とされるのが通常である（もっとも、融資契約において、アサイニーとなる既存貸付人の関連会社や他の既存貸付人をアサイニーとする場合や、比較的少額の債権を対象とする場合には、債務者の事前承諾は要さず事前または事後の通知にとどめる場合もある）。また、アサインメントは、権利の移転手段にすぎず、義務（海外プロジェクト・ファイナンス・ローンにおいて典型的なのは、貸付人の貸付実行義務）の移転は伴わない。したがって、プロジェクト・ファイナンスにおいて、対象プロジェクト建設期間中に海外プロジェクト・ファイナンス債権を譲渡する場合には、譲渡当事者は、通常、譲渡人の貸付実行義務も譲受人に移転させることを企図しているため、譲受人に譲渡人の義務を承継させるアサンプション（assumption）という取引を組み合わせる（Assignment and Assumption Agreementを締結する）ことになる。

(iii) 個別債権譲渡の課題

　個別債権譲渡の場合、前記の通り基本的には債務者の承諾が必要となるが、海外プロジェクト・ファイナンスにおいては、貸付人は債務者のメインバンクであることも多く、債務者との関係維持の観点から実務上譲渡承諾取得が困難な場合もある。

　また、個別債権譲渡方式においては、譲受人は自らが貸付人兼担保権者と

注50）　ただし、担保権の準拠法によっては、譲受人に移転した担保権を新たに登記し直す必要がある場合も考えられるため、実際に要件を組成する際には注意が必要である。

なるため、譲り受けた債権（および一定の場合は貸付実行義務）に伴う与信管理は自らの負担と責任で行うことが求められる[注51]。海外プロジェクト・ファイナンス債権は、モニタリング・コストが大きいことから、対応可能な投資家が少なく、譲受人候補者が限られるという問題がある。さらに、外貨建てでローン債権を保有できる投資家は限られ、投資家側に円建てで投資をしたいニーズがある場合もある。

(2) ローン債権の譲渡を伴わない方式

(i) ローン・パーティシペーション方式[注52]・[注53]

ローン・パーティシペーション[注54]とは、ある金融機関が貸付人として借入人と融資契約を締結し、他の金融機関が貸付人との間のパーティシペーション契約に基づいて融資に参加する取引手法であり、参加金融機関は貸付債権から生ずる経済的な利益とリスクの移転を受けるのみで借入人との間で直接の契約関係に立たない形態のものをいう[注55]・[注56]。

ローン・パーティシペーションにおいては、まず、原債権者が、原貸付債権の参加利益を参加者に対して売却し、参加者は参加利益の対価を原債権者に対して支払う。かかる参加利益の売却により、原貸付債権の経済的な利益は原債権者から参加者に移転することとなるが、法的な貸付債権は原債権者

[注51] 海外プロジェクト・ファイナンス・ローンのようなシンジケート・ローンでは、一般に、貸付実行前提条件の充足や、債務者によるプロジェクトの進捗に関する報告およびプロジェクトに係る貸付人の事前承諾事項に対する専門家意見の聴取、期中の借入人口座や担保権の管理等は、ファシリティ・エージェント、セキュリティ・エージェント等のエージェントに委ねられるため、エージェント以外の貸付人の事務負担は相対的に軽いとはいえる。しかし、与信判断およびこれに伴う貸付人間の意思集結における意思表明等は、個別の貸付人の責任において判断することが求められる。
[注52] ローン・パーティシペーションについては、**第3章第2節4**も参照。
[注53] 「協調融資契約」といわれることもある（J・K「ローン・パーティシペーションの法的性格と信用リスク」金法1679号〔2003〕55頁）。
[注54] パーティシペーションとは、国際金融実務上は、一旦単独の貸出人が貸出を行い、その貸出債権を適宜分割して第三者に移転することを一般的にいう。
[注55] 野村美明「シンジケートローン基本判例研究」ジュリ1368号（2008）96頁。
[注56] その過程で銀行が貸出債権等を他の金融機関に分与することをパート・アウトという。

第3節　海外プロジェクト・ファイナンス債権の流動化

に残り、原債権者は、原貸付債権の債務者との関係では引き続き債権者であり続ける。そして、期中においては、参加者は原債権者に参加手数料を支払い、原債権者は、債務者から受領した元利金を参加者に支払う。前記の通り、ローン・パーティシペーションにおいては、投資家は原債権者との間のローン・パーティシペーション契約に基づく権利のみを有するため、投資家が（債務者のクレジット・リスクに加え）原債権者のクレジット・リスクを負担するという点に特徴があり、かかる点において、「譲渡人の信用力から切り離された裏付資産の信用力のみを引き当てとする金融商品」という意味での証券化商品とは異なる。

(ii)　**リスク・パーティシペーション方式**

　リスク・パーティシペーション方式は、当初は資金移動が起こらず[注57]、対象ローン債権のリスクのみを移転する契約[注58]である。原債権者および参加者はリスク・パーティシペーション契約を締結し、当該契約において、参加者はリスク負担の見返りとしてリスク参加手数料を受領するが、原貸付債権に元利金の支払遅延等の一定の事由[注59]が発生した場合には、参加者が原債権者に対し当該事由の発生に伴い生じた損失相当額を支払うことを合意する[注60]。ローン・パーティシペーション契約と比較すると、パーティシペー

注57)　クレジット・デフォルト・スワップ方式の場合と同様、参加者が、契約に基づく支払義務の履行を担保するために、契約に定められた原債権（ポートフォリオに係る劣後部分のリスク移転の場合には、当該劣後部分）に相当する現金または高格付債券等を、被参加者に担保提供することもある。なお、リスク・パーティシペーション方式を用いて流動化を行い、バーゼル規制上のリスク削減効果を得るためには、かかる規制上の要件（例えば、規制上有効と認められる適格な担保を提供すること等）を慎重に検討する必要がある。

注58)　海外プロジェクト・ファイナンス債権で構成されたポートフォリオを設定し、当該ポートフォリオに生じる損失リスクの一部（劣後部分等）を移転すること等、債権ポートフォリオに係るリスク移転の方式として利用することが可能である。

注59)　一定の事由としては、支払遅延のほか、債務者に対する破産手続等の開始等を規定することがある。

注60)　リスク・パーティシペーション方式の法的性質については、後述のクレジット・デフォルト・スワップ方式との相違とあわせて検討を要する。実務上、リスク・パーティシペーション方式は、「保証」に類似する契約と扱われることが多いようであるが、他方で、クレジット・デフォルト・スワップ方式は通常、金融派生商品（デリバティブ）として取り扱うことになると思われる。そうすると、各国の金融規制法（日本法であれば、金商法の適用の有無、リスク・アセット削減効果を得るため

ション契約締結時においてローン・パーティシペーションの場合には原債権者が原貸付債権相当額の資金を受領できるのに対し、リスク・パーティシペーションの場合は当該資金を受領できないという違いがある。すなわち、原債権者としては、債務者の不履行時に参加者がパーティシペーション契約通りに支払義務を履行できるかというリスクを負担することになる。したがって、原債権者は、原債権の債務者の債務不履行リスクから完全には遮断されないこととなる[注61]。

(iii) クレジット・デフォルト・スワップ方式

海外プロジェクト・ファイナンス債権の経済的利益とリスクを移転する方法として、クレジット・デフォルト・スワップを利用する方法もある。この場合、貸付人および債務者の債権債務関係はそのまま存続することになるが、債務者がデフォルトした場合には、そのリスクは投資家に移転され、投資家はその対価として、貸付人から手数料を受け取ることになる[注62]。クレジット・デフォルト・スワップは、債務不履行のリスクを負担する対価として手数料を支払うという点でリスク・パーティシペーション契約と経済的な特徴が類似している[注63]。クレジット・デフォルト・スワップにおいては、契約時には原貸付債権に相当する資金の支払はなされないが、原債権相当額の現金担保が投資家から原債権者に提供された場合には、ローン・パーティシペーションと経済的に近い特徴を有することになる。

の要件の相違等）および会計上の取扱い（時価評価の要否）に関し、実務上、無視できない違いが生じることになる。しかしながら、後述の通り、両者は、経済上の特徴が類似しており、両者の明確な区別が困難な場面があり得るため、案件を組成する上で、企図した通りの金融規制法の適用関係や会計上の取扱いとなるかについて慎重な検討を要する場合がある。

注61）　前述の通り、参加者から、契約に基づく支払債務を保全するために、適切な担保提供を受けることで、リスクを減少させることは可能である。
注62）　クレジット・デフォルト・スワップの詳細は**第12章**参照。
注63）　議論があるところであるが、リスク・パーティシペーション方式とクレジット・デフォルト・スワップ方式の整理については、クレジット・デリバティブと保証の違いを検討することになると思われる。前述の通り、金融規制法上はデリバティブと整理するか保証と整理するかで取扱いが異なることが多いためである。この点については、最終的に当該債権から生じた損害を超える金額を受領する可能性の有無、他者の保有する貸付債権に係るリスク移転の有無等の実態に鑑みて、慎重な検討が必要になろう。

(3) 信託方式

　前記(1)および(2)の方法とは異なる方法として、信託を用いて海外プロジェクト・ファイナンス債権の経済的利益とリスクを投資家に移転する方法もある[注64]。信託方式の場合には、まず、原債権者（オリジネーター）が原貸付債権を受託者に対し信託し、その引換えに受益権を取得し、（多くの場合には当該受益権をトランシェ分けした上で、）その受益権（のうちの優先受益権）を投資家に譲渡することとなる。信託方式の場合には、対象となる原債権が原債権者から法的に移転することになるため、前記(2)のローン債権の譲渡を伴わない方法と比べると、譲渡人の信用力から切り離された金融商品となり、幅広い投資家からの投資を受け入れ得るというメリットがある。また、信託方式においては、為替ヘッジを組み込むスキームとすることも比較的容易に可能であり、外貨建ての海外プロジェクト・ファイナンス債権を裏付けとしつつ、円建てで投資をしたいという投資家のニーズに応える商品設計とすることもでき、前記(1)の個別債権譲渡のデメリットを回避できる。

4　代表的なスキームの検討

(1) 信託方式

　信託方式の概要は、【図表10-3-2】の通りである。
　信託方式の基本的な仕組みは、リース料債権等を裏付資産とする一般的な証券化案件と同様である。もっとも、海外プロジェクト・ファイナンス債権については、譲渡禁止特約が付されていることも多いため、そのような場合には自己信託[注65]を利用することで、当該海外プロジェクト・ファイナンス債権を流動化できないかが検討されることもある[注66]。

注64)　詳細は後記4(1)参照。
注65)　信託法3条3号に定める方法により設定される信託をいう。
注66)　後述の通り、譲渡禁止特約と自己信託の関係については議論があるが、自己信託の設定が原債権に関する契約上の譲渡禁止特約に反しないと解釈できる場合には、通常の信託では流動化できない海外プロジェクト・ファイナンス債権であっても、自己信託を利用することで流動化することが可能となり得る。

第10章　証券化の近時の展開

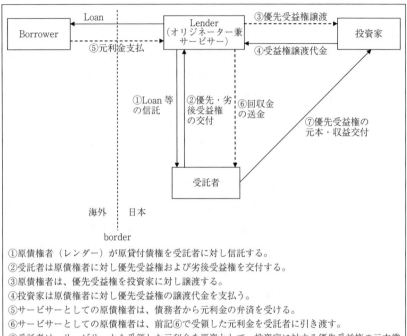

【図表10-3-2】　信託方式の概要

①原債権者（レンダー）が原貸付債権を受託者に対し信託する。
②受託者は原債権者に対し優先受益権および劣後受益権を交付する。
③原債権者は、優先受益権を投資家に対し譲渡する。
④投資家は原債権者に対し優先受益権の譲渡代金を支払う。
⑤サービサーとしての原債権者は、債務者から元利金の弁済を受ける。
⑥サービサーとしての原債権者は、前記⑥で受領した元利金を受託者に引き渡す。
⑦受託者は、サービサーから受領した元利金を原資として、投資家に対する優先受益権の元本償還・信託配当を行う。

　海外プロジェクト・ファイナンス債権を信託方式で流動化する場合には、国際私法上の論点を含めた多数の論点について検討することが必要となる。以下では、実務上問題となることの多い主な論点について概説する。

（ⅰ）　債権譲渡・担保権移転上の問題
　信託方式の場合、原債権者から受託者に対する原債権の譲渡は真正譲渡となるため、債権譲渡の対抗要件具備および担保権の移転の手続が必要となる。この点、海外プロジェクト・ファイナンス債権においては、譲渡対象となる債権および当該債権を被担保債権とする担保権の準拠法が、いずれも日本法以外であることも多いため、債権譲渡の対抗要件具備および担保権の移転の手続について、日本法を準拠法とする債権・担保権の移転等とは異なる手続

第3節　海外プロジェクト・ファイナンス債権の流動化

が必要となる場合が多い[注67]。

　また、特に自己信託の場合には、自己信託の設定が譲渡対象となる債権に係る契約上の譲渡禁止特約に抵触するか問題となり得る。

　この点、自己信託と日本法上の譲渡禁止特約の関係については、自己信託の設定が譲渡禁止特約の実質的な趣旨を害さないこと等の理由により、譲渡禁止特約には違反しないと考えられる場合も多いと思われる[注68]。

　これに対して、海外プロジェクト・ファイナンス債権について自己信託を設定する場合には、問題となる譲渡禁止特約を定める原契約の準拠法が日本法以外となることも多いが、当該準拠法における譲渡禁止特約の解釈として、禁止対象となる行為が日本法上の「譲渡」よりも広く解釈されることもあり得ると思われ、日本法の譲渡禁止特約と自己信託の設定との関係に関する議論の全部または一部が妥当しない可能性がある。したがって、譲渡禁止特約が規定された原契約の準拠法が日本法以外の法律である場合には、譲渡禁止特約との関係について、原契約の準拠法に関する慎重な検討を要することになろう。

　(ⅱ)　**信託の準拠法の問題**

　次に、外国法準拠の海外プロジェクト・ファイナンス債権を信託する場合には、日本法を準拠法とする信託契約が有効かについて、信託の準拠法との関係で検討が必要となる。

　この点、法の適用に関する通則法（以下、「通則法」という）の制定過程においては、信託の準拠法に関する明文の規定を設けることも検討されたが、最終的には明文の規定を設けることなく解釈に委ねるものとされた[注69]。

　そこで、信託の準拠法に関する解釈論の状況についてみてみると、信託の準拠法決定に関しては、大きく分けて2つの立場があるとされる[注70]。1つは、「信託」という独自の単位法律関係を設定し、信託の準拠法を決定する立場であり、もう1つは、「信託」という独自の単位法律関係を設定せずに、信

注67)　詳細は**第3章第2節4**参照。
注68)　詳細は**第11章第2節3**参照。
注69)　小出編著・前掲注43）417頁。
注70)　櫻田嘉章＝道垣内正人編『注釈国際私法(1)』（有斐閣、2011）348頁〔神前禎〕。

託をめぐって生じる法的問題を、通則法が規定している単位法律関係のいずれかに包摂させ、既存の抵触規則を用いて準拠法を決定する立場である。後者の立場は、具体的には、信託の設定、信託設定行為の方式、信託関係人（委託者、受託者、受益者等）に関する事項、信託財産に関する事項、受益権に関する事項等の事項ごとに、通則法が規定している単位法律関係のいずれに包摂されるかを検討した上で、個々の事項ごとに準拠法を決定することになる。この点については、確立した判例等は存在していないものの、実務上は後者の立場が有力であるため、以下において個々の事項ごとに検討する[注71]。

(a) 信託の設定

信託は、原則として信託行為という法律行為によって設定されるものであるため、通則法7条以下の規定により、信託行為の成立および効力[注72]については、信託行為の当事者[注73]が選択した法等が適用されると考えられる[注74]。

したがって、信託証書において日本法が準拠法とされている場合には、当該信託証書に基づく信託行為の成立および効力については日本法が適用され

注71) 後者の立場を前提に信託の準拠法を検討する場合には、信託をめぐる個々の事項ごとに準拠法を決定する作業が必要となるため、「信託が全体として有効か」というかたちで議論するのではなく、「信託証書に規定される条項のうち、当該条項が規律する事項毎に準拠法を決定し、当該準拠法に照らして、当該条項が有効か」を検討することが必要になる。

注72) ここでいう「信託行為の成立及び効力」には、信託宣言（委託者と受託者が同一となる信託であり、日本では講学上「自己信託」と呼ばれるもの〔信託3条3号〕）を認めるかという問題も含まれる。そのため、信託宣言を許容していない法域の法律が信託行為の成立および効力の準拠法となる場合には、自己信託の設定はできないことになると考えられる。

注73) ここでいう「信託行為の当事者」（準拠法を選択し得る当事者）の意義についても議論があるところであり、準拠法を選択し得る当事者とは委託者を意味するという立場と委託者と受託者の双方を意味するという立場とが考えられる（法例研究会『法例の見直しに関する諸問題(4)』〔別冊NBL 89号〕』〔2004〕40頁）。この点は、信託の基本的構造に関する理解も踏まえて議論がなされるべきであるが、自己信託においては、委託者と受託者が同一であり、いずれの立場に立ったとしても、委託者兼受託者が準拠法を選択し得ることには議論がないものと考えられるため、ここではかかる議論の詳細には立ち入らないものとする。

注74) 櫻田＝道垣内・前掲注70) 350頁［神前禎］。

ると思われる。

(b) **信託設定行為の方式**

信託設定行為の方式とは、信託設定行為の形式的成立要件であり、信託行為が有効に成立するために必要とされる外部的形式としての意思表示の表現方法をいう。具体的には、信託設定行為の成立のための書面の要否、公の機関の証明の要否、承認の立会いの要否、届出の要否などである。

通則法には、信託設定行為を含む法律行為の方式に関する明文の規定があり（法適用10条）、同条１項によれば、法律行為の方式の準拠法は法律行為の成立の準拠法によることになる。

前記(a)の通り、信託証書において日本法が準拠法とされている場合、信託行為の成立の準拠法が日本法となるため、信託設定行為の方式に関する準拠法も日本法となる。したがって、原契約の準拠法が日本法以外の法律であったとしても、そのことが信託設定行為の方式に影響を及ぼすことはないと考えられる。

(c) **信託関係人（委託者、受託者、受益者等）に関する事項**

信託関係人に関する事項とは、委託者、受託者、受益者等の信託関係人が、それぞれいかなる権限を有し義務を負うか、という問題である。この点については、信託設定行為という法律行為の行為の問題として、信託行為の成立の準拠法によることになると考えられる。ただし、受益権については、権利の客体である財産権（信託財産）の準拠法との関係が問題となるため、後記(e)で検討する。

前記(b)の通り、信託行為の成立の準拠法が日本法となる場合、信託設定行為の方式に関する準拠法も日本法となる。したがって、原契約の準拠法が日本法以外の法律であったとしても、そのことが信託の信託関係人に関する事項（ただし、受益権を除く）に影響を及ぼすことはないと考えられる。

(d) **信託財産に関する事項**

前記(c)の通り、信託関係人間の権利義務関係については、信託行為の成立に関する準拠法が広く適用されると考えられるが、信託財産については、信託の成立に関する準拠法と信託財産の準拠法との適用関係を検討する必要がある。この点については、判例上も学説上も議論が未成熟であるため、以下

では、実務上有力と考えられている見解を前提に、かつ、実務上ある程度議論がなされている若干の論点について、概説する。

　(ア)　信託の対象とすることのできる財産

　信託の対象とすることのできる財産については、信託制度と密接に関連する問題であることから、信託行為の成立に関する準拠法によるべき問題と考えられる。もっとも、その前提として、ある財産権が譲渡や処分の対象となるか否かについては、当該財産権の属性の問題であり、当該財産権の準拠法によって判断すべきと考えられる。

　前記(a)の通り、信託証書に基づく信託行為の成立の準拠法が日本法となる場合、信託対象債権を信託の対象とすることができるか否かについては、日本法に基づき判断されることになる。そのため、この点については、原契約の準拠法が日本法以外の法律であったとしても影響はないと考えられる。しかし、そもそも信託対象債権について自己信託の設定ができるかという点については、信託対象債権の準拠法、すなわち原契約の準拠法によることになるため、原契約の準拠法が日本法以外の法律であることにより、信託対象債権について自己信託の設定ができるかについて影響があり得ることになる。例えば、原契約の準拠法において、債権については、自己信託の設定も含めて、およそいかなる処分を行うにも債務者の承諾が必要とされている場合には、債務者の承諾なく、信託の設定を行うことができないことになろう。

　(イ)　信託財産の独立性

　信託財産に受託者の固有財産からの独立性が認められるかという点については、各国の信託において広く認められているとされている。しかしながら、信託行為の成立に関する準拠法と信託財産の準拠法とが異なる場合には、そのような財産に関しても信託財産の独立性が認められるかが問題となる。この点については、学説上も見解が分かれているが、第三者の保護の観点から、信託財産の独立性が認められるかは、当該信託財産の準拠法によるべきであると思われる[注75]。

　当該解釈によれば、信託財産の独立性が認められるかは原契約の準拠法によることになるが、原契約の準拠法において、信託という制度自体が認めら

注75)　櫻田＝道垣内・前掲注70)　356頁［神前禎］。

れていない場合や信託という制度は存在するものの信託財産に独立性が認められていないような場合には、信託財産の独立性が認められないことになる。したがって、信託財産について独立性が認められるかについては、原契約の準拠法が日本法以外の法律であることにより影響があり得ることになる。

(e) **受益権に関する事項**

信託によっていかなる者が受益者とされるか、受益者にいかなる内容の権利が認められるかについては、前記(c)の通り信託関係人に関する事項の問題であり、信託行為の成立に関する準拠法によることになると考えられる。他方で、受益権の処分可能性や譲渡に関する手続、対抗要件具備方法などについては、受益権が信託財産に対する権利という性質も有しているため、信託財産の準拠法によるべきか、信託行為の成立の準拠法によるべきかが問題となる。

この点、受益権の処分とは経済的には信託財産の処分と同等と評価できる場合もあることから、信託財産の準拠法によるべきと考えることもできるものと思われるが、信託の対象となる財産権の準拠法が単一であるとは限らないところ、受益権自体の準拠法は信託財産の構成等にかかわらず、同一の法によって決定されるべきであることから、信託行為の成立に関する準拠法によると解釈するべきであると思われる[注76]。

かかる見解によれば、原契約の準拠法が日本法以外の法律であったとしても、そのことが受益権に関する事項に影響を及ぼすことはないと考えられる。

(iii) **Voting Rightの取扱い**

海外プロジェクト・ファイナンス案件は、多くの場合、シンジケート・ローンの形態をとっており、案件に関する重要事項については、貸付人間の意思結集（voting procedure）によって決せられる。

この点、真正譲渡を前提とするストラクチャーを採用した場合には、対象となる債権のコントロールとリスクが譲受人（投資家）に移転されることが企図されるため、原則として、債権譲渡を受けた投資家がVoting Rightを有することとなる。そのため、真正譲渡を前提とするストラクチャーにおいて、オリジネーターが対象債権の譲渡後も引き続きVoting Rightを保有すると構

注76）　櫻田＝道垣内・前掲注70）358頁［神前禎］。

成した場合には、対象債権に関するコントロールが譲受人に移転していないとして、真正譲渡性に疑義が生じる可能性がある。

　また、Voting Rightの対象となる事項には担保実行を行うか否かも含まれ得るところ、仮にオリジネーターが投資家から委託を受けてVoting Rightsの行使を行うとすると、当該委託行為が弁護士法・サービサー法に違反するのではないかという点も問題になり得る。

　そのため、対象債権の真正譲渡を前提とするスキームの場合には、基本的にはVoting Rightsの行使は投資家が行い、オリジネーターの関与は一定の事務受託等、弁護士法・サービサー法上も問題ない範囲に限定することが必要になると考えられる。

(iv) 為替ヘッジ

　前述の通り、海外プロジェクト・ファイナンス債権は日本円以外の通貨建てであることが一般的である。そのため、投資家側に円建ての投資の要望がある場合には、スキームの中で為替ヘッジをする必要がある。信託方式においては、信託勘定が為替ヘッジを行うことで、債務者は当初の合意に従った外貨建ての支払を行えば足りるとしつつ、投資家に交付される信託元本・収益配当は円建てとすることが可能となる。

　為替ヘッジの具体的な方法としては、通貨スワップでローン償還までの全期間の為替リスクをヘッジすることも考えられるが、為替予約をそのつど更新していくことでヘッジ・コストを抑えることも検討に値する。

(2) ローン・パーティシペーション方式

　ローン・パーティシペーション方式の概要は、【図表10-3-3】の通りである。

　海外プロジェクト・ファイナンス債権をローン・パーティシペーション方式で流動化する場合には、原債権の移転を伴わない点で、信託方式の場合と比較すると、検討すべき論点が少ないことが通常である。しかしながら、ローン・パーティシペーション方式特有の問題も存在するため、以下では、実務上問題となり得る論点について概説する。

(i) 準拠法の問題

　外国法準拠のローン債権を、日本法準拠のローン・パーティシペーション

第3節　海外プロジェクト・ファイナンス債権の流動化

【図表10-3-3】　ローン・パーティシペーション方式の概要

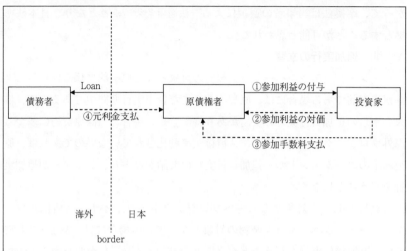

① 原債権者と投資家が、ローン・パーティシペーション契約を締結し、原債権者が投資家に参加利益を付与する。
② 投資家は原債権者に対し、参加利益の対価（融資資金相当額）を支払う。
③ 期中において、投資家は原債権者に対し、参加手数料を支払う。
④ 原債権者は、債務者から元利金を受領することを条件として、投資家に対して当該元利金を支払う。

契約の対象契約とすることの有効性については、現状確立した見解はない。しかし、ローン・パーティシペーションの法的性質については、少なくとも日本法[注77]の下では、契約自由の原則の下、「参加利益」を移転する無名契

注77）　Participationの法的構成については、英米法においても統一的な解釈は確立されていない。具体的には、①lead lenderからparticipantへの原貸付債権の売買とみる売買説、②lead lenderとparticipantによる原貸付債権に対する共同事業とみるパートナーシップ説、③lead lenderが受託者として原貸付契約をparticipantのために運用するものとみる信託説、④lead lenderがparticipantのために代理人として原貸付債権の元利金を収受する権利を行使するものとみる代理説、⑤lead lenderのparticipantに対する債権譲渡とみる債権譲渡説、⑥participantがlead lenderに原貸付債権を担保に条件付返還請求権を有する一種の預託金を行うものとみる預託金説等がある。法的構成は具体的な契約内容にもよるが、米国（ニューヨーク州）では①、英国では⑥との解釈に基づき契約するのが主流のようである（山岸晃「金融機関の貸出債権にかかるローン・パーティシペーションの取扱い」金法1423号〔1995〕34頁）。

約であり、債権譲渡とは異なるものであると解釈されている[注78]・[注79]。したがって、準拠法は当事者の選択による（法適用7条）こととなり、日本法準拠とすることが可能と思われる。

(ii) **追加実行の立替**

ローン・パーティシペーション契約の対象となる原契約に係るプロジェクトが完工前である場合には、原契約上もまだ貸出実行期間中であるため、借入人からの追加貸付実行の要請があり得る。この場合、当該原契約に基づく海外プロジェクト・ファイナンス債権が流動化されていないのであれば、原契約上のエージェントから追加貸付実行の要請がなされ、レンダーが追加実行を行うことになる。

これに対して、対象となる海外プロジェクト・ファイナンス債権がローン・パーティシペーション契約の対象となっている場合には、参加者（投資家）が追加貸付実行を行うことが必要となり得る[注80]。しかしながら、①投資家がそのような追加貸付実行の手続に不慣れな場合や、原契約における「Business Days」が日本における休日を考慮していないことにより、日本の

注78) 山岸・前掲注77) 34頁。
注79) ローン・パーティシペーションに関する裁判例として、東京地判平成12・8・31判タ1108号210頁がある。この事案は、ゴルフ場経営会社（以下、「債務者」という）に対する貸付けについて、被告（以下、「参加債権者」という）が原告（以下、「主債権者」という）から資金の拠出を受け、債務者との関係では主債権者のみが債権者となり、債権の管理、保全、回収等は被告が担当するという協調融資契約が締結されていたところ、主債権者が債務者の所有不動産に対する根抵当権に基づき不動産競売を申し立て、主債権者の子会社に競落代金を貸し付けて競落させ、子会社の納付した競落から配当を受領したが、配当を受領しても債務者からの回収に当たらないとして参加債権者への支払を拒んだことにより訴訟となった事案である。この事案では、主債権者からその子会社が融資を受けてローン債務者の所有不動産を競落したことにより主債権者が受領した配当が、参加債権者に分配されるべきローンの「回収」に該当するかが争点となり、裁判所は、当該配当は参加債権者に分配されるべきローンの「回収」に該当すると判示した。もっとも、当該判決においては、参加人および被参加人の間の金銭消費貸借契約と構成して請求が認容されたようであるが、法的性質について直接の判断はなされていない。
注80) これに対し、信託方式の場合には、証券化商品としての性質上、既存の投資家が追加貸付実行の原資を拠出することは想定しにくいと思われる。そのため、完工前のプロジェクトを対象とした海外プロジェクト・ファイナンス債権については、信託方式による証券化にはなじみにくい面があると思われる。

投資家に与えられた猶予が短くなってしまう場合などにおいて、投資家からの追加貸付金の受領に時間を要し、投資家からの資金が追加貸付実行の期限に間に合わない事態が懸念されることもある。そのような事態に備えて、原債権者と参加者（投資家）の間で、一定の期間について原債権者が立替払を行う旨を合意し、現債権者から一旦債務者へ追加貸付実行を行った上、追加貸付実行相当額を現債権者が投資家から受領するという立替払のアレンジをすることも考えられる。

(3) シンセティック型流動化方式

シンセティック型流動化方式の概要は、【図表10-3-4】の通りである。

シンセティック型流動化方式の基本的な仕組みは信託方式と類似しているが、信託契約に基づき流動化の対象となる海外プロジェクト・ファイナンス債権を受託者に信託（譲渡）する代わりに、海外プロジェクト・ファイナンス債権を参照債権とするリスク移転契約を利用する点が異なる。シンセティック型流動化方式においては、原債権者（レンダー）は、リスク移転契約に規定された参照債権に相当する金額[注81]を受託者に金銭信託する。シンセティック型流動化方式は、経済的には、参照債権[注82]に係る信用リスクを補完することに対して投資家がリスク・プレミアムを受領する流動化商品[注83]であるといえる。原債権者と投資家が、リスク移転契約を直接締結するわけではなく、受益権の元本（金銭）が信託勘定にて保持されるため、原債権者の倒産手続において、当該金銭が原債権者の倒産手続に服することとなるリスクを避けることも可能となる。

シンセティック型流動化方式は、リスク移転契約上で原債権を参照するに

注81）複数の債権でポートフォリオを組む場合、契約上、当該ポートフォリオの劣後部分を設定し、当該劣後部分に相当する金額を信託することになる。

注82）ポートフォリオに対して劣後部分を設定する場合は、当該劣後部分。

注83）個別性の強い海外プロジェクト・ファイナンス債権が裏付資産ではあるものの、通常の債権譲渡方式およびローン・パーティシペーション方式による投資家への移転や、保険の購入と比較すると、ポートフォリオを組むことで流動化のコストが安くなる傾向がある。また、原債権者が金融機関である場合、バーゼルⅢの資本規制上の要件を満たすことで、プロジェクト・ファイナンスに係るリスクアセットを削減することが可能となる。

第10章　証券化の近時の展開

【図表10-3-4】　シンセティック型流動化方式の概要

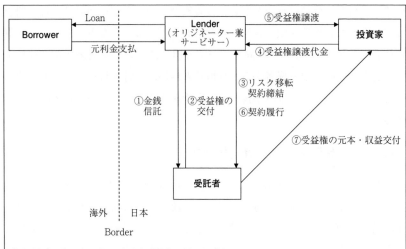

① 原債権者（レンダー）が金銭を受託者に対し信託する。
② 受託者は原債権者に対し受益権を交付する。
③ 原債権者は、受託者との間で、リスク・パーティシペーション契約またはクレジット・デフォルト・スワップ契約（以下、「リスク移転契約」という）を締結する。
④ 原債権者は、受益権を投資家に対し譲渡する。
⑤ 投資家は原債権者に対し受益権の譲渡代金を支払う。
⑥ 原債権者は、リスク移転契約に従い、受託者にリスク移転プレミアムを支払う。リスク移転契約に規定する信用事由が生じた場合、原債権者は、受託者に信託された金銭から当該信用事由に係る支払を受ける。
⑦ 受託者は、受領したリスク移転プレミアムおよび取り崩されずに残った金銭を原資として、投資家に対する受益権の元本償還・信託配当を行う。

とどまり、当該原債権の移転を伴わない点で、ローン・パーティシペーション方式と同様に、検討すべき論点が少ないことが通常である。また、準拠法の問題についても、ローン・パーティシペーション方式と同様に、債権譲渡とは異なるものと整理し、日本法準拠とすることが可能と考えられる。

　Voting Right の取扱いについては、若干の検討を要する。リスク移転契約の締結後も原債権者が債権をコントロールする場合、債権のコントロールと当該債権に係るリスクが分離された状態[注84]となるため、原債権者のモラ

注84）　投資家の負担するリスクが、原債権者の債権管理に依存するため、案件を組成する際のデュー・デリジェンスにおいて、前述した原債権者のプロジェクト・ファイナ

第3節　海外プロジェクト・ファイナンス債権の流動化

ル・ハザードの問題が生じ得る。特に、リスクが顕在化した場合、本来、当該リスクの顕在化に伴う損害の最小化に努めるはずの原債権者が、投資家へのリスク移転を前提に、係る努力を怠る可能性もある。この点に対応するため、実務上、参照債権に係るリスクの一部を原債権者が保持し続ける建付け[注85]を検討することになると思われる。

　　　ンスの組成手法等の開示に加えて、投資家から、原債権者の海外プロジェクト・ファイナンス債権の管理手法等について、詳細な情報開示を求められることがあり、当該情報の開示範囲・方法につき慎重な検討が必要となる。
注85)　欧米において、リスク・リテンション（risk retention）と呼ばれる。

第10章 証券化の近時の展開

第4節
カバードボンド

1　カバードボンドとは

　カバードボンドとは、一般的には、主として金融機関等の発行会社に対して遡求が可能であり、かつ、発行会社の信用から隔離された一定の資産（住宅ローン債権や公的部門向け貸付債権などの信用力の高い資産であることが多く、一般に「カバープール」と呼ばれる）によって担保された債券のことをいう。カバードボンドは、欧州（特に、ドイツ、フランス、スペイン、イタリア、デンマーク、英国など）の金融機関を中心に広く発行されており、2015年末時点での発行残高は約2兆5000億ユーロ、2015年の発行額は約5000億ユーロといわれている[注86]。近年では、欧州以外の地域でも発行例も増えており、オーストラリア、カナダ、ニュージーランド、韓国などでも発行されている[注87]。
　これに対し、日本においては、2008年に邦銀が後述のストラクチャード・カバードボンドの発行を企図して有価証券届出書を提出した事例があるものの[注88]、それ以外には（少なくとも公募のかたちでは）カバードボンドの発行

[注86]　カバードボンドの発行状況等については、European Covered Bond Council（ECBC）が毎年発行しているFact Bookに詳しく記載されている。前記統計は、2016 ECBC European Covered Bond Fact Book（以下、「ECBC FB」という）552頁による。また、日本において、諸外国におけるカバードボンド法制に関する分析を行っているものとして、カバードボンド検討会「カバードボンドに関する欧米事例と我が国における導入可能性の検討」（2009）、カバード・ボンド研究会「カバード・ボンド研究会とりまとめ（わが国へのカバード・ボンド導入へ向けた実務者の認識の整理と課題の抽出）」〔2011。以下、「研究会報告」という〕、日本政策投資銀行「カバードボンドの発行に向けた検討報告（「カバード・ボンド研究会とりまとめ」フォローアップ）」（2013。以下、「研究会報告（フォローアップ）」という）などがある。
[注87]　ECBC FB 553頁。
[注88]　最終的には、マーケット環境等を理由に発行には至っていないようである。

例は見当たらない。

本節では、諸外国で発行されているカバードボンドについて概観した上で、日本におけるカバードボンド発行の可能性について検討する。

2 カバードボンドの概要

(1) カバードボンドの特徴——他の資金調達方法との比較

伝統的なコーポレート・ファイナンスや、一般的な証券化との対比でのカバードボンドの特徴は、発行会社と発行会社から隔離されたカバープールの双方の信用を引当てにできる点（デュアル・リコース性と呼ばれる）にあるとされる。すなわち、伝統的なコーポレート・ファイナンスが行われる場合において、発行会社（ローンの形態をとる場合には借入人）が保有する資産に担保を設定する[注89]ことで発行会社自体の信用のみならず、担保となる資産の信用をも引当てとすることができる。しかしながら、日本においては、社債の形態であれローンの形態であれ、担保を付したとしても、発行会社（借入人）に会社更生法に基づく更生手続が開始された場合には、社債は更生担保権（会更2条10項）とされ、一般債権者（更生債権者）よりも有利な取扱いが受けられるとはいえ、担保権の実行が禁止・中止され、また、担保権者の権利が縮減されることがある（同法50条1項・47条1項）。そのため、伝統的なコーポレート・ファイナンスにおいては、発行会社の信用は引当てとなるが、担保となる資産の信用を完全に引当てにできるわけではなく、カバードボンドの特徴であるデュアル・リコース性を完全に達成できているとはいいがたい。一方、一般的な証券化においては、発行会社の信用から隔離された一定の資産の信用のみが引当てとされているため、投資家は、発行会社に倒産手続が開始された場合でも、当該資産からの回収を図ることができる反面、発行会社の一般財産には遡及（リコース）することができない。

これに対して、カバードボンドにおいては、投資家は、通常時は発行会社の

注89) なお、日本において社債に担保を付す場合には、担保付社債信託法の適用を受けるが、使い勝手の悪さ等を理由に、一般的には社債に担保を付すことは行われてはいない。

一般財産から元利金の弁済を受けつつ、発行会社について倒産手続が開始された場合には、発行会社の信用から隔離されたカバープールから優先的に元利金の弁済を受ける（加えて、カバープールからの回収金で不足する場合には発行会社の他の資産から元利金の回収を図る）ことが可能とされる。このような意味でのデュアル・リコース性こそが、カバードボンドを伝統的なコーポレート・ファイナンスや一般的な証券化と異なる金融商品たらしめているといえる[注90]。

(2) カバードボンドの種類

カバードボンドには、大きく分けるとカバードボンドのための特別法に基づき発行される「法制カバードボンド」と、主に法制化カバードボンドが発行できない国で、証券化の技術等を用いるなどのストラクチャリングによってカバードボンド最大の特徴であるデュアル・リコース性を達成する「ストラクチャード・カバードボンド」とが存在する。

法制カバードボンドは、カバードボンドのための特別法に基づいて発行されるものであり、倒産法の特則（カバードボンドの発行会社が倒産した場合に、カバードボンドの投資家に対してカバープールから優先的な回収を認めるなど、倒産手続におけるカバードボンドの取扱いが手当てされている）の存在や発行会社・カバープールの選定・管理に関する第三者による監督、投資家向けの開示規制等が整備されているのが通常である。そのため、法的安定性が高く、関係者（とりわけ、カバードボンドの投資家や発行会社である金融機関の預金者など）の保護に厚い。他方で、発行会社やカバープールの対象資産が限定されるなど、ストラクチャリング上の制約が大きいという面もある[注91]。

注90) デュアル・リコース性以外のカバードボンドの特徴としては、①カバープールの信用力が高位で安定推移するようにデザインされていること、②超過担保により投資家が保護されていること、③カバープールの管理について、発行会社以外の第三者により監督されていること、④発行会社がデフォルトしてもカバードボンドはデフォルトするとは限らないように仕組まれていること、⑤満期一括償還型の商品が多いこと、などが指摘されている（上野元「カバード・ボンドの概説および日本版カバード・ボンドの実現に向けて」事業再生と債権管理134号〔2011〕157頁）。

注91) もっとも、この反面として、商品が標準化され、商品ごとのばらつきが抑えられるため、投資家にとって投資を検討する際のコストが抑えられる、開示における透明性が向上する、ひいては金融商品としての流動性の拡充に寄与する、などのメリットも指摘されている（上野・前掲注90）158頁）。

ストラクチャード・カバードボンドは、前述の通り、特別法に基づいて発行されるものではないため、法制カバードボンドと比較すると、法的安定性や関係者の保護に劣る[注92]面があるが、その反面、発行会社やカバープールの選択の自由が高くなり得るなどストラクチャリングの自由度が相対的に高いともいえる。

日本においては、本書執筆時点ではカバードボンドに関する特別の法律は制定されていないことから、ストラクチャード・カバードボンドのかたちでの発行を検討することになる。

3　法制カバードボンドの具体例

法制カバードボンドは、各国の特別法に基づいて発行されるため、種類もさまざまであるが[注93]、大別すると、①直接発行方式および②SPV介在方式が存在し、②SPV介在方式は、さらに⒤SPV発行方式および⒤SPV保証方式・SPV物上保証方式に分類できる[注94]。

(1)　直接発行方式

直接発行方式の具体例としては、ドイツのファンドブリーフ（Pfandbrief）

注92)　なお、関係者の保護に「劣る」ということは、ストラクチャード・カバードボンドが法制カバードボンドとの対比で「劣って」おり「危険な」商品であるということを必ずしも意味しないことには留意する必要があろう。ストラクチャード・カバードボンドにおいては、ストラクチャリングの自由度が高く、さまざまな商品組成が可能になり得るため、発行会社および投資家のニーズに合わせたテーラーメイドの商品設計も可能となる。そのため、例えば、一般の投資家が購入するにはリスクが高い商品であるとしても、商品の内容やリスクについて適切に分析できる知見・能力を有する投資家にとっては、利回り等の経済条件をも考慮すれば、十分に投資可能と判断できる商品を組成し得るといえる。

注93)　フランスやスペインのように一国において複数のカバードボンド法制が整備されている例もあり、個々の商品ごとに仕組みや法制が異なり得ることには留意が必要である。

注94)　各国のカバードボンド法制については、ECBC FBのほか、Standard & Poor's「カバードボンド：欧州主要5ヶ国入門編」(2011)、三菱UFJリサーチ＆コンサルティング「平成21年度クレジット事業等環境調査（カバード・ボンドに関する調査研究）調査報告書」(2009) などを参照されたい。

第10章　証券化の近時の展開

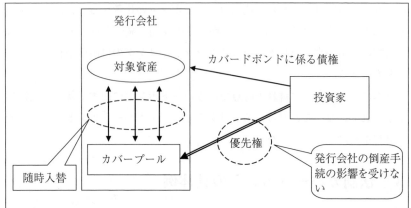

【図表10-4-1】　直接発行方式

①発行会社となる金融機関は、特別法に基づくカバードボンドを発行する。
②カバードボンドの投資家は、発行会社が保有するカバープールから優先的に回収を図る権利を有しつつ、発行会社が有する他の資産（一般財産）からも元利金の回収を図ることができる。
③発行会社の倒産時においては、投資家は倒産手続の影響を受けることなくカバープールから優先的に元利金の回収が可能となるが、カバープールからの回収金では不足が生じる場合には、発行会社の無担保債権者と同順位で、発行会社の他の資産からも回収を図ることが可能となる。

やスペインのセデュラス（Cédulas）などが挙げられる[注95]。

　直接発行方式の最大の特徴は、カバードボンドの引当てとなるカバープールを発行会社が保有し続ける点である。そのため、発行会社について倒産手続が開始された場合にカバードボンドの投資家がカバープールに対して優先権を主張できるようにするための倒産法の特則や、投資家保護の観点から、カバープールについての分別管理義務やカバープールや発行会社に対する公的な監督の仕組みなどが、特別法によって手当てされることが多い。

(2)　SPV介在方式

　発行会社がカバードボンドの引当てとなるカバープールを保有し続ける直接発行方式に対して、SPV介在方式においてはカバープールはSPVに譲渡されることになる。その上で、SPV自身がカバードボンドの発行会社となるものが①SPV発行方式であり、カバープールの原所有者がカバードボンドの発

注95）　ECBC FB 313頁・451頁〜452頁。

行会社となり、カバープールを保有するSPVがカバードボンドについて保証または物上保証を提供するものが⒤SPV保証方式・SPV物上保証方式である。

(i) SPV発行方式

SPV発行方式の代表例は、フランスのオブリガシオン・フォンシエール（Obligations Foncières）である[注96]。

SPV発行方式においては、カバードボンドの投資家はSPVおよびその保有するカバープールからの優先的な回収が可能である一方で、実質的な発行会社への遡及（デュアル・リコース性）をどのようにして確保するのかが重要となる。この点については、実質的な発行会社からSPVへのカバープールの譲渡がいわゆる真正譲渡ではなく、担保付金融取引として構成される一方で、実質的な発行会社の倒産時にSPVおよびその保有するカバープールが倒産手続の影響を受けないように設計されることで手当てされている場合が多い[注97]。すなわち、SPVは、実質的な発行会社との関係では担保付債権者として取り扱われるため、実質的な発行会社が倒産したときには、SPVが実質的な発行会社に対して有する、実質的な発行会社の倒産手続の影響を受けない担保付債権を行使する（または、実質的な発行会社からSPVにカバープールが譲渡され、残債部分についてSPVが実質的な発行会社に対して無担保債権を行使する）ことでデュアル・リコース性を確保することになる。

(ii) SPV保証方式・SPV物上保証方式

SPV保証方式は、イタリア、オーストラリアなど[注98]において採用されて

注96) ECBC FB 291頁。

注97) 例えば、フランスのオブリガシオン・フォンシエール（Obligations Foncières）においては、投資家は、発行会社（Sociétés de Crédit Foncier）に対する遡及権を有するのみで、実質的な発行会社（発行会社の親会社）に対する直接の遡及権を有しないとされており、デュアル・リコース性は、発行会社の実質的な発行会社に対する請求権を通じて達成される（ECBC FB 296頁）。

注98) ECBC FB 451頁～452頁・221頁～222頁。なお、SPV保証方式の実例としては、英国において発行されているカバードボンドも挙げられる。英国においては、「（一般法の下では発行できない）カバードボンドの発行可能にする法律」という意味での特別法は存在せず、一定の要件を満たしたストラクチャード・カバードボンドを監督当局（Financial Conduct Agency：FCA）に登録することができるとされているにとどまる（ECBC FB 485頁）。その意味で、同国で発行されているカバードボンドを「法制カバードボンド」と分類することにはやや躊躇を覚えるが、同国におけ

第10章　証券化の近時の展開

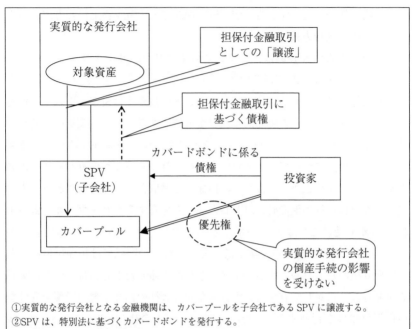

【図表10-4-2】　SPV発行方式

①実質的な発行会社となる金融機関は、カバープールを子会社であるSPVに譲渡する。
②SPVは、特別法に基づくカバードボンドを発行する。
③実質的な発行会社の倒産時においては、投資家は倒産手続の影響を受けることなくSPVが保有するカバープールから優先的に元利金を回収する。

いる。

　SPV保証方式・SPV物上保証方式においては、投資家は、カバードボンドに係る直接の債権を発行会社に対して有する（したがって、発行会社への遡及が可能）であるのと同時に、SPVが保有するカバープールからの優先的な回収も可能となるため、外形的には明確なかたちでデュアル・リコース性が確保されているといえる。また、発行会社について倒産手続が開始された場合に、SPVおよびその保有するカバープールが倒産手続の影響を受けないことが法制上担保されていることで、法的にもデュアル・リコース性が確保され

　　る（ストラクチャード・）カバードボンドでは、カバープールをSPV（実務上は、limited partnership〔LLP〕）に譲渡した上で、LLPがカバードボンドを保証するスキームが採用されている（ECBC FB 489頁〜490頁）。

第4節 カバードボンド

【図表10-4-3】 SPC保証方式

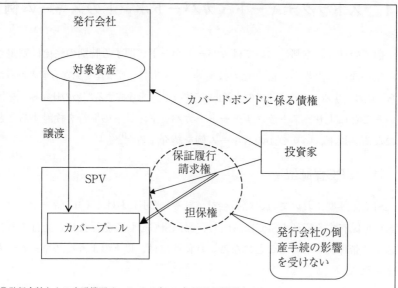

① 発行会社となる金融機関は、カバープールをSPVに譲渡する。
② 発行会社は、特別法に基づくカバードボンドを発行する。
③ SPVは、カバードボンドについて保証または物上保証を提供する（SPV保証方式においては、投資家のSPVに対する保証履行請求権を被担保債権として、カバープールに担保権が設定される）。
④ 発行会社の倒産時においては、投資家は倒産手続の影響を受けることなくSPVが保有するカバープールから優先的に元利金の回収が可能となるが、カバープールからの回収金では不足が生じる場合には、発行会社の無担保債権者と同順位で、発行会社からも回収を図ることが可能となる。

ているといえる。この点、後述のストラクチャード・カバードボンドにおいては、法制カバードボンドのような法律上の手当てが存在しないことから、SPV保証方式・SPV物上保証方式と同様のスキームを採用した際に、いかにして、カバードボンドについて保証または物上保証を提供するSPVが発行会社の倒産手続の影響を受けないようにできるか（発行会社からSPVに対するカバープールの譲渡について、いわゆる「真正譲渡」を達成できるか）がストラクチャリング上の重要なポイントになる。

4　ストラクチャード・カバードボンドのスキーム例

　前述の通り、本邦においてはカバードボンドに関する特別の法律は制定されていないことから、証券化の技術等（とりわけ、原資産を原保有者の倒産から「隔離」するという意味での「真正譲渡性」[注99]を達成するための仕組み）を用いることにより、ストラクチャード・カバードボンドの発行を検討することになる。以下、いくつかのスキーム例を紹介する[注100]。

(1)　SPC保証型

　SPC保証型においては、発行会社（証券化取引におけるオリジネーターに相当）が保有する資産をSPCに譲渡し、当該SPCをして発行会社が発行する社債を連帯保証せしめることになる。具体的には、以下のようなスキームが考えられる。

　このスキームは、2008年に邦銀が公募での発行を試みた案件のスキームを簡略化したものである。投資家が保有する社債の元利金の支払は、基本的には、SPCが、その保有する受益権（ひいては受益権の裏付である発行会社の信用から隔離された一定の信託財産）の収益配当および受益権の売却代金を原資として行うが、SPCが保証債務の履行を怠った場合には、発行会社が社債の元利金の支払を行う点で、発行会社と発行会社の信用から隔離された一定の資産の双方の信用を引当てにすることが企図されているといえ、このスキームにおける社債は、ストラクチャード・カバードボンドの一種とも評価し得る。

　もっとも、このスキームにおける発行会社からSPCに対する受益権の譲渡の真正譲渡性については、賛否両論が見受けられた[注101]。一般的な証券化と

注99)　真正譲渡性の詳細については、西村総合法律事務所編・前掲注5）32頁以下、ファイナンス法大全アップデート336頁以下などを参照されたい。

注100)　なお、以下でも若干言及しているが、それぞれのスキームごとに、検討すべき点、ストラクチャー上の手当てをすべき点が多々あり、ストラクチャード・カバードボンドを発行する際や、投資家として購入する際には、十分な検討を要することに留意されたい。

注101)　上野・前掲注90）167頁以下。

588

第4節　カバードボンド

【図表10-4-4】　SPC保証型

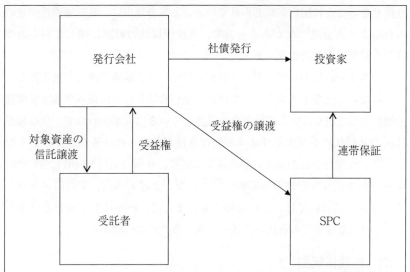

①発行会社は、保有する一定の資産を信託譲渡し、かかる資産を信託財産とする受益権を取得する。
②SPC（保証人）は、発行会社との保証委託契約に基づき、発行会社の発行する社債の元利金の支払について連帯保証し、発行会社は、SPCの保証付社債として社債を発行する。
③保証委託契約上、SPCは、主たる債務者である発行会社による元利金の支払を待たずに自らの資金で保証債務を弁済することとされ、発行会社は、保証に係る事前求償債務を、保証の効力が発生すると同時に負担するものとされる。
④一方、発行会社は、保証会社が発行会社に対して有する前記の事前求償権について、期限の利益を放棄して、社債の発行と同時にSPCに対してその支払を行う。かかる支払は、受益権を代物弁済することで行われる。
⑤投資家（社債権者）に対する社債の利息の支払は、SPCにより、保有する受益権の配当を原資として行われる。また、社債の元本の償還も、SPCにより、受益権の売却代金を原資として行われ、発行会社は、SPCが保証債務の履行を怠った場合を除き、自ら社債の元利金の支払を行うことはできない。

の対比においてこのスキームが特徴的な点は、一般的な証券化であれば対象資産のオリジネーター（このスキームでは発行会社）が投資家に対して直接の債務を負担しないようにストラクチャリングがなされるのに対し、このスキームにおいては、SPCが保証債務の履行を怠った場合には、発行会社が直接投資家に対して債務を負担する点であろう。この点について、このスキームにおいては、関連契約上、発行会社が社債を償還することで受益権（ひい

589

第10章　証券化の近時の展開

ては受益権の裏付けである発行会社の信用から隔離された一定の信託財産）を取り戻せないように措置が講じられていること等を理由に、真正譲渡性が認められるとする意見[注102]がある一方で、真正譲渡性の判断に関して否定的な意見も見受けられたようである[注103]。

　このスキームにおいて、発行会社からSPCへの受益権の譲渡が真正譲渡といえるための主なポイントとしては、①発行会社が保証に係る事前求償債務の履行としてSPCに対して受益権を譲渡しているにもかかわらず、受益権が社債の元利払に不足するリスクを発行会社が負担し続ける合理性があるのか[注104]、②発行会社が保証の事前求償に応じ、社債の発行と同時にSPCに対する支払を行う合理性があるのか[注105]、などが考えられ、実際のストラクチャリングについては、これらの点も踏まえて、いかにして発行会社からSPCへの受益権譲渡の真正譲渡性を確保するのかの検討が必要となる。

(2)　**他益信託型**

　他益信託型においては、カバープールとなる資産について、発行会社が発行する社債の社債権者を受益者として他益信託が設定され、社債のデフォルトが発生した場合には、社債が受益権に切り替わって、以後投資家は受益権からの回収を図ることになる。具体的には、以下のようなスキームが考えられる。

　このスキームは、住宅金融支援機構が発行する貸付債権担保住宅金融公庫債券において用いられているスキームを簡略化したものである。このスキームにおいては、受益権行使事由が発生する前までは、発行会社が社債の元利

注102)　衞本豊樹＝野崎竜一「日本とヨーロッパにおけるストラクチャードカバードボンドの利用」ビジネス法務2011年9月号133頁。
注103)　上野・前掲注90) 168頁。
注104)　換言すれば、スキーム全体としてみると、発行会社がSPCに譲渡した受益権の信用を補完していると評価されないかという問題である。
注105)　真正譲渡性とは、オリジネーターの倒産手続においてオリジネーターによる資産の「譲渡」が担保付金融取引としてみなされる（リキャラクタライズされる）か否かの問題であるため、スキームの全体像はもちろんのこと、スキームを構成する個々の取引の合理性もその重要な判断要素になり得る。前記②の点に関していえば、発行会社が社債の発行と同時に保証の事前求償債務を履行し、受益権をSPCに譲渡することが、当該受益権を社債の「担保」とすることを企図して行われたのではない（それ以外に理由がある）ということの合理的な説明が必要になろう。

590

第4節 カバードボンド

【図表10-4-5】 他益信託型

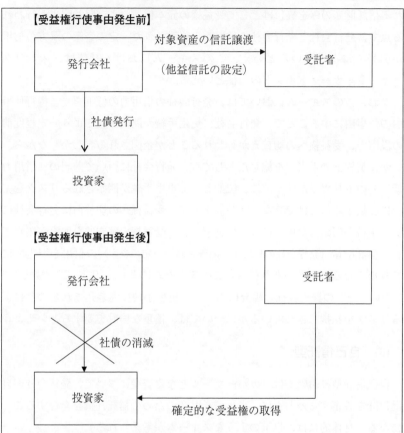

① 発行会社は、投資家に対して社債を発行する。
② 発行会社は、社債に係る債務の担保に供するために、その保有する一定の資産を受託者に信託する。かかる信託においては、社債権者の集合が当初の受益者とされる（他益信託）。
③ 社債の支払不履行などの一定の事由（以下、「受益権行使事由」という）発生前においては、発行会社が、社債の元利金を支払う。
④ 受益権行使事由が発生した場合には、社債が消滅し、投資家は、一定の手続を経て、受益権を確定的に取得する。
⑤ 受益権行使事由の発生により社債が消滅した後においては、信託財産のみを引当てとして、受益権の収益配当および元本償還が受託者により行われる。

金の支払を行い、受益権行使事由発生後においては、一定の資産から構成される信託財産のみを裏付けとして受益権の元本償還および収益配当が行われる点で、発行会社と発行会社の信用から隔離された一定の資産の双方の信用が引当てになっているといえ、このスキームにおける社債は、ストラクチャード・カバードボンドの一種といえる。

なお、このスキームにおいては、発行会社の信用力の低下を受益権行使事由の一事由にすることで、発行会社に更生手続が開始されるより一定程度前の段階で、受益権への切替えが行われることが企図される。しかしながら、いかに契約上の手当てを施したとしても、発行会社について前記の「信用力低下」のトリガーが働く前に、突如として更生手続が開始されるリスクを完全に払拭することはできない[注106]。そして、受益権への切替前に発行会社に更生手続が開始した場合には、投資家による受益権の確定的な取得が阻害され、信託財産（発行会社の信用から隔離された一定の資産）の信用を引当てにできなくなる可能性があり得る。このスキームにより、（住宅金融支援機構ではない）一般の株式会社の場合において、更生手続に巻き込まれることによるリスクを払拭しきれているかについては、慎重な検討を要するといえよう。

(3) 自己信託型

自己信託型においては、カバープールとなる資産について、発行会社が自己信託を設定するとともに、当該信託財産のための信託社債を発行することになる。具体的には、以下のようなスキームが考えられる。

信託社債は、信託財産のために信託の受託者が発行する社債をいい（会社規2条3項17号）、信託財産に加えて、受託者（すなわち発行会社）の固有財産を引当てにすることもできる[注107]。自己信託された財産は、受託者の倒

注106）　なお、住宅金融支援機構については、現状、会社更生法の適用がないことから、同機構について更生手続が突如として開始する可能性はきわめて低いと考えられる。それにもかかわらず、住宅金融支援機構債において、同機構を株式会社とする法令または同機構に会社更生法もしくはこれに類似する倒産手続の適用が法令により認められる法人とする法令が施行され、同機構がこれらの法人となった場合が受益権行使事由の1つとされていることからすると、発行会社である住宅金融支援機構に（実際に更生手続が開始されることのみならず、）会社更生法が適用されることとなる事態自体を住宅支援機構債におけるリスク要因として捉えていると考えられる。

産手続においても受託者の固有財産(倒産手続に服する財産)からの独立性が認められるため(信託25条1項・4項・7項)、信託社債の社債権者は信託財産から優先的な回収を受けることが可能になる。このように、このスキームにおいては、裏付けとなる資産(信託財産)に加えて、受託者(すなわち発行会社)の固有財産の信用力も信託社債の引当てになっており、かかる信託社債は、ストラクチャード・カバードボンドの一種といえる。

このスキームにおいても、やはり最大のポイントになるのは、受託者の固有財産から信託勘定への「真正譲渡性」であろう。自己信託の設定は、対象となる資産の法的な帰属主体の変更を伴わない点で、売買その他の一般的な譲渡とは異なる面がある。そのため、一般的な証券化における「真正譲渡性」の判断に係る枠組みがどこまで自己信託において妥当するのかについての検討が必要になろう[注108]。もちろん、「真正譲渡性」の判断は、つまるところ、オリジネーターの倒産手続において譲受人が対象資産に有する権利を所有権として取り扱うのが適切なのか、倒産手続に服する担保権として取り扱うのが適切なのかの問題であり、対象資産に関するコントロールやリスクの移転やオリジネーターの買戻権または買戻義務の有無といった真正譲渡性の判断の基本的な枠組み自体を大きく変えることまでは必要ないと思われるが、自己信託の特殊性を加味した「真正譲渡性」に関する議論の進展が期待されるところである。

また、自己信託一般の問題であるが、委託者と受託者が同一であることから、どのようにして信託のガバナンスを確保するかについても検討を要しよう。特に、自己信託された資産が受託者としての発行会社の倒産手続において独立性が認められるためには、自己信託に係る信託財産が受託者としての

注107) 会社法施行規則99条2項が、「信託社債(当該信託社債について信託財産に属する財産のみをもってその履行の責任を負うものに限る。)」としているところからすると、むしろ受託者の固有財産も引当てとなることが、信託社債の原則的な形態なのではないかとも思われる。

注108) 例えば、一般的な証券化における真正譲渡性の判断要素の1つとして「対象資産の移転について対抗要件を具備していること」が挙げられることが多いが、前記の通り、自己信託においては対抗要件の具備が必要となる資産の「移転」が行われないため、自己信託の「真正譲渡性」の判断においては、かかる要素を充足することができない(より厳密にいえば、問題とすることができない)ことになろう。

第 10 章　証券化の近時の展開

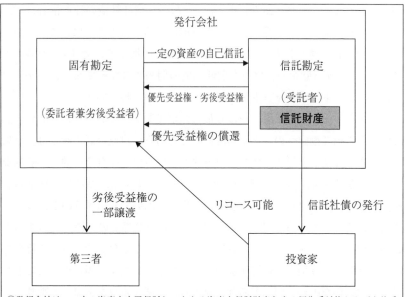

【図表10-4-6】　自己信託型

① 発行会社は、一定の資産を自己信託し、かかる資産を信託財産とする優先受益権および劣後受益権を取得する。
② 受託者としての発行会社は、かかる信託財産のために信託社債を投資家に対して発行する。
③ 受託者としての発行会社は、かかる信託社債の発行代り金をもって、優先受益権を償還する。
④ 発行会社は、劣後受益権の一部を第三者に譲渡する。
⑤ 受託者としての発行会社は、投資家に対して、信託財産および自らの固有財産を原資として、信託社債の元利金の支払を行う。

発行会社の固有財産および他の信託財産とは分別して管理されていることが必要となるため、いかにして受託者による分別管理義務の履行状況をモニタリングするかが大きなポイントの1つとなろう。

5　ストラクチャード・カバードボンド組成上の留意点

前記4において紹介したストラクチャード・カバードボンドのスキーム例には、いずれも実現のための課題が残っているが[注109]、以下では、ストラクチャード・カバードボンド一般に妥当するストラクチャリング上の留意点について説明する。

594

(1) 投資家保護と一般債権者保護の調和

　ストラクチャード・カバードボンドの組成に当たっては、いかにして投資家のカバープールに対する優先権を確保するかが重要となる。他方で、カバードボンドの投資家にカバープールに対する優先権を付与することは、(実質的な) 発行会社の一般債権者の責任財産の減少を意味することになるため、投資家保護の要請と同時に、(実質的な) 発行会社の一般債権者保護の要請にも配慮したスキーム作りが必要となる。特に、カバードボンドの (実質的な) 発行会社としては金融機関が想定されるが、預金取扱金融機関には多数の「預金者」という一般債権者が存在しており、一般債権者保護の要請がより強く働くことになる。実際に、法制カバードボンドを導入している欧州諸国においては、カバードボンドの発行上限額の定めや預金者も含めた一般債権者への情報開示の充実などにより、投資家保護と一般債権者保護の調和を図ろうとしている例も多い[注110]。そのため、ストラクチャード・カバードボンドの組成に当たっても、投資家保護と一般債権者保護の調和が望まれるといえよう。法令によらずしてカバードボンドの発行上限額の定めを設けるのは (発行会社の自主的な努力を除けば) 難しい面もあろうが、情報開

注109) 例えば、井上聡＝月岡崇「日本版カバードボンドの展開と課題——立法的な解決の必要性」金法1935号 (2011) 112頁以下や植田利文「日本におけるカバードボンドに関する立法論的考察」『証券化市場の活性化に向けて (SFJジャーナル別冊)』(流動化・証券化協議会、2012) 24頁以下は、日本においても立法的な手当てが必要な理由として、①カバードボンドの特徴の1つである高い流動性を実現するためには、商品の定型化の要請が働くこと、②カバードボンドの魅力の1つである安全性を担保するための公的監督の仕組みがストラクチャード・カバードボンドでは存在しないこと、③カバードボンドにおいては、一般的な証券化とは異なり、オリジネーターが投資家との関係で直接債務者になるため、真正譲渡性 (オリジネーターからの倒産隔離) の達成が困難であること、などを挙げる。なお、立法論的な検討については、井上＝月岡・前掲および植田・前掲のほか、研究会報告26頁〜28頁、研究会報告フォローアップ11頁以下、上野・前掲注90) 165頁以下も参照。

注110) 例えば、ドイツのファンドブリーフ (Pfandbrief) については、法令上、四半期に1回、発行済みのファンドブリーフに関する詳細な開示が求められているほか、ファンドブリーフ (Pfandbrief) の発行会社が組成した団体 (2017年1月時点で44の発行会社が加入) であるVerband deutscher Pfandbriefbanken (vdp) により、統一化されたフォーマットでの開示や電磁的な方法による開示などが進められている (ECBC FB 315頁)。

第10章　証券化の近時の展開

示の充実は法令によらずとも可能であり、諸外国の例や日本における開示制度[注111]も参考にしながら、適切かつ積極的な情報開示が望まれる[注112]。

(2) カバープールの「倒産隔離性」の確保

　前述の通り、カバードボンドの最大の特徴は、(実質的な)発行会社および(実質的な)発行会社の信用から切り離されたカバープールへのデュアル・リコース性にある。そして、デュアル・リコース性を実現するためには、カバープールが(実質的な)発行会社の倒産手続の影響を受けないようなストラクチャリングが必要となる。これは、一般的な証券化商品における「真正譲渡性」と同様の問題であり、(実質的な)発行会社からカバープールをSPCに移転する取引が担保付金融取引とみなされないような手当てが必要となる。この点、一般的な証券化取引においては、真正譲渡性を達成するために、対象資産の原所有者が証券化ビークルや証券化商品の投資家に対して直接債務を負担しないようなスキームとするのが通常である。しかしながら、カバードボンドにおいては、デュアル・リコース性を達成するために、カバープールの原所有者である(実質的な)発行会社は、SPCやカバードボンドの投資家に対して直接債務を負担することが必要となり、また、カバープールは(実質的な)発行会社が負担する債務の引当てとしての性格を有することを完全に否定するのは難しいため、一般的な証券化取引における真正譲渡性達成のための重要な要素を欠くこととなる。そのため、デュアル・リコース性を確保しつつ、いかにしてカバープールの真正譲渡性を達成するかが、ストラクチャード・カバードボンドの組成に当たって最大のポイントの1つになると考えられる。

注111)　金融商品取引法上の開示制度が参考になるのはもちろんのこと、現在の日本でほぼ唯一といえるストラクチャード・カバードボンドの発行例である住宅金融支援機構債の開示も参考になろう。

注112)　なお、上野・前掲注90) 166頁でも「発行体とカバード・ボンド債権者となる投資家との間において合意できれば開示を制限できるというものではないと理解されるべきである」指摘されているように、この文脈での「情報開示」とは、預金者等の発行体の一般債権者保護の観点からも重要なものであり、投資家保護を主目的とした一般的な開示とは異なる側面があることには留意が必要である。

(3) 詐害行為取消し・否認の問題

多くの法制カバードボンドにおいては、期中にカバープールの入替えが想定されている。そのため、このようなカバープールの入替えをストラクチャード・カバードボンドにおいても実現することが考えられるが、その場合には、(実質的な)発行会社からSPCへのカバープールの譲渡が詐害行為取消し・否認の対象とならないかが問題となる。特に、カバープールの入替えを(実質的な)発行会社の財務状態が悪化した状態で行う場合には、当該カバープールの譲渡が詐害行為取消し・否認の対象となるおそれが高くなることに留意が必要である。

(4) カバープールの選定・管理に関する監督の問題

前述の通り、多くの法制カバードボンドにおいては、カバープールの選定および期中管理について、第三者(その多くは公的機関)による監督が行われており、これによってカバードボンドの投資家保護が図られている。これに対して、ストラクチャード・カバードボンドにおいては、公的機関等によるカバープールの選定・期中管理の監督は基本的には想定されていないため、前述の自己信託型における信託のガバナンス確保のように、投資家が安心してカバードボンドに投資できるための仕組み作りが重要となる。この点については、一般の投資家を含めた幅広い投資家向けに発行するのか、機関投資家向けだけに発行するのかなど、想定される投資家の層によっても必要となるガバナンスの内容・程度が異なり得るとも考えられるため、想定される投資家層も踏まえて、必要となるガバナンスについて検討することが重要となろう[注113]。

(5) 流動性の確保

多くの法制カバードボンドは高い流動性が確保されており、カバードボンドの特徴の1つになっている。法制カバードボンドにおいて高い流動性が確

注113) もっとも、このようなテーラーメイドの商品設計は、カバードボンドの特徴の1つである流動性の高さを阻害する要因となり得ることには留意が必要である。

第10章　証券化の近時の展開

保できるのは、商品が定型化されていることが大きな要因と考えられるが、ストラクチャード・カバードボンドにおいては、その性質上、相対的に商品の個別性が強くなることが想定される。ストラクチャード・カバードボンドのメリットの1つであるストラクチャリングの自由度の高さを維持しつつ、高い流動性を確保できるような商品設計もストラクチャード・カバードボンドを組成する際のポイントの1つとなろう[注114]。

注114）この点について、上野・前掲注90) 169頁注21は、住宅金融支援機構債に類するストラクチャーを採用することのメリットとして、商品性の標準化（ひいては、流動性の高さ）を挙げており、商品設計の際の参考とすべきであろう。

第11章

商事信託の近時の展開

第11章　商事信託の近時の展開

第1節
総論

　近時、商事信託の分野において、これまでみられなかった信託の活用方法が登場したり、信託にかかわる事象についての議論の進展がみられる。信託は多様な金融取引において用いられる法制度であり、**第2章**「アセット・マネジメント」、**第4章**「リアルエステート・ファイナンス」、**第10章**「証券化の近時の展開」などの各章の中でも信託に関する多様なトピックが論じられているが、本章では商事信託の近時の展開に関するトピックのうち、他章のテーマには含まれない信託固有のものをいくつか解説する。

　第2節以下で各論を取り上げる前提として、本節では信託の基本構造や基本的機能、信託の当事者などの基本的事項について、商事信託の観点を中心に概説する。

1　信託の基本構造

　信託法上、「信託」とは、①信託契約、②遺言または③自己信託の意思表示のいずれか（これらを「信託行為」という。信託2条2項）により、特定の者が一定の目的（専らその者の利益を図る目的を除く）に従い財産の管理または処分およびその他の当該目的の達成のために必要な行為（以下、「管理・処分等」という）をすべきものとすることをいうと定められている（同条1項）。

　信託に際して、信託行為により財産を拠出し信託する者を「委託者」、信託された財産について信託行為に従って管理・処分等を行う義務を負う者を「受託者」、信託から生じる利益を直接的に享受する権利（受益権[注1]）を有す

注1)　「受益権」は、信託行為に基づいて受託者から信託財産に属する財産の引渡しその他の信託財産に係る給付を受けることのできる債権だけでなく、これを確保するために信託法の規定に基づいて受託者その他の者に対し一定の行為を求めることができる権利を含む概念である（信託2条7項）。なお、受益権に含まれる権利のうち、信託財産に属する財産の引渡しその他の信託財産に係る給付を受けることのできる債権を「受益債権」という。

る者を「受益者」といい、この委託者、受託者、受益者が信託の基本的な当事者となる。もっとも、一旦委託者が財産を信託し、信託[注2]が設定された後は、委託者の信託への関与は限定的なものとなり、受託者と受益者が信託に関する権利関係の中心的な当事者となることが多い。委託者、受託者、受益者が複数となることや、同一の主体が複数の役割を兼ねることもある。また、一定の要件の下、受益者の存在しない信託（目的信託。信託法第11章）を設定することも認められており、遺言によって信託が行われた場合などにおいては委託者が存在しなくなることも想定される。

　信託行為により信託された財産その他受託者に属する財産であって、信託により管理・処分等をすべき財産を「信託財産」という（信託2条3項）。信託財産は、相続人が不明である場合の相続財産（民951条）のように法人格を有するものではなく、受託者に帰属するものであるが、受託者の固有財産に対する債権者による信託財産に対する強制執行等は制限され（信託23条）、受託者に破産等の倒産手続が開始した場合であっても、信託財産は受託者の破産財団等に属しない（同法25条）。このような効果は、「信託財産の独立性」といわれており、他の法制度では得られない信託特有の効果である。

2　信託の機能

　信託は多様な場面で利用される法制度であり、どのような効果を得るために利用するかは個々の信託ごとに異なるものであるが、信託の一般的な機能としては以下のようなものが挙げられる。

(1)　権利転換機能

　信託により委託者が保有していた財産が受託者に移転することになり、同時に受益者が受益権を取得することとなる。このような当事者の権利関係に

注2)　前記の通り、信託法上、信託行為により一定の状態を創出することを「信託」と定義しているが、一般用語としては信託行為により創出された状態のことも「信託」と呼ばれることが通常である。受託者は、信託された財産を自らの固有財産とは勘定を分けて管理するところ、信託された財産が属する勘定は「信託勘定」と呼ばれるが、この状態としての「信託」は、「信託勘定」とほぼ同義の概念ということができる。

着目すると、信託は、信託された財産の所有権[注3]を委託者から受託者に移転するとともに、委託者の所有権を受益者の受益権に転換する機能があるといえる。

このような点を捉えて、四宮和夫教授は、信託の共通の機能として転換機能があると説明している。すなわち、信託は、他人に事務処理をさせるというかたちで、「形式的な財産権帰属者」＝「管理者」（受託者）と、「実質的利益享受者」（受益者）を分裂させながら、利益享受者のために「財産の安全地帯」（信託財産の独立性）を創出することができるとする。そして、このような信託の特性を利用することによって、信託は、財産権ないし財産権者についての状況を財産権者のさまざまな目的追求に応じたかたちに転換することを可能にすると説明する[注4]。具体的には、①権利者の属性の転換、②権利者の数の転換、③財産権享受の時間的転換、④財産権の性状の転換、⑤財産（権）の運用単位の転換の5つの機能に分類している[注5]。

例えば、信託銀行に財産の管理を委ねるために信託を行う場合には①権利者の属性の転換が図られることになり、多数の投資家の小口の資金を信託し、多額のファンドとして投資運用をすることは②権利者の数の転換や⑤財産（権）の運用単位の転換を図る場面といえる。また、不動産の管理・処分等を目的として信託し、不動産信託受益権の形態とすることは④財産権の性状の転換の機能が生じる例といえる。

(2) 意思凍結機能

意思凍結機能とは、信託設定当時における委託者の意思を、委託者の意思能力喪失や死亡という主観的事情（個人的事情）の変化に抗して、長期間にわたって維持するという機能をいうと説明されている[注6]。信託においては、

注3) 厳密には債権、金銭など物以外のものが信託される場面では、「所有権の移転」という表現は適切ではないが、以下では物以外の財産の帰属の変動についても含む趣旨で「所有権」の移転・帰属という表現を用いることとする。なお、賃借権、担保権など所有権以外の権利を移転することにより信託を設定することや、担保権などの設定により信託を設定することも可能である。

注4) 四宮和夫『信託法〔新版〕』（有斐閣、1989）14頁。

注5) 四宮・前掲注4）16頁～35頁。

注6) 新井誠『信託法〔第4版〕』（有斐閣、2014）86頁。

信託行為に従って信託財産の管理・処分等が行われることから、信託の設定後に委託者の意思が変わったとしても、変更後の委託者の意向によることなく、信託行為作成時の委託者の意思に従って信託財産の管理・処分等が行われることになり、委託者の意思が「凍結」されることになるといえる。

　この点、一旦信託が設定された場合であっても、関係当事者の合意等によって信託の変更を行うことは可能であるが（信託149条）、信託行為に特に定められない限り、委託者のみの意思によって信託を変更することは認められない。また、実務上、委託者と受託者が合意をすれば、受益者との合意がなくても信託の変更を認めることが信託行為に定められることもあるが、受託者は、信託事務を処理するに当たって善管注意義務を負うところ（同法29条2項）、信託の変更が信託事務の処理に該当するかは明確ではないものの、信託財産および受益者の利益を考慮して信託の変更の当否を判断することが必要になると考えられる。そのため、委託者が信託の変更を希望しても、受託者がこれに応じる（ことが認められる）とは限らず、委託者の意向のみで信託を変更することはできないと考えられる。

(3) 財産管理・活用機能

　財産の管理・処分等に長けた者を受託者として信託を設定することにより、委託者がそのまま財産を保有するよりも安全に財産を管理したり、効果的に財産を活用することが可能となり、信託には財産管理・活用機能があるといえる。

　この点、特に商事信託の分野では、信託業法・金融機関の信託業務の兼営等に関する法律（以下、「兼営法」という）の規制の適用を受けて信託業務を営む信託会社・信託銀行[注7]が受託者となるのが通常であり、受益者保護のための体制整備等が求められたり、規制当局の監督が及ぶ者が受託者として信託財産の管理・処分等を行うことになっていることは、一般的に財産管理・活用機能が発揮されやすい状況にあると評価できよう。

注7）　本節では、兼営法1条に基づく認可を受けた金融機関を信託銀行と呼ぶ。

第 11 章　商事信託の近時の展開

(4) 倒産隔離機能

　信託財産として取り扱われる財産には、信託の関係当事者の倒産手続の影響が及ばない倒産隔離の効果が生じることになる。

　まず、委託者から信託された財産の所有権は、受託者に帰属することとなり、委託者の財産ではなくなる。そのため、委託者に倒産手続が開始した場合でも、信託された財産は当該倒産手続に服することはないことになる[注8]。

　次に、信託財産は受託者に帰属するところ、受託者に倒産手続が開始した場合、その財産は倒産手続に服することになるのが原則であるが、前記1で述べた通り信託財産には「独立性」が認められており、受託者の倒産手続が及ばない特別の効果が認められる（信託25条）。ただし、信託財産と受託者の固有財産が分別管理されていない場合には信託財産であることを第三者に対抗できないことにより、信託財産に受託者の倒産手続の影響が生じる可能性があるほか、信託銀行が受託者である場合のいわゆる銀行勘定貸など、信託財産と受託者の固有財産との間で取引が行われている場合には[注9]、受託者の倒産手続が信託財産に影響することになる[注10]。

　さらに、信託財産は受益者に帰属するものではなく、受託者に帰属するものであるため、受益者に倒産手続が開始した場合でも、信託財産が当該倒産手続に服することはないことになる。もっとも、受益者の保有する受益権は当該倒産手続の対象となるところ、受益者としての権限を通じて間接的に信託財産に倒産手続の影響が生じる可能性があり得る。

注8)　なお、委託者に倒産手続が開始したことに伴い、信託契約が否認された場合（信託12条参照）や、双方未履行の双務契約として信託契約が解除された場合（同法163条8号参照）には、信託が取消しまたは終了することにより、信託財産にかかわる権利関係に影響が生じることになる。
注9)　銀行勘定貸の法的性質および銀行勘定貸が行われている場合に受託者が倒産した場合の取扱いについては、**第3節2**を参照。
注10)　倒産手続が開始している場合には、事実上、受託者が円滑に信託事務をとり行うことができなくなっている場合も多く、また、受託者の交代が必要となる場合もある（信託56条1項3号・4号・5項・7項参照）と思われるが、信託財産の独立性が認められるといっても、信託事務が滞ることにより、信託財産に悪影響が生じる可能性がある。

(5) 権利付与機能

当初の受益者を委託者以外の者とする信託（他益信託）を設定することにより、信託行為の当事者ではない第三者に対して、当該第三者の意思を確認することを要さずに（強制的に）受益権を取得させることが可能となり、このような効果を捉えて、信託には権利付与機能があると評価することができる[注11]。

この点、民法上、契約当事者ではない第三者に権利を付与する仕組みとして、第三者のためにする契約に関する規律が設けられている（民537条～539条）。この第三者のためにする契約に基づく権利を享受するためには第三者による利益を享受する旨の意思表示が必要とされており（同法537条2項）、第三者による意思表示がなされるまで権利は発生せず、権利の発生まで契約当事者が変更・消滅することも可能である（同法538条）。

これに対して、信託行為の定めにより受益者となるべき者として指定された者は、原則として意思表示その他の手続を要することなく当然に受益権を取得するとされている（信託88条1項）。その上で、信託行為の当事者でない受益者は、受託者に対する意思表示によって受益権を放棄することができ、かかる意思表示がなされた場合、受益者は当初から受益権を有していなかったものとみなされる（同法99条）。

なお、前述の意思凍結機能があることで、委託者による意思の撤回が制限されることにより、信託の権利付与機能の安定性が高められていると評価できよう。

(6) ビークル機能

実務上、証券化取引などの場面では、法人形態の特別目的会社（SPC）の代わりに信託が器（ビークル）として利用されることがある。

前述の通り、信託には倒産隔離機能があり、受託者を含む関係当事者の倒産手続の影響が及ばないという効果が認められる。加えて、受託者は自らの

注11) 第2節4において紹介するESOP信託や信託型株式報酬制度は権利付与機能を活用した商事信託の一例である。

固有の利益のために信託財産の管理・処分等を行うのではなく、信託行為に従って受益者のために信託財産の管理・処分等を行うことが必要とされる。これらの信託の特性から、信託自体に法人格が認められるわけではないものの、(受託者が法令や信託行為に従って信託事務をとり行うことを前提とする限り) 他の当事者の信用状態や利害関係から独立したビークルとして信託を利用することが可能となる。そして、信託契約による信託は、委託者と受託者の間で契約を締結することのほかには特段の要式や手続を要することなく設定することが可能であり、また受託者が存在する限り、個別に機関を備える必要もないことから、法人形態よりも簡易にビークルを組成可能であると評価できる側面もある。

3　商事信託にかかわる当事者

前記1で述べた通り、信託の基本的な当事者は、委託者、受託者、受益者の三者である。これらのほか、信託法上、信託管理人、信託監督人、受益者代理人、帰属権利者などについての規定も設けられており、また、商事信託では信託法に定められた当事者以外にも信託にかかわる当事者が登場することがある。

以下、信託にかかわる各当事者の一般的な役割について概説する。

(1)　委託者

委託者とは、信託法3条各号に掲げる方法により信託をする者をいう（信託2条4項)。信託の設定については、主体的な役割を担うことになるが、一旦信託が設定された後は、委託者の信託への関与は限定的なものとなることも多い[注12]。

(2)　受託者

受託者とは、信託行為の定めに従い、信託財産に属する財産の管理または

注12)　他方で、例えば、委託者指図型投資信託においては、委託者となる投資信託委託会社が運用指図を行う立場で信託期間中も主体的な役割を担うことになる。

処分およびその他の信託の目的の達成のために必要な行為をすべき義務を負う者をいう（信託2条5項）。自己信託による信託においては、委託者と受託者が同一主体となる。また、信託法上、受託者が受益者となることが禁止されているわけではないが、受託者が受益権の全部を固有財産で有する状態が1年間継続したときは、信託の終了事由となる（同法163条2号）[注13]。

信託法上、受託者には、善管注意義務（信託29条2項）、忠実義務（同法30条）、利益相反行為の制限（同法31条）、競合行為の制限（同法32条）、公平義務（同法33条）、分別管理義務（同法34条）、信託事務の処理の委託先の選任・監督義務（同法35条）、信託事務の処理の状況についての報告義務（同法36条）、帳簿等の作成・報告・保存義務（同法37条）等の義務が定められている。

また、信託規制上、信託の引受けを営業として行うことは、原則として信託業法に基づく免許・登録を受けた信託会社（信託業2条2項）か兼営法1条に基づく認可を受けた金融機関（信託銀行）にしか認められておらず、信託会社・信託銀行には信託業法・兼営法に基づく行為規制が適用される。特に商事信託においては、受託者が信託会社または信託銀行であることが一般的であり、その場合、受託者には信託業法・兼営法の規制も適用されることになる。

なお、自己信託により信託の受託者となることについては、「信託の引受け」がないため「信託業」に該当しないと考えられ、信託業法に基づく免許・登録や兼営法に基づく認可は必要とならない。もっとも、自己信託による信託の受益権を50名以上の者が取得できる場合（実質的な受益者が50名以上となる場合を含む）には、原則として自己信託会社の登録が必要となる（信託業50条の2第1項、信託業令15条の2第1項・2項）。自己信託会社の登録を受けた者に対しては、信託会社に対する規制の一部が準用される（信託業50条の2第12項）など、一定の規制が適用されることになる。

注13）　専ら受託者の利益を図る目的で信託を設定することは認められていないため（信託2条1項）、受益権の移転がおよそ想定されない状況で受託者が受益権の全部を固有財産で有している場合には、そもそも信託の有効性が否定される可能性も高いものと考えられる。

(3) 受益者

受益者とは、受益権を有する者をいう（信託2条6項）。委託者が受益者となる信託を自益信託といい[注14]、委託者以外の者が受益者として指定された信託を他益信託という。また、信託の設定時点では存在しない者を受益者として指定することや、不特定の者を受益者として指定した上で、一定の事由が発生した場合に具体的な受益者を特定することも可能であり、受益者の定めはあるものの、特定の時点においては具体的な受益者が存在しない場合がある信託もある。さらに、一定の要件を満たす場合には、受益者の定めのない信託（目的信託。信託法第11章）を設定することも認められる。

受益者は、信託行為に基づいて信託財産から財産的な給付を受けることができるほか、信託法に一定の権限が定められており、そのような権限の中には信託行為の定めにより制限することが認められないものも含まれている（信託92条）。また、個々の信託行為において、受益者に財産的な給付を受ける権利以外の権限が定められることも多い。

(4) 受益者代理人・信託管理人[注15]

受益者代理人とは、受益者が頻繁に変動する場合や不特定多数に及ぶ場合など受益者による信託に関する意思決定や受託者の監督が事実上困難であるような場合において、信託行為の定めによって選任され、受益者の全部または一部のために、その代理人として、原則として、受益者が有する信託法上の一切の権利を行使する権限を有する者である[注16]（信託138条以下）。商事信

注14）委託者が当初の受益者となり、受益権の一部または全部を第三者に譲渡することにより、第三者が受益者となる場合も自益信託に該当する。

注15）信託法上、信託管理人、受益者代理人と並んで信託監督人に関する規定が設けられている（信託131条以下）。信託監督人は、受益者が年少者、高齢者あるいは知的障害者である場合のように、受益者自身が受託者を適切に監督することが期待できないような場合において、受託者の信託事務の処理を監督するために受益者が有する権利を行使する権限を有する者であり（寺本昌広『逐条解説 新しい信託法〔補訂版〕』〔商事法務、2008〕307頁）、典型的には民事信託での利用が想定されるものであって、商事信託で信託監督人が設置される事例は限定的と思われる。

注16）寺本・前掲注15）307頁。

託においても、投資家が多数となり、流動性の高い金融商品を組成するために信託が利用される場合や、不特定多数の当事者に権利を付与するために信託を利用する場合などでは、統一的な権利行使を求めるために受益権代理人を設定することがある。

信託管理人とは、受益者が現に存しない信託において、信託行為の定めまたは裁判所の決定によって選任され、受益者のために自己の名をもって、原則として、受益者が有する信託法上の一切の権利を行使する権限を有する者である[注17]（信託123条以下）。商事信託においても、信託の設定後、一定期間は受益者が存在しない信託が利用されることもあり、そのような場合には、信託管理人が設定されることがある。

ここで、受益者が一定の事由が発生するまでは具体的に特定されず、不特定なかたちで定められている場合、「受益者が現に存しない場合」に該当するものとして信託管理人を選任すべき場面なのか、それとも、受益者が存在し、受益者代理人を選任すべき場面であるか、必ずしも明確ではない。この点、受益者が不特定である場合については、「受益者が現に存しない場合」に該当しないため、信託管理人を選任できる場合には当たらず、受益者代理人を選任すべき場合に該当するという説明もなされているが[注18]、どのような場合が受益者が（存在するものの）不特定で、どのような場合が受益者が不存在であるかは、明確に区別できない場合も多いものと思われる[注19]。

(5) 帰属権利者

帰属権利者とは、信託の清算に際して残余財産の帰属すべき者をいい（信

注17) 寺本・前掲注15) 306頁。
注18) 寺本・前掲注15) 311頁。
注19) 受益者が現に存在することを前提とするか否かという違いはあるものの、信託管理人と受益者代理人の役割は共通する点が多いといえる。そのため、信託行為において「信託管理人」と規定されていた当事者が、実際は受益者代理人であると判断された場合、当事者の意思解釈として、信託行為上の「信託管理人」に関する規定が無効となるわけではなく、信託法に基づく受益者代理人に関する規律に矛盾しない限度で信託行為の規定の有効性が認められると解すべき場合が多いものと思われる。信託行為において「受益者代理人」と規定されていた当事者が、実際は信託管理人であると判断された場合も同様である。

託182条1項2号)、信託行為に帰属権利者に関する規定があれば当該規定に従って帰属権利者が定められ、信託行為によって帰属権利者が定まらない場合は、信託行為に委託者またはその相続人その他の一般承継人を帰属権利者として指定する旨の定めがあったものとみなされる(同条2項)。

帰属権利者は、残余財産の給付を内容とする受益債権に係る受益者(残余財産受益者。信託182条1項1号)とは別の概念として位置付けられている。残余財産受益者は、受益債権の内容が残余財産の給付であること以外は通常の受益者と異なるものではなく、信託の終了前から受益者としての権利を有するが、帰属権利者は、信託の終了前は受益者としての権利を有さず、信託の終了後に初めて受益者としての権利を有することになる(同法183条6項)。

(6) 指図権者

実務上、信託財産の管理・処分等について、ある当事者が受託者に対して指図を行い、受託者は当該指図に従って信託事務をとり行うことが信託行為に定められることがある。信託法上、このような指図権を有する者に関する規定は設けられていないが、信託業法では、信託財産の管理または処分の方法について指図を行う業を営む者を「指図権者」とし、指図権者に忠実義務を課すとともに、一定の行為準則を定めている(信託業65条・66条)。

指図権者は受託者に対して指図を行う者である。そのため、信託財産の管理・処分等の権限を受託者が有する場合に、当該権限を受託者が第三者に委託した場合は、当該第三者は信託業務の委託先に該当し、指図権者には該当しないと解される[注20]。

また、信託行為において受益者が受託者に対して一定の指図を行う権限を有することが定められている場合に受益者が指図権者に該当するかが論点となる。この点、受益者自身が受託者に対して指図権を行使する場合には、受益者保護のための行為規制を課す必要もないことから、指図権者に該当しないという見解がある[注21]。受益者が単独である信託の場合にはそのような考え方が妥当であると考えるが、受益権が複数設定され、指図権を有する受益

注20) 小出卓哉『逐条解説 信託業法』(清文社、2008) 305頁。
注21) 小出・前掲注20) 306頁。

者以外にも受益者が存在するような場合には、指図権を有する受益者を指図権者として取り扱い、行為規制を適用することに合理性が認められる場合もあると考えられる。

なお、投資運用業を行う金融商品取引業者が信託財産の運用に関して受託者に対して指図を行う場合も、行為態様としては指図権者に該当し得ると考えられるが、特例として、金融商品取引業者が投資運用業を行う場合には、信託業法第4章の規定は適用しないとされている（金商42条の8）。

(7) 事務受託者

受託者は、信託行為に信託事務の処理を第三者に委託する旨の定めがあるときなど一定の要件を満たす場合には、信託事務の処理を第三者に委託することが認められる（信託28条）。商事信託の実務においては、財産の管理・運用の専門化が進んでいることもあり、信託事務のすべてを受託者自身が処理するのではなく、信託事務の処理の一部を第三者に委託することが多くなっている。このような信託事務の委託が行われた場合には、事務受託者も信託にかかわる主要な当事者となる。

信託法上、事務受託者の義務や責任は定められていないが、信託業法では、一定の事務の受託の場合を除き、事務受託者にも受託者と同様の忠実義務や善管注意義務などの義務が課される（信託業22条2項・3項）。そのため、基本的に事務の委託に関する契約によって事務受託者の役割・責任が定められることになるが、信託業法に基づく規制も踏まえた事務対応が必要となる。

なお、事務受託者に信託事務を委託する場合について、信託法上、受託者には委託先の選任・監督に関する義務が定められている（信託35条）。また、信託業法においては、原則として、事務受託者が委託を受けて行う業務につき受益者に加えた損害を賠償する責任を受託者が負うことが定められている（信託業23条）。

(8) 受益権の販売業者

商事信託において、受益権が投資のための金融商品として利用されることも多い。新たに信託を組成し受益権を発行する場面や、投資家が保有する受

益権を他の投資家に転売するような場面においては、受益権の売買に販売業者が介在することが多く、そのような場合には、当該販売業者も信託にかかわる主要な当事者となる。

ここで、受益権が金融商品として利用されることが多い実態も踏まえ、金融商品取引法（以下、「金商法」という）上、受益権は一律に「有価証券」として取り扱われている（金商2条1項14号・2項1号等）。そして、受益権が「発行」される場面で第三者間の販売勧誘に関与することは「有価証券の募集・私募の取扱い」として、すでに発行された受益権のセカンダリーの売買に関与することは「有価証券の売買の代理・媒介」として、それぞれ金融商品取引業に該当する可能性があり（同条8項2号・9号）[注22]、金融商品取引業に該当する場合には、原則として金融商品取引業者や登録金融機関でないと行うことができないことになる。

以上より、受益権の販売業者として信託に関与する者は、金融商品取引業者や登録金融機関であることが一般的であり、そのような者による行為には、金商法に基づく業規制が適用されることになる。

(9) 信託債権者

信託法上、信託財産責任負担債務[注23]に係る債権であって、受益債権でないものを信託債権といい、信託債権を有する者を信託債権者という。商事信託の中には、受託者が信託財産の負担によって多様な取引を行うことがあり、そのような取引を通じて信託債権を取得した者は信託債権者として信託に関与することになる。なお、信託債権者は、原則として、信託財産だけでなく受託者の固有財産に対しても責任を追及することが可能であるが（信託21条2項参照）、商事信託の実務上、債権者との合意によって責任財産が信託財

注22) このほか、信託の内容や取引の態様によっては、「有価証券の引受け」（金商2条8項6号）、「有価証券の私募・募集」（同項7号）などとして金融商品取引業に該当する可能性もある。
注23) 信託財産責任負担債務とは、受託者が信託財産に属する財産をもって履行する責任を負う債務をいい（信託2条9項）、受益債権に係る債務や信託事務の処理について生じた権利に係る債務など信託法21条1項に規定される債務が信託財産責任負担債務に該当する。

産に限定されること（同項4号）も多い。

信託債権は受益債権に優先するとされている（信託101条）[注24]。信託債権者が現れる場面としては、信託事務を受託することにより、事務受託者が信託勘定に対して報酬債権を取得する場合や、信託勘定に対する貸付け（いわゆる信託ABL）[注25]によって貸付人が信託勘定に対して貸付債権を取得する場合などが想定される。

4　特殊類型の信託

信託の一般的な構造・機能はここまで述べてきた通りであるが、信託法上、特別の効果を有する信託の類型が定められているほか、信託法以外の特別法により、特別の規律や規制が定められている信託の類型も存在する。また、法律上、明示的に信託の類型として定められているわけではないが、アレンジにより特別の性質を有する信託が設定されることもある。以下、これらの特殊類型の信託のうち、主なものを紹介する。

(1)　信託法に特別の定めのある信託

(i)　受益証券発行信託

一般の信託においては、原則として受益権について証券が発行されたり、受益権が振替制度の対象となるものではない。もっとも、信託法上、信託行為において受益権を表示する証券（受益証券）を発行する旨を定めることが認められており（信託185条1項）、かかる定めのある信託（受益証券発行信託）については、受益権原簿の作成・管理が必要となったり、受益券の譲渡を受益証券の交付によって行うなど株式会社における株式（株券）と類似する規律が適用されることになる。また、株式と同様、受益証券は社債等振替

注24)　信託財産について破産手続開始の決定があったときも、信託債権は受益債権に優先する（破244条の7第2項）。なお、約定劣後破産債権は原則として受益債権と同順位とされており、信託行為の定めにより、約定劣後破産債権が受益債権に優先するものとすることができる（同条3項）。

注25)　信託ABLについては、西村あさひ法律事務所編『資産・債権の流動化・証券化〔第3版〕』（金融財政事情研究会、2016）247頁以下参照。

法に基づく振替制度の対象となり（同法第6章の2）、金商法上、第一項有価証券として株式や社債と同水準の規制が適用される（金商2条1項14号）[注26]。

受益証券発行信託を利用することにより、証券の交付または振替制度によって受益権を移転することが可能となり、受益権の流動性を高めることが可能となる。後述の通り、投資信託、貸付信託、特定目的信託といった特別法により受益証券の発行が認められている信託もあるが、信託法に基づく受益証券発行信託制度は、信託の内容にかかわらず受益証券の発行を認める制度である。実務的には、海外で発行・流通されている証券を国内の有価証券（日本型預託証券：JDR）のかたちにするなどの用途で受益証券発行信託が使われている[注27]。

(ii) 限定責任信託

信託法上、信託財産に属する財産をもって履行する責任を負う債務（すなわち信託勘定に帰属する債務。信託財産責任負担債務。信託2条9項・21条1項）に対しては、原則として、受託者は、信託財産に属する財産のみならず、受託者の固有の財産によってもその履行の責任を負わなければならない[注28]。このように、信託において受託者は信託財産責任負担債務に対して無限責任を負うことになるのが原則であるが、受益者の責任の範囲を一般的に信託財産に限定するための制度として、信託法上、限定責任信託の制度が設けられている。

信託行為においてそのすべての信託財産責任負担債務について受託者が信託財産に属する財産のみをもってその履行の責任を負う旨の定めをし、信託法232条の定めるところにより登記をすることによって、限定責任信託としての効力が生じることになる（信託216条1項）。そして、限定責任信託にお

注26) 受益証券の発行されない一般の信託の受益権は第二項有価証券となり（金商2条2項1号）、開示規制や業規制の点で第一項有価証券よりも規制内容が緩やかなものとなっている。

注27) 三菱UFJ信託銀行編著『信託の法務と実務〔6訂版〕』（金融財政事情研究会、2015）562頁参照。また、JDRにおける受益証券発行信託の活用について**第2節2**参照。

注28) 受益債権や責任財産限定特約の合意がある債権など一定の類型の債権に対しては、受託者は、信託財産に属する財産のみをもってその履行の責任を負う（信託21条2項）。

ける信託債権について、受託者は、信託財産に属する財産のみをもってその履行の責任を負うことになり（同法21条2項2号）、受託者の固有財産に対する強制執行等は制限される（同法217条）。ただし、受託者は、限定責任信託の受託者として取引をするに当たっては、その旨を取引の相手方に示さなければ、限定責任信託の効力を取引の相手方に対し主張することができない（同法219条）。

限定責任信託の効力を発生させるためには前述の通り登記を行うことが必要となるほか（信託220条1項・232条）、信託行為に一定の事項を定めたり（同法216条2項）、名称中に「限定責任信託」という文字を用いることが必要となる（同法218条1項）。また、信託の計算や帳簿等についての特例が定められており（同法222条以下）、特に信託計算規則に従って計算された給付可能額を超えて受益者に対する信託財産に係る給付を行うことが禁止されている（同法225条、信託計算規則24条）。

この点、これまでの商事信託の実務において、限定責任信託が利用されることは限定的である。その背景として、限定責任信託とすると計算や帳簿作成の事務が煩雑となる一方で、実務上、信託勘定による取引において相手方と責任財産限定特約（信託21条2項4号参照）が合意されることも多く、限定責任信託の効力を求める必要性が必ずしも高くないことがあると考えられる。もっとも、例えば、不動産を信託財産とする信託において受託者に所有者としての工作物責任（民717条1項ただし書）が発生するような場合には、責任財産限定特約により被害者（債権者）に対する責任を限定しておくことは不可能であり、そのような場面を想定した限定責任信託の利用も考えられよう[注29]。

注29) ただし、立案担当者の解説によると民法717条1項ただし書の所有者としての工作物責任については、限定責任信託の効果の対象となり信託財産のみが責任財産になると説明されているが（寺本・前掲注15）420頁注2）、民法717条1項ただし書の工作物所有者の責任による賠償賠償債務は、信託法217条1項括弧書（それが指示する21条1項8号）に該当して限定責任の効果から除外されることがふさわしいと述べる見解も存在する（橋本佳幸「信託における不法行為責任」信託研究奨励金論集33号〔2012〕51頁）。また、田中和明編著『新類型の信託ハンドブック』（日本加除出版、2017）133頁〔小川宏幸〕は、土壌汚染対策法に基づく責任について、限定責任信託における受託者がその固有財産で責任を負う場合があるという見解を述

なお、信託法上、受益証券発行信託であり、かつ、限定責任信託でもある信託（受益証券発行限定責任信託）についての特例が定められており（信託法第10章）、負債の額が200億円以上となる受益証券発行限定責任信託においては会計監査人の設置が義務付けられている（同法248条2項）。

(iii) 目的信託

前記1で述べた通り、信託の基本的な当事者として受益者が存在するのが原則であるが、信託法上、信託契約または遺言の方法によって受益者の定めのない信託を設定することが認められており（信託258条1項）、このような信託は一般に目的信託と呼ばれる[注30]。

目的信託については受託者となることができる者が一定の要件を満たす法人に限定されており（信託附則3項、信託令3条）、存続期間は20年を超えることができないとされている（信託259条）。また、受益者が存在しないことから信託管理人の選任が必要とされており（同法258条4項〜8項）、受託者に対する牽制の観点から、一般の信託よりも委託者の権利が強化されている（同法260条1項）。

信託法の立法段階においては、目的信託の活用方法として、例えば、特別目的会社（SPC）を利用して資産の流動化を図る場合において、SPCの株式を信託財産として目的信託を設定することにより、海外の慈善信託（チャリタブル・トラスト）の制度を利用しなくても、倒産隔離[注31]を中心とする証券化・資産流動化のためのスキームの法的安定性を確保することが可能となることなどが指摘されていた[注32]。もっとも、実務的には、倒産隔離のために目的信託が利用された実例は筆者の知る限り存在せず、その他の用途としても目的信託が利用されている事例[注33]は限定的である。

べている。

注30) 自己信託によって目的信託を設定することは認められない。
注31) 証券化・資産流動化における倒産隔離については、西村あさひ法律事務所編・前掲注25）16頁以下参照。
注32) 寺本・前掲注15）449頁。
注33) ペットの飼育を目的とする信託などとして利用されている実例が存在する。

(2) 特殊なアレンジによる信託

(i) 指図権者の定めのある信託

商事信託の実務上、前記3(6)で述べた通り、指図権者が設定されることが少なくない。このような信託において、信託財産の管理・処分等のうち指図権者が指図権を有する事項については、受託者は基本的に指図権者の指図に従って信託事務をとり行うことになる。そのため、信託の機関に近い立場として、指図権者が組み込まれることとなり、信託をめぐる責任関係についても、指図権者が存在しない信託とは異なる考慮が必要となる可能性がある。

(ii) 事業の信託

法令上、「事業の信託」という概念が存在するわけではないが、信託の設定と同時に委託者が営んでいる事業を信託に移転させる取引が一般に「事業の信託」と呼ばれている。信託法上、消極財産（債務）自体を信託することは認められていないが[注34]、信託行為に定めることにより、委託者が一定の事業に関して負担する債務を信託の設定当初から信託財産責任負担債務として受託者に引き受けさせることが可能である（信託21条1項3号）。これにより、信託行為に基づく財産の信託とかかる債務の引受けを包括的に捉えることにより資産と負債の集合体としての「事業の信託」が可能となる。その上で、信託のビークル機能を利用して、信託が事業の主体となるものである。

事業の信託については、事業提携・合弁、事業の証券化、トラッキング・ストックの代替手法、事業再生、事業承継など多様な分野での活用可能性が指摘されている。もっとも、いかなる信託が事業の信託に該当するかの線引きは明確ではないが、これまで「事業の信託」として信託を活用した事例は限定的と思われる。この点、事業の信託が、常に他の法形式を用いたスキームよりも有利となるというものではないが、個別の事例での状況やニーズ次第では、事業の信託が相対的に有用なスキームとなることもあり得ると考えられ、信託制度の理解が進むことで事業の信託が活用されるようになることが期待される。

注34) 寺本・前掲注15) 34頁。

(iii) セキュリティ・トラスト

セキュリティ・トラストとは、担保物の所有権は信託の対象としないまま、担保権のみを信託財産とし、受託者が担保権者となって、受益者たる被担保債権者のために一元的に担保権の管理・行使を行うことを目的とする信託である。

セキュリティ・トラストのスキームは、その設定方法により直接設定方式と2段階設定方式の2つの方式が考えられる。直接設定方式とは、受託者を担保権者として担保権設定者＝委託者[注35]が担保権を設定することにより、直接、セキュリティ・トラストを設定する方式である。2段階設定方式とは、すでに被担保債権者を担保権者として設定された担保権を、被担保債権者が委託者となって受託者に譲渡することによってセキュリティ・トラストを設定する方式である。

セキュリティ・トラストを利用することにより、受託者が一元的に担保権の管理・行使を行うことが可能となるため、シンジケート・ローンのように、複数の債権者が共通する担保を有する場合であっても、担保権の管理・行使が円滑かつ効率的なものとすることが期待できる。また、期中に被担保債権の譲渡が行われて、債権者が頻繁に変動することが想定される場合であっても、セキュリティ・トラストを利用する場合には、担保権者は常に受託者であって変動しないことから、担保権の移転に伴う手続を省略することが可能となる[注36]。このように、債権者が多数となる場合や債権の流動性が高い場合にセキュリティ・トラストを利用することが便宜となると期待されているほか、例えば、担保権者が海外の当事者である場合に、事務の便宜から国内の動産や有価証券等に対する担保の管理・実行を国内の当事者に委ねるためにセキュリティ・トラストを利用することも想定される。

注35) なお、直接設定方式に関して、担保権設定者を委託者と捉えるのではなく、被担保債権者を委託者兼受益者であるという解釈の可能性を述べる見解もある（新井・前掲注6）155頁）。

注36) 信託の権利付与機能により、（事務手続の必要性から、受託者に対する連絡は必要となるものの、私法上の効力としては）新たに債権者となる者が受益者の地位を取得するための追加的な手続も必要とならない。

(iv) 受益者不特定の信託

受益者の定めのない信託（目的信託）とは別の類型の信託として、一定の事由が発生したり、一定期間が経過するまでは受益者が特定されず、存在しない信託が設定されることがある。例えば、日本版ESOPとして利用される信託については、当初から抽象的に受益者となり得る対象者の範囲は確定しているものの、制度を導入する企業の従業員が所定の要件を満たして給付を受ける権利を取得するまで具体的な受益者は特定されず、受益者が不存在となる[注37]。

このような信託においては、信託管理人または受益者代理人が選任され[注38]、受益者が特定されるまで受益者候補（抽象的に受益者となり得る対象者）のために権利行使する役割を担うことが一般的である。

(3) 特別法に基づく信託

信託法以外の特別法により、特別の規律や規制が定められている信託の類型が存在する。以下、そのような信託のうち主なものを紹介する。

(i) 投資信託

投資信託は、投資信託及び投資法人に関する法律（以下、「投信法」という）に基づき設定される信託類型であり、委託者指図型投資信託と委託者非指図型投資信託に分けられる（投信2条3項）[注39]。実務的には、委託者非指図型投資信託の利用例は限定的であり、委託者指図型投資信託として設定されることが一般的となっている。委託者指図型投資信託は、信託財産を委託者の指図（または一定の要件を満たす委託者から委託を受けた者の指図）に基づいて主として有価証券、不動産その他の資産で投資を容易にすることが必要であるものとして投信法施行令で定めるもの（特定資産）に対する投資とし

注37) ESOP信託のスキームの詳細については**第2節4**参照。
注38) 前述の通り、受益者不特定の信託において受益者に代わって受益者のために権限を行使する者が信託法上の信託管理人と受益者代理人のいずれに該当するかは明確とならないことがある。
注39) 一般用語としては、投信法に基づく「投資信託」に限らず、投資運用を目的として設定された信託が広く投資信託と呼ばれることもある。また、文脈によっては、J-REITのような投資法人も投資信託と呼ばれることがある。

て運用することを目的とする信託であって、投信法に基づき設定され、かつ、その受益権を分割して複数の者に取得させることを目的とするものをいう（投信2条1項）。投資信託の受益権は受益証券に表示され（同条7項）、振替制度の対象となる（社債株式振替121条以下）。

(ii) **貸付信託**

貸付信託は、貸付信託法に基づき設定される信託類型であり、1個の信託約款に基づいて、受託者が多数の委託者との間に締結する信託契約により受け入れた金銭を、主として貸付けまたは手形割引の方法により、合同して運用する金銭信託であって、当該信託契約に係る受益権を受益証券によって表示するものをいう（貸付信託法2条1項）。

かつては信託銀行により広く販売される金融商品であったが、近年は、実務上、新規には取り扱われなくなっている。貸付信託の受益権は受益証券に表示され（貸付信託法2条2項）、振替制度の対象となる（社債株式振替122条以下）。

(iii) **特定目的信託**

特定目的信託は、資産流動化法に基づき設定される信託類型であり、資産の流動化を行うことを目的とし、かつ、信託契約の締結時において委託者が有する信託の受益権を分割することにより複数の者に取得させることを目的とするものをいう（資産流動化2条13項）。特定目的信託の受益権は受益証券に表示され（同条15項）、振替制度の対象となる（社債株式振替124条以下）。

投信法に基づく投資信託がファンド型のビークルであるのに対して、資産流動化法に基づく特定目的信託は証券化型のビークルである[注40]。特定目的信託は、制度としての優位性が乏しく、これまでほとんど利用例が存在しないが、イスラム金融への利用可能性などが検討されている[注41]。

注40) 証券化、ファンドのいずれも資産金融型の取引という点で共通の性質を有すると評価されることがあるが、証券化は、資産を保有する者が自らの信用力ではなくその資産の価値を利用して資金調達を行おうとする取引であり、まず「物」ありきのスキームと評価することができるのに対して、ファンドは、調達した資金を投資対象に運用することによって利益を上げ、収益として投資家に分配する取引であり、まず「金」ありきのスキームと評価することができる。

注41) 例えば、2012年4月10日には、金融庁より、特定目的信託を利用したスキームを前提とする「日本版スクーク（イスラム債）に係る税制措置Q＆A」が公表されてい

(iv) 公益信託

公益信託は、公益信託ニ関スル法律（以下、「公益信託法」という）[注42]に基づき設定される信託類型であり、受益者の定めなき信託のうち、学術、技芸、慈善、祭祀、宗教その他公益を目的とするものであって、公的信託法2条に基づく主務官庁の許可[注43]を受けたものをいう（公益信託法1条）。公益信託は、1977年に第1号が誕生して以来、個人や企業等の善意に支えられ、奨学金の支給、自然科学・人文科学研究への助成、海外への経済・技術協力への助成、さらには、まちづくりや自然環境保護活動への助成等、幅広い分野で活用されていると説明されている[注44]。

税法上、公益信託のうち、一定の要件を満たすものを特定公益信託といい（所税78条3項、法税37条6項、租特70条3項）、特定公益信託のうち、特に公益性の高い一定の信託目的を有するものとして主務大臣の認定を受けたものを認定特定公益信託といい（所税令217条の2第3項、法税令77条の4第3項）、それぞれ税制上の優遇措置が定められている。

なお、法務省では、2016年7月5日より法制審議会信託法部会で公益信託法の見直しに関する審議を開始しており、数年以内には、公益信託法の大幅な改正が行われることが見込まれる。

(v) 担保付社債のための信託

社債に担保を付そうとする場合には、担保の目的である財産を有する者と信託会社との間で担保付社債信託法に従って信託契約を締結することが必要となる（担信2条1項）。この場合の信託の受託者には、信託銀行、信託会社または内閣総理大臣の免許を受けた会社しかなることができない（同法3条・4条）。また、信託契約に一定の事項を定めることが必要となる（同法19条1項等）など、特別の規律が適用される。

る。
注42) 公益信託法は、現行の信託法（平成18年法律第108号）が制定される際に、旧信託法（大正11年法律第62号）を廃止するのではなく、公益信託に関連する規定のみを維持した上で、法律の名称を変更することにより旧信託法を存置することにより現在のかたちとなったものである。
注43) 主務官庁が許可を行う際の審査基準として、「公益信託の引受け許可審査基準等について」（平成6年公益法人等指導監督連絡会議決定）が定められている。
注44) 一般社団法人信託協会のホームページ参照。

第11章　商事信託の近時の展開

第2節
特殊類型の信託の活用

1　指図権の定めのある信託における当事者の責任

(1)　論点の所在

　実務上、信託財産の管理・処分等について、ある当事者が受託者に対して指図を行い、受託者は当該指図に従って信託事務をとり行うこと[注45]が信託契約に定められることが少なくない。例えば、委託者指図型投資信託では、委託者（投資信託委託会社）の指図により信託財産の運用が行われることになり（投信2条1項）、いわゆる特定金銭信託や特定金外信託では、委託者または委託者の指定する者からの運用指図に従って投資執行と事務管理が行われる[注46]。また、事業承継などのための株式の管理・処分を目的とする信託においても、信託財産である株式の議決権行使や処分は、受託者が裁量によって行うのではなく、委託者や受益者の指図に従って行われることが一般的であると思われる。
　このような信託においては、信託契約上、受託者は、一定の範囲で指図権を有する者の指図に従って信託事務を行うことが義務付けられ、さらには、指図がない限り、受託者は当該事務を行ってはならないことが定められることもある。この場合に、受託者が指図権を有する者の指図に従って信託事務を行った結果（あるいは、指図権を有する者が必要な指図を行わなかったため受託者が信託事務を行わなかった結果）、信託財産に損害が生じた場合、受託者や指図権を有する者はどのように責任を負うことになるのかが論点となる。

注45)　第三者が受託者に対して指図を行うのではなく、信託財産の管理処分の権限を受託者が有する場合に、受託者からその権限の一部の委託を受けた第三者は、信託業務の委託先として信託法や信託業法が適用されることになる。
注46)　三菱UFJ信託銀行編著・前掲注27) 499頁。

以下では、信託契約に受託者に対する指図権を有する旨が定められた者（以下、「指図権者」という）[注47]の法令上の位置付けを整理した上で、受託者および指図権者の責任について考察する。

(2) 指図権の定めのある信託や指図権者の法令上の位置付け

信託法上、指図権の定めのある信託や指図権者に関する明示的な規定は存在しないが[注48]、私法上の関係として指図権者が委任の受任者または受益者代理人として責任を負う場合があり得るほか、金融規制に基づく義務を負う可能性がある。

(i) 私法上の位置付け

まず、指図権者が委託者または受益者から委任を受けて指図権を保有する場合には、指図権者は民法644条に基づき、委託者または受益者との関係で、委任の本旨に従い、善良な管理者の注意をもって、委任事務を処理する義務を負うことになる。

また、信託契約により受益者代理人として指定された者が指図権を有する場合には、指図権者は受益者代理人として、善良な管理者の注意をもって、権限を行使しなければならない（信託140条1項）。

(ii) 規制上の位置付け

信託業法上、「信託財産の管理又は処分の方法について指図を行う業を営む者」を「指図権者」とし[注49]、この「指図権者」には一定の規制を課されている。すなわち、「指図権者」に該当する場合でも、認可・登録等の手続

注47) 後述の通り、信託業法上、「指図権者」という概念が定められているが、1では信託業法上の「指図権者」に該当するか否かを問わず、信託契約に受託者に対する指図権を有する旨が定められた者を「指図権者」と呼ぶこととする。

注48) 第1節3(6)参照。なお、2016年6月12日に開催された第41回信託法学会における信託協会調査部調査役の工藤慶和氏による「平成18年信託法制定後の残された課題に関する立法論的考察」と題する報告の中では、指図権者の注意義務・忠実義務に関する規定を信託法に明文化することが提案されている。

注49) 受益者自身が受託者に対して指図権を行使する場合には、受益者保護のための行為規制を課す必要もないことから、信託業法上の「指図権者」には該当しないと考えられている（小出・前掲注20）306頁）。なお、後記(3)の受託者の責任に関する記述など、1の指図権者に関する議論自体は受益者が指図権者となる場合にも妥当すると考えられる。

が必要となることはないが、信託の本旨に従い、受益者のため忠実に信託財産の管理または処分に係る指図を行わなければならないという忠実義務が定められており（信託業65条）、また、一定の行為準則に従うことが求められる（同法66条）[注50]。

また、指図権者が投資運用業として指図権を行使する場合には、金商法に基づく業規制が適用される。なお、この場合、信託業法に基づく「指図権者」に対する規制は適用されない（金商42条の8）。

(3) 受託者の責任

信託法上、受託者は、善良な管理者の注意をもって、信託事務を処理することが求められており（信託29条2項）[注51]、さらに、信託銀行・信託会社が受託者となる場合には、兼営法および信託業法によっても信託の本旨に従い、善良な管理者の注意をもって、信託業務を行うことが求められる（信託業28条2項、兼営2条1項）。

ここで、信託契約上、指図権の定めがある場合に、指図権者の指図に従っ

注50）　行為準則の具体的な内容は以下の通りである。
・通常の取引の条件と異なる条件で、かつ、当該条件での取引が信託財産に損害を与えることとなる条件での取引を行うことを受託者に指図すること（信託業66条1号）。
・信託の目的、信託財産の状況または信託財産の管理もしくは処分の方針に照らして不必要な取引を行うことを受託者に指図すること（信託業66条2号）。
・信託財産に関する情報を利用して自己または当該信託財産に係る受益者以外の者の利益を図る目的をもって取引（内閣府令で定めるものを除く）を行うことを受託者に指図すること（信託業66条3号）。
・指図を行った後で、一部の受益者に対し不当に利益を与えまたは不利益を及ぼす方法で当該指図に係る信託財産を特定すること（信託業66条4号、信託業規68条2項1号）。
・他人から不当な制限または拘束を受けて信託財産に関して指図を行うこと、または行わないこと（信託業66条4号、信託業規68条2項2号）。
・特定の資産について作為的に値付けを行うことを目的として信託財産に関して指図を行うこと（信託業66条4号、信託業規68条2項3号）。
・その他法令に違反する行為を行うこと（信託業66条4号、信託業規68条2項4号）。
注51）　「善良な管理者の注意」とは、「その職業や地位にある者として通常要求される程度の注意を意味し、受託者が専門家である場合には、専門家として通常要求される程度の注意をもって信託事務を処理しなければなら」ないと説明されている（寺本・前掲注15）112頁）。

て受託者が信託事務をとり行うことと、受託者の善管注意義務の関係をどのように捉えるべきか。具体的には、指図権者による指図が不適切なものであるにもかかわらず、受託者がこれに従ったことにより、信託財産に損害が生じたような場合に受託者が善管注意義務の責任を負うこととなるのか、換言すると、善管注意義務の観点から受託者に指図権者の指図を拒絶する義務が認められる場合があるのかが論点となる。

この点、前述の通り、信託法上、指図権の定めのある信託に関する規定は設けられておらず、指図権者が存在する場合の受託者の責任について法令上の定めは存在しない。もっとも、受託者の善管注意義務の個別的・具体的な内容は、信託の目的、信託条項その他の当該信託にかかわる諸事情によって異なり得ると説明されており[注52]、信託契約上、指図権の定めがある場合には、受託者の善管注意義務の個別的・具体的な内容も指図権や指図権者の存在を踏まえたものとなると解される。

この論点に関する学説として、能見善久教授は、「『指図権』は、基本的には信託財産についての管理権の一部ではなく（したがって、委託者に指図権が『留保』されるという表現は適切ではない）、信託契約によって、指図権者の指図に従うという義務が受託者に課されたに過ぎないと考えるべきである（したがって、指図権者と受託者の関係は債権的な関係であり、これに受託者が従わないで信託財産を処分しても信託法27条の取消しの問題は生ぜず、単に、善管注意義務違反の損害賠償責任しか生じない）」と述べ、指図権者の指図に従って信託事務を行うかどうかは、受託者の義務の内容の問題であると位置付けた上で、「受託者としてはそれ〔筆者注・指図権者の指図〕に従う義務があり、それに従っていれば、原則として責任は生じない。また、指図権は受託者の権限を制限する問題ではなく、善管注意義務の問題であるとすると、受託者としては『指図に従っていれば義務を尽くしたとして免責される』ことを信託契約に規定することが可能である（信託法29条2項）」と述べている[注53]。

また、道垣内弘人教授は、「たとえば、受託者が投資をするにあたって、特定の投資顧問業者の投資判断に従って投資をするように指示されているの

注52）　寺本・前掲注15）114頁注6。
注53）　能見善久編『信託の実務と理論』（有斐閣、2009）13頁［能見善久］。

であれば、受託者には自ら投資判断をする権限はなく、投資判断にあたって善良な管理者の注意は問題にならず、逆に、特定の投資顧問業者の投資判断に従う義務を負うことになる」とした上で、「民法上の委任契約に関連して、受任者に対する委任者の指示が不適当である場合には、指示の変更あるいは指示に従わないことの許諾を求めるべきだといわれている。このことからすると、信託報酬の定め方や指図権者を定めた経緯などを考慮する必要はあるものの、一般には、指図権者に明白な義務違反があることを現実に知っているときには、受託者の通知義務等が認められるであろう」と述べている[注54]。

　実務家による文献の中にも、指図権の定めのある信託においては、原則として受託者は指図権者の指図に従って信託事務を行う義務を負い、かかる指図に従って信託事務を行う限り責任を負わないことを述べるものがみられる[注55]。

注54)　道垣内弘人『信託法（現代民法別巻）』（有斐閣、2017）170頁～171頁。
注55)　須田力哉「指図を伴う信託事務処理に関する法的考察——不動産信託を例として」信託法研究34号（2009）12頁は、「指図権限の定めのある信託では、信託財産の管理や処分を実際に行うのは受託者ではあるが、それらの具体的な方法は指図者が受託者に対して指図することが定められているので、受託者は信託財産の管理や処分をする権限を備えてはいるものの、独自に信託財産の管理や処分の具体的な方法を決定して実行することまでは求められていないことになる。このように受託者と指図者との間で内部的な役割分担がされている場合、指図の仕組みを機能させるには、指図を受ける受託者が『指図に従う』ことが不可欠であり、それは受益者に対して受託者が善管注意義務を果たすうえでも必要な行動と考える。したがって、指図権限の定めのある信託では、受託者が善管注意義務を尽くしたか否かの判断は、第一義的には、指図に従ったか否かで判断されるといえよう」と述べる。また、中田直茂「指図権と信託」新井誠＝神田秀樹＝木南敦編『信託法制の展望』（日本評論社、2011）455頁は、「指図権者が信託行為により指名され、または信託行為の定めに従い委託者または受益者より指名された場合、信託法35条3項の趣旨および委託者および受託者の合理的意思解釈に鑑み、受託者は、指図者の行為について積極的な調査を行う義務を負わず、指図権の行使が信託行為に違反し、または不適法であることを知ったときに限り、受託者は、指図を拒絶する義務を負うと解釈するのが相当である」と述べる。なお、有吉尚哉「年金特定信託における信託銀行の責任とAIJ事件を踏まえた信託業規制の見直しの動向」NBL990号（2012）58頁においても、投資運用業者が指図権者として選任された特定年金信託における信託銀行の責任の範囲について、「信託銀行は、投資運用業者の指図に従った取引を行っている限り、基本的には善管注意義務の違反を問われることはないものと考えられる。もっとも、投資運用業者の指図に従っていれば、常に信託銀行が免責されるわけではなく、通常要求される程度の注意をもってすれば、指図の内容が明らかに不合理または違法

第 2 節　特殊類型の信託の活用

　さらに、いわゆるAIJ事件に関連してAIJ投資顧問の指図に従って年金特定信託の信託財産の運用行為を行っていた信託銀行に対して委託者である年金基金が損害賠償を求めた事案の1つで、東京高裁は「投資一任業者であるAIJの不当な運用により控訴人が運用損を被ったことにつき、被控訴人JTSB〔筆者注・受託者である信託銀行〕の任務懈怠があるといえるのは、被控訴人らがその信託事務を処理するに当たり、AIJの運用が明らかに不当で控訴人〔筆者注・委託者である年金基金〕に重大な損失が生ずる危険性が高いことを認識していたか又は容易に認識し得た一方、委託者である控訴人においてはそのことを認識し得なかったのに、被控訴人らが控訴人にそのことを告げなかったというような例外的な事情が認められる場合に限られるものである」と判示した上で、結論として信託銀行の責任を否定している[注56]・[注57]。この裁判例は、受託者に指図を行う投資一任業者の不当な指図に従った運用により受益者が運用損を被ったことにつき、受託者の任務懈怠の責任が負う場合があり得ることを示唆した上で、そのような場合に受託者が責任を負うのは、信託事務を処理するに当たり、①投資一任業者の運用が明らかに不当で受益者に重大な損失が生ずる危険性が高いことを受託者が認識していたか、または容易に認識し得た場合、あるいは、②委託者においては投資一任業者

　　　　であることが容易に認識できたにもかかわらず、漫然と当該指図に従って信託財産に関する取引を行ったような場合には、信託銀行が善管注意義務違反の責任を問われる余地もあるものと考える」と論じていた。

注56）　東京高判平成28・1・21（平成27年(ネ)第4127号）。この裁判例の事案については、有吉尚哉「信託判例と実務対応　⑤指図権の定めのある信託と受託者の責任」信託フォーラム7号（2017）133頁以下参照。

注57）　この裁判例の事案と同様にAIJ投資顧問の不正行為により被った損害の賠償を別の年金基金が信託銀行に請求した事例として、東京地判平成27・12・25（平成25年(ワ)第23164号）がある。この裁判例では、「基金である原告は、自らの責任と権限において、その資産の運用方法と運用受託機関を決定すべき立場にあり、原告が、その資産の運用方法として年金投資一任契約をすることを選択し、信託銀行である被告らとの間で、被告らが投資一任業者であるAIJの指図に基づいて信託財産を運用する旨の年金特定信託契約を締結したのであるから、被告らは、AIJの運用指図に従う立場にあるといえる。したがって、被告らは、AIJが何らかの不正を行い又は著しく不当な方法で信託財産の運用を行うことを、知り又は容易に知ることができたなどの特段の事情がない限り、AIJによる信託財産の運用を監視したり、原告に対して助言や報告を行ったりする義務があったとはいえない」と判示し、結論として信託銀行の責任を否定している。

の運用が明らかに不当で受益者に重大な損失が生ずる危険性が高いことを認識し得なかったのに、受託者が委託者にそのことを告げなかった場合というような例外的な事情がある場合に限られるという考え方を示したものと評価できる。

　前記の東京高裁の裁判例は、あくまでも投資一任業者が運用指図を行う年金特定信託の場面を前提としたものであり、この裁判例で示された考え方が指図権の定めのある信託一般に敷衍できるものであるか明確ではなく、また、受託者の善管注意義務の個別的・具体的な内容は、信託の目的、信託条項その他の当該信託にかかわる諸事情によって異なり得るものである。もっとも、指図権の定めのある信託における受託者の責任について、前記の学説・裁判例を踏まえると、一般論としては、①原則として受託者は指図権者の指図に従う義務があり、当該指図に従って信託事務を行う限り、受託者は、善管注意義務違反の責任を問われることはない、②しかしながら、指図の内容が不当であることを受託者が認識し、または認識し得た場合には、例外的に受託者が指図権者の指図に従って信託事務を行った結果、信託財産に生じた損失について責任を負うこととなり、受託者は当該指図を拒絶する（あるいは、委託者または受益者に通知をし、その許諾を得た上で信託事務を行う）義務を負う場合があると整理することができると考えられる。そして、どのような場合に前記②のように受託者が指図権者の指図を拒絶する義務を負うことになるかについては、ⅰ指図権の内容、指図権者の責任その他の信託契約の内容のほか、ⅱ信託契約の締結の目的・経緯[注58]、ⅲ委託者、受託者、指図権者

注58）　前記の東京高裁の裁判例の原審である東京地判平成27・7・3（平成24年(ﾜ)第32336号・平成25年(ﾜ)第12909号）では、厚生年金保険法上、年金基金が金融商品取引業者と投資一任契約を締結するときは、①その投資一任契約は、年金基金が金商法2条8項12号ロに規定する投資判断の全部を一任することを内容とするものでなければならず、②年金基金は、当該投資一任契約に係る年金給付等積立金について、信託銀行等と運用方法を特定する信託の契約を締結しなければならず、③その契約は、当該契約に関し年金基金が締結している投資一任契約に係る金融商品取引業者の指図のない場合を除き、信託銀行等が当該指図にのみ基づいて当該契約に係る信託財産を運用することを内容とするものでなければならない旨を定めていること（同法130条の2第1項・2項・136条の3第2項、厚生年金基金令（平成26年政令第73号による廃止前のもの）30条3項・31条1項）を理由に、「基金は、自らの責任と権限において、その資産の運用方法と運用受託機関を決定すべき立場にあり、

の属性[注59]、ⅳ委託者と受託者の関係、ⅴ委託者と指図権者の関係等の個別事情を勘案して、個々の信託における受託者の注意義務の内容を判断することが必要になると考えられる[注60]。この点、前記の東京高裁の裁判例でも言及されているように、㋐指図権者を決定すべき責任と権限が委託者にあること、および㋑受託者が運用方法の適否について監視や委託者への助言をする責務を負う立場にないことが認められる場合には、受託者の責任の範囲は限定的なものとなると解されるべきであろう。なお、東京高裁の裁判例を踏まえると、指図権者の指図が信託契約に違反していたり、指図または指図の内容が違法であるといった場合だけでなく、指図が信託契約に従った適法なものではあるものの受益者に不利益となるような場合にも、受託者が指図を拒絶する義務を負う場合があり得ると考えられることに留意が必要である。

基金が、その資産の運用方法として投資一任業者との年金投資一任契約を選択し、信託銀行との間で、信託銀行が投資一任業者の指図のみに基づいて信託財産を運用することを内容とする年金特定信託契約を締結したときは、信託銀行は、投資一任業者の運用指図に従うべき立場にあるのであって、投資一任業者の運用方法の適否について監視や基金への助言をする責務を負う立場にはない」と判示している。このように、法令上、委託者の側で指図権者を選定し、受託者が当該指図権者の指図に従って信託事務を行うことが想定されている場合には、受託者の責任の範囲を限定する方向に働くと考えられるが、法令上の要請がない場合でも、委託者が自らの責任と権限において、信託財産の運用方法や運用に関する指図を行う者を決定することが想定されており、かつ、受託者が運用方法の適否について監視や委託者への助言をする責務を負うことが想定されていない信託においては、法令上の要請がある場合と同様に受託者の責任の範囲を限定的に捉えるべきであろう。

注59) たとえば、年金特定信託の場面のように指図権者が金融商品取引業の登録を受けた投資一任業者である場合の方が、指図を行うことに関して特段の規制の適用を受けない者が指図権者となる場合よりも、受託者の責任の範囲を限定する方向に働くものと考えられる。他方で、年金特定信託等の一定の信託では、信託銀行が投資対象のファンドの基準価額や監査報告書を入手し、突き合わせを行うことを求める規制が導入されており（有吉・前掲注55）61頁参照）、金融規制上、信託銀行に特別な規制が適用される場面であることを踏まえて、私法上の義務としても受託者である信託銀行に重い注意義務が認められる可能性があると考えられる。

注60) 受託者に認められる義務の内容としては、受託者が当初から指図権者の指図を一定の範囲で拒絶する義務を負う場合のほか、指図権者の指図に従ってとり行った信託事務の妥当性を受託者が事後的に確認する義務を負い、確認の結果、指図の内容が適切ではなかったことが明らかになった場合には、以後、同様の指図を拒絶する義務を負うことになる場合などもあると考えられる。

(4) 指図権者の責任

前述の通り、指図権者は、委任の受任者として善管注意義務を負う場合があり、受益者代理人に該当する場合には信託法に基づく義務を負うこととなるほか、信託業法上の指図権者の規制や金商法上の投資運用業者(金融商品取引業者)の規制が適用される場合がある。

また、信託契約や指図権を根拠付けるその他の契約において、指図権者に対して追加的な義務が合意される場合には、指図権者は契約に従った責任も負うことになる。この点、契約上に明示的な定めがない場合でも、契約締結の経緯や契約の趣旨から黙示的な合意が認定され、指図権者に約定の責任が認められる場合もあり得るだろう[注61]・[注62]。

さらに、契約上の責任が認められないとしても、信託関係の特殊性から、指図権者の立場につくことにより、特別の責任を負うことになるとする考え方もある。例えば、信託財産の管理や処分の具体的な方法を受託者に対して

[注61] 中田直茂「指図者を利用した場合の受託者責任(下)——分業による責任限定は可能か」金法1860号(2009)42頁は、委託者の合理的意思解釈として指図者が信認義務を負うと解釈するのが相当な場合が多いとした上で、「信託行為の合理的解釈により指図者が信認義務を負う場合、指図者は、受益者に対する善管注意義務を負い(信託法29条2項本文の準用または類推適用)、また、忠実義務に関する信託法の規定のうち少なくとも一般的忠実義務(信託法30条)は指図者に準用または類推適用されるべきである」と述べる。

[注62] 指図権者に約定の責任が認められる場合であっても、誰との関係で責任が認められるかによって効果が異なること(当事者が期待する効果が得られない可能性があること)にも留意が必要である。たとえば、他益信託の委託者が指図権者を選任することにより、委託者と指図権者の間に委任関係が認められる場合において、指図権者の注意義務に反した指図により信託財産が毀損した場合、信託財産や受益者には損害が生じているものの、注意義務の対象である委託者には損害が生じておらず、結果として指図権者は誰に対しても損害賠償責任を負わないと評価される可能性もあると思われる。また、自益信託の委託者(兼受益者)と指図権者の間に委任関係が認められる場合において、指図権者の注意義務に反した指図により信託財産が毀損した場合は、他益信託の場合と比べて、受益者でもある委託者に損害が生じており、指図権者が受益者に対する損害賠償責任を認定しやすくなると思われるが、信託契約上、受益者に対する信託財産の交付時期が遠い将来と定められているような場合には、(信託財産には損害は生じているものの)交付時期が到来するまで受益者に損害は生じていないと評価され、当面の間は、指図権者による損害賠償が誰に対しても行われないこととなる可能性も否定できないと思われる。

指図することで信託財産の行く末に影響を及ぼすことができる指図権者は、指図権者と受益者との間に契約関係があるか否かにかかわらず発生する信認義務を負うと解釈すべきであり、その権限の行使に当たって受益者に対して受託者に準じた義務、すなわち善管注意義務や忠実義務を負うとする見解がある[注63]。もっとも、このような指図権者の責任は法令上に明文の根拠がなく、また、指図権者の権限の範囲は個々の信託ごとにまちまちであるにもかかわらず、受託者に対する指図権を有することにより一律に指図権者が受託者に準じる重い責任を負うと解することは合理的ではないように思われる。また、指図権者の側からみると、投資運用権限や指図権限を行使する相手方がたまたま、信託の受託者である場合に限って重い責任を負うことになるのは、その他の投資運用権限や指図権限が付与された場合との均衡を失することになるように思われる。前述の通り、黙示の合意が認められる場合を含めて、個別の契約により指図権者の責任を定めることもできるのであり、法令上の根拠がない中で、指図権者の特別の責任を一般的に認める必要性は高くないものと考える。

なお、立法論としては、信託制度における受益者の保護の重要性から、指図権者に特別の義務を定めることを検討することもあり得るものと考えられる[注64]。もっとも、その場合も、受益者保護の観点だけでなく、第三者に投資運用権限や指図権限を付与する場面のうち、信託における指図権者にのみ特別の義務を課すことの必要性・合理性についても検討されるべきであろう[注65]。

注63) 須田・前掲注55) 22頁。
注64) 一例として前掲注48) の工藤報告参照。
注65) 前掲注62) で述べた通り、民法上の委任関係を基準とした整理からは、指図権者に（委託者に対する）責任が認められる場合であっても、信託財産や受益者に対する責任を認めることは理論的に必ずしも容易ではないようにも思われる。そのため、事案の直截的な解決を図りやすくする観点から、一定の場合には、受託者（信託財産）と契約関係のない指図権者が、直接信託財産に対して損害賠償を行うことを、法律上の責任として信託法に定めることも考えられよう。

第11章　商事信託の近時の展開

2　受益証券発行信託の活用例としてのJDR

(1)　受益証券発行信託の意義と特色

(i)　受益証券発行信託とは

　受益証券発行信託は、信託行為において、1または2以上の受益権を表示する証券（受益証券）を発行する旨を定めている信託をいう（信託185条）[注66]。

　受益証券発行信託は、受益証券を発行する以外は基本的に通常の信託と同じであるが、投資信託、貸付信託または特定目的信託と異なり、受益証券発行信託の信託財産には限定がないので、株式、債券、不動産、商品等のほか、知的財産権その他の財産権も信託財産とすることができる[注67]。

　受益証券発行信託に基づいて発行された受益証券は譲渡可能であり、受益者はさまざまな信託財産を裏付けとした受益権を譲渡することであたかも信託財産そのものを譲渡するような経済効果を得ることが可能となる。

　受益証券発行信託は、受益証券が発行されるのが原則であるが、受益証券発行信託の受益証券は振替法の対象となっており（社債株式振替2条1項10号の2）、信託行為において発行者が株式会社証券保管振替機構（以下、「ほふり」という）等の振替機関において取り扱うことにあらかじめ同意すれば、振替受益権（同法127条の2第1項）として扱われ、受益証券が発行されない（同法127条の3第1項）。

(ii)　信託法上の取扱い

　受益証券発行信託は、信託一般に適用のある信託法、信託業法等の規制を受けるほか、受益証券発行信託としての特色に基づく特別な取扱いを受ける。

　受益証券は、有因証券であって、記載事項が法定されている（信託209条）。記名式または無記名式のいずれとすることも認められる（同法186条2号）。

　受益証券発行信託では、受託者は受益権原簿の作成が義務付けられており

[注66]　なお、受益証券発行信託であっても、信託行為において特定の内容の受益権については受益証券を発行しない旨を定めることは妨げられない。ただし、この点に関する内容を事後に変更することはできない（信託185条2項・3項）。
[注67]　寺本・前掲注15）32頁。

（信託186条）、券面が発行されている受益権の譲渡は当該受益権に係る受益証券を交付しなければ効力が発生せず（同法194条）、券面発行の有無にかかわらず、記名式の受益権を取得した者は受益権原簿に氏名または名称および住所を受益権原簿に記載または記録しなければ、受託者に対抗することができない（同法195条）[注68]。なお、無記名式受益権の受益者は、受託者その他の者に対しその権利を行使しようとするときは、その受益証券を当該受託者その他の者に提示しなければならない（同法192条）。

前記にかかわらず、振替受益権の権利の帰属は、振替口座簿の記載または記録により定まる（社債株式振替127条の2第1項）。

このように、受益証券発行信託では受益権が流通する結果、受益者が不特定多数となることが多く、受益者による監視機能が弱まることから、信託法において受託者の義務が厳格化されている[注69]。例えば、受託者が信託事務を処理するに当たって負う善管注意義務（信託29条2項本文）について、受益証券発行信託では受託者の善管注意義務を軽減することができないとされている（同法212条1項）[注70]。また、受益証券発行信託の委託者は、①信託行為において指名された第三者または②信託行為において受託者が委託者もしくは受益者の指名に従い第三者に委託する旨の定めがある場合における当該定めに従い指名された第三者に委託するとき、信託行為に別段の定めを設けたとしても第三者が不適任であること等を知ったときの受益者への通知、第三者への委任の解除その他の必要な措置をとる義務（同法35条4項）を免除することができない（同法212条2項）。

(iii) **金商法上の位置付けと発行者**

この受益証券発行信託の受益証券は、金商法2条1項14号が定める有価証券であり、発行者、販売者等は有価証券に関する同法上の各規制を受ける。同法上の発行開示規制については、受益証券発行信託の受益証券はいわゆる第一項有価証券であることから、適格機関投資家・特定投資家以外の50名以

注68) 券面不発行の場合はその他の第三者に対する対抗要件にもなる。
注69) 神田秀樹＝折原誠『信託法講義』（弘文堂、2014）216頁～217頁。
注70) 通常の信託においては、信託行為によって善管注意義務を緩和することができる（信託29条2項ただし書）。

上に対して取得勧誘が行われる場合には原則として「有価証券の募集」に該当し（同法2条3項1号・2号）、発行者は有価証券届出書の提出（同法4条1項・5条）等が義務付けられる。また、同法上の業規制については、有価証券の募集の取扱いや私募の取扱いが第一種金融商品取引業に該当することとなる（同法28条1項・2条8項9号）。

　有価証券届出書の提出等が義務付けられる「発行者」は、「有価証券を発行し、又は発行しようとする者（内閣府令で定める有価証券については、内閣府令で定める者）」（金商2条5項）と定められているが、受益証券発行信託の受益証券は「内閣府令で定める有価証券」に該当し（定義府令14条1項）、定義府令で定められる者が発行者となる。定義府令において、受益証券発行信託のうち有価証券信託受益証券については、「当該有価証券に係る受託有価証券を発行し、又は発行しようとする者」が発行者であるとされる（同府令14条2項1号）。有価証券信託受益証券ではない受益証券発行信託の受益証券の場合、①委託者または委託者から権限を与えられた者にのみ管理または処分の指図権がある場合には委託者、②①以外の場合で委託者が当初受益者となるものであり、金銭を信託財産とする場合は受託者、③①および②以外の場合には委託者および受託者が発行者となる（同府令14条2項2号）。

　前記した「有価証券信託受益証券」とは、受益証券発行信託の受益証券のうち、金商法2条1項が掲げる有価証券（いわゆる第一項有価証券）を信託財産（受託有価証券）とするものであって、受託有価証券に係る権利の内容と受益者の権利の内容が実質において同様のものになるように設計されること、受益権の内容が均等であること等の要件を満たすものをいう（金商令2条の3第3号）。信託行為において定められるべき具体的内容は、受益証券発行信託の信託財産ごとに定められている（株式等の有価証券については開示府令1条の2、投資信託等の特定有価証券については特定有価証券開示府令1条の2）。

(2)　受益証券発行信託とJDR

(i)　JDRと有価証券信託受益証券

　受益証券発行信託の活用例として、JDRがある。JDRとは、Japan Depositary Receiptの頭文字をとったもので、一般的に受益証券発行信託と

して組成され、有価証券信託受益証券として発行されている。

東京証券取引所(以下、「東証」という)は、受益証券発行信託の受益証券の上場を認めており(有価証券上場規程1001条以下)、外国ETF[注71]を信託財産とするJDR(外国ETF-JDR)[注72]は、2017年3月31日現在、22銘柄が上場している[注73]。

(ii) JDRの設定と償還

(a) JDRの設定

JDR発行時には、信託財産となるべき資産が委託者(証券会社等)から受託者(信託銀行等)に対して信託譲渡され、受託者(信託銀行等)から委託者(証券会社)に対してJDRが発行される。

外国ETFを信託財産とする外国ETF-JDRの仕組みをみると、委託者自身の保有する外国ETFを預託する自益信託と当初受益者が委託者ではない他益信託があり得る。前記の通り、有価証券信託受益証券に該当する場合、金商法上における外国ETF-JDRの発行者は信託財産となっている有価証券の発行者である。

注71) ETFとは、Exchange Traded Fundの頭文字をとった略語であり、日本語にすれば「取引所で取引されるファンド」という意味である。「ファンド」と一口にいっても外延が広く、契約型に限られず、投資法人型の投資信託およびそれ以外の投資ビークルがETFに含まれる。また、投資対象も限定されない。
しかし、歴史的には、ETFは、特定の指標に連動することを目的としているのでそのように理解されることが多い。法令および取引所規則でも、指標連動を想定している規定が多く、例えば、有価証券上場規程は、内国ETFについて、「〔金商〕法第2条第1項第10号に規定する投資信託の受益証券であって、投資信託財産等の一口あたりの純資産額の変動率を特定の指標の変動率に一致させるよう運用する投資信託に係るものをいう」(有価証券上場規程1001条30号)と定義しているため、特定の指標の変動率に一致させようとしない投資信託は上場できない。
注72) 有価証券上場規程において、正確には「外国ETF信託受益証券」とされており、金商法施行令2条の3第3号に規定する有価証券信託受益証券のうち、受託有価証券が外国ETFであるものと定義されている(同規程1001条3号)。
注73) 新規上場は、申請によって審査が開始するところ、①会社型のエンティティ(外国投資法人)が発行する外国ETF(外国投資証券)を受託有価証券とする外国ETF信託受益証券は、当該外国ETFに係る外国投資法人および管理会社が申請者となり、②それ以外のETF、例えば、外国投資信託に該当する外国ETFを受託有価証券とする外国ETF信託受益証券は、当該外国ETFに係る管理会社および信託受託者が申請者となる(有価証券上場規程1101条1項)。

【図表11-2-1】委託者自身の保有する外国 ETF を預託する場合

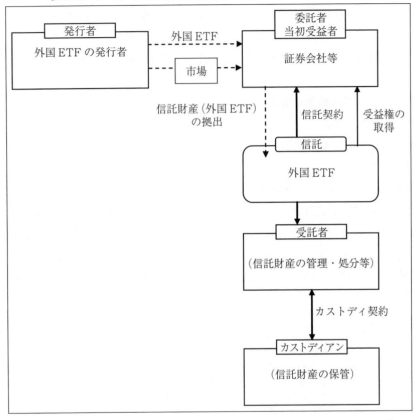

自益信託のパターン、他益信託のパターンはそれぞれ【図表11-2-1】の通りとなる。

(b) **JDRの償還**

外国ETF等の裏付けとなる信託財産を得るためにJDRを償還しようとする際には、発行時とは反対に、委託者（証券会社等）が取引所においてJDRを買い集め、受託者（信託銀行等）に譲渡することによって、償還されるJDRと引換えに信託財産を受領する。

(iii) **委託者と受託者に対する法規制**

前記の通り、受益証券発行信託は、信託法、金商法等による規制を受けるため、受益証券発行信託としてのJDRの委託者および受託者もこれらの規制

第2節　特殊類型の信託の活用

【図表11-2-2】当初受益者となるべき者（授権者）の保有する外国 ETF を預託する場合

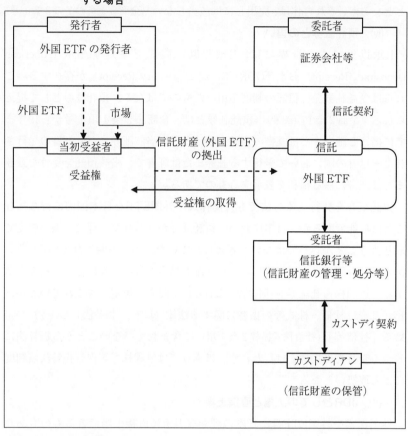

を受けることとなる。

　JDRは有価証券であり、その発行には発行開示規制および継続開示規制が及ぶが、有価証券信託受益証券として発行されることから、受託有価証券の発行者がJDRの発行者とされる［→(1)(iii)］。JDRの組成において、受益証券の取得勧誘の相手方は少数の金融機関に限定されることが通常であるが、受益証券の発行を受ける者は取引所において売却するために発行を受けるものである。そのため、受益証券の取得勧誘の相手方が少数であったとしても、適格機関投資家私募、特定投資家私募、少人数私募のいずれにも該当しないので、有価証券の募集として発行開示規制を受ける（金商2条3項2号）[注74]。

なお、受益証券の発行を受けた金融機関が取引所において有価証券を売ることとなるが、それ自体は、売出しには該当しない（金商令1条の7の3第1号）。

(iv) 預託証券との違い

JDR以外にも、世界には、JDRと似た機能を果たすADR（American Depositary Receipt）およびGDR（Global Depositary Receipt）が存在する。これらは受益証券発行信託の制度を用いたものではなく、預託証券として捉えられる（金商2条1項20号）。預託証券とは、金商法2条1項1号から19号までに掲げる証券または証書の預託を受けた者が当該証券または証書の発行された国以外の国において発行する証券または証書で、当該預託を受けた証券または証書に係る権利を表示するものである。

預託証券を発行する方法でも外国株式や外国ETFを日本国内に持ち込むことは可能であるが、日本において預託証券が使われない理由は振替制度で取り扱うことが容易ではないと考えられていたためと説明されている[注75]。例えば、有価証券上場規程には、預託証券のうち外国株券に係る権利を表示する「外国株預託証券」（同規程2条11号）に関する規定が含まれているが、預託証券は社債、株式等の振替に関する法律（以下、「振替法」という）が定める「社債等」（社債株式振替2条1項）に含まれていないことから振替法に基づく受益権の振替えは行われず、ほふりでは外国株券等保管振替決済制度による取扱いとなる[注76]。

(v) JDRとしての上場と直接上場

外国株式や外国ETFは、日本の証券取引所に直接上場できるものもあり、実際にも上場しているものがあるが、現地規制によって重複上場ができなかったり、現地取引所に対するアクセスに制限があったりと、ETFの仕組みを用いても不都合が生じる場合がある。例えば、インド証券取引所に上場されたインド企業の株式については、登録された外国機関投資家、外国ポー

注74） 発行開示規制および継続開示規制の詳細は、本柳祐介「外国ETF・外国ETFJDRの上場に関する法的論点と実務」商事2034号（2014）30頁。

注75） 吉田聡「クロス・ボーダー決済実務の現状と課題」季刊企業と法創造15号（早稲田大学グローバルCOE≪企業法制と法創造≫総合研究所、2009）92頁。

注76） 受益証券発行信託の受益証券は「社債等」に含まれ（社債株式振替2条1項10号の2）、ほふりでは株式等振替制度による取扱いとなる。

トフォリオ投資家または特定インド非居住者のみがブローカーを通じて取得可能であって、日本国内の一般投資家が取得することはできない。当該不都合を回避するため、JDRが用いられることがある[注77]。

また、外国株式や外国ETFを直接上場させた場合、ほふりの制度上、外国株券等保管振替決済制度に基づくことになるが[注78]、この制度の下では外国株券等機構加入者として口座を保有する証券会社でのみ取扱いが可能となり、取扱先が限定されることとなる[注79]。これに対して、JDRは、「振替受益権」（ほふりの株式等の振替に関する業務規程2条8号の2）として「振替株式等」（同条9号）に含まれ、株券等振替制度により取り扱われる。株券等振替制度は、外国株券等保管振替決済制度と比べて参加者が多く[注80]、インフラも整っているため、取引の活性化が期待できる点でメリットがある。

以上のようなメリットから、JDRという仕組みを用いることが有力な選択肢とされ得る。

ただし、受益証券発行信託の仕組みを用いて受託者を関与させるため、受託者その他関係者に支払う追加コストが発生し、その分だけ投資効率が低下するというデメリットが存在する。また、外国株式や外国ETFを直接上場には日本における有価証券の新規発行がなく単に取引所で売買されるのみであるから有価証券届出書の提出は不要となる一方で、有価証券の新規発行を伴う外国ETF-JDRでは、有価証券届出書の提出が必要となる点は発行者に対する追加的な負担といえる[注81]。

注77）　福本葵「JDR（日本版預託証券）とは何か？」証研レポート1647号（2008）56頁。
注78）　外国投資信託受益証券（ほふりの外国株券等の保管及び振替決済に関する規則2条3号）および外国投資証券（同条4号）も「外国株券等」（同条14号）として、外国株券等保管振替決済制度により取り扱われる。
注79）　本文では、証券会社で取引を行う個人投資家を想定しているため、機関投資家にとっては外国株券等保管振替決済制度に基づくことによる不便さが感じられないことも考えられる。
注80）　ほふりのホームページ（https://www.jasdec.com/reading/list.php）によれば、2017年3月31日現在、株式等振替制度の機構加入者は172社であるのに対して、外国株券等保管振替制度の機構加入者は133社である。
注81）　海外市場と日本市場における価格差の調整を可能とするため、JDRの設定は常時可能とするのが通常である。例えば、外国ETFについて米国市場では安い価格がつけられ、日本市場では高い価格がつけられている場合、米国市場で外国ETFを買

(3) 外国ETF-JDR

(i) 外国ETF-JDRのメリット

外国ETF-JDRは、同一種類の外国ETFを主な信託財産として設計されているため、投資家は、外国ETF-JDRに投資することによりあたかも外国ETFに直接投資しているかのような投資ポジションを得ることが可能となる。

外国ETF-JDRは、日本の取引所において上場しているので、投資家は、外国の取引所に上場している外国ETFのように証券会社を取り次いで現地の取引所において購入する必要がなく、内国ETFや日本に上場している外国ETFと同じく売買できる。また、外国ETFである信託財産は信託銀行等の受託者において分別管理されることによって倒産隔離され（信託業28条3項、信託34条1項）、受益証券発行信託における委託者または受託者が破綻したとしても、外国ETF自体を失うわけではない。

(ii) 外国ETF-JDRの開示

外国ETF-JDRは、外国投資信託受益証券または外国投資証券を受託有価証券とする有価証券信託受益証券であり（特定有価証券開示府令1条の2）、受託有価証券である外国ETFと同じ様式に基づいて有価証券届出書、有価証券報告書等の開示書類が作成され、外国ETFに関する情報が記載されることとなる（同府令10条1項15号・11条の2第2項6号等）。

もっとも、有価証券届出書にはJDR自体に関する情報も記載する必要があり、証券情報に記載される（特定有価証券開示府令4号の2様式記載上の注意(1)h、4号様式記載上の注意(1)e〔特定預託証券等の定義は1号様式(1)a〕）。

(4) その他の受益証券発行信託の活用例

(i) 内国商品現物型ETF

東証には、金、プラチナ等の貴金属の現物を信託財産として、JDRが当該信託財産の価格に連動するように設計がなされているものが上場されている。

い集めて日本でJDRを設定し、これを日本市場で売却するという取引が行われる。JDRの設定を常時可能とする場合、有価証券の募集が継続することとなるため、発行者は定期的に有価証券届出書を提出・訂正し続けることが義務付けられる。

当該JDRは、有価証券上場規程では「内国商品現物型ETF」(1001条31号) と定義されている[注82]。なお、外国における類似の制度を用いた金融商品もあり、「外国商品現物型ETF」(同条4号) と定義されているが、これは外国または外国の者が発行する証券または証書であってJDRではない。

内国商品現物型ETFは、貴金属の現物と比較して、流動性が高く、最低購入価格が低いため、投資家は、貴金属の現物に代えて内国商品現物型ETFを購入することによって容易に貴金属の現物を保有するポジションをもつことができる。

内国商品現物型ETFでは、信託財産の管理または処分を行う者が委託者であるか受託者であるかによって東証との関係における「管理会社」が定まっている (有価証券上場規程1001条8号d(a)(b))。委託者が信託財産の管理または処分を行う場合には委託者が「管理会社」として適時開示等の義務を負い、受託者が信託財産の管理または処分を行う場合には委託者が同様の義務を負う。

(ii) 外国ETN-JDR

東証には、ETNを信託財産として、JDRが当該信託財産の価格に連動するように設計がなされているものが上場されている。ETNとは、Exchange Traded Noteの頭文字をとった略語であり、日本語にすれば「取引所で取引される債券」という意味である。ETNは、ETFと似ているものの、資産に投資せずにある特定の指標に連動することを保証する債券が発行されるのみである点で大きく異なる。

当該JDRは、有価証券上場規程では「ETN信託受益証券」(同規程2条1号の3) と定義されている[注83]が、一般にはETN-JDR[注84]と呼ばれている。

ETN-JDRにおける受託有価証券であるETNは、債券であって、投資資産

注82) 上場している「内国商品現物型ETF」は、「上場内国商品現物型ETF」と定義されている (有価証券上場規程1001条22号)。

注83) 上場している「ETN信託受益証券」は、「上場ETN信託受益証券」と定義されている (有価証券上場規程2条43号の5)。

注84) 外国ETF-JDRとの対比で「外国ETN-JDR」と呼んでもよいが、外国社債券 (金商2条1項17号・5号) が想定されているので、共通する「外国」を省略してETN-JDRと呼ばれることが多い。

を保有しないので、売買のタイミングや運用コスト等に起因するトラッキング・エラーが発生しない。また、そもそも売買または保有が難しい投資資産であっても、連動すべき指標があればETNとすることが可能である。

　もっとも、ETNは、発行体に対する債券であるため、発行体が債務不履行に陥るカウンター・パーティー・リスクを抱えている。カウンター・パーティー・リスクを制限するため、東証に上場する際には、ETNの発行者が5000億円以上の純資産または純財産を保有し、一定の自己資本比率を保っている等の条件を満たすことが求められる（有価証券上場規程945条）。

(iii) 外国株式JDR

　外国株式を信託財産とするJDR（外国株式JDR）について、有価証券上場規程では「外国株信託受益証券」（同規程2条10号）と定義され[注85]、上場が認められている。

　外国株式JDRは、いわば外国株式の代替物であり、外国株式はそれ自体として特定の指標に連動することが目指されたものではないため、他のJDRとは異なり、指標の適格性等の上場審査は受けない。

　2017年3月31日現在、外国株式JDRの実例は存在しないが[注86]、前記の通り、外国株式を直接上場させる場合、外国株券等保管振替決済制度の利用が必要となり、外国株券等機構加入者たる証券会社に取扱先が限定されてしまう等のデメリットが存在するため、外国株式JDRの潜在的需要は小さくないと考えられる。例えば、国内の上場会社が外国会社との間で当該外国会社の株式を対価とする統合を行う場合、当該上場会社の既存株主に対して外国企業の株式が交付されることとなるが、外国株式を既存株主にそのまま交付したのでは従前の取扱いと大きく異なる結果を生じることが想定される。具体的には、外国株券等保管振替決済制度を利用することとなるため、従前の証券会社では取扱いができなくなるケースや、システムの問題でカストディアン等

注85)　上場している「外国株信託受益証券」は、「上場外国株信託受益証券」と定義されている（有価証券上場規程2条47号）。

注86)　これは、外国会社が日本の取引所に上場する需要が少ないことが影響していることが考えられる。そもそも、直接上場する外国会社でさえ、市場第1部、市場第2部およびJASDAQに上場しているものを合計しても7社にすぎず、JDRの形態をとってまで株式を上場させることを検討する外国会社は少ないと推察される。

に多大な負担がかかるケースが想定される。このような事態では、既存株主に対して直接的な不利益を生じさせることとなるが、これを避けるためには、外国株式JDRの活用も選択肢となると考えられる。

また、JPX日経400[注87]のような新しい株式指数には外国株式が含まれる可能性があるが、株式等振替制度の対象でないとシステム上の問題等から指数に含めることは難しい可能性がある。外国株式JDRであれば株式等振替制度の対象となるため、この問題を回避できる可能性がある。

3 金銭債権の証券化における自己信託の活用

(1) はじめに

(i) 自己信託とは

自己信託とは、特定の者が一定の目的に従い自己の有する一定の財産の管理または処分およびその他の当該目的の達成のために必要な行為を自らすべき旨の意思表示を公正証書その他の書面または電磁的記録で当該目的、当該財産の特定に必要な事項その他の法務省令で定める事項を記載しまたは記録したものによってする方法によってされる信託をいう（信託3条3号、信託規2条1号）。信託契約や遺言による信託の場合は、委託者と受託者が別々の主体となるのに対して、自己信託による信託の場合は、委託者と受託者が同一主体となる点に大きな特徴がある。

自己信託によって設定される信託も信託の一類型であることから、信託法その他の信託に関わる法律に服することとなるが、これらの法律には自己信託についての特則が存在する。また、金銭債権の証券化において自己信託を実際に活用するためには、自己信託特有のリスクや課題を考慮した上で、そ

注87) JPX日経インデックス400算出要領Ⅰ（4頁）は、対象銘柄について、「JPX 日経400 は、東証の市場第一部、市場第二部、マザーズ、JASDAQ を主市場とする普通株式を母集団（ただし、これと同等なものとして算出者が特に必要と認めたものを母集団に加えることがある）」と定め、同要領Ⅲ1(2)①（9頁）は「基準日時点において、東証の市場第一部、市場第二部、マザーズ、JASDAQ に上場する普通株式（重複上場外国株式については、原則として、基準日より直近1年間の東証における売買代金が最大となる場合のみ）を母集団とする」と定めており、外国株式や外国株式JDRを含める可能性を認めている。

の活用方法を検討することが必要となる。

　(ii)　**自己信託を用いた金銭債権の証券化のスキーム**

　自らが保有する金銭債権につき、自己信託を用いて証券化を行う場合の典型的なスキームは、【図表11-2-3】の通りである。

　(iii)　**金銭債権の証券化において自己信託を活用することのメリット**

　信託を利用して金銭債権の証券化をしようとするのであれば、自己信託を用いるよりは、信託会社や信託銀行を受託者として、信託契約を締結することにより実施することのほうが一般的な手法である。もっとも、信託契約による信託ではなく自己信託を利用することにより、次のようなメリットが考えられる[注88]。

　(a)　**信託報酬・費用などの証券化に要するコストの低減**

　信託契約により信託を行う場合には、信託会社や信託銀行などの第三者が受託者として信託を引き受け、信託財産の管理等の事務を行うことになる。そのため、受託者に対する信託報酬や受託者への債権の移転や信託事務に伴う費用の負担が必要となる。

　これに対して、自己信託を利用して債権の証券化を行うことにより、信託会社や信託銀行などの第三者に受託者としての業務を委ねる必要がなくなることから、信託報酬や信託事務に要する費用を低減できる可能性がある。また、証券化対象となる金銭債権を移転する必要も生じないことから、対抗要件等の手続に要するコストも削減できることになる。

　ただし、他方で、自己信託を利用して債権の証券化を行う場合、オリジネーターには、期中における信託財産の管理・受益者への報告などの信託事務を適切に遂行し、かつ、いわゆる倒産隔離を達成させる観点から、投資家や格付会社に受け入れられる水準の信託財産の管理体制を整えることが求められる。このような体制整備には相応のコストが必要となると推測される。特に、オリジネーターが信託に関する事務を継続できなくなることに備えて、オリジネーターに信用不安が生じた場合などに受託者の地位を承継させるために、あらかじめ信託銀行などを「バックアップ受託者」として選任してお

注88)　有吉尚哉＝松澤大和「サービサー会社における自己信託の活用——その法務と税務・会計処理」季刊サービサー18号（2009年10月25日号）36頁以下も同旨。

第2節 特殊類型の信託の活用

【図表11-2-3】 自己信託を用いた金銭債権の証券化のスキーム

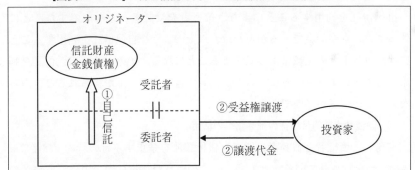

①債権の証券化により資金調達を行おうとする者(オリジネーター)は、自らが保有する金銭債権について、公証人の認証を受けた書面等(以下、「自己信託設定証書」という)によって自己信託を行う。
②オリジネーターは、自己信託の受益権を取得した上で、当該受益権を投資家に譲渡し、投資家より譲渡代金の支払を受ける。なお、受益権については、優先受益権および劣後受益権などに階層化し、そのうちの優先受益権のみを投資家に譲渡するスキームとすることもある。
③オリジネーターは、受託者として、信託財産を管理および処分をする。

くことまで必要とされる場合には[注89]、実際に受託者の地位の承継がなされる前から「バックアップ受託者」として待機することについての手数料が必要となることも想定される。

また、受益権を多数の者が取得できるような一定の場合には、オリジネーターに対して信託業法に基づく規制が適用されるため[注90]、規制に対応する

注89) 自己信託によって設定された信託においては、オリジネーターである受託者が倒産する場合には同時に委託者が倒産することになり、特にオリジネーターがサービサーも務めている場合にはサービサーも同時に倒産することになる。そのため、信託契約による信託の受託者が倒産した場合に比べて、事実上、オリジネーターの倒産という1つの事象がスキームに与える影響が大きくなる。また、主に信託銀行が受託者となる信託契約に基づく信託に比べて、一般の事業会社なども受託者になることが予想される自己信託については、一般論としては受託者の倒産が生じやすく、受託者の倒産に備えた対応の必要性が高いといえる。このような事情から、信託契約による信託を利用して証券化を実施する場合に比して、「バックアップ受託者」の要請が高まるものと考えられる。
注90) 自己信託によって受託者となることは「信託の引受け」(信託業2条1項)に該当しないため、信託会社や信託銀行でなくても自己信託を行うことは認められる。ただし、信託業法上、信託の受益権を多数の者が取得することができる場合として政

ためのコストを要することになる。

　自己信託を利用することにより、第三者を受託者としないですむことに伴ってコストが削減できるか否かは、以上のような自己信託を利用することに伴うコストとの比較によって決まることになる。そのため、自己信託を利用することにより、一概にコストが低減できるメリットが得られるとは限らないことに留意が必要である。

(b) 譲渡禁止特約付債権の証券化への活用

　実務上、債権者と債務者の間で、債権譲渡を禁止する旨の特約（譲渡禁止特約）が合意されていることも多く、このような債権については、債務者の承諾がない限り、債権者による譲渡の効力が否定されると解するのが通説である[注91]。そのため、譲渡禁止特約付の債権については、債務者の承諾が取得できる場合を除き、信託契約に基づく信託譲渡を行うことができず、証券化の対象とすることはできないと考えられる。

　これに対して、自己信託による場合には形式的に「譲渡」行為を伴わないことから、譲渡禁止特約付の金銭債権を自己信託することが許容されないか、という議論がなされている。この点については、後記(2)を参照されたい。

(c) 第三者が受託困難な金銭債権の証券化への活用可能性

　紛争含みで債権管理が容易ではない債権など信託会社や信託銀行などの第三者が受託しがたい（しかしながら投資対象となり得る）債権について、自己信託を用いることにより、証券化の対象とすることも考えられる。

(2) 譲渡禁止特約付債権の証券化

(i) 論点の所在

　前述の通り、譲渡禁止特約付の金銭債権を自己信託することの可否が議論されており、仮に可能な場合には、信託契約に基づく信託によるのでは証券化の対象となりにくい金銭債権を自己信託を用いて証券化することが可能になる。

　　　　令で定める場合に該当するときは、内閣総理大臣の登録が必要とされ、一定の行為規制に服することが必要となる（同法50条の2）。
注91）　我妻榮『新訂債権総論』（岩波書店、1964）524頁。

ここで、債権者・債務者間で行われた債権譲渡を禁止する旨の合意（譲渡禁止特約）に違反して債権譲渡が行われた場合には、当事者間における契約上の義務違反となるだけではなく、債権譲渡の効力そのものが生じないと解されている[注92]。他方、自己信託を禁止する（と解釈される）特約（以下、「自己信託禁止特約」という）に違反してある債権を自己信託した場合の効力に関しては、法令上、明文の規定は存在せず、また、判例などによる確立した解釈も存在しないが[注93]・[注94]、仮に譲渡禁止特約に違反した場合の債権譲渡

[注92] 我妻・前掲注91）524頁。なお、(iv)記載の通り、民法の一部を改正する法律（平成29年法律第44号）による改正後の民法においては、譲渡禁止特約に反して譲渡がなされたとしても、その効力は無効にならないとされている。

[注93] なお、有力な学者による見解として、道垣内弘人「譲渡禁止特約付債権の自己信託」道垣内弘人ほか『新信託法の理論分析』（公益財団法人トラスト60、2010）33頁以下がある。同論考においては、譲渡禁止特約付債権の自己信託の可否について、概要、以下のように論じられている。

① 譲渡禁止特約を、その目的に応じて、2つに区分する必要がある。「当該契約の利益（なお、英米法上の概念では、これを法的な権利と区別して、エクイティ上の利益という）を第三者が取得することを妨げることを企図する」という理由で、債権譲渡が禁止されている場合には、当該債権から生じる利益を第三者である受益者に帰属せしめるスキーム、すなわち、自己信託の設定も禁止されるというべきである。

② しかしながら、売掛代金債権、請負代金債権などについて債権譲渡が禁止されている場合は、その特約は、「元々の債権者以外の者との間で取引をしなければならなくなることから債務者を守ろうというもの」である。

③ その特約の目的は、譲渡に伴う事務手続の煩雑さを回避し、また、過誤払いの危険を避けるということにあると説かれるが、信託宣言の方法によって自己信託が設定されるときには、債権者の変更は生じないのであるから、特約の目的に反することはなく、この点からは、自己信託の設定は有効であることになる。

④ しかし、債務者の有する相殺の期待の保護は問題になる。この保護は、信託条項において、自己信託の対象債権の債務者からの相殺は、当該債務者が有する債権が、受託者の固有財産や他の信託の信託財産を引当てにするものであっても、認められる旨を規定することによって図ることができる。したがって、このような条項があるときは、自己信託の設定が認められてよい。

[注94] なお、自己信託とは性質を異にする部分もあるが、債権自体を移転させることなく、その利益・リスクのみを移転させる取引として、ローン（リスク）・パーティシペーションやクレジット・デフォルト・スワップが存在する。実務上、これらの取引について、譲渡禁止特約が付されている債権を対象として行われていることもあるが、その効力が無効であるとは一般に捉えられていないと思われる（なお、樋口孝夫ほか「電子記録債権と手形債権の相違からくる実務上の問題点(上)」金法1946号〔2012〕72頁以下においては、「ローン（リスク）パーティシペーションやクレ

の効力に関する議論に準じて考えるのであれば、自己信託禁止特約に違反した自己信託の効力が無効とされる可能性が生じることになる。

そこで、譲渡禁止特約付債権の自己信託を利用した証券化の可否については、まず、かかる譲渡禁止特約が特約の対象となる債権について、債権譲渡だけでなく自己信託も禁止する趣旨であるか否かが問われることになる（譲渡禁止特約が自己信託を禁止する趣旨ではないと解釈される場合、特約の対象となる債権の自己信託はそもそも当事者間の合意に抵触しないことから、信託の効力が否定されることもないと考えられる）。そして、仮に、譲渡禁止特約が自己信託も禁止する趣旨であると解釈される場合には、そのような特約に反して自己信託により設定された信託の有効性が論点になる。

(ii) 譲渡禁止特約が自己信託も禁止する趣旨か

一口に譲渡禁止特約といっても、その文言や規定が設けられた事情などはさまざまであり、一様に論じることはできない。しかしながら、譲渡禁止特約の文言上、明示的に譲渡と並んで自己信託の設定も禁止されている場合には、かかる譲渡禁止特約は自己信託禁止特約に該当することになろう。他方、明示的には自己信託の設定が禁止されていない場合[注95]、契約当事者の合理的意思として譲渡禁止特約が自己信託を禁止するものではないと推認する有力な要素となるものの、自己信託を禁止する趣旨の特約であるかは契約の解釈の問題であるため、必ずしも形式的な文理解釈のみにより行うのではなく、

ジット・デフォルト・スワップの場合には、ローン債権を法的に直接処分するものではないことから、これらを制限する規定に違反してこれらの取引がなされても、これらの取引を無効とすることは難しいと思料される」と説明されている）。

注95) 特に、わが国の法制上、明文により自己信託に関する規定が設けられたのは2006年に成立した現行の信託法においてであり、現行の信託法の成立前に合意された譲渡禁止特約においては、仮に債務者が債権について自己信託的な効果を生じさせることを拒否する意思を有していたとしても、明示的に自己信託を禁止することを特約の内容として規定することは想定しにくかった面がある。もっとも、パーティシペーションなど、現行の信託法の成立前においても、契約当事者以外の者が、債権を譲受けはしないものの実質的に当該契約により生じる権利または利益を享受することとなる取引は存在していたところ、そのような取引を特約において禁止していない場合には、現行の信託法の成立前に自己信託という制度を認識せずに付された譲渡禁止特約についても、自己信託を禁止する趣旨ではないと解釈すべき場合が多いものと考えられる。

かかる譲渡禁止特約により意図された契約当事者の意思に照らして判断する必要がある[注96]。

そして、債権の自己信託（および生じた受益権の第三者への売却）により、自己信託の対象となった債権に信託法に基づく規律が適用されることになるほか、例えば、自己信託の前であれば、取引関係などを考慮しオリジネーターが債権の期限の猶予やリストラクチャリングなどに応じることができるような場合であっても、自己信託の後においては、（自己信託設定証書により）自らの意思のみに基づきかかる対応を行うことが禁止される場合も多いことなど、事実上の不利益ないし変化が証券化対象とされた債権の債務者に生じ得ることになる。そのため、仮に譲渡禁止特約の合意を行った債務者の意思として、事実上の不利益ないし変化が生じることを回避することまで求め、譲渡禁止特約の対象にそのような状況を含意する趣旨であった場合には、明示的に「自己信託」を禁止することが譲渡禁止特約の文言に含まれていない場合であっても、債務者の承諾を得ずに債権の自己信託をすることが、譲渡禁止特約に違反すると評価される可能性もあると考えられる。

もっとも、後記(iii)の通り、債権が自己信託された場合であっても、当該債権の債務者の相殺の期待を保護する態様で信託を設定する限り、（前記のような事実上の不利益ないし変化は生じ得るものの）当該債務者に経済的・法的な不利益を及ぼすものではないと考えられる。そして、特に、債権が企業間取引によって発生したものである場合、債務者は基本的には経済合理性に従って取引を行うと考えられるところ、自らに経済的・法的な不利益が生じない限り、債権者の権利を過度に制約する意思は有しないことが一般的であると考えられる。

したがって、個々の譲渡禁止特約の文言や規定が設けられた事情などを踏

注96) 四宮和夫＝能見善久『民法総則〔第8版〕』（弘文堂、2010）185頁以下においては、「契約の解釈においては、まず、当事者が表示行為に与えた意味を確定する。……しかし、当事者による表示行為の意味を明らかにするといっても、当事者はかれらが達成しようとした経済的・社会的結果だけを念頭におき、個々の問題について精密な取決めをしない場合が多いので、裁判官は、当事者の表示によって明らかにされない部分について、契約の内容を補充しなければならない」、「解釈の指針として、法律行為の内容は、当該事情のもとで当事者が達成しようとしたと考えられる経済的・社会的目的に適合するように、確定されなければならない」と説明されている。

まえて個別に当事者の合理的意思を解釈する必要があるものの、一般論としては、企業間取引によって発生した債権に付された（明示的に自己信託を禁止する内容とはなっていない）譲渡禁止特約については、自己信託を禁止する趣旨までは含意されていないと解釈すべき場合も多いものと考えられる[注97]。

(iii) **自己信託禁止特約に反して自己信託により設定された信託の有効性**

仮に、債権に付された譲渡禁止特約が自己信託禁止特約を含意するものであると解釈される場合であっても、かかる特約に反して自己信託により設定された信託の効力が否定されるかは別途の論点になる。そして、以下に述べる通り、後述の債務者の相殺の期待を保護する手当てが施されている限り、自己信託禁止特約に反する自己信託であっても、その効力が否定されるものではないと解することに合理性があると考えられる。

一般に、債権に関する譲渡禁止特約の趣旨については、①譲渡に伴う事務の煩雑化を避けること、②過誤払の危険を避けること、③債務者が債権者に対して有する相殺可能性の利益を確保しておくことにあると説明され[注98]、さらに、④特に企業等が債務者である場合に、自社が取引関係をもつことを望まない第三者に債権が移転することを回避する旨も指摘される[注99]。

一方で、ある債権について自己信託を行ったとしても、当該債権の譲渡または信託に伴う事務が債務者に生じることはなく、過誤払の危険も生じず、第三者に債権が移転するものでもない。したがって、前記①、②および④の観点からみた場合、債権者が債権を自己信託したとしても、債務者に経済的・法的な不利益は生じないと評価することができる。

また、前記③については、信託財産に属する債権の相殺に関する規律を定

注97) なお、当事者間の譲渡禁止特約が自己信託まで禁止する趣旨ではないと解される場合、債務者の承諾を得ることなく特約の対象となる債権の自己信託を行ったとしても、特約に違反することにはならないが、債務者の関知しないところで債権に関する利害関係を変動させないという債務者の事実上の期待に反することにより、（何らかの事情により自己信託が行われた事実が債務者に露見した場合には）債務者の心情や債務者との取引関係を害する可能性もないとはいえない。オリジネーターとしては、債務者の属性なども踏まえて、将来的な取引関係に与える影響も考慮した上で、証券化取引を実行することのメリットと比較考量して、譲渡禁止特約付債権の自己信託の当否について判断することが必要となろう。
注98) 奥田昌道『債権総論〔増補版〕』（悠々社、1992）429頁。
注99) 中田裕康『債権総論〔第3版〕』（岩波書店、2013）524頁。

める信託法22条1項との関係で、特段の手当てをしない場合、債務者が債権者に対して有していた相殺の期待が害される場合がある[注100]。もっとも、かかる債務者の相殺の期待を保護する手当てをとるのであれば[注101]、前記③の観点からみても、債務者に経済的・法的な不利益は生じることはないと考えられる。

なお、個別具体的な状況次第では、前記①ないし④以外の趣旨・目的で譲渡禁止特約の合意がなされる場合もあり得よう[注102]。しかしながら、前記①ないし④以外の趣旨・目的を保護するために、債権譲渡の効力を否定するほどの効果を譲渡禁止特約に認めることに合理性はないと考えられ、この点は

[注100] 詳細については、道垣内・前掲注93) 42頁以下を参照されたい。
[注101] 具体的には、信託法22条2項の規定により、自己信託禁止特約の付された債権の債務者が債権者(オリジネーター)の固有勘定に対して有する債権を自働債権とし、自己信託により設定された信託の信託勘定(オリジネーターの信託勘定)が当該債務者に対して有する債権を受働債権とする相殺を許容するため、自己信託の信託行為において、当該債務者からの相殺は、当該債務者が有する債権が、オリジネーターの固有財産や他の信託の信託財産を引当てにするものであっても、認められる旨および当該債務者から当該相殺の意思表示がなされた場合には自己信託の受託者であるオリジネーターが必ず承認する旨を規定することが考えられる。
なお、信託法上、受託者が固有財産または他の信託の信託財産(本脚注において、以下、「固有財産等」という)に属する財産のみをもって履行する責任を負う債務(本脚注において、以下、「固有財産等責任負担債務」という)に係る債権を有する者は、原則として、当該債権をもって信託財産に属する債権に係る債務と相殺をすることができないが(信託22条1項柱書本文)、例外的に、当該固有財産等責任負担債務に係る債権を有する者が、当該債権を取得した時または当該信託財産に属する債権に係る債務を負担した時のいずれか遅い時において、当該信託財産に属する債権が固有財産等に属するものでないことを知らず、かつ、知らなかったことにつき過失がなかった場合には、相殺できるとされる(同項1号)。そのため、自己信託禁止特約の付された債権の債務者が自己信託の設定の事実を認識しない場合には、同法22条1項1号に規定される主観的要件を満たすと考えられ、前記の手当てとは関係なく、オリジネーターの固有勘定に対する債権をもって、自己信託により設定された信託の信託勘定に対する債権と相殺することができることになる。したがって、前記の手当ては当該債務者が自己信託を認識した場合にも当該債務者による自己信託の対象とされた債権を受働債権とした相殺を可能とすることに意味を有する。
[注102] 池田真朗「債権譲渡禁止特約と譲受人からの援用の否定——最二小判平21.3.27をめぐって」金法1873号(2009) 9頁においては、譲渡禁止特約の趣旨について、「反対債権との相殺の利益を確保する、あるいは特殊な金融商品のため当事者の変更があっては困る、というような実質的な理由から、事務手続の煩瑣を避けるとか、思いがけない譲受人から弁済請求を受けることを避けるといった、債務者のエゴともいうべき理由まで、様々である」と述べられている。

第11章　商事信託の近時の展開

自己信託との関係でも同様であろう。

　また、前述の通り、債権が自己信託された場合、信託の設定（および自己信託により生じた受益権の第三者への売却）により、当該債権に信託法に基づく規律が適用されることになるほか、当該債権から生じる利益が実質的には第三者に帰属することになるという違いが生じ、事実上の不利益ないし変化が債務者に生じ得ることになる。しかしながら、これらの事情は、債務者に対して法的な不利益を与えるものではなく、あくまでも事実上の影響を債務者に与えるものにすぎないことから、自己信託の効力を否定するほどの法的保護に値するものではないと思われる[注103]。

　以上からすると、前述の債務者の相殺の期待を保護する手当てが施されている限り[注104]、自己信託禁止特約に違反して自己信託が行われた場合であっても、譲渡禁止特約に違反して債権譲渡がなされた場合に生じるような不利益を債務者に生じさせるものではなく、自己信託禁止特約に債権の自己信託の効力を否定するほどの効果を与えるべきものではないと解することに合理性があると考えられる[注105]・[注106]。

注103）これらの不利益・変化は、ローン（リスク）・パーティシペーションやクレジット・デフォルト・スワップを行った場合にも生じ得るが、前掲注94）記載の通り、ローン（リスク）・パーティシペーションやクレジット・デフォルト・スワップについては、譲渡禁止特約が付されている債権を対象として行った場合においても、その効力が無効になるという議論は、一般にはなされていないと思われる。

注104）なお、債務者が有する相殺の期待を保護する手当てを行うとしても、「譲渡禁止特約付債権の債権譲渡については、債権譲渡の有効性を肯定しつつ債務者の抗弁主張を無条件に認めるという結論は採られて」いないとして、「譲渡禁止特約付債権の自己信託についてはその効力に一定の疑義があることを否定しがたい」とする指摘もある（井上聡編著『新しい信託30講』〔弘文堂、2007〕197頁）。しかしながら、債権を「譲渡」した場合には、譲渡に伴う事務負担、過誤払の危険、企業等が取引関係をもつことを望まない第三者への債権の移転等、相殺の期待その他の債務者が従前債権者に対して有していた抗弁権の保護を図るだけでは確保しきれない不利益が生じており、これらが生じない自己信託の場合は状況が異なるのであって、債権譲渡の場面と自己信託の場面を別異に取り扱うことにも合理性があると考えられる。

注105）ただし、自己信託禁止特約に違反してなされた自己信託の効力が否定されないとしても、自己信託禁止特約に反して自己信託を行う以上、債務者より契約違反の責任追及を受ける可能性があることには留意を要する。

注106）譲渡禁止特約付債権を自己信託により証券化する場合、信用不安などにより受託者をオリジネーター以外の者へと交代する必要が生じたとしても（分別管理が適正になされていることを前提とする限り、基本的には、信託財産に属する金銭債権がオ

652

第2節　特殊類型の信託の活用

(iv)　民法改正との関係

　前述の通り、現行の民法においては、譲渡禁止特約の存在につき譲受人が悪意または重過失ある場合には、当該特約に反する譲渡が無効になると解されている。これに対して、平成29年6月2日に公布された民法の一部を改正する法律（平成29年法律第44号）による改正後の民法[注107]においては、（預貯金債権を除き）債権の譲渡を禁止しまたは制限する旨の特約（譲渡制限特約）の存在について譲受人が悪意または重過失によりこれを知らなかった場合であっても、当該特約に違反する債権譲渡自体は有効となり、ただ、譲渡制限特約の存在につき悪意または重過失ある譲受人に対しては、譲渡制限特約が履行拒絶の抗弁となり、また、債務者が譲渡人に行った弁済その他の債務消滅事由が対抗できることになるとされている。そのため、譲渡制限特約が付されている債権について、自己信託による信託を用いずに、信託契約による信託を用いて証券化を行う途が開かれ得ることになる。

　もっとも、証券化の実施が譲渡制限特約違反（契約違反）となるか否かや

　　　　リジネーターの固有財産の債権者の引当てになることはないが、信託事務が実際上滞る可能性や分別管理が適正になされなくなるおそれなどがあることから、受託者を交代する必要が生じ得る。また、オリジネーターについて破産手続の開始決定が生じた場合には、受託者の任務は終了し〔信託56条1項3号・4号、会社471条5号〕、新たな受託者を選任しない限り、信託が終了することとなるため〔信託163条3号〕、信託を継続するために新たな受託者を選任することが必要となる）、信託財産である譲渡禁止特約付債権を後任の受託者に移転することができない可能性があることに留意を要する。すなわち、受託者の変更に伴う権利義務の承継の法的性質が特定承継か包括承継かについては明らかではなく現時点で確立した見解は存在しないものの、特定承継であるとすれば、信託財産である譲渡禁止特約付債権の後任の受託者への移転について、債務者の承諾が必要とされる可能性が高く、また、包括承継であるとしても、直ちに債務者の承諾が不要との結論が導かれるものではなく、債務者の承諾が必要とされる可能性もある。なお、例えば、能見善久＝道垣内弘人編『信託法セミナー(2)受託者』（有斐閣、2014）420頁［井上聡発言］においては、「受託者の更迭によって譲渡禁止特約付債権の移転が起こるときに、それを最初から意図していればもちろんだめだと思いますけれども、それを全然予定していなかったものの何らかのやむを得ない事由などで新受託者が引き継ぐことになったときは、比較的会社の組織再編と同じように考えてもよいように個人的には思っています」という指摘もなされており、一定の場合には、債務者の承諾なしに譲渡禁止特約債権を新受託者に移転することが許容される余地もあり得ると考えられる。
注107)　民法の一部を改正する法律の施行日は公布の日から3年以内と定められていることから、遅くとも平成32年の6月までには改正後の民法が施行されることになる。

第11章　商事信託の近時の展開

コミングリング・リスクの軽重の点において、なお、自己信託を用いて証券化を行うことのメリットがあり得る[注108]。

すなわち、前記(ii)記載の通り、譲渡制限特約であっても、必ずしも債権の自己信託を禁止する趣旨とは限らず、特約の内容が自己信託までは禁止しない趣旨である場合には、かかる特約に反することなしに（換言すれば契約違反の責任を問われる可能性もなく）、特約の対象となる債権について証券化を行うことができる。これに対して、譲渡制限特約が付されている場合、かかる特約に反してなされた債権譲渡の効力が否定されないとしても、特約違反の責任を問われる可能性がある[注109]。

また、証券化の実務においては、対象となる債権について、譲渡制限特約が付されているか否か調査することが一般的であり、原因関係となる契約に譲渡制限特約が定められている場合には、かかる特約について譲受人が悪意または重過失とされることが通常であると思われる。そして、特約について悪意または重過失とされる場合には、債務者は、譲受人への弁済を拒むことができることから、信託契約による信託により証券化を行う場合、譲受人は、オリジネーター（譲渡人）の信用力が悪化したような場合であっても、（オリジネーターに破産手続が開始しない限りは）オリジネーターを通じて証券化対象とされた債権の回収を継続せざるを得ないと思われる。そのため、譲受人

注108) なお、(1)(iii)記載の通り、自己信託を用いて証券化を行うことには、信託報酬などの証券化に要するコストの低減といったメリットもあり得るが、一概にかかるメリットが得られるとは限らないことも、本文に記載の通りである。
注109) 法制審議会民法（債権関係）部会第83回会議の部会資料74A 4頁においては、譲渡制限特約について、「譲渡の禁止を合意したもの」と「譲渡を許容するが、弁済の相手方を固定する特約」の双方を含むとした上で、「後者のような内容の合意に、現在の譲渡禁止特約で達成しようとされている債務者の利益を保護する効果を認めることによって、譲渡人の債務者に対する債務不履行を構成することなく、弁済の相手方を固定する内容の特約付きの債権を第三者に譲渡することができる場合を創出しようとするもの」と説明している。かかる説明からすると、（文言上、譲渡を禁止する旨が記載されていたとしても、「譲渡を許容するが、弁済の相手方を固定する特約」であると解釈される場合があり得ることは別論として、）少なくとも譲渡制限特約が「譲渡の禁止を合意したもの」と解釈される場合には、かかる特約に反して債権譲渡を行うことは、民法改正後においても、契約違反になると考えられる（他方、「譲渡の禁止を合意した」特約であっても、自己信託禁止特約には該当しないと解釈される場合もあり得ることは前述の通りである）。

は、オリジネーターのもとで生じ得るコミングリング・リスクを排除することができない。他方、自己信託を用いて債権の証券化を行う場合にも、オリジネーターが証券化対象とされた債権の回収を行うことは同様であるが、証券化対象とされた債権の回収金のみが入金されるような専用口座を設けることや帳簿管理などによって、信託財産に属する金銭（証券化対象とされた債権の回収金）が特定されていると評価されることによって、信託財産に独立性が認められることにより、オリジネーターのコミングリング・リスクを軽減できる可能性もある。そのように解される場合には、オリジネーターのコミングリング・リスクが軽減されているという点において、自己信託を用いて証券化を行うことのメリットがあることになる。

(3) その他の論点

(i) 自己信託の場合における真正譲渡性

信託契約による信託を用いた金銭債権の証券化については、基本的にいわゆる真正譲渡[注110]を達成することが求められる。自己信託による信託を用いた金銭債権の証券化についても、金銭債権の自己信託および生じた受益権の譲渡を通じた資金調達の取引について、真正譲渡性が達成されているか（自己信託による金銭債権の帰属の変更に、自己信託により設定された信託に係る受益権の譲渡を含め、また両者を総合して、担保付きの融資取引とみられることがないか）が論点となる。

この点、自己信託を用いた金銭債権の証券化の場合、対象となる金銭債権

注110）「真正譲渡」（あるいは「真正売買」）の意味するところは、論者や文脈により一様ではないものの、「もっとも一般的な用法においては、法的な意味での『真正売買』とは、対象となるアセットの原保有者からSPV（ストラクチャーにより、ABSの発行主体となるSPCであったり、ノンリコース・ローンの借入人となるSPCであったり、または受益証券に係る信託受託者としての信託であったりするが、以下では単に『譲受人SPV』という。）への資産の移転が、『売買』や『信託』の形式を借りた担保目的での譲渡ではなく、したがって仮に原保有者に破産、会社更生、民事再生等の法的倒産手続が開始されたとしても、破産管財人や更生管財人等により、当該取引による資産の移転が譲渡担保その他の担保取引とみなされて当該資産が原保有者の資産（破産財団に属する資産・更生会社の資産等）として扱われることがない、ということを意味する」と説明される（西村総合法律事務所編『ファイナンス法大全（下）』〔商事法務、2003〕33頁以下）。

の帰属がオリジネーター（委託者）から移転せず、外観上は、自己信託後においても、オリジネーターに金銭債権に対する支配が残っているようにもみえる。しかしながら、自己信託がなされた後は、対象となる金銭債権の帰属が固有財産から信託財産に変更され、信託財産として独立性が認められることになる上（信託23条）、オリジネーターは、受託者として、善管注意義務、忠実義務等の種々の義務の下、受益者のためにかかる金銭債権を保有することになることからすれば、形式的に対象となる金銭債権の帰属がオリジネーターから変動しないことだけをもって、直ちに真正譲渡性が阻害されるとなるということはないと考えられる[注111]。

なお、自己信託がなされた場合、オリジネーターが、受託者として、対象となる金銭債権について各種の権限を有し、また、対象資産の信託事務の処理について各種の義務・責任を負担するため、真正譲渡性の検証のためには、信託契約に基づく信託により証券化を行う場合と異なり、オリジネーターが受託者として有している権限、義務・責任も考慮に入れる必要があるが、信託法上、受託者に求められる権限、義務・責任を負担していることのみを理由として、真正譲渡性が否定されることはないものと考えられる。

(ii) **追加信託と要式性の関係**

金銭債権の証券化において、いわゆるリボルビング方式[注112]やマスタートラスト方式[注113]により証券化を行う場合には、信託期間中に証券化商品の引当てとなる金銭債権の追加信託を行うことが予定されていることがあり、また、そのような方式をとらない一般的な金銭債権の証券化スキームにおいても、個別具体的な案件の事情によっては、金銭債権が事後的に追加信託されることもあり得る。

ここで、自己信託については、信託契約による信託と異なり、その設定に

注111) 同趣旨のものとして、井上聡「信託と『真正譲渡』」「信託と倒産」実務研究会編『信託と倒産』（商事法務、2008）266頁参照。
注112) リボルビング方式の証券化については、例えば、株式会社日本格付研究所による2014年6月2日付け「割賦債権・カードショッピングクレジット債権」（https://www.jcr.co.jp/pdf/dm28/Installment_Receivables20140602.pdf）第5項参照。
注113) マスタートラスト方式の証券化については、西村総合法律事務所編・前掲注110）102頁以下参照。

ついて公正証書等の作成を要し（信託3条3号）、かつ、当該公正証書等において「信託をする財産を特定するために必要な事項」その他の一定の事項を記載することが必要とされている（信託規3条2号）。そこで、一旦自己信託により信託を設定した後に、当該信託に財産を追加信託する場合、そのつど、公正証書の作成等の要式行為を経る必要があるかが論点になる。

この点、自己信託についてかかる要式行為が要求された趣旨は、「自己信託がされた事実、その内容および日時等が客観的に明確になるとともに、自己信託がされた日時を事後的に虚偽に遡らせることによって委託者の債権者を違法に害することを防止する」ためと説明されている[注114]。

そのため、自己信託により信託を設定した後、追加信託でありさえすればおよそ要式行為を経る必要がないとすると、かかる趣旨に反することになる[注115]。また、追加信託の法的性質については議論があるものの、実質的にみて信託の設定という側面があることは否定できず、かかる側面に着目すれば、追加信託に際しても要式性を満たすべきということになると考えられる。

他方で、当初の自己信託設定証書において、追加信託に関する条項が設けられ、かつ、追加信託の対象となる財産がその量的範囲等も含めて特定されており（量的範囲については、具体的な値のほか、計算式等により特定することも考えられよう）、かつ、追加信託が生じるタイミングについても、具体的な時期または客観的な条件などにより特定されているのであれば、当該財産が自己信託の対象になることは当初の自己信託設定証書において明らかにされており、自己信託の対象となる財産やタイミングなどを委託者が恣意的に決定できないのであって、当該条項に従った自己信託についてあらためて要式行為を経なくとも、要式性が要求された趣旨に抵触するものではないと解することができよう[注116]。

注114) 寺本・前掲注15) 39頁。
注115) 能見善久＝道垣内弘人編『信託法セミナー(1)信託の設定・信託財産』（有斐閣、2013) 71頁以下［井上聡発言］においては、「当初、ごくわずかな財産について、信託設定証書によって要式性を満たして自己信託を設定した上で、その信託行為の中で追加信託を予定しておけば、あとは何ら日付を決めることなく、その後自由に高価な財産を追加信託できるとすると、自己信託を要式行為とした趣旨が満たされません」と指摘されている。
注116) 神作裕之「事業信託としての自己信託の可能性」神作裕之ほか『事業信託の展

したがって、確立した見解・実務は存しないものの、当初の自己信託設定証書において、追加信託に関する条項が設けられ、かつ、追加信託の対象となる財産がその量的範囲等も含めて特定されており、かつ、追加信託が生じるタイミングについても、具体的な時期または客観的な条件などにより特定されているのであれば、当該条項に従った自己信託についてはあらためて要式行為を経る必要はないと解することに合理性があると考える。

4　信託型ESOPと信託型株式報酬制度の進展

(1)　総論

(i)　日本版ESOPの類型

2007年頃より「日本版ESOP」と呼ばれる従業員向けのインセンティブ・プランが登場し、日本版ESOPのスキームを導入する企業が増えてきている。

日本版ESOPの「ESOP」とは「Employee Stock Ownership Plan」のことで、もともとはアメリカで利用されている退職金・年金制度の1つであり、企業の資金拠出による従業員に対する株式給付制度を指すものである。日本版ESOPはこの「ESOP」を日本流にアレンジしたものであるが、自社の株価の上昇の利益を従業員に供与するという効果[注117]は本家のESOPと共通しているものの、そのスキームや経済的な効果は異なるものである。また、日本版ESOPと呼ばれている仕組みの中でもスキームは多様であり、まず、スキームの法的構成として、①一般社団法人などの法人形態のビークルを用い

望』（公益財団法人トラスト60、2011) 40頁以下においては、「事業目的ないし商事分野で自己信託が利用される場合には、信託財産が追加・変更されそれに伴い受益権が追加的に発行されるタイプも少なくないと考えられるが、仮にそれを信託の設定の一種であるとすると、その都度、公正証書等の作成や確定日付のある証書による通知を要することになりそうである。自己信託が有効に成立した後に、信託の変更・併合・分割がなされる場合には、信託法第6章の定めにしたがってなされることになり、その場合にはもはや信託法3条3項および同法4条3項の規定は適用されないように思われる。そのこととの均衡からしても、自己信託の定め方によって、信託財産の入替えや追加が可能となり、わざわざ自己信託の再設定をする必要がないと解する余地があろう」とする。

注117）従業員に自社株式を保有させることの意義については、武井一浩＝有吉尚哉「従業員の株式保有」神作裕之責任編集『金融危機後の資本市場法制』（財経詳報社、2010）273頁以下参照。

るスキームと②信託をビークルとして用いるスキームが存在するが[注118]、近時組成される日本版ESOPのスキームの大半は信託を用いたものである。また、スキームの目的から、ⓘ従業員持株会発展型とⓘⓘ株式給付型に大別することができるが、この2つの類型ではスキームや従業員に与えるインセンティブがまったく異なるものとなっている。日本版ESOPが登場した当初は従業員持株会発展型の組成例が多くみられたが、徐々に株式給付型の割合が増加している。

以下では、従業員持株会発展型と株式給付型のそれぞれの信託型ESOPについて、典型的なスキーム[注119]を紹介した上で、それぞれの特徴を解説する。

(ⅱ) **従業員持株会発展型のスキーム**

従業員持株会発展型ESOPは、導入企業Aが信託を設定し、その信託が金融機関から借入れを行った上で借入金を原資として従業員持株会が将来買い入れることを予定している導入企業株式Aをあらかじめ一括して取得することによって確保しておき、従業員持株会が信託から定期的に株式を時価で購入することにより、従業員持株会制度の安定的な運用を図ることを直接的な目的とするスキームである。同時に、信託に導入企業株式Aが留保されている期間中に株価が上昇し、従業員持株会から得た売却代金により金融機関からの借入金を返済しても残余が生じる場合に、株価上昇の利益を従業員持株会の会員(従業員)に分配することにより[注120]、中長期的な株価上昇へのインセンティブを提供することによる従業員の勤労意欲向上の効果につなげることも目的とする[注121]。

注118) 経済産業省・新たな自社株式保有スキーム検討会「新たな自社株式保有スキームに関する報告書」(2008年11月17日。以下、「ESOP報告書」という)においても、(一般社団法人及び一般財団法人に関する法律が施行される前の)有限責任中間法人を用いるスキームと信託を用いるスキームの双方が紹介されている。

注119) 以下に紹介するスキームはあくまでも典型的なスキーム例であり、信託を用いる場合でも4に記述するものとは異なるスキームにより組成された日本版ESOPも存在する。

注120) 一方で、信託に導入企業株式Aが留保されている期間中に株価が下落することにより損失が生じた場合には、その損失は最終的に信託の金融機関に対する債務の保証履行(損失補償)によって導入企業Aが負担することになり、従業員が株価下落のリスクを負うことはない。

注121) これらの要素に加えて、企業の業績に対してリスクを負い、経営者候補者の資質

第11章　商事信託の近時の展開

【図表11-2-4】　従業員持株会発展型 ESOP

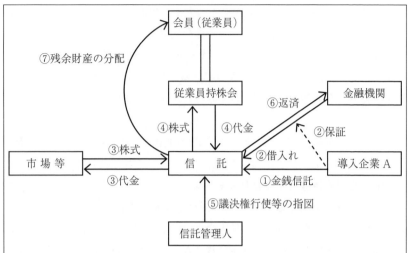

① 従業員持株会発展型 ESOP を導入しようとする企業（以下、「導入企業 A」といい、導入企業 A の株式を「導入企業株式 A」という）は信託銀行に対して金銭信託を行い、信託を設定する。かかる金銭は信託報酬や信託費用などに充当される。
② 信託銀行は信託勘定の負担によって金融機関から借入れを行う。かかる借入れの元利金の支払に関しては、導入企業 A が保証（または損失補償）をする。
③ 信託銀行は②の借入金を原資として市場などから導入企業株式 A を購入する＊。
④ 信託期間中、信託銀行は③によって取得した導入企業株式 A を定期的に時価によって導入企業 A の従業員持株会に売却する。
⑤ 信託期間中、信託銀行が③によって取得した導入企業株式 A の議決権は、従業員持株会の加入者の意思の内容を反映した信託管理人の指図に従って行使される。
⑥ 信託銀行は、従業員持株会から受領した導入企業株式 A の売却代金や導入企業株式 A の配当を原資として②の借入れの元利金の支払を行う。導入企業株式 A の株価の値下りなどを理由として、信託財産に②の借入れの元利金の支払原資が不足し、信託の終了時に借入れの債務が残存している場合には、導入企業 A が保証履行（または損失補償）する。
⑦ ②の借入れの完済後に信託財産に残余がある場合は、従業員持株会の会員を受益者として、信託財産が分配される。

＊実務上、導入企業Aが第三者割当てによる自己株式の処分を行うことにより信託銀行に導入企業株式Aを取得させることもある。

や経営の長期的要請等に精通している従業員の意思等を反映して、信託が取得した企業の株式の議決権行使が行われることによって、ガバナンスの向上や長期的視野に立った経営への寄与につながるといったメリットが指摘されることもある。この点は株式給付型のスキームにも同様のことが当てはまる。

(iii) 株式給付型のスキーム

株式給付型ESOPは、導入企業Bが信託を設定し、信託された金銭を原資として、信託が将来従業員に交付することを予定している導入企業株式Bをあらかじめ一括して取得することによって確保しておき、信託期間中、所定の基準に従って信託から従業員に導入企業株式B（またはその換価処分金）を交付するものである。一定期間の経過後に、直接的に従業員に導入企業株式B（またはその換価処分金）を交付することにより、中長期的な株価上昇へのインセンティブを付与することによって従業員の勤労意欲の向上を図るスキームと評価することができる。

従業員に対する導入企業株式Bの交付方法は、個々のスキームにおいて導入企業Bがどのような者に対して、どのようなインセンティブを付与しようとするかに応じて柔軟に設計することが可能である。例えば、①対象となる従業員の範囲（導入企業Bの従業員の全員を対象とするか、あるいは、勤続年数や役職によって対象を限定するか、また、グループ企業の従業員も対象とするか）、②給付の時期（年に1回など定期的に給付を行うか、あるいは、昇格時や退職時など一定の事由が生じたときに給付を行うか）、③給付基準（役位、年次などに応じて一定数の株式を交付するか、あるいは、業績指標に連動して交付する株式の数を増減させるか）などの条件について、導入企業Bが任意に制度設計をすることが可能である。

(2) 信託型ESOPにかかわる法的論点

信託型ESOPのスキームを導入するに際しては、多様な法的論点に留意することが求められる。以下、主要論点を①（取締役の善管注意義務にかかわる論点以外の）会社法にかかわる論点、②取締役の善管注意義務との関係、③金融規制にかかわる論点、④労働法にかかわる論点に分けた上で解説する[注122]。

注122) 日本版ESOPのうち従業員持株会発展型ESOPに関する法的論点を詳しく解説するものとして、有吉尚哉「日本版ESOPの法的論点と実務対応(上)(下)」商事1881号（2009）24頁以下・1882号27頁以下参照。また、株式給付型ESOPを詳しく解説するものとして、辻井也＝坂根将太「『退職時給付型』の株式給付信託（J-ESOP）の概況と導入における留意点」企業会計63巻2号（2011）72頁以下、内ヶ﨑茂

第11章　商事信託の近時の展開

【図表11-2-5】　株式給付型 ESOP

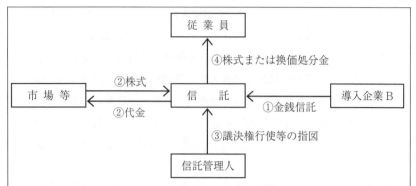

① 株式給付型 ESOP を導入しようとする企業（以下、「導入企業 B」といい、導入企業 B の株式を「導入企業株式B」という）は信託銀行に対して金銭信託を行い、信託を設定する。
② 信託銀行は①の信託金を原資として市場などから導入企業株式Bを購入する*。
③ 信託期間中、信託銀行が②によって取得した導入企業株式 B の議決権は、潜在的な受益者である導入企業Bの従業員の意思の内容を反映した信託管理人の指図に従って行使される。
④ 信託期間中、信託銀行は、受益者要件を満たす導入企業 B の従業員を受益者として、②によって取得した導入企業株式 B を、所定の基準に従って交付する。導入企業株式 B を交付する代わりに、信託銀行が導入企業株式Bの一部または全部を換価処分して、その代金相当額が導入企業Bの従業員に支払われることもある。

＊従業員持株会発展型のスキームと同様、実務上、導入企業Bが自己株処分を行うことにより、信託銀行に導入企業株式Bを取得させることもある。

(i)　会社法にかかわる論点
(a)　信託財産に導入企業の支配が及ぶことによる影響

　信託型ESOPにおける信託（以下、「ESOP信託」という）や信託財産となる株式に関して導入企業の支配が及んだり、信託の収益が導入企業に帰属することにより、①ESOP信託が取得する導入企業の株式について、導入企業の計算による取得であるとして、自己株式に関する規制（会社156条以下・308条2項・453条など）の適用を受けることにならないか、②ESOP信託が導入企業の子会社に該当し、子会社が親会社の株式を取得することを禁止する規制（同法135条1項）に抵触しないか、③ESOP信託が自己株処分などの方法により導入企業から株式を取得する場合、ESOP信託による払込みが仮装払

「株式報酬インセンティブ・プランの制度設計と法的考察」商事1985号（2012）35頁以下参照。

込みと評価されたり、導入企業による自己株処分などが「著しく不公正な方法により行われる場合」（同法210条2号）に該当し、差止めの対象とならないか、などの点が論点となる。これらの論点との関係では、ⅰ議決権の行使など信託財産である株式の権限行使が、導入企業から完全に独立して行われること、ⅱ信託財産である株式の配当や売却益が導入企業に帰属しないようにすること、ⅲ期中のESOP信託の運営に関して導入企業が裁量を有していたり、導入企業が自由に信託契約の変更ができるようになっていないこと、などの点に留意してスキームを組成することが必要となる。

(b) 　導入企業が経済的負担を行うことによる影響

従業員持株会発展型ESOPにおいてはESOP信託が負担する借入れの返済債務を保証することにより、株式給付型ESOPにおいてはESOP信託が株式を取得するための原資となる金銭を信託することにより、それぞれ導入企業が経済的負担を行うことになる。この点は①導入企業によるESOP信託や信託財産に対する支配にかかわるものとして前記(a)の各論点の考慮要素になることに加えて、②従業員持株会発展型ESOPでは株主である従業員持株会に対して導入企業が利得を付与するものとして、株主に対する利益供与の禁止の規制（会社120条1項）[注123]や株主平等原則（同法109条1項）に抵触することとならないか、③ESOP信託が自己株処分などの方法により導入企業から株式を取得する場合、導入企業の経済的負担により実質的にディスカウントされた払込金額で信託が株式を取得することになると評価され、有利発行規制（同法309条2項5号・199条2項・200条1項）の対象とならないか、などの点が論点となる。これらの論点との関係では、信託型ESOPの導入に伴う導入企業の経済的負担の合理性を説明できる必要があり、ⅰ導入企業による経済的負担が従業員の福利厚生のための費用として適正な水準の範囲内と評価できるとともに、ⅱ信託型ESOPのスキームの目的が合理的なものであって、その目的との関係でも導入企業による経済的負担が過大な水準となっていないことが必要である。

(c) 　会社法上の論点の整理

以上の通り、信託型ESOPにおいては、信託財産に導入企業の支配が及び

注123）　株式会社が「株主の権利の行使に関し」財産上の利益の供与することは禁止される。

得ることや、導入企業が経済的な負担を行うことにより、会社法上の諸規制に抵触しないかどうかが論点となり、個別のスキームごとに検討が必要となる。以下、主な規制との関係についての考え方を簡潔に整理する。

(ア)　自己株式に関する規制との関係

会社法上、会社が自己の計算において他人名義で自己株式を買い受けることについては、自己株式の取得として、取得手続規制や取得財源規制による制限（会社156条以下）を受けると解されている[注124]。また、自己株式については、議決権行使が禁止され（同法308条2項）、剰余金の配当を受けることもできない（同法453条）。

前述の通り、信託型ESOPのスキームでは、導入企業が経済的負担を行い、導入企業株式の取得財源に関与することになる。このような導入企業の取得財源への関与により、導入企業の計算によって導入企業株式を取得するものと評価されてESOP信託が取得する導入企業株式に自己株式に関する規制が適用されることとなる場合、取得手続規制や取得財源規制による制限に従う必要があり、また、信託財産に属する導入企業株式について議決権の行使や剰余金の配当を行うことが禁止されるため、日本版ESOPとして期待されている効果を得ることが困難となってしまう。そのため、ESOP信託による導入企業株式の取得について、導入企業の計算による取得であるとして、自己株式に関する規制が適用されないかが論点となる。

ここで、信託型ESOPに対する自己株式に関する規制の適用関係については、ESOP報告書において考え方が示されている。ESOP報告書では、「会社の計算による」取得に該当するか否かについて、①取得に用いる資金の出所、②取得のための取引に関する意思決定の所在、③取得した株式に対する支配の所在といった要素を総合的に考慮して判断されると整理しており、かかる整理をもとに以下のように解釈することができると考えられる。

①　取得に用いる資金の出所　　前記(b)で述べた通り、信託型ESOPでは一般的に導入企業が経済的な負担を行い、ESOP信託による導入企業株式の取得財源に関与することは否定できない。

しかしながら、ESOP報告書では、当該資金拠出により従業員の福利厚生

注124)　江頭250頁。

や勤労インセンティブ向上等に資すること、（従業員持株会発展型における）ESOP信託による借入れは導入企業が債務保証を行う時点ですでに返済の見込みのない名目的なものではないこと[注125]から、直ちに、ESOP信託による導入企業株式の取得が会社の計算による自己株式の取得に該当することにはならないと考えられるとしている。

　一方で、株式給付型ESOPにおいて導入企業が拠出した信託金を原資としてESOP信託による導入企業株式の取得が行われる点についてどのように考えるべきか、ESOP報告書において明示的な言及はない。もっとも、株式給付型ESOPにおける信託金は、従業員の福利厚生や勤労インセンティブの向上を図る目的で導入企業からESOP信託の受託者に信託されるものであり、信託費用等に充当することが企図された資金の残余を除き、スキーム上、導入企業に返還されることは想定されない。したがって、信託金は、受託者に信託された時点において、受託者（ないし将来の受益者である従業員）に移転しているため、すでに導入企業の資金ではなく、導入企業株式の取得資金の出所は導入企業ではないとの議論をすることも十分に可能であると考えられる。

　②　取得のための取引に関する意思決定の所在　　信託型ESOPの導入は、導入企業の意思によって決定されるものである。また、ESOP信託による導入企業株式の取得について、取引方法、量、時期等は、（少なくとも基本的な方針は）事実上、信託契約の委託者となる導入企業によって決定されることが通常である。このように、ESOP信託が導入企業株式を取得する取引について、導入企業が主体的な意思決定を行っていることは否定できない。

　もっとも、ESOP報告書では、導入企業がスキームを導入するか否かについて裁量を有することになるものの、スキーム導入後、ESOP信託が保有する株式に対する支配が導入企業に帰属しないのであれば、直ちにESOP信託による株式取得が会社の計算によると評価されるものではないと考えられるとしている。

注125）（信託報酬などのスキームに要する費用を捨象すると）ESOP信託が従業員持株会に導入企業株式を売却する際の売却代金とESOP信託に帰属する導入企業株式に支払われる配当の合計額が、金融機関に支払う元利金の合計額よりも大きくなれば、信託財産から借入金の全額の返済が可能となり、導入企業が保証を履行する必要は生じないことになる。

したがって、ESOP信託が導入企業の従業員の福利厚生の手段として合理的な内容・規模となっており、経営陣の支配権の維持など濫用的な目的で利用されるものではなく、かつ後記③で言及するように、ESOP信託が保有する株式の処分権限や議決権行使に関する権限を導入企業が保有しておらず、当該株式の配当や売買差損益が導入企業に帰属しないのであれば、ESOP信託によって導入企業株式を取得することについて導入企業が関与したとしても、なお「会社の計算による」取得には該当しないと解釈することは可能であると考えられる。

③　取得した株式に対する支配の所在　ESOP報告書では、株式の処分や株主権行使に関する権限、あるいは、配当や売買差損益の帰属は、当該株式に関する支配の所在をうかがわせる重要な事情と考えられるとし、株式の処分や株主権行使に関する判断の独立性が確保されていることや、配当や売買差損益が導入企業に帰属しないことは、ESOP信託が保有する株式に対する支配が導入企業にないと考える重要な事情といえるとしている。

以上の考え方を踏まえると、以下のような点に留意することにより、信託型ESOPにおいて、ESOP信託による導入企業株式の取得が、導入企業の計算による取得ではなく、したがって、自己株式に関する規制の適用対象とならないと解することができると考えられる。

① 　導入企業の従業員の福利厚生の手段として合理的な内容となっていること

② 　導入企業による経済的負担が従業員の福利厚生のための費用として適正な水準の範囲内と評価できるとともに、導入企業による経済的負担が過大な水準となっていないこと[注126]

注126)　従業員持株会発展型ESOPにおいて、ESOP信託が導入企業株式を取得するための金融機関からの借入れについて債務保証を行うことについては、導入企業の負担が金額的に評価しにくく、「従業員の福利厚生のための費用として適正な水準の範囲内」と評価できるかが明確とはなりにくい面がある。この点、かかる債務保証との関係で、ESOP信託が導入企業に対して保証料（ないし補償料）を支払う建付けとする場合には、かかる債務保証の適正な対価の額を客観的に算定できるのであれば、「適正な水準の範囲内」といえるか否かの判定が行いやすくなると考えられる。そのため、適正な保証料を算定し、そのような保証料をESOP信託から導入企業に支払う仕組みとすることにより、事実上、スキームの法的安定性を高めることになるということができよう。

③　議決権の行使等、信託財産である導入企業株式の権限行使が、導入企業から完全に独立して行われること
④　信託財産である導入企業株式に対する配当金や導入企業株式の売却益が導入企業に帰属しないようにすること[注127]・[注128]
⑤　期中のESOP信託の運営に関して導入企業が裁量を有していたり、導入企業が自由に信託契約の変更ができるようになっていないこと
⑥　経営陣の支配権の維持など従業員の福利厚生以外の目的で濫用的に利用されるものではないこと[注129]

実務上も、これらの点に留意してスキームを組成していることが一般的で

[注127]　実務上、株式給付型ESOPのスキームにおいて、ESOP信託が導入企業株式の配当金として受領した金銭を用いて、導入企業株式の追加取得が行われることがある。この点、このように配当金を原資として導入企業株式を取得することは、かかる取得代金相当額について導入企業が負担を免れるという意味において、信託財産である導入企業株式に対する配当金が実質的に導入企業に帰属するものであるとの議論がなされる余地も否定できない。もっとも、実際に配当金が導入企業に帰属するわけではなく、また、配当金を原資としてESOP信託により取得された導入企業株式やその経済的価値が最終的に導入企業に帰属するものでもないため、配当金による導入企業株式の取得ということだけをもって④の要素を満たさなくなるものではないと解することに合理性があると考えられる（他方、ESOP信託に帰属するかかる配当金の使途を、導入企業の裁量によって決めることができるような仕組みとなっている場合には、④や⑤の要素との関係で悪影響が生じることになると考えられる）。

[注128]　実務上、株式給付型ESOPのスキームにおいて、信託終了時にESOP信託に残存した導入企業株式について、導入企業が無償で取得した上で、消却する仕組みがとられることがある。このようなスキームをとる場合に、ESOP信託が取得する導入企業株式が導入企業に帰属しているとの評価につながらないかが論点となる。この点、ESOP信託に残存した導入企業株式を導入企業が無償で取得し、消却したとしても、そのことにより導入企業に何らかの利益（または損失）が生じるものではなく、自己株式に関する規制への抵触を惹起させるものではないと考えられる。したがって、制度終了時にESOP信託に残存した導入企業株式について、導入企業が無償で取得した上で、消却するスキームとすることで、ESOP信託内の導入企業株式に対して導入企業の支配が及ぶものではないと解することに合理性が認められると考えられる。

[注129]　特に導入企業の支配権争いが生じている場面で信託型ESOPを導入しようとする場合には、外形上、ESOP信託に帰属する株式の議決権が導入企業側の提案に賛成するように行使されることにより、経営陣の支配権を維持する目的でスキームが濫用される可能性があると評価され得ることを踏まえて、スキーム導入の当否について平時よりも一層慎重な検討が求められる。

あり、これらの対応については、信託契約の規定などにより形式的な手当てがなされているだけでなく、期中におけるスキームの運営も含めて実質的に手当てされていることが求められる。

(イ) 子会社による親会社株式の取得規制との関係

会社法上の子会社は、会社法135条2項に規定する例外的な場合を除き、その親会社である株式会社の株式を取得してはならないとされている（同条1項）。

そして、信託型ESOPにおけるESOP信託による導入企業株式の取得は、会社法135条2項に規定する例外的な場合のいずれにも該当しないことから、かかる取得のためには、会社法上、ESOP信託が導入企業の「子会社」に該当しないことが必要となり、そのように解釈することができるかが論点となる。

会社法上、「子会社」とは、「会社がその総株主の議決権の過半数を有する株式会社その他の当該会社がその経営を支配している法人として法務省令で定めるもの」をいうとされており（会社2条3号）、法務省令で定めるものとして「同号に規定する会社が他の会社等の財務及び事業の方針の決定を支配している場合における当該他の会社等」が定められている（会社規3条1項）。この「会社等」とは、「会社（外国会社を含む。）、組合（外国における組合に相当するものを含む。）その他これらに準ずる事業体」と定義されており（同規2条3項2号）、信託も「準ずる事業体」に当たる場合があると解することが穏当であるとされている[注130]。したがって、株式を取得するのが信託である場合も、子会社による親会社株式の取得禁止規制の適否が問題となり得る。そして、会社法上の子会社の定義については、財務諸表等の用語、様式及び作成方法に関する規則（以下、「財務諸表等規則」という）8条3項における「子会社」の定義と同内容であると解して差し支えないと説明されており[注131]、この考え方に従えば、結果として会計上の「子会社」に該当するかが会社法上の子会社に該当するかどうかの基準となる[注132]。

注130) 弥永真生「子会社と関連会社」前田重行ほか編『前田庸先生喜寿記念・企業法の変遷』（有斐閣、2009）456頁。
注131) 相澤哲ほか編著『論点解説 新会社法』（商事法務、2006）166頁。
注132) なお、米国会計基準や国際会計基準（IFRS）を採用している企業において、会社法上の子会社に該当する基準をどのように考えるかが論点になるところ、会社法

第2節　特殊類型の信託の活用

そこで、会計上の取扱いをみると、従業員を対象とする従業員持株会発展型ESOPおよび株式給付型ESOP[注133]の双方について、企業会計基準委員会が策定したASBJ実務対応報告第30号「従業員等に信託を通じて自社の株式を交付する取引に関する実務上の取扱い」（以下、「実務対応報告」という）は、対象となる信託が、①委託者が信託の変更をする権限を有していること、および②企業に信託財産の経済的効果が帰属しないことが明らかであるとは認められないことの要件をいずれも満たす場合には、期末においていわゆる総額法[注134]が適用され、信託の財産を委託者である企業の個別財務諸表に計上することとされている。そして、ESOP信託の信託財産である株式が、導入企業の個別財務諸表において、導入企業の財産として処理されることとなる場合には、ESOP信託は、会計上「子会社」には該当しないと評価することができると考えられ[注135]、結果としてESOP信託は、会社法上の「子会社」にも該当しないと解することができる[注136]。

における子会社の定義は、財務諸表等規則における子会社の定義と同内容であると考えられており、このことは、かかる企業が米国会計基準や国際会計基準（IFRS）を適用している場合も変わりがないと考えられる（米国会計基準を採用する会社についても、会社法上の子会社の判定は米国会計基準によるものではないことについて、相澤ほか編著・前掲注131）168頁参照）。したがって、導入企業が米国会計基準や国際会計基準（IFRS）を適用している場合であっても（さらにかかる基準を適用した結果、会計上、ESOP信託が導入企業の連結子会社として取り扱われることとなったとしても）、子会社による親会社株式の取得に関する規制に抵触するかどうかを検討するに際しては、（会計上の取扱いにかかわらず）財務諸表等規則における子会社の解釈により決せられるものと考えられ、本文で述べた議論が同様に妥当すると考えられる。

注133）実務対応報告は従業員を対象とする信託型ESOPについて整理されたものであるが、スキームを株式給付型ESOPと同じくする役員を対象とする信託型株式報酬制度についても、会社法上の子会社該当性の論点については、同様の整理が可能と考えられる。

注134）一般的に、総額法とは、信託の資産および負債を企業の資産および負債として貸借対照表に計上し、信託の損益を企業の損益として損益計算書に計上する方法を意味する。

注135）かかる考え方を示唆するものとして、秋葉賢一「信託と企業会計」信託240号（2009）105頁参照。

注136）なお、信託の場合にはそもそもその意思を決定する「機関」なるものが観念できず、会計上、「子会社」に該当するための要件の1つである「意思決定機関を支配している」ものが存在しないため、信託は「子会社」に該当しないと解釈できる理論的な可能性があると述べる見解もある（秋葉賢一「信託を利用した流動化ス

669

したがって、信託型ESOPの組成に際しては、ESOP信託が導入企業の子会社とされないようにする観点から、前記⒤および⒤を満たすようにスキームを組成することが考えられるが、前記⒤については、委託者である企業が他の当事者の同意を得た場合に信託契約を変更することができる場合であっても、前記⒤を満たすとされている（実務対応報告脚注5）。また、前記⒤についても、実務対応報告に記載された典型的な内容の従業員持株会発展型ESOPおよび株式給付型ESOPについては、要件を満たすものとされている（実務対応報告6項・10項）。

以上の通り、委託者である企業が他の当事者の同意を得た場合に信託契約を変更することができるようにし、かつ、信託財産の経済的効果の一部が委託者に帰属する（もっとも、前記(b)に記載の通り、信託財産に属する株式の損益等を導入企業に帰属させることは適当ではないことから、実務的には、信託費用等に充当すべく信託された金銭について、信託終了時になお残余がある場合には、委託者に帰属する仕組みとすることにより、この要件を達成することが一般的である）場合には、ESOP信託は導入企業の子会社に該当しないと解することができる。

(ウ)　利益供与禁止規制・株主平等原則との関係

①　利益供与の禁止　　株式会社が、株主の権利の行使に関し、財産上の利益の供与することは禁止されている（会社120条1項）。そこで、特に従業員持株会発展型ESOPにおいて、導入企業がESOP信託に対して財政的支援を行うことが、株主でもある従業員持株会との関係で「株主の権利の行使に関し、財産上の利益の供与」をすることに該当し[注137]、利益供与の禁止の規制に違反することとならないかが論点となる。

この点、従業員持株会への奨励金については、その主要な目的が従業員の財産形成にあることを会社が主張立証した場合には、「株主の権利の行使に

　　　キームと会計問題」金融研究17巻4号〔1998〕199頁）。かかる考え方が成り立つとすると、信託は一般的に子会社に該当しないことになり、ESOP信託も導入企業の子会社に該当することはないことになる。

注137)　株式給付型ESOPにおいても、導入企業の株式を保有する従業員を制度の対象とする場合には、同様の論点が生じ得ると考えられる。後記②の株主平等原則との関係についても同様である。

関し」てなされたことの推定が覆ると考えられており、持株会の制度・運営上、会員の議決権行使に対して会社が影響力を行使し得るか否かが奨励金付与の主要な目的が従業員の財産形成にあるか否かの判断に重要な影響を与えると解するのが多数説であると説明されている[注138]。従業員持株会発展型ESOPについても、従業員持株会の場合と同様に考えることにより、主要な目的が従業員の財産形成にあるといえる限り、導入企業による財政的支援が株主に対する利益供与の禁止に違反しないと評価できるのではないかと考える。

また、ESOP報告書20頁では、利益供与の禁止に抵触しないようにするためには、導入企業の主観的な意図が正当なものであることに加えて、スキームの内容からみても、導入企業による財政的支援が「株主の権利の行使に関し」て行われるものではないことが担保されていることが必要と指摘している。具体的には、⒤ビークルや従業員による議決権行使の独立性が確保されていること、ⅱ従業員のスキームへの参加・脱退、あるいは保有株式の処分に対する制約や財政的支援の内容が、従業員持株会発展型ESOPの目的からみて合理的なものであることが少なくとも必要となると述べている。従業員持株会発展型ESOPの組成に当たっては、このような観点に留意することが必要となる。

　②　株主平等原則　　株式会社は、株主を、その有する株式の内容および数に応じて、平等に取り扱わなければならない（会社109条１項）。そこで、導入企業がESOP信託に対して一定の財政的支援を行うことが、かかる株主平等原則に違反することとならないかが論点となる。

この点、ESOP報告書22頁では、「従来の従業員持株会における奨励金支給に関する一般的見解と同様、従業員の株主としての地位に基づいて支払われるものではなく、従業員という地位に基づいてなされるものであるから、株主平等原則には抵触しないと考えられる」と述べている。利益供与の禁止について検討と同様に、主要な目的が従業員の財産形成にあるといえるのであれば、従業員の立場にある者に対する支援であり、株主として便益を提供

[注138]　弥永真生『会社法の実践トピックス24』（日本評論社、2009）128頁。

第11章　商事信託の近時の展開

しているわけではないと評価できるのではないかと考える[注139]。

　㈍　仮装払込み・有利発行規制・不公正発行規制との関係

　実務上、導入企業が自己株処分を行うことにより、ESOP信託に導入企業株式を取得させる事例も見受けられる。このようなスキームの場合には、導入企業の自己株処分に関して、会社法上、次のような論点が生じる。

　①　仮装払込み　　平成26年の会社法改正により出資の履行が仮装された場合の募集株式の引受人や仮装に関与した取締役等の責任に関する規定が設けられたものの、この場合の出資の効力や募集株式の発行等の効力については明文の規定は設けられておらず、引き続き解釈に委ねられている[注140]。もっとも、募集株式の発行の際の払込資金の出所が会社自身である場合には、「仮装払込み」であり、この場合、有効な払込みはないという見解が有力である[注141]。そして、払込みが無効である場合には、新株発行の効力は否定されると解されている[注142]。自己株処分の効力についても同様に解することができると考えられる。

　したがって、前記㈎の自己株式取得規制の論点と同様に、仮装払込みの観点からも、ESOP信託から支払われる払込資金の出所が導入企業であると評価されないか留意してスキームを設計することが必要となる。

　②　有利発行規制　　払込金額が募集株式を引き受ける者に特に有利な金額である場合には、新株の発行または自己株式の処分に際して、株主総会の特別決議を要する（会社309条2項5号・199条2項・200条1項）。従業員持株会発展型ESOPにおいては導入企業が金融機関に対する借入債務に保証（補償）を行うことにより、株式給付型ESOPにおいては導入企業が株式の取得

注139)　なお、ESOP信託が導入企業または市場から導入企業株式を取得するのではなく、導入企業が指定する特定の株主から導入企業株式を取得する場合には、当該株主を優遇する（導入企業株式の売却機会を提供する）ものとして株主平等原則に違反しないかが別途論点となると考えられる。
注140)　坂本三郎編著『一問一答平成26年改正会社法〔第2版〕』（商事法務、2015）160頁。
注141)　江頭758頁、弥永・前掲注138) 118頁。なお、仮装払込みの効果とは別に、出資の履行が仮装された場合には、募集株式の引受人や仮装に関与した取締役等が一定の責任を負うこととなり（会社213条の2第1項・213条の3第1項）、募集株式の引受人はこれらの支払がなされるまで当該株式について、株主の権利を行使することができない（同法209条2項）。
注142)　弥永・前掲注138) 118頁。

資金を信託金として拠出することにより、それぞれESOP信託に対して財政的支援を行うことが想定される。そして、かかる財政的支援によって、実質的に自己株式の処分価格のディスカウントがなされており、特に有利な金額で自己株式をESOP信託ないし従業員に与えていると評価されないかが論点となる。

この点、ストック・オプション制度や従業員持株会への奨励金などとの比較から、導入企業による財政的支援が「従業員の福利厚生のための費用として適正な水準の範囲内」に収まっている限り、特に有利な金額で新株を発行し、または自己株処分をしたものと評価されることはないと解することもできるものと考える[注143]。

③ 著しく不公正な方法による発行または処分　ESOP信託に対して自己株式を引き受けさせることによって、支配権の変動を不当に生じさせるような場合には、自己株処分が「著しく不公正な方法により行われる場合」に該当し、差止めの対象となり得ると考えられる（会社210条2号）[注144]。

したがって、自己株式取得規制の論点と同様に、不公正発行の観点からも、従業員の福利厚生以外の目的で濫用的に信託型ESOPを利用するようなことは戒めるべきであり、また、ESOP信託が保有する導入企業株式に対して導入企業の支配が及ばないようにすることが必要となる[注145]。

注143）ESOP報告書22頁は、有利発行規制との関係について、「①形式的には、払込金額を含む募集事項が均等に定められた募集行為であって、財政的支援はこれとは別に行われているものであることや、②会社の計算による自己株式の取得に該当しない限りにおいて、既発行の株式の第三者からの取得に財政的支援を与えることができることとの実質的なバランスに鑑みると、新株発行や自己株式処分の際に取得者に対する財政的支援を行うことが、直ちに有利発行にはあたることにはならないと考えられる」と述べている。また、弥永・前掲注138）120頁は、「ストック・オプションの付与も報酬と理解されていることに鑑みるならば、奨励金の支給も報酬（労務の対価）とみるべきであって、特に有利な払込金額による募集株式の発行等と評価すべきでないであろう」と述べている。

注144）弥永・前掲注138）121頁。

注145）信託ではなく一般社団法人を用いたスキームに関するものであるが、従業員持株会発展型の日本版ESOPのスキームにおいて、ビークルとなる一般社団法人に対する株式の発行が不公正発行に該当しないかが争点となった事案として、東京高決平成24・7・12金法1969号88頁がある。かかる裁判例の解説を含めて、日本版ESOPにおける不公正発行の論点については、弥永真生ほか監修『会社法実務相

(ii) 取締役の善管注意義務との関係

信託型ESOPを導入するという判断を行う場合には、その判断が、導入企業の取締役の善管注意義務に違反するものではないことが必要となる。そして、①導入する信託型ESOPのスキームが法令に抵触しないか、②信託型ESOPに要する導入企業の負担（特に債務保証や金銭信託による経済的負担）が信託型ESOPによって得られるメリットに比べて過大とならないか、などの観点を検証し、取締役の判断が善管注意義務に反しないか検討することが求められるが、信託型ESOPの導入の当否やその制度設計は、経営上の専門的判断が求められるものであり、その判断には原則としていわゆる経営判断原則が妥当し、スキームが法令に抵触しないことを前提に、その決定の過程や内容に著しく不合理な点がない限り、取締役としての善管注意義務に違反するものではないと考えられよう。

(iii) 金融規制にかかわる論点

(a) スキームにかかわる論点

信託型ESOPが信託や株式を利用するスキームであることから、多様な金融規制の適用関係が論点となる。金融規制に関する主な論点としては、①証券投資信託類似行為の禁止の規制（投信7条）に抵触しないか、②従業員持株会発展型ESOPについて、従業員持株会と日本版ESOPを一体と捉えて、従業員、導入企業、受託者を構成員とする1つの集団投資スキーム（金商2条2項5号）として金商法の規制が適用されないか、③信託型ESOPを通じて従業員に受益権が付与されることが有価証券の募集に該当し、同法に基づく開示手続が必要とならないか、④信託型ESOPのスキームを通じて受託者が導入企業の株式を取得し、従業員持株会や従業員などに対して当該株式を譲渡する行為が「有価証券の引受け」（同条8項6号）に該当し、業規制の対象とならないか、などの点が挙げられる。

これらの論点に関して、信託型ESOPのうち従業員持株会発展型のスキームについては、内閣府令に規制の適用除外規定が定められていたり、ガイドラインにより金融庁の解釈が示されており、一種のセーフハーバールールが

談』（商事法務、2016）397頁以下［太田洋＝中村崇志］が詳しい。

設けられている(注146)。実務上は、これらのセーフハーバールールを充足する態様でスキームが組成されることが一般的である(注147)。

なお、海外に居住する従業員も対象とする信託型ESOPを導入しようとする場合には、海外の金融規制の適用関係も検討が必要となる。

(b) **インサイダー取引規制にかかわる論点**

信託型ESOPの導入企業は上場企業である場合が一般的であるが、上場企業の株式を売買することは、金商法上のインサイダー取引規制(金商166条・167条)の対象となる。従業員持株会発展型ESOPでは当初にESOP信託が導入企業の株式を取得する場面や期中にESOP信託から従業員持株会に株式を売却する場面などに関して、株式給付型ESOPでは当初にESOP信託が導入企業の株式を取得する場面や(信託内で株式を換価処分してその代金相当額を従業員に給付する場合)ESOP信託が株式を換価処分する場面などに関して、インサイダー取引規制に抵触しないよう取引を行うことが求められる。特にインサイダー取引規制の適用については、売買契約の当事者として権利義務の帰属主体となる場合に限られず、他人に売買の委託、指図をする場合も対象となると説明されており(注148)、ESOP信託に対して信託財産である株式の売買を指図する権限を有する者もインサイダー取引規制の適用対象となり得ることに留意が必要である。

インサイダー取引規制に抵触しないようスキームを運営するための方策としては、①株式の売買やその指図を行う時点でインサイダー情報を保有して

注146) 具体的には、(a)金融商品取引法等ガイドライン7-1、(b)同ガイドライン2-1、(c)特定有価証券開示ガイドライン2-3、(d)定義府令16条1項7号の2にそれぞれセーフハーバールールが設けられている。これらのセーフハーバールールの詳細については、有吉・前掲注122)商事1882号29頁以下参照。

注147) これらの規制との関係では、従業員持株会発展型ESOPについてのみセーフハーバールールが設けられており、株式給付型ESOPについてはセーフハーバールールが示されていないものが多い。もっとも、このような状況は、従業員持株会発展型ESOPの組成例が先行していたためにそれに応じた立法対応が進められたものであって、反対解釈によって株式給付型ESOPを規制に抵触するものと捉える趣旨ではないと考えられ、株式給付型ESOPについても各規制の解釈により適法なスキームを組成することが可能であると考えられる。

注148) 横畠裕介『逐条解説インサイダー取引規制と罰則』(商事法務、1989)44頁参照。

いない状況を確保することのほか[注149]、②いわゆる「知る前契約・計画」の特例（取引規制府令59条1項14号）の要件を満たすように、信託型ESOPに関する信託契約や内部規程を整備し、スキームを運営することなどが求められる。

(iv) 労働法にかかわる論点

株式給付型ESOPでは、従業員に対して給付される財産が株式であることから、原則として賃金は通貨で全額を支払わなければならないとする賃金通貨払の原則（労基24条1項）に抵触しないかが論点となる。また、従業員持株会発展型ESOPに関連して、従業員の勤労インセンティブ等を確保するため、一定期間、従業員持株会が保有する株式の引出しを制限する措置を講じることが、労働契約に附随して貯蓄の契約をさせ、または貯蓄金を管理する契約をしてはならないという強制貯蓄の禁止（同法18条1項）に抵触しないかが論点となる。このように、信託型ESOPについて、労働法上の規制との関係が論点となる場面もある。

これらの論点との関係では、株式給付型ESOPを通じた従業員に対する給付が労働法上、「賃金」に該当するものではないと整理できるように制度を設計することや、従業員持株会への参加が真に従業員の自由意思に委ねられていることが必要である[注150]。

もっとも、既存の賃金を減額することなく信託型ESOPが導入されるような場合においては、仮に信託型ESOPによる給付が「賃金」に該当した場合であっても賃金通貨払の原則や強制貯蓄の禁止を適用する必要性は乏しく、政策論としては、このような場面ではこれらの労働法の規制を適用しないと

注149) 信託期間中に売買について導入企業が指図権を保有しないものとし、かつ、売買の対象となる株式の数量や売買の時期について導入企業がコントロールを及ぼすことができないような建付けとすることにより（換言すると、導入企業の意思によることなく、客観的に売買の対象となる株式の数量や売買の時期が確定する建付けとすることにより）、導入企業については、信託契約の締結時点でインサイダー情報を保有していない限り、（信託契約の締結行為が売買の指図と評価された場合であっても、その時点ではインサイダー情報を保有していないため）インサイダー取引規制に抵触することにはならないと考えられる。

注150) 信託型ESOPに関する労働法上の論点の詳細については、ESOP報告書22頁以下、有吉・前掲注122) 商事1882号27頁参照。

することにも合理性があると思われる。なお、東京地判平成24・4・10（労判1055号8頁）では、5年後に会社の普通株式を取得できる権利を付与するという株式褒賞が労働基準法上の「賃金」に該当するとした上で、労働者が使用者と対等な立場あるいは自由に意思決定できる立場にあり、労働者の完全な自由意思による合意があるのであれば、賃金通貨払の原則は適用されないと判示している[注151]。この裁判例は、労働基準法24条1項により明示的に適用除外の特例が定められている場合以外でも賃金通貨払の原則が適用されない場面があることを示すものとして参考となろう。

(3) 信託型株式報酬制度特有の法的論点

近年、株式の交付対象を従業員ではなく役員とするほかは、株式給付型ESOPと基本的な構造が同じスキームによる、信託を活用した役員向け株式報酬制度の導入事例も増加してきている[注152]。

(i) 信託型株式報酬制度のスキーム

このような信託型株式報酬制度は、株式給付型ESOPと基本的なスキームを共通とすることから、株式給付型ESOPに関する法的論点についての整理は、労働法に関する論点を除き基本的に信託型株式報酬制度にも妥当する。もっとも、信託型株式報酬制度については、役員に対する報酬の給付を目的とするものであることから以下のような追加的な論点が生じる。

(ii) 役員報酬決議

監査役設置会社および監査等委員会設置会社においては、取締役に対する報酬について、定款による定めがある場合を除き、株主総会の決議によって定める必要があり（会社361条1項）、①額が確定しているものについては、

注151) 佐藤慶「賞与としての株式取得権の賃金性と労基法24条」民商法雑誌151巻4-5号（2015）433頁は、対象となる労働者の自由意思の存在だけでは足りず、対象となる労働者が、労働組合による利益代表があったと同様の交渉力を個人として有していたのかという点を基準に賃金通貨払の原則の適用を判断すべきとするが、解釈により賃金通貨払の原則が適用されない場面があることを認める点は前掲・東京地判と共通する。

注152) スキームの一例として、内ヶ﨑茂＝武田智行「役員報酬ガバナンスの実践——役員報酬ポリシーと株式報酬の意義」神田秀樹ほか編著『日本経済復活の処方箋 役員報酬改革論〔増補改訂版〕』（商事法務、2016）130頁以下参照。

第11章　商事信託の近時の展開

【図表11-2-6】　信託型株式報酬制度

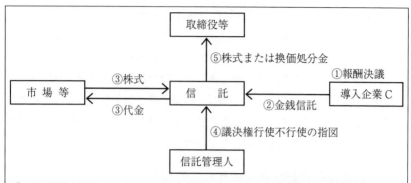

① 信託型株式報酬制度を導入しようとする企業（以下、「導入企業C」といい、導入企業Cの株式を「導入企業株式C」という）は、制度の導入に関する役員報酬の承認決議を行う。
② 導入企業Cは、信託銀行に対して金銭信託を行い、信託を設定する。
③ 信託銀行は②の信託金を原資として市場などから導入企業株式Cを購入する＊。
④ 信託期間中、信託銀行が③によって取得した導入企業株式Cの議決権は行使されない。
⑤ 信託期間中、信託銀行は、受益者要件を満たす導入企業Cの取締役その他の役員を受益者として、③によって取得した導入企業株式Cを、所定の基準に従って交付する。導入企業株式Cを交付する代わりに、信託銀行が導入企業株式Cの一部または全部を換価処分して、その代金相当額が導入企業Cの役員に支払われることもある。

＊信託型ESOPと同様、実務上、導入企業Cが自己株式の処分を行うことにより、信託銀行に導入企業株式Cを取得させることもある。

その額（同項1号）、②額が確定していないものについては、その具体的な算定方法（同項2号）、③金銭でないものについては、その具体的な内容（同項3号）を決定するための株主総会の決議を受けることが必要となる。

　ここで、信託型株式報酬制度による報酬の一般的な金銭報酬と比べた場合の特殊性として、ⅰ金銭ではなく株式が報酬として供与されること、ⅱ会社が経済的な出捐をする時期（信託設定時）と取締役が報酬を受け取る時期にタイムラグが生じること、ⅲ株価や業績などによって取締役が受け取る報酬の経済的価値が変動すること、ⅳ会社が拠出する金額が単年度ではなく複数年度単位で決められ、取締役が受領する額も複数年度の業績などを基準に決められることがあることなどが挙げられる。これらの特殊性も踏まえた上で、会社法361条1項各号のうちのどの条項に基づく決議を行うべきか、また、具体的にどのような内容の決議を行うべきか（総会議案にどのような内容を盛り込んで決議の対象とすべきか）という点について、会社が導入しようとする

信託型株式報酬制度の個別具体的な内容に応じて検討することが必要となる。また、株主総会での決議を受ける前提として、導入しようとする信託型株式報酬制度の内容だけでなく、その目的や会社の報酬体系における位置付け、このような報酬制度を導入することで期待される効果などについて、十分な説明を行った上で、信託型株式報酬制度の導入について株主の理解を得ることが望まれる[注153]・[注154]。

(iii) 信託財産に対する支配

　信託型株式報酬制度においても、信託型ESOPと同様に、導入企業が信託財産に対する支配を及ぼすことにより、会社法の種々の論点に影響を及ぼす可能性がある。そのため、このような可能性に配慮した制度設計が必要となることは信託型ESOPと質的に変わりはない。もっとも、信託型ESOPで経済的な給付を受けるのが導入企業の従業員であるのに対して、信託型株式報酬制度では導入企業を経営する取締役や執行役などが給付の対象となるため、信託財産に対する導入企業の支配の観点について、より慎重な対応が求められることになる。この点、実務上、信託型ESOPにおいては信託財産となっている株式について、対象となる従業員の意思を反映するかたちで、議決権行使がなされるスキームが多いが、信託型株式報酬制度においては、経営陣の影響力が極力及ばないようにする観点も踏まえて、信託財産となっている株式の議決権は行使しない建付けとされることが一般的となっている[注155]。

注153) 指名委員会等設置会社においては、報酬委員会が個人別に取締役および執行役の報酬を決めることとなり（会社409条3項）、株主総会で報酬に関する決議を受けることは必要とならない。もっとも、適切なインセンティブとして機能する報酬制度を導入することを株主や投資家に対してアピールする観点からは、指名委員会等設置会社においても、信託型株式報酬制度を導入する際に、十分な情報開示を行うことが望ましいと考えられる。

注154) 商事法務研究会・会社法研究会「会社法研究会報告書」（2017年3月2日）では、取締役の報酬に係る株主総会の決議や開示に関する規律について、株式報酬等のインセンティブ報酬を付与する場合の手続や開示に関する規律と併せて見直しをすることを検討課題として提言しており、法制審議会会社法制（企業統治等関係）部会においては、取締役の報酬等に関する規律の見直しについての審議が行われている。次の会社法改正において、信託型株式報酬制度の実務にも影響を及ぼすような、取締役の報酬に関する会社法の規律の見直しが行われる可能性もある。

注155) 内ヶ﨑＝武田・前掲注152) 134頁参照。

第 11 章　商事信託の近時の展開

(iv) インサイダー取引規制

　株式給付型ESOPと同様に、信託型株式報酬制度においても、当初に信託が導入企業の株式を取得する場面や（信託内で株式を換価処分してその代金相当額を役員に給付する場合）信託が株式を換価処分する場面などに関して、インサイダー取引規制に抵触しないよう取引を行うことが求められる。特に信託型株式報酬制度の対象者は役員であり、一般的に従業員よりもインサイダー情報を保有している蓋然性が高いと思われるところ、インサイダー取引規制に抵触しないようにスキームを運営することについて、より慎重な対応が必要になると考えられる。例えば、将来の特定の時点で役員がインサイダー情報を保有していないことをあらかじめ確保することは難しいと考えられることから、制度の対象となる役員が、報酬の支給を受ける時点で個別に指図を行うことにより、株式現物での交付を受けるか、それとも株式を信託内で売却した上で、その代金相当額の金銭の給付を受けるかを選択できるような仕組みとすることは、スキームの運営上、難しいものと思われる。

(v)　株式給付型ESOPとの一体利用

　信託型株式報酬制度と株式給付型ESOPは、制度の対象者を異にするものの、対象者に株式を給付するというスキームを共通にすることから、理論的には1つの信託で株式給付型ESOPと信託型株式報酬制度を一体として運用することも不可能ではないと考えられる。

　しかしながら、信託型株式報酬制度による株式の交付は役員報酬として行われるのに対して、株式給付型ESOPによる株式の交付は、（特に労働基準法上の「賃金」に該当しないものと整理をする観点から）福利厚生として行われることが想定されている。この点、信託が単一か複数かは程度問題とは思われるものの、同一の信託から役員と従業員に対して同種の給付を行いつつ、一方は報酬、一方は福利厚生と説明することはあまりに技巧的であり、説得力に欠けることは否定できないであろう。そのため、個別事情により単一の信託により制度を設計することについての合理的な理由を説明することができるような状況でない限り、信託型株式報酬制度と株式給付型ESOPを単一の信託によって運営することは避けることが無難であると考える。

(vi) **情報開示**

前述の通り監査役設置会社および監査等委員会設置会社において株主総会の決議を受けるために株主に対する情報開示が必要となることに加えて、実務上、上場会社が信託型株式報酬制度を導入するに際しては[注156]、制度についての適時開示を行うことが一般的である。その中では、制度の内容や目的、会社の報酬体系における位置付け、制度を導入することで期待される効果などをわかりやすく開示することが望ましく、通常、日本版ESOPを導入する際の適時開示よりも詳細な内容が開示される。

また、制度導入後においては、信託型株式報酬制度も役員に対する報酬の一形態であることから、事業報告（会社規121条4号～6号・124条1項5号・6号）や有価証券報告書（企業開示府令第3号様式記載上の注意(37)、第2号様式記載上の注意(57)）に取締役・執行役に対する報酬に関する情報として信託型株式報酬制度の内容も踏まえた記載をすることが必要となる。ここで、信託型株式報酬制度においては、会社が資金を拠出する時点と対象者が財産的給付を受ける時点が異なるという特徴があることから、取締役・執行役がどの時点で報酬を受けたものとして記載を行うかが論点となる。この点、理論的には、①導入企業が資金を拠出した時点で報酬を受けたと評価する方法、②給付される株式や換価処分金の数量・金額の基礎となるポイントが付与された時点で報酬を受けたと評価する方法、③一定の方式により報酬制度の期間中に按分して、報酬を受けたと評価する方法、④取締役・執行役が実際に株式や換価処分金の給付を受けた時点で報酬を受けたと評価する方法などが考えられる。いずれかの方法が理論的に正しいというものではないと考えられるが、個々の報酬制度の具体的な内容に即して、導入企業における役員報酬の水準が適切に株主や投資家に伝わるようなかたちで記載方法を決定することが必要になるといえよう。

注156) 新たに信託型株式報酬制度を導入する場合だけでなく、過去に導入した信託型株式報酬制度の期間が満了した場合に制度の再設定（期間延長）を行う場合も含む。

第11章　商事信託の近時の展開

第3節
信託の変動

1 信託の分割にかかわる法的論点

(1) 信託の分割

　信託の分割とは、1つの信託の信託財産を複数の信託の信託財産とする場合をいう[注157]。

　例えば、土地と建物を信託財産として保有する信託の受託者が、当該土地を含む地区の再開発事業に参加する場合、受託者は、再開発により新たに建築される建物のうち、再開発前に自らが保有していた土地と建物の価値に相当する部分を取得し、再開発により新たに新築される建物の敷地となる土地の共有持分を取得するケースが考えられる。再開発された建物がマンションや商業ビル等のように区分所有の対象となり、受託者が複数の区分所有建物の区分所有権（例えばマンション3部屋）を取得するケースにおいて、受益者が、その一部（マンション1部屋）を第三者に売却することが考えられる。また、企業が保有する複数の社宅その他の不動産を売却してオフバランスを図る取引に当たり、複数の不動産がまとめて信託されるケースもある。このような場合に、受益者が一部の社宅を第三者に売却することも考えられる。このように複数の不動産を信託財産とする信託について、一部の不動産に対応する部分のみを換価するに当たり、信託財産となっている不動産自体を売却するのではなく、対応する受益権を売却しようとする場合[注158]、受益権の

注157）　信託の併合（受託者を同一とする2以上の信託の信託財産の全部を1つの新たな信託の信託財産とすること。信託2条10項）とともに、旧信託法にはない制度として、手続および効果に関する規定が新設された。なお、信託の併合の場合、従前の各信託はいずれも終了し（同法163条5号）、その清算も要しない（同法175条）。
注158）　信託財産の一部を換価する方法としては、信託財産の売却と同時に当該資産に関する部分のみ信託を解除し、売却代金を受益者に交付する方法（信託の一部解

682

一部売却による方法と信託の分割による方法が考えられる。前者の方法については、実務上、そもそも受益権を当該売却対象不動産のみを対象とする受益権とそれ以外の部分に分割することができるのかという問題がある。そこで、信託レベルで分割することにより、対応する部分の第三者への譲渡を可能にすることが考えられる。

(2) 旧信託法における信託の分割

旧信託法において、信託の分割について定めた規定は存在しなかった。しかし、信託の分割は信託財産の管理方法の変更であると考えることができ、委託者、受益者および受託者の合意により、または信託契約において別段の定めがある場合には当該定めに従うことにより、旧信託法の下でも信託の分割は可能であったと考えられる。

もっとも、信託の分割により、分割前の信託が負担していた債務が分割後のいずれかの信託にだけ帰属させられることになってしまうと、分割前の信託に対する債権者は引当てとなる責任財産が減ってしまうことになる。現行の信託法においては後述の通り信託の分割における債権者保護のための手続が用意されているが、旧信託法下においては、そもそも信託の分割に関する規定が設けられておらず、債権者保護のための手続は用意されていない。そのため、すべての債権者から個別に同意を得る必要があり、同意が得られなかった債権者は、信託の分割にかかわらず、分割後の信託のいずれに対しても債権の履行を請求することができると解されている。また、信託の分割によっても受託者の変更はないことから、信託財産の分割に関し、対抗要件を取得する必要がない反面、別個の信託に属していることを公示する方法が定められていなかった。

これらの旧信託法下の問題点に鑑みれば、現時点において旧信託法によって設定された信託について信託の分割を行おうとする場合には、後記の通り現行の信託法下において信託分割に関する詳細な規定が用意されている以上、委託者、受託者および受益者の合意により、当該信託を現行の信託法が適用

除）も想定される。このような処理は信託の分割ではないことから、本稿においては触れないこととする。

される信託に変更した上[注159]、信託の分割を行う方法も考えられよう。

(3) 現行の信託法における信託の分割

(i) 吸収信託分割と新規信託分割

現行の信託法では信託の分割の方法として、「吸収信託分割」と「新規信託分割」の2つが定められており、ある信託の信託財産の一部を受託者を同一とする他の信託の信託財産として移転する制度を「吸収信託分割」といい、ある信託の信託財産の一部を受託者を同一とする新たな信託財産として移転する制度を「新規信託分割」という（信託2条11項）[注160]。

(ii) 吸収信託分割

吸収信託分割において、分割される信託を「分割信託」といい、分割された信託財産の移転を受ける信託を「承継信託」という（信託155条1項6号）。

吸収信託分割により、分割信託の信託財産の一部を他の信託の信託財産とすることができる[注161]。また、分割信託の信託財産責任負担債務[注162]を承継信託の信託財産責任負担債務とすることができ、当該信託財産責任負担債務が信託財産限定責任負担債務[注163]である場合には、承継信託の信託財産限

注159）　信託法の施行に伴う関係法律の整備等に関する法律3条1項。なお、委託者が現に存在しない場合には受託者と受益者の合意によって現行の信託法が適用される信託に変更することができる（同条2項）。

注160）　信託分割における不動産の登記について、①分割により別信託の目的となった旨の登記（権利の変更）、②従前の信託登記の抹消、③新たな信託の登記の3つがある。この場合の登録免許税は、①、②は不動産1個について1000円で、③は土地は0.3％、建物は0.4％となる。③については、分割後の信託の片方のみに課税される。どの不動産について分割登記の申請をするかという点は、どの不動産を新たな信託財産として移転するかという当事者の信託分割の合意に従うことになり、不動産登記法上の制約はない。通常は、登録免許税が低くなるよう、評価額の低いほうの不動産を新たな登記の対象としている。

注161）　例えば、受託者が複数の年金信託を受託している場合において、企業再編に伴い、事業の選択と集中を図ることによってその効率化を実現すべく、一方の年金信託を分割してその一部を他方の年金信託に統合する場合等に有用である（寺本・前掲注15）350頁参照）。

注162）　信託財産責任負担債務とは、受託者が信託財産に属する財産をもって履行する責任を負う債務をいう（信託2条9項）。

注163）　信託財産限定責任負担債務とは、受託者が信託財産に属する財産のみをもって履行する責任を負う信託財産責任負担債務をいう（信託154条）。

定責任負担債務となる（信託157条）。

ただし、後記の債権者保護手続において、異議を述べることができる債権者に対して催告をしなかった場合、当該債権者は、分割信託・承継信託双方の信託財産を引当てとすることができる（信託158条）。かかる場合、分割信託は分割の日における信託財産の限度で、承継信託は分割の日に承継信託に移転された信託財産の限度で、責任を負担することになる。

(iii) 新規信託分割

新規信託分割により、従前の信託の信託財産の一部は新たに成立した他の信託の信託財産となる。また、従前の信託財産責任負担債務について、新たに成立した信託の信託財産責任負担債務とすることができる[注164]。この場合、当該信託財産責任負担債務が信託財産限定責任負担債務である場合には、新たに成立した信託の信託財産限定責任負担債務となる（信託161条）。

ただし、後記の債権者保護手続において、異議を述べることができる債権者に対して催告をしなかった場合、当該債権者は、双方の信託財産を引当てとすることができる（信託162条）。かかる場合、従前の信託は分割の日における信託財産の限度で、新たな信託は分割の日における当該信託の信託財産の限度で、責任を負担することになる。

(iv) 手続

吸収信託分割と新規信託分割とで共通する部分が多いことから、以下、まとめて記載する。

(a) 分割の合意

信託の分割は、原則として、委託者、受託者および受益者の合意により行うことができる（信託155条1項・159条1項）[注165]。

ただし、①信託の目的に反しないことが明らかであるときは受託者および

注164) 例えば、2人の投資家が1つの信託を設定してその共同受益者になっていたところ、当該信託の運営方針についての意見の相違から、同一の信託を続けることをやめ、各自を受益者とする別々の信託を新たに設定しようとする場合等において有用である（寺本・前掲注15）350頁参照）。

注165) 吸収信託分割および新規信託分割も広義には信託の変更に該当するものと考えられることから、信託の変更の要件・手続に関する信託法149条1項ないし5項のうち、同条3項を除くその余の部分と同じ趣旨を規定したものである（寺本・前掲注15）353頁参照）。

受益者の合意のみにより（信託155条2項1号・159条2項1号）、②信託の目的に反しないことおよび受益者の利益に適合することが明らかであるときは受託者の書面または電磁的記録によってする意思表示のみにより（同法155条2項2号・159条2項2号）、それぞれ分割を行うことができる。

　信託の分割に当たり、主として以下の事項を明らかにして行わなければならない（信託155条1項各号・159条1項各号）[注166]・[注167]。また、前記①および②の方法による場合、受託者は、遅滞なく、以下の内容を委託者および受益者のうち信託の分割に関与していない者に対して通知しなければならない（同法155条2項・159条2項）。

ⅰ　信託の分割後の信託行為の内容
ⅱ　受益権の内容に変更があるときは、その内容および変更の理由
ⅲ　受益者に対し金銭その他の財産を交付するときは、その財産の内容および価額
ⅳ　信託の分割が効力を生ずる日
ⅴ　移転する財産の内容
ⅵ　信託財産責任負担債務を、承継信託（吸収信託分割の場合）または新たな信託（新規信託分割の場合）の信託財産責任負担債務とするときは、当該債務に係る事項
ⅶ　信託の分割をする理由

　なお、前記信託分割に関する規定は任意規定であることから、信託行為に別段の定めがあるときは、信託行為において定められる方法により信託を分割することができる（信託155条3項・159条3項）[注168]。

注166）吸収信託分割に当たり明らかにするべき事項は信託法施行規則14条に列挙されている。また、新規信託分割に当たり明らかにするべき事項は同規則16条に列挙されている。
注167）このように予定されている信託の分割の内容の合理性を判断するために必要な情報をあらかじめ提示することにより、関係する各信託受益者の利益を保護する観点から、分割後の信託行為の内容、受益権の内容に変更があるときはその内容および変更の理由その他の時効を明らかにしなければならないこととしている（寺本・前掲注15）353頁参照）。
注168）信託行為において信託法155条1項、159条1項に定める方法による信託の分割を禁じたり、①および②の場合に受託者の通知義務（信託155条2項・159条2項）を免除することもできる（武智克典編著『信託法の要点』〔青林書院、2012〕210

(b) 受益権取得請求権

信託の分割を行う場合、その意思決定に賛成の意思を表示しておらず、かつ損害を被るおそれのある受益者は、受託者に対して、自らの保有する受益権の取得を請求することができる（信託103条）。

信託会社である受託者は、信託の分割に当たり受益者が受益権取得請求権を取得する可能性があることから、一定の事項を公告するか、受益者に各別に催告しなければならない（信託業29条の2、信託業法施行規則41条の5）。かかる公告または催告がなされる場合、そこに示された一定の期間[注169]内に異議を述べた受益者の受益権の個数が信託の受益権の総受益権の2分の1を超えるときは、信託の分割を行うことができない。

(c) 債権者保護手続

信託の分割により分割された信託の信託財産が減少するため、分割される信託財産を引当てとする債権者は信託の分割により不利益を受けるおそれがある。また分割信託の信託財産を引当てとしていた債務の一部を承継信託が承継する吸収信託分割の場合、承継信託の信託財産を引当てとする債権者も不利益を受けるおそれがある。

そこで、吸収信託分割においては分割信託と承継信託の債権者、新規信託分割においては分割前の信託の債権者は、受託者に対して、信託の分割につき、異議を述べることができる（信託156条1項本文・160条1項本文）[注170]。かかる異議を述べる機会を債権者に付与するため、受託者は、信託の分割に当たり、信託の分割を行うこと、債権者が一定の期間内[注171]に異議を述べることができることその他一定の事項[注172]を官報に公告しなければならず、

頁参照)。
注169) 異議を述べることのできる期間は1か月以上でなければならない（信託業29条の2第2項）。
注170) 受益者は信託分割の意思決定に関与することができ、受益権取得請求権も認められることから、異議を述べることができる債権者には含まれない（寺本・前掲注15) 358頁）。
注171) 1か月以上の期間でなければならない（信託156条2項ただし書・160条2項ただし書）。
注172) 吸収信託分割に当たり債権者の異議に関する公告事項は信託法施行規則15条に列挙されている。また、新規信託分割に当たり債権者の異議に関する公告事項は同規則17条に列挙されている。

かつ、知れたる債権者に各別に催告するか、催告に代えて日刊新聞紙または電子公告により公告しなければならない（同法156条2項・3項・160条2項・3項）。

債権者が前記公告および催告に定める期間内に異議を述べなかった場合、信託の分割を承認したものとみなされる。これに対し、債権者が信託の分割に異議を述べた場合、受託者は、当該債権者に対し、弁済、相当の担保の提供または当該債権者に弁済を受けさせることを目的として相当の財産の信託を行う必要がある（信託156条4項・5項・160条4項・5項）。

もっとも、債権者を害するおそれがないことが明らかであるときは、受託者は前記公告および催告をする義務を負わず、債権者は信託の分割に異議を述べることはできない（信託156条1項ただし書・2項・5項ただし書・160条1項ただし書・2項・5項ただし書）。

他方、信託の分割において、吸収信託分割における分割信託と承継信託の債権者のうち知れたる債権者、ならびに、新規信託分割における分割前の信託の債権者のうち知れたる債権者は、各信託から催告を受けることができなかったときは、信託分割後においても、信託分割前に自らの債権の責任財産であった信託財産のうち信託分割の効力が生じた時点での価格の範囲の財産をもって、その債権の履行を請求することができる（信託158条・162条）。

2　信託銀行の破綻と銀行勘定貸

(1)　はじめに

信託銀行は、年金資産の管理運用、投資信託等の金融商品から高度な仕組み金融まで、さまざまな場面で資産の器として信託を提供しており、わが国の金融・資本市場における一種のインフラとして、重要な地位を占めている。わが国において信託銀行が破綻した事例はこれまでみられないが、仮に信託銀行が破綻した場合でも、後述する「信託財産の独立性」により、信託銀行の倒産手続において、信託財産が信託銀行の固有財産として扱われないことが法律上確保されている。このように信託財産が信託銀行の固有の信用リスクから遮断されていることは、さまざまな金融取引において信託が用いられ

るための必須の前提となっている。

　一方で、信託銀行の実務では、信託財産に属する金銭の一部を「銀行勘定貸」というかたちで固有勘定で運用することが広く行われている。信託銀行の財務状態が健全な場合は、銀行勘定貸のリスクが意識されることはほとんどないと思われるが、仮に信託銀行が破綻した場合、銀行勘定貸として運用されている部分は、信託銀行の固有勘定に対する一般債権者と同様に、信託銀行の固有の信用リスクにさらされるのではないか、そうであるとすれば、受益者保護の観点から問題があるのではないかといった点が、論点として顕在化する可能性があると思われる。ここで、信託財産は受託者に帰属しており、受託者と別個の法人格を有するものではないため、銀行勘定貸について異なる法人間と同様の債権債務関係を観念できるわけではない。そのため、受託者の倒産時に、銀行勘定貸が信託銀行の銀行勘定に対する一般債権者と同様に取り扱われるのか、それとも特殊な規律が適用されるのか、法律上の取扱いは必ずしも明確ではないと思われる。

　そこで、2では、信託銀行の破綻時における信託財産の取扱いと銀行勘定貸の法的性質に関する議論を概観した上で、信託銀行の破綻時における銀行勘定貸の取扱いについて若干の検討を行うこととしたい。

(2) 信託銀行の破綻時における信託財産の取扱い

(i) 信託銀行の破綻処理の概要

　信託銀行の経営状態が悪化し、破綻に陥った場合、一般の株式会社と同様に、破産法、民事再生法または会社更生法等による法的倒産手続の対象となる[注173]。ただし、信託銀行を含む金融機関等については、預金者等の保護や金融システムの安定等の観点から、預金保険法に基づく特別の破綻処理制度が存在しており、現実的には、信託銀行が破綻状態となった場合でも、直ちに法的倒産手続が開始されるのではなく、預金保険法に基づく破綻処理手続が先行して実施されることが想定される。預金保険法上、複数の破綻処理手続が存在するが、標準的な方法とされている資金援助方式（預金保険59条以

注173）　金融機関の倒産については、金融機関等の更生手続の特例等に関する法律により、再生手続および更生手続、再生手続および破産手続の特則が設けられている。

下）を例にとると、①破綻金融機関について金融整理管財人が選任され、一定の資産と付保預金等の債務（この中には信託財産と受益債権に係る債務が含まれ得る）が預金保険機構の子会社として設立された承継銀行（ブリッジバンク）または救済金融機関に事業譲渡され[注174]、譲渡先が資金援助を受けることにより付保預金等の債務は一定の範囲で保護される、②その上で、破綻金融機関については金融整理管財人により法的倒産手続の開始が申し立てられる。そして、破綻金融機関に対する付保預金以外の預金や債権については、最終的に、破産手続では破産配当の限度で弁済を受けることになり（破193条以下）、再生手続や更生手続においては、免除や弁済期限の猶予等の権利変更の対象となり得る（民再154条・155条、会更167条・168条）。

　このように、信託銀行の破綻処理手続においては、破綻した信託銀行の下に残る信託と、ブリッジバンク等に移転される信託があり得るため、両方のケースで銀行勘定貸の取扱いが問題になり得ると考えられる。

(ii) 信託財産の独立性

　信託法上、信託の対象となった財産は、形式的には受託者に帰属するが、受託者の固有財産および他の信託の信託財産とは別個独立のものとして取り扱われ、受託者の信用リスクから遮断されることが制度的に担保されている（信託財産の独立性）。すなわち、受託者が破産手続開始の決定を受けた場合であっても、信託財産に属する財産は、破産財団に属さず（信託25条1項）、受益債権は、破産債権とならないとされている（同条2項前段）[注175]。また、信託債権（信託財産責任負担債務に係る債権であって、受益債権でないもの。同

注174）　信託法上、信託の受託者を変更するためには、信託行為に別段の定めのない限り、受託者は個々の委託者および受益者の同意を受けて辞任し（信託57条1項等）、新受託者を選任する必要があるが、預金保険法上、破綻した金融機関の他の金融機関に対する事業譲渡について預金保険法上の資金援助が決定されている場合には、（個々の委託者および受益者の同意なく）事業譲渡契約のみによって受託者変更を行うことができるとされている（預金保険132条1項）。

注175）　このほか、信託法は、信託財産に属する財産と固有財産に属する財産または他の信託の信託財産に属する財産との間では混同による権利の消滅が生じないこと（信託20条）、信託財産に属する債権等について相殺が制限されていること（同法22条1項）、信託財産に対する強制執行が制限されていること（同法23条）、受託者が死亡した場合であっても、信託財産は受託者の相続財産に属しないこと（同法74条）などを定めており、いずれも信託財産の独立性に基づく規定である。

法21条2項2号参照）であって受託者が信託財産に属する財産のみをもってその履行の責任を負うものは、破産債権にならないとされている（同法25条2項後段）。このように、信託銀行について破産手続が開始された場合においても、信託財産の受益者や信託財産に対する債権者は、破産手続による影響を受けないこととされている。再生手続と更生手続においても同様の取扱いとなる（信託25条4項・5項・7項）。

(3) 銀行勘定貸

(i) 銀行勘定貸の意義

信託銀行が、信託財産として受け入れた金銭を用いて有価証券、貸付債権や不動産などの資産を取得した場合には、当該資産は、信託財産の独立性ゆえに信託銀行の倒産手続の影響を受けることはない。これに対して、信託財産の中には、資産の取得に充てられなかったことにより、あるいは、資産からの収益として、余剰金銭が生じることがある。この余剰金銭の取扱いとしては、主に、①他の銀行（グループ内の他の銀行を含む）等に預金口座を開設し、預金債権として管理する方法、②信託銀行の固有財産として管理・運用する方法（いわゆる「銀行勘定貸」）が考えられる。①の方法がとられる場合には、信託財産として有価証券等を保有する場合と同様、信託銀行の破綻時においても、信託財産の独立性ゆえに信託銀行の倒産手続の影響を受けない（なお、当然のことながら、預入先の信用状態の影響は受けることとなる）。これに対して、②の方法がとられる場合も、信託銀行が銀行勘定貸として受け入れた金銭を用いて固有勘定において特定の資産を取得することがあり得るが、当該資産は、あくまで信託銀行の固有財産であり、信託財産としては、「銀行勘定貸」というかたちで固有財産に対する貸付類似のかたちをとることになる。余剰資金の運用として行われる銀行勘定貸は、他行宛の預金として運用する場合と比較すると、自行内で資金移動を完結することができ、また、自行の資金運用のためのリソースを利用することにより、効率的な資金運用に資する面があると思われる。現実に、信託財産のうち、少なくない金額が銀行勘定貸として運用されている[注176]。

注176) 一般社団法人信託協会が集計している信託勘定残高推移データによれば、国内で

第11章　商事信託の近時の展開

(ii) 銀行勘定貸の私法上の性質
(a) 自己取引の法的性質に関する学説上の議論

　民法上、契約が成立するためには、申込みと承諾の意思表示の合致（あるいは、契約を成立させる「合意」）が必要である（民521条以下）。また、「債権」、「債務」の概念も、異なる法人格の間で存在するものであることが前提とされている[注177]。この点、信託財産と固有財産の間で取引（自己取引）が行われる場合には、信託財産の主体としての受託者と固有財産の主体としての受託者は同一の法人格であり、その間の「合意」や「債権」、「債務」といったものを観念できないため、その法的性質が問題となる。

　ここで、旧信託法の下では、自己取引を原則として禁止していた旧信託法22条が、かかる禁止の例外の1つとして、受託者の補償請求権[注178]を認めており、かかる補償請求権の法的性質を中心に、自己取引の法的効果について、一定の議論がなされていた。

　例えば、四宮和夫『信託法〔新版〕』（有斐閣、1989）291頁は、補償請求権の法的性質について、債権と考える説[注179]に対して、信託財産から直接補償額を控除し得べき一種の形成権とする説が有力であるとした上で、①信託財産は受託者から独立した主体と考えるべきだから、この権利は本来受託者の信託財産に対する請求権たる性質を有するものであり、現に受託者の任務終了後は、信託財産に対する強制執行も認められる請求権となる（旧信託54条1項）、②ただ、受託者在任中は、便宜上自助行為（self-help）が認められ、一種の形成権のかたちをとっていると説明している。

　補償請求権以外の自己取引の法的性質については、概要、①信託財産・固

　　　信託業務を営む金融機関（信託会社を含む）の2017年3月末時点の銀行勘定貸の合計金額は、28兆6535億円となっており、信託財産総額（991兆0917億円）の約2.5％を占めている。
注177)　我妻・前掲注91）1頁では、「債権は、他人をして将来財貨または労務を給付させることを目的とする権利である」と説明されている。
注178)　旧信託法36条1項は、「受託者ハ信託財産ニ関シテ負担シタル租税、公課其ノ他ノ費用又ハ信託事務ヲ処理スル為自己ニ過失ナクシテ受ケタル損害ノ補償ニ付テハ信託財産ヲ売却シ他ノ権利者ニ先チテ其ノ権利ヲ行フコトヲ得」と定め、自己取引禁止の例外の1つとして、受託者に信託財産から補償等を受ける権利を認めていた。
注179)　三淵忠彦『信託法通釈』（大岡山書房、1926）170頁。

有財産間における債権債務の発生を認める考え方[注180]、②銀行勘定貸は、旧信託法22条が規制する「信託財産を固有財産となす」ことに該当するのではなく、受託者が信託財産を一時的に事実上利用することを許容する関係にすぎないという考え方[注181]、③信託財産から固有財産への金銭の貸付けについては、受託者が、信託事務の処理一般に含まれる義務として、金銭について、固有財産から信託財産への性質変更を生じさせる義務を受益者に対して負うという考え方[注182]などがみられるが、通説はなく、実務上も確立した見解はみられない状況にあった[注183]。

(b) 信託法の立法時の議論と信託法の規定

信託法の立法過程(法制審議会信託法部会)においては、主に、受託者の有する費用等の償還を受ける権利(信託48条1項・2項)の法的性質が形成権であるのか、請求権であるのかを議論するかたちで、受託者が信託財産に対して有する権利の性質について一定の議論や発言がなされたものの、確定的な結論は出されず、最終的には解釈論に委ねられたことが記録されている[注184]。

一方、信託法改正の立案担当者は、受託者の費用等の償還を受ける権利の法的性質について、「受託者が信託財産に対して有する債権ではなく、比喩

注180) 四宮・前掲注4) 203頁は、信託財産に法人格を認めるわけではないが、信託財産に制限付きで実質的法主体性があると仮定することにより信託財産の法律関係を説明しようとする見解(実質的法主体性説)に立った上で、一般の二主体間におけると同じように、信託財産と受託者との間に法律関係が発生すると説明している。また、道垣内弘人「受託者の自己取引・信託財産間取引の法律関係」新堂幸司=内田貴編『継続的契約と商事法務』(商事法務、2006) 209頁は、契約の成立には二当事者が必要として、自己取引・信託財産間取引により契約が成立することは否定しつつ、効果としては、債権債務が生じる場合と同等に扱うべきとする。
注181) 能見善久「現代信託法講義(3)」信託202号(2000) 9頁。
注182) 山田誠一「いわゆる受託者の補償請求権」関西信託研究会『資産の管理運用制度と信託——報告書』(トラスト60、2002)(米倉明編著『創立記念論文撰集』〔トラスト60、2007〕所収) 37頁。
注183) 現行の信託法での取扱いについて、道垣内・前掲注54) 212頁は、「実務における、いわゆる銀行勘定貸し……は、受託者に対する貸付けではなく、信託財産である金銭が銀行勘定で管理されていると見れば足りると思われる」という見解を示している。
注184) 2005年11月4日開催の第24回法制審議会信託法部会。

的にいえば、受託者の有する固有財産と信託財産との振り分けを変更する形成権の一種とみることができる」と説明している[注185]。また、現行の信託法上、一定の要件を満たす場合に自己取引の有効性が明示的に認められていること（信託31条2項）は、自己取引によって信託勘定と固有勘定との間で何らかの法的効果が生じることを前提としていると考えられるが、それ以外にも、以下の通り、自己取引の法的性質を考える上で手がかりとなる規定がいくつか存在する。

(ア) 混同の例外

民法上、債権債務が同一人に帰属した場合には、その債権は混同によって消滅するのが原則であるが（民520条）、信託財産に属する債権に係る債務が受託者に帰属した場合（信託財産責任負担債務となった場合を除く）には、債権の混同の例外として、当該債権は消滅しないこととされている（信託20条3項1号）。その趣旨は、信託財産が、受託者の固有財産から独立した別個の財産であって、実質的には、その経済的利益は受益者に帰属するものであることに鑑みて、民法の混同の原則の適用を排除したものと説明されている[注186]。

したがって、（金銭の信託が行われた後に銀行勘定貸が行われるのと結果として近似する取引として）委託者が信託銀行に対する預金債権や貸付債権を当該信託銀行に信託することにより、信託の受託者としての信託銀行が自らに対する債権を取得した場合には、当該債権は混同消滅することなく信託銀行の固有勘定に対する債権として信託財産に帰属することになる。

(イ) 費用償還等を受ける権利に基づく強制執行

受託者が信託財産から費用等の償還を受け、または信託報酬を受けることができる権利（信託49条1項・53条2項・54条4項。以下、「費用償還等を受ける権利」という）について、費用償還等を受ける権利を行使しないまま受託者の交代があった場合には、旧受託者はこれに基づいて新受託者の有する信託財産に属する財産に対して強制執行等をすることができるとされている

注185) 別冊NBL編集部編『信託法改正要綱試案と解説』別冊NBL104号（2005）141頁。
注186) 寺本・前掲注15) 81頁。

(同法75条6項)。旧信託法54条では、受託者が費用の補償等を受ける権利に基づき、新受託者に対して、信託財産につき強制執行等を行うことができると定められていたが、前受託者の権利を保護する観点から、同条の規定の趣旨を維持したものと説明されている(注187)。また、詐害信託取消しの請求を認容する判決が確定した場合において、受託者が、善意の信託債権者に対して、信託財産責任負担債務を固有財産をもって支払ったことにより信託法49条1項に基づいて取得する費用償還等を受ける権利は、これを金銭債権とみなし、受託者は、この権利に基づき、委託者に対して、受託者から委託者に移転する財産の価額を限度として強制執行等をすることができるとされている(同法11条2項・3項)。

(ウ) 信託財産の破産時における費用償還等を受ける権利の取扱い

破産法244条の8は、受託者の費用償還等を受ける権利について、信託財産の破産手続との関係においては、金銭債権とみなすと定めている。この規定の趣旨については、費用償還等を受ける権利の性質は形成権であることを前提としつつ、費用償還等を受ける権利は、実質的には、信託財産に対する請求権であるというべきものであり、信託財産の破産手続のように、信託財産と固有財産とを別人格の責任財産であるかのように扱って清算を行おうとする場合には、破産管財人(または破産財団)に対する請求権(破産債権)と構成することが合理的であると説明されている(注188)。

(エ) 小括

以上の通り、信託法上、混同の例外として、受託者の固有勘定に対する債権が信託財産に帰属し得ることが明文の規定によって定められている。また、信託法および破産法上、受託者の費用償還等を受ける権利については、形成権と捉えつつ、受託者の交代や信託財産の破産の場面など、受託者の固有財産と信託財産が別の法人格に帰属する場面(あるいはそれに準ずる場面)においては、債権と同様に取り扱うという考え方がとられていると考えられる。

注187) 寺本・前掲注15) 229頁。
注188) 竹下守夫編集代表『大コンメンタール破産法』(青林書院、2007) 1030頁 [村松秀樹]。費用償還等を受ける権利の性質について、信託財産の破産手続においても形成権という性質を貫徹すると、取戻権(破62条)が認められる余地があるが、破産法244条の8はそのような取扱いを否定しているものと解される。

銀行勘定貸の私法上の性質を検討するに当たっては、このような混同に関する規律や費用償還等を受ける権利の法的性質に関する議論が参考になるものと考えられる[注189]。

(iii) 銀行勘定貸に対する法的規制

銀行勘定貸は、信託財産と固有財産の間の取引（自己取引）に当たるため、信託法や兼営法・信託業法上、規制対象とされている[注190]。

信託法上、自己取引は原則として禁止されているが、信託行為に自己取引を許容する旨の定めがあるとき等、受益者の利益を害するおそれがない場合は、自己取引を行うことができると定められている（信託31条1項1号・2項）。

また、兼営法上、銀行勘定貸を行うためには、信託契約において銀行勘定貸を行う旨および銀行勘定貸の概要について定めを設ける必要があり、かつ、同種および同量の取引を同様の状況の下で行った場合に成立することとなる通常の取引の条件と比べて、受益者に不利にならない条件で行う必要がある（兼営2条1項、信託業29条2項、兼営規23条3項2号ニ）。このような規制を受けて、実務上、銀行勘定貸を行う場合には、信託契約において、銀行勘定貸を許容する旨の規定が設けられている[注191]。

さらに、監督指針（信託会社等）11－2－4(2)①では、信託銀行の業務遂行能力の審査における留意点の1つとして、「例えば、信託勘定から固有勘

注189）　なお、登記実務上は、信託の受託者である信託銀行が、信託財産である不動産を担保として自行から金銭の借入れを信託勘定で行うことに関し、その抵当権の設定登記が認められるようであり（登記研究743号〔2010〕147頁）、信託勘定と固有勘定の間の取決めにより担保権や担保権を設定するための契約が成立することを前提としているものと思われる。

注190）　昭和28（1953）年6月1日付けの大蔵省銀行局長通達では、信託業務に運営に関して、信託勘定の余裕金、未運用元本を自行の銀行勘定預金とする取扱いを行わないこととされ、さらに、信託勘定においては余裕金、未運用元本は極力これを生ぜしめないように運用するものとし、やむを得ない場合においてのみ、必要最小限度額に限り自行の銀行勘定貸として経理することができるものとしていた。また、銀行勘定貸に対してはあらかじめ定められた一定率の利率による利息を付すことが求められていた。

注191）　実務上、信託契約においては、例えば、「受託者は、受託者が必要があると認めた場合で、かつ受益者の保護に支障を生ずることがないと認められる場合には、信託金を受託者の銀行勘定で運用することができる。この場合、受託者の店頭に表示する利率で付利する」といった条項が設けられる。

定への運用（いわゆる銀行勘定貸）に際し、受託者たる金融機関の信用リスクを適切に評価することとしているか。特に、受託者たる金融機関の自己資本比率の大幅な低下、株価の急落、外部格付機関による信用格付の悪化など、受託者の財務の健全性低下が懸念される場合には、より慎重な検証が必要であることを踏まえた社内規則となっているか」という点が挙げられている[注192]。この監督指針からも明らかな通り、金融当局においては、銀行勘定貸によって信託財産が受託者の信用リスクにさらされることを前提としている。

(4) 受託者の倒産手続における銀行勘定貸の取扱い

受託者の破綻時においては、受託者の固有財産をめぐって受託者の固有財産に対する債権者等の利害が対立することになるが、これに対し、前述の通り、信託財産については、信託財産の独立性ゆえ倒産手続の影響を受けないとされている。しかしながら、信託財産のうち銀行勘定貸として運用されている部分が、受託者の固有財産に対する一般債権者と同様の法的地位に立つとすれば、受託者の破綻によって信託財産が毀損されることになるため、受

注192) 金融庁「信託検査マニュアル」（2008年8月）信託財産運用管理態勢Ⅲ1(1)では、利益相反行為等の防止について、以下の点が挙げられている。
「1．利益相反行為の防止
　信託財産運用管理部門は、信託財産運用業務の実態にかんがみ、利益相反行為が発生するリスクを認識した上で、実効的に利益相反行為を防止しているか。
　特に以下の点が守られているか。
(1) 自己取引（銀行勘定と信託勘定の間の取引）の管理
　信託契約において、自己取引を行うこと及び自己取引の概要についての定めがあり、かつ、受益者保護の観点からの法令上の要件を満たしている場合を除き、自己取引が禁止されていることを踏まえ、以下の点が守られているか。
① 自己取引を行うこと及び自己取引の概要について、信託契約に明記されているか。
　（例）銀行勘定貸、自行為替取引、有価証券レポ取引等
② 法令の趣旨を踏まえた自己取引に係る内部規程・業務細則が制定され、遵守されているか。
③ 信託契約に定めた自己取引に関する規定を遵守した取引となっていることが確認されているか。
④ 受益者保護の観点からの法令上の要件を満たしている場合に該当することを検証できる態勢となっているか。」

第 11 章　商事信託の近時の展開

託者の破綻時において、銀行勘定貸の法的取扱いが最も先鋭化すると考えられる[注193]。受託者の破綻時の銀行勘定貸の取扱いに関して、具体的に問題となり得る論点として、例えば、①信託銀行の固有財産に対する一般債権として扱われ、倒産手続上、他の一般債権と同様の制約に服するか[注194]、②信託銀行の危機時期において、銀行勘定貸について、固有財産から信託財産に金銭を移転させた場合、偏頗行為として否認（破162条、民再127条の3、会更86条の3）の対象となるか、といった点が考えられる。

　この点に関しては、前述の通り、受託者の費用償還等を受ける権利については、受託者交代や信託財産の破産等の場面など、受託者の固有財産と信託財産が別の法人格に帰属する場面（あるいはそれに準ずる場面）においては、金銭債権として取り扱うこととされており、費用償還等を受ける権利と同じく自己取引である銀行勘定貸についても、同様の考え方が妥当すると考えるべきであろう[注195]。したがって、基本的には、銀行勘定貸は、受託者の固有財産に対する金銭債権として取り扱い、受託者に対する一般債権者と同様に扱うべきであると考えられる。信託銀行の実務においても、銀行勘定貸が受託者の信用リスクにさらされることを前提とした取扱いがなされており、銀行勘定貸を金銭債権に準じて取り扱うことは、かかる実務上の取扱いとも整合的であると考えられる。

　また、前述の通り、信託銀行の破綻処理においては、破綻した信託銀行の下に残る信託とブリッジバンク等の第三者に移転される信託が想定されるが、いずれの場合も、銀行勘定貸が存在する場合には、破綻した信託銀行に対する金銭債権として処理すべきであると考えられる。

　このように銀行勘定貸を金銭債権と取り扱う考え方に対しては、信託財産

注193)　受託者が破綻しない限りは、銀行勘定貸の対象となった金銭は毀損させることなく受託者が信託契約に従って処理することが想定されるため、事実上、銀行勘定貸の法的性質が論点となることなく、信託事務がとり行われるものと考えられる。
注194)　具体的には、①破産の場合には、弁済禁止の保全処分（破28条）、個別的権利行使の禁止（同法100条1項）等、②民事再生の場合には、弁済禁止の保全処分（民再30条）、権利変更（同法154条・179条等）等、③会社更生の場合には、権利変更（会更167条・168条）等の対象となるかが問題となる。
注195)　このような考え方は、委託者が信託銀行に対する預金債権や貸付債権を当該信託銀行に信託した場合の取扱いとも整合的な結論になると考えられる。

に属する金銭について信託財産の独立性を否定する結論になるとの評価もあり得るところであり、受益者保護の観点から問題があるのではないかとの批判も考えられる[注196]。しかしながら、信託財産に属する金銭が受託者の固有財産として運用されている場合に信託財産（受益者）が受託者の信用リスクの影響を受けることは、信託財産が有価証券や貸付債権として運用されている場合に運用先の財務状態の影響を受けることと何ら変わりがなく、銀行勘定貸の場合にだけ受益者を保護する必然性はないと考えられる。

　もっとも、たとえ信託業法上の自己取引の要件を充足して銀行勘定貸を行うとしても、信託銀行においては、信託財産の管理運用に当たっての善管注意義務（兼営2条1項、信託業28条2項）の観点から、銀行勘定貸を行うに際して、他の資産で運用する際に求められるのと同様、銀行勘定で運用するリスクを検証し、信託財産を過度なリスクにさらさないように配慮することが求められると考えられる。前述の監督指針等において、銀行勘定貸に際し受託者の信用リスクの適切な評価が求められていることも、このような意味で理解することができ、信託財産の管理運用に当たっての善管注意義務を通じて受益者の保護が図られているといえる。

　信託銀行の破綻時において、破綻処理の円滑化および信託財産に係る受益者を含む利害関係人の予測可能性の確保の観点からは、銀行勘定貸の取扱いが明確になっていることが望ましい。本稿がその一助となれば、望外の喜びである。

注196）　銀行勘定貸は信託財産である金銭が銀行勘定で管理されている場面とする前掲注183）の考え方からは、銀行勘定貸の対象となっている金銭にも信託財産の独立性が及ぶと解することが親和的と思われる。

第12章

デリバティブ

第12章 デリバティブ

第1節

総論

1 デリバティブとは

(1) 概要

(i) 定義

デリバティブとは何か[注1]。筆者の手元にあったいくつかの文献を見てみたところ、以下のように記載されていた。

- 「ほかのなんらかの基本的な変数に基づいて（または派生して）価格が決まる金融商品」「この基準となる変数は多くの場合、取引資産の価格」[注2]
- 「狭義の定義は、『現物取引の対象となる資産を原資産とする、フォワード取引、フューチャーズ取引、オプション取引、スワップ取引』である。しかし、金利や金利差、企業の倒産イベント、気温、降雨量など、それ自体は現物取引の対象にならない数値に基づく取引もある」[注3]
- 「基本的な金融取引（預金・借入れ、債券、外国為替、株式など）から派生した金融商品の総称」「対象となる金融取引を原資産と呼び、原資産の価格変動要因をリスク・ファクターと呼ぶ」[注4]
- 「①デリバティブ（派生資産・証券）は『子供』であり、②それを生み出したのが現物資産・証券。現物資産が『親』である」[注5]
- 「金利、為替、株式、商品等の原資産のレファレンス・レート、もしくはインデックスに価値が依存する取引」[注6]

注1) 一昔前は「金融派生商品」という訳語を当てることが多かったように思う。しかし昨今は、カタカナで「デリバティブ」と書くのが一般的ではないか、というのが筆者の肌感覚である。

注2) ジョン・ハル、三菱UFJモルガン・スタンレー証券市場商品本部訳『フィナンシャルエンジニアリング〔第9版〕』（金融財政事情研究会、2016）2頁。

第1節　総論

論者によって「デリバティブとは何か」、すなわち、デリバティブの定義方法はさまざまである。そしてもちろん、必ずしも厳密な定義が存在するわけでもないのだが、最大公約数的には、デリバティブとは「何らかの原資産が存在し、それに派生して価格が決まる商品・取引・契約の総称」ということができるのではないだろうか。

(ii) 原資産や取引の種類

原資産として代表的なものは金利、為替、株式、クレジット、商品（コモディティ）だと思われるが、必ずしもそれらに限定されるわけではない[注7]。例えば、天候、地震、不動産価格、感染症の大流行（パンデミック）[注8]、長寿（longevity）[注9]といったように、金融とは直接の関連性を有しない原資産も多く存在している。

具体的な取引類型としては、フォワード（先渡し）(forward)、先物(futures)、オプション(option)、スワップ(swap)が代表的である。以下はその概要である。

・フォワード（先渡し）：将来のある時点にあらかじめ定められた価格で原資産を購入、もしくは売却する契約であって、ほぼ即時に原資産を売買する契約であるスポット契約(spot contract)と対比される。フォワー

注3)　日本証券アナリスト協会編、小林孝雄＝芹田敏夫『新・証券投資論(1)――理論篇』（日本経済新聞出版社、2009）295頁。

注4)　三菱東京UFJ銀行市場企画部・金融市場部『デリバティブ取引のすべて』（金融財政事情研究会、2014）2頁。

注5)　森平爽一郎『物語で読み解くデリバティブ入門』（日本経済新聞出版社、2011）22頁。

注6)　三井住友信託銀行マーケット事業編『デリバティブキーワード333』（金融財政事情研究会、2013）34頁。

注7)　「豚の価格から特定のスキー場の降雪量に至るまで、ほとんどどんなものでもかまわない」（ハル・前掲注2）2頁）。

注8)　WHO（World Health Organization）が公表する感染症に関するデータ（発症数、死者数等）を原資産とするもの（金融庁「金融商品取引法第2条に規定する定義に関するQ&A」〔2016年12月26日〕）。

注9)　仲田信平ほか「長寿スワップ（Longevity Swap）と金融商品取引法上の『デリバティブ取引』――『生命表』を利用した商品設計試論」西村あさひ法律事務所　金融ニューズレター（2011年5月）。また、The Joint Forum「Longevity risk transfer markets: market structure, growth drivers and impediments, and potential risks」（2013年12月）参照。

703

> ド契約は通常、金融機関同士、あるいは金融機関と顧客との間で、店頭市場で取引される。
> ・先物：フォワード契約と同様、将来のある時点にある決められた価格で資産を売買する二者間契約である。しかし、先物契約はフォワード契約とは異なり、通常取引所で取引される。取引所取引を可能にするため、取引所は契約の内容を標準化している。さらに、契約の当事者同士はお互いを知っているとは限らないので、契約履行を保証する仕組みが提供されている。
> ・オプション：オプションは取引所市場と店頭市場の両方で取引されている。オプションには基本的な2つのタイプがある。コール・オプション（call option）は、ある定められた日にある定められた価格で原資産を購入する権利、プット・オプション（put option）は、ある定められた日にある定められた価格で原資産を売却する権利である。ある定められた日（expiration dateまたはmaturity）は満期日と呼ばれ、満期日においてのみ権利行使できるものをヨーロピアン・オプション、満期日までの間いつでも権利行使できるものをアメリカン・オプションという。
> ・スワップ：将来のキャッシュ・フローを2者間で交換する店頭取引の契約である。契約にはキャッシュ・フローの受払日や計算方法が定義されている。キャッシュ・フローは、将来決まる金利や為替レート、その他の市場変数の値に基づいて計算されることが多い。

（出所）ハル・前掲注2）9頁・12頁・13頁・237頁より作成。

(iii) 市場・規制動向

デリバティブは、株式のように取引所で取引されるものもあるが、債券のように相対で取引されるものも多く、それらは店頭（OTC：over the counter）デリバティブと呼ばれる。

BISの統計[注10]（2016年6月末時点）によれば、店頭デリバティブの想定元本（notional amount）ベース[注11]での市場規模は544兆米ドルであり、金利と

注10) http://www.bis.org/statistics/about_derivatives_stats.htm
注11) なお最近は、取引を一定の許容範囲内で市場参加者間で解約し、「無駄な」取引を圧

第1節　総論

【図表12-1-1】　デリバティブの市場規模

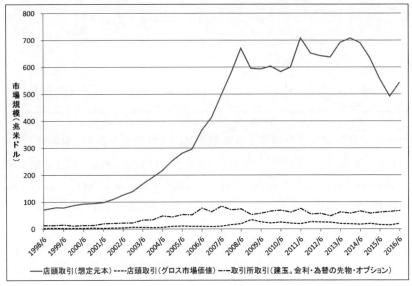

(出所) BIS

為替に関する取引がその大宗を占めている。他方、取引所におけるデリバティブ取引の建玉（open interest）は68兆米ドルである。もっとも、店頭デリバティブ取引についてはグロス市場価値（gross market value）[注12]に引き直すと21兆米ドルと推定されている（【図表12-1-1】参照）。

2008年のリーマン・ショックを受けたG20での店頭デリバティブ規制改革により［詳細は→**第2節**］、標準的な店頭デリバティブ取引は中央清算機関（CCP：central counterparty）によってクリアリング・中央清算され［詳細は→**第3節3**］、クリアリング・中央清算されない店頭デリバティブ取引についても当事者間で証拠金（担保）をやりとりする必要が出てきた［詳細は→**第3節2**］。店頭デリバティブ取引でも証拠金を差し入れるという点につき、デリバティブ取引の「取引所化」が進んでいるといえよう。

　　　　縮するコンプレッション（compression）という仕組みも存在する（花岡博「邦銀がデリバティブ取引の『圧縮』に消極的な理由」金融財政事情3124号〔2015〕47頁）。
注12)　全残存取引のプラスの市場価値とマイナスの市場価値の絶対値を合計したもの。同一の相手方に対するプラスの市場価値とマイナスの市場価値をネットする前の数値。

【図表12-1-2】 相対取引とCCP取引のイメージ

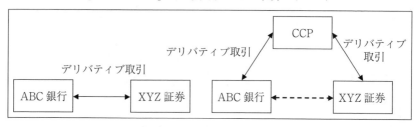

クリアリング・中央清算される取引はCCP取引となるが、【図表12-1-2】は、相対取引とCCP取引のイメージを示したものである。CCP取引では当事者間の取引がそれぞれ各当事者とCCP間の取引に置き換わる。この「置き換わる」点の法律構成については各国でさまざまな手法がとられているようである。

また【図表12-1-3】は、ISDA（International Swaps and Derivatives Association, Inc.）推計によるクリアリング・中央清算されている金利デリバティブ取引の割合を示しているが、一貫して上昇傾向にあり、2016年6月末時点では70％を超えている。

(iv) **取引動機**

ところで、デリバティブを取引する動機は何か。もちろんその動機はさまざまであろうが、あえて類型化すれば、①ヘッジ、②投機（スペキュレーション）、③アービトラージの3つに分けられるように思われる[注13]。

①は、例えば、事業会社が将来支払う外貨建売買代金の支払のために為替フォワードを行う、社債発行に伴い固定金利と変動金利を交換する金利スワップを締結する、といったものである。②は、各自の相場観に基づき、例えばある通貨の上昇あるいは下落に向けた投資を行う際、現物に投資するよりも少ない金額で投資でき、レバレッジ効果を得られるという点にデリバティブのメリットがある（もちろん、実際の相場が相場観とは逆方向に動いた場合には、現物投資時よりも損失が拡大するというデメリットもある）。③は、2つ以上のマーケットやプロダクト等の間での価格のゆがみに着目すること

注13) ハル・前掲注2）17頁参照。

【図表12-1-3】 クリアリング・中央清算されている金利デリバティブ取引の割合

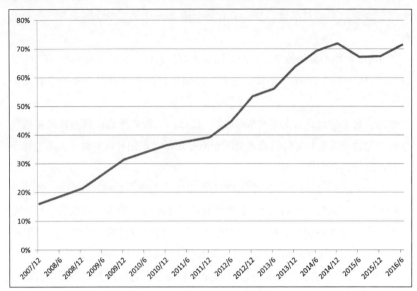

出所：ISDA「Research Note - Derivatives Market Analysis: Interest Rate Derivatives」（2016年12月）

で、リスクなしで利益確保を企図する取引のことである[注14]。

いろいろな取引動機を有する多様な市場参加者が存在することで、市場に厚みが出て、取引の流動性が増すことにつながる。したがって、例えば投機を行う者が存在すること自体は市場全体の目線でみれば必ずしも悪いこととはいえないが、時に非難されることもあるように思われる。

(v) デリバティブ取引の歴史

翌年のオリーブの豊作を天文学をもって予測した古代ギリシャの哲学者が、オリーブの搾油機を利用する権利を予約したことがオプション取引の起源とされている[注15]。その後17世紀には、オランダや英国の取引所において株式

注14) リーマン・ショックがあったため、もはや歴史的事件となっているが、1998年8月のロシア危機に端を発したLTCM（ロングターム・キャピタル・マネジメント）の破綻・救済とLTCMが採用していたアービトラージ戦略につきハル・前掲注2）55頁〜56頁参照。

注15) 日本取引所グループのウェブサイト「北浜博士のデリバティブ教室」（http://www.jpx.co.jp/learning/basics/derivatives/school/）。

のオプション取引が行われていたようである。オランダにおける最初の店頭オプション取引の対象はバブルで有名なチューリップの球根であったそうだ[16]。

1848年、穀物の集積地であった米国シカゴにおいてシカゴ取引所（CBOT：Chicago Board of Trade）が設立され、1864年には先物取引が開始されている[17]。

他方、日本では、1730年（享保15年）には、大阪の堂島に世界初の組織化された先物市場としての堂島米会所があったことが知られており、米先物が取引されていた[18]。

500人の現物トレーダーおよび800人の現物・先物トレーダーが、一刻（2時間ほど）の間に、大阪における米消費量の1年分に相当する取引を行ったともいう。先物取引は、帳簿上の取引として当時の言葉で「帳合米」取引（1年を春、夏、秋の3期に分け、それぞれの期の最終日に現物を売買するもの）といわれ、「消合場」では先物取引の売買を突き合わせた上で損益を計算し、日々清算が行われた。堂島の米相場は日本の米相場の中心をなすもので、その相場情報は専門の米飛脚によって日本各地の米取引所に伝達された。また、当時の最新テクノロジーである旗振り通信を用い、相場情報が、大阪・広島間はわずか40分、大阪・江戸（東京）間でも8時間たらずという驚異的なスピードで伝達されたという。さらに、伝書鳩を使うことで、公認の飛脚よりも早く相場情報を知り大儲けしたが、そのことを理由に「抜け商い」の罪で処せられた大阪の米商人がいたそうである[19]。

高頻度取引（HFT）が話題になって久しいが[20]、他者に一歩でも先んじ

注16) 櫻井豊『数理ファイナンスの歴史』（金融財政事情研究会、2016）4頁、森平・前掲注5）217頁。
注17) 三菱東京UFJ銀行市場企画部・金融市場部・前掲注4）7頁、ハル・前掲注2）3頁。
注18) 日本取引所グループ・前掲注15）。
注19) 以上につき、森平・前掲注5）第2章。
注20) 例えば、マイケル・ルイス、渡会圭子＝東江一紀訳『フラッシュ・ボーイズ──10億分の1秒の男たち』（文藝春秋、2014）、大墳剛士「諸外国における市場構造とHFTを巡る規制動向」金融庁金融研究センター・ディスカッションペーパーDP2016-4（2016年6月）21頁。なお、2017年金商法改正参照。

て取引を行うため、その時代時代の最新テクノロジーを利用しようとすることは、いつの時代でもまた洋の東西を問わず、不変なのだろう。

(2) 業法上の整理

日本では、デリバティブ取引について主に金融商品取引法（以下、「金商法」という）[注21]で規制される。デリバティブ取引を「業として」行う場合には、一定の除外されるものを除き、しかるべき金融商品取引業者としての登録が必要となる。さらに、金商法上のデリバティブ取引の定義が他の業法で援用されることがあるため[注22]、金商法以外の業法上の観点からも、金商法上のデリバティブ取引について把握・理解しておくことは有益である。

また、デリバティブ取引を行うことが賭博罪（刑185条）や常習賭博罪（同法186条1項）に当たるのではないかという古典的論点があるが、金商法上の「デリバティブ取引」に該当する場合には、仮に賭博罪の構成要件に該当したとしても、一般的には、違法性が阻却され、賭博罪に当たらないと考えられているように思われる[注23]。したがって、この観点からも金商法上のデリバティブ取引の定義やその該当性を把握することは重要であるといえる。

金商法では「デリバティブ取引」が定義されているが（同法2条20項）、「デリバティブ取引」は、「市場デリバティブ取引」（同条21項）、「店頭デリバティブ取引」（同条22項）および「外国市場デリバティブ取引」（同条23項）の3つで構成される。

金商法上のデリバティブ取引は、その文言を読むとかなり複雑な記載がなされているものの、単一の包括的な定義ではなく、前記(1)でみてきたような実在する具体的な取引を類型ごとに個別列挙するかたちで定義している。こ

注21） 商品（コモディティ）に係るデリバティブ取引については商品先物取引法で規制される。また、「総合的な取引所」構想に係る金商法上のデリバティブ取引の定義見直しにつき、逐条解説 2012年16頁～18頁。さらに、金融法委員会「デリバティブ取引に対する参入規制および行為規制の整理——金融商品取引法および商品先物取引法を中心に」（2014年9月）も参照。

注22） 例えば、銀行10条2項12号・13号、銀行規13条の2の2や、保険業98条1項6号・7号、保険業規52条の2の2。

注23） 一問一答金商法120頁、金融法委員会「金融デリバティブ取引と賭博罪に関する論点整理」（1999年11月29日）。

の点をあらかじめ念頭に入れておけば、多少は理解しやすいのではないか。他方で、利用者保護が必要と認められる新しいデリバティブ取引が出現した場合には、政令指定を通じて金商法の規制対象とすることが想定されている[注24]。いわば、法が現実を追いかける点をあらかじめ想定した仕組みといえよう。

市場デリバティブ取引 （金商2条21項柱書）	「金融商品市場において、金融商品市場を開設する者の定める基準及び方法に従い行う次に掲げる取引」
外国市場デリバティブ取引 （同条23項）	「外国金融商品市場において行う取引であつて、市場デリバティブ取引と類似の取引」
店頭デリバティブ取引 （同条22項柱書）	「金融商品市場及び外国金融商品市場によらないで行う次に掲げる取引」

（注）外国市場デリバティブ取引と店頭デリバティブ取引は、一定の除外取引を想定した規定ぶりとなっている。

前記3類型の取引のうち、金商法上の「市場デリバティブ取引」、「外国市場デリバティブ取引」と「店頭デリバティブ取引」の整理・区分は、察しのよい読者であればすでにお気づきかと思うが、取引所取引か店頭取引かの違いを反映したものであると解される。前者は「金融商品市場において」[注25]「外国金融商品市場において」とあり、市場デリバティブ取引であれば「金融商品市場を開設する者の定める基準及び方法」に従う取引が対象となる一方で、後者は「金融商品市場及び外国金融商品市場によらない」取引が対象とされている。

さらに、外国市場デリバティブ取引は、国内・海外の区別はあるものの、取引の内容自体は市場デリバティブ取引と「類似の取引」とされていることから、主に、市場デリバティブ取引と店頭デリバティブ取引を理解すれば、金商法上のデリバティブ取引の全体像を把握することは可能である。

市場デリバティブ取引では1号～6号まで、店頭デリバティブ取引では1

注24) 一問一答金商法120頁。金融庁・前掲注8）参照。
注25) なお、金融商品市場が「有価証券の売買又は市場デリバティブ取引を行う市場……をいう」と規定されていること（金商2条14項）を理由に、トートロジーであることを指摘するものとして、金融商品取引法研究会編『デリバティブに関する規制——金融商品取引法研究会研究記録第39号』（日本証券経済研究所、2012）31頁。

号～7号まで、それぞれ取引の内容が定義されているが、前記(1)でみたフォワード（先渡し）、先物、オプション、スワップを中心とした各取引が各号においてそれぞれ類型化されている。また、すでに述べたように、市場デリバティブ取引、店頭デリバティブ取引ともに、最後の号で政令指定により新取引の追加指定が可能な仕組みを採用している。

金商法上のデリバティブ取引における原資産は、有価証券や通貨といった現物資産に加えて、指標も対象である。指標には、有価証券の価格や利率に加えて、気象等の観測数値、統計法に基づく統計数値、不動産価格等に係る数値およびインデックスが含まれ、WHO等の国際機関が公表する感染症に関するデータ[注26]もその対象とされている。さらに、信用状態（クレジット）や地震に係る事由をトリガーとするデリバティブ取引も金商法上のデリバティブ取引の対象である。

他方で、金商法上の店頭デリバティブ取引のいずれかに該当しそうであるが、金商法に基づく規制を及ぼす必要がないものについては政令で除外することとしている。具体的には、預貯金等に組み込まれた通貨売買のオプション取引や、保険・共済契約、債務保証契約、損害担保契約が除外されている（金商2条22項柱書、金商令1条の15）[注27]。

2 店頭デリバティブ取引における契約書・ドキュメンテーション

店頭デリバティブ取引における契約書・ドキュメンテーションは、通常、基本契約書（マスター契約）を作成・締結した上で、個別取引については、当該基本契約書の対象になることを前提に、主に取引条件を記載したコンファメーション（Confirmation。電子的なものも含む）を作成・締結する。

注26) 金融庁・前掲注8)。
注27) 一問一答金商法122頁～123頁。預貯金等に組み込まれた通貨売買のオプション取引はそのような預金商品自体を銀行法で別途規制していること、保険・共済契約、債務保証契約、損害担保契約については、クレジット・デリバティブ取引に該当し得るようにもみえるが、実際に生じた損害を塡補するためのものであることがそれぞれ除外の趣旨として示されている。

さらに昨今では、クレジット（与信）管理や規制資本（regulatory capital）の削減に加えて、カウンターパーティーリスクに係る取引価格の調整・反映[注28]、さらには証拠金規制への対応［詳細は→第3節2］といった観点から、デリバティブ取引の担保化およびそのための担保契約の重要性が一段と高まっている。

このとき、ISDAのMaster Agreement（マスター契約）とCredit Support Annex（CSA）が、特にクロスボーダー取引において基本契約書および担保契約のひな型として業界標準となっている。そこで以下ではこの2つについて概説する。

(1) ISDAマスター契約[注29]

(ⅰ) 契約書の構成

ISDAマスター契約には1987年版、1992年版、2002年版が存在するが、新規作成・締結時には2002年版が通常用いられるであろう。

2002年版ISDAマスター契約の構成は【図表12-1-4】の通りである。通常の契約書でよく見かける条項もあれば、ISDAマスター契約に特有の条項も存在する。

まず特徴的なことは本文とスケジュールの2部構成になっていることである。契約書上では「本2002年版マスター契約およびスケジュールを、以下総称して『本マスター契約』という」（This 2002 Master Agreement and the Schedule are together referred to as this "Master Agreement"）と規定され、両者が一体となって「マスター契約」を構成する。

また本文はいわば不動文字であって、本文の修正はスケジュールにて行う。

[注28] 富安弘毅『カウンターパーティーリスクマネジメント〔第2版〕』（金融財政事情研究会、2014）、ハル・前掲注2）323頁〜326頁。カウンターパーティーのデフォルトにより生じる期待コストの現在価値を見積もったCVA（Credit Value Adjustment）による取引価格の調整・反映が行われるようになった。

[注29] 参考文献としては、例えば、ISDA『User's Guide to the ISDA 2002 Master Agreement 2003 EDITION』、ISDA Japan ドキュメンテーション・コミッティー『〔2002年版〕ISDAマスター契約概説書』（2004年10月）、植木雅広『必携デリバティブ・ドキュメンテーション（基本契約書編）』（近代セールス社、2008）がある。ISDAマスター契約の各条項の詳細な解説はこれらを参照されたい。

【図表12-1-4】 2002年版ISDAマスター契約の構成

本文（2002 Master Agreement）- Section

1. Interpretation（解釈）
2. Obligations（義務）
3. Representations（表明）
4. Agreements（約束）
5. Events of Default and Termination Events（期限の利益喪失事由および終了事由）
6. Early Termination; Close-Out Netting（期限前終了およびクローズアウト・ネッティング）
7. Transfer（譲渡）
8. Contractual Currency（契約上の通貨）
9. Miscellaneous（雑則）
10. Offices; Multibranch Parties（営業所およびマルチブランチ・パーティー）
11. Expenses（費用）
12. Notices（通知）
13. Governing Law and Jurisdiction（準拠法および裁判管轄）
14. Definitions（定義）

スケジュール（Schedule）- Part

1. Termination Provisions（契約終了に関する条項）
2. Tax Representations（租税に関する表明）
3. Agreement to Deliver Documents（書類交付についての合意）
4. Miscellaneous（雑則）
5. Other Provisions（その他の規定）

（注）用語の和訳は基本的にISDAの参考訳に従っている。

したがってISDAマスター契約の交渉とは、より具体的には、スケジュールの記載内容を交渉することである。スケジュールにはPart 1～5の条項が存在するが、Part 1～4までは書式が設定される一方、Part 5では自由に条項を規定できる。もっとも、市場関係者の間で長年使われている基本契約書であることから、Part 5も含めた全体を通じて、記載内容がある程度標準化されているのもまた事実である。

個別取引の際には、取引条件等を記載したコンファメーションが別途作成されるが、マスター契約とコンファメーションは一体となって単一の契約を構成することが規定されている[注30]。

注30) Section 1(c)において、"All Transactions are entered into in reliance on the fact that this Master Agreement and all Confirmations form a single agreement between the parties (collectively referred to as this "Agreement"), and the parties would not otherwise enter into any Transactions."とされている。

(ii) クローズアウト・ネッティング（一括清算）

 ISDAマスター契約における重要条項はもちろん数多くあるが、ISDAマスター契約を締結するそもそもの動機はクローズアウト・ネッティング＝一括清算を機能させることである。

 これは、一方当事者に倒産等の事由が発生した場合に契約を終了させること自体はファイナンス取引においてごく一般的な仕組みであるものの（例：ローン契約において借主が倒産した場合に期限の利益を喪失させる）、クローズアウト・ネッティングでは、ISDAマスター契約に基づく各個別取引（通貨や履行期を問わない）の時価をそれぞれ算出した上で、それらの合算値[注31]を一本の債権・債務に置き換える。

 例えばローンであれば貸主が借主に対し債権を有している関係は変わらない。しかしデリバティブ取引では、金利や為替といった原資産の変動に応じて取引の時価が日々変動することから、同一取引について、ある時点では自らが債権を有するが（エクスポージャー。含み益ともいえる）、別の時点では自らが債務を負うことも十分にあり得る。

 そのような状況下で、相手方に倒産等の事由が発生した場合のリスクをネット後の金額に限定しようというのがクローズアウト・ネッティング（一括清算）の意義である（【図表12-1-5】の簡単な数値例も参照）。このような一括清算が倒産法との関係で有効なのかというのは法律上の論点であり、日本でも議論が行われてきたが、現在は立法上の措置がとられている［→3］。

 ところで、ISDAマスター契約の交渉において多くのやりとりがなされる箇所の1つはスケジュールのPart 1（契約終了に関する条項）であると思われる。ここでは、本文のSection 5に規定される期限の利益喪失事由や終了事由の一部の条項につき、事由の適用・不適用、事由の人的範囲や対象取引の範囲、極度額といった事項をそれぞれ定めていく必要がある。また、自動的期限前終了（Automatic Early Termination＝AET）の適用・不適用を定めるのもPart 1である［→3(2)］。いずれにしても、クローズアウト・ネッティングのトリガー事由を定めるという点で重要である。

注31）　より正確には当事者間の未払金額（Unpaid Amount）も合算される。

第1節　総論

【図表12-1-5】　クローズアウト・ネッティングが機能する場合と機能しない場合の数値例

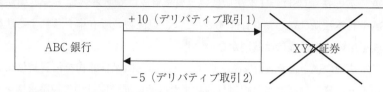

【想定】
デリバティブ取引1：　+10
デリバティブ取引2：　-5
(注) +（プラス）の場合には ABC 銀行が XYZ 証券に対して債権を有し、-（マイナス）の場合には ABC 銀行が XYZ 証券に対して債務を有する。

【XYZ 証券が倒産。倒産法上の債権カット率は 70%】

1) クローズアウト・ネッティングが倒産法上有効
　　　ABC 銀行 → XYZ 証券：5（=10-5）の債権が倒産債権 ⇒ 5×（1-70%）
　　　= +1.5

2) クローズアウト・ネッティングが倒産法上無効
　　①ABC 銀行 → XYZ 証券：10 の債権が倒産債権 ⇒ 10×（1-70%）=3
　　②ABC 銀行 ← XYZ 証券：5 の債務はそのまま残る
　　①+②=3-5= －2

(2) CSA[注32]

(i) 契約書の種類

　デリバティブ取引を担保付にするという点では共通するが、担保法制や法律構成の相違から、CSA には、NY 州法版（Pledge[注33]）、英国法版（CSA および CSD）[注34]、日本法版（1995 年版と 2008 年版。採用する法律構成は消費貸借構成と質権構成）がある。

注32）　参考文献としては、例えば、ISDA Japan コラテラル・コミッティー『ISDA Credit Support Annex 概説書』（2009 年 5 月）、ISDA『User's Guide to the 1995 ISDA Credit Support Annex（Security Interest -Japanese Law）』、植木雅広『必携デリバティブ・ドキュメンテーション（担保・個別契約書編）』（近代セールス社、2010）がある。CSA の各条項の詳細な解説はこれらを参照されたい。

注33）　日本の質権に似ているが、質権者による担保物の処分を認める点で非常に異なる、とされる（和仁亮裕「一括清算に関する覚書」青山善充ほか編『民事訴訟法理論の新たな構築(下)』〔有斐閣、2001〕816頁）。

注34）　Credit Support Annex（Transfer）および Credit Support Deed（Security Interest）。

第12章　デリバティブ

　これらのうち、担保権（security interest）に基づくものは、NY州法版CSA、英国法版CSD、日本法版CSA（質権構成）である。他方、英国法版CSAや日本法版CSA（消費貸借構成）では、担保物の所有権を移転する法律構成を用い、担保権には基づかない[注35]。

　日本法版CSA（消費貸借構成）では、負け側が担保目的物を消費貸借により相手方に貸し付け、当該担保目的物またはその同種同量の返還請求権をデリバティブ取引終了時に勝ち側の金銭債務へと転化させ、当該金銭債務とデリバティブのエクスポージャーを相殺することで担保実行が行われる仕組みとなっている[注36]。金銭債務への転化に当たっては選択債権（民406条以下）として構成されている。

　クロスボーダー取引では、NY州法版CSAと英国法版CSAが広く用いられ、日本の担保物を対象とする場合には、特約としてのいわゆるJapanese Provision[注37]をそれらのCSAに追加して対応することが多いように思われる。また、日本の国内金融機関同士の取引であれば日本法版CSAを用いるのが標準的であろう。

　さらに、日本法版CSAにおいては質権構成ではなく消費貸借構成が一般的に好まれていると理解しているが、その理由として、金融機関等が行う特定金融取引の一括清算に関する法律（以下、「一括清算法」という）の保護対象が消費貸借・寄託構成に限定されていること、質権構成の場合には質権者が担保物を利用・処分する方法が転質に限定され使い勝手が悪いこと、質権設定者に会社更生法が適用された場合には迅速な質権実行の妨げとなるこ

注35）坂本哲也「デリバティブ取引の『有担保化』の各種法律構成とその特質」金法1440号（1996）19頁。

注36）2008年版CSAでは自動的期限前終了（AET）が適用される場合にはみなし相殺規定とされている（Paragraph 8(a)(ⅲ)）。この経緯について、ISDA Japan コラテラル・コミッティー・前掲注32）55頁〜56頁。

注37）ISDAが提供する日本法に係るCollateral Opinionで提案されている手法で、"Recommended Amendment Provisions"とされている。日本円（預金）および日本国債という日本の担保物を対象に日本法上の消費貸借の仕組みを特別規定として追加するもの。本手法採用の経緯につき説明するものとして、和仁・前掲注33）816頁〜817頁。解説として、加藤和成「ISDA標準担保契約書を用いたクロス・ボーダー担保取引」金法1531号（1998）33頁。

と[注38]、等が挙げられているが[注39]。

他方で、消費貸借構成を採用した場合、余剰担保を積んだ状態で相手方が倒産すると、当該余剰担保部分の返還請求権は、取戻権ではなく、倒産法上の債権として取り扱われる。これは担保物の所有権が相手方に移転している以上、法律上は当然の結論といわざるを得ないだろうし、従来から指摘されていた点ではあったものの[注40]、後記4(2)の裁判例の通り、市場関係者はこのリスクが現実化したことにあらためて着目したといえる。

CSAの種類についてさらに話をややこしくしていることは、証拠金規制導入に伴い2016年に規制対応版のCSAが出現したことである。

変動証拠金（Variation Margin）用のVM CSAと当初証拠金（Initial Margin）用のIM CSA/CSDが存在し、それぞれについてNY州法版、英国法版および日本法版が用意されている。このうちVM CSAは、従来のCSAと基本的な仕組みや法律構成は変わらないものの[注41]、証拠金規制において信用極度額（Threshold）はゼロとすること、独立担保額（Independent Amount）は基本的に当初証拠金でカバーされること、評価算出日（Valuation Date）は日次算出が求められること等を踏まえながら、変更がなされた[注42]。他方、当初証拠金は従来のコンセプトと大きく異なり、それにあわせて、IM CSA/CSDも従来のCSAと大きく異なっている。

(ii) **担保授受の計算方法、担保実行の概括的な仕組み**

ところでCSAは、ドキュメンテーションやその法的有効性といった側面を除けば、クレジット（与信）管理やオペレーション（システム面を含む）の比重が大きい。したがって、CSA実務を解説することは一弁護士にすぎな

注38) 坂本哲也「デリバティブ取引の有担保化における法的問題」金融研究14巻2号（1995）143頁、加藤・前掲注37) 31頁。
注39) その他日本法上の（当時検討された）各種論点につき、道垣内弘人ほか「座談会・デリバティブ取引の有担保化に関する考察」金法1426号（1995）20頁。
注40) 坂本・前掲注38) 148頁、坂本・前掲注35) 21頁。
注41) ただし、日本法版VM CSAでは質権構成は削除された。
注42) その他、通貨ミスマッチ（8％ヘアカット）や担保が証拠金規制上の適格性を失った場合の除外措置に関する仕組み、既存CSAとVM CSA間の相殺に関する条項、さらに証拠金規制と直接の関係はないと思われるが、CSA担保物に係るマイナス金利の取扱いが従来不明確であったため、マイナス金利の取扱いに関する規定が加えられたりしている。

い筆者には荷が重い。そこで以下では、CSAにおける担保授受の計算方法や各国法版CSAにおける担保実行の概括的な仕組みを解説するにとどめておく。CSAでは他にも、担保物の種類やヘアカット、マージンコールのタイミング、評価頻度、両当事者間で計算結果が合致しない場合の紛争解決に係る規定等が設けられている。

さて、担保として授受されるべき金額である必要担保額（Credit Support Amount）[注43]は、以下の算式に基づいて算出され、その結果に基づき担保授受を行う。

[Credit Support Amountの計算方法および計算例]
Credit Support Amount＝(ⅰ)＋(ⅱ)－(ⅲ)－(ⅳ)
(ⅰ)＝相手方に対するExposure
(ⅱ)＝相手方に適用されるIndependent Amount
(ⅲ)＝自らに適用されるIndependent Amount
(ⅳ)＝相手方に適用されるThreshold

仮に、相手方に対するExposureが100、各当事者に適用されるIndependent Amountはゼロ、相手方に適用されるThresholdが20だった場合、Credit Support Amount＝100＋0－0－20＝80となる。そこからすでに差し入れられている担保価値を控除した金額につき、相手方に担保差入れを求めることになる。なお当該控除後の金額が最低引渡担保額（Minimum Transfer Amount）を下回る場合には担保授受を要しない。

また、担保実行の概括的な仕組みは以下の通りである。英国法版CSAでは、CSA自体がISDAマスター契約上の1つの取引として構成され、ISDAマスター契約のクローズアウト・ネッティングの枠組みの中でCSAにおける担保物の時価も計算に含めてネッティングすることで、担保を実行する。他方、NY州法版CSAや日本法版CSAでは、ISDAマスター契約の下でネッティングされた債権と、CSA上の担保返還債務を相殺することで、担保の実行を行う[注44]。

注43）　前述の2016年のVM CSAではこの概念自体も削除されている。より具体的には、Credit Support Amount、ThresholdおよびIndependent Amountが削除され、Exposureのみが定義用語として残されている。
注44）　坂本・前掲注35）20頁〜22頁参照。また、この2段階構成と一括清算法の解釈につき和仁・前掲注33）814頁〜818頁（特に注6）や前掲注36）も参照。

3 クローズアウト・ネッティングおよび担保の法的有効性と一括清算法

(1) Netting Opinion/Collateral Opinion

　店頭デリバティブ取引におけるクローズアウト・ネッティングや担保の概要は前記2の通りであるが、これらの内容の契約を締結することは、一般に、契約自由の原則に従い有効であると思われる。しかし、ISDAマスター契約のクローズアウト・ネッティングやCSAの担保実行が、相手方破綻時、とりわけ債権者の権利を制約する倒産法の適用があった場合においても機能しなければ意味がない。すなわち、倒産法下におけるクローズアウト・ネッティングやCSA担保実行の法的有効性が検討されなければならない。この点は例えば金融機関の自己資本比率規制においても、ネッティング効果（リスク・アセット削減効果）を計算に織り込む際には、これら法的有効性に係る適切な確認が求められている[注45]。

　この点、主に破綻当事者の所在する国の倒産法に基づく検討が必要となるが、法制度は各国固有のものであり、各国ごとの個別検討が必要である。しかし各金融機関が、世界各国の弁護士・法律事務所から個別に法律意見書を取得することは、それらに要するコストや重複、手間を考えると、必ずしも現実的とはいえない。

　そこでISDAでは、クローズアウト・ネッティングに係る意見書（Netting Opinion）およびCSAに基づく担保の有効性に関する意見書（Collateral Opinion）を世界各国の法律事務所から取得し、メンバー向けに公開している[注46]。各金融機関は、これらNetting Opinion/Collateral Opinionの内容をベースに、独自の調査・検討・判断も加えながら、クローズアウト・ネッ

注45）例えば、「銀行法第14条の2の規定に基づき、銀行がその保有する資産等に照らし自己資本の充実の状況が適当であるかどうかを判断するための基準」（平成18年金融庁告示第19号）における「法的に有効な相対ネッティング契約」の意義や確認手法につき金融庁「自己資本比率規制に関するQ&A」（平成18年3月31日公表）第79条の2－Q9およびQ10参照。「書面による合理的な法的見解（リーガル・オピニオン）」が存在していることを確認することによって判断するとされている。

第12章　デリバティブ

ティングやCSA担保の法的有効性を検討しているものと思われる。

(2) 一括清算法

クローズアウト・ネッティングやCSA担保の法的有効性については、特別な立法措置がなくとも、既存の法制度を下敷きにした解釈論に基づき有効との結論を導き出すことが可能な場合も当然多くあろう。そして、その国の市場関係者であれば、その国の法制度を十分に理解可能であり、導き出された解釈論の是非を自ら十分に検討することもできよう。

しかし、店頭デリバティブ取引についてはクロスボーダー取引も数多い。その場合、相手方に適用される倒産手続法は自国法ではなく外国法であることから、馴染みがない外国法の解釈論について、どこまで十分に検討できるのかといった実際上の問題が生じる[注47]。クロスボーダー目線では、その国の法制度を下敷きにした解釈論よりも、クローズアウト・ネッティングやCSA担保の法的有効性を確保する立法措置のほうが、「わかりやすい」といえる。

この点、日本においても、当初はクローズアウト・ネッティングの法的有効性について解釈論[注48]で論じていたが[注49]、1998年6月に一括清算ネッティ

注46) 本稿執筆時点で前者が67、後者が54の法域をカバーしているようである。窓口を1つにしてまとめて取得することで質問の共通化等が図られており、その観点からも便宜である。

注47) 加えて、例えば、クローズアウト・ネッティングの有効性を判断した判例がない、裁判所等の司法制度をどこまで信頼してよいのか、といったソフト面に係る漠然とした不安を抱く場合もあり得よう。

注48) いわゆる「新堂意見書」が有名（新堂幸司「スワップ取引における一括清算条項の有効性——1987年版ISDA基本契約について」および同「金融派生商品取引における一括清算条項の有効性——1992年版ISDA基本契約について」新堂幸司＝佐藤正謙編著『金融取引最先端』〔商事法務研究会、1996〕135頁～203頁）。

注49) 和仁・前掲注33) 805頁～809頁が当時の事情を色濃く解説しており興味深い。また、倒産法との関係で問題とされていたのは、①一括清算により相殺される部分は100％回収可能となるが、デリバティブに係る債権者を法律の根拠なしに特別優遇していることにならないか、②会社更生手続のような再建型手続で契約の終了を意味する一括清算を認めることが適切か、③債券や商品の現物受渡し（physical delivery）を認める取引について一括清算を認めることが可能かどうか、管財人等が有する双方未履行双務契約に係る履行選択権との関係をどう解釈すべきか、とのことである。

ングに係る特別法たる一括清算法が制定され、同年12月1日に施行された[注50]。

　一括清算法はたった3条のみから構成される非常に短い法律であって、中心となる同3条の条文は以下の通りである。

> 第3条（一括清算と破産手続等との関係）
> 　破産手続開始の決定、再生手続開始の決定又は更生手続開始の決定（以下この条において「破産手続開始決定等」という。）がなされた者が、一括清算の約定をした基本契約書に基づき特定金融取引を行っていた金融機関等又はその相手方である場合には、当該基本契約書に基づいて行われていたすべての特定金融取引についてこれらの者が有する次の各号に掲げる法律に規定する当該各号に定める財産又は債権は、当該破産手続開始決定等に係る一括清算事由が生じたことにより、それぞれ、当該破産手続開始決定等がなされた者が当該約定に基づき有することとなった一の債権又はその相手方が当該約定に基づき有することとなった一の債権とする。
> 　一　破産法　破産財団に属する財産又は破産債権
> 　二　民事再生法　再生手続開始の時に再生債務者に属する財産又は再生債権
> 　三　会社更生法又は金融機関等の更生手続の特例等に関する法律　更生手続開始の時に株式会社若しくは……協同組織金融機関若しくは……相互会社に属する財産又は……更生債権等

　ここでは、一括清算の約定をした基本契約書に基づく特定金融取引（一括清算2条1項、同施行規則1条。対象は店頭デリバティブ取引に限定されておらず、また「担保の目的で行う金銭又は有価証券の貸借又は寄託」〔＝担保取引〕も含ま

注50）　立案担当者の論文である山名規雄「一括清算ネッティング法の概要」金法1520号（1998）18頁によれば、当時、G7諸国において、立法措置により、その法的有効性が明確になっていないのは日本だけであったとされている。また、外国銀行の中には、これまで判例もないことから、日本における一括清算ネッティングの法的有効性について疑義があるとして、ネットではなくグロス管理を行い、取引額を極めて厳しく管理していたところもあった旨記載されている。当時はバブル崩壊後の日本の金融危機の時代であって、その辺りの影響もあったのだろうか。

れる）について、少なくとも一方当事者が金融機関等である場合、一括清算事由（＝破産手続開始、再生手続開始または更生手続開始の申立て。一括清算2条4項）が生じた場合におけるクローズアウト・ネッティングの合意やその効果、すなわち各取引の時価の合算値を一本の債権・債務に置き換えることそのものを倒産法との関係で保護している[注51]。なお、一括清算法上の「一括清算」の要件の1つとして「当該当事者の双方の意思にかかわらず」というものがあり[注52]、これとの関係で日本の金融機関と締結するISDAマスター契約では、自動的期限前終了（AET）を適用とすることが多いと認識している［→2(1)(ii)］。

また、前記の通り、店頭デリバティブ取引等の担保目的で行う金銭・有価証券の貸借・寄託が、明示的に一括清算法の対象とされており、日本法版CSA（消費貸借構成）は当該対象に含まれると解されている。

そしてさらに、一括清算法ではその適用要件の1つとして少なくとも片方当事者が金融機関等（一括清算2条2項、同施行令）である必要があるが、その場合、例えば日本の商社と外国の金融機関との間の店頭デリバティブ取引は一括清算法の対象外ということになる。そこで、2004年にはより一般的な形で倒産法そのものが改正され、「取引所の相場その他の市場の相場がある商品の取引に係る契約」について、その基本契約書に基づくクローズアウト・ネッティングを保護する趣旨の規定が設けられた（破58条5項。破産法58条は民事再生法51条、会社更生法63条、更生特例法41条3項、206条3項でそれぞれ準用される）[注53]。

また、金融商品取引清算機関（国内CCP）に関し、清算参加者破綻時の特

注51）山名・前掲注50) 23頁では「一括清算ネッティングの効力が生じた後の一本の債権を倒産手続上の債権として取扱う旨を規定している」としている。また和仁・前掲注33) 809頁～810頁。

注52）この趣旨につき、倒産申立てによって自動的になされる一括清算ネッティングについては、破綻者・相手方双方にとってポジション上の有利不利が生じず、客観的、中立的にその時点での現在価値に基づくポジションを共通に受け入れるということが倒産法制との関係からも適当である、と説明されている（山名・前掲注50) 22頁～23頁）。

注53）小川秀樹編著『一問一答新しい破産法』（商事法務、2004) 97頁～104頁。CSAのような担保取引に係る見解につき同102頁～103頁。

別規定として、差引計算の方法、担保の充当の方法その他の決済の方法につき、当該国内CCPの業務方法書の定めに従うものとする規定がある（金商156条の11の２）[注54][→**第３節３(2)**]。

　もっとも最近では、大規模な金融機関の破綻と同時に大量のデリバティブ取引等が解約・一括清算される場合、市場にさらなる不安定化がもたらされる結果、金融機関の破綻処理に影響が出る可能性を危惧し、クローズアウト・ネッティングの効力を一定の期間無力化（Stay：ステイ）する法制が出現した（預金保険137条の３）[注55]・[注56]。

4　近時のISDAマスター契約・CSAに関する判例・裁判例

　2008年９月のリーマン・ブラザーズ破綻に伴い、米国ではLehman Brothers Holdings Inc.が同月15日に米国連邦破産法11章に基づく倒産手続（チャプターイレブン）の申請を米国ニューヨーク南部地区破産裁判所に行い、日本のエンティティであるリーマン・ブラザーズ証券株式会社も同16日に再生手続開始の申立てを東京地方裁判所に行った。

　これに起因して、日本の裁判所においても、ISDAマスター契約やCSAの解釈に関する裁判が多数行われ、公刊されるに至った判例・裁判例も数多く存在する。紙幅の都合上、以下ダイジェストにて紹介・検討する。

　なお、ISDAマスター契約やCSAとは直接の関係はないが、デリバティブ

注54）　業務方法書は当局への免許申請の際の添付書類であり審査対象（金商156条の３第２項４号・156条の４第１項１号）。

注55）　同制度については、村松教隆「預金保険法の一部改正の概要」預金保険研究16号（2014）７頁〜８頁が詳しい。なお金融庁パブコメ回答〔平26.3.5〕６頁18番、７頁20番〜22番も参照。また、米国における一括清算ネッティングの優遇の妥当性を巡る議論をまとめたものとして、山本慶子「デリバティブ取引等の一括清算ネッティングを巡る最近の議論──金融危機後の米国での議論を踏まえた一考察」日本銀行金融研究所ディスカッション・ペーパー・シリーズ2013-J-13（2013年７月）。

注56）　秩序ある処理等の円滑な実施の確保のために求められる店頭デリバティブ取引等に係る外国法準拠の契約の管理態勢に関して、金融庁の監督指針が定められており、その適用時期は2017年４月１日である（http://www.fsa.go.jp/news/28/20160808-1.html）。

第12章　デリバティブ

取引の説明義務違反に関する最高裁判決については後記**第3節1**を参照されたい。

(1)　関係会社相殺（最判平成28・7・8民集70巻6号1611頁）[注57]

　ISDAマスター契約のスケジュールPart 5で定められることがある関係会社（Affiliate）を対象とした相殺条項（cross-affiliate set-off/netting）に係る民事再生法上の法的有効性を否定した最高裁判決である。第1審[注58]および控訴審[注59]では、法的有効性が肯定されていた。

> 「期限の利益喪失事由が生じ、一方の当事者（甲）について期限前終了をしたときは、他方の当事者（乙）は、乙及びその関係会社（直接的又は間接的に、乙から支配（議決権の過半数を所有することをいう。）を受け、乙を支配し、又は乙と共通の支配下にある法的主体をいう。）が甲に対して有する債権と、甲が乙及びその関係会社に対して有する債権とを相殺することができる」

　前記の相殺条項[注60]を根拠として、【図表12-1-6】に記載の関係会社を巻き込むかたちでの三者間相殺・三角相殺が、民事再生法92条1項[注61]に基づき認められるかが争われたが、最高裁は、「再生債務者に対して債務を負

注57)　資料版商事394号134頁には上告人（リーマン・ブラザーズ証券株式会社）による上告受理申立理由書も掲載されている。最高裁判所調査官による解説として、岡田紀彦「最高裁時の判例」ジュリ1509号（2017）84頁。
注58)　東京地判平成25・5・30判時2198号96頁。
注59)　東京高判平成26・1・29金法2057号63頁。
注60)　なお、ISDA・前掲注29）68頁～69頁において、各種の法律構成をもとに本件の相殺条項より複雑なかたちの条項案が掲載されている。専ら、米国法・英国法的観点から検討されたもののようである。和仁亮裕「倒産手続と複数当事者間ネッティングの合意」金法2073号（2017）50頁によれば、本件の相殺条項の由来は、ISDA『User's Guide to the 1992 ISDA Master Agreements 1993 EDITION』にあるとされている。
注61)　「再生債権者が再生手続開始当時再生債務者に対して債務を負担する場合において、債権及び債務の双方が第94条第1項に規定する債権届出期間の満了前に相殺に適するようになったときは、再生債権者は、当該債権届出期間内に限り、再生計画の定めるところによらないで、相殺をすることができる。債務が期限付であるときも、同様とする」。

第1節　総論

【図表12-1-6】　事案の概要

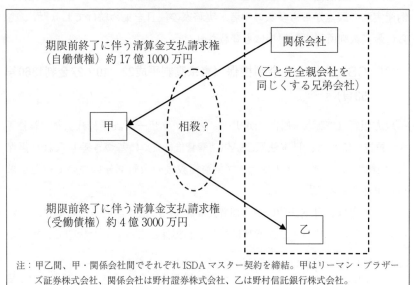

注：甲乙間、甲・関係会社間でそれぞれISDAマスター契約を締結。甲はリーマン・ブラザーズ証券株式会社、関係会社は野村證券株式会社、乙は野村信託銀行株式会社。

担する者が、当該債務に係る債権を受働債権とし、自らと完全親会社を同じくする他の株式会社が有する再生債権を自働債権としてする相殺は、これをすることができる旨の合意があらかじめされていた場合であっても、民事再生法92条1項によりすることができる相殺に該当しないものと解するのが相当である」と判示して、関係会社相殺を認めなかった。

この最高裁判決については、簡素かつ形式的な印象さえある法廷意見に対して、千葉勝美最高裁判事による補足意見が充実している。民法505条における相殺の「相互性」（＝同一当事者間で互いに債権債務が存在していること）と民事再生法92条1項の関係を解説していることに加え、法廷意見で否定された同項との関係でも、「デリバティブ取引の性質、当事者及びそれらを支配下に置く企業グループにおけるリスク管理の観点等を踏まえ」れば、一般的・抽象的には、関係会社相殺が認められる余地について言及している点が、デリバティブやリスク管理実務の観点から注目される[注62]。

注62)　仲田信平ほか「ISDAマスター契約における関係会社相殺を否定した最高裁判決」西村あさひ法律事務所金融ニューズレター（2016年7月）。

またこの最高裁判決は、デリバティブにとどまらず、グループ企業実務・倒産実務の観点からも多数の学者・実務家の注目を集め続けており[注63]、さらに最高裁判所民事判例集にも登載された。

(2) CSAにおける余剰担保（東京高判平成22・10・27金判1360号53頁）

地方銀行（控訴人・原告）がリーマン・ブラザーズ証券株式会社（被控訴人・被告）に対し、日本法版CSA（消費貸借構成）に基づき差し入れた担保（日本国債）につき、デリバティブ債務相殺後の余剰部分について返還を求めた事件である[注64]。

主な争点は、日本法版CSA（消費貸借構成）に基づき担保として差し入れた日本国債がデリバティブ債務に対し余剰担保となっていた状態で、担保の

注63) 第1審や控訴審で取り上げられていた「関係会社を含めたグループ企業同士での総体的なリスク管理」や「分社化が進んだ金融機関のデリバティブ取引における慣行」といった要素は、第1審や控訴審で「相殺の合理的期待」を根拠付ける重要な事実として評価されており、その点はデリバティブ実務の観点から着目すべきと思われる。しかし最高裁の法廷意見では「相殺の合理的期待」やこれらの要素につき正面からの言及がなく、物足りなく感じるところである。
　この点、伊藤眞「『相殺の合理的期待』はAmuletum（護符）たりうるか──最二小判平成28年7月8日の意義」NBL1084号（2016）4頁は、民事再生法92条1項の解釈に当たり「相殺の合理的期待」の枠組み・判断基準を持ち込むことは、これまでの判例法理に照らし、許容されない旨述べている。この立場を是認するのであれば、「相殺の合理的期待」に言及しないのは最高裁として当然ということになる。
　また、相殺の合理的期待と債権者の公平・平等という二重の要件に言及するものとして、山本和彦「三者間相殺の再生手続における効力──最二小判平28.7.8を手掛りに」金法2053号（2016）6頁。
　さらに、補足意見でも引用された、本件の乙側の訴訟代理人である内田貴「三者間相殺の民事再生法上の有効性」NBL1093号（2017）13頁によれば、本件では、同じ先端的金融取引に従事する、契約および企業グループの関係で結ばれた三者の間での「差引清算」の合意の効力が問題となっており、本件の相殺条項を民法上の「相殺」に関する規定と読むべきかどうかには疑問がある、とのことである。
　その他、法務面にとどまらず、デリバティブやリスク管理実務の観点、さらには本判例を踏まえた三者間相殺スキームの検討といった網羅的な議論をしているものとして、松尾博憲ほか「新春座談会・三者間相殺判決を読み解く──最二小判平28.7.8の意義と影響」金法2057号（2017）6頁。
注64) 仲田信平ほか「ISDA CSAに関する高裁判決と実務へのインプリケーション」西村あさひ法律事務所 金融ニューズレター（2011年4月）、金商法百選86事件。

受入側に民事再生法が適用された場合、余剰部分の返還請求権が再生手続上どのように取り扱われるのか、という点である。

この点高裁は、第1審同様、当該余剰部分の返還請求権は、取戻権（民再52条1項）や共益債権（同法119条）ではなく、再生債権（同法84条）であることを前提に、訴えを却下している[注65]。すでに2(2)(i)で述べたように、日本法版CSA（消費貸借構成）では、担保物の所有権が相手方に移転している以上、法律上は当然の結論といわざるを得ないだろうし、従来から指摘されていた点が顕在化した裁判例と評価できよう。

(3) 「再構築コスト」の意義──1992年版ISDAマスター契約における損害（Loss）の意義[注66]

前記2(1)(ii)でクローズアウト・ネッティングの意義を述べたが、その前提となる各個別取引の「時価」はどのように算出されるか。リーマン・ブラザーズ破綻に際しこの点が争われた事例は多数あったようだが、リーマン・ブラザーズ証券株式会社が当事者となった公表裁判例をまとめると以下の通りとなる[注67]。

①	東京地判平成24・7・20（判タ1403号209頁）
②	東京地判平成24・7・27（判タ1403号209頁）
③	東京地判平成24・8・10（LEX/DB25495984）
④	東京地判平成25・1・29（判タ1403号199頁）
⑤	東京地判平成25・2・19（LEX/DB25511311）
⑥	東京地判平成25・3・11（LEX/DB25511556）

注65) 本件の原告は株式会社東京都民銀行であるが、同行の第89期有価証券報告書には、本件に関し、「平成23年（2011年）5月23日、最高裁判所より上告棄却及び申立不受理の決定の通知を受けました」との記載がある。

注66) 2002年版ISDAマスター契約では、1992年版におけるマーケット・クォーテーション（Market Quotation）方式と損害方式が廃止され、クローズアウト金額（Close-out Amount）方式に一本化されている。なお和訳は基本的にISDAの参考訳に従っている。裁判例において提出された和訳（民事訴訟規則138条参照）もISDAの参考訳によるものと思われる。

注67) ④の判例評釈として森下哲朗「判批」ジュリ1489号（2016）114頁、⑦の判例評釈として和仁亮裕「判批」判評682号（判時2271号）（2015）10頁。

第12章　デリバティブ

⑦　東京高判平成25・4・17（判時2250号14頁〔①の控訴審〕）

前記裁判例で共通している事実関係は、概ね、以下の通りである。
ⅰ　リーマン・ブラザーズ証券株式会社と争った会社のほとんどは事業会社。個別取引は為替取引や金利スワップ取引が中心であったが、エクイティスワップ取引やCDS（2nd to default）、金利スワップションもあった。
ⅱ　締結されていたISDAマスター契約は1992年版であり、期限前終了時の支払方法として損害方式が採用されていた[注68]。なお、損害方式は、マーケット・メーカーに価格提示を求めるマーケット・クォーテーション方式とは異なり、当事者が期限前終了時の清算額を決定する方式である。
ⅲ　親会社であるLehman Brothers Holdings Inc. がCredit Support Provider（信用保証提供者）として指定されていたため、親会社の倒産手続申立ても期限の利益喪失事由となった。また、自動的期限前終了（AET）も定められていた。
ⅳ　前記の通り、リーマン・ブラザーズ証券株式会社が再生手続開始の申立てを行った2008年9月16日（火）より1日前の2008年9月15日（月）に親会社が倒産手続申立てを行った。同15日は日本では祝日であった。

前記裁判例は、その事実関係に加えて、攻撃防御方法や争点がさまざまであり、正直なところ統一的な理解は困難に思える。とはいえ、本書において注目したいのは、前記事実関係に基づき裁判所が判示した(i)損害の算定基準時および(ii)「再構築コスト」の意義である。

【図表12-1-7】はそれらを簡略化の上まとめたものである。

まず(i)損害の算定基準時については、「当事者は、期限前終了日の時点での自らの損害を決定するか、またはかかる決定が合理的に実行不能である場合には、期限前終了日以降合理的に実行可能となった最初の日の時点での損

注68)　⑥についてはマーケット・クォーテーション方式が採用されていたが、決定できないとして、損害方式での算出がなされた。

【図表12-1-7】 裁判例のまとめ表

	(i)損害の算定基準時	(ii)「再構築コスト」の意義
ポイント	2008年9月15日（月）は祝日であり営業日でなかった。このとき、損害の算定基準時は前営業日の9月12日（金）か、それとも翌営業日の16日（火）か。	再構築コストを損害に含めることは可能か。再構築コストを損害に含めるに当たり、代替取引・再構築取引を行っている必要はあるか。
前記ポイントに係る裁判所の判断	前営業日：②、③、④、⑤、⑥、⑦ 翌営業日：①	実際に取引が再構築されていない場合に、時価評価額と再構築コストの両者を損害に含めることはできない（①）。 損害は「全損失および費用」であって、その内容が「善意で合理的」ならば、再構築コストを損害の算定対象としたり、時価評価額に加えて再構築コストも損害に含めることもでき、代替取引・再構築取引の有無も問わない（②、③、④、⑦）。再構築コストは、損害の定義における「取引の喪失による損失」に含まれ、代替取引・再構築取引の有無も問わない（④、⑤、⑦）。

（注）　表にまとめるという性質上、簡略化して記載していることに留意。

害を決定する。」[注69]という文言の解釈が問題となった。文言上は、祝日は市場が開いていない以上、翌営業日とするのが自然に思えるが[注70]、「本件においては、9月15日の時点で同月12日の為替レートを用いて『損害』を算定することが『合理的に実行不能』であるとはいえない」（裁判例⑦）といった「合理的に実行不能」の解釈等により、前営業日と判示した裁判例が多い。

注69) A party will determine its Loss as of the relevant Early Termination Date, or, if that is not reasonably practicable, as of the earliest date thereafter as is reasonably practicable.

注70) 和仁・前掲注67) 13頁、森下・前掲注67) 117頁。また、裁判例における事実認定によれば、リーマン・ブラザーズ証券株式会社は、再生手続中に顧客に送付した書面において、損害方式での時価評価について「一括解約に伴って時価評価を行うということからすると、一括解約の効力が生じた直後のレート、すなわち9月16日のレートを用いるのが合理的ではないかとも思われますが、考え方としては両説が主張されているようです」という記載をしていた。

ところで、この(i)の争点の本質は、リーマン・ブラザーズ破綻に伴う市場混乱により、12日の時価評価と16日の時価評価の間に無視し得ない多大な差異が生じたということである。そして、破綻当事者がリーマン・ブラザーズ側であったにもかかわらず、通常、16日の時価評価がリーマン・ブラザーズ証券株式会社にとって有利（逆に12日の時価評価は相手方に有利）なものであったという事実関係が、裁判所の価値判断、ひいては前記解釈に影響を与えたということは否めないのではないか[注71]。

次に(ii)「再構築コスト」の意義については、代替取引・再構築取引の有無にかかわらず、再構築コストを損害の算定対象とする、あるいは、時価評価額に加えて再構築コストも損害に含めることができるとする裁判例がほとんどである。さらに、再構築コストの中身については、マージン、引受手数料、ヘッジコスト、クレジットコスト等が加味されていた模様である。

この点は、「……当事者が善意で合理的に決定する、……自らの全損失および費用……の終了通貨相当額……。これには取引の喪失による損失および資金調達コスト、または当該当事者の選択により、但し、前者と重複することなく、当該当事者がヘッジ取引またはその他の関連する取引のポジションを終了、清算、取得または再構築した結果として被った損失または費用を勘定にいれるものとする。」[注72]という文言の解釈が問題となり、【図表12-1-7】の通り、「全損失および費用」あるいは「取引の喪失による損失」に再構築コストを読み込むことで、損害に含めるという結論を導き出している。

もっとも、これらの裁判例については、「再構築コスト」のそもそもの理

注71）　この点に言及するものとして、例えば裁判例③では、「本件取引の評価額については算定者によって分かれているものの、いずれによっても同月16日を基準とした場合には、同月12日を基準とした場合に比べ、約5億円ないし10億円も額が高くなるのであるから、結果的に、相場の変動に寄与したリーマン米国法人の子会社である原告が親会社の倒産により有利な清算金を得ることになる。このような中で、被告が自己に不利益な同月16日を基準時として選択を強いられることは合理的といえない」としている。なお、森下・前掲注67）117頁。

注72）　……the Termination Currency Equivalent of an amount that party reasonably determines in good faith to be its total losses and costs ……, including any loss of bargain, cost of funding or, at the election of such party but without duplication, loss or cost incurred as a result of its terminating, liquidating, obtaining or reestablishing any hedge or related trading position……

解についての批判が出ている。理論的には時価（エクスポージャー）＝再構築コストであって、両者を合算するのは論理的におかしいという批判や、書証として提出されている業者の再構築コストの内容につき、訴訟当事者や裁判所が同じ理解・イメージを共有していたのかが不明といった指摘である[注73]。

【筆者注】
　本節のデリバティブ「総論」は、デリバティブになじみが薄い読者を念頭に、主に法律的観点から、デリバティブに関する一通りの知識を提供し、またその理解を深めてもらうよう試みたものである。もちろん、そのような試みが成功したのか、はたまた失敗に終わったのかについては各読者の評価に委ねられるところであるが、本書の最終校正段階になって、司法研修所編『デリバティブ（金融派生商品）の仕組み及び関係訴訟の諸問題』（法曹会、2017）に接する機会を得た。
　当該書籍は、デリバティブ取引に係る投資損害賠償訴訟における実体法上・審理運営上の諸問題を研究することを志向したものだそうだ。しかしその前提として、本節冒頭でも説明したようなデリバティブの基礎知識、さらにはプライシングや法制度について（裁判官の視点から）一通りの説明がなされている点に特徴があるといえる。また、4で紹介した判例・裁判例も取り上げられている（同書94頁〜95頁・149頁〜151頁）。
　司法研修所・裁判官がこのような研究を行い、さらに書籍として一般に出版していることについては意外な印象を受けた。とはいえ、主に法律的観点からデリバティブに興味を有し、このデリバティブ「総論」を最後まで読了いただいた読者にとっては有益な書籍の1つであるように思われることから、「おわりに」に代えて、紹介する次第である。

注73）　福島良治『デリバティブ取引の法務〔第5版〕』（金融財政事情研究会、2017）29頁、和仁・前掲注67）12頁。さらに、時価と再構築コストの差異の原因がCVAに起因することを示唆するものとして、神田秀樹＝神作裕之＝みずほフィナンシャルグループ編著『金融法講義』（岩波書店、2013）297頁〜298頁［福島良治］。

第2節
リーマン・ショック後のデリバティブに対する規制の流れと現状

1 リーマン破綻後のデリバティブ規制の流れと概要

(1) はじめに

　2007年に発生したサブプライム・ローン問題に端を発し、さらに翌年9月のリーマン・ブラザーズの破綻により決定的となった国際的な信用収縮が、深刻な金融危機をもたらしたことは、今も記憶に新しい。その経験を通じ、国際的に活動する大規模な金融機関の破綻等が、金融市場を通じて伝播し、実態経済に深刻な影響を及ぼすおそれ（システミック・リスク）があることが広く認識されるようになった。G20首脳は、このようなシステミック・リスクを回避することを主要な目的として、金融システムの脆弱性を補強すべく、金融危機以降に行われたサミットにおいて、金融規制に関する政策課題につき議論を重ね、現在に至るまで、さまざまな国際的な金融規制の導入強化を行っている。

　本節においては、特にデリバティブに対する規制に重点を置きながら、リーマン・ショック後の金融規制の導入・強化とその後の経過につきその概要を記すこととする。

(2) G20首脳会談において合意された新たな金融規制の枠組みとその後の展開

　国際的な金融規制の導入・強化の嚆矢となったのが、リーマン・ブラザーズ破綻から2か月後の2008年11月に行われたG20 ワシントンDC・サミット（金融世界経済に関する首脳会合）である。G20首脳は、同サミットの宣言において、金融危機の原因につき、以下のような分析をしている。

現在の危機の根本原因

「この10年弱の高い世界経済の成長、資本フローの伸び及び長期に渡る安定が続いた期間に、市場参加者はリスクを適正に評価せず、より高い利回りを求め、適切なデュー・ディリジェンスの実施を怠っていた。同時に、脆弱な引き受け基準、不健全なリスク管理慣行、ますます複雑で不透明な金融商品及びその結果として起こる過度のレバレッジが組み合わさって、システムの脆弱性を創出した。いくつかの先進国において政策立案者、規制当局及び監督当局は、金融市場において積み上がっていくリスクを適切に評価、対処せず、また金融の技術革新の速度について行けず、あるいは国内の規制措置がシステムにもたらす結果について考慮しなかった。」

金融市場改革のための共通原則

さらに、G20首脳は、このような問題意識に基づき、「金融市場改革のための共通原則」として、以下のような見解を示した。
「○透明性及び説明責任の強化：我々は、複雑な金融商品に関する義務的開示の拡大及び金融機関の財務状況に関する完全かつ正確な開示の確保を含め、金融市場の透明性を強化する。インセンティブは過度のリスク・テイクを回避するよう調整されるべきである。
○健全な規制の拡大：我々は、規制枠組み、健全性監督、リスク管理を強化し、すべての金融市場、商品、参加者が状況に応じて適切に規制され、あるいは監督の対象となることを確保することを誓約する。我々は、合意され強化された国際的行動規範に整合的に、信用格付会社に対する強力な監督を実施していく。我々はまた、規則が効果的で、技術革新を抑制せず、金融商品とサービスの取引の拡大を促すことを確保しつつ、規制枠組みを景気循環に対してより効果的にしていく。我々は、我々の国内規制制度についての透明性の高い審査にコミットする。
○金融市場における公正性の促進：我々は、投資家と消費者の保護を強化し、利益相反を回避し、不法な相場操縦、詐欺行為、濫用を防止し、非協

力的な国・地域から生じる不正な金融リスクに対抗することにより、世界の金融市場における公正性を保護することにコミットする。我々はまた、銀行機密と透明性に関する国際的な基準にまだコミットしていない国・地域に関する観点を含む情報共有を促進する。
○国際連携の強化：我々は、各国及び地域の規制当局に対し、その規則やその他の措置を整合的な形式で策定するよう要請する。規制当局は、国境を越える資本フローを含め金融市場のすべての部門において協調と連携を強化すべきである。規制当局及びその他の関連する当局は、優先的な課題として、危機の予防、管理及び破綻処理のための連携を強化すべきである。
○国際金融機関の改革：我々は、ブレトン・ウッズ機関の正当性と有効性を高めるために、世界経済における経済的な比重の変化をより適切に反映することができるようこれらの機関の改革を推進することにコミットしている。この観点から、最貧国を含め、新興市場国及び途上国がより大きな発言権及び代表権を持つべきである。金融安定化フォーラム（FSF）は、加盟国をより広く新興市場国に早急に拡大しなければならず、その他の主要な基準設定主体は、その加盟国を迅速に見直さなければならない。IMFは、拡大されたFSF及びその他の機関と協働しつつ、脆弱性をより特定し、潜在的な緊迫を予測し、危機対応において重要な役割を担うよう速やかに行動しなければならない。」

　G20首脳は、ワシントンDC・サミットにおいて示された、このような基本的な枠組みに基づき、同サミット後も、継続的に首脳会談において議論を重ねており、金融規制の導入・強化に係る具体的な政策課題として、これまでに、主に以下のような項目を採り上げ、議論している。
・銀行の自己資本比率等に関する規制（いわゆるバーゼル規制）の強化
・金融機関等の資産および負債の秩序ある処理の導入（いわゆる"Too-big-to-fail"問題に関する対応措置）
・システム上重要な金融機関（SIFIs）の破綻リスク等に関する規制
・店頭デリバティブ取引に関する規制

第2節　リーマン・ショック後のデリバティブに対する規制の流れと現状

・格付機関に関する規制
・金融指標に関する規制

　また、G20首脳での合意に基づき、こうした政策課題につき、中央銀行総裁・銀行監督当局長官グループ（GHOS）、金融安定理事会（FSB）、バーゼル銀行監督委員会（BCBS）、証券監督者国際機構（IOSCO）といった国際機関が、数多くの提案、検証、報告等を行っている。

　このような、G20サミット（金融世界経済に関する首脳会合）における合意や、国際機関による提案、検証、報告等により、リーマン・ブラザーズ破綻後の金融規制に関する、国際的なフレームワークが形成されており、さらに、かかるフレームワークに基づき、日本、米国や欧州等の国や地域において、それぞれの政策課題につき、具体的な立法化や規制の導入が進められている。

　また、このような金融規制の導入に当たり、実務上、不可欠となるのが、関連する契約書等の交渉・締結や、取引の記帳や決済等のオペレーションに関するシステムの導入といった、広義の金融インフラの開発、導入や整備である。こうした金融インフラの整備に当たっては、個々の金融機関等による実施のほか、業界団体等による取組みが重要な役割を果たしている。例えば、デリバティブ取引に従事する金融機関の国際的な団体であるISDAは、店頭デリバティブ取引に関する規制等の導入・実施に当たり、標準的な契約書ひな型、プロトコルや法律意見書を作成し、主としてそのメンバー向けに公表している。また、わが国では、日本証券業協会等が、国債の決済期間の短縮化や、国債取引・貸株取引等の証券決済・清算態勢の強化等のプロジェクトに取り組んでいる。

　このように、リーマン・ブラザーズの破綻以降、国際的な金融規制やこれに伴う金融インフラに関し、G20首脳、国際機関、各国の金融規制当局、個々の金融機関、業界団体、さらにはシステム等のベンダー等の主体が、多様で、数多くの提案や実施を行っており、極めて複雑な状況を呈している。

　そこで、本節においては、特にデリバティブに関する規制に重点を置きながら、このような国際的な金融規制やインフラの整備に関し、主として規制の目的に着目し、以下の4つに大別し、その概要を示す。

① 健全性の観点からの監督強化／システム上重要な金融機関（SIFIs）

第12章　デリバティブ

の破綻リスクに対する対応（いわゆる"Too big to fail"問題に対する対応）
- バーゼル規制の強化（バーゼル2.5、バーゼルⅢ等）
- 「金融機関等の資産及び負債の秩序ある処理」制度の導入
- グローバルなシステム上重要な金融機関（G-SIFIs）に対する総損失吸収能力（TLAC）規制の導入

② 店頭デリバティブ取引に関する信用リスク管理の強化
- 清算集中義務の導入
- 証拠金（マージン）規制の導入
- 金融市場インフラのための原則に基づく、金融市場インフラ（financial market infrastructure）に対する規制の導入

③ 透明性および説明責任の向上、システム・インフラの向上
（店頭デリバティブ取引に関するもの）
- 取引情報の保存・報告制度の導入
- 電子的取引基盤制度の導入
- 信用デリバティブ取引（CDS）の改革

（店頭デリバティブ取引以外）
- 格付機関に対する規制
- 金融指標に関する規制（LIBOR改革）

④ 店頭デリバティブ取引に関する顧客保護
- 適合性の原則、説明義務の強化
- 金融ADR制度の導入

(3) 参考——国際金融規制に関する主要なマイルストーン

2008年9月のリーマン・ブラザーズの破綻以降の国際金融規制に関する主要なマイルストーンは、概ね、以下の通りである。

〈G20サミット（金融世界経済に関する首脳会合）〉

2008年11月	ワシントンDC・サミット
2009年4月	ロンドン・サミット
2009年9月	ピッツバーグ・サミット

第2節　リーマン・ショック後のデリバティブに対する規制の流れと現状

2010年6月	トロント・サミット
2010年11月	ソウル・サミット
2011年11月	カンヌ・サミット
2012年6月	ロスカボス・サミット
2013年9月	サンクトペテルブルグ・サミット
2014年11月	ブリスベン・サミット
2015年11月	アンタルヤ・サミット
2016年9月	杭州・サミット
2017年7月	ハンブルグ・サミット

〈国際機関等〉

2009年9月	G20財務大臣および中央銀行総裁 金融システムの強化に向けたさらなる取組みに関する宣言
2009年12月	バーゼルⅢの市中協議案公表
2010年10月	金融安定理事会（FSB） 「店頭デリバティブ市場改革の実施に関する報告書」、「格付会社による格付への依存抑制のための原則」および「システム上重要な金融機関(SIFIs)への監督の密度と実効性に関する勧告」を公表
2010年12月	バーゼルⅢテキストの公表
2011年11月	金融安定理事会（FSB） 「金融機関の実効的な破綻処理の枠組みの主要な特性（Key Attributes）」の公表
2012年4月	国際決済銀行・支払決済システム委員会（BIS/CPSS）と証券監督者国際機構（IOSCO）専門委員会が「金融市場インフラのための原則（Principles for financial market infrastructures）」を公表
2012年5月	証券監督者国際機構（IOSCO）が、「信用格付会社：格付プロセスの公正性を確保するための内部統制と利益相反管理

	のための手続き」と題する市中協議報告書を公表
2013年7月	証券監督者国際機構（IOSCO）が、金融指標に関する最終報告書を公表
2015年3月	バーゼル銀行監督委員会（BCBS）、証券監督者国際機構（IOSCO） 「中央清算されないデリバティブ取引に係る証拠金規制に関する最終報告書」を公表

〈日本での立法化等〉

2010年4月	「店頭デリバティブ取引の商品内容やリスク等の顧客に対する説明態勢」に関する金融庁監督指針の施行
2010年4月	「信用格付業者に対する規制」および「金融ADR制度」に関する改正金商法の施行
2012年11月	「店頭デリバティブ取引等に関する清算機関の利用の義務付け」および「取引情報保存・報告制度」に関する改正金商法の施行
2014年3月	「金融システムの安定化を図るための金融機関等の資産及び負債の秩序ある処理に関する措置」に関する改正預金保険法の施行
2015年5月	「金融指標」に関する改正金商法の施行
2015年9月	「電子情報処理組織」に関する改正金商法の施行
2016年9月	店頭デリバティブ取引に関するマージン規制の適用開始（Phase 1）

〈業界団体による取組み（ISDAプロトコル等）〉

2009年3月	ISDA Big Bang Protocol（CDSに関する"CDS Auction Hardwiring"）
2009年7月	ISDA Small Bang Protocol（CDSに関する"Restructuring Supplement"）

第 2 節　リーマン・ショック後のデリバティブに対する規制の流れと現状

2012年 8 月	ISDA August 2012 DF Protocol
2013年 3 月	ISDA March 2013 DF Protocol
2013年 3 月	ISDA 2013 EMIR NFC Representation Protocol
2013年 5 月	ISDA 2013 Reporting Protocol
2013年 7 月	ISDA 2013 EMIR Port Rec、Dispute Res and Disclosure Protocol
2014年11月	ISDA 2014 Resolution Stay Protocol
2015年11月	ISDA 2015 Universal Resolution Stay Protocol
2016年 7 月	ISDA 2016 Bail-in Art 55 BRRD Protocol
2016年 8 月	ISDA 2016 Variation Margin Protocol
2016年 9 月	IM CSAおよびVM CSA等の作成

2　健全性の観点からの監督強化／システム上重要な金融機関（SIFIs）の破綻リスク（いわゆる"Too big to fail"問題に対する対応）

(1)　バーゼル規制の強化

(i)　デリバティブに関するリスク管理（バーゼルIIまで）

　銀行に対して一定水準の自己資本比率の維持を求め、その健全性を維持すること等を目的とした国際的な規制の枠組みとして、1988年 6 月にバーゼル銀行監督委員会により導入が決定された、バーゼル規制がある。バーゼル規制の第 1 の柱（自己資本規制）は、銀行がそのリスク量に対し、一定割合以上の自己資本を保有することを要求している[注74]。

　第 1 の柱（自己資本規制）に基づき、トレーディング勘定に係るデリバティブ取引についてはマーケット・リスクと信用リスクが計測され、銀行勘定に係るデリバティブ取引については信用リスクが計測され、それぞれリスク・アセットとして分母に加算し、必要な自己資本の金額が算定される。

注74）　本節では、デリバティブに関する記載を中心とするため、分母に関する事項を中心に記載し、分子については簡潔な記載とする。

(a) マーケット・リスク(【図表12-2-1】)

マーケット・リスクの測定方法には、バリュー・アット・リスク(VaR)を用いた内部モデル手法と、標準的手法がある。

ここで、バリュー・アット・リスク(VaR)とは、①過去の一定期間(観察期間)の変動データに基づき、②将来のある一定期間(保有期間)のうちに、③ある一定の水準(信頼水準)の範囲内で、④こうむる可能性のある最大損失額を⑤統計的手法による推定した値である。

(b) 信用リスク(【図表12-2-2】)

デリバティブに関する信用リスクは、デリバティブ取引に係る与信相当額(EAD)に、取引相手のリスク・ウェイトを掛けて算出する。また、デリバティブに関する与信相当額(EAD)の算出方法としては、カレント・エクスポージャー方式、標準方式、期待エクスポージャー方式がある。

(ii) バーゼル2.5

2009年7月に、バーゼル銀行監督委員会は、バーゼル2.5といわれる、バーゼルⅡの強化に関する文書を公表した。

バーゼル2.5では、マーケット・リスクに関する規制として、内部モデル方式を採用する場合、従来のVaRに加え、ストレス期間(例:金融危機時)におけるVaR(ストレスVaR)を算出し、従来のVaRに合算することが義務付けられた。

さらに、対象資産の発行体の信用力の悪化による価格下落のリスクの捕捉や、証券化商品に関するリスク・ウェイトの引上げや、外部格付けの利用に際する要件の強化等が行われた。

(iii) バーゼルⅢ

(a) バーゼルⅢまでの流れ

2009年9月に、バーゼル銀行監督委員会の上位機関である中央銀行総裁・銀行監督当局長官グループ(GHOS)は、世界的な銀行危機に対する包括的な対応に関するプレス・リリースを行い、これに基づきバーゼルⅢの具体的な枠組みが形成されることとなった。

その後、バーゼル銀行監督委員会は、2010年12月にバーゼルⅢの最終文書である、「バーゼルⅢ:より強靭な銀行および銀行システムのための世界的

第2節　リーマン・ショック後のデリバティブに対する規制の流れと現状

【図表12-2-1】　マーケット・リスクに関する損失分布（イメージ）

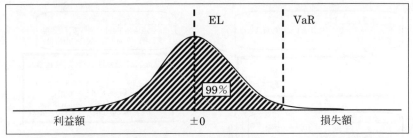

（出典）日本銀行金融機構局金融高度化センター・碓井茂樹「リスク計測手法と内部監査のポイント――VaRの理解と検証」21頁2010年3月。（https://www.boj.or.jp/announcements/release_2010/data/fsc1004a4.pdf）

【図表12-2-2】　信用リスクに関する損失分布（イメージ）

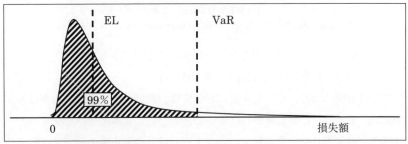

（出典）日本銀行金融機構局金融高度化センター企画役・碓井茂樹「リスク計測手法と内部監査のポイント――VaRの理解と検証」21頁2010年3月（https://www.boj.or.jp/announcements/release_2010/data/fsc1004a4.pdf）。

な規制の枠組み」を公表した。バーゼル銀行監督委員会は、この他にも、バーゼルⅢに関連して数多くの文書を公表している[注75]。

(b)　バーゼルⅢの全体像

バーゼルⅢでは、従前のバーゼル規制に数多くの変更を加えている。これらは、大きく、①資本の水準の引上げ、②資本の質の向上、③リスク補足の強化（信用評価調整〔CVA〕の変動リスクに対する自己資本賦課、中央清算機関〔CCP〕に対するリスクの把握等）、④補完的指標（レバレッジ比率）の導入、⑤流動性リスク管理の強化（流動性カバレッジ比率、安定調達比率）の導入、

注75）　http://www.bis.org/bcbs/index.htm参照。

第12章　デリバティブ

【図表12-2-3】　バーゼルⅢの全体像

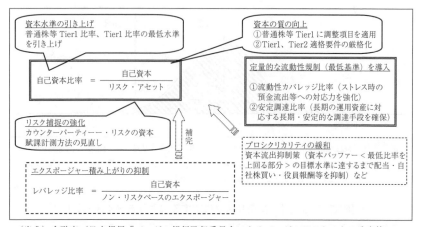

(出典) 金融庁／日本銀行「バーゼル銀行監督委員会によるバーゼルⅢテキストの公表等について」3頁 (2011年1月) (http://www.fsa.go.jp/inter/bis/20101217-1/02.pdf)。

⑥プロシクリカリティの緩和措置に分類することができる。

(c) (自己資本比率規制) 自己資本の質・量の向上

　資本の水準に関し、バーゼルⅢにおいては、最低所要自己資本比率は8％ (国際統一基準行) と据え置かれたものの、新たに、資本保全バッファーという概念が導入された。資本保全バッファーとは「金融市場の動向又は経済情勢の変化によって生じるおそれのある損失の吸収のため」に増強される資本であり、2016年から段階的に2.5％までの保有が求められることとなった。

　また、自己資本規制比率が景気変動を助長させた (プロシクリカル) との反省から、新たにカウンターシクリカル・バッファーという概念が導入された。カウンターシクリカル・バッファーとは「金融市場における信用の供与が過剰な場合に、将来の景気の変動によって生じるおそれのある損失の吸収のため」に増給する資本であり、経済動向等の状況に応じ、最大で2.5％の保有が求められる。なお、資本保全バッファーが目標水準に達するまでは、配当、自社株買い、役員報酬等が抑制されることとされている。

　さらに、G-SIB、すなわち国際統一基準行のうち、国際的な金融システムにおける重要性の高い金融機関については、その規模に応じて、1％から2.5％のG-SIBサーチャージが追加資本として求められることとなった。

第2節　リーマン・ショック後のデリバティブに対する規制の流れと現状

【図表12-2-4】　自己資本の質量の向上

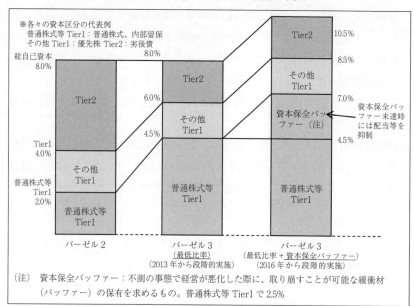

(注)　資本保全バッファー：不測の事態で経営が悪化した際に、取り崩すことが可能な緩衝材（バッファー）の保有を求めるもの。普通株式等Tier1で2.5％。

(出典) 金融庁総務企画局総務課国際室「国際金融規制改革の最近の動向について」12頁（2016年2月8日）(http://www.fsa.go.jp/singi/singi_kinyu/soukai/siryou/20160208/06.pdf)。

次に、資本の質については、バーゼルⅡでは、最低所要自己資本8％のうち、普通株式等Tier 1（普通株式、内部留保）とその他Tier 1（優先株）を併せて4％以上、かつTier 1資本の半分以上を普通株式等Tier 1とすることが求められていた。バーゼルⅢにおいては、普通株式等Tier 1が4.5％以上とすることが規定され、さらに、資本保全バッファー、カウンターシクリカル・バッファー、G-SIBサーチャージについても、普通株式等Tier 1で構成することが求められている。

(d)　リスク補足の強化（資産相関の見直し、CVAの導入、CCPに対するリスクの把握、誤方向リスクへの対応の強化等）

金融危機を通じて、従前のバーゼルの枠組みにおけるリスクの捕捉が不十分であったとの反省がなされた。具体的な内容は多岐にわたるが、主要なものは以下の通りである。

㈎　資産価値の相関の見直し

　金融危機を通じて、金融機関の間の相関の値が相対的に高まっていたことが明らかとなった。従前、こうした相関関係が必ずしも捕捉されていなかったため、金融機関向けエクスポージャーの信用リスク・アセットを計算する際、資産価値の相関として、1.25倍の乗数を適用することとされた。

㈏　信用評価調整（CVA）の導入と、その変動リスクに対する自己資本賦課

　信用評価調整（CVA）とは、デリバティブ取引において、取引相手が契約期間中にデフォルトした場合に蒙る期待損失（EL）である。具体的には、期待されるエクスポージャーの金額と、期待損失率を乗じて計算する。

信用評価調整（CVA）＝ ①期待エクスポージャー（EE）× ②期待損失率
①：将来のエクスポージャー額の変化を織り込んだデフォルト時点における期待エクスポージャー額
②：カウンターパーティーのデフォルト確率（PD）× デフォルト時損失率（LGD）

（出典）金融庁／日本銀行「バーゼル委市中協議文書 カウンターパーティー・リスク の取扱いの強化の概要」12頁（2010年1月）（http://www.fsa.go.jp/inter/bis/20091217/04.pdf）。

　このように算定される信用評価調整（CVA）を、デリバティブ取引に係るリスク・フリーのエクスポージャーの時価から控除し、デリバティブ取引に関するエクスポージャーの時価が算出されることとなる。

　金融危機におけるカウンターパーティー・リスクに伴う損失のうち、約3分の2が信用評価調整（CVA）の時価評価に伴う評価損により発生し、実際の破綻に伴う損失は3分の1程度であったといわれている。しかし、従前のバーゼル規制においては、カウンターパーティーの信用力の悪化等に伴うエクスポージャーの時価変動に伴うリスクに対する自己資本賦課の枠組みは、規定されていなかった。

　そこで、金融危機における経験を踏まえ、信用評価調整（CVA）の変動リスクに対する所要自己資本計測のための枠組みが提案された。具体的には、CVAの時価変動に係るリスクを、当該カウンターパーティーが発行してい

る債券の期待損失に係るマーケット・リスク相当額とみなして、追加的に自己資本賦課がなされる（債券相当アドオン方式）。

　㋑　中央清算機関（CCP）に対するリスクの捕捉

　従前、中央清算機関（CCP）向けエクスポージャーについては、当該エクスポージャーが日々担保によりカバーされている場合には、エクスポージャー額をゼロとする取扱いが認められていた。

　しかし、新たに、一定の店頭デリバティブ取引につき中央清算機関（CCP）に対する清算集中義務が課される中で、リスク管理プロセスが不十分なCCPがこうした取引につき清算業務を行うと、金融システムに対するシステミック・リスクが拡大する可能性がある。そこで、CCPの強固なリスク管理を確保する観点から、前記の扱いが見直されることとなった。

　具体的には、2012年4月に、国際決済銀行・支払・決済システム委員会（BIS／CPSS）と証券監督者国際機構（IOSCO）が公表した「金融市場インフラのための原則」（FMI原則）をCCPが満たすこと等を条件として（「適格CCP」）、トレード・エクスポージャー（差入担保および清算対象のエクスポージャー時価相当額）をゼロとすることが認められ、かかる要件を満たさない場合には、相対取引と同様のリスクウェイトが課せられることとなった。また、直接参加者がCCPに預託する清算基金については、適格CCPについては、リスク・センシティブ手法または簡便的手法により算出することが認められ、前記の要件を満たさない、非適格CCPについては清算基金について1,250％のリスクウェイトが課せられることとなった。

　㋒　誤方向リスクへの対応強化

　金融危機において、カウンターパーティーの信用度の悪化と、市場の急激な変化による担保価値の下落が同時に発生した。このような不利な価値変動が同時に起こる、いわゆる「誤方向リスク」を適切に捉えることができていなかったため、これに対する対応の強化が行われた。具体的には、内部モデル方式における、ストレス期間のデータを含めた期待エクスポージャーを計測し、第1の柱の枠組みの下で、一部の「個別誤方向リスク」に対する新たな自己資本の賦課がなされることとなった。

(e) レバレッジ規制

レバレッジ比率規制は、銀行における過度なレバレッジの積上げが金融危機を招いたとの反省から導入された指標である。

金融危機時においても、一般的に、銀行は自己資本比率を高い状態に保っていたものの、リスクウェイトの低いエクスポージャーを用い、過度なレバレッジが積み上げられたケースがあった。そのため、金融危機の最も厳しい局面において、市場の圧力により、資産価格の下方圧力を増幅させるような形でレバレッジの削減を迫られ、損失の発生、資本の毀損、借入能力の収縮といった流れで、さらなる悪循環を拡大させた。

そこで、バーゼルⅢにおいて、リスクベースの自己資本比率規制に対する補完的指標として、レバレッジ比率を導入することが決定された。

レバレッジ比率は、具体的には、Tier 1資本を分子とし、オンバランス項目、オフバランス項目、デリバティブ取引、レポ取引等のエクスポージャーの合計額を分母として算出される。

$$レバレッジ比率 = \frac{Tier\ 1資本}{エクスポージャー（オンバランス項目＋オフバランス項目等）}$$

(出典) 金融庁／日本銀行「バーゼル銀行監督委員会によるバーゼルⅢテキストの公表等について」14頁（2011年1月）（http://www.fsa.go.jp/inter/bis/20101217-1/02.pdf）。

2016年1月に、中央銀行総裁・銀行監督当局長官グループ（GHOS）は、レバレッジ比率の最低水準を3％とすることを合意した。レバレッジ規制は、2017年を試行期間とし、2018年1月から第1の柱として実施することが予定されている。

(f) 流動性リスク管理の強化

今回の金融危機では、多くの銀行が、適切なレベルの資本を保有していたにもかかわらず、コール市場等、短期インターバンク市場での資金調達が著しく困難となるケースが発生し、さらなる金融不安を引き起こした。その背景としては、銀行および監督当局の双方で流動性リスク管理への取組みが不十分であったと指摘されている。

こうした観点から、バーゼル銀行監督委員会は、2008年9月、「健全な流動性リスク管理及びその監督のための諸原則」を公表し、流動性リスク管理

の強化を求めた。さらに、同委員会は、2010年12月に「バーゼルⅢ：流動性リスク計測、基準、モニタリングのための国際的枠組み」、2013年1月に「バーゼルⅢ：流動性カバレッジレシオと流動性リスクモニタリング」を公表した。これらに基づき、資金流動性に関し、流動性カバレッジ比率（LCR）と、安定調達比率（NSFR）の最低基準が導入される。

　(ア)　流動性カバレッジ比率（LCR）

　流動性カバレッジ比率（LCR）は、短期的な流動性ストレス耐性の強化を目的とした規制である。ストレス下でも市場から流動性を調達することができる高品質の流動資産（「適格流動資産」）を、短期間（30日間）の厳しいストレス下におけるネット資金流出額以上に保有することが求められている。

$$\text{LCR} = \frac{\text{適格流動資産}}{\text{30日間のストレス期間に必要となる資金流出額}} \geq \begin{matrix} 60\% \\ (2015年) \end{matrix} \Rightarrow \begin{matrix} 100\% \\ (2019年) \end{matrix}$$

（出典）金融庁／日本銀行「バーゼル銀行監督委員会によるバーゼルⅢテキストの公表等について」16頁（2011年1月）(http://www.fsa.go.jp/inter/bis/20101217-1/02.pdf)。

　(イ)　安定調達比率（NSFR）

　安定調達比率（NSFR）は、資金の運用調達構造のミスマッチを抑制し、銀行に中長期的に安定的な資金調達を促すことを目的としている。信用リスクや市場リスク等が顕現化する中、個別行へのストレスが長期化した状況を想定し、売却が困難な中長期の融資やデリバティブ等の資産（所要安定調達額。分母に算入）を安定的な調達（自己資本・負債。分子に算入）によってカバーすることが求められている。

$$\text{NSFR} = \frac{\text{安定調達額（資本＋預金・市場性調達の一部）}}{\text{所要安定調達額（資産×流動性に応じたヘアカット）}} \geq 100\%$$

（出典）金融庁／日本銀行「バーゼル銀行監督委員会によるバーゼルⅢテキストの公表等について」16頁（2011年1月）(http://www.fsa.go.jp/inter/bis/20101217-1/02.pdf)。

(iv)　近時提案された新たな項目

　バーゼルⅢは、すでに多くの項目について合意され、2013年より自己資本比率規制の強化を中心に段階的な適用が開始している。しかし、現時点においても、なおいくつかの新しい規制項目が提案されており、その中で重要なものとして、トレーディング勘定の抜本的見直し（FRTB）と、銀行勘定の

金利リスク（IRRBB）が挙げられる。

　(a)　トレーディング勘定の抜本的見直し（FRTB）

　バーゼル銀行監督委員会は、2012年5月に市中協議文書「トレーデング勘定の抜本的見直し」を公表し、その後の市中協議を経て、2016年1月に最終文書「マーケット・リスクの最低所要自己資本」と題する規則文書を公表した。最終文書においては、①トレーディング勘定と銀行勘定の境界の見直し、②バリュー・アット・リスク（VaR）から期待ショートフォール（ES）への変更、③ストレス時のデータを用いた計測への移行、④市場流動性の捕捉といった事項が含まれている。

　(ア)　トレーディング勘定と銀行勘定の境界の見直し

　バーゼル規制上、トレーディング勘定におけるデリバティブ取引については、「第1の柱」（最低自己資本比率規制）に基づき、マーケット・リスクが計測され、自己資本賦課の対象とされている。これに対して、銀行勘定における金利リスクについては、「第2の柱」（金融機関の自己管理と監督上の検証）に基づき、いわゆる「アウトライヤー規制」に服するにとどまっており、一定の基準（銀行勘定の金利リスク量が総資本の20％を超過するか）に該当する場合において、監督当局がヒアリングや報告を行い、必要に応じて自己資本の充実に向けた業務の改善を求めるものの、「第1の柱」における扱いとは異なり、自動的に、自己資本賦課が課せられるわけではない。

　このように、バーゼル規制上、ある取引がトレーディング勘定で行われるか、または銀行勘定で行われるかにより、その扱いに大きな差異が存在するものの、トレーディング勘定と銀行勘定のどちらに振り分けるかについては、一義的に明確とはいいがたい状況であったようである。

　そこで、最終文書においては、以下の目的で保有する商品については、トレーディング勘定に分類すべきことを明確化した。

　①　短期間の再売却
　②　短期の価格変動による利益獲得
　③　裁定利益の獲得
　④　前記3つのいずれかを目的とした商品から生じるリスクのヘッジ

　また、前記に加え、トレーディング勘定と銀行勘定間の振替は原則として

禁止され、トレーディング勘定と銀行勘定間の内部取引を行う場合の資本賦課の扱いについて規定された[注76]。

(イ) バリュー・アット・リスク（VaR）から期待ショートフォール（ES）へ

金融危機における経験を踏まえ、内部モデル方式で用いられているバリュー・アット・リスク（VaR）は、稀にしか起こらないはずの暴騰・暴落が発生するリスク（いわゆるテイル・リスク）を十分に捕捉できないとの反省がなされた。

そこで、これを捕捉可能な指標として、期待ショートフォール（ES）の利用が提案された。期待ショートフォール（ES）とは、一定の信頼水準を越える場合における損失の期待値（平均値）である。期待ショートフォール（ES）を用いることにより、分布の裾の部分のリスク（テイル・リスク）を捕捉することが可能であると考えられている。

なお、標準的手法においても、期待ショートフォール（ES）を用いた資本水準を設定することが想定されている。

(ウ) ストレス時のデータを用いた資本水準の設定

金融危機時において、平常時のデータに基づく資本水準では不十分であったことから、バーゼル2.5において、ストレスVaRが導入され、通常のVaRと二重に賦課されることとなった。最終文書においては、ストレス時のデータを用いた期待ショートフォール（ES）へ一本化されることとなった。なお、標準的手法においても、ストレス時のデータを用いてリスクウェイトを設定することが想定されている。

(エ) 市場流動性リスクの捕捉

現行のVaRモデルでは、トレーディング勘定の資産はすべて短期間で売買またはヘッジできるという前提の下、保有期間を10日間として計測している。

しかし、金融危機時は、急激な信用収縮が発生し、資産の市場流動性が枯渇し想定価格よりも著しく低い価格で売却せざるを得ない状況に陥った。

そこで、最終文書においては、リスク・ファクターごとの市場流動性を精

[注76] 金融庁／日本銀行「『マーケット・リスクの最低所要自己資本』の概要」4頁～6頁（2016年3月）（https://www.boj.or.jp/announcements/release_2016/data/rel160118b1.pdf）。

【図表12-2-5】バリュー・アット・リスク（VaR）

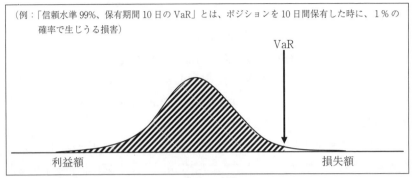

（例：「信頼水準99％、保有期間10日のVaR」とは、ポジションを10日間保有した時に、1％の確率で生じうる損害）

（出典）金融庁／日本銀行「トレーディング勘定の抜本的見直し　市中協議文書の概要」5頁（2012年6月）。

【図表12-2-6】期待ショートフォール（ES）

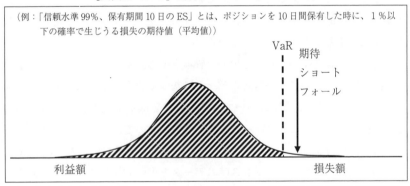

（例：「信頼水準99％、保有期間10日のES」とは、ポジションを10日間保有した時に、1％以下の確率で生じうる損失の期待値（平均値））

（出典）金融庁／日本銀行「トレーディング勘定の抜本的見直し　市中協議文書の概要」33頁（2012年6月）（http://www.fsa.go.jp/inter/bis/20120510-1/03.pdf）参照。

緻に勘案するため、10日、20日、40日、60日、120日の5つの流動性ホライズンを想定し、市場流動性リスクを捕捉することとされた。なお、標準的方式においても、各リスク・ファクターの流動性ホライズンを勘案してリスクウェイトを設定することが想定されている。

(b)　銀行勘定の金利リスク（IRRBB）

　前述したように、現行のバーゼル規制においては、銀行勘定における金利リスクについては、「第2の柱」（金融機関の自己管理と監督上の検証）に基づき、いわゆる「アウトライヤー規制」に服するにとどまっており、一定の基

準(銀行勘定の金利リスク量が総資本の20％を超過するか)に該当する場合においても、自動的に、自己資本賦課が課せられるわけではない。しかし、このような扱いに関し、トレーディング勘定と銀行勘定の規制の平仄や、将来の金利の上昇により生じる潜在的な損失をカバーするため、適切な資本の確保を促進する必要があるといった指摘がなされ、2015年6月の市中協議書においては「第1の柱化(最低所要自己資本)案」と「第2の柱の深化案」が提案された。

2016年4月に、バーゼル銀行監督委員会は、「銀行勘定の金利リスク」(最終文書)を公表した。最終文書は、市中協議文書へのコメントを踏まえ、「第2の柱の深化案」が採用され、銀行勘定の金利リスク(IRRBB)管理プロセスにおいて求められるガイダンスの明確化、開示基準の強化、アウトライヤー行の特定のための閾値の強化(アウトライヤー行を特定するための閾値を、銀行の総資本の20％から銀行のTier 1 資本の15％に変更)等が規定された。

なお、銀行勘定の金利リスク(IRRBB)に関する基準は、2018年までに適用することが予定されている。

(2) システム上重要な金融機関(SIFIs)の破綻リスク(いわゆる"Too big to fail"問題に対する対応)

(i) 金融機関等の資産および負債の秩序ある処理(倒産法制の整備)

金融危機時における急激な信用収縮の中で、金融システムの安定化等の観点から、破綻に瀕したいくつかの金融機関に対する公的資金の注入や国有化が行われた(いわゆる"Too-big-to-fail"問題)。しかし、このような公的資金による金融機関の救済措置(ベイル・アウト)には、納税者による負担が伴うことや、金融機関によるモラル・ハザード(いざとなったら政府が救済してくれると期待し、過度なリスク・テイクを行うこと)を引き起こし得ることから、しばしば、強い政治的な反発を招いた。

そこで、G20首脳は、2009年9月ピッツバーグ・サミットにおいて、"Too-big-to-fail"問題に対処するため、以下のような声明を行った。

2010年末までの国境を超えた破たん処理とシステム上重要な金融機関の問

題への対処

「システム上重要な金融機関は、国際的に整合性がとれた、各社別の緊急時の危機対応計画及び破たん処理計画を策定すべきである。各国当局は、国境を越えて業務を行う主要な金融機関のための危機管理グループ及び危機の際の介入に関する法的枠組みを構築するとともに、市場の混乱時における情報共有を改善すべきである。我々は、金融機関の倒産による混乱を軽減し、将来のモラル・ハザードを減少させることに資するよう、金融グループの効果的な破たん処理のための手法と枠組みを策定すべきである。システム上重要な金融機関の健全性に関する我々の基準は、当該機関の破たんのコストに見合ったものであるべきである。」

G20の首脳会談での声明を受け、金融安定理事会（FSB）は、2011年10月、「金融機関の実効的な破綻処理の枠組みの主要な特性」を公表した。「主要な特性」は、金融機関の破綻処理に際して、納税者の負担を発生させることなく、重要な金融機能を確保しながら当局が円滑に破綻処理することを主要な目的として、クロスボーダーでの破綻処理を円滑に実現する観点を踏まえ、各国当局が有すべき権限や責任について明確化し、破綻処理制度の枠組みを整備することを要求している。

「主要な特性」において指摘された事項に基づき、日本において、2013年の預金保険法改正により立法的措置が図られた。改正預金保険法の内容は多岐にわたるが、デリバティブ取引の管理の観点から、特に重要と思われるのは、以下の事項である。

(a) 特定認定

内閣総理大臣は、わが国の金融市場その他の金融システムの著しい混乱が生ずるおそれがある場合には、金融機関等に対して「特定認定」を行うことができる。認定を受けた金融機関等には、預金保険機構の監視・管理の下に、秩序ある処理が実施される。

(b) 特定第1号措置（債務超過に至っていない場合）

金融機関等は、預金保険機構による特別な監視を受けるとともに、その債務を円滑に履行するために、預金保険機構から貸付等の流動性供給や資本増

強（株式等の引受等）を受けることができる。

(c) 特定第2号措置（債務超過等の場合）

金融機関等の経営は、預金保険機構に委ねられる。システム上重要な取引については、別法人たるブリッジ金融機関等または受皿金融機関等に移されて取引が継続され、それ以外の取引については、当該金融機関等に残され、倒産手続に従って処理される。

(d) 早期解約条項等の発動停止決定（ステイ）

内閣総理大臣は、その指定する一定の対象契約に関して、特定認定等を理由とする「特定解除等」について定めた契約の条項は、「我が国の金融システムの著しい混乱が生ずるおそれを回避するために必要な措置が講じられるために必要な期間」において、その効力を有しないこととする決定を行うことができるとされた。かかる期間について、法令上は具体的には定められていないものの、金融庁より、「主要な特性」において当該期間が厳しく制限されるものであり、例示として2営業日が挙げられていることを引用した上で、当該趣旨を踏まえつつ、実効的な破綻処理を可能とする観点から具体的な期間が判断されるとの見解が示されている。

(ii) **クロスボーダー取引に伴う問題点等に関するISDAプロトコルによるカバー**

金融安定理事会（FSB）による金融機関の実効的な破綻処理の枠組みの主要な特性」に基づく破綻処理制度は、日本だけでなく、米国や欧州においても、倒産法制における立法化が進められている。

しかし、国際的な活動を行う金融機関が破綻した場合に、破綻した法人の所在する国や地域における倒産法の規定が、海外の所在する取引先との間における、クロスボーダー取引にどのような効力をもつかは、必ずしも明らかでないケースがある。例えば、日本の金融機関に関する特定認定に伴う、預金保険法上の内閣総理大臣による早期解約条項等の発動停止決定（ステイ）の措置が、米国や欧州の金融機関とのクロスボーダー取引においても有効かどうかにつき、現時点において、十分に精度の高い確認を行うことは困難と思われる。

そこで、デリバティブ取引に従事する金融機関の国際的な団体である

ISDAは、集団的な契約の枠組みである、"ISDA Protocol"を公表し、個別の金融機関による任意的な参加による契約的な効力により、海外におけるステイの効力が認められるための枠組みを整備している。

また、欧州の"Bank Recovery and Resolution Directive"（BRRD）では、欧州の金融機関とのデリバティブ等の取引に関し、BRRDに基づく「ベイル・イン」（経営難に陥った金融機関の再生・破綻処理に当たって、破綻処理当局が、金融機関の債務について元本削減や株式への転換を強制すること）の効力を、当該取引の相手方が認める契約上の条項を規定することを義務付けている。そのため、ISDAは、欧州の金融機関（オランダ、フランス、ドイツ、アイルランド、イタリア、ルクセンブルグ、英国）とのデリバティブに関し、かかる要件に対応するための"ISDA Protocol"を公表している。

(3) グローバルなシステム上重要な金融機関（G-SIBs）に対する総損失吸収能力（TLAC）規制の導入

FSBは、2014年11月に、「グローバルなシステム上重要な銀行の破綻時の損失吸収力の充実」と題する市中協議文書を公表し、さらに2015年11月に「グローバルなシステム上重要な銀行の破綻時の損失吸収および資本再構築に係る原則」と題する文書において総損失吸収能力TLACに係る最終的な基準を公表した。

TLAC規制は、G-SIBsの破綻処理に際し株主や債権者に損失を負担させること（ベイル・イン）で、公的資金を投入せずにG-SIBsの重要な機能を継続させるための枠組みである。バーゼル規制が、銀行が業務を継続する過程で生じる損失を吸収するための規制資本の枠組みであるのに対し、TLAC規制は、G-SIBsの破綻が金融システムの安定に与える影響を最小化し、重要な業務の継続を確保するとともに、納税者の負担を回避する秩序立った破綻処理を実施することを目的としている。

最終報告書において、TLAC規制は、G-SIBsを対象に、ベイル・インによる破綻処理の実効性を担保するため、破綻時に金融システム上重要な債務に先立って損失吸収や資本再構築に充てることが可能な債務（TLAC）を確保することを要求している。そのため、破綻時におけるTLAC除外債務に対する劣

第2節　リーマン・ショック後のデリバティブに対する規制の流れと現状

【図表12-2-7】　TLACの概要

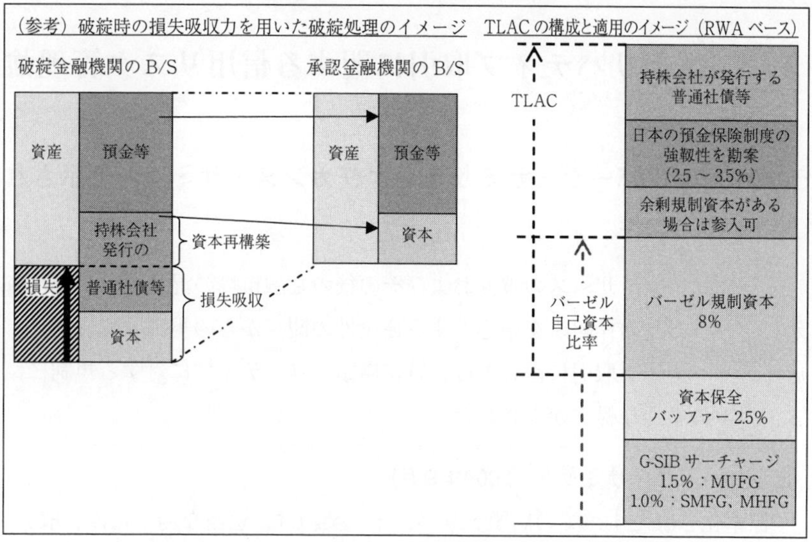

(出典)　金融庁総務企画局総務課国際室「国際金融規制改革の最近の動向について」21頁（2016年2月）（http://www.fsa.go.jp/singi/singi_kinyu/soukai/siryou/20160208/06.pdf）。

後性が確保されることが必要とされており、TLAC適格債は、以下のいずれかにより、破綻処理の対象となるエンティティのTLAC除外債務に対する劣後性を確保することが求められている。

①　劣後条項等、契約により除外債務に劣後していること（契約上の劣後）
②　法律上の債権者順位において、除外債務に劣後していること（法律上の劣後）
③　持株会社などの破綻処理の対象となる主体が、TLAC適格負債と同順位またはこれに劣後する除外債務を発行していないこと。すなわち、破綻処理を実施しても除外債務が損失にさらされることを避けることが可能であること（構造上の劣後）

FSBの最終報告において、リスク・アセット比のTLAC最低所要水準が、2019年1月から16％、2022年1月からは18％とされている。なお、日本においては預金保険制度の強靱性が評価され、TLACの所要額に、2019年1月からはリスク・アセットの2.5％相当額、2022年1月からは3.5％相当額を算入

することが認められる見込みである。

3　店頭デリバティブ取引に関する信用リスク管理強化

(1) ピッツバーグ・サミットおよびカンヌ・サミットで示された方向性

リーマン・ブラザーズの破綻およびその後の金融市場の混乱を招いた反省から、バーゼルの枠組みを中心とする健全性の観点からの規制強化に加え、店頭デリバティブ取引については、特に店頭デリバティブに対する規制につき、以下のような提案がなされた。

> ピッツバーグ・サミット（2009年9月）
> ・標準化されたすべての店頭デリバティブ契約は、適当な場合には、取引所または電子取引基盤を通じて取引されるべきである。
> ・標準化されたすべての店頭デリバティブ取引は、中央清算機関（CCP）を通じて決済されるべきである。
> ・店頭デリバティブ契約は、取引情報蓄積機関に報告されるべきである。
> ・CCPを通じて決済されないデリバティブ契約は、より高い所要自己資本賦課の対象とされるべきである。

2010年10月に、金融安定理事会（FSB）は、G20首脳のピッツバーグ・サミットでの要請に基づき、「店頭デリバティブ市場改革の実施に関する報告書」を公表した。本報告書は、店頭デリバティブ取引の標準化、中央清算機関におけるクリアリング、取引所および電子取引基盤を通じた取引、および取引情報蓄積機関への報告につき、改革の具体的な方向性を示すものである。

> カンヌ・サミット（2011年11月）
> 　バーゼル銀行監督委員会（BCBS）および証券監督者国際機構（IOSCO）に対し、証拠金規制に係る国際的に整合的な基準を市中協議に向けて策定することを要請した。

第2節　リーマン・ショック後のデリバティブに対する規制の流れと現状

　2015年3月に、バーゼル銀行監督委員会（BCBS）および証券監督者国際機構（IOSCO）は、G20首脳のカンヌ・サミットでの要請に基づき、「中央清算されないデリバティブ取引に係る証拠金規制に関する最終報告書」を公表した。本報告書は、中央清算機関で清算されない店頭デリバティブ取引に関し、変動証拠金（VM）および当初証拠金（IM）の拠出を義務付け、信用リスクを削減すると共に、店頭デリバティブ取引に係る中央清算機関の利用の促進をすることを意図している。

(2) 破綻時に「非破綻当事者」が活用できる担保の枠組み（"Defaulter's Payment"の徹底）

　LCH.Clearnetは、リーマン・ブラザーズを含め、そのクリアリング・メンバーが破綻した際に、破綻したクリアリング・メンバーがLCH.Clearnetに拠出していた変動証拠金（VM）および当初証拠金（IM）により、発生した損失をカバーすることができ、他のクリアリング・メンバーやLCH.Clearnet自身による損失の負担を回避すること（すなわち"Defaulter's Payment"）に成功したといわれている。

　このような経験を踏まえ、2010年10月の金融安定理事会（FSB）の報告書および2015年3月のバーゼル銀行監督委員会（BCBS）および証券監督者国際機構（IOSCO）による報告書の検討過程において、店頭デリバティブに関するカウンターパーティー・リスクに関する"Defaulter's Payment"（破綻した当事者自身による負担）の強化が、意識されていたと思われる。

　ところで、従前より、主に金融機関同士の中央清算機関で清算されない店頭デリバティブの実務においても、ISDAが公表する担保契約のフォーマット（Credit Support Annex: CSA）を用い、一定の頻度で、互いに、エクスポージャーに相当する担保を受け渡すケースが存在した。

　このような担保管理がなされていた場合、一方当事者が破綻した際には、非破綻当事者は、最後の担保の受渡しがなされた時点におけるエクスポージャーに相当する金額について、受渡しがなされた担保によりカバーすることができるため、相当程度の信用リスク削減効果を見込むことができる。しかし、このような扱いでは、最後の担保の受渡しがなされた時点から、当事

757

【図表12-2-7】 LCH.Clearnet による破綻処理

破綻したクリアリング・メンバー	デフォルトの発生した年	発生した損失の処理
Drexel Burnham Lambert Limited (DBL)	1990	清算の結果、DBLサイドにネットで余剰が発生したため、LCHからDBLに返還
Woodhouse Drake and Carey (Commodities) Limited (WDC)	1991	WDCがLCHに拠出した担保でカバー
Barings Brothers & Co. Limited (Barings)	1998	BaringsがLCHに拠出した担保でカバー
Griffin Trading Company (GTC)	1998	清算の結果、GTCサイドにネットで余剰が発生したため、LCHからDBLに返還
Lehman Brothers International Europe and Lehman Brothers Special Financing Inc (Lehman Brothers)	2008	Lehman Brothersのポジションの多くを他のクリアリング・メンバーに移管。その余のポジションについてはオークションを実施。発生した損失は、Lehman Brothersが拠出した担保でカバー
MF Global UK Limited	2011	顧客のポジションについては、他のクリアリング・メンバーに移管。MF Globalのfixed incomeのポジションは、売却。発生した損失は、MF Globalが拠出した担保でカバー
Cyprus Popular Bank Co Ltd	2013	Cyprus Popular BankがLCHに拠出した担保でカバー

(出典) LCH.ClearnetウェブサイトLCH.Clearnet's Default History (http://www.lch.com/documents/731485/762448/LCH+Clearnet%E2%80%99s+default+history+July+2014/c76a21f9-ccee-4312-9f6a-fb3107c52b30)

者の破綻に伴うポジションと担保の清算に伴う処理が終了するまでの時点までの期間における、潜在的な市場価値の変動リスク（ポテンシャル・フューチャー・エクスポージャー）については、カバーされず、これに関し、"Survivor's Payment"（非破綻当事者による負担）を強いられる可能性が存在

した。

このような、ポテンシャル・フューチャー・エクスポージャーに関するリスクを回避するため、従前、担保契約において、独立額（Independent Amount: IA）と呼ばれる項目を設定し、エクスポージャーの金額に加え、一方当事者が、他方当事者へ、一定の担保を差し入れるという扱いがなされたケースがあった。しかし、独立額は、あくまで当事者間で相対で差し入れられるため、①一方当事者からのみ差し入れることが可能で、双方向での差し入れをすることができない、②独立額を受領した当事者が破綻した場合には、一般的に、独立額を差し入れた当事者による担保物の返還請求権は、倒産債権となり、取戻権を行使することができないといった問題点が存在した。

そこで、2015年3月のバーゼル銀行監督委員会（BCBS）および証券監督者国際機構（IOSCO）による報告書においては、エクスポージャーについては相対で変動証拠金（VM）の受渡しを、バリュー・アット・リスク（VaR）で算定されるポテンシャル・フューチャー・エクスポージャーについては互いに当初証拠金（IM）を第三者（カストディアン、受託者）に預託することを義務付け、"Defaulter's Payment"の徹底が図られることとなった。

(3) 中央清算機関に対する清算集中義務

2010年10月の金融安定理事会（FSB）の報告書に基づき、日本では、2010年の金商法改正により、一定の店頭デリバティブの取引（CDSおよび金利スワップ）について、清算機関の利用が義務付けられ、2012年11月から施行されている。

(4) 店頭デリバティブ取引に関する規制（中央清算されない店頭デリバティブに対する証拠金規制）

2015年3月のバーゼル銀行監督委員会（BCBS）および証券監督者国際機構（IOSCO）による報告書に基づき、日本では、2016年3月に、業等府令および監督指針の改正案等がパブコメに付され、同年9月から、いわゆるPhase 1行に対するマージン規制の適用が開始した。その概要は、以下の通りである。

① 変動証拠金（Variation Margin：VM）の授受：2017年３月より、店頭デリバティブ取引等の残高（月平均）が3000億円以上の金融商品取引業者等に対して、変動証拠金の授受を義務付け
② 変動証拠金の金額は、デリバティブ取引のエクスポージャーの額：必要な担保の額を、一定の頻度で値洗いした上、担保設定者が担保権者に対して差し入れ、または担保権者が担保設定者に返還
③ 当初証拠金（Initial Margin：IM）の授受：2016年９月より、段階的に、店頭デリバティブ取引等の残高（月平均）が１兆1000億円[注77]以上の金融商品取引業者等に対して、当初証拠金の授受を義務付け
④ 当初証拠金の金額は、ポテンシャル・フューチャー・エクスポージャーの額：当初証拠金の金額は、片側信頼区間 99％を使用し、保有期間を10日以上とした場合のボラティリティを反映して計測（重大な金融ストレス期を含むヒストリカル・データを使用）
⑤ 当初証拠金に関する分別保管義務：「相手方が非清算店頭デリバティブ取引に係る債務を履行しないときに遅滞なく利用することができ、かつ、当該当初証拠金の預託等を受けた金融商品取引業者等に一括清算事由……又はこれに類する事由が生じた場合に当該相手方に当該当初証拠金が返還されるよう、信託の設定又はこれに類する方法により管理すること」（金商業等府令123条１項21号の６ニ）

4　透明性の向上、システム・インフラの向上

(1)　取引情報の保存・報告制度の導入

2010年10月の金融安定理事会（FSB）の報告書に基づき、日本では、2010年の金商法改正により取引情報保存・報告制度が創設され、2011年４月から施行されている。

注77）　2016年９月１日 〜 420兆円以上。
　　　　2017年９月１日〜 315兆円以上。
　　　　2018年９月１日〜 210兆円以上。
　　　　2019年９月１日〜 105兆円以上。
　　　　2020年９月１日〜 １兆1000億円以上。

(2) 電子情報処理組織制度の導入

2010年10月の金融安定理事会（FSB）の報告書に基づき、日本では、2012年の金商法改正により、一定の店頭デリバティブの取引について、電子情報処理組織の利用が義務付けられ、2015年9月から施行されている。

(3) 信用デリバティブ（CDS）の改革

2009年4月に行われたロンドン・サミットにおいて、G20首脳より、信用デリバティブについて、以下のような要請がなされた。

「我々は、特に、効果的な規制・監督を受ける中央清算機関の設立を通じ、信用デリバティブ市場における標準化と強靭性を促進する。我々は、業界に対し、2009年秋までに標準化に関する行動計画を策定するよう求める」

かかる提言を受け、2009年に、ISDAは、信用デリバティブ取引につき、通称、"Big Bang"（3月）、"Small Bang"（7月）と呼ばれる、CDS取引に関する標準契約書（定義集）の修正を行った。

まず、Big Bangにおいては、①オークション決済と②決定委員会の導入がなされた。従来、クレジットイベントの認定はCDSの各当事者間で個別に行われていたところ、Big Bang後は、決定委員会の下で統一的にクレジットイベントが認定されることとなった。さらに、オークション方式による決済方法が標準化されたことにより、市場参加者の入札で決定された価格がCDSの決済の基準として統一的に用いられることとなった。

Small Bangでは、リストラクチャリング時のオークション決済導入が行われ、さらに修正リストラクチャリング条項（Modified Restructuring：MR）や修正・修正リストラクチャリング条項（Modified Modified Restructuring：MMR）によるオークション決済の仕組みが導入された。

(4) 格付機関に対する規制

2009年4月に行われたロンドン・サミットにおいて、G20首脳より、信用格付会社の登録制、コンプライアンスの徹底、利益相反の管理、格付プロセスにおける透明性と品質の確保、格付実績ならびに格付プロセスを裏付ける

情報および前提についての開示といった事項についての合意がなされた。証券監督者国際機構（IOSCO）は、ロンドン・サミットでの要請により、信用格付制度に関するいくつかの市中協議書や報告書を公表している。

日本では、2009年の金商法改正により、信用格付業者に対する規制が創設され、2010年4月から施行されている。

(5) 金融指標に関する規制（LIBOR改革）

LIBORの不正操作事件を受け、2013年7月に、証券監督者国際機構（IOSCO）は金融指標のガバナンス、品質、透明性、説明責任等に関する最終報告書を公表した。また、金融安定理事会（FSB）は、2014年7月に、「主要金利指標の改革について」と題する提案書を公表している。

金融指標に関し、これらの文書において提案されている事項を踏まえ、日本においては、2014年の金商法改正により、金融指標に関する規制が導入され、2015年5月から施行された。

(6) 金融市場インフラに対する規制

2012年4月に、国際決済銀行・支払決済システム委員会（BIS/CPSS）と証券監督者国際機構（IOSCO）専門委員会が「金融市場インフラのための原則（Principles for financial market infrastructures）」を公表した。金融市場インフラ（financial market infrastructure, FMI）とは、システミックに重要な資金決済システム（Systemically Important Payment Systems）、証券集中振替機関（Central Securities Depositories）、証券決済システム（Securities Settlement Systems）、清算機関（Central Counterparties）および取引情報蓄積機関（Trade Repositories）を総称する用語である。金融市場インフラのための原則は、これらの機関に関し、法的基盤、ガバナンス、包括的リスク、信用リスク、市場流動性リスク、ビジネスリスク、オペレーショナル・リスクの管理等、さまざまな観点からの体制の整備や強化を求めている。

また、日本においては、金融市場インフラに係る原則を踏まえ、2013年12月に、清算・振替機関等向けの総合的な監督指針が実施され、清算機関、資金清算機関、振替機関および取引情報蓄積機関に対して、的確な業務運営の

確保等を図ることを目的とした規制が導入された。

5 店頭デリバティブに関する顧客保護の強化

(1) 適合性の原則、説明義務の強化

　リーマン・ブラザーズの破綻後の金融危機時において、急激に円高・株安が進み、金融市場は大きな影響を受けた。そのような状況下において、事業法人、公益法人や個人等の顧客が、業者と締結したデリバティブ取引につき、多額の損失を蒙るケースが多発した。

　金商法上、金融業者等は、「顧客の知識、経験、財産の状況及び金融商品取引契約を締結する目的に照らして不適当と認められる勧誘」を行ってはならないとの義務（適合性の原則）を負い、さらに顧客に販売する金融商品に関する説明義務を負う。かかる義務に抵触した場合、私法上も、債務不履行または不法行為に基づき損害賠償責任を負う可能性があることが、判例法上、認められている。

　(i) **証券会社の担当者が適合性の原則に反したことにより、不法行為法上違法となることが判示されたケース**（最判平成17・7・14民集59巻6号1323頁）

　最判平成17・7・14では「証券会社の担当者が、顧客の意向と実情に反して、明らかに過大な危険を伴う取引を積極的に勧誘するなど、適合性の原則から著しく逸脱した証券取引の勧誘をしてこれを行わせたときは、当該行為は不法行為法上も違法となると解するのが相当である」とされた。

　(ii) **金利スワップ取引に関する説明義務違反を根拠として、証券会社に損害賠償責任が認められたケース**（東京地判平成21・3・31判時2060号102頁）

　東京地判平成21・3・31では、いわゆる「金利スワップ取引」を行った顧客に対して証券会社の担当者が説明書に基づく説明とシミュレーション表を交付していたとしても、当該シミュレーションにおける前提条件や、それが満たされない場合にどの程度の時価評価損が発生する可能性があるのかについての明確な言及がないなどの点で、当該取引に係る金利感応度分析表と対

比して不十分なものというほかない以上、その担当者が当該分析表の交付ないしこれに基づく説明を行うことなく、顧客との当該取引の締結に至った点については、証券会社の顧客に対する説明義務に違反するものと評価せざるを得ない、とされた。

　金融危機時において、金商業者等とデリバティブ取引を行った顧客から、発生した損失につき、このような適合性の原則や説明義務違反に基づき、損害賠償を求めるケースが数多く発生した。金融庁は、このような状況に鑑み、2010年3月に監督指針（金商業者等）を改正し、デリバティブ取引に関する説明態勢の整備を促した。

<監督指針（金商業者等）Ⅲ-2-3-4　顧客に対する説明態勢（ゴシック部分は筆者）>
・当該店頭デリバティブ取引の**商品内容やリスク**について、具体的にわかりやすいかたちで解説した書面を交付する等の方法により、適切かつ十分な説明をしているか。
・当該店頭デリバティブ取引の**中途解約および解約清算金**について、具体的にわかりやすいかたちで解説した書面を交付する等の方法により、適切かつ十分な説明をしているか。
・提供する店頭デリバティブ取引が**ヘッジ目的**の場合、具体的にわかりやすいかたちで、適切かつ十分な説明をしているか。
・これらの事項を踏まえた説明を受けた旨を顧客から確認するため、例えば**顧客から確認書等**を受け入れ、これを保存する等の措置をとっているか。
・不招請勧誘の禁止の例外と考えられる先に対する店頭デリバティブ取引の勧誘については、法令を踏まえた上、それまでの**顧客の取引履歴**などにより**ヘッジニーズを確認**し、そのニーズの範囲内での契約を勧誘することとしているか。
・顧客の要請があれば、定期的または必要に応じて随時、**顧客のポジションの時価情報や当該時点の解約清算金の額等**（顧客が一定の損失額または解約清算金の額になった旨を知らせることを要請した場合はその旨を

含む）を提供または通知することとしているか。
・当該店頭デリバティブ取引に係る顧客の契約意志の確認について、**契約の内容・規模、顧客の業務内容・規模・経営管理態勢等**に見合った意思決定プロセスに留意した意思確認を行うことができる態勢が整備されているか。

(2) 金融ADR制度の導入

前記のデリバティブに関する説明義務の態勢の整備は、デリバティブ取引の約定時以前に関わる規制である。デリバティブ取引等に関する事後的な救済制度としては、2009年金商法改正により導入された、金融ADRが挙げられる。その特徴は、おおむね、以下のようなものである。

(i) 指定紛争解決機関制度

金融ADRの実施主体の中立性・公正性を確保することを目的とするものである。業界団体・自主規制機関等の民間団体が金融ADRを担うことを前提に、その申請を受け、金融ADRの実施体制や能力等について行政庁が確認を行い、指定紛争解決機関として指定される。

① 銀行：全国銀行協会相談室
② 金融商品取引業者：証券・金融商品あっせんセンター（FINMAC）
③ 生命保険会社：生命保険相談所
④ 損害保険会社：そんぽADRセンター
⑤ 貸金業者：貸金業相談・紛争センター
⑥ 信用金庫・信用組合：東京三弁護士会

(ii) 手続実施基本契約

金融機関等は、その行う業種を対象とする指定紛争解決機関との間で手続実施基本契約を締結する。また、金融機関等は以下の義務を負う。

(a) 手続応諾義務

指定紛争解決機関は、加入金融機関等に苦情処理手続または紛争解決手続に応じるよう求めることができ、当該加入金融機関等は、正当な理由なくこれを拒んではならない。

(b) **資料提出義務**

指定紛争解決機関は、苦情処理手続または紛争解決手続において、加入金融機関等に対し、報告または帳簿書類その他物件の提出を求めることができ、当該加入金融機関等は、正当な理由なくこれを拒んではならない。

(c) **結果尊重義務**

一定の場合を除き、加入金融機関等は、紛争解決委員の提示する特別調停案を受諾しなければならない。

(iii) **不履行の事実の公表**

指定紛争解決機関は、手続実施基本契約により加入金融機関等が負担する義務の不履行が生じた場合において、正当な理由がないと認めるときは、遅滞なく、当該加入金融機関等の商号および当該不履行の事実を公表する。

6　今後の課題

前記のように、リーマン・ブラザーズの破綻後の国際的な金融規制の主要な項目には、以下のような事項が存在する。

① バーゼル規制に関する主要な項目
　ⅰ　ストレスVaRの導入、
　ⅱ　自己資本の質・量の向上
　ⅲ　レバレッジ比率規制の導入
　ⅳ　流動性規制の導入
　ⅴ　リスク捕捉の強化
　ⅵ　トレーディング勘定の抜本的見直し（FRTB）

② グローバルなシステム上重要な銀行（G-SIBs）に対する総損失吸収能力（TLAC）規制

③ 店頭デリバティブに関する規制
　ⅰ　清算集中義務
　ⅱ　証拠金規制
　ⅲ　取引情報の保存・報告制度
　ⅳ　電子情報処理組織制度

第2節　リーマン・ショック後のデリバティブに対する規制の流れと現状

　こうした規制は、本書の執筆時点において、実施が完了していない事項があり、引き続き、実務的な対応を継続することが求められている。

　他方、今後の国際的な金融規制のあり方、方向性については、現時点において具体的な見通しを示すことは困難であるが、3つの視点を踏まえ、大局的な整理をすることが有用と思われる。

　1つ目は、すでに提案された各種の規制に関する検証である。思いつくままに書き記すと、以下のような事項が挙げられる。

① 　バーゼル規制に基づく各種の項目やTLAC規制、さらには店頭デリバティブに関する証拠金規制等、さまざまな規制が、実質的・経済的な観点から重複しており、市場における流動性に必要以上の悪影響を与えているのではないか。

② 　国際金融規制を導入する国の間における、適切な同等性評価が行われているか。

③ 　国際金融規制等を受けない国や地域の金融機関との取引につき、どのような枠組みを設定するべきか。

　2つ目の視点は、急速に進展する金融技術等の与える影響に関するものである。これには以下のような事項が挙げられる。

① 　店頭デリバティブに関する「先物化」はどこまで進むか。

② 　FinTechによる決済の迅速化・安定化がどこまで進むか（T+1決済等）

　3つ目の視点は、新しいリスクの把握である。店頭デリバティブに関する清算集中義務の導入により、店頭デリバティブの取引の大部分が中央清算機関（CCP）において清算されるに至っている。中央清算機関（CCP）は、新たな"Too-big-to-fail"な存在となっており、その破綻リスクについての継続的な検証が必要になると思われる。

第12章　デリバティブ

第3節
伝統的な行為規制および近時の規制

1　デリバティブ取引に対する行為規制と紛争処理

(1)　デリバティブ取引に対する行為規制

(i)　わが国における金融機関に対する行為規制の流れ

　証券取引法が改組されて金商法が施行される以前においては、有価証券デリバティブ取引については証券取引法が、金利や通貨の先物取引等の金融先物取引については金融先物取引法（以下、「金先法」という）が、規制を定めていた。

　金商法の立案過程において、一部大手金融機関とその取引先との金利スワップをめぐる不適切な事例等の問題が顕在化し、幅広い金融商品・取引について、包括的・横断的な利用者保護の枠組みの整備が必要不可欠であることが認識された[注78]。そのため、金商法では、デリバティブ取引の規制対象商品・取引を拡大するとともに[注79]、有価証券・デリバティブ取引に係る販売・勧誘のほか、投資助言、投資運用および顧客資産の管理に係る業務を「金融商品取引業」と位置付け、規制対象となる業の業務範囲を拡大する等の改正がなされた[注80]。

　また、リーマン・ショック以降、デリバティブ取引に係る中小企業等からの相談、苦情が増加したことを踏まえ[注81]、金融庁は、デリバティブ取引に

[注78]　一問一答金商法7頁。
[注79]　証券取引法下の有価証券デリバティブ取引および金先法下の金利や通貨に関する金融先物取引が統合され、また、従前よりも、取引類型、原資産および参照指標を拡大し、従前規制の対象となっていなかったデリバティブ取引が規制対象として追加された。
[注80]　一問一答金商法39頁。
[注81]　「中小企業等とのデリバティブ取引について」（平成21年10月20日）第2回金融庁政策会議参考資料（http://www.fsa.go.jp/singi/seisaku/siryou/20091020/03.pdf）。

関する顧客への説明態勢および相談苦情処理機能について、利用者保護の充実を図る内容を含む監督指針の改正[注82]を行った。

さらに、自主規制機関である日本証券業協会（以下、「日証協」という）は、金融庁から公表された「デリバティブ取引に対する不招請勧誘規制等のあり方について」の中で、自主規制による販売勧誘ルールの強化として求められている対応の1つとして、「協会員の投資勧誘、顧客管理等に関する規則」を改正[注83]し、「合理的根拠適合性」の考え方を導入した。この背景には、一部のデリバティブ取引に類するリスク特性をもった複雑な商品が高齢者に販売され、大きな損失を被った等の苦情が、消費者団体等に多数寄せられていたことがある[注84]。

近年、リーマン・ショックや東日本大震災等による為替相場の急激な変動等を背景として、デリバティブ取引によって損失を被った投資者が、金融機関を相手方として、損害の回復を求める紛争が増加した。これらの紛争では、金融機関の適合性の原則違反や説明義務違反が主張されて、これを実質的な争点とするものが多く見られる中で、平成25年に、金融機関の説明義務について判示する最高裁判決が出された。

本稿では、金融機関に課される適合性の原則および説明義務について確認した上で、デリバティブ取引に係る金融ADR（全国銀行協会〔以下、「全銀協」という〕における状況）および前記最高裁判決を紹介する。

(ii) **適合性の原則**

適合性の原則は、利用者（投資者）保護のための販売・勧誘に関するルールの柱になる原則である。適合性の原則には、ある特定の利用者に対しては、いかに説明を尽くしても一定の金融商品の販売・勧誘を行ってはならないという狭義の適合性の原則と、利用者の知識・経験・財産・目的に照らして、適合した商品・サービスの販売・勧誘を行わなければならないという広義の

注82) 2010年4月16日適用。監督指針（金商業者等）、監督指針（主要行等）および監督指針（中小・地域金融機関）。

注83) 2011年4月1日施行。

注84) 日証協「協会員の投資勧誘、顧客管理等に関する規則第3条第3項の考え方」（平成23年2月1日）1頁。

第12章　デリバティブ

適合性の原則があるとされる[注85]。

　わが国において、適合性の原則が初めて要請されたのは、大蔵省証券局長通達（日証協会長宛）による[注86]。この趣旨を実現するための具体策の1つとして、日証協は「協会員の投資勧誘、顧客管理等に関する規則」を制定し、協会員に対する顧客カードの備え付けの義務等を定めた。

　(a)　狭義の適合性の原則

　金商法40条1号は、金融商品取引業者等が行う金融商品取引行為について[注87]、顧客の知識、経験、財産の状況および金融商品取引契約を締結する目的[注88]に照らして不適当と認められる勧誘を行い、顧客の保護に欠けること、または欠けることとなるおそれがあることを禁止する。これは狭義の適合性の原則を規定するものと解されている[注89]。

　(b)　広義の適合性の原則

　広義の適合性の原則は、金商法上は、後述の実質的説明義務というかたちで、説明義務に取り込まれている（金商38条8号、金融商品業等府令117条1項1号）[注90]。また、金融商品販売法（以下、「金販法」という）3条2項は、説明義務を尽くしたかどうかを判断するに当たっての解釈基準として、適合性の考え方を取り込んだ規定である[注91]。

注85)　金融審議会第1部会「中間整理（第一次）」（平成11年7月6日）14頁～15頁。松尾414頁・421頁。

注86)　大蔵省証券局「投資者本位の営業姿勢の徹底について」（昭和49年12月2日蔵証2211号）では、証券会社が投資者に投資勧誘をするに当たって、「投資者の意向、投資経験及び資力等に最も適合した投資が行われるよう十分配慮すること」および「証券投資に関する知識、経験が不十分な投資者及び資力の乏しい投資者に対する投資勧誘については、より一層慎重を期すること」を要請していた（神崎ほか・金融商品取引法765頁注1）。

注87)　金商法40条1号の適合性の原則は、勧誘を前提とする規制であり、勧誘が行われていない場合には適用されないと解されている（岸田・注釈(2)376頁、金融庁パブコメ回答〔平19.7.31〕415頁5番・6番）。

注88)　金融商品取引法制の整備による改正において、判例（最判平成17・7・14民集59巻6号1323頁）や英米の例を参考に、「金融商品取引契約を締結する目的」が追加された（一問一答金商法309頁）。

注89)　松尾414頁、岸田・注釈(2)374頁、金商法コンメ(2)353頁〔志谷匡史〕。

注90)　一問一答金商法309頁、岸田・注釈(2)376頁。

注91)　松尾直彦監修、池田和世『逐条解説新金融商品販売法』（金融財政事情研究会、2008）125頁。

(c) 合理的根拠適合性

日証協は、「協会員の投資勧誘、顧客管理等に関する規則」3条3項について、「協会員は、当該協会員にとって新たな有価証券等（有価証券、有価証券関連デリバティブ取引等及び特定店頭デリバティブ取引等をいう。以下同じ。）の販売（新規の有価証券関連デリバティブ取引等及び特定店頭デリバティブ取引等を含む。以下同じ。）を行うに当たっては、当該有価証券等の特性やリスクを十分に把握し、当該有価証券等に適合する顧客が想定できないものは、販売してはならない。」とする改正を行い、「合理的根拠適合性」という考え方を導入した[注92]。合理的根拠適合性とは、勧誘しようとする有価証券等が、少なくとも一定の顧客にとって、投資対象としての合理性を有するものであることを求める考え方である[注93]。合理的根拠適合性は、顧客に対する勧誘・販売に先立ち、商品としての適否の検証を求めるもので、適合性の原則の前提となるものと整理できる[注94]。

(d) 適合性の原則と私法上の効果

適合性の原則は業法上の行為規制であり、適合性の原則に違反する勧誘が行われた場合には、金融商品取引業等に対して行政処分がなされる（金商51条・51条の2・52条1項6号・52条の2第1項3号）。もっとも、わが国では、行政法規の違反について、直ちに民事効が認められているものではない。そのため、適合性の原則に違反する勧誘が行われた場合に、損害賠償責任等、私法上の効果が生じるかについては議論があった。この点、平成17年の最高裁判決[注95]は、「証券会社の担当者が、顧客の意向と実情に反して、明らかに過大な危険を伴う取引を積極的に勧誘するなど、適合性の原則から著しく逸脱した証券取引の勧誘をしてこれを行わせたときは、当該行為は不法行為法上も違法となると解するのが相当である」と判示し、適合性の原則に著し

注92) 2011年4月1日施行。
注93) 日証協「協会員の投資勧誘、顧客管理等に関する規則第3条第3項の考え方」（平成23年2月1日）2頁。なお、「一定の顧客」とは、顧客属性や金融資産の状況、投資経験、リスク許容度等を勘案して、合理的な根拠に基づき投資を行う対象顧客の範囲が想定できることを指すとされる。
注94) 松尾429頁参照。
注95) 最判平成17・7・14民集59巻6号1323頁。

く違反した勧誘が行われた場合には、当該行為は不法行為法上も違法となることを明らかにした。

(iii) 説明義務

説明義務は、投資者の自己責任の原則が成立するための前提として、金融機関と投資者との間の情報格差を是正し、投資者による自主的な投資判断を可能とするために、金融機関に課される情報提供義務である。適合性の原則と並び、利用者保護のための、販売・勧誘ルールの柱に位置付けられるものである。

(a) 金販法における説明義務

金販法の説明義務は、同法3条1項に規定される。金融商品販売業者等は、金融商品の販売が行われるまでの間に、顧客に対し、重要事項について説明をしなければならない（同条1項）。また、その説明は、顧客の知識、経験、財産の状況および当該金融商品の販売に係る契約を締結する目的に照らして、当該顧客に理解されるために必要な方法および程度によるものでなければならないが（同条2項）、これは、金融商品販売業者等が説明義務を尽くしたかどうかの解釈基準として適合性の原則の考え方を取り込むものであり、金融商品販売業者等の実質的説明義務を定めるものである。

説明義務の対象となる重要事項は、以下の通りである。

① リスクの内容：市場リスク[注96]、信用リスク[注97]、または政令で定める事由[注98]により、「元本欠損が生ずるおそれ」がある旨または「当初元本を上回る損失が生ずるおそれ」がある旨

② リスクの原因：市場リスクはその直接の原因となる「指標」、信用リスクはその直接の原因となる「者」、政令で定める事由が直接の原因であるときはその「事由」

③ リスクを生じさせる取引の仕組みのうちの重要な部分：①の「元本欠

注96) 金利、通貨の価格、金融商品市場における相場その他の指標に係る変動がリスクの直接の原因であるとき。
注97) 金融商品の販売を行う者その他の者の業務またはその財産の状況の変化がリスクの直接の原因であるとき。
注98) 金融商品の販売について顧客の判断に影響を及ぼすこととなる重要なものとして政令で定める事由。

損が生ずるおそれ」または「当初元本を上回る損失が生ずるおそれ」を生じさせる「当該金融商品の販売に係る取引の仕組みのうちの重要な部分」

④　権利行使期間の制限または契約解除期間の制限があるときは、その旨

なお、「金融商品の販売に係る取引の仕組みのうちの重要な部分」の内容は、顧客が金融商品を購入するかどうかの判断をするに当たって重要な事項かどうかという観点から、実質的に判断されるべきと考えられている[注99]。

金販法の説明義務は民事上の義務である。金販法は、金融商品販売業者等に説明義務違反等があった場合の金融商品販売業者等の損害賠償責任（無過失責任かつ直接責任。同法5条）および損害額の推定（立証責任の転換。同法6条）を規定し、これらは民法上の不法行為規定の特則と位置付けられる[注100]。

(b)　**金商法における説明義務**

金商法上、正面から説明義務を規定する条文はなく、金商業等府令117条1項1号に実質的な説明義務が規定されるにとどまる[注101]。金融商品取引業者等は、金融商品取引契約を締結しようとするときは、あらかじめ、顧客に対して一定の事項を記載した書面を交付しなければならず（契約締結前交付書面の交付義務。金商37条の3第1項）、また、契約締結前交付書面の交付に関しては、あらかじめ顧客の属性（知識、経験、財産の状況および金融商品取引契約を締結する目的）に照らして、当該顧客に理解されるために必要な程度および方法による説明をすることなく金融商品取引契約を締結することが禁止されている（金商38条8号、金商業等府令117条1項1号）。これは、広義の適合性の原則の考え方を説明義務に取り込むものであり[注102]、これにより、金融商品取引業者等は、顧客に対して適合性の原則を踏まえた説明を行うことが必要となる[注103]。

なお、契約締結前交付書面の記載事項のうち、「金融商品取引契約の概要」（金商37条の3第1項3号）は、個別の金融商品取引契約ごとに、顧客が

注99)　金融庁パブコメ回答〔平19.7.31〕671頁～672頁2番。
注100)　松尾監修・前掲注91) 3頁、金商法コンメ(4)737頁〔行澤一人〕。
注101)　一問一答金商法288頁。金商法コンメ(2)249頁〔飯田秀総〕。
注102)　一問一答金商法309頁。
注103)　神崎ほか・金融商品取引法770頁。

当該取引の内容を理解するために必要かつ適当と認められる情報を記載する必要がある[注104]。

金商法の説明義務は業法上の義務であるが、民事上の義務である金販法の説明義務とは別個の説明が行われなければならないわけではなく、双方の要件を満たすかたちで1回の説明行為を行うことにより、双方の義務を果たすことは可能と考えられる[注105]。

(c) 金融庁の監督指針

金融庁は、平成22年に、監督指針（金商業者等）に関しては法人顧客を相手方とする店頭デリバティブ取引等について、監督指針（主要行等）および監督指針（中小・地域金融機関）に関しては与信取引に関連したデリバティブ取引について、利用者保護の充実を図る観点から、改正を行った。

このうち監督指針（金商業者等）では、店頭デリバティブ取引業者が、通貨オプション取引・金利スワップ取引等の店頭デリバティブ取引を行う場合の留意事項として、概要、以下の内容が規定された（同指針Ⅳ-3-3-2(6)）。

① 店頭デリバティブ取引についての商品内容やリスクについての適切かつ十分な説明
② 店頭デリバティブ取引の中途解約および解約清算金についての適切かつ十分な説明
③ 店頭デリバティブ取引がヘッジ目的である場合、一定の事項について顧客が理解しているかの確認およびその確認結果を踏まえた適切かつ十分な説明
④ ①から③を踏まえた説明を受けた旨を顧客から確認するため、顧客から確認書等を受け入れ、これを保存する等の措置
⑤ 不招請勧誘の禁止の例外と考えられる先に対する店頭デリバティブ取引の勧誘については、ヘッジニーズを確認し、そのニーズの範囲内での勧誘をすること
⑥ 顧客の要請があれば、顧客のポジションの時価情報や当該時点の解約清算金の額等を提供または通知する等、顧客が決算処理や解約の判断等

注104) 金融庁パブコメ回答〔平19.7.31〕299頁150番～152番。
注105) 松尾監修・前掲注91）121頁。

を行うために必要となる情報の随時適切な提供
⑦　店頭デリバティブ取引に係る顧客の契約意思の確認についての態勢整備

(d)　**日証協の自主規制規則**

日証協は「協会員の投資勧誘、顧客管理等に関する規則」を改正[注106]し、有価証券関連デリバティブ取引等、一定の契約を締結する場合における、顧客に対する、事前の注意喚起文書の交付（同規則6条の2）について規定した。注意喚起文書の内容は、概要、次の通りである（同条2項）。

①　不招請勧誘規則の適用がある場合には、その旨
②　リスクに関する注意喚起
③　指定紛争解決機関による苦情処理および紛争解決の枠組みの利用が可能である旨とその連絡先

注意喚起文書は、遅くとも契約締結前交付書面や目論見書を交付する際に交付すること、また、基本的には独立した一枚の書面により交付することが想定されている。仮に、契約締結前交付書面や目論見書とともに同時に交付する場合には、これらの前に置かれることが望ましいとされる[注107]。

また、同規則には、有価証券関連デリバティブ取引等、一定の契約を初めて締結する場合における、顧客からの確認書の受入れも規定される（同規則8条）。確認書の内容は、概要、以下の通りである（同条2項）。

①　協会員の投資勧誘、顧客管理等に関する規則3条4項の重要な事項の内容
②　契約により想定される損失額（解約清算金（試算額）を含む）を踏まえ、当該顧客が許容できる損失額および当該想定される損失額が、顧客の経営等に与える影響に照らして、取引できる契約内容であること
③　事業の状況等を踏まえても、継続的な業務運営を行う上で有効なヘッジ手段として機能すること（ヘッジ目的の場合。個人を除く）
④　今後の経営を見通すことがかえって困難になるものでないこと（ヘッ

注106)　2011年4月1日施行。
注107)　日証協「協会員の投資勧誘、顧客管理等に関する規則第6条の2の考え方」（平成23年2月1日）2頁。

ジ目的の場合。個人を除く）
⑤ 勧誘した店頭デリバティブ取引等に応じなくとも、これを理由に今後の融資取引に何らかの影響を与えるものでないこと（融資取引を行っている場合。個人を除く）

(2) 近時のデリバティブ取引に関する金融ADRや訴訟における紛争処理

(i) デリバティブ取引に関する金融ADR

金融分野における裁判外紛争解決（金融ADR）の制度は、利用者にとって納得感のあるトラブル解決を通じ、利用者保護を図るとともに、金融商品・サービスに関する利用者の信頼を向上させる観点から導入されたものであり、平成21年に、金商法、銀行法、保険業法等の法律において、指定紛争解決機関制度が創設された。金融ADRは、簡易性、迅速性、低廉性、専門性、柔軟性を有する紛争処理システムとして、慎重性、中立性、強制性等の特徴をもつ民事訴訟制度を補完する制度である。

銀行法および農林中央金庫法上の指定紛争解決機関である全国銀行協会では、苦情処理機関である全国銀行協会相談室が相談・苦情の処理手続を行い、また、その苦情処理手続により解決ができない場合等には、紛争解決機関であるあっせん委員会が紛争解決手続を行う。この苦情処理手続および紛争解決手続において、デリバティブ業務の占める割合は【図表12-3-1】の通りである[注108]。

【図表12-3-1】によれば、苦情の受付件数におけるデリバティブ業務の占める割合は平成23年度をピークとして減少し、また、あっせんの新規申立件数におけるデリバティブ業務の占める割合も平成27年度以降順位を下げて

注108) 全国銀行協会相談室「全国銀行協会 紛争解決等業務の実施状況（平成28年度）」、同「全国銀行協会 紛争解決等業務の実施状況（平成27年度）」、全国銀行協会相談室・あっせん委員会事務局「全国銀行協会 紛争解決等業務の実施状況（平成26年度）」、同「全国銀行協会 紛争解決等業務の実施状況（平成25年度）」、同「全国銀行協会 紛争解決等業務の実施状況（平成24年度）」、同「全国銀行協会 紛争解決等業務の実施状況（平成23年度）」、同「全国銀行協会 紛争解決等業務の実施状況（平成22年度）」。

第3節　伝統的な行為規制および近時の規制

【図表12-3-1】　全銀協の金融 ADR におけるデリバティブ業務の割合

		平成22年度	平成23年度	平成24年度	平成25年度	平成26年度	平成27年度	平成28年度
苦情の受付件数		3,081件[*1]	5,924件	4,608件	3,983件	3,771件	4,139件	4,061件
	デリバティブ業務の占める割合（順位[*2]）	11.8%（3位）	19.4%（2位）	11.9%（3位）	2.8%（9位）	2.5%（9位）	0.7%（9位）	0.4%（10位）
あっせんの新規申立件数		322件	1086件	805件	247件	200件	124件	193件
	デリバティブ業務の占める割合（順位[*3]）	52.8%（1位）	69.0%（1位）	63.6%（1位）	40.5%（1位）	38.5%（1位）	15.3%（3位）	4.7%（6位）

＊1　全国銀行協会相談室（平成22年10月以降）および前身の東京銀行協会銀行とりひき相談所（平成22年4月から同年9月まで）の合計件数。

＊2　苦情の業務分類別構成比における、デリバティブ業務の順位（「その他の銀行業務」、「その他」を除く）。

＊3　あっせんの新規申立ての業務分類別構成比における、デリバティブ業務の順位。

いるものの、金融ADRを通じた解決を望む投資者の期待の高さがうかがえる。

(ii)　デリバティブ取引に関する訴訟

　デリバティブ商品が金融機関と投資者との間で広く取引されるようになる一方で、損失を被った投資者が、金融機関を被告として、損害の回復を求める訴訟が数多く提起された。これらの訴訟において実質的な争点とされた金融機関の説明業務に関し、これを肯定する、または否定する下級審裁判例が蓄積される中で、平成25年に金融機関の説明義務違反を否定する2つの最高裁判決が出された。両判決の概要は、【図表12-3-2】の通りである。

　両判決は、最高裁の異なる法廷が、いずれも裁判官の全員一致で、銀行と事業者である顧客との間の、リスクヘッジを目的とした単純な金利スワップ取引について、顧客の自己責任の原則を確認し、銀行の説明義務違反を否定したことに意義があると考えられる。

　ただし、両判決は、いずれも前述の平成22年の監督指針改正前に行われた取引の事案であることに留意されたい。

【図表12-3-2】 平成25年最高裁判決の概要

	平成25年3月7日判決 (集民243号51頁)	平成25年3月26日判決 (集民243号159頁)
裁判所	最高裁判所第一小法廷	最高裁判所第三小法廷
被上告人	パチンコ店等を経営する株式会社	足場工事、イベント用足場の設置工事等を目的とする株式会社
上告人	銀行（被上告人のいわゆるメインバンクではない）	銀行（被上告人のいわゆるメインバンクではない）
事案の概要	被上告人が、上告人との間で行った金利スワップに係る契約を締結した際、上告人に説明義務違反等があったと主張して、上告人に対し、不法行為等に基づく損害賠償を求めた事案。	被上告人が、上告人との間で行った金利スワップに係る2個の契約を締結した際、上告人に説明義務違反等があったと主張して、上告人に対し、不法行為に基づく損害賠償等を求めた事案。
取引の種類	プレーン・バニラ・金利スワップ	プレーン・バニラ・金利スワップ
契約締結日	平成16年3月4日	平成15年7月9日、平成16年6月18日
原審 （概要）	福岡高判平成23・4・27判時2136号58頁 適合性原則違反の主張は認められない。 銀行に説明義務違反があったとして、銀行に、不法行為に基づく損害賠償責任を認めた（過失相殺4割）。	福岡高判平成23・4・27判タ1364号176頁 適合性原則違反の主張は認められない。 銀行に説明義務違反があったとして、銀行に不法行為に基づく損害賠償責任を認めた（過失相殺4割）。
判旨	「前記事実関係によれば、本件取引は、将来の金利変動の予測が当たるか否かのみによって結果の有利不利が左右されるものであって、その基本的な構造ないし原理自体は単純で、少なくとも企業経営者であれば、その理解は一般に困難なものではなく、当該企業に対して契約締結のリスクを負わせることに何ら問題のないものである。上告人は、被上告人に対し、本件取引の基本的な仕組みや、契	「前記事実関係によれば、本件取引は、将来の金利変動の予測が当たるか否かのみによって結果の有利不利が左右されるものであって、その基本的な構造ないし原理自体は単純で、少なくとも企業経営者であれば、その理解は一般に困難なものではないはずで、当該企業に対して契約締結のリスクを負わせることに何ら問題のないものである。上告人は、被上告人に対し、本件取引の基本的な仕組み

約上設定された変動金利及び固定金利について説明するとともに、変動金利が一定の利率を上回らなければ、融資における金利の支払よりも多額の金利を支払うリスクがある旨を説明したのであり、基本的に説明義務を尽くしたものということができる。」 「……被上告人の自己責任に属すべきものであり、……本件契約締結の際、上告人が、被上告人に対し、上記3の①～③の事項＊について説明しなかったとしても、上告人に説明義務違反があったということはできない。なお、以上に説示したところによれば、本件契約が無効となる余地もない。」 ＊① 中途解約時において必要とされるかもしれない清算金の具体的な算定方法 ② 先スタート型とスポットスタート型の利害得失 ③ 固定金利の水準が金利上昇のリスクをヘッジする効果の点から妥当な範囲にあること	や、契約上設定された変動金利及び固定金利について説明するとともに、変動金利が一定の利率を上回らなければ、融資における金利の支払よりも多額の金利を支払うリスクがある旨を説明したというのであり、基本的に説明義務を尽くしたものということができる。」 「……被上告人が自ら判断すべき性質のものであり、……本件各契約締結の際、上告人が、被上告人に対し、上記3の①～③の事項＊について説明しなかったとしても、上告人に説明義務違反があったということはできない。そして、以上に説示したところによれば、本件各契約が無効となる余地もない。」 ＊① 中途解約時において必要とされるかもしれない清算金の具体的な算定方法 ② 先スタート型とスポットスタート型の利害得失 ③ 固定金利の水準が金利上昇のリスクをヘッジする効果の点から妥当な範囲にあること

2　中央清算されない店頭デリバティブ取引に係る証拠金規制

(1)　日本における証拠金規制の概要

2015年3月にBCBS（バーゼル銀行監督委員会）＝IOSCO（証券監督者国際機構）により改訂・公表された「中央清算されないデリバティブ取引に係る証拠金規制に関する最終報告書（Margin requirements for non-centrally cleared derivatives）」[注109]（以下、「最終報告書」という）を踏まえるかたちで、日本で

注109）http://www.bis.org/bcbs/publ/d317.htm

も、金商業等府令（関連する告示を含む[注110]。以下同様）および監督指針が改正され、2016年9月1日より証拠金規制が施行された[注111][注112]。

マクロでの政策的・規制的観点からは、証拠金規制は、証拠金受領によるカウンターパーティー・リスクの軽減にとどまらず、金融機関に一定の証拠金拠出という負担を義務付けることで、清算機関の利用を促進することが意図されており[注113]、最終目標は、他のデリバティブ規制と相まってシステミック・リスクの軽減を図ることである。

以下では、必要に応じて最終報告書にも言及しながら、日本の証拠金規制

注110) 金商法40条2号、金商業等府令123条1項21号の5および21号の6を中心にその内容が定められており、適格担保、定量的計算モデルや証拠金の計算方法といった技術的事項は告示（平成28年金融庁告示第15号〜17号）に委ねられている。
また、コモディティ・デリバティブとの関係では2016年8月1日に商取法施行規則が改正された（施行は同年9月1日）。ここでは、商取法上の特定店頭商品デリバティブ取引業者で、かつ、金商業等府令に基づく証拠金規制の適用対象者は、各社の判断にかかわらず、清算されていない店頭商品デリバティブ取引を含めて証拠金の授受を行う必要があるとされている（商取規168条4項4号イ、農林水産省・経済産業省パブコメ回答〔平28.8.1〕1頁1番・6〜7番、2頁12番・15番、3頁16番等参照）。

注111) 日本の証拠金規制は2016年3月31日に公布され、同日に金融庁パブコメ回答〔平28.3.31〕も公表された。ただし、BCBS＝IOSCOによる規制導入時期延期（2015年12月1日→2016年9月1日）があった影響で、2015年12月11日にも金融庁パブコメ回答〔平27.12.11〕が公表されている。また、金融庁の立案担当者による解説として、宮本孝男ほか「『非清算店頭デリバティブ取引に係る証拠金規制』の最終化」金融財政事情3162号（2016）40頁および宮本孝男ほか「非清算店頭デリバティブ取引に係る証拠金規制の概要」フィナンシャル・レギュレーション2016SUMMER 7号34頁がある。

注112) 証拠金規制を念頭に主に担保オペレーションに着目した論文として、谷保明「デリバティブ取引の担保管理に係るリスクとソリューションサービス」金融財政事情3161号（2016）31頁、天野明治「店頭デリバティブの証拠金規制導入に向けた実務対応」金融財政事情3170号（2016）40頁。また、当初証拠金を調達するコストを加味したデリバティブの評価調整（MVA）に着目する論文として、斎藤祐一「金融規制の複合的影響を考慮したXVA」日本銀行金融研究所ディスカッション・ペーパー2016-J-13（2016年10月）。

注113) 最終報告書3頁〜4頁に加えて、宮本孝男ほか「わが国における店頭デリバティブ取引規制の歩みと展望」金融財政事情3171号（2016）36頁参照。もっとも同論文でも指摘があるように、清算機関で清算可能な商品には限界があるため、取引タイプごとに、清算機関を利用するのか、あるいは証拠金規制に服するのか（あるいはそもそも規制対象外商品であるのか）といった検討・見極めが必要になると考えられる。

の概要を説明する。なお、証拠金規制は「マージン規制」と呼ばれることも多い。

（ⅰ）変動証拠金（VM）と当初証拠金（IM）

まず、証拠金規制で求められる2種類の証拠金、すなわち、変動証拠金（VM：Variation Margin）と当初証拠金（IM：Initial Margin）について説明する。

最終報告書12頁において、変動証拠金はカレント・エクスポージャー（current exposure）をカバーし、当初証拠金はポテンシャル・フューチャー・エクスポージャー（potential future exposure）をカバーするものとされている。前者は取引の時価変動に対応し、後者は取引相手方がデフォルトした際のポジション再構築に要する期間の将来の時価変動に対応する。

この点、金商業等府令では、以下のように定義される（金商業等府令123条1項21号の5柱書・21号の6柱書）。

変動証拠金	「非清算店頭デリバティブ取引の時価の変動に応じて、当該非清算店頭デリバティブ取引の相手方に貸付又は預託（……「預託等」……）をする証拠金」
当初証拠金	「非清算店頭デリバティブ取引について将来発生し得る費用又は損失の合理的な見積額（……「潜在的損失等見積額」……）に対応して預託等をする証拠金」

従来のCSAでカバーされていたのは、前記でいえば変動証拠金のみであり、当初証拠金も対象とする点が証拠金規制の特徴である[注114]。

当初証拠金は、取引相手方がデフォルトした際のポジション再構築に要する期間の将来の時価変動を対象としており、一定の想定を置いた上で金額が算出される[注115]。最終報告書12頁～13頁では、変動証拠金が日次でやりとり

注114）　従来のCSAでもポテンシャル・フューチャー・エクスポージャーに対応する独立担保額（Independent Amount）を設定すること自体は可能であったが、後述するような計量的アプローチに基づいて設定されることはなく、当事者以外の第三者への預託等もなかったように思われる。

注115）　当初証拠金は、金商業等府令でも「将来発生し得る費用又は損失の合理的な見積額」とあるように、（変動証拠金にもそのような性格はあるものの）一定の想定の下で算出される推定値という性格を色濃く有している。他方で、各取引当事者によるそれぞれの算出額が（ある程度）一致しないと証拠金授受の円滑化が図られ

されることを前提に10日間・片側99％の信頼区間で算出するといった事項が記載されており、金商業等府令でも同様の取扱いがなされている[注116]。

さらに最終報告書19頁～22頁では、当初証拠金について、①ネットではなくグロスでのやりとりを行うこと、②取引相手方のデフォルト時にも即時に利用可能であり、保全するための分別管理等を行うこと、③再担保の原則禁止を求めている。この点、後述するように、日本の証拠金規制でも同様の取扱いが定められている。

以上をまとめると【図表12-3-3】のイメージとなる。

(ii) 金商業等府令と監督指針の2つの枠組み

日本の証拠金規制は、金商業等府令と監督指針の2つの枠組みから構成されている点が特徴的である。

(a) 金商業等府令

日本の証拠金規制は、金商法40条2号による委任の形式をとっており、同条の主体は金融商品取引業者等、すなわち、金融商品取引業者および登録金融機関である（金商34条）。もっとも、金商業等府令123条ではより具体的かつ詳細な規定が定められている。

【図表12-3-4】は、国内金融機関を想定した場合における変動証拠金および当初証拠金の金商業等府令の適用関係について、その概要を示している。取引の「両当事者」が、その属性や取引規模の要件を満たすかどうかで、金商業等府令が適用されるかどうかが決まる。

取引規模は、単体（変動証拠金）あるいはグループ（当初証拠金）での想定

ないという実務上の問題が当初より認識されていた。そこで、ISDAが中心となって定量的計算モデルの計算枠組み等の標準化を行ってきたという経緯があり、当該モデルはStandard Initial Margin Modelの頭文字をとり「SIMM」といわれている（ISDA「ISDA SIMM Deployed Today; New Industry Standard for Calculating Initial Margin Widely Adopted by Market Participants」〔2016年9月1日〕参照）。

注116) 変動証拠金を毎日算出し当該算出額に基づく証拠金の預託等・返還が求められることにつき、金商業等府令123条1項21号の5イ〜ニ。また、当初証拠金につき定量的計算モデルを用いる場合の保有期間・信頼区間につき、金商業等府令123条1項21号の6イ、金融庁告示第15号3条1項。なお、定量的計算モデルについてはあらかじめ金融庁長官へ届出を行うことが求められるが、モデルの構築や運用を行えない場合には、当局が設定する一定の算式に従う標準表を用いることができる（平成28年金融庁告示第15号1条・9条）。

第3節　伝統的な行為規制および近時の規制

【図表12-3-3】　変動証拠金（VM）と当初証拠金（IM）のイメージ

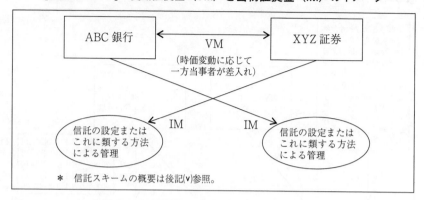

元本によって判断される[注117]。なお、相手方の取引規模を自社で計算することはできないため、規制の適用対象であるかどうかを判断するための枠組みが必要となる。この点、相手方の属性に応じて、店頭デリバティブ府令2条の2第2項に基づき金融庁が公表する取引規模[注118]に加えて、相手方からの自己申告の内容や自社との取引規模その他の合理的に入手可能な範囲の資料等が考えられるところ[注119]、ISDAでも必要となる情報を表明するための標準書式（セルフ・ディスクロージャー・レター）を用意している[注120]。

注117)　単体（変動証拠金）については、非清算店頭デリバティブ取引を行った時（基準時、金商業等府令123条7項1号ハ）の属する年の前々年の4月から前年の3月まで（基準時が12月に属するときは、その前年の4月からその年の3月まで）の各月末日における店頭デリバティブ取引に係る想定元本額の合計額の平均額をベースとする。
　　　　グループ（当初証拠金）については、基準時の属する年の前年の3月から5月まで（基準時が9月から12月までに属するときは、その年の3月から5月まで）の各月末日における非清算店頭デリバティブ取引に係る想定元本額の合計額の平均額をベースとする。当初証拠金の想定元本計算においては、CCPでの清算取引が除かれるが、店頭商品デリバティブ取引や先物外国為替取引（為替フォワード取引や為替スワップ取引）は含まれる。また、グループ間取引も計数から除外される。

注118)　http://www.fsa.go.jp/status/torihikikibo/
注119)　金融庁パブコメ回答〔平27.12.11〕4頁24番～26番、8頁～9頁50番～53番参照。
注120)　ISDA「Regulatory Margin Self-Disclosure Letter」（2016年6月30日）。日本のみならず証拠金規制の対象国・地域がカバーされている。また、日本語参考訳も用意されている。

【図表12-3-4】 変動証拠金および当初証拠金の金商業等府令の適用関係（概要）

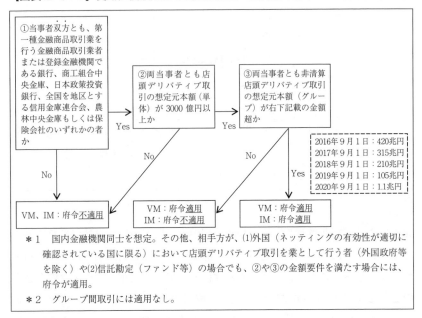

*1　国内金融機関同士を想定。その他、相手方が、(1)外国（ネッティングの有効性が適切に確認されている国に限る）において店頭デリバティブ取引を業として行う者（外国政府等を除く）や(2)信託勘定（ファンド等）の場合でも、②や③の金額要件を満たす場合には、府令が適用。

*2　グループ間取引には適用なし。

　変動証拠金および当初証拠金の適用については段階適用の形式がとられている（【図表12-3-5】）[注121]。2016年9月1日の適用対象先は、変動証拠金および当初証拠金ともに想定元本が420兆円超の先であって、グローバルにみても20超の超大手の金融機関（Phase One Entity）グループのみが対象となり、日本の金融機関で対象となったのは数グループのみであった模様である。

　当初証拠金は今後数年をかけ段階適用されていくため、後続の金融機関になればなるほど準備期間が存在する一方で、取引規模が小さい金融機関が順次対象となっていくことから、CSAの世界では新しい概念である当初証拠金に対し、システムやオペレーション、モデルを含め、どう対応していくかという課題が残るだろう。

　また、変動証拠金は2017年3月1日に一斉適用となったため、"VM Big Bang"とも称されるほどインパクトが大きい事象であった（詳細は(2)も参照）。

注121）　金商業等府令附則（平成28年内閣府令第25号）2条2項・3項参照。なお最終報告書24頁～25頁参照。

第3節　伝統的な行為規制および近時の規制

【図表12-3-5】　金商業等府令に係る段階適用表

施行・適用の期日	変動証拠金	当初証拠金
	非清算店頭デリバティブ想定元本（グループ）	
2016年9月1日	420兆円超	420兆円超
2017年3月1日	420兆円以下＊	－
2017年9月1日	－	315兆円超
2018年9月1日	－	210兆円超
2019年9月1日	－	105兆円超
2020年9月1日	－	1.1兆円超

＊　両当事者の単体での店頭デリバティブ取引に係る想定元本額が3000億円以上であることが金商業等府令適用の前提。

非常に多数のCSAが対象となることから、ISDAではプロトコル（ISDA 2016 Variation Margin Protocol）を作成している[注122]。

(b)　**監督指針**[注123]

監督指針については、金商業者等（第一種金融商品取引業者および登録金融機関）向け監督指針に具体的内容[注124]を定め、主要行等、中小・地域金融機関、系統金融機関、保険会社、信託会社等に対する監督指針では、金商業者等向け監督指針を参照する形式をとっている[注125]。したがって、監督指針の対象先は、金商業等府令と比べても、相当に広範である。

監督指針における最重要ポイントは、変動証拠金につき、取引規模（想定元本）にかかわらず（想定元本が3000億円未満であっても）[注126]、「変動証拠金

注122）　http://www2.isda.org/functional-areas/protocol-management/protocol/29
　　　　もっとも、証拠金規制対応CSAを締結するには、単にプロトコルを批准すれば終了ということではなく、質問書（Questionnaire）でのマッチングが必要となる。証拠金規制対応CSAの締結に当たり、相対で交渉を行うのか、それともプロトコルを用いるのかは、契約交渉先の意向を踏まえつつ、各ユーザーの選択・判断に委ねられた。
注123）　監督指針の趣旨や機能については、例えば、監督指針（金商業者等）Ⅰ-2-1「監督指針策定の趣旨」や松尾38頁参照。
注124）　監督指針（金商業者等）Ⅳ-2-4(4)「非清算店頭デリバティブ取引」およびⅧ-1-2「非清算店頭デリバティブ取引に係るリスク管理態勢」。
注125）　宮本ほか・前掲注111）金融財事情3162号47頁注4。
注126）　監督指針（金商業者等）Ⅳ-2-4(4)①では「金融商品取引業者（金商業等府令第

【図表12-3-6】 変動証拠金に係る監督指針上の留意点

① 取引の相手方との変動証拠金に係る適切な契約書（例えば、ISDAマスター契約およびCSA契約）の締結[*1]
② 金商業等府令123条9項1号において、変動証拠金が金銭をもって充てられる場合については、為替リスクに係るヘアカットを適用しない旨規定されているところ、変動証拠金を主要な通貨（日本円、米国ドル、ユーロ等）以外の金銭で受領した場合で、取引の当事者がそれぞれあらかじめ定めた一の通貨と異なる場合における一定の為替リスクの考慮
③ 金商業等府令123条10項4号ロに該当する店頭デリバティブ取引に係る想定元本額の合計額の平均額が3000億円未満の金融商品取引業者は、取引の規模、リスク特性等を勘案した十分な頻度での定期的な非清算店頭デリバティブ取引の時価の合計額等の算出および変動証拠金の授受ならびにアドホックコール（証拠金の随時請求）に対応した変動証拠金の授受を行うための態勢整備に努めているか[*2]。

*1　宮本ほか・前掲注111）42頁では、クロスボーダー取引がない場合や取引量が少ない場合など、取引の規模や特性に応じてISDAマスター契約やCSAと同等の和文契約書の使用も認められるとされている。

*2　前記のほか、当初証拠金と共通する事項として、④証拠金に用いられる資産について、例えば、流動性の低い有価証券は一定未満とするなどの適切な分散、⑤証拠金に係る紛争について、紛争が発生した場合の対応策の事前の策定、適切な対応の実施ならびに紛争内容の記録および保存、⑥一括清算の約定の法的有効性が確認されていない外国の金融機関等を取引相手とした、証拠金の授受等の措置を講ずることが求められていない非清算店頭デリバティブ取引に係る適切なリスク管理が挙げられている。

の適切な管理に係る態勢整備に努めているか」という言及がある一方で、金商業等府令のように明示的・具体的な数値基準が定められておらず、幅のある記載となっている点であろう。

　特に、取引時価の算出や変動証拠金の授受について、「取引の規模、リスク特性等を勘案した十分な頻度」との言及はあるものの（【図表12-3-6】の③）、例えば、実務上どの程度の頻度とすればよいのか、特に小規模な金融機関では、人的リソースの制約やシステム対応を含めたオペレーション上の負荷とのバランスをとりながら、さらに取引相手方の要求も踏まえつつ、検討する必要があるだろう[注127]。

123条第10項第4号ロに該当する店頭デリバティブ取引に係る想定元本額の合計額の平均額が3,000億円未満の者を含む。）は、……」と記載されている。

注127）　金融庁パブコメ回答〔平28.3.31〕20頁102番には「監督指針において、原則とし

なお、当初証拠金に係る監督指針については、金商業等府令が適用される先についての留意点を定めていることが明確化されている[注128]。

以下では、基本的に金商業等府令における規制枠組みを解説する。

(iii) 変動証拠金および当初証拠金に係る要件比較

【図表12-3-7】は、金商業等府令における変動証拠金および当初証拠金の要件を比較したものである。

変動証拠金については、評価頻度が日次であり、かつ、信用極度額（Threshold：CSAにおいて無担保でデリバティブ取引を行える金額を企図したもの）もゼロとされているため、最低引渡担保額（Minimum Transfer Amount）による調整がなければ、日次で、取引時価の算出や担保授受といったオペレーションを行う必要がある。

他方、当初証拠金については、グループベースで信用極度額を設定することが可能なほか、評価頻度についても、新規取引や取引の終了、その他権利関係の変更等の場合を除けば、基本的には月次で足りるとされている。その一方で、取引相手方の信用リスク排除を目的として、信託やカストディアンの利用が求められる[注129]。

(iv) 適用対象先、適用対象取引、適格担保、ディスピュート発生時の対応（Dispute Resolution）

(a) 適用対象先

前記(ii)(a)および【図表12-3-4】の通り、一定の金融商品取引業者および登録金融機関が証拠金規制の対象とされている。もっとも、デリバティブ取引ではクロスボーダーでの取引が多いため、相手方が一定の外国業者である場合にも対象とされるが、その詳細は後記(vi)を参照されたい。

　　　　て改正金商業等府令の関連する規定を踏まえた態勢整備を行うことを求めていますが、監督指針のみ適用される比較的小規模な金融機関に対しては、機械的・画一的な対応を求めるものではなく、その取引の規模、リスク特性等を勘案した対応を求めています」との記載がある。

注128）監督指針（金商業者等）IV-2-4(4)②では「金商業等府令第123条第1項第21号の6の規定（当初証拠金）の対象となる金融商品取引業者は、……」と記載されている。

注129）金融庁パブコメ回答〔平27.12.11〕16頁109番、宮本ほか・前掲注111）金融財政事情3162号45頁。

【図表12-3-7】 変動証拠金および当初証拠金の要件比較

	変動証拠金	当初証拠金
預託等（＝貸付・預託）・返還[*1]	預託等義務・返還義務	預託等義務
評価頻度	日次	①新規取引や取引の終了、その他取引に係る権利関係に変更があった場合、②最後の算出時から１月が経過した場合、③相場変動その他の理由で預託等を求めることが必要と認められる場合
信用極度額（Threshold）	ゼロ	70億円以下（グループ合計）[*2]
最低引渡担保額（Minimum Transfer Amount）	7000万円以下（変動証拠金および当初証拠金の合計。単体）	
担保授受のタイミング	遅滞なく[*3]	
担保の分別管理等	－	信託の設定またはこれに類する方法 再担保の原則禁止[*4]

[*1] 変動証拠金は、日々双方のポジションをゼロにして取引相手方に対する信用リスクをなくすことを目的としていることから、明示的に返還義務を定める一方で、当初証拠金は、信託の設定等により管理され、変動証拠金と異なり取引相手方への信用リスクが生じないことから、変動証拠金において求めている証拠金の返還義務は定めていないとされている（宮本ほか・前掲注111）金融財政事情3162号43頁～45頁）。

[*2] 金商業等府令123条１項21号の６ロ、平成28年金融庁告示第17号３条。

[*3] 「現行の決済等の実務の範囲内で速やかに」との意味であり、具体的な日数は定められていない（宮本ほか・前掲注111）金融財政事情3162号44頁）。この点は、他国の証拠金規制と比較して柔軟な規定ぶりだと解されている。

[*4] 「当初証拠金（当該当初証拠金が金銭をもって充てられているものに限る。）の管理に付随して安全な方法により行われる場合を除く」とされていることから、当初証拠金が金銭の場合には安全な方法での運用は可能である（金商業等府令123条１項21号の６ホ）。この点、金融庁パブコメ回答〔平27.12.11〕16頁108番では、「いかなる方法が具体的に『安全な方法』に該当するか否かは、個別具体的な事情により実質的に判断されるべきものと考えられます。なお、安全な運用を行う場合でも、当該安全性が確保されるような適切な管理に係る態勢整備に努めることを、監督指針において求めています」とされている。もっとも実務上は、信託銀行（銀行勘定）やカストディアンの信用リスク排除といった観点から、当初証拠金については金銭以外の担保利用も多い模様である。また、証拠金規制と担保の再利用を論じたものとして、日本銀行金融研究所「『金融取引の多様化を巡る法律問題研究会』報告書・金融規制の適用範囲のあり方」（2016年６月）40頁～56頁。

第3節　伝統的な行為規制および近時の規制

また、グループ間取引は除外される（金商業等府令123条10項3号・11項3号）。

(b)　適用対象取引

証拠金規制の適用対象取引は、変動証拠金と当初証拠金で異なる。適用対象取引から除外されるものは、その分だけ、必要となる変動証拠金あるいは当初証拠金が少なくなる可能性があり、その把握は重要である。

まず、変動証拠金の適用対象取引は「非清算店頭デリバティブ取引」（金商業等府令123条1項21号の5柱書）であるが、これは、店頭デリバティブ取引（金商2条22項）から、以下の取引を除いたものとされている。

①　金商法上の対象となっているCCP[注130]で清算される店頭デリバティブ取引

②　金商法施行令1条の18の2・平成23年金融庁告示第105号で指定されている金融商品債務引受業の対象取引から除かれる取引[注131]

③　直物（スポット）為替取引や、先物外国為替取引（為替フォワード取引や為替スワップ取引）[注132]

ここで注意すべきは、③で記載される為替取引について、最終報告書の内容も踏まえ、除外されている点である。この点は、前記「非清算店頭デリバティブ取引」の定義文言からは一見して明らかではないが、条文解釈としては、そもそも金商法2条22項の「店頭デリバティブ取引」に含まれないという整理がなされている[注133]。

注130)　条文上は、「金融商品取引清算機関（当該金融商品取引清算機関が連携金融商品債務引受業務を行う場合には、連携清算機関等を含む。……）若しくは外国金融商品取引清算機関が当該店頭デリバティブ取引に基づく債務を負担するもの」とされているが、金融庁ウェブサイトによれば、店頭デリバティブ取引に係る「金融商品取引清算機関」としては株式会社日本証券クリアリング機構が、「外国金融商品取引清算機関」としてはエルシーエイチ・クリアネット・リミテッドおよびChicago Mercantile Exchange Inc.が存在している。

注131)　具体的には、金融庁パブコメ回答〔平27.12.11〕1頁～2頁6番～7番および平成23年金融庁告示第105号2条参照。外国におけるCCPでクライアント・クリアリングされている外国・外国法人を参照組織とするCDSや、外国における一定のCCPでクリアリングされている外貨建金利スワップ取引のうち一定のものが対象となっている。

注132)　金融庁パブコメ回答〔平28.3.31〕1頁4番～6番参照。

注133)　宮本ほか・前掲注111）金融財政事情3162号43頁の図表2参照。現物決済型とされている。

次に当初証拠金の適用対象取引については、前記からさらに通貨スワップ取引の元本交換部分が除外される[注134]。

なお、適用対象外である店頭商品デリバティブ取引や先物外国為替取引、さらには当初証拠金に関する通貨スワップ取引の元本交換部分も、「継続して」含める場合には適用対象取引として扱うことができる（金商業等府令123条7項）。また、取引時期に関し、証拠金規制適用前の取引は規制の対象外とされているが、「継続して」含める場合には適用対象取引として扱うことができる（金商業等府令附則〔平成28年内閣府令第25号〕2条1項）。ここで「継続」要件を求めている趣旨は、証拠金の額が減少する場合のみ含めるような恣意的な運用を防ぐためである[注135]。

(c) 適格担保

【図表12-3-8】は、証拠金規制における適格担保やヘアカットの概要をまとめたものである（金商業等府令123条8項、平成28年金融庁告示第16号）。なお、最終報告書で言及されている金（gold）は、日本の証拠金規制との関係では、一括清算法の対象とされていないため適切ではないとして除外されている[注136]。

さらに、通貨ミスマッチに係るリスクを勘案するため、担保の通貨の種類と、当事者が非清算店頭デリバティブ取引ごとに「あらかじめ定めた通貨」の種類が異なる場合には、追加的に8％のヘアカットが課せられる（金商業等府令123条9項3号ロ、平成28年金融庁告示第16号2条2項）[注137]。

注134）金商業等府令123条1項21号の6柱書において、非清算店頭デリバティブ取引から、「法第2条第22項第5号に掲げる取引（通貨に係るものに限る。）のうち元本として定めた金額に相当する金銭又は金融商品（同条第24項第3号に掲げるものに限る。）を授受することを約する部分」が除外されている。ただし、取引規模の計算対象には含まれる（前掲注117）参照）。

注135）宮本ほか・前掲注111）金融財政事情3162号46頁。取引相手ごとの判断・合意が可能であり、また、変動証拠金と当初証拠金で異なる取扱いをすることも可能とされている。

注136）金融庁パブコメ回答〔平28.3.31〕18頁～19頁91番～92番。

注137）「あらかじめ定めた通貨」の意義については、金融庁パブコメ回答〔平28.3.31〕15頁～17頁71番～82番が参考になる。後述の日本版VM CSAでは、この点につきFX Haircut Benchmark Currency（VM）を指定でき、特段の指定がない場合にはBase Currencyとなる。Base Currencyについては日本円が標準指定されてい

【図表12-3-8】 適格担保とヘアカットの概要[*1]

対象資産	ヘアカット
金銭	0％
日本国債・地方債	0.5～4％
外国政府債 (Ba3/BB-以上)	0.5～15％
前記以外の債券 (Baa3/BBB-以上)	1～12％
株式、新株予約権付社債 (先進国の代表的な株価指数を構成するもの)	15％
ファンド[*2] (投資対象が原則として前記資産に限定され、かつ、取引価格が毎取引日公表されているもの)	投資対象の中で、前記のうち最も高いもの

[*1] 取引当事者やグループ会社発行のものは除外。
[*2] 投信法上の投資信託、外国投資信託、投資法人、外国投資法人が対象（平成28年金融庁告示第16号1条5号）。

ただし、変動証拠金については、金銭を用いている場合には、通貨ミスマッチがある場合でも8％ヘアカットは課せられず（金商業等府令123条9項1号）、金銭については主要国の通貨に限定する旨の制限もない。もっとも、【図表12-3-6】の監督指針②において記載の通り、変動証拠金を主要な通貨（日本円、米国ドル、ユーロ等）以外の金銭で受領した場合であって、取引の当事者がそれぞれあらかじめ定めた一の通貨と異なる場合には、一定の為替リスクを考慮するべきとされている[注138]。

(d) ディスピュート発生時の対応（Dispute Resolution）

取引当事者がそれぞれ計算する変動証拠金や当初証拠金の必要額に差異が生じ紛争となった場合（disputeと呼ばれる）、そのままでは証拠金のやりとり

[注138] 金融庁パブコメ回答〔平28.3.31〕19頁94番。また、宮本ほか・前掲注111）金融財政事情3162号46頁によれば、必ずしも一律8％とせず、リスクに応じたヘアカットをかけるという対応もあり得るとされている。

第12章　デリバティブ

ができないため、解消の必要が生じる。

この点、変動証拠金については、「当事者があらかじめ約した方法」によって算出した額の預託等・返還を行う（金商業等府令123条1項21号の5ハ）。他方、当初証拠金については、「当事者があらかじめ約した方法」によって算出した額での対応に加え、解消しきれない差異に係る残額について「当該差異を解消するための措置に係る行為」を行わなければならない（同項21号の6ハ）。

変動証拠金と当初証拠金で法令上求められる対応方法に違いがあるのは、専ら、評価頻度（【図表12-3-7】に記載のもの）に起因するものと思われる。

すなわち、変動証拠金は日次で評価や担保授受を行うため、翌日にはデリバティブ取引の時価自体も変動し、その結果、当該翌日には再度計算をやり直すこととなる。したがって、差異が完全に解消されなくとも、いわばとりあえずの対応を行うことで許容されているものと思われる。他方、当初証拠金については、もちろん新規取引等の頻度に依存するが、日次での評価や担保授受は想定されないことから、とりあえずの対応を行った後に、追加で差異解消措置が求められているものと考えられる[注139]。

前記「当事者があらかじめ約した方法」については、Split（双方の算定額の平均値）やUndisputed Amount（双方の算定額のうち小さいほう、ただし授受の方向が異なる場合はゼロ）といった方法が想定されており[注140]、さらに差異解消措置についても、業界での議論の進展や適切な市場慣行の形成が期待されている[注141]。

(v) **変動証拠金および当初証拠金における契約書の概要**

ISDAからは、日本法に関し、変動証拠金および当初証拠金のCSAとして、それぞれ、「2016 Credit Support Annex for Variation Margin（VM）（Loan-

---

注139）　なお金融庁パブコメ回答〔平27.12.11〕17頁117番〜119番では、「もっとも、当該差異が生じた時点に近接した日においてポートフォリオ組み換え等の潜在的損失等見積額の算出事由が生じ、このときに計算された当初証拠金額については双方当事者が合意できたような場合等には、従前の差異について継続して対応を行う必要はありません」とされている。

注140）　金融庁パブコメ回答〔平27.12.11〕17頁115番〜116番、金融庁パブコメ回答〔平28.3.31〕17頁83番。

注141）　宮本ほか・前掲注111）金融財政事情3162号45頁。

第3節　伝統的な行為規制および近時の規制

Japanese Law）」（VM CSA）および「2016 Phase One Credit Support Annex for Initial Margin（IM）（Loan‐Japanese Law）」（IM CSA）が公表されている。

　VM CSAについては、既存の1995年版あるいは2008年版のCSAと比較して、基本的な構造が大きく変更されているわけではない。しかし、証拠金規制に対応するため、質権構成の削除、Independent AmountやThreshold、Credit Support Amountの削除、対象取引の範囲や他に併存する既存CSAとの調整や相殺条項の追加、通貨ミスマッチ（8％ヘアカット）に係る条項の追加、担保が証拠金規制上の適格性を失った場合の除外措置といった点に加えて、証拠金規則と直接の関係はないと思われるが、マイナス金利の取扱いに関する条項の追加等も行われている。

　他方、IM CSAは、これまでのCSAとはコンセプトが異なる契約書であるため、その名の通り、2016年9月1日に規制適用となった超大手の金融機関（Phase One Entity）が中心となり、NY州法版および英国法版が策定され、その後日本法版も策定された。各当事者に適用される各国規制の適用関係を記載する表に始まり、SIMMに関する規定、信託受託者・カストディアンおよびそれらの契約書に関する規定、さらには後記信託契約に関するAddendumも用意される等、当初証拠金という新たなコンセプトに対応する書式となっている[注142]。

　さらに当初証拠金の信託利用については、前記IM CSAに加えて、信託契約が必要となるところ、信託協会において、当初証拠金分別のための信託契約のひな型が用意されている。

　ここでは、担保提供者を第1受益者、担保受領者を委託者兼第2受益者とした上で、委託者である担保受領者が、第1受益者である担保提供者に対し、信託設定に際して、信託財産の拠出手続に関する委任を行い、当該委任に基づき、（委託者ではない）担保提供者が受託者に信託財産を拠出するという法律構成がとられている。

　また、金商業等府令123条1項21号の6ニの要件[注143]充足のため、担保提

注142）　さらにカストディアンであるEuroclearやClearstreamが用意する当初証拠金用の書式も存在する。
注143）　以下の2点につき、「信託の設定又はこれに類する方法により管理する」必要があ

793

供者破綻時には信託の全部が解約され、担保受領者破綻時には第1受益権が行使されることで、それぞれの相手方からみて当初証拠金が保全されることを企図した仕組みを採用している。

(vi) クロスボーダー取引・域外適用・同等性評価

(a) クロスボーダー取引・域外適用

最終報告書の内容を踏まえつつも、G20の各国当局がそれぞれ国内法制化を担当していることから、日本の証拠金規制においても、クロスボーダー取引・域外適用について一定の取扱いが定められている。

より具体的には、日本の証拠金規制下では、下記外国業者を相手方とする場合には、当該外国業者も日本の証拠金規制に服することとなる（金商業等府令123条10項1号イ・11項1号イ）。

> 「外国（当該外国の法令に照らし、一括清算の約定又はこれに類する約定が有効であることが適切に確認されている国に限る。）において店頭デリバティブ取引を業として行う者（外国政府、外国の中央銀行、国際開発金融機関及び国際決済銀行……を除く。）」

前記「外国」の定義からして、一括清算法上の一括清算[注144]を含むいわゆるクローズアウト・ネッティングが有効と適切に確認できない国に所在する外国業者は除外されるものの[注145]、証拠金規制未導入国は除外されていない[注146]。そこで特に、証拠金規制未導入の「外国において店頭デリバティブ取引を業として行う者」については、日本の証拠金規制に従うことを外国の取引相手方にも周知させる必要がある。

る。①担保提供者が「非清算店頭デリバティブ取引に係る債務を履行しないとき」には、担保受領者が当初証拠金を「遅滞なく利用することができ」ること、②担保受領者に一括清算法上の「一括清算事由……又はこれに類する事由が生じた場合」には、担保提供者に「当初証拠金が返還されるよう」になっていること。

注144) 一括清算2条6項、金商業等府令123条7項1号ニ。

注145) 金融庁パブコメ回答〔平27.12.11〕2頁15番では、ネッティングが有効でない国に所在する外国業者との関係で、「なお、当該国又は地域の者との取引においては、証拠金規制は課されませんが、当該取引の特質に鑑み、監督指針において、適切なリスク管理態勢の構築が求められます」とされている。

注146) 金融庁パブコメ回答〔平27.12.11〕2頁16番。その趣旨は規制アービトラージの防止とされている（宮本ほか・前掲注111）金融財政事情3162号46頁）。

この「外国において店頭デリバティブ取引を業として行う者」の意義について、海外の金融機関が含まれることは通常明らかであろうが[注147]、例えば、SPCについては「業として」の解釈が問題となり得る[注148]。

その他、NY州法および英国法に基づくIM CSA/CSD[注149]が、日本法のIM CSAとは異なり、Pledge/Deedという担保権（security interest）構成となっていることから、日本の証拠金規制で求められる「預託等」＝「貸付または預託」との関係で問題となる。特に、クロスボーダー取引において、当初証拠金につきグローバル・カストディアンとセットで外国法準拠のIM CSA/CSD（あるいは注142記載のカストディアンによる契約書）の利用が求められる場合、日本の証拠金規制との抵触が問題となるものの、この点は同等性が認められる外国の証拠金規制に従うことでよいとする旨の金融庁パブコメ回答が存在する[注150]。

注147) 金融庁パブコメ回答〔平28.3.31〕6頁30番では、「外国において『店頭デリバティブ取引を業として行う者』が相手方である場合に、証拠金規制の対象としているのは、国内において『第一種金融商品取引業者及び登録金融機関』を規制の対象としていることに鑑み、同様の業務を営む者をとらえつつ、海外の法制は我が国の法制と異なることを考慮して規定した」とされている。

注148) 金融庁パブコメ回答〔平27.12.11〕3頁〜4頁20番〜22番。ここでは「業として」の解釈に当たり、金融商品取引業の「業として」（金商2条8項柱書）と同様に、「対公衆性」と「反復継続性」の2要件が問題になるとされている。

注149) 「2016 Phase One Credit Support Annex for Initial Margin (IM) (Security Interest - New York Law)」および「2016 Phase One IM Credit Support Deed (Security Interest - English Law)」。

注150) 金融庁パブコメ回答〔平28.3.31〕12頁〜13頁58番において、「クロスボーダーの取引が多いと想定される金融機関（G-SIBs等）が海外金融機関に当初証拠金として日本国債等を提供する場合に、質権類似の構成をとる英国法版またはニューヨーク州法版のCSAを利用することは可能か」という問に対して、「クロスボーダー取引においては、改正金商業等府令第123条第11項第5号の規定により、我が国の証拠金規制と同等であると認められる外国の法令に従うこと等の要件を充足することにより、我が国の金融機関であっても、我が国の証拠金規制ではなく、当該外国の規制に服した方法により、当初証拠金の授受を行うことができます。そのような場合には、ご指摘のような方法による証拠金の授受が可能となると考えられます」という回答がなされている。なお、当初証拠金に関し、日本の担保物（証券）を対象とする場合の質権構成に係るRecommended Amendment ProvisionsがISDAより提供されている。
この点、欧州の証拠金規制導入が遅れたため、2016年9月1日において欧州規制との同等性評価が物理的に不能であるといった事態が生じ、対欧州金融機関との

第12章　デリバティブ

(b) 同等性評価

　前記の通り、証拠金規制の国内法制化は各国当局が担当している。したがって、クロスボーダー取引では、日本の金融機関であれば、原則として、日本の証拠金規制に加えて、相手方に適用される外国の証拠金規制にも従う必要がある。このとき、2つの証拠金規制の内容が同一であれば特に問題ないのだが、実際には、大枠でのコンセプトは最終報告書に沿っているものの、細部の要件が異なっている場合も少なくない。

　この点につき、同等性が認められる外国の証拠金規制を金融庁が認定し、同等性が認められるものについては、当該外国の証拠金規制に準拠して証拠金の授受を行うことを許容するというのが同等性評価のコンセプトである（金商業等府令123条10項5号・11項5号）。代替的コンプライアンスと呼ばれることもある。

　日本においては、2016年10月21日（平成28年金融庁告示第48号）にはCFTC（米国商品先物取引委員会）およびOSFI（カナダ金融機関監督庁）に対して、2017年8月25日（平成29年金融庁告示第33号）にはAPRA（オーストラリア健全性規制庁）、HKMA（香港金融管理局）およびMAS（シンガポール金融管理局）に対して、それぞれの当局が所管する証拠金規制につき同等性が認められた[注151]。この同等性評価は、金融商品取引業者等（本邦系銀行等のほか、外国規制に服する外国銀行等の本邦現地法人・支店を含む）が行う中央清算されない店頭デリバティブ取引に外国規制が適用される場合には、国内取引、クロスボーダー取引、国外取引のいずれにも適用される[注152]。

　　　間で例えば英国法版IM CSDを締結する場合には、日本の証拠金規制を充足するのかといった問題が生じることになった。この点につき、「預託等」を「貸付若しくは預託又はこれらに類する方法による差入」と読み替える経過措置が2016年7月25日に設けられた（http://www.fsa.go.jp/news/28/sonota/20160725-1.html）。そこでは、「欧州等における導入準備の遅れに対応すべく、その経過措置として当分の間、当初証拠金の分別管理に際して、信託の設定に類する方法（例：カストディアン）による管理を許容することとしました」という説明がなされている。なお、後述の同等性評価の告示に係る金融庁パブコメ回答〔平28.10.21〕4頁22番～23番も参照。

注151） http://www.fsa/go.jp/news/28/20161021-1.html, http://www.fsa.go.jp/news/29/20170825-1.html

注152） 前掲注151）参照。

(2) 日本以外の各国証拠金規制との差異・抵触、今後の展開

前記(1)では、最終報告書も参照しながら、日本の証拠金規制を説明してきた。日本以外の各国証拠金規制も最終報告書をベースにはしているが、細部については各国独自の規制となっており、米国規制上の担保のT+1決済のように、特にクロスボーダー取引との関係で問題視されているものもある。

日本以外の各国の証拠金規制を解説することは筆者の能力を超えるが、各国規制の差異や抵触という観点（クロスボーダー取引という観点）から、日本の金融機関に関係しそうないくつかの論点を紹介すると以下のものとなろう[注153]。

まず、A国で導入されている証拠金規制とB国で導入されている証拠金規制の間では内容に差異があるとする。そしてA国規制適用先とB国規制適用先が取引する場合、同等性評価が実施され、かつ、双方で同等性が認められれば、どちらかの国の規制に従えばよい。

しかし、同等性が認められない場合、あるいは個別論点について同等性が認められない場合[注154]、各自がそれぞれの規制を遵守する必要がある結果として、より厳しい規制が適用される。担保決済を例にとれば、日本規制では「遅滞なく」行えばよいところ、他国規制の決済期限が日本規制より厳しい場合、クロスボーダー取引においてはそれに従わざるを得ない。このとき、時差も踏まえると事務負担が大きい、あるいはそもそも対応困難であり取引停止といったシナリオもあり得る。

次に、証拠金規制はG20各国で規制導入時期がバラバラな状況にある[注155]。

注153) 日本の金融機関目線では、全銀協（一般社団法人全国銀行協会）による各国当局宛のコメントが参考になる。全銀協のウェブサイトより取得可能。

注154) 例えば、CFTCは日本規制との関係でグループ間取引について同等性を認めていない。2016年9月8日付けFact Sheet参照。http://www.cftc.gov/idc/groups/public/@newsroom/documents/file/japanmargin_factsheet090816.pdf

注155) FSB（金融安定理事会）では、G20各国における店頭デリバティブ市場改革の実施状況をレポートにまとめている。2017年6月29日付店頭デリバティブ市場改革の実施に関する第12次進捗状況報告書（「OTC Derivatives Market Reforms: Twelfth Progress Report on Implementation」）によれば、CCP（Central Clearing）や取引報告（Trade Reporting）と比較して、証拠金規制は全体的に進捗が遅く、かつ、G20各国間でも進捗にばらつきが見受けられる（同報告書3頁・

この点、すでに証拠金規制が実施された国（日本を含む）の金融機関が、G20の規制未実施国（あるいはG20以外の規制未導入国）の金融機関と契約交渉する場合、規制への理解度・対応方針に相当の温度差があるように思われる。これは、未実施国・未導入国では国内取引自体に影響がないため、証拠金規制に対する「実感」や「危機感」をもちにくいことが影響していると考えられる。しかし、規制導入国の金融機関と取引を継続するにはCSA締結が求められるところ、2017年3月1日のVM Big Bangでこの温度差が問題となった。本来的には当局間での規制実施時期に係る国際協調が期待される分野である。

また業態別でみた場合、ディーラーと比べ対応が遅れている運用会社（バイサイド）から、各国当局に対し、VM Big Bangの6か月間延期を申し入れるレターが送付された[注156]。その内容をみると、契約交渉の著しい遅れやその原因が主に数値をもって赤裸々に記載され、通常であればそのような事項を当局宛レターには記載しないのではないか。その意味合いでいわば「悲痛な叫び」である。これに続き、ISDAを筆頭とする業界団体もVM Big Bangについて「forbearance」（不作為、猶予）を要請するレターを各国当局宛に提出した[注157]。

このような事態を受けてか、比較的早い段階で経過措置を設けていた当局に加えて、それまで態度を保留あるいは明確にしていなかった当局も一定の措置を公表するに至った[注158]。金融庁も「業界団体との意見交換会において

13頁～16頁）。

注156) Securities Industry and Financial Markets Association's Asset Management Group及びInvestment Adviser Association連名の2017年1月24日付レター。http://www.sifma.org/issues/item.aspx?id=8589964521

注157) ISDA、Global Financial Markets Association（Global FX Division を含む）、Investment Association、Financial Services Roundtable、ABA Securities Associationおよび American Council of Life Insurers連名の2017年2月7日付レター。http://www2.isda.org/attachment/OTE 2 OQ==/Letter-to-Regulators-Re-VMBigBang_ 7 Feb2017_Final.pdf

注158) ISDA「Variation Margin Big Bang Transition, Relief and Guidelines」（2017年3月16日）では、VM Big Bangに対する各国当局の対応状況がまとめられている。金融機関が規制遵守に向けた努力を尽くすこと等を前提に、明示的に6か月の移行期間を設けるという措置（もっとも、当該移行期間における取引について規制

第3節　伝統的な行為規制および近時の規制

金融庁が提起した主な論点」という形式で、VM Big Bangについて以下の見解（抜粋）を公表している[注159]。

> 「各国における証拠金規制の実施時期にずれが生じることが予想されることから、証拠金規制が未導入の国に所在する金融機関とのクロスボーダー取引においては、新規制に基づく契約書の締結及び証拠金の授受が困難な場合があると聞いている。このようなケースでは、各金融機関が、規制の趣旨を十分に踏まえたカウンターパーティーリスク削減のための適切な措置を講じた上で、規制内容を満たすための継続的な努力を行っていると認められる場合には、当局の視点でも当分の間は、証拠金規制で求める態勢整備を適切に行っているものと考える。ただし、残余リスクに留意し、エクスポージャーを管理するなど、適切に対応していただきたい」

さらに、クローズアウト・ネッティングやCSAの法的有効性が確認されていない国の取扱いも各国規制で異なっている。日本の証拠金規制では未確認国が除外されており特段の問題が直ちに生じることはないが（ただし注145）参照）、他国規制では、相手方からの担保徴求（collect）をグロス・ベースで求める一方、自らの担保差入れ（post）はネット・ベースで行うといったものがあるようである。しかしそのような不利益条件をそもそも相手方が受け入れるのかといった点を含め、疑問がつきず、また市場参加者の解決に向けた努力が継続されている。

証拠金規制は、最終報告書をベースとしつつも国内法制化は各国当局が行うこととされた。銀行の自己資本比率規制のように適用対象が当該銀行自身、すなわち自らの中で「閉じている」仕組みであれば、あとは専ら各国間の国際競争上の有利・不利が問題化するにとどまる。しかし、証拠金規制はクロ

　　　　が遡及適用される場合とされない場合がある）、当局部局が6か月間は規制違反に係る処分勧告をしないという措置、相手方のリスク量で規制遵守時期を細分化するという措置等、各国でさまざまな措置がとられたことがうかがえる。
注159　金融庁「[共通事項（主要行／全国地方銀行協会／第二地方銀行協会／生命保険協会／日本損害保険協会／日本証券業協会）]1.中央清算されないデリバティブ取引にかかる証拠金規制への対応」〈http://www.fsa.go.jp/common/ronten/201702/09.pdf〉。

スボーダー取引でお互いの国の規制がそれぞれ相手方に域外適用されるという「開かれた」仕組みとなっている。そのため、各国規制の差異がダイレクトに適用、かつ拡散される。そして、同等性評価が機能しない場合、より厳しい方向での適用がなされる。このような性質を有する規制にもかかわらず、規制内容が各国ごとに微妙に異なり、導入時期もバラバラとなっている等、今後も厳しい状況が続くと思われる[注160]。

　ここで記載したような論点が時の経過とともに解消されるのか、それとも解消されないまま残り続けるのか。いわば証拠金規制導入初期の「歴史」として記す次第である。

3　清算集中義務、CCPにおける債務引受けに関する法的な問題点

(1)　清算集中義務

(i)　根拠規定

　2010年改正金商法において導入された清算集中制度は、金融商品取引業者等に対し、一定の店頭デリバティブ取引について、国内外の清算機関を用いて清算を行うことを義務付けるものである。その中心的な規定は以下に掲げる金商法156条の62である。

> 金商法156条の62　金融商品取引業者等は、次の各号に掲げる取引を行う場合には、当該取引に基づく自己及び相手方の債務をそれぞれ当該各号に定める者に負担させなければならない。
> 一　店頭デリバティブ取引その他の取引のうち、取引高その他の取引の状況に照らして、その取引に基づく債務の不履行が我が国の資本市場に重大な影響を及ぼすおそれがあるものであつて、その特性にかん

注160)　「オンレコオフレコ　デリバティブ証拠金規制の混乱」金融財政事情3204号（2017）18頁では、VM Big Bangにおいて、日本の金融機関が規制対応が遅れている国の金融機関との間でVM CSA締結や証拠金の授受が困難となっているケースや、相対的に小規模な金融機関との契約交渉が後回しにされがちなケースが紹介されている。

がみ、我が国において清算する必要があるものとして内閣府令で定める取引　金融商品取引清算機関
二　店頭デリバティブ取引その他の取引のうち、取引高その他の取引の状況に照らして、その取引に基づく債務の不履行が我が国の資本市場に重大な影響を及ぼすおそれがあるものとして内閣府令で定める取引（前号に掲げる取引を除く。）　金融商品取引清算機関（当該金融商品取引清算機関が連携金融商品債務引受業務を行う場合には、連携清算機関等を含む。）又は外国金融商品取引清算機関

(ii)　清算機関

(a)　意義

デリバティブ取引に係る清算機関とは、証拠金の預託を受けて、取引の当事者（清算参加者）の間に立ち、各取引当事者の有する債務をそれぞれ引き受け、その対価として各当事者に対する債権をそれぞれ取得する機関をいう。これにより、取引当事者間における相対取引を、各取引当事者と清算機関との債権債務関係に置き換え、取引決済リスクを集中して引き受ける経済的機能を果たす（【図表12-3-9】参照）。仮に清算機関が存在しない場合、取引の一方当事者が破綻した際に、その反対当事者は自己の有する破綻当事者に対する債権の回収が不可能になる危険を負うところ、清算機関が存在する場合には、取引の当事者の一方が破綻したとしても、清算機関がその反対当事者に対する取引上の債務を履行するため、ある取引当事者が破綻したときに他の取引当事者への影響が及ばないようにする防波堤の役割を清算機関は果たす。2010年改正金商法において導入された清算集中制度は、清算機関が前記のような機能を有することに着目し、金融商品取引業者等に対し、一定の店頭デリバティブ取引について国内外の清算機関を用いて清算を行うことを義務付けることにより、取引当事者におけるカウンター・パーティー・リスクの管理、取引決済の安定、当局による効率的な情報収集の実現を企図するものである[注161]。

なお、前記金商法156条の62によれば、清算義務を負う清算機関は、主として内閣総理大臣の免許または承認を受けた「金融商品取引清算機関」（金

商 2 条29項）であるが、現在、かかる金融商品取引清算機関には、株式会社日本証券クリアリング機構（以下、「JSCC」という）[注162]、株式会社証券保管振替機構における一般振替DVPのための精算業務を行う株式会社ほふりクリアリング、市場デリバティブ取引の清算業務を行う株式会社東京金融取引所の 3 社があり、このうち店頭デリバティブ取引の清算業務を行うのはJSCCである。

(b)　清算機関への債務帰属の法律構成

2002年の証券取引法における清算機関制度の導入に際しては、清算対象となる原取引を、取引当事者と清算機関との間の債権債務関係に構成し直すに当たり、債務引受構成が前提とされた[注163]。債務引受構成とは、清算機関が原取引に係る債務の免責的債務引受けを行い、その対価として原取引に係る反対債権を取得するという構成である。この構成による場合、債務引受けの準拠法が債権者の別段の合意がない限り引受対象債務の準拠法とされる点、また、原債務に付着した抗弁権が承継される場合に決済安定の要請を害するおそれがあり得る等の問題点が指摘されている[注164]。

そこで、債務引受構成とは異なるアプローチとして、いわゆる発生消滅構成（清算機関と清算参加者との間に原取引と同条件の取引を発生させるとともに、原取引を合意解約させる）があり得る。かかる構成をとることにより、前記の債務引受構成の問題点を解消することが可能となる[注165]。現在のJSCCにお

注161）　和仁亮裕ほか「清算集中・取引情報蓄積機関」ジュリ1412号（2010）24頁以下。
注162）　JSCCは日本で初めて当時の証券取引法に基づく「証券取引清算機関」として有価証券債務引受業の免許を受け、2003年 1 月14日から業務を開始した清算機関であり、現在わが国唯一の店頭デリバティブの清算機関である。
注163）　髙橋康文＝長崎幸太郎『証券取引法における清算機関制度』（金融財政事情研究会、2003）38頁以下。
注164）　和仁ほか・前掲注161）28頁以下。
注165）　これは、以前民法（債権法）改正において提案されていた三面更改の効力に類似している。これは前記【図表12-3-9】に即していえば、ABC銀行とXYZ証券との間で、ABC銀行のXYZ証券に対する債権をABC銀行の清算機関に対する債権と清算機関のXYZ証券に対する債権とに置換することについて合意し、これについて清算機関が承諾した場合には、ABC銀行・XYZ証券間の債権は清算機関が承諾した時（ABC銀行・XYZ証券間の債権が未発生の場合には当該債権が発生した時）に消滅するものとし、この場合にはABC銀行・XYZ証券間の債権の消滅と同時に、ABC銀行は清算機関に対してABC銀行・XYZ証券間の債権と同内容の債

第3節　伝統的な行為規制および近時の規制

【図表12-3-9】　清算機関を用いる取引のイメージ図

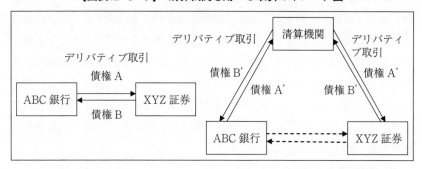

けるCDSおよび金利スワップの清算業務においてはかかる構成が採用されている[注166]。

　この点、金商法における金融商品取引清算機関の定義をみると、金融商品取引清算機関とは内閣総理大臣の免許または承認を受けて「金融商品債務引受業」を行う者であるところ（金商2条29項）、「金融商品債務引受業」（同条28項）とは、金融商品取引業者、登録金融機関または証券金融会社を相手方として、これらの者が行う対象取引に基づく債務を、<u>引受け、更改その他の方法</u>により負担することを業として行うものと定義されている[注167]。この

を取得するとともに、清算機関はXYZ証券に対してABC銀行・XYZ証券間の債権と同内容の債権を取得するものとするというものであり、かかる法的効果が債務の要素の変更に当たると考えられるため、更改の一種と位置付けられた（法制審議会民法（債権関係）部会資料40「民法（債権関係）の改正に関する論点の検討（12）」（http://www.moj.go.jp/content/000098793.pdf）10頁以下、金融法委員会「CCPと倒産法制――関係当事者の破綻時における処理方法を中心に」〔2013年2月1日。http://flb.gr.jp/jdoc/publication42-j.pdf〕3頁以下）。なお、現行法の下で発生消滅構成をとったとしても、前記のような法的効果に鑑み、対抗要件具備を要求する民法515条の適用があるのではないかという問題があるが、民法が債務者の交代による更改と債権者の交代による更改を区別して後者についてのみ債権譲渡に準じた対抗要件具備を要求しているところ、清算機関による清算は清算機関に債務を集中的に負わせることを目的に、債務者の変更による更改を行うものと解されるので、同条の適用はないとも考えられる（和仁ほか・前掲注161）29頁）。

注166）　CDS清算業務に関する業務方法書48条〜50条（https://www.jpx.co.jp/jscc/kisoku/cimhll00000001qy-att/01cdsgyoumuhouhousho20170703.pdf）および金利スワップ取引清算業務に関する業務方法書48条〜50条（https://www.jpx.co.jp/jscc/kisoku/cimhll00000001ow-att/01irsgyoumuhouhousho.pdf）。

注167）　本文記載の通り、「金融商品債務引受業」（金商2条28項）とは、金融商品取引業

「金融商品債務引受業」の定義は、2010年金商法改正において「債務の引受け」から「債務を、引受け、更改その他の方法により負担すること」にあらためられたが、その趣旨は、後述のような外国の清算機関による日本市場における清算業務への参集を認める制度の整備に伴い、国内の清算機関における従来の債務引受以外の方式によって行われる外国の清算機関による債務の負担行為についても、金商法上の債務引受業に含まれることを明示する点にあるとされるところ[注168]、前記発生消滅構成を念頭に置くJSCCの清算業務と整合するものと考えられる。

(c) 国内清算機関の基盤強化[注169]

2010年の金商法改正に当たり、清算機関は清算参加者破綻時における影響が市場全体に波及することを遮断する重要なインフラとしての機能を果たすことが不可欠であり、清算参加者破綻時においても、清算機関が負担した債務の履行を継続して行うのに十分な財産的基盤を要求する観点から、10億円の最低資本金制度が導入された（金商156条の5の2、金商令19条の4の2）。加えて、資本金額の減少については認可制、増加については届出制度が採用されている（金商156条の12の3）。

また、金融資本市場の安全性の観点で重要なインフラである清算機関が特定の大株主により運営に不当な影響力が行使されることを防止するため、清算機関の総株主の議決権の100分の5を超える議決権（対象議決権）を保有することとなった者は、遅滞なく、議決権の保有割合、保有目的等を記載した対象議決権保有届出書を内閣総理大臣に提出しなければならない（金商156条の5の3）ものとされ、さらに、総株主の議決権の100分の20（ただし、当

者、登録金融機関または証券金融会社（金融商品債務引受業対象業者）を相手方として、これらの者が行う対象取引に基づく債務の引受等を行う業務である。そうすると、原取引の当事者がかかる金融商品債務引受業対象業者に該当しない取引はどうなるのかということになるが、これについては、原取引の当事者は、金融商品取引業者または登録金融機関に対し、対象取引に基づく債務を清算機関に負担させることを条件に、当該当事者の計算で当該対象取引を行うことを委託することで、対象取引についての清算機関の利用が可能となる（金商2条27項。有価証券等清算取次ぎ）。

注168) 逐条解説2010年86頁。
注169) 和仁亮裕「デリバティブ規制の見直し」金法1903号（2010）52頁、金商法コンメ(3)772頁以下［細村武弘］。

該株主と清算機関との間に所定の重要な関係性がある場合には100分の15）以上の数の議決権を取得しまたは保有しようとする者等は、あらかじめ内閣総理大臣の認可を受けなければならないとされる（同法156条の5の5）。

(d) **外国金融商品取引清算機関制度の創設**[注170]

従来、金融商品債務引受業務の免許を取得するには「株式会社」であることが必要と解されるため（金商156条の4第2項1号参照）、従来、国外の清算機関が日本で免許を取得して清算業務を行うことは実質的にできないものと考えられてきた。しかし、国内金融機関が国際的にデリバティブ取引を行っている実態を踏まえて外国の清算機関を利用することも可能とするため、外国の法令に準拠して設立された法人で外国において金融商品債務引受業と同種類の業務を行う者は、外国当局から金融商品債務引受業の免許と同種類の免許を受けていること、業務を健全に遂行するに足りる財産的基礎を有し、清算が適正かつ確実に行われるための仕組みおよび体制が整備されていること、当該外国において金融商品債務引受業と同種類の業務を開始してから政令で定める期間を経過していること等の所定の要件を満たす場合に、内閣総理大臣から免許を受けて、当該外国法人は清算業務を直接国内の当事者を相手に営むことができるものとされた（同法156条の20の2・156条の20の4）[注171]。

(e) **国内清算機関と外国清算機関その他の清算機関との連携制度の整備**[注172]

国内清算機関は、内閣総理大臣の認可を受けて、連携清算機関等（他の国内清算機関、外国清算機関または外国の法令に準拠して設立された法人で外国において金融商品債務引受業と同種類の業務を行う者）と、連携金融商品債務引受業務に関する契約を締結して、連携金融商品債務引受業務を行うことができる（金商156条の20の16）[注173]。連携金融商品債務引受業務とは、国内清算機

注170) 和仁・前掲注169) 52頁以下、金商法コンメ(3)812頁以下［細村武弘］。

注171) 現在、外国金融商品取引清算機関として、エルシーエイチ・クリアネット・リミテッドおよびChicago Mercantile Excange Inc.が金融庁の免許を取得して業務を行っている（http://www.fsa.go.jp/menkyo/menkyoj/gaikokukinyuusyouhintorihikiseisan.pdf）。

注172) 和仁・前掲注169) 53頁以下、金商法コンメ(3)832頁以下［細村武弘］。

注173) かかる認可を得るに当たっては、連携清算機関等が金融商品債務引受業務の免許または外国当局からこれと同種類の免許を受けていることのほか、認可申請者および連携清算機関等が業務を健全に遂行するに足りる財産的基礎を有し、清算が

関が行う、対象取引の債務を第三者に負担させ、対象取引の当事者である清算参加者の相手方の債務を清算機関が負担する行為として内閣府令で定める行為と定義されるが（同条１項、清算機関府令38条）、債務負担の結果、国内清算機関は連携清算機関等の参加者の債務を負担し、連携清算機関等は国内清算機関の清算参加者の債務を負担することとなり、それぞれの参加者に対して債務を負うかたちとなる[注174]。かかる規定に基づき、外国の清算機関は、前記(d)で述べた外国清算機関の免許を取得する手段のほか、国内清算機関との間で連携金融商品債務引受業務に関する契約を締結の上で国内清算業務に参入することが可能となった。

(iii) 清算集中の対象取引

2010年改正金商法策定時においては、清算集中義務の対象となる取引の範囲を定めるにあたり、前記(ii)(a)に記載した趣旨に照らし、本邦における取引規模が大きく、清算集中による決済リスクの削減が本邦市場の安定に必要と考えられるか否かを考慮することとし、具体的範囲は店頭デリバティブ府令で定めることとされた[注175]。詳細は以下の通りである。

(a) 対象取引

まず、対象取引の類型については、現在【図表12-3-10】の通りとなっている（店頭デリバティブ府令２条１項・２項、清算集中告示１条・２条）[注176]。

適正かつ確実に行われるための仕組みおよび体制が整備されていること、連携清算機関等が当該外国において金融商品債務引受業と同種類の業務を開始してから政令で定める期間を経過していること等の要件が課せられている（金商156条の20の17・156条の20の18）。

注174) 具体的には以下の４類型である（清算機関府令38条）。
① 国内清算機関が一旦自らの清算参加者とその相手方の債務の両方を負担した後、清算参加者の債務を連携清算機関等に負担させる形式
② 連携清算機関が一旦自らの清算参加者とその相手方の債務の両方を負担した後、当該清算参加者の債務を国内清算機関に負担させる形式
③ 国内清算機関がその清算参加者の債務を一旦負担し、その後当該債務を連携清算機関等に負担させ、一方で、連携清算機関等が国内清算機関の清算参加者の取引相手の債務を一旦負担し、その後当該債務を国内清算機関に負担させる形式
④ 前記①ないし③以外の方式により、清算参加者の債務を連携清算機関等に負担させ、清算参加者の相手方の債務を国内清算機関が負担するもの

注175) 榎本雄一朗＝塚本晃浩「店頭デリバティブ規制の全貌──「清算集中制度」の概要と今後の見直し」金融財政事情3094号（2014）60頁。

【図表12-3-10】 清算集中対象取引

	国内清算機関の利用が義務付けられるもの（金商156条の62第1号）	国内または国外の清算機関の利用が義務付けられるもの（金商156条の62第2号）
清算集中の対象取引	iTraxx Japanのうち50以下の内国法人の信用状態に係る事由または債務者の経営再建または支援を図ることを目的として行われる金利の減免、利息の支払猶予、元本の返済猶予、債権放棄その他の債務者に有利となる取決めのうち50以下の内国法人の信用状態に係る事由を、支払事由とするクレジット・デリバティブ取引で、JSCCが当該取引に基づく債務をその行う金融商品債務引受業務の対象としているもの	金利スワップ取引のうち、変動金利が①3か月物の円LIBOR、②6か月物の円LIBOR、③3か月物のユーロ円TIBOR（約定期間が1839日以内のものに限る）、または④6か月物のユーロ円TIBOR（約定期間が3666日以内のものに限る）のいずれかのもので、JSCCが当該取引に基づく債務をその行う金融商品債務引受業務の対象としているもの

(b) **対象取引の主体**

金融商品取引業者等（金商34条）、すなわち、金融商品取引業者および登録金融機関が取引当事者となる店頭デリバティブ取引である（同法156条の62柱書）。

(c) **除外される取引**

金融商品取引業者等が行う前記(a)に該当する店頭デリバティブ取引であっても、以下の類型に該当する取引については、特に清算集中義務の対象から除外されている。

なお、【図表12-3-11】記載の取引の想定元本額3000億円未満の者または信託財産に係る除外要件に鑑み、過年度の各月末日における店頭デリバティ

注176) 【図表12-3-10】の通り、JSCCがその行う金融商品債務引受業務の対象としているものとされているため、具体的にはJSCCの業務方法書および業務方法書に基づく規則において清算対象取引とされている取引に限定されることになるが、今後清算集中義務の対象となる取引については、告示施行後の状況等を踏まえながら検討し、必要に応じ、店頭デリバティブ府令や清算集中告示を改正することが想定されるとされている（金融庁パブコメ回答〔平24.7.11〕3頁14番）。

第12章　デリバティブ

【図表12-3-11】　清算集中義務から除外される取引

		国内の清算機関の利用が義務付けられるもの（金商156条の62第1号）	国内または国外の清算機関の利用が義務付けられるもの（金商156条の62第2号）
清算集中の対象から例外的に除外される取引		取引の当事者の一方が金融商品取引業者等以外の者である場合（店頭デリバティブ府令2条3項1号・4項1号）	
		信託勘定に属するものとして経理される取引（店頭デリバティブ府令2条3項2号）	信託勘定に属するものとして経理される取引（店頭デリバティブ府令2条4項2号）ただし、当該取引に係る契約を締結する時の属する年の前々年の4月から前年の3月までの各月末日における店頭デリバティブ取引（清算集中等取引情報[*1]または取引情報[*2]の対象に限る）に係る想定元本額の合計額の平均額が3000億円以上である信託財産に係るものは除外
		取引を行う金融商品取引業者等の親会社等、子会社等または親会社等の子会社等が当該取引の相手方となる場合（店頭デリバティブ府令2条3項3号・4項3号）	
		取引当事者が、当該取引に基づく債務を金融商品債務引受業の対象とする同一の金融商品取引清算機関等の当該取引に係る清算参加者となっている場合以外の場合で、清算参加者となっていないことについて合理的理由がある場合（店頭デリバティブ府令2条3項4号）[*3]	
			当事者の一方または双方が、取引情報作成対象業者[*4]以外の者である場合（店頭デリバティブ府令2条4項4号イ）
			当事者の一方または双方が、当該取引に係る契約を締結する時の属する年の前々年の4月から

第3節　伝統的な行為規制および近時の規制

		前年の3月までの各月末日における取引（清算集中等取引情報または取引情報の対象に限り、信託勘定に属するものを除く）に係る想定元本額の合計額の平均額が3000億円未満である者である場合（店頭デリバティブ府令2条4項4号ロ）
	清算機関に債務負担させることが不適当であると認められる特別の事情があるものとして金融庁長官が指定する場合において行う取引（店頭デリバティブ府令2条3項5号・4項5号）*5	

＊1　金商法156条の62各号に掲げる取引（清算集中の対象となる取引）および店頭デリバティブ府令6条1項各号に掲げる取引（金商業者等による取引情報保存・報告の対象となる取引）に関する情報のうち、当該金融商品取引清算機関等が当該取引に基づく債務を負担した取引に係るものを指す（金商156条の63第1項、店頭デリバティブ府令3条）。

＊2　店頭デリバティブ府令6条1項各号に掲げる取引（金商業者等による取引情報保存・報告の対象となる取引）に関する情報から、清算集中等取引情報を除いたものを指す（金商156条の64第1項、店頭デリバティブ府令6条1項）。

＊3　清算参加者となっていない合理的な理由がない場合とは、例えば、清算機関が業務方法書で定める清算参加者の要件を充足するために特段の大きな支障がないにもかかわらず、清算参加者とならない場合などが想定されている。なお、清算参加者とならないことについて合理的理由がないと認められる場合には、他の清算集中の適用除外取引を規定する条文に該当しない限り清算集中義務の対象となるが、その場合、有価証券等清算取次ぎ（金商2条27項）により清算を行うことによっても当該義務との関係で問題は生じないとされる（金融庁パブコメ回答〔平24.7.11〕8頁～11頁32番～41番）。

＊4　金融商品取引業者等のうち、第一種金融商品取引業を行う金融商品取引業者または登録金融機関である銀行、株式会社商工組合中央金庫、株式会社日本政策投資銀行、全国を地区とする信用金庫連合会、農林中央金庫もしくは保険会社（保険業法2条2項に規定する保険会社をいい、同条7項に規定する外国保険会社等を含む）のいずれかの者（店頭デリバティブ府令2条4項4号イ）。

＊5　市場の大きな混乱等により清算機関が円滑に清算業務を遂行できないような状況等が想定されている（金融庁パブコメ回答〔平24.7.11〕14頁56番）。

ブ取引（清算集中等取引情報または取引情報の対象となっているものに限る）に係る想定元本額の合計額の平均額が3000億円以上である取引情報作成対象業者は、金融庁に取引規模の届出を行うことが義務付けられている（店頭デリバティブ府令2条の2）。具体的には、取引情報作成対象業者である金融商品取引業者等は、毎年、次の各号のいずれかに該当する場合には、4月1日から5月31日までの間に、その旨を金融庁長官に届け出なければならな

809

い(注177)。

> ①　前々年の4月から前年の3月までの各月末日における店頭デリバティブ取引に係る想定元本額の合計額の平均額が3000億円未満であり、かつ、前年の4月からその年の3月までの各月末日における店頭デリバティブ取引に係る想定元本額の合計額の平均額が3000億円以上である場合、または当該店頭デリバティブ取引が信託勘定に属する場合には同額未満かつ同額以上の信託財産がある場合
> ②　前々年の4月から前年の3月までの各月末日における店頭デリバティブ取引に係る想定元本額の合計額の平均額が3000億円以上であり、かつ、前年の4月からその年の3月までの各月末日における店頭デリバティブ取引に係る想定元本額の合計額の平均額が3000億円未満である場合、または当該店頭デリバティブ取引が信託勘定に属する場合には同額以上かつ同額以上未満の信託財産がある場合

(2)　デリバティブ取引当事者および清算機関の破綻時の法律関係

(i)　デリバティブ取引当事者の破綻時

　清算機関は多数の取引について各取引当事者との債権債務関係の相手方となっているが、各取引の勝ち負けの時価ポジションを算出し、それらを差引計算した上で一本の債権または債務に組み替える処理（いわゆる一括清算処理）を行うことで、決済しなければならない債権債務を削減し、決済の安全性および効率性、ひいては清算機関の安定的な業務運営を確保している。清算参加者が破綻した場合、清算機関においては、清算機関による破綻認定がされた時点をもって、自動的に清算機関と清算参加者との間のすべての清算約定（清算機関が債務負担することにより清算参加者と清算機関との間に成立する、清算参加者との間の原店頭デリバティブ取引と同等の法律関係を指す。以下同じ）が終了し、終了した清算約定と清算参加者が清算機関に対して差し入

注177)　届出結果は金融庁のホームページで公表される（http://www.fsa.go.jp/status/torihikikibo/index.html）。

れた証拠金等との一括清算が業務方法書等で定められているが[注178]、かかる業務方法書に定められた決済方法の有効性を認め、迅速かつ円滑な処理を行っていくことが重要となる[注179]。

そのため、業務方法書において、清算機関と清算参加者との間の債権債務について差引計算の方法、担保の充当方法その他の決済の方法を定めている場合において、清算参加者に特別清算手続、破産手続、再生手続または更生手続が開始されたときには、これらの手続の関係において、清算機関が金融商品債務引受業として引受け、更改その他の方法により負担した債務等およびその対価として取得した債権および担保に関する決済の方法については、当該業務方法書の規定に従い行われるものとされる（金商156条の11の2）。したがって、清算参加者の破綻時においては、各清算機関の業務方法書の規定に従い、清算機関と清算参加者との間のすべての清算約定の終了、終了した清算約定および清算参加者が清算機関に対して差し入れた担保（証拠金）の一括清算等の処理が行われることになろう[注180]。

(ii) 清算機関の破綻時

一括清算および清算約定の当然終了について業務方法書等で規定されたとしても、前記金商法156条の11の2の規定は、清算参加者の破綻の場合の規定であり、清算機関の破綻の場合には適用されない。前述のように2010年の金商法改正において、清算機関の財務基盤は強化されており、そもそも、清算機関が破綻しないことが前提となっているようにも思われるが、清算機関といえども抽象的には破綻する可能性はあるのであり、その際における法律関係について整理しておく実益はあるように思われる。

清算機関の破綻時の取扱いについては一部、業務方法書とは別の契約によ

注178) 例えば、JSCCにおけるCDS清算業務に関する業務方法書90条・92条・102条（https://www.jpx.co.jp/jscc/kisoku/cimhll00000001qy-att/01cdsgyoumuhouhousho20170703.pdf）。

注179) 金商法コンメ(3)796頁以下［細村武弘］。

注180) 破綻した清算参加者を当事者とする清算約定を終了させる建付けについては、金商法156条の11の2はかかる清算約定終了の有効性について明示していないが、債権債務の決済を行う以上清算約定が終了していることは当然の前提であり、清算約定を終了させる旨の建付けも有効と考えられる（金融法委員会・前掲注165）19頁）。

り、個々の清算約定の当然終了および一括清算を規定しているものはあるようであるが[注181]、清算機関との間で清算約定を成立させている清算参加者としては、清算機関破綻時の自己の清算機関との間の法律関係は非常に重要となると考えられる。なぜなら、清算参加者としては、相手方当事者破綻時における一括清算に係る規定を有するISDA Master Agreementを相手方当事者と締結して店頭デリバティブ取引を行う場合が多く、相手方当事者破綻時において少なくとも一括清算による取引関係の終了および決済がされるものと期待しているはずである[注182]。そうであれば、利用が義務付けられる清算機関が破綻したことにより、当事者間の相対取引であれば受けられるはずであった一括清算処理が、相手方が清算機関の場合に受けられないということは清算参加者にとり大きな誤算となるであろう。

では、前記のような清算機関破綻時の一括清算の取扱いについて業務方法書と別の契約で定められた規定は有効であろうか。まず、一括清算法の適用を受けられるかについては、清算機関と清算参加者との間に成立する清算約定は原取引である店頭デリバティブ取引と同条件で新たに成立する取引であるから、同法の適用対象となる「特定金融取引」（一括清算2条1項）に該当するものとして、清算参加者が「金融機関等」（同条2項）の場合には、同

注181) 例えば、JSCCのCDS清算業務および金利スワップ清算業務においては、そのような取扱いがなされているようである（金融法委員会・前掲注165）13頁）。

注182) ISDA Master Agreementが定める一括清算（取引当事者の一方に倒産処理手続開始の申立てがなされた場合に期限の利益喪失事由の発生と捉え、既存の取引に関する債権債務を一定のものを除いて消滅させ、一方当事者から他方当事者への期限前終了金額〔Early Termination Amount〕の支払債務に一本化の上で、期限前終了日に同金額を支払うものとする建付け）は、破産手続開始時点で期限未到来の取引分について両当事者未履行の双務契約として破産管財人による任意の解除／履行の選択権（破53条）に服することになり、管財人が破産財団にとり有利な取引のみの履行を選択するいわゆるcherry pickingを防止することを念頭に置いたものであるが、同規定の有効性については疑義があったところである。一括清算法および破産法58条は、かかるISDA Master Agreementにおける一括清算条項の有効性を正面から認め、一括清算条項の法的安定性を確保したものといえる（詳細は「倒産と担保・保証」実務研究会編『倒産と担保・保証』〔商事法務、2014〕153頁以下〔池永朝昭＝濱本浩平〕、山名・前掲注50）17頁以下、竹下守夫編集代表『大コンメンタール破産法』〔青林書院、2007〕243頁〜251頁〔松下淳一〕ほか）。第1節3も参照。

法の適用が肯定される余地はあるように思われる。また、清算約定の原取引が取引所や店頭市場において約定した取引である限り、当該清算約定は「取引所の相場その他の市場の相場がある商品の取引に係る契約」(破58条1項)に該当し[注183]、清算参加者および清算機関との間の業務方法書および覚書が「基本契約」(同条5項)として、破産法58条5項に基づき一括清算処理の有効性が認められる余地があるように思われる[注184]。他方で、前記のような処理規定が設けられていない場合、一括清算法および破産法58条に依拠することはできず、清算約定のうち期限未到来のものについては、両当事者が双方未履行の双務契約として、清算機関の破産管財人の解除／履行の選択権に服する可能性がある。

注183) この点については、金商法156条の11の2が導入された2004年の証券取引法の一部を改正する法律の立案担当官は、「証券取引清算機関は、証券取引の清算のために債務引受け及びその対価としての債権の取得を行う構成をとっており、証券取引清算機関が債務引受けをした後の、破産した証券会社(清算参加者)と証券取引清算機関との間の取引(債務引受け及びその対価としての債権の取得)については、取引所の相場のある商品の売買には該当しない。また、証券取引清算機関も価格形成を果たす『取引所又は市場』には該当しないことから、破産した清算参加者と証券取引清算機関との間の取引については旧破産法61条(新破産法58条)の対象にはならないと考えられる」との見解を示している(高橋康文編著『平成16年証券取引法改正のすべて』〔第一法規、2005〕117頁)。しかし、前述の通り、2010年改正金商法において金融商品債務引受業の概念が債務引受け以外の方法も広く含むかたちに改正されたことを考慮に入れる必要があろう。加えて、証券取引清算機関が価格形成を果たす取引所または市場に該当しないのは当然だが、破産法58条1項の適用対象は「取引所の相場その他の市場の相場がある商品の取引に係る契約」とされており、現に取引所または市場において取引をすることが要求されるわけではないと解釈し得、本文記載の通り、清算約定の原取引が取引所や店頭市場において約定した取引である限り、同項の適用を肯定する余地はあるように思われる(金融法委員会・前掲注165)23頁〜25頁)。
注184) 金融法委員会・前掲注165)29頁〜30頁。

4 電子取引基盤の利用の義務付け、取引情報の保存・報告義務

(1) 電子取引基盤の利用の義務付け

(i) 電子取引基盤の意義

　電子取引基盤とは、一般的に、その提供者と顧客との間を通信回線でつなぎ、取引の約定から資金決済までの一連の事務処理を、人手を介さずに自動的に電子化して行うことができるシステムである。この点、従来のボイス・ブローカーが仲介する取引では、当事者がブローカーに希望する商品の価格または動向を電話等で問い合わせることが取引の端緒となり、ブローカーが呈示するビッドに応じてそれをヒットしたり、あるいはカウンターとなるオファーをブローカーに提示することでプロセスが進む。すなわち、ボイス・ブローキングプロセスの中で、価格発見、マッチング、コンファーメーション送付等が行われるが、これらはすべてブローカーと当事者の間で秘密裏に行われるため、約定価格を含む取引情報は一般に開示されないものとされる[注185]。リーマン・ショックにおいて金融機関が相互不信に陥り、店頭市場において流動性が著しく低下する事態が生じたこと等を踏まえ、各国当局において店頭デリバティブ取引の公正性に係る監視の必要性およびあらかじめ定められたルールに基づく信頼性の高い方法で取引が行われることの重要性の認識が高まり、前記のように実質的に秘密裏に行われる取引プロセスの場に電子取引基盤の利用を義務付けることにより、今後の危機的状況発生時のセーフガードとなることが期待されるほか、価格情報をみえやすくするための枠組みが整備され、将来的な市場の効率性向上や参加者の拡大につながることも期待されている[注186]・[注187]。

注185)　谷保明「店頭デリバティブ規制の全貌――電子取引基盤の実務と課題」金融財政事情3094号（2014）72頁～74頁。
注186)　金融庁「『店頭デリバティブ取引市場規制にかかる検討会』における議論のとりまとめ」（2011年12月26日。http://www.fsa.go.jp/news/23/syoken/20111226-3.html）2頁。
注187)　かかる目的の達成のために必要となる電子取引基盤の共通要素として、IOSCOの

(ⅱ) 規制の概要

(a) 利用が義務付けられる電子取引基盤

　金商法は後記で述べる特定店頭デリバティブ取引について自己または第三者の提供する電子情報処理組織の利用を義務付けるのみで、特に「電子取引基盤」の定義を設けているわけではない。もっとも、電子情報処理組織とは、その使用により取引前の価格の透明性の確保等が求められることから、単にpost-trade処理のみを行うようなシステムや電子メールなどは含まれず、pre-tradeやtrade-executionのための用に供されているシステムであるとされ、店頭デリバティブ取引等の業務の用に供する電子情報処理組織を使用して店頭デリバティブ取引等を行うこととは、単なる取引の記録等だけではなく、店頭デリバティブ取引等に係る契約の主要な要件について内容を合致させることが求められることを意味するとされている[注188]。

(b) 利用が義務付けられる対象取引

　利用が義務付けられる「特定店頭デリバティブ取引」(金商40条の7第1項、金商業等府令125条の7第1項)としては、「金融商品取引業等に関する内閣府令(2007年内閣府令52号)125条の7第1項に規定する金融庁長官が指定するものを定める件」(平成27年金融庁告示第67号)において、大要、下記の通り指定されている。

> 　固定金利と変動金利の交換を行うプレーンバニラ型の円金利スワップであって、参照する変動金利が6か月物円LIBORであり、取引期間が5年、

[注188] 店頭デリバティブ取引に関する報告書では、①取引基盤を監督当局のもとに登録し、適切な参入規制および行為規制を課すこと、②当該取引基盤にアクセスするためのルールが客観的かつ非差別的な公正なものであること、③当該取引基盤で取引されるデリバティブ商品の特性および流動性ならびに当該取引基盤が提供する機能に適した取引前後の情報開示がされること、④取引後のインフラにリンクし、かつ、当該取引基盤の障害に対処する適切な措置を含む業務上の回復力を有していること、⑤監査・追跡の能力を含む積極的な市場監視の能力を有していること、⑥当該取引基盤のガバナンスを規律する透明なルールを有していること、⑦そこで行われる売買の需要の突き合わせに関連して、当該取引基盤の運営者が類似の取引基盤の参加者を差別的に取り扱うことを許さないことが挙げられている(Technical Committee of the IOSCO, Report on Trading of OTC Derivatives, at 48-49 [https://www.iosco.org/library/pubdocs/pdf/IOSCOPD345.pdf])。

[注188] 金融庁パブコメ回答〔平26.11.19〕1頁～2頁2番～5番。

> 7年、10年のもの[注189]（ただし、JSCCが当該取引に基づく債務をその行う金融商品債務引受業務の対象としているものに限定）

　かかる告示による指定に際しては、清算機関における債務負担状況等からもプレーンバニラ型の円金利スワップの割合が高い状況であったことや、取引量、取引条件の標準化の程度等から、プレーンバニラ型の円金利スワップを対象取引とした上で、参照する指標や取引期間によって流動性や標準化の程度には差があることを踏まえ、一定の範囲に限定されたとされている[注190]。

　(c)　利用が義務付けられる対象者

　店頭デリバティブ取引を業として行う金融商品取引業者等が特定店頭デリバティブ取引を行う場合には、当該金融商品取引業者等がその店頭デリバティブ取引の業務のように供する電子情報処理組織を利用するか、または、他の金融商品取引業者等もしくは電子店頭デリバティブ取引等許可業者がその店頭デリバティブ取引等の業務のように供する電子情報処理組織を使用すべきものとされている（金商40条の7第1項）。したがって、特定店頭デリバティブ取引を行おうとする金融商品取引業者等は、自己または他の金融商品取引業者等もしくは電子店頭デリバティブ取引等許可業者が提供する電子取引基盤の利用を義務付けられるのが原則である。

　ただし、前記告示で指定される取引が【図表12-3-12】のカテゴリに該当する場合、かかる取引は例外的に特定店頭デリバティブ取引から除外されている。

注189）　なお、前記告示では、本文記載の金利スワップのうち、「複数の異なる取引を同時に成立させることを条件として、当該取引の当事者のいずれかが一括して注文するものを含まないもの」とされており、これは、スプレッド取引やバタフライ取引のいわゆるパッケージ取引を除外するものであり、これらの取引についてはアメリカにおいても段階的導入とされていたことを踏まえ、日本においても今回の告示では対象取引から除外したものとされる（土居文代＝三田真史「電子取引基盤規制の対象取引に係る告示の概要と今後の見通し――一定のプレーンバニラ型円金利スワップ取引を規制対象に」金融財政事情3135号〔2015〕41頁以下）。

注190）　土居＝三田・前掲注189）41頁以下。

第3節　伝統的な行為規制および近時の規制

【図表12-3-12】　特定店頭デリバティブ取引から除外される取引

	特定店頭デリバティブ取引から除外される取引
金商業等府令125条の7第2項1号	信託勘定に属するものとして経理される取引
金商業等府令125条の7第2項2号	取引を行う金融商品取引業者等の親会社等、子会社等または親会社等の子会社等が当該取引の相手方となる場合における当該取引
金商業等府令125条の7第2項3号イ	取引当事者の一方または双方が、第一種金融商品取引業を行う金融商品取引業者、登録金融機関である銀行、株式会社商工組合中央金庫、株式会社日本政策投資銀行、全国を地区とする信用金庫連合会もしくは農林中央金庫以外の者である取引
金商業等府令125条の7第2項3号ロ	取引当事者の一方または双方が、金融商品取引業者等のうち、当該取引に係る契約を締結する時の属する年の前々年の4月から前年の3月までの各月末日における店頭デリバティブ取引で清算集中等取引情報（金商156条の63第1項）または取引情報（同法156条の64第1項）の対象となっているものに係る想定元本額合計額の平均額が6兆円未満である者
金商業等府令125条の7第2項4号	店頭デリバティブ取引等の業務のように供する電子情報処理組織の使用の停止を必要とする障害が発生した場合その他金融商品取引業者等が行う取引を店頭デリバティブ取引等の業務の用に供する電子情報処理組織を使用して行わせることが不適当と認められる特別の事情があるものとして金融庁長官が指定する場合において当該金融商品取引業者等が行う取引

(d)　公表義務

電子情報処理組織を使用に供した者は、当該電子情報処理組織を使用して行われた特定店頭デリバティブ取引について、その価格、数量その他取引の概要を明らかにするために必要な事項[注191]を当該電子情報処理組織を使用

注191)　かかる公表事項は金商業等府令別表に定められており、①当該取引が成立した年月日および時間、②当該取引に基づく自己および相手方の債務を金融商品取引清算機関等に負担させる場合はその旨、③取引の効力が生ずる日、④取引の効力が消滅する日、⑤日数の計算方法、⑥決済に用いる通貨の種類、⑦契約の種類、⑧当事者の一方が相手方と取り決めた金融書品の利率等または金融指標の種類、⑨当事者が想定元本として定めた金額、⑩想定元本額が金商業等府令125条の8第2項各号に定める取引の効力発生日から効力消滅日までの期間に応じ、同号に定める金額を超える場合はその旨、⑪支払の周期、⑫計算の周期である。

第12章　デリバティブ

して特定店頭デリバティブ取引が行われた後、直ちに（ただし、想定元本額が金商業等府令125条の8第2項各号に定める取引の効力発生日から効力消滅日までの期間に応じ、同号に定める金額を超える場合〔ブロック取引〕は翌営業日までに）公表しなければならない（金商40条の7第2項、金商業等府令125条の8）[注192]。

(e) **電子取引基盤の提供者に係る業規制**

　店頭デリバティブ取引等（店頭デリバティブ取引またはその媒介、取次ぎ〔有価証券等清算取次ぎを除く〕もしくはその代理〔金商2条8項4号〕）を業として行うことは、第一種金融商品取引業に該当する（同法28条1項2号）。したがって、特定店頭デリバティブ取引を行う第三者のために電子情報処理組織の提供を業として行い同取引を媒介することも、第一種金融商品取引業者または次に述べる電子店頭デリバティブ取引等許可業者としての規制に服することになる[注193]。

　(ア)　第一種金融商品取引業者としての電子取引基盤運営業者

　電子取引基盤運営業務を業として行う場合、当該業務は前記の通り第一種金融商品取引業に該当するため、第一種金融商品取引業の登録を取得する必要があり、所定の書類を添付した登録申請書を当局に提出することになるが、

注192)　「直ちに公表」とは当日中の実務上可能な限り早期にとの趣旨とされる（金融庁パブコメ回答〔平26.11.19〕10頁49番）。市場関係者等の誤認防止を図る等の観点から、業務方法書への記載義務や監督指針の遵守等を満たす限りにおいて、電子取引基盤運営業者が公表業務を第三者へ委託することは認められる（金融庁パブコメ回答〔平26.11.19〕5頁22番）。なお、電子取引基盤を使用して成立した店頭デリバティブ取引の概要について、法令等に従い、正確かつ適時に公表するための態勢・システムが確保されているか、特に、前記のように当該公表義務を外部委託している場合、委託先は公表に際して当該委託元の金融商品取引業者等のために公表していることを明らかにしているか、また、当該金融商品取引業者等は、公表が法令等に従い正確かつ適時に行われるよう、外部委託先の選定・モニタリング等を社内規則等に基づき適切に行っているかという観点に留意の上で当局による監督が行われるものとされている（監督指針指針（金商業者等）Ⅳ-3-3-4(3)②）。

注193)　従来、いわゆるプロ間の非有価証券関連の店頭デリバティブ取引等は金融商品取引業から除外されていたが、金商法施行令の改正により、電子情報処理組織を用いて行われる特定店頭デリバティブ取引等については金融商品取引業からの除外対象取引から除外されており、金融商品取引業に含まれることとなった（金商令1条の8の6第1項2号。金融庁パブコメ回答〔平26.11.19〕1頁1番）。

第3節　伝統的な行為規制および近時の規制

最低資本金額として3億円が必要となることに加え（金商29条の4第1項4号イ、金商令15条の7第1項2号の2）、特に電子取引基盤運営業務に関し、以下に掲げる事項を記載した書類の添付が求められる点に留意が必要である（金商29条の2第2項2号、金商業等府令8条6号ト）。

---

① 取り扱う特定店頭デリバティブ取引の種類および具体的内容
② 責任者の氏名および役職
③ 担当部署（公表に係る業務を行う部署を含む）
④ 顧客との取引開始基準および管理方法
⑤ 料金に関する事項
⑥ 売付けおよび買付けの気配その他価格情報の公表方法[注194]
⑦ 取引価格の決定方法[注195]・[注196]および取引の成立時期
⑧ 金商法40条の7第2項に基づく公表の方法
⑨ 電子情報処理組織の概要、設置場所、容量および保守方法その他の対処方法
⑩ 決済方法および顧客の契約不履行が生じた場合の対処方法[注197]
⑪ 取引記録の作成および保存方法
⑫ 執行状況の検査頻度、部署
⑬ 取引の公正の確保に関する事項[注198]
⑭ 損失の危険の管理に関する重要な事項

注194）「売付け及び買付けの気配」とは、取引の公正性・透明性の確保等から取引可能な価格であることが求められるが、参考値については公表の必要はない。かかる気配等の公表方法については電子情報処理組織の使用その他の電子的方法に限られるため、ボイスブローカー経由で電話等を用いて価格を伝えるだけでは取引価格の透明性の確保等の点から不十分であるが、ウェブサイト等での一般公表を求めるものではないとされる（金融庁パブコメ回答〔平26.11.19〕6頁28番・7頁33番）。なお、電子取引基盤の板上において、かかる気配等の公表のための態勢・システムが確保されているかという観点に留意の上で当局による監督が行われるものとされている（監督指針指針（金商業者等）Ⅳ-3-3-4(3)①）。
注195）「取引価格の決定方法」については、①前記により公表された自己または顧客の売付けおよび買付けの気配に基づく価格を用いる方法、②顧客間の交渉（顧客の指定に基づき3以上の他の顧客に対して売付けまたは買付けの気配の提示を求め、当該求めに応じ当該他の顧客が提示した売付けまたは買付けの気配、前記により

819

第12章　デリバティブ

(イ)　電子店頭デリバティブ取引等許可業者

　電子店頭店頭デリバティブ取引等許可業者とは、外国の法令に準拠し、外国において店頭デリバティブ取引等を業として行い、かつ、金融商品取引業者等または政令で定める金融機関のいずれにも該当しない者で、有価証券関連業を行う者を相手方とする場合その他これに準ずる場合として政令で定める場合において、内閣総理大臣の許可を受けて、その店頭デリバティブ取引等の業務の用に供する電子情報処理組織を使用して特定店頭デリバティブ取引またはその媒介、取次ぎ（有価証券等清算取次ぎを除く）もしくは代理を業として行う者である（金商60条の14第1項）。国内の金融商品取引業者等が外国で提供されている電子取引基盤を利用できるようにする観点から2012年金商法改正により整備されたものであり、同制度に基づく許可を取得した電子

公表された売付けおよび買付けの気配、および、自己が売付けまたは買付けの気配を提示する場合における当該気配を顧客に通知した上で行うものに限る）のいずれかを顧客が選択できる必要がある。顧客自らが取引価格の決定に関する電子取引基盤の操作を行うことまでは求められておらず、電話注文を通じた顧客の指示に基づいて電子取引基盤運営業者が取引価格の決定に関する電子取引基盤の操作を代行することも許容され、また、事前に電話等の口頭による取引の調整を行うことを否定するものではない（金融庁パブコメ回答〔平26.11.19〕9頁44番・45番）。なお、前記②の方法による場合、当事者から提示された売付けまたは買付けの気配を正確かつ迅速に相手方当事者に伝達するための態勢・システムが確保されているかという観点に留意の上で当局による監督が行われるものとされている（監督指針指針（金商業者等）Ⅳ-3-3-4(3)①）。

注196）　ブロック取引（金商業等府令125条の8第2項）に関する「取引の価格の決定方法」は注197）に記載の方法に限定されないが、ブロック取引について電話等で価格決定を行う場合であっても、契約の主要な要件につき電子情報処理組織上で合致する必要がある（金融庁パブコメ回答〔平26.11.19〕9頁46番）。

注197）　「顧客の契約不履行が生じた場合の対処方法」に関し、顧客の契約不履行が生じた際、当該取引の相手等に混乱が生じることのないよう、迅速に対処するための対処方針を事前に明確にすることが求められる。なお、取引が清算機関で清算されなかった場合の対処方法については、市場関係者（運営業者、その顧客、委託先事業者、清算機関等）の間において整理・調整することが適切である（金融庁パブコメ回答〔平26.11.19〕8頁41番）。

注198）　「不公正な取引の防止の方法その他の取引の公正の確保」について、「不公正な取引」とは、金商法157条に掲げられている通り、例えば、「デリバティブ取引等について、不正の手段、計画または技巧をすること」などが考えられる。取引の公正を確保する体制としては、具体的には法令上に規定される禁止行為の防止体制等がある（金融庁パブコメ回答〔平26.11.19〕8頁39番）。

第3節　伝統的な行為規制および近時の規制

店頭デリバティブ取引等許可業者（金商60条の14第2項）は第一種金融商品取引業に係る登録が不要となる[注199]。かかる許可を得ようとする者は、所定の書類を添付した許可申請書を提出する必要があるが、その中で、特に電子取引基盤運営業務に関する事項の記載については前記(ア)に記載した事項と多くが共通する（金商60条の14第2項、金商業等府令232条の2・232条の3・232条の4）。

(2) 取引情報の保存・報告義務

2010年改正金商法において導入された取引情報の保存・報告制度は、清算機関および金融商品取引業者等に対し、店頭デリバティブ取引の情報を保存するとともに、当局に報告することを義務付け、当局がその概要を公表する制度である。その目的は、監督当局において店頭デリバティブ取引の平時のモニタリングを強化するとともに、危機時における迅速・適切な対応を可能にすること、および、当局が一部の情報を市場に提供することで市場の透明性・予測可能性を高め、決済リスクの懸念の拡大による取引の萎縮その他市場への悪影響が生じることを防止する点にある。義務を負う主体は基本的に清算機関および金融商品取引業者等であるが、取引情報蓄積機関の指定制度も導入され、金融商品取引業者等が取引情報蓄積機関に報告する場合には、別途当該金融商品取引業者等からの当局への報告は不要とすることとしている[注200]。制度の概要は【図表12-3-13】の通りである。

注199)　松尾363頁。
注200)　金融庁「『店頭デリバティブ取引市場規制にかかる検討会』における議論のとりまとめ」（2011年12月16日）10頁、逐条解説2010年39頁。なお、金融商品取引業者等は業務に関する帳簿書類（法定帳簿）の作成・保存を義務付けられており（金商46条の2・48条）、これには店頭デリバティブ取引に関する事項が含まれるから、本件の取引情報と内容が重複することも考えられるが、本制度は監督当局による迅速かつ正確な市場把握や国際的に当局間で情報交換を行うことを念頭に置いたものであり、既存の紙媒体による作成・保存も認められる法定帳簿に係る義務とは別個の制度として構築されたものである（金商法コンメ(3)956頁～957頁［黒沼悦郎］）。

【図表12-3-13】 取引情報の報告

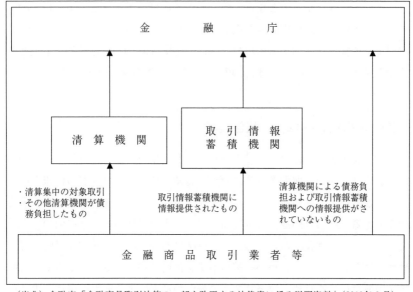

（出典）金融庁「金融商品取引法等の一部を改正する法律案に係る説明資料」（2010年3月）（http://www.fsa.go.jp/common/diet/174/01/setsumei.pdf）を参照し作成。

(i) 届出・報告の主体および対象となる取引

(a) 金融商品取引業者等

以下の取引に関する情報で、後記(b)に記載する金融商品取引清算機関等において保存・報告対象となっている以外のもの（取引情報）が届出・報告の対象となる（金商156条の64第1項、店頭デリバティブ府令6条1項）。なお、金融商品取引業者等が、取引情報蓄積機関に対して前記情報を提供した場合は、その保存・報告対象から除外される（金商156条の64第3項）。

① 約定日から受渡日までの期間が2営業日を超える先渡取引（金商2条22項1号）
② 約定日から受渡日までの期間が2営業日を超える、気象の観測成果に関する数値等に関するものを除外した指標先渡取引（同項2号）
③ 権利行使期間が2営業日を超えるオプション取引（同項3号）
④ 権利行使期間が2営業日を超える権利行使期間が2営業日を超える、

気象の観測成果に関する数値等に関するものを除外した指標オプション取引（同項4号）
⑤　気象の観測成果に関する数値等に関するものを除外した指標スワップ取引（同項5号）
⑥　クレジット・デリバティブ取引（同項6号）

　また、当事者の一方または双方が取引情報作成対象業者[注201]である取引に限られる（店頭デリバティブ府令6条1項柱書）ほか、相手方が国、地方公共団体、日本銀行、外国政府その他の外国の法令上これらに相当する者、金融庁長官が指定する国際機関および当該取引を行う金融商品取引業者等の親会社等、子会社等または親会社等の子会社等となる取引も除外される点に留意が必要である（同条2項）[注202]。

(b)　金融商品取引清算機関等

　各金融商品取引清算機関は、金商法上同機関による清算集中義務の対象となる取引（金商156条の62、店頭デリバティブ府令2条1項・2項）[注203]に加え、前記(a)記載の各取引のうち、自らが当該取引に基づく債務を負担した取引に

注201）　一定以上の取引残高を有する金融商品取引業者等を対象とするため、金融商品取引業者等のうち、第一種金融商品取引業者または登録金融機関である銀行、株式会社商工組合中央金庫、株式会社日本政策投資銀行、全国を地区とする信用金庫連合会、農林中央金庫もしくは保険会社（保険業法2条2項に規定する保険会社をいい、同条7項に規定する外国保険会社を含む）のいずれかの者が取引情報作成対象業者に該当する（店頭デリバティブ府令2条4項4号イ。金融庁パブコメ回答〔平24.7.11〕22頁89番）。
注202）　取引を行う金融商品取引業者等の親会社等、子会社等または親会社等の子会社等（店頭デリバティブ府令6条2項6号）への該当性については、個別事例ごとに実態に即して判断されるべきものと考えられるが、例えば、実際に取引に係る契約の当事者となる者自身による支配状況など、取引の両当事者の関係性等を勘案の上判断されるとされている（金融庁パブコメ回答〔平24.7.11〕25頁～26頁110番）。
注203）　現時点では、以下の店頭デリバティブ取引について清算集中義務が課せられている。詳細は、前記3【図表12-3-10】を参照。
　　①　iTraxx Japanを指標とするクレジット・デフォルト・スワップ
　　②　金利スワップのうち、変動金利が⒤3か月ものの円LIBOR、ⅱ6か月ものの円LIBOR、ⅲ3か月もののユーロ円TIBOR（約定期間が1839日以内のものに限る）、またはⅳ6か月もののユーロ円TIBOR（約定期間が3666日以内のものに限る）のいずれかのもの。

係る情報(清算集中等取引情報)が保存・報告の対象となる(金商156条の63第1項、店頭デリバティブ府令3条)。これにより、清算集中対象取引以外の店頭デリバティブ取引であっても、例えば、有価証券等清算取次ぎ(金商2条27項)により金融商品取引等清算機関が債務を負担した取引については、当該金融商品取引等清算機関が取引情報の保存・報告義務を負うため、同有価証券等清算取次ぎについての清算委託者および受託清算参加者は取引情報の保存・報告義務を負わないこととなる[注204]。

(c) 取引情報蓄積機関

金融商品取引業者等は、その保存・報告義務の対象となっている取引の成立した日から起算して3営業日以内に、取引情報蓄積機関に取引情報の提供を行うことができ(金商156条の64第3項、店頭デリバティブ府令9条1項)、かかる提供を受けた取引に係る情報が当該取引情報蓄積機関の保存・報告義務の対象となる(金商156条の65、店頭デリバティブ府令10条1項・2項・11条1項)。なお、取引情報蓄積機関制度については、後記(iii)で述べる。

(ii) 保存・報告の形態

(a) 保存の形態

清算機関、金融商品取引業者等、取引情報蓄積機関による保存・報告の対象となっている取引につき、保存することとされている事項は以下に掲げるものである(金商156条の63第1項・156条の64第1項・156条の65第1項、店頭デリバティブ府令4条1項・7条1項・10条1項)。

① 取引当事者である金融商品取引業者等の商号または名称
② 取引の新規、変更または解除の別
③ 取引に係る契約の種類
④ 取引の約定年月日
⑤ 取引の効力が生じる日
⑥ 取引の効力が消滅する日
⑦ 先渡取引または指標先渡取引の場合、以下に掲げる事項
　・受渡年月日

[注204] 金融庁パブコメ回答〔平24.7.11〕22頁88番。

・売付けまたは買付けの別（指標先渡取引については、現実数値が約定数値を上回った場合に金銭を支払う立場の当事者となるものまたは金銭を受領する立場の当事者となるものの別）
⑧ オプション取引または指標オプション取引の場合、以下に掲げる事項
 ・プットまたはコールの別
 ・オプションを付与する立場となるものまたはオプションを取得する立場の当事者となるものの別
 ・オプション対価の額
⑨ 指標スワップ取引の場合、以下に掲げる事項
 ・当事者が元本として定めた金額およびその通貨の種類
 ・当事者の一方が相手方取り決めた金融商品の利率等または金融指標が約定した期間に上昇した場合に金銭を支払う立場の当事者となるものまたは金銭を受領する立場の当事者となるものの別
 ・約定した金融商品の利率等または金融指標
⑩ クレジット・デリバティブ取引の場合、以下に掲げる事項
 ・当事者があらかじめ定めた事由が発生した場合に金銭を支払う立場の当事者となるものまたは金銭を受領する立場の当事者となるものの別
 ・当事者があらかじめ定めた事由が発生した場合に金銭を受領する権利の対価の額
⑪ その他金融庁長官が必要と認める事項

　清算機関、金融商品取引業者等、取引情報蓄積機関は、その報告の時点までに、前記各事項に関する電磁的記録を作成し、受渡し（先渡取引の場合）、権利行使期間末日（オプション取引、指標オプション取引およびクレジット・デリバティブ取引）の場合、取引期間末日または受渡日のいずれか遅い日（指標スワップ取引の場合）から5年間保存しなければならない（店頭デリバティブ府令4条2項・4項・7条2項・5項・10条2項・4項）。

　なお、金融商品取引業者に係る前記電磁的記録作成・保存義務については、対象取引の当事者の双方が金融商品取引業者等である場合において、いずれかの金融商品取引業者等が取引情報作成対象業者である場合には、他の金融

第12章　デリバティブ

商品取引業者等は自らが取引情報作成対象業者である場合を除き、前記義務を負わない（店頭デリバティブ府令7条4項）。

(b) **報告の形態**

前記(a)で記載の通り作成された電磁的記録を、①金融商品取引清算機関等は、対象取引に基づく債務負担日から3営業日以内に、②金融商品取引業者等については、各週ごとに、成立した取引情報の対象となる取引につき、当該各週の翌週以降の最初の営業日から起算して3営業日以内に、③取引情報蓄積機関については、対象取引について金融商品取引業者等から提供を受けた日の翌営業日までに、電磁的方法により金融庁長官に提出しなければならない（金商156条の63第2項・156条の64第2項・156条の65第2項、デリバティブ府令5条1項・3項・8条1項・3項・11条1項・3項）。

また、内閣総理大臣は、金融商品取引清算機関等、金融商品取引業者等および取引情報蓄積機関等から報告された取引について、その概要を明らかにするために必要な事項を公表する旨が定められている（金商156条の66）[注205]。

(iii) **取引情報蓄積機関**[注206]

取引情報蓄積機関とは、取引当事者間で成立した取引の情報を蓄積し、取引情報のデータベース機能、各取引の決算額の算定といったサービスを提供する機関をいい、金商法では、内閣総理大臣は金商法156条の67に定める要件（具体的には、取引情報の収集および保存に関する業務〔取引情報蓄積業務〕を健全に遂行する財産的基礎を有していること、業務を適正かつ確実に遂行でき

注205) 報告の結果は金融庁のホームページにて公表される（http://www.fsa.go.jp/status/otcreport/index.html）。

注206) なお、外国において取引情報蓄積業務に類する業務を行う者のうち、内閣総理大臣がその者の収集および保存に係る取引情報を取得することが見込まれる者として内閣総理大臣が指定する者は、格別の申請手続なしに内閣総理大臣の指定を受けることによって指定外国取引情報蓄積機関となる（金商156条の64第3項）。指定外国取引情報蓄積機関は金商法にいう「取引情報蓄積機関」ではないので、取引情報の保存および報告を義務付けられない（同法156条の65参照）。当該指定に当たっては、当該機関の母国の監督当局により取引情報の目的外利用の防止等を含めた適切な監督が行われていることや、本邦当局に対する報告等を確保できていることを前提に告示指定することが想定されている。取引情報蓄積機関に対する金商法156条の69〜156条の84のような詳細な業務規程や監督規定も設けられていない（金商法コンメ(3)958頁〜959頁〔黒沼悦郎〕）。

る知識、経験、十分な社会的信用を有すること等）を備える者を、その申請により、取引情報の収集および保存に関する業務を行う取引情報蓄積機関として指定することができるとされている[注207]。前述したように、金融商品取引業者等が、取引情報を取引情報蓄積機関に提供したときは、当該取引情報蓄積機関が取引情報を作成・保存し、内閣総理大臣に報告するため、取引情報の作成・保存・報告義務を免れる（金商156条の64第3項）。金融商品取引業者等が、自ら取引情報を保存・報告することに代えて、取引情報蓄積機関が取引情報の収集・保存を行い、監督当局に対しての報告も行うとすることを選択可能とすることで、取引当事者の便宜を図りつつ、当局のもとに取引情報を確実に集約しようとするものである。

取引情報蓄積機関は、前述のような取引記録の作成・保存、報告を行うことをその業務とするが、秘密保持義務、兼業制限、業務規程の認可制およびその変更の届出制、業務および財産に関する報告書の提出、報告徴収・検査、業務改善命令、指定の取消等の業務規制や監督規定が設けられている（金商156条の69～156条の84）[注208]。

注207）　なお、2013年3月8日、金融庁は、DTCCデータ・レポジトリー・ジャパン株式会社を金商法156条の67第1項に基づき、取引情報蓄積業務を行う者として指定したことを発表した。
注208）　和仁ほか・前掲注161）25頁～26頁。

第13章

FinTech

第13章　FinTech

第1節
総論

1　FinTechの全体像と類型

「FinTech（フィンテック）」とは、「金融（finance）」と「技術（technology）」を合わせた造語であり、2015年頃から[注1]日本でも使われることが多くなった用語である。FinTechは、法令により定義や範囲が画されている概念ではないが、例えば、金融庁が2015年9月18日に公表した平成27事務年度金融行政方針では、「主に、ITを活用した革新的な金融サービス事業を指す」と定義されている。FinTechの下、多様な金融分野で、クラウド・コンピューティング、AI、ビッグデータ、ブロックチェーンなどのITを活用した従来にはなかったサービスが考案され、実施されるようになってきている。同時に、2010年代半ばからFinTech分野への投資額が、グローバルでみても、（米国などの状況と比較すると絶対額は小さいものであるが）日本国内でも、急増している。また、FinTechの促進・制度整備のために、政策的な取組みも多方面で進められている。

2010年代からのFinTechの進展の背景としては、多様な要素が指摘されている。例えば、技術的な要素として、コンピュータの処理能力の向上、ビッグデータの処理技術の発展、スマートフォンやクラウド・コンピューティングの普及などが挙げられている。また、主に米国での状況として指摘されるものであるが、人的な要素として、リーマン・ショックなどに起因する金融危機後に金融業界からIT業界を含む他の業態に人材が流出したこと、幼いころから携帯電話などのデジタル機器やインターネットに慣れ親しんだミレ

注1）　もっとも、FinTechという用語は米国では1990年代から使われてきたものであり、グローバルでは決して新しい概念ではない。2010年代中ごろからの状況は"FinTech 2.0"と呼ばれることもある。

第1節　総論

【図表13-1-1】　2010年代半ばの日本における主なFinTech関連の政策的取組み

主な法令改正	政策的な取組み
・2014年金商法改正 　➢投資型クラウドファンディング関連制度整備 　➢2016年6月：投資型クラウドファンディングにクレジットカード決済を認める内閣府令改正案 ・2016年銀行法・資金決済法等改正 　➢銀行の金融関連IT企業等への出資の容易化 　➢仮想通貨の交換業者に登録制を導入 ・2015年個人情報保護法改正 　➢ビッグデータの活用のための「匿名加工情報」概念の導入 ・2014年景品表示法改正 　➢課徴金制度の導入 ・2016年消費者契約法・特定商取引法改正 ・2017年銀行法等改正 　➢電子決済等代行業者に登録制を導入	・2015年9月：平成27事務年度金融行政方針 ・2016年10月：平成28事務年度金融行政方針 　➢重点施策の項目としてFinTechに言及 ・2016年6月：日本再興戦略2016 　➢FinTechの推進（FinTechエコシステムの形成等） ・2017年6月：未来投資戦略2017 　➢FinTechの推進等（イノベーションのための環境整備等） ・2013年：金融審リスクマネーWG 　➢2014年金商法改正 ・2016年：金融審金融制度WG 　➢2017年銀行法等改正 ・2016年5月～：FinTechに関する有識者会議 　➢2016年銀行法・資金決済法等改正 ・2016年5月～：金融審市場WG、フィンテック・ベンチャーに関する有識者会議 ・2015年12月：金融庁FinTechサポートデスク設置 ・2016年4月：日本銀行FinTechセンター設置 ・2017年9月：金融庁FinTech実証実験ハブ設置 ・2015年10月～：経産省FinTech研究会 　➢2016年3月：発言集の公表 　➢2016年4月：論点整理の公表・意見募集 ・2016年7月～：経産省FinTech検討会合 　➢2017年5月：FinTechビジョンの公表 ・2016年4月：自由民主党政務調査会「FinTechを巡る戦略的対応（第1弾）」

ニアル世代（Millennials）[注2]が社会人となり、ビジネスの世界で活躍するようになったことなどが挙げられている[注3]。

　FinTechの範囲の捉え方にもよるものの、FinTechビジネスにはクラウドファンディング、ソーシャル・レンディング、ロボアドバイザー、PFM（パーソナル・ファイナンシャル・マネジメント）、決済・送金プラットフォーム、仮想通貨取引など多様な業態が含まれる。また、直接、金融取引を業務とす

注2)　1980年代から2000年代初頭に生まれ、2000年以降に成人ないし社会人になった世代のことをいう。

注3)　日本では、従来より金融機関によって安定的かつ利便性の高い金融サービスが提供されているなど、諸外国の状況と比べて、必ずしも新たな金融サービスのニーズが高くないと指摘されることもある。とはいえ、イノベーションのスピードや担い手は他国の状況と異なる可能性があるとしても、社会のIT化の進展に伴い、日本でも金融の分野でもITの活用した革新が進むことになると予想され、FinTechへの対応は不可避と思われる。

第13章　FinTech

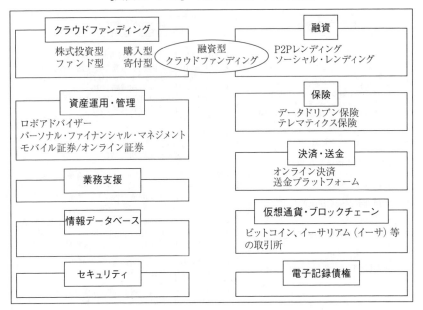

【図表13-1-2】　FinTechビジネスの類型

るものだけでなく、情報・データベースの管理サービスやセキュリティ・サービスなどを金融機関や他のFinTech業者に提供するビジネスも、FinTechビジネスとして位置付けることができよう。FinTechの主なビジネスの類型としては、【図表13-1-2】のようなものが挙げられる[注4]。

なお、実際のビジネスでは、これらの類型に跨ったサービスを提供するものも多くみられる。

本節では、以下、FinTech一般について、法的な観点からどのような事項に留意して、ビジネスを進めることが求められるか概観する。

注4)　FinTechビジネスの類型ごとの取引の詳細や法令の適用関係については、**第2節**以下のほか、有吉尚哉ほか編著『FinTechビジネスと法25講——黎明期の今とこれから』（商事法務、2016）参照。

【図表13-1-3】 FinTechビジネスの取引態様と規制の適用関係

取引態様	適用される可能性がある主な規制法
融資・融資の媒介	銀行法、貸金業法
証券発行・出資による資金調達	金商法
保険の募集	保険業法
証券・ファンドの販売・勧誘	金商法
送金・決済	銀行法、資金決済法（資金移動業）、出資法、割賦販売法
預金	銀行法、出資法
投資運用・投資助言	金商法
電子マネー・ポイントの発行	資金決済法（前払式支払手段）
仮想通貨と通貨の交換	資金決済法（仮想通貨交換業）
電子記録債権の記録	電子記録債権法

2 FinTechにかかわる金融規制概観

　FinTechは金融にかかわるビジネスであることから、取引態様に応じて業務を営むことが金融規制の対象となり、所定の要件を満たして登録や許認可などを受けることが必要となる可能性がある。資金の移動や、有価証券、ファンド、保険などの金融商品・取引を取り扱うビジネスを営もうとする場合には、まず、そのビジネスが何らかの金融規制の適用対象とならないかどうか、慎重に検討することが必要となる。

　これらの規制の対象となる場合には、参入規制として業務を行うために登録や許認可などを受ける必要があることに加えて、体制整備義務、行為義務、帳簿の作成・保存義務など種々の行為規制が適用され、規制当局の監督に服することが求められる。業態によっては、業務範囲規制や子会社保有規制が適用され、ビジネスの範囲が制限されることとなったり、財務規制が適用され、一定水準の財務的な健全性を維持することが求められることもある。また、各取引を対象とする規制法に基づく規制に加えて、犯罪収益移転法に基づく本人確認、取引記録保存、疑わしい取引の届出などの義務への対応も必

要となる。これらの規制が適用される場合には、規制の内容にもよるものの、その対応に相応の事務負担・コスト負担が求められることになる。

また、前記のような規制の対象となる取引を直接行わない場合であっても、金融機関と顧客を仲介するようなビジネスや、資産管理ビジネスなどによって銀行や保険会社などの金融機関のための媒介・代理業務を行っていると評価される場合には、銀行代理業者や保険代理店などに該当するものとして、金融規制の適用対象となることもあり得る。この点、従来は、銀行のために契約の締結の代理・媒介をする行為が銀行代理業の規制の対象となり、顧客のための代理・媒介業務は規制の対象となっていなかったが、2017年の銀行法等の改正により、電子決済等代行業者の登録制が導入されることが予定されており、預金者の委託を受けて銀行との間での資金移動や口座に関する一定の業務を行うことについても、規制の対象となり得ることになる。

このような業規制とは別に、投資型クラウドファンディングなど株式やファンドといった金融商品取引法（以下、「金商法」という）法上の有価証券に該当する法形式を利用して資金調達を行うビジネスにおいては、金商法に基づく開示規制の適用関係にも留意しなければならない。

さらに、銀行、保険会社、証券会社などの業務範囲規制や出資規制・子会社保有規制が適用される金融機関やそのグループがFinTechビジネスに参入しようとする場合には、当該金融機関が行うことが認められる業務の範囲に含まれるような内容のビジネスなのか、あるいは、そのようなビジネスを行う会社を子会社としたり、出資を行うことが認められるか[注5]、といった観点からも金融規制への対応が論点となる。

このように、FinTechに関しては、複数の視点から金融規制の適用関係を考慮することが必要となる。この点、金融分野の規制法は、法文が複雑で適

注5) 2016年5月28日に成立した情報通信技術の進展等の環境変化に対応するための銀行法等の一部を改正する法律により、銀行や銀行持株会社が、規制当局の認可を受けて、情報通信技術その他の技術を活用した銀行業の高度化・利用者の利便の向上に資する業務またはこれに資すると見込まれる業務を営む会社に出資し、一定割合（銀行の場合は5％、銀行持株会社の場合は15％）を超える議決権を取得・保有することが認められることとされた（銀行16条の2第1項12号の3・52条の23第1項11号の3）。

用関係を判断することが容易ではないものが少なくない。他方、FinTechビジネスにおける取引態様は、顧客保護が求められる取引であって、金融規制の適用対象となり得るとしても、ITを活用したものであるなど、従来、規制法が想定していた典型的なビジネスモデルとは異なることも多い。そのため、新たなFinTechビジネスを始めようとする場合には、法令の文言や過去の規制の運用だけからでは、金融規制の適用関係が明確とならず、個別的な検討が必要となる場合も多いものと思われる。

3 FinTechにかかわるその他の法的留意事項

FinTechビジネスを実施するに際しては、金融規制の他にも多様な法分野に留意することが必要となる。主な法分野としては、以下のようなものが挙げられる[注6]。

(1) 情報保護法

個人の顧客を対象とするFinTechビジネスにおいては、顧客情報を個人情報として管理することが必要となる。それに加えて、FinTechビジネスの中には、顧客(潜在的な顧客)に関する情報やビックデータを活用してビジネスを展開しようとするものが少なくない。このような情報に個人情報が含まれている場合にも、個人情報保護法に従った情報の管理が必要となり、また、利用目的や第三者への情報提供が制限される可能性があることに留意が必要となる[注7]。

さらに、金融規制上、金融機関の中には、情報適正管理やグループ内での情報共有制限のための体制の整備が義務付けられているものもあるが、このような金融機関やそのグループは、FinTechビジネスにおいても、これらの体制を維持し、規制に反しない態様で情報利用を行うことが求められる。

注6) 以下では日本の法令のみを念頭に記述しているが、FinTechビジネスの態様や対象とする顧客層によっては、海外の法令の適用関係にも留意が必要となる場合があるものと考えられる。

注7) FinTechにおける情報利用と個人情報保護法の適用関係については、有吉ほか編著・前掲注4)24頁以下参照。

第13章 FinTech

【図表13−1−4】 FinTechに関連する法分野 FinTechに関連する法分野

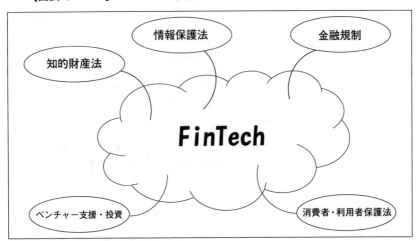

(2) 知的財産法

　FinTechビジネスでは多様なITが利用されることになる。このようなITの利用に際しては、特許法や著作権法などの知的財産法の知見が必要となる。
　また、特にリテール向けのFinTechビジネスにおいては、アプリなどのUI（User Interface）がビジネスの成否を分ける重要な要素となることがある。UIの考案に当たっては、意匠法や商標法などによる権利保護の態様について、考慮することが求められる。

(3) 消費者・利用者保護法

　FinTechビジネスの中にはB to Bのビジネスも存在するが、スマートフォンのアプリなどを利用した一般消費者向けのB to Cのビジネスが大きな割合を占めるものと見込まれる。このようなB to CのFinTechビジネスについては、消費者契約法を中心とする消費者保護法制の対象となり、消費者保護のルールに則した約款[注8]やウェブサイトの作成が求められることになる。
　また、インターネットを利用した取引は、特定商取引に関する法律（以下、

注8) 規制ではないが、民法改正により定型約款に関する規律が定められることについても留意を要する。

「特商法」という）上の「通信販売」に該当し（同法2条2項）、同法に従った広告規制（同法11条・12条）などの規制にも留意することが必要となる場合がある。

(4) ベンチャー支援・投資

FinTechビジネスの中心的な担い手の1つはスタートアップ企業である。FinTechの分野では、一般的にベンチャー投資を行っている投資家だけでなく、FinTechビジネスを営むスタートアップ企業と協働しようとする事業会社や金融機関が直接、あるいはファンドを介して国内外のスタートアップ企業に投資を行うことも想定される。このような場面では、ベンチャーファンドへの投資や優先株式を利用した出資など、ベンチャー投資に関する法務も重要な要素となる。

第 2 節
各種FinTechビジネスと法制度

1 ビットコインその他の仮想通貨の法的取扱い

　2009年1月、サトシ・ナカモトを名乗る人物による論文[注9]に基づき誕生したビットコイン（Bitcoin）[注10]は、全世界に利用者を拡大し、支払手段や投資対象としての利便性が大きく高まっている。また、ビットコインに端を発するブロックチェーン（blockchain）技術あるいは分散台帳（distributed ledger）技術は、金融分野を含めさまざまな分野において応用が検討され、実証実験が進められるなどしており、ここでも何らかの「コイン」ないし「トークン」が用いられるケースは多い。

　このような状況を踏まえ、各国において、ビットコインなどの仮想通貨（virtual currency）に関する事業者規制や税制などの法整備が進められている状況にあり、わが国においても2017年4月をもって仮想通貨交換業に対する規制が導入された。

　もっとも、すでに実用化され相当程度広く利用されているビットコインについてすら、いまだに法的な取扱いが明確でない点もある。そこで、以下ではビットコインを例に、主として金融取引の観点から、仮想通貨の法的な取扱いについて論じる[注11]。

注9) SATOSHI NAKAMOTO, BITCOIN：A PEER TO PEER ELECTRONIC CASH SYSTEM（2008）、https://www.bitcoin.org/bitcoin.pdf。

注10) 確立したものではないが、プロトコルまたは暗号通貨の名称としては「Bitcoin」、暗号通貨たるBitcoinの単位としては「bitcoin」と綴ることが多い。単位としてのbitcoinはBTCまたはXBTと略記され、また、最小単位はその1億分の1であり、satoshiと呼ばれる。

注11) ビットコインの法的取扱いについては、本稿の著者はこれまでも、斎藤創＝芝章浩「暗号通貨に対する諸外国およびわが国の規制の最新動向――規制導入は信頼性向上に資する側面も」金融財政事情3123号（2015）26頁、AKIHIRO SHIBA, What Tokyo's Mt Gox Ruling Means for Bitcoin in Japan, COIN DESK（August 14, 2015），

(1) ビットコインの仕組みの概要

ビットコインは、ブロックチェーンと呼ばれるＰ２Ｐネットワーク上の分散台帳への記録によってノード間での送付を行うことができる。ビットコインの保有者[注12]は、秘密鍵を用いてデジタル署名を行うことで当該秘密鍵に係るアドレスから他の特定のアドレスへのビットコインの送付（これを「トランザクション」〔transaction〕という）を行うことができる。送付者によってネットワーク上にブロードキャストされたトランザクションは、一定量ごとにブロックにまとめられた上でタイムスタンプ処理を伴う「承認」（confirmation）を受け、そのブロックが既存のブロックの連鎖（すなわちブロックチェーン）に新たに追加されることで、記録される。アドレスごとのビットコインの残高は、ブロックチェーンに記録された過去のトランザクションから算出される。承認には対象となるブロックに含まれるトランザクションの情報等を基礎とする一定の計算を解くこと（約10分を要する）が必要となっており（プルーフ・オブ・ワーク〔PoW: proof of work〕）、複数の参加者がこの計算を解くための競争に参加し、最初にこの計算を解いた参加者によって承認がなされるとともに、当該参加者にはインセンティブ報酬として一定量のビットコイン（自動的に生成されるビットコイン[注13]および送付元ノードからトランザクションに係る手数料として得られるビットコイン）が与えられ

---

　　http://www.coindesk.com/what-tokyos-mt-gox-ruling-means-for-bitcoin-in-japan/、芝章浩「ビットコインと法」ビットバンク株式会社『ブロックチェーンの衝撃』編集委員会著・馬渕邦美監修『ブロックチェーンの衝撃——ビットコイン、FinTechからIoTまで社会構造を覆す破壊的技術』（日経BP社、2016）84頁および芝章浩「第19講 暗号通貨／ブロックチェーン(2) 暗号通貨の法的取扱い」有吉尚哉ほか編著・前掲注４）186頁において論じてきたところであるが、本稿は、これらを踏まえ、主として金融取引の観点からあらためて議論を整理するものである。

注12）NAKAMOTO・前掲注９）ではowner およびownership といった用語が用いられるが、本稿においては、法律用語としての「所有者」および「所有（権）」との区別のため、「保有者」および「保有」という用語を用いる。

注13）１回の採掘によって生成されるビットコインの量はあらかじめ定められており（当初は50BTC）、21万ブロックが生成されるごと（約４年ごと）に半減し（本稿執筆時点では12.5BTC）、最終的にはゼロとなってビットコインの総数量は上限（2100万BTC）に達することとなる。上限に達した後は、採掘者に対するインセンティブ報酬は手数料のみとなる。

第13章　FinTech

る。なお、このように計算を解くことで報酬としてビットコインを得る作業は「採掘」または「マイニング」（mining）と呼ばれ、これを行う参加者は「採掘者」または「マイナー」（miner）と呼ばれる。複数の承認が競合することでブロックチェーンが分岐した場合には、より長く続いているものが優先される。このようなデータ構造とPoW、採掘者へのインセンティブ報酬の組合せにより、ビットコインのブロックチェーンは、特定の者に依存しない、改ざんや二重取引が極めて困難な仕組みとなっている。このブロックチェーン技術こそが、ビットコインを支える最も画期的な技術とされている。

　このような仕組みのビットコインは、物理的な通貨に類似した機能を有するとともに、かつ、それ自体が1つの種類の通貨であるかのように法定通貨との間で相場を有する。他方で、日本円や米ドルといった法定通貨とは異なり、特定の発行者は存在せず、採掘により一定のペースで自動的に生成される仕組みとなっている。また、いずれの国・地域からも強制通用力は与えられていない。電子マネーとも異なり、特定の企業により支払手段として使用することができる旨が約束されているわけでもない。ビットコインそれ自体が、その仕組みとネットワーク外部性により、事実上価値を有するものして取引され、または支払手段として用いられるのである。

　以上のような仕組みから、ビットコインは「信頼された第三者」（trusted third party）を前提としない、trustlessな仕組みであるといわれる。すなわち、特定の発行者または管理者によって恣意的に流通量や流通の仕組みが変更されたり、特定の管理者のサーバがシステム障害やメンテナンスのために停止することでシステム全体が停止したりすることを心配する必要がないのである。他方で、（法定通貨を発行する中央銀行のような）その価値の安定に責任を負う信頼された第三者が存在しないために、その相場は不安定になりがちである。また、プロトコルの変更権限を有する者はおらず、例えばビットコインのプロトコルそれ自体に問題がみつかった場合にこれを修正するためにプロトコルの変更を行うにはコア開発者と主要な採掘者の間で合意形成を行う必要があるが、これは必ずしも容易でない。現に2017年8月2日（日本時間）には、ビットコインのプロトコル変更を巡る争いから、ビットコインからビットコイン・キャッシュ（Bitcoin Cash）が分裂するに至った。

(2) 暗号通貨と仮想通貨

　ビットコインの登場後、これを模倣し、改良し、または応用するかたちで、さまざまな種類のブロックチェーンその他の分散台帳上の「コイン」が登場した。例えば、ライトコイン（Litecoin）、ドージコイン（Dogecoin）、モナコイン（Monacoin）、リップル（Ripple）のXRP、イーサリアム（Ethereum）のイーサ（Ether）、カウンターパーティー（Counterparty）のXCPなどがよく知られている。これらはビットコインに替わる（alternative）コインという意味でアルトコイン（Altcoin）と呼ばれる。前述のビットコイン・キャッシュも一種のアルトコインとされる。また、ビットコインを含めて、暗号技術を基礎とする分散台帳上の「コイン」を暗号通貨（cryptocurrency）という。もっとも、アルトコインや暗号通貨の意味する範囲は必ずしも明確ではない。

　暗号通貨ないし分散台帳上の「コイン」は「仮想通貨」と呼ばれることもあるが、少なくとも金融規制に関する文脈においては、「仮想通貨」という場合、分散台帳技術を利用するか否かを問わずデジタルな通貨類似物を指すとともに、法定通貨建てのものは除外することが多い。例えば、金融活動作業部会（FATF）においては、「仮想通貨」（virtual currency）をおおむねそのように定義した上で、さらに、その発行、利用ルール設定、台帳管理および償還を行う管理者（administrator）の有無により（従来型の）「中央集権型」（centralised）と（ビットコインなどの）「非中央集権型」（decentralised）に、事実上の換金可能性の有無により「換金型」（convertible）と「非換金型」（non-convertible）に、それぞれ分類し、ビットコインなどの暗号通貨を「非中央集権型・換金型仮想通貨」（decentralised convertible virtual currency）に位置付ける[注14]。米国ニューヨーク州金融監督局長規則に規定される「仮想通貨」（virtual currency）（23 CRR-NY 200.2(p)）や米国の統一仮想通貨業規制法（Uniform Regulation of Virtual Currency Business Act）に規定される「仮想通貨」（virtual currency）（§102（23））、本邦の資金決済法に規

注14）　Financial Action Task Force, *Virtual Currencies: Key Definitions and Potential AML/CFT Risks*（2014），http://www.fatf-gafi.org/media/fatf/documents/reports/Virtual-currency-key-definitions-and-potential-aml-cft-risks.pdf

【図表13-2-1】 FATFによる仮想通貨の分類

	中央集権型	非中央集権型
換金型	管理者あり 交換所あり 利用者あり 第三者による台帳あり 法定通貨と交換可能 例：WebMoney[*1]	管理者なし 交換所あり 利用者あり 信頼された第三者による台帳なし 法定通貨と交換可能 例：ビットコイン
非換金型	管理者あり 交換所あり 利用者あり 第三者による台帳あり 法定通貨との交換不可 例：World of Warcraft Gold[*2]	存在しない

（出典） Financial Action Task Force, 前掲注14) at 8を基に作成。

[*1] WM Transfer Ltd.が管理する実物資産を裏付けとする決済システム。

[*2] World of Warcraftは大規模多人数同時参加型オンライン・ロール・プレイング・ゲーム（MMORPG）であり、Goldはそのゲーム内資産で、ゲーム内世界における採掘によって獲得され、他のゲーム内資産との交換に用いられる。

定される「仮想通貨」（同法2条5項。後記(4)(i)(b)参照）は、おおむねFATFのいう「換金型仮想通貨」（convertible virtual currency）に対応するものとして定義されている。

以下では基本的にビットコインを例に論じるが、そこで述べる点は、類似の仕組みを有する多くの暗号通貨について共通に当てはまるものと考えられる。

(3) ビットコインの民事法上の取扱い

(i) 総論

(a) 私法上の性質

すでに述べた仕組みにより、ビットコインを保有する者は、秘密鍵の排他的な管理を通じて当該秘密鍵に係るアドレスに紐付いたビットコインを他のアドレスに送付することができる状態を独占する。問題はこれを私法上どのように評価するかである。

この点、動産類似の「モノ」として動産と同様の取扱いを求める見解[注15]や目的物の利用を独占する権利という意味での広義の所有権を観念する見解[注16]、ビットコインを権利の対象とし、その帰属については物権法のルールに従うべきとする見解[注17]がある。いずれもその帰結として物権的な返還請求権またはこれと同様の請求権を認めるようであるが、このような法律の根拠のない物権的権利を認める見解は、物権法定主義（民175条）に照らすと現行法の解釈としては無理があるといわざるを得ない。

このほか、ビットコインの保有者によって構成される団体を観念した上で社員権類似の財産権とする見解[注18]もあるが、その帰結としていかなる請求権が認められるのかが明らかでないし、そもそもそのような団体の成立、加入または脱退のための法令や意思表示がない以上は、法的な意味における団体は存在しないと言わざるを得ず、したがって、ビットコインの保有により参加者の総体に対する何らかの権利が与えられるとは考えにくい[注19]。また、ビットコインの採掘に膨大な回数の試行錯誤を必要とする点を根拠に著作権により保護された著作物に当たる可能性を指摘する見解[注20]もあるが、ビットコインの採掘により思想が創作的に表現されていると評価することは困難であろう[注21]。

注15) 田中幸弘＝遠藤元一「分散型暗号通貨・貨幣の法的問題と倒産法上の対応・規制の法的枠組み(上)」金法1995号（2014）59頁以下、遠藤元一「ビットコインをめぐる法規制について」ITUジャーナル44集12号（2014）9頁。

注16) Koji Takahashi, *Ownership dispute in the aftermath of the bankruptcy of Mt. Gox*, BLOCKCHAIN AND CRYPTOCURRENCY LAW (28 November 2016), http://cryptocurrencylaw.blogspot.com/2016/11/ownership-dispute-in-aftermath-of.html

注17) 森下哲朗「講演録FinTech時代の金融法の課題」資本市場374号（2016）63頁以下、森下哲朗「FinTech時代の金融法のあり方に関する序説的検討」黒沼悦郎＝藤田友敬編『江頭憲治郎先生古稀記念・企業法の進路』（有斐閣、2017）807頁。

注18) 荒牧裕一「暗号通貨ビットコインの法的規制に関する諸問題」京都聖母女学院短期大学研究紀要44集（2015）46頁以下。

注19) 米国法の観点からであるが、Shawn Bayern, *Dynamic Common Law and Technological Change: The Classification of Bitcoin*, 71 WASH. & LEE L. REV. ONLINE 22, 30-31 (2014), http://scholarlycommons.law.wlu.edu/wlulr-online/vol71/iss 2 / 2 /も同旨。

注20) 土屋雅一「ビットコインと税務」税大ジャーナル23号（2014）76頁以下。

注21) KARL-FRIEDRICH LENZ, JAPANESE BITCOIN LAW 58-61 (2014), k-lenz.de/btcjapan も同旨。

以上のように何らかの財産権を認める見解に対し、ビットコインには発行者が存在しないことや所有権の客体は有体物に限定されること（民85条）を根拠に、ビットコインの保有は、物権や債権、社員権、知的財産権といった財産権を伴うものではないとする立場[注22]が最も有力であるように思われる。このような立場は、現行法の解釈としては穏当であるように思われるし、かつ、物権的請求のおそれが排除されることにより「所有と占有の一致」を原則とする金銭と結論において同様の取扱いが確保されることから〔→(ii)〕、ビットコインの支払手段としての有用性の確保という観点からは実質的にも妥当性な解釈であると考えられる。

なお、そのような立場を前提としつつ、ビットコインを、参加者全員の合意による一定の規範を法的基礎として観念されるものと捉える見解[注23]もあ

注22) 片岡義広「仮想通貨の規制法と法的課題(上)」NBL1076号（2016）60頁、武内斉史「仮想通貨（ビットコイン）の法的性格」NBL1083号（2016）15頁以下、「シンポジウムⅡ『金融取引のIT化をめぐる法的課題』」金融法研究33号（2017）103頁以下〔本多正樹発言〕、辻岡将基「ビットコインの決済利用と流通の保護」金法2068号（2017）39頁以下。政府も、参議院議員大久保君提出ビットコインに関する質問に対する答弁書（内閣参質186第28号〔以下、「政府答弁①」という〕2頁）において、ビットコイン「それ自体が権利を表象するものでもないため……ビットコイン自体の取引は、……有価証券その他の収益の配当等を受ける権利を対象としている……有価証券等の取引には該当しない」とするから、同様の立場と考えられる。なお、末廣裕亮「仮想通貨──私法上の取扱いについて」ビジネス法務16巻12号（2016）73頁以下は、既存の財産権の枠組みで説明することは困難であると述べるにとどめる。なお、ビットコインは所有権の客体とならないとする裁判例として、東京地判平成27・8・5（平成26年(ワ)第33320号）判例集未登載（株式会社MTGOXの破産管財人に対し、元顧客が、同社に預託したビットコインに対する取戻権の行使として所有権に基づく返還請求を行った事件）。

注23) 片岡義広「ビットコイン等のいわゆる仮想通貨に関する法的諸問題についての試論」金法1998号（2014）29頁は、あらかじめ定められた規範に対する参加者の承認を根拠とするようである。また、末廣・前掲注22) 74頁および末廣裕亮「仮想通貨の私法上の取扱いについて」NBL1090号（2017）68頁は、ビットコインの仕組みに対する参加者全員の合意が一種のソフトローを構成し、ビットコインの移転に関するルールは、参加者が合意しているビットコインの仕組みそのものに依拠すると説明し、このような考え方を「合意アプローチ」と呼ぶ。このほか、同様にユーザー間で形成されるソフトローを認める立場として、辻岡・前掲注22) 39頁。また、ドイツ法の観点からであるが、Karl-Friedrich Lenz「新インターネット通貨Bitcoinの法的問題──EU法・ドイツ法を中心に」青山法務研究論集7巻（2013）12頁は、秘密鍵を有する者はビットコインの処分権限を有するとの原理の妥当根拠は、ビッ

る。しかしながら、そのような合意の法的性質や法的効果が明らかでなく、また、そのような合意の有効性が否定された場合[注24]の帰結も明らかでない。また、秘密鍵を利用した送付などのビットコインの仕組みはビットコインのプロトコルを事実的な根拠として成立しているのであって重ねて規範的な根拠を観念する必要はないように思われるし、実態としても（プロトコルとは区別された）参加者全員の何らかの規範的な合意があるとは考えにくい[注25]。

　以上からすると、私見としては、日本法上は、ビットコインそのものが何らかの権利または法律関係を表章するわけではなく、また、ビットコインの保有者はその保有残高に対して何らかの権利を有するわけでもなく、さらに、ビットコインが何らかの権利または法律関係の証拠となっているわけでもないと考えられる。要するに、ビットコインの保有は、秘密鍵の排他的な管理を通じて当該秘密鍵に係るアドレスに紐付いたビットコインを他のアドレスに送付することができる状態を独占しているという事実状態にほかならず、何らの権利または法律関係をも伴うものではないと考えられる。そのような事実状態に財産的価値が認められ、その移転（すなわち、ビットコインの送付）を伴うさまざまな取引が行われているのである。そして、後述の通り、そのような取引は後述の通り契約法により保護されるし、また、ビットコインの保有という事実状態は不法行為法や刑法による保護を受けるのである[注26]。

　もっとも、秘密鍵の管理それ自体は一定の法律関係に基づき他人を通じて行うことはあるから、ビットコインの保有は事実状態であるとはいっても、一定の法律関係を基礎とする場合もあり、その意味では民法上の「占有」に

　　　トコイン利用者全員の共通認識であり、ビットコイン利用者の（例えば購入のために締結される売買契約に黙示的に含まれる）意思表示にあるとする。
注24）　例えば、末廣・前掲注22）77頁および末廣・前掲注23）73頁は、前注に述べた合意アプローチの課題として、「合意」を根拠とするために公序良俗違反や消費者契約法、約款論等との関係が問題になる可能性を指摘する。
注25）　ビットコインのプロトコルがどうあるべきかについてはコア開発者や採掘者の間で議論がなされ、これらの者の間で合意が成立することはあるが、これは別の問題である。
注26）　そのような意味で、本文に述べた考え方に基づく本邦私法におけるビットコインの取扱いは、電気その他の自然エネルギーを「有体物」（民85条）ではないものとする現在の通説におけるその取扱いに類する側面がある。

第 13 章　FinTech

類する側面がある。具体的には、ある者（破産者や法人）のために他人（破産管財人や法人の役職員）が秘密鍵を管理する場合、いわゆるマルチシグ（multisig）[注27]技術により生成された同一のアドレスに係る複数の秘密鍵をそれぞれ別の者（共同保有者、秘密鍵の管理を委託した者と受託した者など）が管理する場合などがあり得るところ、このような場合、対応するビットコインの処分の対価を誰が受領すべきかは、その根拠となる法律関係に従って定まることになろう。

なお、民法の不当利得や不法行為、相続など、また、信託法、民事執行法や倒産法、刑法の財産犯など種々の法制度との関係において、ビットコインの財産的価値がいずれの者（財産）に帰属するかが問題となることがある。いずれも、単に事実として秘密鍵を誰が知っているか（または知り得るか）だけではなく、前記のように秘密鍵の管理にかかわる法律関係をも勘案として、当該ビットコインの財産的価値がいずれの者（財産）に帰属するかを判断すべきであろう。もっとも、例えばマルチシグ技術を用いて一定のビットコインについて事業者と顧客がそれぞれ秘密鍵を管理するような場合については、必ずしも判断が容易でない場合もあるように思われる[注28]。なお、預託については後記(vii)で触れる。

また、これらの法制度との関係や、いずれの者（財産）に属するかだけでなく、どの時点で帰属が変更されたと評価すべきかも問題となり得る。ビットコインの送付は、たとえ承認があったとしてもこれにより確定的なものとなるわけではなく、典型的には送付者が二重にビットコインを送付したために複数の承認が競合してブロックチェーンが分岐し、承認を受けたはずの一方の送付が事後的に否定されることがあり得る。とはいえ、ビットコインの保有とは他のアドレスに当該ビットコインを送付することができる状態を独

注27)　マルチ・シグネチャ（multi signature：複数署名）の略。1つのアドレスに対して複数の秘密鍵を対応させ、そのような秘密鍵のいずれか1つまたは複数を用いることではじめてトランザクションを可能とするもの。

注28)　同様の問題を提起するものとして、Koji Takahashi, *Analogy with ownership of traditionalcoins and notes*, BLOCKCHAIN AND CRYPTOCURRENCY LAW（31 October 2015）、http://cryptocurrencylaw.blogspot.co.at/2015/10/analogy-with-ownership-of-traditional.html、末廣・前掲注23）72頁。

占しているという事実状態であることに鑑みれば、当該送付の承認があった時点で、受領したビットコインは他のアドレスに送付できるようになり、かつ、送付者による二重送付は困難となることを踏まえると、基本的には、当該時点において（事後的に否定される可能性があるとの前提で）帰属の変更があったものと評価するのが適切であるように思われる[注29]。もっとも、これはあくまで基本的な考え方であり、例えば、不法行為との関係では未承認の送付を受けた状態（すなわち、まだビットコインは保有していない状態）であっても「法律上保護される利益」に該当すべき場合はあると考えられるように、それぞれの制度ごとにさらなる検討は必要であろう。

なお、諸外国においてもビットコインの私法上の性質についてさまざまな議論がみられる。詳細は割愛するが、著者の知る限り、おおむね、有体物ないし有形物はもちろん、債権、社員権、知的財産権といったカテゴリーには該当しない点については一致しているものの、必ずしも明確な位置付けが与えられているわけではないようにみられる[注30]。

注29) 末廣・前掲注22) 75頁および末廣・前掲注23) 70頁も同様の議論をするが、特定の法制度を前提としない一般的な「ビットコインの帰属」を観念するようである。かかる立場を前提に、末廣・前掲注22) 76頁および末廣・前掲注23) 70頁は、採掘によるビットコインの取得時期については、採掘後100ブロックが生成されない限り採掘したビットコインを送付できないことを根拠に、採掘後100ブロックが生成された時点であるとする。しかしながら、まだ送付ができない状態であってもすでに何らかの財産的価値が生じているとみることは可能であり、これをどう評価すべきかはやはり各法制度との関係で具体的な検討を要するものと思われる。

注30) 例えば、米国法においては、おそらく無体動産（chose in action）ではない、古典的カテゴリーにはきちんと分類できない何か新しいもの（something new）としつつ、無形人的動産（intangible, movable personal property）として取り扱うことが当事者の期待に沿うと主張する議論（Bayern, *supra* note・前掲注19) at 33-34）や、かかる主張に基本的に賛同し、市場において価値を与えられているものについて何物でもないなどということはできないがゆえに試論として無形人的財産（intangible personal property）とする議論（Ryan J. Straus & Matthew J. Cleary, *The United States, in* THE LAW OF BITCOIN, 178, 188〔Stuart Hoegner ed., 2015〕）がある一方で、人的財産（personal property）ないし無形人的財産（intangible personal property）であることを当然のことのように論じるものもみられる（Robert M. Lawless, *Is UCC Article 9 the Achilles Heel of Bitcoin?*, CREDIT SLIPS（March 10,2014）, http://www.creditslips.org/creditslips/2014/03/is-ucc-article-9-the-achilles-heel-of-bitcoin.html;Sasha Klein & Andrew Comiter, *Bitcoin: Are You Ready for This Change for a Dollar?*, 29(2)PROBATE& PROPERTY MAGAZINE 10, 13（2015）; George K. Fogg, *The*

第 13 章　FinTech

(b)　抵触法上の性質

それでは、本邦以外のいずれかの法域がビットコインの保有について何らかの権利を認めたとするどうであろうか。

例えば、本邦以外のある法域（とりわけ無体物に対する所有権を認める法域）

UCC and Bitcoins: Solutionto Existing Fatal Flaw, BLOOMBERG BNA（April 1, 2015）, https://www.bna.com/ucc-bitcoins-solution-n17179924871/; Ralph E. McKinney et al., *The Evolution of Financial Instruments and the Legal Protection Against Counterfeiting: A Look at Coin,Paper, and Virtual Currencies*, 2015（2）U. Ill. J.L. Tech. & Pol'y 273, 289; Jeanne L. Schroeder, *Bitcoin and the Uniform Commercial Code*, 24 U.MIAMI BUS. L. REV. 1, 30〔2016〕)。これに対して、同じ英米法でもイングランド法においては、ビットコインを（所有権〔ownership〕の客体としての）財産（property）とみることへの疑義を呈する議論が見受けられる一方で（Tatiana Cutts, *Bitcoin Ownership and its Impact on Fungibility*, COIN DESK〔June 14, 2015〕, http://www.coindesk.com/bitcoin-ownership-impact-fungibility/; Matthew Lavy & Daniel Khoo, *Who Owns Blockchains? An English Legal Analysis*, SCL: THE IT LAW COMMUNITY〔7 June 2016〕, http://sclbc.zehuti.co.uk/site.aspx?i=ed47875)、無体動産（chose in action）の新たなカテゴリーとして提案する譲渡可能無形物（transferable intangible）に仮想通貨を位置付けようとする議論もある（Luke von der Heyde, *Are bitcoins property?*, Slide presentation and paper presented atthe Systemic Risk Centre and the Law and Financial Markets Project conference "Blockchain andfinancial markets technology: Perspectives from Law, Finance and Computer Science"〔2016〕, http://www.systemicrisk.ac.uk/events/blockchain-and-financial-markets-technology-perspectives-law-finance-and-computer-science)。他方、日本法に比較的近いドイツ法においては、(所有権〔Eigentum〕の客体となる）物（Sache）は有体物（körperliche Gegenstände）に限られており（§90 BGB)、また、債権（Forderung）にも無体財産権（Immaterialgüterrecht）にも該当しないことから、結局、ビットコインは物でも権利でもないと考えられているようであるが（Interview mit Julian Schneider von Legal Tribune Online, *Bitcoins: "Zum ersten Mal ein freierMarkt der Währungen"*, LEGAL TRIBUNE ONLINE, http://www.lto.de/recht/hintergruende/h/Bitcoins-waehrung- rechnungseinheit-umsatzsteuer/; Thomas Schwenke, *Bitcoins–Rechtsbelehrung Folge 13 (Jura-Podcast mit FAQ in Shownotes)*, RECHTSBELEHRUNG（14. April 2014）, https://rechtsbelehrung.com/bitcoins-rechtsbelehrung-folge-13-jura-podcast-faq-in-shownotes)、Franziska Boehm & Paulina Pesch, *Bitcoin: A First Legal Analysis - with reference to German and US-American law, in* FINANCIAL CRYPTOGRAPHY AND DATA SECURITY, 43, 49（Rainer Böhme et al.eds., 2014), http://link.springer.com/book/10.1007/978-3-662-44774-1; Christoph-Nikolaus von Unruh, *Germany, in* THE LAW OF BITCOIN, 84, 114-117（Stuart Hoegner ed., 2015)；森下・前掲注17）63頁)、秘密鍵という情報が法的保護の対象となることを根拠にビットコインを秘密鍵という情報に関する権利として位置付ける見解もある（Lenz・前掲注23）11頁以下)。

において、ビットコインに対する何らかの物権（対世的な財産権）が認められる可能性はある[注31]。その場合、日本法上、どのように取り扱うべきであろうか。本邦抵触法上、一般に、動産または不動産に関する物権については目的物所在地法がその準拠法とされる（法適用13条１項）。この点、ビットコインについては、世界中に分散したノードによって構成されるＰ２Ｐネットワーク上の記録によって観念されるものであるという性質上、いずれかの法域に物理的に存在するわけではないし、これと同視し得るような密接に関係する法域を確定することも困難である[注32)・注33)]。ビットコインの送付に必要

これに対し、同じく大陸法に属するフランス法においては、（所有権〔droit de propriété〕の客体となる）財産（bien）であることは当然のように論じられており、その上で、無形財産（bien immatériel）としての位置付けを試みる議論（Hubert de Vauplane, *L'analyse juridique du bitcoin*, RAPPORT MORAL SUR L'ARGENT DANS LE MONDE 2014,351, 357-58〔2014〕)、動産（bien meuble）と位置付ける議論（Myriam Roussille, *Le bitcoin : objetjuridique non identifié*, 159 BANQUE & DROIT, 27, 29〔2015〕)、さらに無体動産（bien meuble incorporel）のうちの法律の規定による動産（bien meuble par détermination de la loi）として位置付けようとする議論（Philippe Marini & François Marc, *La régulation à l'épreuve de l'innovation : les pouvoirs publics face au développement des monnaies virtuelles*, Rapport d'information n ° 767〔2013-2014〕, fait au nom de la commission des finances du Sénat, 28〔2014〕; Murielle Cahen, *Traitement civil et pénal du bitcoin*, MURIELLE CAHEN CABINET D'AVOCATS PARIS〔15 décembre 2014〕, http://www.murielle-cahen.fr/traitement-civil-et-penal-du-bitcoin/）がみられる。もっとも、「所有権」は法域ごとに似て非なる概念であり、これらの違いのもたらす具体的な相違についてはより踏み込んだ検討が必要となる点に留意を要する。また、仮に「所有権」を認めるとしても、その準拠法をどのように考えるべきか（どの法域の法に基づいて所有権の有無・効力を判断すべきか）が後述の通り問題となる。

注31）前掲注30）を参照。なお、ビットコインに対する物権としては、所有権以外にも、担保物権が考えられる。例えば、米国では、統一商事法典（UCC）に基づく担保権（security interest）が設定された場合の取扱いについて議論されている（Lawless 前掲注30）; Fogg・前掲注30）; Schroeder・前掲注30）。なお、UCC においては、本邦抵触法とは異なり、担保権設定の対抗要件具備（perfection）、その有無の効果、および同一目的物に対する担保権の優先順位については、原則として、担保権設定者の所在地法が準拠法とされる点に留意を要する（U.C.C. § 9 -301(1)）。ビットコインに対するUCCに基づく担保権に関する議論については、辻岡・前掲注22）35頁以下を参照。

注32）Koji Takahashi, *Choice of law rules for proprietary issues*, BLOCKCHAIN AND CRYPTOCURRENCY LAW（30 October 2015), http://cryptocurrencylaw.blogspot.jp/2015/10/choice-of-law-rules-for-propriety-issues.html; KojiTakahashi, *Difficulty of localisation in choice of law in other areas*, BLOCKCHAIN AND CRYPTOCURRENCY LAW

第 13 章　FinTech

な秘密鍵についても、単なる文字列の情報であるという性質上、同様である。したがって、ある特定の法域の法がビットコインの物権準拠法として指定されるとの解釈は困難であり、いかなる他の法域がビットコインに対する物権を認めようと、本邦抵触法上は一切これを無視する、というのが現行法の解釈としてやむを得ないと思われるし、支払手段としての有用性を確保する観点からは、そのような解釈が実質的にも妥当であると考えられる。

　この点、実質法上、ビットコインを権利の対象とし、その帰属については物権法のルールに従うべきとする見解を前提に、抵触法上は、特定のウォレットに記録された権利の法的性格が争いの対象となっているような場合にはウォレットの所在地（ウェブ上のウォレットの場合には、ウォレット・サービスの提供者の所在地）や秘密鍵の保有者の所在地の法を、契約当事者間の争いであって前記のような事情が認められない場合であれば当該契約の準拠法を、それぞれ準拠法とすべきとの提案もなされている[注34]。しかしながら、ウォレットの所在地や秘密鍵の保有者の所在地といった連結点は、当事者にとって必ずしも明確ではないだけでなく（ビットコインを送付または受領する当事者は相手方のアドレスに係るウォレットの所在地には関心がないのが通常であろう）、確定が困難なおそれもあり（例えば、秘密鍵の保有者は複数名存在する可能性があるし、そもそも保有者をどのように認定すべきかも問題である）、また、ビットコインに対する第三者からの追及に消極的な立場をとる法域に所在する事業者の提供するオンライン・ウォレットに自己の保有するビットコインを送付するだけで第三者からの追及を免れることができるのだとすると、あまり実益があるともいいがたいようにも思われる。

　以上から、本邦抵触法上、ビットコインそのものについては準拠法は観念できない、と解すべきであり[注35]、また、そのような解釈は、他の法域にお

　　　（4 November 2015), http://cryptocurrencylaw.blogspot.com/2015/11/difficulty-of-localisation-in-choice-of.html、辻岡・前掲注22) 40頁も同旨。
注33)　現状、ビットコインの採掘のほとんどが中国で行われているようであるが、ビットコインの仕組み上、中国との必然的な関連性があるわけではない。
注34)　森下・前掲注17)（江頭古稀）814頁。
注35)　ビットコインは「無国籍通貨」と呼ばれることがあり、ここでいう「無国籍」は通常、いずれの国・地域の通貨でもないという意味で用いられているが、本文に述べた考え方を前提にすると、少なくとも日本法上は、いずれの国・地域の私法にも準

ける私法上の取扱いに関する懸念を排除できる点で実務的にも望ましいように思われる。

(c) 小結

以上から、日本法上、ビットコインの保有とは、他の法域の私法制度のいかんにかかわらず、前述の通り、秘密鍵の排他的な管理を通じて当該秘密鍵に係るアドレスに紐付いたビットコインを他のアドレスに送付することができる状態を独占しているという事実状態にほかならず、何らかの権利または法律関係を伴うものではない、と考えるべきように思われる。

このような考え方を前提とすると、当事者の一方が相手方に対してビットコインの送付という事実行為を約する債権契約は観念できるものの、物権行為または準物権行為としてのビットコインの譲渡は観念されないし[注36]、ビットコインの使用、収益または処分を行う法的な意味での権限というものも観念されない。ビットコインは意思表示の法的な効果として観念的に移転されるのではなく、そのプロトコルに従った送付者の事実行為によってブロックチェーン上で移転されるものだからである[注37]。

以下では、以上の分析を踏まえ、ビットコインの民事法上の取扱いについての各論を述べた上で、各種規制、税法および刑法における取扱いについて論じることとする。

(ii) **支払手段としてのビットコイン**

ビットコインは、売買契約その他の契約に基づく代金の支払手段として用いられることが想定されている。

前記のようにビットコインの保有は何らかの権利または法律関係を伴うも

拠しないという意味においても無国籍であるといえよう。

注36) 片岡義広「仮想通貨の司法的性質の論点」LIBRA17巻4号（2017）14頁以下は、同様に財産権としての性質を否定する前提に立ちつつも、仮想通貨の「物権又はいわゆる準物権と同様の構造」を根拠として、「仮想通貨の売買等の準物権的行為」を含む契約がなされた場合には「契約に基づく債権的請求権」のほかに「物権的な正当権限又は準物権変動に準じ、物権的及び物権変動的な支配移転請求権を有すると観念なされる」とする。

注37) 物権の得喪および変更が物権法によって規律されるように、ビットコインの得喪はビットコインのプロトコルによって規律される。比喩的にいえば、ビットコインのプロトコルが、あたかも、あらゆる法域から独立したビットコイン専用の物権準拠法であるかのように機能するのである。

第 13 章　FinTech

のではないとする立場からは、支払手段としてビットコインを受領した場合、受領したビットコインについて第三者から所有権その他の物権的権利に基づき返還を求められることはないと考えられる。また、ビットコイン送付の原因となる契約が無効とされても、送付を受けたビットコインが元の保有者に自動的に復帰するわけではなく、当該ビットコインの時価相当額の不当利得返還請求権が発生するにすぎないと考えられる。これらの点は、「所有と占有の一致」[注38]を原則とする金銭と結論において同様の取扱いであるといえ、このような取扱いが法的に確保されることは、支払手段として機能するためには極めて重要であると考えられる[注39]・[注40]・[注41]。

もっとも、ビットコインは日本を含めいずれの国においても強制通用力を与えられていないから[注42]、「通貨」[注43]、「外国の通貨」には該当せず、また、基本的には「金銭」にも該当しないと考えられるものの、とりわけ私法に関する規定については個別の規定に応じた柔軟な解釈はあり得る。例えば、金銭債務の弁済において使用する物理的な通貨（銀行券や硬貨）の選択に関して規定する民法402条についてはビットコインには類推の余地がないと考え

注38)　最判昭和39・1・24判時365号26頁。

注39)　末廣・前掲注22）75頁、末廣・前掲注23）70頁も同旨。

注40)　もっとも、ビットコインのブロックチェーンの仕組み上、送付者が二重にビットコインを送付することによって、一方の送付が事後的に否定されるおそれがある。そのため、時の経過とともにそのおそれは低減するとはいえ、いずれかの時点でファイナリティを得られるわけではない点が、支払手段としての難点として指摘されることがある。

注41)　したがって、ビットコインの支払手段としての有用性の確保という観点からは、日本法上ビットコインについて何らかの財産権を認めようとする解釈論または立法論は、「所有と占有の一致」に相当するようなルールを同時に承認するのでない限り、妥当でない。このような解釈論または立法論は、預託をしたビットコインに対する取戻権を肯定することを目的とするように思われるところ、「所有と占有の一致」に相当するルールを承認することはこの目的に反することになるし、他方で、かかるルールを否定することはビットコインの支払手段としての有用性を否定することになる。同様の議論として、得津晶「日本法における仮想通貨の法的諸問題──金銭・所有権・リヴァイアサン」法学81巻2号（2017）163頁参照。

注42)　日本法上、通貨として強制通用力が与えられているのは、政府の発行する「貨幣」と日本銀行の発行する「日本銀行券」に限定されている（通貨の単位及び貨幣の発行等に関する法律2条3項）。

注43)　政府答弁①2頁。

られるが、外国通貨建ての債務を日本の通貨で弁済をすることができる旨を定める同法403条については（利用実態の相違に鑑みれば妥当とは思わないものの）ビットコインにも類推適用が及ぶ可能性は否定できない。同法555条以下の売買に関する規定における「代金」はその文言および同法578条が供託請求権を定めていることから法定通貨を前提とするものとも考えられるが、法定通貨に代えてビットコインその他の仮想通貨による支払を約した場合であっても、可能な限り、民商法の売買に関する規定を適用すべきものと考えられる。また、賃貸借における「賃料」（民601条等）や雇用、請負、委任および寄託における「報酬」（同法623条・632条・648条・659条など、商593条）にいう「報酬」、任意組合における「出資」（民667条1項）、匿名組合契約において出資の目的とすることができる「その他の財産」（商536条2項）などについても、ビットコインその他の仮想通貨による場合も含まれ、これらについて仮想通貨による支払を約した場合であっても民商法の規定がそのまま適用されると解して差し支えないであろう[注44]。

(iii) 取引対象としてのビットコイン

以下では、日本法を準拠法として行われるビットコインを対象とする各種取引について論じる。

(a) ビットコインの贈与

ビットコインの贈与は、寄付その他の目的で行われることがある。民法549条にいう「財産」にはビットコインを含むと解して差し支えないと考えられる。

(b) ビットコインの売買

ビットコインの売買は、仮想通貨交換業者とその利用者の間またはその利用者相互間などで行われる。ビットコインは財産権ではないとする立場からは、民法上の「売買」（民555条）とは異なり一種の役務提供契約[注45]といえ

注44) ただし、労働者に対する賃金の支払は、原則として本邦通貨による必要があり、ビットコインその他の仮想通貨により支払う場合は労働協約においてその旨の定めを置く必要があると考えられる（労基24条1項、労基則7条の2）。

注45) ドイツ法においては、非典型的な請負契約（Werkvertrag）（§631 BGB）とする見解（Schneider・前掲注30）；Boehm & Pesch・前掲注30）at 51)、単に請負契約とする見解（Schwenke・前掲注29))、「権利およびその他の目的物の売買」（Kauf von

るが、有償契約であることから一定の規定（例えば、同法556〜558条・573条・574条）については準用があると考えられる（同法559条）。もっとも、実務上は契約に明確な定めを置いておくことが望ましい。

なお、仮想通貨交換業者を通じて行われるその利用者間のビットコインの売買が「取引所においてする取引」（商501条3号）として当然に商行為とされるか否かは必ずしも明確ではないが、金融商品取引所や商品取引所とは異なり、一般の利用者がブローカーを介さずに自ら取引に参加する現在の実態を前提にする限り、消極に解すべきように思われる。

なお、ビットコインは金商法上の有価証券（金商2条1項・2項）ではないし譲渡性預金でもないことから（金販2条1項6号参照）、ビットコインを売買により取得させる行為は金融商品販売法（以下、「金販法」という）上の「金融商品の販売」（金販2条1項、金販令5条）に該当しないものと考えられる（ただし、デリバティブ取引である場合を除く。後期(f)参照）[注46]。

(c) ビットコインの貸付け

ビットコインの貸付けは、例えばいわゆる信用取引によってビットコインに対するレバレッジ投資を行わせるために取引所がその利用者にビットコインを貸し付けるかたちで行われることがある。ビットコインは「物」（有体物）ではないため民法上の消費貸借（民587条）とは異なるが、可能な限り消費貸借に適用のある民法の規定を類推適用すべきであろう。もちろん、実務上は契約に明確な定めを置いておくことが望ましい。

ビットコインの貸付けについては、利息制限法の適用（または類推適用）の有無も問題となる。この点、同法は「金銭を目的とする消費貸借」を対象とするところビットコインは金銭でないこと、通貨とは異なるリスク特性を有することによるボラティリティの高さから利率が高くなるのはやむを得ない側面があること、貸付けに係る取引実態として金銭と同様に扱われている

　　Rechten und sonstigen Gegenständen）（§453(1) BGB）とする見解（Unruh前掲注30）at 118-119）が示されており、また、森下・前掲注17）（資本市場）63頁によると委託や請負のような為す債務として把握すべきではないかとの議論があるという。

注46）斎藤創「ビットコインに対する現行法上の規制——取引所は出資法上の預り金規制、現行法上の為替取引も規制の対象となりうる」金融財政事情3066号（2014）28頁も同旨。

とまではいいがたいことから、(ビットコインが単に送金手段として用いられているにすぎず、実態として金銭が取引対象であるといい得る場合を除き、)消極に解すべきものと思われる。貸金業法や出資法に基づく規制上の取扱いについても後述の通り同様に解すべきものと考えられる。

ビットコインを貸付けにより取得させる行為が金販法上の「金融商品の販売」に該当しないのは前記(b)で述べた売買の場合と同様である。

(d) ビットコインの寄託

ビットコインの寄託は、例えば仮想通貨交換業者やオンライン・ウォレット業者に対してその利用者がビットコインを預託する場合に行われる。ビットコインは「物」(有体物)ではないため、民法上の寄託(民657条)とは異なるが、少なくとも、可能な限り消費寄託に適用のある民法の規定(例えば、同法663条・666条)を類推適用すべきであろう。無論、実務上は契約に明確な定めを置いておくことが望ましい。

後記(4)(iii)(a)に述べる通りビットコインの寄託は銀行法上の「預金」ではないことを踏まえると、ビットコインの寄託の受入れは金販法上の「金融商品の販売」に該当しないものと考えられる(金販2条1項1号参照)。

(e) ビットコインの信託

信託の対象は、単に「財産」と規定されている(信託2条1項等)。これは、信託の対象となるためには具体的な名称で呼ばれるほどに成熟した権利である必要はなく、金銭的価値に見積もることができる積極財産であり、かつ、委託者の財産から分離することが可能なものであれば、すべて含まれる、との趣旨を明らかにしたものとされている[注47]。ビットコインは、これらの要件をすべて充足するものと考えられ、したがって、ビットコインは信託法にいう「財産」に該当し[注48]、それ自体を信託することは可能であると解するのが適切であるように思われる[注49]。ビットコインが信託財産に属する場合、

注47) 寺本昌広『逐条解説新しい信託法〔補訂版〕』(商事法務、2008) 32頁。

注48) 同様に、ビットコインは、例えば相続財産や破産財団には含まれると解すべきであろう。株式会社MTGOXの破産手続においても同社の保有するビットコインは破産財団に属するものとして取り扱われている。

注49) ビットコインを信託の対象とできる可能性を示唆するものとして、小林信明「仮想通貨(ビットコイン)の取引所が破産した場合の顧客の預け財産の取扱い」金法

第13章　FinTech

　ビットコインは「登記又は登録をしなければ権利の得喪及び変更を第三者に対抗することができない財産」には該当しないため、信託財産に属することを第三者に対抗するために対抗要件の具備は求められない（信託14条）。もっとも、このように対抗要件の具備なくして信託財産に属することを第三者に対抗できる財産であっても、当該財産が信託財産に属することを第三者に主張するためには、当該財産が分別管理され、特定性をもって保管されていることを要すると考えられている[注50]。具体的な分別管理の方法としては、計算を明らかにする方法（信託34条1項2号ロ）または別途信託行為に定める方法（同項ただし書）によることとなると考えられるが、後者としては、例えば、信託財産ごとに異なるアドレスを使い分けるといった方法も考えられよう[注51]。信託銀行等における実務上の問題も含め、今後のさらなる議論の発展に期待したい。

　なお、仮にビットコインの信託が可能である場合、①当該信託に係る受益権を取得させる行為（代理または媒介に該当するものを除く）および②当該信託に係る信託契約を委託者と締結する行為（受益権が金商法上の第二項有価証券であり、かつ、信託財産の運用方法が特定されていない場合に限る）は、金販法上の「金融商品の販売」に該当するものと考えられる（金販2条1項5号・6号イ・11号、金販令5条1号）。したがって、これらの行為またはその代理もしくは媒介を業として行う者は、原則として、その際に顧客に対する同法上の説明義務を負うものと考えられる（金販3条）。もっとも、前記②に関し

　　　2047号（2016）45頁、武内・前掲注22）16頁、河合健「仮想通貨を用いたビジネスと金融規制」Financial Regulation 2016冬号（2016）15頁、末廣・前掲注23）72頁、影島広泰＝猿倉健司「第2回仮想通貨の取引における当事者間の権利関係とトラブルが生じた場合の法的問題点」BUSINESS LAWYERS（https://business.bengo4.com/category3/article167）。

注50）　中村也寸志「判解」最判解民事篇平成14年度(上)(2005) 25頁、「信託と倒産」実務研究会編『信託と倒産』（商事法務、2008）61頁［深山雅也］、田原睦夫＝山本和彦監修・全国倒産処理弁護士ネットワーク編『注釈破産法(上)』（金融財政事情研究会、2015）419頁［髙山崇彦］、竹下守夫＝藤田耕三編集代表『破産法大系(Ⅲ)破産の諸相』（青林書院、2015）257頁［山本和彦］。

注51）　この点、武内・前掲注22）16頁は帳簿上の分別管理では不十分とされる可能性が高い旨を述べ、影島＝猿倉・前掲注49）は帳簿上の分別管理をするだけでは不十分であり、取引所と顧客のビットコイン・アドレスが別に管理されている必要があるということが指摘されている旨を述べるが、いずれも根拠は明確にされていない。

ては、説明すべき内容に含まれる「元本欠損が生ずるおそれ」（同条1項1号・3号・5号）および説明義務違反等による損害の額として推定される「元本欠損額」（同法6条1項）のそれぞれの定義において、顧客が信託譲渡する金銭以外の「物又は権利」の市場価額または処分推定価額を勘案すべきものとされているところ（同法3条3項・6条2項、金販令6条）、ビットコインに対する財産権を否定する立場からは、文言解釈による限り、信託されたビットコインの市場価格は「元本欠損が生ずるおそれ」および「元本欠損額」の定義に反映されないという問題がある。文言上は無理があるものの、これらの規定が置かれた趣旨に鑑みれば、「物又は権利」にはビットコインのような権利性のない仮想通貨も含まれると解するのが適切であるように思われる。

(f) ビットコイン・デリバティブ取引

ビットコインを原資産としまたはビットコインの価格を参照指標とするデリバティブ取引（以下、「ビットコイン・デリバティブ取引」という）を行うことは可能であり、現に外国為替証拠金取引（FX取引）と同様の形態で行われている例もある。なお、当該デリバティブ取引が賭博に関する罪を構成する場合（後記(6)(i)参照）には、当該デリバティブ取引は公序良俗無効（民90条）となると考えられる点に留意を要する。

ビットコイン・デリバティブ取引は、後述［→(4)(ii)・(iii)(a)・(iv)］のように、金商法上の「店頭デリバティブ取引」にも商品先物取引法（以下、「商取法」という）上の「店頭商品デリバティブ取引」にも該当しないし、また、銀行法上の「金融等デリバティブ取引」への該当性にも疑義があり、先物外国為替取引にも該当しないと考えられるから、金融機関等が行う特定金融取引の一括清算に関する法律（以下、「一括清算法」という）上の「特定金融取引」への該当性には疑義があり（一括清算2条1項、一括清算規1条1号・2号・6号・7号参照）、ビットコイン・デリバティブ取引は一括清算法に基づく一括清算条項の有効性確保（一括清算3条）の対象とならない可能性がある。他方、破産法58条1項の「商品」は、定義がないが一般に広く解されており、ビットコインも含むものと解することによりビットコイン・デリバティブ取引は破産法58条5項（他の法律により準用される場合を含む）に基づく一括清算の対象にはなると解することは十分可能であるように思われる。

第13章　FinTech

　なお、金販法上、ビットコインの価格を参照指標とする先物取引もしくは先渡取引またはこれらの取次ぎは、「金融商品の販売」に該当するものと考えられる（金販2条10号、金販令4条）。したがって、そのような取引もしくは取次ぎまたはその代理もしくは媒介を業として行う者は、原則としてその際に顧客に対する同法上の説明義務を負うものと考えられる（金販3条）。

(g)　ビットコインの担保取引

　日本法上、ビットコインに対する財産権を否定する立場からは、ビットコインに対する担保物権を設定することはできない。

　他方、ビットコインに対する何らかの財産権を肯定する見解からは、何らかの根拠でかかる財産権の準拠法として日本法が指定される限り、かかる財産権に対する質権（権利質）が認められる可能性がある（民362条）。もっとも、その設定方法や対抗要件の具備方法は明らかではない。

　いずれにせよ、いわゆる保証金または現金担保と同様の方法による担保取引を行うことは可能であろう。すなわち、被担保債権に係る債務者が債権者に対して担保の目的でビットコインを貸し付け、または寄託するかたちでビットコインの消費貸借または消費寄託を行うのである。担保実行時には、債権者は、当該ビットコインの返還債務を（担保取引に係る契約の定めに従って）その時価評価額の金銭債務に転換し、当該債務と被担保債権を相殺することになる[注52]。

　なお、一括清算法上の「特定金融取引」に該当する担保取引は「金銭又は有価証券の貸借又は寄託」に限られるため（一括清算2条1項、一括清算規1条1号）、ビットコインの担保取引は一括清算法に基づく一括清算条項の有効性確保（一括清算3条）の対象とならないと考えられる。他方、破産法58条5項（他の法律により準用される場合を含む）については、担保取引への適用について議論はあるものの、デリバティブ取引の場合と同様に、同項に基づく一括清算の対象となり得ると解することは十分可能であるように思われる。

注52）　本文に述べた考え方とは異なり、田中貴一「FinTechにみる融資取引とその法的課題」NBL1075号（2016）68頁は、「仮想通貨……は、金銭でも、『有体物』……でもないことからすると、……仮想通貨それ自体について、保証金（に準じたもの）として差し入れを受けたり……することはできないと理解するのが自然であろう」とするが、その根拠は明らかでない。

(ⅳ) 詐害行為取消権

　民法上の詐害行為取消権は、「財産権を目的としない」行為には適用がないとされているところ（民424条2項）、ビットコインに対する財産権を否定する立場からは、例えばビットコインの贈与は厳密な意味では財産権を目的とする行為とはいいがたい。

　しかしながら、詐害行為取消権が定められた趣旨からすれば、同項の趣旨はあくまで相続の放棄のような身分行為を除外すること[注53]にとどまり、権利性のない財産の処分行為をも除外する趣旨と解する必要はない。また、信託法上の詐害信託取消権（信託11条）や倒産法上の否認権（破160条以下等）は条文上「財産権」に限定されていないし、民法（債権法）改正法によって追加される予定の詐害行為取消権に関する規定も、処分や移転の対象として「財産権」ではなく「財産」との用語が用いられている（改正後民424条の2・424条の5）。

　以上からすると、民法424条2項の「財産権を目的としない」との文言にかかわらず、ビットコインの贈与なども詐害行為取消権の対象となるものと解すべきであると考えられる。なお、否認権についてはその対象外と解すべき理由はないし、ビットコインの信託が可能であると解する場合には、ビットコインの信託もまた詐害信託取消権の対象となると解すべきであろう。

(ⅴ) ビットコインの盗難と私法上の保護

　ビットコインが何者かによって保有者に無断で他人のアドレスに送付された場合、いかなる救済手段があり得るだろうか。

　まず、ビットコインの保有は何らかの権利または法律関係を伴うものではないとする立場からは、被害者は送付先のアドレスを管理する者に対して所有権その他の権利に基づく返還請求を行うことはできない[注54]。もっとも、ビットコインの保有は民法709条にいう「法律上保護される利益」であると考えられるため、加害者に対して不法行為に基づく損害賠償請求を行うことは可能であろう[注55]。また、送付先のアドレスを管理する者に対しては、不

注53）　最判昭和49・9・20民集28巻6号1202頁。
注54）　末廣・前掲注22）75頁も同旨。
注55）　末廣・前掲注22）75頁、武内・前掲注22）17頁も同旨。

当利得返還請求として利得相当額の金銭の支払を求めることも可能であると考えられる[注56]。加害者が盗み取ったビットコインをもって第三者に対する支払を行った場合、当該第三者に対して不当利得返還を請求できるかは明確ではないが、騙取されまたは横領された金銭による債務の弁済を受けた第三者が悪意または重過失の場合には被害者による当該第三者に対する不当利得返還請求を認める判例（最判昭和49・9・26民集28巻6号1243頁）の考え方は、同様に当てはまると考えられよう[注57]。ただし、いずれも不法行為または不当利得によって生ずる債権の準拠法として日本法が指定されることが前提である（法適用14条以下参照）。

他方、ビットコインに対する財産権を肯定する立場からは、「所有と占有の一致」に類するルールを併せて導入するのでない限り、当該財産権に基づく返還請求が認められる余地があることになる。これは被害者保護に厚いといえる反面、ビットコインの支払手段としての有用性を損なうこととなる点はすでに述べた通りである。

(vi) ビットコインに対する強制執行

ビットコインはその保有者が管理する秘密鍵を用いてはじめて送付し得るものであり、法律の効果や意思表示によって強制的に移転し得るものではないため、ビットコインを強制的に換価することは、秘密鍵の開示を強制できない限り、ほぼ不可能といってよい。したがって、仮にビットコインが「不動産、船舶、動産及び債権以外の財産権」（民執167条1項）に該当すると解したとしても、ビットコインそれ自体に対する実効性のある強制執行を行うことはできない[注58]。

注56) この点、片岡・前掲注36) 15頁は、「不正行為により仮想通貨の保有者としての取引記録を不正に作出した者に対し、本来の正当な保有者は、不当利得法理による仮想通貨の返還請求権に擬するものを措定することもできる」とするが、その根拠は明らかではない。

注57) これを否定する見解として、得津・前掲注41) 162頁。

注58) ビットコインに対する金銭執行の方法について、片岡・前掲注23) 46頁および高松志直「電子マネーおよび仮想通貨に対する強制執行」金法2067号（2017）56頁はその他の財産権に対する強制執行（民執167条）と、田中＝遠藤・前掲注15) 59頁は、動産執行（同法122条以下）またはその他の財産権に対する強制執行と、遠藤・前掲注15) 9頁以下は動産執行の方法によるその他の財産権に対する強制執行とするが、片岡・前掲注23) 46頁、田中＝遠藤・前掲注15) 59頁および高松・前掲57頁も

したがって、実務上は、例えば、ビットコインが売却されるまで待った上で売却代金債権や売買代金の振込みを受けた口座に係る預貯金債権を差し押える、ペーパー・ウォレットが利用されている場合には当該ペーパー・ウォレット（すなわち、紙）に対する動産執行（民執122条以下）を行うなど、一定の工夫が必要となるが、困難は否めない。

仮にビットコインそのものに対する強制執行を可能とするためには、相当の罰則をもってビットコインの保有状況とともに秘密鍵の開示を行わせるなどの方法を可能とする制度的な手当てが必要となるものと考えられ、この点は民事執行法制の将来的な課題であろう。

他方、仮想通貨交換業者やオンライン・ウォレット業者に預託されたビットコインについては、契約上の返還請求権に対して債権執行（民執143条以下）を行うことになろう[注59]。

なお、民事保全や滞納処分などについても同様の問題が生じる。

(vii)　預託したビットコインと取戻権

仮想通貨交換業者は、成立した取引の迅速かつ確実な決済を図るため、利用者のために金銭および仮想通貨の預託を受けることが多い。また、仮想通貨の預託を受けるオンライン・ウォレット事業者も存在する。そのため、ビットコインの預託を受けた事業者について倒産手続が開始した場合、預託されたビットコインをどのように取り扱うべきかが問題となる。

この点、消費寄託をした金銭については、寄託された金銭に係る所有権または寄託に伴う振込先の預金口座に係る預金債権は受寄者に属し、寄託者は契約上の返還請求権を有するにすぎないことから取戻権は成立しないと考えられており、したがって、利用者の返還請求権を保全するためには、例えば、①消費寄託ではなく利用者を委託者兼受益者とする信託の形式で預託を受ける、②消費寄託を受けた金銭の残高に相当する額について利用者を元本の受

　　　指摘する通り、実効性はない。また、片岡・前掲注23）46頁以下は、秘密鍵を開示すべき不代替債務の債務名義を得た上で間接強制（同法172条）を求めることは可能であるとするが、同46頁以下も指摘する通り、金銭執行のために間接強制を用いても実効性はないのが通常であろう。

注59）　他方、高松・前掲注58）57頁は、債務者の有する契約上の地位をその他の財産権として差し押える方法（民執167条1項）を採り得ると述べる。

第13章　FinTech

益者とする金銭信託（元本補塡の特約付きのものまたは安全な方法により運用されるもの）を設定する、などの方法がとられる。例えば、証券会社やFX業者は②の方法による分別管理が義務付けられている（金商43条の2第2項・43条の3、金商業等府令143条1項1号）。また、前払式支払手段発行者および資金移動業者については、保証金の供託（またはかかる供託を確保するための契約の締結）が義務付けられるとともに、利用者には法律の規定により自己の債権に関し当該保証金につき優先弁済権が与えられる、という方法が採用されている（資金決済14条～19条・31条・43条～48条・59条）。

他方、ビットコインについては、ビットコインの預託を受けた事業者は当該ビットコインを自ら秘密鍵を管理するアドレスにおいて管理することになり、ビットコインに対する財産権を否定する立場からはビットコインの預託をした利用者が有する権利は仮想通貨交換業者に対する契約上の返還請求権にすぎないと考えられるが、財産権を肯定する立場からは寄託者がなお自身の財産権を移転せずに留保している場合を想定し得ることになる。このような考え方の相違を背景として、預託を受けたビットコインについて、倒産債務者「に属しない財産」として（顧客の契約上の返還請求権を根拠とする）一般の取戻権（破62条等）が認められるかについては、金銭の場合と同様に一般的に否定する見解[注60]と、一定の分別管理がなされていることを条件に肯定する見解[注61]がある。

この点、いわゆる問屋の法理を認めた最判昭和43・7・11（民集22巻7号1462頁）では、証券会社が顧客のために買い入れた株券を顧客に移転する前に破産宣告を受けた事案において、「問屋の債権者は問屋が委託の実行としてした売買により取得した権利についてまでも自己の債権の一般的担保とし

注60）　斎藤・前掲注46）31頁注8、小林・前掲注49）42頁以下、武内・前掲注22）。なお、小林氏は株式会社MTGOXの破産事件における破産管財人である。
注61）　片岡・前掲注23）44頁、片岡・前掲注22）60頁、田中＝遠藤・前掲注15）60頁、遠藤・前掲注15）10頁、Takahashi・前掲注16）、片岡・前掲注36）17頁。なお、田中＝遠藤・前掲注15）および遠藤・前掲注15）はビットコインを動産類似の「モノ」として扱う立場を前提とし、Takahashi・前掲注16）は目的物の利用を独占する権利という意味での広義の所有権を観念する立場を前提とする。また、末廣・前掲注22）77頁は、顧客資産の管理方法の工夫次第では顧客の権利が債権的なものにとどまるかについて議論の余地を排除することはできないように思われるとする。

て期待すべきではない」として、明確な根拠を示さないまま当該顧客の当該株券に対する取戻権を肯定した。この判例の当否や射程については種々の議論があるところではあるが、倒産債務者「に属しない財産」の意義についてこのような政策的判断が許容されるのであれば、例えば、倒産債務者である仮想通貨交換業者が預託を受けたビットコインについては、資金決済法の規定に従って固有財産との明確な区分と帳簿等により利用者が直ちに判別できる状態による管理が行われている限り［→(4)(i)(e)］、当該ビットコインについては倒産債務者「に属しない財産」であり利用者の（契約上の返還請求権を根拠とする）取戻権が認められる、と解する余地がないとはいえない。倒産債務者「に属しない財産」の意義は、必ずしも明確化されておらず、今後の議論の発展が望まれるが、政策的には、預託を受けた事業者による使用を許さない趣旨による預託であり、かつ、事業者自身のビットコインと分別して管理されている限りは、顧客による取戻権を肯定することが適切であるように思われる。

　とはいえ、現状、預託したビットコインに対する取戻権が確実ではない以上、利用者が事業者に預託したビットコインの返還請求権を保全するためには、金銭の預託を受けた場合と同様、一定の工夫が必要である。例えば、①利用者を委託者兼受益者とする信託の形式で預託を受ける方法、②当該事業者は利用者を委託者兼受益者とする金銭信託の方法による預託の受入れのみを行い、信託を受けた金銭を原資として購入された顧客の計算に属するビットコインを当該信託の信託財産として管理する方法、③当該事業者が、預託を受けたビットコインの残高に等しい量について利用者を受益者とするビットコイン信託（ビットコイン建ての元本補塡特約付きのものまたはビットコイン建てで安全な方法により運用するもの）を設定する方法、④当該事業者が、預託を受けたビットコインの残高の時価相当額について利用者を受益者とする金銭の信託（ビットコイン建てで安全な方法により運用するもの）を設定する方法、⑤いわゆるマルチシグ技術により３つの秘密鍵のうちの２つの行使によりビットコインの送付を行うことができるアドレスを作成し（いわゆる２ of 3）、この秘密鍵を、１つは利用者が、１つは当該事業者が、もう１つは信頼された第三者が、それぞれ管理することとし、当該事業者の倒産時には

利用者が当該第三者の協力を得て当該アドレスに送付したビットコインを取り戻すことができるようにする方法などが考えられる。なお、①および③はビットコインの信託が法的にも実務上も可能であることが前提である。また、①については、当該事業者が信託業を行うこととなるため、信託業法に基づき免許または登録（信託業3条・7条1項）を得る必要があるが、③については、当該事業者が仮想通貨交換業者である場合には、「他の取引に係る費用に充てるべき金銭の預託を受けるもの」（同法2条1項）に該当するものとして「信託業」に該当しないと解する余地もあろう。⑤については、そのような信頼できる第三者を確保することが前提となるし、また、倒産法上、当該アドレスに保管されたビットコインが倒産債務者「に属しない財産」といえるか否かという問題が払拭されるわけでもない。いずれの方法にせよ法的または実務的な課題もあり、今後さらに検討を要しよう。

また、これらのほか、立法論としては、ビットコインの供託を行わせ、利用者に優先弁済権を与えるという方法も考えられないわけではないが、供託の対象を金銭および有価証券に限定している供託法の規定（供託1条等）の改正も必要となるほか、そもそも法務局等の供託所において実務上対応可能かという問題もあろう。

なお、資金決済に関する法律（以下、「資金決済法」という）において、仮想通貨交換業者は、利用者のために管理するビットコインなどの仮想通貨について、固有財産との明確な区分と帳簿等により利用者が直ちに判別できる状態による管理が義務付けられるにとどまり［→(4)(i)(e)］、したがって、利用者のために管理するビットコインについては、仮想通貨交換業者の倒産時における保全は図られていない。これは、仮想通貨の私法上の位置付けが明確でないため、供託・信託を行うことができないとの制約があるためと説明されている[注62]。

(4) ビットコインの各種規制上の取扱い

以下では、前述のビットコインの法的性質を前提に、各種規制上の取扱い

注62) 金融審議会「決済業務等の高度化に関するワーキング・グループ報告――決済高度化に向けた戦略的取組み」(2015) 29頁以下。

第2節　各種FinTechビジネスと法制度

について論じる[注63]。

(i) 資金決済法および犯罪収益移転防止法に基づく仮想通貨交換業に係る規制

(a) 規制導入の背景

本邦では、2014年2月の株式会社MTGOXの破綻を主たる契機として、ビットコインやその交換所の規制上の取扱いについて、政府や与党において検討されてきた[注64]。

他方、「イスラム国」などの国際テロリストによるビットコインの資金調達への利用への懸念などを背景に、金融活動作業部会（FATF）においては仮想通貨（virtual currency）に関する資金洗浄対策・テロ資金供与対策（AML/CFT）規制のあり方が検討されてきた[注65]。そして2015年6月、G7エルマウ・サミット首脳宣言において「仮想通貨及びその他の新たな支払手段の適切な規制を含め、全ての金融の流れの透明性拡大を確保するため更なる行動をとる」との宣言がなされるとともに、FATFより、各国に対して換金型仮想通貨（convertible virtual currency）の交換所（exchanger）に対するFATF勧告に基づくAML/CFT規制（登録・免許制を含む）の導入を要請するガイダンス[注66]（以下、「FATFガイダンス」という）が公表された。

以上の状況を踏まえ、2015年12月22日に公表された金融審議会「決済業務等の高度化に関するワーキング・グループ報告——決済高度化に向けた戦略的取組み」において、仮想通貨の交換所に対する登録制を前提とする利用者保護規制およびAML／CFT規制の導入が提言された。この提言を踏まえて2016年の第190回国会において資金決済法および犯罪による収益の移転防止

注63　諸外国の金融規制上の取扱いについては、斎藤＝芝・前掲注11）26頁以下を参照。
注64　政府答弁①、参議院議員大久保君提出ビットコインに関する再質問に対する答弁書（内閣参質186第39号。以下、「政府答弁②」という）、参議院議員大久保君提出ビットコイン等の検討状況に関する質問に対する答弁書（内閣参質190第53号。以下、「政府答弁③」という）および自由民主党IT戦略特命委員会資金決済小委員会「ビットコインをはじめとする「価値記録」への対応に関する【中間報告】」(2014)。
注65　FINANCIAL ACTION TASK FORCE, *supra*. note 12.
注66　FINANCIAL ACTION TASK FORCE, GUIDANCE FOR A RISK-BASED APPROACH TO VIRTUAL CURRENCIES (2015), http://www.fatf-gafi.org/media/fatf/documents/reports/Guidance-RBA-Virtual-Currencies.pdf.

第13章　FinTech

に関する法律（以下、「犯罪収益移転防止法」という）の一部改正を含む「情報通信技術の進展等の環境変化に対応するための銀行法等の一部を改正する法律」が成立し[注67]、その後、関連する政・府令および事務ガイドラインの改正および新規制定が行われ、これらに基づく仮想通貨交換業に対する規制が2017年4月1日より導入されたのである。

(b)　「仮想通貨」の定義

資金決済法上、ビットコインなどを含む概念として「仮想通貨」が定義される（資金決済2条5項・6項）。その内容は複雑であるが、次のように整理できる。

　(ア)　1号仮想通貨
① 物品を購入し、もしくは借り受け、または役務の提供を受ける場合に、これらの代価の弁済のために不特定の者に対して使用することができること
② 不特定の者を相手方として購入および売却を行うことができること
③ 財産的価値であること
④ 電子機器その他の物に電子的方法により記録されること
⑤ 本邦通貨、外国通貨または「通貨建資産」でないこと
⑥ 電子情報処理組織を用いて移転することができること
＊「通貨建資産」とは、法定通貨をもって表示され、または法定通貨をもって債務の履行、払戻しその他これらに準ずるものが行われることとされている資産をいう。さらに、通貨建資産をもって債務の履行、払戻しその他これらに準ずるものが行われることとされている資産も通貨建資産とみなされる。

　(イ)　2号仮想通貨
① 不特定の者を相手方として1号仮想通貨と相互に交換を行うことができること
② 前記(ア)③～⑥と同じ

この定義は、FATFの定義する「換金型仮想通貨」（convertible virtual currency）の定義におおむね対応するものと考えられるが、不特定の者に対

注67）情報通信技術の進展等の環境変化に対応するための銀行法等の一部を改正する法律（平成28年法律第62号）11条・附則14条。

して支払手段として用いることが可能であるとともに不特定の者と法定通貨による購入および売却が可能な前記(ア)の仮想通貨（以下、「1号仮想通貨」という）と、不特定の者と1号仮想通貨（典型的にはビットコイン）との交換が相互に可能な前記(イ)の仮想通貨（以下、「2号仮想通貨」という）に分けて定義されているのが特徴である。

　この定義からは、ビットコインのような「非中央集権型・換金型仮想通貨」だけでなく、「中央集権型・換金型仮想通貨」も資金決済法にいう「仮想通貨」に含まれ、例えば発行者に対する契約上の権利を伴うコインも含まれることになる。ブロックチェーン技術ないし分散台帳技術を利用しているか否かも問われない。また、前記(ア)⑤により、（本稿執筆時点ではまだ存在しないが）デジタル法定通貨や（為替取引の手段として用いられる）換金型の電子マネー[注68]は「仮想通貨」に含まれない。同様の理由で、金商法上の「有価証券」（金商2条1項・2項）もおよそ「仮想通貨」には含まれないと考えるべきように思われるが、必ずしも明確化されていない。さらに、前記(ア)①により発行者と何らかの関係を有する特定の店舗等においてのみ代価の弁済として使用できるものはおよそ該当しないことになる[注69]。また、前記(ア)②および前記(イ)①では、不特定の者を相手方として、法定通貨または1号仮想通貨との交換が行われることが要件とされているため、その相手方について発行者による制限がある場合やおよそ交換市場が存在しない場合も該当しないこととなる[注70]。そして、これらの要件から、前払式支払手段や企業ポイントも仮想通貨には該当しないものと解されている[注71]。なお、前記(ア)②お

注68）　一部の金融機関では個人間送金などでの活用を想定した1単位を1円で払い戻す仕組みの「コイン」を開発中と報じられているが、このような「コイン」は、本文に述べる理由から、資金決済法に規定される「仮想通貨」には該当しない。

注69）　事務ガイドライン第3分冊：金融会社関係 16 仮想通貨交換業者関係Ⅰ-1-1①参照。

注70）　事務ガイドライン第3分冊：金融会社関係 16 仮想通貨交換業者関係Ⅰ-1-1②参照。

注71）　事務ガイドライン第3分冊：金融会社関係 16 仮想通貨交換業者関係Ⅰ-1-1（注）、金融庁パブコメ回答〔平29.3.24〕47頁89番～92番（ただし、前払式支払手段について）（http://www.fsa.go.jp/news/28/ginkou/20170324-1.html）。なお、文言上は、前払式支払手段や企業ポイントであっても、流通状況次第では例外的に1号仮想通貨または2号仮想通貨の定義に該当する可能性を否定する理由はないものと考えられ、また、従前、金融庁側から示された見解もそのような可能性を示唆するものであったが（第190回国会衆議院財政金融委員会会議録第16号13頁（国務大臣（金融

よび前記(イ)①では「不特定かつ多数の者」ではなく「不特定の者」とされていることから、使用可能な店舗が少なく流動性も低い「コイン」であっても「仮想通貨」の定義に含まれることになるだけでなく、いわゆるICO（initial coin offering）[注72]の対象となっている、その時点では使用可能な店舗も流動性もない「コイン」についても、事務ガイドラインによると「仮想通貨」に該当し得るものとされている[注73]・[注74]。

このような定義からは、いわゆる暗号通貨で、法定通貨建てでないものは、不特定の店舗で使用可能かつ法定通貨との交換市場が存在すれば1号仮想通貨に、ビットコインその他の1号仮想通貨との交換市場が存在すれば2号仮想通貨に、基本的に該当することになろう。ビットコイン、ビットコイン・キャッシュ、ライトコイン、ドージコイン、モナコイン、リップルのXRP、イーサリアムのイーサ、カウンターパーティーのXCPなどはいずれも資金決済法にいう「仮想通貨」に該当すると考えられる[注75]。

他方、個人がその趣味として発行する何の機能も期待されていない分散台帳上のトークンがその希少性ゆえに財産的価値があるものとして不特定者間で売買の対象とされるようになることは想定される。このようなトークンは、支払手段として用いることは想定されない以上前記(ア)①の要件を満たさず、

担当）麻生太郎発言）、同19頁以下（政府参考人金融庁総務企画局長池田唯一発言）、湯山壮一郎ほか「情報通信技術の進展等の環境変化に対応するための銀行法等の一部を改正する法律の概要（2・完）」商事2108号〔2016〕49頁）、その後、金融庁において解釈の変更があったものと考えられる。

注72）ブロックチェーン技術ないし分散台帳技術を用いた新サービスを開発中のベンチャー企業などが、当該サービスに利用可能となる予定の「コイン」を、将来的な値上がりを期待する投資家に（通常はビットコイン払で）販売し、開発費等の調達を行うもの。クラウドセール（crowdsale）などともいう。

注73）事務ガイドライン第3分冊：金融会社関係16 仮想通貨交換業者関係Ⅰ-1-2（注4）は、「例えば、新規に発行する仮想通貨の売り出しを行う場合に、発行段階で流動性に欠けるとしても、当該仮想通貨を取り扱うことが適切でないと直ちに判断するのではなく、申請者からの説明や外部情報を十分考慮し、総合的に判断するものとする」としている。

注74）なお、現実にICOと称して販売されているものの中には、資金決済法上の「仮想通貨」ではなく金商法上の「有価証券」に該当すると解すべきものも含まれている点に留意を要する。

注75）ビットコイン、ライトコイン、ドージコイン、イーサおよびXCPについて、堀天子『実務解説資金決済法〔第3版〕』（商事法務、2017）38頁も同旨。

したがって、1号仮想通貨には該当しないと考えるべきであるように思われるが、他方、このようなトークンが不特定者間でビットコインによって取引される場合には2号仮想通貨に該当するとされるおそれがある。

(c) 「仮想通貨交換業」の定義

資金決済法による業者規制の対象となる「仮想通貨交換業」は次に掲げる①から③までの行為のいずれかを業として行うことをいうものとして定義されるが（資金決済2条7項）、後述の通り、①または②のいずれかを行えば仮想通貨交換業に該当し、いずれも行わなければ仮想通貨交換業に該当しない。

① 仮想通貨の売買または他の仮想通貨との交換
② ①に掲げる行為の媒介、取次ぎまたは代理
③ その行う①または②に掲げる行為に関して、利用者の金銭または仮想通貨の管理をすること

まず、仮想通貨の販売所やATMとして自己の計算で仮想通貨の売買[注76]を行う事業は、前記①に該当することとなる。他方、利用者同士の仮想通貨の売買のマッチングの場を提供する取引所の事業は前記②のうちの「媒介」に該当するものと考えられる。また、利用者の計算で自己の名で仮想通貨の売買を行う事業（いわゆるブローカレージ）は前記②の「取次ぎ」に、仮想通貨の販売所のためにその代理店として仮想通貨の売買の媒介または代理を行う事業は前記②の「媒介」または「代理」に、それぞれ該当するものと考えられる。このほか、小売店が代金として受領した仮想通貨を現金化する事業や仮想通貨の国際送付を行う事業も、仮想通貨の買取りまたは販売を伴う仕組みを用いる限り、前記①により仮想通貨交換業に該当するものと考えられる。

さらに、仮想通貨同士の交換またはその媒介、取次ぎもしくは代理もまた業として行われる限り仮想通貨交換業に該当する。そのため、アルトコインをビットコイン建てで買取りまたは販売を行う事業やビットコインとアルトコインの交換の場を提供する取引所の事業もまた、仮想通貨交換業に該当する。

注76) 前記(3)(ⅲ)(b)で述べたように、ビットコインに対する財産権を否定する立場からは、ビットコインの売買は民法上の「売買」ではないが、資金決済法にいう仮想通貨の「売買」は民法上の「売買」よりも広い意味で用いられていると考えられる。仮想通貨の「交換」についても同様である。

なお、先物取引やオプション取引、スワップ取引といったデリバティブ取引で仮想通貨と法定通貨または他の仮想通貨同士との交換を伴うものについてはそれぞれ「売買」または「交換」に該当するものとして仮想通貨交換業に該当するものと考えられる[注77]。

また、ビットコインについては当てはまらないが、発行者の存在する仮想通貨について、ICO等の発行者による当該仮想通貨の発行が「売買」または「交換」に該当するかは必ずしも明確でない[注78]。

なお、仮想通貨交換業に該当するのは「業として行う」場合に限られているところ、これは、「対公衆性」のある行為で「反復継続性」をもって行うことをいうものとされており、現実に「対公衆性」のある行為が反復継続して行われている場合のみならず、「対公衆性」や「反復継続性」が想定されている場合等も含まれるものとされている[注79]。「対公衆性」の要件により、単なる投資目的で取引を行う場合は通常は仮想通貨交換業に該当しないものとされているが[注80]、このほか、単に支払手段として使用する目的で仮想通貨を購入し、または単に支払手段として受領した仮想通貨を売却するような場合もまた、仮想通貨交換業に該当しないものと考えられよう。もっとも、(i)仮想通貨への投資を行うファンドのために仮想通貨交換業者を通じて仮想通貨の売買を行う業務や(ii)仮想通貨による出資を受けたファンドのために仮想通貨交換業者を通じて当該仮想通貨を換金する業務が、業として行う「仮想通貨の売買」またはその「代理」として仮想通貨交換業に該当しないかは明確ではないが[注81]、有価証券については同様の業務は投資運用業（金商28条

注77) 事務ガイドライン第3分冊：金融会社関係 16 仮想通貨交換業者関係 I-1-2は、「仮想通貨を用いた先物取引等の取引においては、決済時に取引の目的となっている仮想通貨の現物の受渡を行う取引と、当該取引の目的となっている仮想通貨の現物の受渡を行わず、反対売買等を行うことにより、金銭又は当該取引において決済手段とされている仮想通貨の授受のみによって決済することができる取引（以下『差金決済取引』という。）が存在する。これらの取引のうち、差金決済取引については、法の適用を受ける『仮想通貨の交換等』には該当しない」とする。

注78) 本多正樹「仮想通貨に関する規制・監督について——改正資金決済法を中心に」金法2047号（2016）37頁も同旨。

注79) 事務ガイドライン第3分冊：金融会社関係 16 仮想通貨交換業者関係 I-1-2（注1）。

注80) 金融庁パブコメ回答〔平29.3.24〕47頁以下94番・95番。

注81) (i)について同様の指摘をするものとして河合・前掲注49) 15頁、(ii)について同様の

4項）として規制されており、「有価証券の売買」（金商2条8項1号）または「有価証券の売買……の……代理」（同項2号）として第一種金融商品取引業（同法28条1項）に該当するとは解されていないことを踏まえると消極に解すべきように思われるが、必ずしも明確化されていない点には留意を要する。他方、仮想通貨のICOについては、仮にこれが前記①の「売買」または「交換」に該当すると解される場合、不特定多数を対象とする以上は「業として」にも該当すると解される可能性がある。その場合でも、例えば仮想通貨交換業者に全面的に委託してICOを実施する場合には、かかる発行者の行為は仮想通貨交換業に該当しない、と解する余地もあろう。

前記③については、「その行う①又は②に掲げる行為に関して」との要件があるため、前記①も前記②も行わずに前記③のみを行う仮想通貨交換業は存在しない。例えば、オンライン・ウォレット業者が仮想通貨の保護預りや利用者間の振替のみを行う業務は前記③に該当しないものと考えられ、したがって、仮想通貨交換業に該当しない[注82]。なお、前記③が仮想通貨交換業の定義に含められたことにより、仮想通貨交換業者は「業として預り金をするにつき他の法律に特別の規定のある者」（出資2条1項）に該当することとなり、したがって、利用者から仮想通貨の売買等の代金決済に充てるために預り金をすることは出資法上の預り金の禁止（同項）の例外として許容されることとなったと考えられる[注83]。

(d) **参入規制**

資金決済法に基づき仮想通貨交換業の登録を受けた事業者は「仮想通貨交換業者」と呼ばれ、仮想通貨交換業者以外の者が「仮想通貨交換業」を行うことは一切禁止される（資金決済63条の2）。外国当局から登録等を受けた業者が国外で「仮想通貨交換業」に該当する行為を行う場合であっても、日本

　　　　指摘をするものとして、有吉尚哉＝谷澤進「ソーシャルレンディング——匿名化・預り金・仮想通貨等をめぐる問題」ビジネス法務16巻12号（2016）87頁。

注82）　第190回国会衆議院財務金融委員会会議録第16号20頁（政府参考人金融庁総務企画局長池田唯一発言）。

注83）　堀・前掲注75）40頁以下も同旨。なお、従前は、「預り金」（出資2条2項）に該当しないためには資金滞留がないことを要するものと解されていた（自由民主党IT戦略特命委員会資金決済小委員会・前掲注64）6頁）。

第13章　FinTech

において資金決済法に基づく登録を受けない限り、日本国内にある者に対してその勧誘をすることは禁止されている（同法63条の22）[注84]。ただし、明文の根拠はないが、仮想通貨交換業者が流動性確保等のために海外の仮想通貨交換所との間で取引を行う場合については、当該海外の仮想通貨交換所は仮想通貨交換業の登録を受けることを要しないと解されている[注85]。

登録の申請は、取り扱う仮想通貨の名称や仮想通貨交換業の内容および方法、仮想通貨交換業の一部を外部委託する場合の委託先など一定の内容を記載した申請書を一定の添付書類（取り扱う仮想通貨の概要を説明した書類などを含む）とともに当局に提出することで行う（資金決済63条の3、仮想通貨交換業者に関する内閣府令4条以下）。登録を受けるためには、申請者は、日本法上の株式会社であるか、または外国で登録等を受けて仮想通貨交換業を行う外国会社（国内に営業所を設置し、かつ、国内に住所を有する国内における代表者〔会社817条1項参照〕を置く場合に限る）である必要がある（資金決済63条の5第1項1号・2号）。このほか、一定の財産的基礎（1000万円以上の資本金および0円以上の純資産額）や体制整備が求められるほか、申請者自身および役員について一定の刑罰歴や行政処分歴が欠格事由とされるなど、一定の登録拒否事由が定められている（同項3号以下、資金決済令20条の2、仮想通貨交換業者に関する内閣府令9条）。また、登録審査等に際しては取り扱う仮想通貨の適切性が判断され、具体的には、当該仮想通貨の仕組み、想定される用途、流通状況、プログラムのバグなどの内在するリスク等について、申請者から詳細な説明が求められるほか、利用者からの苦情や、認定資金決済事業者協会の意見等の外部情報を踏まえて判断されるという[注86]。

注84）　この点、事務ガイドラインにおいては、外国仮想通貨交換業者がホームページ等に仮想通貨交換業に係る取引に関する広告等を掲載する行為については原則として「勧誘」行為に該当するとしつつ、日本国内にある者との間の仮想通貨交換業に係る取引につながらないような合理的な措置が講じられている限り、日本国内にある者に向けた「勧誘」には該当しないものとしており、その上で、かかる措置の具体例として担保文言と取引防止措置等が示されている（事務ガイドライン第3分冊：金融会社関係16仮想通貨交換業者関係II-4-2）。
注85）　金融庁パブコメ回答〔平29.3.24〕50頁102番。
注86）　事務ガイドライン第3分冊：金融会社関係16仮想通貨交換業者関係I-1-2（注3）。

第2節　各種 FinTech ビジネスと法制度

(e) 仮想通貨交換業者に関する規制

仮想通貨交換業者に関して、法令上、以下のような規制が置かれている。

業務に関する規制[注87]	仮想通貨交換業者に以下の措置を行う義務 ・情報の安全管理（電子情報処理組織の管理、個人利用者情報の安全管理等および特別の非公開情報の目的外利用をしないことの確保）のために必要な措置 ・委託業務の適正かつ確実な遂行を確保するための措置（委託先に対する監督、委託先に係る苦情の処理など） ・利用者の保護および仮想通貨交換業の適正かつ確実な遂行の確保のための措置（仮想通貨と法定通貨との誤認防止、利用者に対する情報の提供、利用者保護のための体制整備、犯罪の疑いによる取引停止等の措置、オンライン取引における他者との誤認防止、オンライン取引に係る指図の確認・訂正に係る措置、社内規則等の整備など） ・利用者の金銭・仮想通貨の分別管理（金銭については、利用者財産用の口座における預貯金または利用者区分管理信託[注88]。仮想通貨については、固有財産との明確な区分および帳簿等により利用者が直ちに判別できる状態による管理[注89]）および年1回以上の分別管理監査[注90] ・指定仮想通貨交換業務紛争解決機関との契約締結など苦情処理・紛争解決に係る措置
監督に関する規制[注91]	仮想通貨交換業者に以下の規制 ・帳簿書類の作成・保存義務

注87）　資金決済63条の8以下、仮想通貨交換業者に関する内閣府令12条以下。
注88）　利用者区分管理信託は利用者を元本の受益者とする元本補塡特約付きの金銭信託であり、預貯金を行う場合とは異なり、顧客のために管理する金銭について仮想通貨交換業者の倒産時における保全が図られることとなる。
注89）　前記(3)(vii)に述べた通り、顧客のために管理するビットコインについて仮想通貨交換業者の倒産時における保全は図られていない。もちろん、仮想通貨交換業者において任意に保全を図ることは可能であろう。
注90）　分別管理監査については、日本公認会計士協会「仮想通貨交換業者における利用者財産の分別管理に係る合意された手続業務に関する実務指針（業種別委員会実務指針第55号）」に従って行う必要がある（仮想通貨交換業者に関する内閣府令23条1項、仮想通貨交換業者に関する内閣府令第二十三条第一項の規定に基づき金融庁長官が指定する規則を定める件〔平成29年金融庁告示第24号〕）。
注91）　資金決済63条の13以下、資金決済令20条の3、仮想通貨交換業者に関する内閣府令26条以下。

第 13 章　FinTech

	・当局に対する事業年度ごとの仮想通貨交換業に関する報告書（貸借対照表、損益計算書および監査報告書[注92]を添付）の提出義務および四半期ごとの利用者財産の管理に関する報告書（残高証明書類および分別管理監査に係る報告書を添付）の提出義務 ・当局による立入検査等 ・当局による登録の取消し、業務停止命令または業務改善命令
自主規制団体に関する規制[注93]	仮想通貨交換業者に係る認定資金決済事業者協会に関する規制（当局による認定など）
指定ADR機関に関する規制[注94]	指定仮想通貨交換業務紛争解決機関に関する規制（当局による指定など）
AML/CFT規制[注95]	仮想通貨交換業者に以下の規制 ・取引時確認義務 ・確認記録・取引記録の作成・保存義務 ・疑わしい取引の当局への届出義務 ・体制整備義務（教育訓練の実施、社内規定の整備、投函管理者の選任等） ・当局による報告徴求・立入検査・指導等・是正命令 仮想通貨交換業者の利用者のアカウント情報の授受（なりすまし目的の場合または正当な理由のない有償の場合）等の禁止

(ii)　銀行法等に基づく業規制

(a)　参入規制

ビットコインは金銭ではないため、ビットコインの売買、売買の仲介、

注92)　企業会計基準委員会は、仮想通貨に係る会計上の取扱いに関する指針につき、2017年11月頃に公開草案を公表することを目標として検討を行っているという（企業会計基準委員会「現在開発中の会計基準に関する今後の計画」〔2017年9月22日〕）。

注93)　資金決済87条以下、資金決済令23条、認定資金決済事業者協会に関する内閣府令2条以下。

注94)　資金決済99条以下、資金決済令24条以下、資金移動業等の指定紛争解決機関に関する内閣府令2条以下。

注95)　仮想通貨交換業に特有の主要な規定として、犯罪収益移転2条2項31号・30条、犯罪収益移転令6条14号・7条1項1号ヨ～レ・3項1号および2号、犯罪収益移転規4条1項1号ト・36条。

874

ビットコインの預託の受入れまたは預託を受けたビットコインの利用者間の振替を行う業務については、預金もしくは定期積金等の受入れまたは為替取引のいずれにも該当せず、したがって、銀行（またはその他の預貯金取扱金融機関や資金移動業者）でなくとも行うことができると考えられる（銀行2条2項・3条・4条）[注96]。これは資金決済法に定義される仮想通貨一般について当てはまるものと考えられる。

ただし、仮想通貨交換業者が、利用者の依頼に応じて①仮想通貨の販売、②預託を受けた仮想通貨の利用者間の振替えおよび③仮想通貨の買取りによる資金を一体として行うことによって、当該利用者から受領した一定の金額（法定通貨建て）の資金をその指定する他の利用者に支払う場合には、これは為替取引との評価を受けることになると考えられる[注97]。為替取引は、銀行その他の預貯金取扱金融機関か、（1回100万円を限度として）資金移動業者でなければ行うことができないため、留意を要する。

(b) 業務範囲規制

銀行やそのグループ企業は一定の業務範囲規制に服するところ、これらがビットコインその他の仮想通貨に関する事業を行うことができるかは必ずしも明らかではない点がある。

この点、国会における政府答弁においては、銀行は、ビットコインその他の仮想通貨の売買、売買の仲介、預託の受入れまたは預託をした利用者間の振替を行う業務を、いわゆる「その他の付随業務」（銀行10条2項柱書）とし

注96) 政府答弁①2頁・3頁および政府答弁②3頁。他方、ビットコインの取引所の業務が為替取引に該当するおそれを指摘するものとして、渡邉雅之「ビットコインは合法なのか？」NBL1018号（2014）9頁以下、斎藤・前掲注46）29頁、福田政之「ビットコインなど仮想通貨の米国における法規制の動向と日本法への示唆」NBL1027号（2014）58頁、鈴木由里ほか「平成28年改正銀行法・資金決済法等の実務的検討——フィンテックに取り組む上での検討事項を中心として」商事2108号（2016）64頁。

注97) 片岡・前掲注23）38頁以下、本多・前掲注78）39頁、堀・前掲注75）42頁、河合・前掲注49）14頁も同旨。なお、事務ガイドライン第3分冊：金融会社関係 16 仮想通貨交換業者関係Ⅰ-1-2（注2）は「仮想通貨の交換等を行う者が、金銭の移動を行うことを内容とする依頼を受けて、これを引き受けること、又はこれを引き受けて遂行する場合には、為替取引を行っているとして、法第37条に基づく資金移動業者の登録が必要となり得る」とする。

て行うことができる可能性が示唆されている[注98]。なお、仮に仮想通貨に係るこれらの業務が「その他の付随業務」に該当する場合には、銀行のグループ企業においても当該業務を行うことができることとなると考えられる（同法16条の2第1項11号柱書・2項2号・52条の23第1項10号ロ、銀行規17条の3第2項3号）[注99]。また、これらの業務が仮に「その他の付随業務」に該当しない場合であっても、そのような業務を行う会社を「情報通信技術その他の技術を活用した当該銀行の営む銀行業の高度化若しくは当該銀行の利用者の利便の向上に資する業務又はこれに資すると見込まれる業務を営む会社」（銀行16条の2第1項12号の3）または「情報通信技術その他の技術を活用した当該銀行持株会社の子会社である銀行の営む銀行業の高度化若しくは当該銀行の利用者の利便の向上に資する業務又はこれに資すると見込まれる業務を営む会社」（同法52条の23第1項11号の3）として、当局の認可を得て銀行または銀行持株会社の子会社とすることは可能であろう。

　他方、銀行が付随業務として取り扱うことのできるデリバティブ取引は、金商法上の「デリバティブ取引」の一部（銀行10条2項2号・12号・13号・16号・17号・4項・10項）と「金融等デリバティブ取引」（同条2項14号・15号）があるところ、ビットコイン・デリバティブ取引は後記(iii)(a)に述べる通り金商法上の「デリバティブ取引」には該当しない。さらに、「金融等デリバ

注98）　政府答弁①3頁、政府答弁②3頁および政府答弁③3頁において、これらの業務は「銀行法第10条第1項各号、同条第2項各号及び第11条各号に規定する銀行が営むことができる業務には該当しない」と述べられており、銀行法10条2項柱書に規定される「その他の付随業務」への該当性については述べられていない。その後の政府答弁においては「その他の付随業務」への該当性について慎重な立場がより明確化されており、資金決済法に定義される仮想通貨の「販売、投資、勧誘等の業務」については「銀行や金融商品取引業者が取り扱うことがふさわしい社会的な信頼等を有する決済手段として定着していくかどうかといったことも十分見極めながら判断していく必要がある」とされ（第190回国会参議院財政金融委員会会議録第14号5頁〔政府参考人金融庁総務企画局長池田唯一発言〕）、資金決済法に基づく仮想通貨交換規制の導入に際しても監督指針において「その他の付随業務」への該当性は明文化されなかった。

注99）　政府答弁③3頁以下では、仮想通貨交換業に相当するような業務を行う会社に対する銀行の出資の可否について、そのような会社が銀行法16条の2第1項に規定する「子会社対象会社（……）に該当する場合を除き、」いわゆる5％ルールが適用される旨を回答しており、子会社対象会社への該当性については述べられていない。

ティブ取引」は商品もしくは算定割当量の相場を参照指標とするスワップ取引またはこれらの取引に係るオプション取引に限定されており（同項14号、銀行規13条の2の3第1項）、ビットコインがここでいう「商品」に該当するかは必ずしも明確ではない。後記(iv)に述べる通り、ビットコインは商取法上の「商品」には該当しないため、同様にここでも「商品」に該当しないとする解釈は十分にあり得る。したがって、銀行が、ビットコイン・デリバティブ取引またはその媒介、取次ぎもしくは代理については付随業務として行うことができるかは疑義があるといえよう。

以上の点は、銀行以外の預貯金取扱金融機関についても同様に考えられる。

(iii) 金商法に基づく業規制

(a) 参入規制等

ビットコインは、何らかの権利または法律関係を伴うものではないし、本邦通貨でも外国通貨でもないため、金商法上の「有価証券」（金商2条1項・2項）にも[注100]「金融商品」（同条24項）にも該当しないし、ビットコインの価格は金商法上の「金融指標」（同条25項）にも該当しない。したがって、ビットコイン・デリバティブ取引は、同法上の「市場デリバティブ取引」（同条21項）、「店頭デリバティブ取引」（同条22項）および「デリバティブ取引」（同条20項）に該当しない。また、ビットコインは、同法2条2項5号に規定される「金銭」（具体的には、金銭、有価証券、為替手形、約束手形または競争用馬。金商2条2項5号、金商令1条の3、定義府令5条）には該当しないことから、ビットコインが出資または拠出される（匿名組合や投資事業有限責任組合などを用いた）組合型投資ファンド（ビットコインが出資または拠出において単に送金手段として用いられているにすぎず、実態として金銭が出資または拠出されているといい得る場合を除く。以下、「ビットコイン建てファンド」という）の持分は、いわゆる集団投資スキーム持分（金商2条2項5号）または外国集団投資スキーム持分（同項6号）に該当しないものと考えられる[注101]。

したがって、①ビットコインの売買、②ビットコイン建てファンドの持分

注100）政府答弁①2頁。
注101）有吉＝谷澤・前掲注81）87頁も同旨。

の発行・売買、③ビットコイン・デリバティブ取引、④①～③の取引の媒介、取次ぎもしくは代理、⑤ビットコインまたはビットコイン建てファンドの価値の動向またはそれらの価値の分析に基づく①～③の取引に係る投資判断に関する顧客への助言、⑥顧客から投資判断の一任を受けて行う①～③の取引によるその資産の運用、または⑦ビットコイン建てファンドの自己運用などといった業務は、いずれも金融商品取引業（金商2条8項）に該当せず、よって、金融商品取引業者や登録金融機関でなくとも行うことができる（同法29条・33条の2参照）。また、①～③の取引を行うための市場は「金融商品市場」（同法2条14項）には該当せず、よって、金融商品取引所や認可金融商品取引業協会でなくともそのような市場を開設することができる（同法80条1項参照）。また、②を行っても発行・継続開示規制（金商第2章）には服さない。

　他方、ビットコイン、ビットコイン建てファンド、またはビットコイン・デリバティブ取引（以下「ビットコイン等」という）を主たる投資対象とするファンドについては一定限度で金商法の規制対象となる。

　まず、いわゆる投資信託[注102]についてみると、ビットコイン、ビットコイン建てファンドおよびビットコイン・デリバティブ取引に係る権利は投信法上の「特定資産」（投信2条1項、投信令3条）には該当しないことから、日本法上の投資ビークルとしては投資信託（投信2条3項）または投資法人（同条12項）を利用できず、代わりに受益証券発行信託（信託185条3項）を利用することが考えられる[注103]。また、外国法上の投資ビークルを利用した場

注102) 米国では従前よりビットコインETFの上場を目指す動きがあり、そのようなファンドとして、Winklevoss Bitcoin Trust、Bitcoin Investment TrustおよびSolidX Bitcoin Trustが知られている。いずれも、投資ビークルとしては、証券取引委員会（SEC）に提出された目論見書または仮目論見書によると、米国デラウェア州法上の制定法信託（statutory trust）が採用されている。ただし、SECは、2017年3月10日にBats BZX取引所によるWinklevoss Bitcoin Trust上場のための規則改正を不承認とし、同月28日にはNYSE ArcaによるSolidX Bitcoin Trust上場のための規則改正を不承認とした。

注103) 受益証券発行信託は「特定受益証券発行信託」（法税2条29号ハ）に該当させることで法人課税信託としての二重課税を回避する余地があるため投資ビークルとして採用可能であるのに対して、株式会社は同様の手当てが存在せず、また、ガバナンスの制約がより大きいことから、投資ビークルとしての採用は現実的ではない。

合も、投資対象が「特定資産」ではないことから、当該ビークルは外国投資信託（投信2条24項）または外国投資法人（同条25項）には該当しないものと考えられる。こうして、ビットコイン等を主たる投資対象とする投資信託は、金商法上は、契約型投資信託については内国信託受益証券（金商2条1項14号）または外国信託受益証券（同項17号・14号）として、会社型投資信託については外国株券（同項17号・9号）として、それぞれ規制を受けることが想定される。そのため、発行者は発行・継続開示規制（金商第2章、第2章の5）の適用を受けるし、売買の取次ぎ、募集・私募の取扱い、引受等を行う事業者は第一種金融商品取引業としての業規制（金商第3章）の適用を受けることとなる（金商28条1項）。なお、内国信託受益証券または外国信託受益証券については、運用方法が「商品投資」（金商令1条の8の6第1項3号イ、商品投資2条1項）である場合または「特定商品」（商品投資2条1項1号）、競走用馬、映画、絵画または鉱業権への投資である場合に限り、自己募集・自己私募について業規制が及ぶところ、ビットコイン等への投資はこれらに該当せず（後記(iv)参照）、したがって発行者による自己募集・自己私募は業規制の適用を受けない。なお、これらの受益証券は発行・継続開示規制上の「特定有価証券」に該当することから（金商5条1項、金商令2条の13第3号、特定有価証券開示府令8条5号）、特定有価証券開示府令に基づくファンドを想定した発行・継続開示規制の適用を受けることになるのに対して、外国株券は「特定有価証券」ではなく企業内容等開示府令上の「有価証券」に該当するため（企業内容等開示府令1条1号ヘ）、同令に基づく通常の企業を想定した発行・継続開示規制の適用を受けることとなる。なお、前述の通り、このようなファンドのために、ビットコイン等への投資に関する助言を行い、または投資判断の一任を受けてビットコイン等への投資を行っても、金商法上の投資助言業務または投資一任業務に対する規制を受けない。

　他方、ヘッジ・ファンドについては、採用する投資ビークルの形態によっては前記の議論が同様に当てはまるが、他方で、（法定通貨建ての）組合型投資ファンドとして組成される場合には、金商法上、いわゆる集団投資スキーム持分（同条2項5号）または外国集団投資スキーム持分（同項6号）に該当する。この場合、主たる投資対象が有価証券ではないことから発行・継続開

第13章　FinTech

示規制（金商第2章）は適用除外となる一方で（金商3条3号イ・ロ、金商令2条の9・2条の10第1項5号参照）、自己募集・自己私募を行う発行者および募集・私募の取扱等を行う事業者は第二種金融商品取引業としての業規制（金商第3章）の適用を受ける（金商28条2項）。なお、ビットコイン等は金商法上の「有価証券」または「デリバティブ取引」に該当しないことから、発行者は金商法上の自己運用業務に対する規制を受けないが（金商2条8項15号ハ参照）、前記［→(i)(c)］の通り、仮想通貨交換業に該当するおそれに留意する必要がある。

なお、将来的には、「同一の種類のものが多数存在し、価格の変動が著しい資産であつて、当該資産に係るデリバティブ取引（デリバティブ取引に類似する取引を含む。）について投資者の保護を確保することが必要と認められるものとして政令で定めるもの」（金商2条24項4号）として、金商法施行令の改正によって仮想通貨を「金融商品」に追加し、仮想通貨を原資産としまたは仮想通貨の価格を参照指標とするデリバティブ取引について金商法の規制を及ぼすことも検討すべきであろう。

(b)　業務範囲規制

第一種金融商品取引業者または投資運用業者は一定の業務範囲規制に服するところ、これらがビットコインその他の仮想通貨に関する事業を行うことができるかは必ずしも明らかではない点がある。

この点、国会における政府答弁において、このような金融商品取引業者につき、ビットコインなどの資金決済法上の仮想通貨の販売はいわゆる承認業務（金商35条4項）とされ[注104]、また、顧客財産をビットコインに対する投資として運用する業務はいわゆる届出業務（同法35条2項6号・7号、金商業等

注104）第190回国会参議院財政金融委員会会議録第14号5頁（政府参考人金融庁総務企画局長池田唯一発言）では、資金決済法に定義される仮想通貨の「販売、投資、勧誘等の業務」を承認業務としつつ、「その承認に当たりましては、業務が公益に反すると認められないかどうか、あるいはリスク管理の観点から問題がないかなどの観点から判断していくことになる」と承認業務の承認基準の概要が述べられたうえで、「銀行や金融商品取引業者が取り扱うことがふさわしい社会的な信頼等を有する決済手段として定着していくかどうかといったことも十分見極めながら判断していく必要がある」とされている。

府令68条19号）に該当する可能性が指摘されている[注105]。

このほか、第一種金融商品取引業者（特にFX業者）が、仮想通貨の売買や、仮想通貨を原資産としまたは仮想通貨の価格を参照指標とするデリバティブ取引を、いわゆる「その他の付随業務」（金商35条1項柱書）として行うことができるかは明らかではないが、業務の類似性等に鑑みれば、これを肯定する解釈にも一定の合理性があるように思われる。

(iv) 商品先物取引法等に基づく業規制

商取法上の「商品」は、農林水産物や一定の鉱物など限定列挙されたさまざまな物品および電力を指すものとして定義されているが（商取2条1項、商取令1条）、ビットコインはそのいずれにも該当しないため、ビットコインは商取法上の「商品」ではない[注106]。

したがって、ビットコイン・デリバティブ取引は、商取法上の「先物取引」（商取2条3項）に類似する取引とはいえず、よって、商品先物取引所でなくともそのような取引を行う市場を開設することができると考えられる（同法6条1項参照）。当然ながら、ビットコイン・デリバティブ取引は「先物取引」（同法2条3項）、「店頭商品デリバティブ取引」（同条14項）および「商品デリバティブ取引」（同条15項）にも該当しない。

また、ビットコインまたはビットコイン・デリバティブ取引に対する投資は商品投資法にいう「商品投資」（商品投資2条1項）に該当せず、よって、顧客からそのような投資に係る投資判断の一任を受けて当該投資判断に基づき顧客のために運用を行う業務は、商品投資に係る事業の規制に関する法律による参入規制に服しないものと考えられる（同条2項・3項・3条参照）。

(v) 貸金業法に基づく貸金業規制

貸金業法上、「貸付け」を業として行うことは原則として貸金業に該当し

注105）　政府答弁①4頁。
注106）　一方、米国においては、商品先物取引委員会（CFTC）による解釈上、ビットコインその他の仮想通貨は商品取引所法（Commodity Exchange Act）上の「商品」（commodity）（7 U.S.C. § 1 a(9)）に該当するとされ（Coinflip, Inc., d/b/a Derivabit et al., C.F.T.C. Docket No.15-29〔September 17, 2015〕、http://www.cftc.gov/PressRoom/PressReleases/pr7231-15）、したがって、ビットコイン・デリバティブ取引は同法に基づく規制の対象とされている。

（貸金業2条1項）、貸金業を営むには登録を受ける必要がある（同法3条1項）。

この点、貸金業法にいう「貸付け」は「金銭の貸付け又は金銭の貸借の媒介（手形の割引、売渡担保その他これらに類する方法によつてする金銭の交付又は当該方法によつてする金銭の授受の媒介を含む。……）」と定義されており、ビットコインは金銭ではないし、貸付けの取引における実態としても金銭とは異なるため、ビットコインの貸付けは（ビットコインが単に送金手段として用いられているにすぎず、実態として金銭が取引対象であるといい得る場合を除き、）同法にいう「貸付け」に該当しないものと解すべきであろう[注107]。したがって、貸金業者等でなくともビットコインの貸付けを業として行うことができるものと考えられる。

他方、いわゆる信用取引によってビットコインに対するレバレッジ投資を行わせるため、取引所がその利用者に対しビットコインの購入資金とするための金銭の貸付けを行うことがある。これは金銭の貸付けである以上は貸金業法の「貸付け」に該当することは明らかであり、貸金業の登録を要するものとされている[注108]。なお、例外的に貸金業に該当しない「貸付け」として、「物品の売買、運送、保管又は売買の媒介を業とする者がその取引に付随して行うもの」（貸金業2条1項3号）が定められており、この規定はその文言よりも広く柔軟に解釈されているものの、レバレッジ取引を行わせる目的による貸付けは該当しないというべきであろう。

(vi) 出資法に基づく規制

出資法は、出資金の受入れの制限（出資1条）、預り金の禁止（同法2条）、浮貸し等の禁止（同法3条）、金銭貸借等の媒介手数料の制限（同法4条）、高金利の処罰（同法5条・5条の3）、高保証料の処罰（同法5条の2）などを定める。これらはいずれも金銭を対象とする取引を対象とするものであるところ（同法7条も参照）、ビットコインは金銭でないし、また、取引実態としての相違に鑑みても、（ビットコインが単に送金手段として用いられているにすぎず、実態として金銭が取引対象であるといい得る場合を除き、）これらの規

注107) 有吉＝谷澤・前掲注81) 88頁も同旨。
注108) 事務ガイドライン第3分冊：金融会社関係(16)仮想通貨交換業者関係Ⅰ-1-2（注5）。

第2節　各種 FinTech ビジネスと法制度

制に服しないと解すべきように思われる[注109]。

(vii) **特商法に基づく訪問販売、通信販売および電話勧誘販売の規制**

仮想通貨交換業者の行う仮想通貨交換業に該当する取引については、これが訪問販売、通信販売または電話勧誘販売に該当するとしても、特商法第2章第2節から第4節までに基づく規制の適用を受けない（特定商取引26条1項8号ニ、特定商取引令5条、別表第2第49号）。

(viii) **外為法に基づく外国為替規制**

外国為替及び外国貿易法（以下、「外為法」という）上、居住者が①本邦から外国へ向けた支払、②外国から本邦へ向けた支払の受領、または③本邦もしくは外国における非居住者との間の支払もしくは支払の受領をしたときは、その金額が3000万円相当額超であれば、原則として財務大臣への報告を行う必要があるほか（外為55条1項、外為令18条の4第1項、報告書令1条1項・2項柱書）、一定の規制に服する（外為16条以下）。外為法上、「支払」の定義はないが、政府の国会答弁によると、ビットコインの送付であっても、「支払」に該当し得ると解されているようである[注110]。

(ix) **国際テロリスト財産凍結法に基づく規制**

国際連合安全保障理事会決議第1267号等を踏まえ我が国が実施する国際テロリストの財産の凍結等に関する特別措置法9条は、国家公安委員会による公告または指定を受けた国際テロリストに対し、一定の財産について、①贈与を受けること、②貸付けを受けること、③売却、貸付けその他の処分の対価の支払を受けること、および④かかる支払に係る金銭債権を譲り渡すことについて、都道府県公安委員会の許可を要するものとしている。かかる規制の対象となる財産については、ビットコインなどの資金決済法上の仮想通貨が含まれるものとされている（国際連合安全保障理事会決議第1267号等を踏まえ我が国が実施する国際テロリストの財産の凍結等に関する特別措置法施行令4条）。

注109）　預り金の禁止（出資2条）との関係につき、斎藤・前掲注46）29頁、片岡・前掲注23）38頁、遠藤・前掲注15）8頁も同旨。
注110）　政府答弁②9頁。

(x) その他の規制

　資金決済法上、「前払式支払手段」（資金決済3条1項）の発行者は一定の規制の対象となり得るが、ビットコインは、発行者は存在せず（したがって、発行者が指定する者も存在しないし、対価を得て発行されるともいえない）、金額（または金額を換算して表示した単位数）または物品もしくは役務の数量が記録されるわけでもないから、前払式支払手段の定義にはおよそ該当しない[注111]。ビットコインに限らず、前述［→(i)(b)］の通り、仮想通貨と前払式支払手段は重複しないものと解されている。

　なお、前払式支払手段の定義における「対価を得て発行される」との要件につき、対価の種類は金銭に限定されていないことから、ビットコインその他の仮想通貨であっても「対価」に該当し得る点には留意を要する[注112]。

　紙幣類似証券取締法は、「一様ノ形式ヲ具ヘ箇々ノ取引ニ基カスシテ金額ヲ定メ多数ニ発行シタル証券ニシテ紙幣類似ノ作用ヲ為スモノト認ムルトキ」は財務大臣がその発行および流通を禁止することができるものと定め（同法1条1項）、また、この定めを「一様ノ価格ヲ表示シテ物品ノ給付ヲ約束スル証券」についても準用している（同条2項）。この点、ビットコインは、「証券」でないのはもちろんのこと、金額を定めているわけではないし物品の給付を約束するものでもないから、同法に基づく発行・流通の禁止の対象とはならないと考えられる[注113]。

　古物営業法は一定の物品を「古物」（同法2条1項）と定義し、これを取り扱う一定の営業を「古物営業」（同条2項）と定義して一定の規制を設けている。この点、ビットコインは物品ではないため、同法上の「古物」の定義に該当せず、ビットコインを取り扱う営業は古物営業法の規制を受けないものと考えられる[注114]。

注111）　土屋・前掲注20）77頁、斎藤・前掲注46）27頁以下、遠藤・前掲注15）7頁以下も同旨。他方、渡邉・前掲注96）9頁は、ビットコインは前払式支払手段に該当するものとし、取引所をその発行者と位置付けることは考えられ得るとするが、本文に述べた理由から妥当でない。
注112）　堀・前掲注75）404頁参照。
注113）　片岡・前掲注23）37頁以下、遠藤・前掲注15）7頁も同旨。
注114）　斎藤・前掲注46）30頁、片岡・前掲注23）43頁、遠藤・前掲注15）9頁も同旨。

(5) ビットコインの税法上の取扱い

　ビットコインの税法上の取扱いに関しては、滞納処分の方法に関する問題〔→(3)(vi)〕など当局側の課題は多いが、納税者側においては、従前、消費税の取扱いが特に問題とされてきた。

　消費税法上、ビットコインの販売は、「資産の譲渡」に該当するものとして、当該「譲渡」をした者の事務所等の所在地が国内である限り消費税が課されるものとされてきたが（消税4条1項・3項1号、消税令6条1項10号）[注115]、2017年7月1日よりビットコインなどの資金決済法上の仮想通貨の譲渡は非課税取引とされている（消税6条1項・別表1項2号、消税令9条4項）。

　このほか、ビットコインを物品の購入等に使用した場合の取扱いについて、国税庁は、そのウェブサイト上で、①ビットコインを使用することで生じた利益は所得税の課税対象となること、および②ビットコインを使用することにより生じる損益（邦貨または外貨との相対的な関係により認識される損益）は、事業所得等の各種所得の基因となる行為に付随して生じる場合を除き、原則として、雑所得に区分されること、の2点を明確化している（国税庁「No.1524　ビットコインを使用することにより利益が生じた場合の課税関係」〔http://www.nta.go.jp/taxanswer/shotoku/1524.htm〕）。

(6) ビットコインの刑法上の取扱い

(i) ビットコイン・デリバティブ取引と賭博に関する罪

　一般に、デリバティブ取引を行い、またはデリバティブ取引の場を提供する場合は基本的には賭博に関する罪（刑185条・186条）のいずれかの構成要件に該当すると考えられている。もっとも、少なくとも金商法上の「デリバティブ取引」または商取法上の「商品デリバティブ取引」として規制を遵守して行われるものについては、刑法35条（正当行為）に基づき違法性が阻却され、基本的に賭博に関する罪は成立しないと考えられている。

　しかしながら、ビットコイン・デリバティブ取引については、前記(4)(iii)(a)

注115）　第190回国会衆議院財政金融委員会会議録第16号15頁（政府参考人国税庁次長星野次彦発言）。

および(iv)において述べた通り、金商法上の「デリバティブ取引」または商取法上の「商品デリバティブ取引」のいずれにも該当しないため、これらの法律に基づく規制を受けない反面、その内容等に照らして、刑法35条に規定される「正当な業務による行為」として違法性が阻却されるといえるか、慎重な判断を要するものと考えられる。

(ii) ビットコインの盗難と刑法上の保護

例えば、ビットコインの保有者が利用するコンピュータに不正アクセスし、当該保有者の管理する秘密鍵を用いて窃かにビットコインを自己または第三者の管理するアドレスに送付する行為について、刑法上、どのように取り扱われるかは必ずしも明らかでない。

刑法上の「財物」の解釈として、いわゆる管理可能性説[注116]からは、「管理可能性」の意義次第では、ビットコインは「財物」に該当するものとして、窃盗罪による保護の対象となる余地があろう。もっとも、現在の通説および裁判例の立場とされるいわゆる有体性説に立つ場合には、ビットコインは有体物でない以上は「財物」に該当せず、したがって、窃盗罪による保護の対象とならないものと考えられる[注117]。

この点、国会における政府答弁においては、窃盗罪ではなく電子計算機使用詐欺罪（刑246条の2）の成立の可能性が示唆されている[注118]。もっとも、電子計算機使用詐欺罪の成立には「財産権の得喪若しくは変更に係る不実の電磁的記録を作り、又は財産権の得喪若しくは変更に係る虚偽の電磁的記録を人の事務処理の用に供する」ことを要するところ、ビットコインに対する財産権を否定する立場からは、ビットコインのブロックチェーンをもって「財産権の得喪若しくは変更に係る……電磁的記録」に該当すると考えることは困難であろう。

不正アクセスの点については不正アクセス禁止法違反（同法3条・11条）が成立し得るため[注119]、現行法上も一定の保護は図られているとはいえるが、

注116) 大判明治36・5・21刑録9輯874頁は、可動性および管理可能性があれば「財物」に該当するとして、電気に対する窃盗罪（旧刑366条）の成立を認めた。
注117) Lenz・前掲注21) at 191-199参照。
注118) 政府答弁②8頁。
注119) Lenz・前掲注21) at 199-210参照。

少なくとも窃盗罪や電子計算機使用詐欺罪と同等の財産犯としての保護を及ぼすべく、法改正が望まれる。

他方、強盗罪（刑236条）、詐欺罪（同法246条）および恐喝罪（同法249条）については「財物」に加えて「財産上の利益」も保護の対象とされているところ、ビットコインが「財物」に該当しないとしても「財産上の利益」には該当すると考えられるため、ビットコインが、暴行、脅迫または欺罔によって奪われた場合には、これらの犯罪が成立し得ることとなる。

2 決済・送金プラットフォーム

(1) はじめに

物の売買やサービスの提供などの経済取引に伴って対価として「お金」（資金）が支払われる。このように、資金等の受渡しを行うことにより債権・債務関係を解消することを一般に決済という[注120]。また、送金は、空間的、距離的に隔たった隔地者間で行われる資金の授受をいう[注121]。貨幣経済の社会における経済活動では貨幣ないし資金が商品やサービス等の取引の媒介として機能するため、決済の果たす役割は極めて大きく、安定・迅速・低コストな決済の仕組みが求められる。また、現金の持運びには、紛失や盗難の危険があるほか、経費や時間がかかるため、送金、なかでも直接現金を輸送せずに資金を移動する仕組みを利用した資金の授受である為替制度は経済社会の重要なインフラとしての意義を有している。わが国において、従来このような機能は、中央銀行である日本銀行とネットワークをもち、免許制度や預金保険制度の下で信用性を担保されている金融機関を中心として担われており、金融機関を中心とする決済システムの構築・運営という前提が、決済サービスのイノベーションに当たっての所与の制約となってきたといえる。

このような、決済・送金の分野においても、FinTechの取組みは広がりを

注120) 中島真志＝宿輪純一『決済システムのすべて〔第3版〕』（東洋経済新報社、2013）2頁。
注121) この定義は、小山嘉昭『詳解銀行法〔全訂版〕』（金融財政事情研究会、2012）144頁～148頁、特に144頁の為替取引の定義を参考にしているが、ここでは現金の運搬による場合を除外していない。

第13章　FinTech

みせている[注122]。その社会経済的な背景としては、電子商取引・クロスボーダー取引の進展が挙げられよう。電子商取引・クロスボーダー取引の進展は、資金決済についてもネット空間での円滑な実行、24時間／365日稼働するシステムを要請し、取引情報と決済情報の連結など金融情報の利活用等のニーズも高まることになる。さらに、従来特にクロスボーダーの決済・送金について効率的なシステムが形成されず、コストが高止まりしていることや、また海外においては、銀行口座が持てないなど既存の金融システムの利用から排除されている層が存在することにもスポットライトが当たることとなった。

　前記のような課題に対して、高機能コンピュータの低価格・小型化、クラウドコンピューティング技術の進化、モバイル機器（スマートフォン等）の普及などのICT（Information and Communication Technology）に係る技術上の発展を利用して解決を模索する動きが決済・送金の分野におけるFinTechの取組みであると考えられる。決済サービスの主要な要素は大量の情報処理であるためFinTechとの親和性は高いと考えられ、実際に取組みが行われている分野をみても、スマートフォン等を用いた一般消費者とのインターフェースに近いところから、証券取引所や中央銀行などインフラにかかわる部分まで多岐にわたる。後者の中には、新たに発明されたブロックチェーン[注123]という情報記録システムを用いて、従来のように一の金融機関において自己の有する情報のみを一元的に集中して管理・運営するシステムを採用するのではなく、複数の主体に分散させて情報を共有するシステムを採用することにより、可用性（Availability）を向上させつつセキュリティの向上

注122）　金融審議会「金融制度ワーキング・グループ報告――オープン・イノベーションに向けた制度整備について」（2016年12月27日）2頁において、FinTechの進展に伴い、従来金融機関が担ってきた業務のアンバンドリング化が、特に決済関連サービス分野について顕著となっていることが指摘されている。

注123）　分散型台帳技術（Distributed Ledger Technology）とも呼ばれ、ネットワークの参加者間で権利の移転を相互認証し、暗号技術を用いて実質的に改ざん不可能な形で台帳を共有する技術基盤であり、①台帳を管理するデータベース技術、②暗号学的ハッシュ関数と呼ばれるデータを圧縮する関数、③公開鍵暗号技術、④P2Pと呼ばれる通信技術、⑤分散台帳の整合性を保つためのコンセンサスアルゴリズムの5つの技術要素から構成される（山藤敦史ほか「金融市場インフラに対する分散型台帳技術の適用可能性について」JPXワーキングペーパー15巻〔2016〕7頁等参照）。

とシステムコストの低下を同時に実現し、従来の金融機関等をハブとして構築されてきた決済システムを大きく変革する可能性を秘めた取組みも行われている。

決済・送金の分野においても、いわばFinTechの取組みによって従来の制度やシステムに革新が迫られている側面があるわけであるが、従来の制度やシステムもその時々の経済状況や技術的制約条件の下で、さまざまな考慮と歴史の上に構築されてきたものであり、それらの中には今後も引き続き意義を有する部分と変化していくべき部分がともに含まれている可能性が高い。以下ではその観点から既存の制度を概観した上で、それを踏まえて近時の新しい動きについてみていくこととしたい。

(2) 通貨に係る法制度

現在わが国における資金決済は、通貨（貨幣および日本銀行券）および銀行預金を中心としている[注124]。このことは通貨に関しては、法的には、通貨が強制通用力をもっていること、すなわち金銭債務について、原則として通貨の支払が債務の本旨（民415条）に従った履行であり（同法402条1項・403条）[注125]、債権者の受領拒絶等が受領遅滞の効果を有する（同法413条）によっている[注126]。まずこれらに関する制度を概観する。

(i) 通貨の単位及び貨幣の発行等に関する法律および日本銀行法

通貨の単位及び貨幣の発行等に関する法律は、通貨の額面価格の単位を円とし、通貨を、貨幣および日本銀行が発行する銀行券と規定している（同法2条1項・3項）。貨幣については、その製造および発行の権能は政府に属し（同法4条1項）、額面価格の20倍まで法貨として通用するとされている（同

注124）木下信行「ブロックチェーンとファイナリティ」NBL1078号（2016）18頁。
注125）通貨以外に何が本旨弁済として認められるかは、当事者の意思や取引慣行を基準に判断される（内田貴『民法Ⅲ〔第3版〕』〔東京大学出版会、2005〕64頁）。
注126）ただし、こういった法制度が存在しさえすれば、通貨と定められたものが常に決済の媒体として利用されるわけではないのは、新興国等において米ドルが流通したり、ビットコインが決済に用いられていることで明らかであろう（例えば、古市峰子「現金、金銭に関する法的一考察」金融研究14巻4号〔1995〕110頁～111頁参照）。信用性・価値の安定性および利便性・コストのバランスが実体的な要因であり、法制度はそれらを補完する役割であろう。

法7条)。また、日本銀行が発行する銀行券(日本銀行券)については、日本銀行が発行し、法貨として無制限に通用するとされている。

(ii) 通貨偽造罪(刑法)・紙幣類似証券取締法

前記の通貨に対する信用を確保するため、刑法においては通貨偽造の罪が処罰の対象とされている[注127](同法第16章)。また、紙幣類似証券取締法において、一様の形式を備え個々の取引に基づかずに金額を定めて多数に発行した証券および一様の価格を表示して物品の給付を約束する証券で紙幣類似の作用を有するものと認めたものについては財務大臣が発行および流通を禁止することができるとされている[注128](同法1条)。これらの法制度と同時に、通貨(特に高額な日本銀行券)についてはその発行に当たり偽造防止のための高度な技術が用いられ、流通の過程でも真贋の確認が行われる[注129]。

(iii) 預金通貨(銀行法)

通貨(現金)は物理的な存在であり、冒頭でもふれた通り、その使用には保管・運搬・計量・真偽確認等の負担が伴い、一定のコストや紛失・盗難等のリスクが存在する[注130]。そのため、現在わが国において、各経済主体は、余資や銀行から借り受けた資金を銀行に預金(銀行の勘定データとして記録された状態)しておき、銀行等の預金取扱金融機関および中央銀行としての日本銀行間において確立しているデジタルなシステムネットワークを介して商取引に必要な資金決済(各当事者の銀行の勘定データの数値の調整)の多くを行っている[注131]。

注127) 例えば、行使の目的で、通用する貨幣、紙幣または銀行券を偽造し、または変造した者は、無期または3年以上の懲役に処するとされている(刑148条1項)。また、通貨および証券模造取締法において貨幣、銀行紙幣等に紛らわしい外観を有するものの製造・販売が禁止されている(同法1条)。
注128) 例えば、電子マネーや仮想通貨についてこれらへの該当可能性が議論された。
注129) 木下・前掲注124)19頁〜20頁。
注130) また、通貨に関する取引を記録するためにも領収書の作成など別途処理を行う必要がある。なお、通貨(現金)が物理的な存在であるのは、現在においてということであり、電子マネーを法貨とする立法はあり得る。例えば、小林亜紀子ほか「中央銀行発行デジタル通貨について——海外における議論と実証実験」日銀レビュー2016年11月参照。
注131) わが国の主な資金決済システムとして、短期金融市場での取引や国際取引などに関する金融機関間の大口の資金決済を主として行う日銀ネット、外為取引に関す

第2節　各種 FinTech ビジネスと法制度

　かかるシステムが通貨による決済と同様の効果を有する広く普及した決済として機能するための前提として、要求払の預り金[注132]である銀行預金がシステム参加者である銀行の共通のサービス（機能）として提供されていることがある[注133]。また、かかるシステムが現在依拠するに値すると考えられているのは、かかる預金商品を提供し、システムのハブとなる銀行が免許制に基づく監督当局による厳しい監督の下、自己資本比率規制等に基づく財務の健全性やセキュリティ対策を含む適切かつ決済の需要に対応し得るオペレーションを維持していること、また、制度的な手当てとして、決済用預金はその全額が預金保険の対象となっていること[注134]、さらに中央銀行である日本銀行が、前述の通り日本銀行券の発行権能をもち、資金繰りがショートすることがないと同時に、システム参加者である銀行等に貸付や必要な日本銀行券の供給を行うことができることが挙げられよう。

(iv)　**ファイナリティの概念・システミック・リスク等**

　ここで前記(iii)で述べた銀行預金とファイナリティの概念の関係についてもふれておきたい。ファイナリティ（決済完了性）は決済実務において重要な概念と理解されており、決済が無条件かつ取消不能となり、最終的に完了した状態となることを指し、当事者間における支払が最終的に完了することを意味するとされる[注135]。一般に、通貨および中央銀行に対する預金債権はか

　　　　る円決済や国際的な取引に関する大口の資金決済を行う外為円決済システムおよび顧客送金用の小口決済システムである全銀ネットがある（中島＝宿輪・前掲注120）259頁～260頁）。
注132）　私法上は、消費寄託契約（民666条）と解されている。
注133）　木下・前掲注124）20頁。
注134）　銀行4条・14条の2、預金保険54条の2等。
注135）　中島・宿輪・前掲注120）11頁。ファイナリティは、取引当事者がある取引について終了したものとみなし、その結果を前提とする後続の取引に取り組むことができるようになるという意味で実際上の重要性をもっていると思われるが、意思表示の瑕疵や権限の欠缺等に基づく取消しや無効の問題は決済の終了の有無にかかわらず存在し得るのであり、「無条件かつ取消不能」は、別途参加者間の合意によりそのような効果をあえてもたせる場合は別として、法的には文字通りの意味ではなく、当該決済システムにおいて、そのような問題事例が、例外的な問題事例として別途処理すればシステム運営上問題が生じないと評価できる程度の水準に収まる段階に至ったということにすぎないのではないかと思われる（中央銀行預金を通じた資金決済に関する法律問題研究会「取引法の観点からみた資金決済に

第13章　FinTech

かるファイナリティを有する決済手段と理解されている。通貨については、法貨として金銭債務の弁済に充当できること[注136]、中央銀行に対する預金債権については、同じく法貨である日本銀行券の発行権能を有する中央銀行を債務者とする要求払の預り金であることからそのように理解することができる[注137]と思われる。

前記の銀行預金を用いた決済システムは、中央銀行および銀行等をハブとして構築され、これらの機関にリスクが集中しており、また銀行等のうち1つに問題が起こると他の銀行、ひいては各銀行の顧客にリスクが伝播していくというかたちでシステミック・リスクにつながる特性を有することになる[注138]。したがって、このようなシステムにおいては、銀行等に問題が起こらないよう前記(iii)で述べたような監督、制度的手当てやセキュリティを確保したシステム構築といったことに大きなコストが必要になる。ブロックチェーンを用いた分散型決済システムはこのような集中型の決済システムに必然的に伴う管理コストや利用の制約[注139]を改善することを意図している[注140]。

(3) 送金（為替）に係る法制度

次に、決済を実現する送金（為替）に関する法制度を概観する[注141]。

　　　　　関する諸問題」金融研究29巻1号〔2010〕137頁～138頁注137参照）。
注136）　金銭については、基本的にはその所有と占有は一致すると解されており、通貨の受領（＝占有の移転）によりその所有権を取得することができる（最判昭和39・1・24判時365号26頁）。かかる通説・判例の問題点について、例えば古市・前掲注126）124頁参照
注137）　木下・前掲注124）22頁。
注138）　中央銀行預金を通じた資金決済に関する法律問題研究会・前掲注135）114頁。
注139）　例えば、現在、銀行間振り込みに用いられる全銀システムの稼働時間は平日8：30～15：30に限定されており、2018年後半を目標として、24時間365日の稼働を目指した取り組みが行われている（2016年7月15日一般社団法人全国銀行資金決済ネットワーク「全銀システムの稼働時間拡大に向けた検討状況について」〔https://www.zengin-net.jp/announcement/pdf/announcement_20160715.pdf〕）。
注140）　馬渕邦美監修『ブロックチェーンの衝撃』（日経BP社、2016）174頁以下［後藤］。
注141）　以下は日本法に係る規制であり、クロスボーダーの決済・送金サービスについては関係国の法令についても検討する必要がある。

(i) 為替取引（銀行業）

　為替取引は預金および貸付けと並んで、銀行業を構成するものとされており（銀行10条1項）、免許を受け当局による厳格な監督に服する銀行の独占業務とされている。かかる為替取引は、銀行制度が為替取引にその淵源をもつという沿革上の理由から銀行業の一部として取り込まれた面があり[注142]、その後わが国において決済サービスの大半が銀行によって提供されてきたこともあって、その規制趣旨や外延について、直接現金を輸送せずに行われる資金移動という以上に理論的な整理は行われてこなかったといえる。最高裁の判例においては、「為替取引を行うこと」とは、「顧客から、隔地者間で直接現金を輸送せずに資金を移動する仕組みを利用して資金を移動することを内容とする依頼を受けて、これを引き受けること、又はこれを引き受けて遂行することをいう」と定義されている[注143]。しかしながら、当該判例の事案はいわゆる地下銀行のケースであったところ、かかる定義は一般的かつ読み方によってはかなり広い範囲の行為が含まれ得るものであり、その後さまざまな決済サービスが銀行業の無免許営業に該当するのではないかという懸念が生じるとともに、かかる懸念に対し、すでに存在していた収納代行サービスやキャッシュ・マネジメント・サービス（CMS）を為替取引の範囲から除外すべく、かかる判例の射程を限定するためのさまざまな解釈論が展開された。もっとも、現時点においても、為替取引の意義・範囲について平成13年最高裁判決での定義から進んで統一的な見解が確立されているとはいいがたい状況にあり、決済・送金サービスのイノベーションを目指すFinTech関連事業者にとって、不透明な規制環境を形成している根本的な要因になっているといえる[注144]。

注142)　小山・前掲注121) 143頁。

注143)　最決平成13・3・12刑集55巻2号97頁（以下、「平成13年最高裁判決」という）。
　　　　私法上は、事実行為の受託として準委任（民656条）と解される。

注144)　以上について、平岡克行「銀行法2条2項における『為替取引』概念に関する考察(1)」早稲田法学66巻2号（2016）425頁～428頁を参照。資金決済法の立案担当者は、平成13年最高裁判決の定義に含まれる「仕組み」についてプール資金（隔地で用意された資金）が存在すれば「仕組み」があるとしつつも、プール資金がない場合にも直ちに「仕組み」がないと判断されるのではないとし、プール資金がない場合について為替取引の該当性については同様に判断されるものの、両者

第13章　FinTech

　また、銀行のために為替取引を内容とする契約の締結の代理または媒介を行う営業は「銀行代理業」として内閣総理大臣の許可を要する規制業務となっている（銀行52条の36第1項・2条14項3号）。「銀行のために」と定義されていることから顧客のためにサービスを行う場合は対象外であるが、銀行と何らかの合意に基づいてサービスを展開する場合は、その限界は明確ではない[注145]。また、「媒介」とは他人の間に立って両者を当事者とする法律行為（この場合は為替取引を内容とする契約の締結）の成立に尽力する事実行為と解されており[注146]、具体的ケースにおける当てはめが必ずしも容易でない概念であるため[注147]、これらが相まって、為替取引自体は銀行が実施すると構成できる事案においても、「銀行代理業」への該当性が、FinTech関連事

に求められる経済的信用の程度は異なるため規制のあり方として異なる態様がありうることを示唆している（高橋康文編『詳説資金決済に関する法制』〔商事法務、2010〕147頁〜150頁）。この点について、立案担当者の解釈を将来の技術進歩・サービス発展の可能性を考慮し、さまざまな決済・資金移動サービスの為替取引該当性に関して判断を下すことを先送りしたものであったとし、プール資金を要しない単なる資金移動の代行によっても顧客保護上問題が生じる可能性があり、資金移動のための受信行為を広く為替取引としつつ、問題のない類型について個別に例外規定を設けるべきであるという立法論を展開するものとして平岡克行「銀行法2条2項における『為替取引』概念に関する考察(2)」早稲田法学会誌67巻1号〔2016〕389頁（395頁・416頁〜426頁）。なお、平成13年最高裁判決以降に、単に受領した資金を第三者に送金する資金移動代行について為替取引には該当しないとした裁判例として、東京高判平成25・7・19判タ1417号113頁がある。

注145）　パブリック・コメント回答によれば「銀行のために」とは、銀行から直接または間接的な委託により行う行為であることを意味し、銀行の顧客（銀行取引の相手方）の委託のみにより、当該顧客のために行う行為は該当しないとされ、「顧客のために」とは、顧客からの要請を受けて、顧客の利便のために、顧客の側に立って助力することをいい、具体的には、①顧客を代理する場合、②純粋に顧客からのみの委託により顧客のために媒介する行為である場合をいうとされている（金融庁パブコメ回答〔平18.5.17〕1頁〜2頁）。かかる基準については、例えば、シンジケートローンのアレンジャー業務などの具体的な判断において、検討を要する問題が生じる場合が多い（同4頁参照）。

注146）　高橋康文編『詳解証券取引法の証券仲介者、主要株主制度等——平成15年における証券取引法等の改正)』（大蔵財務協会、2004）103頁。

注147）　金融庁パブコメ回答〔平18.5.17〕5頁（銀行貸付けを含む提案を銀行と証券会社が共同で行う場合）参照。なお、かかる媒介の概念は金融以外の法分野でも規制対象を画する概念として用いられているところ、必ずしも統一的解釈がされているとはいえない点ついて、藤原総一郎ほか「シェアリングエコノミーにおけるプラットフォーム規制(上)」NBL1072号（2016）18頁参照。

業者にとって、不透明な規制環境を形成する要因となっている[注148]。

(ii) **資金移動業**

前記の通り、為替取引は銀行の独占業務とされてきたが、他業種からの規制緩和の要請に応えるかたちで、2009年に成立した資金決済法において、為替取引のうち、一定額（100万円相当額）以下の取引のみを取り扱う業務については、資金移動業として、登録制の下で（銀行免許を取得することなく）営むことが可能になった（資金決済37条・2条2項、資金決済令2条）。資金移動業者は内閣総理大臣の登録を受ける必要があり、その組織形態は株式会社[注149]に限られ、資金移動業を適正かつ確実に遂行する財産的基礎[注150]が必要とされている。為替取引について負担する未達債務の額の全額について、保全措置（供託または信託等）を講じる必要がある（資金決済43条ないし45条）。

このように、資金移動業の規制は、為替取引を一定の範囲に限って銀行業よりも軽い規制の下に置く規制となったため、為替取引の範囲について従来存在した不明確性を立法的に解決するものとはならなかった。

(iii) **預り金規制**

要求払の預金の受入れは、貸付けと併せて行うことによって銀行による信用創造の手段となり、銀行業とされているが（銀行10条1項）[注151]、かかる業法とは別途、一般大衆を保護し、信用秩序を維持するための一般的な行為規制として、「出資の受入れ、預り金及び金利等の取締りに関する法律」において預り金の禁止規定が存在する（同法2条1項）。同規定は、他に法律に特別の規定がある者を除き、業として預り金をしてはならないとしており、預り金は、①不特定多数の者を相手とする、②金銭の受入れで、③元本の返還が約されており、④主として預け主の便宜のために金銭の価額を保管することを目的とするものとされている[注152]。同法は消費者保護法・予防的刑罰法

注148) この点、「中間的業者」についての立法（後記(6)(iii)）においても特段の手当てはされていない。
注149) 外国資金移動業者（資金決済2条4項）にあってはこれらに準ずる者。
注150) 資本金や純資産等について具体的な額は法定されていないが、最低要履行保証額として1000万円は必要になる（資金決済43条2項、資金決済令14条）。
注151) ただし、預金の受入れのみを行う営業も、銀行業とみなされている（銀行3条）。
注152) 事務ガイドライン第3分冊：金融会社関係2預り金関係2-1-1。

第13章　FinTech

規として始まったものであるが、元本を保証して資金を預かるという受信行為を広く禁止しているため、金融制度上極めて重要な機能を営む法律となり、決済・資金移動サービスについても銀行に独占させる規制として機能してきた旨が指摘されている[注153]。また実務上も新規の金融サービスに関し本規制の検討を要することが多い。

(iv) **資金清算業等**

銀行は全国銀行データ通信システム（全銀システム）によるネットワークを形成して、内国為替の資金決済を行っており、一般社団法人全国銀行資金決済ネットワーク（全銀ネット）は内国為替取引に伴う銀行間決済の中央清算機関として機能している。銀行間決済の中央清算機関は、決済リスクを集中させた上で、ネッティングしてコントロールしようとする仕組みであることから、ある主体の抱えるリスクがシステム全体に伝播するいわゆるシステミック・リスクを有する。「為替取引に係る債権債務の清算のため、債務の引受け、更改その他の方法により、銀行等の間で生じた為替取引に基づく債務を負担することを業として行うこと」は、資金決済に関する法律（以下、「資金決済法」という）の成立に合わせて、資金清算業として、免許を要する業務とされた（資金決済2条5項・64条1項）。なお、同法においては、日本銀行は適用対象外とされており、日本銀行が運営し、金融機関間の大口決済を対象とする日本銀行金融ネットワークシステム（日銀ネット）は対象外である。また、「銀行等の間で生じた為替取引に基づく債務」を対象とするため、銀行等以外の一般事業者がクリアリング業務を行うことを直接規制するものとはなっていない[注154]・[注155]。

[注153]　平岡・前掲注144）430頁。なお、銀行業（預金の受入れ）が営業行為を規制するものとなっているのに対し、同規制では「業として」という表現であり、より広い規制となっている点にも留意する必要がある（小山・前掲注121）168頁）。

[注154]　もっとも、クリアリング業務に際して、為替取引や預り金を行う場合には、銀行業免許または資金移動業の登録が必要になる。

[注155]　このほか、証券取引に係る中央清算機関として金融商品取引業者等を相手方として債務の引受け、更改その他の方法により負担することを業として行う金融商品債務引受業が免許を要する業務とされている（金商156条の2・2条28項）。

(4) その他決済に関する法制度

(i) 前払式支払手段（プリペイドカード）

為替取引以外による法制化された決済サービスとして、資金決済法上の「第三者型前払式支払手段」の発行がある。これは、発行者が、発行時の利用者との合意に基づいて、利用者からあらかじめ受領する前払式支払手段発行の対価を用いて、利用者が加盟店から物品の購入またはサービスの提供を受ける際に、利用者に代わって加盟店に対する代価の弁済を行うという決済サービスを提供するものであり、いわゆるプリペイドカードや電子マネーの発行等がこれに該当し得る[注156]。

「前払式支払手段」は、①ⅰ証票、電子機器その他の物（「証票等」）に記載され、またはⅱ電磁的方法により記録される②金額（または金額を別の単位に換算して表示していると認められる場合はその単位）に応じた対価[注157]を得て発行される証票等または番号、記号その他の符号であって、③その発行者または当該発行者が指定する者から物品を購入し、もしくは借り受け、または役務の提供を受ける場合に、これらの代価の弁済のために提示、交付、通知その他の方法により使用することができるものとされている（資金決済3条1項1号）[注158]。前払式支払手段の発行者は、原則として、未使用残高の半額について供託または信託等の保全措置を講ずる必要がある（同法14条ないし16条）[注159]。また、前払式支払手段の払戻しは、原則として禁止されてお

注156) 私法上は、さまざまな整理があり得るが、発行者が免責的債務引受けを行う旨の契約であると理解するのが自然であるとされている（杉浦宣彦＝片岡義広『電子マネーの将来とその法的基盤』〔金融庁金融研究研修センター、2003〕23頁〜25頁参照）。

注157) 現金のほか、財産的価値のあるものが含まれると解されている（高橋康文編著『逐条解説資金決済法〔増補版〕』〔金融財政事情研究会、2010〕66頁）。

注158) 本文は金額または金額を換算した数値（ポイント等）を単位として用いる場合であり、一般的な電子マネーとして用いる場合はこちらに該当することが想定されるが、提供される物品または役務の数量を単位として用いる場合も前払式支払手段に該当する（資金決済3条1項2号）。

注159) 基準日未使用残高が1000万円以下の場合は対象外であり（資金決済14条1項、資金決済令6条）、これにより、届出も不要な自家型前払式支払手段の発行者など、比較的小規模な前払式支払手段の発行者が除かれることになる。

第13章　FinTech

り（同法20条2項）[注160]、これは、前述の預り金規制の趣旨が及んだものと考えられる。なお、前払式支払手段の譲渡については特に禁止されていない。

前払式支払手段のうち、「発行者＝加盟店」[注161]以外の場合が第三者型前払式支払手段であり、その発行には内閣総理大臣の登録を要し、登録業者は、法人で、原則として純資産額1億円以上を有するものに限られる[注162]。

①乗車券・入場券等、②使用期間が発行から6か月以内のもの、③国・地方公共団体が発行するもの、④その他特別な法人が発行するもの、⑤従業員向けの自家型前払式支払手段等、⑥割賦販売法その他の法律の規定に基づいて前受金の保全のための措置が講じられている取引に係る一定のもの、⑦利用者のために商行為となる取引においてのみ使用することとされているものについては、前払式支払手段に該当するが、規制の対象外とされている（資金決済4条）。

このように前払式支払手段については、定義規定に加えて詳細な例外規定を設けて対象を絞った上で、自家型／第三者型、未使用残高等に応じて事業者に求める規制を段階的に行っており、業務内容に応じた比較的きめ細かい規定になっていると評価し得る。

(ⅱ) **包括信用購入あっせん（クレジットカード）**

前払式支払手段に対して、後払の決済手段として広く普及してきたものにクレジットカードがあり、一般に、割賦販売法上の規制対象となる「包括信用購入あっせん」に該当する[注163]。包括信用購入あっせんは、①加盟店で

注160)　①前払式支払手段の発行業務の全部または一部を廃止した場合や第三者型発行者が登録取消処分を受けたとき（資金決済20条1項1号・2号）、②基準期間における払戻金額が一定額以内（直近基準期間の前払式支払手段の発行額の20％または基準日未使用残高の5％）の場合（同条2項、前払式支払手段府令42条1号・2号）や③利用者の転居などで保有者のやむを得ない事情により当該前払式支払手段の利用が著しく困難となった場合（同条3号）には、払戻しが認められている。

注161)　発行者＝加盟店の場合は「自家型前払式支払手段」となり、自家型前払式支払手段の発行者は、基準日未使用残高が1000万円を超える場合に限り、内閣総理大臣への届出義務を負うに留まる（資金決済5条1項・14条1項、資金決済令6条）。かかる「発行者」には、密接関係者（発行者の親族、50％超の資本関係を有する者および発行者が行う物品の給付または役務の提供と密接不可分な物品の給付または役務の提供を同時または連続して行う者）を含む（同令3条）。

注162)　資金決済令5条。前払式支払手段の利用可能な地域が一の市町村に限定されている場合等には純資産額の要件が緩和されている。

898

商品もしくは権利を購入し、または有償で役務の提供を受けることができるカードその他の物または番号、記号その他の符号（カード等）を利用者に交付しまたは付与し、②加盟店での利用代金または役務の対価相当額を加盟店に交付するとともに、③ⅰ利用者から当該代金または役務の対価相当額をあらかじめ定められた時期（利用者と加盟店との契約時から2か月超。いわゆるマンスリークリアは対象外）までに受領することまたはⅱ利用者からあらかじめ定められた時期ごとに加盟店での利用代金または役務の対価相当額の合計額を基礎としてあらかじめ定められた方法による算定金額を受領すること（いわゆるリボルビング払）とされている（割賦2条3項）[注164]。

包括信用購入あっせんは、販売信用（利用者に対する与信）であり、利用者からみると、為替取引や前払式支払手段の場合とは異なり、資金の保全措置は問題にならない。そのため、規制の内容も、むしろ契約条件の開示や販売契約上の抗弁の接続、過剰与信の防止が中心になっている[注165]。包括信用購入あっせん業者は、経済産業省に備える登録簿に登録を受ける必要があり、法人で資本金または出資額2000万円以上、純資産がその90％以上であることを要する（割賦33条の2第1項2号・3号、同施行令5条2項）。

(ⅲ) その他（収納代行、代引サービス等）

以上にみた前払式支払手段も包括信用購入あっせんは、商取引の代価の決

注163） その他割賦販売法では、①カード等を利用することなく、販売事業者もしくは役務提供事業者が行う利用者への商品もしくは指定権利の販売または役務提供を条件としてその代金もしくは対価の全部もしくは一部を加盟店に交付する「個別信用購入あっせん」（割販35条の3の23・2条4項）、②自己が販売する指定商品を引き渡すに先立って購入者から2回以上にわたりその代金の全部または一部を受領する「前払式割賦販売」（同法11条）、③自己が商品売買の取次ぎ、指定役務の提供または指定役務の提供をすることもしくは指定役務の提供を受けることの取次ぎ（前払式特定取引）（同法35条の3の61）が許認可・登録の対象になっており、割賦販売やローン提携販売と併せて、業務内容に応じた比較的きめ細かい規定になっていると評価し得る。

注164） 私法上は、発行者が加盟店等から利用者に対する債権を譲り受けるまたは利用者から債務を引き受けて加盟店等に対して立替払を行うものとして構成される。

注165） もっとも、包括信用購入あっせん業の登録には、営業保証金が必要され（割販35条の3・16条）、包括信用購入あっせんに係る契約を締結した販売業者または役務提供事業者がその営業保証金に対して優先弁済権を有する（同法35条の3・21条1項）という販売業者保護の規定も存在し、これは資金仲介機能を果たすことを前提とした規定とも解し得る（高橋編著・前掲注144）126頁注7）。

第13章　FinTech

済の仕組みであり、いずれも平成13年最高裁判決にいう為替取引に定義上は該当し得るようにも思われるが[注166]、実務的には別の被規制業務であると理解されている。その他、為替取引該当性が論点となった業務として、例えば、コンビニエンスストア等における収納代行や宅配業者等の代金引換サービスがある[注167]。これらは、金銭債務者の資金を受領して債権者に移動させる実質を有するものであるため、為替取引に該当する可能性があるという指摘が従来から存在し[注168]、資金決済法制定に際しても議論の対象となったが、2009年1月14日に公表された金融審議会金融分科会第二部会報告書において「共通した認識を得ることが困難であった事項については、性急に制度整備を図ることなく将来の課題とすることが適当とされ」、一旦規制の対象外と整理された[注169]。これらは、資金の中間受領者が債権者に代理して弁済を受領する権限を付与されているという法的構成をとることよって、債務者の弁済行為が中間受領者への支払により完了し、「債権者への送金」を依頼していると解する必要がないことを理論的根拠とし、そう解することによってその後の中間受領者の信用リスクや事務リスクを債務者は負っておらず、そのリスクを負う債権者が通常は大企業など保護の必要がない主体であること、また実際にも消費者保護上の問題を生じさせておらず、消費者の利便につながっていることが実質的な理由であると思われる。もっとも、これらの理由が該当しない同種の資金移動サービスについては、依然として、規制の有無が不透明な状況にあるといえる[注170]。

注166)　平岡・前掲注144）早稲田法学66巻434頁〜436頁・448頁。
注167)　一般に、「収納代行（サービス）」は、商品の代金、サービスの利用料金の支払において、商品・サービスの提供者（債権者）から依頼を受けたコンビニエンスストアなどの事業者に対し、その購入者、利用者（債務者）が支払を行い、事業者が受け取った金銭を債権者に渡すものをいい（高橋編著・前掲注144）126頁注7）、「代金引換（サービス）」は、商品を購入した者の自宅等へ商品を搬送する際に、商品を搬送する運送業者が、商品の販売者（債権者）から依頼を受け、商品の引渡しに際して購入者（債務者）から対価の支払を受け、販売者に対し受け取った資金を渡すものをいう（同170頁）。
注168)　岩原紳作「銀行の決済機能と為替業務の排他性」落合誠一ほか編『鴻常夫先生古稀記念・現代企業立法の軌跡と展望』（商事法務研究会、1995）529頁。
注169)　金融庁パブコメ回答〔平22.2.23〕40頁〜41頁148番等。
注170)　ポイントサービス・収納代行サービス、代金引換サービス等について必ずしも制

(5) 各種決済ツールの近時の動向

(ⅰ) 法定通貨・外国通貨

　法定通貨については、前述の通り、金銭債務について、国内において誰に対しても弁済として通用する効力を付与されていることを背景として、わが国のように通貨に対する信頼性が高い法域においては、あらゆる決済ツールのベースとして存在し続けることになると考えられる。仮想通貨[注171]が登場してきているものの、わが国において仮想通貨が現在の法定通貨にとって代わるよりは、法定通貨のデジタル化のほうが現実的な可能性が高いことではないかと思われる[注172]。

(ⅱ) 銀行預金

　銀行預金が、現在与えられている決済上の枢要を占める地位は、1980年代以降、さまざまな決済手段の登場により影響を受けており、今後インターネット上での取引、クロスボーダー取引の進展に対応して、銀行預金を介した決済サービスも進化していく必要があると考えられる。

　その観点からは、現在多くの銀行において、ユーザーがスマートフォンをインターフェイスとして利用できるモバイルバンキングサービスを提供したり、振込みの処理時間を拡張するといった取組みがみられるほか、国際的な金融機関においては、利便性やコスト競争力改善のため、国際送金の仕組みを変革するための動きもみられる。

　また、規制面では、キャッシュアウトサービス（銀行預金を小売店のレジなどで少額引き出して受け取ることができるサービス）が解禁された[注173]。また、決済高度化に向けた取組みとして、XML電文への移行[注174]、ローバリュー国際送金、大口送金の利便性向上等に向けた取組みが全銀協を中心に進めら

　　　　度整備の対象外とされた範囲は明確ではないことを指摘するものとして堀・前掲注75）44頁。
注171）　ビットコイン（bitcoin）等の、法定通貨ではなく、独自の価値を有すると認められて流通するデジタルマネー。詳細については**第2節1**を参照。
注172）　IoT（Internet of Things）の進展等インターネット上の取引・決済の重要性が高まることにより、インターネット上で簡易・低コストで行うことができる決済に対するニーズはさらに高まっていくと考えられる。また、仮想通貨の存在により金融政策の有効性が影響を受ける可能性はあり得よう。

第13章　FinTech

れている。

(iii) デビットカード

　デビットカードは、商品やサービスの購入に際して、購入者の銀行口座残高からの即時引落しによる支払決済を可能にするサービスである。わが国では、日本デビットカード推進協議会が加盟店の取引銀行と利用者の取引銀行間の決済システムをJ-Debitというブランドで運営している[注175]。また、VISAなど国際ブランドもその決済システムを用いてかかるサービスを展開している[注176]。クレジットカードに比べて、与信が発生しないため利用者にとって安心であるというメリットがあり、前述のキャッシュアウトサービスの解禁と合わせて普及が期待されている。ただし、J-Debitについては日本独自の国内決済の仕組みであるため、クロスボーダー取引には対応していないという課題がある。

注173)　金融庁パブコメ回答〔平29.3.24〕。なお、銀行法施行規則13条の6の4は預金の受払事務の委託等を第三者に委託する場合に遵守すべき義務を規定するものであり、そもそも預金の受払事務の委託等を第三者に委託することが業務範囲規制との関係において可能であるかについて明示的に定める規定がない中で、かかる規定を設けることによって当該行為が可能になるという整理は、少なくとも立法技術として明瞭とはいいがたいであろう。

注174)　「日本再興戦略2016」においても、「Fintechによる金融革新の推進」として、「金融高度化を推進するため、企業間の銀行送金電文を、2020年までを目途に国際標準であるXML電文に移行し、送金電文に商流情報の添付を可能とする金融EDIの実現に向けた取組を進める。また、中小企業等の生産性向上や資金効率（キャッシュコンバージョンサイクル：CCC）向上など、XML電文化の効果を最大化する観点から、産業界及び経済産業省において、金融EDIに記載する商流情報の標準化について、本年中に結論を出す」とされたことを受けて、「XML電文への移行に関する検討会」（事務局：全国銀行協会）において、総合振込みに係るXML電文への移行について検討が進められている（全銀協ウェブサイト：http://www.zenginkyo.or.jp/abstract/news/detail/nid/6493/）。

注175)　J-Debitは、私法上、解除条件付の債権譲渡と代理受領の組合せと整理されている。すなわち、加盟店の端末機に口座引落済確認を表す電文が表示されないという解除条件付きの債権譲渡が加盟店から加盟店の取引銀行に対してなされ、売主の取引銀行に代理してデビットカードの発行銀行（利用者が口座を保有する銀行）が、利用者の預金口座から引き落とすことにより代金債務の支払を受領することにより、取引債権債務の即時決済が完了する（銀行間の貸借関係が残る）。

注176)　国際デビットカードについて、山本正行編著『カード決済業務のすべて──ペイメントサービスの仕組みとルール』（金融財政事情研究会、2012）97頁〜98頁参照。

(ⅳ) 電子マネー（前払式支払手段）

電子マネー（前払式支払手段）については、送金サービスとの結合がみられる[注177]。前払式支払手段については前記(4)(ⅰ)の通り、預り金規制との関係から金銭での払戻しが原則としてできない（資金決済20条）。これに対して、資金移動業者は、資金移動業務の遂行のため、資金を受領して、受取人に対して金銭を交付することが可能である。そこで、前払式支払手段の発行者が、資金移動業者として資金の受入れのため、前払式支払手段を受け入れることにより、利用者は前払式支払手段を送金手段としても用いることができる[注178]。

また、ブロックチェーンを活用することによる、譲渡可能なオープンループ型の電子マネーの実現可能性も検討されている[注179]。

(ⅴ) クレジットカード

クレジットカードの基本的な仕組みは、前述(4)(ⅰ)の通りであるが、実際には、クレジットカード発行者と加盟店の間には、アクワイアラーと呼ばれる加盟店の開拓・管理を行う事業者や、複数の加盟店に対する決済事務サービスを提供する決済代行業者（PSP：Payment Service Provider）といわれる事業者が存在し、また決済システムはVISA、Master、JCBなどの国際ブランドの構築するシステムが利用されている[注180]。

注177) 複数の支払手段が一体的に提供される場合、関係者の枠組みや決済行為の進行の両面で、債権債務関係を複雑化させる側面をもち、事業者においてトラブルが生じた場合の法律関係を明確にしておく必要がある（伊藤亜紀「決済分野の『FinTech』をめぐる規制法体系と契約実務における課題」NBL1073号〔2016〕18頁）。

注178) 資金移動業によって発行される電子マネーを購入すること以外に当該前払式支払手段の利用場面が予定されていない場合には、規制の潜脱として認められない場合があるとの指摘がある点には留意が必要である（堀・前掲注75）378頁）。また、資金移動業者として資金を受け入れる際には、犯罪収益移転防止法上の取引時確認（同法4条）が必要になる。

注179) 従前は、取引当事者間での流通を前提とするオープンループ型の電子マネーは、セキュリティやデータ容量との関係で実現が難しいと考えられていた。

注180) わが国においては、発行者であるカード会社が主として加盟店を開拓してきたため、加盟店と発行者が直接の関係を有することを念頭に制度が設計されてきたが、特に海外ではアクワイアラーを通じて加盟店開拓がされ、その場合には発行者は国際ブランドを通じて間接的な関係を有するにすぎないことになる。また、近時、

かかるアクワイアラーや決済代行業者の中には、適切な加盟店スクリーニング・管理を行わず消費者保護上問題とされる事例が出てきたことから、新たに割賦販売法が改正され、加盟店契約を締結する業者（アクワイアラー）について登録制を導入し加盟店調査等を義務付けることになった[注181]。また、決済代行業者については、任意登録制を導入し、登録決済代行業者のみと取引を行うアクワイアラーには登録要件が緩和され、登録決済代行業者を介して決済を行う場合には、登録アクワイアラーの加盟店調査等の義務が課されない仕組みとなっている[注182]。

(vi) 仮想通貨

1(4)で詳述される通り、資金決済法等の改正により、仮想通貨が法令上定義され、仮想通貨交換業者が登録制となったことで、規制環境が明確化され、わが国において仮想通貨の利用・流通が促進することが期待されている。

仮想通貨は、商品・サービスの代価の弁済のために不特定の者に対して使用でき、かつ不特定の者を相手方として購入および売却を行うことができる財産的価値（資金決済2条5項1号）であるから、法定通貨同様、決済・送金の手段として機能し得るものである。法定通貨のような国家の管理・信用に裏付けられた仕組みではないが、デジタル化されているという特徴により、クロスボーダー取引・インターネット取引における利便性が認められよう。他方で、ブロックチェーンなど用いられる技術が新しいことや、私法的な議論の蓄積が十分でないことから紛争が生じた際の解決が不明である等、今後解決していくべき法的課題も多いと思われる[注183]。

　　　　　小型のモバイル決済端末や決済手数料、独自の審査基準、会計サービス等を用いてサービスを提供する新しい決済代行会社が登場している。
注181）2016年12月9日公布（施行日は公布日から起算して1年6か月を超えない範囲内において政令で定める日）。
　　　　経済産業省のウェブサイト（http://www.meti.go.jp/policy/economy/consumer/credit/112kappuhanbaihoukankeishiryou.html）。
注182）このほか、2016年6月30日に公布・施行された金融商品取引業等に関する内閣府令の改正により、株式型およびファンド型のクラウドファンディングの電子申込型電子募集取扱業務に係る出資の受入れについて、いわゆるマンスリークリアにより10万円以内である等の一定の条件を満たす場合に限って、クレジットカードによる決済が解禁されている（同府令149条）。
注183）例えば、森下・前掲注17）江頭古稀798頁以下を参照。

(6) 新しい決済・送金プラットフォーム

(i) 携帯電話・SNS・スマートフォン

　新しい決済・送金プラットフォームとして、まず携帯電話・SNS・スマートフォンなど、すでに確立した通信プラットフォームを活用して、決済・送金業に参入する動きが挙げられる。これらには自己が前払式支払手段を発行したり、資金移動業者の登録を行って資金移動業として行うものや、決済には利用者が登録するクレジットカードを用いることとし、クレジット決済の取次業者として関与する等のさまざまな形態が存在する[注184]。いずれの場合も加盟店や送金先との関係では当該プラットフォームにおけるID等での取引が可能であるため、取引相手に銀行口座やクレジットカード番号を提供する必要がないことや、当該プラットフォームにおける認証（例えばスマートフォンにおける指紋認証）を利用し得る点に利用者にとってメリットがある。

(ii) E-commerce サイト

　次に、決済の原因関係となる商流に結びついた決済としてE-commerce サイトが提供する決済サービスが挙げられる。E-commerceサイトにおいて行われる取引は、隔地者間で取引相手の信用等を確認しにくい取引形態であるため、E-commerce サイト運営者により一定の決済サービスが提供されている[注185]。これには売主の代金の受領を代行するものと、さらに進んで、同時履行を確保するためのエスクローサービスを提供するものもみられる。前者については代理受領の構成をとることにより、為替取引ではないという整理を行うことが可能であると考えられるが、後者についてはE-commerce サイト運営者において支払の実行（買主からの資金のリリース通知）まで資金の滞留が生じる点で、理論的には預り金規制や為替取引該当性の問題が残るように思われる[注186]。また、売主が受領すべき資金を別の商品・サービスの購入のために充当することができるかについても同様の点が問題となり得る。

注184) 詳細について、有吉ほか編著・前掲注4）150頁〜161頁（第16講）［小張裕司］参照。

注185) このほか、E-commerce サイト運営者により、販売事業者に対して売上データ等に基づく融資サービスも展開されている。

注186) 有吉ほか編著・前掲注4）169頁〜171頁［小張］参照。

第 13 章　FinTech

(ⅲ)　家計簿アプリ・記帳・会計サービス

　近時、ウェブ・スクレイピング（Web scraping）[注187]の技術を用いる等して個人の銀行口座、クレジットカード使用、証券会社を通じた証券取引の情報を収集、統合して簡易にスマートフォン上で資産管理（PFM: Personal Financial Management）を行うことができるアプリケーション（家計簿アプリ）が注目されている[注188]。

　かかるPFM事業者が、API（Application Programming Interface）[注189]を活用して銀行と提携して銀行業に係るサービスを展開していくに当たっては、(3)(ⅰ)で前述した銀行代理業の規制の対象になり得る。

　また、2016年7月に金融庁が設置した「金融制度ワーキング・グループ」では、銀行のために銀行代理業を行う者のみならず、利用者の依頼を受けて主導的に決済機能を仲介する者、あるいは、契約締結ではなく、取引や資金管理のため、利用者の指示や口座情報の伝達を行う者といったように、顧客と銀行の間に介在してサービスを提供する「中間的業者」についての規制のあり方が議論され[注190]、2017年5月に銀行法等の一部を改正する法律が成立

注187)　ウェブサイトの表示情報（HTML）を解析することにより、必要な情報を抽出する技術。この技術によりPFM運営会社は、ユーザーの同意の下、金融機関等のインターネット口座におけるユーザーのログイン情報を取得した上で、当該ログイン情報に基づき金融機関等のシステムに自動アクセスしてPFMに必要な明細情報を取得する（有吉ほか編著・前掲注4）250頁）。

注188)　利用者からすると複数に分かれている資産や支出に関する情報を自動的に集約・分析してくれる利便性がある一方で、個人の資産・支出状況を全般的に把握できる情報は、金融機関をはじめとするさまざまな事業者のマーケティングにおいて潜在的に高い価値を有するものと思われる。

注189)　APIとはあるコンピュータープログラムの機能などを別のプログラムから利用するための命令や規約、関数等の集合をいう。例えば、Google Maps APIを利用することで、ウェブサイトやスマホアプリからGoogleマップの機能を呼び出して利用することができる。銀行が自己のシステムのAPIを提供することにより、銀行の口座情報をやりとりしたり、入出金や振込を実行することも可能になるとされる。現在のPFMサービスについて生じるPFM運営会社側、銀行側のメリットについて日本銀行金融機構局金融高度化センター「ITを活用した金融の高度化の推進に向けたワークショップ第5回『金融機関によるFinTechへの取組み』の模様」（2016年7月19日）9頁参照。

注190)　以上について、有吉尚哉＝山本俊之「PFM（個人資産管理）──「中間的業者」をめぐる議論」ビジネス法務2016年12月号78頁参照。また、同ＷＧの議論において参照されている欧州の改正決済サービス指令（PSD 2）においては、認可をう

した。同法は、かかる中間的業者について電子決済等代行業者として登録制を導入し、利用者保護のための体制整備、情報の安全管理義務等および財産的基礎の確保を求めるとともに、利用者の損害に係る賠償責任の分担および利用者に関する情報の安全管理を含む契約を金融機関と締結することを義務付けている。他方で金融機関の側に対しても、附則において、電子決済等代行業者等との連携および協働に係る方針を決定・公表することを義務付け、また、電子決済等代行業者が預金者のパスワード等を取得することなく業務を遂行できるよう、いわゆるオープンAPIを導入する努力義務を定めている。施行は原則として公布の日から起算して1年を超えない範囲において政令で定める日、オープンAPIの体制整備に係る努力義務は公布の日から2年を超えない範囲において政令で定める日となっている。

(iv) **ブロックチェーンを使った決済システム**

ビットコインの技術的基盤となっているブロックチェーン技術は、送金のみならずより複雑な取引への応用可能性が議論されており、わが国においても主として技術面からの実証研究が進んでいる[注191]。

契約の締結およびその履行を自動化するためのプログラムであるスマートコントラクトや、財産権の移転をブロックチェーンを用いて行うスマートプロパティといった取組み[注192]については、ユースケースごとに契約の成立、権利の移転、対抗要件、執行の確保といった問題を分析し、ブロックチェーンを用いた取引の効用を最大化するために、技術で解決し得る問題・法的な整理により解決し得る問題等を切り分けて対応していく必要があろう。

　　　　　けたペイメントサービス提供者（PISP: Payment Initiation Service Provider）に対して金融機関等に口座へのアクセスを保障することが前提となっている規制であることを強調するものとして、増島雅和「決済・送金――小口決済のイノベーションは実現するか」ビジネス法務2016年12月号67頁。

注191) 後藤あつし「金融サービスへの応用」「ビットコインと法」馬渕監修・前掲注11）174頁以下、野村総合研究所「平成27年度我が国経済社会の情報化・サービス化に係る基盤整備（ブロックチェーン技術を利用したサービスに関する国内外動向調査）報告書」（2016年3月）、山藤敦史ほか「金融市場インフラに対する分散型台帳技術の適用可能性について」JPXワーキングペーパー15号等参照。

注192) 詳細について、有吉ほか編著・前掲注4）202頁以下（第20講）[芝]、増島雅和「ブロックチェーン技術を用いたスマートコントラクトの検討」NBL1093号（2017）28頁参照。

(7) おわりに

以上、決済をめぐる法制度と近時の動向について概観した。今後も決済のデジタル化・クロスボーダー化の進展に応じてこれまでになかったサービスが検討されることになると思われる。イノベーションを進展させる観点からは、従前のレガシーとしての法理論に拘泥することなく、利用者保護の観点から大きな問題が生じない範囲でさまざまな取組みを阻害しない規制のあり方や法解釈を検討する柔軟な姿勢が求められよう[注193]。

3 クラウドファンディングに対する規制の適用関係

(1) 総論

2000年代半ばから欧米で、「クラウドファンディング（crowdfunding）」と呼ばれるインターネットを活用した資金調達手法が登場し、日本でも2010年ころからクラウドファンディングが注目されるようになり、スキームの組成例が散見されるようになってきているほか、金商法の改正などにより適用される規制の整備も進められている。

クラウドファンディングとは、群衆（crowd）と資金調達（funding）を組み合わせた造語であり、一般的には、資金需要のある者がインターネットを通じて不特定多数の者から資金を調達する手法を意味する概念として用いられている。不特定多数の者を対象とする資金調達手法であるが、伝統的な金融市場を利用するわけではなく、主に一般大衆を対象に小口の資金を募るものである。従来の金融市場の参加者とは異なる層の個人から資金調達を行うことができ、実務上、資金調達手段・資金調達先の拡大を図ることが可能となりうる。また、インターネットを介して勧誘・資金調達が行われるため、動画や音声を用いた勧誘資料を活用したり、資金調達者と一般の資金提供者

注193) 紙幅の関係から本稿では論じていないが、AML（Anti-money laundering）に係る犯罪収益移転防止法に定める取引時確認等や、サイバーセキュリティに係るFISC（公益財団法人金融情報システムセンター）の安全対策基準もサービス構築上重要性を有する。

との間でインタラクティブなやりとりを行うことも可能となる。そのようなやりとりを通じて、資金提供者に資金調達者のビジネスや商品に対して共感をもってもらうことも、資金調達の成否にかかわることになる[注194]。

「クラウドファンディング」と呼ばれる取引の中にも、その法的な性質には多様なものがあり、出資・融資などによる（狭義の）資金調達である場合もあれば、「ファンディング」とはいうものの実質としては商品の販売やサービスの提供の対価として金銭の支払を受けている（売買または役務提供）と整理すべき場合や、資金提供に対する対価が提供されるわけではなく、金銭の寄付（贈与）と整理すべき場合もある。

クラウドファンディングのスキームを利用するに際しては、約款などによって定められる経済的な取引条件だけでなく、規制の適用関係、関係当事者の責任関係、課税関係などについても検討することが必要となる。経済的な効果が近似する取引であっても、法的な性質の違いにより法令の適用関係が大きく変わり得ることになる。

以下では、クラウドファンディングのスキームを法的な性質から類型分けした上で[注195]、クラウドファンディングにおける一般的な規制の適用関係について各類型ごとに整理を試みることとする[注196]。

注194) 米国でクラウドファンディングが拡大してきた背景について、神山哲也「米国におけるクラウド・ファンディングの現状と課題」野村資本市場クォータリー2013年春号175頁は、資金提供者からすると、①自分が応援したいと思える事業を直接支援できること、②そうした事業の成果物を入手できること、③少額をオンラインで拠出できる気軽さなどが、資金調達者からすると、①銀行融資やベンチャー・キャピタルの投融資対象とならないほど小規模な事業でも資金調達が可能であること、②自らの事業がどれだけ世間に受け入れられるかを試すことができることなどがそれぞれ理由として挙げられるとしている。

注195) クラウドファンディングのスキームの類型分けの方法としては、後記(2)で述べる法的な性質からの分類のほか、資金調達の成否の観点から、①All or Nothing型（資金提供者による応募額が資金調達者が設定した資金調達目標額に届かなかった場合に資金調達者に資金が渡されずキャンセルされる仕組み）と②Keep it All型（資金提供者による応募額が資金調達者が設定した資金調達目標額に届かなかった場合でも資金調達者に資金が渡される仕組み）に分けて説明が行われることなどがある。

注196) 後記(3)ではクラウドファンディングに特有の規制の解説を行うが、実際にクラウドファンディングのスキームを組成しようとする場合には、景表法や消費者契約法に基づく規制など取引一般に適用される規制についても注意が必要となる。また、規制の適用という点では、インターネットがグローバルに利用され、閲覧可

(2) 法律関係からみたクラウドファンディングの類型

(i) クラウドファンディングの類型

　文献や論者によってクラウドファンディングのスキームの分類の仕方には相違があるが[注197]、ここでは規制の適用関係について整理をするという観点から、主に資金提供者がどのような対価を取得するかを基準に、①投資型、②貸付型[注198]、③売買・役務提供型、④寄付型の４類型に分けた上で、投資型については(i)株式の発行により資金を調達するもの（株式投資型）と、(ii)匿名組合契約などの出資契約によって資金を調達するもの（ファンド型）とに分けて整理を行う。

　なお、以上の類型は規制の適用関係の整理を行うためにクラウドファンディングのスキームを抽象的に分類したものであり、これらの類型の中には実例が存在しない（現行の日本の法制の下では実現可能性が高くない）ものもあること[注199]、および、実際に実施されるクラウドファンディングがいずれの類型に該当するかは一義的に明らかになるとは限らないことに留意いただきたい。後者の点について、特に規制の適用関係に関してはスキームを実質的に捉えて法的性質を整理すべきものであり、事業説明や約款の形式的な文言としてはある類型を企図してスキームが組成されている場合であっても、

　　　　能であるものであることから、クラウドファンディングに対して海外の規制が適用されるか、海外の規制が適用されるとしたらどのような規制が適用されるのか、という点も論点となり得るが、後記(3)では日本法に基づく規制の適用関係に限って論じることとする。
注197）　例えば、2013年12月25日に公表された「金融審議会　新規・成長企業へのリスクマネーの供給のあり方等に関するワーキング・グループ報告」２頁では、①寄付型、②購入型、③投資型に分類をした上で、投資型については、(i)「ファンド形態」のものと(ii)「株式形態」のものがあるとしている。
注198）　資金の借り手と貸し手をウェブ上で結びつけるサービスはソーシャル・レンディング（social lending）（あるいはＰ２Ｐ〔ピア・トゥ・ピア〕レンディング〔peer-to-peer lending〕）と呼ばれており、クラウドファンディングに含めるか否かについて議論があるとされている（神山・前掲注194）181頁）。本３ではクラウドファンディングを広く捉え、貸付型のスキームもクラウドファンディングの一類型と整理して解説を行う。なお、ソーシャル・レンディングに関する法的論点については本節４において詳述する。
注199）　また、理論的にあり得るすべてのスキームをとりあげているわけでもなく、各類型とも典型的なスキームを念頭に説明を行っている。

第 2 節　各種 FinTech ビジネスと法制度

【図表13-2-2】　クラウドファンディングの類型

類型	資金提供者が取得する対価
投資型	資金調達者の営む事業からの収益の分配を受ける
貸付型	資金調達者から利息の支払を受け、元本の返済を受ける
売買・役務提供型	資金調達者から物または役務の提供を受ける
寄付型	無償

その実質をみると別の類型として整理すべき場合もあり得ると考えられる。

(ii)　クラウドファンディング業者の関与形態

クラウドファンディングにおいては、第三者（クラウドファンディング業者）がインターネット上に資金調達を募るためのプラットフォームとなるウェブサイトを用意し、資金調達者はそのようなプラットフォームを利用して資金調達を実施することが一般的である。このようなクラウドファンディング業者の関与の仕方によって、①プラットフォーム提供型（媒介型）と②引受型に分類することができる。

【図表13-2-3】　第三者の関与態様による類型

類型	第三者の関与の態様
プラットフォーム提供型（媒介型）	クラウドファンディング業者は、資金調達者が必要情報を掲示し、資金調達を募るためのクラウドファンディングの「場（プラットフォーム）」となるウェブサイトを提供し、資金調達者と資金提供者の間の取引に介在するが、取引の当事者とはならない
引受型	クラウドファンディング業者がプラットフォームを提供した上で、クラウドファンディング業者（またはその関係会社）が資金調達者・資金提供者とそれぞれ取引を行い、資金提供者から調達した資金を資金調達者に供与しつつ、資金調達者から提供される対価を資金提供者に還元する

プラットフォーム提供型（媒介型）では、クラウドファンディング業者は、資金提供者と資金調達者の間の取引に当事者として参加しないため、資金調達やその対価の提供は資金提供者と資金調達者がそれぞれ自己責任で行うことになり、基本的にクラウドファンディング業者は直接的な責任を負担しな

第13章　FinTech

〈プラットフォーム提供型（媒介型）〉

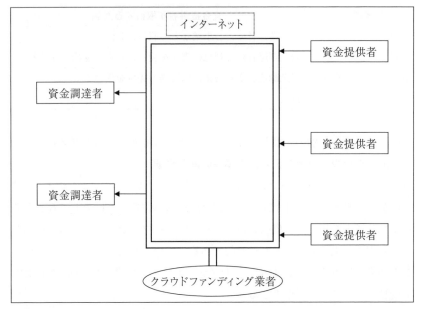

<引受型>

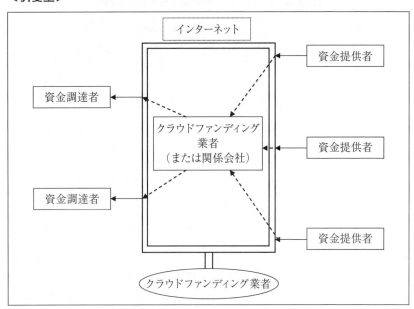

いことになる[注200]。一方で、引受型では、第三者がいわばハブの役割として資金提供者と資金調達者の間に入って資金調達取引に参加することになり、クラウドファンディング業者が資金調達者および資金提供者に対して直接的な責任を負担することになる。そのような責任を負担する一方で、自ら当事者となってクラウドファンディングの取引を管理することが可能となるため、スキームを安定的に運営しやすくなるほか、スキームの信頼性を高めることが可能となると考えられる。

(ⅲ) ポイント利用の有無

クラウドファンディングにおいては、資金調達取引の決済に、利用者があらかじめ購入するポイントが利用される場合があり、決済にポイントが利用されるかどうかによって、①現金決済型、②自家発行ポイント利用型、③第三者発行ポイント利用型に分類することができる（【図表13-2-4】）。

後述する通り、ポイントを利用するクラウドファンディングに関しては、資金決済法に基づく前払式支払手段に関する規制の適用関係が論点となる。

(3) 各スキームの規制の適用関係

クラウドファンディングを実行する場合の規制の適用関係については、関係当事者の行為が何らかの業法に基づく業規制の対象とならないかという点や、資金調達に関して金商法などの投資者保護法に基づく開示規制が適用され、情報開示が求められることにならないかという点が論点となる。以下、前記(2)(ⅰ)で分類したクラウドファンディングの類型ごとに資金調達者に適用される業規制と開示規制およびそれ以外の当事者に適用される業規制に分けて規制の適用関係を整理する。

注200) この場合のクラウドファンディング業者は、プラットフォームを提供したり、取引の媒介を行うことに伴う説明責任やスキームの管理に関する責任などを負担することになり、インターネットを利用するという取引の性質上、特定電気通信役務提供者の損害賠償責任の制限及び発信者情報の開示に関する法律の適用関係にも留意が必要となる。また、プラットフォームの提供や資金調達の媒介を行うことによりクラウドファンディングのスキームを運営する立場にある第三者は、そのスキームの中で資金調達者と資金提供者の間でトラブルが発生した場合に、法的な責任は回避できたとしてもレピュテーションの毀損など事実上の不利益を被る可能性があることにも留意してスキームを構築・運営することが必要となる。

第13章　FinTech

【図表13-2-4】　ポイントの利用による類型

類型	決済方法
現金決済型	ポイントは利用せず、取引ごとに資金調達者に対して現金を支払うことによって個々の取引の決済を行う
自家発行ポイント利用型	資金提供者は、資金調達者が発行するポイントをあらかじめ購入しておき、ポイントを資金調達者に供与することによって個々の取引の決済を行う
第三者発行ポイント利用型	資金提供者は、クラウドファンディング業者などの第三者が発行するポイントをあらかじめ購入しておき、ポイントを資金調達者に供与することによって個々の取引の決済を行う。資金調達者は、取得したポイントに応じて発行者から資金の提供を受ける

　なお、以下の記述は、あくまでも各類型に一般的に適用される規制について整理をしたものであり、実際にクラウドファンディングを実行する場合においては、当事者や取引の個別事情により追加的な規制が適用され得る。また、決済にポイントを利用する場合には、以下に記述する規制に加えて、後記(4)に記述する資金決済法に基づく規制も適用され得ることになる。

(ⅰ)　**株式投資型**

(a)　スキームの概要

　投資型のクラウドファンディングは、資金提供者から提供を受けた資金によって資金調達者が事業を行い、その事業の収益を資金提供者に分配するスキームである。投資型の典型的なスキームとしては、①資金提供者が資金を払い込むことにより、資金調達者の株式を取得し、剰余金の分配や株価上昇によるキャピタルゲインによって利益を享受するスキーム（株式投資型）と、②資金提供者が匿名組合契約などの出資契約に基づいて資金調達者に資金を拠出し、出資契約に従って当該資金を原資として資金調達者が営む事業の収益の分配を受けるスキーム（ファンド型）が想定される。

　これらのスキームは、資金提供者が拠出した資金により資金調達者が事業を営み、その事業からの収益の分配を資金提供者が受けるという点で共通するが、株式を用いるか、出資契約（ファンド）を用いるかによって規制の適用関係が大きく異なることになる。そこで、本(ⅰ)では投資型のスキームのう

ち、資金調達者の株式が発行される（あるいは自己株式が割り当てられる）スキームに対する規制の適用関係について整理を行い、ファンドによって資金提供者が出資を行うスキームに対する規制の適用関係については後記(ii)で整理を行う。

(b) 資金調達者に対する業規制

企業が株式を発行して資金を調達することに関して、当該企業に業規制が適用されるものではなく、株式投資型の資金調達者に業規制が適用されることはないと考えられる。

(c) 開示規制

金商法上、株式は「有価証券」に該当し（金商2条1項9号）、有価証券を発行し、投資家からの資金調達を募ることが「有価証券の募集」（同条3項）に該当する場合には、資金調達者は原則として有価証券届出書の提出（同法4条1項・5条1項）や目論見書の作成・交付（同法13条1項・15条2項）などの発行開示の手続をとることが必要となる。

ここで、50名以上の投資家に対して新たに発行する株式（または資金調達者が保有している自己株式）を取得することの勧誘を行うことは「有価証券の募集」に該当するところ、クラウドファンディングはインターネットを通じて不特定多数の者に対して資金の提供を募るものであり、株式発行型によって株式の取得を通じた資金提供を募ることは基本的に「有価証券の募集」に該当すると考えられる。その場合、株式の発行価額の総額が1億円未満であることなどの要件を満たす場合（金商4条1項5号）を除き、有価証券届出書の提出などによる発行開示の手続を行うこと、すなわち、公募増資を行う場合と同様の手続を行うことが必要となる。そして、それまでに株式について公募を行っておらず、上場もしていない会社であっても、一旦株式の発行に関して有価証券届出書を提出すると、一定の要件を満たすまで毎年の有価証券報告書の提出（同法24条1項）などの継続開示の手続も必要となる[注201]。

注201) これらの開示規制に対するための負担に加えて、日本証券業協会が自主規制により会員である証券会社・第一種少額電子募集取扱業者に対して、第一種少額電子募集取扱業務に該当する場合などの一定の例外を除き、非上場株式について顧客に投資勧誘を禁止していることから、事実上、日本における非上場株式を対象とする株式投資型のクラウドファンディングは同一の会社が資金調達を行うことが

第 13 章　FinTech

(d)　媒介者・引受人に対する業規制

　発行者以外の者が発行者による有価証券の募集に際して、発行者のために有価証券の取得の申込みを勧誘することは「有価証券の募集の取扱い」として金融商品取引業に該当し（金商2条8項9号）[注202]、金商法に基づく業規制の対象となる。株式を対象とする募集の取扱いを業として行うためには、第一種金融商品取引業の登録が必要とされており（同法28条1項1号・29条）、株式発行型において媒介者として介在する第三者は、原則として第一種金融商品取引業の登録を受けた金融商品取引業者であることが必要となると考えられる。

　ここで、株式投資型のスキームに関して、クラウドファンディングのプラットフォームを提供する行為が「有価証券の募集の取扱い」に該当するかが論点となる。この点、発行者による有価証券の募集に関して第三者がどのような行為を行うと「有価証券の募集の取扱い」に該当することとなるのか、明確な基準は存在しないが、類似する概念として取引の「媒介」については「他人間の取引の成立に事実上尽力すること」と広く解されている[注203]。また、金融庁は、投資型クラウドファンディングにおいてクラウドファンディング業者がプラットフォームを提供することは一般的に「有価証券の募集の取扱い」に該当すると捉えているものと思われる[注204]。したがって、プラットフォームの提供などの行為を通じてクラウドファンディングにおいて発行される有価証券を資金提供者に取得させることについて、事実上尽力した場合には基本的に「有価証券の募集の取扱い」に該当すると評価されるものと考えられ、金商法に基づく業規制の対象となることを前提にスキームの構築・運営が求められることになる。

　前述の通り、株式について「募集の取扱い」を行うためには原則として第

　　　　できる金額が1年間に1億円未満の範囲内となっている（有吉ほか編著・前掲注4）90頁以下参照）。
注202)　神崎ほか・金融商品取引法608頁〜609頁。
注203)　神崎ほか・金融商品取引法602頁。
注204)　例えば、金融審議会「新規・成長企業へのリスクマネーの供給のあり方等に関するワーキング・グループ」第1回会合（2013年6月26日）の事務局説明資料14頁では、クラウドファンディングのプラットフォーム運営業者の行為が私募・募集の取扱いに該当すると明記されている。

第2節　各種FinTechビジネスと法制度

一種金融商品取引業の登録が必要となる（金商28条1項1号）。もっとも、2015年5月に施行された「金融商品取引法等の一部を改正する法律」（平成26年法律第44号）に基づく金商法の改正により、「電子情報処理組織を使用する方法その他の情報通信の技術を利用する方法であつて内閣府令で定めるもの[注205]により第2条第8項第9号に掲げる行為を業として行うこと」を「電子募集取扱業務」と定義し（金商29条の2第1項6号）、非上場の株式についての電子募集取扱業務であって有価証券の発行価額が少額であること[注206]などの要件を満たすもの（第一種少額電子募集取扱業務）のみを行う業者を「第一種少額電子募集取扱業者」と位置付け（同法29条の4の2第9項）、通常の第一種金融商品取引業に適用される規制に比べて、登録に必要な最低資本金基準を引き下げたり、兼業規制、自己資本規制などの一定の規制を適用しないなどの規制の緩和が図られている。

　また、有価証券の募集に際して、当該有価証券を取得させることを目的として当該有価証券の全部または一部を取得することは「有価証券の引受け」として金融商品取引業に該当し（金商2条8項6号）、有価証券の引受けを業として行うためには第一種金融商品取引業の登録が必要となる（同法28条1

注205）　具体的には、①金融商品取引業者等の使用に係る電子計算機に備えられたファイルに記録された情報の内容を電気通信回線を通じて相手方の閲覧に供する方法と、②①に掲げる方法による場合において、金融商品取引業者等の使用に係る電子計算機と相手方の使用に係る電子計算機とを接続する電気通信回線を通じて、またはこれに類する方法により通信文その他の情報を送信する方法（音声の送受信による通話を伴う場合を除く）が定められている（金商業等府令6条の2）。

注206）　①発行総額（募集または私募に係る有価証券の発行価額の総額に、当該有価証券の募集または私募を開始する日前1年以内に同一の発行者により行われた募集または私募および当該有価証券の募集または私募と申込期間の重複する同一の発行者により行われる募集または私募に係る当該有価証券と同一の種類〔金商法2条1項9号に掲げる有価証券であるか同条2項の規定により有価証券とみなされる同項5号または6号に掲げる権利であるかの別をいう。以下同じ〕の有価証券の発行価額の総額を合算する方法によって算定される。金商業等府令16条の3第1項）が1億円未満であること、および②取得する者が払い込む額（募集または私募に係る有価証券に対する個別払込額に、当該有価証券の募集または私募に係る払込みが行われた日前1年以内に応募または払込みを行った同一の発行者による当該有価証券と同一の種類の有価証券の募集または私募に係る個別払込額を合算する方法によって算定される。同条2項）が50万円以下であることが要件となる（金商令15条の10の3）。

項3号・29条)。したがって、株式投資型において引受人として介在する第三者についても、第一種金融商品取引業の登録を受けた金融商品取引業者であることが必要となると考えられる[注207]。

クラウドファンディングに関わる行為を第三者が金融商品取引業として行う場合には、当該第三者に対して金商法に基づく行為規制も適用されることになる。非上場の有価証券について電子募集取扱業務を行う金融商品取引業者[注208]には、電子募集取扱業務を実施するために必要な業務管理体制を整備すること（金商29条の4第1項1号ヘ・35条の3）[注209]や、ウェブサイトにおいて有価証券の発行者に関する情報などを投資者が閲覧できる状態に置くこと（同法43条の5）が義務付けられるなど、株式投資型クラウドファンディングにおける投資者保護を拡充するための規制が整備されている。

(ii) ファンド型

(a) スキームの概要

前述の通り、投資型のクラウドファンディングのスキームとしては、株式により資金調達を行うもののほかに、匿名組合などの集団投資スキーム（ファンド）を利用して資金調達を行うスキームも想定される。ファンド型のスキームでは、資金提供者は出資契約に基づき資金調達者に対して資金を拠出した上で、出資契約に従って収益の分配や元本の償還を受けることになる。

このような出資契約に基づく権利（集団投資スキーム持分）も原則として金商法上の「有価証券」に該当し（金商2条2項5号）、同法に基づく規制が適用されることになるが、流動性の多寡など株式と集団投資スキーム持分の一般的な権利の性質の違いなどから、株式発行型とは規制の適用関係が異なっている。

注207) 「有価証券の引受け」を行う場合については、第一種少額電子募集取扱業者の特例の対象にならない。

注208) 第一種少額電子募集取扱業者として登録した者だけでなく、通常の第一種金融商品取引業の登録を行っている者を含む。

注209) 義務付けられる体制整備の具体的な内容は金商業等府令70条の2に定められている。

第 2 節　各種 FinTech ビジネスと法制度

(b)　資金調達者に対する業規制

(ア)　募集行為に関する規制

　前述の通り発行者が株式の募集をすることに関しては業規制が適用されないが、同じ「有価証券」でも集団投資スキーム持分の発行者[注210]が業として募集・私募を行うこと（自己募集）は原則として金融商品取引業に該当し（金商2条8項7号ヘ）、金商法に基づく業規制の対象となり、第二種金融商品取引業の登録が必要とされる（同法28条2項1号・29条）。

　この点、集団投資スキーム持分の発行者が、その取得勧誘を第三者に委託して自らはまったく行わない場合には、有価証券の自己募集には当たらないとされており[注211]、ファンド型のクラウドファンディングにおいても、資金調達者が集団投資スキーム持分の取得勧誘を第三者に委託して自らはまったく行わないと評価できる場合には、資金調達者の行為が自己募集として業規制の対象とならず、金融商品取引業の登録は必要とならないと考えられる。もっとも、「取得勧誘を第三者に委託して自らはまったく行わない」と評価できる状況となっているかは、個々のスキームの個別事情に応じて判断することが必要となる[注212]。

(イ)　運用行為に関する規制

　資金調達者が調達した資金の使途によっては、資金提供者から提供を受けた金銭の運用行為に対しても規制が適用される可能性がある。

　まず、資金調達者がファンド型のクラウドファンディングによって調達した資金を、主として有価証券やデリバティブ取引によって運用する場合には、集団投資スキームを利用した運用行為（自己運用）が金融商品取引業に該当し（金商2条8項15号ハ）、投資運用業の登録が必要となり得る（同法28条4

注210)　匿名組合によるスキームの場合には営業者が「発行者」とみなされる（金商2条5項、定義府令14条3項4号ロ）。

注211)　金融庁パブコメ回答〔平19.7.31〕58頁〜59頁103番〜110番参照。

注212)　また、一般論としてはクラウドファンディングに馴染みにくいとは思われるものの、資金提供者の範囲を1名以上の適格機関投資家と49名以下の適格機関投資家以外の一定の要件を満たす者に限定するなど所定の要件を満たす場合には、資金調達者が適格機関投資家等特例業務の届出を行うことにより、金融商品取引業の登録を行うことなく集団投資スキーム持分の自己募集を行うことが可能となる（金商63条）。

項3号・29条)[注213]。例えば、ファンド型のクラウドファンディングで調達した資金を株式や社債への投資に充てるようなビジネスモデル[注214]の場合には、投資運用業の登録が必要となる可能性が高いと考えられる。

また、資金調達者が調達した資金を一定の不動産取引に充てるために利用し、その収益を資金提供者に分配するような場合には、不動産特定共同事業法に基づく不動産特定共同事業（不動産共事2条4項1号）として、同法の規制の対象となり、許可の取得（同法3条1項）などが必要となり得る。

(c) 開示規制

集団投資スキーム持分は「有価証券」に該当するが、株式と異なり原則として金商法に基づく開示規制は適用されない（金商3条3号）。ただし、資金調達者が調達した資金の過半を有価証券に対する投資に充てる場合には、開示規制が適用されることになる（同号イ、金商令2条の9第1項）。例えば、ファンド型のクラウドファンディングで調達した資金を株式や社債への投資に充てる場合には、開示規制の適用対象となり得る。

もっとも、開示規制が適用される場合であっても、集団投資スキーム持分のような「第二項有価証券」の取得勧誘については（勧誘対象の人数ではなく）実際に資金を拠出し、集団投資スキーム持分を取得した者の人数が500名以上とならない限りは「有価証券の私募」として取り扱われることになり（金商2条3項3号、金商令1条の7の2）、有価証券届出書の提出や目論見書の作成・交付の手続は必要とならない。そのため、開示規制が適用される場合であっても、スキームによっては、資金提供者の人数を制限することにより、これらの手続を回避することができる。また、株式投資型のスキームと同様、発行価額の総額が1億円未満であることなどの要件を満たす場合（金

注213) 自己運用についても、クラウドファンディングに馴染む場面は限定的であるとは思われるものの、適格機関投資家等特例業務の要件を満たす場合には、資金調達者が所定の届出を行うことにより、金融商品取引業の登録を行うことなく自己運用を行うことが可能となる（金商63条）。

注214) 資金調達者が株式投資を行う場合のほか、株式投資型の一類型として、引受型のクラウドファンディング業者が資金提供者からファンドの形式で調達した資金を、資金調達者が発行する株式や社債を引き受けることによって資金調達者に供与するようなスキームの場合に、クラウドファンディング業者の行為が投資運用業に関する規制の対象となり得る。

商4条1項5号）には、有価証券届出書の提出等の手続は必要とならない。

なお、開示規制は適用されないものの、資金提供者に対しては業規制に基づく資金調達者または媒介者・引受人からの契約締結前交付書面（金商37条の3）の交付などによって投資対象に関する情報提供がなされることになる。資金提供者の承諾がある場合には、契約締結前交付書面は、電子メール等の電子的な方法によって交付することも認められる（同条2項・34条の2第4項）。

(d) **媒介者・引受人に対する業規制**

ファンド型の媒介者・引受人に対する業規制の適用に関する考え方は、基本的に前記(i)(d)で株式発行型について述べたことが同様に当てはまる。

ただし、株式についての「有価証券の募集の取扱い」を業として行うためには第一種金融商品取引業の登録が必要となるのに対して、集団投資スキーム持分のような第二項有価証券についての「有価証券の募集・私募の取扱い」を業として行うために必要となるのは第二種金融商品取引業の登録となる（金商28条2項2号）。なお、第二項有価証券についての「有価証券の引受け」を業として行うためには、第一種金融商品取引業の登録が必要となる（同条1項3号）。

また、第一種金融商品取引業と同様、第二種金融商品取引業についても、金商法3条3号により開示規制の対象とならないか、または非上場である集団投資スキーム持分についての電子募集取扱業務であって有価証券の発行価額が少額であることなどの要件を満たすもの（第二種少額電子募集取扱業務）のみを行う業者を「第二種少額電子募集取扱業者」と位置付け（金商29条の4の3第2項）、緩和された規制を適用する特例が設けられている。もっとも、もともと第二種金融商品取引業に対する規制が比較的緩やかであることもあり、第二種少額電子募集取扱業者の特例を利用しても、通常の第二種金融商品取引業との差異は限定的であるため[注215]、実務上、第一種少額電子募集取扱業者の特例ほどの有用性はないものと思われる。

注215）例えば、法人が一般の第二種金融商品取引業の登録を行うのに必要とされる資本金の最低額は1000万円とされているが（金商令15条の7第1項5号）、第二種少額電子募集取扱業務を行おうとする場合は500万円とされている（同項8号）点が主な緩和点である。

なお、ファンド型というよりは株式投資型の一類型として位置付けられるスキームとも思われるが、引受型のクラウドファンディング業者が資金提供者からファンドの形式で調達した資金を、資金調達者が発行する株式や社債を引き受けることによって資金調達者に供与するようなスキームの場合には、クラウドファンディング業者の行為が投資運用業に関する規制の対象となり得る。

(iii) 貸付型
(a) スキームの概要
貸付型のクラウドファンディングは、資金調達者が資金提供者から資金の提供を受けた上で、一定期間経過後に所定の利息と元本を資金提供者に支払うスキームである。投資型のスキームと異なり、資金調達者が調達した資金で営む事業による収益の多寡にかかわらず、資金調達者は、あらかじめ約束した利率による利息を資金提供者に支払う義務を負うことになる[注216]。

なお、貸付型クラウドファンディングを含むソーシャル・レンディングに対する規制については、本節4で詳述するため、本(iii)ではその概要の解説にとどめる。

(b) 資金調達者に対する業規制
企業が借入れにより資金を調達することに関しては業規制が適用されるものではなく、貸付型の資金調達者に業規制が適用されることはないと考えられる。

(c) 開示規制
現行法令上、企業が借入れによる資金調達の募集をすることに関して、情報開示を義務付ける規制は設けられていない[注217]。

注216) このような効果は、貸付け（消費貸借）の形式をとるのではなく、資金調達者が発行した社債を資金提供者が引き受けることによっても達成することができ、少なくとも理論的には社債発行型のクラウドファンディングのスキームも考えられる。この場合の規制の適用関係については、基本的に前記(i)で株式投資型について述べたことと同様になるが、第一種少額電子募集取扱業者の特例の対象とはならない。

注217) インターネットなどの手段により不特定多数の者に対して借入れの募集を行い、資金を調達することは、社債の発行により不特定多数の者から資金を調達する場面と近似するものであり、資金提供者の保護の観点から、立法論としては、貸付

(d) 資金提供者に対する業規制

　貸付型のクラウドファンディングにおいては、資金提供者の側が貸金業の規制の適用対象となり得ることに留意が必要である。貸金業法上、「金銭の貸付け……で業として行うもの」は原則として貸金業に該当し（貸金業2条1項）、同法に基づく登録を受けないと営むことができない（同法3条）。そして、「業として行う」とは「反復継続して社会通念上、事業の遂行とみることができる程度のものである場合を指す」と説明されている[注218]。そのため、一般の人が複数回、貸付型のクラウドファンディングに応じて資金提供（貸付け）を行うことも貸金業に該当すると評価される可能性が否定できないことになり、現行規制上、貸付型のクラウドファンディングにより資金提供者が資金調達者に資金を直接提供することは難しい状況にある。

(e) 媒介者・引受人に対する業規制

　「金銭の貸借の媒介……で業として行うもの」は原則として貸金業に該当し（貸金業2条1項）、貸金業の登録を受けないと営むことができない（同法3条）。そのため、貸付型のクラウドファンディングにおけるクラウドファンディング業者も投資型における金融商品取引業の規制について述べたのと同様に貸付けの媒介を行うものとして貸金業の規制を受けることになり得る。

　また、貸付型のクラウドファンディングにおいて引受人となる者は資金調達者に対する貸付けを行うことになるため、貸金業の規制の対象となる。実務上、日本において実施されている貸付型クラウドファンディングでは、クラウドファンディング業者（またはその関係会社）が出資の形態で資金提供者から資金を募り、貸付けによって資金調達者に資金を供与するスキームがとられている。このようなスキームの場合、クラウドファンディング業者（またはその関係会社）が資金調達者としてファンド型のクラウドファンディングを実行するのと同様の規制[注219]が適用されることになる。

　　　　　型のクラウドファンディングにより資金調達を行う者に一定の情報開示を義務付けることも検討されるべきものと考えられる。
注218）　大蔵財務協会『新訂〈実例問答式〉貸金業法のすべて』（大蔵財務協会、1998）23頁。
注219）　ただし、出資額の100分の50を超える額を充てて金銭の貸付けを行う事業を対象とするファンドについてのクラウドファンディングは、電子募集取扱業務に該当し

(iv) 売買・役務提供型

(a) スキームの概要

売買・役務提供型のクラウドファンディングは、資金調達者が資金提供者から提供を受けた資金によって創作活動、興行活動などの事業活動を行い、資金提供者には金銭的な給付を行うのではなく、事業による成果物やサービスを提供するスキームである。資金提供者からみると、資金調達者に資金を拠出した対価として成果物を受領したり（売買）、サービスの提供を受ける（役務提供）ことになる。

(b) 資金調達者に対する業規制

特商法上、インターネットを通じて売買契約または役務提供契約の申込みを受けて、商品・権利の販売または役務の提供を行うことは「通信販売」（特定商取引2条2項）[注220]に該当し、同法の規制の対象となる。通信販売を行うことに関して、許認可などの参入規制は設けられていないが、販売条件・役務の提供条件について広告をするときに一定の事項の表示が義務付けられたり（同法11条）、誇大広告などの禁止の規制（同法12条）などが適用される[注221]。

また、例えば資金拠出の対価として医薬品を給付するスキームであれば薬事法の規制が適用され得るなど、資金調達者は、対価として提供する商品や

ないとされている（金商29条の2第1項6号、金商令15条の4の2第7号）。したがって、このような貸付型のクラウドファンディングについては、電子募集取扱業務に関する規制の特例は適用されず、また、第二種少額電子募集取扱業の特例の対象にもならない。

注220) 権利の販売については特商法2条4項に規定される「指定権利」を対象とするものに限って「通信販売」の対象となる。なお、2016年6月3日に公布された特定商取引に関する法律の一部を改正する法律（平成28年法律第60号）に基づく改正後の特商法（2017年12月1日施行）では「指定権利」が「特定権利」とあらためられ、規制対象の拡大が図られている。

注221) なお、金融商品取引業者が金融商品取引業として行う商品の販売または役務の提供などには特商法の規制は適用されない（同法26条1項8号イ）。この点については、金商法により登録を受けている金融商品取引業者等については、同法において消費者の利益保護のための是正措置が設けられていることから、特定商取引法の規律は適用除外とされていると説明されている（後藤巻則ほか『条解消費者三法——消費者契約法特定商取引法割賦販売法』〔弘文堂、2015〕628頁〔後藤巻則〕）。

サービスの販売・提供に関して適用される規制を遵守することも必要となる。

(c) 開示規制

現行法令上、企業が商品やサービスを提供することに関して、一般的に情報開示を義務付ける規制は設けられていない。なお、前述の通り、特商法に基づく広告に関する規制が適用され得ることに留意が必要である。

(d) 媒介者・引受人に対する業規制

売買・役務提供型のクラウドファンディングにおいて媒介者となる者に一般的に適用される規制はないと考えられるが、資金調達者に対する業規制と同様に対価として提供される商品やサービス次第では、取引に応じた規制が適用される可能性がある。

引受人となる者については、スキームにもよるものの、資金調達者と同様に、特商法の規制や個々の商品・サービスに適用される規制の適用が論点になるものと考えられる。なお、資金調達者から提供される商品・サービスを引受人が資金提供者に転売するようなスキームを想定する場合、資金調達者の行為自体は通信販売には該当しなくなり、特商法の規制の対象とならない場合もあると考えられる。

(ⅴ) 寄付型

寄付型のクラウドファンディングは、資金提供者が資金調達者に無償で資金を提供するスキームである。資金提供者が、資金調達者や対象となる事業を自発的に支援するために寄付（贈与）として資金を提供するものであり、資金提供者は精神的な満足を得ることができるとしても、資金を供与することによる経済的な対価は得ないスキームである。難病を患った人や事件の被害者を支援するための資金を募ったり、大学が施設の整備のために資金を募る場合など、不特定多数の者から共感が得られるような目的で募金を行う場面で利用することが想定される。

政治活動に関して寄付を行う場合に政治資金規正法の規制が適用されるように、寄付（贈与）をすることについて特別な規制が適用される場面を除き、寄付型のクラウドファンディングに規制は適用されない。

なお、クラウドファンディングにおいて、資金提供者が資金調達者に対して無償で資金を寄付するとした上で、資金調達者が資金提供者の全部または

第13章　FinTech

一部に何らかのお返しを提供するスキームも想定される。一般論としては、一方(A)が他方(B)に贈与をした後、Bがお返しとしてAに贈与をするということはあり得るものであり、このようなスキームも寄付型のクラウドファンディングとして成り立ち得ると思われるが、商品やサービスによる「お返し」が提供されることが最初から前提とされており、資金提供者がそれを期待して資金を提供しているような場合には、（約款などにより形式的には無償の資金提供と定められていたとしても）寄付型ではなく売買・役務提供型などのスキームとして規制の適用関係を整理すべき場合もあると考えられる。

(4) ポイントを利用した場合の規制

(ⅰ) 概要

クラウドファンディングのスキームによっては、個々の取引を現金によって決済するのではなく、利用者があらかじめポイントを購入した上で、個々の取引ではポイントを利用することにより処理を行うことも考えられる。ポイントを利用する場合、前記(2)(ⅲ)で述べた通り、資金調達者がポイントの発行者となる自家発行ポイント利用型のスキームと、資金調達者以外の第三者がポイントの発行者となる第三者発行ポイント利用型のスキームが想定される。

(ⅱ) 資金決済法の前払式支払手段に関する規制

資金決済法上、電磁的方法により記録される金額に応ずる対価を得て発行される符号であって、発行者または発行者が指定する者から物品を購入し、または役務の提供を受ける場合に、これらの代価の弁済のために使用することができるものなどが「前払式支払手段」とされており（資金決済3条1項）[注222]、前払式支払手段の発行者には一定の規制が適用される。前払式支払手段のうち、発行者および発行者と一定の密接な関係を有する者に対してのみ使用できるものを「自家型前払式支払手段」（同条4項）、自家型前払式支

注222）　かかる要件を満たすものであっても、資金決済法4条各号に該当するものについては、資金決済法に基づく前払式支払手段に関する規制は適用されないものとされており、例えば有効期間が発行日から6か月以内のポイントは規制の対象外とされている（資金決済4条2号、資金決済令4条2項）。

926

払手段以外の前払式支払手段を「第三者型前払式支払手段」(同条5項)という。前者の発行者については所定の基準日に未使用残高が1000万円を超えた場合に届出が必要となり(同法5条1項・14条1項、資金決済令6条)、後者の発行者については未使用残高の多寡を問わず登録を行うことが必要とされている(資金決済7条)。これらの届出・登録を行った前払式支払手段の発行者には、表示・情報提供に関する規制(同法13条)、発行保証金の供託(同法14条)などの規制が適用されることになる。

自家発行ポイント利用型のスキームで利用されるポイントは自家型前払式支払手段に、第三者発行ポイント利用型のスキームで利用されるポイントは第三者型前払式支払手段に、それぞれ該当する場合も多いと考えられる。クラウドファンディングで利用されるポイントが前払式支払手段に該当する場合には、その発行者に対して資金決済法の規制が適用されることになる。

(iii) 為替取引に関する規制

必ずしもポイントを利用する場合に限られるものではないが、特に第三者発行ポイント利用型のスキームでは、ポイントを発行する第三者の行為が「為替取引」(銀行2条2項2号)に該当し、銀行法や資金決済法に基づく資金移動業の規制の適用対象とならないか、留意を要する。為替取引は法律上に定義が定められているものではないが、「隔地者間において直接現金の送金をすることなく、資金の授受の目的を達成すること」と説明されており[注223]、判例においても、「『為替取引を行うこと』とは、顧客から、隔地者間で直接現金を輸送せずに資金を移動する仕組みを利用して資金を移動することを内容とする依頼を受けて、これを引受けること、又はこれを引き受けて遂行することをいう」とされている[注224]。そして、為替取引を行うことは銀行業に該当し、これを行うためには原則として銀行業の免許が必要であり(同項・4条1項)、例外として一定の少額の取引については資金移動業の登録を受けることにより営むことが認められる(資金決済2条2項・37条)。

第三者発行ポイント利用型のスキームにおいて、ポイントの発行者が、金

注223 　大蔵省銀行局内金融法令研究会編『新銀行法精義』(大蔵財務協会、1983) 142頁。
注224 　最決平成13・3・12刑集55巻2号97頁。

銭をポイントに置き換えることによって、隔地者間において直接現金の送金をすることなく、資金の授受を行っているものであって、為替取引に該当すると評価された場合には、銀行法や資金決済法の規制の適用を踏まえた対応が必要となる（換言すると、これらの法律に基づく免許・登録を受けることなくビジネスを行うためには、為替取引に該当しない態様で業務を行う必要がある）。

なお、ポイントを利用しないクラウドファンディングのスキームであっても、クラウドファンディング業者が資金提供者と資金調達者の間の資金決済に介在し、金銭の受渡しを行う場合には、為替取引に該当するものとして規制の対象とならないか検討することが必要となる。

4　ソーシャル・レンディング

(1)　ソーシャル・レンディングとは

ソーシャル・レンディング（social lending）とは、一般に、オンライン・プラットフォームを通じて直接的または間接的な融資を仲介する仕組みをいう。一般の顧客間の融資を仲介する仕組みであることからP2Pレンディング（peer-to-peer lending／P2P lending）ともいう。他方、米国では、後述のようにプロ投資家向けのものが多く登場した実態を踏まえ、マーケットプレイス・レンディング（marketplace lending）との呼び方が用いられるようになっている。オンライン・プラットフォームを通じて公衆から資金調達を行う仕組みである点に着目して、融資型クラウドファンディングや貸付型クラウドファンディング（loan-based crowdfunding）、クラウドレンディング（crowdlending）などと呼ばれることもある。

ソーシャル・レンディングにおいては、一般的には、オンライン・プラットフォームの運営者側が資金需要者の信用力等を分析・評価した上で融資条件を決定し、その上で、投資家はこれを前提に投資対象とする融資案件を選択するか、または一定の条件を指定して運営者側に融資案件を自動的に選択させるなどするが、融資条件のうち金利について投資家が決定に関わるものもある。いずれにせよリスク分散のため多数の融資案件に対する小口投資が推奨される傾向にある。また、資金需要者による融資の申込みについてもオ

ンライン・プラットフォームを通じて行うことができるものもある。さらに、投資済みの融資案件について他の投資家に売却するためのプラットフォームが提供されることもある。融資の種類は、個人向けもあれば事業者向けもあり、さまざまである。投資家も、個人投資家を対象とするものが多いが、米国では機関投資家やヘッジ・ファンドが主要な投資家となっている。

ソーシャル・レンディングの法的な仕組みは、各国の金融規制（貸金業規制や証券規制）の状況等を反映して大きく異なる。大別すると、販売のためのオンライン・プラットフォームの運営者（以下、「販売会社」という）による媒介や債権譲渡を受けて投資家が資金需要者に対して直接に融資する関係に立つこととなるスキームと、一定の事業体（以下、「発行体」という）に対する何らかのかたちでの投資を介して資金需要者に対して間接に融資を行うスキームに分かれる。発行体は、販売会社が兼ねる場合もあるし、そのグループ企業である場合も多い。以下では、前者のスキームを「直接融資型」、後者のスキームを「間接融資型」と呼ぶこととする。

(2) 海外におけるソーシャル・レンディングの法的な仕組み

以下では、海外における直接融資型と間接融資型の例を簡単に紹介する。

(i) 直接融資型

直接融資型としては、例えば、英国のZopa[注225]やRateSetter[注226]、Funding Circle（英国版）[注227]の場合、販売会社が、2000年金融サービス・市場法（Financial Services and Markets Act 2000）に基づき金融行為規制機構（FCA）からP2Pレンディング・プラットフォーム業務や債権回収業務などを行うための許可を受け、その規制の下で、オンライン・プラットフォームを通じて投資家から資金需要者に対して融資を行わせるとともに、投資家のために債権回収を行う、という仕組みを採用している。これは、2013年の関連法令の改正[注228]により、直接融資型P2Pレンディング・プラットフォー

注225) https://www.zopa.com/
注226) https://www.ratesetter.com/
注227) https://www.fundingcircle.com/uk/
注228) Financial Services and Markets Act 2000（Regulated Activities）（Amendment）（No.2）Order 2013（S.I. 2013/1881）4条によるFinancial Services and Markets

ムの運営が同法の規制対象とされたことによるものである。

　英国以外にも、例えばシンガポールのMoolahSense[注229]の場合、販売会社が、証券・先物法（Securities and Futures Act）に基づきシンガポール金融管理局（MAS）から資本市場業務（Capital Market Services）免許を受け、その規制の下で、オンライン・プラットフォームを通じて投資家から資金需要者に対して融資を行わせるとともに、投資家のために債権回収を行うという仕組みを採用している。

　中国本土では、2007年に誕生した拍拍貸（拍拍貸）[注230]を先駆けに、陸金所（陆金所）[注231]、宜人貸（宜人貸）[注232]、人人貸（人人貸）[注233]など多数のプラットフォームが存在するが、巨額のポンジ・スキームの発生などの問題を踏まえ、2016年8月より、ネットワーク貸借情報仲介機関業務活動管理暫定弁法（网络借贷信息中介机构业务活动管理暂行办法）が制定および施行され、販売会社に対する本格的な規制が導入された。これにより、オンライン・プラットフォームを通じて投資家から資金需要者に対する直接の貸付けを行わせる販売会社は、ネットワーク貸借情報仲介機関（网络借贷信息中介机构）として一定の監督および規制に服するものとされた（中国におけるP2Pレンディングの詳細は、**第6章第5節1(3)参照**）。

　(ii)　**間接融資型**

　間接融資型は米国などで採用されているが、その仕組みはさまざまである。

　米国の多くの州では、貸金業に対する参入規制があり、投資家自らが融資を行う仕組みは採用できない。そのため、発行体が融資債権を取得し、当該融資債権を裏付けとする証券（約束手形など）を発行して投資家に取得させる、という証券化取引に類似した仕組みが一般的である。これは1933年証券法（Securities Act of 1933）に基づく発行開示規制を受けることになるため、

　　　Act 2000（Regulated Activities）Order 2001（S.I. 2001/544）の改正。
注229）　https://moolahsense.com/
注230）　http://www.ppdai.com/
注231）　https://www.lu.com/
注232）　https://www.yirendai.com/
注233）　https://www.renrendai.com/

Prosper[注234]およびLending Club[注235]のように証券の公募として証券取引委員会（SEC）に登録し目論見書を開示の上で行われる場合もあるが、Upstart[注236]やFunding Circle（米国版）[注237]のように適格投資家（accredited investor）に限定するなどにより私募の形態を採用する場合が多いようである[注238]。前記のうち、Funding CircleについてはSECの登録を受けたブローカー＝ディーラーである子会社のFunding Circle Securities, LLCを販売会社としているが、それ以外の三者は登録ブローカー＝ディーラーを利用せず自己募集を行っているようである[注239]。

米国では、貸金業の免許は州ごとに得る必要があるほか、州によって貸金業規制や上限金利規制はまちまちであるところ、預金取扱金融機関は多くの州で別途免許を得る必要はないし、また、連邦預金保険公社（FDIC）の預金保険の対象となる預金取扱金融機関であれば、いわゆるExportation Doctrineにより、（州法によりオプト・アウトされない限り、）その所在する州における上限金利規制にのみ拘束され、他の州（借入人の所在する州など）の上限金利規制の適用を受けない[注240]。そのため、提携先の預金取扱金融機関に融資を行わせた上で当該融資に係る債権を取得するという、いわゆるrent-a-charterモデルを採用し、各州法上の規制を遵守するためのコストを低減させるスキームが用いられることがある。例えば、ProsperおよびLending Clubはユタ州の産業融資会社（industrial loan company）[注241]である

注234　https://www.prosper.com/
注235　https://www.lendingclub.com/
注236　https://www.upstart.com/
注237　https://www.fundingcircle.com/us/
注238　なお、Prosperは、2008年10月まで、借入人に対する融資債権（約束手形）を小口化して投資家に売却するという直接融資型のスキームを採用し、なおかつ、これを証券の公募としては取り扱っていなかったが、証券規制への抵触のおそれを理由にとりやめたという。
注239　Prosperにおいては、発行体（Prosper Funding LLC）の業務を受託する親会社（Prosper Marketplace, Inc.）との投資契約（investment contract）についても、発行体の発行する約束手形と組み合わせて自己募集が行われる。
注240　ただし、Exportation Doctrineが融資債権の譲受人が銀行でない場合にまで及ぶかについては裁判例は分かれている。
注241　産業融資会社（industrial loan company）は預金取扱金融機関の一種であるが、銀行持株会社法（Bank Holding Company Act）上の「銀行」（bank）の定義から

第13章　FinTech

WebBankに、Upstartなどはニュージャージ州の商業銀行であるCross River Bankに、それぞれ融資を実行させた上で発行体が当該融資に係る債権を買い取る仕組みとなっている。他方、Funding Circle USAのように、特定の州の貸金業の免許を得たグループ企業に融資を実行させる仕組みを採用するものもある。

　米国以外では、例えば、ニュージーランドのHarmoney[注242]は、販売会社が2013年金融市場行為法（Financial Markets Conduct Act, 2013）に基づき金融市場機構（FMA）から免許を受けた上で、その規制の下で、オンライン・プラットフォームを通じて投資家が選択した融資案件について、販売会社のグループ企業が信託の受託者として受益者である投資家のために融資を実行する、という仕組みを採用している。

(3) 本邦におけるソーシャル・レンディングの法的な仕組み

(i) ソーシャル・レンディングと貸金業法

　本邦においては、金銭の貸付け（手形の割引、売渡担保その他これらに類する方法によってする金銭の交付を含む）を業として行うものは原則として「貸金業」に該当し（貸金業2条1項）、当局の登録を受ける必要があるため（同法3条1項・11条1項）、直接融資型を採用することはできないものと考えられており[注243]、間接融資型が採用されることになる。そのための法的な仕組

　　　　除外されているため（12U.S.Code §1841(c)(2)(H)）持株会社グループについてはいわゆる銀商分離規制に服さないなどの特徴がある。また、ユタ州は上限金利がないため、本文に述べたExportation Doctrineにより、連邦預金保険公社（FDIC）の預金保険の対象となるユタ州の預金取扱金融機関は原則として上限金利規制を受けない。
注242）　https://www.harmoney.co.nz/
注243）　2009年に、法令適用事前確認手続（ノーアクションレター）により、金融庁に対し、かつてのProsperのスキームを参考とした投資家に貸付債権の譲渡を行うスキームについて照会が行われたが、金融庁からは「当該スキームにおいて、債権譲受人が照会者の融資判断に何らかの影響を与え、かつ、照会者から反復継続の意思を持って貸付債権を譲り受けるときは、債権譲受人は事実上貸金業を営んでいる者として、貸金業の登録が必要になるものと考えられる」との回答がなされている（金融庁監督局総務課金融会社室長「金融庁における法令適用事前確認手続（回答書）」〔2009年7月6日〕）。

第 2 節　各種 FinTech ビジネスと法制度

みとしては、さまざまなものが考えられるが、実務上は匿名組合契約を用いる方法が採用されている。

　典型的なスキームとしては、まず、貸金業者である発行体が、自己を営業者とし、投資家を匿名組合員とする、出資額以外が実質的に同内容の匿名組合契約を多数の投資家と締結する。営業者である発行体は、匿名組合員たる顧客による出資金を原資として、匿名組合の営業として、貸金業法に基づく各種規制を遵守しながら借入人に対する金銭の貸付けを行う。その後、発行体は、当該貸付けから得られた利益を顧客に分配することになる。なお、2014年以降は、当局の行政指導により、借入人の匿名化および複数化が求められている[注244]。もっとも、「複数化」といっても、貸付債権は 2 つのみで一方の貸付金額は相対的に僅少である例も多くみられる。このようなスキームは、しばしば「ローン・ファンド」と呼ばれる[注245]。

　貸付けの種類は、さまざまである。

　事業会社に対する不動産担保ローンが比較的多くみられるが、中には不動産信託受益権を保有する特別目的会社（SPC）に対するノン・リコース・ローンの例もある。

　このほか、発行体が海外子会社にノン・リコース・ローンを実行するとともに、これを原資として、当該海外子会社において、資金需要者に対する融資を実行したり、金融機関などから融資債権を買い取ったりする仕組みを採用するケースもある。この場合、運用企業による海外子会社への貸付けについては「資金業」に該当しないため貸金業登録は不要であり[注246]、また、海外子会社自体については匿名化および複数化は求められていないようである。

　発行体は、販売会社を兼ねることもあるし、別の法人である販売会社に委託して投資家を募集させることもある。後者の場合でも販売会社は発行体の

注244）「日本の『マーケットプレイス貸出』に貸金業法の壁」金融財政事情3137号（2015）7頁。
注245）なお、一般社団法人第二種金融商品取引業協会においては「貸付型ファンド」との呼称が用いられている。
注246）子会社向け貸付けであることから「業として」（貸金業 2 条 1 項）に該当しないためであると考えられるが、仮に「業として」に該当するとしても貸金業法 2 条 1 項 5 号および貸金業法施行令 1 条の 2 第 6 号イにより貸金業に該当しないことになる。

第13章 FinTech

【図表13−2−5】 本邦におけるソーシャル・レンディングの典型的なスキームの概要

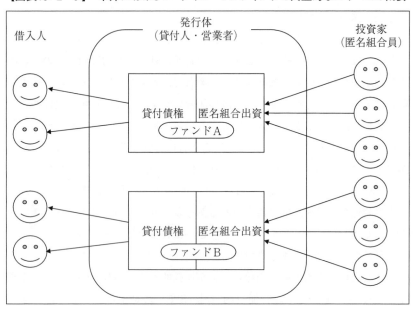

グループ企業であることが多い。

(ⅱ) ソーシャル・レンディングと金商法

(a) 規制の概要

　前記のスキームを前提とする場合、発行体は、いわゆる集団投資スキームを金銭の貸付けによって運用するとともに、第二項有価証券に該当するその持分（金商2条2項5号）の発行者となる（同条5項、定義府令14条3項4号ロ）。

　この点、まず、運用業務については有価証券またはデリバティブ取引による投資ではないことからいわゆる自己運用業務には該当せず（金商2条8項15号ハ参照）、金融商品取引業の登録を要しない。

　他方、一般に、新規発行される集団投資スキーム持分への投資の勧誘に係る業務は、発行者自らが行う場合には自己募集または自己私募（金商2条8項7号ヘ）として、発行者から直接または間接に委託を受けた者が発行者のために行う場合には募集または私募の取扱い（同項9号）として、いずれも第二種金融商品取引業とされているため（同法28条2項1号・2号）、販売会

社が販売業務を行うためには（発行体を兼ねるか否かにかかわらず）第二種金融商品取引業の登録を受ける必要がある[注247]。他方、発行体が販売会社に募集または私募の取扱いを委託し、自らは募集または私募に関する対外的行為をまったく行わない場合には、自己募集または自己私募（同法2条8項7号ヘ）を行っているものではないとされ[注248]、したがってそのような発行体自身については金融商品取引業の登録を要しない。なお、販売会社による一般投資家向けの販売業務（自己募集もしくは自己私募または募集もしくは私募の取扱いに係る業務）に関しては、一般社団法人第二種金融商品取引業協会が2017年6月19日に制定した「事業型ファンドの私募の取扱い等に関する規則」が2018年1月1日に施行される予定であり[注249]、そのため、同日以後は、正会員である販売会社は当該規則を遵守する必要があり、正会員でない販売会社も当該規則に準じる内容の社内規則を定める必要がある（金商29条の4第1項4号ニ）。

また、このように金銭の貸付けによって運用する集団投資スキームの持分は、たとえ500名以上の投資家が取得することで「私募」ではなく「募集」に該当したとしても（金商2条3項3号、金商令1条の7の2）、いわゆる適用除外有価証券として発行・継続開示規制の適用を受けない（金商3条3号）。

(b) 　金銭の預託の受入れと分別管理

販売会社は、顧客からあらかじめ金銭の預託を受けることができれば、顧客による匿名組合出資の実行に係る決済を迅速かつ確実に行うことができることになる。この点、金商法上、有価証券の募集または私募の取扱いに関して顧客から金銭の預託を受ける行為は「有価証券等管理業務」（金商28条5

注247)　かつては第二種金融商品取引業の登録を受けずに適格機関投資家等特例業務として届出を行うことでソーシャル・レンディングに係る集団投資スキーム持分の自己私募を行う例もあったが（金商63条1項1号）、2015年の金商法改正（金融商品取引法の一部を改正する法律〔平成27年法律第32号〕）の施行日（2016年3月1日）以降は、規制の大幅な厳格化により現実的な選択肢ではなくなったものと考えられる。

注248)　金融庁パブコメ回答〔平19.7.31〕58頁～60頁103番～114番。

注249)　さらに、一般社団法人第二種金融商品取引業協会「『事業型ファンドの私募の取扱い等に関する規則』に関するQ&A」が、本稿執筆時点においてまもなく公表される予定である。

項）として第一種金融商品取引業に該当するため（金商2条8項16号・28条1項5号）、販売会社は有価証券等管理業務を行う第一種金融商品取引業者として登録を受けない限り顧客から金銭の預託を受けることができないのが原則である。

　もっとも、この原則の重要な例外として、定義府令により、資本金5000万円以上の第二種金融商品取引業者は、一定の簡素な方法による分別管理を行っていれば、集団投資スキーム持分の募集または私募の取扱い（電子申込型電子募集取扱業務等〔金商業等府令70条の2第3項〕に係るものを除く）に関して顧客から金銭の預託を受けても金融商品取引業に該当しないものとされている（金商2条8項柱書、金商令1条の8の6第1項4号、定義府令16条1項14号）。そして、電子申込型電子募集取扱業務等には、金銭の貸付けを行う事業に係る集団投資スキーム持分の募集または私募の取扱いは含まれない[注250]。

　よって、販売会社は、資本金が5000万円以上であり、かつ、前記の分別管理を行う限り、有価証券等管理業務を行う第一種金融商品取引業者としての登録を受けずに、自身を発行体としないソーシャル・レンディングに係る集団投資スキーム持分の販売業務に関して顧客から金銭の預託を受けることができる[注251]。他方、販売会社が発行体を兼ねる場合にはその販売業務は「募集又は私募の取扱い」に該当しないため、前記例外を利用することはできない。

　分別管理の方法としては、金商法42条の4に規定する方法に準ずる方法とされているが、具体的には、取り扱う集団投資スキーム持分に係る出資対象

注250）　後掲注256）参照。
注251）　出資法に基づく預り金の禁止（出資2条1項）との関係も問題になり得るが、そもそも、迅速かつ確実に決済を行うための金銭の預託の受入れについては少なくとも滞留しない限りは「預り金」（同条2項）に該当しないと考えられるし、仮に「預り金」に該当するとしても、定義府令に定められた前記の例外の趣旨は資本金5000万円以上の第二種金融商品取引業者に一定の分別管理の下で顧客から金銭の預託を受け入れることを許容する点にあると考えられ、また、金商業等府令においてもかかる業務が行われることが想定されていることから（金商業等府令7条9号等）、同法に基づく預り金の禁止の例外となる「業として預り金をするにつき他の法律に特別の規定のある者」（出資2条1項）に該当すると解すべきであろう。

第 2 節　各種 FinTech ビジネスと法制度

事業ごとに、顧客の金銭を国内外の預貯金取扱金融機関の預貯金（当該金銭であることがその名義により明らかなものに限る）によって管理すれば足りる（金商42条の4、金商業等府令132条1項・125条2号ロ）。なお、このような分別管理を怠った場合、販売会社は、前記例外を利用できなくなる以上、顧客から金銭の預託を受ける行為は有価証券等管理業務に該当することになるため、分別管理義務（金商43条の2第2項）への違反となるとともに[注252]、「有価証券等管理業務」を行う第一種金融商品取引業者として登録を受けていない場合には、変更登録義務（同法31条4項）への違反ともなると考えられる。

なお、実務上、顧客から金銭の預託を受け入れることを専業とするグループ企業を設立し、当該グループ企業において顧客から金銭の預託を受ける例もあったが[注253]、出資法に基づく預り金の禁止（出資2条1項）に違反するおそれが高いと考えられる[注254]。

他方、販売会社を兼ねない（すなわち、自己募集または自己私募を行わない）運用企業が、匿名組合契約に基づく出資に先立って金銭の預託を受け入れることもあるが、これについては、出資法に基づく「預り金」（出資2条2項）に該当しない範囲でのみ許容されることになる。この点、販売会社は、発行体における集団投資スキーム持分に係る出資金の分別管理が、発行体の定款や発行体と顧客との契約などにより確保されていない場合には、その募集または私募の取扱いを行うことはできない（金商40条の3、金商業等府令125条）。分別管理の方法としては、具体的には、①当該事業者による当該金銭を充てて行われる事業の対象および業務の方法が明らかにされるとともに、当該事

注252)　関東財務局「日本クラウド証券株式会社に対する行政処分について」（平成27年7月3日）（http://kantou.mof.go.jp/rizai/pagekthp032102500.html）参照。

注253)　慎泰俊『ソーシャルファイナンス革命──世界を変えるお金の集め方』（技術評論社、2012）191頁およびmaneo 株式会社・投資家向け発表資料「分別管理会社maneo エスクロー株式会社の事業譲渡に関するご連絡」（2016年3月9日）（https://www.maneo.jp/apl/information/news?id=2738）によると、もともとは当局の指導に基づくものであったという。

注254)　また、仕組みによっては「為替取引」を構成するものとして銀行法違反とされるおそれもあろう（銀行2条2項2号・4条1項）。なお、前掲注253)のmaneo 株式会社の資料によると、「現在の事業者向けソーシャルレンディングにおいては、エスクロー社による預託金の管理は、出資法および資金決済法に抵触するおそれがあるとの関係当局の指摘を受け」たとのことである。

937

業に係る財産がそれぞれ区分して経理され、かつ、それらの内容が投資者の保護を図る上で適切であること、および②当該金銭が、一定の方法（前述の預貯金による管理と同じ方法で足りる）により適切に管理されていることが求められている。かかる規制は、文言上は発行体による出資実行前の預り金については及ばないと考えられるものの、販売会社としては、発行体における出資実行前の預り金についても同様に分別管理が確保されている場合に限り、かかる預り金の媒介を行うこととするのが適切であろう。

(c) **投資型クラウドファンディングに係る制度整備との関係**

2014年の金商法改正[注255]により、いわゆる投資型クラウドファンディングに関する制度整備が行われたが、ここでは、ソーシャル・レンディングのための集団投資スキーム持分については制度整備の対象外とされている[注256]。

このため、ソーシャル・レンディングに係る集団投資スキーム持分の募集または私募の取扱いについては、第二種少額電子募集取扱業者に関する最低資本金・営業保証金の額の引下げ（1000万円を500万円。金商29条の4第1項4

注255) 金融商品取引法等の一部を改正する法律（平成26年法律第44号）1条。
注256) ウェブサイト等を通じた有価証券の募集または私募の取扱いなどを指す概念として、金商法において「電子募集取扱業務」（金商29条の2第1項6号）が定義されるとともに、そのうち第二種金融商品取引業に該当し、かつ、一定の小規模なものを指す「第二種少額電子募集取扱業務」（同法29条の4の3第4項）が定義された。もっとも、自己募集・自己私募業務（同法2条8項7号）は「電子募集取扱業務」に含まれておらず、かつ、運用財産の50％超を金銭の貸付けを行う事業に係る集団投資スキーム持分については、これらの業務に関する規制の対象となる有価証券から除外されるとともに（同法29条の2第1項6号・29条の4の3第4項・43条の5、金商令15条の4の2・15条の10の2第2項）、金商業等府令においては「電子募集取扱業務」の定義からも除外されている（金商業等府令8条10号柱書）。また、そのような狭義の「電子募集取扱業務」の一種として定義された「電子申込型電子募集取扱業務」（同府令70条の2第3項柱書）ならびに狭義の「電子募集取扱業務」のうちの一定の業務およびその対象となる有価証券に係る一定の業務を指すものとして定義された「電子申込型電子募集取扱業務等」（同）についても、同様に、運用財産の50％超を金銭の貸付けを行う事業に係る集団投資スキーム持分に関する業務は含まれない。したがって、ソーシャル・レンディングのための集団投資スキーム持分の販売業務については、「電子募集取扱業務」、「第二種電子募集取扱業務」、「電子申込型電子募集取扱業務」、「電子申込型電子募集取扱業務等」、その他狭義の「電子募集取扱業務」の対象となる有価証券に係る業務に対する規定の適用を受けないこととなる。

号イ・31条の2第2項、金商令15条の7・15条の12第3号）および標識掲示義務の免除（金商29条の4の3第2項）、電子申込型電子募集取扱業務に係るクレジットカード決済の一部解禁（同法44条の2第1項3号、金商業等府令149条1号）といった規制緩和の影響を受けない反面、業務管理体制の整備義務の特則（金商35条の3、金商業等府令70条の2第2項）、ウェブサイト等において一定の事項を表示する義務（金商29条の4の3第3項・43条の5、金商業等府令16条の4・146条の2）、特定有価証券等管理行為における金銭信託を用いた分別管理の要請（金商2条8項柱書、金商令1条の8の6第1項4号、定義府令16条1項14号の2）、親法人等または子法人等が発行する有価証券に係る電子申込型電子募集取扱業務等の禁止（金商44条の3第1項4号、金商業等府令153条1項14号）といった規制強化の影響も受けないこととなっている。

　同様に、第二種金融商品取引業協会の「電子申込型電子募集取扱業務等に関する規則」の適用も受けず、正会員でない第二種金融商品取引業者も当該規則に準じる内容の社内規則を定める必要はない（金商29条の4第1項4号ニ参照）[注257]。

　このような違いは、そもそも2014年の金商法改正における前記制度整備の主眼は株式投資型クラウドファンディング（第一種少額電子募集取扱業務）の推進にあったことや、ソーシャル・レンディングにおいては発行体（集団投資スキーム持分の発行者）は最終的な資金需要者ではないこと（そのため、発行体が自己募集・自己私募を行うケースや、そうでなくとも発行体は販売会社のグループ企業であるケースが多いといった実態の違いがあること）を踏まえたものとも考えられる。他方で、標識掲示義務の免除やウェブサイト等における一定の事項の表示、クレジットカード決済の一部解禁、電子情報処理組織の管理を十分に行うための措置など、ソーシャル・レンディングの場合について他の投資型クラウドファンディングと異なる取扱いをする合理的理由が想定しにくいものも多数あるように思われ、規制が不整合な状況となっている点は否めない。

注257)　ただし、すでに述べた通り、2018年1月1日からは「事業型ファンドの私募の取扱い等に関する規則」の適用が及ぶこととなる。

(4) 本邦におけるソーシャル・レンディングの課題

(i) 倒産隔離のあり方

現在の匿名組合契約を用いたソーシャル・レンディングのスキームにおいては、匿名組合員である投資家は匿名組合の営業者である発行体の信用リスクを負担するところ、発行体は従業員を雇用して貸付業務を行う事業者であり、一定の事業リスクにさらされている。

そこで、貸付債権を特別目的会社（SPC）や信託に保有させるなど、スキームを工夫することにより、オリジネーターの倒産リスクから投資家を保護する仕組みも考えられよう。今後ソーシャル・レンディングが大きく発展し、取引規模が拡大すれば、このような工夫も十分検討に値するように思われる。

(ii) 匿名化・複数化の要請

前述の通り、2014年以降、ソーシャル・レンディングについては借入人の匿名化および複数化が求める行政指導が行われており、これは、匿名化および複数化がなされないと投資家について貸金業の登録が必要となるおそれがあるとの金融庁の見解に基づくものであるという[注258]。

この点、規制改革ホットラインに寄せられた、「いわゆる貸付型クラウドファンディング」について（投資家は匿名組合出資を行うにすぎないことを理由に）「ファンド化・匿名化」が不要であることの明確化を要望する提案に対して、金融庁の回答は、「対応不可」とした上で、「金銭の貸付けを行う者が、特定の借り手への貸付けに必要な資金を供給し、貸付けの実行判断を行っているような場合には、貸金業法上の貸付けに該当するものと考えられ、このような行為を業として行おうとする者は、貸金業登録を受ける必要があると考えられます」とその理由を述べている[注259]。なお、「金銭の貸付けを行う者が、」とあるのは「金銭の貸付けを行う者に対し、」の誤記であろう。

注258) 前掲注238) 7頁。
注259) 内閣府「受け付けた提案等に対する所管省庁からの回答：『規制改革ホットライン』」（http://www8.cao.go.jp/kisei-kaikaku/kaigi/hotline/h_index.html） 資料2における平成27年度分および平成28年度分の金融庁の回答（管理番号271215035および280810067）。

第2節　各種 FinTech ビジネスと法制度

　貸金業法における「貸付け」は「金銭の貸付け又は金銭の貸借の媒介（手形の割引、売渡担保その他これらに類する方法によつてする金銭の交付又は当該方法によつてする金銭の授受の媒介を含む。……）」と定義されており（貸金業2条1項）、また、「貸付けに係る契約」という用語が貸金業法において数多く用いられていることからすると、文言上は、「貸付け」は資金需要者である顧客と直接の契約関係を有する場合を想定していると解するのが自然であるように思われる。それでもなお、前記の規制改革ホットラインへの回答のように述べる金融庁の見解は、貸金業者による貸付けの成否に対して影響力を行使し得る者が、当該貸金業者を介さずに資金需要者に対して直接働きかけたり、当該貸金業者を実質的に支配して不当な貸付けを行わせたりするなど、貸金業法の規制の趣旨が損なわれるおそれを懸念しているためであるように思われる。このような懸念は一般論としては十分に理解できるところであり、そのような観点から「貸付け」の意義を拡大解釈することは決して不可解なものではない。

　しかしながら、例えば、特定の者に対する貸付けを行おうとする金融機関との間でローン・パーティシペーション契約を締結し、参加人の立場で当該貸付けに必要な資金を原債権者となる当該金融機関に供給する行為について、これが貸金業法上の「貸付け」に該当するとの解釈はとられていないように思われる。これは、もしかすると、貸付けの実行判断自体は原債権者となる金融機関において行われているのであって、ローン・パーティシペーションの参加人において行われているわけではない、と解されているのかもしれないが、仮にそうだとすると、ソーシャル・レンディングにおいて匿名組合出資を行う投資家については、なおさら貸付けの実行判断を行っているとはいいがたいように思われる。ソーシャル・レンディングにおいては、貸付条件は発行体側においてすでに決定しており、その上でウェブサイトを通じて不特定多数の者に対して投資家の募集が行われ、（通常採用されるいわゆるオール・オア・ナッシング方式の場合、）当該貸付条件を前提とする貸付案件に応募する投資家の出資額が一定期間内に貸付予定額に達すれば貸付けが実行されることになる。このような状況の場合、一投資家が貸付けの実行の成否その他運用企業の業務に与える影響力はローン・パーティシペーションの場合

よりもさらに軽微である。

また、ローン・パーティシペーションと同様に背後の投資家による投資が「貸付け」とされていない例としては、貸付先が明示された合同運用指定金銭信託もあり、これはよりソーシャル・レンディングに近い側面を有する。

以上からすると、「金銭の貸付けを行う者」に対して「特定の借り手への貸付けに必要な資金を供給し、貸付けの実行判断を行っているような場合」は貸金業法上の「貸付け」に該当するとの一般論は成り立ち得るとしても、この議論は、通常のローン・パーティシペーションや貸付先が明示された合同運用指定金銭信託、そして匿名組合契約を用いたソーシャル・レンディングには及ばないと考えるべきように思われる[注260]。

また、仮に「特定の借り手への貸付けに必要な資金を供給し、貸付けの実行判断を行っているような場合」が匿名組合契約を用いたソーシャル・レンディングにも及ぶとする場合であっても、そこで必要となるのは借入人（や保証人）の匿名化であって、借入人の複数化までは要しないはずである。債務者が特定できるか否かは、その人数とは無関係なはずである。規制改革ホットラインへの回答によって示された金融庁の見解と行政指導における匿名化および複数化の要請がどのように整合しているのかは明らかではない。

この点、複数化については、匿名組合契約の性質による要請であり、1回の貸付けを実行し、元利金等を回収するだけであれば、匿名組合契約の対象となる「営業」（商535条）に該当しない、という議論がなされることもある。しかしながら、単一の資産を取得し保有するだけの匿名組合契約は、不動産

注260) 他方、貸付人の融資判断に影響を与える立場にあるか否かにかかわらず、貸付人から特定の貸付債権の回収額の分配を受ける立場にある者は、当該貸付債権に係る債務者に対して、直接、貸付人に対する弁済を要求しようとするインセンティブを有するため、そのような者に対しては債務者を特定し得る情報を開示すべきではない、との議論はあり得るところである。もっとも、これは貸金業法上の「貸付け」の解釈というよりは、貸金業法12条の2にいう「資金需要者等に関する情報の適正な取扱い」の解釈として解決すべき問題のように思われ、とりわけ、債務者が個人の場合には当該個人を特定し得る情報を投資家に開示することは、たとえ当該個人の承諾があったとしても、前記の観点から適切でない、という判断はあり得るように思われる。なお、実際には、債務者を特定する情報の開示に意義があるのは事業者向けローンやアセット・バック・ローンであり、個人向けローンについては債務者も投資家も特に開示を望まないように思われる。

流動化取引におけるいわゆるGK-TKスキームなど、すでにさまざまなストラクチャード・ファイナンスの取引において用いられており、そのような場合でも（金商法2条2項5号にいう「事業」に該当するのと同様に）商法535条にいう「営業」に該当するものとして取り扱われてきたのであり、「営業」を前記のように解する見解にはおよそ賛同しがたい。また、仮にかかる見解を前提に複数化がなされないために匿名組合契約としての性質を欠くとしても、これは契約の性質決定の問題にすぎず、投資家は発行体との間で契約関係にあるだけで借入人に対しては何らの権利も有しておらず、前述の通り一投資家が貸付けの実行の成否その他発行体の業務に与える影響力が軽微である、という点には変わりはない。したがって、そもそも「営業」の意味に関する前述の議論は、スキームの適法性とは無関係であるように思われる。

また、匿名化の要請のために、投資家が十分な情報を得られないまま投資判断を強いられることになるだけでなく、不適切な情報開示が行われやすくなる、という問題もある[注261]。

以上の通り、匿名組合を用いたソーシャル・レンディングについて匿名化および複数化を要請する行政指導にはその根拠に疑義があるだけでなく、投資家の保護の観点からも深刻な問題があり、あらためて検討を要するように思われる。

(iii) 直接融資型の可能性

貸金業法上、同法にいう「貸付け」を「業として」行う場合は原則として「貸金業」に該当するものとされている（貸金業2条1項）。この点、「業として」の意義につき、「金銭の貸付け又は金銭の貸付けの媒介を反復継続し、社会通念上、事業の遂行とみることができる程度のものをいう」との解説も

注261) 関東財務局「株式会社みんなのクレジットに対する行政処分について」（平成29年3月30日）（http://kantou.mof.go.jp/kinyuu/pagekthp032000621.html）では、「当社は、貸付先の審査の段階から、甲グループ〔引用注：当社、その親会社およびその関係会社の総称〕への貸付けを予定していたにもかかわらず、ウェブサイトにおいて、ファンドが複数の不動産事業会社等に対し貸付けを予定しているかのような表示をし、貸倒れリスクが分散されているかのような誤解を与える表示を行った上で、顧客に対し、出資持分の取得勧誘を行っていた」との事実関係が指摘されている。

あるが(注262)、判例(注263)や行政解釈(注264)においては、単に反復継続の意思を有してさえすれば足りるかのように述べられており、このような解釈が、本邦において直接融資型が否定される根拠になっているものとも思われる。

　この点、一般に法令用語としての「業とする」とは、「ある者の行為の反復継続的遂行が、社会通念上、事業の遂行とみることができる程度のものである場合を指す」と説明されており(注265)、個別の法律の解釈としても、単に反復継続の意思を有するだけにとどまらず、規制の趣旨や社会通念に照らしてさらに適用範囲を限定する何らかの要件を含むものとして解されている例はいくつもみられる(注266)。このような解釈は業法の規制範囲を適切に画する上で適切であると考えられ、貸金業法2条1項における「業として」についても、社会通念上、事業の遂行とみることができる程度のものに限定し、より具体的には、不特定または多数の求めに応じる意図をもって行われている場合に限るものとして、解釈する余地もあろう。

　このような見解に立つ場合、直接融資型ソーシャル・レンディングにおける投資家のように、すでに発行体側によって融資審査がなされ融資条件の決定された融資案件のみを対象に販売会社の一顧客の立場において単なる投資目的で他の投資家とともに小口の融資を行うだけであれば、たとえ反復継続の意思があっても「業として」に該当しない、と解することは十分に可能であるように思われる。このように解する場合も、貸金業法上、貸付けの媒介

注262)　大蔵財務協会・前掲注218) 23頁、上柳敏郎＝大森泰人編著『逐条解説貸金業法』（商事法務、2008）52頁。

注263)　「反覆継続の意思をもつて金銭の貸付又は金銭の貸借の媒介をする行為をすれば足り、必ずしも報酬若しくは利益を得る意思又はこれを得た事実を必要としない」（最判昭和29・11・24刑集8巻11号1860頁）、「反覆継続の意思をもつて金銭の貸付又は金銭の貸借の媒介をする行為をすれば足り、必ずしもその貸付の相手が不特定多数の者であることを必要としない」（最判昭和30・7・22刑集9巻9号1962頁）、「反覆継続の意思の下に金銭の貸付け又は金銭の貸借の媒介を行うものをいうのであり、所論のような営利を目的とし特別の設備を備えるなど一個の業態として行うことまで必要としない」（最決平成8・12・24集刑269号773頁）など。

注264)　前掲注243) 参照。

注265)　吉国一郎ほか編『法令用語辞典〔第10次改訂版〕』（学陽書房、2016）165頁。

注266)　金融法委員会「金融商品取引業における『業』の概念についての中間論点整理」（2016年9月15日）（http://www.flb.gr.jp/jdoc/publication41-j.pdf）12頁以下参照。

を業として行う場合もまた原則として「貸金業」に該当するものとされていることから（貸金業2条1項）、直接融資型ソーシャル・レンディングにおける販売企業はやはり貸金業者として登録を要し、貸金業法の規制に服するため、資金需要者等の保護は図られることになろう。

しかしながら、現行の貸金業法上、貸付けの媒介を想定した制度整備は必ずしも十分とはいえず[注267]、現行法のまま直接融資型ソーシャル・レンディングを許容することには弊害が大きいように思われる。その意味で、現行法上は「業として」を前記のように限定的に解することには問題があるといわざるを得ない。したがって、直接融資型のソーシャル・レンディングを本邦において実現するためには、やはり貸金業法の大幅な改正を伴う制度整備を要するといわざるを得ないように思われる。

5　ロボアドバイザー

(1)　ロボアドバイザーとは

ロボアドバイザーとは、一般的には、スマートフォンやPCを利用し、アルゴリズムを用いて分析された最適ポートフォリオに従った資産運用を安価で提供するビジネスモデルを指す。ロボアドバイザーの多くは投資一任を含むオンライン資産運用サービスのかたちで提供されるが、ネットを通じた有償のファイナンシャル・プランニングのみが提供されるものなども広義のロボアドバイザーとされている[注268]。

顧客は、原則として、ロボアドバイザー業者が有するウェブサイトにおいて、年齢、リスク許容度、財務状況、投資経験などを入力し、その情報をもとに、ロボアドバイザー業者は当該顧客に最適なポートフォリオを自動的に

注267)　例えば、貸金業法24条3項は暴力団員などの取立制限者に対する貸付けの契約に基づく債権の譲渡または取立ての委託を規制するが、同様の規制は貸付けの媒介により貸付人となる者についても及ぼすべきように思われる。また、貸金業法には、貸金業者が貸付けの媒介を行う場合における貸付人の保護のための規定も欠けている。

注268)　和田敬二郎＝岡田功太「米国で拡大する『ロボ・アドバイザー』による個人投資家向け資産運用」野村資本市場研究所資本市場クォータリー2015年冬号113頁。

策定する。また、一旦策定されたポートフォリオは、顧客の入力した投資方針、年齢やリスク許容度の変動に応じて各資産への配分比率が自動的に変化する仕組みになっている。

ロボアドバイザーは米国で発祥したものといわれているが、日本においても近年急速に拡大している。以下、米国において発展したロボアドバイザーの特徴、ビジネスモデル、近年のロボアドバイザー市場を踏まえた上で、日本におけるロボアドバイザービジネスと金商法の業登録との関係で問題になる点を論じる。

(ⅰ) 米国におけるロボアドバイザー

米国では、2000年代後半からロボアドバイザービジネスが広がりを見せ、2016年7月初頭時点で50社超がサービスを提供しており、運用資産総額は1000億ドルともいわれている[注269]・[注270]。

米国におけるロボアドバイザーは、ネットを通じたセルフ・プロファイリングと分散ポートフォリオの自動運用を組み合わせたサービスを一般に指し、ファイナンシャル・アドバイザーやプライベートバンカーと対比した造語である。プライベートバンカー等が金融機関の店頭、顧客の自宅や勤務先における対面での資産運用に関する相談を行うのに対して、ロボアドバイザーは、スマートフォンなどのネットを基本チャンネルとして資産運用を提供するものが主流である。

(a) ロボアドバイザーの特徴

ロボアドバイザーの特徴としては以下の点が挙げられる。

(ア) 一般的な個人投資家(非富裕層)・Millennials[注271]向け

実際にほとんどのロボアドバイザー業者における個人投資家(非富裕層)の割合が約76%から99%、ロボアドバイザー業者の顧客の90%以下が50歳以下であるといわれている[注272]。Millennialsは、サブプライムローン問題やリー

注269) Anne Tergesen「人気爆発しつつあるロボアドバイザー」THE WALL STREET JOURNAL(2015年12月14日)。
注270) 吉永高志「米国ロボアドバイザー市場の再編と近未来展望」NY FINANCIAL OUTLOOK(2016年11月8日)野村総合研究所。
注271) Millennialsとは、1980年頃から2000年頃に出生した米国若年層を指す。
注272) "Wealthfront Hits $1B In Assets" ETF.com(June 2014)

【図表13-2-6】 ロボアドバイザーとプライベートバンカーの対比

	ロボアドバイザー	プライベートバンカー
顧客層	個人・Millennials	主に高齢者
商品	主にETF	主に一任勘定口座
アプローチ	人員を介さない	対面
手数料	低い	高い
投資方法	分散投資	顧客ニーズにより決定
アクセス	スマートフォン等	PC、電話、チャット、スマートフォン等

（出所）和田＝岡田・前掲注259）115頁。

マン・ショックなどに起因した金融危機を目のあたりにしているため、金融機関に対する信頼が薄い一方で、資産形成については、ベビーブーマー世代[注273]やジェネレーションX世代[注274]よりも意識が高く、資産運用を始める年齢も早いことから、新しい資産形成の方法としてロボアドバイザーに注目が集まっているものと考えられている[注275]。

(イ) 対面ではなく、スマートフォン等を利用

資産形成期の投資家の中には、従来のようなファイナンシャル・アドバイザーによる対面サービスへのこだわりをもたない顧客も増えており、ロボアドバイザー業者は、特にデジタルネイティブ、インターネットネイティブといわれる情報リテラシーも高いMillennialsをその顧客層への組込みに成功していることから、必然的に、スマートフォンでの手軽なサービスの利用がその顧客層から喜ばれている。

注273) ベビーブーマー世代とは、1946年から1964年までの間に生まれた世代を指す。米国のソーシャルセキュリティ（社会保障）制度にある程度信頼を置いてきた世代とされている（出所：後掲注274））。

注274) ジェネレーションX世代とは、1965年から1978年までの間に生まれた世代を指す。米国のソーシャルセキュリティ（社会保障）制度に疑問をもち始め、また、勤務先が401kを導入し始めた世代といわれている（出所：後掲注275））。

注275) "Technology is changing how we retire" CRUNCH NETWORK (March 23, 2016).

第13章　FinTech

【図表13-2-7】　米国ロボアドバイザーの事業モデル

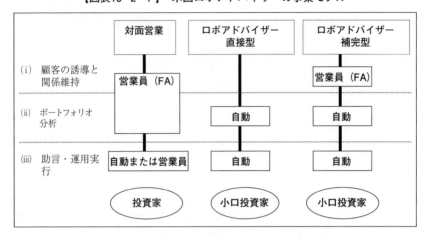

　㋒　人件費を抑制し上場投資信託（ETF）を活用することで手数料が低く設定されている

　資産の投資・運用アドバイザリーという行為は、以下の3つのステップから成り立っているところ、ロボアドバイザーは、かかる3つのステップを自動化しWeb経由で提供することに主眼を置いている。このことから、人件費が安く済み、運用もオペレーションも、フルサービスの総合証券会社が平均1％程度の手数料をとっている中、ロボアドバイザーにおいては0.25～0.35％程度の手数料とすることが可能と謳われている[注276]。

　①　顧客の誘導と関係維持
　②　ポートフォリオの分析
　③　投資に係る助言・運用行為
　(b)　ロボアドバイザーの事業モデル

　ロボアドバイザーの事業モデルとしては、従来の対面証券会社や銀行・中小投資顧問会社（以下、「RIA」という）が前記資産の投資・運用アドバイザリーの3つのステップを対面で行うのに対し、以下のように、①個人投資家に直接サービスを提供するタイプ（ロボアドバイザー直接型）と②対面証券会

注276）　渡邊竜士「ロボ・アドバイザー（自動投資助言サービス）をご存じですか？」トムソン・ロイター（2015年6月1日）。

社やRIAの資産管理型営業を補完するラップ商品インフラ（主に小口顧客向け）を提供するタイプ（ロボアドバイザー補完型）の２種に大別できる[注277]。

(c) ロボアドバイザー市場の拡大

米国では、ロボアドバイザー市場の急拡大を受け、ロボアドバイザービジネスのみを行うベンチャー企業だけでなく、既存の大手金融機関も類似のサービスの展開を開始している。2014年には、バンク・オブ・アメリカ・メリルリンチが、2015年には、米国最大のリテール証券会社であるチャールズ・シュワブが、2016年にはゴールドマン・サックスが、Millennialsの顧客獲得を狙って、ロボアドバイザービジネスに参入している。また、バンガードは、前記ロボアドバイザー補完型の事業モデルを採用し、ロボアドバイザーと人によるアドバイスを組み合わせたサービスを提供している。

今後は、既存金融機関と既存のロボアドバイザー業者との業務提携が増加することが見込まれており、ロボアドバイザー補完型の事業モデルが増えると予測されている[注278]・[注279]・[注280]・[注281]。

(ii) **日本におけるロボアドバイザービジネス**

日本においては、2015年頃からロボアドバイザービジネスが注目され始め、2015年５月からエイト証券が米国に上場しているETFを対象にしたロボアドバイザービジネスとして米国評価会社モーニングスターの技術を使いそれぞれの個人に合ったポートフォリオを自動作成する「エイトナウ」を開始した。

また、株式、債券、不動産、金や原油など世界に上場するETFに投資するウェルスナビや国内の公募投資信託に投資するマネックス証券の「answer（アンサー）」もロボアドバイザーによる運用支援サービスを手がける[注282]。

注277）　吉永高士「米国のロボ・アドバイザーによるヒトとの競争と共生」NRI2015年３月号。
注278）　和田＝岡田・前掲注268）。
注279）　2015年10月28日付け日本経済新聞「投資先、決めるのはアプリ　１万円でも世界を視野　フィンテックの衝撃」。
注280）　渡邊・前掲注276）。
注281）　2016年11月24日付け日本経済新聞「米欧で進む投信販売改革　日本は周回遅れ」。
注282）　2015年８月８日付け日本経済新聞「資産運用、アプリが指南 最適のポートフォリオ作成」。

第 13 章　FinTech

　2015年10月には、みずほ銀行が、子会社のみずほ第一フィナンシャルテクノロジー株式会社と協力して機関投資家が使う運用手法に基づく助言を行うかたちでロボアドバイザービジネスに参入し[注283]、2016年2月16日には、お金のデザインによる、世界に上場するETFに投資する一般ユーザー向けのロボアドバイザーサービス「THEO（テオ）」が開始された。

　2016年7月には、楽天証券がロボアドバイザーを使い、個人が運用を金融機関に一任するラップ口座のサービスである「楽ラップ」を開始し、マネックス・セゾン・バンガード投資顧問による「MSV LIFE」やエイト証券による東証上場ETFのみでポートフォリオを構築する「クロエ」も2016年9月からサービスが開始された。2015年末に設立されたFolioや大和証券もロボアドバイザービジネスに参入することが明らかになっている[注284]・[注285]。

　いずれもスマートフォンのアプリを通じて一般顧客の資産運用を身近にしようという試みをしているものばかりである。

　日本におけるロボアドバイザーは、顧客が業者との間で投資一任契約を締結し運用を業者に任せるかたちの「運用おまかせ型」と、業者が最適なポートフォリオに係るアドバイスのみを顧客に提供する「アドバイス型」に分けることができる。「運用おまかせ型」も「アドバイス型」も、商品の提示やアドバイスまでのサービス提供についての手数料や購入手数料をとらないものが多く、顧客は、当該提供商品を購入してから低コストの信託報酬のみを負担するかたちが一般的な形態といえる。

(2)　規制の適用関係——日本でロボアドバイザービジネスを始めるには

(i)　必要となる許認可

　一口に、ロボアドバイザーといっても、その提供するサービスの内容によって、取得するべき許認可は異なるが、金商法上の金融商品取引業の登録

注283)　2015年10月30日付け日本経済新聞「みずほ銀、ロボが運用助言、メガバンクで初30日から」。
注284)　2016年3月16日付け日本経済新聞「資産運用支援サービス『Folio』が3億円を資金調達」。
注285)　2016年10月2日付け日本経済新聞「ロボ・アドバイザー成長中、投資の相棒にコンピューターがポートフォリオ提案」。

第2節　各種 FinTech ビジネスと法制度

【図表13-2-8】　日本におけるロボアドバイザービジネス

ロボアドバイザー	投資対象	サービス 種類	サービス 内容	最低投資額	手数料	取得金商業登録
エイト証券「エイトナウ」	米国上場ETF	運用おまかせ型	ヒアリング回答→ポートフォリオ提示→投資一任契約締結→ポートフォリオ購入→年2回自動リバランス	88米ドル以上1米ドル単位から	購入手数料無料 信託報酬0.88％（年間/税別）	第一種金商業 第二種金商業 投資運用業 投資助言・代理業
ウェルスナビ	株式、債券、不動産、金や原油など世界上場ETF	運用おまかせ型	口座入金→質問に回答するかたちでリスク許容度診断→最適ポートフォリオの提供→資産運用→自動リバランス	100万円	売買手数料、入出金手数料無料 信託報酬1％（年間/税別）（3000万円を超える部分は0.5％）	第一種金商業 投資運用業 投資助言・代理業
マネックス証券「アンサー」	国内の公募投資信託	アドバイス型	顧客が投資信託銘柄を選択→顧客にて11段階の中からポートフォリオを選択し投資目標設定→目標とスコアから分析結果提供→顧客にてシミュレーション ※本サービスは情報提供サービスのみとなり、口座開設不要	1000円	アプリのみで手数料無料	第一種金商業 投資助言・代理業
お金のデザイン「テオ」	株式、債券、不動産、金や原油など世界上場ETF	運用おまかせ型	プロフィール入力→無料診断で資産運用プラン作成→口座開設・投資一任契約申込→入金→資産運用開始→毎月自動リバランス	10万円	売買手数料、入出金手数料、為替手数料無料 1％（年間/税別/3000万円超の資産の場合は年率0.5％）	第一種金商業 投資運用業 投資助言・代理業
みずほ銀行「スマートフォリオ」	国内債券・海外債券・国内株式・海外株式・国内REIT・海外REITに係る投資信託	アドバイス型	リスク許容度診断→資産運用のシミュレーション結果提示→商品選択も可→購入（積立額制度もあり）	−	販売手数料無料 信託報酬0.64％（年間/税込/全ファンド平均）	登録金融機関

第13章 FinTech

会社・サービス	投資対象	型	サービス内容	最低投資額	手数料	業登録
三菱UFJ国際投信株式会社「ポートスター」	国内債券・海外債券・国内株式・海外株式・国内REIT・海外REITに係る投資信託	アドバイス型	資産配分診断（5つの質問からリスク許容度判定） →最適な資産配分に沿ったバランスファンドの参考情報を提示	－	購入時手数料は無料 信託報酬最大0.882％（年間/税込）	第二種金商業 投資運用業 投資助言・代理業
マネックス・セゾン・バンガード投資顧問株式会社「MSV LIFE」	株式、債券、不動産、金や原油など世界上場ETF	運用おまかせ型	資産計画策定（3つの計画タイプから選択し、リスク許容度測定。目標達成率80％以上で契約締結） →おまかせ運用 →資産計画の進捗確認（資産計画の目標達成確率を毎日モニターし、随時進捗状況をお知らせ） →資産計画見直しも可	1万円	購入時手数料は無料 信託報酬等1％未満（年間）	投資運用業 投資助言・代理業
楽天証券「楽ラップ」	国内株式、外国株式、国内債券、外国債券、REIT（リート）、その他、現金/MRFに係る指数連動型の投資信託	運用おまかせ型	無料診断（15問前後の質問） →運用コース提案 →申し込み（投資一任契約の締結） →運用開始（原則として3か月ごとに運用報告と資産配分の見直し） →見直し可	10万円	購入時手数料は無料 信託報酬について、固定報酬型と固定報酬と成功報酬の併用型がある。 固定報酬型：以下の固定報酬 | 運用資産の時価評価	固定報酬率（年間/税込）
---	---
1000万円以下の部分	0.702％
1000万円超5000万円以下の部分	0.648％
5000万円超1億円以下の部分	0.594％
1億円超の部分	0.540％	 成功報酬型：以下の固定報酬＋成功報酬（運用益の積み上げ額×5.40％（年間/税込））	第一種金商業 第二種金商業 投資運用業 投資助言・代理

第 2 節　各種 FinTech ビジネスと法制度

					運用資産の時価評価	固定報酬率（年間/税込）	
					1000万円以下の部分	0.594%	
					1000万円超5000万円以下の部分	0.540%	
					5000万円超1億円以下の部分	0.486%	
					1億円超の部分	0.432%	
東海東京証券「カライス」	国内債券・海外債券・国内株式・海外株式・国内REIT・海外REITに係る投資信託	アドバイス型	リスク許容度診断（7つの質問） →モデルポートフォリオを提示 →商品購入も可	－	購入時手数料無料		第一種金商業 第二種金商業 投資運用業 投資助言・代理業
					信託報酬0.54％（年間）		
カブドットコム証券	国内債券・海外債券・国内株式・海外株式・国内REIT・海外REITに係る投資信託	アドバイス型	リスク許容度診断（7つの質問） →モデルポートフォリオを提示 →商品購入も可（積み立て購入あり）	－（月500円からの積立て投資可能）	手数料は購入するファンドによる		第一種金商業 第二種金商業
エイト証券「クロエ」	東京証券取引所の上場ETF	運用おまかせ型	目標設定のみリストから選択 →運用プランの構築 →申し込み →運用開始	1万円	購入時手数料無料（国内上場ETFに投資することから為替手数料なし）		第一種金商業 第二種金商業 投資運用業 投資助言・代理業
					信託報酬0.88％（年間/税別）		

（出所）2015年8月8日付け日本経済新聞「資産運用、アプリが指南 最適のポートフォリオ作成」、2016年10月2日付け日本経済新聞「ロボ・アドバイザー成長中、投資の相棒にコンピューターがポートフォリオ提案」、金融庁ウェブサイト「金融商品取引業者一覧」、その他各社ウェブサイトより筆者作成。サービス内容については今後の変更があり得ることより、各社のウェブサイトをご参照いただきたい。

第13章 FinTech

【図表13-2-9】 金融商品取引業の類型と業務内容例

第一種 金融商品取引業	第二種 金融商品取引業	投資運用業	投資助言・代理業
（証券業・金融先物取引業） ・流動性の高い有価証券の売買・勧誘 ・引受け ・店頭デリバティブ取引 ・資産管理	（ファンド売買業、信託受益権販売業等） ・流動性の低い有価証券の売買 ・勧誘・自己募集 ・市場デリバティブ取引	（投資運用業） ・ファンド等有価証券、デリバティブの運用 ・投資一任契約の締結 ・投資信託委託業 ・投資法人資産運用業	（投資顧問業） ・投資助言 ・投資顧問契約・投資一任契約の締結の代理・媒介

が必要になるものが多いと解されることから、本書では金融商品取引業の登録との関係で論点となる点について以下論じる。

その行うロボアドバイザービジネスについて金融商品取引業の登録が必要になるかどうかは、提供するサービスの内容次第ではあるものの、取り扱う株式や投資信託（外国の上場ETFも含む）は金商法における「有価証券」に該当することから[286]、例えば、かかる有価証券の価値等について投資に係るアドバイスを業務として行う場合には投資助言・代理業の登録が、顧客から資金運用の一任を受けて、その資産をロボアドバイザーを用いて運用する行為を業務として行う場合には投資運用業の登録が、有価証券を市場で買い付けることまでできるサービスを提供する場合には第一種金融商品取引業の登録が、それぞれ必要かどうかという検討を行う必要がある[287]。

金融商品取引業の登録が必要な業務を、かかる登録なくして行った者は、金商法違反となり刑事罰の対象となる[288]。

したがって、ロボアドバイザービジネスを開始する前に、まず、自社の提

注286） 金商2条1項。
注287） 金商29条・28条。本書では、一般的なロボアドバイザーに係るサービスで問題となる金融商品取引業について述べていることにご留意いただきたい。業務の内容次第では、例えば市場デリバティブ取引を行うような場合には、第二種金融商品取引業の登録取得も考えられるが、一般的なロボアドバイザービジネスでは考えにくいため、第二種金融商品取引業は本書では述べていない。
注288） 違反者には5年以上の懲役もしくは500万円以下の罰金に処せられ、または併科される（金商197条の2第10号の4・29条）。

供するサービスが金融商品取引業の登録等を要する業務に該当する可能性があるかについて具体的に確認することが重要である。

そして、提供するサービスが金融商品取引業の登録等を要する業務に該当する場合には、当該登録のために必要となる社内規程を含めた組織体制を整備し、登録手続を行うために必要となる期間も踏まえて、ロボアドバイザービジネスの開始時期を検討する必要がある。

(ii) ロボアドバイザービジネスに関連する金融商品取引業の登録必要要件

第一種金融商品取引業、投資運用業、投資助言・代理業の登録取得に必要な要件の概要は以下の通りである。第一種金融商品取引業については、投資者と資本市場を仲介する中核的存在であり、顧客資産の預託を受けることが通常であること、投資運用業については、顧客に代わって資産を運用することにより国民の資産形成に直接関与する存在であることなどから、その健全な業務運営の必要性が高いものとして、総じて厳格な要件とされている[注289]。

このように、第一種金融商品取引業および投資運用業の登録の取得要件と、投資助言・代理業の登録の取得要件との間には、実務上、人員整備、体制整備の面でも、準備すべき資金の面でも大きな違いがあるといえる。特に、第一種金融商品取引業の登録取得要件は、他の2つの業登録の取得要件と比べて人的構成[注290]や社内体制整備のみならず財産的要件[注291]も厳格である上に、実務上、実際の登録取得までの当局審査も最も厳しいものとなっている。

また、登録取得に係る期間としては、第一種金融商品取引業、投資運用業、投資助言・代理業のいずれも、登録の申請からの法定処理期間は2か月とされているものの、実務上は登録の申請の前に財務局と事前相談を行うことが

注289) 松尾369頁。
注290) また、ロボアドバイザービジネスの場合には、投資運用業としての最適ポートフォリオの分析・判断と第一種金融商品取引業としての最適ポートフォリオに適した有価証券等の売買の両方を行う業務形態であることから、インサイダー取引の防止や顧客情報の管理の観点から、投資運用業務を行う部署と有価証券の売買等を行う部署との間の情報遮断措置等についても社内体制および社内規程の内容等を通じて、当局から厳格に審査される傾向にある。
注291) 財産的要件として、第一種金融商品取引業者としての出資金要件につき、投資家の状況や業務の内容等の個別具体的な事情から判断される傾向にある。

【図表13-2-10】 金融商品取引業の登録必要要件

		第一種金融商品取引業	投資運用業	投資助言・代理業
法人要件		あり (取締役会・監査役設置会社である株式会社)		なし
財産要件	最低資本金・出資金要件	あり (5000万円～30億円)	あり (5000万円)	なし
	純財産要件	あり (5000万円～30億円)	あり (5000万円)	なし
	自己資本要件	あり (自己資本規制比率が120%以上あること)		なし
国内営業所・事務所設置要件		あり	原則としてなし	なし
主要株主要件		あり		なし
兼業制限要件		あり		なし
人的構成要件		あり (①３年以上のブローカー業務経験者が複数名必要、②同種業務および金商法についての知識・経験を有するコンプライアンス・オフィサーが必須、③業務によってはその役員・使用人の外務員登録も必要、④拒否権を有する外部有識者を委員とする投資委員会およびコンプライアンス委員会の設置が場合により必要、⑤日本証券業協会への入会が事実上必要、⑥内部監	あり (①同種業務についての知識・経験を有する運用担当者が複数名必要、②同種業務および金商法についての知識・経験を有するコンプライアンス・オフィサーが必須、③拒否権を有する外部有識者を委員とする投資委員会およびコンプライアンス委員会の設置が必要、④一般社団法人投資顧問業協会への入会が事実上必要、⑤内部監査、リスク管理についての体制整備の審査が厳	あり (①同種業務についての知識・経験を有するアナリストを含む営業担当者が複数名必要、②同種業務および金商法についての知識・経験を有するコンプライアンス・オフィサーが必須、③委員会の設置は不要、④一般社団法人投資顧問業協会への入会は任意、⑤人員配置を含め体制整備の審査は比較的緩やか)

	査*、リスク管理についての体制整備の審査が厳格)	格)	

* 原則として独立した内部監査室が求められる。

必要となることが一般的である。そして、前記の体制整備の負担の重さの相違から、社内規程の整備を含め財務局との申請書類のやりとり等の登録申請までに要する交渉期間が、第一種金融商品取引業、投資運用業、投資助言・代理業の順に長くなりやすい。さらに、実務上、複数の業務の登録をまとめて取得しようとすると、1つの業務の登録申請を行う場合よりも、登録申請までの当局との交渉期間が長びく傾向にある。

(iii) 許認可とロボアドバイザービジネスの内容・開始時期の検討に係る問題

このことから、ロボアドバイザービジネスのスタートアップ時点において、どこまでの業登録が必要かという点に関連して、実務上、以下のような質問が生じ得る。

① 金融商品取引業の登録を必要としない範囲でサービスを提供することで、ロボアドバイザービジネスを実施できないか。

② サービス内容を限定し、例えば、第一種金融商品取引業や投資運用業の登録が必要となる業務については外部の業登録者に委託し、自らは投資助言・代理業に係る業務のみを行うことによって、規制対応の負担を軽くできないか。

③ 当初は、金融商品取引業の登録が必要となる業態を1つに絞ってロボアドバイザービジネスを実施することによって登録手続に要する時間を短縮し、ビジネスのスタート時点を早く設定できないか。

④ 社内体制整備のための人員が当初から揃わないことから、当初は社内体制面で比較的緩やかな投資助言・代理業によって提供できるサービスの範囲でロボアドバイザービジネスを行うこととし、後からビジネスの拡充に伴い、他の業態の登録を追加取得するスケジュールにできないか。

このような質問への対応は、金商法における「金融商品取引業」の範囲の

解釈を伴う場合が多く(注292)、ロボアドバイザービジネスの内容、そのシステム、ウェブサイトの画面設計や方針等、個別具体的事情を踏まえて検討しなければならないことから、一概に論じることはできない。

特に、第一種金融商品取引業や投資運用業の登録の取得は、時間面でも費用面でも相当の負担を伴うものであることから、例えば、当初は投資助言・代理業の登録を取得する方向でその行うサービスの内容を限定し、追って第一種金融商品取引業や投資運用業の登録を取得する等、段階的にロボアドバイザービジネスの拡充を図るという方針も考えられる場合もあろう。他方で、その行うロボアドバイザービジネスが当初から定まっている場合には、第一種金融商品取引業や投資運用業の登録も含む複数の登録を、業務開始当初から取得するという方針もあり得る(注293)・(注294)。

注292) ①どこまでが投資助言・代理業の登録だけでできる業務か、②どこからが投資運用業に係る業務として投資運用業の登録取得が必要か、③どこまでが投資運用業と投資助言・代理業に係る業務として許容され、第一種金融商品取引業の登録取得なしでできる業務か等の業務内容についての検討は、その行う業務の内容次第であり、個別具体的事情を踏まえた慎重な考察が必要となる。

注293) 【図表13-2-8】に記載した業者のほとんどが、第一種金融商品取引業、投資運用業、投資助言・代理業のすべてを取得している。もっとも、これには、もともと第一種金融商品取引業を取得している証券会社によるロボアドバイザービジネスへの参入の場合も含まれていることから、各業者の実際のロボアドバイザービジネスとそれに対応して必要な登録が何かということは、各業者が取得している登録だけからでは判断できないことに留意されたい。

注294) 投資助言・代理業については、その取得要件は、全体としてみれば、第一種金融商品取引業や投資運用業に比して負担が軽いとはいえるものの、投資助言・代理業に特有のクーリングオフ(金商37条の6)の体制を整える必要がある。また、投資助言・代理業の登録を取得した場合には、当該業務に係る運用報告書(同法42条の7)を毎事業年度経過後3か月以内に財務局に提出しなければならず、登録完了後の負担が生じることに留意されたい。

この点、ロボアドバイザー業務については、最適ポートフォリオについての投資助言を行っているようにみえる場合でも、前記(i)記載のように、日本におけるロボアドバイザービジネスにおいては、「運用おまかせ型」も「アドバイス型」も、商品の提示やアドバイスまでのサービス提供についての手数料や購入手数料をとらないものが多いところ、このようにアドバイスに係るサービスについて手数料等を無料とし、かつ、購入手数料も無料としている場合には、投資助言・代理業の構成要件である「当該助言行為に向けられた報酬」がないとして、投資助言・代理業の登録も不要とすることが可能かという議論があり得る。また、当該ロボアドバイザービジネスにおいて提供する情報が、例えば各投資テーマに関する現

(iv) まとめ

前記のように、どの業態の金融商品取引業の登録が必要となるかについての判断と、必要な登録を取得するタイミング・スケジュールの確定は、ロボアドバイザー業者にとっては、人員確保、費用の負担およびビジネスプランに直結する重要な問題である。このことから、許認可の要否およびその内容・スケジュールの検討は、ロボアドバイザービジネスの構想段階等の初期の段階から視野に入れて検討を行う必要がある。

6 保険

(1) InsurTech／InsTech

テクノロジーを活用した新しいビジネスの試みは保険分野でも始まっており、このような試みはInsuranceとTechnologyを組み合わせた造語として、InsurTech（インシュアテック）またはInsTech（インステック）（本稿では以下、「InsurTech」に統一する）と呼ばれる。

保険業とは、①保険の商品の開発に始まり、②保険募集、③保険の引受け、④収受した保険料の運用、⑤保険金の支払という一連のプロセスの中で営まれており、各プロセスにおいて、大量のデータ・申込書等の書面・人手・ノウハウ等が必要とされるビジネスである。近年、保険会社は、保険募集におけるペーパーレス化を推進したり、インターネットによる保険加入を拡大させたりと、テクノロジーを活用した既存のプロセスの効率化が進んでいるが[注295]、InsurTechにより革新的なサービスが生まれる余地がある。以下、

在・過去における有価証券の価値を知らせるための情報として、「有価証券の価値等」に関する助言ではないとして、投資助言・代理業の登録も不要とすることが可能かという議論もあり得る。これらの点については、リバランスにおける仕組みやその他の報酬とみなされる手数料等がないか、提供する情報の内容や提供方法等、個別具体的な事情を踏まえて、当局確認等も含め慎重に検討されるべきであるものの、ロボアドバイザーのビジネスモデル次第では、投資助言・代理業の登録が不要と整理することが可能な場合もあり得ると考えられる。

注295) 保険分野において業務のペーパーレス化・デジタル化の余地が大きいことが指摘されている。例えば、経済産業省が設置した「産業・金融・IT融合に関する研究会（FinTech研究会）」が2016年3月28日付けで公表した「発言集」21頁以下における「E　保険」（ⅢE）参照。

第13章　FinTech

海外の事例(注296)も参考に、前記各プロセスごとに説明する。

(2) 保険商品の開発

(i) ビックデータを活用した新商品の開発

ビッグデータ（法令上の定義はないが、一般的に、多種多様で複雑かつ膨大な情報の集積を総称する概念をいう）を解析・加工した情報の活用による新商品の開発が期待されている。

(a) ウェアラブル端末を活用する医療保険

米国では、例えば、スタートアップ企業であるOscar Health Insurance社は、Misfit Flashと呼ばれるウェアラブル・フィットネス・トラッカー（万歩計）により目標歩数を達成した保険契約者に月間20ドル（年間240米ドル）を上限としたRewardを付与することで、保険契約者の健康増進に役立てるというプログラムを導入している(注297)。

近年、このような保険は健康増進型保険とも呼ばれ、オスカー社の例以外にも、ウェアラブル端末を通じたデータの収集、データに基づく保険料の設定、さらにデータに基づく健康管理に関するアドバイスの提供などを通じて、健康増進を促す保険商品が提供され始めている。例えば、より具体的な健康管理を行うものとしては、Clover Health Insurance社が、患者データを用いて糖尿病のリスクのある保険契約者をモニタリングし、発病を予防するための方法を提案するなどのサービスを提供している(注298)・(注299)。他方、日本では、

注296) 本文中に挙げたもの以外にも多くのサービスや技術がすでに存在し、今後も開発が期待されている。海外の事例の調査結果をまとめたものとして、公益財団法人損害保険事業総合研究所研究部『諸外国の保険業におけるインターネットやモバイル端末の活用状況について』（公益財団法人損害保険事業総合研究所研究部、2015）。また、海外における保険会社のビッグデータおよびAIの利活用を紹介・分析するものとして、2014年7月17日付けThe Boston Consulting Group "Bringing Big Data to Life: Four Opportunities for Insurers"（https://www.bcgperspectives.com/content/articles/insurance_digital_economy_bringing_big_data_life/）。

注297) https://oscardna.wordpress.com/tag/wearable-technology/

注298) http://fortune.com/2015/09/18/clover-health-medicare-insurance/

注299) なお、日米の健康保険制度の違いにより、おそらく前記のような保険契約者の健康増進は、日本においては各健康保険組合の活動と馴染みやすいものと考えられる。例えば、政府の推進する「データヘルス計画」事業では、健康保険組合が保

リアルタイムのデータを活用したサービスではないものの、第一生命グループのネオファースト生命保険株式会社が、実際の年齢ではなく、健康診断等の検査項目結果等に基づいて算出した健康年齢を用いて、以後の保険料を決定する仕組みをとる保険商品を販売している[注300]。

(b) **テレマティクス自動車保険**

米国では、例えば、Progressive社が、2008年からスナップショットという端末を車両のダッシュボード下のOBD-IIポートに差し込み、スピード、運転時間、走行距離、加速やブレーキの頻度、位置情報を記録し、リアルタイムでProgressive社に送信するというサービスを提供している[注301]。Progressive社は、これらのデータを利用して、運転の仕方、頻度、時間帯を元に保険料を算定することが可能になる。

日本企業によるテレマティクス保険の取組みの一例として、あいおいニッセイ同和損害保険株式会社が2015年4月から引受けを開始した個人向けの「つながる自動車保険（実走行距離連動型自動車保険）」は、T-Connectカーナビゲーションによって把握した実際の走行距離が、スマートフォンを通じて収集され保険料に反映される（基本保険料＋1km単位での保険料算定）という仕組みがとられている。日本で一般的なPAYD型の自動車保険は過去の走行

　　　　　有するレセプト（診療報酬明細書）や健康診断などの情報を収集・分析することで、被保険者全体の生活習慣の改善と同時に、医療費の適正化が企図されている。データを利用した具体的なデータヘルス計画の例としては、東京都職員共済組合におけるインセンティブプランがある。同プランでは、リアルタイムのデータ送受信ではないが、QUPiOというプラットフォーム上に登録される健康診断結果データに基づき、組合員の健康状態を自動的に判定しポイントを付与する仕組みを導入している。また、保健指導の面接、ウォーキング大会への参加、禁煙達成などを行った組合員に対してインセンティブとしてポイントを付与する仕組みが採られている（厚生労働省保険局保険課「被用者保険におけるデータ分析に基づく保健事業事例集（データヘルス事例集）〔第1版〕」(2013年9月)「事例9　健康づくりを促すためのデータを活用したインセンティブの仕組みの導入（東京都職員共済組合）」参照（http://www.mhlw.go.jp/seisakunitsuite/bunya/kenkou_iryou/iryouhoken/hokenjigyou/dl/jirei09.pdf）。
注300）2016年9月20日付け報道発表資料（https://neofirst.co.jp/cms/news/pdf/2016/1609200001.pdf）。
注301）Progressive社のウェブサイト（https://www.progressive.com/auto/snapshot-common-questions/）。

第 13 章　FinTech

距離または申告に基づくものが主であるのに対し、「つながる自動車保険」は、リアルタイムで収集した走行実績に基づき、より具体的なリスクを保険料に反映する仕組みがとられているといえる。通常の運転に際しては、収集された車両運行情報を分析した安全運転アドバイスを受けることもできる。さらに、万一の事故の際は、カーナビゲーションまたはスマホアプリから、ワンタッチで事故通報が可能となっている。さらに、ヘルプネット機能を用いれば、ヘルプネットセンターが緊急通報と同時に車載システムからの「緊急情報」を受信し、オペレーター画面上に、会員情報、車両情報、および緊急事態発生地点の地図が表示され、オペレーターがドライバーとの音声通話により救援活動に必要な情報の確認を行うことも可能となっている。

　また、ソニー損害保険株式会社では、契約車両の運転形態に応じて、一定率の保険料をキャッシュバックする内容の「やさしい運転計測特約」を提供している。これは、専用の計測器を契約車両に設置して急発進・急ブレーキの発生状況等を計測し、急発進（急加速）・急ブレーキ（急減速）の少ない運転が確認できた場合には、その計測結果（点数）に応じて保険料を割り引くというサービスである。こちらはリアルタイムでのデータのやりとりは行われないものの、前記のプログレッシブ社のサービスと同様、PHYD（Pay How You Drive）として、急減加速の少ない運転者の保険料を減額するというかたちで、より個々の契約車両の使用状況に基づいたリスク管理を行っている例といえよう[注302]・[注303]。

注302) 事業者向け（自動車保険フリート〔契約対象自動車の合計台数が10台以下の場合〕契約者向け）には、若干進んで、すでに大手損害保険会社各社からテレマティクス技術を活用した保険商品が提供されている。サービス内容としては、例えば、①端末が一定の衝撃を検知した場合の保険会社向け自動発報サービス、②車両のふらつきや前方車両との距離などの運転特性データを基にした安全運転支援サービス、③前日の安全運転診断の結果をランキング形式で提供するサービス、④車両の位置や動態、急加速・急減速などの危険運転をリアルタイムに把握する動態管理サービスなどが提供されている。

注303) わが国においては、ノンフリート等級別料率制度との重複などの問題もあり、テレマティクス自動車保険は、現在は欧米ほど普及が進んでいないという指摘がある（公益財団法人損害保険事業総合研究所研究部・前掲注287）21頁）。

第2節　各種FinTechビジネスと法制度

(c) 住宅（スマートハウス）

IoT（モノのインターネット）技術[注304]によりネットワークに接続された機器を利用したスマートハウス分野でも、保険商品の開発が始まっている[注305]。米国では、例えば、State Farm社が、Canary社およびADT社の提供するモニタリングサービスと共同し、これらのサービスを利用した保険契約者への保険料の割引を行っている[注306]。英国でも、Hiscox社の引受けによるスマートハウスに対応した保険商品の導入が予定されている[注307]。

(d) 新しいリスクに対応した新商品の開発

ビッグデータの活用により、例えば、一定のパターンから、論理的な推論に基づき保険事故確率の低いグループを選別して保険ビジネスの収益性を高めるといった方向性や、これまでリスクが高く保険の引受けを行うことができなかった顧客グループの中から、保険ビジネスの対象となり得る類型を選別することでビジネスの幅を広げるなどの方向性が考えられる。後者について、例えば、南アフリカのAllLife社が、HIV陽性の患者および糖尿病患者に対して保険カバーを提供している例が挙げられる[注308]。

また、ビッグデータを保険開発に利用するという側面とは異なるが、テクノロジーの進化により、新たな保険ニーズが生成されることも考えられる。例えば、サイバー保険といったサイバー攻撃や情報漏洩などのリスクに対応する保険商品は、ネットワーク技術の進化によりサイバーセキュリティに関する意識が高まってきたことに対応したものである。また、三井住友海上火

注304）　IoTの現状に関しては、2015年度の経済産業省委託調査としてまとめられた株式会社日立コンサルティング「IoTに関する標準化・デファクトスタンダードに係る国際動向調査」（2016年2月）（http://www.meti.go.jp/meti-lib/report/2016fy/000607.pdf）が詳しい。

注305）　スマートハウス分野におけるアメリカの保険会社の関与について、例えば、MIT Technology Review "Why Insurance Companies Want to Subsidize Your Smart Home"（2016年10月12日）（https://www.technologyreview.com/s/602532/why-insurance-companies-want-to-subsidize-your-smart-home/）。

注306）　State Farm社のウェブサイト（https://www.statefarm.com/customer-care/life-events/smart-home-systems/comparison）。

注307）　https://internetofbusiness.com/first-ever-connected-home-insurance-launches-in-the-uk/

注308）　AllLife社のウェブサイト（https://alllife.co.za/）。

災保険株式会社・あいおいニッセイ同和損害保険株式会社では、遠隔操作を含む自動走行実証実験を取り巻くリスクを補償する商品を提供しており[注309]、東京海上日動火災保険株式会社は、各種自動走行システムの普及により、責任関係が複雑化し、事故原因の究明や各関係者の責任の有無および割合の確定などに一定の時間を要する場合等に対応できる「被害者救済費用等補償特約」を2017年4月から自動車保険に自動的にセットすることを発表している[注310]。

(ii) 法的論点

ビッグデータを取り扱う場合においては、個人情報保護法に留意する必要がある。例えば、ウェアラブル端末やテレマティクス自動車保険における車両取付機器などにより、保険期間における保険契約者や被保険者の行動・健康状態（ライフログ・データ）を取得する場合、「保健医療」等の機微情報（金融分野における個人情報保護に関するガイドライン6条1項）が含まれている場合も考えられるが、これら機微情報については「本人の同意に基づき業務遂行上必要な範囲」（同項7号）のみでしか取得し、利用し、または第三者提供することができない。また、国内の保険会社で遺伝情報の活用に本格的に踏み込むとの報道があるが、遺伝情報を利用した保険商品については、従来、①遺伝子差別の問題や、②逆選択のリスク等が指摘されている[注311]・[注312]。

(3) 保険募集

(i) 既存の業務プロセスの効率化

InsurTechの既存の業務プロセスへの適用として、募集人においてタブレット端末の利用に加えて、インターネットやスマートフォンを通じた保険

注309) http://www.ms-ins.com/news/fy2016/pdf/0602_1.pdf
注310) http://www.tokiomarine-nichido.co.jp/company/release/pdf/161108_02_.pdf
注311) 宮地朋果「遺伝子検査と保険」FSAリサーチ・レビュー2005（金融研究研修センター、2005）や吉田和央「遺伝子検査と保険の緊張関係に係る一考察——米国及びドイツの法制を踏まえて」生命保険論集193号（2015）257頁以下。
注312) 遺伝子情報の利用に関する倫理指針としては、文部科学省・厚生労働省・経済産業省作成「ヒトゲノム・遺伝子解析研究に関する倫理指針」がある。

加入が挙げられる。

(ii) 新しい保険募集形態

(a) 比較サイト（アグリゲーター）

英国では、保険商品に関する比較サイト（アグリゲーター[注313]と呼ばれる）が普及している。なお、比較サイトに係る法的論点については、**第9章第5節**を参照していただきたい。

(b) SNSを利用した保険募集

FacebookなどのSNS（social networking service）を利用した保険募集または広告等も想定されている[注314]。

(c) AIを活用した保険募集

人工知能（AI）とは、人間が行う知的な作業をコンピュータで行うためのソフトウェアやシステムをいい、具体的には、人間が使う言語を理解し、論理的な推論、経験に基づく学習を行うプログラムをいう[注315]。これにより、従来人間が行ってきた作業の一部を担わせることによる業務の効率化が容易に想定し得るが、ビッグデータを人工知能を利用して分析することで、より正確な将来予測が可能となると考えられる[注316]。InsrTechとしての具体的な活用場面としては、特定の顧客層を分析し、これらの顧客をターゲットとして効率的な募集を行うこと、さらには当該顧客に対して最適な商品を効率的に提案すること等が考えられる。

米国では、例えば、INSURIFY社が、自動車保険の分野においてAIを用いたInsurance Agentサービスを開始している。顧客は、オンライン上で、virtual agentとメッセージのやりとりをすることにより、ニーズに合った保険商品を探すことができる。また、Cape Analytics社は、AIを用いて不動産の写真等のデータを分析し、より精密な保険の見積を作成するサービスを提

注313) アグリゲーターとは、一般的には「アグリゲート」（集計）する者という意味である。

注314) 海外での利用状況については、公益財団法人損害保険事業総合研究所研究部・前掲注287）64頁〜71頁（米国）・117頁〜120頁（英国）。

注315) 公益財団法人損害保険事業総合研究所研究部・前掲注296）22頁。

注316) 保険業界に限らず、AIの利活用については、総務省「平成28年版情報通信白書」4章参照。

供している。

(iii) **法的論点**

新たなプロセスを導入する場合は、当該プロセスが、保険募集(保険業2条26項)に該当するのか、募集関連行為(監督指針(保険)Ⅱ-4-2-1(2))に該当するのか、それとも、どちらにも該当しないのか、についても検討する必要がある。また、保険業法に規定された各種募集規制、例えば、意向把握確認義務(同法294条の2)や情報提供義務(同法294条)をどのように行うかについて検討する必要がある。

(4) 保険の引受け

(ⅰ) AIを活用した引受判断

米国では、例えば、Intellect Design Arena社が開発した保険の引受プラットフォームおよびアプリケーションサービス(Intellect Risk Analyst)が提供されている[注317]。同サービスでは、AIを利用したビッグデータの分析により即時にリスク・アセスメント・サービスを提供することが可能とされている[注318]。

(ⅱ) AIを活用した契約管理

保険契約の期中管理としては、保険料の収受、住所等の登録情報の変更、その他の保全等種々の対応が必要となるが、AIと親和性が高く、実用化が近づいているものとして、コールセンターにおけるAIの活用が挙げられる。顧客からの照会内容は一定程度類型化可能なため、人間が使う言語を理解できれば、論理的な推論、経験を適用することに親和性が高い。ビッグデータの分析によりデータベースを構築し、人工知能を使って顧客からの照会を即時に分析してこれに対応する仕組みなどが考えられている[注319]。

(ⅲ) **法的論点**

リスクに応じた保険商品の開発および保険の引受査定は、一面ではリスク

注317) Intellect Design Arena社のウェブサイト(https://www.intellectriskanalyst.com/)。
注318) Intellect Design Arena社のウェブサイト(https://www.intellectriskanalyst.com/blog/veracode-status#.WE-7K0-7qUk, https://www.intellectseec.com/products/distribution-and-service/#.WFjCg0-7qUk)。
注319) 公益財団法人損害保険事業総合研究所研究部・前掲注296) 22頁。

に応じた保険料の負担という公平な結果を導くが、他方極端なリスクの細分化が進めば、危険選択の問題が生じてくる可能性が考えられる。

　民間の保険制度は、個々の保険契約の危険度に応じた保険料の負担を求める必要があり、当該危険が一定程度を超える場合には保険が引き受けられない。仮に保険者がリスクの低い一定の分野のみを引き受け、それ以外の場合の保険を引き受けないといった極端な場合、リスクの高い（そのため保険制度を必要とする可能性の高い）者が適切な保険に加入できない（チェリーピッキング）可能性がある。もちろん理論的には、リスクの高い者はその高いリスクに見合った高額の保険料を納める必要があるという結論になるが、その場合、顕在化するかどうかわからないリスクの分散が行われず、逆選択の結果、保険は成立しないことになる。

(5) 保険金の支払

　フランスのスタートアップ企業であるShift Technology社は、保険金の不正請求を見つけ出すシステムの提供を行っている。これにより、過去の保険金の不正請求の類型を分析し、不正請求の兆候を把握することで重点的なチェックが可能となる[注320]。

　さらに、リスクアセスメントや保険金の支払段階において、従来用いられていた情報に加えて、ソーシャル・メディア等の情報を利用することにより、精度の高いアセスメントサービスや不正請求の摘発を試みも行われている[注321]。

(6) その他（ソーシャル・インシュアランス）

　ＰＺＰ[注322]インシュアランスとは、一般的に、保険料の支払および保険金

注320)　https://techcrunch.com/2016/05/18/shift-technology-grabs-10-million-to-prevent-fraudulent-insurance-claims/

注321)　SNSの保険詐欺対策への利用実例があることについて、公益財団法人損害保険事業総合研究所研究部・前掲注296）88頁。
　　　また、保険データ分析データサービスを提供するCarpe Data社のウェブサイト（https://carpe.io/）。

注322)　Peer to Peerの略。

第13章　FinTech

の支払の収支を小規模のグループにより管理する仕組みを取り入れた保険をいう。例えば、ドイツのFriendsurance社[注323]はその先駆けとして注目を集めてきた。P2Pインシュアランスでは、グループごとに拠出された保険金をプールし、保険金請求がなければグループのメンバーが当該資金の一部を受け取り、保険金請求があった場合には当該資金から支払を行う（当該保険金プールの金額を超える部分は保険会社が保険の引受けを行っており、保険会社が保険金の支払を行う）ことになる。仕組みとしては、伝統的な保険の仕組みをとっているが、小規模のグループの存在が、不正請求を含めた正当でない保険金請求のディスインセンティブとして機能している点が特徴的である。

法的には、P2Pインシュアランスのオーガナイザー（前記のFriendsurance社等）は、保険の引受けを行うわけではなく、仲介者の立場で関与している例が多いようである。日本に当てはめると、団体保険の団体を組成・提案するサービスということになろうか。

[注323]　Friendsurance社のウェブサイト（http://www.friendsurance.com/）。

第14章

金融取引課税

第14章　金融取引課税

第1節
基本的な金融商品に対する課税

本節では、株式、新株予約権、債券および預貯金に対する課税関係[注1]を概観するが、これらの基本的な金融商品に対する課税の全体像を把握するために、まずは近時改正が進められている金融所得課税の一体化についてふれることとする。

1　金融所得課税の一体化

(1)　改正の沿革

わが国の所得税は総合課税を原則としているが、従来より、金融商品の配当、利子または譲渡益等に対する課税についてはこの原則が必ずしも貫徹されず、各金融商品の種類に応じて税制が異なる例が散見された。これは、日々大量に発生する多様な金融取引を税務当局がすべて各個人と紐付けて把握することが困難という事実上の制約に鑑みれば、適正な税務執行を行う上でやむを得ない対応であったといえよう。しかし、所得の発生および実現の時期の操作や所得分類の加工が比較的容易であるという金融商品の性質上、これらの税制の差異は、必然的に課税の不均衡という弊害をもたらす原因ともなっていた。

一方、近年の金融所得課税の一体化に向けた税制改正は、「貯蓄から投資へ」のスローガンの下、個人投資家がリスク資産への投資を行うための環境をより一層整備すべく、金融商品間の課税の中立性確保、簡素な税制の実現、投資リスクの軽減の3点を目標として進められている[注2]。課税の中立性や簡素な税制という観点からは、課税方式の差異が個人のニーズに応じた投資判

注1)　特段の記載ない限り、本節では居住者である個人の課税関係を取り扱うものとする。
注2)　税制調査会金融小委員会「金融所得課税の一体化についての基本的考え方」（2004年6月15日）参照。

断を歪めないことが重要であるとされ、多様な金融商品に対する課税を可能な限り20％分離課税（所得税15％[注3]、住民税5％）に収れんさせる改正がなされてきた[注4]。また、投資リスクの軽減という観点からは、金融商品間での損益通算の範囲の拡大が必要とされ、2008年度税制改正では、上場株式等の譲渡損失と配当等の間で損益通算を可能とする制度が導入された。

(2) 2013年度税制改正

2013年度税制改正（2016年1月1日施行）は、公社債等を2つの類型に区分した上で、公社債等を新たに金融所得課税の一体化の枠内に取り込んだ点に特徴がある。第1の類型では、上場公社債、国債、地方債および公募公社債のように、一般の個人投資家の投資対象として公平なアクセスが可能であり、かつ、発行体が情報公開を適正に行っている公社債を「特定公社債」[注5]と定義した上で、公募の公社債投資信託や公募公社債等運用投資信託の受益権等についても特定公社債と同様の取扱いを定めている（以下、これらを総称して「特定公社債等」という）。第2の類型は、特定公社債等に該当しない公社債や私募公社債投資信託および私募公社債等運用投資信託の受益権等（以下、これらを総称して「一般公社債等」という）となる。本改正の要点は以下の通りである[注6]。

(i) 特定公社債等の利子所得に対する申告分離課税の導入

本改正以前は、公社債等の利子所得は一律20％の源泉分離課税が原則で

注3） なお、2013年1月1日から2037年12月31日までの間は、基準所得税額の2.1％に相当する復興特別所得税が所得税に加えて課税されるが、本節では復興特別所得税に関する記載は省略する。

注4） 例えば、上場株式等の譲渡益課税を26％から20％に引き下げる2003年度税制改正、大口株主等以外に対する上場株式等の配当等の源泉徴収税率を20％とする2003年度税制改正、非上場株式等の譲渡益課税を26％から20％に引き下げる2004年度税制改正等がこれに該当する。なお、1988年4月1日以降、預貯金および債券による利子所得や、その収益が利子所得とされていない定期積金や一定の一時払養老保険等の各種金融類似商品に係る収益については、20％の税率による源泉徴収だけで課税関係が完結する源泉分離課税が採用されていた。

注5） 租特3条1項1号。

注6） なお、将来的にはデリバティブ取引や預貯金等にまで損益通算の範囲を拡大することが検討されており、より簡素かつ中立的な税制が整備されることが期待される。

あった。しかし、特定公社債等の利子および収益の分配については、租税特別措置法（以下、「租特法」という）8条の4第1項に定める「上場株式等の配当等」の定義にこれらを含む旨の改正がなされたことにより、上場株式の配当と同様に20％申告分離課税が適用されることとなった[注7]。また、特定公社債等を特定口座で受け入れ、確定申告不要の特例を選択することも併せて可能になったことから、公社債等と株式の間でインカムゲインに対する税制の一体化が進んだと評価できる。

(ii) **公社債等の譲渡所得に対する申告分離課税の導入**

本改正以前は、公社債等の価格の変動は経過利子の反映によるものであるとの考え方から、公社債等の譲渡益は非課税とされ、譲渡損失についてはなかったものとみなされていた。しかし、実際には市場金利や発行体の信用力の変動等も公社債等の価格に影響し得ることや、公社債等の譲渡所得が非課税であることを利用した租税回避行為が問題視されたこと等を踏まえ、租特法37条の10第2項に定める「株式等」の定義に公社債等が新たに追加されるに至った。したがって、公社債等の譲渡所得については、株式と同様の譲渡益課税がなされることとなった。

(iii) **損益通算制度の再編**

本改正以前は、損益通算が可能な「株式等」とは株式や株式等投資信託等に限られており、公社債等に関する譲渡益や利子等を株式等の譲渡損失と通算することは認められていなかった。しかし、前記(ii)の通り公社債等が「株式等」の定義に追加されたことを受けて、「株式等」を上場株式等（上場株式や特定公社債等を含む）と一般株式等（非上場株式や一般公社債等を含む）に二分した上で、各グループの譲渡所得等に別個の分離課税が適用される制度が創設された[注8]。その結果、損益通算も同一のグループ内で生じた損益の間でのみ認められることとなり、例えば、株式と公社債を例に挙げる場合、【図表14-1-1】の同一枠内に掲げる項目の間でのみ損益通算が認められる

注7) 一般公社債等の利子および収益の分配については、引き続き20％源泉分離課税が適用される。

注8) 租特37条の10・37条の11。なお、従前の損益通算制度は、「株式等」に該当する限り譲渡損益の通算が可能（すなわち、上場株式と非上場株式の間でも譲渡損益の通算が可能）であった点でも現行の制度と異なる。

第1節 基本的な金融商品に対する課税

【図表14-1-1】 損益通算が認められる損益項目

上場株式等グループ	一般株式等グループ
・上場株式の譲渡損益 ・特定公社債の譲渡損益 ・上場株式の配当 ・特定公社債の利子	・非上場株式の譲渡損益 ・一般公社債の譲渡損益 （注：一般株式等の配当や利子を損益通算に利用することは不可）

こととなった。

2 株式

(1) 譲渡所得

　株式を譲渡したことによる所得は、当該株式の譲渡が営利を目的として継続的に行われているかどうかによって、事業所得もしくは雑所得または譲渡所得のいずれかに分類される。この所得分類の判断は、最終的には株式譲渡の態様を踏まえた事実認定の問題とならざるを得ないが、通達上、上場株式で所有期間が1年を超えるものの譲渡による所得および非上場株式の譲渡による所得については譲渡所得として取り扱って差し支えないものとされている[注9]。

　そして、譲渡所得に該当する場合には、「上場株式等に係る譲渡所得等の金額」と「一般株式等に係る譲渡所得等の金額」に区分された上で、それぞれの金額に対していずれも20％（所得税15％、住民税5％）の申告分離課税が適用される。各グループ内でのみ損益通算が可能である点は前記1(2)(iii)の通りであるが、損益通算してもなお控除しきれない上場株式等に係る譲渡損失がある場合には、連続して確定申告書を提出し続けることを条件に、翌年以後3年間にわたって譲渡損失の繰越控除が可能である[注10]。

注9) 　租税特別措置法通達37の10・37の11共－2。なお、所有期間1年以下の上場株式の譲渡による所得がある場合には、当該部分を事業所得または雑所得として取り扱って差し支えないものとされている（ただし、譲渡所得として取り扱うこと自体が否定されているわけではなく、納税者が営利目的で継続的に譲渡を行っていなければ、譲渡所得として取り扱うことも可能である）。

注10) 　租特37条の12の2。

973

また、金融商品取引業者等において非課税口座（NISA口座）を開設し、当該口座で株式を買い付けた場合には、当該株式の買付代金が1人当たり年間120万円の非課税枠の範囲である限り、当該株式の譲渡益は非課税とされる[注11]。また、未成年者口座（ジュニアNISA口座）の場合も、1人当たり年間80万円の非課税枠の範囲内で同様に株式の譲渡益が非課税となる[注12]。ただし、譲渡益が非課税となる代わりに、NISA口座およびジュニアNISA口座内の株式について生じた譲渡損失がある場合には、当該損失を損益通算に利用できない点に留意する必要がある。

(2) 配当所得

(i) 上場株式の配当

株式の配当については、総合課税が適用され、確定申告の対象とされるのが原則である。この場合、配当等の収入金額から配当所得を生ずべき元本を取得するために要した負債の利子を控除した額が配当所得とされ、また、その年分の課税総所得金額に応じた額の税額控除（配当控除）を受けることが可能である[注13]。ただし、上場株式の配当については、①前記の原則通り確定申告を行った上で総合課税を選択する、②確定申告を行った上で申告分離課税を選択する、③確定申告不要を選択する、という課税方式のいずれかを納税者が選択できる制度となっている[注14]。

申告分離課税を選択した場合には、配当額から負債利子を控除した額に対して、当該納税者の累進税率にかかわらず20％（所得税15％、住民税5％）の税率が適用される。また、前記1(2)(iii)の通り、上場株式等や特定公社債等の譲渡損失がある場合には配当との損益通算も可能となる。

確定申告不要を選択した場合には、配当額の20％（所得税15％、住民税5％）の税率で源泉徴収がなされることにより課税関係が完結し、当該配当に関する確定申告は不要となる。なお、確定申告不要制度を利用するために

注11) 租特37条の14。
注12) 租特37条の14の2。
注13) 所税24条・92条。
注14) ただし、発行済株式の3％以上の株式を保有する大口株主が上場株式の配当の支払を受ける場合には、総合課税以外を選択することは認められない。

は、金融商品取引業者等に開設した特定口座において源泉徴収することを選択しておく必要がある。

(ii) 非上場株式の配当

非上場株式の配当については、総合課税が適用され、少額配当として申告しないことが認められる場合を除き、原則として確定申告が必要となる[注15]。

上場株式の配当との相違点としては、非上場株式の譲渡損失と非上場株式の配当の間で損益通算を行うことはできない、配当金の支払を受ける際に適用される源泉徴収税率は所得税20％のみ（住民税０％）である、といった点が挙げられる。

3 新株予約権

(1) 取得者の税務処理

個人が新株予約権を取得した場合、課税がなされるタイミングとしては、①新株予約権を取得した時点、②新株予約権を行使し株式を取得した時点、③当該株式を売却した時点の３通りが考えられる。この課税時期や所得分類は、当該新株予約権がストック・オプション[注16]に該当することによってストック・オプション税制による課税繰延べの適用を受けるか否か、また、ストック・オプションに該当する場合には税制適格と非適格のいずれに該当するかによって異なるため、以下詳述する。

注15) 少額配当とは、１回に支払を受けるべき金額が「10万円×［配当計算期間の月数］÷12」で計算される額以下である配当をいう（租特８条の５）。なお、少額配当に該当する場合であっても、所得税との関係で当該少額配当を除外して申告することができるのみであって、住民税との関係では別途申告が必要になる点に留意する必要がある。

注16) 本節では、所得税法施行令84条２項の要件を満たす新株予約権（大要、①発行法人から付与された新株予約権であって当該権利の譲渡について制限その他特別の条件が付されており、②新株予約権の引受人にとって特に有利な条件もしくは金額で発行されるかまたは役務の提供その他の行為による対価の全部もしくは一部として発行されるものであり、かつ、③株式割当のかたちで株主等として与えられたものではないもの）を「ストック・オプション」と総称する。会社がその役員や従業員に対して役務提供の対価として発行する新株予約権がこの典型である。

(i) ストック・オプションに該当しない場合

時価で発行された新株予約権を発行法人から取得した場合には、時価ベースで有価証券を取得したにすぎず、取得時および権利行使時に課税は発生しない。権利行使により得られる株式の取得価額は、新株予約権の取得価額および権利行使時の払込額の合計額とされ、株式の売却時に売却益が生じた場合は、その売却益が譲渡所得として課税される。

(ii) 税制非適格ストック・オプションに該当する場合

理論的には、ストック・オプションの取得者は、そのストック・オプションの取得時に、ストック・オプションとして与えられる新株予約権の時価相当額（から当該新株予約権を取得するために要した財産や役務提供の価値を控除した額）の経済的利益を得ていると考えられる。しかし、ストック・オプションは新株予約権の内容として譲渡制限が付されており、ストック・オプションの取得者は当該新株予約権の権利を行使することによってはじめて経済的利益を享受することができることから、わが国の税制上、ストック・オプションの取得者は、その取得時にはストック・オプションに係る経済的利益を享受していないものとして課税がなされず、原則として権利行使時まで課税が繰り延べられる[注17]（なお、後記(iii)に掲げる税制適格ストック・オプションの要件を満たす場合は、後述の通り株式売却時までさらに課税が繰り延べられる）。

税制適格ストック・オプションに該当しない場合、権利行使時に課税されるストック・オプションに係る経済的利益の所得分類は、①発行法人と取得者の間の雇用契約等に基因してまたは発行法人の役員もしくは使用人としての地位もしくは職務等に関連してストック・オプションが発行された場合には給与所得として、②発行法人の役員または使用人の退職に基因してストック・オプションが発行された場合には退職所得として、③取得者の営む業務に関連してストック・オプションが発行された場合には事業所得または雑所得として、④これらの職務関連性なしに有利発行がなされた場合には一時所

注17) 国税庁のホームページにおける質疑応答事例の中の「金銭の払込みに代えて報酬債権をもって相殺するストックオプションの課税関係」と題する照会事例参照（https://www.nta.go.jp/shiraberu/zeiho-kaishaku/shitsugi/shotoku/02/33.htm）。

得として、それぞれ取り扱われる[注18]。

　また、権利行使により取得した株式がその後に売却された場合には、権利行使時の株式の価額を株式の取得価額として売却損益が算定され、売却益が生じている場合には譲渡所得として課税される。

　なお、ストック・オプションの権利行使前に譲渡制限が解除され、取得者がストック・オプションを譲渡した場合には、それまで未実現と捉えられていたストック・オプションに係る経済的利益が譲渡制限の解除により顕在化したと考えられるため、権利行使時の到来を待たずに、譲渡制限が解除された日において課税がなされる。この場合の所得分類は、譲渡所得ではなく、前記①～④の通り発行法人と取得者の間の関係に応じた所得（給与所得等）となる点に留意が必要である[注19]。

(iii) 税制適格ストック・オプションに該当する場合

　ストック・オプションのうち租特法29条の2第1項に掲げる要件[注20]を満たすものは、税制適格ストック・オプションとして、取得時および権利行使時には課税がなされず、株式の売却時に、株式の売却金額からストック・オ

注18）　所得税基本通達23～35共-6。退職所得や一時所得に該当する場合には、2分の1課税の適用により給与所得や事業所得とされる場合よりも税負担を軽減できるが、米国法人の子会社である日本法人の代表取締役が親会社である米国法人から付与されたストック・オプションの行使による経済的利益につき、日本法人の代表取締役としての職務遂行に基因して付与されたものとして、一時所得ではなく給与所得に該当すると判示した事例として、最判平成17・1・25民集59巻1号64頁参照。

注19）　発行法人に対してストック・オプションを譲渡する場合、2014年3月31日以前における所得分類は譲渡所得とされていた（すなわち、発行法人に対する譲渡を行うことで総合課税による累進税率の適用を回避することが可能であった）が、2014年税制改正により所得税法41条の2が新設され、かかる所得は給与所得等として取り扱われることとなった。また、発行法人以外の者に対する譲渡の場合については、国税庁のホームページにおける質疑応答事例の中の「被買収会社の従業員に付与されたストックオプションを買収会社が買い取る場合の課税関係」と題する照会事例参照（https://www.nta.go.jp/shiraberu/zeiho-kaishaku/shitsugi/shotoku/02/49.htm）。

注20）　①金銭の払込みなしに発行された新株予約権であること、②取得者が発行会社またはその子会社の取締役、執行役または使用人（ただし、大口株主を除く）であること、③新株予約権の行使時期が、付与決議の2年後から付与決議の10年後までの期間内とされていること、④権利行使価額の年間合計額が1200万円を超えないこと、⑤権利行使価額が発行時の株式の時価以上であること、⑥譲渡制限が付されていること等が要件とされている。

プションの権利行使価額を控除した額が譲渡所得として課税される。すなわち、税制適格ストック・オプションの利点は、課税時期を売却時まで繰り延べるとともに、ストック・オプションの付与時の含み益も含めてすべて譲渡所得とすることができる点にある[注21]。

(2) 発行法人の税務処理

新株予約権が発行される場合、発行法人の取得者に対する新株予約権の付与や、取得者からの権利行使に応じた株式発行は、いずれも資本等取引に該当し、発行法人側では課税関係を生じない。

しかし、発行法人が個人から役務の提供を受ける場合において、当該役務提供の対価として新株予約権を発行したときは、ストック・オプションの取得者への課税が取得時以後に繰り延べられることと平仄を合わせた措置がなされている。すなわち、法人税法上は、当該個人において役務提供に係る給与所得、事業所得、退職所得または雑所得が認識された事業年度においてはじめて発行法人側でも当該役務提供に係る費用を損金算入することができる[注22]。したがって、税制非適格ストック・オプションの場合には、取得者による権利行使がなされる年度まで損金算入の可能な時期が繰り延べられる。また、税制適格ストック・オプションの場合には、取得者による権利行使および株式売却がなされたとしても、取得者である個人に給与所得等が発生するわけではないため、発行法人側で当該役務提供に係る費用を損金算入することはできない。

4　債券

(1) 譲渡所得

株式の場合と同様に、債券を譲渡したことによる所得は、当該債券の譲渡

[注21] ストック・オプションの付与時における含み益が給与所得等として課税される場合には累進税率の適用を受けるが、譲渡所得の場合には税率20％の申告分離課税が適用されるため、累進税率が20％を超える納税者にとっては、当該含み益を譲渡所得として取り扱われるほうが有利である。

[注22] 法税54条の2、法税令111条の3。

が営利を目的として継続的に行われているかどうかによって、事業所得もしくは雑所得または譲渡所得のいずれかに分類される。譲渡所得に該当する場合には、特定公社債等の譲渡益については「上場株式等に係る譲渡所得等の金額」に、一般公社債等の譲渡益については「一般株式等に係る譲渡所得等の金額」に区分された上で、それぞれの金額に対していずれも20％（所得税15％、住民税5％）の申告分離課税が適用される。

2013年度税制改正以前は、債券の譲渡益を非課税とする制度の例外として、ゼロクーポン債等の譲渡による所得は雑所得として総合課税の対象とする旨の特例[注23]が定められていたが、同改正に伴いかかる特例は廃止され、ゼロクーポン債等についても、他の債券と同様に特定公社債等・一般公社債等の区分に応じて20％の申告分離課税が適用されることとなった。なお、後記(2)の通り償還差益に対して18％源泉分離課税が適用される割引債については、引き続き譲渡益が非課税となる[注24]。

(2) 償還差益

割引債の償還差益については、2013年度税制改正以前は、発行時に所得税18％の源泉分離課税がなされることで課税関係が完結するものとされていたが、同改正によってかかる源泉分離課税は原則として廃止され、発行時における18％源泉分離課税が適用されるのは、2015年12月31日以前に発行された割引債に限定された[注25]。

2016年1月1日以降に発行された割引債[注26]の償還差益については、利付債の利息が利払時に課税されることとの均衡から、発行時ではなく、割引債

注23）旧租特37条の16。
注24）租特37条の15。
注25）ただし、2016年1月1日以後に発行された公社債であっても、公社債の譲渡益課税の対象から除外された長期信用銀行債等および農林債に限っては、引き続き18％源泉分離課税が適用される（租特41条の12第7項3号、租特令26条の15第3項）。
注26）ここでいう「割引債」とは、①割引の方法により発行される公社債（ただし、発行時源泉分離課税の対象となった公社債を除く）、②元本部分と利子部分が分離されて独立に取引されるもの（ストリップス債）の元本に係る部分であった公社債、③ストリップス債の利子に係る部分であった公社債、④利子が支払われる公社債で発行価額が額面金額の90％以下であるものをいう（租特41条の12の2第6項1号）。

の償還時において、差益金額とみなされる額の20％（所得税15％、地方税5％）が源泉徴収されることとなる[注27]。また、割引債が特定公社債等または一般公社債等のいずれに該当するかに応じて、割引債の償還差益は、上場株式等に係る譲渡所得等に係る収入金額または一般株式等に係る譲渡所得等に係る収入金額のいずれかとしてみなされることとなり[注28]、もし譲渡所得に該当する場合には20％（所得税15％、地方税5％）の申告分離課税が適用される。

(3) 利子所得

特定公社債等の利子および収益の分配については、支払を受ける際に20％（所得税15％、地方税5％）の税率で源泉徴収がなされ、かつ、20％（所得税15％、地方税5％）の税率で申告分離課税が適用される。ただし、納税者の判断で確定申告不要を選択することも可能である。

一般公社債等の利子および収益の分配については、支払を受ける際に20％（所得税15％、地方税5％）の税率で源泉徴収がなされ、かかる源泉徴収によって課税関係が完結する源泉分離課税が適用される。

5　預貯金

預貯金の利子に係る所得については、利子所得として20％（所得税15％、地方税5％）の源泉分離課税が適用される。所得税法に定める預貯金の利子とは、不特定多数の者から消費寄託契約に基づいて受け入れた資金に対して支払われる利子を指すものと解されており、銀行その他の金融機関に対する預金および貯金の利子や、勤務先への社内預金の利子等は利子所得に該当する[注29]。

なお、銀行預金の利子は利子所得の典型例と考えられているが、デリバ

注27)　租特41条の12の2。
注28)　租特37条の10第3項7号・37条の11第3項。
注29)　所税2条1項10号、所税令2条。他方で、金銭消費貸借契約によって貸し付けた金銭に係る利子は、預貯金の利子に該当せず、事業所得または雑所得に該当する。

ティブを内包する仕組預金（株価、為替、市場金利等の指標に応じて預金の利率、払戻時期、払戻額等が変動し得る代わりに、普通預金よりも高い利率が得られる預金）の利子をすべて利子所得として扱って差し支えないかどうかは議論があり得る。仮に仕組預金に係る取引を普通預金取引とデリバティブ取引に分解して取り扱うことが求められる場合、普通預金取引に係る部分の所得は利子所得として源泉分離課税が、デリバティブ取引に係る部分の所得は雑所得として総合課税がそれぞれ適用されることになる。もっとも、法人税法上はデリバティブ取引の組み込まれた金銭債務をデリバティブ取引と金銭債務に分解するか否かは法人の裁量に委ねられており[注30]、また、仕組預金の場合は利子総額について銀行が源泉徴収を行うことが一般的であることを前提とすれば、すべての利子を利子所得として取り扱って差し支えないものと考えられる。

注30) 法税基通2-3-42。

第14章　金融取引課税

第2節
信託・投資信託

1 信託税制

(1) はじめに

　信託は、ファイナンス取引においてその利用が検討されるビークルの1つである。2006年に制定された新しい信託法（平成18年法律第108号。以下、「新信託法」という）は、わが国における社会の信託への新しいニーズに対応し、新信託法の下で信託制度の多様化・柔軟化が進んだ。このような新信託法の制定・施行を受け、信託税制は2007年度税制改正で大幅に変更され、今日に至っている。

　現在の信託に対する課税は、①受益者等課税信託、②法人課税信託、③集団投資信託、④退職年金等信託および⑤特定公益信託等に区分され、それぞれ取扱いが定められている。以下では、それぞれの課税の内容を概観する。

(2) 受益者等課税信託

　受益者等課税信託は、信託収益の発生時に受益者等に収益が発生したものとして課税する信託であり、信託の原則的な課税ルールが適用されるものである。信託においては、信託財産の所有権は委託者から受託者に移転し、信託財産から生じた所得が法律的に帰属するのは受託者である。しかしながら、信託の受託者は一定の信託報酬を受領するのみで、残りの信託利益を受益者に分配することとなり、信託利益を享受しない。そのため、所得税法および法人税法においては、信託の受益者等が信託財産に属する資産および負債を有するものとみなし、信託財産に帰せられる収益および費用は受益者等の収益および費用とみなして所得税法および法人税法の規定を適用することとし[注31]、所得の法律上の帰属者である受託者ではなく、所得の経済的な帰属

者である受益者等に課税する建前をとっている[注32]。

受益者等課税信託は、以下で述べる法人課税信託、集団投資信託、退職年金等信託および特定公益信託等に該当しないすべての信託である。

(i) **受益者**

受益者等課税信託においては、信託財産に係る資産および負債ならびに収益および費用を有する者とみなされるものは、「信託の受益者」であって、かつ、「受益者としての権利を現に有するもの」に限られている[注33]。

所得税法および法人税法は、信託の「受益者」の意義について特段の定義規定を置いていないことから、「受益者」は信託法からの借用概念であり[注34]、信託法における「受益者」と同じ意義を有すると考えられる[注35]。信託法では、「受益者」とは「受益権を有する者をいう」[注36]と定められ、「受益権」とは「信託行為に基づいて受託者が受益者に対して負う債務であって信託財産に属する財産の引渡しその他の信託財産に係る給付をすべきものに係る債権（以下「受益債権」という。）及びこれを確保するためにこの法律の規定に基づいて受託者その他の者に対し一定の行為を求めることができる権利をいう」と定め、受益権が①受益債権と②それを確保するための監督的権利からなることを定めている。

この点、一定の条件を満たしたときにある者を受益者とする信託においては、当該条件が成就するまで、当該者はそもそも信託法上の「受益者」に該

注31) 所税13条1項本文、法税12条1項本文。2007年度税制改正前の規定は、同様の信託の信託財産に帰せられる収入および支出については、受益者または委託者が信託財産を有するものとみなして所得税法および法人税法を適用する旨が規定されていた。2007年度税制改正により、信託財産に帰せられる収益および費用のみならず、信託財産に属する資産および負債を受益者が有するものとみなす旨が明確にされた。

注32) このような実質主義に基づく受益者課税制度は、1922年の旧信託法の制定当時から設けられているもので、受益者等課税信託は、沿革的にみて、わが国における信託課税の原則的な姿といえる。佐藤英明「信託税制の沿革──平成19年改正前史」日税研論集62号（2011）5頁。

注33) 所税13条1項本文、法税12条1項本文。

注34) 佐藤英明「他益信託と課税──平成19年改正後の信託課税」税務事例研究109号（2009）27頁。

注35) 借用概念は、原則として、本来の法分野におけるものと同じ意義に解釈すべきものである。金子宏『租税法〔第22版〕』（弘文堂、2017）120頁。

注36) 信託2条6項。

当せず、所得税法および法人税法における「受益者」にも該当しないと解される[注37]。

一方、受益権を有しているが、受益債権の発生が停止条件に服するなど、受益債権を行使できない場合、すなわち、①受益債権の行使が制限されるが②監督的権利を行使できる地位にある者が「受益者としての権利を現に有するもの」に該当するか否かについては議論の余地があるものの、原則として、該当するものと解すべきであろう[注38]・[注39]・[注40]。

注37) 帰属権利者（信託182条1項2号）は、信託の清算中に限って受益者とみなされており（同法183条6項）信託の清算期間前（信託の終了前）は「受益者」ではない。委託者の死亡の時に受益権を取得する者（同法90条1項2号）は、委託者の死亡前は「受益者」ではない。所得税基本通達13-7、法人税基本通達14-4-7。

注38) この点、相続税法基本通達9の2-1は、相続税法9条の2第1項に規定する「受益者としての権利を現に有する者」には、原則として、「停止条件が付された信託財産の給付を受ける権利を有する者」が含まれないとしている。また、財務省主税局主税調査官（当時）の講演録には「受益者としての権利を現に有する者に限る」との要件に関して、「信託法の受益者概念はかなり広いことから、受益者とされる者であっても、その時点で、信託に対するコントロールと財産権を行使でき得る者でなければ、税制上信託財産等を持っているとすること、つまり課税対象者とすることまではできないと考えられるからです。……そこで、受益者であっても、その受益権による権利の行使が可能な者でなければ、課税対象者から除くため、『受益者としての権利を現に有するものに限る』との限定を設けたところです」と説明するものがあり（佐々木浩「信託の税制について――信託税制の基本的考え方等について」信託239号〔2009〕110頁）、受益債権と監督的権利のいずれをも行使でき得ることを求めているようにもみえる。

しかしながら、受益債権の行使が制限され具体的な財産給付を受けることができない場合であっても、受益者は、将来の条件成就時の財産給付を維持するために受託者に対する監督的権利を行使することができるのであり、これは受益権を「現に有している」と評価できる（佐藤・前掲注34）50頁は、信託行為によって制限し得ない信託法92条の受益者の権利のほとんどが監督的権利にかかわるものであり、監督的権利がそれだけでは財産的意義をもたないとしても、受益権の極めて重要な内容であることを指摘している）。また、受益債権に条件が付されている場合に租税法上の「受益者」としないならば、条件の成就の有無によって課税関係が頻繁に変わり、課税関係が著しく不安定になるおそれもある（佐藤・前掲注34）30頁は、「たとえば、『前年の合計所得金額が1000万円に満たない場合に、その不足額を給付する』という内容の受益債権である場合」を例に、毎年の所得額の変動によって租税法上の「受益者」であったりなかったりすれば、「結果として所得税の課税関係が目まぐるしく変更するばかりではなく、毎年の具体的な受益の有無によって受益者間で受益権の贈与が頻繁に行われるものとされ」、これは極めて不当な結論と考えられると指摘している）。

(ii) みなし受益者

受益者等課税信託では、「受益者」ではなくとも、信託の変更をする権限を現に有し、当該信託の信託財産の給付を受けることとされている者は、受益者としてみなすこととされている[注41]。みなし受益者の制度は、形式的に受益者ではなくても経済的・実質的にそれと同等の地位を有する者に対する課税を確保する趣旨と解される[注42]。

「信託の変更をする権限」には、他の者との合意により信託の変更をすることができる権限を含むものとされている[注43]が、信託の目的に反しないことが明らかである場合に限り信託の変更をすることができる権限が除かれている[注44]。

「信託財産の給付を受けることとされている」との要件との関係では、政令により、「停止条件が付された信託財産の給付を受ける権利を有する者」

注39) 所得税基本通達13-7および法人税基本通達14-4-7は、残余財産受益者（信託182条1項1号）が「信託の受益者（受益者としての権利を現に有する者に限る。）」に含まれることを明らかにしている。残余財産受益者は「受益債権の内容が残余財産の給付であることを除けば、通常の受益者と異なるところはなく、信託の終了前から受益者としての権利を有する」（寺本昌広『逐条解説新しい信託法〔補訂版〕』〔商事法務、2008〕381頁）ものである。かかる通達は、信託の期間中に具体的な財産給付を受け取る権利を有していなくとも、「受益者としての権利を現に有する者」に該当することを前提にしているものと思われる。

注40) 「受益者」および「受益者としての権利を現に有する者」を本文記載のように解釈する場合、「受益者としての権利を現に有する者」ではないとして、所得税法13条1項本文括弧書および法人税法12条1項本文括弧書で排除されるものは、委託者の死亡時以後に信託財産の給付を受ける者（信託90条1項2号。信託法90条2項に、受託者死亡時まで受益者としての権利を有しない旨が定められている）のように、信託法上の受益者ではあるが、一定の条件の下で法律により受益権を有しないとされる受益者に限られる。佐藤・前掲注34) 28頁。

注41) 所税13条2項、法税12条2項。

注42) 武田昌輔編著『DHCコンメンタール法人税法』（第一法規、加除式）957の3頁、佐藤英明「新信託法の制定と19年信託税制改正の意義」日税研論集62号（2011）50頁。

注43) 所税令52条2項、法税令15条2項。

注44) 所税令52条1項、法税令15条1項。信託法では、信託行為に別段の定めがない限り、信託の目的に反しないことが明らかな場合には委託者の合意なくして信託の変更ができることとされている（信託149条2項・3項）ことから、かかる信託の変更は軽微なものにすぎず、かかる変更権限を有していたとしても、税法上、信託をコントロールしていると評価できないことによる。武田編著・前掲注42) 957の3頁。

は、ここにいう信託財産の給付を受けることとされている者に該当するものとされている[注45]。前述のように、受益債権の発生に停止条件が付されていても受益者に該当すると解されることを前提とすれば、前記の「停止条件が付された信託財産の給付を受ける権利」とは、受益権の取得そのものに停止条件が付されている場合を意味するものと解釈すべきこととなる[注46]。

委託者は、信託行為に別段の定めがない限り、受託者および受益者との合意によって信託を変更する権限が与えられている[注47]ため、委託者が残余財産の帰属すべき帰属権利者として指定されている場合や信託法182条2項により実際に委託者が帰属権利者とみなされる場合には、委託者はみなし受益者に該当する[注48]。

なお、みなし受益者は、本来的な受益者の存否にかかわらず、受益者等課税信託の信託財産に帰せられる収益および費用を有するものとみなされる「受益者」と同様に扱われる。すなわち、2007年度税制改正前の信託税制においては、信託の収入および支出が帰属するのは受益者か委託者か、という二者択一のルールを定めていたのに対して、2007年度税制改正以後の受益者等課税信託においては、本来的な受益者とみなし受益者が併存し得る[注49]。本来的な受益者とみなし受益者が併存し得る場合には、複数の受益者がいる場合と同様、それぞれの受益者が有する権利の内容に応じて、信託財産に帰属する資産および負債ならびに収益および費用を有するものとされる[注50]。

(iii) 課税関係

受益者等課税信託では、受益者およびみなし受益者（以下、「受益者等」と総称する）が信託財産に属する資産および負債を有しているものとみなされ

注45)　所税令52条3項、法税令15条3項。
注46)　なお、佐藤・前掲注34) 39頁は、「停止条件が付された信託財産の給付を受ける権利を有する者」の範囲は相当程度広いと解されるが、実質的にも、将来、受益者として信託から受益する可能性がある者が信託の変更権限までを有している場合にこれをみなし受益者とすることは、租税回避の否認という観点から妥当と評価している。
注47)　信託149条1項。
注48)　所得税法基本通達13-8、法人税法基本通達14-4-8。
注49)　青木孝徳ほか「改正税法のすべて〔平成19年版〕」（財団法人大蔵財務協会、2007）84頁〔齋地義孝〕。
注50)　所税令52条4項、法税令15条4項。

るから、委託者・受託者・受益者等の間の信託財産の移転は、かかる原則に則った課税関係になるものと解される。

すなわち、委託者が単独の受益者となる自益信託の場合、信託に移転した財産に係る譲渡損益等は発生せず、信託終了時に残余財産の給付として受託者から委託者に移転される財産に係る譲渡損益も発生しない[注51]。一方、他益信託が設定された場合には、受益権について適正対価が授受されなければ、委託者から受益者等への贈与等として取り扱われ[注52]、適正対価が授受される場合には、受益権が委託者から受益者等へ譲渡された場合と類似の課税が行われるものと考えられる[注53]。

信託の終了時には、終了直前の受益者等から残余受益権者や帰属権利者へ信託の残余財産の移転が行われたものとして、適性対価の負担の有無に応じて、贈与または譲渡があったものと取り扱われる[注54]。

信託の存続期間中に受益者等の変更がある場合にも、受益者等間に信託財産の移転が行われたものとして、適正対価の負担の有無に応じて、贈与または譲渡があったものと取り扱われる[注55]・[注56]。

注51) 所得税法基本通達13-5および法人税法基本通達14-4-5参照。
注52) 所税67条の3第3項および相税9条の2第1項。委託者が法人であれば、寄附金の損金不算入（法税37条）等が問題となろう。
注53) 佐藤・前掲注42) 48頁。
注54) 所税67条の3第6項および相税9条の2第4項。
注55) 所税67条の3第4項および5項、ならびに相税9条の2第2項および3項。
注56) 受益者連続型信託は、信託の存続期間中に受益者等の変更がある信託である。受益者連続型信託では、受益者等が適正な対価を負担せずに受益者連続型信託に関する権利を取得した場合において、相続税法の適用においては、他の受益者連続型信託に関する権利の価値に作用する要因としての制約が付されているものについては、その制約は付されていないものとみなして権利の価値を計算することとされている。この点、異なる受益者が性質の異なる受益者連続型信託に関する権利をそれぞれ有している場合（例えば、元本受益権と収益受益権）で、その権利の一方に収益に関する権利が含まれている場合には、収益に関する権利が含まれている受益者連続信託に関する権利（前述の例でいえば、収益受益権）について、当該制約が付されていないものとみなされるため、収益受益権の価値は信託財産そのものの価値と等しいもの（一方、元本受益権の価値はゼロ）として計算されることになる。ただし、当該みなし規定の適用対象となる権利を有するものが法人である場合には、当該みなし規定の適用はない。すなわち、先の例でいえば、法人が収益受益権を有していた場合には、元本受益権の価値評価はゼロとならない。以上について、相税9条の3および青木ほか・前掲注49) 478頁［松田淳］参照。

また、受益者等がその有する権利を譲渡し、または他の者からその権利を取得した場合には、その権利の目的となっている信託財産を譲渡または取得したものとして課税関係が決定される[注57]。

受益者等課税信託では、信託財産に帰せられる収益および費用は受益者等の収益および費用とみなされるが、受益者等は、信託の計算期間にかかわらず、受益者等の課税期間(すなわち、個人であれば各年、法人であればその事業年度)に対応する期間の収益および費用を認識することとされている[注58]。また、課税実務上、受益者等は、信託財産に属する資産および負債ならびに信託財産に帰せられる収益および費用を、いわゆる総額法により取り込むこととされ、(任意組合等の組合員と異なり)信託財産の利益または損失のみを取り込む純額法は認められていない[注59]。

(iv) 信託損失の取込み規制

受益者等課税信託を利用して、受益者等が実際に負担する損失を超えて受益者等に税務上の損失を計上する租税回避に対応するため、信託損失の取込みを制限する制度が設けられている。すなわち、受益者等課税信託の受益者等である個人が、信託から生ずる不動産所得を有する場合においてその年分の不動産所得の金額の計算上その信託による不動産所得の損失の金額があるときは、不動産所得の計算の規定、損益通算の規定その他の所得税に関する法令の適用については、損失が生じなかったものとみなされる[注60]。また、受益者等課税信託の受益者等である法人は、信託の債務を直接に負担するものでない場合には、当該法人の当該事業年度の組合等損失額のうち、当該信託の調整出資等金額を超える部分の金額は、損金の額に算入されず、また、信託財産に帰せられる損益が実質的に欠損とならないと見込まれるものである場合には、組合等損失額の全額が損金の額に算入されない[注61]。

(v) 複数の受益者等がいる場合

受益者等課税信託において受益者等が複数存在する場合には、信託の信託

注57) 所得税法基本通達13-6および法人税法基本通達14-4-6。
注58) 所得税法基本通達13-2および法人税法基本通達14-4-2。
注59) 所得税法基本通達13-3および法人税法基本通達14-4-3。
注60) 租特41条の4の2、租特令26条の6の2。
注61) 租特67条の12、租特令39条の31。

財産に属する資産および負債の全部をそれぞれの受益者がその有する権利の内容に応じて有するものとし、信託財産に帰せられる収益および費用の全部がそれぞれの受益者にその有する権利の内容に応じて帰せられるものとされる[注62]。しかしながら、複数の受益権が有する受益権の内容が比例的ではなく、元本受益権と収益受益権、優先受益権と劣後受益権というように複層化されている場合などには、課税関係は必ずしも明らかではない[注63]。

(3) 集団投資信託

集団投資信託は、受託者（信託）段階での課税がなく受益者段階でのみ課税がなされる点では受益者等課税信託と同様であるが、信託収益発生時ではなく、受益者が信託から配当を受けて収益を現実に受領した段階で受益者に課税がなされる、いわば、分配時受益者課税の信託である。

集団投資信託では、信託財産に属する資産および負債ならびに当該信託財産に帰せられる収益および費用を受益者等のものとみなすとする、法人税法12条1項本文、所得税法13条1項本文の規定が適用されない[注64]。また、信託財産に属する資産および負債ならびに当該信託財産に帰せられる収益および費用は、信託の受託者たる法人の各事業年度の所得の金額の計算上、当該法人の資産および負債ならびに収益および費用でないものとみなされる[注65]。そのため、信託財産に収益が発生しても、それは、所得課税上、受託者の所得にも受益者の所得にもならない。

一方、集団投資信託からの配当は、受益者の利子所得（所税23条1項）もしくは配当所得（同法24条1項）または益金の額となる。結果として、集団投資信託では、信託財産における収益発生から受益者へ配当するまでの期間は課税が繰り延べられることとなる。このような課税繰延が生じることについては、集団投資信託は、多数の受益者（投資家）が存在するため信託収益

注62) 所税令52条4項、法税令15条4項。
注63) 青木ほか・前掲注49) 294頁［佐々木浩＝椎谷晃＝坂本成範］は、「仮に信託がないものとした場合に同様の権利関係を作り出そうとすればどのような権利関係となるかが参考になると考えられ」るとしている。
注64) 法税12条1項ただし書、所税13条1項ただし書。
注65) 法税12条3項。

が直接受益者に帰属するものとして課税することが困難であり、かつ計算期間が比較的短く、収益の大部分が各計算期間ごとに配分されるため過度に課税繰延べが生じるおそれがないと考えられることから、かかる課税が許容されるものと説明されている[注66]。

　法人が受託者となる集団投資信託の信託財産に属する資産および負債ならびに当該信託財産に帰せられる収益および費用は、当該受託者の資産および負債ならびに収益および費用でないものとみなされるが、このみなし規定がおよぶ範囲は、受託者である「当該法人の各事業の所得の金額および各連結事業年度の連結所得の金額の計算」に限られており、委託者や受益者の所得計算との関係では、私法上の権利関係と同様に信託財産に属する資産および負債ならびに当該信託財産に帰せられる収益および費用は受託者である法人に帰属するものと解される。そのため、例えば、集団投資信託に金銭以外の資産を信託した委託者は、その資産の譲渡損益等が発生することとなる[注67]。

　また、新信託法に信託の併合および分割の手続が定められたことに伴い、2007年度税制改正にて集団投資信託の併合または分割が行われた場合の受益者の課税関係について、法人の合併または分割型分割が行われた場合の株主の課税関係と整合性を保った制度が整備された[注68]。

　かかる集団投資信託には、合同運用信託、一定の証券投資信託および特定受益証券発行信託が該当する[注69]。

(i) 合同運用信託

　合同運用信託とは、信託会社の引き受けた金銭信託で、共同しない多数の委託者の信託財産を合同して運用するものである[注70]。

注66)　青木ほか・前掲注49) 289頁［佐々木浩＝椎谷晃＝坂本成範］、金子・前掲注35) 513頁。もっとも、現行法で集団投資信託とされているもののすべてが厳格な課税繰延べの制限を受けているわけではない。
注67)　青木ほか・前掲注49) 305頁［佐々木浩＝椎谷晃＝坂本成範］。
注68)　所税令59条2項、租特37の10第4項、法税61条の2第14項および15項参照。青木ほか・前掲注49) 99頁および305頁。
注69)　所税13条3項1号、法税2条29号。
注70)　所税2条1項11号、法税2条26号。なお、委託者指図型投信託およびこれに類する外国投資信託、後述する委託者が実質的に多数でない信託は、合同運用信託から除かれる。

第2節　信託・投資信託

親族など実質的に共同性の認められる委託者同士が合同運用信託を利用して課税繰延べを図る事例が散見されたことから、2007年度税制改正において合同運用信託の範囲の適正化が図られ、委託者が実質的に多数でないものが合同運用信託から除かれた注71)。委託者が実質的に多数でないものとして除かれる合同運用信託は、信託の効力が生じた時において、その信託の委託者（および信託の委託者と見込まれる者）の全部が委託者の1人とその特殊関係者である合同運用信託である注72)。もっとも、その合同運用信託に特殊関係者以外の者も参加できるように広く募集がなされており、その募集の結果、委託者が特殊関係者のみになったような場合にまで合同運用信託の範囲から除外されるわけではないものと解される注73)。また、その信託の委託者の全部が再信託を行うものである場合には、その信託の委託者（および信託の委託者と見込まれる者）の全部が委託者の1人とその特殊関係者であっても、合同運用信託に該当する注74)。

合同運用信託の収益の分配に係る所得は、公社債および預貯金の利子と同様、利子所得（所税23条）とされる。

(ii) **一定の投資信託**

集団投資信託に該当する投資信託注75)は、国内投資信託と外国投資信託とでその要件が異なる。

国内投資信託については、①証券投資信託（投信2条4項）と、②信託約款に受益権の募集が公募により行われ、かつ、受益権の発行価額の総額のうちに国内において募集される受益権の発行価額の占める割合が50％を超える旨の記載がある投資信託（国内公募投信）である注76)。集団投資信託に該当し

注71)　委託者が実質的に多数でないとして合同運用信託から除かれるものは、一般的には、受益者等課税信託に該当するものと解される。
注72)　所税令2条の2、法税令14条の2。
注73)　青木ほか・前掲注49）303頁［佐々木浩＝椎谷晃＝坂本成範］。
注74)　所税令2条の2柱書括弧書、法税令14条の2柱書括弧書。
注75)　一般的に、投資信託には契約型投資信託と会社型投資信託があるといわれることがあるが、税法上の投資信託はいわゆる契約型投資信託のみを指すものである。会社型投資信託は、私法上は法人であり、税法上も法人課税の対象となるが、**第5節**記載のように特殊な取扱いがされている。
注76)　法税2条29号ロ、法税令14条の3。

ない国内投資信託は、法人課税信託となる[注77]。

一方、外国投資信託にはこのような制限はなく、外国投資信託は、すべて集団投資信託に該当する。

所得税法および法人税法は、投資信託及び投資法人に関する法律（以下、「投信法」という）の各規定を直接に言及してその範囲を定めている。そのため、投資信託や外国投資信託の範囲は、投信法の解釈により定まることになる。

(iii) 特定受益証券発行信託

2006年に制定された新信託法では、それまでは貸付信託、投資信託および特定目的信託に限られていた受益権の有価証券化が一般的に認められることとなった。信託行為の定めによって受益権を有価証券化すると、受益権の自由譲渡性や流通性が高まり、受益者等課税信託のように、受益者等が信託財産に属する資産および負債ならびに収益および費用を有するものとみなして課税することは、実態上適当でなく、実務上も対応が困難になることが想定される。そのため、受益証券発行信託（信託18条3項）のうち、適正に信託事務を遂行できる受託者の引受けの下、過度な課税繰延べが生じないものとして一定の要件に該当する信託を集団投資信託の対象とする一方、集団投資信託に該当しない受益証券発行信託は法人課税信託とされた[注78]。

集団投資信託となる特定受益証券発行信託は、概要、受益証券発行信託であって、①税務署長の承認を受けた法人が引き受けたものであり、②各計算期間終了の時における未分配利益の額のその時における元本の総額に対する割合が2.5％を超えない旨の定めが信託行為にあり、③各計算期間開始の時において、その時までに到来した利益留保割合の算定の時期のいずれにおいてもその算定された利益留保割合が2.5％を超えておらず、④その計算期間が1年以内であり、⑤受益者が存在しない信託に該当したことがないものである[注79]。

注77) 法税2条29号の2ニ。法人課税信託となる投資信託では、一定の要件の下、収益の分配の金額を損金の額に算入することができる。租特68条の3の3。
注78) 青木ほか・前掲注49) 296頁［佐々木浩＝椎谷晃＝坂本成範］。
注79) 所税2条1項15号の5、法税2条29号ハ、法税令14条の4、法税規8条の3。

(4) 法人課税信託

「法人課税信託」は、受託者を納税義務者として、信託をあたかも1つの法人のようにして、信託段階で課税するものである。法人課税信託は、信託財産に属する資産および負債ならびに当該信託財産に帰せられる収益および費用を有するものとみなされる受益者等が存在しないために代替的に法人課税を行うものと、実質的には法人に類似した経済活動が行われる場合について受益者のみが信託財産に帰属する所得の納税義務者となり信託自体が法人課税の対象とならないことから生じる課税の不公平を回避するために設けられた法人型の課税信託が含まれていると考えられる[注80]。

信託への法人課税は、信託を法人とみなした上でこれを納税義務者とする法制も考えられる。しかし、信託それ自体は、私法上、法的帰属主体ではないため、そのような法制とすると滞納処分など他の制度との調整等が必要となるなど、過度に複雑なものとなるおそれがある[注81]。そのため、現行の法人課税信託では、信託自体を納税義務者とするのではなく、その信託の受託者を納税義務者として法人税を課税することとしている。しかしながら、法人課税信託の受託者は、法人課税信託に発生した所得について受託者の固有の所得とは分離して課税されるものとし、法人課税信託の信託資産等および固有資産等ごとに、それぞれ別の者とみなして法人税法の規定が適用される[注82]。

(i) 受益者不存在信託

受益者（およびみなし受益者）が存在しない信託（以下、「受益者不存在信託」という）は法人課税信託となる[注83]。

2007年度税制改正前の信託税制においては、信託とは信託財産に帰属する収益や費用を伝える導管のようなものであり、信託＝導管に所得等がとどまることはあり得ないという発想と、信託財産自体やそれに帰属する所得等は

注80) 青木ほか・前掲注49) 308頁［佐々木浩＝椎谷晃＝坂本成範］、佐藤・前掲注32) 57頁。
注81) 青木ほか・前掲注49) 294頁［佐々木浩＝椎谷晃＝坂本成範］。
注82) 法税4条の6第2項。
注83) 所税2条1項8号の3、法税2条29号の2ロ。

実際に受益者に具体的に与えられるまでは委託者のものと考えるのが適切であるという暗黙の実質主義的な理解の下に、信託という導管を通って受益者に伝わった所得等は受益者のものとなり、そうでないものは委託者の下にあるものとして課税するという考え方に基づいて、具体的に受益者が存在しなければ委託者に課税がされてきた[注84]。しかしながら、かかる制度の下では、委託者が信託財産に対して何らの権限も利益も有していないような場合まで、委託者やその相続人が課税されるといった問題があった。

　新信託法では、受益権を有する受益者の存在を予定していない信託（いわゆる、目的信託）の設定が認められ[注85]、遺言による目的信託では、委託者の相続人は原則として委託者の地位を承継しないこととされた[注86]。また、2007年度税制改正後の受益者等課税信託においては、信託財産の資産および負債ならびに収益および費用を帰属させるべき受益者およびみなし受益者の範囲を、信託財産の給付を受ける権利と信託の変更をする権限を基準に実質的な観点から定めている。そのため、信託財産の資産および負債ならびに収益および費用を帰属させるべき受益者等が存在しない信託が存在し得るものとなった。このような受益者およびみなし受益者が存在しない信託に生じた所得に対して課税するため、信託を法人とみなして法人税を課税することとされた。

　なお、租税法における受益者不存在信託は、新信託法における目的信託とはその範囲が異なる。すなわち、新信託法における目的信託は信託の変更によって受益者の定めを設けることはできず、また、受益者の定めのある信託を信託の変更によって目的信託とすることもできないものであり[注87]、目的信託と受益者の定めのある信託との間の変更が認められていない。一方、租税法における受益者不存在信託は、（新信託法における目的信託を含むものであるが、）いわば、「ある時点において受益者もみなし受益者も存在しない信託」であり、受益者等課税信託が受益者不存在信託になり、あるいは、受益

注84）　佐藤・前掲注32）43頁。
注85）　信託258条。
注86）　信託147条。
注87）　信託258条2項・3項。

者不存在信託が受益者等課税信託となることがある。

　受益者不存在信託は、その他の法人課税信託と同様に、信託期間中に実質的に「信託の所得」に法人税が課税される点は同じであるが、その他の法人課税信託とは異なる特別な課税ルールが設けられている[注88]。すなわち、①受益者不存在信託の設定時（および受益者等課税信託が受益者不存在信託となった時）においては、委託者から受託法人への贈与による資産の移転があったものと取り扱われ、委託者における譲渡損益課税（および委託者が法人の場合には寄附金課税）と受託者における受贈益課税が生じる[注89]。信託の設定が法人への出資とみなされる法人型の課税信託とは大きく異なっている。②受益者不存在信託に受益者またはみなし受益者が存在することとなり、受益者等課税信託に該当することとなった場合には、法人の解散として扱われる[注90]が、受益者への取得費ないし帳簿価額の引継ぎによる課税の繰延べが行われる[注91]。③このように受益者不存在信託では、委託者から受益者不存在信託への信託財産の移転時に受託者に受贈益課税がされ、その後に受益者等が存在することになり受益者等課税信託となったときは、受益者が受託者の課税関係を引き継ぎ、特段の課税は生じないことから、このような仕組みを使って、相続税（最高税率は55％）と法人税（実行税率は約30％）の税率の差異を利用した租税回避が行われる可能性がある。そのため、受託者における受贈益が生じる段階において、将来、受益者となる者が委託者の親族であることが判

注88)　この点について、佐藤・前掲注32) 56頁は、「受益者不存在信託は個人資産管理のための受益者等課税信託と接続することが予定されているといってよく、投資等を含めたビジネスのための経済活動を目的とすることが通常と考えられるその他の法人課税信託は性格を異にする」と分析している。
注89)　所税6条の3第7号、青木ほか・前掲注49) 318頁［佐々木浩＝椎谷晃＝坂本成範］。
注90)　所税6条の3第5号、法税4条の7第8号。
注91)　所税67条の3第1項・2項、法税64条の3第2項・3項。2007年度税制改正時には、受益者不存在信託に受益者等が存在することとなったことにより法人課税信託が法人の解散として扱われる場合、清算所得に対する法人税を課さないこととされていた（信託特定解散。旧法税92条）。2010年度税制改正により、法人の清算所得課が廃止され、清算中の法人に対する各事業年度の所得に対する法人税を課税することとなったことに合わせ、信託特定解散の制度も廃止されたが、受益者等となった法人は、従前通り課税繰延べが認められる。泉恒有ほか「改正税法のすべて［平成22年版］」（財団法人大蔵財務協会、2010）281頁［佐々木浩＝椎谷晃＝松汐利悟］。

明している場合等の一定の場合には、受益者不存在信託の受託者に対して、相続税・贈与税を課税することとしている[注92]。④さらに、受益者不存在信託の契約締結時等において存在しない者[注93]がその信託の受益者等となる場合において、その信託の受益者等となる者がその信託の契約締結時等における委託者の親族等であるときは、その存在しない者がその信託の受益者等となる時において、その信託の受益者等となる者は、当該信託に関する権利を個人から贈与により取得したものとみなされ、贈与税が課税される[注94]。なお、③の特例と④の特例は個別に要件該当性が判断され、要件を満たす限り、1つの信託について両方の特例が適用されることもある[注95]。

(ii) **法人型の法人課税信託**

法人型の法人課税信託は、2007年度税制改正前から法人税の課税の対象とされていた信託を法人課税信託として整理した類型と、2007年度税制改正に新たに設けられた類型に分けられる。

(a) **国内投資信託、特定目的信託**

国内投資信託のうち、集団投資信託に該当しないものは、法人課税信託となる[注96]。また、資産の流動化に関する法律2条13項に定める特定目的信託も、法人課税信託に該当する[注97]。これらは、2000年度税制改正以来、特定信託として法人税の課税対象とされていたところ、2007年度税制改正により、法人課税信託の一類型と整理された。

これらの信託は、法人課税信託として各事業年度の所得に対する法人税が課税されることとなるが、一定の要件を満たせば、受益者への利益・収益の

[注92] 相税9条の4。青木ほか・前掲注49) 478頁〜480頁［松田淳］。
[注93] 契約締結時において出生していない者、養子縁組前の者、受益者として指定されていない者が含まれ、単に条件が成就していないため受益者としての地位を有していない者などは除かれる。青木ほか・前掲注49) 481頁［松田淳］。
[注94] 相税9条の5。通常の相続では生まれていない孫等へ財産を承継させるためには、少なくともその前に誰かに一旦財産を帰属させ、その後に、生まれてきた孫等に承継するというように、少なくとも2回の相続を経る必要があることから、信託を利用した相続税負担の軽減に対処して課税の公平を確保する観点から、本特例が定められた。青木ほか・前掲注49) 480頁〜481頁［松田淳］。
[注95] 青木ほか・前掲注49) 481頁［松田淳］。
[注96] 法税2条29号の2ニ。
[注97] 法税2条29号の2ホ。

分配の額を損金の額に算入することができる[注98]。

(b) 受益権を表示する証券を発行する旨の定めのある信託

新信託法では、受益権の有価証券化が一般的に認められることとなったが、受益権が証券化されると受益権の自由譲渡性や流通性が高まり、受益者が信託財産に属する資産および負債を有するものとみなすのは実態に合致しないため、2007年度税制改正により、集団投資信託に該当しない受益権を表示する証券を発行する旨の定めのある信託を法人課税信託として、一義的な所得の帰属主体である受託者に対して各事業年度の法人税を課税することとされた[注99]。

集団投資信託となり得る「特定受益証券発行信託」は、わが国の信託法に基づき成立した信託であるのに対して、法人課税信託となる「受益権を表示する証券を発行する旨の定めのある信託」は、わが国の信託法に基づく特定受益証券発行信託に限定されておらず、外国法に基づき成立した信託で、受益権を表示する証券を発行する旨の定めのある信託を含むものである[注100]・[注101]。

(c) 租税回避対処型の法人課税信託

新信託法は、信託に関する制限を大幅に緩和して多用な信託の類型を創出したことから、信託の仕組みを利用した租税回避が生じることも懸念される。そのような状況を踏まえ、2007年度税制改正では、租税回避のおそれがある典型的なケースとして法人が委託者となる3つの類型の信託[注102]を規定し

注98) 租特68条の3の2・68条の3の3。なお、かかる利益・収益の分配の額は、法人の受取配当の益金不算入の対象から除かれる。租特68条の3の2第6項・68条の3の3第6項。

注99) 法税2条29号の2イ。青木ほか・前掲注49) 308頁［佐々木浩＝椎谷晃＝坂本成範］。なお、流通性の高い受益証券を発行して広く出資を募り事業を行うことは株式等を発行する法人とほとんど同じであるという、法人との類似性を指摘する見解もある。佐藤英明「法人課税信託について」租税研究732号（2010）127頁・132頁。

注100) 青木ほか・前掲注49) 308頁［佐々木浩＝椎谷晃＝坂本成範］。

注101) 「受益権を表示する証券を発行する旨の定めのある信託」であっても、「外国投資信託」に該当するものは、集団投資信託に該当し（法税2条29号）、法人課税信託とならない（同法2条29号の2柱書括弧書）。

注102) なお、委託者が公共法人および公益法人等であるものならびに信託財産に属する資産のみを信託するもの（再信託）は除外されており、法人課税信託に該当しない。

て、法人課税信託とした。

　㈲　事業の全部または重要な一部の信託で委託者の株主等を受益者とするもの

　法人の事業の全部または重要な一部[注103]を信託し、かつ、その信託の効力が生じた時において、当該法人の株主等が取得する受益権のその信託に係るすべての受益権に対する割合が50％を超えるもの[注104]に該当することが見込まれていたものは、法人課税信託とされる[注105]・[注106]。ただし、その信託財産に属する金銭以外の資産の種類を金銭債権等（貸付金その他の金銭債権および有価証券）、不動産等（土地および建物等）、減価償却資産（建物を除く）、その他の資産に区分したとき、おおむねすべての資産が同一の区分の種類に属する場合には、法人課税信託に該当しない[注107]・[注108]。

注103）　会社法467条1項1号または2号に該当して株主総会の特別決議（これに準ずるもの、すなわち、会社法以外の法律に基づく事業の全部または重要な一部の譲渡の承認に関する決議を含む）を要するものに限られている。

注104）　各受益権の内容が均等の場合には、受益権の総数に占める当該法人の株主等が取得する受益権の数の割合により、各受益権の内容が均等でない場合には、受益権の総額に占める当該法人の株主等が取得する受益権の価額の割合により判定する。法税令14条の5第1項。

注105）　法税2条29号の2ハ(1)。

注106）　かかる信託を法人課税信託とすることについて、青木ほか・前掲注49）310頁［佐々木浩＝椎谷晃＝坂本成範］は、「法人が本来行っている事業が信託され、受益権がその法人の株主に交付された場合に、株主にその信託された事業に帰せられる収益が帰属するとみなされると、事業収益に対する法人税が課税できないこととなります。これは、別会社として事業を分離する場合に比して、別会社段階で課税されることの回避の点及びその分離事業と受益者の事業との損益通算が可能である点において租税回避であるといえます」と説明している。

注107）　法税令14条の5第2項、法税規8の3の2。

注108）　信託財産の資産の種類がおおむね同一である場合が除かれている趣旨について、青木ほか・前掲注49）309頁［佐々木浩＝椎谷晃＝坂本成範］は、「事業とはそもそも多種多様な資産を有機的一体として活用するものであることにかんがみると、資産の種類がおおむね同一であれば、財産の管理等の〔，〕租税回避目的のない信託であることが推定できるということによるものです」（〔，〕の部分は原文にはない）と説明されている。これに対して、佐藤・前掲注99）133頁は賃貸用不動産を信託財産とする場合には、賃貸人の選択や賃料の交渉・決定など、およそ「受動的」という枠内に入らないような多くの活動がなされるのであり、収益用不動産だけが信託財産であれば、それは資産管理目的であって事業ではないという理屈がうまく成り立つか、検討の必要がある旨を指摘している。

(イ) 自己信託等で存続期間が20年を超えるもの

信託効力発生時または信託行為に定めた存続期間の定めの変更の効力発生時において、受託者が委託者たる法人またはその特殊関係者であり、かつ、効力発生時においてその存続期間が20年を超えるものとされているものは、法人課税信託となる[注109]・[注110]。ただし、効力発生時において信託財産に属する主たる資産が、20年超の耐用年数の減価償却資産、減価償却資産以外の固定資産または20年超の償還期間の金銭債権を含む金銭債権であることが見込まれていた場合が除かれる[注111]。

これも、自己信託等により長期間継続する事業を行う場合、通常の営利法人と同様の事業を行っているといえる状況にあるにもかかわらず、受益者にその信託された事業に帰せられる収益が帰属するとみなされると、その事業に対する法人税を免れることが可能になるため、法人課税信託とされた。

(ウ) 自己信託等で損益分配割合が変更可能であるもの

信託効力発生時に、受託者が委託者たる法人またはその特殊関係者、受益者が当該法人の特殊関係者であり、かつ、その時において当該特殊関係者に対する収益の分配割合が変更可能である場合に該当する信託は、法人課税信託となる[注112]・[注113]。収益の分配の割合が変更可能である場合とは、その特殊

注109) 法税2条29号の2ハ(2)。受託者が委託者たる法人またはその特殊関係者でなかった場合において、当該法人またはその特殊関係者が受託者に就任することとなり、かつ、その就任のときにおいてその時以後の存続期間が20年を超えるものとされていたときも含まれる。

注110) かかる信託を法人課税信託とすることについて、青木ほか・前掲注49)310頁〔佐々木浩＝椎谷晃＝坂本成範〕は、「長期間継続する事業を自己信託等により行う場合、ゴーイングコンサーンを前提とする通常の営利法人と同様の事業を行っているといえる状況にあるにもかかわらず受益者にその信託された事業に帰せられる収益が帰属するとみなされると、〔事業の全部又は重要な一部の信託で委託者の株主等を受益者とする信託〕（筆者注）と同様の意味でその事業に対する法人税を免れることが可能となります」と説明している。

注111) 法税令14条の5第5項。

注112) 法税2条29号の2ハ(3)。

注113) かかる信託を法人課税信託とすることについて、青木ほか・前掲注49)311頁〔佐々木浩＝椎谷晃＝坂本成範〕は、「自己信託等で受益権を子会社等に取得させ、損益の分配を操作することにより、事業の利益を子会社等に付け替えることができる場合には、その年その年において赤字の子会社等に黒字の信託の利益を帰属させ、損益通算することによって、〔事業の全部又は重要な一部の信託で委託者の

関係者である受益者に対する収益の分配の割合につき受益者、委託者、受託者その他者がその裁量により決定することができる場合である[注114]。

(iii) 法人課税信託の課税

法人課税信託を引き受けた受託者は、法人課税信託に係る法人税の納税義務者となる[注115]。前述のように、わが国では、信託それ自体は、私法上、法的帰属主体ではないため、その信託の受託者を納税義務者として法人税を課税することとしている。

法人課税信託の信託財産に属する資産および負債ならびに当該信託財産に帰せられる収益および費用は、受託者の固有財産とは区分され、信託財産および固有財産ごとに、それぞれ別の者とみなして所得税法および法人税法の規定を適用する[注116]。1つの法人課税信託の受託者が2以上である場合にも、1つの法人課税信託として法人税法の規定が適用される[注117]。

法人課税信託の信託された営業所が国内にある場合には、当該法人課税信託に係る受託法人は内国法人と、法人課税信託の信託された営業所が国外にある場合には、当該法人課税信託に係る受託法人は外国法人と、それぞれ取り扱われる[注118]。法人課税信託の受託者は、会社でない場合であっても、会社とみなされ、特定同族会社に対する留保金課税制度や同族会社の行為・計算の否認規定など、会社に対して適用される規定が法人課税信託にも適用される[注119]。

株主等を受益者とする信託（・筆者注）〕と同様の意味で法人税を回避することが可能となります」と説明している。

注114） 法令14条の5第6項。法人税基本通達12の6−1−4では、信託行為において受益者である特殊関係者に対する収益の分配割合が確定的に定められている場合であっても、信託の効力発生時において、信託行為に受益者、委託者、受託者その他の者のいずれかが信託の変更によりその定めの内容の変更を単独で行う権限を有する旨の信託法149条4項に規定する別段の定めがある場合が含まれるとしている。

注115） 法税4条。個人が法人課税信託の引受けを行うときも、法人税の納税義務者となる。法税4条4項。

注116） 所税6条の2、法税4条の6。

注117） 法税4条の8。

注118） 所税6条の3第1号および2号、法税4条の7第1号および2号。

注119） 所税6条の3第3号、法税4条の7第3号。青木ほか・前掲注49）316頁〔佐々木浩＝椎谷晃＝坂本成範〕参照。

法人課税信託の受益権は、原則として株式または出資とみなされ、法人課税信託の収益の分配は資本剰余金の減少に伴わない剰余金の配当と、法人課税信託の元本の払戻しは資本剰余金の減少に伴う剰余金の配当とみなされる[注120]。また、原則として、法人課税信託の併合は会社の合併と、法人課税信託の分割は会社分割と同様の取扱いとなる[注121]。法人課税信託の効力発生は会社の設立と、法人課税信託の終了は会社の解散と同様の取扱いとなる[注122]。

(5) 退職年金等信託

退職年金等信託は、年金給付積立てや財形貯蓄などのための特別の信託である。具体的には、確定給付年金資産管理運用契約、確定給付年金基金資産運用契約、確定拠出年金資産管理契約、勤労者財産形成給付契約もしくは勤労者財産形成基金給付契約、国民年金基金もしくは国民年金基金連合会の締結する基金もしくは連合会が支給する年金または一時金に要する費用に関する契約、厚生年金基金契約等に係る信託である[注123]。

これらの信託では、集団投資信託と同様、信託財産に属する資産および負債ならびに信託財産に帰せられる収益および費用は、受益者に帰属せず、また、受託者となる法人の資産および負債ならびに収益および費用ともならない[注124]。もっとも、当該信託が法人税法84条1項に規定する退職年金業務等に該当する場合には、退職年金業務等を行う内国法人および外国法人は、各事業年度の退職年金等積立金について、退職年金等積立金に対する法人税の納税義務を負う[注125]が、2020年3月31日までの間に開始する各事業年度の退職年金等積立金については、法人税の課税が停止されている[注126]。

注120) 所税6条の3第4号および8号、法税4条の7第6号および10号。
注121) 法税4条の7第4号および5号。なお、法税令14条の10は、信託の併合または分割は必ずしも同じ課税上の類型の信託同士で行われるわけではないため、異なる類型の信託が併合または分割された場合の取扱等を定めている。
注122) 所税6条の3第5号、法税4条の7第7号および8号。
注123) 所税13条3項2号、所税令52条5項、法税12条4項1号、法税令15条5項。
注124) 所税13条1項ただし書、法税12条1項ただし書および3項。
注125) 法税4条1項および3項・8条・10条の2・83条・145条の3。
注126) 租特68条の4。

1001

これらの信託では、受益者が分配を受け取った時に、その所得の性質に応じて課税される。

(6) 特定公益信託等

特定公益信託等に該当する信託も、集団投資信託と同様、その信託財産に属する資産および負債ならびにその信託財産に帰せられる収益および費用が受益者に帰属せず、また、受託者となる法人の資産および負債ならびに収益および費用ともならない[注127]。特定公益信託等とは、特定公益信託[注128]と、社債、株式等の振替に関する法律2条11項に規定する加入者保護信託である。

2 投資信託の税制

資産運用のビークルとして用いられる投資信託は、現在では、株式・債券等の伝統的な投資商品と並ぶ、一般的な投資商品である。もっとも、租税法令上の「投資信託」は、いわゆる契約型投資信託であり、会社型投資信託を含まない。会社型投資信託(投資法人および外国投資法人)は、租税法令上は「法人」として課税関係が定まる。以下では、投資信託の税制について概説する。

(1) 租税法における「投資信託」の概念

租税法は、「投資信託」および投資信託に関連する主要な用語の定義を、投信法に依拠している。すなわち、所得税法は、「投資信託」を「投資信託及び投資法人に関する法律第2条第3項に規定する投資信託[注129]及び外国

注127) 所税13条1項ただし書、法税12条1項ただし書および3項。
注128) 公益信託に関する法律1条に規定する公益信託で、信託の終了の時における信託財産がその信託財産に係る信託の委託者に帰属しないことおよびその信託事務の実施につき法人税法施行令77条の4第1項の要件を満たすものであることについて、同条2項に定めるところにより証明されたものである。法税37条6項。
注129) 投信法2条3項に規定する投資信託は、同条1項に定める委託者指図型投資信託および同条2項に定める委託者非指図型投資信託を意味する。投信法に基づき設定された国内投信を意味するものであり、外国投信を含まない。

投資信託をいう」[注130]と定義し、また「外国投資信託」とは「〔投信法2条〕24項に規定する外国投資信託[注131]をいう」[注132]とされ、「証券投資信託」とは「投資信託及び投資法人に関する法律2条4項に規定する証券投資信託[注133]及びこれに類する外国投資信託をいう」[注134]と定義している。したがって、これら投信法に依拠する概念の範囲や解釈は、専ら、投信法の解釈により定まると解される[注135]。

(2) 投資信託の税法上の取扱い

(i) 集団投資信託、法人課税信託

投資信託は、私法上の信託を用いた資産運用スキームであり、信託税制との関係が深い。所得課税上、投資信託は「集団投資信託」または「法人課税信託」となる。すなわち、国内投資信託のうち、①証券投資信託および②信託約款に受益権の募集が公募により行われ、かつ、受益権の発行価額の総額のうちに国内において募集される受益権の発行価額の占める割合が50％を超える旨の記載がある投資信託、ならびに、③外国投資信託が集団投資信託に該当し[注136]、集団投資信託に該当しない国内投資信託は、法人課税信託となる[注137]。

注130)　所税2条1項12号の2。
注131)　外国投資信託とは、外国において外国の法令に基づいて設定された信託で、(国内) 投資信託に類するものをいう。投信2条24項。
注132)　所税2条1項11号。
注133)　投信法2条4項に規定する証券投資信託は、概要、委託者指図型投資信託のうち、投資信託財産の総額の2分の1を超える額を有価証券（金融商品取引法（以下、「金商法」という）2条2項各号に掲げる権利を除く）に対する投資として運用すること（有価証券関連デリバティブ取引を行うことを含む）を目的とするものである。
注134)　所税2条1項13号。
注135)　日本と法制度の異なる外国法に基づく投資スキームの場合、わが国の信託とは異なるものであっても、外国投資信託に該当することがあり得る。伊藤剛志「外国投資信託に係る課税上の問題」中里実ほか編著『クロスボーダー取引課税のフロンティア』(有斐閣、2014) 191頁・195頁参照。
注136)　法税2条29号ロ、法税令14条の3。
注137)　法税2条29号の2ニ。法人課税信託となる投資信託では、一定の要件の下、収益の分配の金額を損金の額に算入することができる。租特68条の3の3。

(ii) 投資信託の受益者の課税

わが国で販売される投資信託のほとんどは、集団投資信託に該当する投資信託である。集団投資信託は、前記1(3)で詳述したように、投資信託段階での所得課税はなく、投資信託の受益者が投資信託に係る所得を得た段階で課税される。もっとも、投資信託の受益者の所得課税に係る関係法令の規定は、かなり複雑である。その背景として、以下の点を指摘しておきたい。

1点目は、投資信託の受益者に対する課税は、投資信託の投資対象資産の種類が考慮されていることである。投資信託は、投資家たる受益者の資金を集めて一定の資産に対する投資として運用するものであるから、投資家たる受益者の得た所得に対する課税は、当該受益者が直接にその資産に投資をした場合と同様の課税とすることが望ましい。かかる観点から、租税法は、投資信託の投資対象が、公社債など、利子所得を生み出す資産か、株式等の配当所得を生み出す資産か、という観点から一定の分類を行い、それに応じた課税関係を試みている。わが国では、個人の株式の譲渡益は分離課税等の特別な取扱いがあり、一定の投資信託については、これらと整合的な取扱いを行っているが、金融所得課税の一体化に対応した改正が加わり、複雑な規定となっている。

2点目は、投資信託の受益者の所得実現手段との関係である。投資信託の受益者は、投資信託からの収益の分配（株式の剰余金の配当に相当する）により所得を実現するほか、投資信託の受益権を譲渡する（株式の譲渡に相当する）ことにより所得を実現することが可能である。投資信託では、さらに、受益者が信託の終了前に信託契約の解約を請求し、投資信託委託会社が受託者である信託銀行との間で当該受益者の保有する受益証券に相当する信託契約の一部解約を行って、信託財産を受益者に払い戻すことを認めていることが多い。日々の基準価額で追加投資や換金が可能な追加型国内投信では、このような一部解約による換金方法はごく一般的である。また、投資信託が終了して信託財産が受益者に払い戻されることもある[注138]。このような信託契

注138) 単位型（ユニット型）投信や、追加型（オープン型）投信であらかじめ信託期間の定めがある投信は信託期間の到来により終了し、信託財産は受益者に支払われる。また、投資信託の約款では、通常、全部解約の事由を定めており、例えば、

約の一部解約に払戻しや全部解約（投資信託の終了）による償還が行われた場合には、解約・償還による受領した金額のうち、信託元本を超える金額が利子所得または配当所得となり、信託元本と取得価額の差額については譲渡損益となることが原則となる[注139]。

　3点目は、オープン型の証券投資信託[注140]について個別元本方式が採用されていることである[注141]。すなわち、各受益者ごとに個別元本を把握し、投資信託から収益の分配が行われる場合に、分配落ち後の基準価額が当該受益者の個別元本を下回っているときは、その下回った差額部分は、当該受益者にとって投資元本の払戻しに当たることから、非課税の特別分配金となり[注142]、個別元本が修正される。一方、投資信託の収益の分配の金額から特別分配金を除いた部分[注143]は、普通分配金として、利子所得または配当所得として課税に服する。

　　　信託財産が減少して効率的な運用が難しくなったときなど、投資信託の終了（償還）が生じる。三菱UFJ信託銀行編著『信託の法務と実務〔6訂版〕』（金融財政事情研究会、2015）490頁参照。
注139）　所税令59条1項。租特37条の10第4項2号。
注140）　証券投資信託のうち、元本の追加信託をすることができるものを意味する。所税2条1項14号。
注141）　2000年3月31日以前は、平均信託金方式がとられ、全受益者の平均投資元本を課税上の投資元本とみなす制度であった。
注142）　所税9条1項11号、所税令27条。なお、所得税法施行令27条は、非課税となる収益の分配は、「オープン型の証券投資信託の契約に基づき収益調整金のみに係る収益として分配される特別分配金」としている。収益調整金とは、追加型投資信託において、追加設定により既存受益者への分配可能額が減らないようにするために設けられる調整勘定である。例えば、当初に基準価額10000円で1口のみだった投資信託の基準価額が12000円になったときに、新規の投資家が新たに12000円で1口を投資して投資信託が追加設定されたとする。この場合、新規の投資家による追加設定前は、1口当たり2000円（＝信託財産12000円－信託元本10000円）の分配が可能であったところ、新規の投資家による追加設定がすべて投資信託の元本となり分配できないとすると、分配可能金額は、1口当たり1000円（＝｛信託財産24000－信託元本（10000＋12000）｝÷2口）と減ってしまう。そのため、追加設定の12000円のうち2000円を収益調整金として、当該収益調整金からの分配を可能としている。
注143）　分配落ち後の基準価額が当該受益者の個別元本を上回っているときには、収益の分配の全額が普通分配金となる。

【図表14-2-1】 投資信託の租税法上の主な分類

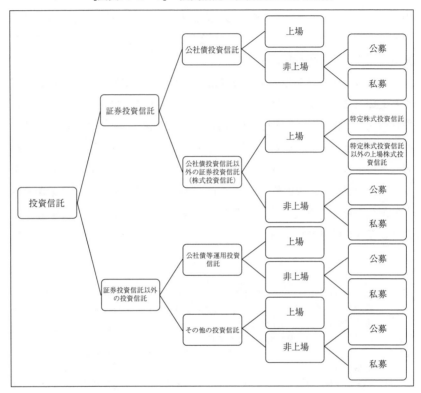

(iii) 投資信託の租税法上の主な分類

投資信託は、主として次のように分類されており、これに応じて受益者の課税が異なってくる。

租税法上の投資信託は、証券投資信託とそれ以外の投資信託に分かれる。

「証券投資信託」は、投信法に定める証券投資信託およびこれに類する外国投資信託である[注144]。投信法に定める証券投資信託は、委託者指図型投資信託のうち主として有価証券（金商法2条2項の規定により有価証券とみなされる同項各号に掲げられている権利〔いわゆる第二項有価証券〕を除く）に対する投資として運用すること（第二項有価証券以外の有価証券に係る有価証券関

注144）　所税2条1項13号、法税2条27号。

連デリバティブ取引を行うことを含む）を目的とするものであって、投資運用財産の総額の2分の1を超える額を有価証券に対する投資として運用するものである[注145]。投信法上の証券投資信託は、投信法に基づき設定された国内投資信託のみを意味するものであるが、所得税法上の証券投資信託は、国内の証券投資信託と類似する外国投資信託を含む概念である。

証券投資信託は、その運用対象に応じて、公社債投資信託とそれ以外の証券投資信託に分かれる。「公社債投資信託」とは、証券投資信託のうち、その信託財産を公社債に対する投資として運用することを目的とするもので、株式（投資法人の投資口を含む）または出資に対する投資として運用しないものである[注146]。公社債投資信託の受益者に対する課税は、公社債への投資者に対する課税との平仄を考慮した制度となっている。

公社債投資信託でない証券投資信託は、実務上、「株式投資信託」と呼ばれているが、租税法にて定義がされているわけではない[注147]。株式投資信託の受益者に対する課税は、株式等への投資者に対する課税との平仄を考慮した制度となっている。

証券投資信託以外の投資信託のうち、「公社債等運用投資信託」は、信託財産として受け入れた金銭を公社債等（公社債、手形、指名金銭債権および合同運用信託）に対して運用するものである。信託財産を公社債、手形、指名金銭債権に対する投資として運用することを目的として、公社債、手形、指名金銭債権および合同運用信託のみで運用し、投資信託約款にそのような投

注145) 投信2条4項、投信令5条・6条。なお、運用対象の有価証券から第二項有価証券が除かれているため、例えば、組合持分や海外のリミテッド・パートナーシップ持分に投資運用財産の総額の2分の1超を投資する投資信託は、証券投資信託とならない。

注146) 所税2条1項15号、法税2条28号。マネー・マネージメント・ファンド（MMF）やマネー・リザーブ・ファンド（MRF）は、公社債投資信託の代表的なものである。

注147) なお、株式投資信託は、公社債投資信託以外の証券投資信託を意味するものとして用いられている。実際には投資運用財産に株式を一切組み込まず、債券のみで運用を行っている投資信託であっても、投資信託約款上、わずかでも株式に投資することが可能と定めている場合には、公社債投資信託には該当せず、株式投資信託である。

資信託である旨が定められている必要がある[注148]。

　これらの投資信託は、それぞれ、受益権が金融商品取引所に上場されているか、非上場の場合には当該受益権の設定に係る受益権の募集が「公募」[注149]により行われたものか否かで、課税上の取扱いが異なる。ここにいう「公募」は、金商法における「有価証券の募集」とその範囲が少し異なっており、受益権の募集が国内において行われる場合には、受益権の取得勧誘が金商法3条1項1号（多数の者を相手方として行う場合）に該当し、投資信託約款に取得勧誘が同号に掲げる場合に該当するものである旨の記載がなされている必要がある。

　上場の投資信託と公募の投資信託については、おおむね、上場株式等と同様の取扱いがなされ、私募の投資信託については、一般株式等と同様の取扱いがなされている。

　一般的な国内の証券投資信託について、受益者が居住者または内国法人である場合の課税関係をまとめると、【図表14-2-2】の通りである。

(iv)　利子等に係る源泉徴収課税の特例

　証券投資信託および受益権の募集が公募により行われた投資信託で、国内にある営業所に信託されたものについては、一定の条件の下、その信託財産に属する公社債や株式等の利子等および配当等に係る源泉徴収税が課税されないこととされている[注150]。

注148）　所税2条1項15号の2、所税令2条の3。
注149）　租特令1条の4第2項・3条の4第1項・4条の2第5項・4条の6第2項、所税令2条の4参照。受益権の募集が国外において行われる場合には、受益権の取得勧誘が金商法3条1項1号（多数の者を相手方として行う場合）に相当するもので、目論見書その他これに類する書類に取得勧誘が同号（多数の者を相手方として行う場合）に相当するものである旨の記載がなされる必要がある。なお、「公募公社債等運用投資信託」は、集団投資信託に該当するものに限られる（所税2条1項15号の3）。
注150）　所税176条1項、租特9条の4第2項。

第2節 信託・投資信託

【図表14-2-2】 証券投資信託の課税の概要(税率は復興特別所得税を除したもの)

	居住者				内国法人	
	収益の分配		譲渡、一部解約または終了		収益の分配	譲渡、一部解約又は終了
	所得区分	課税関係	所得区分	課税関係	課税関係	課税関係
公募公社債投資信託	利子所得	・源泉課税（所得税15％、地方税5％） ・申告分離課税（所得税15％、地方税5％） ・申告不要制度の対象	上場株式等に係る譲渡所得等	・申告分離課税（所得税15％、地方税5％） ・一部解約または終了により受益者が交付を受ける金銭（および金銭以外の資産の価額）は、その全額が譲渡所得等に係る収入金額とみなされる ・特定口座、損益通算・繰越控除可	・源泉課税（所得税15％） ・源泉徴収された所得税額は、その全額が所得税額控除の対象 ・受取配当等の益金不算入規定の適用なし	・損益は、法人税法上、益金または損金に算入 ・解約・償還により支払われる金額のうち信託元本を超える金額は、所得税法上、収益の分配と同様の取扱いとなる*1
私募公社債投資信託	利子所得	・源泉課税（所得税15％、地方税5％） ・源泉分離課税	一般株式等に係る譲渡所得等	・申告分離課税（所得税15％、地方税5％） ・一部解約または終了により受益者が交付を受ける金銭（および金銭以外の資産の価額）のうち、信託元本に達するまでの金額は、一般株式等に係る譲渡所得等	同上	同上

第14章 金融取引課税

				の収入金額とみなされ*2、信託元本を超える部分は収益分配金と同様の課税となる*3			
公募株式投資信託	配当所得	・源泉課税（所得税15%、地方税5％） ・申告分離課税（所得税15%、地方税5％）または総合課税 ・申告不要制度の対象	上場株式等に係る譲渡所得等	・申告分離課税（所得税15%、地方税5％） ・一部解約または終了により受益者が交付を受ける金銭（および金銭以外の資産の価額）は、その全額が譲渡所得等に係る収入金額とみなされる ・特定口座、損益通算・繰越控除可	・源泉課税（所得税15％） ・源泉徴収された所得税額は、元本所有期間に対応する部分について、所得税額控除の対象 ・受取配当等の益金不算入規定の適用なし	・損益は、法人税法上、益金または損金に算入 ・解約・償還により支払われる金額のうち信託元本を超える金額は、所得税法上、収益の分配と同様の取扱いとなる*4
私募株式投資信託	配当所得	・源泉課税（所得税20％） ・総合課税 ・（少額の場合）申告不要制度の対象	一般株式等に係る譲渡所得等	・申告分離課税（所得税15%、地方税5％） ・一部解約または終了により受益者が交付を受ける金銭（および金銭以外の資産の価額）のうち、信託元本に達するまでの金額は、一般株式等に係る譲渡所得等	・源泉課税（所得税20％） ・源泉徴収された所得税額は、元本所有期間に対応する部分について、所得税額控除の対象 ・受取配当等の益金不算入規定の適	同上

				の収入金額とみなされ*5、信託元本を超える部分は収益分配金と同様の課税となる*6	用なし	
特定株式投資信託*7	配当所得	・源泉課税（所得税15％、地方税5％） ・申告分離課税（所得税15％、地方税5％）または総合課税 ・申告不要制度の対象	上場株式等に係る譲渡所得等	・申告分離課税（所得税15％、地方税5％） ・特定口座、損益通算・繰越控除可	・源泉課税（所得税15％） ・源泉徴収された所得税額は、元本所有期間に対応する部分について、所得税額控除の対象 ・外国株価指数連動型特定株式投資信託を除き、受取配当等の益金不算入規定の適用がある*8	・損益は、法人税法上、益金または損金に算入

*1　所税令58条1項。
*2　租特37条の10第4項2号。
*3　所税令59条1項。
*4　所税令58条1項。
*5　租特37条の10第4項2号。
*6　所税令58条1項。
*7　特定株式投資信託とは、信託財産を株式のみに対する投資として運用することを目的とする証券投資信託のうち、受益権が金融商品取引所に上場されていること、投資信託約款に信託契約期間を定めていないなど、政省令の要件を満たすものである。租特3条の2、租特令2条、租特規2条の3参照。
*8　租特67条の6。

第3節 組合・匿名組合

1 組合税制

(1) 組合税制の特徴——構成員課税、パス・スルー課税

組合[注151]税制の特徴は、構成員課税ないしパス・スルー（pass through）課税と呼ばれる取扱いにある。すなわち、租税法上、その組織・事業体が構成員から独立した納税義務の主体として取り扱われず、その組織・事業体の構成員が直接の納税義務の主体となる。その組織・事業体は、課税上は、透明な（transparent）存在である。

わが国の租税法上、構成員課税ないしパス・スルー課税の取扱いがされる組織・事業体は少なく、組合は、**第2節1(2)**に述べた受益者等課税信託と並んで、構成員課税ないしパス・スルー課税の取扱いがされる代表的なものである。

しかしながら、わが国の現行の租税法上、組合課税の実体ルールに関する明示の規定は少ない。組合をめぐるさまざまな課税上の問題に関して、各税法等の規定の解釈により課税を検討する必要が生じる。

(2) 組合税制の対象

課税実務では、民法667条1項に規定する任意組合、投資事業有限責任組合契約に関する法律3条1項に規定する投資事業有限責任組合、および有限責任事業組合契約に関する法律3条1項に規定する有限責任事業組合、ならびに外国におけるこれらに類するものを「任意組合等」と総称し、任意組合

注151) ここでいう「組合」とは、民法667条1項に規定する任意組合（およびこれと同様の法的性質を有するもの）を意味し、商法535条以下に定める匿名組合を含むものではない。匿名組合については、本節2を参照。

等は法人税の納税主体とならず[注152]、任意組合等の事業から生じる利益・損失は、分配割合に応じて各組合員に直接帰属することを前提に[注153]、各組合員は現実の利益の分配の有無にかかわらず、組合事業の収益・費用を計算して自己の所得計算に取り入れることを求めている。

所得税法、法人税法には、任意組合等について構成員課税を定めた規定はないが、任意組合等に法人格はなく、組合財産は組合員の共有（合有）に属し、各組合員は組合債務に対して直接責任を負うなど、任意組合等における私法上の権利義務の帰属から、解釈上、構成員課税が導かれるものと考えられる[注154]。

わが国の租税法上、任意組合等と同様の構成員課税と取り扱われるか否かをめぐって特に問題となるのは、外国の事業体である。

この点、米国デラウェア州改正統一リミテッド・パートナーシップ法に基づいて設立されたリミテッド・パートナーシップが所得税法および法人税法に規定する外国法人に該当するか否かが争われた事案において、最高裁判所第2小法廷は、外国法に基づいて設立された組織体が外国法人に該当するか否かは、まず、「①当該組織体に係る設立根拠法令の規定の文言や法制の仕組みから、当該組織体が当該外国の法令において日本法上の法人に相当する法的地位を付与されていること又は付与されていないことが疑義のない程度に明白であるか否かを検討」し、これができない場合には、「②当該組織体が権利義務の帰属主体であると認められるか否かを検討して判断すべきものであり、具体的には、当該組織体の設立根拠法令の規定の内容や趣旨等から、当該組織体が自ら法律行為の当事者となることができ、かつ、その法律効果

注152) 任意組合について、法税基通1-1-1。
注153) 所税基通36・37共-19。法税基通14-1-1。
注154) 増井良啓「組合損益の出資者への帰属」税務事例研究49号（1999）53頁。東京地判平成23・2・4判タ1392号111頁。なお、後述の最判平成27・7・17民集69巻5号1253頁も、「複数の者が出資をすることにより構成された組織体が事業を行う場合において、その事業により生じた利益又は損失は、別異に解すべき特段の事情がない限り、当該組織体が我が国の租税法上の法人に該当するときは当該組織体に帰属するものとして課税上取り扱われる一方で、当該組織体が我が国の租税法上の法人に該当しないときはその構成員に帰属するものとして課税上取り扱われることになる」と判示している。

が当該組織体に帰属すると認められるか否かという点を検討することとなる」と判示した上で、当該リミテッド・パートナーシップが外国法人に該当すると判断した[注155]。かかる基準に従い、外国の事業体が「外国法人」に該当すると判断されれば、当該事業体の損益は、外国法人である当該事業体に帰属し、当該事業体がわが国の租税法上の納税義務者と考えられることから、構成員課税ないしパス・スルー課税は認められない。

また、外国の事業体が「外国法人」に該当しない場合でも、人格のない社団等（所税2条1項8号、法税2条8号）、すなわち、「法人でない社団又は財団で代表者又は管理人の定めがあるもの」に該当するときは、所得課税上は法人とみなされる（所税4条、法税3条）ことから、構成員課税ないしパス・スルー課税は認められないものと解される。

(3) 任意組合等の課税上の取扱い

任意組合等の課税は、任意組合等を組合員である個人・法人の集合体としてみる見方（集合アプローチ。aggregate approach）と、任意組合等を組合員である個人・法人とは別個の実体（または損益計算主体）としてみる見方（実体アプローチ。entity approach）がある。現行の任意組合等の課税上の取扱いは、集合アプローチを基礎としながらも、実体アプローチを取り入れている側面もあり、両者が混合した状態にある[注156]。

(i) 構成員における組合事業の損益の取込方法

任意組合等の組合事業の利益や損失は、分配割合に応じて各構成員に分配され、当該構成員の利益・損失として所得課税が行われる[注157]。

注155) 最判平成27・7・17民集69巻5号1253頁。同判決の判例評釈・解説として、衣斐瑞穂・ジュリ1493号（2016）65頁、宮塚久＝北村導人・旬刊経理情報1426号（2015）40頁、吉村政穂・税務弘報63巻12号（2015）100頁、岡村忠生・ジュリ1486号（2015）10頁、葭田英人・月刊税務事例47巻11号（2015）25頁、品川芳宣・税研ＪＴＲＩ31巻5号（2016）98頁、秋元秀仁・国際税務36巻3号（2016）20頁、仲谷栄一郎＝礒山海・国際税務36巻1号（2016）98頁、長戸貴之・平成27年度重要判例解説（2016）199頁。
注156) 水野忠恒『租税法〔第5版〕』（有斐閣、2011）342頁。
注157) 任意組合等は、構成員課税ないしパス・スルー課税であるから、任意組合等が稼得した所得は、それが現実に組合員に支払われていなくても、計算上、各組合員に配賦（allocation）され、組合員段階で課税を受ける。任意組合等から組合員に

第3節　組合・匿名組合

　任意組合等の各組合員が組合事業から分配を受ける利益・損失の額の計算方法について、課税実務上(注158)、①総額方式（組合事業に係る収入金額、支出金額、資産、負債等を、その分配割合に応じて各組合員のこれらの金額として計算する方法）を原則としながらも、納税者が継続して用いている場合には、②純額方式（当該組合事業について計算される利益の額または損失の額をその分配割合に応じて各組合員に按分する方法(注159)）および③中間方式（組合事業に係る収入金額、その収入金額に係る原価の額および費用の額ならびに損失の額をその分配割合に応じて各組合員のこれらの金額として計算する方法(注160)）を認めている(注161)。しかしながら、①総額方式に加えて、②純額方式や③中間方式が認められる理論的根拠は、必ずしも、明確ではない(注162)。また、個人につい

　　　　　対する金銭の支払は、組合にとっては課税済みの利益の支払であり、必ずしも、当該支払時点で課税を受けるわけではない。所税基通36・37共-19、法税基通14-1-1の2。
注158）　所税基通36・37共-20、法税基通14-1-2。
注159）　純額方式による場合、当該組合事業の取引等について、法人である組合員については、受取配当等の益金不算入、所得税額の控除、引当金の繰入れ、準備金の積立等の規定の適用はないものとされる。個人である組合員については、非課税所得、引当金、準備金、配当控除、確定申告による源泉徴収税額の控除等に関する規定の適用はなく、各組合員に按分される利益の額または損失の額は、当該組合事業の主たる事業の内容に従い、不動産所得、事業所得、山林所得または雑所得のいずれか一の所得に係る収入金額または必要経費とされる。
注160）　中間方式による場合、法人である組合員については、当該組合事業の取引等について受取配当等の益金不算入、所得税額の控除等の規定の適用はあるが、引当金の繰入れ、準備金の積立等の規定の適用はないものとされる。個人である組合員については、当該組合事業の取引等について非課税所得、配当控除、確定申告による源泉徴収税額の控除等に関する規定の適用はあるが、引当金、準備金等に関する規定の適用はないものとされる。
注161）　個人の組合員については、中間方式または純額方式による計算は、総額方式による場合が困難と認められる場合を条件とする旨の所得税基本通達の改正が2012年8月に行われている。国税庁長官「『所得税基本通達の制定について』の一部改正について（法令解釈通達）」（2012年8月30日課個2-30、課審5-25）。後述の東京高判平成23・8・4税務訴訟資料261号11728順号における問題を受けての改正と考えられるが、通達によって組合課税の実体ルールの変更をしているのであれば、租税法律主義との関係で問題がないわけではない。なお、法人の組合員については、課税実務上、中間方式または純額方式による計算は、多額の減価償却費の前倒し計上などの課税上の弊害がないことも、条件とされている。
注162）　下級審裁判例においては、任意組合では組合財産が組合の共有とされており、組合損益は、それが生ずるごとに実際の分配の有無を問わず、損益分配割合に応じ

1015

第14章　金融取引課税

ては、所得分類が定められ、一定の所得に対する分離課税や異なる分類の所得の間における損益通算の制限などがあるところ、純額方式による場合には、組合事業の損益について、個人レベルでは許容されない損益の通算と同様の効果が生じ得る点にも注意を要する[注163]。

所得課税上、任意組合等の組合事業の利益や損失は分配割合に応じて各構成員に分配され、各構成員において課税されるが、課税実務上、かかる分配割合は、各組合員の出資の状況、組合事業への寄与の状況などからみて経済的合理性を有していなければならないとされている[注164]。

(ii)　**所得分類**

組合員が個人である場合には、当該組合員に分配された任意組合等の組合事業の所得の所得分類も問題となる。

この点の考え方としては、①各組合員は、任意組合等において発生する所得の属性を引き継ぎ、任意組合等において発生する各種所得の区分に応じて

　　　　　て、各組合員に帰属すると考えられる点に着目して、総額方式が原則的・論理的な考え方であるとしながらも、組合財産に一定の独立性があり、特に営利事業を主目的とする組合は、その存続中には定期的に損益の計算をして利益があればそのつど組合員がその分配を受けることを意図していることが通例であることに着目すれば、純額方式によることも考えられ、両者の中間の方式である中間方式を含めた3つの方法のいずれもが所得税法上の解釈として許容されると解すべきとするものがある。東京高判平成23・8・4税務訴訟資料261号11728順号およびその原審の前掲・東京地判平成23・2・4参照。

注163)　前掲・東京高判平成23・8・4およびその原審の前掲・東京地判平成23・2・4は、純額方式により申告した事案において、分離課税の対象となる所得について、その他の所得と区分して計算されるべきか否かが争われたものである。課税当局は、所得税法基本通達は、「総額方式によることを原則としつつ、総額方式による計算が困難である特段の事情がある場合、又は、総額方式による計算が実際上困難とまでいえない場合であっても、中間方式及び純額方式を選択しても、納税者の租税負担が軽減されることがないなど、課税上の公平を害さない（課税上の弊害が生じない）限度において、中間方式・純額方式を許容したもの」であると主張したが、裁判所は、当時の所得税法基本通達の文言上にそのような制限はなく、特に、総額方式により計算した各種所得の額に基づく所得税額が中間方式または純額方式により計算した各種所得の額に基づく所得税額を超えないことを要件とすれば、中間方式または純額方式により計算をしようとする納税者は、常に総額方式による計算も行わなければならないこととなり、所得税法基本通達が、所得税法の解釈を踏まえて所得計算方法の簡便化を図った趣旨に反するとして、課税当局の主張を斥けた。

注164)　所税基通36・37共-19注1、法税基通14-1-2注1。

第3節　組合・匿名組合

所得分類が決定され得るとする考え方と、②各組合員の任意組合等の事業への関与の度合いに応じて決定されるとする考え方があり得る。

　この点、課税実務では、基本的には①の考え方を基礎として、純額方式による場合には、各組合員に按分される利益の額または損失の額は、任意組合等の主たる事業の内容に従って不動産所得、事業所得、山林所得または雑所得のいずれか一の所得に係る収入金額または必要経費とすることとされ[注165]、総額方式および中間方式では、損益計算の項目を分配割合に応じて各組合員に配賦されることになることから、各組合員は、その所得の性質を引き継ぎ、任意組合等を通じて得た所得を所得税法に規定する各種所得に区分して申告すべきと解されているように思われる[注166]。一方、下級審裁判例[注167]では、傍論ではあるものの、「任意組合が多数の組合員から出資を募って共同事業を行う場合においては、その出資者が単に利益の配分を期待する資本出資者という実態を持つ場合には、その業務から生じる利益の配分として個人組合員が当該組合から受ける所得は、出資・投資の対価として雑所得に該当するとも考えられる」と②の考え方を基礎とする判示をしたものもあり、必ずしも明確ではない。

注165)　所税基通36・37共-20(3)参照。
注166)　2004年6月14日付け「投資事業有限責任組合及び民法上の任意組合を通じた株式等への投資に係る所得税の取扱いについて（照会）」およびその回答では、投資組合を通じて個人投資家が得た所得の所得区分について、個人投資家が総方式により所得金額の計算を行っている場合において、下記のすべての要件が充足され、かつ、投資組合契約書等に記載されている場合においては、出資者が共同で営利を目的として継続的に行う株式等の譲渡を行うものと位置付けられ、個人投資家が当該投資組合を通じて得た株式等の譲渡に係る所得は、（株式等の譲渡に係る譲渡所得ではなく）株式等の譲渡による雑所得または株式等の譲渡による事業所得に該当するものとされている。
　　　①　株式等への投資を主たる目的事業としていること
　　　②　各組合員において収益の区分把握が可能であること
　　　③　民法上の任意組合が前提とする共同事業性が担保されていること
　　　④　投資組合が営利目的で組成されていること
　　　⑤　投資対象が単一銘柄に限定されないこと
　　　⑥　投資組合の存続期間がおおむね5年以上であること
注167)　前掲・東京高判平成23・8・4およびその原審の前掲・東京地判平成23・2・4参照。

(iii) 構成員における組合事業の損益の年度帰属

任意組合等の組合員が組合事業から生じる利益・損失を自己の所得計算に取り込む場合、個人である組合員は各暦年の期間に、法人である組合員は当該法人の各事業年度の期間に対応する組合事業に係る個々の損益を計算し、その所得計算に取り込むことが原則になる。しかしながら、任意組合等が毎年1回以上一定の時期に組合事業に係る損益を計算し、各組合員への損益の帰属が当該損益発生後1年以内である場合には、任意組合等の計算期間の終了の日の属する暦年・事業年度において組合事業に係る損益を取り込むことが認められている[注168]。

(iv) 損失取込の制限

任意組合等を利用して、組合員が実際に負担する損失を超えて税務上の損失を計上する租税回避に対応するため、2005年度税制改正において、組合事業による損失の取込みの制限が設けられた。

具体的には、任意組合もしくは投資事業有限責任組合またはこれらに類する外国の組合で、組合事業に係る重要な財産の処分・譲受けまたは組合事業に係る多額の借財に関する業務の執行の決定に関与し、かつ、その当該業務のうち契約を締結するための交渉その他の重要な部分を自ら執行する組合員以外の組合員について、個人である組合員が組合事業から生ずる不動産所得を有する場合において、その年分の不動産所得の金額の計算上、不動産所得の損失の金額があるときは、不動産所得および損益通算の規定その他の所得税に関する法令の適用については、損失が生じなかったものとみなされる[注169]。また、有限責任事業組合については、個人である組合員が分配を受ける組合事業から生ずる不動産所得、事業所得または山林所得に損失の金額について、組合への出資を超える部分の金額が必要経費に算入されない[注170]。

法人組合員についても、組合の業務執行を行う組合員以外の組合員で、債務を弁済する責任の限度が実質的に組合財産の価額に限定されている場合に

[注168] 所税基通36・37共-19の2、法税基通14-1-1の2。
[注169] 租特41条の4の2。
[注170] 租特27条の2。

は、当該法人の組合事業の損失の額のうち、組合への出資を超える部分の金額は損金の額に算入されず、また、組合事業が実質的に欠損とならないと見込まれるものである場合には、組合事業の損失の額の全額が損金の額に算入されない[注171]。なお、有限責任事業組合については、業務執行の関与の度合いにかかわらず、各組合員は損失の取込制限を受けるが、組合事業が実質的に欠損とならないと見込まれるか否かにかかわらず、組合への出資に相当する金額までは損金の額に算入できる[注172]。

(v) **組合と組合員の間の取引**

任意組合等とその組合員との間の取引を、所得課税上、どのように取り扱うべきか、わが国の組合税制におけるルールは必ずしも明確ではない。

例えば、任意組合等の組合員が当該任意組合等に労務その他の役務を提供し、それに対して当該任意組合等から金銭等の支払を受けた場合、これを①組合員が労務その他の役務を当該任意組合等に出資し、当該出資に対する分配として金銭等の支払を受けたと取り扱うことも、②組合員が、組合外の第三者と同様の立場で当該任意組合等に労務その他の役務を提供した場合には、第三者との間の取引と同様に取り扱うことも、制度的には考えられる。

この点について参考となるのは、りんご生産組合事件[注173]である。同事件では、りんご生産等を行うために設立された民法上の組合の組合員の1人（個人）が、当該組合に対して、一般作業員と同様の労務を提供して同様の基準に基づく労務費を受領していた事案において、当該組合からの金員の支払が、組合事業から生じた利益の分配に該当するか、給与所得に該当するかが争われた事案である。最高裁第2小法廷は、いずれに該当するかは「当該支払の原因となった法律関係についての組合及び組合員の意思ないし認識、当該労務の提供や支払の具体的態様等を考慮して客観的、実質的に判断すべき」とし、「組合員に対する金員の支払であるからといって当該支払が当然に利益の分配に該当するものではな」く、また「当該支払に係る組合員の収入が給与等に該当するとすることが直ちに組合と組合員との間に矛盾した法

注171) 　租特67条の12。
注172) 　租特67条の13。
注173) 　最判平成13・7・13判時1763号195頁。

律関係の成立を認めることになるものでもない」と判示して、当該事案の事実関係のもとでは、当該労務に係る所得は給与所得に該当すると判断した。

同最高裁判決は、前記②の立場、すなわち、組合員が、組合外の第三者と同様の立場で当該任意組合等に労務その他の役務を提供した場合には、第三者との間の取引と同様に取り扱うという前提の下に、当該組合員の立場を他の一般作業員と比較して判断したものと評価できる。

また、同最高裁判決は、当該労務にかかる所得のすべてが給与所得としている点についても、留意をする必要がある。集合アプローチ、すなわち、任意組合等を組合員である個人・法人の集合体としてみる見方を徹底すれば、当該労務に従事した組合員（X）に対して当該任意組合等の組合員から労務費が支払われたものと理解することになるところ、他の組合員から当該組合員Xに対して労務費が支払われたと解することができたとしても、所得課税上、当該組合員Xが自己に対して労務費を支払ったと認識することはできない。集合アプローチを徹底する見方からすれば、組合員Xに対して支払われた労務費のうち、任意組合等を通じて組合員Xが負担すべき部分は、組合員Xの給与所得から除かれるべきであるが、同最高裁判決はそのような分析と検討を行っておらず、任意組合等を組合員である個人・法人とは別個の実体としてみる見方（実体アプローチ）も垣間みえる[注174]。多数の独立した組合員が存在し組合員間の損益分配が複雑な任意組合等を想定すれば、同最高裁判決は任意組合等を通じた所得の所得計算の簡便性の観点からは合理的なものであるが、その射程については慎重な検討が必要となろう。

(4) 任意組合等の国際課税上の側面

(i) 任意組合等の外国組合員に係る源泉税

任意組合等は法人格がなく独立の損益の帰属主体ではないから、課税実務上、任意組合等の事業における収入および支出は、各組合員がこれを直接に

注174）組合員Xに対して支払われた労務費のうち任意組合等を通じて組合員Xが負担すべき部分の金額分、Xの給与所得が多くなり、Xの任意組合等を通じた損益の分配（おそらく、事業所得）が少なくなっているものと考えられ、事業所得から給与所得への所得の付替えが生じている。

受領し支払っているものと解されている。そのため、各組合員が受け取るものと解される任意組合等の収入に源泉徴収の対象となる所得があれば、当該所得については源泉徴収税の対象になるものと考えられる[注175]。

非居住者・外国法人が任意組合等に基づいて行う事業から生じる利益で、国内の恒久的施設を通じて行う事業から生じるものについて配分を受けるとき、当該利益の配分は所得税の源泉徴収の対象となる[注176]。非居住者・外国法人である組合員が恒久的施設を有するか否かについては、任意組合等の行う事業が組合員の共同事業であることから、各組合員がそれぞれ組合契約事業を直接行っているものとして判定するというのが課税実務の立場である[注177]。そのため、任意組合等の一の組合員が当該組合契約事業について国内に恒久的施設を有している場合には、全組合員が国内に恒久的施設を有しているものとして取り扱われる[注178]。

(ii) **租税条約の適用**

前述の通り、任意組合等は法人格がなく独立の損益の帰属主体ではなく、課税実務上、任意組合等の事業における収入および支出は、各組合員がこれを直接に受領し支払っているものと解されることから、租税条約の適用を検

注175) 例えば、組合員が非居住者・外国法人であり、任意組合等が日本法人の行う国内業務についての貸付けを行い、当該日本法人から利子を受領する場合には、当該貸付金の利子は源泉徴収の対象となる（所税161条1項10号）。もっとも、当該任意組合等の組合員に居住者・内国法人と非居住者・外国法人の両方が存在する場合、居住者・内国法人に対する貸付金の利子の支払は源泉徴収の対象ではないことから、当該貸付金の利子のいかなる割合が源泉徴収の対象となるか、そのルールは明確ではない。この点、任意組合等における各組合員の立場が均質で同質の出資を同時期に行い、各組合員が出資割合に応じて損益を負担するような単純な任意組合等においては、各組合員の出資割合ないし損益分配割合（当該任意組合等においては、いずれも同じ割合になる）に応じて各組合員が貸付金の利子を受領するものとして、源泉徴収の対象となる支払の割合を計算することが考えられる。しかしながら、各組合員の立場が均質ではなく、組合員間において複雑な損益分配を予定している任意組合等や各組合員における出資割合が変動することが予定される任意組合等などの場合にどのようなルール・基準にて判断するべきかは、必ずしも明らかではない。

注176) 所税161条1項4号・212条1項。

注177) 所税基通164-4参照。

注178) 後藤昇ほか編『所得税基本通達逐条解説（平成24年版）』（大蔵財務協会、2012）853頁。

討するに当たっては、原則として、任意組合等が得る所得の源泉地国と、任意組合等の組合員の居住地国との間の租税条約の適用の可否を検討することとなる。

もっとも、クロスボーダーの取引においては、ある事業体が、一方の国では、構成員課税ないしパス・スルー課税となるが、他方の国では、当該事業体が損益帰属主体であり納税主体（団体課税）であるとされることもある（そのような事業体は、一般に、「ハイブリッド・エンティティ」と呼ばれる）。ハイブリッド・エンティティにおける租税条約の適用は、租税条約にそれを想定した規定[注179]が定められている場合には、当該規定に従うことになる。租税条約にそのような規定がない場合には、わが国の租税法との関係では、まず、①所得を受領する事業体が、わが国の租税法上、任意組合等と同様に構成員課税ないしパス・スルー課税となるか（納税者となるか否か）を検討し、②当該事業体が構成員課税ないしパス・スルー課税となる（当該事業体が納税者とならない）のであれば、当該事業体の構成員が所得を得るものとして、当該事業体の構成員の居住地国と所得の源泉地国との間の租税条約の適用の可否を検討する。他方、③当該事業体が団体課税となる（わが国の租税法上は納税者となる）場合には、当該事業体がそもそも租税条約に基づく利益を享受することができるか、具体的には、当該事業体が租税条約上の「一方の締約国の居住者」に該当するか否かを検討することとなる[注180]。

(5) 組合型投資ファンド

任意組合等は、非上場企業の株式等による投資運用を行うプライベート・

注179) 日米租税条約4条6項、日英租税条約4条5項、日仏租税条約4条6項、日豪租税条約4条5項など。

注180) ある外国の事業体が、日本の租税法上は納税主体となるが、当該外国では納税主体ではない（構成員課税ないしパス・スルー課税である）場合、一般に、当該事業体が、租税条約上の「者」(person) に該当するか否か、租税条約上の「居住者」の要件である「課税を受けるべき者」(person who is liable to tax) に該当するか否かが問題となり得る。当該外国では納税主体ではない（構成員課税ないしパス・スルー課税である）とき、文言上は、「課税を受けるべき者」に該当しないと解される可能性が高い。Model Tax Convention on Income and on Capital (OECD、2014)、Commentary on Article 1、Paragraph 5参照。

エクイティ・ファンドのビークルとして利用されることが多い。任意組合等を用いて組成されたプライベート・エクイティ・ファンドでは、以下のような、課税上、検討すべき問題がある[注181]。

(i) ファンド運用者の受け取る報酬の所得分類

プライベート・エクイティ・ファンドでは、当該ファンドを運用する組合員（以下、「ファンド運用者」という）に対して、他の組合員（以下、「投資家」という）から管理報酬および成功報酬が支払われることが一般的である。管理報酬は、当該ファンドへの出資金額に対する一定割合（年間で2％程度）を、当該ファンドの運用成績にかかわらず、投資家からファンド運用者に支払うものである。一方、成功報酬は、投資家に配賦される利益の20％程度が、投資家からファンド運用者に支払われるものである。

この点、個人であるファンド運用者が成功報酬を受け取る場合には、その所得分類について、大きく2つの考え方がある。1つは、成功報酬はファンド運用者の出資に対する利益の分配であり、その所得分類は、成功報酬の配分の基とされた任意組合等における所得の性質を引き継ぐとする考え方である[注182]。他方は、成功報酬は無限責任組合員の役務提供の対価であり、その態様に応じて事業所得（または事業といえない程度の場合は雑所得）になるという考え方である[注183]・[注184]。

注181) 伊藤剛志「プライベート・エクイティ・ファンドと組合課税」金子宏ほか編『租税法と市場』（有斐閣、2014）256頁参照。

注182) 西村善朗「平成17年度事業体関連税制改正と所得税問題(2)」税務弘報53巻8号（2005）57頁、同『プライベート・エクイティ・ファンドの仕組みと会計・税務』（中央経済社、2007）124頁、渡辺裕泰「投資ファンドの課税」金子宏編『租税法の発展』（有斐閣、2010）495頁。

注183) 木村直人「投資ファンドをめぐる課税上の諸問題」税大ジャーナル8号（2008）130頁。

注184) 役務提供の態様によっては給与所得と解する余地がないわけではない。佐藤英明「組合による投資と課税」税務事例研究50号（1999）46頁は、任意組合の業務執行組合員（個人）が会社の取締役と同様の立場に立つ者とみることが可能である旨指摘し、業務執行組合員が受け取る委任の報酬は給与所得として取り扱われるべき旨を指摘する。しかし、プライベート・エクイティ・ファンドにおいては、ファンド運用者がファンド運営をするために必要な従業員・オフィスの維持費用などの間接費を、（ファンド運用者が受領する管理報酬・成功報酬等を原資として）ファンド運用者が負担することが一般的であり、ファンド全体の費用となる

プライベート・エクイティ・ファンドの主たる投資リターンは、投資企業の株式を譲渡することによる譲渡益であり、成功報酬も株式譲渡により生じた譲渡益から分配されることが多い。そのため、利益配分説によれば、個人であるファンド運用者が受領する成功報酬は、株式の譲渡による所得となる余地が生まれる。個人の株式譲渡所得は、現行法上、申告分離課税として一定の税率で課税される。一方、役務提供対価説によれば、いずれも超過累進税率による総合課税に服することとなることから、限界税率が高い個人にとっては、株式譲渡所得と認められたほうが有利となる可能性がある。成功報酬について、申告分離課税の対象となる株式等の譲渡による所得との申告を課税当局が認めている例もあるようだが[注185]、必ずしも、その限界は明確ではない。

　一方、管理報酬については、ファンド運用者が組合運営のために行う役務提供の対価であり、総合課税の対象となる事業所得（または雑所得）になるという考え方が一般的と思われる[注186]。

(ii) 外国組合員の恒久的施設に係る特例

　国内で投資事業有限責任組合等を利用して組成されたプライベート・エクイティ・ファンドに非居住者・外国法人が投資家として参加する場合、その非居住者・外国法人が、当該プライベート・エクイティ・ファンドの事業活動に関して、国内に恒久的施設を有すると認定される可能性がある。すなわち、前述のように、任意組合等の行う事業は組合員の共同事業であり、各組合員がそれぞれ組合契約事業を直接行っているものとして恒久的施設の有無を判定するというのが課税実務の立場であることから、例えば、当該投資事業有限責任組合の一の組合員であるファンド運用者が、当該投資事業有限責任組合の活動するための事務所等の活動拠点を国内に有していると、課税上、非居住者・外国法人である組合員を含めた全組合員が国内に恒久的施設を有しているものとされる可能性がある[注187]。

　　　　　わけではない。そのため、ファンド運用者は、自己の計算と危険において営利を目的として独立して業務を行っていると評価される事例が多いであろう。
注185）　渡辺・前掲注182）495頁参照。
注186）　西村・前掲注182）54頁、木村・前掲注183）143頁、渡辺・前掲注182）494頁。
注187）　なお、事実関係によっては、代理人PEが問題となる可能性もある。石綿学「外国

しかしながら、プライベート・エクイティ・ファンドの投資家は、組合事業の共同事業者というよりも、投資資金の拠出者の側面が強く、非居住者・外国法人の投資家によって、恒久的施設を有するとして事業所得課税を受けることに対しての不満が強かった。そのため、2009年度税制改正により、外国組合員の恒久的施設に係る特例措置が設けられた。具体的には、投資事業有限責任組合契約及び外国におけるこれに類する契約（以下、「投資組合」という）の外国組合員については、①有限責任組合員であること、②投資組合の業務執行をしないこと、③投資組合の組合財産に対する持分の割合が25％未満であること、④投資組合の無限責任組合員と特殊の関係にある者でないこと、⑤当該投資組合の国内の恒久的施設を通じて事業を行っていないとしたならば、他に恒久的施設に帰属する国内源泉所得を有しないこと、など一定の要件を満たす場合には、国内に恒久的施設を有しないものとみなすこととされている[注188]。なお、②投資組合の業務執行をしないことに関して、当該特例に依拠する外国組合員が行うことのできない「業務の執行」の内容は政令に定められており、実際には、投資組合の事業に係る業務の執行のみならず、業務執行の決定や、業務執行またはその決定についての承認、同意その他これらに類する行為も含まれる[注189]。かかる要件の明確化のため、経済産業省が国税庁の確認を受けたＱ＆Ａを公表している[注190]。

(iii) 事業譲渡類似株式譲渡に係る特例

非居住者および外国法人は、国内に恒久的施設を有しないときでも、内国法人の株式の譲渡による所得のうち、事業譲渡類似株式譲渡の譲渡益につい

籍プライベート・エクイティ・ファンドの課税問題」中里実＝神田秀樹編著『ビジネス・タックス――企業税制の理論と実務』（有斐閣、2005）482頁。
注188) 租特41条の21および67条の16。
注189) 租特令26条の30。なお、投資組合と業務執行者との間の取引に係る承認や同意など、一定の利益相反行為に係る承認や同意は、外国組合員が行うことのできない「業務の執行」から除かれている。
注190) 「外国組合員に対する特例」および「恒久的施設を有しない外国組合員の課税所得の特例」について（http://www.meti.go.jp/policy/economy/keiei_innovation/sangyokinyu/fund_tokurei.htm）。
外国組合員に対する課税の特例、恒久的施設を有しない外国組合員の課税所得の特例における「業務執行として政令で定める行為」について「Ｑ＆Ａ」（http://www.meti.go.jp/policy/economy/keiei_innovation/sangyokinyu/pdf/Q&A.pdf）。

ては、所得税ないし法人税の申告納税をしなければならない。すなわち、概要、非居住者または外国法人が、その特殊関係株主等とあわせて、内国法人の発行済株式等の25％以上を保有しており、当該内国法人の発行済株式等の5％以上を譲渡した場合、事業譲渡類似株式譲渡の譲渡益として課税の対象となる[注191]。かかる25％および5％の判定には、非居住者および外国法人が自ら保有・譲渡する内国法人の株式等のみならず、特殊関係株主等が保有・譲渡する内国法人の株式等の数も含まれるところ、特殊関係株主等には、任意組合等を締結している場合の他の組合員が含まれるため[注192]、任意組合等の単位でかかる25％および5％の判定を行うこととなる。そのため、非居住者および外国法人が、任意組合等を利用して組成されたプライベート・エクイティ・ファンドに参加しており、当該ファンドが事業譲渡類似株式譲渡に該当する譲渡をした場合には、非居住者および外国法人が国内に恒久的施設を有していなくとも、当該非居住者および外国法人に帰属する譲渡益について日本での所得課税の対象となる。

この点についても、特例措置が設けられており、当該非居住者および外国法人が、有限責任組合員であることや投資組合の業務の執行等を行っていないことなど、一定の要件を満たす場合には、25％および5％の保有割合・譲渡割合の判定を、任意組合等の単位ではなく、組合員単位で行うことができる[注193]。

2　匿名組合

(1)　匿名組合とは

匿名組合契約は、当事者の一方が相手方の営業のために出資をし、その営業から生ずる利益を分配することを約する契約である（商535条）。出資を受けて営業を行う者を「営業者」と、出資を行うものを「匿名組合員」という。

[注191]　所税161条1項3号、所税令281条1項4号ロ・6項、法税138条1項3号、法税令178条1項4号・6項。
[注192]　所税令281条4項3号・5項、法税令178条4項3号・5項。
[注193]　租特令26条の31・39条の33の2。

匿名組合契約は、営業者と匿名組合員との間の相対の契約、すなわち二当事者間の契約であると考えられている。営業者は、複数の匿名組合契約を締結することができるが、それぞれの匿名組合契約は営業者と各匿名組合員との間の相対の契約であり、各匿名組合員相互間に契約関係を生じさせるものではない[注194]。この点は、組合員間相互にも組合契約に基づく契約関係が生じることとなる民法上の任意組合と異なる。

匿名組合は、対外的には営業者の単独の営業である。匿名組合員は、営業者の業務を執行することはできず、営業者の行為について第三者に対する権利および義務を有することはない（商536条3項・4項）。匿名組合契約に基づく匿名組合員の出資は、営業者の財産に属することとなる。このような点も、組合事業は組合員の全員の共同事業であるとされ、組合財産が総組合員の共有に属するとされる民法上の任意組合と異なる。

(2) 匿名組合の所得課税上の取扱い

(i) 損益の分配

匿名組合では、営業者は匿名組合契約に基づき、その営業から生ずる利益を分配することとなる。かかる利益の分配についての所得課税上の取扱いについては、所得税・法人税に明示の定めがあるわけではない。

しかしながら、営業者の所得の金額の計算上、匿名組合員に分配すべき利益の金額は、必要経費ないし損金として控除されるものと考えられる[注195]。匿名組合においては、分配すべき利益の額が匿名組合契約の定めに従い各事業年度ごとに定まり、かかる利益を分配することが営業者の債務になることから、このような所得課税上の取扱いは、匿名組合の性質に由来する論理上の帰結と考えられる[注196]。

注194) 田中誠二ほか『コンメンタール商行為法』（勁草書房、1973）216頁。なお、数人が共同して匿名組合員となったときは、それらの者の間に民法上の任意組合が成立すると考えられる。
注195) 課税実務上も、所税基通36・37共-21の2および法税基通14-1-3にてその旨が明らかにされている。一方、営業者が匿名組合契約に従って匿名組合員に分配すべき損失の額は、営業者の収入金額ないし益金の額に算入することとなる。
注196) 金子宏「匿名組合に対する所得課税の検討――ビジネス・プランニングの観点を含めて」金子宏編『租税法の基本問題』（有斐閣、2007）160頁。

匿名組合員については、営業者における所得金額計算の取扱いに対応して、匿名組合契約により分配を受ける利益の金額を、匿名組合員の所得計算上、収入金額ないし益金の額に算入することとなる[注197]。

かかる所得課税上の構造から、匿名組合契約においては、匿名組合員に分配される利益が営業者段階で課税されることはなく、会社段階およびその株主段階における二重の課税が生じ得る会社型の事業体と比較すると、二重課税を回避することができる仕組みとなっている。

(ii) **所得分類**

匿名組合員が個人である場合、匿名組合契約に基づき営業者から分配された利益の所得分類が問題となる。

この点については、2005年12月26日付けの所得税基本通達の改正（以下、「平成17年通達改正」という）前の所得税基本通達36・37共-21では、匿名組合員が営業者から受ける利益の分配は、原則として、営業者の営む事業の内容に従い事業所得またはその他の各種所得に該当するものとされ、例外として、営業者の営む営業の利益の有無にかかわらず一定額または出資額に対する一定割合による分配を受けるものは、貸付金の利子と同視し得るものとして事業所得または雑所得に該当するものとされていた。これに対して、平成17年通達改正によりその内容が変更され、匿名組合員が営業者から受ける利益の分配は、原則として、雑所得に該当し、例外として、匿名組合員が当該契約に基づいて営業者の営む事業に係る重要な業務執行の決定を行っているなど、営業者の営む事業をともに経営していると認められる場合には、当該営業者の営業の内容に従い、事業所得またはその他の各種所得に該当するとされた。

そして、匿名組合形式にて航空機リース事業に出資した匿名組合員が、当該匿名組合契約に基づき受ける利益の分配の所得区分が争われた事案において、最高裁は、「匿名組合契約に基づき匿名組合員が営業者から受ける利益の分配に係る所得は、当該契約において、匿名組合員に営業者の営む事業に係る重要な意思決定に関与するなどの権限が付与されており、匿名組合員が実質的に営業者と共同して事業を営む者としての地位を有するものと認められる場合には、当該事業の内容に従って事業所得又はその他の各種所得に該

注197) 法税基通14-1-3参照。

当し、それ以外の場合には、当該事業の内容にかかわらず、その出資が匿名組合員自身の事業として行われているため事業所得となる場合を除き、雑所得に該当するものと解するのが相当である」[注198]として、基本的に平成17年改正後通達と同様の解釈を判示した。

(iii) **損失取込みの制限**

任意組合等と同様、匿名組合においても、匿名組合員が営業者から受ける損失の分配について一定の制限がある。

すなわち、匿名組合員である法人が、匿名組合の重要な業務執行の決定等に関与しない特定組合員[注199]に該当し、債務を弁済する責任の限度が実質的に組合財産の価額に限定されている場合には、当該法人の組合事業の損失の額のうち、組合への出資を超える部分の金額は損金の額に算入されない[注200]。

一方、匿名組合員である個人については、営業者から分配される利益については基本的には雑所得と扱われ、その損失については損益通算が認められておらず、あえて損失制限を設ける必要性が乏しいことから、損失取込みの制限は設けられていない[注201]。

(iv) **外国組合員と租税条約**

匿名組合員が非居住者・外国法人の場合、2002年度税制改正前においては、国内において事業を行う営業者から匿名組合契約に基づき受ける利益の分配は、国内にある資産の運用または保有により生じる所得として、国内に恒久的施設のない非居住者・外国法人についても申告所得の対象とされていたが、2002年度税制改正により、国内に恒久的施設を有しない非居住者・外国法人たる匿名組合員については、匿名組合契約に基づく利益の分配に対して源泉所得税のみによる分離課税となった[注202]。

注198) 最判平成27・6・12民集69巻4号1121頁。
注199) 匿名組合契約における匿名組合員は、匿名組合の対象である事業の業務執行を行うことができない(商536条3項)ため、通常、特定組合員に該当する。
注200) 租特67条の12。
注201) 住澤整ほか『平成17年度版改正税法のすべて』(日本税務協会、2005)157頁[佐藤浩人]。
注202) 所税161条1項16号・212条1項。非居住者の分離課税については、同法169条・164条2項参照。法人税法上は、匿名組合契約に基づいて受ける利益の分配は(恒

第14章　金融取引課税

　匿名組合員が非居住者・外国法人である場合には、さらに、租税条約の適用が問題となる。租税条約ではその所得の性質に応じて異なる取扱いが定められているところ、匿名組合契約に基づく利益の分配が、租税条約上のいかなる所得分類の規定に該当するかという点については、その他所得条項説[注203]、企業の利得条項説[注204]、利子条項説[注205]がある。裁判例では、旧日蘭租税条約（昭和45年条約第21号）の適用が問題となった事案（日本ガイダント事件）において、旧日蘭租税条約は「所得の種類を7条から22条まで定め、居住地国と所得源泉地国とに課税権を配分し、そのいずれにも該当しない所得については居住地国のみに課税権を認めている（23条）」ところ、匿名組合契約に基づき内国法人である営業者から外国法人である匿名組合員に支払われる分配金については、匿名組合では、匿名組合が恒久的施設を通じて事業を行っているわけではないので、日蘭租税条約8条1項には該当せず、「日蘭租税条約23条に規定する『一方の国の居住者の所得で前諸条に明文の規定がないもの』に該当するというべき」であるとされており[注206]、実務では、租税条約に特段の定めがなければ、その他所得条項により規律されると考えられている。

　なお、2003年以降に締結や改正が行われている租税条約においては、匿名組合に係る明示の規定が設けられているものが多い[注207]。

　　　　　　久的施設に帰属するものでない限り）法人税法138条の国内源泉所得に含まれず、外国法人の総合課税の対象ではない。
注203）　渡辺淑夫『コンサルタント国際税務事例』（税務研究会出版局、1991）500頁、国際課税事例研究会「ケース・スタディ匿名組合投資の見直しについて」国際税務21巻4号（2001）52頁［武田昌輔］。
注204）　宮武敏夫「匿名組合契約と税務」ジュリ1255号（2003）106頁、金子・前掲注196）175頁。
注205）　谷口勢津夫「匿名組合の課税問題——TKスキームに関する租税条約の解釈適用」日税研論集55号（2004）143頁、渕圭吾「匿名組合と所得課税——なぜ日本の匿名組合契約は節税目的で用いられるのか？」ジュリ1251号（2003）177頁。
注206）　東京地判平成17・9・30判時1985号40頁およびその控訴審である東京高判平成19・6・28判時1985号23頁。なお、最決平成20・6・5税務訴訟資料258号10965順号により上告不受理。
注207）　例えば、日米租税条約（平成16年条約第2号）議定書13項(b)、日英租税条約（平成18年条約第11号）20条、日仏租税条約（平成8年条約第1号、改正平成19年条約第18号）第20条のA、日蘭租税条約（平成23年条約第15号）議定書第9項など。

(3) 匿名組合契約と任意組合契約

　ある出資者が、法人の行う営業行為に対して資本を拠出し、その見返りとして当該営業行為から生じる利益を受け取ることを企図する場合において、これを実現するための私法上の法的構成はさまざまあり得るが、課税上の取扱いは、当事者間の法律関係・契約関係に応じて異なる。そのため、実務では、私法上、当事者間の法律関係・契約関係は、匿名組合契約と解するべきか、任意組合契約と解するべきか、しばしば問題となる。すなわち、匿名組合契約も任意組合契約も不要式の諾成契約であるため、例えば、外観上、匿名組合契約が存在する場合でも、実際の当事者間の法律関係、事業状況、経営実態等が契約書の記載の外観と異なるのであれば、裁判においては、匿名組合契約ではないという認定判断をされる余地がある[注208]。

　【図表14-3-1】の表は、匿名組合契約と任意組合契約の特徴をまとめたものである。両者の違いは一見すると明確であるようにみえるが、出資者および事業者との間の契約があるとき、これを匿名組合契約と解するべきか、任意組合契約と解するべきか、その基準は必ずしも明確ではない。

　例えば、商法536条3項が匿名組合員が営業者の業務の執行をすることができない旨を規定していることから、匿名組合における出資者（＝匿名組合員）は、営業に関与することのない単なる出資者に留まるものである一方、任意組合においては、各出資者は、出資の目的である事業を共同して営むこと（共同事業性）を要求している（民667条1項）ことから、出資者の出資対象事業への関与度合いにより、匿名組合契約か任意組合契約かが区別されるようにも考えられる。

　しかしながら、任意組合では、業務の執行を特定の組合員に委任することも可能であり、そのように業務執行組合員が選任された任意組合においては、他の組合員が組合の業務の業務執行権を有するわけではない。任意組合の各組合員への組合事業の遂行への関与の程度は一様ではなく、最小の場合には、業務執行に対する監督の権限（民法673条の検査権）だけを有するという場合

注208）　詳細については、太田洋＝伊藤剛志共編著『企業取引と税務否認の実務』（大蔵財務協会、2015）301頁～329頁を参照されたい。

【図表14-3-1】 匿名組合契約と任意組合契約

	匿名組合契約	任意組合契約
法律の定め	・「匿名組合契約は、当事者の一方が相手方の営業のために出資をし、その営業から生ずる利益を分配することを約することによって、その効力を生ずる」（商535条）	・「組合契約は、各当事者が出資をして共同の事業を営むことを約することによって、その効力を生ずる」（民677条1項）
契約当事者	・匿名組合員と営業者の2当事者間の契約。 ・任意組合のように多数の契約当事者の存在は認められない。営業者が多数の出資者と匿名組合契約を締結することは可能であるが、この場合、出資者の数に応じた個々に独立した匿名組合契約が成立すると考えられる。 ・匿名組合契約の本旨は、営業者のために出資する出資であるから、営業者は、商人でなければならない。 ・匿名組合員の資格については商法に格別の規定はなく、匿名組合員は商人であることを要しない。	・2人以上の当事者が必要である。3人以上の多数の契約当事者の間で締結することも可能。 ・契約当事者に、特段の制限はない。
出資、組合財産保有の態様	・匿名組合員は、営業者のために出資する義務がある。 ・匿名組合員の出資は、財産出資に限られ、労務および信用の出資は認められない（商536条2項）。 ・匿名組合員の出資は、営業者の財産に帰属する（同条1項）。 ・匿名組合には営業者の営業および財産とは別個のものという意味での組合事業および組合財産は存在せず、法律的には、営業者による出資というものはな	・各組合員が出資する義務がある。 ・各組合員の出資は、財産出資に限られず、労務または信用の出資も認められる（民667条2項）。 ・各組合員の出資その他の組合財産は、総組合員の共有に属する（同法668条）

	い*¹。	
業務執行の態様	・営業者は、匿名組合の営業を営業者の名において行う。 ・匿名組合員は、匿名組合の営業につき自ら業務を執行したり、営業者を代理する権利を有しない（商536条3項）。 ・匿名組合員は、営業年度の終了時において、貸借対照表の閲覧・謄写、営業者の業務および財産の状況を検査することができる（同法539条1項）。 ・匿名組合員は、重要な事由があるときは、いつでも、裁判所の許可を得て、営業者の業務および財産の状況を検査することができる（同法2項）。	・組合の業務執行は、組合員の過半数によって決定する（民670条1項）。 ・組合契約により組合員中の1人または数人に業務執行を委任することができる。業務執行者を選任した場合、業務執行者として選任された者のみ業務執行権を有し、他の組合員は業務検査権しかもたない*²。 ・各組合員は、業務執行権を有しない場合であっても、組合の業務および財産の状況を検査する権利を有する（同法673条）。
利益の分配	・営業者は、匿名組合の営業から生じた利益を匿名組合員に分配しなければならない（商533条）。 ・利益の分配は、現実にされることを要する。出資が損失の分担により減少しているときには、匿名組合員はその補填をした後でないと、利益の配当を請求することができない（同法538条）。	・損益分配の割合は、組合契約等により自由に定めることができる。出資の割合に比例させる必要はなく、利益分配の割合と損失分担の割合を別々に定めることもできる。 ・当事者が損益分配の割合を定めなかった場合には、出資の価額に応じて定まることとされる（民674条）。
損失の分配	・匿名組合員が損失を分担することは、匿名組合の要素ではない。損失の分担の有無・割合などは、匿名組合契約において自由に定めることができる。	・一部の組合員が損失を分担しないことを定める契約も組合契約の性質に反しない*³。
出資者の第三者に対する責任	・匿名組合としての営業者の行為について第三者に対して権利有し、義務を負うのは営業者であって、匿名組合員は、第三者に対して何らの権利・義務を有しない（商536条2項）。 ・匿名組合員の損失の分担を出資	・各組合員は、組合債務について分割無限責任を負う*⁴。組合の債権者が債権の発生当時に各組合員の損失分担割合を知らないときは、各組合員に対して均等に請求することができる（民675条）。

1033

第14章　金融取引課税

| | の限度に制限するなどにより、匿名組合員の有限責任性を確保することが可能。 | |

* 1　営業者が自己の財産を匿名組合の営業に投じ、またはその営業に従事することは、経済的には、組合や会社における財産および労務の出資に相当するものである。しかし、法律的には、匿名組合には営業者の営業および財産とは別個のものという意味での組合事業および組合財産は存在しないことから、法的な意味での営業者の出資はない。
* 2　鈴木祿彌編『新版注釈民法(7)』(有斐閣、1993) 98頁～99頁 [森泉]。
* 3　鈴木編・前掲書127頁 [品川]。
* 4　鈴木編・前掲書133頁 [品川]。

でも、共同事業性が認められるものと解されている[注209]・[注210]。他方、匿名組合契約においても、匿名組合員は、営業者の業務および財産の状況を検査する権利を有しており(商539条2項)、出資対象事業の業務への関与の程度という面では、任意組合における最小の関与しかしない組合員と匿名組合における匿名組合員との間の差は、ほとんどないに等しい。

　典型的な匿名組合契約と典型的な任意組合契約の間には、いずれとも判断される可能性のある中間的な契約が存在しており、必ずしも明確な判断基準があるわけではない。

注209)　鈴木祿彌編『新版注釈民法(17)』(有斐閣、1993) 48頁 [福地俊雄]。
注210)　名古屋地判平成16・10・28判タ1204号224頁(控訴審は、名古屋高判平成17・10・27税務訴訟資料255号10180順号 [控訴棄却]) および名古屋地判平成17・12・21判タ1270号248頁(控訴審は、名古屋高判平成19・3・8税務訴訟資料257号10647順号 [控訴棄却]。最決平成20・3・27税務訴訟資料258号10933順号 [上告不受理]) 参照。

第4節

証券化・流動化

1 証券化・流動化におけるストラクチャーと税務

(1) SPVにおける課税関係の重要性

証券化・流動化において用いられるSPV（special purpose vehicle）は、証券化・流動化の対象となる原資産をその所有者（オリジネーター）から分離し、原資産から生み出されるキャッシュ・フローを投資家に分配することを目的として設立されるビークルである。SPVは、形式的には原資産の保有者となるものの、原資産から生み出されるキャッシュ・フローについて、SPVの課税所得としてSPVに対する課税がなされると、納税額の分だけ投資家に分配可能なキャッシュ・フローが減少して、投資家における運用利回りが低下し、投資商品としての魅力が失われてしまうため、証券化・流動化スキームの検討においては、SPV段階での課税を回避することが必要不可欠な要請となる。

SPV段階における課税を回避する方法としては、匿名組合や信託等の法人税課税の対象とはならない事業体（いわゆるパス・スルー事業体）をSPVとして利用する方法と、法人として法人税課税の対象となるものの、特別法により実質的に非課税となる手当てのなされている事業体（特定目的会社や投資法人）をSPVとして用いる方法がある。

このうち、信託に関する課税関係については**第2節**、匿名組合に関する課税関係については**第3節2**、投資法人に関する課税関係ついては**第5節**において解説することとし、以下では特定目的会社（TMK）の課税関係について検討する。

(2) 特定目的会社（TMK）の課税関係

(i) 利益配当の損金算入

特定目的会社は、法人として法人税課税の対象となるものの、以下の導管性要件を満たす場合には、かかる特定目的会社が支払う利益配当の額は、法人税の課税所得の計算上、損金に算入するものとされている（租特67条の14第1項）。このように、法人による利益配当について課税所得の計算上損金算入することにより、利益配当に対する法人段階での課税を実質的に行わない仕組みをペイ・スルー課税という。

> **導管性要件**
> 一 特定目的会社が以下のすべての要件を満たすこと
>   イ 特定目的会社名簿（資産流動化8条1項）に登載されていること
>   ロ 次のいずれかに該当すること
>   (1) 総額1億円以上の特定社債を公募で発行したこと
>   (2) その発行をした特定社債が税務上の機関投資家[注211]または特定債権流動化特定目的会社[注212]のみによって保有されることが見込まれていること
>   (3) その発行をした優先出資が50人以上の者によって引き受けられていること

注211) 金商法上の適格機関投資家（定義府令10条1項）のうち、租特規22条の18の4第1項において規定されるものをいう。
注212) 金商法に規定される適格機関投資家に該当する特定目的会社のうち、特定資産として以下の資産のみを保有するものをいう（租特令39条の32の2第2項）。
① 不動産等流動化目的会社（特定資産が不動産および不動産のみを信託する信託の受益権のみである特定目的会社をいう。以下同じ）が発行する特定社債
② 不動産等流動化目的会社の特定目的借入に係る貸付金
③ 不動産および不動産のみを信託する信託の受益権のみに投資する匿名組合の営業者に対する貸付金
このように、不動産等流動化特定目的会社以外の特定目的会社が発行する特定社債を保有する特定目的会社は特定債権流動化特定目的会社には該当しないことになるため、不動産等流動化特定目的会社以外の特定目的会社は特定債権流動化特定目的会社に対する特定社債の発行により導管性要件を満たすことはできない。

第4節　証券化・流動化

　　　(4)　その発行をした優先出資が機関投資家のみによって引き受けられ
　　　　ていること
　　ハ　優先出資および基準特定出資[注213]の50％超が国内募集である旨資
　　　産流動化計画に記載されていること[注214]
　二　会計期間が1年を超えないこと
　三　各事業年度において以下のすべての要件を満たすこと
　　イ　資産流動化に係る業務およびその附帯業務を資産流動化計画に従っ
　　　て行っていること
　　ロ　資産流動化に係る業務以外の他業を営んでいないこと
　　ハ　特定資産を信託財産として信託していることまたは特定資産の管理
　　　および処分に係る業務を他の者に委託していること
　　ニ　事業年度末において同族会社に該当しないこと（ただし、前記一ロ
　　　(1)または(2)に該当する場合を除く）
　　ホ　配当可能利益[注215]の90％超を配当していること
　　ヘ　合名会社または合資会社の無限責任社員になっていないこと
　　ト　特定資産以外の資産を保有していないこと
　　チ　特定借入れを行っている場合には、機関投資家または特定債権流動
　　　化特定目的会社からの特定借入れであり、かつ、特定出資者からの特
　　　定借入れではないこと

注213）　特定社員があらかじめその有する特定出資に係る利益配当請求権および残余財産
　　　　分配請求権の全部を放棄する旨の記載がない資産流動化計画に係る特定出資をい
　　　　う（租特67条の14第1項1号ハ、租特規22条の18の4第3項）。
注214）　従前は、特定社債または優先出資の50％超が国内募集である旨の記載が要件とさ
　　　　れていたが、2010年度税制改正により、特定出資が除外されて、代わりに基準特
　　　　定出資の国内募集50％超要件が追加されることになった。これは、国内募集50％
　　　　超要件は、特定目的会社において損金算入となる支払配当について投資家段階で
　　　　の課税を確保するための要件であるところ、優先出資の50％超を国内投資家に発
　　　　行した上で、特定出資については国外投資家に発行することにより、わが国で課
　　　　税を受けることなく特定出資者たる国外投資家に利益配当や残余財産の分配を行
　　　　うことが可能になるという弊害が生じていたため、利益配当請求権や残余財産分
　　　　配請求権を有する基準特定出資については、優先出資と同様に、国内募集50％超
　　　　要件を課すこととしたものである（大蔵財務協会編『改正税法のすべて〔平成22
　　　　年版〕』415頁）。

(ii) 受取配当等の益金不算入の適用除外

特定目的会社が受け取る配当等の額については、法人税法23条の受取配当等の益金不算入の規定は適用されない（租特67条の14第2項）。また、一般の法人が特定目的会社から受け取る配当も、受取配当等の益金不算入既定の適用除外とされている（同条6項）。そもそも受取配当等の益金不算入規定は、法人の配当が法人税課税後の配当可能利益から支払われるものであり、支払法人の側ですでに課税されている配当に対して、受取法人の側で再度の課税を行うと、法人税の二重課税が生じるため、かかる二重課税を防止するための規定であるが、特定目的会社が支払う配当については、一定の要件の下で損金算入されることにより特定目的会社の段階では課税が行われず、法人税の二重課税が生じることはないことから、特定目的会社に対しては受取配当等の益金不算入に関する規定の適用除外とされているものである。

(iii) 外国子会社配当益金不算入規定の適用除外

外国子会社配当益金不算入規定（法税23条の2）は、特定目的会社には適用されない（租特67条の14第2項）。これは、資産の流動化を目的とするSPVとしての特定目的会社の性質を踏まえ、企業の海外進出における支店形態と現地法人形態とのバランスを図るための制度である外国子会社配当益金不算入制度は、特定目的会社には適用しないこととされているものである[注216]。

(iv) 外国税額控除の適用除外

特定目的会社が納付した外国法人税の額は、外国税額控除に代えて、特定目的会社の利益の配当の額に対して課される源泉所得税の額から控除することとされている（租特67条の14第2項・4項）。これは、従前は特定目的会社についても外国税額控除（法税69条）が適用されていたところ、かかる外国税額控除を利用することにより、投資家が第三国で源泉徴収された税額の一

注215) 90％超配当要件の分母となる金額について、従前は、税務上の課税所得に一定の調整を加えて算出される配当可能所得とされていたが、2009年度税制改正により、会計上の税引前当期純利益金額に一定の調整を加えて算出される配当可能利益にあらためられた。これにより、①税務上の所得と会計上の利益が10％を超えて乖離し、90％超配当要件を満たせなくなるリスク、および②後日の税務調査により、可燃殿課税所得が増額更正されて、90％超配当要件が満たされなくなるリスクが解消された。

注216) 武田昌輔ほか編『DHC会社税務釈義(6)』（第一法規出版、加除式）5469の32頁。

部をわが国から回収することが可能となるという弊害が生じていたため、かかる弊害を防止するべく、2008年度税制改正において導入された措置である[注217]。

2 かつてのダブルSPCスキーム

(1) ダブルSPCスキームが用いられていた理由

　ダブルSPCスキームとは、ケイマン諸島などの租税条約が存在しないタックスヘイブン国において設立された外国法人をSPVとして利用してオリジネーターが保有する資産の流動化・証券化を行う際に、SPC１とSPC２の２つのSPCを設立し、SPC１の日本支店がオリジネーターから資産を取得し、その資産取得のための資金をSPC１の海外本店がSPC２に対して社債を発行することにより調達し、さらにSPC２が海外投資家に対して社債を発行することによりSPC１から社債を購入するための資金を調達するという一連の取引により、日本における源泉所得税の課税を回避するためのスキームであった。

　かかるスキームにおいて、SPC１からSPC２に支払われる社債の利子については、利子の受領者であるSPC２が租税条約非締結国の居住者であって租税条約の適用がないので、その所得源泉地については国内税法に規定されるソースルールである債務者主義[注218]により国外源泉所得として取り扱われる結果、日本における源泉所得税の課税対象とはならなかった。また、SPC２は日本に恒久的施設を有しておらず、日本において事業を行っていないため、SPC２から投資家に対する利子の支払についても日本における源泉所得税の課税対象とはならない。

　仮に、SPC１がSPC２を通さずに投資家に対して直接社債を発行した場合

注217)　大蔵財務協会編「改正税法のすべて〔平成20年版〕」508頁。
注218)　2008年度税制改正前は、公社債等の利子の所得源泉地の判定について、内国法人の発行する社債の利子のみを国内源泉所得とする債務者主義が採用されていたため（平成20年法律第23号による改正前の所税161条１項４号イ）、外国法人が発行する社債の利子は国内源泉所得には該当せず、日本での源泉所得課税の対象とはならなかった。

第14章　金融取引課税

【図表14-4-1】　ダブルSPCスキーム

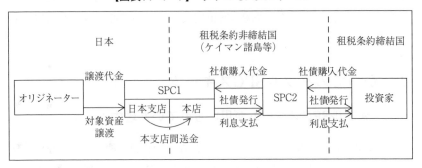

には、日本と投資家の居住地国の間の租税条約が適用されることになる。この点、日本が締結する多くの租税条約においては、外国法人が発行した社債の利子であっても、当該利子の支払の起因となった債務が外国法人の国内に有する恒久的施設に関して生じ、かつ、当該利子が当該恒久的施設によって負担されている場合には、国内源泉所得とする使用地主義が採用されている[注219]。租税条約の規定は国内税法の規定に優先して適用されるため（所税162条、法税139条）、社債の利子の受領者（社債の保有者）が租税条約締結国の居住者である場合には、外国法人の発行する社債の利子であっても日本における課税（源泉徴収）の対象となる。ダブルSPCスキームは、かかる租税条約の適用を回避して、国内税法に基づくソースルールの適用を受けるために考案されたスキームである。

また、SPC1の本店がオリジネーターから直接対象資産を購入するのではなく、日本支店を設立して、日本支店が対象資産を購入するのは、対象資産について支払われる利息や賃料に対して源泉所得税が課せられるのを回避するためである。すなわち、日本国内における外国法人に対する利子や賃料等

注219)　日本が締結する租税条約のベースとなるOECDモデル租税条約11条5項は以下の通り規定する。
　「利子は、その支払者が一方の締約国の居住者である場合には、当該一方の締約国内において生じたものとされる。ただし、利子の支払者（いずれかの締約国の居住者であるか否かを問わない。）が一方の締約国内に恒久的施設を有する場合において、当該利子の支払の基因となった債務が当該恒久的施設について生じ、かつ、当該利子が当該恒久的施設によって負担されるものであるときは、当該利子は、当該恒久的施設の存在する当該一方の締約国内において生じたものとされる」。

の支払については、原則として源泉所得税の課税対象となるが、国内に恒久的施設を有する外国法人[注220]が所轄税務署長から源泉徴収の免除証明書の交付を受け、かかる証明書を国内源泉所得の支払者に対し提示した場合には[注221]、当該国内源泉所得については源泉徴収が免除されることとされており（所税180条1項・214条1項）[注222]、かかる制度を利用して日本の源泉所得税の免除を受けることを目的として日本支店を通じて対象資産の取得が行われる。

加えて、SPC1の日本支店から本店への送金については、本支店間送金となるため、源泉所得税の課税対象とならない（2014年度税制改正前の所得税基本通達161-2）。この点、2014年度税制改正による外国法人のすべての国内源泉所得を課税対象とする総合主義から外国法人の国内にある恒久的施設（日本支店）に帰属するすべての所得（国外源泉所得を含む）を課税対象とする帰属主義への変更後も、内部取引を認識するのはあくまでもPE帰属所得の計算の目的においてのみであり、源泉徴収については、従前通り本支店間の内部取引に関する利子の支払は認識されず、源泉所得税の課税対象とはならない[注223]。他方、SPC1からSPC2に支払われる社債利子は、SPC1の国内支店の事業に係る利子として、国内支店に配賦されて、国内支店の課税所得の

注220) 恒久的施設の認定については、資産の購入・保管のためにのみ使用する場所は恒久的施設には該当しないとされているところ（法税2条12号の18イ、法税令4条4第2項1号および2号）、SPCの日本支店について、登記はされているものの、外形的にはそれのみであって、資産の購入業務等を行う場所でしかないことから、恒久的施設として認定するのは相当困難ではないかと指摘する見解もある（窪田悟嗣「資産の流動化・証券化をめぐる法人課税等の諸問題——わが国の課税権の確保と国際的租税回避への対応を中心として」税大論叢37号〔2011〕227頁）。
注221) SPCがオリジネーターから取得する資産が住宅ローンやクレジットカード債権のような多数の債務者に分散した小口債権の場合には、各債務者に個別に免除証明書を提示することは困難であることから、SPCから債権回収の委任を受けて債権回収業務行うオリジネーターを「支払をする者」（所税180条1項）とみなして、オリジネーターに対して免除証明書を提示するという実務上の運用が行われていた。
注222) 従前は免除証明書を「提出」することが求められていたが、2004年度税制改正により「提示」にあらためられた。
注223) 所得税基本通達212-3、財務省主税局参事官「国際課税原則の総合主義（全所得主義）から帰属主義への見直し」（2013年10月）11頁。

計算上損金に算入されることになる[注224]。

(2) 法改正による対策

2008年度税制改正において、国内源泉所得の範囲に、外国法人が発行する債券の利子のうち、国内において行う事業に帰せられるものを加える旨の改正がなされた（平成20年法律第23号による改正後の所得税法161条1項4号ロ）[注225]。貸付金の利子については、従前より使用地主義が採用されており、社債の利子のソースルールについても、借入金の利子と平仄を合わせるための改正であったといえる。かかる改正の結果、社債の発行者が外国法人の場合であっても、社債により調達した資金を国内で行う事業のために用いている場合には、かかる社債の利子は国内源泉所得に該当することになった。ダブルSPCスキームにおいてSPC1が社債の発行により調達した資金は、SPC1の日本支店がオリジネーターから国内資産を購入するための資金に用いられることから、SPC1の発行する社債の利子は国内において行う事業に帰せられるものとして国内源泉所得に該当し、日本の源泉所得税の課税に服することになった[注226]。

3 税務紛争事例

流動化・証券化に関する税務については、税法上、明文の規定による手当

[注224] 2014年度税制改正による総合主義から帰属主義への変更後は、恒久的施設の自己資本相当額がPEを独立企業と擬制した場合に恒久的施設に帰せられるべき資本（恒久的施設帰属資本）に満たない場合には、恒久的施設における支払利子（内部支払利子および本店から配賦された利子を含む）のうち、その満たない部分に対応する金額は損金の額に算入されないこととなった（法税142条の4第1項、法税令188条12項）。

[注225] その後のAOAの導入による帰属主義への変更により、租税条約における規定と平仄を合わせて、外国法人の恒久的施設を通じて行う事業に係る社債の利子が国内源泉所得とされるに至った（平成26年法律第10号による改正後の所税161条1項8号ロ）。

[注226] 利子がSPC1の本店によって国外で支払われる場合であっても、SPC1は日本支店を有していることから、国内において支払うものとみなされて源泉徴収の対象となる（所税212条2項）。

第4節　証券化・流動化

てがなされていない点が多く、課税当局との間で税務処理について見解の相違が生じることもある。以下では、流動化・証券化に関する税務上の取扱いについて争われたいくつかの事例を紹介する。

(1) 債権のセキュリティー・トラスティーへの譲渡担保[注227]

(i) 事案の概要

　E社は、請求人に対して有する貸付債権（以下、「本件貸付債権」という）をG銀行H支店に譲渡し、同支店は、本件貸付債権をL社M支店に譲渡した。その後、L社は、P社との間で譲渡担保契約を締結し、L社が発行する社債のための担保として譲渡担保を設定するために、セキュリティー・トラスティーとしてのP社に本件貸付債権を譲渡した。L社のM支店およびP社は、両者連名で請求人に対して債権譲渡通知を送付した。当該債権譲渡通知には、①当該債権譲渡通知は、L社が本件貸付債権をP社に譲渡したことに関して民法467条に基づき請求人へ通知したものである旨、②L社は、本件各譲渡担保契約に基づいて2000年3月30日付けでP社に対して譲渡担保を設定し、これによりP社が本件各債権の債権者となった旨、③本件各債権に係る元利金その他の支払については、P社より指示があるまでは、引続き、Q銀行R支店のL社名義の口座へ支払うこと、および④同日以降、本件各債権の債権者はP社であり、請求人は、請求人がL社に対する債権をもって、本件各債権と相殺することができない旨記載されていた。

　L社のM支店は、本件各譲渡担保契約締結後も、引き続き本件貸付債権を資産として計上しており、本件貸付債権をP社に譲渡する経理はしていなかった。また、L社のM支店は、本件貸付債権の利子（以下、「本件利子」という）を受取利息の勘定で収入に計上しており、各事業年度の収益として法人税の確定申告を行っていた。

　原処分庁は、所得税法施行令305条2項の規定に基づき、L社に対して、L社が所得税法180条1項に規定する要件を備えた者であることを証明する「外国法人又は非居住者に対する源泉徴収の免除証明書」（以下、「本件各免除証明書」という）を発行した。

注227）　平成17・1・31裁決・裁決事例集69号153頁。

1043

【図表14-4-2】 取引関係図

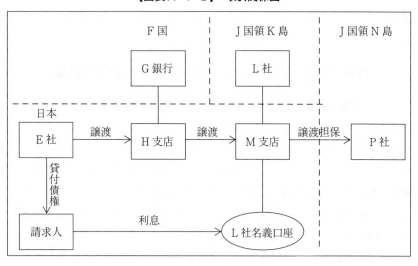

　請求人は、本件貸付債権に係る利息をL社の口座に送金した際に源泉所得税を徴収しなかったところ、原処分庁は、請求人に対して、源泉所得税の納税告知処分および不納付加算税の賦課決定処分を行ったため、請求人はかかる処分の取消しを求めて審査請求を行った。

　(ⅱ)　**審判所の判断**
　審判所は、概要、以下のように述べて、請求人の請求を認容し、原処分庁による課税処分を取り消した。
　「(ア)　貸付金の利子、すなわち金銭消費貸借契約に基づく貸付債権の法定果実としての利子に係る所得については、原則として、その金銭消費貸借契約における債権者に帰属するものと解される。
　(イ)　所得税法第12条《実質所得者課税の原則》は、資産から生ずる収益の法律上帰属するとみられる者が単なる名義人であって、その収益を享受せず、その者以外の者がその収益を享受する場合には、その収益は、これを享受する者に帰属するものとして、所得税法の規定を適用する旨規定しているから、貸付金の債権者が単なる名義人で実質的な債権者が別に存在する場合には、当該貸付金の利子に係る所得は実質的な債権者に帰属すると解される。
　(ウ)　債権譲渡担保契約においては、その契約の法的効果として、譲渡担保

の設定された債権は担保設定者から担保権者に移転して、担保権者が当該債権の債権者になると解されるが、当事者の合意に基づき、担保設定者は、被担保債務が不履行になり担保権が実行されない限り、当該債権の元利金を収受する権利を引き続き保持しており、被担保債務が履行されれば、当該債権は担保設定者に復帰するものと解される。

(エ) 法形式上、譲渡担保が設定された債権は担保権者に移転しているとしても、担保設定者が当該債権に係る元利金の収受権を保持し、被担保債務が履行されることにより当該債権が担保設定者に復帰することになっているなど、当該譲渡が担保を目的として形式的になされたものであることが明らかである場合には、所得税法上、所得を生ずべき債権の譲渡はなかったものと解すべきである。そして、譲渡担保が設定された債権の法定果実である利子についても、その利子の収受権を保持し、実際にその収益を享受している担保設定者に帰属する所得であると解するのが相当であり、所得税法第12条に規定する実質課税の原則の趣旨にもかなっていると解される」

「L社は、本件利子について本件各免除証明書を請求人に提出していることから、所得税法第212条第1項及び同法第180条第1項の規定に基づき、請求人は本件利子の支払について、源泉所得税の納税義務があったとは認められない」。

(2) ビックカメラ事件[注228]（不動産流動化取引における会計上の取扱いと税務上の取扱いの相違）

(i) 事案の概要

原告（X・控訴人）は、2002年8月に、不動産の流動化による資金の調達

注228) 東京地判平成25・2・25訟月60巻5号1103頁、東京高判平成25・7・19訟月60巻5号1089頁（確定）。判例解説・評釈として、岡村忠生「法人税法22条4項と『税務会計処理基準』」税研178号（2014）141頁、流動化・証券化協議会（税務・会計問題特別検討ワーキング・グループ）「債権流動化における劣後受益権の会計・税務上の取扱い［中間報告］——平成22年東京地裁　法人税更正処分取消等請求事件を踏まえて」流動化・証券化協議会『SFJ Journal』7巻（2013）58頁、宮塚久＝鈴木卓「劣後受益権に係る税務処理——東京高判平成26年8月29日を題材として」流動化・証券化協議会『SFJ Journal』10巻（2015）1頁、清水一夫「法人税法22条4項と企業会計基準の関係についての一考察——東京地裁平成25年2月25

第14章　金融取引課税

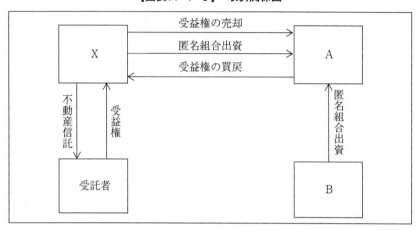

【図表14-4-3】　取引関係図

等の目的で、その所有する土地および建物等を信託財産とする信託契約（当該信託契約に係る信託財産を、以下、「本件信託財産」という）を締結した上で受託者に信託譲渡し、それに基づく受益権（以下、「本件信託受益権」という）を総額290億円で訴外Aに譲渡するとともに、訴外Aに対して14億5000万円の劣後匿名組合出資をした。Xは、本件信託受益権の譲渡をもって本件信託財産の譲渡と取り扱った内容の会計処理をし、かかる会計処理を前提として法人税の確定申告を行った。その後、Xは2007年10月に本件信託受益権をAから311億円で買い戻した。

証券取引等監視委員会は、2008年12月、調査の結果、本件信託受益権のAへの譲渡を本件信託財産の譲渡として取り扱い、本件信託財産である不動産を貸借対照表上の資産の部に計上しないものとすること（このような取扱いを、以下、「売却取引処理」という）は不適切であり、本件信託受益権のAへの譲渡を本件信託財産である不動産の譲渡とは認識せずに金融取引として処理し、本件信託財産である不動産を貸借対照表上の資産の部に計上すること（このような取扱いを、以下、「金融取引処理」という）が適切であるとの判断をし、Xに対してその旨の行政指導をした。これを踏まえXは、Aに75億5000万円

日判決を踏まえて」経営と経済（長崎大学）95巻3 = 4号279頁、佐藤英明＝前田喜男・TKC税研情報24巻1号19頁がある。

第4節　証券化・流動化

の優先匿名組合出資をしていた訴外Bを財務諸表等規則8条に基づき子会社に認定すべきであったとして、これを前提とすると、不動産流動化実務指針によるXと合わせてリスク負担割合が5％を超過することになる等として、当該実務指針に従って、2002年8月に遡って本件の不動産流動化取引に係る会計処理を金融取引処理にあらため、2009年2月、有価証券報告書の訂正届出書等を提出した。Xは2009年7月、金融庁長官から、有価証券報告書等に虚偽の記載があったとして、2億5353万円の課徴金納付命令を受けた。

Xは会計処理の訂正に伴い納付すべき税額が過大となったとして、所轄税務署長に対して更正の請求をしたが、所轄税務署長から更正をすべき理由がない旨の通知を受けたため、通知処分の取消しを求めてXが争った。

(ii)　**裁判所の判断**

第1審の判決は、概要、以下のように述べて、Xの請求を棄却した。

「(ア)　法人税法22条4項は、法人税法における所得の金額の計算に係る規定及び制度を簡素なものとすることを旨として設けられた規定であり、現に法人のした収益の額の計算が、適正な課税及び納税義務の履行の確保を目的とする同法の公平な所得計算という要請に反するものでない限り、法人税の課税標準である所得の金額の計算上もこれを是認するのが相当であるとの見地から定められたものと解され、企業会計上の公正妥当な会計処理の基準（公正会計基準）とされるものと常に一致することを前提とするものではないと解するのが相当である。

(イ)　不動産流動化実務指針は、①特別目的会社を活用した不動産の流動化に係る譲渡人の会計処理についての取扱いを統一するために取りまとめられたものであり、②当該不動産を売却したものとする取扱いをするか否かについては、当該不動産が法的に譲渡されていること及び資金が譲渡人に流入していることを前提に、『リスク・経済価値アプローチ』によって判断するものとし、③具体的には、当該不動産が特別目的会社に適正な価額で譲渡されており、かつ、当該不動産のリスク（経済環境の変化等の要因によって当該不動産の価値が下落すること）及びその経済価値（当該不動産を保有、使用又は処分することによって生ずる経済的利益を得る権利に基づく価値）のほとんど全てが譲受人である特別目的会社を通じて他の者に移転していると認められる場

合には、譲渡人は当該不動産の譲渡を売却取引として会計処理するが、そのように認められない場合には、譲渡人は当該不動産の譲渡を金融取引として会計処理するものとしたうえで、④このリスク及び経済価値の移転の判断については、譲渡人に残るリスク負担割合がおおむね 5 ％の範囲内であれば、不動産のリスク及びその経済価値のほとんど全てが他の者に移転しているものと取り扱い、⑤その際、譲渡人の子会社等が特別目的会社に出資をしていること等により、当該子会社等が当該不動産に関する何らかのリスクを負っている場合には、当該子会社等が負担するリスクを譲渡人が負担するリスクに加えてリスク負担割合を定めている。このように、不動産流動化指針は、特別目的会社を活用した不動産の流動化がされた場合に限って、当該不動産又はその信託に係る受益権の譲渡人の会計処理についての取扱いを定めたものであり、当該不動産等が法的に譲渡され、かつ、その対価を譲渡人が収入しているときであっても、なお、子会社等を含む譲渡人に残された同指針のいう意味での不動産のリスクの程度を考慮して、これを金融取引として取り扱うことがあるとしたものである。

　他方、法人税法は、適正な課税及び納税義務の履行を確保することを目的とし、資産又は事業から生じる収益に係る法律関係を基礎に、それが実質的には他の法人等がその収益として享受するものであると認められる場合を除き、基本的に収入の原因となった法律関係に従って、各事業年度の収益として実現した金額を当該事業年度の益金の額に算入するなどし、当該事業年度の所得の金額を計算すべきものとしていると解され、不動産流動化実務指針は法人税法の公平な所得計算という要請とは別の観点に立って定められたものとして、税会計処理基準（一般に公正妥当と認められる会計処理の基準）に該当するものとは解し難い。」

　控訴審の東京高裁判決も、原審判決を全面的に引用しつつ、自らも、法人が収益等の額の計算に用いた会計処理の基準が税務会計処理基準に該当するといえるか否かについては、法人税法固有の観点から判断されるものであって、法人税法22条 4 項は企業会計上の公正妥当な会計処理の基準（公正会計基準）と常に一致することを規定するものではないこと、リスク・経済価値アプローチにより専ら譲渡人について譲渡に係る収益の実現があったものと

しない取扱いを定めた不動産流動化実務指針は、公平な所得計算という要請とは別の観点に立って定められたものとして、税会計処理基準に該当するものとはいえないことを判示し、Xの控訴を棄却した。

(3) オリックス信託銀行事件[注229]（住宅ローン流動化商品の劣後受益者の配当に関する税務上の取扱い）

(i) 事案の概要

原告（X・控訴人）は、銀行業務や信託業務等を目的とする株式会社である。Xは、自らの保有する住宅ローン債権と信託を利用して別の金融商品を創設し、これを投資家に売却することにより資金調達を行う取引を行った。具体的には、Xは、2003年2月3日、訴外Aとの間で、Xを委託者、Aを受託者として、Xが有する住宅ローン債権の一部を包括して信託譲渡する旨の契約（以下、「本件債権信託契約」という）を締結し、Xが保有する住宅ローン債権のうち元本総額約205億円相当分（時価約227億円）の住宅ローン債権（以下、「本件住宅ローン債権」という）を信託譲渡した。Xは、かかる信託譲渡と引換えに、元本175億円の優先受益権（以下、「本件優先受益権」という）と元本約30億円の劣後受益権（以下、「本件劣後受益権」という）を受領し、同月14日、

注229）　東京地判平成24・11・2税資262号（12088順号）、東京高判平成26・8・29税資264号（12523順号）（確定）。判例解説・評釈として、佐藤修二「流動化取引につき納税者の行った会計処理が法人税法上正当なものであるとされた事例」ジュリ1475号（2015）8頁、宮塚久＝鈴木卓「劣後受益権に係る税務処理」SFJ Journal 10巻（2015）1頁、片岡義広ほか「債権流動化における劣後受益権の収益配当金に係る会計処理」企業会計67巻2号（2015）101頁、神山弘行「受益権が複層化された信託の課税上の扱い」ジュリ臨時増刊1492号（平成27年度重要判例解説）(2016) 189頁がある。また、第1審判決に対するものとして、秋葉賢一「劣後受益権に関する収益認識──東京地裁判決に際して」週刊経営財務3097号（2013）24頁、吉村政穂「劣後受益権に係る収益配当金についての会計処理が問題となった事例」ジュリ1451号（2013）8頁、浅妻章如「債権流動化における信託劣後受益権者の元本充当・益金算入の振り分け（金融商品会計実務指針105項の償却原価法）の是非に関する東京地判平成24年11月2日評釈」立教法学87号（2013）204頁、片岡義広＝永井利幸「債権流動化における劣後受益権の収益配当金に係る会計処理──東京地裁平成24年11月2日判決について」流動化・証券化協議会『SFJ Journal』8巻（2014）1頁、濱田洋「劣後信託受益権に係る収益配当金に対する会計処理の適否が問題となった事例」新・判例解説Watch15号（2014）221頁がある。

優先受益権を売買代金額175億円で訴外Bに売却し、これによりXは本件劣後受益権のみを保有することとなった。

　本件債権信託契約においては、①本件住宅ローン債権の元本総額を信託の元本とし、本件住宅ローン債権の利息その他の信託財産から生ずる収益を信託の収益とすること、②本件優先受益権および本件劣後受益権に関する信託の元本の償還は、信託受託者により受領されたすべての元本回収金の額から行われ、本件優先受益権の元本の償還は、本件劣後受益権に対する元本の償還に優先して行われること、③本件優先受益権および本件劣後受益権に対する収益の配当は、信託受託者により受領されたすべての利息回収金の額から行われること、④本件劣後受益権に対する収益の配当は、本件住宅ローン債権の利息その他の信託財産から生ずる信託の収益から、公租公課・信託報酬等の期中運用コストを差し引いた上、本件優先受益権に対する定率の予定収益配当が支払われた後に残余の収益がある場合に行われること、⑤本件劣後受益権に対する元本の償還は、本件優先受益権の未払元本残高がゼロになった後に行われることが定められていた。なお、問題となった各事業年度においては、本件優先受益権の未払元本残高がゼロになっていなかったことから、本件劣後受益権に対する元本の償還は行われていなかった。

　Xは、本件優先受益権の譲渡に伴う会計処理として、いわゆる売却処理を行った。すなわち、訴外Bに対する本件優先受益権の売却により、本件優先受益権はXの貸借対照表に計上されなくなるが、本件劣後受益権はXの貸借対照表に計上され続けることから、金融商品会計実務指針37項の規定する「金融資産の消滅時に譲渡人に何らかの権利・義務が存在する場合」に該当するとして、同項の定め[注230]に従い、Xは、2003年3月期において、住宅ローン債権約205億円のうち、時価按分して本件優先受益権に配分される金額約158億円を譲渡原価[注231]とし、売却代金額175億円から当該譲渡原価を

注230)　金融商品会計実務指針37項は、「金融資産の消滅時に譲渡人に何らかの権利・義務が存在する場合の譲渡損益は、……譲渡金額から譲渡原価を差し引いたものである。……譲渡原価は、金融資産の消滅直前の帳簿価額を譲渡した金融資産の譲渡部分の時価と『残存部分』の時価で按分した結果、譲渡部分に配分されたものである」と定めていた。

注231)　本稿では、住宅ローン債権の債権金額（元本総額）を約205億円、時価を約227億

第4節　証券化・流動化

控除した約17億円を本件優先受益権の売却益として収益計上し、これに従って法人税の確定申告を行った。

一方、本件劣後受益権のXにおける帳簿価額は約47億円（住宅ローン債権元本総額約205億円から本件優先受益権の譲渡原価として配分した約158億円を控除した金額）となるが、Xは、同月5日に受託者であるAに対し約2億円の金銭の追加信託を行ったことから、本件劣後受益権の元本額は約32億円、その帳簿価額は約49億円とする会計処理を行った。

このような一連の会計処理の結果、本件劣後受益権の元本金額約32億円とその帳簿価額約49億円との間に約17億円の差額（以下、「本件差額」という）が発生し、本件差額の会計・税務上の取扱いが問題となった。なお、本件差額、信託元本金額、本件優先受益権の譲渡原価等との関係は、以下の図のようにまとめられる。

Xは、2004年3月期から2006年3月期までの間において、本件劣後受益権の収益配当金の処理につき、金融商品会計実務指針105項[注232]を適用し、将来キャッシュ・フローの現在価値が取得価額（帳簿価額）に一致するような割引率（実効利子率）を計算して算出し、各事業年度において、本件劣後受益権の帳簿価額の残高に割引率（実効利子率）を乗じて得られる金額を同項の「受取利息」に相当する「買入金銭債権利息額」とし、その残額を同項の「元本の回収」に相当する「買入金銭債権償還額」と扱って本件劣後受益権の収益配当金を区分し、買入金銭債権利息額のみを収益に計上する一方で、買入金銭債権償還額については収益に計上せず、同額を本件劣後受益権の帳簿価額から減額する処理を行った（かかる会計処理を、以下、「本件会計処理」

円、優先受益権の時価を175億円、劣後受益権の時価を約52億円として計算を行っている（205×175／227≒158）。

注232）　金融商品会計実務指針105項は、「債権の支払日までの金利を反映して債権金額と異なる価額で債権を取得した場合には、取得時に取得価額で貸借対照表に計上し、取得価額と債権金額との差額（以下『取得価額』という。）について償却原価法に基づき処理を行う。この場合、将来キャッシュ・フローの現在価値が取得価額に一致するような割引率（実効利子率）に基づいて、債務者からの入金額を元本の回収と受取利息とに区分する。償却原価法の適用については利息法によることを原則とするが、契約上、元利の支払が弁済期限に一括して行われる場合又は規則的に行われることとなっている場合には、定額法によることができる」と定めていた。

第14章　金融取引課税

【図表14-4-4】　本件差額の構成図

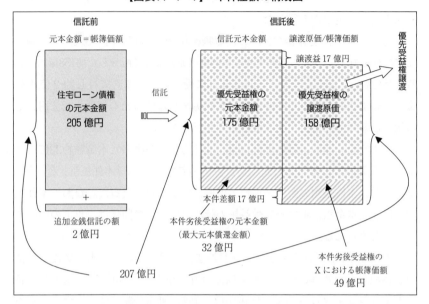

という)。Xは、本件会計処理を前提として、買入金銭債権利息額のみを益金の額に算入し、買入金銭債権償還額については益金の額に算入しないで、各事業年度の法人税の確定申告を行った。所轄税務署長は、2007年7月、買入金銭債権償還額を益金の額に算入するべきであるとして、Xに対して更正処分等を行ったところ、Xは適法な不服申立手続を経て当該処分等の取消しを求めて訴訟を提起し争った。

(ii)　**裁判所の判断**

第1審判決は、一般に、金融商品会計実務指針105項の要件に該当する場合において、その債権の取得価額と債権金額の差額について同項所定の償却原価法により会計処理することは、法人税法22条4項にいう「一般に公正妥当と認められる会計処理の基準」に従った適法な処理であると解するのが相当であり、この点については当事者間にも争いがないと判示したが、概要、①金融商品会計実務指針100項(2)ただし書[注233]および291項[注234]によれば、

注233)　金融商品会計実務指針100項(2)号は、「信託受益権が優先劣後等のように質的に分割されており、信託受益権の保有者が複数である場合には、信託を一種の事業体

本件劣後受益権は、新たな金融資産の取得としてではなく、信託した金融資産である住宅ローン債権の残存部分として評価する必要があるとしており、金融商品会計実務指針105項にいう「債権を取得した場合」には該当しない、②本件差額は、帳簿処理上の技術的な理由により発生したものであり、金利を反映して定められた金額ではない、③本件劣後受益権は、本件優先受益権に対する信用補完として機能することで本件優先受益権の金融商品としての価値を高めることに1つの重要な意味があり、金融商品会計実務指針105項が想定する「債権の支払日までの金利を反映し」た債権ではない、④金融商品会計実務指針105項の債権の「取得」とは、当時の商法（285条の4）を参考にすれば、「買入レタルトキ」として解釈されていたと考えられる、などの理由により、Xの会計処理は適法な会計処理とはいえないものと解されるとして、Xの請求を棄却した。

これに対し、控訴審判決は、概要以下の通り述べ、原審判決を取り消してXの請求を認容した[注235]。

「(ア) 金融商品会計実務指針105項の要件に該当する場合において、その債権の取得価額と債権金額の差額について償却原価法により会計処理することは、法人税法22条4項にいう『一般に公正妥当と認められる会計処理の基

とみなして、当該受益権を信託に対する金銭債権（貸付金等）の取得又は信託からの有価証券（債券、株式等）の購入とみなして取り扱う。ただし、企業が信託財産構成物である金融資産の委託者である場合で、かつ、信託財産構成物が委託者たる譲渡人にとって金融資産の消滅の認識要件を満たす場合には、譲渡人の保有する信託受益権は新たな金融資産ではなく、譲渡金融資産の残存部分として評価する」と定めている。

注234） 金融商品会計実務指針291項は、「……企業が自ら保有する金融資産を信託するとともに、信託受益権を優先と劣後に分割し、その劣後受益権を自らが保有して優先受益権を第三者に譲渡する場合、優先受益権を売却処理するためには、優先受益権が消滅の認識要件を満たして譲渡される必要がある。また、その際に自らが保有する劣後受益権は、新たな金融資産の購入としてではなく、信託した金融資産の残存部分として評価する必要がある」とする。

注235） Xが保有する劣後受益権は信託の受益権であることから、法人税法上は、法人税法12条1項・5項および同法施行令15条4項に基づき、その権利の内容に応じて信託財産を有するものとみなされる。そのため、当該規定に基づきXが保有するものとみなされる信託財産の内容も理論的には問題になるものの、オリックス信託銀行事件では、この点は争点とされておらず、第1審および控訴審を通じて、本件会計処理の公正処理基準該当性のみが主たる争点となっている。

準』に従った適法な処理であると解するのが相当であり、この点については当事者間にも争いがない。したがって、金融商品会計実務指針105項が本件劣後受益権について適用されるかを検討し、仮に適用がないとした場合には、これを類推適用して、本件劣後受益権について金融商品会計実務指針105項と同様の会計処理を行ったことが一般に公正妥当と認められる会計処理であったかを検討することとなる。

(イ) 原審の判断のとおり、本件劣後受益権について、金融商品会計実務指針105項は、これをそのまま適用することを想定した規定ではない。

(ウ) 次に、本件劣後受益権について金融商品会計実務指針105項を類推適用して同項と同様の会計処理をすることが、公正妥当な会計処理といえるかについて検討する。

収益の計上基準（時期）に関しては、法人税法上、益金の額に算入すべき金額は、別段の定めがあるものを除き、資本等取引以外の取引に係る収益の額とするものとされ、当該事業年度の収益の額は、一般に公正妥当と認められる会計処理の基準に従って計算すべきものとされている。従って、ある収益をどの事業年度に計上すべきかは、一般に公正妥当と認められる会計処理の基準に従うべきであり、これによれば、収益は、その実現があった時、即ち、その収入すべき権利が確定したときの属する年度の益金に計上すべきものと考えられる。もっとも、法人税法22条4項は、現に法人のした利益計算が法人税法の企図する公平な所得計算という要請に反するものでない限り、課税所得の計算上もこれを是認するのが相当であるとの見地から、収益を一般に公正妥当と認められる会計処理の基準に従って計上すべきものと解されるから、右の権利の確定時期に関する会計処理を、法律上どの時点で権利の行使が可能となるかという基準を唯一の基準としてしなければならないとするのは相当ではなく、取引の経済的実態からみて合理的なものとみられる収益計上の基準の中から、当該法人が特定の基準を選択し、継続してその基準によって収益を計上している場合には、法人税法上も右会計処理を正当なものと是認すべきであると解される（最判平成5・11・25民集47巻9号5278頁）。

そうすると、Xが本件劣後受益権につき、金融商品会計実務指針105項と同様の会計処理をし、継続して同様の処理基準により収益を計上したことが、

取引の経済的実態からみて合理的なものである場合には、金融商品会計実務指針105項を類推適用した場合と同様の会計処理をしたものとして、法人税法上も正当なものとして是認されるべきであるといえる。

㈢　金融商品会計実務指針105項は、取引の対象となる債権の支払日までの金利を反映して、弁済期に支払いを受け得る元本金額と異なる金額で債権を取得した場合には、取得差額について償却原価法に基づき処理することとし、また、この場合、実効利子率を用いて、当該債権の債務者から入金される額を『元本の回収』と『受取利息』に区分して処理することとしている。

このように金融商品会計実務指針第105項は、債権の支払日が将来の期日であるから、その間の金利を反映して債権の元本金額よりも高い金額（あるいは低い金額）で取得した場合には、その差額をその支払日までの期間にわたって期間配分するものとして、実効利子率を定め、それに基づいて算定された額をその債権の受取利息とすることが合理的であることから、その方法で算定された受取利息額が実際に受領した利息額より多いあるいは少ない場合は、その差額分を債権の帳簿価額に加算あるいは減算させることによって、実効利子率による利息の計算を会計処理に反映させるように償却原価法による処理を行うこととしたものであると解される。

本件の事実関係に照らすと、信託譲渡された本件住宅ローン債権を時価按分したことにより、本件劣後受益権の帳簿価額が約49億円とされたこと、本件劣後受益権に対する配当は、信託の収益から、公租公課・信託報酬等の期中運営コストを差し引いた上、優先受益権に対する配当が行われた後に残余の収益がある場合に行われるという内容となっていること、本件劣後受益権の配当は、優先受益権の配当を上回っており、本件劣後受益権の帳簿価額と元本金額との差額部分は、本件住宅ローン債権が高金利となっていて、その利息部分が本件劣後受益権に帰属したことから生じる差異の部分が含まれているといえること、を総合して、本件劣後受益権については、経済的な実態として金融商品会計実務指針105項の『金利を反映して』債権金額と異なる価額で債権を保有しているということができ、この点において、同項と類似した利益状況となっているということができると解される。

また、本件劣後受益権の内容は、Xが保有していた本件住宅ローン債権と

は、元本の償還時期、利息の利率などを異にし、信託受益権を優先受益権・劣後受益権と質的に異なるものとして分割したもので、住宅ローン債権の単純な残存部分とはいえないから、住宅ローン債権とは異なる内容の債権を保有するに至ったといえるのであり、この状況は『債権を取得した』という利益状況に類似しているということができる。

　以上の状況を前提に、Xが、信託終了時の事業年度において、財産の減少がないにもかかわらず、本件差額の部分を損失として計上することは、経済的実態と齟齬すると判断して、そのような事態を回避するため、金融商品会計実務指針105項と同様の会計処理をすることを選択し、本件劣後受益権の配当金につき、同様の会計処理をすることは、上記の利益状況の類似性を併せ考えると、取引の経済的実態からみて合理性を否定されるものとはいえない。

　(ｵ)　Xが、本件劣後受益権につき、金融商品会計実務指針105項と同様の会計処理を選択し、継続して各事業年度において、同項と同様の会計処理によって収益を計上したことは、法人税法上もその会計処理を（公正処理基準に適合した）正当なものとして是認すべきである」。

第5節 投資法人課税

1 投資法人への課税概要

　投資法人は、投信法に基づいて設立された社団として法人税法上の法人に該当する。そのため、通常の法人と同様、法人税の納税義務者となるほか、投資法人が不動産を取得する場合には不動産流通税の納税義務者となる。投資法人は、その運用資産に投資するために用いられるビークルといえるが、税法上もかかる投資ビークルとしての実態に適合した課税上の取扱いを行うよう一定の条件の下で各種の優遇措置が認められている。以下では、租特法上の、いわゆるペイ・スルー課税に関する要件を中心に、その他の投資法人に認められる税制面の優遇措置などについて概観する。

(1) 導管性要件

　投資法人への課税において最も重要と考えられる優遇措置は、ペイ・スルー課税である。投資法人は、日本国内に本店所在地を有する法人（投信61条）であり、内国法人（法税2条3号）として、全世界所得について法人税課税の対象となる（同法4条1項・5条）。しかし、投資法人が投資のための「器」であることに鑑み、投資法人の段階での課税とエクイティ投資家の段階での課税が二重になされることを回避するため、投資法人は、導管性要件を満たすことで、投資法人の法人税の課税所得の計算上、かかる利益の配当を損金の額に算入することが認められている（租特67条の15、租特令39条の32の3、租特規22条の19）。

　導管性要件は、大別して、投資法人自体に関する投資法人要件と事業年度において充足しなければならない事業年度要件の2つに分けられるが、それぞれ具体的な導管性要件をまとめると、【図表14-5-1】の通りとなる。

【図表14-5-1】 導管性要件

投資法人要件	投資法人が、以下のすべてを満たすこと（租特67条の15第1項1号） ① 投信法187条の登録を受けているものであること（同号イ） ② (a) 設立に際して発行した投資口が公募で、かつ、その発行価額の総額が1億円以上であるもの（同号ロ(1)） 　　または 　(b) 当該事業年度終了時において、その発行済投資口が50人以上の者によって所有されているもの、または「機関投資家」のみによって所有されているもの（同号ロ(2)） ③ 規約においてその発行する投資口の発行価額の総額のうち国内において募集される投資口の発行価額の占める割合が100分の50を超える旨の記載があること（同号ハ、租特令39条の32の3第3項） ④ 事業年度が1年を超えないこと（同号ニ、租特令39条の32の3第4項）
事業年度要件	投資法人が、当該事業年度において、以下のすべてを満たすこと（租特67条の15第1項2号） ① 資産運用以外の行為を営業として行うことや、本店以外の営業所の設置・使用人の雇用を行うなどの、投信法63条の規定に違反している事実がないこと（同号イ） ② 資産の運用に係る業務を投信法198条1項に規定する資産運用会社に委託していること（同号ロ） ③ 資産の保管に係る業務を投信法208条1項に規定する資産保管会社に委託していること（同号ハ） ④ 当該事業年度終了時において法人税法2条第10号に規定する同族会社のうち政令で定めるものに該当していないこと（同号ニ） ⑤ 当該事業年度に係る配当等の額の支払額が当該事業年度の配当可能利益の額として政令で定める金額の100分の90に相当する金額を超えていること（同号ホ） ⑥ 他の法人（後記2(2)(i)の海外不動産の保有を目的とする法人を除く）の発行済株式または出資の総数または総額の100分の50以上に相当する数または金額の株式または出資を保有していないこと（同号ヘ） ⑦ 当該事業年度終了の時において有する特定資産のうち有価証券、不動産その他の政令で定める資産の帳簿価額として政令で定める金額が、その時において有する資産の総額として政令で定める金額の2分の1に相当する金額を超えていること（同号ト） ⑧ 「機関投資家」以外の者から借入れを行っていないこと（同号チ、租特令39条の32の3第9項）

これらの導管性要件のうち、以下の要件につき実務上留意が必要である。

(i) **90％超配当要件**

まず、導管性要件のうちで最も重要なものとして、この90％超配当要件が挙げられる。投資法人が支払う配当等の額は、導管性要件を満たす場合において、所得の金額の計算上損金の額に算入することができるが、そのためには、当該事業年度に係る投信法137条1項の規定に基づく金銭の分配額がその事業年度の配当可能利益の90％に相当する金額を超えている必要がある（租特67条の15第1項2号ホ）[90％超配当要件は、J-REITをはじめとする投資証券の商品性を大きく特徴付けているが、その詳細については→**第7章第1節2(3)**]。

(ii) **機関投資家要件**

導管性要件には、【図表14-5-1】の通り、投資法人要件②(b)の「事業年度終了時において、発行済投資口が50人以上の者により所有されているもの、または機関投資家のみによって所有されていること」や事業年度要件⑧の「機関投資家以外から借入れを行っていないこと」という、「機関投資家」に関する要件が存在する。「機関投資家」は租税法上の概念であり、金商法上の「適格機関投資家」とは範囲が異なっており、機関投資家の範囲は、適格機関投資家の範囲よりも狭い。具体的には、【図表14-5-2】の通りである。適格機関投資家のうち、一般の事業法人で一定の要件を満たさない者や個人などは機関投資家に該当しないものとされており、機関投資家に該当するか否かを確認、検討する際には、かかる違いを念頭に置かなければならない[注236]。

(iii) **同族会社要件**

導管性要件のうち、【図表14-5-1】の事業年度要件④の「同族会社のうち政令で定めるもの」とは、投資法人における発行済投資口数（または議決権総数）の50％超を1人の投資主およびこれと特殊の関係にある者[注237]が有

注236) なお、かつては金商法の「適格機関投資家」と同一の概念により導管性要件が規定されていたが、2008年の税制改正により範囲が見直され、「機関投資家」にあらためられている。

注237) 投資主等の親族や事実上婚姻関係にある者、投資主等の使用人、投資主が支配している会社などが該当するが、かかる「特殊関係者」の概念は比較的広く定められている点に留意が必要である（法税令4条参照）。

第14章　金融取引課税

【図表14-5-2】　適格機関投資家と機関投資家の範囲

定義府令10条各号	金商法上の適格機関投資家	租特法上の機関投資家
1号ないし9号	○	○
10号	株式会社地域経済活性化支援機構	該当なし
10号の2	株式会社東日本大震災事業者再生支援機構	該当なし
11号ないし22号	○	○
23号	次のいずれかの要件に該当するとして金融庁長官に届出を行った法人 ①　直近の有価証券残高が10億円以上であること ②　当該法人が業務執行組合員等であって、次のすべての要件に該当すること 　a　業務執行組合員等として保有する直近の有価証券の残高が10億円以上であること 　b　他のすべての組合員等の同意を得ていること	左欄①の要件に該当するとして金融庁長官に届出をした法人のうち、次のいずれかに該当するもの（租特67条の14第1項1号ロ(2)、租特規22条の18の4・22条の19第1項） ①　有価証券報告書提出会社であって、有価証券残高が100億円以上であること ②　一定の海外年金基金によりその発行済株式の全部を保有されている内国法人 ③　定義府令10条1項26号に掲げる者によりその発行済株式の全部を保有されている内国法人
23号の2	一定の要件を充足し届出を行った特定目的会社	該当なし
24号	一定の要件を充足し届出を行った個人	該当なし
25号ないし27号	○	○

する投資法人を意味する（法税2条10号、租特67条の15第1項2号ニ、租特令39条の32の3第5項）。つまり、導管性要件を充足するためには、投資法人の投資口の50％超を1グループの投資主が有していないことが必要となる。こ

の要件は、投資法人の買収・事業再編[注238]において投資法人を投資口の取得により支配しようとする場面で特に重要となる。なお、従前は上位3グループを基準として判断することになっており、大口投資家による投資口の大量取得があった場合には上位1グループのみならず第2順位および第3順位の投資家グループの状況も加味して導管性要件を判断しなければならず、広く大衆に販売されている商品の安定性が害される可能性があり、また、後述のとおり投資法人のM&Aの阻害要因ともなっていた。そこで、2008年度の税制改正により、投資法人の導管性要件との関係では上位1グループを基準として判断すれば足りるものとされ、緩和された。

以上の導管性要件のほかにも、【図表14-5-1】事業年度要件①ないし③の通り、資産運用以外の営業、使用人の雇用の禁止、資産運用会社や資産保管会社への業務委託等が要件となっており、租税法上の観点からも、投資法人は資産保有ビークルとして位置付けられ、外部委託スキームが要請されている。このように、導管性要件は、投資法人の仕組みや投資法人にかかわるスキームを検討する上で非常に重要な位置を占めている。

(2) 不動産流通税

前記(1)の配当等の損金算入のほか、投資法人については、租税法上の特典として、政策的に不動産流通税について以下のような優遇措置が適用される。

(i) 登録免許税

まず、不動産を取得した際の所有権の移転登記に対しては、原則として登録免許税が課税標準額に対して2％の税率により課される（登税9条）が、投資法人については、以下の特例措置が設けられている（租特83条の2第3項）。すなわち、以下①ないし④の要件を満たす投資法人が、2019年3月31日までの間に、規約に従い特定資産のうち不動産（倉庫等については2015年4月1日から2019年3月31日まで[注239]）の所有権の取得をした場合（当該投資法人

注238) 新家寛＝上野元＝片上尚子編『REITのすべて〔第2版〕』（民事法研究会、2017）第7章参照。
注239) 倉庫等とは、倉庫および倉庫の敷地の用に供する土地をいう。倉庫等については2010年4月1日から登録免許税の優遇措置の対象から除外されていたが、2015年4月1日から再び登録免許税の軽減の対象となっている。

【図表14-5-3】 登録免許税に関する特例

取得時期	2019年3月31日まで
税率	1000分の13
要件	①　特定不動産*の価額の合計額の当該投資法人の有する特定資産の価額の合計額に占める割合を100分の75以上とする旨が規約の資産運用の方針に記載されていること ②　投信法187条の登録を受けていること ③　資産の運用に係る業務を委託された資産運用会社が、宅建業法50条の2第1項に定める認可（取引一任代理の認可）を受けていること ④　資金の借入れをする場合には、金商法2条3項1号の適格機関投資家からのものであること ⑤　特定不動産の割合が100分の75以上であること、またはその不動産を取得することにより100分の75以上となること

＊　投資法人が取得する特定資産のうち不動産、不動産の賃借権、地上権または不動産、土地の賃借権もしくは地上権を信託する信託の受益権をいう（租特83条の2第3項1号イ）。

において運用されている特定資産が以下⑤の要件を満たす場合に限る）には、登録免許税の税率は、【図表14-5-3】の通りとなる。

(ii)　不動産取得税

また、投資法人[注240]は、以下の要件を満たす場合、その規約に従い特定不動産のうち不動産であって政令で定めるもの[注241]を取得した場合における、当該取得に対して課される不動産取得税の課税標準の算定については、【図表14-5-4】の取扱いを受けることになる（地税附則11条5項、地税令附則7条7項）。

(3)　その他の特別措置

前述の通り、投資法人には政策的に配当損金算入要件や不動産流通税の軽減など、各種の優遇措置が施されているが、その反面、通常の事業法人では

注240)　投信法187条の登録を受けたものに限る。
注241)　総務省令で定める家屋（以下、本節において、「特定家屋」という）または当該特定家屋の敷地の用に供されている土地もしくは当該特定家屋の敷地の用に供するものとして建設計画が確定している土地（地税令附則7条8項・6項）。

【図表14-5-4】　不動産取得税に関する特例

取得時期	2019年3月31日まで
取扱い	不動産の価格の5分の3相当額を価格から控除
要件	①　特定不動産の価額の合計額の当該投資法人の有する特定資産の価額の合計額に占める割合を100分の75以上とする旨が規約の資産運用の方針に記載されていること ②　資産の運用にかかる業務を委託された資産運用会社が宅建業法50条の2第1項に定める認可(取引一任代理の認可)を受けていること ③　資金の借入れをする場合には機関投資家からのものであること ④　特定不動産の割合が100分の75以上であること、またはその不動産を取得することにより100分の75以上となること

適用されている法人税法や租特法に基づく減免措置のうち、受取配当等益金不算入の規定(法税23条)など(租特67条の15第2項・3項)[注242]が不適用となっている。

2　近時の改正

(1)　税会不一致

(i)　問題点

前記1(1)(i)において概説した導管性要件のうちの90%超配当要件に関して、90%超の判定基準において会計上の処理と税務上の処理に乖離が存在することにより、かかる要件を充足することが困難となる問題が存在していた(税会不一致)。すなわち、2009年度改正の前は90%超の判定における分母に税務上の「配当可能所得」が用いられていたため、減損損失や合併[注243]にお

注242)　そのほかにも、土地重課(租特62条の3)などの各規定の適用がないこととされている。

注243)　従前、投資法人間の合併が適格合併に該当するか否かについて議論があったが、国税庁は、2009年3月19日付けで、金融庁総務企画局長から国税庁課税部長への照会に対する回答として、「投資法人が共同で事業を営むための合併を行う場合の適格判定について」を公開し、適格判定における国税庁の見解を示した。この見解が示されたことにより、適格判定における懸念は解決され、投資法人間の合併は、基本的に、適格合併に該当することになるとされている。

ける負ののれん[注244]の発生益などに係る会計上の処理と税務上の処理の差異が生じた場合に、会計上の「配当可能利益」の全額を配当しても90％超配当要件を満たすことができない可能性があった。

(ii) **2009年度改正**

2009年度の租特法の改正により、90％超の判定における分母が会計上の「配当可能利益」とされたことで、税会不一致の問題は相当程度軽減された。

この点、負ののれん発生益については、2009年度の会計基準の改正により、会計上、全額を合併があった事業年度に収益計上する扱いとされたが[注245]、負ののれん発生益はあくまで帳簿上の利益であり、裏付けとなる現金があるわけではない。投資法人は、導管性要件を満たすために毎事業年度利益の大半を金銭分配しており、内部留保に乏しいことから、負ののれん発生益を含めて当期利益の90％超を金銭分配しなければならないとすると、手元流動資金が不足し、導管性要件を満たすことができない可能性がある。

投資法人同士の合併については、かかる問題が障害として認識されていたことから、負ののれん発生益については、導管性判定における分配可能額からは控除する取扱いが導入された。

(iii) **2015年度改正**

2009年度改正により、税会不一致が軽減されるとともにJ-REITの合併が後押しされたが、2015年度税制改正により、J-REITにおける税会不一致のさらなる解消に向けた手当てが行われた。

まず、負ののれんが生ずる場合も含めて、会計上の利益が税務上の所得を超える額について、任意積立金として「一時差異等調整積立金」を計上し（投資法人計算規則2条2項31号・76条3項）、一時差異等調整積立金の金額を配当可能利益の額から控除することが可能とされた（租特規22条の19第2項

注244) 吸収合併において、存続投資法人または新設投資法人の支払った対価の総額（存続投資法人または新設投資法人が消滅投資法人の投資主に交付した存続投資法人投資口の総額）が、消滅投資法人の純資産価格よりも低い場合、存続投資法人または新設投資法人において、存続投資法人または新設投資法人の支払った対価の総額と純資産価格の差額が利益として認識されることになる。これを負ののれん発生益という。

注245) 当該改正前の会計基準では、一旦負債に計上した後に20年以内に均等償却して収益計上する取扱いとなっていた。

3号)。

　また、従来、税務上の所得が会計上の利益を超える場合(例えば、消滅投資法人の投資主に交付した存続投資法人の投資口の時価が消滅投資法人の時価純資産を上回り、正ののれんが生じるケース)においては、利益を超える金銭の分配を行ったとしても、資本の払戻しとして扱われ、損金算入することが認められていなかった。この点について、税務上の所得が会計上の利益を超える額を「一時差異等調整引当額」として計上することにより(投資法人計算規則2条2項30号)、税務上配当として取り扱われる利益超過分配とすることが認められ、投資法人段階で損金算入することが可能となった[注246]。

(2) 投資対象の拡大

(i) 海外不動産

　一般的に海外不動産への投資を行う場合、外資の会社による不動産取引に特別な規制を設けている国もあること等から、現地法人を設立した上で当該法人に不動産を取得させる方法がとられることがある。この点、投資法人においては、投信法上で他の法人の議決権の過半数を保有することが禁止されているほか、租特法上の導管性要件においても他の法人の株式等の過半数を保有していないことが要件とされていた。

　2013年の投信法改正により、海外現地法の規制により投資法人による海外所在の不動産取得等取引ができないものとして政令で定める一定の場合において[注247]、専ら当該取引を行うことを目的とする法人の発行する株式については、投資法人においてその過半数を取得することができることとされ(投

注246)　かかる改正後の正ののれんの処理を活用した事例として、野村不動産マスターファンド投資法人、野村不動産オフィスファンド投資法人、野村不動産レジデンシャル投資法人の2015年10月1日付け合併。

注247)　投信法施行令116条の2では、投資法人による過半数株式取得が認められる場合として、「投資法人が、特定資産が所在する国の法令の規定又は慣行その他やむを得ない理由により法193条1項3号から5号までに掲げる取引のうちいずれかの取引を自ら行うことができない場合(法194条2項に規定する法人が、当該登録投資法人が自ら行うことができない取引を行うことができる場合に限る。)」と規定されている。具体的には、アメリカ合衆国、インド、インドネシア、中華人民共和国、ベトナムおよびマレーシアがかかる場合に該当するとの解釈が金融庁より示されている(2014年6月27日金融庁「投資法人に関するQ&A」)。

信194条2項)、これと併せて租特法上の導管性要件においても当該法人の株式等の過半数保有が可能となるよう改正が行われている(租特67条の15第1項2号ヘ、租特規22条の19第9項)。

(ⅱ) インフラファンド

インフラファンドについては、2014年の投信法施行令改正により、投資法人が投資可能な特定資産に再生可能エネルギー発電設備および公共施設等運営権が追加された(投信令3条11号・12号)。一方、租特法上の導管性要件においては投資法人が保有する資産についての要件が追加され(租特67条の15第1項2号ト)、原則として有価証券、不動産等の特定資産の割合が50%を超えなければならないとされたが、かかる特定資産には再生可能エネルギー発電設備および公共施設等運営権は含まれていない(租特令39条の32の3第8項)。

もっとも、時限措置として2014年9月3日から2020年3月31日までの期間に再生可能エネルギー発電設備を取得した場合には、一定の要件を満たすことにより[注248]、再生可能エネルギー発電設備を取得した日から賃貸の用に供した日以後20年[注249]を経過する日までの間に終了する事業年度については、再生可能エネルギー発電設備(再生可能エネルギー発電設備を保有する営業者への匿名組合出資を含む[注250])に限り前記資産要件における特定資産に含まれることとされている(租特令39条の32の3第10項)。

注248) ①投資法人の設立に際して公募により発行した投資口の発行価額総額が1億円以上であること、またはその投資口が上場されていること、②投資法人の規約に再生エネルギー発電設備の運用方法(その締結する匿名組合契約等の目的である事業に係る財産に含まれる特例特定資産の運用の方法を含む)が賃貸のみである旨の記載または記録があることが必要となる。

注249) 2014年の改正時は10年とされていたが、2016年の租特法改正により20年間に延長された。

注250) 投信法上は2014年の改正時から特定資産に係る匿名組合出資持分も含まれていたが(投信令3条8号)、租特法上は再生可能エネルギー発電設備の直接保有に限定されていた。もっとも、2016年の租特法改正により匿名組合出資による投資も含まれることとされた。

●執筆者紹介●

◆赤鹿　大樹（Daiki Akashika）
執筆担当：第8章第2節4、5
京都大学法学部／京都大学法科大学院、各卒業
西村あさひ法律事務所弁護士
第一東京弁護士会所属
【主な職歴等】2003年～2005年、株式会社三井住友銀行勤務。2012年7月～10月、シティバンク銀行株式会社法務部出向。
【主な著書・論文等】『FinTechビジネスと法25講』（商事法務、2016）〔共著〕、『REITのすべて〔第2版〕』（民事法研究会、2017）〔共著〕他

◆有吉　尚哉（Naoya Ariyoshi）
執筆担当：第10章第2節、第11章第1節、第2節1、3、4、第3節2、第13章第1節、第2節3
東京大学法学部卒業
西村あさひ法律事務所パートナー弁護士
第一東京弁護士会所属
【主な職歴等】2010年～2011年、金融庁総務企画局企業開示課専門官。2013年～京都大学法科大学院非常勤講師。
【主な著書・論文等】『ここが変わった！民法改正の要点がわかる本』（翔泳社、2017）、『資産・債権の流動化・証券化〔第3版〕』（金融財政事情研究会、2016）〔共編著〕、『FinTechビジネスと法25講』（商事法務、2016）〔共編著〕、『平成26年会社法改正と実務対応〔改訂版〕』（商事法務、2015）〔共著〕他多数

◆飯尾　誠太郎（Seitaro Iio）
執筆担当：第9章第5節1
慶應義塾大学法学部卒業
西村あさひ法律事務所弁護士
第一東京弁護士会所属
【主な職歴等】2014年～2016年、住商リアルティ・マネジメント株式会社資産運用部に出向。
【主な著書・論文等】「ISDAマスター契約の関係会社間相殺条項の有効性」NBL1021号（2014）〔共著〕

◆石田　康平（Kohei Ishida）
執筆担当：第8章第2節2

執筆者紹介

東京大学法学部／ミシガン大学ロースクール（LL.M.）、各卒業
西村あさひ法律事務所パートナー弁護士
第一東京弁護士会所属／米国ニューヨーク州弁護士
【主な職歴等】2010年～2012年、Marubeni Europower（ロンドン）出向。2017年～東京大学非常勤講師。
【主な著書・論文等】『年金基金のためのプライベート・エクイティ』（金融財政事情研究会、2014）〔共著〕
【主な業務分野】資源エネルギー（中東、アフリカ、日本）、ファンド

◆伊藤　剛志（Tsuyoshi Ito）
執筆担当：第14章第2節、第3節
東京大学法学部／ニューヨーク大学ロースクール（LL.M.）、各卒業
弁護士法人西村あさひ法律事務所・社員、西村あさひ法律事務所・名古屋事務所、弁護士
愛知県弁護士会所属／ニューヨーク州弁護士
【主な職歴】2007～2008年、シンプソン・サッチャー・アンド・バートレット法律事務所（ニューヨーク）にて勤務。2016年～東京大学大学院法学政治学研究科・客員准教授。
【主な著書・論文等】『租税法概説〔第2版〕』（有斐閣、2015）〔共編著〕、『企業取引と税務否認の実務』（大蔵財務協会、2015）〔共編著〕他多数

◆忍田　卓也（Takuya Oshida）
執筆担当：第9章第4節1、2、3、4
慶應義塾大学法学部／カリフォルニア大学デービス校ロースクール（LL.M.）、各卒業
西村あさひ法律事務所パートナー弁護士
第一東京弁護士会所属／米国ニューヨーク州弁護士
【主な職歴等】1999年～2000年、ヘインズ・アンド・ブーン法律事務所（ヒューストン）にて勤務。2002年GEエジソン生命保険株式会社（現ジブラルタ生命保険株式会社）へ出向。
【主な著書・論文等】『Security Over Receivables - An International Handbook - Japan chapter』（Oxford University Press、2008）

◆片上　尚子（Naoko Katakami）
執筆担当：第7章、第13章第2節5
神戸大学法学部／ノースウェスタン大学ロースクール（LL. M./Kellogg Program）、各卒業
アマゾンジャパン合同会社Legal部門（元西村あさひ法律事務所カウンセル）

第一東京弁護士会所属／米国ニューヨーク州弁護士
【主な職歴等】2005年～2017年、西村あさひ法律事務所にて勤務。2013年、アシャースト法律事務所（シドニー）にて勤務。
【主な著書・論文等】『REITのすべて〔第2版〕』（民事法研究会、2017）〔共著〕、『Fin Techビジネスと法25講』（商事法務、2016）〔共著〕、『資産・債権の流動化・証券化〔第3版〕』（金融財政事情研究会、2016）〔共著〕他多数

◆片桐　秀樹（Hideki Katagiri）
執筆担当：第8章第4節2
大阪大学法学部／一橋大学法科大学院、各卒業
西村あさひ法律事務所弁護士
第二東京弁護士会所属
【主な著書・論文等】『FinTechビジネスと法 25講』（商事法務、2016）〔共著〕

◆仮屋　真人（Masato Kariya）
執筆担当：第7章第1節
東京大学法学部／ボストン大学ロースクール（LL.M in Banking and Financial Law）、各卒業
西村あさひ法律事務所弁護士
第二東京弁護士会
【主な職歴等】2014年～2015年、Allen & Gledhill 法律事務所（シンガポール）。
【主な著書・論文等】『REITのすべて〔第2版〕』（民事法研究会、2017）〔共著〕、『アジアにおけるシンジケート・ローンの契約実務と担保法制』（金融財政事情研究会、2016）〔共著〕

◆川上　嘉彦（Yoshihiko Kawakami）
執筆担当：第10章第2節
東京大学法学部第一類／ハーバード大学ロースクール（LL.M.）、各卒業
西村あさひ法律事務所パートナー弁護士
第一東京弁護士会所属／米国ニューヨーク州弁護士
【主な職歴等】1995年～1996年、Davis Polk and Wardwell法律事務所（ニューヨーク）にて勤務。
【主な著書・論文等】「ヘルスケア施設に関する資金調達手法の多様化」商事2037号（2014）〔共著〕、「英国型事業証券化の日本への導入とその利用可能な局面についての再考察」西村あさひ法律事務所・西村高等法務研究所編『西村利郎先生追悼論文集・グローバリゼーションの中の日本法』（商事法務、2008）他多数

執筆者紹介

◆川本　周（Amane Kawamoto）
執筆担当：第8章第2節1、3
東京大学法学部第一類／コロンビア大学ロースクール（LL.M.）、各卒業
西村あさひ法律事務所弁護士
第一東京弁護士会所属／米国ニューヨーク州弁護士
【主な職歴等】2013年～2015年、Marubeni Europower Limited（ロンドン）出向。
【主な著書・論文等】「電力システム改革下における固定価格買取制度見直しの動向について」NBL1067号（2016）

◆神鳥　智宏（Tomohiro Kandori）
執筆担当：第11章第3節1
東京大学法学部第一類／カリフォルニア大学バークレー校ロースクール（LL.M.）、各卒業
西村あさひ法律事務所カウンセル弁護士
第一東京弁護士会所属
【主な職歴等】2009年～2011年、金融機関（ロンドン）出向。
【主な著書・論文等】『電子記録債権の仕組みと実務』（金融財政事情研究会、2007）〔共著〕他

◆國友　愛美（Emi Kunitomo）
執筆担当：第7章第2節2
慶應義塾大学法学部、慶應義塾大学大学院法学研究科修士課程、東京大学法科大学院、各卒業
西村あさひ法律事務所弁護士
第二東京弁護士会所属
【主な職歴等】2012年～2013年、東京大学法科大学院非常勤講師。2014年～2015年、三菱東京UFJ銀行法務部出向。
【主な著書・論文等】『REITのすべて〔第2版〕』（民事法研究会、2017）〔共著〕、「The Environment multi-jurisdictional guide 2013/14（Japan Chapter）」（2014）他

◆桑田　智昭（Tomoaki Kuwata）
執筆担当：第14章第5節
東京大学法学部卒業
西村あさひ法律事務所弁護士
第一東京弁護士会所属
【主な職歴等】2011年、みずほコーポレート銀行法務部出向。2016年～三菱東京UFJ銀行シンガポール支店。
【主な業務分野】REIT／不動産ファイナンス、証券化／流動化、バンキング

執筆者紹介

◆齋藤　崇（Takashi Saito）
執筆担当：第10章第1節、第3節、第4節
早稲田大学法学部／カリフォルニア大学バークレー校ロースクール（LL.M.）、各卒業
西村あさひ法律事務所パートナー弁護士
第一東京弁護士会所属
【主な職歴等】2013年～2016年、東京大学法学部非常勤講師。
【主な業務分野】買収ファイナンス、証券化・流動化その他のストラクチャード・ファイナンス、プロジェクト・ファイナンス、ベンチャー企業向け投資、その他金融取引全般

◆坂本　龍一（Ryuichi Sakamoto）
執筆担当：第12章第3節3、4
東京大学法学部卒業／一橋大学法科大学院、各卒業
西村あさひ法律事務所弁護士
第二東京弁護士会所属
【主な業務分野】航空機・船舶・その他アセットファイナンス、アセットマネージメント/ファンド、プロジェクトファイナンス、デリバティブ

◆佐藤　喬洋（Takahiro Sato）
執筆担当：第9章第3節
一橋大学法学部／一橋大学ロースクール、各卒業
西村あさひ法律事務所弁護士
第二東京弁護士会所属
【主な職歴等】2011年～2013年、三菱地所投資顧問株式会社に出向。
【主な著書・論文等】『The Insurance and Reinsurance Law Review - Fifth Edition -（Japan Chapter）』〔共著〕（Law Business Research、2017）、『会社法実務相談』（商事法務、2016）〔共著〕他

◆佐藤　知紘（Tomohiro Sato）
執筆担当：第8章第1節、第2節4、5
慶應義塾大学法学部法律学科／ボストン大学ロースクール（LL.M.）、ロンドン大学キングスカレッジ（LL.M.）、各卒業
西村あさひ法律事務所パートナー弁護士
東京弁護士会所属／米国ニューヨーク州弁護士
【主な職歴等】2009年～2012年、株式会社国際協力銀行（資源・環境ファイナンス部門）嘱託。
【主な著書・論文等】「天然資源開発事業におけるプロジェクト・ファイナンスの

執筆者紹介

エッセンス」石油開発時報183号（2014）〔共著〕他多数

◆佐藤　長英（Nagahide Sato）
執筆担当：第8章第1節1
一橋大学法学部／ワシントン大学ロースクール（LL.M.）、各卒業
西村あさひ法律事務所パートナー弁護士
第二東京弁護士会所属
【主な職歴】1995年～1996年、日本輸出入銀行出向。2005年～2007年、日本政策投資銀行嘱託。2007年～2013年、国際協力銀行嘱託。

◆佐原　早紀（Saki Sahara）
執筆担当：第9章第5節2
東京大学法学部／東京大学法科大学院、各卒業
西村あさひ法律事務所弁護士
第二東京弁護士会所属
【主な著書・論文等】『Q&A一般社団法人の各種書類作成実務・経済団体連絡会ひな型準拠』（経団連出版、2013）〔共著〕、「代理店への規制強化・保険業法改正の概要」ビジネス法務2014年10月号（2014）〔共著〕、『新株予約権ハンドブック〔第3版〕』（商事法務、2015）〔共著〕、『会社法実務相談』（商事法務、2016）〔共著〕

◆芝　章浩（Akihiro Shiba）
執筆担当：第13章第2節1、4
東京大学法学部／コーネル大学ロースクール（LL.M.）、各卒業
西村あさひ法律事務所弁護士
第一東京弁護士会所属
【主な職歴等】2011年～2014年、金融庁にて勤務。2017年～株式会社三菱東京UFJ銀行へ出向。
【主な著書・論文等】『FinTechビジネスと法25講』（商事法務、2016）〔共著〕、『資産・債権の流動化・証券化〔第3版〕』（金融財政事情研究会、2016）〔共著〕、『アジアにおけるシンジケート・ローンの契約実務と担保法制』（金融財政事情研究会、2016）〔共著〕他多数

◆渋川　孝祐（Kosuke Shibukawa）
執筆担当：第8章第4節2
東京大学法学部／ニューヨーク大学ロースクール（LL.M.）、各卒業
西村あさひ法律事務所パートナー弁護士
第一東京弁護士会所属／米国ニューヨーク州弁護士
【主な職歴等】2006年～2007年、ノートン・ローズ・フルブライト法律事務所（ロ

ンドン）にて勤務。
【主な著書・論文等】『ファイナンス法大全(上)(下)』（商事法務、2003）〔共著〕、「裸用船取引の借主倒産時における裸用船契約の取扱い」海事法研究会誌（2010年8月号）他

◆島　美穂子（Mihoko Shima）
執筆担当：第10章第3節
東京大学法学部／ニューヨーク大学ロースクール（LL.M.)、各卒業
西村あさひ法律事務所カウンセル弁護士
第二東京弁護士会所属／米国ニューヨーク州弁護士
【主な職歴等】2008年〜2009年、Schulte Roth & Zabel法律事務所にて勤務。
【主な著書・論文等】『アジアにおけるシンジケート・ローンの契約実務と担保法制』（金融財政事情研究会、2016）〔共著〕他
【主な業務分野】資源・エネルギー、電力、インフラ案件向け投融資、内部通報等。

◆下田　顕寛（Akihiro Shimoda）
執筆担当：第8章第3節
慶応義塾大学法学部／慶應義塾大学法科大学院、各卒業
西村あさひ法律事務所弁護士
第一東京弁護士会所属
【主な著書・論文等】『The Private Equity Review - Third Edition』（Law Business Research Ltd、2014）〔共著〕、『投資事業有限責任組合の契約実務』（商事法務、2011）〔共著〕他

◆善家　啓文（Hirofumi Zenke）
執筆担当：第7章第3節、第11章第3節2
京都大学法学部卒業
西村あさひ法律事務所弁護士
第一東京弁護士会所属
【主な職歴等】2014年〜2016年、金融庁総務企画局企業開示課出向。
【主な著書・論文等】『REITのすべて〔第2版〕』（民事法研究会、2017）〔共著〕、「『コーポレートガバナンス・コード原案』の解説Ⅱ」商事2063号（2015）他多数

◆曽我　美紀子（Mikiko Soga）
執筆担当：第8章第1節1、第3節、第4節2
東京大学法学部第一類／ジョージタウン大学ローセンター（LL.M.)、各卒業
西村あさひ法律事務所パートナー弁護士
第二東京弁護士会所属

執筆者紹介

【主な職歴等】2006年~2007年、株式会社みずほコーポレート銀行（現みずほ銀行）プロジェクトファイナンス営業部出向。
【主な著書・論文等】「プロジェクト・ファイナンスのエッセンスと国内発電事業の最新の実務動向」法と経済のジャーナル Asahi Judiciary（2015）、「再エネ法のもとでの太陽光発電事業に係るプロジェクトファイナンス」金法1952号（2012）他多数

◆園浦　卓（Taku Sonoura）
執筆担当：第14章第4節
東京大学法学部／ニューヨーク大学ロースクール卒業（LL.M.）、各卒業
西村あさひ法律事務所カウンセル弁護士
第一東京弁護士会所属／米国ニューヨーク州弁護士
【主な職歴等】2001年~2013年、長野・大島・常松法律事務所にて勤務。2007年~2008年、ボストンのロープス・アンド・グレイ法律事務所。
【主な著書・論文等】『クロスボーダー取引課税のフロンティア』（有斐閣、2014）〔共著〕、「日本IBM事件判決の検討」経理研究59号（2016）他多数

◆田口　祐樹（Yuki Taguchi）
執筆担当：第14章第1節
東京大学法学部／ニューヨーク大学ロースクール（LL.M.）、各卒業
西村あさひ法律事務所弁護士
第一東京弁護士会所属
【主な著書・論文等】『資産・債権の流動化・証券化〔第3版〕』（金融財政事情研究会、2016）〔共著〕
【主な業務分野】バンキング、証券化／流動化、買収ファイナンス、アセットマネージメント／ファンド、プロジェクトファイナンス

◆竹下　俊博（Toshihiro Takeshita）
執筆担当：第7章第3節
東京大学法学部第一類卒業
西村あさひ法律事務所パートナー
第二東京弁護士会所属
【主な著書・論文等】『REITのすべて〔第2版〕』（民事法研究会、2017）〔共著〕、「地方のまちづくりにおける信託の活用可能性について」信託フォーラム4号（2015）〔共著〕

◆谷澤　進（Susumu Tanizawa）
執筆担当：第13章第2節2

執筆者紹介

東京大学法学部第一類／ヴァンダービルト大学ロースクール（LL.M.）、各卒業
西村あさひ法律事務所弁護士
第一東京弁護士会所属／米国ニューヨーク州弁護士
【主な職歴等】2012年～2013年、金融機関（在ニューヨーク）に出向。
【主な著書・論文等】「ソーシャルレンディング」ビジネス法務16巻12号（2016）、『FinTechビジネスと法25講』（商事法務、2016）〔共編著〕、『新株予約権ハンドブック〔第3版〕』（商事法務、2015）〔共著〕他多数

◆鶴岡　勇誠（Takenobu Tsuruoka）
執筆担当：第11章第2節3
東京大学法学部卒業
西村あさひ法律事務所弁護士
第一東京弁護士会所属
【主な著書・論文等】『会社法実務相談』（商事法務、2016）〔共著〕、『資産・債権の流動化・証券化〔第3版〕』（金融財政事情研究会、2016）〔共著〕、「ヘルスケア施設に関する資金調達手法の多様化」商事2037号（2014）〔共著〕他多数。

◆仲田　信平（Shimpei Nakada）
執筆担当：第12章第2節
東京大学教育学部／ノースウェスタン大学ロースクール（LL.M.）、各卒業
西村あさひ法律事務所カウンセル弁護士
第二東京弁護士会所属
【主な職歴等】2003年～2006年、ゴールドマン・サックス証券会社勤務。
【主な業務分野】デリバティブ、国際金融法務、アセットマネジメント、バンキング、金融業規制／コンプライアンス

◆新家　寛（Hiroshi Niinomi）
執筆担当：第7章
東京大学法学部第一類卒業
西村あさひ法律事務所パートナー弁護士
第二東京弁護士会所属
【主な著書・論文等】『REITのすべて〔第2版〕』（民事法研究会、2017）〔共編〕、『アジアにおけるシンジケート・ローンの契約実務と担保法制』（金融財政事情研究会、2016）〔共編〕、『新金融実務手引シリーズ・資産・債権の流動化・証券化〔第2版〕』（金融財政事情研究会、2010）〔共編〕、「合同会社の活用に際しての留意点」資料版商事344号（2012）、他多数

執筆者紹介

◆西谷　和美（Kazumi Nishitani）
執筆担当：第8章第1節3、第10章第3節
東京大学法学部第一類／ロンドン・スクール・オブ・エコノミクス（LL.M.）、各卒業
西村あさひ法律事務所弁護士
第二東京弁護士会所属
【主な職歴等】2014年〜2015年、みずほ銀行ロンドン支店出向。
【主な著書・論文等】『アジアにおけるシンジケート・ローンの契約実務と担保法制』（金融財政事情研究会、2016）〔共著〕、『実務必携・預金の差押え』（金融財政事情研究会、2012）〔共著〕他多数

◆原　光毅（Koki Hara）
執筆担当：第7章第2節3
慶應義塾大学法学部／ノースウェスタン大学ロースクール（LL.M.）、各卒業
西村あさひ法律事務所
第二東京弁護士会所属／米国ニューヨーク州弁護士
【主な職歴等】2014年〜2015年、三菱東京UFJ銀行ロンドン支店にて勤務。
【主な業務分野】証券化・流動化取引、不動産ファイナンス、バンキング等

◆深谷　太一（Taichi Fukaya）
執筆担当：第7章第2節4
東京大学法学部卒業
西村あさひ法律事務所弁護士
【主な著書・論文等】『REITのすべて〔第2版〕』（民事法研究会、2017）〔共著〕

◆町田　行人（Yukihito Machida）
執筆担当：第9章第4節6
中央大学法学部／南カリフォルニア大学ロースクール（LL.M.）、各卒業
西村あさひ法律事務所カウンセル弁護士
東京弁護士会所属／米国ニューヨーク州弁護士
【主な職歴等】2004年〜2005年、ルバフ・ラム・グリーン・アンド・マクレー法律事務所（ニューヨーク）にて勤務。2005年〜2007年金融庁総務企画局企業開示課出向。
【主な著書・論文等】『金融商品取引法コンメンタール(1)定義・開示制度』（商事法務、2016）〔共著〕、『詳解　大量保有報告制度』（商事法務、2016）他多数

◆松下　由英（Yoshihide Matsushita）
執筆担当：第9章第2節、第4節、第13章第2節6

東京大学文学部／慶應義塾大学法科大学院／南カリフォルニア大学ロースクール（LL.M.）、各卒業
西村あさひ法律事務所弁護士
第一東京弁護士会所属
【主な著書・論文等】『The Insurance and Reinsurance Multi-Jurisdictional Guide 2016/17（Japan Chapter）』（Thomson Reuters、2016）（共著）、『The Insurance and Reinsurance Law Review - Fourth Edition -（Japan Chapter）』（Law Business Research、2016）〔共著〕
【主な業務分野】金融レギュレーション、M&A、国際取引

◆三本　俊介（Shunsuke Mitsumoto）
執筆担当：第11章第2節2
立教大学法学部／東京大学法科大学院、各卒業
西村あさひ法律事務所弁護士
第二東京弁護士会所属
【主な職歴等】2015年～、社会福祉法人あかぼり福祉会監事。
【主な著書・論文等】「投資信託からの債権回収と実務上の留意点」銀行実務2012年11月号（2012）

◆本柳　祐介（Yusuke Motoyanagi）
執筆担当：第11章第2節2
早稲田大学法学部／コロンビア大学ロースクール（LL.M.）、各卒業
西村あさひ法律事務所パートナー弁護士
第一東京弁護士会所属／米国ニューヨーク州弁護士
【主な職歴等】2010年～2011年、デービス・ポーク・アンド・ウォードウェル法律事務所（ニューヨーク）にて勤務。2011年～2012年、ドイツ証券株式会社出向。
【主な著書・論文等】『投資信託の法制と実務対応』（商事法務、2015）〔共著〕、『ファンド契約の実務Q&A』（商事法務、2015）他多数

◆森　宣昭（Nobuaki Mori）
執筆担当：第8章第1節2、3
東京都立大学法学部／東京大学法科大学院／ボストン大学ロースクール（LL.M. in Banking & Financial Law）、各卒業
西村あさひ法律事務所弁護士
第二東京弁護士会所属
【主な業務分野】プロジェクトファイナンス、インフラ／エネルギー／資源

執筆者紹介

◆森　瑠理子（Ruriko Mori）
執筆担当：第12章第3節1
慶應義塾大学法学部／慶應義塾大学法科大学院、各卒業
西村あさひ法律事務所弁護士
第一東京弁護士会所属
【主な職歴等】2013年～2014年、三菱東京UFJ銀行法務部出向。
【主な業務分野】金融業規制／コンプライアンス、アセットマネージメント／ファンド、バンキング、デリバティブ、一般企業法務

◆山本　明（Akira Yamamoto）
執筆担当：第7章第1節
東京大学／東京大学法科大学院、各卒業
西村あさひ法律事務所弁護士
第二東京弁護士会所属
【主な著書・論文等】『REITのすべて〔第2版〕』（民事法研究会、2017）〔共著〕
【主な業務分野】証券化・流動化取引、金融商品取引業者にかかるレギュレーション、プロジェクト・ファイナンス、インフラファンド

◆山本　啓太（Keita Yamamoto）
執筆担当：第9章第1節、第2節、第3節、第4節1～4、第5節、第13章第2節6
慶應義塾大学経済学部／ロンドン大学ロースクール（LL.M.）、各卒業
西村あさひ法律事務所カウンセル弁護士
第二東京弁護士会所属
【主な職歴等】2003年～2005年、金融庁監督局保険課課長補佐（法務担当）。2011年～2013年、三菱東京UFJ銀行（ロンドン支店）出向。2014年～2015年、三菱東京UFJ銀行（本店）出向。
【主な著書・論文等】『保険業務のコンプライアンス〔第3版〕』（金融財政事情研究会、2016）〔共著〕他多数

◆山本　輝幸（Teruyuki Yamamoto）
執筆担当：第8章第3節7、第4節1
東京大学法学部／ボストン大学ロースクール（LL.M.）／慶應義塾大学法科大学院、各卒業
西村あさひ法律事務所弁護士
第一東京弁護士会所属
【主な職歴等】2012年～2014年国際協力銀行（資源・環境ファイナンス部門）嘱託。
【主な業務分野】プロジェクトファイナンス、インフラ／エネルギー／資源、中東

◆山本　俊之（Toshiyuki Yamamoto）
執筆担当：第7章第2節1、第12章第1節、第3節2
慶應義塾大学環境情報学部／慶應義塾大学法科大学院、各卒業
西村あさひ法律事務所弁護士
第二東京弁護士会所属
【主な職歴等】2000年〜2005年、株式会社格付投資情報センター。2007年〜2008年、メリルリンチ日本証券株式会社。日本証券アナリスト協会検定会員。
【主な著書・論文等】『FinTechビジネスと法25講』（商事法務、2016）〔共著〕、『REITのすべて〔第2版〕』（民事法研究会、2017）〔共著〕

◆由良　知也（Tomoya Yura）
執筆担当：第8章第1節4
東京大学法学部卒業／東京大学大学院法学政治学研究科修了
西村あさひ法律事務所弁護士
第二東京弁護士会所属
【主な著書・論文等】『和文・英文対照モデル就業規則〔第2版〕』（中央経済社、2014）、「Doing Business In ブラジル」（2013）
【主な業務分野】プロジェクトファイナンス、インフラ／PPP、電力・ガス、資源／エネルギー、バンキング、買収ファイナンス、その他一般企業法務

◆和田　卓也（Takuya Wada）
執筆担当：第7章第2節3
早稲田大学法学部／東京大学法科大学院、各卒業
西村あさひ法律事務所弁護士
東京弁護士会所属
【主な著書・論文等】『REITのすべて〔第2版〕』（民事法研究会、2017）〔共著〕
【主な業務分野】REIT、キャピタルマーケッツ、金融商品取引業者にかかるレギュレーション

◆渡邊　弘（Hiroshi Watanabe）
第7章第2節4
早稲田大学法学部／早稲田大学法科大学院、各卒業
西村あさひ法律事務所弁護士
第一東京弁護士会所属
【主な著書・論文等】『REITのすべて〔第2版〕』（民事法研究会、2017）〔共著〕
【主な業務分野】クロスボーダーファイナンス全般、ベンチャーファイナンス、証券化・流動化取引、不動産ファイナンス

事項索引

〈欧文〉

ADR ………………………………… 638
　金融―― ………………… 765, 776
AIJ 事件 …………………………… 627
API（Application Programming
　Interface） …………………… 906
　オープン―― ………………… 907
Availability Charge …………… 273
Back to Back …………………… 204
Balance of Plant ……………… 260
Bankability ……………………… 147
BIS 規制 …………………………… 53
BOT ………………………………… 298
BTO 型 …………………………… 305
Capacity Charge ……………… 273
capacity factor ………………… 265
Collateral Opinion …………… 719
COP21 …………………………… 541
CSA ……………………………… 715
Debt buy-down option ……… 362, 363
DSCR …………………………… 144, 169
ECA（Export Credit Agency）
　………………… 359, 372, 373, 374
E-commerce サイト …………… 905
Energy Charge ………………… 273, 274
EPC ……………………………… 140
　――契約 ………… 203, 208, 239, 280
Equity True-up ………………… 358
ERM（Enterprise Risk Management）
　→総合的リスク管理
ESG 投資 ………………………… 542
ESOP
　株式給付型―― ……………… 662, 680

従業員持株会発展型―― ……… 660
　日本版―― …………………… 619, 658
ETF
　外国―― ……………………… 635
　外国商品現物型―― ………… 641
　内国商品現物型―― ………… 641
ETN ……………………………… 641
　――信託受益証券 …………… 641
ETN-JDR ………………………… 641
　外国―― ……………………… 641, 635
EV（エンベディッド・バリュー）
　………………………………… 471
Fixed Charge …………………… 273
Form F-4 ………………………… 112
FSB（金融安定理事会） ………… 797
GDR ……………………………… 638
GK-TK スキーム ………………… 159
ICO（initial coin offering）…… 868
ICT（Information and
　Communication Technology）…… 888
IM CSA ………………………… 793
InsTech（インステック） ……… 959
InsurTech（インシュアテック）… 959
IoT（Internet of Things） …… 901
　――技術 ……………………… 963
IRR ……………… 355, 356, 357, 358, 375
ISDA
　――マスター契約 …………… 712
JDR ……………………………… 614, 634
　外国株式―― ………………… 642
JSCC …………………………… 802
LLCR …………………………… 170
LTSA …………………………… 281
Netting Opinion ……………… 719

NISA 口座 ………………………… 974
O&M ……………………………… 140
── 契約 ………… 203, 212, 242, 281
P2P インシュアランス …………… 967
P2P レンディング ……… 832, 910, 928
PAYD ……………………………… 961
PFI ………………………………… 289
PFM（Personal Financial
　Management）……………… 831, 906
Phase One Entity …………… 784, 793
PHYD ……………………………… 962
PKS ………………………………… 286
PPA ………………………… 237, 272, 283
PPP ………………………………… 289
PPP/PFI 推進アクションプラン
　〔平成 29 年改訂版〕 ……………… 301
Price リスク ……………………… 216
Private Finance Initiative（プライ
　ベート・ファイナンス・イニシア
　ティブ）…………………………… 289
Project on Project ……………… 351
PSP（Payment Service Provider）
　→決済代行業者
Public Private Partnership ……… 289
REIT
　──の役員交替 ………………… 130
　「会社型」── ………………………… 94
　「契約型」── ………………………… 94
　私募── ………………………………… 50
　病院── ………………………………… 68
　ヘルスケア── ……………………… 68
　ホテル── ……………………………… 63
RIA ………………………………… 948
SEP 船 …………………………… 268
SIMM ……………………………… 782
SNS ………………………………… 905
SPC 保証型 ……………………… 588
SPV

── 介在方式 …………………… 584
── 発行方式 …………………… 584
── 保証方式 …………………… 585
── 物上保証方式 ……………… 585
Take and Pay 契約 ……………… 221
Take or Pay 契約 ………………… 216
Transfer Restrictions ……… 358, 359
Usage Charge …………………… 274
Variable Charge ………………… 274
VFM（Value For Money）……… 290
VM Big Bang ……… 784, 798, 799
VM CSA …………………………… 793
Volume リスク …………………… 216
WACC …………………………… 356
XML 電文 ………………………… 901

〈あ行〉

愛知県有料道路運営等事業
　………………………… 335, 336, 338
アグリゲーター ………………… 523
アクワイアラー ………………… 903
アサインメント ………………… 562
── 方式 ………………………… 562
預り金規制 ……………………… 895
アセット・コントロール ……… 556
アファーマティブ・コベナンツ … 173
アルゴリズム …………………… 945
アルトコイン …………………… 841
暗号通貨 ………………………… 841
安定調達比率（NSFR）………… 747
域外適用 ………………………… 794
意向把握義務 …………………… 527
意思凍結機能 …………………… 602
異常危険準備金 ………………… 455
イスラム金融 …………………… 620
委託者指図型投資信託 …………… 3
委託者非指図型投資信託 ………… 4
一時差異等調整積立金 ………… 1064

事項索引

一時差異等調整引当額…………1065
一括清算………………………811
一括清算法………………716, 720
一般海域………………………267
一般公社債等…………………971
一般事務受託者………………14
一般に公正妥当と認められる会計処理
　の基準
　…………1047, 1048, 1052, 1053, 1054
移転会社………………………484
移転先会社……………………484
移転対象契約者………………484
インターフェイス・リスク……209, 280
インバランス・コスト…………275
インフラファンド…………341, 1066
ウェアハウジング………………15
受取配当等の益金不算入……1038
宇宙関連事業…………………377
宇宙産業………………………377
宇宙資産………………………384
運営権…………………336, 337, 338
運営権ガイドライン……………314
運営権対価……………………322
衛星リモートセンシング記録の適正な
　取扱いの確保に関する法律……377
役務提供サービス…………404, 407
エクイティ・ファースト………167
エクエーター原則……………171
延長保証………………………407
　――サービス…………………409
オープン・エンド型………9, 51, 57
オープンループ型……………903
オプション……………………703
オフテイカー…………………141
オフテイク契約………………141
オブリガシオン・フォンシエール
　（Obligations Foncières）………585
オペレーショナル・アセット……62

オリジネーター………………589

〈か行〉

海外鑑定ガイドライン………101
海外展開に係る特例…………431
海外不動産……………………92
会計法…………………………292
外国 ETF 信託受益証券………635
外国株券等保管振替決済制度…638
外国株信託受益証券…………642
外国株預託証券………………638
外国金融商品取引清算機関制度…805
外国組合員の恒久的施設に係る特例
　………………………………1024
外国子会社配当益金不算入……1038
外国税額控除…………………1038
外国清算機関…………………806
外国法人の持株会社…………450
外国持株会社…………………431
会社分割………………………491
外為円決済システム…………891
外部委託スキーム……………8
価格変動準備金…………457, 458
格付け…………………………471
家計簿アプリ…………………906
加工委託契約…………………277
貸付実行前提条件……………163
仮想通貨…………841, 866, 904
　――交換業…………………869
　――交換業者………………871
合算 10％ルール………………433
合併……………………………490
　――に伴う資産運用会社の再編
　………………………………121
　――に伴う資産保管会社および一般
　事務受託者の変更……………122
合併契約………………………113
合併対価………………………115

事項索引

合併手続 …………………………… *107*
合併無効の訴え …………………… *120*
稼働率保証 ………………………… *258*
カバードボンド ……………… *539, 580*
　法制—— ………… *582, 583, 595, 597*
カバープール ………………… *582, 597*
株式（根）質権設定契約 ………… *191*
株式会社証券保管振替機構 ……… *632*
株式会社スキーム ………………… *157*
株式会社民間資金等活用事業推進機構
　（PFI推進機構） ………………… *293*
株式投資信託 …………………… *1007*
株式の評価替えによる利益の準備金
　……………………………………… *457*
カライス …………………………… *953*
火力発電 …………………………… *271*
カレント・エクスポージャー …… *781*
為替取引 ……………………… *893, 927*
為替リスク …………………… *279, 288*
簡易合併手続 ……………………… *116*
環境アセスメント ………………… *251*
関係会社相殺 ……………………… *724*
完工概念 …………………………… *211*
完工保証（Completion Guarantee）
　…………………………… *182, 209, 359*
間接保有型 …………………… *94, 96*
監督役員 ……………………………… *19*
勧誘 ………………………………… *516*
関連法人等 ………………………… *434*
機関投資家 ……………………… *1059*
機関投資家要件 …………………… *44*
危険準備金 …………………… *454, 456*
危険選択 …………………………… *967*
期限の利益喪失事由 ……………… *177*
期限前弁済 ………………………… *167*
基礎利益 …………………………… *471*
記帳・会計サービス ……………… *906*
基本料金 …………………………… *273*

規約 …………………………………… *19*
逆ざや ……………………………… *507*
キャッシュアウトサービス ……… *901*
吸収合併 …………………………… *107*
　——に伴う規約変更の要否 …… *120*
吸収合併契約 ………………… *108, 114*
吸収信託分割 ……………………… *684*
90％超配当要件 ……………… *30, 42*
給付反対給付均等の原則 ………… *396*
供給構造高度化法 ………………… *236*
共同保証スキーム ………………… *411*
業務および財産の管理の委託 …… *489*
業務範囲規制 ……………………… *412*
共有地 ……………………………… *244*
漁業権 ……………………………… *268*
許認可 ……………………………… *249*
銀行勘定貸 ………… *604, 689, 691, 696*
銀行勘定の金利リスク（IRRBB）… *750*
銀行代理業 ………………………… *894*
銀行法 ……………………………… *85*
銀行預金 …………………………… *901*
金融関連業務子会社 ……………… *423*
金融機関 ……………………………… *78*
金融機関等が行う特定金融取引の一括
　清算に関する法律 ……………… *716*
金融行政方針 ……………………… *494*
金融市場インフラのための原則
　(Principles for financial market
　infrastructures) ………………… *762*
金融商品債務引受業 ……………… *804*
金融商品取引清算機関 …………… *803*
金融所得課税の一体化 …………… *970*
金融世界経済に関する首脳会合 … *732*
金融レポート ……………………… *494*
偶然性の解釈 ……………………… *399*
区分地上権 ………………………… *262*
クラウド・コンピューティング … *830*
クラウドセール（crowdsale） …… *868*

1083

クラウドファンディング *831, 908*
　　貸付型―― *928*
　　融資型―― *928*
クラウドレンディング *928*
クリアリング *705, 896*
グリーンボンド *542*
グリーンボンドガイドライン 2017 年版 *542*
クレジット・デフォルト・スワップ *566*
クレジットカード *903*
クローズアウト・ネッティング（一括清算） *714*
クローズド・エンド型 *7, 9, 57*
経営管理 *419*
経済価値ベースのソルベンシー・マージン規制 *466*
経産省モデル契約 *237*
携帯電話 *905*
慶弔見舞金 *401*
契約者配当準備金 *457*
契約者配当準備金等 *456*
契約条件の変更 *504*
ケープタウン条約宇宙資産議定書 *384*
下水道法 *340*
決済 *887*
決済代行業者 *903*
健康増進型保険 *960*
源泉徴収の免除証明書 *1041, 1043*
限定責任信託 *614*
限度貸付方式 *163*
権利転換機能 *601*
公開買付規制 *119*
恒久的施設 *1040, 1041*
公共施設等運営権 *299, 302*
公共施設等運営権登録簿 *308*
公社債等運用投資信託 *1007*

公社債投資信託 *1007*
工場財団 *248*
工場財団（根）抵当権設定契約 *193*
構成員課税 *1012*
更生管財人 *503*
公設民営（DBO）方式 *289*
合同運用信託 *990*
高齢者向け住宅等を対象とするヘルスケアリートの活用に係るガイドライン *69*
子会社 *419*
子会社認可 *432*
国際登録簿 *385*
個人情報保護法 *964*
コスト・オーバーラン *210*
コスト・オーバーラン・リスク *240, 275*
国庫債務負担行為 *297*
固定価格買取制度 *226, 543*
5％ルール *85*
子法人等 *434*
コミングリング・リスク *655*
固有業務 *412*
コンサルティング業務 *416*
コンセッション *300*
　　――事業 *295, 336, 337*

〈さ行〉

再エネ特措法 *225*
採掘 *840*
債権者異議手続 *108*
債権者間契約 *199*
債権者保護手続 *687*
再構築コスト *727*
再生可能エネルギー *226*
サイバー保険 *963*
債務者主義 *1039*
財務制限条項 *169*

事項索引

債務引受構成 ……………………… 802
債務負担行為 ……………………… 297
先物 ………………………………… 703
指図権者 ………… 610, 617, 623, 630
三角相殺 …………………………… 724
三者間相殺 ………………………… 724
三利源 ……………………………… 472
ジェネレーションX世代 ………… 947
自家型前払式支払手段 …………… 926
事業再生会社 ……………………… 430
事業譲渡類似株式譲渡に係る特例
　…………………………………… 1025
事業認定 …………………………… 228
事業の譲渡または譲受け ………… 488
事業の信託 ………………………… 617
資金移動業 …………………… 895, 927
資金移動専門会社 ………………… 421
資金援助 …………………………… 502
資金清算業 ………………………… 896
仕組み ……………………………… 893
仕組預金 …………………………… 981
自己資本比率規制 ………………… 742
自己信託 ……………… 593, 594, 600, 643
自己取引 …………………………… 692
資産運用 …………………………… 412
資産運用委託契約 ………………… 28
　――の解約 …………………… 131
資産運用会社 ……………………… 6
　――株式の譲渡 ……………… 127
　――からの役職員の移転および業務
　　の引継ぎ …………………… 132
　――の取締役の交替 ………… 129
資産保管会社 ……………………… 14
市場化テスト ……………………… 289
システミック・リスク ……… 732, 891
システム上重要な金融機関（SIFIs）
　…………………………………… 751
自然故障 …………………………… 408

執行役員 …………………………… 19
実効利子率 …………………… 1051, 1055
実施契約 …………………………… 311
実質資産負債差額 ………………… 467
実質所得者課税の原則 …………… 1044
実体アプローチ …………………… 1014
指定管理者制度 …………………… 289
指定電気事業者 …………………… 232
支払備金 ……………………… 457, 458
紙幣類似証券取締法 ……………… 890
事務受託業務 ……………………… 416
指名債権譲渡方式 ………………… 559
社員持分（根）質権設定契約 …… 192
借地借家法 ………………………… 245
社債等 ……………………………… 638
シャドー・フリッカー …………… 263
集合アプローチ …………………… 1014
収支相当原則 ……………………… 396
従属業務子会社 …………………… 423
住宅金融支援機構 ………………… 590
集団投資信託 ………… 100, 102, 989
収納代行 …………………………… 899
従量料金 …………………………… 274
受益権原簿 ………………………… 632
受益権行使事由 ……………… 590, 592
受益権取得請求権 ………………… 687
受益者 ……………………………… 983
　――としての権利を現に有するもの
　…………………………………… 983
受益者等課税信託 ………………… 982
受益者不存在信託 ………………… 993
受益証券発行信託 …………… 613, 632
出力抑制 ……………………… 231, 248
　――ルール …………………… 239
需要変動リスク …………………… 338
紹介行為 …………………………… 518
償還差益 …………………………… 979
償還主義 …………………………… 337

1085

事項索引

償却原価法 … 1051, 1052, 1055
証券化 … 536
　譲渡禁止特約付債権の—— … 646
証券専門会社 … 421
証券仲介専門会社 … 421
証券投資信託 … 1006
証拠金規制 … 779
使用地主義 … 1040, 1042
譲渡担保 … 1043
商品概要説明書 … 59
新規事業分野開拓会社 … 430
新規信託分割 … 684
人工衛星 … 377
人工衛星等の打上げ及び人工衛星の管理に関する法律 … 377
人工知能（AI） … 830, 965, 966
新スポンサーの選定 … 127
新スポンサーへの投資口の第三者割当て … 130
真正譲渡（true sale） … 537, 590, 593, 655
真正譲渡性 … 596
新設合併 … 107
新設合併契約 … 111, 114
シンセティック型流動化 … 577
信託
　——の分割 … 682
　——の併合 … 682
　——の変更をする権限 … 985
信託 ABL … 544, 613
信託型株式報酬制度 … 678
信託銀行の破綻 … 688
信託財産責任負担債務 … 684
信託財産の独立性 … 601, 604, 690
信託スキーム … 162
信託専門会社 … 422
信託損失の取込み規制 … 988
新投資口予約権買取請求手続 … 109

信用デリバティブ … 761
信用評価調整（CVA） … 744
信用リスク … 740
推奨 … 516
推奨販売ルール … 528
水道法 … 339
ステイ（Stay） … 723
ステップ・アップ … 357
ステップ・イン … 139, 143, 183, 298, 363
ストック・オプション … 975
　税制適格—— … 977
　税制非適格—— … 976
ストラクチャード・カバードボンド … 580, 583, 588, 594
スポンサー … 15, 59, 124
　——交替 … 124
スマートハウス … 963
スマートフォン … 905
スワップ … 703
税会不一致 … 1063
清算機関 … 800, 804
　——の破綻 … 811
清算集中義務 … 806
制度共済 … 393
性能保証 … 281
性能未達リスク … 240
生命保険募集人 … 510
セカンダリー・マーケット … 57
責任準備金 … 452
　——等の削減 … 506
セキュリティ・トラスト … 618
セキュリティー・トラスティー … 1043
接続契約 … 237
絶対劣後 … 197
設備認定 … 228
設備利用率 … 265
説明義務の強化 … 763

設立企画人 ………………………… 18
セデュラス（Cédulas）………… 584
セルフ・ディスクロージャー・レター
　………………………………… 783
善管注意義務 ……………………… 633
全銀ネット ………………………… 891
全資産担保の原則 ………………… 142
占用公募制度 ……………………… 266
騒音保証 …………………………… 258
早期解約控除制度 ………………… 507
早期解約条項等の発動停止決定（ステ
　イ）……………………………… 753
早期警戒制度 ……………………451, 470
早期是正措置 ……………………451, 468
送金 ………………………………… 887
相互会社の株式会社化 …………… 494
総損失吸収能力（TLAC）………… 754
相対劣後 …………………………… 197
ソーシャル・インシュアランス … 967
ソーシャル・インパクト・ボンド
　（SIB）………………………… 289
ソーシャル・レンディング
　……………………… 831, 832, 910, 928
ソースルール ………………… 1039, 1042
組織変更計画書 …………………… 495
組織変更剰余金額 ………………… 498
組織変更の認可 …………………… 496
ソルベンシー・マージン比率
　………………………451, 458, 460, 470
損益通算 …………………………… 972
損害保険代理店 …………………… 510
損害保険募集人 …………………… 510

〈た行〉

第一種少額電子募集取扱業者
　……………………………915, 917, 918
第一種少額電子募集取扱業務
　………………………………915, 917

第三者型前払式支払手段 ………… 927
退職年金等信託 …………………… 1001
退職派遣制度 ……………………… 314
代替的コンプライアンス ………… 796
第二種少額電子募集取扱業 ……… 924
第二種少額電子募集取扱業者 …… 921
第二種少額電子募集取扱業務 …… 921
代引サービス ……………………… 899
タイム・オーバーラン …………… 209
タイム・オーバーラン・リスク
　……………………………240, 273, 277
太陽光発電事業 …………………… 236
大量保有報告書 …………………… 119
他益信託型 ………………………… 590
ダブルSPCスキーム ……………… 1039
担保関連契約 ……………………… 182
担保権の実行等に係る特例 ……… 431
地方自治法 ………………………… 292
中央銀行 …………………………… 887
中央集権型 ………………………… 841
中央清算 …………………………… 705
中央清算機関（CCP）…………… 745
中央清算されないデリバティブ取引に
　係る証拠金規制に関する最終報告書
　………………………………… 779
中途解約控除の禁止 ……………… 485
治癒期間 …………………………… 177
長期エネルギー需給見通し（エネル
　ギーミックス）………………… 235
調達価格 …………………………… 229
調達期間 …………………………… 230
直接協定 …………………………… 200
直接発行方式 ……………………… 583
直接保有型 ………………………… 94
チルメル式 ………………………… 453
追加信託 …………………………… 656
通貨偽造罪 ………………………… 890
通貨の単位及び貨幣の発行等に関する

事項索引

法律 ……………………………… 889
通信販売 ………………………… 924
データドリブン保険 …………… 832
データ復旧サービス …………… 408
適格合併の該当性 ……………… 123
適格機関投資家 ………………… 1059
適合性の原則 …………… 763, 769
デット・エクイティ・レシオ
　……………………………… 167, 170
デット・サービス・カバレッジ・レシ
　オ ……………………………… 169
デビットカード ………………… 902
デュアル・リコース性 …… 581, 596
デュー・ディリジェンス ……… 59
デリバティブ …………… 702, 704
デリバティブ取引
　外国市場―― ………………… 709
　市場―― ……………………… 709
　店頭―― ……………………… 709
　特定店頭―― ………………… 815
テレマティクス自動車保険 …… 961
テレマティクス保険 …………… 832
電気主任技術者 ………………… 243
電子決済等代行業者 ……… 834, 907
電子店頭デリバティブ取引等許可業者
　………………………………… 820
電子取引基盤 …………………… 814
　――運営業務 ………………… 819
電子募集取扱業務… 917, 918, 921, 923
電子マネー …………………890, 903
店頭 ……………………………… 704
転用許可 ………………………… 251
電力供給契約 …………………… 237
電力システム改革 ……………… 232
電力受給契約 …………………… 237
導管性要件 …………… 10, 1036, 1057
統合的リスク管理 … 451, 472, 474, 475
動産（根）譲渡担保権設定契約 … 190

倒産隔離（bankruptcy remoteness）
　………………………………… 537
　――機能 ……………………… 604
投資口 …………………………… 9
投資口買取請求手続 …………… 108
投資主等への情報開示の必要性 … 129
投資信託 ………………………… 1002
投資信託委託会社 ……………… 4
投資主総会 ……………………… 19
投資主総会対策 ………………… 118
投資法人に関するQ&A ……… 97
堂島米会所 ……………………… 708
当初証拠金（IM）……… 757, 760, 781
　――分別のための信託契約 … 793
同族会社 ………………………… 1059
　――要件 ……………………… 44
同等性評価 ……………………… 796
登録株式質 ……………………… 192
登録投資法人 …………………… 36
独占禁止法 ……………………… 88
特定契約 ………………………… 237
特定公益信託等 ………………… 1002
特定公社債等 …………………… 971
特定資産 ………………………… 2
特定受益証券発行信託 ………… 992
特定出資会社 …………………… 435
特定主要株主 …………………… 443
特定第1号措置 ………………… 752
特定第2号措置 ………………… 753
特定投資運用行為 ……………… 5, 27
特定不動産 ……………………… 9
特定目的信託 …………………… 536
特定持株会社 …………………… 447
匿名組合契約 …………………… 1026
匿名組合性 ……………………… 160
取引規模の届出 ………………… 809
取引情報 ………………………… 822
　――作成対象業者 ……… 808, 823

――蓄積機関 ………………… 826
――蓄積業務 ………………… 826
トレーディング勘定の抜本的見直し
　（FRTB）……………………… 748

〈な行〉

内部取引 …………………………… 1041
日銀ネット ………………………… 890
２部料金制 ………………………… 273
日本銀行法 ………………………… 889
ネガティブ・コベナンツ ………… 175
ネッティング ……………………… 896
燃料供給契約 ………………… 277, 285
農地 ………………………………… 251
ノベーション ……………………… 562
　――方式 ……………………… 562
のれん
　――の処理 …………………… 123
ノン・リコース …………………… 142

〈は行〉

バーゼル規制 ……………………… 739
パーソナル・ファイナンシャル・マネ
　ジメント ……………………… 832
バイオマス発電 …………………… 283
媒介 ………………………………… 894
配当可能所得 ……………………… 1063
配当可能利益 ……………… 1059, 1064
配当テスト ………………………… 176
ハイブリッド・エンティティ …… 1022
パス・スルー課税 …… 100, 102, 1012
パス・スルー事業体 ……………… 1035
破綻処理 …………………………… 498
破綻前の契約条件の変更 ………… 508
バックアップ受託者 ……………… 644
発生消滅構成 ……………………… 802
発電利用に供する木質バイオマスの証
　明のためのガイドライン …… 284

端投資口 …………………………… 115
払戻積立金 …………………… 454, 456
パリ・パス（Pari Passu）条項 …… 175
パリ協定 ……………………… 235, 541
パワー・カーブ保証 ……………… 257
反対投資主の投資口買取請求権 … 117
販売停止規制の撤廃 ……………… 486
比較サイト …………………… 518, 521
比較募集説明 ………………… 531, 534
ビジネスマッチング業務 ………… 416
非清算店頭デリバティブ取引 …… 789
非中央集権型 ……………………… 841
ビックデータ ………………… 830, 960
ビットコイン ………………… 832, 838
被保険利益 ………………………… 400
病院 ………………………………… 68
病院リートガイドライン ………… 71
標準契約書 ………………………… 272
標準責任準備金 …………………… 452
ファイナリティ …………………… 891
ファイナンス関連契約 …………… 154
ファンドブリーフ（Pfandbrief）… 583
風況リスク ………………………… 263
風車供給契約（Turbine supply
　agreement）…………………… 255
風車保守保証契約 ………………… 259
風力発電事業 ……………………… 255
プール資金 ………………………… 893
フォワード（先渡し）…………… 703
付随業務 …………………………… 414
　その他の―― ……………… 416
　例示された―― …………… 414
不動産投資顧問業 ………………… 38
負ののれん ………………………… 1064
プラットフォーム ………………… 911
振替株式等 ………………………… 639
振替口座簿 ………………………… 633
振替受益権 …………………… 632, 639

1089

事項索引

プリペイドカード→前払式支払手段
フル・ターンキー························· 208
プルーフ・オブ・ワーク················ 839
プロジェクト・キャッシュ・フロー充
　当規程································· 196
プロジェクト・ボンド············ 201, 541
　日本版——························ 539, 541
プロジェクト関連契約·················· 155
　——に係る債権（根）質権設定契約
　··· 187
　——に係る地位譲渡予約契約···· 188
プロジェクト関連口座·················· 165
プロジェクト実施主体·················· 156
ブロックチェーン··········· 830, 838, 888
ブロック取引····························· 818
プロパティ・マネジャー················· 14
分割の合意······························· 685
分散型決済システム····················· 892
分散型台帳技術（Distributed Ledger
　Technology）························ 888
分散台帳·································· 838
ペイ・スルー··························· 1057
　——課税················ 10, 101, 102, 1036
平準純保険料式·························· 453
平成26年保険業法改正·················· 531
ベビーブーマー世代····················· 947
ヘルスケア施設··························· 68
ヘルスケアリートガイドライン······· 69
変動証拠金（VM）·········· 757, 760, 781
包括信用購入あっせん（クレジット
　カード）······························ 898
法人課税信託················ 100, 102, 993
　法人型の——························ 996
法定他業·································· 417
法定通貨のデジタル化·················· 901
保険
　——の構成要素······················ 395
　——の引受け························ 412
　——の有償性························ 398
保険M&A·························· 478, 481
保険外交員······························· 519
保険管理人······························· 501
保険議決権大量保有者·················· 440
保険給付·································· 398
保険業の意義····························· 390
保険業法···································· 88
保険金請求権（根）質権設定契約
　··· 190
保険金の不正請求······················· 967
保険契約
　——の移転··························· 482
保険契約者保護機構····················· 502
保険契約判定ガイドライン············ 396
保険計理人······························· 456
保険主要株主規制······················· 442
保険仲立人······························· 510
保険募集··························· 510, 526
　——規制······························ 510
保険持株会社に係る認可··············· 446
保険料積立金······················ 454, 455
募集関連行為······················ 510, 526
　——従事者··························· 514
補償基準日······························· 497
補償請求権······························· 692
ホテル······································ 63
ポテンシャル・フューチャー・エクス
　ポージャー··············· 759, 760, 781
ほふり···································· 632
本支店間送金··························· 1041

〈ま行〉

マーケット・リスク············· 310, 740
マーケットプレイス・レンディング
　··· 928
マージン規制···························· 781
マイナー································· 840

1090

マイニング……………………………… 840
前払式支払手段 ……………… 897, 926
マッチング業務 ……………………… 519
マルチシグ …………………………… 846
マンスリークリア …………………… 899
未経過保険料 ………………… 454, 455
みなし議決権 ………………………… 437
みなし子会社 ………………………… 420
みなし受益者 ………………………… 985
みなし認定 …………………………… 229
みなし物権 …………………………… 305
未来投資戦略 2017（未来投資戦略）
……………………………………… 301
ミレニアル世代（Millennials）
………………………………… 830, 946
民間資金等の活用による公共施設等の
整備等の促進に関する法律（PFI
法）……………………………… 291
民間の能力を活用した国管理空港等の
運営等に関する基本方針（空港運営
基本方針）……………………… 329
民間の能力を活用した国管理空港等の
運営等に関する法律（民活空港法）
……………………………………… 328
民法改正 ……………………………… 653
無認可共済問題 ……………………… 391
木質バイオマス ……………………… 284
目的信託 ……………………… 601, 616
持株会社の子会社対象会社 ………… 435
モデル契約書 ………………………… 283

〈や行〉

役員会 …………………………… 20, 22
屋根貸案件 …………………………… 246
有価証券信託受益証券 ……… 634, 640
優先劣後債権者間契約 ……………… 196

要求品位 ……………………………… 279
洋上風力発電事業 …………………… 264
洋上風力発電設備 …………………… 262
預金債権（根）質権設定契約 ……… 189
預金通貨 ……………………………… 890
預金保険法 …………………………… 689
預託証券 ……………………………… 638
予定利率の引下げ …………………… 507

〈ら行〉

ライフログ・データ ………………… 964
リーマン・ショック ………… 50, 705
リーマン・ブラザーズ ……………… 723
リスク・パーティシペーション … 565
リボルビング払 ……………………… 899
リミテッド・リコース ……………… 142
略式株式質 …………………………… 192
流動性カバレッジ比率（LCR）…… 747
利用料金 ……………………… 310, 323, 333
臨時報告書 …………………………… 122
林地開発許可 ………………………… 250
レバレッジ規制 ……………………… 746
連携清算機関 ………………………… 805
連結ソルベンシー・マージン基準
……………………………………… 466
連続欠陥（serial failure）………… 259
連帯保証スキーム …………………… 411
レンタル業者による免責 …………… 403
ローテーション・ルール …………… 58
ローン・ライフ・カバレッジ・レシオ
……………………………………… 170
ローン・パーティシペーション
………………………………… 564, 574
ロボアドバイザー ……… 831, 832, 945
――直接型 ………………………… 948
――補完型 ………………………… 948

ファイナンス法大全(下)〔全訂版〕

2017年12月20日　初版第1刷発行

編　者　　西村あさひ法律事務所

発行者　　塚　原　秀　夫

発行所　　株式会社　商　事　法　務
〒103-0025 東京都中央区日本橋茅場町3-9-10
TEL 03-5614-5643・FAX 03-3664-8844〔営業部〕
TEL 03-5614-5649〔書籍出版部〕
http://www.shojihomu.co.jp/

落丁・乱丁本はお取替えいたします。印刷／三英グラフィック・アーツ㈱
© 2017 西村あさひ法律事務所　　Printed in Japan
Shojihomu Co., Ltd.
ISBN978-4-7857-2548-8
＊定価はカバーに表示してあります。

JCOPY <出版者著作権管理機構　委託出版物>
本書の無断複製は著作権法上での例外を除き禁じられています。
複製される場合は、そのつど事前に、出版者著作権管理機構
(電話03-3513-6969、FAX 03-3513-6979、e-mail: info@jcopy.or.jp)
の許諾を得てください。